Günter Abel (Hrsg.)

Kreativität

Sektionsbeiträge des XX. Deutschen Kongresses für Philosophie,
Berlin September 2005

Kreativität

XX. Deutscher Kongress für Philosophie
26.–30. September 2005 in Berlin
Sektionsbeiträge, Bd. 1

Hrsg. von Günter Abel

Universitätsverlag der TU Berlin 2005

Gedruckt mit Unterstützung der Technischen Universität Berlin

Der Kongress wurde ermöglicht
durch die freundliche Unterstützung der

 Alfried Krupp von Bohlen
und Halbach-Stiftung

ISBN 3-7983-1989-8

Vertrieb / Publisher: Universitätsverlag der TU Berlin
Universitätsbibliothek im VOLKSWAGEN-Haus,
Fasanenstr. 88, 10623 Berlin
Tel.: (030) 314-76131
Fax: (030) 314-76133
E-Mail: publikationen@ub.tu-berlin.de

1. Auflage 2005

Redaktion: Lars Schmitt, Ute Feldmann
Einbandgestaltung: Blumenthal und Lorenzen GbR
Abbildung Titelseite: mit Genehmigung des Brookhaven National Laboratory
Druck: Druckerei H. Heenemann GmbH & Co

Vorwort

Der *XX. Deutsche Kongress für Philosophie* (vom 26. bis 30. September 2005 an der Technischen Universität Berlin) steht unter dem Titel KREATIVITÄT. In den vorliegenden beiden Bänden werden die Vorträge der *Sektionen* des Kongresses veröffentlicht.

»Kreativität«, zunächst eher den Bereichen der Künste, der Psychologie und der Religion zugeordnet, ist heute zu einem Schlüsselbegriff in beinahe allen Feldern des privaten und öffentlichen Lebens aufgestiegen, in den Wissenschaften ebenso wie in der technologischen Forschung, der Wirtschaft und den Medien sowie in allen Prozessen der Wissensgenerierung und der Weltgestaltung. Für die Philosophie ist diese hohe Relevanz des Themas Anlass, aus ihrer Perspektive eine Beschreibung des Phänomens und, sofern möglich, eine grundbegriffliche Klärung bereitzustellen. Dieses Anliegen ist allen hier versammelten Sektionsbeiträgen gemeinsam, – auch wenn sie ›Kreativität‹ aus denkbar unterschiedlichen Blickwinkeln und in Fokussierung auf unterschiedlichste Aspekte thematisieren. Die in den vorliegenden Bänden anzutreffende Bandbreite der philosophischen Reflexion spiegelt die vielen Facetten des Gegenstandes, aber auch die Lebendigkeit und die intellektuelle Kraft der philosophischen Szene im deutschsprachigen Raum wider. Dies ist auch deshalb hervorzuheben, weil sich in den beiden Bänden der wissenschaftliche Nachwuchs auf besonders intensive Weise zu präsentieren vermag.

Die Redaktion der beiden Bände lag in den Händen von Ute Feldmann und Lars Schmitt. Ihnen möchte ich an dieser Stelle für die geleistete Arbeit danken.

Günter Abel

Präsident der Deutschen Gesellschaft für Philosophie e.V. (DGPhil)

BAND 1

Sektion 1	Das Neue in mentalen Prozessen Zuständen und Phänomenen – Kreativität als Thema der Philosophy of Mind
Sektion 2	Kreativität und Logik – Kreativität der Generierung formaler Strukturen
Sektion 3	Utopien – Kreative Entwürfe der Staatsphilosophie
Sektion 4	Prozessphilosophie – Kreativität als Schlüsselbegriff religionsphilosophischer Entwürfe
Sektion 5	Verstehen und Erfinden – Die Kreation von Sinn als hermeneutisches Problem
Sektion 6	Invention und Innovation – Konzeptionen von Kreativität in der Technikphilosophie
Sektion 7	Der ›neue‹ Mensch – Ethische Probleme der Genforschung und Biotechnologie
Sektion 8	Virtuelle Welten – Kreativität und Phantasie in Mathematik, Naturwissenschaften und anderen Künsten
Sektion 9	›Creatio ex nihilo‹ und ›Creatio continua‹ – Der Schöpfungsgedanke in der Philosophie des Mittelalters
Sektion 10	Funktionen und Dimensionen der Einbildungskraft – Zur Entwicklung eines transzendentalphilosophischen Grundbegriffs
Sektion 11 I	Kreativität und Kultur – Der Kreativitätsgedanke im interkulturellen Vergleich
Sektion 11 II	Kreativität und Kultur – Der Kreativitätsgedanke im interkulturellen Vergleich
Sektion 12	Kreativität im Denken Albert Einsteins [Kooperation mit BMBF und MPG im Rahmen des Einstein-Jahres]
Sektion 13	Das kreative Gehirn – Kreativität als Problem der Hirnforschung
Sektion 14	Kreative Universen – Das Neue in Naturphilosophie und Kosmologie
Sektion 15 I	Kreatives Handeln – Freiheit, Determinismus und Kreativität als Probleme der Handlungstheorie
Sektion 15 II	Kreatives Handeln – Freiheit, Determinismus und Kreativität als Probleme der Handlungstheorie

BAND 2

Sektion 16	Entelechia, Emanation, Dynamis – Kreativitätsbegriffe in Antike und Spätantike
Sektion 17 I	Kreativer Sprach- und Zeichengebrauch – Metapher, Fiktion und Ironie
Sektion 17 II	Kreativer Sprach- und Zeichengebrauch – Metapher, Fiktion und Ironie
Sektion 18	Kreativität in Bildern – Organisationskraft bildlicher Strukturen
Sektion 19	Können Computer kreativ sein? – Möglichkeiten und Grenzen des Computermodells des Geistes
Sektion 20	Selbstorganisation und Kreativität – Paradigma gegenwärtiger Naturwissenschaften?
Sektion 21	Das Neue und die Institutionen – Kreativität und Organisation des Wissens
Sektion 22	Klugheit und Kreativität – Klugheit als kreative Reaktion auf ethische Problemsituationen
Sektion 23	Perzeption und Gestalt – Kreative Elemente in Wahrnehmungsprozessen
Sektion 24	Kreativität und Ökonomie – Wirtschaftliches Handeln und menschliche Kreativität
Sektion 25 I	Kreativität und Kunst – Kunst als Paradigma von Kreativität?
Sektion 25 II	Kreativität und Kunst – Kunst als Paradigma von Kreativität?
Sektion 26	Kreativität und feministische Philosophie – Differenz bei der Entwicklung des Neuen?
Sektion 27 I	Philosophie und Ethik in der Schule – Förderung philosophischer Kreativität im Unterricht
Sektion 27 II	Philosophie und Ethik in der Schule – Förderung philosophischer Kreativität im Unterricht
Sektion 28	Philosophische Editionen

INHALTSVERZEICHNIS – BAND 1

Vorwort 3

Sektion 1   Das Neue in mentalen Prozessen, Zuständen und Phänomenen – Kreativität als Thema der Philosophy of Mind

Maria E. Kronfeldner
Zum Begriff der psychologischen Kreativität als Basis einer naturalistischen Kreativitätstheorie: eine kompatibilistische Rekonstruktion von Originalität und Spontaneität... 19

Jens Harbecke
Identität, Reduktion und das kausale Argument 31

Jasper Liptow
Begriffstheorien und Begriffwandel... 43

Simone Mahrenholz
Kritik des Denkens. Kreativität als Herausforderung für Erkenntnis- und Rationalitätskonzepte 53

Anke Thyen
Selbstsein ohne Selbst: Über den Umgang mit einer vierten Kränkung................ 65

Sektion 2   Kreativität und Logik – Kreativität der Generierung formaler Strukturen

Winfried Löffler
Kreative Aspekte der logischen Formalisierung... 79

Joachim Bromand
Wie kreativ darf die Generierung axiomatischer Kalküle sein? – Wittgenstein über (wahre) Widersprüche.. 91

Karl-Georg Niebergall
Menschen sind keine Maschinen: das metamathematische Argument von Lucas... 99

Jan Janzen
›Minimale Semantik‹: Ein unterschätztes Anliegen Freges 109

Claudia Henning
Das Steinschleuder-Argument – ein kreatives Argument 119

Sektion 3 Utopien – Kreative Entwürfe der Staatsphilosophie

Corinna Mieth
Zum Stellenwert der Kreativität in Staats- und Gesellschaftsutopien................... 139

Friederike Rese
War Platon ein totalitärer Utopist? Zur modernen Platonkritik
und zum kreativen Gehalt von Platons ›Politikos‹.. 151

Nikolaos Psarros
Utopien als Demarkationen des Menschlichen... 163

Dagmar Borchers
Über Aus- und Einsteiger. Der Ausstieg aus illiberalen Gruppen
als Einstieg in die liberale Utopie einer pluralistischen Gesellschaft..................... 173

Thomas Bedorf
Verordnete und stiftende Kreativität. Von den Schwierigkeiten,
politische Ordnungen zu erfinden.. 185

Sektion 4 Prozessphilosophie – Kreativität als Schlüsselbegriff religionsphilosophischer Entwürfe

Saskia Wendel
Prinzip Kreativität gleich Prinzip Freiheit? Bemerkungen zu einer
Leerstelle in Alfred North Whiteheads philosophischer Theologie 199

Tobias Müller
Gott, Welt, Kreativität. Bemerkungen zu einem Schlüsselbegriff
moderner religionsphilosophischer Entwürfe 209

Sebastian Ullrich
Kreativität und Antizipation als Grundbegriffe der Konzeption von Prozess
bei Alfred North Whitehead... 221

Barbara Muraca
Wie kann sich etwas, was noch nicht ist, aus seiner Zukunft heraus frei
gestalten? Identitätsbildung zwischen Kausal- und Finalwirkung ausgehend
von Whiteheads Kreativitätsbegriff 233

Daniel von Wachter
Göttliche Kreativität: Die vielen Weisen,
auf die Gott Ereignisse geschehen lassen könnte... 245

Sektion 5   Verstehen und Erfinden – Die Kreation von Sinn
             als hermeneutisches Problem

Andrzej Przylebski
Anders oder besser verstehen? Das Kreative einer Interpretation 257

Christel Fricke
Poesie Verstehen 265

Georg W. Bertram
Kreativität und Normativität 273

Sabine Ammon
Welterzeugung als kreativer Prozeß – Überlegungen zu
Nelson Goodmans konstruktivistischer Theorie des Verstehens 285

David Krause
Verstehen und Erfinden – Die Kreation von Sinn und ihre Grenzen 295

Sektion 6   Invention und Innovation – Konzeptionen von Kreativität
             in der Technikphilosophie

Johannes Lenhard
Kreation oder Kontrolle von Phänomenen?
Computersimulationen in der technikorientierten Wissenschaft 307

Karsten Weber
Computersimulationen im Entdeckungszusammenhang 319

Mario Harz
Logik der technologischen Effektivität 329

Nicole C. Karafyllis
Biofakte als Innovationen:
Eine Typologie kreatürlicher Medien lebendiger Technik 339

Tilo Eilebrecht
Kreativität und Technik.
Zur gegenwärtigen Relevanz von Heideggers Technikdeutung 351

Sektion 7   Der ›neue‹ Mensch – Ethische Probleme der Genforschung und Biotechnologie

Armin Grunwald
Die Doppelfunktion der Ethik als Begrenzung
und Orientierung wissenschaftlich-technischer Kreativität
am Beispiel der Verbesserung des Menschen 365

Bernward Gesang
Der perfekte Mensch in einer imperfekten Gesellschaft –
Die sozialen Folgen einer technischen Veränderung des Menschen 375

Elisabeth List
Eingriffe, Transformationen, Überschreitungen.
Die Frage nach dem Menschen und die Biotechnologie 387

Claudia Pawlenka
Der Sport - Bühne für den neuen Menschen?
Überlegungen zu Gendoping, Natürlichkeit und Kreativität 395

Thomas Runkel
Personale Identität und die gentechnische Verbesserung des Menschen.
Die normative Beurteilung gentechnisch verbessernder Eingriffe vor dem
Hintergrund einer Analyse personalen Selbstverständnisses 409

Sektion 8   Virtuelle Welten – Kreativität und Phantasie in Mathematik, Naturwissenschaften und anderen Künsten

Michael Hoffmann
Charles Peirce: Formen kreativer Tätigkeit in der Mathematik 423

Gabriele Gramelsberger
Simulation als Kreativitätspraktik
Wissenschaftliche Simulationen als Experimentalsysteme für Theorien 435

Wolfgang Kienzler
Was ist ein Gedankenexperiment? 447

Tobias Fox
Atomkonzeptionen in den Quantenfeldtheorien –
ein Beitrag zur Realismusdebatte 457

Johannes Röhl
Zur Wirklichkeit virtueller Prozesse in der Teilchenphysik 467

Sektion 9 ›Creatio ex nihilo‹ und ›Creatio continua‹ –
Der Schöpfungsgedanke in der Philosophie des Mittelalters

Gabriel Jüssen
Wilhelm von Auvergnes Explikation des Schöpfungsbegriffes
im Kontext der Philosophie des Mittelalters 481

Jörn Müller
Nulla est causa nisi quia voluntas est voluntas.
Die Selbstbestimmung des Willens als konstitutives Moment
göttlicher Kreativität bei Johannes Duns Scotus 489

Christian Rode
›Schöpfung‹ bei Wilhelm von Ockham 505

Ricardo Baeza García
Die Schöpfung und das Nichts
in Meister Eckharts deutschen Predigten und Traktaten 519

Ute Frietsch
Paracelsus' Schöpfungspraktiken
zwischen Naturphilosophie und Naturwissenschaft 525

Sektion 10 Funktionen und Dimensionen der Einbildungskraft –
Zur Entwicklung eines transzendentalphilosophischen
Grundbegriffs

Mirjam Schaub
Der kreative Eingriff des Zufalls in Kants Kritik der Urteilskraft 539

Johannes Haag
Das empirische Wirken der produktiven Einbildungskraft 551

Dietmar H. Heidemann
Kann Erkenntnis kreativ sein? Die produktive Einbildungskraft
in der Erkenntnistheorie und Ästhetik Kants 565

Astrid Wagner
Kreativität und Freiheit. Kants Konzept der
ästhetischen Einbildungskraft im Spiegel der Freiheitsproblematik 577

Jonas Maatsch
Wissensordnung und Erfindungskunst:
Novalis' Morphologische Enzyklopädistik 589

Sektion 11 I Kreativität und Kultur – Der Kreativitätsgedanke
             im interkulturellen Vergleich

Guido Rappe
Kreation oder Individuation? –
Bemerkungen zum Kreativitätsgedanken im interkulturellen Vergleich...............603

Mathias Obert
Künstlerische Kreativität und Weltbezug im vormodernen China......................615

Stephan Schmidt
Wege der Anverwandlung –
Zur Kreativität konfuzianischer Traditionsbildung..627

Sasa Josifovic
›Wu-wei‹ und die Innovation im Ausdruck des Unfassbaren.
Auffassung des Absoluten (Tao) als ›wu-wu‹..639

Heinrich Geiger
Das ›Große Ich‹ - Das ›Wahrhafte Ich‹.
Schöpfertum und Kreativität in der chinesischen
Philosophie und Ästhetik. Ein interkultureller Blick 649

Sektion 11 II Kreativität und Kultur – Der Kreativitätsgedanke
              im interkulturellen Vergleich

Marco Haase
Die Konstruktion kultureller Identität 661

Georg Stenger
Kreativität als Grundbegriff interkultureller Verständigung................................671

Mirko Schiefelbein
Die Kreativität des Urteilens nach Kants Kritik der Urteilskraft.........................685

Kiran Desai-Breun
Das Staunen als kreative Methode:
Mythe und Rätsel in der indischen Tradition 697

Marcus Schmücker
Kreativität und Differenz.
Versuch zur Relationalität von Transzendenz
im Kontext interkultureller Philosophie 707

Sektion 12 Kreativität im Denken Albert Einsteins
            [Kooperation mit BMBF und MPG im Rahmen des
            Einstein-Jahres]

Andreas Kamlah
Mißverständnisse von Einsteins Relativitätstheorie 715

Heinz-Jürgen Schmidt
Einstein und die Quantentheorie 731

Joerg H. Y. Fehige
Kreativität im Denken. Eine Kritik des Reliabilitätsarguments
von John D. Norton gegen rationalistische Epistemologien
zur Methode des Gedankenexperiments 737

Felix Mühlhölzer
Einstein und die Philosophie 757

Sektion 13 Das kreative Gehirn – Kreativität als Problem
            der Hirnforschung

Jan-Hendrik Heinrichs
Die Rolle alltagspsychologischer Begriffe in der Hirnforschung –
Methodische Überlegungen am Beispiel Kreativität 773

Willem Warnecke
Kreativität als Störfaktor in den Kognitionswissenschaften 783

Gottfried Vosgerau
Kreativität als Zusammenspiel von Assoziation und Inhibition 795

Frank Hofman
Kreativität und Bewusstsein bei mentalen Handlungen 807

Sektion 14 Kreative Universen – Das Neue in Naturphilosophie und Kosmologie

Georg Toepfer
Die Kreativität der Evolution –
eine Kreativität der Mittel, nicht der Zwecke 811

Melanie Sehgal
›Die Zeit ist Erfindung‹.
Das Virtuelle und das Neue bei Henri Bergson 823

Vera Hoffmann
Unser Verstehen der Vielfalt in der Natur:
Supervenienz im Mehrebenenmodell 837

Markus Schrenk
The Bookkeeper and the Lumberjack:
Metaphysical vs. Nomological Necessity 849

Daniela Bailer-Jones
Was ein Phänomen ist und wie es sich verändert;
die Entdeckung extrasolarer Planeten 857

Reiner Hedrich
In welcher Welt leben wir? –
Superstrings, Kontingenz und Selektion 867

Sektion 15 I Kreatives Handeln – Freiheit, Determinismus und Kreativität als Probleme der Handlungstheorie

Albert Newen
Kreatives Handeln und Willensfreiheit:
Wie ist selbstbestimmtes Handeln möglich? 883

Bettina Walde
Schließen Determinismus und unbewusste Handlungssteuerung
Freiheit und das Neue im Entscheiden und Handeln von Personen aus? 893

Thomas Splett
Spontan beabsichtigen - Läßt Freiheit Platz für Kreativität? 905

Brigitte Hilmer
Schellings Ethik der Kreativität 917

Dina Emundts
Freiheit und Unfreiheit bei Sören Kierkegaard 929

Sektion 15 II Kreatives Handeln - Freiheit, Determinismus und
             Kreativität als Probleme der Handlungstheorie

Alexandra Zinck
Wie frei sind wir?
Handlungsfreiheit und Selbstbewusstsein 939

Thomas Müller
Wie kommen neue Verpflichtungen in die Welt?
Zur normativen Kreativität des handelnden Subjekts 951

Thomas Zoglauer
Rationalität und Willensfreiheit 959

Elke Muchlinski
Kreative Theorieproduktionen: Wittgenstein und Keynes 969

Robert Weimar
Entstehung und Dimensionen des Schöpferischen
Modellvorstellungen kreativen Handelns 981

Sektion 1

Das Neue in mentalen Prozessen, Zuständen und Phänomenen – Kreativität als Thema der Philosophy of Mind

Maria E. Kronfeldner
Zum Begriff der psychologischen Kreativität als Basis einer
naturalistischen Kreativitätstheorie: eine kompatibilistische
Rekonstruktion von Originalität und Spontaneität..................................... 19

Jens Harbecke
Identität, Reduktion und das kausale Argument... 31

Jasper Liptow
Begriffstheorien und Begriffswandel 43

Simone Mahrenholz
Kritik des Denkens. Kreativität als Herausforderung für
Erkenntnis- und Rationalitätskonzepte... 53

Anke Thyen
Selbstsein ohne Selbst: Über den Umgang
mit einer vierten Kränkung.. 65

Zum Begriff der psychologischen Kreativität als Basis einer naturalistischen Kreativitätstheorie: eine kompatibilistische Rekonstruktion von Originalität und Spontaneität

MARIA E. KRONFELDNER (REGENSBURG)

Einleitung

Kreativität bezeichnet das Schaffen, Erzeugen und Hervorbringen von Neuem und war lange Zeit von einem Nimbus des Außerordentlichen und Unerklärbaren umgeben. So galt und gilt Kreativität vielen als die unüberwindbare, letzte Front naturalistisch-wissenschaftlicher Erklärbarkeit. Die Frage nach psychologischer Kreativität rückte jedoch in den letzten 50 Jahren in den Mittelpunkt kognitionspsychologischer Forschungen, welche die Erklärbarkeit des Phänomens der Kreativität und – explizit oder implizit – einen bestimmten Begriff der Kreativität voraussetzen.

Ziel meiner Betrachtungen ist es, Kreativität als psychologisches Phänomen begrifflich zu präzisieren und zu klären, inwiefern psychologische Kreativität eine naturalistische Erklärung ausschließt. Leitend ist dabei die Frage, inwiefern ein Produkt des menschlichen Geistes neu sein muss, um von Kreativität sprechen zu können. Ich werde mittels der Betrachtung verschiedener Interpretationen des Begriffs Kreativität zwei zentrale Aspekte herausarbeiten, die wesentlich für Kreativität sind: *psychologische Originalität* und *psychologische Spontaneität*. Kreativität über diese beiden Aspekte rekonstruiert schließt eine naturalistische Erklärung nicht aus und ist somit mit einem naturalistischen Weltbild kompatibel.

1. Definitionen: Neuheit und Zweckdienlichkeit

In der Kreativitätspsychologie des 20. Jahrhunderts werden als inhaltliche Charakteristika der Zuschreibung »kreativ« in der Regel zwei grobe Kriterien genannt: Das Hervorgebrachte muss »neu« und »zweckdienlich« sein. Robert J. Sternberg und Todd I. Lubart definieren Kreativität wie folgt: »Creativity is the ability to produce work that is both novel (i.e., original, unexpected) and appropriate (i.e., useful, adaptive concerning task constraints)«.[1] Margaret A. Boden definiert Kreativität als »ability to come up with ideas or artifacts that

---

[1] Robert J. Sternberg/Todd I. Lubart: *The Concept of Creativity*, in: Robert J. Sternberg (Hg.): Handbook of Creativity, Cambridge 1999, S. 3–15, S. 3.

are *new, surprising* and *valuable*«.² Ich werde mich hier auf das Kriterium der Neuheit konzentrieren.³ Dieses Kriterium bleibt so lange vage, solange nicht geklärt ist, in welcher Weise etwas neu sein muss, um von Kreativität sprechen zu können. Ich werde zeigen, inwiefern etwas neu sein muss und inwiefern die Zusätze ›original‹ und ›unexpected‹ der ›surprising‹ dem Kriterium der ›Neuheit‹ seinen spezifischen Gehalt geben können.

2. Der anthropologische Kreativitätsbegriff: Kulturschöpfer

Die Anthropologie weist den Menschen als Kulturschöpfer und insofern als ›kreativ‹ aus. Kreativität wird dabei jedoch sehr weit verstanden. Zur Kultur werden nicht nur Kunst, Philosophie und Wissenschaft gezählt, sondern auch Religion, Technik, Werkzeuggebrauch, Verhaltensweisen, Sprache etc. Kultur besteht aus Tätigkeiten, die ontologisch Neues produzieren, d.h. etwas zur Welt hinzufügen, das ohne diese Tätigkeiten nicht existieren würde, kurz Artefakte: Kunstwerke, Ideen, Theorien, Weltanschauungen, Institutionen, Werkzeuge, technische Geräte, Kleidung, Bücher, Verhalten, gesprochene Sprache etc. Herstellen bedeutet Schaffen. Im anthropologischen Sinne ist Kreativität eine *conditio humana*. Selbst wenn ein Handwerker einen Krug töpfert, der denen, die er bisher hergestellt hat, stark ähnelt, ist er – anthropologisch betrachtet – in dem Moment schöpferisch tätig.

Doch ist der Töpfer wirklich kreativ? Tut er nicht in ›mechanischer‹ Routine, das, was er immer schon tut? Wenn auch der von ihm verfertigte Krug ontologisch-numerisch neu ist und auch in einigen Details von allen bisherigen Krügen abweicht, ist das Verfertigen dieses Kruges nach gängiger Intuition kein kreativer Akt im strengen Sinne. Der anthropologische Kreativitätsbegriff ist also zu weit gefasst. Nicht alles, was neu ist, ist kreativ hervorgebracht. Ich werde zeigen, dass der Grund, wieso wir den Handwerker psychologisch betrachtet nicht als kreativ bezeichnen, darin liegt, dass in seiner Tätigkeit ein wesentlicher Aspekt psychologischer Kreativität nicht erfüllt ist. Diesen Aspekt nenne ich *psychologische Spontaneität*, ein Aspekt des kreativen Prozesses der sich auf den Gegensatz zwischen Routine und Kreativität bezieht. Er zeigt, dass Kreativität eine Unabhängigkeit des Neuen von der intentionalen Kontrolle und dem Wissen des Subjekts voraussetzt. Bevor ich darauf genauer eingehe, möchte ich zwei weitere Kreativitätsbegriffe vorstellen, die

---

[2] Margaret A Boden: *The Creative Mind*, 2nd ed., London 2004, S. 1.

[3] Zum Kriterium der Zweckdienlichkeit siehe Maria E. Kronfeldner: *Zur Kreativität des Denkens. Einem Begriff auf der Spur*, Magisterarbeit (Philosophie), Regensburg, (Manuskript, www.kronfeldner.de.vu), S. 11-14, S. 30-34, wo ich dieses Kriterium u.a. darauf zurückgeführt habe, dass Kreativität nicht nur einen produzierenden, sondern auch einen selektiven, rezeptiv-reflektierenden Aspekt beinhaltet.

nicht weiter, sondern enger als der hier anvisierte psychologische Kreativitätsbegriff sind.

3. Der historische Kreativitätsbegriff

Wenn ich etwas hervorbringe, kann das Produkt für mich neu sein (psychologische Neuheit), für eine Gruppe von Personen neu sein (relativ-historisch Neuheit) oder sogar objektiv neu sein, d.h. neu im absoluten Sinne einer Erstmaligkeit im Universum (objektiv-historische Neuheit). Ein Kreativitätsbegriff, der sich auf relativ-historische Neuheit oder sogar objektiv-historische Neuheit bezieht, schränkt die Zuschreibung von Kreativität massiv ein. Nur derjenige, der objektiv oder relativ zur Tradition seiner Kulturgemeinschaft der Erste ist, könnte als ›kreativ‹ angesehen werden, da nur er objektiv-historisch bzw. relativ-historisch Neues hervorgebracht hat. Was für mich neu ist, kann für meine Kultur alt sein und was für meine Kultur neu ist, kann objektiv alt sein. Doch in der Regel betrachten wir jemanden als kreativ, unabhängig von der Frage, ob das Hervorgebrachte objektiv oder historisch neu ist.

Historische Neuheit (ob nun relativ oder objektiv) ist also für psychologische Kreativität irrelevant. Kreatives Denken bezieht sich nicht auf historische, sondern auf psychologische Neuheit. Der psychologische Kreativitätsbegriff ist damit weniger eng als der historische, da Menschen auch dann als kreativ betrachtet werden können, selbst wenn sie nicht die ›Ersten‹ waren. Dies ergibt sich nicht nur aus dem Sprachgebrauch der Kreativitätspsychologie,[4] sondern ist in der asymmetrischen Relation zwischen psychologischer und historischer Neuheit begründet: Wenn ich die ›Erste‹ bin, bin ich das auch für mich. Jede historische Neuheit ist notwendigerweise immer auch eine psychologische Neuheit. Das Umgekehrte trifft nicht zu: Nicht jede psychologische Neuheit ist auch historisch neu.

Obwohl der historische Kreativitätsbegriff zu weit ist, weist er auf einen weiteren zentralen Aspekt psychologischer Kreativität hin. Wenn das Neue historisch alt ist, dann besteht die *Möglichkeit*, dass das psychologisch Neue durch das Subjekt nicht kreativ erschaffen wurde, sondern erworben wurde. Beispielsweise ist das Töpfern eines Krugs nur dann kreativ, wenn als notwendige Bedingung erfüllt ist, das ich als Töpferin niemals von dieser Art des Töpferns eines Krugs gehört habe, sie also nicht *gelernt*, sondern erschaffen habe. Weil Lernen in Opposition zu Kreativität steht, ist Originalität eine notwendige Bedingung für jeglichen genuinen kreativen Akt, jedoch nur im Sinne einer *psychologischen Originalität*: Damit ein Prozess zu Recht als kreativ gelten kann, muss er eine gewisse *Unabhängigkeit von dem kausalen Einfluss eines Originals aufzeigen*. Egal, ob das Hervorgebrachte in einem historischen Sinne neu bzw.

---

[4] Boden: *Creative Mind*, a.a.O., S. 43-48.

›originell‹ ist, wichtig für die Zuschreibung ›kreativ‹ ist lediglich, ob etwas von einem Original kopiert wurde oder nicht.

4. Der philosophisch-metaphysische Kreativitätsbegriff

Der philosophisch-metaphysische Kreativitätsbegriff bezieht sich nicht nur auf historische oder objektive Neuheit, sondern auf metaphysische Neuheit, die in Opposition zum Determinismus steht. Das metaphysisch Neue muss *ex nihilo* entstehen. In der Philosophie wird Kreativität immer noch von vielen als das Unerklärbare schlechthin angesehen. Kreativität gilt als das Mysterium des menschlichen Geistes, das weder durch Rationalität und erst recht nicht durch kausale Verursachung innerhalb eines deterministischen Rahmens erklärbar ist. Dieser anti-naturalistische Begriff von Kreativität findet sich bereits in Platons Vorstellung von göttlicher Inspiration im *Ion* und auch im *Phaidros* und spielt eine wesentliche Rolle in der Position des Philosophen Carl R. Hausman,[5] der die Vereinbarkeit von Kreativität, Vorhersagbarkeit und Determinismus leugnet. Es geht dabei um die Frage, ob Kreativität naturalistisch als Effekt von notwendigen und hinreichenden Bedingungen oder ›Ursachen‹ erklärbar sei oder *ex nihilo* entsteht. Die Unvereinbarkeitsthese setzt voraus, dass, wenn der Determinismus zutrifft, es nichts wirklich Neues geben kann, da dann im Prinzip alles Neue auf das Vorherige reduziert und durch das Vorherige erklärt und vorhergesagt werden könne. Wie Carl R. Hausman schreibt: »A causal view of explanation sets a framework for ways of denying that there is anything new under the sun.«[6] Nach Hausman bedeutet Kreativität jedoch Einzigartigkeit, Freiheit im metaphysischen Sinn bzw. »discontinuity«. Diskontinuität bedeutet, dass ein Produkt echter Kreativität neu im folgenden Sinne ist: »unprecedented and unpredicted [...] unaccounted for by antecedents and available knowledge, and is thus disconnected with the past«.[7] Kreativität in diesem Sinne verlangt die Hervorbringung von Neuheit im metaphysischen Sinne, von »genuine novelty«, wie Hausman es nennt.[8]

Diese Position führt zu einem explanatorischen Paradox, dem *Paradox der Kreativität*.[9] Wenn Kreativität metaphysische Neuheit hervorbringt, ist sie natu-

---

[5] Carl R. Hausman: *Introduction: The Creativity Question*, in: Carl R. Hausman/Albert Rothenberg (Hgs.): The Creativity Question, Durham 1976, S. 3-26; ders.: *Philosophy of Creativity*, in: Ultimate Reality and Meaning 2 (1979), S. 143-162; ders.: *A Discourse on Novelty and Creation*, Albany 1984.

[6] Hausman: *Discourse on Novelty*, a.a.O., S. ix.

[7] Ebd. S. 9.

[8] Hausman: *Introduction*, a.a.O., S. 18. Hausman verwendet auch die Ausdrücke »Novelty Proper« oder »radical novelty«. Vgl. ders: *Discourse on Novelty*, a.a.O. und ders.: *Philosophy of Creativity*, a.a.O.

[9] Vgl. Hausman: *Introduction*, a.a.O., S. 23 oder Boden: *Creative Mind*, a.a.O., S. 11ff., die diese Position kritisiert. Siehe als weiteren Vertreter der Position Hausmans: Charles

ralistisch nicht erklärbar. Wenn sie aber naturalistisch erklärbar erscheint, kann es sich bei dem Erklärten nicht wirklich um echte Kreativität handeln. Kreativität ist also entweder unerklärbar oder nicht vorhanden. Dieser philosophisch-metaphysische Kreativitätsbegriff, der Kreativität mit metaphysischer Freiheit gleichsetzt, ist im Vergleich zu den anderen der engste Kreativitätsbegriff. Er setzt so rigide Bedingungen an, dass Kreativität in einem deterministischen Universum unmöglich wird.

Hausman betont, dass der Naturalist oder Determinist zeigen müsste, dass die Diskontinuität »illusory or irrelevant« sei.[10] Ein solcher Nachweis käme einer kompatibilistischen Kreativitätstheorie gleich, die Kreativität als mit dem Determinismus vereinbar rekonstruiert, analog zu kompatibilistischen Freiheitstheorien. Da die Kreativitätspsychologie Kreativität naturalistisch erklären möchte, kann sie keinen Begriff voraussetzen, der eine solche Erklärung unmöglich macht. Der psychologische Kreativitätsbegriff muss also als naturalistischer ein kompatibilistischer sein, um sich von dem philosophisch-metaphysischen abzugrenzen. Dass ein solcher möglich ist, möchte ich aufzeigen. Ich möchte dazu in zwei Schritten vorgehen. Ich möchte erstens, abschließend für diesen Abschnitt meiner Analyse, zeigen, inwiefern der Determinismus kulturelle Veränderung durch Kreativität zulässt. Ich möchte dann in den Abschnitten zu den beiden erwähnten Aspekten der Kreativität, nämlich psychologischer Originalität und psychologischer Spontaneität, zeigen, dass diejenige Freiheit bzw. Unabhängigkeit, welche für psychologische Kreativität zentral ist, mit dem Determinismus vereinbar ist.

Inwiefern erlaubt der Determinismus das Auftauchen von Neuem? Wenn der Determinismus zutrifft, dann ist metaphysische Neuheit nicht möglich. Alles, was passiert, ist in den Ursachen bereits als Möglichkeit *enthalten* und prinzipiell vorhersagbar. Aber dies schließt Veränderung in der Welt nicht aus und ist somit kompatibel mit historischer Neuheit und damit auch mit psychologischer Neuheit, die an der Basis jeder historischen Neuheit stehen muss. Dies folgt aus der Tatsache, dass aus der Enthaltung des Neuen *als Möglichkeit* nicht folgt, dass die beobachtbare *Veränderung* enthalten ist. Die Möglichkeit ist enthalten, aber nicht die Aktualisierung der Möglichkeit und diese fügt der Welt etwas Neues hinzu, nämlich die Aktualisierung selbst. Stellen wir

---

Hartshorne: *Creativity as a Value and Creativity as a Transcendental Category*, in: Michael H. Mitias (Hg.): Creativity in Art, Religion and Culture, Amsterdam 1985, S. 3-11. Zur Geschichte solcher Positionen siehe Albert Rothenberg/Carl R. Hausman: *The Creativity Question*, Durham 1976. Zur Kritik aus philosophischer Perspektive siehe z.B.: Donald Henze: *Creativity and Prediction*, in: British Journal of Aesthetics 6 (1966), S. 230-245; D.N. Perkins: *The possibility of invention*, in: Robert J. Sternberg (Hg.): The Nature of Creativity: Contemporary psychological perspectives, Cambridge 1988, S. 362-385. Aus psychologischer Perspektive siehe neben Boden, *Creative Mind*, a.a.O. auch Robert W. Weisberg: *Creativity*, New York 1993.

[10] Hausman: *Discourse on Novelty*, a.a.O., S. 9.

uns den notorischen Laplace'schen Dämon vor, der alles im Voraus bis ins Detail weiß. Er wusste somit immer schon, dass Picasso zu diesem oder jenem Moment ›kreativ‹ sein würde und ein revolutionäres Bild malen würde. Er wusste auch, welche Eigenschaften das Bild so neu bzw. neuartig und hochwertig machen werden. Selbst dann wäre das Schaffen des Bildes durch Picasso etwas Neues *in dieser Welt* und Picasso kreativ. Die Aktualisierung eines Ereignisses fügt unserer Welt Neues hinzu, auch wenn das Ereignis determiniert ist, und der Laplace'sche Dämon – falls es ihn geben sollte – absolut betrachtet das Bild schon in seinem Geiste geschaffen hat, und somit er und nicht Picasso absolut betrachtet der ›Erste‹ wäre. Obwohl metaphysische Neuheit mit dem Determinismus unvereinbar ist, gilt dies also für psychologische und historische Neuheit nicht.

Nun bleibt zu zeigen, dass metaphysische Neuheit für die Möglichkeit von psychologischer Kreativität irrelevant ist. Daher ist mein zweites Argument gegen das Paradox der Kreativität, dass psychologische Kreativität keine Freiheit bzw. Unabhängigkeit von kausaler Verursachung per se voraussetzt, sondern nur die Freiheit bzw. Unabhängigkeit von bestimmten Kausalzusammenhängen. Die für psychologische Kreativität zentrale Unabhängigkeit drückt sich in den beiden erwähnten Aspekten der Kreativität aus. Diese Unabhängigkeit bringt eine faktische Unvorhergesagtheit des Neuen mit sich, ein Überraschungsmoment, welches mit dem Determinismus vereinbar ist.

5. Kreativität und Überraschung

Das Diskontinuierliche, »unprecedented«, »unpredicted« und »unaccounted«, das Hausman in den oben zitierten Stellen für Kreativität einfordert, ist in der Tat ein phänomenologisches Datum psychologischer Kreativität. Deswegen haben auch die oben zitierten Definitionen nicht einfach nur von Neuheit des Produkts gesprochen, sondern von »*surprising*« und von »*unexpected*«. Ist jede Art von Entstehung von Neuem überraschend? – Sicherlich nicht. Das Herstellen der immer gleichen Krüge des eingangs angeführten Handwerkers ist es nicht. Das Neue ist weder für andere überraschend, noch für den Handwerker selbst, denn der Handwerker hat u. U. gelernt, was er tut und weiß selbst genau, was er tut. Kennzeichen für Kreativität ist aber Überraschung für andere und Überraschung für das kreative Subjekt.

6. Originalität

Ein Töpfer ist nur dann kreativ, wenn er die Art und Weise, wie er den Krug macht, nicht von anderen gelernt hat bzw. nicht direkt von einer Vorlage kopiert hat. Imitation von anderen durch Nachahmung der Akte bzw. durch Nachahmung des Produkts der Akte ist nicht kreativ. Lernen ist oft definiert als jedwede Aneignung von mentalen Inhalten, die nicht angeboren sind. Lernen führt also immer zu Neuheit im psychologischen Sinn. Zum Lernen gehört nicht nur Imitation, sondern auch Lernen durch Erfahrung. Wenn jemand etwas über die externe Welt lernt, entweder durch Unterrichtung durch andere oder durch eigene Erfahrung im Sinne eines direkten, den Geist formenden Einflusses der Umwelt, dann ist diese Repräsentation der Welt nicht kreativ entstanden. Abstrakt betrachtet, können alle Formen von Kreativität als Formen von psychologischer Originalität konzeptualisiert werden, zumindest wenn zugestanden wird, dass bei der Repräsentation der Welt die Welt als eine Art ›Original‹ angesehen werden kann. Kreativität setzt voraus, dass das Neue im menschlichen Geist zu einem gewissen Grade *unabhängig von dem kausalen Einfluss eines Originals entsteht*.

Ein Beispiel kann diese Opposition zwischen beiden Formen von Lernen (Imitation und Erfahrung) und Kreativität verdeutlichen. Die Entdeckung der Ringstruktur des Benzolmoleküls durch Friedrich August von Kekulé gilt gemeinhin als kreativ. Die Struktur der aromatischen Verbindungen, deren einfachste das Benzolmolekül ist, war mit der unabhängig von Kekulé und Couper entwickelten, selbst schon revolutionären Theorie der Struktur von Kohlenstoffmolekülen nicht erklärbar, da diese Theorie von einfachen Ketten ausging.[11] Kekulé konnte die Struktur von niemanden lernen und das, was er durch Experiment und Beobachtung über das Molekül wissen konnte, hat nicht ausgereicht, um dessen Struktur zu erkennen. Er konnte also die Struktur des Benzolmoleküls weder durch Erfahrung noch durch Imitation lernen und war insofern kreativ.

Wichtig ist, dass dies nicht ausschließt, dass er andere Dinge gelernt hat, die ihm halfen, diesen kreativen Akt zu vollziehen. Sein gesamtes Wissen und sein Können als Chemiker waren Voraussetzung, aber nicht *hinreichend*, um die Struktur zu entdecken. Genauso wie eine Töpferlehre nicht ausschließt, dass es kreative Töpfer gibt, schließt vorhandenes Wissen und methodisches Können nicht aus, dass Wissenschaftler kreativ sind. Im Gegenteil, dieses Vorwissen ist meist sogar Voraussetzung für Kreativität. Die Opposition zwischen Kreativität und Lernen ist eine graduelle. Kreativität schließt Lernen nicht aus, auch wenn der jeweilige kreative Akt im dargestellten Sinne nicht gelernt werden kann, da er dann kein kreativer wäre. Das psychologisch Neue muss das Gelernte, das Alte, transzendieren und insofern unabhängig davon sein.

Noch viel wichtiger für die hier behandelte Frage ist, dass psychologische Originalität nicht ausschließt, dass es *bestimmte* kausale Einflüsse gibt, die letztendlich zu Originalität führen. Niemand weiß genau, was in Kekulés Kopf vorging, auch er selbst nicht. Die meisten kognitiven Prozesse sind unbewusst in dem Sinne, dass wir nicht sagen können, *wie* wir diese Prozesse vollziehen,

---

[11] Vgl. Alexander Findlay: *A Hundred Years of Chemistry*, 3. rev. ed., London 1968, S. 34-41.

und sei es das Denken oder das Sprechen im Allgemeinen. Dies gilt für Kreativität, wie für andere kognitive Prozesse. Doch introspektive Berichte, die letztlich nur die bewusste, phänomenale Ebene beschreiben können, geben Hinweise auf die Art des kognitiven Prozesses. Kekulés eigener Bericht ist berühmt.

> Ich drehte meinen Lehnstuhl dem Feuer zu und schlummerte ein. Im Traum wirbelten wieder die Atome vor meinen Augen herum, die kleineren Gruppen diesmal bescheiden im Hintergrund. Mein geistiges Auge, durch vielerlei derartige Visionen geschärft, konnte nun größere Strukturen mannigfaltiger Anordnung unterscheiden; lange Reihen, zum Teil eng geschlossen, alle in schlangengleicher Bewegung verschlungen und verflochten. Aber siehe, was war das? Eine der Schlangen hatte ihren eigenen Schwanz erfasst, ihre Gestalt wirbelte spöttisch vor meinen Augen. Wie vom Blitz getroffen, wachte ich auf.[12]

Die Visualisierung von Atomen als tanzende Schlangen war das wesentliche Element, das die Vorstellung einer Schlange, die ihren eigenen Schwanz erfasst, und die darauf aufbauende überraschende Analogie zur Struktur des Benzolmoleküls möglich machte: Das Benzolmolekül bildet einen Ring. Das war die geniale Idee. Kekulés ›Begabung‹ zu solcher Imagination war vermutlich beeinflusst von seinem Architekturstudium, das er absolviert hatte, bevor er Chemiker wurde. Dies ist ein Einfluss, der nichts mit Chemie zu tun hatte und u.U. wesentlich zu seiner Kreativität beitrug. Ein weiterer Einfluss mag der Besuch in einem Zoo gewesen sein oder einer Tanzvorstellung am Nachmittag. Entscheidend ist, dass diese faktischen und hypothetischen Einflüsse zusammen mit anderen Einflüssen zu Kreativität führen können und gleichzeitig völlig mit dem Determinismus kompatibel sind.

Kreativität erfordert nicht die Unabhängigkeit von kausaler Determination, sondern lediglich die Unabhängigkeit von jenen Einflüssen, die als Lernen (Imitation und Erfahrung) zusammengefasst werden können. Was unterscheidet das Architekturstudium und den hypothetischen Zoobesuch von dem Einfluss eines Lehrers oder der Erfahrung des Benzolmoleküls? Sie unterscheiden sich durch ihre Zufälligkeit im Sinne einer Koinzidenz, die darin besteht, dass diese Einflüsse bisher nicht mit dem Problem, das Kekulé zu lösen hatte, in Verbindung standen. Kekulé hat seine Idee nicht aus dem Nichts hervorgebracht, aber er hat etwas relational zu dem Problem ›aus dem Nichts‹ mit seinem bisherigen Wissen verbunden. Manche der speziell zu Kreativität hinzukommenden ›zufälligen‹ Einflüsse können auch als idiosynkratisch verstanden werden, wie z.B. Kekulés Fähigkeit bzw. Gewohnheit der visuellen Imagination. Diese ›zufälligen‹ Faktoren führen auch zu dem oben angesprochenen Aspekt der Überraschung, die jeder Art von Koinzidenz eigen ist.

---

[12] Zitiert in Arthur Koestler: *The Act of Creation*, London 1964, S. 118. Quelle: Alexander Findlay: *Hundred Years of Chemistry*, a.a.O., S. 39.

Die koinzidenziellen Faktoren zeigen also, dass eine deterministische Welt aus mehr besteht als die Summe der Einflüsse, die als Lernen zusammengefasst werden können. Sie zeigen auch, dass Kreativität nicht die Unabhängigkeit von allen möglichen Faktoren erfordert, wie z.B. von jenen, die in Analogieschlüsse einfließen, sondern nur die Unabhängigkeit von bestimmten Faktoren. Zwei Arten solcher Faktoren – Erfahrung und Imitation – haben wir bisher genau betrachtet.

7. Spontaneität

Es gibt aber eine weitere Unabhängigkeit, die für Kreativität wesentlich ist. Auch wenn z.B. Picassos Bilder psychologisch originell waren und für andere überraschend, kann es sein, dass Picasso selbst in keiner Weise überrascht war. Es kann sein, dass er ganz genau wusste, was er tat; dass er aus seiner Perspektive routiniert seinem künstlerischen Geschäft nachging, obwohl er das, was er tut, nicht von anderen gelernt hat. Würden wir dann von Kreativität im psychologischen Sinne sprechen?

Picasso wird der Ausspruch ›Je ne cherche pas, je trouve‹ zugesprochen. Dieser Satz drückt Folgendes aus: Psychologische Originalität ist nur ein Kriterium für Kreativität. Kreatives Denken ist nicht nur originell, sondern auch spontan. Das kreativ hervorgebrachte Neue entsteht unabhängig von der intentionalen Kontrolle und dem problembezogenen Wissen des Subjekts und ist in diesem Sinne spontan. Psychologische Spontaneität findet ihren Ausdruck in dem üblichen Gegensatz zwischen Routine und Kreativität und führt zu einer gewissen Passivität des kreativen Subjekts.

Diese psychologische Spontaneität gilt seit Archimedes ›Heureka‹ als ein phänomenologisches Datum der Geschichte der großen Kreativen und der Kreativitätspsychologie. Seit Poincares berühmter Abhandlung über den kreativen Prozess der mathematischen Erfindung[13] wird der kreative Prozess in mehr oder weniger vier sich iterierende Abschnitte eingeteilt: Preparation, Inkubation, Illumination bzw. Inspiration und Elaboration.[14] Der Kern des Prozesses, die Inkubations- und Inspirationsphase ist der willentlichen, bewussten Kontrolle des Subjekts überwiegend entzogen. Wir können willentlich unseren Arm heben, aber wir können nicht willentlich die Lösung für ein schwieriges Problem hervorbringen, wenn wir die Lösung noch nicht kennen.

---

[13] Henri Poincare: *L' invention mathematique*, in: ders: Science et Methode, Paris 1908, S. 43-63.
[14] Siehe zu diesem 4-Stufen-Modell: Graham Wallas: *The Art of Thought*, New York 1926, S. 79-107 und Jacques Hadamard: *The Psychology of Invention in the Mathematical Field*, 2. ed., Princeton 1954. Siehe auch Mihaly Csikszent: *Creativity*, New York 1996, S. 79-106.

Den Handwerker sehen wir als nicht-kreativ an, weil wir davon ausgehen, dass er die Lösung schon kennt, d.h. dass er schon weiß, was er machen will, dass er routiniert eine Methode ausführt und somit willentlich das Neue hervorbringt. Wenn wir kreativ sind, dann gehen wir über solche Methoden und über jenes Wissen, das für das Problem relevant ist, hinaus. Wie Donald T. Campbell betont, »[I]n going beyond what is already known, one cannot but go blindly. If one can go wisely, this indicates already achieved wisdom of some general sort.«[15] Kreativität erfordert nicht nur eine Unabhängigkeit von Erfahrung und Imitation, sondern ebenso eine Unabhängigkeit vom eigenen Wissen, selbst wenn dieses von dem Subjekt selbst hervorgebracht wurde. Wissenschaftler begegnen in ihrer Forschung immer wieder Problemen, die sich von den bisherigen Problemen unterscheiden und mit den Routineverfahren nicht gelöst werden können. Manchmal wollen Künstler etwas zum Ausdruck bringen, was bisher in der ›Logik‹ der Kunst noch kein Vorbild, also keine Regel, hat. Dann, wenn man auf solche Probleme stößt, kann man das bisher Verwendete zwar nutzen, um zu einer Lösung zu kommen, aber wir haben keine Garantie, dass es zum Erfolg führt. Wir müssen herumprobieren, etwas wagen. Insofern erfordert Kreativität eine gewisse Unabhängigkeit von Voraussicht, Plan, Methode oder Regeln.

Die Frage, die es zu klären gilt, ist inwiefern nun diese Unabhängigkeit eine naturalistische Erklärung ausschließt. Nehmen wir nochmals Kekulé als Beispiel. Kekulé hat seine Idee von der Ringstruktur des Benzolmoleküls nicht mit einer Methode oder ›Regel der Kunst‹ generiert. Er hat eine alte Regel, die er selbst ein paar Jahre zuvor aufgestellt hatte, revidiert und eine neue Regel geschaffen, nämlich dass aromatische Verbindungen über eine solche Ringstruktur zu verstehen sind, ganz nach Kants Diktum, dass das Genie der Kunst, in diesem Fall der Wissenschaft, die Regel gibt.[16] Nichtsdestotrotz kann der kognitive Prozess naturalistisch beschrieben und erklärt werden: als ein komplexer Prozess von Faktoren, die auf bestimmte Art und Weise im Subjekt zusammenwirken, durch kognitive Mechanismen, wie Analogie, Assoziation, Identifikation, Visualisierung, Abstraktion etc.. Diese Prozesse sind häufig der bewussten, willentlichen und rationalen Steuerung entzogen. Eine solche Steuerung würde diese vermutlich sogar behindern. Die Antworten aus der kognitionspsychologischen Forschungen auf die Frage, wie die kognitiven

---

[15] Donald T. Campbell: *Evolutionary Epistemology*, in: Paul A. Schilpp (Hg.): The Philosophy of Karl Popper, vol. 1., La Salle 1974, S. 413-463, S. 57.
[16] Immanuel Kant: *Kritik der Urteilskraft*, Akademie-Textausgabe, Bd. 5., Berlin 1968 [1790], B 181 (§ 46).

Prozesse genau zu verstehen sind, variieren, werden aber alle im Sinne von koinzidenziellen Einflüssen und kognitiven Mechanismen gegeben.[17]

8. Zusammenfassung

Als Ergebnis meiner Betrachtungen möchte ich festhalten: Als Basis für einen psychologischen Kreativitätsbegriff ist der anthropologische Kreativitätsbegriff zu weit, der historische zu eng und der metaphysische Kreativitätsbegriff unplausibel. Psychologische Kreativität bringt psychologisch Neues durch psychologische Originalität und psychologische Spontaneität hervor. Das Neue bekommt dadurch eine spezifische Überraschungsqualität. Psychologische Originalität und psychologische Spontaneität bedeutet, dass das Neue bis zu einem gewissen Grad unabhängig von Imitation, Erfahrung, bereits erworbenen Wissens und Methode sein muss. Das Produzierte muss über diese vier Faktoren hinaus gehen. Der kreative Prozess, der durch psychologische Originalität und psychologische Spontaneität gekennzeichnet ist, transzendiert diese vier Faktoren und ist insofern frei von ihnen. Diese Freiheit ist kompatibel mit dem Determinismus. Sie schließt die Erklärung durch koinzidenzielle Einflüsse und kognitive Mechanismen nicht aus und schließt somit auch die Möglichkeit einer naturalistischen Erklärung nicht aus.

Literatur

BODEN, Margaret A.: *The Creative Mind*, 2nd ed., London 2004.
CAMPBELL, Donald T.: *Evolutionary Epistemology*, in: Paul A. Schilpp (Hg.): The Philosophy of Karl Popper, vol. 1, La Salle 1974, S. 413–463.
CSIKSZENT, Mihaly: *Creativity*, New York 1996.
FINDLAY, Alexander: *A Hundred Years of Chemistry*, 3rd rev. ed., London 1968.
HADAMARD, Jacques: The Psychology of Invention in the Mathematical Field, 2nd ed., Princeton 1954.
HARTSHORNE, Charles: *Creativity as a Value and Creativity as a Transcendental Category*, in: Michael H. Mitias (Hg.): Creativity in Art, Religion and Culture, Amsterdam 1985, S. 3–11.
HAUSMAN, Carl R.: *A Discourse on Novelty and Creation*, Albany 1984.
HAUSMAN, Carl R.: *Introduction: The Creativity Question*, in: C.R. Hausman/A. Rothenberg (Hg.): The Creativity Question, Durham 1976, S. 3–26.
HAUSMAN, Carl R.: *Philosophy of Creativity*, in: Ultimate Reality and Meaning 2 (1979), S. 143–162.

---

[17] Siehe z.B.: Robert J. Sternberg/Janet E. Davidson (Hgs.): *The Nature of Insight*, Cambridge MA 1995; Steven M Smith/Thomas B. Ward/Ronald A. Finke (Hgs.): *The creative cognition approach*, Cambridge MA 1995.

HENZE, Donald: *Creativity and Prediction*, in: British Journal of Aesthetics 6 (1966), S. 230–245.
KANT, Immanuel: *Kritik der Urteilskraft*, Akademie-Textausgabe, Bd. 5, Berlin 1968 [1790].
KRONFELDNER, Maria E.: *Zur Kreativität des Denkens: Einem Begriff auf der Spur.* Magisterarbeit Philosophie, Regensburg, Manuskript: www.kronfeldner.de.vu
PERKINS, D.N.: *The possibility of invention*, in: Robert J. Sternberg (Hg.): The Nature of Creativity: Contemporary psychological perspectives, Cambridge 1988, S. 362–385.
POINCARE, Henri: *L' invention mathematique*, in: ders: Science et Methode, Paris 1908, S. 43–63.
ROTHENBERG, A./HAUSMAN, C.R.: *The Creativity Question*, Durham 1976.
SMITH, Steven M./WARD, Thomas B./FINKE, Ronald A. (Hgs.): *The creative cognition approach*, Cambridge MA 1995.
STERNBERG, Robert J./DAVIDSON, Janet E. (Hgs.): *The Nature of Insight*, Cambridge MA 1995.
STERNBERG, Robert J./LUBART, Todd I.: *The Concept of Creativity*, in: Robert J. Sternberg (Hg.): Handbook of Creativity, Cambridge 1999, S. 3–15.
WALLAS, Graham: *The Art of Thought*, New York 1926.
WEISBERG, Robert W.: *Creativity*, New York 1993.

Identität, Reduktion und das kausale Argument

JENS HARBECKE (LAUSANNE)

Das kanonische Argument für materialistische Theorien innerhalb der Philosophie des Geistes ist das »kausale Argument«[1]. Diesem Argument zufolge müssen mentale Ursachen als nicht-physikalische Ursachen physikalischer Effekte ausgeschlossen werden, da die moderne Physik hinreichende Beweise für die kausale Geschlossenheit des physikalischen Bereiches liefert. Das Argument ist sowohl relevant für Identitätstheorien, welche es als entscheidendes Indiz für eine vorliegende Identität von mentalen und physikalischen Ereignissen betrachten, als auch für reduktionistische Theorien, welchen es als Grundlage zu einer ontologischen Reduktion des Mentalen dient[2].

In dem vorliegenden Text werde ich unter Berücksichtigung einer von Scott Sturgeon[3] ausgearbeiteten Position argumentieren, dass das kausale Argument im Unterschied zu seiner kanonischen Formulierung nur unter Hinzunahme einer weiteren Prämisse Gültigkeit beanspruchen kann. Allerdings erweist sich die Stützung dieser Prämisse im Folgenden als schwierig. Weder können die Aussagen der heutigen Physik zu ihrer Begründung herangezogen werden, noch ist die Prämisse analytisch wahr. Zudem ergeben sich methodische Bedenken, nach welchen die zusätzliche Prämisse das kausale Argument entweder in einen Regress leitet, oder seine Konklusion trivialisiert.

---

[1] Ich übernehme den Namen des »kausalen Arguments« von David Papineau (Papineau 2002, S. 17). Begriffe wie »das Überdeterminationsargument« oder »das Argument des kausalen Ausschlusses« (Kim 1998, S. 60ff.) bezeichnen dasselbe Argument.
[2] Reduktion und Identität werden oft als zwei Seiten derselben Medaille betrachtet. Beide Theorientypen sind jedoch keinesfalls gleichzusetzen. Reduktion ist eine analytische Methode. Ihre erfolgreiche Durchführung liefert ein nachhaltiges Argument für die Identität mentaler und physikalischer Ereignisse. Doch selbst im Fall des Scheiterns der reduktiven Methode für den Bereich des Mentalen bleibt die Möglichkeit einer Identität von mentalen und physikalischen Eigenschaften bestehen.
[3] Sturgeon 1998.

Das Problem der mentalen Verursachung[4]

Das Problem der mentalen Verursachung wird in seiner kanonischen Form als eine Konjunktion von vier Prämissen konstruiert. Isoliert betrachtet lassen sich durchaus gute Argumente für die Wahrheit jeder einzelnen finden, in Verbindung erweisen sich die Prämissen jedoch als logisch unvereinbar. Eine Auflösung dieser Unvereinbarkeit gelingt nur dann, wenn jeweils drei Prämissen zu einem Argument gegen die verbleibende Prämisse zusammengefasst werden. In entsprechender Weise resultiert je eine Auflösung des Problems in einer philosophischen Position. Die Prämissen lassen sich wie folgt darstellen:

(1) Dass mentale Ereignisse in der physikalischen Welt kausal wirksam sind, ist ein wesentlicher Bestandteil alltäglicher Erfahrung. Entscheidungen, Wünsche und Gedanken haben Folgen für die Vorgänge in der physikalischen Welt. Die erste Prämisse des vorzustellenden Arguments behauptet daher, dass **m**entale Ereignisse **p**hysikalische Ereignisse **v**erursachen.

*(**MVP**) Mentale Ereignisse sind in der physikalischen Welt kausal wirksam.*

(2) Entgegen früheren Vorstellungen hat sich im Laufe des 20. Jahrhunderts unter Naturwissenschaftlern und Philosophen ein Konsens darüber gebildet, dass der physikalische Bereich streng nomologisch-kausal geschlossen ist. Damit ist impliziert, dass jedes Auftreten eines physikalischen Ereignisses ein weiteres physikalisches Ereignis zur Ursache hat, so dass das letztere das erstere im Einklang mit den herrschenden Naturgesetzen »hervorbringt«. Es ergibt sich daraus die Prämisse der **G**eschlossenheit des **P**hysikalischen **B**ereichs:

*(**GPB**) Der Bereich des Physikalischen ist nomologisch-kausal geschlossen.*

(3) Die kausale Geschlossenheit des physikalischen Bereichs verunmöglicht für sich genommen noch nicht, dass es eine Vielzahl von weiteren nicht-physikalischen Ursachen gibt, welche zusätzlich das Auftreten physikalischer Ereignisse determinieren. Eine solche doppelte Verursa-

---

[4] Es herrscht große Uneinigkeit über die Frage, welche Entitäten in geeigneter Weise als *Relata* der Kausalrelation einzusetzen sind. Für das kausale Argument und die reduktionistische Methode ist die Beantwortung diese Frage jedoch unwesentlich. Die Gültigkeit des Arguments bleibt erhalten, unabhängig davon, ob »Eigenschaften«, »Ereignisse« oder »Zustände« die Rolle der kausalen *Relata* einnehmen. Mit Rücksicht auf die in den jeweiligen Theorien übliche Terminologie wird in dem vorliegenden Text entweder von »Ereignissen« oder von »Zuständen« als *Relata* der Kausalrelation gesprochen werden. Der eine Begriff lässt sich dabei aus dem anderen herleiten. Ein »Ereignis« ist nach der »feinkörnigen« Definition die Instantiierung einer Eigenschaft durch ein Objekt zu einem Zeitpunkt. Ein »Zustand« ist ein Ereignis, dessen Objekt ein System ist.

chung oder »Überdetermination« ist bekannt aus makroskopischen Kausalkontexten, so wie bei dem Mann, dessen Leben zugleich durch einen Gewehrschuss und einen Gewitterblitz beendet wurde. Gleichwohl ist nicht plausibel, dass physikalische Ereignisse generell oder regulär überdeterminiert sind, da nicht einsichtig ist, warum eine zweite Ursache immer dort auftritt, wo eine einzelne bereits hinreichend für den Effekt war. Es gibt also k**ein**e generelle **Ü**ber**d**etermination physikalischer Ereignisse.

*(**KÜD**) Physikalische Ereignisse sind nicht generell überdeterminiert.*

(4) Die letzte Prämisse des kausalen Arguments gründet auf der Beobachtung, dass mentale Ereignisse sich anders als physikalische Ereignisse verhalten. So ist der Bereich des Mentalen im Gegensatz zum physikalischen Bereich wesentlich durch Rationalität bestimmt und auf dieses Weise holistisch organisiert[5]. Sodann steht uns als Subjekten durch Introspektion ein epistemischer Zugang zu mentalen Ereignissen offen, welcher sich von dem Zugang zur physikalischen Welt deutlich unterscheidet. Die grundlegend andere Zugangsweise legt *prima facie* nahe, dass mentale Ereignisse einen anderen Seinsstatus haben als physikalische Ereignisse, d.h. dass sie nicht identisch sind mit physikalischen Ereignissen. Aus diesen Überlegungen ergibt sich die Prämisse des **D**ualismus, d.h. die Annahme, dass **m**entale und **p**hysikalische nicht identisch sind.

*(**MPD**) Mentale Ereignisse sind nicht identisch mit physikalischen Ereignissen.*

Die Prämissen (MVP), (GPB), (KÜD) und (MPD) sind logisch nicht vereinbar und konstituieren daher ein philosophisches Problem. Mit der Zurückweisung je einer Prämisse zugunsten einer Verbindung der übrigen drei können jedoch vier Lösungsmöglichkeiten für das Problem konstruiert werden.

(A) Die Konjunktion von (GPB) & (KÜD) & (MPD) behauptet, dass der physikalische Bereich kausal geschlossen ist, ohne dass physikalische Ereignisse kausal generell überdeterminiert wären. Wenn aber mentale Ereignisse nicht identisch sind mit physikalischen, so kann ihnen keine kausale Wirksamkeit zugesprochen werden, d.h. mentale Ereignisse sind höchstens Epiphänomene. Es folgt ¬(MVP): mentale Ereignisse sind nicht kausal Wirksam auf physikalische Ereignisse.

(B) Aus der Konjunktion (MVP) & (KÜD) & (MPD) ergibt sich, dass mentale Ereignisse im Bereich des Physikalischen kausal wirksam sind, ohne mit physikalischen Ereignissen identisch zu sein und ohne dass diese Verursachung durch Überdetermination der physikalischen Ereignisse

---

[5] Vgl. Davidson 1982.

erreicht würde. Dies ist nur dann möglich, wenn ¬(GPB), d.h. wenn der physikalische Bereich nicht kausal geschlossen ist.

(C) Verbindet man die Prämissen (MVP)&(GPB)&(MPD), so folgt, dass viele physikalische Wirkungen durch physikalische und mentale Ursachen kausal überdeterminiert sind, also dass ¬(KÜD). Nur so lässt sich erklären, dass mentale Ereignisse im Bereich des Physikalischen kausal wirksam sind, ohne mit physikalischen Ereignissen identisch zu sein und ohne dass die kausale Geschlossenheit des physikalischen Bereichs verletzt würde.

(D) Als letzte Möglichkeit wird aus der Konjunktion von (MVP)&(GPB)&(KÜD) gefolgert, dass ¬(MPD), dass also mentale Ereignisse mit physikalischen Ereignissen identisch sind. Dies scheint aus der Tatsache zu folgen, dass mentale Ereignisse kausal wirksam sind, während der physikalische Bereich kausal geschlossen ist und eine Überdetermination physikalischer Ereignisse ausgeschlossen wird.

Alle Lösungsmöglichkeiten (A)–(D) sind in der Philosophiegeschichte einmal vertreten worden und werden auch heute noch von verschiedenen Philosophen verteidigt. Seit einiger Zeit lässt sich jedoch eine wachsende Sympathie für Auflösung (D) des Problems der mentalen Verursachung feststellen, d.h. für das »kausale Argument«.

Das kausale Argument als Basis für Identitäts- und Reduktionstheorien

David Papineau[6] bietet eine ausgearbeitete Version der *Identitätstheorie* an, welche sich auf Lösung (D) als entscheidende Begründung beruft. Papineau sieht die Prämissen (1) und (2) als durch umfassende empirische Daten gestützt an; die erste durch die Mannigfaltigkeit alltäglicher Erfahrungen, die zweite durch die Forschungsergebnisse der modernen experimentellen Physik. Prämisse (3) lässt sich weniger klar durch empirische Befunde überprüfen. Jedoch argumentiert Papineau:

> After all, overdetermination implies that even if one cause had been absent, the result would still have occurred because of the other cause (...). But it seems wrong to say that I would still have walked to the fridge [in order to get something to drink] even if I hadn't felt thirsty (because my neurons were firing), or, alternatively, that I would still have gone to the fridge even if my neurons hadn't been firing (because I felt thirsty). (Papineau 2002, S. 17)

Aus Gründen der Plausibilität betrachtet Papineau also auch Prämisse (3) als sehr wahrscheinlich wahr. Entsprechend konstruiert er das kausale Argument und folgert die Identität mentaler und physikalischer Eigenschaften.

---

[6] Papineau 2002.

In *reduktionistischen Theorienansätzen*, wie bei Jaegwon Kim[7], erfährt das kausale Argument eine Erweiterung, indem es neben einer allgemeinen Begründung des Materialismus zugleich die Basis für eine *ontologische* Reduktion des Mentalen liefert, welche durch eine *begriffliche* Reduktion vorbereitet wird. Die von Kim favorisierte Methode dafür ist die so genannte Ramsey-Lewis-Reduktion[8], fortan [RLR]. Die [RLR] führt methodisch zunächst eine Theorienreduktion durch, d.h. sie reduziert Begriffe und nicht Zustände oder Eigenschaften.

Ihre erfolgreiche Anwendung setzt voraus, dass in einem ersten methodischen Schritt jeweils eine funktionale Spezifizierung des zu reduzierenden Begriffes relativ zu einer Theorie gebildet werden kann. Für eine Reduktion des Mentalen auf das Physikalische muss also zunächst relativ zu einer Theorie des Mentalen ein mentaler Begriff durch seine typischen Ursachen und Wirkungen konstruiert werden.[9] So könnte der mentale Begriff »Schmerz« funktional analysiert werden als Mittlerzustand zwischen einer Gewebsverletzung *etc.* eines Organismus und einem hektischen Zurückziehen des verletzten Körperteils durch den Organismus, einem Aufschreien *etc.*

In einem zweiten methodischen Schritt wird dem zu reduzierenden Begriff ein reduzierender Begriff dadurch zugeordnet, dass der letztere Begriff relativ zu einer Theorie dieselbe funktionale Spezifikation aufweist wie der erste. Das exemplarisch erstellte Syndrom an typischen Ursachen und Wirkungen des Schmerzzustandes wird also verglichen mit funktionalen Analysen verschiedener physischer Zustände des Organismus. Für das Schmerz-Beispiel stellt sich dabei (möglicherweise) heraus, dass das Feuern von C-Fasern dieselbe funktionale Spezifikation besitzt wie der Schmerzzustand. Die Übereinstimmung der funktionalen Spezifikation wird nun als hinreichendes Kriterium für eine Reduktion des mentalen Begriffes auf den physikalischen Begriff gewertet. Eine erfolgreiche Reduktion gilt als Beleg für eine Koreferenz der beiden Begriffe und entsprechend als Hinweis für eine Identität der beiden Zustände, auf welche der mentale und der physikalische Begriff respektive referieren. Der endgültige Nachweis für eine solche Identität ist hiermit jedoch noch nicht erbracht. Ein solcher liegt erst durch eine argumentative Verbindung der erfolgreichen Theorien- oder Begriffsreduktion mit dem kausalen Argument vor. Bleibt dieser Schritt aus, bestehen weiterhin und trotz der erfolgreichen begrifflichen Reduktion die Möglichkeiten einer konsequenten Überdetermina-

---

[7] Vgl. Kim 1998.
[8] Vgl. Lewis 1983.
[9] Eine solche Spezifizierung kann sich auf eine apriorische (Lewis 1966, S. 20) oder eine aposteriorische Analyse der Begriffes (vgl. Kim 1998, S. 99f.) stützen. Allerdings wird heute nur noch selten angenommen, dass eine apriorische funktionale Analyse mentaler Begriffe möglich ist, da nicht ohne weiteres einsichtig ist, dass eine apriorische Theorie des Mentalen existiert.

tion von Outputs mentaler Zustände und von Lücken in physikalischen Kausalprozessen[10]. Mit anderen Worten, die begriffliche Reduktion legt eine ontologische Reduktion nahe, hat sie aber nicht notwendig zur Konsequenz. Erst mit der Affirmation der Prämissen (GPD)&(KÜD) zusätzlich zur Prämisse (MVP), welche schon implizit durch die funktionale Analyse des mentalen Zustands bestätigt wurde, ergibt sich für das Schmerz-Beispiel die Schlussfolgerung der psychophysischen Identität.

Begriffliche Lücken

Das kausale Argument erfährt heute eine große Zustimmung. Dennoch ist die Affirmation des kausalen Arguments zumindest in seiner jetzigen Form übereilt. Scott Sturgeon weist in einem einsichtsvollen Artikel[11] darauf hin, dass das Argument den Begriff des »Physischen« oder der »physikalischen Eigenschaften« in den Prämissen (MV*P*) und (G*P*B) äquivok behandelt. Die Prämisse (GPB) »Der Bereich des Physischen ist kausal geschlossen« bezieht sich im Sinne eines physikalischen Gesetzes nur auf kausale Kontexte im mikrophysikalischen Bereich, d.h. auf quantenmechanische Ereignisse. Mit Hinsicht auf kausale Vorgänge im makrophysikalischen Bereich ist die Wahrheit von (GPB) weniger klar, wie das bereits oben erwähnte Beispiel der doppelten Todesursache durch Gewehrschuss und Blitz nahe legt. Um also (GPB) einen positiven Wahrheitswert zu erhalten, muss die Prämisse in einer Weise präzisiert werden, welche ihre Extension auf das Mikrophysikalische bzw. Quantenmechanische einschränkt. Dies geschieht durch die neuformulierte Prämisse ($GP_{mikro}B$):

(**$GP_{mikro}B$**) *Der Bereich des Mikrophysikalischen ist nomologisch-kausal geschlossen.*

Unter Berücksichtigung dieser Modifikation von (GPB) bewahrt das kausale Argument nur dann seine Gültigkeit, wenn das ›P‹ in der Prämisse (MVP) dieselbe Extension besitzt wie »P_{mikro}«. Dies ist, wie Sturgeon bemerkt, jedoch nicht der Fall. Es fehlt eine ausreichend enge konzeptuelle Verbindung der Begriffe. Die Annahme, dass mentale Ereignisse quantenmechanische Ereignisse verursachen, scheint weder durch die alltägliche Erfahrung noch durch wissenschaftliche Verifikation gestützt zu sein. (MVP) ist entsprechend nur plausibel, wenn es eine Kausalität im makrophysikalischen Bereich voraussetzt. Eine reformulierte Prämisse (MVP_{makro}) bringt dies zum Ausdruck.

(**MVP_{makro}**) *Mentale Ereignisse verursachen makro-physikalische Ereignisse.*

---

[10] Eine Interpretation mentaler Zustände als Epiphänomene dürfte weiterhin ausgeschlossen sein, da eine funktionale Analyse mentaler Zustände deren kausale Wirksamkeit voraussetzt.
[11] Sturgeon 1998.

Damit entsteht für das kausale Argument jedoch ein offensichtliches Problem. Die Plausibilität von (GBP) und (MVP) ist jeweils durch eine unterschiedliche Lesart von »physikalisch« erreicht. Das kausale Argument, welches beide Prämissen beinhaltet, kann also nicht in seiner bisherigen Form belassen werden. Seine Gültigkeit kann nur dann bewahrt werden, wenn eine weitere Prämisse hinzugezogen wird. Diese Prämisse muss die diagnostizierte Äquivokation als insignifikant herausstellen, d.h. sie muss eine ausreichend starke begriffliche Verbindung schaffen zwischen »P_{mikro}« und »P_{makro}«. Eine Möglichkeit dazu besteht in der Formulierung einer Prämisse, welche auf der Annahme gründet, dass makrophysikalische Ereignisse durch mikrophysikalische, d.h. quantenmechanische Ereignisse »vollkommen komponiert« sind. Wir können diese Prämisse mit (MMK) für »mikro-makro Komposition« bezeichnen.

(MMK) *Makrophysikalische Ereignisse sind aus mikrophysikalischen Ereignissen vollkommen komponiert.*

Mit der Einführung dieser zusätzlichen vierten Prämisse, aber auch erst durch sie, ist das kausale Argument gültig. Wenn Mentale Ereignisse physikalische Makroereignisse verursachen, makrophysikalische Ereignisse aus mikrophysikalischen Ereignissen vollkommen komponiert sind, der Bereich des Mikrophysikalischen nomologisch-kausal geschlossen ist und eine reguläre Überdetermination von mikrophysikalischen Ereignissen ausgeschlossen werden kann, dann müssen mentale Ereignisse mit physikalischen Ereignissen identisch sein.

Mikro-Makro-Komposition und Identität

Die Gültigkeit des kausalen Argumentes ist durch (MMK) hergestellt. Zugleich aber steht damit die Wahrheit des Arguments erneut zur Debatte. Kann (MMK) nicht entschieden als wahr betrachtet werden, so ist die Wahrheit der Konklusion des kausalen Arguments ebenfalls nicht mehr gesichert. Nach Sturgeons Auffassung ist genau dies der Fall. Er argumentiert, dass sich makrophysikalische Phänomene radikal anders verhalten als quantenmechanische Phänomene, wie sich anhand von zwei Aspekten der Quantentheorie aufweisen läßt: *Superposition* und *Projektion*.[12] Als Folge dieser phänomenalen Heterogenität ist völlig unklar, in welchem Verhältnis Makro-Ereignisse zu quantenmechanischen Ereignissen stehen. Es klafft eine explanatorische Lücke zwischen beiden phänomenalen Bereichen. Möglicherweise wird eine Physik der Zukunft diese Lücke schließen können, aber ob sie dies tatsächlich leisten wird, ist zum jetzigen Zeitpunkt eine offene Frage. Entsprechend muss

---

[12] Die Details dieser Aspekte der Quantentheorie können hier nicht ausgearbeitet werden, vgl. Sturgeon 1998, S. 424–428.

(MMK) weit weniger als wissenschaftlich gestützt angesehen werden, als dies die kanonische Formulierung des kausalen Arguments vorauszusetzen scheint. Aufgrund des ungeklärten Verhältnisses zwischen makrophysikalischen und quantenmechanischen Ereignissen kann das kausale Argument also nicht als argumentativ ausreichend für die Konklusion einer psychophysischen Identität betrachtet werden.

Für die Identitätstheorie bestehen an diesem Punkt der Diskussion zwei Möglichkeiten, Sturgeon's kritischer Argumentation zu begegnen. Eine erste Strategie sieht eine Ausweitung der Applikation von (GPB) auf makrophysikalische Vorgänge vor. Wie oben bereits angedeutet, dürfte sich dies jedoch kaum als durchführbar erweisen. Zudem hätte es zur Konsequenz, dass zwar mentale Zustände auf neuronale Zustände reduziert werden könnten, dass aber neuronale Zustände selbst irreduzibel wären, indem der physikalische Bereich, welche neuronale Zustände angehören, bereits kausal geschlossen wäre.

Eine zweite Strategie liegt in der Fortentwicklung der heutigen Physik, welche eine deskriptive Angleichung von mikrophysikalischen Phänomenen an makrophysikalische Phänomene zu erreichen sucht. Auf diese Weise würden die Zweifel an der Wahrheit von Prämisse (MMK) erheblich entschärft und die argumentative Stringenz des kausalen Arguments wäre wiederhergestellt. Das Unbefriedigende dieser Strategie liegt in der Tatsache, dass die Entscheidung über die Wahrheit des kausalen Argumentes in die ferne Zukunft vertagt wird. Erneut wird deutlich, dass das Argument zum jetzigen Zeitpunkt nicht als wahr gelten kann.

Das erweiterte Problem

Meiner Auffassung nach hat Sturgeon zu Recht darauf hingewiesen, dass eine Äquivokation des Wortes »physikalisch« im kausalen Argument vorliegt und dass sie insofern signifikant ist, als die unterschiedlichen Individuationsmerkmale eine Identifikation von quantenmechanischen mit makro-physikalischen Ereignissen bisher nicht zulassen. Anders als Sturgeon glaube ich jedoch, dass in einem bestimmten Sinne die Äquivokation für das kausale Argument bzw. für die Anwendung des Argumentes als Basis für [RLR] auch dann noch ein Problem darstellen wird, wenn eine Physik der Zukunft die phänomenologische Spannung zwischen Quantenmechanik und Makrophysik in eine deskriptive Homogenität überführt hat. Sturgeon's Argument baut wesentlich auf der Einsicht auf, dass das kausale Argument eine problematische Ebenenidentifikation bezüglich quantenmechanischer und makro-physikalischer Phänomene vornimmt. Mir scheint jedoch, das damit nur der besondere Fall eines viel grundlegenderen Problems angesprochen ist, das auch in Zukunft nicht ohne weiteres zu beheben sein wird. In grundlegender Weise führt es für das kausale Argument zu dem Dilemma, dass das Argument entweder trivial ausfällt oder in einen Regress mündet.

Die Ebenenidentifikation

Das kausale Argument erhält seine Stärke durch ein Prinzip, das sich in einem Ockham'schen Geiste als kausales Ausschlussprinzip formulieren lässt:

{**KAP**} *Postuliere keine zusätzlichen Ursachen über die ausreichenden hinaus.*

Für ein gegebenes physikalisches Ereignis E identifiziert es immer eine existierende Ursache gemäß (GPB). Im Folgenden wird durch (MVP) eine zweite Ursache für *denselben* physikalischen Effekt E identifiziert. Da unter Hinzuziehung (KÜD), welche auf {KAP} basiert, keine weiteren Ursachen zu der physikalischen Ursache postuliert werden dürfen, kann die potentielle mentale Ursache nur epiphänomenal sein oder identisch mit der bereits identifizierten physikalischen Ursache. Wichtig zu bemerken ist, dass das kausale Argument zwei mögliche Ursachen *demselben Effekt* zuschreibt.

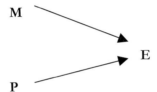

In analoger, wenn auch erweiterender Weise verfährt [RLR]. Der zu reduzierende mentale Zustand M wird durch eine funktionale Analyse als Mittlerzustand zwischen einem bestimmten Input I_M und einem bestimmten Output O_M spezifiziert, d.h. $M \equiv \{I_M/O_M\}$. In einem zweiten Schritt wird ein unterliegender physikalischer funktionaler Zustand P identifiziert, dessen Input $I_P = I_M$ und dessen Output $O_P = O_M$. Da $M \equiv \{I_M/O_M\}$ und $P \equiv \{I_P/O_P\}$ und $\{I_M/O_M\} \equiv \{I_P/O_P\}$ kann gefolgert werden, dass $M = P$. Wie oben muss hier besonders auf die Teilschritte der Identifikation $I_P = I_M$ und $O_P = O_M$ hingewiesen werden. Erneut wird M und P *derselbe Input* und *derselbe Output* zugeschrieben.

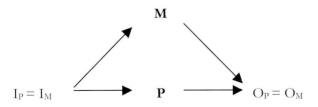

Konkret geschieht dies bei den folgenden zwei Beispielen:

> Der mentale Zustand des Schmerz-Habens verursacht ein Aufschreien und ein hektisches Zurückziehen von verletzten Körperteilen. Genauso verursacht ein bestimmter neuronaler Zustand ein Aufschreien und ein hektisches Zurückziehen von verletzten Körperteilen.

> Die Entscheidung den Arm zu heben verursacht das Heben des Armes. Genauso verursacht ein bestimmter neuronaler Zustand das Heben des Armes.

Entgegen den Implikationen dieser Beispiele ist nicht von vornherein einsichtig, dass ein bestimmter, d.h. mit der Entscheidung korrelierter neuronaler Zustand etwa die Bewegung eines Armes verursacht. Neuronale Zustände verursachen zunächst einmal weitere neuronale Zustände, wie z.B. Zustände der Transmissionsneuronen, welche wiederum verschiedene Zustände der Muskelkontraktion und Knochenbewegung etc. verursachen. In der gesamten deskriptiven Analyse dieser Zustände taucht das Ereignis des Arm-Hebens nicht auf. Dagegen kann argumentiert werden, das Ereignis des Arm-Hebens tauche sehr wohl in der Beschreibung auf, da es eine Wahrheit ist, dass eine Armbewegung durch eine bestimmte Verbindung von Muskelkontraktionen und Knochenbewegungen vollkommen konstituiert ist. Dieser Einwand ist zwar korrekt, die von ihm vorausgesetzte Wahrheit ist jedoch eine aposteriorische, d.h. sie ist nicht analytisch wahr und bedarf selbst der Etablierung. Wie kann aber bei der Etablierung dieses aposteriorischen Identitätspostulats der Outputzustände verfahren werden?

Eine Möglichkeit bestünde darin, den Output- oder Effektzustand O_M selbst wieder durch [RLR] auf O_P zu reduzieren und so eine Identität der beiden Outputzustände sicherzustellen. Dabei stellt sich dasselbe Problem jedoch von neuem. Denn wie kann nun sichergestellt werden, dass der Outputzustand O_M^* von O_M identisch ist mit dem Outputzustand O_P^* von O_P? Dies könnte nur durch eine weitere Reduktion von O_M^* auf O_P^* mithilfe von [RLR] geschehen, was den Anfang eines Regresses darstellt. Um also eine Reduktion von mentalen auf physikalische Zustände mithilfe von [RLR] durchführen zu können, wird mindestens ein vorgängig verfügbares Identitätspostulat benötigt, das einen sich auf der deskriptiven Ebene des zu reduzierenden mentalen Zustands befindlichen physikalischen Zustand reduziert und *das selbst nicht durch* [RLR] *aufgestellt worden ist*. Andernfalls mündet [RLR] – und analog das kausale Argument – in einen Regress. Die Verfügbarkeit eines solchen Identitätspostulats ist damit in keiner Weise gesichert.

Eine zweite Möglichkeit bestünde darin, das benötigte Identitätspostulat *for the sake of the argument* ohne nähere argumentative Rechtfertigung einzusetzen. Dies wäre allerdings aus folgendem Grund unangenehm. Die [RLR]-Methode war gewählt worden, um die *Möglichkeit* der Reduktion eines mentalen Zustandes aufzuweisen. Der mentale Zustand war dabei funktional spezifiziert worden. Dadurch ist der Outputzustand selbst aber mindestens teilweise funktional definiert, indem er durch seinen Input maßgeblich spezifiziert ist. Sofern nun der (teilweise) funktionale Outputzustand des mentalen Zustands als mit einem unterliegenden physikalischen Zustand postuliert wird, so ist mit diesem Postulat die Möglichkeit der Reduktion makroskopischer funktionaler Zustände bereits vorweggenommen. Diese aber galt es gerade mithilfe von [RLR] aufzuweisen. Die Schlussfolgerung von [RLR] – und analog die Folgerung des kausalen Arguments – würden damit trivial wahr.

Bliebe noch die Wahl eines dritten von [RLR] unabhängigen, jedoch ausreichend argumentativ gestützten Wegs zur Etablierung des benötigten Identitätspostulats. Die Verfügbarkeit eines solchen ist jedoch keinesfalls gesichert.

*

Das Argument, das ich gegen das kausale Argument, bzw. [RLR] und die entsprechenden Schlussfolgerungen einwende, ist also das folgende. Das kausale Argument ist argumentativ gültig, jedoch nur unter Hinzunahme der Prämisse (MMK). Die Stützung dieser weiteren Prämisse erweist sich als problematischer, als auf den ersten Blick ersichtlich. Der Stand der heutigen Physik kann nicht zu ihrer Begründung herangezogen werden. Daneben ergeben sich methodische Bedenken. Zur Stützung von (MMK) wird ein vorgängiges Identitätspostulat der Outputzustände von M und P benötigt. Wird es mit [RLR] eingesetzt, mündet das kausale Argument in einen Regress. Zugleich ist die Möglichkeit eines unabhängig von [RLR] aufgestellten Identitätspostulats der Outputzustände nicht klar. Wird das Postulat jedoch ohne weitere argumentative Rechtfertigung eingesetzt, trivialisiert dies die Konklusion des kausalen Arguments und der [RLR][13].

Kreativität

Eine Relevanz des von mir dargestellten Arguments für eine Debatte über Kreativität als philosophisches Problem besteht in folgender Hinsicht. Ungeachtet der Frage, ob Kreativität anhand isolierter Aspekte des kreativen Prozesses definiert wird, d.h. beispielsweise als »absichtsvolle Konkretisierung von Einsicht«[14] oder als Manifestation von »Novelty Proper«[15] am kreativen Produkt, oder ob sie durch eine eher globale Sicht auf den kreativen Prozess erläutert wird[16]; den meisten philosophischen Positionen zu diesem Thema

---

[13] Meine Kritik an [RLR] ist nicht pauschal. Sie betrifft nur die Anwendung von [RLR] für die Reduktion des Mentalen, d.h. bei dieser speziellen Interlevel-Reduktion. Bei Intralevel-Reduktionen besteht die dargelegte Problematik nicht.
[14] Götz 1981, S. 300.
[15] Hausman 79, S. 246.
[16] Vgl. Beilin 1983.

scheint die Grundannahme gemeinsam, dass der kreative Prozess eine bestimmte Form der »Aktivität« und des »Machens«[17] involviert, welche einen Übergang von mentalen Phänomenen, wie Ideen, Entscheidungen, Beurteilungen etc. zu physikalischen Manifestationen dieser Phänomene beschreiben. Hieran wird deutlich, dass ein enger Bezug besteht zwischen kreativem Schaffen und mentaler Verursachung. Entsprechend ist die Frage der Möglichkeit mentaler Verursachung relevant für die Frage nach der Möglichkeit kreativen Schaffens.

Literatur

BEILING, Sharon: *On Creativity as Making: A Reply to Götz*, in: The Journal of Aesthetics and Art Criticism 41/4 (1983), S. 437–442.
DAVIDSON, Donald: *Rational Animals*, in: Dialectica 36 (1982), S. 317–327.
GÖTZ, Ignacio L.: *On Defining Creativity*, in: The Journal of Aesthetics and Art Criticism 39/3 (1981), S. 297–301.
HAUSMAN, Carl R.: *Criteria of Creativity*, in: Philosophy and Phenomenological Research 40/2 (1979), S. 237–249.
HOSPERS, John: *Artistic Creativity*, in: The Journal of Aesthetics and Art Criticism 43/3 (1985), S. 243–255.
KIM, Jaegwon: *Events as Property Exemplifications*, in: M. Brand/D. Walton (Hgs.): Action Theory, Dordrecht: Reidel 1976, S. 159–177.
KIM, Jaegwon: *Mind in a physical world: an essay on the mind-body problem and mental causation*, Cambridge Mass.: MIT Press 1998.
LEWIS, David: *An argument for the identity theory*, in: The Journal of Philosophy 63/1 (1966), S. 17–25.
LEWIS, David: *How to define theoretical terms*, in: ders.: Philosophical Papers, Vol. I, Oxford, New York: Oxford University Press 1983, S. 78–95.
PAPINEAU, David: *Thinking about consciousness*, Oxford, New York: Oxford University Press, Clarendon Press 2002.
STURGEON, Scott: *Physicalism and Overdermination*, in: Mind 107 (1998), S. 411–432.

---

[17] Hospers 1985, S. 244f.

Begriffstheorien und Begriffswandel

Jasper Liptow (Frankfurt am Main)

Im technischen Sinn wird unter der Kreativität des Geistes zumeist seine Fähigkeit verstanden, auf der Basis endlicher Ressourcen potenziell unendlich viele Gedanken hervorzubringen. Eine Fähigkeit, die im Allgemeinen so interpretiert wird, dass sie auf einer rekursiven Anwendung einer endlichen Anzahl von Regeln auf einen endlichen Vorrat von Begriffen beruht – so ziemlich das Gegenteil von dem, was man im Alltag als eine kreative Tätigkeit bezeichnen würde. In einem untechnischen und alltagssprachlichen Sinn treffen wir auf Kreativität in geistigen Dingen dort, wo gerade nicht Regeln mechanisch angewendet werden, wo das Ergebnis einer kognitiven Anstrengung in keiner Weise bereits sozusagen durch ihr Ausgangsmaterial festgelegt war.

Ein paradigmatischer Fall von geistiger Kreativität in diesem Sinn ist nicht das Kombinieren von einfacheren Begriffen zu komplexeren Begriffen nach feststehenden Regeln, sondern das *Verändern* oder *Neuschaffen* von Begriffen. Mir wird es in diesem Paper allerdings nicht darum gehen, begriffliche Kreativität in diesem Sinn zu verstehen. Mein Ziel ist das bescheidenere, eine *notwendige Voraussetzung* für begriffliche Kreativität zu erhellen, nämlich begrifflichen *Wandel*. Begriffliche Kreativität, so könnte man vielleicht ganz vorläufig sagen, ist eine bestimmte Form begrifflichen Wandels, nämlich begrifflicher Wandel, der in einem bestimmten Kontexten zu einem bestimmten Zweck absichtlich initiiert wird und sich auf nicht auf eine mechanische und vorhersagbare – kurz: auf eine kreative – Art und Weise vollzieht.

Ich werde das Phänomen begrifflichen Wandels im Folgenden als ein Problem für philosophische Begriffstheorien präsentieren und fragen, wie eine Begriffstheorie beschaffen sein muss, um diesem Phänomen zwanglos Rechnung zu tragen. Es wird nicht überraschen, dass Begriffliche Rollen Semantiken in diesem Zusammenhang gut abschneiden. Ihr schärfster (und einziger) Konkurrenten allerdings, der Informationale Atomismus, offenbart hier eine große Schwäche.

1. Begriffe – einige Vorbemerkungen

Ich werde mit ein paar kurzen Vorbemerkungen beginnen, um das Feld ein wenig abzustecken und Klarheit darüber zu schaffen, wovon ich im Folgenden reden werde.

Begriffe lassen sich – ähnlich wie Sprachen – zum einen als öffentliche, in gesellschaftlich geteilten Praktiken manifestierte Entitäten betrachten, zum anderen als Elemente der Kognition einzelner Personen. Von dieser Trennung *kann* behauptet werden, dass sie nur eine scheinbare ist – dass vielleicht entweder die öffentlich manifesten Strukturen nur Externalisierungen kognitiver Strukturen darstellen oder die kognitiven Strukturen nur Internalisierungen der öffentlichen –, aber das ändert nichts an der Tatsache, dass hier *prima facie* ein Unterschied besteht, der die jeweilige Untersuchung im höchsten Maße formt und daher explizit gemacht werden sollte. Ich werde mich im Folgenden mit Begriffen nur in dem Sinn befassen, in dem sie eine Rolle für die geistigen Akte einzelner Individuen spielen.[1]

Desweiteren gehe ich davon aus, dass Begriffe für den menschlichen Geist eine solche Rolle ausschließlich im Kontext vollständiger propositionaler Einstellungen spielen können. Unser Geist kann von einem Begriff nur dadurch Gebrauch machen, dass er einen vollständigen Gedanken denkt, ›in dem dieser Begriff vorkommt‹.[2]

Außerdem nehme ich an, dass sich eine unproblematische Unterscheidung zwischen elementaren und zusammengesetzten Begriffen treffen lässt, die auf der Analogie zu einfachen und zusammengesetzten sprachlichen Ausdrücken beruht. Gemeint ist die Unterscheidung zwischen einem Begriff wie BRAUNE KUH auf der einen Seite und Begriffen wie BRAUN und KUH auf der anderen. Ich gehe davon aus, dass sich eine Begriffstheorie um zusammengesetzte Begriffen keine ernsthaften Sorgen machen muss. Wenn diese überhaupt theoretische Beachtung finden müssen – was ich aus Gründen, die ich hier nicht ausführen kann, nicht für ausgemacht halte – dann gehorcht ihr Gehalt einer Variante des Kompositionalitätsprinzips.

Schließlich setze ich mit Jerry Fodor voraus, dass mehr oder weniger alle Begriffe, die sich, grob gesprochen, durch ein einzelnes Wort zum Ausdruck bringen lassen (»lexikalische Begriffe«), elementar in dem eben erläuterten

---

[1] Diese Formulierung ist bewusst so gewählt, dass sie die Frage nach dem ontologischen Status von Begriffen offenhält. Insbesondere lässt sie die Möglichkeit zu, dass Begriffe als abstrakte Entitäten verstanden werden (etwa als Konstituenten von Frege'schen Gedanken), wobei das mentale Geschehen dann als ein ›Erfassen‹ oder ›zum Ausdruck bringen‹ dieser Größen verstanden wird. Begriffe in diesem Sinn sind zwar keine mentalen Entitäten, werden aber immer noch als Größen konzipiert, die das mentale Geschehen einzelner Individuen erklären sollen.

[2] Eine ausgefeilte Auffassung von Begriffen müsste etwas dazu zu sagen haben, was es heißen soll, dass Begriffe ›in propositionalen Einstellungen vorkommen‹. Eine mögliche Deutung wäre, Begriffe als *Teile* von Gedanken zu begreifen, aus denen Gedanken im Buchstäblichen Sinn zusammengesetzt sind. Andererseits spricht einiges dafür, eine begriffstheoretische Variante von Freges These ernst zu nehmen, dass Prädikate nicht als echte Teile von Sätzen gedeutet werden dürfen, da sonst ihre wesentliche Unselbständigkeit verfehlt wird (vgl. z.B. Frege 1892). Michael Dummett hat im Anschluss an Frege in diesem Sinn vorgeschlagen, Prädikate als *Merkmale* von Sätzen zu begreifen (vgl. Dummett 1973, S. 31). In analoger Weise könnte man versuchen, Begriffe als *Merkmale von propositionalen Einstellungen* zu konzipieren. Ich möchte mich an dieser Stelle nicht auf eine bestimmte Deutung festlegen.

Sinn sind. D.h., dass sie sich in der Regel nicht definieren lassen und dass sie keine implizite kompositionale Struktur (etwa im Sinne semantischer Konstituenten) besitzen.[3]

2. Zwei begriffstheoretische Ansätze

In der begriffstheoretischen Auseinandersetzung – wie in Fragen der »Psychosemantik« überhaupt – verläuft eine klare Frontlinie zwischen zwei Ansätzen, die ich mit üblichen Schlagwörtern zum einen als *Begriffliche Rollen Semantik*, zum anderen als *Informationalen Atomismus* bezeichnen möchte. Es handelt sich hier nicht um ausgefeilte konkrete Begriffstheorien, sondern jeweils um ganze Klassen von – untereinander in vielfacher Hinsicht unvereinbaren und daher konkurrierenden – Theorien, die allesamt in vielfacher Hinsicht vage und unvollständig sind. Ich werde für die Zwecke der folgenden Auseinandersetzung jeweils eine Variante skizzieren. Die Debatte zwischen Begriffliche Rollen Semantik und Informationalem Atomismus wird immer noch engagiert geführt. Ich werde dazu heute insofern einen Beitrag leisten, als ich untersuchen möchte, wie die beiden Ansätze mit dem Phänomen des begrifflichen Wandels zurecht kommen und also geeignet sind, die Grundlage eines Verständnisses begrifflicher Kreativität bereitstellen zu können.

Die Variante der Begriffliche Rollen Semantik, die ich selber für plausibel halte, setzt an bei einer starken Lesart der These von der Abhängigkeit der Begriffe von propositionalen Einstellungen. Ihr zufolge handelt es sich hier um eine Abhängigkeit des Gehalts. Begriffe werden, ebenso wie propositionale Einstellungen, über ihren Gehalt individuiert. Die Abhängigkeit des Begriffs vom Gedanken lässt sich daher mit einer begriffstheoretischen Variante von Freges Kontextprinzip formulieren: Der Gehalt eines Begriffs ist nichts anderes als der Beitrag, den er zu dem Gehalt der propositionalen Einstellungen leistet, ›in denen er vorkommt‹.[4] Was die Bestimmung des Gehalts angeht, kommt den vollständigen propositionalen Einstellungen dieser Auffassung zufolge ein Primat zu. Grob gesprochen besagt die Version, die ich favorisie-

---

[3] Vgl. Fodor u. a. 1980; Fodor 1981, S. 283ff. und kürzlich Fodor 1998, Kap. 3 u. 4. Selbst eine so schlichte ›Definition‹ wie die von Junggeselle als unverheirateter Mann kann schnell durch Beispiele ins Wanken gebracht werden: Ist der Papst oder ein Priester im Zölibat ein Junggeselle? Was ist mit Robinson Crusoe oder Mogli? Was ist mit einem jungen Mann, der in einer Gesellschaft lebt, die die Institution der Ehe nicht kennt? Was mit einem Mann, der seit zwanzig Jahren in einer festen Partnerschaft lebt? Was ist mit einem Mann, der in einer Gesellschaft lebt, die ihm die Heirat mit vier Frauen erlaubt, der aber nur drei hat? Usw. usw.

[4] Das Prinzip der Kompositionalität verlangt andererseits, dass der Gehalt einer propositionalen Einstellung unter anderem von dem Gehalt der Begriffe bestimmt wird, die ›in ihr vorkommen‹. Wie diese beiden Gedanken verstanden werden müssen, damit sie kompatibel sind, wird z.B. in Janssen 2001 diskutiert.

re, dass der Gehalt einer propositionalen Einstellung einer Person konstituiert wird

1. durch ihre Folgerungsbeziehungen zu anderen Einstellungen dieser Person
2. durch die kausalen Verknüpfungen von Einstellungen mit Wahrnehmung und Handeln in Kontexten erfolgreicher sprachlicher Verständigung.

Begriffe sind also diesem Ansatz zufolge wesentlich durch ihre semantischen Beziehungen zu anderen Begriffen konstituiert. Dies wirft die Frage auf, *welche* der Beziehungen, die ein Begriff zu anderen Begriffen unterhält, für seinen Gehalt konstitutiv sein sollen. Begriffliche Rollen Semantiken tun sich notorisch schwer mit einer zufrieden stellenden Antwort auf diese Frage. Klar ist, dass der Gehalt eines Begriffs nicht mit dessen totaler begrifflicher Rolle identifiziert werden kann. Denn dann würde jeder noch so kleine Unterschied zwischen den propositionalen Einstellungen zweier Personen (oder einer Person zu verschiedenen Zeitpunkten) einen Unterschied der Gehalte aller Begriffe bedeuten. Nicht einmal ein Mindestmaß an Teilbarkeit und Stabilität von Begriffen könnte erklärt werden. Das bedeutet, dass eine Begriffliche Rollen Semantik den Gehalt eines Begriffs in irgendeiner Weise als ein begrenztes Konstrukt aus seiner totalen begrifflichen Rolle konzipieren muss – etwa indem ein Begriff als eine Menge hinreichend ähnlicher totaler begrifflicher Rollen bestimmt wird. Es ist aber alles andere als klar, dass sich eine solche Begrenzung kohärent konzipieren lässt.[5]

Jerry Fodor hat es sich seit vielen Jahren zur Aufgabe gemacht, die Unhaltbarkeit jeder Form von Begriffliche Rollen Semantik nachzuweisen.[6] Da seiner Auffassung zufolge die Begriffliche Rollen Semantik in jeder Version an der allgemeinen These scheitert, dass der Gehalt eines Begriffs von seinen Beziehungen zu anderen Begriffen konstituiert wird, bleibt Fodor zufolge nur die Möglichkeit offen, in Fragen des begrifflichen Gehalts jede Art von konstitutiver Beziehung einer ›mentalen Repräsentation‹ zu anderen ›mentalen Repräsentationen‹ zu leugnen.

Der erste Grundgedanke des Atomismus, wie Fodor ihn vertritt, besagt entsprechend, dass Begriffe in zweierlei Sinn Atome sind: Erstens weisen sie *keine interne Struktur* auf, sind also nicht etwa aus anderen Begriffen aufgebaut; zweitens sind sie *in ihrer Identität voneinander unabhängig*, hängen also *nicht in konstitutiver Weise miteinander zusammen*.

Der zweite Grundgedanke gibt dieser negativen Formulierung einen positiven Inhalt, indem er erklärt, wie begrifflicher Gehalt zustande kommt, ohne dass Begriffe dafür eine interne Struktur aufweisen oder mit anderen Begriffen

---

[5] Vgl. z.B. Fodor/Lepore 1992.
[6] Am nachdrücklichsten und ausführlichsten in Fodor 1998.

zusammenhängen müssen. Der Atomismus beruft sich hier – in der Form die Fodor dem Ansatz gegeben hat – auf eine informationstheoretische Semantik für mentale Repräsentationen. Diese besagt im Kern, dass ein Begriff eine bestimmte Eigenschaft dann zum Ausdruck bringt, wenn zwischen dieser Eigenschaft und dem Begriff eine gesetzesartige Kausalbeziehung besteht; wenn es also ein Gesetz ist, dass Gegenstände, die die Eigenschaft haben, Vorkommnisse des entsprechenden Begriffs im Geist einer Person verursachen.

Das zentrale semantische Problem, mit dem der Informationale Atomismus zu kämpfen hat, besteht darin, dass Begriffe auch durch Dinge verlässlich verursacht werden können, die nicht die entsprechende Eigenschaft haben. So könnte es etwa sein, dass Pferde in dunkler Nacht bei einer Person verlässlich Vorkommnisse des Begriff KUH verursachen, ohne dass wir sagen wollen, dieser Begriff treffe auf Kühe *oder auf Pferde in dunkler Nacht* zu. Diesem so genannten Disjunktionsproblem versucht Fodor dadurch zu entkommen, dass er die Gehalt bestimmenden Kausalgesetze durch eine asymmetrische Abhängigkeitsbeziehung auszeichnet: Pferde in dunkler Nacht können (fälschlicherweise) KUH nur dann verursachen, wenn Kühe (korrekterweise) KUH verursachen. Kühe können KUH aber auch dann verursachen, wenn Pferde dies nicht tun.[7]

Eine kurze Anmerkungen noch zu den Gehalt konstituierenden Kausalbeziehungen. Die Naturgesetze, die hier in Frage kommen, sind keine elementaren physikalischen Gesetze, sondern sie gehören auf die Ebene von Einzelwissenschaften wie der Psychologie. D.h. es handelt sich um Beziehungen für die entsprechende *Mechanismen* namhaft gemacht werden können müssen, die die gesetzesmäßigen Beziehungen herstellen und aufrechterhalten – ich werde diese Mechanismen im Folgenden »tragende« Mechanismen nennen. Entscheidend ist nun, dass die tragenden Mechanismen nicht de facto in Gebrauch sein müssen, damit ich über einen bestimmten Begriff verfüge: Es müssen keine Begriffe *faktisch* von Instanzen der entsprechenden Eigenschaft verursacht werden, um die Eigenschaft zum Ausdruck bringen zu können. Andernfalls könnte ich nicht über elementare Begriffe verfügen, deren Extension *leer* ist, wie etwa den des Einhorns. Alles, was der Fall sein muss, ist, dass ich über mentale Repräsentationen verfüge, die von Einhörnen naturgesetzlich durch einen tragenden Mechanismus verursacht *würden, wenn es Einhörner gäbe*.[8] Wenn ein Mechanismus ausgebildet wird, der eine naturgesetzliche Be-

---

[7] Dass diese Lösung funktioniert, ist vielfach bestritten worden. Vgl. z.B. Adams/Aizawa 1994. Ich werde diesem Problem hier aber nicht weiter nachgehen, sondern dem Informationalen Atomismus die Lösung des Disjunktionsproblems schenken.
[8] Vgl. Fodor 1998. Dem entgegen hat Fodor in Fodor 1990 erwogen, das tatsächliche Vorhandensein kausaler Beziehungen zu den Entitäten, die unter einen Begriff fallen, in die Bestimmung des Gehalts mit aufzunehmen. Der notwendige Preis war, all jenen

ziehung zwischen einer Eigenschaft und einem Typ mentaler Repräsentationen trägt, dann können wir davon sprechen, dass der Begriff mit der entsprechenden Eigenschaft *verbunden* wurde.

Der Gehalt eines bestimmten Begriffs ist diesem Ansatz zufolge also konstitutiv unabhängig von den Gehalten anderer Begriffe. Um den Begriff KUH zu besitzen, muss man nicht die Begriffe SÄUGETIER, VIERBEINER, MILCH usw. besitzen, sondern nur in der richtigen Weise mit der Eigenschaft, eine Kuh zu sein, kausal verbunden sein.

Begriffe sind darüber hinaus ihrem Gehalt nach unabhängig von den propositionalen Einstellungen, in denen sie vorkommen. Zwar kann (und sollte) auch Fodor dem Gedanken zustimmen, dass der menschliche Geist von Begriffen nur im Kontext vollständiger propositionaler Einstellungen Gebrauch machen kann. Er geht aber davon aus, dass der Gehalt von Begriffen nicht durch die Rolle konstituiert wird, die diese in den Einstellungen spielen, sondern wieder allein durch die naturgesetzlichen Beziehungen zu den Dingen, auf die sie zutreffen.

Das heißt nicht, dass Fodor leugnet, dass größere Zusammenhänge propositionaler Einstellungen, etwa Theorien, für Begriffe eine Rolle spielen. Sie spielen eine, aber keine konstitutive. Es ist schlicht eine empirische Tatsache, dass unser Geist, so wie er nun einmal funktioniert, bestimmte Arten von Begriffen dadurch erwirbt, dass er über bestimmte Mechanismen verfügt, mit deren Hilfe mentale Repräsentationen mit den entsprechenden Eigenschaften zusammengeschlossen werden. Theorien gehören bei einigen unserer Begriffe[9] zu diesen Mechanismen. Sie spielen damit eine empirische Rolle für die Bildung von Begriffen in unserem Geist, aber keine konstitutive Rolle für Begriffe selber.

3. Begriffswandel

Das Phänomen des Begriffswandels ist in den letzten Jahrzehnten ein zentrales Untersuchungsfeld der Kognitionspsychologie geworden. Der Einfluss dieser Untersuchungen auf die Philosophie des Geistes ist bisher allerdings marginal geblieben. Das ist bedauerlich, denn die Frage, wie genau Begriffswandel in seinen verschiedenen Formen theoretisch zu erklären ist, ist alles andere als trivial. Es sind vor allem drei Bereiche, in denen die Frage nach dem begrifflichen Wandel in der kognitionspsychologischen Forschung der letzten Jahrzehnte relevant geworden ist. Da ist zum Ersten der Erwerb neuer Begriffe im Zuge der ontogenetischen Entwicklung. Da ist zum Zweiten die

---

lexikalen Begriffen, die nicht instantiiert sind, eine verdeckte kompositionale Struktur zu unterstellen. Dieser Preis scheint Fodor zu hoch gewesen zu sein.
[9] Fodor zufolge für Begriffe von natürlichen Arten *als* Begriffe für natürliche Arten (für Natürliche-Art-Begriffe); vgl. Fodor 1998, Kap. 7.

Konstruktion neuer Begriffe durch die Wissenschaftlerin im Zuge von Problemlösungsprozessen. Und da ist zum Dritten die Vermittlung neuer Begriffe im Zuge wissenschaftlicher Erziehung in der Schule oder im Studium.[10]

Als einfachste Form des Begriffswandels kann der Erwerb neuer Begriffe gelten (zumindest in jenen Fällen, in denen dieser nicht in Form der Komposition bereits vorhandener Begriffe besteht). Es ist erfreulich, dass keine der beiden begriffstheoretischen Varianten, die ich im letzten Kapitel skizziert habe, ernsthafte Probleme hat, Begriffserwerb zu erklären. Begriffserwerb lässt sich in Einklang mit dem Informationalen Atomismus so erklären, dass der tragende Mechanismus erworben wird, der die naturgesetzliche Beziehung zwischen dem Begriff und der entsprechenden Eigenschaft herstellt.[11] Für eine Begriffliche Rollen Semantik stellt sich Begriffserwerb in der Regel so dar, dass einem Begriff eine neue Rolle im Rahmen des bestehenden Netzwerks von Begriffen zugewiesen wird.

Eine weitere schlichte Form begrifflichen Wandels scheint darin zu bestehen, dass bestimmte Merkmale eines Begriffs, die als zentral galten, peripher werden oder umgekehrt. Solche Prozesse lassen sich dem Informationalen Atomismus zufolge aber bereits nicht mehr als Formen begrifflichen Wandels verstehen, da Begriffe keine interne Struktur und also auch *keine Merkmale* haben – weder zentrale, noch periphere. Was sich in diesen Fällen ändert, sind unsere Überzeugungen darüber, welche Eigenschaften der Dinge, die unter einen bestimmten Begriff fallen, für diese zentral sind. Damit ändert sich aber nicht unser Begriff von diesen Dingen. Diese Erklärung ist aber nicht unproblematisch, wie wir gleich sehen werden.

In welchem Sinn können sich Begriffe dem Informationalen Atomismus zufolge überhaupt wandeln? Um diese Frage zu beantworten, müssen wir uns zunächst daran erinnern, dass Begriffe ihm zufolge mentale Einzeldinge sind, die einen bestimmten Gehalt haben. Begrifflicher Wandel, der nicht nur in

---

[10] Einen guten Überblick über die Forschung zum Begriffswandel in der Kognitionspsychologie gibt Nersessian 1998. Es ist umstritten, wie gut begründet die Ansicht ist, dass die Mechanismen des Begriffserwerbs und -wandels in diesen drei Bereichen dieselben oder zumindest ähnliche sind. Auf den ersten Blick scheint sich der entwicklungspsychologische Fall radikal von den anderen zu unterscheiden, da hier, so möchte man meinen, der Erwerb neuer Begriffe nicht in derselben Weise auf das Vorhandensein funktionierender Begriffe bauen kann. Bei genauerem Hinsehen muss dieser Vorbehalt aber relativiert werden. Der Erwerb oder Wandel von Begriffen in der Kindheit vollzieht sich immer schon vor dem Hintergrund eines unbestimmt breiten Repertoires an Begriffen.
[11] Der Informationale Atomismus bietet diese Erklärung des Begriffserwerbs erst seit kürzerem an (vgl. ausführlich dazu Margolis 1998). Fodor hat zunächst lange mit dem Gedanken geliebäugelt, Begriffe würden in der Regel gar nicht erworben, sondern seien Eingeboren und würden nur durch ›Auslöser‹ in der Umwelt ›freigesetzt‹. Erst in Fodor 1998 argumentiert Fodor ausführlich dafür, dass der Informationale Atomismus nicht auf einen umfassenden Nativismus festgelegt ist.

dem Erwerb eines neuen Begriffs besteht, könnte daher so beschrieben werden, dass sich die Verbindung ändert, die mentale Repräsentationen eines bestimmten Typs zu Eigenschaften unterhalten: Es könnte sein, dass mentale Repräsentationen eines bestimmten Typs zunächst naturgesetzlich von Dingen verursacht werden, die F sind, dann von Dingen, die G sind. Zwar wandelt sich hier nicht der Gehalt in dem Sinn, dass die ausgedrückte Eigenschaft sich wandelt – Eigenschaften als abstrakte Gegenstände außerhalb von Raum und Zeit sind unwandelbar –, aber immerhin in dem Sinn, dass sich die *Beziehung* zu der von dem Begriff ausgedrückten Eigenschaft verändert. Da Begriffe über ihren Gehalt individuiert werden, hat sich so auch der Begriff gewandelt.

Die Frage ist allerdings, warum zum Teufel so etwas passieren sollte? Wenn der Geist für den Ausdruck einer bestimmten Eigenschaft keine Verwendung mehr hat und der Ausdruck einer anderen Eigenschaft sich aufdrängt, warum sollte derselbe Typ mentaler Repräsentation von seinem ursprünglichen Gehalt entbunden und mit einer neuen Eigenschaft zusammengeschlossen werden? Warum wird nicht einfach ein neuer Typ mentaler Repräsentationen zum Ausdruck der neuen Eigenschaft verwendet? Und wenn begrifflicher Wandel stattfindet, warum werden die von ihrem ursprünglichen Gehalt entbundenen mentalen Repräsentationen mit einer *eng verwandten* Eigenschaft zusammengeschlossen und nicht mit irgendeiner völlig verschiedenen? Warum gibt es keinen begrifflichen Wandel, der von dem Begriff SÄUGETIER zu dem Begriff FLUGZEUG führt, wohl aber, wie entwicklungspsychologische Untersuchungen nahe legen, wahrscheinlich einen begrifflichen Wandel, der von dem Begriff LUFT ODER NICHTS zu dem Begriff LUFT führt?

Warum begrifflicher Wandel sich nicht sprunghaft vollzieht und bestimmte Wandlungen extrem unwahrscheinlich sind, kann im Rahmen einer Begriffliche Rollen Semantik ohne Schwierigkeiten erklärt werden. Ihr zufolge werden Begriffe unter anderem durch die inferenziellen Rollen der Überzeugungen konstituiert, in denen sie vorkommen. Hier kann ganz unproblematisch ein Prozess angenommen werden, wie der eben erwähnte: Bestimmte Folgerungen, die für den Gehalt eines Begriffs zentral waren, werden zunehmend peripher, ehemals periphere Folgerungen rücken ins Zentrum. Es ist nicht wahrscheinlich, dass Folgerungen für den Gehalt des Begriffs SÄUGETIER eine Rolle gespielt haben, die einen Wandel dieses Begriffs zum Begriff FLUGZEUG herbeiführen könnten.

Ein weiterer zentraler Aspekt des Phänomens begrifflichen Wandels wurde kürzlich von Keil und Wilson gegen Fodor geltend gemacht:

> Concepts, whatever they are, seem to have the property of being tightly connected to one another as they travel along trajectories of conceptual change. Whether it be historically, in the growing child, or in a novice-to-expert shift in local domains, the elements of what used to be semantic fields travel in packs.

> If a young child misunderstands ›uncle‹ as avuncular male adults, he likely also misunderstands, in the same way, ›aunt‹, ›grandmother‹ and other kinship terms involving social roles. When he gains the insight of uncle as a set of kinship relations, he almost immediately gains the same insight with other kinship terms. Thus, knowing that an uncle is the male sibling of one's parents is intimately linked to knowing that an aunt is a female sibling of one's parents, and that a cousin is a child of a parent's siblings. The insight to one relation tends to occur at the same time as the others. (Keil/Wilson 2000, S. 316f.)

Fodor wirft Keil und Wilson vor, hier das vorauszusetzen, was zu zeigen wäre,[12] aber dem ist nicht so. Worauf Keil und Wilson aufmerksam machen, ist nicht die Erklärung begrifflichen Wandels, die die Begriffliche Rollen Semantik liefern kann, sondern die empirische Tatsache, dass sich Begriffe *in Gruppen wandeln*. Es ist diese empirische Tatsache, die in der Begriffliche Rollen Semantik eine natürliche Erklärung findet – semantisch wechselseitig füreinander konstitutive Begriffe *müssen* sich zusammen wandeln –, nicht aber im Informationalen Atomismus. Wenn es hier überhaupt schon ein Problem war zu erklären, warum sich die Verbindungen zwischen Repräsentationen und Eigenschaften ändern sollten, so ist es ein völliges Rätsel, warum dies für mehrere Begriffe gleichzeitig stattfinden sollte, wenn es sich bei Begriffen um isolierte Atome handelt. Man muss beachten, dass dieses Argument in keiner Weise darauf beruht, dass sich eine Vielzahl von Begriffen gleichzeitig ändert. Es reicht völlig aus, dass die Daten uns die Beschreibung nahe legen, dass sich *zwei* Begriffe gleichzeitig und im Zusammenhang miteinander ändern. Fodor muss, um dies zu erklären, einen *externen kausalen* Zusammenhang zwischen den Begriffen annehmen, der für ihren gemeinsamen Wandel verantwortlich ist. (Dies könnte am ehesten ein Zusammenhang in den tragenden Mechanismen sein.[13]) Die Begriffliche Rollen Semantik kann die Begriffe als konstitutiv miteinander verknüpft begreifen und verfügt dann bereits über eine Erklärung, warum sie sich zusammen wandeln mussten.

Dieses Argument ist natürlich nicht zwingend. Fodor kann versuchen, einen Zusammenhang geltend zu machen, der für den gemeinsamen Wandel verschiedener Begriffe verantwortlich ist. Oder er kann versuchen, die Tatsache zu leugnen, dass hier wirklich ein gemeinsamer Wandel stattfindet. Aber sicherlich wird keiner dieser Züge dazu führen, die Plausibilität des Informationalen Atomismus gegenüber einer plausiblen Variante der Begriffliche Rollen Semantik zu stärken.

Formen von Begriffliche Rollen Semantik haben kein Problem, begrifflichen Wandel zu erklären. Tatsächlich besteht hierüber Einigkeit bei ihren Verfechtern uns Gegnern: Wenn es einer Begrifflichen Rollen Semantik *überhaupt* gelingt, begrifflichen Gehalt zu erklären, dann gelingt es ihr auch, den Wandel

---

[12] Vgl. Fodor 2000, S. 364f.
[13] Vgl. ähnlich Keil/Wilson 2000, S. 317.

begrifflichen Gehalts zu erklären. Denn die wesentlichen Bedenken gegen die Begriffliche Rollen Semantik bestehen ja gerade darin, dass ihr zufolge Begriffe immer im Wandel begriffen wären und es ihr nicht gelingt, begriffliche Stabilität zu erklären.

Literatur

ADAMS, F./AIZAWA, K.: *Fodorian Semantics*, in: S. Stich/T. Warfield (Hgs.): Mental Representation. A Reader, Oxford: Blackwell 1994, S. 223–242.

DUMMETT, Michael: *Frege. Philosophy of Language*, 2. Aufl., London: Duckworth 1981 [1973].

FODOR, Jerry A.: *The Present Status of the Innateness Controversy*, in: Representations. Philosophical Essays on the Foundations of Cognitive Science, Cambridge MA: MIT Press 1981, S. 257–316.

FODOR, Jerry A.: *A Theory of Content and Other Essays*, Cambridge MA: MIT Press 1990.

FODOR, Jerry A.: *Concepts. Where Cognitive Science Went Wrong*, Oxford: Oxford University Press 1998.

FODOR, Jerry A.: *Replies to Critics*, in: Mind and Language 15 (2000), S. 350–374.

FODOR, Jerry A. u.a.: *Against Definitions*, in: Cognition 8 (1980).

FODOR, Jerry A./LEPORE, Ernest: *Holism. A Shopper's Guide*, Oxford: Blackwell 1992.

FREGE, Gottlob: *Über Begriff und Gegenstand*, in: Vierteljahrsschrift für wissenschaftliche Philosophie 16 (1892), S. 192–205; wieder abgedruckt in: ders.: Funktion, Begriff, Bedeutung. Fünf logische Studien, hg. u. eingel. v. G. Patzig, 6. Aufl., Göttingen: Vandenhoeck und Ruprecht 1986, S. 66–80.

JANSSEN, Theo M. V.: *Frege, Contextuality and Compositionality*, in: Journal of Logic, Language, and Information 10 (2001), S. 115–136.

KEIL, Frank C./WILSON, R. A.: *The Concept Concept. The Wayward Path of Cognitive Science*, in: Mind and Language 15 (2000), S. 308–318.

MARGOLIS, Eric: *How to Acquire a Concept*, in: Mind and Language 13 (1998).

NERSESSIAN, Nancy J.: *Conceptual Change*, in: W. Bechtel/G. Graham (Hgs.): A Companion to Cognitive Science, Oxford: Blackwell 1998, S. 155–166.

Kritik des Denkens. Kreativität als Herausforderung für Erkenntnis- und Rationalitätskonzepte

SIMONE MAHRENHOLZ (BERLIN)

> The study of creativity
> shadows the study of intelligence.
> *Howard Gardner*

1. Materielle Exposition

Der Gegenstand »Kreativität« ist innerhalb der akademischen Philosophie ein Sprengsatz. Sie ist sich dessen nur untergründig bewusst, aber alles, was philosophisch über das Phänomen Kreativität zu ergründen ist, läuft im Ergebnis auf eine Kritik exakt jener Methoden hinaus, mit denen gearbeitet wird. Dieser Forschungsgegenstand impliziert also erstens die Suche nach den Grenzen der eigenen Disziplin – mit dem strategischen und methodisch fragwürdigen Ziel, das jenseits dieser Grenzen Liegende einzugemeinden. Zweitens ist es genau darin ein im sokratischen und darin zugleich logischen Sinne erotisches Thema. Die Philosophie sucht, was sie *nicht* hat. Was ihr mangelt.[1] Was ihr – bislang – entgeht. Sie sucht diesen Mangel jedoch nicht allein als ein ihr Anderes – als etwas jenseits des philosophischen Denkens – sondern als realen, wenngleich meist verdeckten Bestandteil ihrer selbst: als ein ihr Eigenes. Insofern ist das Nachdenken eines Philosophen über Kreativität drittens ein wesentlich auto-erotisch motiviertes Unternehmen. Es führt über das methodische und inhaltliche »Ausland«, um derart be*reich*ert in sich selbst zurückzukehren. Dies ist das zentrale, brisante Motiv philosophischer Kreativitätsforschung.

Das Denken will etwas über sich selbst erfahren, das »hinter« bzw. »vor« ihm liegt und ihm daher systematisch entgeht – »entgeht« jedoch weder allein im transzendentalen Sinne der Bedingung seiner Möglichkeit noch im konstruktionalen oder genealogischen der Bedingung seiner Wirklichkeit. Es sucht vielmehr zu erkunden, wie es durch das bedingt wird, was es gleichsam subversiv von sich ent*fremd*et, dementiert. (Dies macht den Eros immer zwingend und bedrohlich zugleich: er führt heraus aus dem gegenwärtigen Stand, hinein in die *Ek*-sistenz.) Die Philosophie sucht gleichsam nach dem Bruch mit demjenigen, auf dem sie ruht. Sie will ihre Methode und den Bruch *mit*, Abweichung *von* dieser zusammenbringen und aus dieser selbstwidersprüchlichen ›Handlungsanweisung‹ ein Drittes, eine Synthese, Neues entstehen lassen, das

---

[1] Platon: *Symposion*, 200e.

zugleich mit dem Forschungs*gegenstand* Kreativität auch der *Form, Methode* nach neu, präzedenzlos ist.

Die Werke herausragender philosophischer Denker besitzen entsprechend gegenstrebige Fließkräfte. Man denke etwa an Gottfried Wilhelm Leibniz oder Immanuel Kant: zwei ›Gründerväter‹ der ›Philosophy of Mind‹. Beide hatten ein philosophisches Ideal, das an methodischer Strenge, mathematischer Klarheit, logischer Stringenz orientiert ist – Impulse, die bis heute weiterwirken. Zugleich fundierten beide eine andere Seite. Leibniz, der die Sicht auf die algorithmischen Komponenten menschlichen Denkens freilegte und damit die Entwicklungslinie vorgab hin zur kulturell wirkmächtigsten Denkprothese des Menschen, dem Computer – führte zugleich etwas radikal Neues in die Philosophie ein, das er von nirgendwoher philosophisch ererbt hatte: das Konzept der »petites perceptions«, der Wahrnehmungen unterhalb der Bewusstseinsschwelle. Man kann bezüglich seiner Entdeckung auch von einer »epistemischen Unschärferelation« sprechen oder genauer von epistemischen Unschärfezuständen. Leibniz zufolge existieren

> viele Anzeichen, aus denen wir schließen müssen, dass es in jedem Augenblick in uns eine unendliche Menge von Perzeptionen ohne bewußte Wahrnehmung und Reflexion gibt, d.h. Veränderungen in der Seele selbst, derer wir uns nicht bewusst werden, weil diese Eindrücke entweder zu gering und zu zahlreich oder zu gleichförmig sind, sodaß sie im einzelnen keine hinreichenden Unterscheidungsmerkmale aufweisen. Nichtsdestoweniger können sie zusammen mit anderen ihre Wirkung tun und sich insgesamt wenigstens in verworrener Weise zur Wahrnehmung bringen.[2]

Die Anerkenntnis von Wahrnehmungen unterhalb der Bewusstseinsschwelle beinhaltet epistemisch Unruhepotential; Leibniz radikalisiert dieses noch, wenn er betont, dass

> diese kleinen Perzeptionen es sind, die uns bei vielen Vorfällen, ohne dass man daran denkt, *bestimmen* und die gewöhnliche Betrachtungsweise durch den Schein eines völlig *indifferenten Gleichgewichts* täuschen – als wenn es uns zum Beispiel völlig gleichgültig wäre, ob wir uns nach rechts oder links wendeten. Auch brauche ich hier... nicht darauf hinzuweisen, daß sie die Ursache jener *Unruhe* sind, die, wie ich zeige, in einem Phänomen besteht, das sich vom Schmerz nur wie das Kleine vom Großen unterscheidet[3]

Die Konzeption der »petites perceptions« fundiert die seit Sigmund Freud bekannte Überlegung, dass wir ›nicht Herr (im Haus) unserer eigenen Gedanken sind‹ – wozu auch gehört, »dass ein Gedanke kommt, wenn ›er‹ will, und nicht wenn ›ich‹ will«[4]. Damit sind evidenterweise einige nur allzu bekannte Topoi

---

[2] Georg Wilhelm Leibniz: *Neue Abhandlungen über den menschlichen Verstand* I, Frankfurt/M: Suhrkamp 1996, S. XXI.
[3] Ebd. XXVII (Hvh. Leibniz).
[4] Friedrich Nietzsche: *Jenseits von Gut und Böse*, Erstes Hauptstück, Nr. 17.

der Kreativitätsforschung berührt. Dass diese Überlegungen sich keineswegs nur untergründig in philosophischen Nebenzweigen zwischen Leibniz und, sagen wir Schopenhauer und Nietzsche aufspannen, sondern in verdrängter Form beständig in der Philosophie präsent sind, zeigen Bemerkungen des späten Kant, die an Leibniz' Punkt anknüpfen:

> Daß das Feld unserer Sinnesanschauungen und Empfindungen, deren wir uns nicht bewusst sind, ob wir gleich unbezweifelt schließen können, dass wir sie haben, d.i. **dunkler** Vorstellungen im Menschen (und so auch in Tieren), unermesslich sei, die klaren dagegen nur unendlich wenige Punkte derselben enthalten, die dem Bewusstsein offen liegen; dass gleichsam auf der großen Karte unseres Gemüts nur wenig Stellen illuminiert sind, kann uns Bewunderung über unser eigenes Wesen einflößen.... So ist das Feld **dunkler** Vorstellungen das größte im Menschen.[5]

Die Frage ist: welche Konsequenzen hat dies philosophisch? Immerhin handelt es sich um Wahrnehmungen, die wir nicht wahrnehmen, Denken, das wir nicht denken. Genau dies ist der »Topf«, in den die philosophische Kreativitätsforschung hineinzusehen sucht. Es ist eine transzendentale Black Box. Untersuchungen über Prozesse, deren Verlauf ich nicht beobachten, weder verifizieren noch falsifizieren kann, können nicht empirisch-psychologisch, sondern nur, wie unten gezeigt werden soll, ›Material-logisch‹, d.h. rückschließend und indirekt vorgehen.

2. Sub-Logik I: Das Paradox der Genauigkeit

Mit Leibniz ist unter der Hand das Unbewusste in die Erkenntnistheorie getreten, und er unternahm im selben Atemzug Versuche, diesen Bereich der »petites perceptions« vom bewussten Denken aus so präzise wie möglich zu bestimmen. Hierzu wandte er altbekannte scholastische Kategorien an, die durch Descartes aktualisiert worden waren. Während die Erkenntnisse (*perceptiones* bzw. *cognitiones*) und Formen bewussten Denkens »klar und distinkt« sind, sind die *perceptions insensibles* »dunkel« und »konfus«. Es sind

> zahllose, wenig über den Bewusstseinsgrund erhobene Perzeptionen, die sich nicht genügend unterscheiden, um sie bewusst wahrzunehmen oder sich ihrer zu erinnern. Sie machen sich aber durch bestimmte Folgen kenntlich.[6]

Ihre Nicht-Bewusstheit hängt also mit der sub-liminalen Feinheit ihrer Unterschiede zusammen, eben darin sind sie das Gegenteil von »distincte« oder diskret: sie sind »verworren«. Hier artikuliert sich das Paradox des Genauen: gerade die (potentiell infinitesimale) Feinkörnigkeit der Unterschiede verhindert

---

[5] Immanuel Kant: *Anthropologie in pragmatischer Hinsicht* BA 16, 18, Werkausg. Bd XII., 10. Aufl., Frankfurt/M 2000, S. 418f. (Hvh. Kant).
[6] Leibniz: *Neue Abhandlungen*, a.a.O., S. 105f.

schließlich, dass sie überhaupt wahrgenommen werden.[7] Hinsichtlich seiner logischen Charakterisierung ist dieser Bereich also

- *nicht distinkt*, oder auch »in sich selbst nicht deutlich unterschieden«[8], mithin
- von »unermesslicher *Feinheit*«[9] bezüglich seiner »contexture« bzw. seines »inneren Gefüges«[10], und damit
- *kontinuierlich* strukturiert. –

Der notwendige Kontakt dieses Bereichs zum Bewussten und damit Beobachtbaren geschieht je nach Phänomen auf unterschiedlich leichte Weise:

a) durch gerichtete bzw. gesteigerte Aufmerksamkeit, oder
b) durch Verstärkung des unmerklich Kleinen[11], oder
c) in phänomenologisch anderer Form: er ist dann *direkt* strukturell ausgeschlossen.

Dies geschieht etwa im Fall der

> Perzeption des Lichtes und der Farbe [..., die...] aus einer Menge von kleinen Perzeptionen zusammengesetzt [ist], deren wir uns nicht bewusst werden.[12]

Man kann hinsichtlich dieser Wahrnehmung unmerklich feiner Sensationen *als anderes* Phänomen auch an die (nicht wahrnehmbaren) Obertöne denken, die von uns *als* Klang*farben* wahrgenommen werden, oder an schnell projizierte starre Bilder, welche uns im Kino als bewegte Bilder begegnen. Hier ist die Rezeption der *perceptions insensibles* direkt unmöglich, findet indirekt über ein emergentes Phänomen sinnlicher Wahrnehmung statt.

3. Sub-Logik II: Epistemische Unschärfezustände

Was Leibniz mit den obigen Bemerkungen lostritt, ist gleichsam eine quantenmechanische Theorie des Denkens.[13] Er weist darauf hin, dass auf der unbewussten oder unbeobachtbaren Ebene mentaler Akte andere Geschehnisse

---

[7] Es ist ein Paradox, das sich auch in der Frage spiegelt, ob das ›Digitale‹ oder das ›Analoge‹ präziser ist – die Antwort hängt vom operationalen Kontext und vom intendierten Zweck der Betrachtung ab.
[8] Leibniz: *Neue Abhandlungen*, a.a.O., S. 455.
[9] A.a.O., S. XXIX.
[10] Beides a.a.O., S. 455.
[11] Vgl. a.a.O., S. 155.
[12] Ebd.
[13] Vieles des im folgenden Ausgeführten ließe sich auch anhand der ›Nachfolgerin‹ der Quantentheorie, der sogenannten »Superstring«-Theorie illustrieren (vgl. etwa Brian Greene: *Das elegante Universum. Superstrings, verborgene Dimensionen und die Suche nach der Weltformel*, 4. Aufl., Berlin 2005; orig.: *The Elegant Universe. Superstrings, Hidden Dimensions, and the Quest for the Ultimate Theory*, New York 2000).

bzw. Gesetzmäßigkeiten herrschen als auf der beobachtbaren. Je kleiner die Ereignis-Figurationen sind, desto unkalkulierbarer verhalten sie sich – obwohl sie *Fundament* der sichtbaren Realität sowie der beobachtbaren Ebene des Denkens sind. ›Unkalkulierbar‹ heißt hier zunächst: es sind oft unmerklich kleine, nicht-kalkülisierbare, ›unberechenbare‹ (Perzeptions-)Ereignisse, die eine »Entscheidung« für eine der möglichen Seiten auslösen.[14] Die Begriffe »verworren« bzw. »confusa« indizieren hier eine kognitiv nicht-abschließbare Berechenbarkeit.

Ein vergleichbares Verhältnis findet sich in der Physik. So irritierte die quantenmechanische Interpretation der Welt nicht zuletzt gerade dadurch, dass sie die *Entweder-Oder*-Logik der klassischen Physik samt deren Realitäts-Konzeption für den sub-atomaren Bereich aufhob – und *dennoch* diese klassische Physik des Alltags *fundiert*. Anders gesagt: die klassische Physik funktioniert nach kausalen und logisch artikulierbaren Prinzipien, aber diese gelten nur auf der Ebene beobachtbarer Körper. Beobachtet man kleinere Einheiten ›unterhalb‹ der Beobachtungsschwelle, ist man gezwungen,

a) Indeterminiertheit zu konstatieren, also Unkalkulierbarkeit, Zufall. Die Formalismen der Quantenmechanik artikulieren einzig Wahrscheinlichkeiten.

b) Die Eigenschaften des Elektrons hinsichtlich Ort oder Zustand manifestieren sich erst im Moment der Messung bzw. der messenden Beobachtung.

c) Aus einem auf der klassischen Ebene ›*entweder hier oder da*‹ bzw. ›*entweder so oder so*‹ wird zuweilen ein ›*sowohl-als auch*‹ oder auch ein ›*weder-noch*‹ (etwa was den Aufenthaltsort oder den Energiezustand eines Elektrons angeht),

d) räumlich weit auseinanderliegende Teilchen verhalten sich unter spezifischen Umständen wie eine Einheit, obwohl es keinerlei nachweisbare aktuelle Verbindung unter ihnen gibt. Es scheint dann, als ob sie »instantan« kommunizierten, etwa indem sie sich hinsichtlich ihres Zustands *synchronisieren* – entgegen dem hier üblichen Zufall.

Das heisst auch: die Beobachtung und das beobachtete Ereignis lassen sich nicht trennscharf auseinanderdividieren. Damit ist die ›Realität‹ Beobachter-abhängig – was mit dem gewöhnlichen metaphysisch-philosophischen wie dem szientifischen Realitätsbegriff kollidiert. Die Herausforderung liegt wie angedeutet darin, dass die indeterminierte, a-›logisch‹ beschreibbare Quanten-

---

[14] Vgl. auch: »Alle Eindrücke haben ihre Wirkung, aber nicht alle Wirkungen sind immer merklich. Wenn ich mich eher nach der einen als nach der anderen Seite wende, so geschieht das oft auf Grund einer Kette von kleinen Eindrücken, die ich nicht bewusst wahrnehme, die aber die eine Bewegung ein wenig unbequemer machen als die andere.« A.a.O., S. 115.

ebene die kausale und logisch beschreibbare Ebene der klassischen Physik fundiert, oder genauer, letztere auf ersterer aufruht. Dies scheint eine Frage der Dimension der untersuchten Objekte zu sein: irgendwo auf dem Weg ins Kleinstdimensionierte »kippt« die Physik quasi vom ›entweder-oder‹ zum ›sowohl-als auch‹. Wo also ist die Naht? Wo ist der Übergang?[15]

Im Bereich des Mentalen lässt sich, wie es scheint, diese Frage beantworten: der Übergang, die Naht ist die Sprache. Das Denken wird in dem Moment beobachtbar, logisch bestimmt bzw. bestimmbar, wo es in Sprache, speziell in Urteilen stattfindet. (Dies ist aber, mit Kant, insgesamt der kleinste Teil unserer mentalen Akte.) Was heisst »*in Sprache stattfinden*« nun logisch?

Es heisst ganz basal betrachtet: Das Denken wird in dem Moment beobachtbar, wo es als Urteil auftritt und dann vor allem die Möglichkeit der *Negation* auftritt. Dies geschieht dadurch, dass arbiträre Zeichen an die Stelle ›natürlicher‹ (›analoger‹, ›indexikalischer‹, ›expressiver‹, ›*zeigender*‹) Zeichen treten. Nur durch diese Arbitrarität sind Zeichen für »nein«/»nicht« möglich, und nur dadurch sind die logischen Wahrheitsfunktionen sowie die Wahr-Falsch-Opposition artikulierbar.

Die zahlreichen epistemisch relevanten Konsequenzen dieses Umstands lassen sich hier im einzelnen nicht weiter verfolgen. Für unseren Zusammenhang hat er deswegen Bedeutung, weil empirische wie spekulative Kreativitätsforschung eine strenge Evidenz dafür aufweisen, dass jene Prozesse, auf die die Suche nach bzw. Untersuchung der Kreativität zielt, sich sehr wesentlich in den nicht- oder vor-sprachlichen, unbeobachtbaren, sub-liminalen Bereichen abspielen. Für diese ist nun umgekehrt charakteristisch, dass jene Unterscheidungen, welche Voraussetzung und Natur der Begriffe, der Sprache sind, hier noch nicht existieren. In anderen Worten, dieser Bereich ist noch nicht *distinkt*, noch nicht *disjunktiv* und *endlich differenziert*, er ist vielmehr *kontinuierlich* strukturiert. Dies gilt für die schwer oder gar nicht bewusst zu machenden Wahrnehmungen (Leibniz' »petites perceptions«, Nietzsches geistige »Triebe«, auch für seine ›Ereignis-Ontologie‹ geistiger Prozesse[16]), es gilt für Anschauungen und innere Bilder, es gilt generell für die meisten Geistesprozesse jenseits oder »vor« der Sprache. Dass in kontinuierlich Strukturiertem keine Negation existiert, hat wiederum Zeichen- bzw. ›Material‹-logische Gründe, die

---

[15] Die oben bereits erwähnte »Superstring«- oder auch »String/M«-Theorie beansprucht, diese Kluft aufzuheben; bis auf weiteres ist das jedoch Programm. Vgl. Greene: *Elegantes Universum*, a.a.O., insbes. Teil V.

[16] Vgl. etwa ders.: *Jenseits von Gut und Böse*, Nr. 36. – Generell: Wie in der Quantenphysik feste Körper sich zusammensetzen aus Ereignis-Feldern (ein Gedanke, den Nietzsche bereits von Ernst Mach übernommen hatte) bzw. schwingenden »Strings«, so setzen sich unsere ›festen‹ Begriffe und Denk-Konzepte aus ›kontinuierlich‹, d.h. auch notwendig prozessual-ereignishaft strukturierten mentalen Geschehnissen zusammen. – Zu deren ›analogischer‹ Natur samt fehlender Negation: Ein Ereignis oder Prozess findet statt oder eben nicht statt; er verneint aber nicht.

angedeutet wurden: ein »nicht« setzt arbiträre Zeichen voraus, welche im Kontinuierlichen nicht artikulierbar sind. U.a. Watzlawick/Beavin/Jackson, aber auch Thomas Metzinger haben diesen Punkt betont: Analog-Kommunikationen haben kein »Nein«, kein »Nicht«, keine Negation.[17] Watzlawicks Beispiel: will ein Tier, etwa ein Delphin – der nur über Analog-Kommunikation verfügt – ausdrücken: ich werde Dich *nicht* beißen, muss er – vorsichtig – *beißen*! Wenn *alles* ›bedeutet‹ (es kontinuierlich organisiert ist, es keine Lücken, Leere gibt), existieren nur *positive* Werte; ein ›nicht‹ ist schon zeichen-materialiter unmöglich.[18]

4. Material ›kreativer‹ Selbstaussagen

Gerade damit ist dieser Bereich intern »fließender«, flexibler kombinierbar. Keine Kombination ist grundsätzlich, im Sinne logischer Disjunktionen ausgeschlossen. Gerade dies gibt diesem Bereich von »Vorstellungen unterhalb der Schwelle streng logischer Unterscheidung«[19] sein produktives Potential. Gesagt wurde das häufig – philosophisch etwa thematisiert: von Schopenhauer, Nietzsche, William James, Dewey und anderen. Worin genau liegt nun dieses kreativ-erkenntnisfördernde Potential? Betrachten wir eine Selbstaussage Albert Einsteins, getroffen als Antwort auf einen Fragebogen Jacques Hadamards.

> (A) The words of the language, as they are written or spoken, do not seem to play any role in my mechanism of thought. The psychical entities which seem to serve as elements in thought are certain signs and more or less clear images which can be »voluntarily« reproduced and combined. There is, of course, a certain connection between those elements and relevant logical concepts. It is also clear that the desire to arrive finally at logically connected concepts is the emotional basis of this rather vague play with the above mentioned elements. But taken from a psychological viewpoint this combinatory play seems to be the essential feature in productive thought – before there is any connection with logical construction in words or other kinds of signs which can be communicated to others.

Diese psychischen Entitäten haben im Unterschied zu Worten offensichtlich besagten Vorzug, freier («voluntarily«) kombinierbar zu sein. Einstein betont gerade hinsichtlich der gesuchten *emotionalen* Verbindung zu logischen Kon-

---

[17] P. Watzlawick/J.H. Beavin/D.D. Jackson: *Menschliche Kommunikation*, Bern 1993 (dt. Erstausg. 1976), S. 61-66, S. 96-102; Th. Metzinger: *Subjekt und Selbstmodell*, Paderborn u.a. 1993.
[18] Dies ist die material-logische Basis auch für Freuds provozierenden Satz »Das Unbewusste kennt kein Nein.«
[19] Alexander Gottlieb Baumgarten: *Theoretische Ästhetik* (Die grundlegenden Abschnitte aus der »Aesthetica« 1750/58), übers. und hg. v. Hans Rudolf Schweizer, 2. Aufl., Hamburg 1998, § 17.

zepten, dass das »kombinatorische Spiel« von Zeichen und vagen Bildern *vor* jeder Verbindung mit sprachlichen Konstruktionen kommunizierbarer Art stattfindet.

> (B) The above mentioned elements are, in my case, of visual and some of muscular type. Conventional words or other signs have to be sought for laboriously only in a secondary stage, when the mentioned associative play is sufficiently established and can be reproduced at will.

In anderen Worten: der primäre schaffende (»kreative«) Denk-Akt findet im Bereich mehr oder weniger fluider Anschauungen statt, visuellen und sinnlichen Imaginationen/ Perzeptionen – der sekundär-nachschaffende Akt der Rationalisierung ist die der bewussten Kontrolle unterliegende Arbeit. (Der entscheidende primäre Akt kann sekundenschnell gehen, der Akt der Übersetzung in öffentliche Zeichen dann Jahre in Anspruch nehmen.) Damit ist zugleich ein notwendiges Moment partieller Absichtslosigkeit in den Blick geraten – was mit einer – mehr oder weniger gesteuerten – Abschattung des Bewusstseins und dessen Limitierungen einhergeht. Dies steht in direkter Verbindung zu Einsteins Rede von der »Enge des Bewusstseins«: d.h. auch dessen kombinatorischer Begrenztheit sowie teleologischen Blindheit:

> It seems to me that what you call full consciousness is a limit case which can never be fully accomplished. This seems to me connected with the fact called the narrowness of consciousness (Enge des Bewusstseins).

Innerhalb des ›engen‹ Bewusstseins ermittelt man vor allem Antworten auf jene Fragen, die man bereits hat – was tendenziell ausschließt, eintreffende Antworten auf Fragen zu berücksichtigen, die noch fehlen, ggf. aber besseres Anschlusspotential böten. Damit hängt zusammen, dass eine weitere ›Denkform‹ Einsteins in »muskulären« bzw. »motorischen« Impulsen zu liegen scheint. Auf die Frage »what internal or mental images, what kind of »internal word« mathematicians make use of: ... motor, auditory, visual, or mixed«? antwortet Einstein, entsprechend Punkt B): »Visual and motor.«[20]

Drei Eigenschaften zeichnen diese genannten »Denk-Elemente« vor allem aus. Ihnen eignet

a) etwas Gestalthaftes-Anschauliches – als Bilder wie als somatische Impulse; sie sind
b) Empfindungen bzw. Wahrnehmungen körperlich-*prozessualer* Form, es sind Muskelimpulse, Bewegungsbilder, sie sind ferner
c) »vage«; sie gehören jener logischen Kategorie an, die bei Leibniz »obscura et confusa« hieß: nicht-klar, sub-liminal. An die Stelle des kontrollierten Denkens und Fragens treten, wie er sagt, »voluntarily« kombi-

---

[20] Alle Einstein-Zitate aus: Jacques Hadamard: *The Psychology of Invention in the Mathematical Field*, Princeton University Press 1945, S. 142; vgl. dort auch S. 140, insbes. Frage 30.

nierbare Allianzen unter den geistigen Entitäten, und hier scheinen in der Tat ›Quanten-Sprünge‹ imaginativer Kombinatorik stattfinden zu können: gerade jene, die vom bewussten Denken aussortiert, zensiert würden. Ganz ähnlich wurde dies etwa zeitgleich innerhalb der Philosophie formuliert; John Dewey etwa äußert 1934 (im selben Jahr, in dem Einstein das Maxwellsche Feldkonzept als die »tiefste und fruchtbarste unserer Wirklichkeitsvorstellungen seit Newton« bezeichnet[21]):

> Tatsächlich kann man ruhig sagen, dass »schöpferische« Konzeptionen in Philosophie und Wissenschaften denjenigen gelingen, die bis zum Punkt der Träumerei entspannt sind. Der unbewusste Schatz von Bedeutungen, der in unserem Verhalten gespeichert ist, lässt sich nicht freisetzen, wenn wir praktisch oder geistig angespannt sind. Denn der grössere Teil dieses Vorrats wird dann zurückgehalten, weil die Erfordernisse eines besonderen Problems und einer besonderen Absicht alles mit Ausnahme der direkt relevanten Elemente hemmen. Bilder und Vorstellungen … entflammen uns, wenn wir frei sind von speziellen Voreingenommenheiten.[22]

> Ein Heranreifen im Unterbewussten geht dem kreativen Schaffen in jeder Richtung menschlicher Anstrengungen voraus. Der direkte Einsatz von »Verstand und Willen« allein hat noch nie etwas hervorgebracht, das nicht mechanisch wäre; zwar ist deren Funktion notwendig, doch sie liegt darin, Verbündete auszusenden, die außerhalb ihres eigenen Wirkungsbereichs existieren … Ziele, die … unterhalb der Willensschicht irgendwie miteinander verbunden [sind].[23]

Diese Aussagen zusammengenommen ergibt sich, dass die Opposition von merklichen und unmerklichen Gedanken/Erkenntnissen/Wahrnehmungen, bewusstem und unbewusstem geistigen Geschehen zum Rüstzeug der menschlichen Selbstreflektion hinsichtlich seiner Kreativität zu gehören scheint. Es ist dies eine dualistische Opposition, zu deren Struktur sich fundamentale Fragen stellen:

– Gehen die beiden Seiten kontinuierlich ineinander über? (Leibniz' Modell)
– Sind sie kategorial geschieden? (Kants oder Nelson Goodmans Modell)
– Sind sie Grenzfälle, Pole von geistigen Aktionen, in denen stets beides vorkommt (bewusste und unbewusste Momente, gesteuerte und empfangene, diskret-differenzierende und kontinuierlich-analoge)?
– sind es inkommensurable »Denkformen«, die dennoch stets zusammen auftreten (Arthur Koestler), und
– alterieren sie »rhythmisch« bzw. »oszillierend« (William James)?

---

[21] Vgl. Ervin Laszlo: *Kosmische Kreativität. Neue Grundlagen einer einheitlichen Wissenschaft von Materie, Geist und Leben*, Frankfurt/M u. Leipzig: Insel 1995, S. 306.
[22] John Dewey: *Kunst als Erfahrung*, Frankfurt/M: Suhrkamp 1988, S. 323 (*Art as Experience*, New York 1958).
[23] Ebd., S. 88f.

5. Konsequenzen

Fassen wir zusammen. Mit Leibniz nehmen wir an, dass unsere gewöhnliche Logik, Vernunft, Rationalität auf geistigen Ereignissen aufruht, deren Feinstruktur unterhalb der Wahrnehmungsschwelle liegt. Sie stützen, ja bilden diese Form der Vernunft, zugleich aber gehorchen sie selber anderen Regeln. Sie agieren gleichsam in einer nicht-kalkulierbaren Unschärfe, »bestimmen« zuweilen Leistungen geistiger oder physischer Art, ohne dass sich darüber logisch-rational, intentional oder rekonstruierend Rechenschaft ablegen ließe. Sie geraten oft erst in ihren »Summerierungen« ins Bewusstsein: teilweise im Medium eines anderen Phänomens (etwa: *als* [Klang-]Farbe oder Tonhöhe oder fließende Bewegung).

Gewöhnlich braucht sich nun ein Epistemologe so wenig zwingend für diesen Bereich zu interessieren wie ein Mechaniker, Ingenieur oder Architekt für die Quantentheorie. Sowie sie aber über Kreativität nachdenkt, versucht die Philosophie dieses noch ungeschiedene dynamische Feld, das die bewussten und steuerbaren geistigen Akte bildet, zu bergen, trockenzulegen. Welche »Denkformen« sind dabei einzukalkulieren? Und wie kommen Philosophierende möglicherweise an Dynamiken, Kräfte heran, die sich ihnen gewöhnlich entziehen – deren Nicht-Kenntnis sie vielleicht sogar kräftezehrend »hemmt«?

Zunächst gilt es zu konstatieren, dass die auf der »mechanischen« wie auf der bewussten Ebene notwendigen und fruchtbaren Unterscheidungen (*Subjekt* und *Objekt, ja* oder *nein* uvm...) in bestimmten Kontexten nicht existieren, da diese Unterscheidungen auf Voraussetzungen beruhen, für die auf der subliminalen Ebene die Voraussetzungen fehlen. In diesen intellektuell-logischen ›Spätveranstaltungen‹ besteht zwar gerade die zentrale Leistung der Menschheit, auf der ihre gesamte intellektuelle Entwicklung beruht. Doch gibt es Situationen, in denen der oder die schöpferisch Forschende zwangsläufig und im eigenen Interesse genötigt ist, »zurückzugehen« in Denkregionen *vor* diese kategorialen Ent-Scheidungen, Weichenstellungen. Gerade solche Momente sind es, über die von befragten herausragenden Forschern wie etwa Friedrich August von Kekulé oder Henri Poincaré immer wieder berichtet wurde. Wenn das Problem formuliert ist, wenn sämtliche mögliche Lösungen ausprobiert wurden, wenn jede nur mögliche Nische des Materials erkundet wurde, ergebnislos, *und wenn diese Ergebnislosigkeit eingesehen und akzeptiert worden ist*, dann geschehen die entscheidenden geistigen Durchbrüche in einem Zustand der der Ablenkung, der Abspannung, der Abwendung, kurz, des Unbewussten. Die auf der Basis dieser Durchbrüche gefundenen Lösungen müssen dann wiederum vom Bewusstsein übersetzt, vom logisch-rationalen, steuern-

den Denken nachbearbeitet werden. In Termini der psychoanalytischen Forschung heisst dieses Kreativitätsprinzip »Auflösung und Neuordnung«[24].
Philosophisch erschüttert sind auf dieser Basis folgende Überzeugungen:
- Denken ist eine rein geistige Tätigkeit.
- Denken gehorcht in seinen fruchtbar(st)en, ergebnisorientierten Aktionen den Gesetzen der formalen Logik und des grundsätzlich »*endlichen* Differenzierens«, d.h. auch der *Entscheidbarkeit* des *Entweder-Oder*.
- Denken findet grundsätzlich in »distinkten« Entitäten statt, vornehmlich in Worten und Begriffen, damit einhergehend:
- Schärfe, Genauigkeit, Abgegrenztheit Linearität von Denk-Modi/-Entitäten sind gegenüber Vagheit, Mehrdeutigkeit, Simultaneität, offener oder pluraler Anschließbarkeit von Denk-Modi vorzuziehen;
- Denken ist in seinen fruchtbaren, pragmatisch nutzbaren Aktionen intentional und zweckorientiert.
- Alles, was kognitiv »gilt«, ist bewusst oder bewusst zu machen.

Ziehen wir demgegenüber die Konsequenzen, die sich aus den oben gemachten Beobachtungen ergeben. Sie können hier nur noch angedeutet werden. Ihnen zufolge ist das ›Fundament‹ bzw. der Grund, Untergrund unseres Denkens

- nicht-linear, nicht-determiniert, enthält unkalkulierbare Indeterminiertheiten,
- auf dieser Ebene gilt anstelle des *entweder-oder* das *sowohl-als auch* bzw. *erst dies- dann das;*
- an der Sinn-Stelle der *Kontradiktion* herrscht der *Kontrast* bzw. das *mehr oder weniger,*
- an der Sinn-Stelle einer *linearen* und hierarchischen Ordnung des Denkens unter Begriffe und Konzepte herrscht eine *Simultaneität*, in der die Teile untereinander verbunden sind; entsprechend liegt der begrifflichen *Subordinationsrelation* eine *Teil-Ganzes-Relation* (Mereologie) des anschaulichen Bereichs voraus.[25] Dies bringt als Denkfiguren verschiedene Arten von Interdependenz-Strukturen mit sich: eine ›Kausalität‹ vom Teil zum Ganzen, vom System zu seinen Teilen sowie die Wechselwirkung unter diesen Teilen. Nicht nur das Logik-, auch das Kausalitätsprinzip werden damit entdifferenziert, erweitert.[26]
- Denken ist hinsichtlich seiner basal prozessualen Natur zu untersuchen (dies nicht nur bezüglich seiner Zeitlichkeit, sondern v.a. auch seiner

---

[24] Hans Müller-Braunschweig: *Aspekte einer psychoanalytischen Kreativitätstheorie*, in: Psyche 31 (1977), S. 821-843, hier S. 842.
[25] Vgl. zu dieser »mereologischen« Relation auch Lambert Wiesing: *Phänomene im Bild*, Hamburg: Fink 2000.
[26] Vgl. Laszlo: *Kosmische Kreativität*, a.a.O., S. 278.

›Entitäten«: Prozess-Einheiten). Das heisst auch, es ist auf seine Materialität, seinen *physiologischen* Charakter hin anzusehen; so spricht Friedrich Nietzsche etwa vom Denken als einem »Verhalten« der »Triebe« zu einander.[27]

Natürlich fragt sich: »weiß« das »die Philosophie« nicht längst? In der Tat lassen sich vermutlich für jeden dieser Punkte philosophische Gewährsautoren aufrufen. Dennoch: die philosophische *Praxis*, die philosophischen Erkenntnis- und Argumentationsideale samt der Art, wie Philosophie gemeinhin institutionell gelehrt, repräsentiert und perpetuiert wird, tragen diesen Einsichten kaum Rechnung. Was damit ausgegrenzt wird, ist vor allem Kreativität. Insofern sollte der verhüllt auto-erotische Impuls dieses Kongresses sich zu einer offenen methodologischen Xenophilie radikalisieren.

Literatur

BAUMGARTEN, Alexander Gottlieb: *Theoretische Ästhetik* (Die grundlegenden Abschnitte aus der »Aesthetica« 1750/58), übers. und hg. v. Hans Rudolf Schweizer, 2. Aufl., Hamburg 1998.

DEWEY, John: *Kunst als Erfahrung*, Frankfurt/M: Suhrkamp 1988 (orig.: *Art as Experience*, New York 1958).

GREENE, Brian: *Das elegante Universum. Superstrings, verborgene Dimensionen und die Suche nach der Weltformel*, 4. Aufl., Berlin 2005 (orig.: The Elegant Universe. Superstrings, Hidden Dimensions, and the Quest for the Ultimate Theory, New York 2000).

HADAMARD, Jacques: *The Psychology of Invention in the Mathematical Field*, Princeton University Press 1945.

KANT, Immanuel: *Anthropologie in pragmatischer Hinsicht*, Werkausg. Bd. XII., 10. Aufl., Frankfurt/M 2000.

LASZLO, Ervin: *Kosmische Kreativität. Neue Grundlagen einer einheitlichen Wissenschaft von Materie, Geist und Leben*, Frankfurt/M u. Leipzig: Insel 1995.

LEIBNIZ, Georg Wilhelm: *Neue Abhandlungen über den menschlichen Verstand I*, Frankfurt/M: Suhrkamp 1996.

METZINGER, Thomas: *Subjekt und Selbstmodell*, Paderborn u.a. 1993.

MÜLLER-BRAUNSCHWEIG, Hans: *Aspekte einer psychoanalytischen Kreativitätstheorie*, in: Psyche 31 (1977), S. 821–843.

WATZLAWICK, P./BEAVIN, J.H./JACKSON, D.D.: *Menschliche Kommunikation*, Bern 1993 [dt. Erstausg. 1976].

WIESING, Lambert: *Phänomene im Bild*, Hamburg: Fink 2000.

---

[27] Friedrich Nietzsche: *Jenseits von Gut und Böse*, Nr. 36.

Selbstsein ohne Selbst: Über den Umgang mit einer vierten Kränkung

ANKE THYEN (LUDWIGSBURG)

Einleitung

Kants ebenso berühmtes wie berührendes Diktum, »Zwei Dinge erfüllen das Gemüt mit immer neuer und zunehmender Bewunderung und Ehrfurcht, je öfter und anhaltender sich das Nachdenken damit beschäftigt: der *bestirnte Himmel über mir, und das moralische Gesetz in mir*«[1], hat für lange Zeit auf den Begriff gebracht, in welchen Orientierungsräumen das Vernunftwesen Mensch Aufklärung erwarten kann und darf: In seinem Wissen von der ihn selbst und sein Denken einschließenden Welt und in seinem Handeln. Die Unterscheidung von Theoretischer und Praktischer Philosophie bildet diese beiden Orientierungsräume ab. Kant hatte nicht angenommen, dass eine Philosophie des Geistes oder eine Philosophische Anthropologie Orientierungsräume eigenen Rechts würden sein können, und er hat auch nicht damit rechnen können, dass Natur und Freiheit einmal eine selbständige Sphäre philosophischer Theoriebildung miteinander teilen könnten. Und doch war Kant, der Konstruktivist einer von innen begrenzten Vernunft, in einem Maße weitsichtig, das wir vielleicht erst heute ermessen können, nachdem wir uns anschicken, eine weitere kopernikanische Wende zu vollziehen, eine weitere Kränkung zu bestehen, die aus der neurowissenschaftlichen, der *naturalistischen Reduktion* des alteuropäischen Subjekts folgt. Nachdem wir, anders gesagt, damit begonnen haben zu verstehen, was es, wie Thomas Nagel fragt, heißen und was es bedeuten könnte, als Subjekt einer Beschreibung der Welt in eben dieser Beschreibung enthalten zu sein.[2] Inzwischen ist diese Fragestellung in einer wichtigen Hinsicht präzisiert worden: Um was für eine Beschreibung und um was für eine Beschreibung wovon handelt es sich, wenn es ein Subjekt, ein Selbst, ein Ich dieser reflexiven Beschreibung gar nicht gibt – jedenfalls nicht so, wie wir meinen?

Kant konnte nicht voraussehen, dass die Vernunft sich eines Begriffsinstrumentariums auf ihrem »kritischen Weg« bedienen würde, das ihre »Wißbegierde«[3] mit *naturalistischen* Mitteln zu befriedigen sucht. So sind wir heute in der Situation, das, was der philosophischen Tradition einmal als das schlechthin andere der Natur galt: die Vernunft, ihre Agenten ›Ich‹ ›Selbst‹ und ›Sub-

---

[1] I. Kant: *Kritik der praktischen Vernunft*, A 288.
[2] Vgl. T. Nagel: *Der Blick von nirgendwo,* Frankfurt/M. 1992, S. 11.
[3] Kant: *Kritik der reinen Vernunft*, B 884.

jekt« samt ihrer konstitutiven Leistungen, mit den begrifflichen Mitteln eines kompromisslosen Naturalismus zugänglich zu machen. Ich denke nicht an den naiven Naturalismus eines Gerhard Roth[4], der seinen »neuronalen Determinismus«[5] gegen philosophische Behauptungen in Stellung bringt, die so überhaupt niemand vertritt, und dessen Naturalismus mehr aus dem substanzontologischen Erbteil mitschleppt, als seine vermeintlich hoffnungslos mentalistischen Gegner aus den Reihen der Philosophie. Ich denke vielmehr an einen Naturalismus, der sich der systematischen Beschränkungen seiner naturalistischen Begriffe bewusst ist, der aber ebenso reflektiert, dass diese Beschränkung keine Beschränkung durch den Mentalismus sein muss, sondern eine Beschränkung jeder grundlagentheoretischen Perspektive auf das Problem einer *Selbstmodellierung* des Menschen. Ein solcher Naturalismus, den ich *höherstufigen Naturalismus* nennen möchte, wird von Thomas Metzingers *Selbstmodell-Theorie* in *»Being no one«* vertreten.

Die folgenden Überlegungen beschäftigen sich *erstens* mit der allgemeinen Frage, welchen ideengeschichtlichen Status eine naturalistische Selbstmodell-Theorie der Subjektivität hat; inwiefern *zweitens* ein höherstufiger Naturalismus Reduktionismen vermeiden kann und *drittens*, welche anthropologischen Implikationen diese Theorie zumal mit Blick auf die Praxis des Menschen hat.

1. Kopernikanische Wenden oder Aufklärung durch Kränkungen

Die kopernikanischen Wende zum heliozentrischen Weltbild gilt als die erste in einer Reihe von bislang drei Kränkungen: Der Himmelskörper, den wir bewohnen, ist nicht Mittelpunkt des Universums. Wir haben diese *kosmologische* Kränkung verkraftet; sie berührt die Lebenswelt des Menschen auch nicht unmittelbar. Die Sonne geht weiter auf und unter, das Sternenheer dreht sich weiter über uns hinweg. Sehr viel folgenreicher waren die wissenschaftstheoretischen Wirkungen dieser Wende, die in ihrer methodologischen Bedeutung den wohl stärksten Nachhall in Kants kopernikanischer Wende der Erkenntnis fand. So waren es dann auch die wissenschaftstheoretischen Folgen der *kosmologischen* Kränkung und keine lebensweltlich relevanten Kränkungen – den Menschen kann man auch nicht kränken –, die zu einem regen, wenn nicht gar inflationärem Gebrauch der Rede von einer kopernikanischen Wende geführt haben.

Darwin hat uns mit der evolutionstheoretischen Wende – gewiss vom Rang einer kopernikanischen Wende – die zweite, die *evolutionistische* Kränkung zugemutet: Der Mensch ist nicht Krone der Schöpfung. Auch diese Kränkung

---

[4] Vgl. G. Roth: *Aus der Sicht des Gehirns*, Frankfurt/M. 2003.
[5] Vgl. H. Schnädelbach: *Drei Gehirne und die Willensfreiheit*, in: Frankfurter Rundschau, 25. 5. 2004.

haben wir aus denselben Gründen wie die erste gemeistert. Sie hat außer einer Sensibilisierung für die Belange anderer Lebewesen, für den Tier- und allgemein den Artenschutz keine signifikanten lebensweltlichen Auswirkungen. Die wissenschaftstheoretischen Folgen der evolutionistischen Wende sind allerdings in den Wissenschaften, und das nicht nur in den Wissenschaften vom Menschen, bis heute wirksam.

Die dritte, *psychologistische* Kränkung ist bedeutend, aber wohl nicht im Rang einer kopernikanischen Wende: Freud bringt uns mehr oder weniger schonend bei, was die Menschen schon wussten: Das Ich ist nicht Herr im eigenen Hause. Diese Einsicht hat nun freilich nicht zu einer kopernikanischen Bescheidenheit[6] geführt, sondern der Entdeckung eines persönlichen, privaten Ichs ausgerechnet lebensweltlich immensen Vorschub geleistet. Freuds Kränkung ist alles in allem zurückgewiesen, nicht wirklich überwunden worden: Das moderne Individuum verteidigt »sein« Ich als Herr und Herrin im eigenen Haus, beäugt es aufmerksam, pflegt es liebevoll, gönnt ihm Urlaub oder eine eigene AG. Eine philosophische Verteidigung tritt vor allem gegen die poststrukturalistischen Dekonstruktionsversuche eines großgeschriebenen Ichs an.

Wir haben die drei Kränkungen gut überstanden, auch wenn die paradoxen Folgen aus der psychologistischen Kränkung vielleicht noch nicht vollends abzusehen sind. Sie sind zu einem Teil unserer Praxis geworden. Aber alle drei haben auch Geschichte der Aufklärung geschrieben, indem sie eine Veränderung des menschlichen Welt- und Selbstbildes durch Perspektivenwechsel bewirkten oder wie wir auch sagen können, indem sie, mit Hector-Neri Castañeda gesagt, ein wenig »kopernikanische Bescheidenheit« beförderten. Und vor allem haben zu kognitiven Konflikten geführt und damit die Wissbegierde geweckt. Jeder Perspektivenwechsel öffnet auch neue Türen, stärkt den Mut zum *Sapere aude!*

Nicht mehr Herr im eigenen Haus sein – lässt sich diese Kränkung überbieten? Offenbar ja, und damit stehen wir an der Schwelle zur vierten, der *neurowissenschaftlichen* Kränkung des Menschen. Sie überbietet die Freudsche Kränkung, indem Sie uns lehrt, dass das *Ich*, dass das *Selbst* eine Illusion ist; schlimmer noch, eine Illusion, die »im Grunde gar keine ist, weil sie *niemandes* Illusion ist«.[7] Selbst-Sein ohne Selbst, kann man diese Zumutung annehmen; ist diese Behauptung mit einem *Selbstverständnis* überhaupt vereinbar? Ja und nein, beides. Man kann ihre theoretische Konstruktion eines Selbstmodells ohne Selbst verstehen, aber man kann sie sich nicht selbst zuschreiben. Der Umgang mit der neurowissenschaftlichen Kränkung ist eine Herausforderung, scheint sie uns doch unser Bestes zu nehmen. Das tut sie freilich gar nicht,

---

[6] H.-N. Castañeda: *Sprache und Erfahrung*, Frankfurt/M. 1982, S. 237.
[7] Metzinger: *Niemand sein. Kann man eine naturalistische Perspektive auf die Subjektivität des Mentalen einnehmen?*, in: S. Krämer (Hg.): Bewußtsein. Philosophische Positionen, Frankfurt/M. 1996, S. 153.

denn an der Phänomenologie des Selbstmodells, das die Vorstellung eines substantiellen Selbst erzeugt, das wir uns zuschreiben, ändert sich nichts. Es bleibt alles wie es ist, nur können wir besser verstehen, *wie* das ist, was ist. Die Selbstmodell-Theorie nimmt uns nichts, denn es ist ja eben nichts da, was genommen werden könnte. Vorstellungen von unserem Selbst, ob Platons Seele, die im Gefängnis des Leibes sitzt und durch die Gitterstäbe hindurch von der Philosophie getröstet wird; ob Descartes *res cogitans*; ob Kants staubtrockene Konstruktion »ich denke« bis hin zum idealistischen Ich – sie alle werden buchstäblich ent-täuscht. Was sie hypostasieren, »gibt« es nicht. Das Konzept, das ihre Ent-Täuschung oder Desillusionierung zuwege bringt, ist freilich ein Konzept, in dessen Mittelpunkt die »Illusion« von *Seele, Ich* und *Selbst* steht. Wenn das Selbst der Inhalt des Selbstmodells »ist«, dann ist kein Standpunkt in Sicht, von dem aus der Gehalt einer *Des*illusionierung *in der Perspektive dieses Selbst* wohlgemerkt zu denken möglich wäre. Das Selbstmodell »hat« metaphorisch gesprochen eine Welt, aber es bleibt »von innen« (Wittgenstein) begrenzt.

2. Selbstverständnis ohne Selbst oder Höherstufiger Naturalismus

Die Selbstmodell-Theorie der Subjektivität unterliegt der starken naturalistischen Annahme, dass die Welt nur als *eine* Welt verständlich ist und nicht in eine physikalische Ordnung einerseits und in eine mentale andererseits zerfällt. Die Theorie, die die eine Welt verständlich machen kann, ist eine naturalistische Theorie, insofern sie beansprucht, die Erscheinungen dieser Welt angemessen, d.h. mit einem begrifflich einheitlichen Methodenarsenal explizieren zu können. An diesem Anspruch darf man sie messen. Naturgemäß sind subjektive Zustände für jeden Naturalisten eine Herausforderung, zumal dann, wenn er sich nicht Reduktionen vorwerfen lassen will, die seinen inklusiven Anspruch unterlaufen, und Erklärungslücken vermeiden will, die sich einem starken Naturalismus ohnehin von Haus aus verbieten.

Die Grundidee der Selbstmodell-Theorie besteht darin, dass neuronale Zustände eines Systems wie des menschlichen Gehirns nicht nur neuronal, sondern unter bestimmten Bedingungen auch phänomenal repräsentiert werden. Die phänomenale Repräsentation ist keine nicht-neuronale Repräsentation, etwa eine »mentale« im traditionellen Sinne, sondern ebenfalls eine neuronale. Unter bestimmten Bedingungen, die man als höherstufige Selbstregulierungen informationeller Systeme verstehen kann, findet eine funktionale Integration phänomenaler Repräsentationen statt. Diese höherstufige oder Metarepräsentation, das *phänomenale Selbstmodell*, darf man sich freilich nicht emergenztheoretisch vorstellen. Es ist da nichts, das etwas hervorbringen könnte, das es selbst nicht ist. Und dennoch stellt das Selbstmodell eine neue Qualität dar, weil es die unzähligen Modi des systemimmanenten *Verfügenkönnens* über neuronale Inhalte integriert. Die Integration vollzieht sich als Metarepräsentation. Diese symbolische Metarepräsentation auf neuronaler Ebene ist informationell so organisiert, dass sie als das flexible, autonome Selbst des Verfügens über neuronale Inhalte *erscheint,* das wir uns zuschreiben selbst zu sein. Das Selbstmodell *erfindet* uns als Besitzer eines Selbst – eine ungeheure Kreativität des neuronalen Systems, mit dem wir ausgestattet sind.

Das Selbstmodell ist eine Organisationsform, in der buchstäblich naturgemäß mitgeführt wird, was wir ›Subjekt‹ nennen, den Besitzer eines Bewusstseins, das über verschiedene Bewusstseinsinhalte und deren Verknüpfung verfügt. Aber was da »mitgeführt« wird, ist nichts anderes als organische Information, die macht, dass das Lebewesen, das über ein derart strukturiertes Gehirn verfügt, sich selbst als Subjekt seiner Aktivitäten erlebt. Das Selbstmodell erzeugt kein Selbstbewusstsein, es »ist« Selbstbewusstsein.

Das Selbstmodell ist eine Metarepräsentation, die selbst nicht mehr repräsentiert wird.[8] Ihre Gehalte werden instantan und spontan erlebt. Man kann auch sagen: »Wir« erleben das Selbstmodell selbst nicht mehr *als* Selbstmodell, darum *erscheint* es als homogenes, unhintergehbares, unmittelbarerlebendes Selbst, das wir selbst sind. Und es wird selbst nicht mehr erlebt, weil diese Stufe der Repräsentation die Systemressourcen prinzipiell sprengen würde. Die Repräsentation neuronaler Inhalte bedarf Zeit, die auf der Ebene der Metarepräsentation nicht zur Verfügung steht.[9] Das erklärt die Unmittelbarkeit des Erlebens. ROT phänomenal, d.h. bewusst zu erleben, erscheint nicht als Vorgang in der Zeit, obwohl er es auf neuronaler Ebene ist. *Als* phänomenaler Zustand innerhalb eines Selbstmodells kann er nur nicht mehr repräsentiert werden. In einem metaphorischen Sinne kann man sagen, dass man der Inhalt seines Selbstmodell *ist.*[10]

Der Preis, den die Alltagspsychologie dafür bezahlt, ein Selbst zu unterstellen, das man irgendwie besitzt, besteht darin, zu diesem Selbst keinen Zugang zu haben, nichts über es zu wissen, was *als Wissen* repräsentiert werden könnte. Im Kern hatte das auch schon Wittgensteins sogenanntes Privatsprachenargument sagen wollen.[11] In gewisser Weise ist, ein Selbst zu sein, kein Gedanke, sondern ein Zustand. Und diesen Zustand zu erleben spiegelt recht genau die neuronalen Bedingungen eines Selbstmodells. Es ist selbst kein Gegenstand irgend einer weiteren Repräsentation. Dass der Naturalismus der

---

[8] Hier drängt sich ein loser Zusammenhang mit Wittgensteins früher Ontologie des Bildes auf: »Seine Form der Abbildung aber kann das Bild nicht abbilden; es weist sie auf.« (TLP 2.172)
[9] »Die Homogenität des phänomenalen Bewußtseins ist eine Illusion, die durch einen niedrigen zeitlichen Auflösungsgrad derjenigen Funktion bedingt ist, die mentale Repräsentate zu bewußten macht.« Metzinger: *Niemand sein,* a.a.O., S. 147.
[10] Vgl. Metzinger: *Being no one: A Self-Model Theory of Subjectivity*, Cambridge MA 2003.
[11] Vgl. A. Thyen: *Anthropologie und Moral. Untersuchungen zur Lebensform ›Moral‹,* eingereichte Habilitationsschrift 2004, S. 144ff.

Selbstmodell-Theorie anders als der anti-naturalistische Mentalismus einer Theorie des Selbstbewusstseins einen infiniten Regress vermeiden kann, spricht im übrigen für ihn. Er braucht kein letztes Subjekt der Vermittlung einer unendlichen Kette von Subjekt-Objekt-Vermittlungen, die sich aus der Subjekt-Objekt-Struktur eines intentionalen Subjekts ergeben. Das System ist nämlich natürlicherweise begrenzt.

Die Selbstmodell-Theorie ist die Theorie eines *höherstufigen Naturalismus*, der die Unterscheidung von Naturalismus und Anti-Naturalismus selbst noch einmal naturalistisch abzubilden vermag: Das Selbst, das wir uns zuschreiben, *erscheint* aus Gründen seiner Modellierung naturgemäß anti-naturalistisch. Es ist aber eben nicht anti-naturalistisch konstruierbar, sondern nur naturalistisch, denn dieses »Selbst« ist letztlich eine selber neuronale, dynamische, vierdimensionale *Metarepräsentation* neuronaler Vorgänge und eben nicht deren – mentalistisch gesprochen – mentales Korrelat. Eine Metarepräsentation wird durch funktionale Integration[12] erzeugt; sie übertüncht niederstufigere neuronale Inhalte nicht; sie integriert sie vielmehr in ein holistisches Modell eines Ganzen, das es selbst ist und das phänomenologisch – nämlich uns – als phänomenaler Inhalt »Welt« erscheint.

So gesehen »gibt es« den Leib-Seele-Dualismus und es gibt ihn nicht. Es handelt sich um einen höherstufigen Leib-Seele-Dualismus.[13] Auf der Ebene eines *Naturalismus erster Stufe* gibt es ihn nicht. Lebendige Wesen unserer Organisationsform (Plessner) sind nicht dualistisch organisiert. Der Dualismus ist innerweltliches Phänomen, mit innerweltlichen Mitteln analysier- und rekonstruierbar und damit physikalistisch resp. neuronal reduzierbar. Auf der *höherstufig naturalistischen Ebene* einer Ontologie des Gehirns »gibt es« ihn jedoch sehr wohl. Denn hier wird das Gehirn zugänglich unter zwei Perspektiven, derer sich übrigens auch Kant bediente: Gebraucht man ›Ontologie des Gehirns‹ im *genitivus objectivus*, dann ist die Selbstmodell-Theorie deskriptiver Gegenstand einer Theorie neuronaler Modellierung. Die Theorie über das Gehirn wäre in diesem Fall eben eine ontologische Theorie. Gebraucht man den Ausdruck im *genitivus subjectivus*, dann geht es um die Ontologie, die das Gehirn, man muss notgedrungen sagen: ohne das Selbst, gewissermaßen »von sich selbst« modelliert. Das Gehirn erzeugt in dieser Lesart eine, metaphorisch gesagt: »seine« Ontologie. Beide Perspektiven vereint der höherstufige Naturalismus, indem er sie als funktionale Eigenschaft *eines* Systems konstruiert. Und dieses System ist ausschließlich physikalischer und nicht mentaler Natur.

Das Selbstmodell ist also nicht Gegenstand seiner selbst, es ist als solches nicht zugänglich. Es ist transparent; es »sieht« sich nicht, sondern gewissermaßen durch sich hindurch; es bleibt sich verborgen. Seine Transparenz ist

---

[12] Vgl. Metzinger: *Being no one*, a.a.O., S. 150.
[13] Vgl. Thyen: a.a.O., S. 66ff.

zugleich »selbstreferentielle Opazität«.[14] »Transparenz ist eine besondere Form der Dunkelheit.«[15] Aus der Sprachphilosophie Wittgensteins und der Anthropologie Plessners ist die Figur einer »selbstreferentielle Opazität« bekannt: Als innerweltliche Begrenztheit sprachlichen Sinns, als Blindheit eines gleichwohl autonomen Regelfolgens bei Wittgenstein bzw. als verborgene Binnenpunktualität exzentrisch positionierter Lebewesen bei Plessner.[16]

Das Selbstmodell verändert sich zwar durch die höherstufig naturalistische Reduktion. Denn es ist klar, dass das Selbstmodell die Selbstmodell-Theorie, die es über sich selbst hat, zumindest kognitiv-epistemisch integrieren muss. Ob sich diese Integration auf das Selbstmodell auswirkt, muss an dieser Stelle dahingestellt bleiben. Aber man darf wohl annehmen, dass das ptolemäische Selbst der Alltagspsychologie und des traditionellen Mentalismus robust genug ist, sich zu keinem neurologistischen Fehlschluss hinreißen zu lassen und phänomenales Erleben nicht sich selbst, sondern einem Selbstmodell zuzuschreiben, das es selbst *nicht* ist.

Einen höherstufigen Naturalismus der Selbstmodell Theorie kann man sich nicht zu eigen machen. Denn aus Gründen der Organisation dieses Selbstmodells können wir uns mit der Selbstmodell-Theorie über uns selbst nicht identifizieren. Sie ist also paradoxerweise gerade in der Erste-Person-Perspektive, d.h. in einer Perspektive, deren Modellierung gerade Gegenstand der Theorie ist, weder verständlich noch annehmbar. Wir »sind« nun einmal dieses Selbst, das die Theorie, die wir annehmen könnten, naturalistisch auflöst. Ließe die Theorie eine Erste-Person-Perspektive auf sich zu, wäre sie hinfällig; lässt sie sie nicht zu, stellt sich die Frage nach der erstpersonalen Akzeptanz gar nicht, weil es keinen Fragenden gäbe. Die Selbstmodell-Theorie kann »prinzipiell« in keiner Weise »intuitiv«[17] wahr sein, weil sie eben dieses Dilemma erzeugt: Die Idee, dass es kein solches Ding wie das »Selbst« gibt, ist phänomenal unmöglich. Und genau deshalb ist die kopernikanische Wende, die die Selbstmodell-Theorie vollzieht, zwar eine intellektuelle Zumutung, bestimmt aber keine Kränkung. Ein höherstufiger Naturalismus tut nicht weh.

3. Menschliche Praxis – ein Trick des Gehirns

Philosophie und Neurowissenschaften sind auf dem Weg, eine Theorie darüber zu entwickeln, *wie* ein neuronales System ein Selbstmodell erzeugt. Die

---

[14] Metzinger: *Niemand sein*, a.a.O., S. 9.
[15] Metzinger: *Die Selbstmodell-Theorie der Subjektivität: Eine Kurzdarstellung in sechs Schritten*, vollst. überarb. und erw. Fassung des Beitrags in: W. Greve (Hg.): Psychologie des Selbst, 2000, unter: www.philosophie.uni-mainz.de/metzinger/publikationen/SMT-light.html
[16] Vgl. zur Entfaltung dieser Zusammenhänge Thyen: a.a.O.
[17] Metzinger: *Being no one*, a.a.O., S. 627.

Frage, *wozu* es das tut, wird aber wohl unbeantwortet bleiben müssen. Das komplexe Informationssystem Gehirn folgt keinem Plan. Es ist zweckmäßig ohne Zweck, auch wenn seine Wirkungen unter dem Gesichtspunkt praktischer Zweckmäßigkeit analysiert werden können. Was das angeht, könnte man die Selbstmodell-Theorie zunächst auf ihre anthropologischen Implikationen hin befragen. Sie scheinen auf der Hand zu liegen, haben wir es doch mit dem Konzept eines menschlichen Selbstmodells zu tun.[18] Aber das Problem der Konzeptionalisierung einer anthropologischen These zum Selbstmodell reicht sehr viel tiefer, als die intuitive Annahme vermuten lässt. Denn wenn wir vom Selbstmodell sprechen, sprechen wir nicht automatisch vom Menschen, nicht von der Person, nicht vom Individuum. Für jeden dieser Aspekte wäre der systematische Bezug zur Selbstmodell-Theorie erst zu zeigen.

Gegenstand der philosophischen Anthropologie ist nach der kritischen Wende Kants die Konzeptionalisierung menschlichen *Selbstverständnisses*. Unter Bedingungen der kopernikanischen Begrenzung unserer Erkenntnisart erscheint die Frage nach einem menschlichen Selbstverständnis jedoch als Frage nach einem Konzept eines möglichen Selbstverständnisses lebendiger Wesen überhaupt. Oder mit Kant gefragt: Wie ist ein Selbstverständnis lebendiger Wesen möglich? Die bislang interessanteste und an die Selbstmodell-Theorie durchaus anschlussfähige Antwort auf diese Frage hat Helmuth Plessner mit einer Anthropologie der *exzentrischen Positionalität* gegeben. Erstmalig wird hier ein *Modell* des Menschen durchbuchstabiert: Was sich der Mensch zuschreibt – Geist, Selbstbewusstsein, Sprache, Kultur etc. – erklärt sich aus seiner exzentrischen Positionsform eines vollkommen reflexiv gewordenen Körpers. Bereits Plessner hat auf die grundsätzliche *Selbst-Verborgenheit* des exzentrisch positionierten Lebewesens aufmerksam gemacht. Analog zur Selbstmodell-Theorie ist die Erfahrung, zentriert, Zentrum der Welt und seiner selbst zu sein, nur im Modus der *dezentrierten Organisation* des Organismus möglich. Exzentrisch positionierte Lebewesen sind physisch nach »Prinzip der Reflexivität«[19] organisiert. Aus der exzentrischen Position heraus wird eine »Binnenpunktualität« transparent, die selber verborgen, opak, bleibt. Kurz, die Opazität des Selbst-Verständnisses ist auch ein anthropologischer Topos.

---

[18] Ob auch Tiere ein Selbstmodell ausbilden, kann dahingestellt werden. Die prinzipielle Schwierigkeit dürfte aber sein, dass wir nicht wissen, wie es für einen Löwen ist, phänomenale Inhalte zu repräsentieren. Zu vermuten ist freilich, dass das Selbstmodell ein *humanum* ist, woraus ein Speziezismus der Selbstmodell-Theorie folgen würde. Vgl. zu einer speziezistischen Konzeption menschlichen Selbst-Verständnisses Thyen: a.a.O., S. 86ff. und S. 298ff.

[19] Metzinger: *Being no one*, a.a.O., S. 365.

Das Selbstmodell ist ebenso phänomenal einzigartig wie es universell ist.[20] Seine Gehalte sind phänomenal individuell, aber seine Struktur ist *universeller* Natur. Wir teilen nicht nur neuronal repräsentierte Inhalte – Gegenstände der Aufmerksamkeit, der kommunikativen Bezugnahme, Erinnerungen, Gegenstände der Kognition etc. – wir teilen buchstäblich mehr oder weniger auch das Selbstmodell, das »Zentrum« einer Welt, das die Welt *ist* und damit die universelle Erfahrung des Welt-Habens und Selbst-Seins einschließt. Mit Augustinus wäre zu sagen: *Ein* Selbstmodell ist *kein* Selbstmodell. Es ist nichts Privates. Seine phänomenale Einzigartigkeit besteht geradezu darin, dass es nicht numerisch singulär ist, sondern ein Plural. Weil es, um einen Ausdruck Kants zu bemühen, die ursprüngliche Synthesis phänomenaler Gehalte so repräsentiert, als ob deren Modell ein Selbst sei, das sich Individuen zuschreiben, ist dieses Modell als solches jedem Individuum der gleichen Organisationsform zugänglich. Entgegen der privaten Illusion, ein Selbst *solus ipse* zu besitzen, ist das Selbst vielmehr intersubjektiv zugänglich. Mehr noch: gerade *insofern* wir über das Selbstmodell weder epistemisch noch phänomenal verfügen, gerade *insofern* es nicht noch einmal repräsentiert wird und uns also als phänomenaler Gegenstand des Wissens entzogen ist und bleibt, *teilen* wir *intersubjektiv*, was wir »sind«: der Inhalt eines Selbstmodells.[21]

Das Gehirn ist räumlich organisiert, Intersubjektivität auch, sie bedarf buchstäblich des desjenigen Raums, den wir den sozialen Raum nennen. Diese Topologie der Intersubjektivität verlangt freilich ein Modell, nach dem es in einem sozialen »Raum« distinkte ihrer selbst bewusste Akteure gibt. Die gibt es auch, aber eben nur als Selbst*modelle*, nicht als »Selbste«. Insofern ist, was wir Praxis nennen, die maßgeschneiderte naturalistische Topologie des *zoon politikon*. Wittgensteins Löwe hätte nur dann einen sozialen Raum, wenn er ein Selbstmodell hätte. Der Mensch – besser: die informationelle Modellierung eines Selbst – hat einen sozialen Raum, in dem er als Selbst mit anderen Selbsten eine Praxis teilt. Zu sagen, er nehme den anderen als Selbst wahr *wie er sich selbst als Selbst wahrnimmt*, ist eigentlich irreführend, denn diese distinkten Selbste, die man *wie* sich selbst wahrnehmen könnte, gibt es nicht.

Lebewesen, die sich ein Selbst zuschreiben, teilen eine Praxis oder Lebensform, *weil sie kein Selbst sind*. Das ist paradox, erklärt sich aber durch eine universelle Organisationsstruktur, die als solche verborgen bleibt, und sich doch in der Praxis *zeigt*. Genauer: die sich *als* geteilte Praxis zeigt. Lebewesen, für die

---

[20] Vgl. W. v. Humboldts Einsicht in die Individualität des Sprachbaus bei gleichzeitiger Universalität des Sprachsinns in: *Einleitung zum Kawi-Werk*, in: ders., Schriften zur Sprache, Stuttgart 1973, S. 30-207.
[21] Kant hatte diesen scheinbar paradoxen Zusammenhang »als Idee der Menschheit in meiner Person« angedacht. Zu den moralisch-praktischen Implikationen eines Selbst-Verständnisses von Inter-Subjekten in diesem Sinne vgl. Thyen: a.a.O.

diese Lebensform charakteristisch ist, nenne ich *Inter-Subjekte*.[22] Ihr *Selbst*verständnis ist kein Verständnis von sich selbst allein, sondern ein Selbst*modell*, ein universelles Organisationsprinzip spezifisch entwickelter Lebewesen. Wenn auch die Illusion des Selbst »*niemandes* Illusion ist«, so ist sie doch diejenige universelle Illusion, die erklärt, wie es möglich ist, dass wir Lebensformen teilen. So gesehen ist das Selbstmodell ein Erfolgsmodell, der gigantische Trick einer neuronalen Matrix, die wir buchstäblich selbst sind – aber eben nicht *solus ipse*.

Dieser Zusammenhang erklärt nun auch die spezifische Kreativität des Menschen. Das Modell von sich selbst ist eben kein Modell, was »jemand« allein durch sich selbst erzeugen und besitzen könnte. Es entsteht und es wirkt sich aber praktisch aus: Denn die Welt, die dieses Lebewesen hat und in die es sich eingeschlossen erfährt, ist eine Welt, die es mit anderen teilt. Freilich nicht, weil es darauf eine Option hätte, weil es den Schritt in die Welt der Anderen wählen[23] könnte, sondern weil ein Selbstmodell, das selbst nicht mehr als Modell repräsentiert werden kann, sich buchstäblich nur intersubjektiv »zeigt« (Wittgenstein). Das *Selbst* ist *creatio* eines »Tanzes« phänomenaler Inhalte hinter dem »Schleier« ihrer Metarepräsentation; es *ist* »Informationsfluß«[24], ein Geschehen, das seinen Trägern als reales Selbst erscheint. Der Trick dieser Kreation besteht nun darin, dass das Selbstmodell die notwendige Bedingung aller – nun müssen wir sagen: – *menschlichen* Kreationen ist: Sprache, Kultur, Wissenschaft, Philosophie, Moral und auch Selbstmodell-Theorie. Die neuronal *notwendige* Bedingung erscheint dem (illusionären) Selbst freilich als *hinreichende* Bedingung: Es sind »seine« Kreationen. So gesehen ist es die Illusion eines *solipsistischen* Selbst, das den Menschen erzeugt. Tatsächlich ist es freilich eine spezifische Organisation von Information überhaupt. Weil das menschliche Selbstmodell *nicht allein selbst* kreativ ist, ist es kreativ. Es ist eine offene Struktur, prinzipiell nur begrenzt nur durch seine neuronalen Ressourcen; als *Information*, soweit für uns absehbar, unbegrenzt und damit unbegrenzt kreativ und visionär. Was der Mensch *ist*, verdankt er der *Universalität* einer Metarepräsentation seiner neuronalen Organisation, mit der er sowohl objektiv-empirisch identisch als auch subjektiv-phänomenal nicht-identisch ist. Nur deshalb kann sie Gegenstand seiner theoretischen Neugierde sein.

Freilich verschärft die Selbstmodell-Theorie ein Problem, das schon Wittgenstein sehr klar formuliert hatte: Dass unsere sprachliche Repräsentation der »Welt« von »innen begrenzt« ist, obwohl es der Begriff einer Welt nicht ist. Unsere sprachlichen Welt- und Selbstbezüge sind an die Illusion eines »Selbst«

---

[22] Zum Konzept einer »Grammatik des Inter-Subjekts« Thyen: a.a.O., S. 94ff., S. 237ff.
[23] In diesem Sinne könnte auch Wittgensteins »Wenn ich einer Regel folge, wähle ich nicht« verstanden werden (Wittgenstein: *Philosophische Untersuchungen*, § 219).
[24] Metzinger, *Niemand sein*, a.a.O., S. 152.

gebunden, und es wird interessant sein zu sehen, wie sich die kopernikanische Wende vom »Selbst« zum neuronalen Selbstmodell auf unsere gewohnten Sprachspiele auswirkt, die alle die »Kleider« (Wittgenstein) des »Selbst« tragen. Wenn wir nicht substanzontologisch reden wollen, gibt es kein Selbstmodell im Plural.

Schluss

Die Selbstmodell-Theorie gleicht einem flämischen Stillleben.[25] Es konkurriert nicht mit den Begriffen. Es zeigt, wie wir das machen, ein »Bild«, ein Modell repräsentieren, von dem wir sagen, dass wir es selbst sind. Es zeigt die Konstruktion der Welt, die uns, die Welt und uns selbst denkend, einschließt; die Welt, in die wir wie in ein Zimmer treten, das es nicht gibt, vom Kuchen naschen, am Wein nippen und wieder hinausgehen. Eine Welt ohne uns selbst. Eine Welt ohne Selbst, in der wir freilich ungeheuer präsent sind; mehr noch, in der eigentlich nur wir selbst präsent sind. Ein Glück.

Literatur

CASTAÑEDA, H.-N.: *Sprache und Erfahrung*, Frankfurt/M. 1982.
HUMBOLDT, W.v.: *Einleitung zum Kawi-Werk*, in: ders.: Schriften zur Sprache, Stuttgart 1973, S. 30–207.
METZINGER, Th.: *Niemand sein. Kann man eine naturalistische Perspektive auf die Subjektivität des Mentalen einnehmen?*, in: S. Krämer (Hg.): Bewußtsein. Philosophische Positionen, Frankfurt/M. 1996.
METZINGER, Th.: *Die Selbstmodell-Theorie der Subjektivität: Eine Kurzdarstellung in sechs Schritten*, vollst. überarb. und erw. Fassung des Beitrags in: W. Greve (Hg.): Psychologie des Selbst, 2000, unter: www.philosophie.uni-mainz.de/metzinger/publikationen/SMT-light.html.
METZINGER, Th.: *Being No One: A Self-Model Theory of Subjectivity.* Cambridge MA 2003.
NAGEL, T.: *Der Blick von nirgendwo*, Frankfurt/M. 1992.
ROTH, G.: *Aus der Sicht des Gehirns*, Frankfurt/M. 2003.
SCHNÄDELBACH, H.: *Drei Gehirne und die Willensfreiheit*, ersch. in der Frankfurter Rundschau, 25. 5. 2004.
THYEN, A.: *Anthropologie und Moral. Untersuchungen zur Lebensform ›Moral‹*, eingereichte Habilitationsssschrift 2004.

---

[25] Simon Luttichuys (1610-1661), *Stilleben mit venezianischem Glas*, Kunsthalle Hamburg.

Sektion 2

Kreativität und Logik – Kreativität der Generierung formaler Strukturen

Winfried Löffler
Kreative Aspekte der logischen Formalisierung.............................. 79

Joachim Bromand
Wie kreativ darf die Generierung axiomatischer Kalküle sein? –
Wittgenstein über (wahre) Widersprüche... 91

Karl-Georg Niebergall
Menschen sind keine Maschinen: das metamathematische
Argument von Lucas... 99

Jan Janzen
»Minimale Semantik«: Ein unterschätztes Anliegen Freges............. 109

Claudia Henning
Das Steinschleuder-Argument – ein kreatives Argument............... 119

Kreative Aspekte der logischen Formalisierung

WINFRIED LÖFFLER (INNSBRUCK)

1. Einleitung und Vorblick

Dem Problem, was es eigentlich genau heißt, einen natürlichsprachlichen Text logisch zu formalisieren, wurde bislang erstaunlich wenig Aufmerksamkeit zugewandt. In Logiklehrbüchern wird das Problem in sehr unterschiedlicher Intensität behandelt; die erste und einzige Monographie zum Thema dürfte Brun 2003 sein. Soweit es überhaupt einen *received view* gibt, wäre dieser etwa so zu skizzieren: Logische Formalisierung ist die Übertragung des natürlichsprachlichen Texts in sein formalsprachliches Gegenstück, um die logischen Merkmale des ersteren klarer herauszuarbeiten und damit seine logische Qualität besser beurteilen zu können. Als Metaphern für diesen Vorgang fungieren etwa die Rede vom Übersetzen in eine formale Sprache, vom herauszupräparierenden logischen Skelett, vom anzuwendenden logischen Mikroskop, und andere mehr. Wichtig ist dabei jeweils, dass Formalisierung als unidirektionaler Übergang vom natürlichsprachlichen hin zum formalsprachlichen Text erscheint, als die Freilegung von etwas grundsätzlich schon Vorhandenem. Ich möchte diese Sicht zwar nicht grundsätzlich angreifen, aber doch relativieren und darauf aufmerksam machen, wie beim Formalisieren eine Reihe von hermeneutischen Hintergrundannahmen wirksam werden, die selten thematisiert werden. Spätestens wenn es an die Formalisierung ernsthafter philosophischer Argumente geht, wird nämlich deutlich, dass Formalisierung nicht nur ein abstraktiver, sondern ebenso ein konstruktiver Prozess ist, der vom Formalisierenden mitunter durchaus kreative Zutaten verlangt. Das impliziert allerdings keineswegs, dass gute und weniger gute Formalisierungen nicht mehr unterscheidbar wären. Logische Formalisierung ist und bleibt eine Prüfmethode für die logische Qualität natürlichsprachlicher Texte.

Formalisierbar sind verschiedenste Textsorten und Sprachbestandteile (für einen Klassifikationsansatz siehe Morscher 1988). Ich beschränke mich auf die Formalisierung von *Argumenten*, da hier die Relevanz kontextueller Hintergrundannahmen und die Notwendigkeit hermeneutischer Vorbereitungshandlungen des Formalisierenden besonders augenfällig wird. Ich beschränke mich weiters auf Versuche, Argumente möglichst *historisch adäquat* zu formalisieren. Dies sei deshalb erwähnt, weil es durchaus verschiedene Stile des Formalisierens gibt, u.a. auch Versuche, ausgehend von einem historisch fassbaren Text und einem bestimmten Logiksystem ein neues Argument zu kreieren, man denke etwa an die zeitgenössischen modallogischen ontologischen Argumente von Plantinga und Gödel.

Ein Ansatzpunkt für den kreativen Zugriff des Formalisierers ist bereits die Fixierung dessen, was eigentlich als das Objekt der Formalisierung zu betrachten ist. Das zeige ich in Abschnitt 2. In Abschnitt 3 wird eine Kriterienliste für adäquate Formalisierung untersucht und, zumindest für die Formalisierung von Argumenten, als zu schwach erwiesen. Dies leitet zur wichtigsten These dieses Vortrags in Abschnitt 4 hin, dass nämlich die Anfangseinschätzung des Formalisierenden eine wesentliche Rolle bei der Erstellung und bei der Brauchbarkeitsabschätzung einer Formalisierung spielt. Auch hier kommt naheliegender Weise die Kreativität des Formalisierenden ins Spiel. Als theoretischer Rahmen, wie das näher funktionieren könnte, ohne der Beliebigkeit Vorschub zu leisten, wird in Abschnitt 5 eine Variante des weiten Überlegungsgleichgewichts vorgeschlagen.

2. *Kreativität beim Formalisieren (I):*
Das Objekt der Formalisierung

Was eigentlich das Objekt der Formalisierung ist, ist eine nichttriviale Frage. Ein beliebter Weg, diese Frage weitgehend auszublenden, ist die Empfehlung, zunächst das meist vorliegende Enthymem zu ergänzen und dieses dann zu formalisieren. Daran ist natürlich richtig, dass Argumente tatsächlich meist in unvollständiger Form, also als Enthymeme, vorkommen, und dass Formalisierung daher praktisch immer mit der behutsamen Ergänzung von Prämissen einher geht, manchmal auch mit deren Berichtigung, Einschränkung etc. (Manchmal betreffen solche Maßnahmen auch die Konklusion). Allerdings stellen sich hier mindestens 2 Probleme: *Erstens* deckt das Wort »enthymematische Prämisse« eine ganze Reihe von sehr verschiedenen Phänomenen ab. Es kann sich um wohlweislich verschwiegene Prämissen handeln, um gerade vorhin schon einmal benützte Prämissen, um allgemein akzeptierte Selbstverständlichkeiten, oder um Zusammenhänge, über die der Argumentierende zwar noch nie nachgedacht hat, aber ihnen auf Befragung zustimmen würde. *Zweitens* ist »Enthymem« bei genauerer Betrachtung ein relationaler Begriff: Ein Enthymem ist ein Enthymem immer erst relativ zu einem angezielten Logiksystem. Anselms ontologischer Gottesbeweis ist z.B. relativ zur Aussagenlogik kein Enthymem, sondern – in erster Näherung gesprochen – einfach nicht sinnvoll darin formalisierbar. in einer zweistelligen Prädikatenlogik mit Identität dagegen mag man ihn sehr wohl als Enthymem betrachten. Ein noch deutlicheres Beispiel: Das einfache Argument »Alle Drachen speien Feuer. Alle Drachen sind Reptilien. Also speien einige Reptilien Feuer« wäre aus der Sicht der mittelalterlichen Syllogistik ein Modus DARAPTI der 3.Figur. Es wäre also kein Enthymem gewesen, sondern ein deduktiv gültiges Argument.

Aus der Sicht heutiger Prädikatenlogik wäre es dagegen ungültig, oder höchstens gültig als Enthymem mit der Zusatzprämisse »Es gibt mindestens einen Drachen.«

Das Objekt der Formalisierung ist also gewöhnlich nicht einfach das vervollständigte natürlichsprachliche Argument auf *type*-Ebene, sondern eine stipulierte Sequenz von Satz-*types* dahinter, die man »die Überlegung hinter dem Argument« nennen könnte (das englische Wort *reasoning* trifft die Sache noch besser). Und was man als diese Überlegung ansieht, das wird durchaus durch die Aussicht auf ein bestimmtes Logiksystem mitbestimmt. Diese Entscheidung fällt jedoch der Formalisierer, und nicht selten verlangt sie ihm einiges an Kreativität ab. Es gibt auch den Fall, wo ein und dasselbe Argument mehrere plausible Formalisierungen in unterschiedlichen Logiksystemen zuließe (Kamitz 1979). Angesichts dieser Überlegungen mag vielleicht nochmals klarer werden, dass das Resultat der Formalisierung nicht einfach ein Transkript einer natürlichsprachlichen Textsequenz in die formale Sprache ist, sondern ein *Gegenstück*, das im Lichte einer bestimmten formalen Sprache konstruiert wird.

Eine Konsequenz dieser Überlegungen für die Formalisierungspraxis ist, dass man der eigentlichen Formalisierung einen Schritt der *Halbformalisierung* bzw. der *Paraphrase in einer regulierten natürlichen Sprache* vorschalten sollte. Dies ist ein Weg, der vermutlichen Überlegung hinter dem Argument auf die Spur zu kommen und mögliche Ambiguitäten zu entdecken. Was etwa bedeutet es genau, Abraham Lincoln zu widersprechen und zu sagen »einige Leute kann man immer hereinlegen«? Vorschnell formalisierend, könnte man z.B. auf $\exists x \forall y Hxy$ ebenso wie auf $\forall y \exists x Hxy$ kommen (wobei Hxy immer für »man kann Person x zum Zeitpunkt y hereinlegen« stehe). Dass beides möglicherweise gemeint sein könnte, aber nicht äquivalent ist, könnte die Halbformalisierung zeigen.

3. Eine Kriterienliste im Test

Wenden wir uns nun aber dem Problem zu, wann eine Formalisierung als brauchbar zu betrachten ist. Georg Brun (2003) hat in seiner verdienstvollen Monographie erstmals eine umfangreichere Liste von Kriterien für adäquate Formalisierungen vorgeschlagen, deren mutmaßlich häufige Durchbrechung er allerdings zu Recht einräumte. Im folgenden möchte ich den Eindruck erhärten, dass diese Liste (die anhand der Formalisierung einzelner Sätze bzw. Thesen entwickelt ist) nicht ausreichen dürfte, besonders was die Formalisierung von Argumenten angeht. Brun unterscheidet innnerhalb seiner Liste zwei notwendige Kriterien (1) und (2) von einem offenen System von Zusatzkriterien (3)–(6), die manchmal mehr, manchmal weniger deutlich erfüllt sein werden. Vereinfacht und ein wenig erläutert lauten die Kriterien wie folgt:

(1) Satz-*types* (*S*) und ihre Formalisierungen (*F*) müssen dieselben Wahrheitsbedingungen haben.

(2) *F* darf nicht in Schlussbeziehungen stehen, die eindeutig unakzeptabel sind, wenn wir *F* als *S* rück-verbalisieren.
Zwei Beispiele:
»Er starb, weil er Fisch aß« ist nicht zu formalisieren als $p \wedge q$, denn das erlaubt den Schluss $p, q \Rightarrow p \wedge q$!
»Jan sucht ein Einhorn« ist nicht zu formalisieren als $\exists x \exists y[(x=j) \wedge Ey \wedge Sxy]$, denn das erlaubt den Schluss auf $\exists y E y$!

(3) Logische Konstanten sollten in *F* nur aufscheinen, wenn sie ein sprachliches Gegenstück in *S* haben. (Dieses Kriterium wird oft verletzt, »Alle Zeugen sind anwesend« ist sicher richtig als $\forall x(Zx \rightarrow Ax)$ formalisiert.)

(4) In *F* sollten nur deskriptive Ausdrücke auftauchen, die auch in *S* auftauchen. Auch dieses Kriterium wird oft verletzt, z.B. wenn »manchmal« prädikatenlogisch unter Zuhilfenahme von Zeitpunkten formalisiert wird: $\exists x(Zx \wedge ...)$

(5) Deskriptive Ausdrücke sollen in *S* und *F* in derselben Reihenfolge aufscheinen. (Dieses Kriterium wird z.B. schon dann verletzt, wenn »dann, wenn ...«-Aussagen als Subjunktion formalisiert werden.)

(6) Ein und demselben Satz-*type* *S* sollten keine unterschiedlichen *F*'s zugeordnet werden.

In vielen Fällen liefert diese Liste auch bei Argument-Formalisierungen gute Ergebnisse. Betrachten wir dazu etwa folgendes Argument:

> Man sollte keine Weinschorle trinken, denn guter Wein verdient es nicht, mit Wasser gemischt zu werden, und schlechten Wein sollte man überhaupt nicht trinken.

Eine prima facie plausible Formalisierung dieses Arguments wäre wohl die folgende:

      G   Der Wein ist *g*ut
      S   Der Wein ist *s*chlecht
      W   Man trinkt den Wein als *W*einschorle
      F   Man macht einen *F*ehler / etwas falsch

Prämissen: $G \vee S$ (bzw., als exklusives *oder*: $G \leftrightarrow \neg S$) [verschwiegene Prämisse]
$(G \wedge W) \rightarrow F$
$(S \wedge W) \rightarrow F$
$(S \wedge \neg W) \rightarrow F$

Konklusion: $W \rightarrow F$

In dieser Formalisierung erscheint das Argument als Enthymem: als ein zwar deduktiv gültiges, aber nach Einschätzung der meisten Menschen wohl nicht stichhaltiges Argument, da es zumindest eine falsche Prämisse enthalten dürfte. (Vermutlich ist die erste Prämisse falsch: die meisten Leute dürften wohl glauben, dass es Weine gibt, die weder gut noch schlecht sind und vielleicht als Weinschorle ihr angemessenes Ende finden). Diese Formalisierung scheint plausibel, und auch die Kriterien sind einigermaßen klar erfüllt: die Kriterien (1), (2) und (6) zweifellos, die Kriterien (3), (4) und (5) zumindest relativ zu bestimmten, aber auch durchaus plausiblen Halbformalisierungen. Die Kriterienliste scheint prima facie also zu funktionieren.

Denken wir uns nun aber einen etwas seltsamen, wenngleich nicht völlig unklugen Logiker namens Herrn Simpel, der das Argument wie folgt zu formalisieren vorschlägt:

G Guter Wein verdient mit Mineralwasser gemischt zu werden
S Schlechter Wein sollte getrunken werden
W Man sollte *W*einschorle trinken

Prämissen $\neg G$
                 $\neg S$
Konklusion $\neg W$

In dieser Formalisierung erscheint das Argument als eindeutig ungültig, und es gibt auch keine Handhabe, es als sanierbares Enthymem zu betrachten. Wir würden allerdings Herrn Simpels Formalisierung als unbrauchbar ablehnen und ihr vermutlich vorwerfen, dass sie offensichtliche logische Merkmale des natürlichsprachlichen Texts übersieht. Allerdings könnte Herr Simpel dem entgegenhalten, dass ja keines der Kriterien von (1) bis (6) verletzt ist: Die Wahrheitsbedingungen der Formalisierung sind trivialerweise gleich wie die der natürlichsprachlichen Sätze (Kriterium 1), irgendwelche problematische Schlussbeziehungen gibt es deshalb auch nicht (2), die logischen Konstanten »$\neg$« haben ein klares Gegenstück im natürlichsprachlichen Text (3), neue deskriptive Ausdrücke wurden nicht erfunden (4), daher gibt es auch keine Reihenfolgeänderungen bei ihnen (5), und ein und demselben Satz wird trivialerweise immer dieselbe Formalisierung zugeordnet (6). Die bisherige Kriterienliste ist also offensichtlich zu schwach, um eine so eklatant unplausible Formalisierung wie jene Herrn Simpels auszuklammern.

4. Kreativität beim Formalisieren (II): die Rolle der spontanen Einschätzung des Arguments

Wir würden Herrn Simpel allerdings wohl immer noch vorwerfen, er habe offensichtliche logische Zusammenhänge, die eigentlich »formalisierungspflichtig« wären, übersehen. Wenn man dies ausmerze, könne man dem Argument bei der Formalisierung eher Genüge tun. In diesem Zusammenhang ist öfters die Behauptung zu hören, man müsse eine Sprache wählen, die reichhaltig genug für das Argument sei, und man fühlt sich vielleicht auch an Quines Maxime der seichten Analyse (*Word and Object*, § 33) erinnert: Formalisierungen sollen nicht genauer sein, als nützlich. Freilich bietet diese Maxime auf unser Problem mit Herrn Simpels Formalisierung gerade keine Antwort, also interpretieren wir sie etwas um: Formalisierungen müssen mindestens so genau sein, wie nötig. Das klingt vernünftig, wirft allerdings sofort eine Folgefrage auf: Wann darf man eine Formalisierung als hinreichend genau betrachten?

Ich schlage dazu vor, einen Faktor ins Kalkül zu ziehen, der, soweit ich sehe, in der Literatur bislang völlig übersehen wurde: die spontane Einschätzung der Gültigkeit und der wesentlichsten logischen Merkmale eines natürlichsprachlichen Texts. Meine heuristische Vermutung für das weitere ist also die: eine taugliche Formalisierung sollte unsere spontane Einschätzung der Gültigkeit des Arguments rechtfertigen, sie erklären, oder uns Hinweise geben, inwiefern und warum diese Einschätzung falsch war.

Wenden wir dieses vermutete Kriterium provisorisch auf Herrn Simpels Formalisierung an, dann zeigt sich Licht am Horizont: Simpels Vermutung widerspricht unserer spontanen Einschätzung des Arguments eklatant, sie erklärt uns diese Diskrepanz aber nicht. Und ebendaher ist diese Formalisierung unbrauchbar. Unsere spontane und vermutlich robuste Einschätzung wäre gewesen, dass das Argument wohl ein Enthymem sein dürfte, von seiner Struktur her vermutlich gültig, aber wegen einer zweifelhaften Prämisse eher nicht stichhaltig. Simpels Analyse dagegen lässt uns mit dem Eindruck eines eindeutig ungültigen und auch nicht durch Prämissenergänzung sanierbaren Arguments zurück. Und sie gibt auch keinerlei Hinweise, wo diese Diskrepanz herrühren könnte. Ich wollte mit diesem einfachen Beispiel also dazu einladen, solche spontanen Einschätzungen als ganz wesentlichen Faktor in der Beurteilung von Formalisierungen ernst zu nehmen. Und wenn man dies auf die Formalisierung ernsthafter philosophischer Argumente überträgt, dann wirft das vielleicht ein Licht darauf, dass Formalisieren einerseits ein kreativer Prozess ist, in den die persönliche Einschätzung des Formalisierers durchaus eingeht, dass andererseits der Kreativität aber auch gewisse Grenzen gesetzt sind, soll die Formalisierung denn auch brauchbar sein. Formalisierungen vollziehen sich immer in einem Kontext von verschiedensten Hintergrundannahmen, über den Text ebenso wie über den Autor, und normalerweise auch über das Argument selbst. All das wird die Formalisierung beeinflussen, und zwar durchaus legitimer Weise. Wenn das Argument etwa von einem notorisch präzisen Autor stammt (sagen wir, von Bernard Bolzano), oder wenn es offensichtlich ein mit Bedacht konstruiertes Argument ist (denken wir an Anselms ontologisches Argument), dann wird man es anders behandeln als ein nur skizziertes Argument eines eher lässig argumentierenden Autors. Man wird z.B. mehr Skrupel haben, einen offensichtlich präzisen Text wohlmeinend zu modifizieren, oder etwa Prämissen hinzuzufügen, die über absolute Trivialitäten hinausgehen. Und wenn man schon zu inhaltlich gehaltvollen Zusatzprämissen greifen müsste, um ein Argument zu formalisieren, dann wird man mehr daran setzen, diese Prämissen vielleicht anderswo im Werk dieses Autors zu belegen. Generell wird man ein mit Bedacht formuliertes, präzises Argument eher so zu formalisieren trachten, dass seine deduktive Gültigkeit gewahrt bleibt. Unsere Anfangseinschätzungen von Argumenten mögen sogar von Faktoren wie Sympathie, Reverenz oder Antipathie gegenüber einem Autor beeinflusst sein, vielleicht von einer generellen Hochschätzung oder Bezweiflung seiner logischen Fähigkeiten, und ähnlichem. Es kann auch sein, dass sich solche Voreinschätzungen aus generellen Einstellungen zum Thema des Arguments speisen. Gerade bei weltanschaulich relevanten Argumentationsfeldern ist mitunter die Voreinstellung zu beobachten, dass Argumente bestimmter Art jedenfalls bzw. keinesfalls gültig oder stichhaltig sein sollten; man denke etwa an den Umgang, den manche ausgeprägt religionsfreundliche oder religionskritische Autoren mit den sogenannten Gottesbeweisen pflegen, und ähnliches mehr. In diesem Punkt ähneln Formalisierungen der Interpretation menschlicher Handlungen, Texte, kultureller Artefakte etc. – auch sie vollzieht sich in einem Horizont von Erwartungen, Voraussetzungen und Interpretationshypothesen. Freilich sind solche hermeneutischen Vorannahmen nicht unveränderlich (andernfalls wäre Formalisierung ja nichts anderes als ein konservatives Geschäft der Vergewisserung über unsere Vorurteile). Wenn man etwa fortgesetzt auf problematische Argumente eines anfänglich hoch eingeschätzten Autors stößt, dann wird das Vertrauen in dessen logische Brillanz allmählich schwinden. Wenn man bei der Formalisierung bemerkt, dass das anfänglich überzeugende Argument auf einer Verwechslung von inklusivem und exklusivem *oder* beruht, dann wird man seine anfängliche Zustimmung zurückziehen, etc. Brauchbare Formalisierungen sollten unsere anfänglichen, spontanen Einschätzungen also nicht einzementieren, sondern sie in eine besser begründete, reflektierte Sichtweise überführen.

Diese Anfangseinschätzungen betreffen übrigens nicht nur die generelle logische Qualität des Arguments. Sie beziehen sich häufig auch auf einige der hervorstechendsten logischen Merkmale des Arguments. Wie immer man etwa zu Anselms ontologischem Argument stehen mag, es ist offensichtlich, dass an irgendeiner Stelle die Figur der indirekten Ableitung in Anschlag kommt, und dass das Argument mit irgendeiner Art von Kennzeichnung

(»das, worüber hinaus nichts größeres gedacht werden kann«) arbeitet. Eine Formalisierung, die diese Strukturmerkmale nicht wiedergibt, wird nicht brauchbar sein.

5. Ein Ansatz für einen theoretischen Rahmen: weites Überlegungsgleichgewicht

Wie könnte man den bisherigen, eher losen Vorschlägen eine allgemeine Struktur zuordnen? Wie könnte man insbesondere den Anschein der Beliebigkeit oder zumindest übermäßigen Vormeinungsabhängigkeit zurückdrängen und der Intuition von »objektiv« besseren und schlechteren Formalisierungen Genüge tun? Einen Ansatz dazu bietet vielleicht eine Rechtfertigungstechnik, die besonders aus der Moralphilosophie bekannt ist: das weite Überlegungsgleichgewicht (für eine Übersicht siehe Daniels 2003).

Ein Überlegungsgleichgewicht ist generell ein epistemischer Zustand, in dem Meinungen über Einzelfälle und Meinungen über die leitenden, allgemeinen Prinzipien dahinter kohärieren. Das bekannteste Beispiel ist die Rechtfertigung moralischer Regeln durch ihren Abgleich mit einer Menge von moralischen Einzelurteilen: Wenn die Einzelurteile intuitiv hochplausibel sind, wenn die Regeln die Verallgemeinerung dieser Einzelurteile sind, und wenn diese Regeln bislang keine allzu unplausiblen neuen Einzelurteile abzuleiten erlaubt haben, dann befindet man sich im Überlegungsgleichgewicht, genauer gesagt, im sogenannten *engen* Überlegungsgleichgewicht. Sowohl die Regeln als auch die Einzelurteile erfahren dann Rechtfertigung, und natürlich kann dieser Prozess eine zeitliche Dauer haben, weil man manche anfängliche Einzelurteile und vorgeschlagene Regeln vielleicht bei näherer Betrachtung aufgibt. Freilich hilft ein enges Überlegungsgleichgewicht noch nicht unbedingt weiter, denn es könnte ja z.B. der Deontologist zu seinem deontologischen Überlegungsgleichgewicht kommen, der Utilitarist mit anderen moralischen Intuitionen zu seinem utilitaristischen Überlegungsgleichgewicht, usw., aber man würde natürlich gerne wissen, ob man nun besser Utilitarist oder Deontologist sein sollte. Das legt nahe, einen dritten Faktor ins Überlegungsgewicht einzuführen, nämlich die Vereinbarkeit mit irgendwelchen sachlich relevanten, gut begründeten Hintergrundannahmen. Erst wenn man bezüglich dieser drei Faktoren zu Kohärenz bei hohem Überzeugungsgrad kommt, befindet man sich im *weiten* Überlegungsgleichgewicht. (Nebenbei erwähnt: Eine ähnliche Struktur dürfte die Rechtfertigung ausgefallenerer Logikkalküle haben, man denke etwa an die Debatten um die modernen Modallogiken und ihre Verbindung zu ontologischen Hintergrundtheorien.)

Was wären nun die drei Faktoren, die man bei Formalisierungen in ein weites Überlegungsgleichgewicht bringen muss? Erstens die spontane Einschätzung von Struktur und Qualität des Arguments, zweitens die Struktur und Qualität des Arguments gemäß seiner formalisierten Version, und drittens eine Menge von allgemeineren, relevanten Hintergrundannahmen, etwa über des Autors logische Fähigkeiten, über seine Meinungen auf verwandten philosophischen Gebieten und damit mögliche Zusatzprämissen, über die auf das Argument sinnvollerweise anwendbaren logischen Mittel, über die Begründetheit dieser Mittel selbst, etc. Alle drei Faktoren sind – wie auch sonst – prinzipiell revidierbar, am schwersten wahrscheinlich auch hier die Hintergrundannahmen, und ähnlich wie in anderen Beispielen hat die Bewegung hin zum Überlegungsgleichgewicht einen zeitlichen Aspekt.

Damit wird auch deutlicher, dass unser spontanes Anfangsurteil über das Argument nicht revisionsimmun ist. Besonders instruktive Beispiele in Logikbüchern sind bekanntlich solche, wo der Leser zunächst zu einem festen intuitiven Fehlurteil verleitet wird, aber dann anhand der Formalisierung sieht, warum und wo er einen Fehler begangen hat. Ähnlich wie beim ethischen Überlegungsgleichgewicht die moralischen Einzelurteile zwar die Verallgemeinerungen bestimmen, aber manches Einzelurteil dann doch aufgegeben werden muss, so hat das Anfangsurteil über ein Argument natürlich auch einen wesentlichen Einfluss auf seine Formalisierung, es kann jedoch sein, dass man im Licht der Formalisierung dieses Urteil revidieren muss. Es muss übrigens auch keineswegs sein, dass das Anfangsurteil über ein Argument sonderlich fest ist, in vielen Fällen wird es sinnvollerweise nur eine Vermutung sein. Aus der Vielzahl möglicher Konstellationen seien hier nur einige wenige aufgelistet:

Argument-qualität gemäß Spontan-urteil	Argument-qualität gemäß Forma-lisierung	Offensichtliche logische Merkmale kehren in der Formalisierung wieder	Formalisierung erklärt Diskrepanz der beiden Urteile	Argumentstruktur und -qualität laut Formalisierung konsistent mit Hintergrundannahmen	Weites Überlegungsgleichgewicht
»ziemlich sicher gültig«	gültig	ja	—	ja	gegeben
				nein	nicht gegeben
		nein	—	ja	nicht gegeben
				nein	nicht gegeben
	ungültig	ja	ja	ja	gegeben
				nein	nicht gegeben
			nein	ja	nicht gegeben
				nein	nicht gegeben
»kein sicheres Spontanurteil möglich«	gültig	ja	[---] [manchmal]	ja	gegeben
		nein	[---] [manchmal]	ja	nicht gegeben
	ungültig	ja	[---] [manchmal]	ja	gegeben
				nein	nicht gegeben
		nein	[---] [manchmal]	ja	nicht gegeben
»höchstwahrscheinlich ungültig«	ungültig	ja	—	nein	nicht gegeben
	gültig	ja	nein	ja	nicht gegeben

6. Ausblick

Meine Skizze eines neuen Zugangs zur Frage, was Formalisieren eigentlich heißt, ist in manchem noch präzisierungsbedürftig. Dazu nur drei Bemerkungen. Erstens ist darauf hinzuweisen, dass das Konzept des Überlegungsgleichgewichts verschiedentlich im begründeten Verdacht steht, nicht viel mehr als eine Metapher zu sein (Hahn 2000), wie überhaupt die Explikation von »Kohärenz« meines Wissens ein ungeklärtes Problem darstellt. Vielleicht könnten aber Anwendungen wie die hier skizzierte ein Testfall dafür sein, ob das Überlegungsgleichgewicht nun eine tragfähige Rechtfertigungsmethode ist oder nicht. Zweitens ist einzuräumen, dass mein einfaches Modell wohl offen für weitere Differenzierungen ist. Vielleicht gibt es z.B. so etwas wie »lokale« Überlegungsgleichgewichte innerhalb dieses Dreiecks, etwa wenn es um die Frage der Anwendbarkeit an sich »anachronistischer« logischer Mittel auf einen alten Text geht. Drittens wäre zu überlegen, ob nicht Teile meines Vorschlags auch auf ihre empirische Adäquatheit prüfbar wären, indem man z.B. die Debatten um die Formalisierung prominenter Argumente aus der Philosophiegeschichte (bestens Beispiel ist wohl wieder Anselms Argument) daraufhin untersucht, ob die Autoren ihre jeweiligen Formalisierungsvorschläge mit ähnlichen Überlegungen motivieren wie hier aufgezeigt.

Wie auch immer: Vielleicht können diese Anregungen aufzeigen, dass Kreativität und logische Analyse mehr miteinander zu tun haben, als häufig angenommen. Und damit auch, dass es zwischen den »hermeneutischen« und »analytischen« Traditionen der Philosophie mehr Berührungspunkte gibt, als man vielleicht glaubt.

Literatur

BRUN, Georg: *Die richtige Formel. Philosophische Probleme der logischen Formalisierung*, Frankfurt u.a. 2003.

DANIELS, Norman: *Reflective Equilibrium*, in: Stanford Encyclopedia of Philosophy (2003), http://plato.stanford.edu/entries/reflective-equilibrium/

HAHN, Susanne: *Überlegungsgleichgewicht(e). Prüfung einer Rechtfertigungsmetapher*, Freiburg, München 2000.

KAMITZ, Reinhard: *Was kann die Anwendung der formalen Logik auf eine Wissenschaft zum Fortschritt der Erkenntnis beitragen?*, in: ders. (Hg.): Logik und Wirtschaftswissenschaft, Berlin 1979, S. 7–20.

MORSCHER, Edgar: *Was sind, was sollen und was können Formalisierungen im Recht*, in: Heinz Schäffer (Hg.): Theorie der Rechtssetzung, Wien 1988.

Wie kreativ darf die Generierung axiomatischer Kalküle sein? – Wittgenstein über (wahre) Widersprüche

JOACHIM BROMAND (BONN)

1. Einleitung

Bei der Generierung axiomatischer Kalküle ist der Kreativität ihrer Erfinder im Allgemeinen keine Grenze gesetzt. Eine Ausnahme bildet die Anforderung an die Konsistenz des Kalküls; es darf demnach nicht möglich sein, einen Widerspruch aus den Axiomen herzuleiten. Diese Anforderung ergibt sich aus der zugrunde gelegten klassischen Logik, in der das Prinzip *ex contradictione quodlibet* gilt, demzufolge aus einem Widerspruch alles folgt. Aufgrund dessen wäre eine inkonsistente Theorie trivial und implizierte jeden beliebigen Satz. An der Konsistenz-Anforderung scheiterten bekanntermaßen so intuitiv einleuchtende Theorien wie die so genannte *naive Mengentheorie* und ihr semantisches Pendant, die naive Theorie der Begriffe. Stein des Anstoßes ist dabei das unbeschränkte Komprehensionsaxiom, das in seiner semantischen Lesart lediglich besagt, dass es zu jedem Begriff eine zugehörige Extension gibt, welche genau diejenigen Objekte als Elemente enthält, die den Begriff erfüllen.

Die naheliegendste Möglichkeit, die Konsistenz-Anforderung zu umgehen, besteht darin, das Prinzip des *ex contradictione quodlibet* und damit die klassische Logik aufzugeben. Nach diesem Prinzip folgt aus der Herleitbarkeit bereits eines Widerspruches in einem System (ein solches System wird *einfach inkonsistent* genannt), dass jeder Satz der zugrunde gelegten Sprache in dem System herleitbar ist (ist Letzteres der Fall, wird das System auch *absolut inkonsistent* genannt). Logiken, in welchen das Prinzip *ex contradictione quodlibet* nicht gilt, werden *parakonsistente Logiken* genannt. Parakonsistente Kalküle können somit einige Widersprüche tolerieren, ohne absolut inkonsistent bzw. trivial in dem Sinne zu sein, dass in ihnen Beliebiges herleitbar ist. Solche Kalküle wurden in Hinblick auf eine Nicht-Standard-Semantik der logischen Junktoren und Quantoren entworfen. Haben aber bereits die logischen Junktoren und Quantoren nicht die übliche Bedeutung, ist fraglich, ob die Axiome und Theoreme der Theorie das besagen, was sie besagen wollen. Einen entsprechenden Vorwurf formulierte bereits Quine. Um die Frage zu klären, ob man sich über die Konsistenz-Anforderung hinwegsetzen kann, scheint es daher sinnvoll, nach Alternativen zum parakonsistenten Ansatz Ausschau zu halten.

In seinen *Bemerkungen über die Grundlagen der Mathematik* scheint auch Ludwig Wittgenstein die obige Konsistenz-Anforderung aufgeben zu wollen. Wie im parakonsistenten Fall wäre damit der Generierung axiomatischer Kalküle nicht einmal mehr durch die Konsistenz-Anforderung Grenzen gesetzt. Wittgenstein will dabei aber nicht auf eine nicht-klassische Interpretation der logischen Konstanten und eine entsprechende parakonsistente Logik zurückgreifen, weshalb seinen Überlegungen oftmals mit Unverständnis begegnet wurde. Ziel dieses Vortrags ist, diese Überlegungen zu erhellen. Dazu soll zunächst in Teil 2 Wittgensteins allgemeine Überlegungen zu Begriffen aus den *Philosophischen Untersuchungen* kurz rekapituliert werden. Hier soll gezeigt werden, dass Wittgenstein Begriffe im Wesentlichen in dem Sinne auffasst, in dem man heute von *partiell definierten Prädikaten* spricht. Dieser Konzeption zufolge können die Regeln, welche die Bedeutung eines Begriffes festlegen *unterbestimmt* sein in dem Sinne, dass sie nicht für jeden Fall zu entscheiden erlauben, ob der Begriff dem Objekt zu- oder abgesprochen werden kann. In Teil 3 soll dann belegt werden, dass es sich bei den Widersprüchen, die Wittgenstein tolerieren möchte, um eine besondere Art, nämlich um *wahre* Widersprüche handelt. Diese ergeben sich dadurch, dass die Regeln, durch welche die Bedeutung der Begriffe festgelegt wird, auch *überbestimmt* sein können. Hier soll gezeigt werden, dass Wittgenstein eine heute so genannte *dialetheistische* Position einnimmt, derzufolge es wahre Widersprüche gibt – genauer gesagt vertritt Wittgenstein eine Form des *semantischen Dialetheismus*. Teil 4 widmet sich dann der Frage, ob Wittgensteins Position, die solche Widersprüche tolerieren will, auch haltbar ist. Nach den obigen Bemerkungen ist klar, dass dies ein Abweichen von der klassischen Logik erforderlich macht. Tatsächlich erwähnt Wittgenstein die Möglichkeit einer *parakonsistente Logik*, die auf das *ex contradictione quodlibet*-Prinzip verzichtet und somit einzelne Widersprüche tolerieren kann, ohne dass ein triviales System resultiert. Allerdings unternimmt Wittgenstein keinen Versuch, eine solche Logik zu entwickeln. Besonders rätselhaft scheint Wittgensteins Position zu sein, da er versucht, (wahre) Widersprüche zu tolerieren, ohne auf eine parakonsistente Logik zurückgreifen zu wollen.

2. Partiell definierte Prädikate

Unter einem *partiell definierten Prädikat* versteht man einen prädikativen Ausdruck P, bei dem es zumindest möglich ist, dass es Objekte gibt, die weder zur Extension, noch zur Antiextension von P gehören (denen P also weder korrekt zu- noch abgesprochen werden kann). In den *Philosophischen Untersuchungen* versucht Wittgenstein zu zeigen, dass die meisten umgangssprachlichen Begriffswörter partiell definierte Prädikate sind—auch wenn er diesen Terminus nicht gebraucht. Dass umgangssprachliche Begriffswörter partiell definierte Prädikate sind, erklärt Wittgenstein damit, dass deren Bedeutung bzw. deren Extension und Antiextension durch Regeln festgelegt werden, welche bestimmen, wann ein Objekt zur Extension des Prädikates gehört, und wann es zu dessen Antiextension zählt. Allerdings können diese Regeln *unterbestimmt* sein, so dass es möglich ist, dass es Objekte gibt, für welche die Regeln *nicht* festlegen, ob es zur Extension oder zur Antiextension des Begriffswortes zählen. Die Unterbestimmtheit von Regeln ist wiederum dadurch möglich, dass die Regeln nicht in trennscharfen notwendigen und zusammen genommen hinreichenden Merkmalen bestehen. Vielmehr benötigen wir häufig, um die Regeln explizieren zu können, welche die Bedeutung eines Begriffswortes festlegen, eine vage Ähnlichkeitsrelation, die Wittgenstein unter der Bezeichnung der *Familienähnlichkeit* diskutiert. Wittgenstein veranschaulicht diese Überlegungen am Beispiel des Begriffes *Spiel*:

> Wie würden wir jemandem erklären, was ein Spiel ist? Ich glaube, wir werden ihm *Spiele* beschreiben, und wir könnten der Beschreibung hinzufügen: »das, *und Ähnliches*, nennt man ›Spiele‹«. Und wissen wir selbst denn mehr? Können wir etwa nur dem Andern nicht genau sagen, was ein Spiel ist? – Aber das ist nicht Unwissenheit. Wir kennen die Grenzen nicht, weil keine gezogen sind.

Dabei scheint Wittgenstein anzunehmen, dass Familienähnlichkeiten nicht nur unter den Objekten bestehen, auf die ein Prädikat *P* zutrifft, sondern auch zwischen den Objekten, auf die ~*P* zutrifft. Beispielsweise ist etwas kein Spiel, wenn es hinreichend anderen Dingen ähnelt, die keine Spiele sind. So ist es möglich, dass es Objekte gibt, die weder hinreichend den Gegenständen ähneln, die berechtigterweise zu den Dingen gezählt werden, die *P* (z. B. Spiele) sind, noch hinreichend Gegenständen ähneln, die berechtigterweise zu den Dingen gezählt werden, die ~*P* sind. Im Gegensatz etwa zu Freges Vorstellung von Begriffen, unterteilen Begriffe Wittgenstein zufolge einen Gegenstandsbereich damit nicht notwendigerweise *vollständig*. Dass Wittgenstein die bedeutungsbestimmenden Regeln für unterbestimmt hielt und daher auch an Freges These zweifelte, dass Begriffe einen Gegenstandsbereich vollständig disjunkt in zwei ›Hälften‹ unterteilen, kann anhand einer Reihe von Passagen untermauert werden, so auch etwa aufgrund der folgenden:

> Nur in normalen Fällen ist der Gebrauch der Worte uns klar vorgezeichnet; wir wissen, haben keinen Zweifel, was wir in diesem oder jenem Fall zu sagen haben. Je abnormaler der Fall, desto zweifelhafter wird es, was wir nun hier sagen sollen.

3. Semantischer Dialetheismus

Einem weiteren Aspekt der Begriffstheorie Wittgensteins wurde weitaus weniger Beachtung zuteil als der soeben erörterten Idee der Unterbestimmtheit. So bezweifelt Wittgenstein nämlich nicht nur Freges These, dass Begriffe den Gegenstandsbereich *vollständig* aufteilen, sondern auch dessen These, dass Begriffe den Gegenstandsbereich *disjunkt* aufteilen. Die Regeln zur Verwendung eines Begriffswortes können demnach auch *überbestimmt* sein und somit zu widersprüchlichen Ergebnissen führen. In diesem Sinne scheint Wittgenstein in der folgenden Passage nahe zu legen, dass wir im Rahmen mathematischer Theorien die Bedeutungen bestimmter Ausdrücke durch Regeln, in diesem Falle durch Axiome festlegen, von welchen wir nicht überschauen, wohin sie uns führen. Insbesondere kann es vorkommen, dass die fraglichen Regeln inkonsistent sind und wir uns in ihnen ›verfangen‹:

> Es ist nicht Sache der Philosophie, den Widerspruch durch eine mathematische, logisch-mathematische, Entdeckung zu lösen. Sondern den Zustand der Mathematik, der uns beunruhigt, den Zustand *vor* der Lösung des Widerspruchs, übersehbar zu machen. (Und damit geht man nicht etwa einer Schwierigkeit aus dem Wege.)
> Die fundamentale Tatsache ist hier: daß wir Regeln, eine Technik, für ein Spiel festlegen, und daß es dann, wenn wir den Regeln folgen, nicht so geht, wie wir angenommen hatten. Daß wir uns also gleichsam in unsern eigenen Regeln verfangen. Dieses Verfangen in unsern Regeln ist, was wir verstehen, d.h. übersehen wollen.

Ausführlicher behandelt Wittgenstein dieses Thema in Passagen der *Bemerkungen über die Grundlagen der Mathematik*, in welchen er semantische Paradoxien wie die des Lügners und die Paradoxie Grellings erörtert. Diesen Passagen zufolge ist es möglich, dass das Befolgen von Regeln zu widersprüchlichen Resultaten bzw. dazu führt, dass einem Objekt ein Begriff regelkonform zugleich zu- als auch abgesprochen werden kann. Wittgenstein erläutert seine Überlegungen zur möglichen Überdeterminiertheit von Regeln am deutlichsten am Beispiel der Paradoxie Grellings:

> Wir möchten sagen: »›heterologisch‹ ist nicht heterologisch; also kann man es nach der Definition ›heterologisch‹ nennen.« Und klingt ganz richtig, geht ganz glatt, und es braucht uns der Widerspruch gar nicht auffallen. Werden wir auf den Widerspruch aufmerksam, so möchten wir zuerst sagen, daß wir mit der Aussage, x ist heterologisch, in den beiden Fällen nicht dasselbe meinen. [...] Wir möchten uns dann aus der Sache ziehen, indem wir sagen:
>
> $$\text{›}\sim \varphi(\varphi) = \varphi_1(\varphi)\text{‹}$$
>
> Aber warum sollen wir uns so belügen? Es führen hier wirklich zwei *entgegengesetzte* Wege – zu dem *Gleichen*. Oder auch: – *es ist ebenso natürlich*, in diesem Falle ›$\sim\varphi(\varphi)$‹ zu sagen, wie ›$\varphi(\varphi)$‹. (BGM III-79)

Das Wort *heterologisch* scheint demnach sowohl heterologisch als auch nicht heterologisch zu sein. Dass Wittgenstein hier Freges Forderung der Disjunktheit von Extension und Antiextension eines Begriffes aufgibt, wird insbesondere deutlich, wenn er noch einen Schritt weiter geht und von ›wahren Kontradiktionen‹ spricht (in der folgenden Passage kürzt Wittgenstein dabei das Wort *heterologisch* einfach durch »›h‹« ab, die Menge der heterologischen Wörter bezeichnet er durch »h« und die Elementrelation wird durch das griechische Epsilon symbolisiert):

›h‹ ε h ≡ ~(›h‹ ε h) könnte man ›eine wahre Kontradiktion‹ nennen. [...] »Die Kontradiktion ist wahr« heißt hier: sie ist bewiesen; abgeleitet aus den Regeln für das Wort »h«.

Die Rede von wahren Widersprüchen erklärt sich dabei durch Wittgensteins deflationären Wahrheitsbegriff, welchen er in seinen späteren Werken im Gegensatz zum korrespondenztheoretischen Wahrheitsbegriff des *Tractatus* vertrat:

Was heißt denn, ein Satz ›*ist wahr*‹?

›*p*‹ *ist wahr* = *p*. (Dies ist die Antwort.)

Wahrheit kann demzufolge durch das so genannte *W*-Schema (›*p*‹ *ist wahr* gdw. *p*) charakterisiert werden. Da im Falle des Begriffswortes *heterologisch* nach dem zuvor Gesagten gilt, dass *heterologisch* sowohl heterologisch als auch nicht heterologisch ist, ist es demnach auch wahr, dass *heterologisch* heterologisch und auch nicht heterologisch ist. Wittgenstein vertritt somit eine Form des *Dialetheismus*, demzufolge es wahre Widersprüche gibt. Genauer gesagt vertritt Wittgenstein die (gemäßigtere) Position des *semantischen* Dialetheismus, derzufolge es im Gegensatz zur radikaleren Variante des *metaphysischen* Dialetheismus keine ›an sich‹ inkonsistenten Dinge bzw. Tatsachen (in einem ontologisch robusten, nicht-deflationären Sinne) gibt. Die Existenz wahrer Widersprüche resultiert dem semantischen Dialetheismus zufolge aus der Art und Weise, wie wir die Welt beschreiben, und nicht wie im Falle des metaphysischen Dialetheismus aus der Beschaffenheit der beschriebenen Sachverhalte. Den Wittgensteinschen Überlegungen zufolge verwenden wir bei der Beschreibung bestimmter Sachverhalte Prädikate, die entsprechenden Objekten nach bestimmten Regeln wie Etiketten zugeordnet werden. Im Falle eines überbestimmten Prädikates φ führt dies eben dazu, dass ein Gegenstand regelkonform sowohl mit dem ›Etikett‹ φ als auch mit dem ›Etikett‹ $\sim\varphi$ versehen werden kann. Die Existenz wahrer Widersprüche ist in diesem Sinne natürlich weitaus weniger kontraintuitiv als die Position des metaphysischen Dialetheisten, der (in einem robusteren Sinne als dem deflationären) von der Existenz widersprüchlicher Objekte oder Tatsachen überzeugt ist.

4. *Wittgensteins Umgang mit wahren Widersprüchen*

Vertritt man wie Wittgenstein eine dialetheistische Position und somit die These, dass es Sätze gibt, die wahr und falsch sind, wird man dennoch die These ablehnen wollen, *alle* Sätze seien wahr und falsch: Dass einige Begriffe überdeterminiert sind, so dass sie einigen Objekten zu- und abgesprochen werden können, heißt natürlich nicht, dass *jeder* Begriff *jedem* Objekt zu- und abgesprochen werden kann. Für Vertreter einer dialetheistischen Position scheint es daher unumgänglich zu sein, die klassische Logik zugunsten einer parakonsistenten Alternative aufzugeben. Wittgenstein scheint dabei die Möglichkeit solcher untersuchungswürdiger inkonsistenter Theorien vorausgesehen zu haben:

> Ja, ich sage schon jetzt voraus: Es werden mathematische Untersuchungen über Kalküle kommen, die einen Widerspruch enthalten, und man wird sich noch etwas darauf zugute tun, daß man sich auch von der Widerspruchsfreiheit emanzipiert.

Allerdings unternimmt Wittgenstein selbst keinen Versuch, einen parakonsistenten Kalkül zu entwickeln. Vielmehr spielt er mit dem Gedanken, dass aus wahren Widersprüchen wie der zuvor diskutierten Paradoxie Grellings oder dem Lügnerparadox keine Folgerungen zu ziehen seien:

> Und wie, wenn man den Widerspruch zwar gefunden, sich aber weiter nicht über ihn aufgeregt und etwa bestimmt hätte, es seien aus ihm keine Schlüsse zu ziehen. (Wie ja auch niemand aus dem ›Lügner‹ Schlüsse zieht.) Wäre das ein offenbarer Fehler gewesen?

Wahre Widersprüche stellten demnach in Hinblick auf die Relation der logischen Folgerung Sackgassen dar:

> Der Widerspruch ist nicht als Katastrophe aufzufassen, sondern als eine Mauer, die uns zeigt, daß wir hier nicht weiter können.

Wittgenstein scheint dabei aber nicht behaupten zu wollen, dass *alle* Widersprüche zu ignorieren sind. Vielmehr scheint es ihm nur um wahre Widersprüche zu gehen, welche aus der korrekten Befolgung überdeterminierter Regeln eines Begriffes resultieren. So lassen Wittgensteins Überlegungen auch die Lesart zu, dass er nicht *alle* Widersprüche als Sackgassen auffassen will, sondern eben nur *wahre* Widersprüche. Somit wäre es auch nicht nötig, ganz auf das Prinzip *ex contradictione quodlibet* zu verzichten, sondern lediglich auf die Instanzen, in denen wahre Widersprüche involviert sind. Wittgensteins Äußerungen sind dabei nicht eindeutig und könnten auf die Überlegungen von Charles Chihara hinauslaufen, der zwar zugesteht, dass aus einem Widerspruch alles folgt, dem aber entgegenhält, dass es nicht vernünftig sei, aus einem Widerspruch alles herzuleiten. Problematisch ist es hier freilich zu erklären, was unter *vernünftig herleitbar* zu verstehen ist. Demgegenüber könnte Wittgensteins Position auch in der radikaleren Auffassung bestehen, dass wir aus einem wahren Widerspruch keine Folgerungen ziehen, weil aus einem wahren Widerspruch nichts folgt. Im Folgenden soll dieser radikaleren Position nachgegangen werden, welche Wittgenstein zumindest nahe legt, wenn er sie auch nicht bis in alle Einzelheiten verfolgt. Chiharas Problem mit der vernünftigen Herleitbarkeit korrespondiert auf Seiten der vermeintlichen Position Wittgensteins, dass eine Erklärung zu geben ist, weshalb aus einem wahren Widerspruch nichts folgt. Ein Versuch, Letzteres zu erklären, ist eines der hauptsächlichen Anliegen des Vortrags, soll aber im Rahmen dieser Kurzfassung nicht weiter ausgeführt werden. Statt dessen soll noch auf den (nicht geringen) Preis eingegangen werden, der für Wittgensteins Position zu zahlen ist.

Was Wittgenstein letztlich aufgeben will, ist die Möglichkeit, die Relation der logischen Folgerung mit syntaktischen Mitteln mit der Hilfe eines adäquaten (d.h. korrekten und vollständigen) formalen Kalküls zu charakterisieren. Dabei sieht man im Rahmen eines formalen Systems von der spezifischen Bedeutung einer Aussage ab; lediglich die logische Form ist entscheidend dafür, welche Konklusionen aus welchen Prämissen herleitbar sind. Die betrachteten wahren Widersprüche unterscheiden sich dabei hinsichtlich ihrer logischen Form nicht von anderen atomaren Sätzen bzw. von Negationen von solchen. Somit hinge es aber nicht nur von der logischen Form ab, ob ein Satz aus anderen folgte, so dass sich die Folgerungsrelation nicht allein mit syntaktischen Mitteln charakterisieren ließe, wie sie ein formaler Kalkül bereitstellt. Beispielsweise wäre so nicht einmal der Schluss von einem Satz *p* auf *p* ausnahmslos gültig, falls aus einem wahren Widerspruch nichts, insbesondere also nicht einmal der Widerspruch selbst folgte. Ebenfalls wären etwa so zentrale Schlussregeln wie der *modus ponens* nicht uneingeschränkt gültig. Dass der Preis seiner Überlegungen darin besteht, dass die Relation der logischen Folgerung nicht mehr durch einen logischen Kalkül mit syntaktischer Ableitungsrelation charakterisiert werden kann, scheint auch Wittgenstein in der folgenden Passage anzudeuten, in der er der Frage nachgeht, ob ein Widerspruch im Rahmen eines Kalküls derart ›abgekapselt‹ bzw. isoliert werden kann, dass er keinen Schaden mehr anrichtet:

> Kann man sagen: »Der Widerspruch ist unschädlich, wenn er abgekapselt werden kann«? Was aber hindert uns, ihn abzukapseln? Daß wir uns im Kalkül nicht auskennen. *Das* also ist der Schaden. Und das ist es, was man meint, wenn man sagt: der Widerspruch zeige an, daß etwas in unserem Kalkül nicht in Ordnung sei. Er ist bloß das lokale *Symptom* einer Krankheit des ganzen Körpers. Aber der Körper ist nur krank, wenn wir uns nicht auskennen.
> Der Kalkül hat eine heimliche Krankheit, heißt: was wir vor uns haben, ist, wie es ist, kein Kalkül, und *wir kennen uns nicht aus* – d.h., wir können keinen Kalkül angeben, der diesem Kalkül-Ähnlichen ›im Wesentlichen‹ entspricht und nur das Faule in ihm ausschließt.

Damit scheint der Preis für das Tolerieren wahrer widersprüchlicher Sätze aber der zu sein, dass diese nicht in einen Kalkül integriert werden können, der seinen Namen verdient (und mit syntaktischen Mitteln beschrieben werden kann). Dies scheint nur dann möglich zu sein, wenn man zu einer nichtklassischen Uminterpretation der logischen Konstanten greift, wie es im Rahmen parakonsistenter Logiken geschieht. Wie eingangs erwähnt, ist dann aber nicht mehr sicher gestellt, dass die Sätze der Theorie das besagen, was sie besagen sollen.

Literatur

BROMAND, Joachim: *Philosophie der semantischen Paradoxien*, Paderborn 2001.

BROMAND, Joachim: *Wittgenstein und Frege über Begriffe*, in: Bluhm/Nimtz (Hgs.): Ausgewählte Beiträge zu den Sektionen der GAP. 5/Selected Papers Contributed to the Sections of GAP. 5, (CD-ROM), Paderborn 2004, S. 285–295.

CHIHARA, Charles S.: *The Semantic Paradoxes: A Diagnostic Investigation*, in: The Philosophical Review 88 (1979), S. 590–618.

CHIHARA, Charles S.: *The Semantic Paradoxes: Some Second Thoughts*, in: Philosophical Studies 45 (1984), S. 223–229.

GOLDSTEIN, Laurence: *The Barber, Russell's Paradox, Catch-22, God and More: A Defence of a Wittgensteinian Conception of Contradiction*, in: Graham Priest/J.C. Beall/Bradley Armour-Garb (Hgs.): The Law of Non-Contradiction, Oxford 2004, S. 295–313.

GUPTA, Anil/BELNAP, Nuel: *The Revision Theory of Truth*, Cambridge MA, London 1993.

MARES, Edwin D.: *Semantic Dialetheism*, in: Graham Priest/J.C. Beall/Bradley Armour-Garb (Hgs.): The Law of Non-Contradiction, Oxford 2004, S. 264–275.

PRIEST, Graham/ROUTLEY, Richard: *A Preliminary History of Paraconsistent and Dialethic Approaches*, in: G. Priest/R. Routley/J. Norman (Hgs.): Paraconsistent Logic. Essays on the Inconsistent, München 1989, S. 3–75.

QUINE, W. V. O.: *Philosophy of Logic*, 2. Aufl., Cambridge MA, London 1986.

SOAMES, Scott: *Understanding Truth*, Oxford 1999.

TAPPENDEN, Jamie: *Negation, Denial, and Language Change in Philosophical Logic*, in: Dov M. Gabbay/Heinrich Wansing (Hgs.): What is Negation?, Dordrecht 1999, S. 261–298.

WILLIAMSON, Timothy: *Vagueness*, London, New York 1994.

WITTGENSTEIN, Ludwig: *Philosophische Untersuchungen*, in: ders.: Werkausgabe Bd. 1, Frankfurt am Main 1984, S. 225–580.

WITTGENSTEIN, Ludwig: *Wittgenstein und der Wiener Kreis*, in: ders.: Werkausgabe Bd. 3, Frankfurt am Main 1984.

WITTGENSTEIN, Ludwig: *Bemerkungen über die Grundlagen der Mathematik*, in: ders.: Werkausgabe Bd. 6, Frankfurt am Main 1984.

WITTGENSTEIN, Ludwig: *Zettel*, in: ders.: Werkausgabe Bd. 8, Frankfurt am Main 1984, S. 259–443.

Menschen sind keine Maschinen: das metamathematische Argument von Lucas

KARL-GEORG NIEBERGALL (MÜNCHEN)

1. Einleitung

In seinem Aufsatz »Minds, machines, and Gödel« (1961) behauptet J.R. Lucas, daß man die Gödelschen Unvollständigkeitssätze (kurz: *GU*) dazu verwenden kann, um zu zeigen

>Menschen sind keine Maschinen. (Lucas' These 1; (LT 1))

Lucas stellt also neben (LT 1) noch eine zweite These (LT 2) auf: Die GU (in einer geeignet verallgemeinerten Form) stellen ein Argument für (LT 1) dar.

(LT 1), (LT 2) und Lucas Argumente für diese sind häufiger angegriffen als verteidigt worden.[1] Für die Philosophie des Geistes ist (LT 1) die wichtigere. Und es mag interessante Präzisierungen von ihr geben, unter denen sie stimmt – oder auch nicht. Mich interessiert in diesem Vortrag jedoch mehr (LT 2) und Überlegungen, die ihr zugrunde liegen könnten.

Ich denke, Lucas und seine Mitstreiter verstehen (LT 2) in einem *starken* Sinn: als

(LT 2+)[2] (LT 1) folgt aus dem 1.GU (geeignet verallgemeinert).

Daß (LT 2+) *nicht wahr sein kann*, ist allerdings von vornherein klar. Man nehme hierzu eine typische Formulierung des 1. GU:[3]

> (G1) Wenn T eine konsistente rekursiv aufzählbare (kurz: r.a.) Erweiterung von PA in L[PA] ist, dann gibt es einen Satz ψ in L[PA], so daß nicht $T \vdash \psi$ und nicht $T \vdash \neg\psi$.[4]
>
> (G1) ist ein »Metatheorem«: ein Satz aus einer Metasprache L[MM], der von Ausdrücken einer präzise fixierten, bevorzugt mathematischen, Sprache handelt, und selbst zwar keine prädikatenlogische Wahrheit in

---

[1] Als prominenter Mitstreiter ist mir nur R. Penrose bekannt.
[2] Für Lucas' Überlegungen ist das 1. Gödelsche Theorem wesentlich.
[3] Eigentlich formuliere ich hier Rossers Unvollständigkeitssatz.
[4] Für eine Semantik involvierende Formulierung, wie z.B.
> Wenn T eine konsistente r.a. Erweiterung von PA in L[PA] ist, dann gibt es einen Satz ψ in L[PA],
> so daß $IN \models \psi$ und nicht $T \vdash \neg\psi$,

gelten entsprechende Ausführungen.

L[MM] ist, aber mit überzeugenden – z.B. mengentheoretischen – Mitteln nachgewiesen wurde. Für diese Rolle hat L[MM] eine recht eingeschränkte Sprache zu sein: sie enthält neben mathematischer, bevorzugt mengentheoretischer Terminologie höchstens noch Ausdrücke, die sich auf (objektssprachliche) Ausdrücke, Ausdrucksfolgen und Mengen von Ausdrücken beziehen sollen.[5] Würde (LT 2+) aus (G1) folgen, so müßte auch (LT 2+) in L[MM] formuliert sein. Das ist aber nicht der Fall: Worte wie »Mensch«, »Maschine« sowie speziell »ist von Menschen als wahr produzierbar« gehören nicht zu dessen Vokabular.

Nun könnte man natürlich eine Sprache, die diese Ausdrücke enthält, mit L[MM] zu einer Art »Summensprache« L zusammenfassen. Dann wäre »wenn (G1), dann (LT 1)« in L formulierbar. (G1) würde aber trotzdem (LT 1) nicht implizieren: das Vokabular von (G1) ist nämlich immer noch disjunkt zu dem von (LT). Nur wenn (LT) eine (prädikaten-) logische Wahrheit ist, würde es auch aus (G1) folgen. (LT) ist aber keine logische Wahrheit. Schließlich könnte (LT) vielleicht noch zu einer *definitorischen* Wahrheit gemacht werden; dies ist jedoch nicht im Interesse von Lucas (aber vielleicht von anderen).

(LT 2) ist durch Lucas' Überlegung nicht gezeigt; und (LT 2+) kann nicht gezeigt werden.

2. Lucas Argumentation

Wie aber argumentiert Lucas für (LT 1)? Kurz gesagt so (S.44/45; kursiv von mir) »Gödel's theorem states that in any consistent system which is strong enough to produce simple arithmetic there are formulae which cannot be proved-in-the-system, *but which we can see to be true*.«

Ganz ähnlich schreibt z.B. Wandschneider (1990, S. 111; kursiv von mir) »Nun, an Gödels's Resultat, das steht fest, ist nicht zu deuteln. Eine Maschine, deren System hinreichend ausdrucksreich ist, kann danach einen Ausdruck von der Art des Gödelschen Satzes G bilden, der für sie strikt unbeweisbar ist, *während der Logiker ihn als wahr erweisen kann, sofern das System widerspruchsfrei ist*.« Und bei Beckermann heißt es (1990, S. 119; kursiv von mir): »Denn zunächst einmal zeigt der Gödelsche Unvollständigkeitssatz doch ohne jeden Zweifel, daß gilt

> Für jedes formale System S, das die entsprechenden Eigenschaften hat, gibt es einen Satz G, der in S nicht bewiesen werden kann, *obwohl wir Menschen zeigen können, daß er wahr ist*.«

---

[5] Insbesondere ist »$IN \models \psi$«, d.h. »ψ ist im Standardmodell der natürlichen Zahlen erfüllt« mengentheoretisch definierbar.

Unter Verwendung der Maschinen-Redeweise zerfällt bei diesen Autoren die Argumentation für (LT 1) in zwei Teilthesen (wobei (L2M) den kursiven Stellen in obigen Zitaten entspricht):

(L1M) Für jede konsistente Maschine X gibt es einen Satz G_X – den Gödelsatz für X – den X nicht *beweisen* kann.

(L2M) Für jede konsistente Maschine X können wir Menschen den Gödelsatz G_X für X als wahr produzieren (oder: zeigen, als wahr einsehen)

Die Maschinen-Redeweise macht die antimechanistische These natürlich griffiger. Lucas selbst redet letztlich von Maschinen. Es ist jedoch vorzuziehen, hier von Systemen im Sinne von Theorien an Stelle von Maschinen zu reden. Denn *Beweisbarkeit* und *Konsistenz* sind für Maschinen – auch wenn man unter »Maschine« wie in den vorliegenden Texten »Turing-Maschine« versteht[6] – zunächst gar nicht erklärt. Geeignete Objekte (oder deren Mengen) sind von Turing-Maschinen *berechenbar* oder *erzeugbar*. Nun kann man aber Turing-Maschinen und r.a. Theorien (in einer Sprache L) miteinander »identifizieren«. Sei dazu eine feste Gödelisierung g von L vorgegeben. Dann gilt: Ist $\{g(\psi) \mid T \vdash \psi\}$ r.a. (kurz: ist T eine r.a. Theorie), dann gibt es eine Turing-Maschine U, die $\{g(\psi) \mid T \vdash \psi\}$ erzeugt.[7] Da für T Beweisbarkeit und Konsistenz erklärt sind, läßt sich diese Terminologie dann auf jenes U übertragen.

(L1M) kann hiermit umformuliert werden zu: *Für jede konsistente r.a. Theorie T gibt es einen Satz G_T – den Gödelsatz von T – der nicht T-beweisbar ist*. Diese Behauptung ist aber falsch bzw. für gewisse T nicht erklärt. Was gilt – und was für Lucas' Überlegungen reicht – ist

(L1) Für jede konsistente r.a. Erweiterung T von PA ist der Gödelsatz G_T nicht T-beweisbar.

(L2M) wird analog umformuliert. Ich ersetze dabei (wie schon andere vor mir) die Rede von *den Menschen* durch die Bezugnahme auf einen bestimmten »generischen« Menschen A.

(L2) Für jede konsistente r.a. Erweiterung T von PA kann A den Gödelsatz G_T von T als wahr einsehen.

---

[6] »In the present context, to be a machine is not to be made of cogwheels or circuit chips, but rather to be something whose output, for any fixed input, is recursively enumerable« (Lewis 1979, S. 375).

[7] Das ist ein Metatheorem; die Behauptung »B ist Turing-berechenbar gdw B ist (im intuitiven Sinn) durch eine Maschine berechenbar« hingegen nicht. Sie ist vielmehr eine Form der *Church'schen These*, die im Hintergrund steht und auch von mir nicht in Frage gestellt wird. »B ist Turing-berechenbar gdw B ist (im intuitiven Sinn) berechenbar« (z.B. durch Menschen) nehme ich hier jedoch nicht als ausgemacht an; sie steht vielmehr gerade zur Debatte.

(L1) ist in der Tat eine Verallgemeinerung des 1. GU (vgl. (G1), Fußnote 3 und Fußnote 15). In den kursiven Passagen der o.g. Zitate wird auch (L2) zu einer unmittelbaren Folge, ja Teilbehauptung der GU erklärt. Um es kurz zu machen: jene Behauptungen folgen *ebensowenig* wie (L2) aus den GU. Daß (L2) überhaupt kein metamathematischer Lehrsatz ist, zeigt nicht nur ein Blick in die einschlägige Literatur. Dies ist auch schon klar aufgrund der Ausführungen der Einleitung. Nicht nur, daß (LT 2) falsch ist: auch der Fehler in der Argumentation Lucas und seiner Nachfolger liegt damit offen.

3. Gründe für (L2)?

Die These (L2) ist keine Folgerung der GU; aber vielleicht ist sie dennoch wahr, und vielleicht sogar gut begründet Dann wäre (LT 1) zwar kein Lehrsatz mehr; aber ein Antimechanist – ein Verteidiger von (LT 1) – hätte trotzdem ein Argument für (LT 1); und damit sollte er sich zufrieden geben.

Ist (L2) wahr? Was besagt (L2) eigentlich? Was sind Argumente für oder gegen (L2)?

Es ist bemerkenswert, daß man zur ganz entscheidenden dritten Frage in der einschlägigen Literatur *fast nichts* findet. Zum einen erscheint den Befürwortern wie den Gegnern von (L2) *ihre* Beurteilung wohl zu evident. Von denjenigen, die (L2) als Korollar zum 1. GU einschätzen, ist hier sowieso keine weitergehende Argumentation zu erwarten: für jene ist sie überflüssig. Für andere (ich vermute die Mehrheit) wiederum ist es selbstverständlich, daß (L2) nicht nur unbegründet ist, sondern falsch sein muß.

Als ein wichtiges, von vielen (z.B. Benacerraf 1967; Chihara 1972; Boolos 1995) akzeptiertes Beispiel sei hier Putnam 1960 genannt. Dort heißt es

> Given an arbitrary machine T, all *I* can do is to find a proposition U such that *I* can prove
>
> (3)   If T is consistent, then U is true,
>
> where U is undecidable by T if T is in fact consistent. However T can perfectly well prove (3) too!

Unter gewissen Voraussetzungen an T und wenn man von der Verwendung des Prädikates »is true« absieht (oder diese geeignet erläutert), kann man für U den Gödelsatz von T nehmen (dazu unten mehr) und erhält eine nichttriviale und korrekte These, die ein Metatheorem *ist: nicht $T \vdash$ -(eine Formalisierung von) (3)*. Bei Putnams Ausführungen kommt es aber auf etwas ganz anderes an: nämlich auf die Behauptung

(*)   Putnam kann (eine Formalisierung von) U nicht beweisen.[8]

Und (*) ist – genau so wie (L2) – *kein* Metatheorem.[9] Putnam kann sich an dieser Stelle ebenso wenig auf metamathematische Resultate berufen wie Lucas bei (L2); und er unterläßt es wie dieser, nach anderen Argumenten Ausschau zu halten.

Ich persönlich halte beide Typen von Reaktionen für überzogen. (L2) ist weder klarerweise wahr noch klarerweise falsch, sondern *problematisch*.[10] Das führt zum zweiten Grund für das Fehlen von Argumenten zu (L2): es ist schwierig, welche zu finden; oder: es ist nicht klar, was ein Argument für oder gegen (L2) überhaupt sein kann. Metamathematische Resultate allein können hier keine Antwort liefern. Aber sie können helfen, Zusammenhänge – u.U. logische Implikationen – zwischen verschiedenen Sätzen, die *auch* metamathematisches Vokabular enthalten, aufzudecken. Dies mag gewisse philosophische Bewertungen (wie solche, die äquivalente Thesen verschieden behandeln) unterbinden.

4. Überzeugungsmengen

Es ist bemerkenswert, daß aus (L1M) plus (L2M) die These (LT 1) nicht folgt. Es könnte nämlich sein, daß Menschen Maschinen sind – besser: daß A eine Maschine ist – A seinen Gödelsatz G_A als wahr einsieht und A den Satz G_A trotzdem nicht beweisen kann. (L1M) und (L2M) alleine reichen nicht: es muß noch eine enge Verbindung zwischen »A kann ψ als wahr einsehen« und »ψ ist T-beweisbar« etabliert werden.

Lucas' Verwendung der Ausdrücke »produce as true« und »can see to be true« (McCall schreibt »can recognize to be true«) ist oft als unexpliziert und unklar kritisiert worden; zu Recht. Dem wird das präzise definierte »ψ ist T-beweisbar« (für eine Theorie T) entgegen gestellt. Nach meiner Einschätzung ist aber *vor allem* deutlich zwischen »ψ ist T-beweisbar« und »A kann ψ beweisen« (oder auch allgemeiner: »A kann ψ aus T herleiten«; für einen Menschen A) zu unterscheiden. Das erste ist eine metamathematische Formel, die rein mengentheoretisch (oder z.B. zahlentheoretisch) definiert ist. Die zweite ist keineswegs rein mengentheoretisch definiert: sie enthält ein pragmatisches Element – sie erwähnt den, der die Beweise führt. Zudem sind Beweise im Sinn der ersten Formel Mengen, *types*; im Sinn der zweiten Formel hingegen sind es *token*, die von A konkret erzeugt werden müssen.

---

[8] Putnam schließt an die oben zitierte Stelle an mit »And the statement U, which T *cannot* prove (assuming consistency), *I* cannot prove either (unless I can prove that T is consistent, which is unlikely if T is very complicated)!«
[9] Übrigens ist noch nicht einmal »Putnam kann (eine Formalisierung von) (3) beweisen« ein Metatheorem.
[10] Ich denke, daß dies Lewis 1969 und Boyer 1983 ähnlich sehen.

Nicht nur »A kann ψ als wahr einsehen« ist explikationsbedürftig, sondern auch »A kann ψ aus T herleiten«; und für gewisse T mag die Annahme der Äquivalenz dieser Sätze plausibel sein.

Für die folgenden Betrachtungen ist es nützlich,die Menge B_A – die Überzeugungsmenge, der *belief set*, von A – einzuführen. B_A sei also die Menge derjenigen Sätze, die A glaubt, für wahr hält, von denen A überzeugt ist, die A akzeptiert oder die A akzeptabel erscheinen. die A als wahr produzieren kann. Diese Prädikate sind nicht unbedingt synonym. Aber ich werde Bedeutungsunterschiede zuweilen vernachlässigen.[11]

Unter Verwendung von B_A folgt (L2-), d.h. *Für jede konsistente r.a. Erweiterung T von PA ist der Gödelsatz von T ein Element von B_A,* aus (L2). Und (LT 1) läßt sich transformieren in

(T 3) B_A ist nicht rekursiv aufzählbar.

Ich behaupte hier nicht, daß (LT 1) und (T 3) äquivalent sind. Mir scheint (T 3) für sich genommen wichtig, und man wird es vielleicht als Ersatz von (LT 1) akzeptieren können. Jedenfalls geht es mir im folgenden um (T 3). Ich nehme dazu an, daß B_A konsistent ist (u.U. muß man aus der Überzeugungsmenge von A eine konsistente Teilmenge aussondern),[12] daß L[PA] zu L[B_A] gehört und daß B_A eine endliche Menge E von PA-Theoremen umfaßt, die hinreicht zur Formalisierung von genügend viel Metamathematik.[13]

Es gilt: (L2-) impliziert (T 3). Dieses Ergebnis läßt sich verschärfen. Dazu ist allerdings noch »Gödelsatz von T« genauer zu fassen.

Sei T eine konsistente Erweiterung von PA (in L[PA]), die durch eine arithmetische Formel τ repräsentiert wird. Für r.a. T sei τ eine Σ^0_0-Formel, d.h. eine Formel ohne unbeschränkte Quantoren. Dann gibt es nach dem Diagonalisierungslemma einen Satz G (= G(τ)) in L[PA] mit

$$E \mid\!- G \leftrightarrow \neg Pr_\tau(\lceil G \rceil).$$ [14]

Hierbei sei »$Pr_\tau(x)$« die übliche Arithmetisierung von »x ist T-beweisbar« in L[PA].

G(τ) ist damit äquivalent zu einem ein Π^0_1-Satz, d.h. einem Satz der Form $\forall x\ \psi$, wobei ψ eine Σ^0_0-Formel ist; und G(τ) ist wahr im Standardmodell (falls

---

[11] Sollten sie wesentlich sein, müßte ich mich eben auf einen dieser Ausdrücke festlegen.

[12] Ob die Konsistenzbehauptung für B_A selbst zu B_A gehören sollte oder kann, ist ein eigenes, anderes, Thema.

[13] In der Literatur wird üblicherweise angenommen, daß PA $\subseteq B_A$ gilt. Dies einfach vorauszusetzen erscheint mir im Lichte von *erstens* (s.u.) fragwürdig.

[14] Vgl. Hajek/Pudlak 1993. Für einen Ausdruck E sei $\lceil E \rceil$ das Gödelnumeral von E, d.h. das Numeral, welches im Standardmodell die Gödelnummer von E benennt.

T korrekt ist).[15] Theorien wie PA, aber auch ZF und Erweiterungen um z.B. Große Kardinalzahl-Axiome, sind schon bzgl. der wahren Π^0_1-Sätze unvollständig. Eine Theorie, die alle wahren Π^0_1-Sätze beweist, ist damit in gewisser Weise weit von den Theorien, die in der mathematischen Praxis verwendet werden, entfernt. Es läßt sich nun zeigen:

Metatheorem: Wenn (L2-) gilt, dann ist jeder (in *IN*) wahre Π^0_1-Satz aus B_A herleitbar.

B_A wäre damit sozusagen hochgradig nicht r.a.. Aber gilt (L2-)?

Erstens: Es ist plausibel anzunehmen, und ich gehe davon aus, daß A de facto nur endlich viele Überzeugungen hat. A lebt eine endliche Zeitspanne, und hat in jedem noch so kurzen, aber endlichen Zeitraum nur endlich viele Überzeugungen. So gesehen ist B_A aber endlich, und (L2-) kann nicht wahr sein.

Zweitens: Man sollte – auch um dem Antimechanisten nicht schon ganz am Anfang sein Argument zu nehmen – B_A anders verstehen. Man könnte z.B. zwischen expliziten und impliziten Überzeugungen unterscheiden, und darauf hinweisen, daß mit »A glaubt daß p« sowieso Dispositionen von A angesprochen werden. Die Menge der expliziten Überzeugungen wäre wohl endlich: sie würde noch nicht einmal alle 1.-stufigen Folgerungen von ihren Elementen enthalten. B_A, was dann die Menge der impliziten Überzeugungen wäre, sollte hingegen zumindest unter 1.-stufiger Folgerung abgeschlossen sein und die expliziten Überzeugungen enthalten.

Drittens: B_A sei demnach als unendlich angenommen. Muß B_A rekursiv oder r.a. sein? Wie man dafür argumentieren kann, daß die Menge der Sätze, zu deren Zustimmung A neigt, r.a. sein muß, ist mir nicht klar. Ich kenne zumindest kein entsprechendes Argument.

Viertens: Man verstehe unter B_A daher vielleicht besser die Menge von Sätzen, die A aus einer gewissen Grundsatzmenge Σ mit der Anwendung von gewissen festen Verfahren erhalten *kann*. Man sollte nicht sagen »erhält«, sonst wird für endliches Σ auch B_A selbst wieder endlich sein (was vermieden werden sollte). Zwar *muß* Σ nicht r.a. sein; (L2-) wäre somit nicht ausgeschlossen. Aber A wird irgendwann auf seine endlich vielen expliziten Überzeugungen als Grundsatzmenge zurückgreifen; und stehen A nur endlich viele entscheidbare Verfahren zur Verfügung, um ganz B_A zu gewinnen, so ist B_A r.a.. (L2-) und (T 3) müssen dann falsch sein.

Fünftens: Zu den o.g. Verfahren gehören z.B. Herleitungsverfahren. Entsprechend sollte jeder von A aus B_A herleitbare Satz ein Element von B_A sein.

Sechstens: In der einschlägigen Literatur wird implizit aber auch folgendes Prinzip angenommen (ein Beispiel ist Resnik 1974), was keineswegs trivial

---

[15] Für $T := $ PA $+ \text{Pr}_{pa}(\ulcorner\bot\urcorner)$ ist $G(\tau)$ bekanntlich falsch. Einen wahren unabhängigen Π^0_1-Satz erhält man hier über einen Rosser-Fixpunkt.

oder etwa eine logische Wahrheit ist, sondern die beiden oben so deutlich voneinander unterschiedenen »ψ ist T-beweisbar« und »A kann ψ beweisen« verknüpft.

(P) Wenn $S \mid\!\!- \psi$, dann kann A ψ aus S herleiten (für ψ aus L[PA], S eine Satzmenge in L[PA])

Sei nun T eine konsistente r.a. Erweiterung von PA mit Repräsentation τ und sei »$\mathrm{Proof}_\tau(x,y)$« die übliche Arithmetisierung von »x ist ein Beweis für y in T«. Dann läßt sich zeigen, daß für jedes Numeral $\underline{n}$: $E \mid\!\!- \neg\mathrm{Proof}_\tau(\underline{n},\lceil \bot \rceil)$. Mit (P) folgt hieraus schließlich

(*) für jedes Numeral $\underline{n}$: A kann »$\neg\mathit{Proof}_\tau(\underline{n},\lceil \bot \rceil)$« aus B_A herleiten.

Kann A das wirklich? Nun: vielleicht wird A hierfür nicht lange genug leben; aber vielleicht *könnte* es A – wenn er nur genügend Zeit hätte oder genügend schnell im Beweisen wäre. Ein Problem bei derartigen Überlegungen ist offensichtlich die Verwendung von auch intuitiv keineswegs klarer modaler Terminologie. Diese unter Rückgriff auf abstrakte Objekte, wie es in der Metamathematik sonst üblich ist, zu vermeiden, ist hier aber unangebracht.

Siebtens: warum aber sollte A nur über entscheidbare Verfahren verfügen? Daß dem so ist, ist doch von vornherein eine mechanistische Annahme. Man betrachte nun folgendes Prinzip

(ω)[16] Wenn für jedes Numeral $\underline{n}$ gilt: $\psi(\underline{n}) \in B_A$, dann $(\forall x\, \psi) \in B_A$.

Wenn ψ einer rein zahlentheoretischen Sprache entnommen ist, scheint mir (ω) plausibel zu sein; aber vielleicht ist es nicht anwendbar. Denn (ω) entspricht einer Schlußregel mit unendlich vielen Prämissen. Die üblichen Schlußregeln haben endlich viele Prämissen. Warum dürfen es nur endlich viele sein? Damit man die Schlußregel anwenden kann. Wie wendet man Schlußregeln an? Man zeigt ihre Prämissen, und fügt die Konklusion an das Argument an. – Das Anfügen der Konklusion ist dabei eine ganz einfache Tätigkeit: es handelt sich nur um die Erzeugung eines *token*. Hier mögen jedoch noch räumliche und zeitliche Komponenten hinzukommen: so muß man die Konklusion vielleicht *nach* den Prämissen erzeugen, und sie muß von jeder der Prämissen verschieden sein. – Warum darf eine Schlußregel dann nur endliche viele Prämissen haben? Weil man nur endlich viele Prämissen erzeugen kann.

Aber nein: in (*) ist schon zugegeben, daß A für alle unendlich vielen Numerale $\underline{n}$ »$\neg\mathit{Proof}_\tau(\underline{n},\lceil \bot \rceil)$« aus B_A herleiten kann. Nimmt man hierzu *fünftens* und (ω) – mit »$\neg\mathit{Proof}_\tau(\underline{n},\lceil \bot \rceil)$« für $\psi(\underline{n})$ – hinzu, so erhält man, daß Con_τ und $G(\tau)$ Elemente von B_A sind.

Damit ist (L2-) gezeigt.[17]

---

[16] (ω) entspricht der aus der Metatheorie der Arithmetik bekannten ω-Regel.

[17] Diese Überlegung enthält (mindestens) eine Unsauberkeit: man muß unterscheiden, ob A zur Anwendung einer Regel die Formeln, die die Rolle ihrer Prämissen einneh-

6. Nachfolgeprobleme

Mit diesem Text habe ich nicht beantwortet, ob Menschen Maschinen sind – aber das war auch nicht zu erwarten. Ich hoffe aber, daß ich deutlich machen konnte, daß – und vielleicht auch in welcher Form – (L2) die problematische Prämisse in Lucas' Argumentation ist. Sie ist weit davon entfernt, ein Metatheorem zu sein, ist aber auch durch Metatheoreme nicht widerlegbar.

Das bei (L2) letztlich entscheidende Problem ist nach meiner Auffassung, ob Menschen unendliche Überzeugungsmengen haben können. Wenn man ihnen dies zugesteht, dann sehe ich keinen Grund, daß diese auf r.a. Mengen beschränkt sein müssen. Aber welche Arten von Mengen kommen für B_A in Frage?

Erstens: (L2-) liegt die Idee zugrunde, daß es A für jede korrekte r.a. Erweiterung T von PA gelingen kann, durch irgendeine Art von Überlegung – z.B. durch die o.g., (P) und (ω) verwendende – einzusehen, daß $G(\tau)$ wahr (in $I\!N$) ist. Damit umfaßt B_A letztlich E plus die Menge der wahren Π^0_1-Sätze. Sei nun S eine endliche Erweiterung dieser Menge und σ eine Darstellung einer Menge von Postulaten von S; σ kann als Π^0_1-Satz gewählt werden. Dann sollte A doch mit dem gleichen Verfahren wie für die r.a. T's in der Lage sein, die Unabhängigkeit und damit letztlich die arithmetische Wahrheit von $G(\sigma)$ zu zeigen: $G(\sigma)$ ist dann ein Element von B_A. Das ist zumindest dann so, wenn (ω) gilt. Iteriert man diese Argumentation, so erhält man schließlich

Jeder im Standardmodell wahre Satz aus L[PA] ist aus B_A herleitbar.

Daß A alle arithmetischen Wahrheiten kennen kann, wird aber wohl niemand glauben.

Zweitens: Auch wenn man zugibt, daß B_A nicht r.a. ist – mit der Art des Räsonierens, mit der A für jede konsistente r.a. Theorien T deren Gödelsatz (sowie deren Konsistenzbehauptung) zeigt, müßte A auch die eigene Konsistenz und den eigenen Gödelsatz einsehen. Heißt das denn nicht, daß A mehr einsehen müßte, als A einsehen kann? Menschen wären nicht nur keine Maschinen, sie wären noch nicht einmal Menschen. Das kann aber nicht sein.

Bei diesen Hinweisen auf diese Nachfolgeprobleme möchte ich es hier belassen.

---

men sollen, *erzeugt haben* muß, oder ob es für A reicht, diese *erzeugen zu können*. Man wird sich wohl denken, daß man jede einzelne von unendlich vielen Prämissen erzeugen kann, aber nicht alle zusammen. Muß hier die Handlung des Erzeugens all dieser Formeln als Prämissen abgeschlossen sein, so würde ich zugeben, daß (ω) nicht anwendbar ist und es zurückweisen. Wenn man jedoch meint, daß es reicht, daß man Formeln erzeugen *kann*, um eine Regel anwenden zu können, so scheint mir (ω) akzeptabel.

Literatur

ANDERSON, A.R. (ed.): *Minds and Machines*, Prentice-Hall (N.J.) 1964.

BECKERMANN, A.: *Alles klar?*, in: Ethik und Sozialwissenschaften, Streitforum für Erwägungskultur 1 (1990), S. 119–122.

BENACERRAF, P.: *God, the Devil and Gödel*, in: Monist 51 (1967), S. 9–32.

BOOLOS, G.: *Introductory note to *1951*, in: K. Gödel: Collected Works III, S. 290–304.

BOYER, D.: *J.R. Lucas, Kurt Gödel, and Fred Astaire*, in: The Philosophical Quarterly 33 (1983), S. 147–159.

CHIHARA, C.: *On alleged refutations of mechanism using Gödel's incompleteness results*, in: Journal of Philosophy 69 (1972), S. 507–526.

GÖDEL, K.: *Collected Works, Vol. III. Unpublished Essays and Lectures*, Oxford University Press (N.Y.) 1995.

HAJEK, P./PUDLAK, P.: *Metamathematics of First-Order Arithmetic*, Berlin, Heidelberg, New York: Springer 1993.

LEWIS, D.: *Lucas against mechanism*, in: Philosophy 44 (1969), S. 231–233.

LEWIS, D.: *Lucas against mechanism II*, in: Canadian Journal of Philosophy 9 (1979), S. 373–376.

PUTNAM, H.: *Minds and Machines*, in: S. Hook: Dimensions of Mind, London 1960, S. 138–164.

RESNIK, M.: *On the philosophical significance of consistency proofs*, in: Journal of Philosophical Logic 3 (1974), S. 133–147.

WANDSCHNEIDER, D.: *Die Gödeltheoreme und das Problem Künstlicher Intelligenz*, in: Ethik und Sozialwissenschaften, Streitforum für Erwägungskultur 1 (1990), S. 107–116.

»Minimale Semantik«:
Ein unterschätztes Anliegen Freges

JAN JANZEN (BERLIN)

Wenn man sich vor dem Hintergrund einer philosophischen Ausbildung die Argumentationsketten vor Augen führt, die speziell in den einführenden Mathematikvorlesungen vorgestellt werden, kann dies schnell dazu führen, dass man von einem Gefühl des Unbehagens ergriffen wird. Dieses Gefühl soll einleitend anhand eines Beispiels spezifiziert werden: Wenn in einer der ersten Analysis Vorlesungen die rationalen Zahlen als Äquivalenzklassen der ganzen Zahlen eingeführt werden, bedienen sich die Vortragenden zumeist eines mehr oder minder offenkundigen Tricks: Nach der Einführung der Problemstellung, dass sich für Gleichungen der Form $\lceil n \times x = m \rceil$ in $\mathbf{Z}$ keine Lösung angeben ließe, wird – zumeist unter Rückgriff auf Worte wie »Idee« bzw. »Motivation« – die Division als Grundlage angeführt, anhand derer die die Klasse bestimmende Äquivalenzrelation zu definieren sei. Es wird während dieses Verfahrens meist nur beiläufig erwähnt, dass man *sprachintern* noch über keinerlei Anhaltspunkte verfügt, was denn die eben herangezogene Division sein könnte. Statt dessen wird als vollkommen selbstverständlich vorausgesetzt, dass man erstens an dieser Stelle das *informelle* Wissen der Zuhörer über die Division voraussetzen dürfe, und dass es darüber hinaus zweitens kein Problem darstelle, in der Genese einer formalen Sprache an einer Vielzahl von Stellen auf Intuitionen zurückzugreifen, die – obwohl in keinerlei interner Relation zu der zu konstruierenden Sprache stehend – in ganz erheblichem Maße zu deren jeweiliger Ausgestaltung beitragen.

    Es ist leicht vorstellbar, dass von vielen Philosophen der Mathematik das von mir dargestellte Problem als »alter Hut« bezeichnet werden dürfte, welches sich außerdem *mit einer tragfähigen Unterscheidung von Objekt- und Metasprache* als weitestgehend gelöst betrachten ließe. Meiner Meinung Ausdruck zu verleihen, dass das Problem alles andere als gelöst ist, würde weit über den hier zur Verfügung stehenden Rahmen hinausführen. Was an dieser Stelle geleistet werden kann, soll eine gewisse Sensibilisierung sein, die ausgeht von der Einsicht, dass – da man ja an der Trennung von Objekt- und Metasprache ohnehin nicht vorbei kommt – *die Rückgriffe auf diese Trennung in unzulässigem Maße ausgeweitet werden*. Die Möglichkeit, eine formale Sprache zu artikulieren, die *über etwas* spricht (also bedeutungsvoll ist), wird in Theorien, welche diese Unterscheidung als den Kern einer jeden Semantik ansehen, reduziert auf die Nachbildung von Sachverhalten, die außerhalb der Sprache immer bereits vorauszusetzen sind. Von Kreativität kann in Hinsicht auf die Erzeugung dieser Sprache dann allein in Bezug auf eine möglichst exakte Rekonstruktion der zu modellierenden Strukturen gesprochen werden. Der theoretische Versuch, der hier im Mittelpunkt stehen soll, untersucht das Problem aus einer anderen Perspektive: Es geht darum, zu zeigen, dass es für die Konzeption einer formalen Sprache trotz der bekannten Probleme durchaus von Nutzen sein kann, sich zu vergewissern, *in welchem Maße es möglich ist, die Bedeutungsfestlegungen im Innern der Sprache zu leisten.* Die Kreativität, die in der Genese eines derartigen Versuchs zu Tage tritt, ist von einer Art, die es von der eben erwähnten von Grund auf zu unterscheiden gilt: Es kann dann nicht mehr darum gehen, metatheoretische Vorgaben möglichst genau wiederzugeben; sondern die Kraft der sprachlichen Mittel muss so weit gesteigert werden, dass sie in der Lage ist, einen Großteil der Aufgabe, die in dem Nachweis besteht, dass alle wohlgeformten Zeichenkombinationen der Sprache eine Bedeutung besitzen, selbst zu meistern. Die Beantwortung der Frage nach den Vor- und Nachteilen, die ein solches Verfahren der internen Bedeutungserzeugung gegenüber dem eingangs dargestellten mit sich bringt, stellt das zentrale Anliegen dieses Vortrags dar.

Um konkret zu werden: Ich möchte Sie in der mir verbleibenden Zeit mit den Problemen konfrontieren, welche die Trennung von Objekt- und Metasprache Frege in seinem Projekt bereitet haben, eine angemessene Semantik für seine Begriffsschrift zu formulieren. Denn, so ist meine These, in Freges Philosophie der Mathematik lässt sich das von mir oben skizzierte Problem nicht nur deutlich erkennen, sondern es lässt sich darüber hinaus eine Lösungsstrategie destillieren, die zeitgenössischen Philosophen der Mathematik zu denken geben sollte. Die hier nachzuzeichnende Auseinandersetzung Freges mit der Schwierigkeit, die als »Julius-Cäsar-Problem« bekannt wurde, hat für die zu erörternde Frage eine nachhaltige Relevanz, die allerdings oft unterschätzt wird. Im ersten Teil des Vortrags soll daher gezeigt werden, dass es die Auseinandersetzung mit diesem Problem war, die Frege dazu nötigte, in seinen späteren Werken die erste Form einer expliziten Trennung von Syntax und Semantik (und damit von Objekt- und Metasprache) zu etablieren. Im zweiten Teil wird dann aber nachgewiesen, dass Frege nicht mehr Konzessionen an diese Unterscheidung machte als irgend nötig. Der noch aus der Zeit der Grundlagen der Arithmetik (im Folgenden abgekürzt als GlA) stammende Vorsatz, die Bedeutungshaftigkeit der Ausdrücke der Sprache allein mit deren Mitteln zu gewährleisten, blieb auch während der Abfassung der Grundgesetze der Arithmetik (im Weiteren GgA) leitend. Die Position, die Frege der hier vorgeschlagenen Interpretation nach inne hat, beschreibt ihn (einmal mehr) als eine solitäre Figur in der Geschichte der Philosophie der Mathematik: Er hatte ausreichende Hilfsmittel zur Hand, die ihm zumindest eine partielle Antizipation des wissenschaftlichen Feldes, das heute als Modelltheorie bekannt ist, ermöglicht hätten. Allerdings schränkte er deren Benutzung auf ein Mindestmaß ein, um einem seiner Leitgedanken treu zu bleiben: Dass die

Sprache der Arithmetik selbst die kreativen Potentiale besitzen muss, die dazu nötig sind, um ihr Bedeutsamkeit zu verleihen.

1. Das »Julius-Cäsar-Problem« als Problem einer internen Semantik

Es ist der Auffassung der meisten Frege-Interpreten darin zuzustimmen, dass dieser zu Zeiten der Entstehung der GlA bezüglich einer allgemeinen Theorie der Bedeutung eine Position vertrat, die wohl am deutlichsten in Wittgensteins Tractatus artikuliert wurde, und die – letzteren paraphrasierend – wie folgt verknappt werden kann: *Die Sprache muss für sich selber sorgen*. Wie bekannt sein dürfte, lehnte Frege sowohl gegenüber Boole und seinen Schülern wie auch im Kontrast zur derzeit dominierenden Auffassung die Rede von einem *Diskursuniversum* (sprich: von einer der Interpretation der Sprache vorangehenden Spezifikation des Argumentbereichs der Variablen) strikt ab. Dass die Bedeutungen der einfachen Ausdrücke einer Sprache dieser quasi von außen aufgeprägt würden und der Sprache somit – bildlich gesprochen – ständig zu Hilfe geeilt werden müsste, passte so ganz und gar nicht zu seiner Vorstellung von der einen und allumfassenden Logik. Für Frege konnte es eine und nur eine die Gedanken adäquat repräsentierende Sprache (im Sinne seiner von allen Vagheiten und Redundanzen befreiten Begriffsschrift) geben; dass es allerdings ebenfalls ein und nur ein von dieser beschriebenes »logisches Universum« geben konnte, war keine dieser These gleichrangige Forderung Freges, sondern allenfalls eine Art Korollar seiner Sprachauffassung. Dass der Frege der GlA eine Semantik zurückgewiesen hätte, die es als sprachexternes Werkzeug gestatten würde, Sätze der Form »der Ausdruck »a« bezeichnet ein Objekt« zu konstruieren, kann leicht verdeutlicht werden: Ein Satz der eben formulierten Art würde es erfordern, aus der Sprache gleichsam auszusteigen, um dann von einem externen Standpunkt aus den Nexus zwischen Objekt und Ausdruck zu stiften. Diese im Kern der mittlerweile dominanten Semantik verankerte Praxis schließt Frege mit dem wohl meist diskutierten Paradigma der GlA aus, durch dass er jede Verfahrensweise ausschließen wollte, die nach der Bedeutung eines Wortes *in Vereinzelung* fragt. Durch die Absage an eine solche Frage *minimiert Frege die Möglichkeit, über so etwas wie Referenz überhaupt zu sprechen aufs Äußerste*. Wenn nämlich – um das so genannte Kontextprinzip einmal zur Gänze zu zitieren – nach dem Gehalt eines Wortes allein im Zusammenhang eines Satzes gefragt werden darf, dann ist der Gehalt dieses Wortes in dem Augenblick, in dem vollständig geklärt ist, welchen Beitrag es zur Wahrheit bzw. Falschheit von Sätzen leistet, in denen es vorkommt, ebenfalls *vollständig* bestimmt. Jede weitere Frage, wie z.B. die nach dem speziellen Verhältnis von Name und Träger, entpuppt sich für Frege somit als Scheinfrage. Das Kontextprinzip reduziert die Möglichkeiten von Bedeutungsfestlegungen so stark, dass es im System der GlA nur eine einzige Sprache geben kann, in der sowohl die natürliche als auch die mathematische Sprache befindlich sind, und alles was den Gegenstandsbezug dieser Sprache regelt, muss in ihrem Innern von Statten gehen: Ein Wort bedarf um Bedeutung zu haben nicht mehr und nicht weniger als der Feststellung seines Beitrags zu wahrheitsfunktionalen Aussagen. Die oben formulierte formal-semantische Stipulation (Der Ausdruck »a« bezeichnet ein Objekt) degeneriert insofern in diesem Zusammenhang zu einer rein materialen Aussage (a existiert), wie im übrigen auch die Wahrheitstheorie unter diesen Voraussetzungen nur noch als reduktionistische möglich ist: Das Prädikat »…ist wahr« ändert den Informationswert einer Aussage A in keiner Weise.

Auch die Antwort auf die zentrale – in kantischer Terminologie formulierte – Frage der GlA kondensiert zu einer erneuten Zitation des Kontextprinzips: Wenn ich wissen will, wie mir Zahlen gegeben sind, so ist jede Antwort unnütz und überflüssig, die darüber hinaus geht, zu klären, wie wir Sätzen Wahrheitswerte zuschreiben, in denen Zahlausdrücke vorkommen. Die primären Sätze diesbezüglich sind Frege zufolge Identitätsaussagen, für welche die Frage, wie uns Zahlen gegeben sind, anhand des Prinzips der bijektiven Abbildbarkeit für gleichmächtige Kardinalzahlen beantwortet werden kann. Anhand dieses Prinzips nämlich lässt sich der Beitrag der Zahlausdrücke zur Wahrheit bzw. Falschheit von Sätzen wie »Die Anzahl der Jupitermonde ist gleich der Anzahl der Dinge, die sich gerade auf meinem Schreibtisch befinden«, angeben. Die Stärke dieses Hilfsmittels ist jedoch auf eine eng begrenzte Klasse von Identitätsaussagen eingeschränkt, wie Frege im folgenden schmerzlich feststellen musste: Das in diesem Zusammenhang zentrale »Julius-Cäsar-Problem« wird beim ersten Lesen der GlA zumeist als eine eher randständige Schwierigkeit erscheinen, deren Formulierung sich wohl in der Hauptsache Freges unbändigem Willen verdankt, jedes noch so marginale Problem aus der Welt zu schaffen. Der Irrtum könnte größer nicht sein, denn Frege nimmt die Komplikationen, die ihm während des Versuchs, Sätze wie »Die Anzahl der Monde des Jupiter ist gleich Julius Cäsar« auf Augenhöhe mit den Anforderungen des Kontextprinzips zu analysieren, absolut Ernst. Die entstandene Schwierigkeit lässt sich wie folgt formulieren: Frege bietet als Klärung der Funktion des Anzahlbegriffs eine Untersuchung des Beitrags derartiger Begriffe zu komplexeren Aussagen an. Auf der basalen Stufe dieser Untersuchung befindet sich die für Frege grundlegende Aussage über die Gleichzahligkeit zweier Begriffe (es gibt gleich viele Fs wie Gs), aus der dann die Aussage folgt, dass die Anzahl der Fs gleich der Anzahl der Gs ist. Diese kontextuelle Definition des Anzahlbegriffs (der sich immer durch eine Aussage ersetzen lassen muss, die allein über Gleichzahligkeit spricht) liefert nun zwar eine Möglichkeit, eine bestimmte Klasse von Begriffen zu vergleichen, aber eben auch nur diese: Damit die Vergleichsmöglichkeit, die in der kontextuellen Definition angelegt ist, herangezogen werden kann, müssen die Ausdrücke, die durch die Identität verbunden werden, eine ganz bestimmte Form aufweisen (sie müssen Begriffe sein, deren Umfänge eine Verhältnisbestimmung durch bijektive Zuordnung zulassen). Wenn eine der beiden Seiten einen Ausdruck aufweist, der dieser Form entbehrt (und »Julius Cäsar« tut dies ganz bestimmt), dann ist damit die kontextuelle Definition unterbunden, da anhand des Prinzips der bijektiven Abbildbarkeit keinerlei Aussage über die Wahrheit bzw. Falschheit des Satzes »Die Anzahl der Jupitermonde ist gleich Julius Cäsar« gemacht werden kann.

Ein Ausweg wäre gewesen, Sätze dieser Form für nicht wohlgeformt zu erklären. Frege formulierte seine Absage an diese Möglichkeit, indem er forderte, dass die Identitätsaussage $\lceil x = y \rceil$ *für jedes Argument* als Wert der beiden Variablen bestimmt sein muss. Diese Aussage, die deutlich macht, dass die entstandenen Probleme sich nicht allein auf Zahlausdrücke beschränken, sondern sich auf alle Terme erstrecken, die syntaktisch korrekt innerhalb einer Identitätsaussage auftreten können, ist ein Äquivalent der Absage an die vorgängige Angabe eines Diskursuniversums. Sie ist insofern konsequent, als sie deutlich macht, dass es im System der GlA keine Position gab, von der aus zwischen der Bedeutsamkeit natürlichsprachlicher und mathematischer Ausdrücke differenziert werden konnte, da die einzige Forderung an die Bedeutung von beiden gleichermaßen erfüllt sein musste, nämlich die im Kontextprinzip geforderte.

Wie fundamental dieses Problem für Frege war, erkennt man unschwer daran, dass er von vornherein als ausgeschlossen betrachtet haben muss, es in Konformität mit den bisher von ihm angegebenen Grundsätzen zu lösen. Denn just nach der Formulierung des Problems schwenkte Frege in Richtung auf eine *explizite Definition* der Kardinalzahlen um, da er es wohl als unmöglich erachtete, das gewünschte Identitätskriterium für Kardinalzahlen (allein) mit Hilfe kontextueller Definitionen so weit präzisieren zu können, dass es für »unreine« Identitätskontexte hinreichend gestärkt werden könnte. Stattdessen wurde nun die Definition der Kardinalzahl als Äquivalenzklasse von Begriffen (zweiter Stufe) angegeben: Die Anzahl des Begriffs F ist der Umfang des Begriffs »gleichzahlig mit dem Begriff F«. Die Fußnote, welche dieser Definition beigegeben ist, muss jeden Leser in größtes Staunen versetzen, zumal Frege grundsätzlich die größten Skrupel in Bezug auf die Luzidität seiner Argumentation in Rechnung gestellt werden müssen. In dieser Fußnote wird nämlich behauptet, dass als selbstverständlich vorausgesetzt werden dürfe, was der Umfang eines Begriffes sei. Eine vertiefende Wiederaufnahme dieser Probleme ließ allerdings nicht allzu lange auf sich warten, denn die ersten Teile der GgA befassen sich mit einer exakten Umformulierung der in den GlA bezüglich Zahlen gestellten Frage: Wie sind uns Begriffsumfänge bzw. Werteverläufe gegeben (denn erstere sind für Frege nur eine Teilmenge von Werteverläufen)?

Das erste Auftreten des »Julius-Cäsar-Problems« resümierend muss man einräumen, dass Frege die interne Stabilität, die er der Sprache der Arithmetik zugestehen wollte, allein über die Aussparung einer weiten Klasse von Fragen erreichte: Dass es möglich ist, die Frage nach der Bedeutsamkeit eines sprachlichen Ausdrucks allein durch die Sprache selbst zu beantworten, setzt voraus, dass man Ausdrücken bereits dann eine vollständige Bedeutung zuerkennt, wenn nur ihr Beitrag zu wahrheitsfunktionalen Aussagen zur Genüge geklärt ist. Diese schwache Konzeption von Referenz war der integrale Bestandteil von Freges Versuch, eine Semantik aufzustellen, die diesseits der Unterscheidung von Objekt- und Metasprache operiert und daher keinerlei Standpunkt außerhalb der *einen* Sprache, in der die Untersuchungen durchgeführt und vorgetragen wurden, voraussetzen musste. Eine Lektüre der GlA macht deutlich, dass für Frege zu dieser Zeit das »Julius-Cäsar-Problem« eine Grenze markierte, die allein mit den Mitteln einer solchen internen Semantik nicht überschritten werden konnte.

2. *Warum Frege kein Modelltheoretiker war*

Die Einführung der Werteverläufe erfolgt im §2 der GgA anhand eines dem Vorgehen in den GlA analogen Verfahrens: Es wird eine kontextuelle Definition angegeben, die es letztlich immer gestattet, die Werteverlaufsnamen auf Funktionsnamen zurückzuführen:

$$\lceil \{x \mid \phi(x)\} = \{x \mid \varphi(x)\} \leftrightarrow \forall x \phi(x) = \varphi(x) \rceil;$$

sprich: die Werteverläufe sind genau dann identisch, wenn die entsprechenden Funktionen stets für gleiche Argumente gleiche Werte annehmen. Im §10 äußert Frege jedoch die Vermutung, dass mit diesem Umsetzungsschema, das später das berühmt-berüchtigte Axiom V werden sollte, noch nicht vollends geklärt sei, ob wir einen Werteverlauf immer auch als solchen wieder erkennen können. Um dieser Vermutung Ausdruck zu verleihen, trägt Frege den ersten Teil des so genannten »Permutationsarguments« vor, das wie folgt funktioniert: Es wird eine wechselseitig eindeutige Funktion T definiert, so dass über die Trivialität $\lceil a = b \rightarrow T(a) = T(b) \rceil$ hinaus auch deren Umkehrung $\lceil T(a) = T(b) \rightarrow a = b \rceil$ gilt. Wenn Frege nun als Argumente dieser Funktion Werteverläufe zulässt, ergibt sich folgendes Problem: Das Identitätskriterium für die Werte, die sich aus der Funktion bei Einsetzung der Werteverläufe ergeben, ist exakt das durch Axiom V spezifizierte. Es kann aber nicht davon ausgegangen werden, dass die Werte dieser Funktion, z.B. $T(\{x \mid \phi(x)\})$ selbst wiederum Werteverläufe sind. Unter der weiteren Voraussetzung nun, dass wir bis zu diesem Punkt der GgA noch keinerlei Informationen über Werteverläufe besitzen, mit Ausnahme derer, dass sie dem Umsetzungsschema gehorchen, ergibt sich nun, dass dieses Schema noch nicht hinreichend ist, um die Wiedererkennbarkeit der Werteverläufe zu sichern. Im weiteren Verlauf fragt sich Frege, welche Schwierigkeiten dies in seinem System anrichten kann und kommt zu dem Schluss, dass allein eine einzige Funktion zu einem Problem führen kann. Für diese Einschränkung gibt es zwei Gründe: Erstens hat Frege bis zu diesem Zeitpunkt als Objekte neben den Werteverläufen nur die beiden Wahrheitswerte zugelassen, und zweitens ist er in der Lage, die drei bis zu diesem Zeitpunkt von ihm etablierten Funktionen sämtlich auf die Identitätsfunktion zurückzuführen. Da letztere sowohl in dem Fall, dass auf beiden Seiten Werteverläufe als Argumente angenommen werden, als auch für den Fall, dass die Argumente jeweils einer der beiden Wahrheitswerte sind, bestimmt ist, bleibt als problematisch einzig der Fall zurück, bei dem auf einer Seite ein Werteverlauf und auf der anderen ein Wahrheitswert die Position des Arguments einnimmt. Die so entstandene Schwierigkeit stellt ein exaktes Double des »Julius-Cäsar-Problems« dar, nur für Werteverlaufsnamen statt für Zahlausdrücke. Diesmal allerdings ist Frege sehr wohl in der Lage, eine Lösung anzubieten, die nicht – wie noch in den GlA – an den Grundfesten seines Systems rüttelt. Der Kern dieser Lösung ist eine Variation des eben bereits angeführten Permutationsarguments, die man – in moderner Terminologie – wie folgt umschreiben kann: Frege generiert ein Modell des bis zu diesem Zeitpunkt etablierten Systems, in dem jedes Objekt auf sich selbst abgebildet wird unter Ausnahme der beiden Wahrheitswerte, die auf die Werteverläufe abgebildet werden, unter die sie allein fallen (sprich: auf ihre Einheitsklasse). Da die ursprünglichen Werteverläufe in diesem Modell nicht modifiziert werden, gilt das Umsetzungsschema nach wie vor, das nun intendierte Modell hat jedoch den Vorteil, dass sein Gegenstandsbereich nur Werteverläufe als Objekte aufweist. Das Problem ist somit gelöst, da für die Identitätsfunktion nun als Argumente nur noch Werteverläufe zulässig sind und sie somit in jedem Fall durch das Axiom V definiert ist.

Die durch das Permutationsargument generierte Lösung spricht deutlich für eine moderne Interpretation der Argumentation Freges, denn sie scheint – zumindest auf den ersten Blick – für einen der modernen Modelltheorie inhärenten Gesichtspunkt zu plädieren: Aus dem Innern einer Sprache ist es unmöglich, *ein* bestimmtes Modell zu intendieren, es ist allein eine Einschränkung auf isomorphe Modelle möglich. Diese Argumentationsstrategie ist jedoch schlechterdings außerstande, den weiteren Fortgang der Argumentation in den GgA zu erklären, in der sich deutlich zu erkennen gibt, *dass eine derart starke Interpretation des Permutationsarguments Frege fern lag*. Denn letztere brächte unweigerlich die Forderung mit sich, den Argumentbereich der Variablen zu klären, bevor Funktionen auf diesem Bereich eingeführt werden. Genau dies leistet Frege jedoch nicht, sondern er versucht zur Sicherung der Bedeutung der primitiven Ausdrücke der Sprache einen Induktionsbeweis, der eine sprachinterne Stipulation der Bedeutungen dieser Ausdrücke gegenüber einer (durch die Benutzung des Permutationsarguments nahe gelegten) externen vorzieht: Die Bedeutung eines Ausdrucks ist dann hinreichend bestimmt, wenn gesichert ist, dass jeder komplexe Ausdruck, der diesen enthält (und darüber hinaus nur weitere bedeutungsvolle Ausdrücke) wiederum eine Bedeutung besitzt. Diese Aussage steht dem Kontextprinzip der GlA sehr nahe und läuft dementsprechend deutlich dem Anspruch zuwider, dass das Permutationsargument eine theoretische Maxime des späten Frege verkörpert. Aufgrund des starken inhaltlichen Kontrasts zwischen dem Permutationsargument und dem weiteren Verlauf der Überlegungen darf man sogar bezweifeln, dass Frege sich auch nur annähernd der weitreichenden Implikationen des Arguments in Bezug auf sein System bewusst gewesen ist.

Um den angesprochenen Induktionsbeweis antreten zu können, muss Frege davon ausgehen, dass einige der Ausdrücke der Sprache bereits eine Bedeutung besitzen. Die Bedeutungsfestsetzung der beiden Wahrheitswerte erfolgt metasprachlich, wie auch die am Ende des §10 befindliche transkategoriale Identifikation der beiden Wahrheitswerte mit ihren Einheitsklassen. Die weitere Bestimmung der Bedeutungen erfolgt aber nicht durch eine – von der Unterscheidung von Objekt- und Metasprache nahe gelegte – vorgängige Bestimmung eines intendierten Modells, sondern sprachintern. Der in diesem Vorgehen zutage tretende Referenzbegriff weist wiederum eine Ähnlichkeit mit dem minimalen Referenzverständnis der GlA auf, da die Bedeutungshaftigkeit eines Ausdrucks allein darin bestehen kann, dass sein Beitrag zu komplexeren bedeutungsvollen Ausdrücken vollständig geklärt ist. So scheint eine angemessene Lektüre des Kontexts, in dem Frege die Unterscheidung von Objekt- und Metasprache einführt, nahe zu legen, dass auch diese Unterscheidung für ihn keinesfalls die gewichtige Rolle gespielt hat, für die sie nachträglich oft ausgegeben wurde. Im Gegensatz zur Interpretation des Permutationsarguments macht eine Lektüre der GgA zwar einsichtig, dass diese Unterscheidung eine bestimmte – und deutlich reflektierte – Funktion in der Komposition der GgA inne hatte, die meisten Interpretationen dieser Unterscheidung gehen allerdings an Freges Argumentation vorbei, da sie an diese Maßstäbe anlegen, die aus der modernen Logik und Modelltheorie stammen, für Freges Versuch allerdings unpassend sind. Für ihn stellte die Unterscheidung von Objekt- und Metasprache kein »Allheilmittel« dar, das eine vollkommen neue Architektur des Systems ermöglichen würde, sondern schlicht ein technisches Hilfsmittel, das einen ganz bestimmten Aufgabenbereich erfüllt hatte: Die Lösung der Schwierigkeiten, die rund um das »Julius-Cäsar-Problem« auftraten. Um diese Schwierigkeiten aus der Welt (bzw. der Sprache) zu schaffen, galt es erstens, mit Hilfe der Metasprache den beiden Wahrheitswerten eine Bedeutung zuzuweisen und so *die Kenntnis der beiden Wahrheitswerte als vollständig hinreichende Voraussetzung zum Verständnis der Sprache* herauszustellen, und zweitens im Zuge des Permutationsarguments die beiden Wahrheitswerte mit Werteverläufen zu identifizieren. Dieses Vorgehen ist *funktional* von erheblicher Wichtigkeit, da es die Voraussetzungen schafft, um Freges eigentliche Intention in den GgA durchführbar zu machen, die sich darin zu erkennen gibt, dass ein Großteil der bedeutungstragenden Ausdrücke der GgA nicht explizit, sondern kontextuell definiert werden.

Der Versuch, der Sprache selbst ein möglichst großes Potential in Bezug auf die Sicherung ihrer Konsistenz zuzugestehen, bestimmt also auch Freges Schaffen zur Zeit der Verfassung der GgA. Er ist seinem Vorhaben, die Referenzen der sprachlichen Ausdrücke kontextuell herzustellen, selbst trotz größter Schwierigkeiten treu geblieben. In Anbetracht dieser Situation ist die Klassifizierung Freges als Erzplatonist dann besonders revisionsbedürftig, wenn man die Prozesse betrachtet, mittels derer aus der Sprache heraus Neues geschaffen werden soll. Sicherlich gibt es informelle Aussagen seinerseits, die ihn in die Nähe einer platonistischen Position rücken. Wenn man jedoch auch und gerade sein technisches Instrumentarium betrachtet, dann zeigt sich, dass die Evaluierung seines Systems primär vor dem Hintergrund dieser informellen Aussagen das System schnell in ein falsches Licht rücken kann. Viele in dieser Hinsicht geführte Debatten über die ontologischen Voraussetzungen in Freges System verdecken gerade das hier betonte Moment, dass in seinen theoretischen Schriften zur Mathematik der Kreativität der Sprache ein hoher Stellenwert beigemessen wird.

3. Schluss

Unter diesen Voraussetzungen scheinen es mir im Wesentlichen vier Punkte zu sein, die es abschließend herauszuheben gilt, wobei der erste und zweite mehr oder minder nur in Akzentverschiebungen der bestehenden Fregerezeption bestehen, der dritte und vierte allerdings eine Revidierung der kanonischen Interpretation nahe legen:

1. Das Kontextprinzip wurde von Frege nicht nach der expliziten Definition der Kardinalzahlen in den GlA verworfen, sondern es spielte in all seinen Arbeiten, in denen eine Semantik konzipiert wurde, die *zentrale* Rolle.
2. Das Ziel, eine minimale, weil allein sprachinterne Semantik zu etablieren, wird von Frege in den GlA nicht aufgegeben; die explizite Definition der Kardinalzahlen muss retrospektiv – im Ausgang von der hier vorgeschlagenen Lektüre der GgA – allein als Konzessionsentscheidung gesehen werden, die aufgrund des für Frege zu diesem Zeitpunkt unlösbaren »Julius-Cäsar-Problems« getroffen wurde.
3. Die schon in den GlA anvisierte minimale Semantik bleibt auch in den GgA leitend. Allein die Lösung des »Julius-Cäsar-Problems« machte die zeitweilige Wichtigkeit einer externen Semantik und damit der Unterscheidung von Objekt- und Metasprache unabdingbar. Anspruch von Frege war durchgehend, die Arbeit, die im Nachweis der Bedeutsamkeit der Ausdrücke liegt, durch die Sprache selbst zu leisten, auch wenn er so nur eine minimierte Form der Referenz erreichen konnte, die allein darin besteht, dass Ausdrücke dann Bedeutung haben, wenn für sie ge-

klärt ist, welchen Beitrag sie zum Wahrheitswert komplexerer Ausdrücke leisten.
4. Nicht im Hinblick auf seine informellen Äußerungen, sehr wohl allerdings dann, wenn auf das spezifische technische Verfahren geachtet wird, mittels dessen Frege speziell die GgA komponierte, sollte er für den Zweig der Philosophie der Mathematik wichtig werden, der sich mit der Rolle kreativer Potentiale in der Entstehung mathematischer Systeme beschäftigt. Man kann an Freges spätem System wie fast nirgends sonst erkennen, welcher Konzessionen es bedarf, um einer formalen Sprache die schöpferische Kraft zuzugestehen, aus sich selbst heraus bedeutsam zu sein.

Eine Frage, die auch ich selbst mir stellen würde, möchte ich zum Abschluss schon vorwegnehmend beantworten: Aber macht denn diese Abarbeitung an Freges System überhaupt Sinn, da es doch nachgewiesener Maßen widerspruchsvoll war, und vor allem weil keinerlei konkrete Möglichkeit angegeben wurde, eine zumindest ähnliche Sprache zu konstruieren, in welcher der von Frege angestrebte induktive Beweis der Bedeutungshaftigkeit aller rechtmäßig gebildeten Ausdrücke Aussicht auf Erfolg hätte? Ich sehe leider keine Möglichkeit, das geforderte zu leisten, nämlich *gleichzeitig* den Argumentbereich der Variablen zu definieren und die Funktionen auf diesem Gebiet einzuführen. Gleichwohl bin ich aber der Meinung, dass man zu viele gewinnbringende Diskussionen über das fregesche System mit dem Hinweis abwertet, dass man ja grundsätzlich über ein inkonsistentes System spreche. Mit meiner etwas polemischen Art, das in Bezug auf die GgA wohl meist diskutierte Problem allein in meinen abschließenden Bemerkungen zu skizzieren, wollte ich nicht zuletzt genau das leisten: Die ungemein wichtigen Leistungen Freges zu würdigen ohne mich dem Verdikt zu beugen, diese immer schon unter dem Bann der Inkonsistenz betrachten zu müssen.

Das Steinschleuder-Argument – ein kreatives Argument

Claudia Henning (Leipzig)

1 Einführung

Die verschiedenen in der Literatur verwendeten Steinschleuder-Argumente werden normalerweise als Argumente betrachtet, die bestimmte logische, semantische und philosophische Thesen unterminieren, ja zusammenbrechen lassen. Sie sollen insbesondere zeigen, daß sämtliche Sprachen, die Kennzeichnungsausdrücke (oder Klassenabstraktionen) enthalten, notwendig extensional sind, mithin, daß es in solchen Sprachen keine nicht-extensionalen Kontexte und demzufolge keine nicht-wahrheitsfunktionalen bzw. intensionalen Operatoren geben kann. Die Folge ist, daß alle Sätze einer derartigen Sprache, die denselben Wahrheitswert haben, denselben Bezug haben *müssen*, so daß es maximal zwei Bezugsgegenstände für Sätze geben kann, die man mit Frege als »das Wahre« und »das Falsche« bezeichnen kann. Je nachdem, was jeweils als mögliche Bezugsobjekte für Sätze unterstellt wurde, bedeutet das, daß es in der Ontologie derartiger Sprachen höchstens zwei Propositionen geben kann, so daß Propositionen als Referenzobjekte bzw. Bedeutungen verschiedener, aber synonymer Sätze diskreditiert sind. Und insbesondere bedeutet das, daß es keine voneinander unterscheidbaren Tatsachen geben kann, sondern höchstens ein Objekt, welches eine Tatsache ist, die sog. »Große Tatsache« (»Great-Fact-Theory«), so daß sich sämtliche in der gewöhnlichen natürlichsprachlichen Rede vorkommenden Tatsachenbenennungen bzw. -bezeichnungen auf dieselbe Tatsache beziehen (müssen).

Nun ist die Entdeckung, genauer: die Entwicklung eines scheinbar so einfachen und (durch)schlagenden formalen Arguments wie des Steinschleuder-Arguments an sich schon ein äußerst kreativer Akt, bei dem geschickt geeignete objektsprachliche Zusammenhänge für weitreichende metasprachliche Folgerungen semantischer und philosophischer Art genutzt werden. Als nicht weniger kreativ erweist sich aber auch der nachfolgende Umgang mit seinen vermeintlich globalen Konsequenzen sowohl für formale, als auch für natürliche Sprachen. Zu diesem kreativen Umgang ist einerseits die Entwicklung nicht-extensionaler, d.h. intensionaler formaler Sprachen zu zählen, die, wie etwa bestimmte intuitionistische Kalküle, ohne die Einführung nicht-extensionaler bzw. intensionaler Junktoren und Operatoren auskommen. Andererseits zählen hierzu auch sämtliche Versuche, selbst so komplexe Ausdrucksmöglichkeiten der natürlichen Sprache wie natürlichsprachliche Anführungsfunktionen von Sätzen mit Hilfe von sog. daß-Sätzen, die bis dato als typische intensionale Kontexte betrachtet wurden, wie etwa die sog. propositionalen Einstellungen, einer fundierten semantischen Analyse im Rahmen der Ausdrucksmöglichkeiten extensionaler formaler Sprachen, insbesondere prädikatenlogischer Sprachen erster Stufe, zu unterziehen.[1] Nicht zuletzt ist auch die Diskussion der formalen Gültigkeit und semantischen Signifikanz des Steinschleuder-Arguments ein Beleg seiner kreativen Auswirkungen bis in die Gegenwart.[2]

Doch nicht nur in diesem positiven Sinne sind bzw. wirken Steinschleuder-Argumente kreativ. Vielmehr gibt es im Rahmen von Definitionstheorien bzw. Theorien zur Begriffsbildung einen Sinn von Kreativität, der analogisch auch auf die Steinschleuder-Argumente anwendbar ist. Kurz und knapp ausgedrückt, bedeutet das im Rahmen von Theorien zur Begriffsbildung aufgestellte Verbot von Kreativität, d.h. die Forderung nach Nicht-Kreativität bzw. Konservativität von Definitionen, nichts anderes, als daß Definitionen *nur* die Bedeutung des Definiendums *fixieren*, nicht aber die Bedeutung anderer Ausdrücke verändern sollen, derart, daß zuvor nicht Beweisbares nach Hinzufügung der Definition beweisbar wird.[3]

Auch wenn man in bezug auf Steinschleuder-Argumente nicht von Definiens und Definiendum sprechen kann, so operieren sie doch auf zwei Ebenen: Auf der objektsprachlichen Ebene betrachtet, stellen sie eine Schlußkette – oder wenn man so will: einen Beweis – eines Satzes q auf der Grundlage eines nur wahrheitswertgleichen, d.h. nur extensional äquivalenten, Satzes p unter Verwendung ganz bestimmter Schlußverfahren dar, insbesondere solcher, die die Ersetzung von *logisch* äquivalenten Ausdrücken und *Identitäten* erlauben und dezidiert gerade nicht die extensionale Äquivalenz der beiden Sätze p und q in Anschlag bringen – jedenfalls nicht direkt. Sofern eine solche Ableitung von q auf der Grundlage von p gelingt, wird auf der metasprachlichen Ebene argumentiert, daß offenbar die zugelassenen Ersetzungsregeln für logische Äquivalenzen und Identitäten die Ersetzung salva veritate mit sich bringen, sprich: implizieren, mit allen bereits genannten Konsequenzen für die Semantik und Ontologie von Sprachen, die Kennzeichnungsausdrücke oder Klas-

---

[1] Man schaue sich hierzu etwa Davidsons parataktische Analyse an, wie sie etwa zur Analyse des Zitierens, der indirekten Rede und auch propositionaler Einstellungen verwendet wird. Zwar hat diese Art semantischer Analyse prinzipielle Schwächen – welche das sind, zeige ich genauer in meiner Dissertation: *Kausalität und Wahrheit*, 2005. Unter der Voraussetzung der formalen Korrektheit und semantischen Signifikanz des Steinschleuder-Arguments für beliebige Sprachen, die Kennzeichnungsausdrücke und/oder Klassenabstraktionen enthalten, und damit auch für die natürliche Sprache, sind solche Versuche jedoch die einzige Möglichkeit, derartige Kontexte überhaupt einer semantischen Analyse zugänglich zu machen.
[2] Vgl. etwa S. Neale und S. Read.
[3] Vgl. hierzu etwa das Stichwort »*Begriffsbildung*« von G. Siegwart in der Enzyklopädie Philosophie, hg. v. H. J. Sandkühler.

senabstraktionen enthalten, seien dies nun formale Sprachen oder auch natürliche Sprachen. Nun zeigt aber eine genaue Analyse der objektsprachlichen Schlußkette, daß hier mitnichten nur die Substitutionsregeln für *logische* Äquivalenzen und Identitäten verwendet werden, sondern ganz direkt auch die extensionale Äquivalenz von p und q, entweder explizit in Form einer Zeile der Schlußkette oder zur Rechtfertigung der Einführung bzw. des Übergangs zu einer Zeile der Schlußkette. Die Folge ist, daß erst damit metasprachlich allgemein gezeigt, also ›bewiesen‹ werden kann, was ansonsten nicht gezeigt werden könnte.

Ich möchte nun in meinem folgenden Vortrag zeigen, daß es sich beim Steinschleuder-Argument um ein kreatives Argument in diesem negativen Sinne handelt. Paradigmatisch werde ich dies für Davidsons Steinschleuder-Argumente zeigen, doch gilt dies exemplarisch für alle derartigen Argumente der Church-Quine-Davidson-Tradition, ja selbst für deren Reformulierungen durch S. Neale und S. Read, die sich zwar kritisch zur formalen Korrektheit und semantischen Signifikanz dieser Steinschleudern äußern, ohne aber deren negativen kreativen Aspekt zu bemerken, ja, ihn sogar reproduzieren.

2 Die Funktionen des Steinschleuder-Arguments bei Davidson

Davidson verwendet das Steinschleuder-Argument für folgende Zwecke:

— für den Nachweis, daß Sätze mit demselben Wahrheitswert denselben Bezug haben (müssen), falls sie überhaupt einen haben (in »Wahrheit und Bedeutung«);
— für den Nachweis, »daß eine Aussage, sofern sie überhaupt mit einer Tatsache übereinstimmt, mit allen übereinstimmt« (in »Getreu den Tatsachen«);
— für den Nachweis, daß alle Tatsachen identisch sind (in »Die logische Form der Handlungssätze«) sowie
— für den Nachweis, daß es keinen irgendwie gearteten nicht-extensionalen kausalen Junktor geben kann, jedenfalls keinen, der dem »verursachen« der singulären Kausalaussagen entsprechen könnte (in »Kausale Beziehungen«).

Hierfür verwendet er Steinschleuder-Argumente sowohl unter Verwendung von Kennzeichnungsoperatoren als auch von Klassenabstraktionen, was jedoch für das Argument selbst, seine formale Korrektheit und semantische Signifikanz, keinen Unterschied macht. Es ist deshalb letztlich gleichgültig, welche Variante man nutzt. (Ich werde im weiteren das Steinschleuder-Argument aus Davidsons Artikel »Wahrheit und Bedeutung« nutzen, weil dort sämtliche Annahmen und Voraussetzungen, die in seiner Argumentführung eine Rolle spielen, expliziert werden.)

Der Kern all dieser Nachweise ist, daß Sprachen, die Kennzeichnungsausdrücke oder Klassenabstraktionen enthalten, notwendig extensional sind, m.a.W.: daß es in solchen Sprachen keine nicht-extensionalen Kontexte und demzufolge keine intensionalen Junktoren oder Operatoren geben kann. Sollten die Steinschleuder-Argumente allgemeingültig, d.h. semantisch signifikant für beliebige solcher Sprachen sein, bedeutet das z.B. für die natürlichsprachlichen Anführungsfunktionen von Sätzen, insbesondere im Rahmen von Sätzen über propositionale Einstellungen das folgende: Entweder sie sind semantisch irrelevant in dem Sinne, daß sie nur *scheinbar* intensionale natürlichsprachliche namenbildende Funktoren von Satzargumenten sind und nur *scheinbar* intensionale, d.h. referentiell opake, Kontexte erzeugen – in Wirklichkeit aber vollständig im Rahmen einer rein extensionalen Semantik analysierbar sind. Oder aber ihre Binnenstruktur ist semantisch irrelevant, d.h. keiner weitergehenden semantischen Analyse zugänglich, was nichts anderes bedeutet, als daß die Sätze, die die propositionalen Einstellungen zum Ausdruck bringen, bestenfalls als komplexe Namen zu verstehen sind.

Für jegliche semantische Analyse von Adverbialbestimmungen bedeutet die Allgemeingültigkeit von Steinschleuder-Argumenten, daß sich Umstandsangaben, was immer sie ansonsten sein oder welche semantische Funktion sie auch haben mögen, nicht auf Tatsachen beziehen können, etwa in dem Sinne, daß sie den Ort oder Zeitpunkt einer bestimmten Tatsache angeben bzw. spezifizieren. Das schließt ein, daß Umstandsangaben auch nicht lokale oder temporale Einschränkungen der Geltungsbedingungen von (wahren) Sätzen angeben können, womit sie auch nicht als rahmensetzende, propositionsbezogene Modifikatoren von ganzen Sätzen fungieren können.[4] Denn für Propositionen als mögliche Bezugsobjekte von Sätzen gilt das Steinschleuder-Argument genauso wie für Tatsachen, Sachverhalte, das Wahre und das Falsche: Es kann maximal zwei geben, eine Proposition als Bezugsobjekt für sämtliche wahren Sätze und eine andere als Bezugsobjekt für sämtliche falschen Sätze. Zuzulassen, daß Adverbialbestimmungen rahmensetzende, propositionsbezogene Modifikatoren von ganzen Sätzen sein könnten, hieße ja zuzulassen, daß sie so etwas wie Prädikationen von Sätzen bzw. entsprechender Propositionen sein könnten, was nichts anderes bedeutet, als daß (wahre) Sätze etwas – zumindest in Hinsicht auf Ort und Zeit – Unterscheidbares und damit Verschiedenes bezeichnen würden. Das ist aber nicht möglich, wenn es nur genau eine Tatsache, nur genau zwei verschiedene Propositionen bzw. nur das Wahre und das Falsche unter verschiedenen Namen geben kann.

---

[4] Vgl. Maienborn 2000.

3 Zur formalen Korrektheit des Davidsonschen Steinschleuder-Arguments

Die beiden grundlegenden *Annahmen* des Davidsonschen Steinschleuder-Arguments lauten:

(a) Sätze sind ein Spezialfall (zusammengesetzter) singulärer Termini.
(b) Die Bedeutung eines singulären Terminus ist sein Bezug.[5]

Hinzu kommen zwei weitere, von Davidson als vernünftig bewertete *Voraussetzungen*:

(c) *Logisch äquivalente* singuläre Termini haben denselben Bezug.
(d) Ein singulärer Terminus ändert seinen Bezug nicht, wenn ein in ihm enthaltener singulärer Terminus durch einen anderen *mit demselben Bezug ersetzt* wird.[6]

Unter der Annahme, daß ›R‹ und ›S‹ Abkürzungen für zwei beliebige Sätze mit dem gleichen Wahrheitswert[7] sind, haben laut Davidson die folgenden vier Sätze denselben Bezug:

(1) R
(2) $\hat{x}\,(x = x.R) = \hat{x}\,(x = x)$
(3) $\hat{x}\,(x = x.S) = \hat{x}\,(x = x)$
(4) S

wobei $\hat{x}\,(x = x)$ die Klasse aller derjenigen x bezeichnet, die mit sich selbst identisch sind, also die Allklasse, und der Punkt ›.‹ das Symbol für die Konjunktion ist.

Davidsons Begründung für dieses Resultat lautet:

> Denn (1) und (2) sind *logisch* äquivalent, ebenso wie (3) und (4), während sich (3) nur darin von (2) unterscheidet, daß es den singulären Terminus ›$\hat{x}\,(x = x.S)$‹ enthält, wo (2) ›$\hat{x}\,(x = x.R)$‹ enthält, und diese beziehen sich auf dasselbe, sofern S und R *denselben Wahrheitswert* haben.[8]

Dies erscheint zunächst einleuchtend, hält aber einer genaueren Betrachtung nicht stand. Denn eine Rekonstruktion der Beweisgründe ergibt unter Berücksichtigung der oben angeführten Annahmen und Voraussetzungen Davidsons (und einer umfangreichen Anwendung des Nachsichtigkeitsprinzips) folgendes Bild:

---

[5] Vgl. Davidson: *Wahrheit und Bedeutung*, S. 42.
[6] Vgl. ebd.
[7] Hierzu ist anzumerken, daß Davidson implizit voraussetzt, daß R und S wahr sind, weil deren Verwendung als Beweiszeile ansonsten nicht akzeptabel ist. Unter der Voraussetzung, daß R und S falsch sind, wären ¬R und ¬S als Beweiszeile zu verwenden.
[8] Davidson: *Wahrheit und Bedeutung*, S. 43. Hervorhebungen von mir – C.H.

(1) und (2) sowie (3) und (4) haben laut Voraussetzung (c) jeweils denselben Bezug, weil sie logisch äquivalent sind. (2) und (3) unterscheiden sich nur darin, daß in (3) anstatt des Satzes R der Satz S enthalten ist, wobei S und R denselben Wahrheitswert haben. R bzw. S kommen entsprechend der Klammerung in (2) bzw. (3) in einer Kennzeichnung für Klassen vor, d.h. sie sind in einem singulären Terminus enthalten. Laut (a) stellen sie als Sätze selber einen Spezialfall singulärer Termini dar. Damit scheint es, als könne an dieser Stelle Voraussetzung (d) in Anschlag gebracht werden, um zu begründen, daß die Kennzeichnungen (bzw. singulären Termini) ›$\hat{x}$ (x = x.S)‹ und ›$\hat{x}$ (x = x.R)‹ denselben Bezug haben. Laut (d) haben sie aber nur dann denselben Bezug, wenn sie sich nur darin unterscheiden, daß ein in ihnen enthaltener singulärer Terminus durch einen anderen mit *demselben* Bezug ersetzt wurde. Daß ›R‹ und ›S‹ denselben Bezug haben, soll das Steinschleuder-Argument jedoch erst beweisen. Es kann also für den Übergang von (2) zu (3) unter Anwendung der Voraussetzung (d) nicht schon vorausgesetzt werden. Denn das wäre eine petitio principii.

Um den Übergang von (2) zu (3) zu rechtfertigen, muß demnach vorausgesetzt werden, daß Sätze mit demselben Wahrheitswert, d.h. *extensional äquivalente* Sätze, denselben Bezug haben. Die Voraussetzung (c) müßte also entsprechend abgewandelt werden. Das würde für Davidson jedoch nicht nur bedeuten, explizit anzuerkennen, daß er unter »*logisch* äquivalent« nichts anderes als »*extensional* äquivalent« versteht. Vielmehr würde dies den Geltungsbereich des Steinschleuder-Arguments erheblich beschneiden, denn seine Resultate würden dann nur für diejenigen Kalküle und Sprachen gelten, in denen logische Äquivalenz und bloße extensionale Äquivalenz zusammenfallen, etwa für sämtliche Erweiterungen des Prädikatenkalküls erster Stufe um Individuen- und Prädikatenkonstante. Für diese (extensionalen) Sprachen gilt dann, daß Sätze gleichen Wahrheitswerts denselben Bezug haben, *wenn* sie einen haben, d.h. wenn die beiden entsprechenden Objekte überhaupt in den Grundbereich dieser Sprache aufgenommen wurden. Darüber hinaus dürfte klar sein, warum natürlichsprachliche Anführungsfunktionen von Sätzen wie »die Tatsache, daß«, aber auch »S behauptet / weiß / glaubt, daß« aus der Sicht extensionaler Sprachen semantisch irrelevant sind und sein müssen. Denn solche Funktionen gibt es im Rahmen derartiger Sprachen nicht. Für diese Einsicht braucht man jedoch kein Steinschleuder-Argument. Denn sie ergibt sich direkt aus der Kenntnis der Syntax und Semantik dieser extensionalen (formalen) Sprachen und ihrer Eigenschaften. Dem Steinschleuder-Argument wäre mit der Gleichsetzung von »logisch äquivalent« und »extensional äquivalent« der Boden entzogen, es wäre schlicht belanglos.

Der Charme und die Beweiskraft des Steinschleuder-Arguments beruhen vielmehr wesentlich darauf, daß der Übergang von einer Beweiszeile zur anderen entweder durch die Beziehung der *logischen* Äquivalenz begründet ist oder auf Grund von Annahmen und Voraussetzungen über die Ersetzbarkeit singulärer Termini erfolgt. D.h. seine semantische Signifikanz basiert auf Ersetzungsprinzipien, die nicht von vornherein als extensionale gefaßt werden, also nicht nur im Rahmen extensionaler Sprachen uneingeschränkt gelten. Die Konstruktion des Steinschleuder-Arguments erfordert folglich den Verzicht auf die Verwendung von Ersetzbarkeitsregeln, die *nur* in wahrheitsfunktionalen Kontexten gelten. Es muß gerade auf bloße Ersetzungen salva veritate verzichtet werden, damit das Argument die oben beschriebenen Resultate überhaupt begründen kann. Denn wären extensionale Ersetzbarkeitsprinzipien erlaubt, könnte man sich den Umweg über Ausdrücke, die eine Klassenabstraktion oder einen Kennzeichnungsoperator, d.h. einen Lambda- oder Jota-Operator, enthalten, ersparen und ohne Zwischenschritte von Zeile (1) zu Zeile (4) übergehen. Die Begründung dieses Übergangs wäre denkbar einfach: Extensionale Äquivalenz. Denn R und S sind elementare Sätze und haben laut Voraussetzung denselben Wahrheitswert. Der Witz und die Beweiskraft des Steinschleuder-Arguments besteht nun aber gerade darin, daß man im Rahmen eines formalen logischen Beweises ausgehend von R zum bloß extensional äquivalenten S gelangt, *ohne* bloß extensionale Ersetzbarkeitsregeln zu verwenden. Statt dessen werden die Übergänge nur mittels logischer Äquivalenzen sowie anscheinend unproblematischer (definitorisch-begrifflicher) semantischer Annahmen über die Bezüge und die korrekte Ersetzung singulärer Termini begründet.

Die Berufung auf bloße extensionale Äquivalenz in den Annahmen und Voraussetzungen – wie oben erforderlich – oder die Anwendung bloß extensionaler Ersetzbarkeitsprinzipien zur Rechtfertigung des Übergangs von einer Beweiszeile zur nächsten würde dem Steinschleuder-Argument nicht nur seinen Witz nehmen, sondern seine Beweiskraft grundlegend unterminieren. Aus diesem Grund verbietet sich als Ausweg auch die Annahme, die beiden Ausdrücke (2) und (3) wären logisch äquivalent. Denn da sich (2) und (3) nur in jeweils einem laut Voraussetzung bloß extensional äquivalenten Teilausdruck unterscheiden, kann es sich beim Übergang von (2) zu (3) nur um die Anwendung extensionaler Ersetzbarkeitsprinzipien handeln, so daß sich auch hier die unterstellte logische Äquivalenz als bloße extensionale Äquivalenz, d.h. als logische Äquivalenz bestimmter formaler Sprachen, erweist.

Um dieses Resultat zu vermeiden, scheint sich jedoch noch ein anderer Ausweg anzubieten: Die Begründung des Übergangs von (2) zu (3) durch die Eigenschaften der Identität(srelation). So ließe sich in bezug auf die obige Argumentation durchaus einwenden, daß sich Davidsons Behauptung der Bezugsgleichheit der Zeilen (2) und (3) sowie deren Begründung mittels Voraussetzung d) gar nicht auf die Bezugsgleichheit von R und S stütze, sondern auf die Bezugsgleichheit von $\hat{x}$ (x = x.R) und $\hat{x}$ (x = x.S). Deren Bezugsgleichheit zeige sich insbesondere daran, daß die in (2) und (3) behauptete Identität mit $\hat{x}$ (x = x) bestehe. Voraussetzung d) käme hier insofern ins Spiel als die Aussage in Zeile (2) laut Annahme a) als (zusammengesetzter) singulärer Terminus zu betrachten ist, in dem der singuläre Terminus $\hat{x}$ (x = x.R) durch den bezugsgleichen singulären Terminus $\hat{x}$ (x = x.S) ersetzt wurde, um zu Zeile (3) zu gelangen.

Der Kern dieses Arguments via Identität(srelation) ist das Gesetz der *Drittengleichheit*, welches besagt: Sind zwei Dinge einem dritten gleich, dann sind sie auch untereinander gleich. Es gilt folgendes Schema:

$$x = z \to (y = z \to x = y), \text{ für alle } x, y, z \text{ (des Grundbereichs).}$$

Eine Anwendung auf (2) und (3) ergäbe folgendes Resultat:

$$\hat{x} (x = x.R) = \hat{x} (x = x) \to [(\hat{x} (x = x.S) = \hat{x} (x = x)) \to (\hat{x} (x = x.R) = \hat{x} (x = x.S))]$$

Unter der Voraussetzung, daß (2) $\hat{x}$ (x = x.R) = $\hat{x}$ (x = x) und (3) $\hat{x}$ (x = x.S) = $\hat{x}$ (x = x) wahr sind, ergibt sich daraus durch die zweimalige Anwendung der Abtrennungsregel die Identität der beiden singulären Termini $\hat{x}$ (x = x.R) und $\hat{x}$ (x = x.S):

$$\hat{x} (x = x.R) = \hat{x} (x = x.S)$$

Die Wahrheit von (2) und (3) selbst kann mit der unterstellten *logischen* Äquivalenz dieser Ausdrücke mit R bzw. S, deren Wahrheit vorausgesetzt wurde, begründet werden.

Unter Voraussetzung der Wahrheit von (2) und (3) ergibt sich also das erwünschte Resultat: Denn singuläre Termini, die in Identitätsrelation stehen, haben trivialerweise denselben Bezug. Für die Begründung des Übergangs von Beweiszeile (2) zu Zeile (3) kann nun erfolgreich Davidsons Voraussetzung d) – ein singulärer Terminus ändert seinen Bezug nicht, wenn ein in ihm enthaltener singulärer Terminus durch einen anderen mit demselben Bezug ersetzt wird – angewendet werden. Denn (2) ist als Satz laut Annahme a) ein Spezialfall zusammengesetzter singulärer Termini, dessen Teilausdruck $\hat{x}$ (x = x.R) wird durch den nachgewiesenermaßen gleichbezüglichen Ausdruck $\hat{x}$ (x = x.S) ersetzt, und demzufolge müssen laut (d) (2) und (3) denselben Bezug haben. Weil (1) und (2) sowie (3) und (4) laut Davidson logisch äquivalent sind und damit laut Voraussetzung c) denselben Bezug haben, scheint auch bewiesen zu sein, daß R und S, d.h. zwei beliebige, bloß wahrheitswertgleiche Sätze denselben Bezug haben. Folglich wäre das Steinschleuder-Argument gerettet und seine Geltung und Signifikanz für die Semantik beliebiger Sprachen, die Kennzeichnungsausdrücke enthalten, belegt. Unter der nicht nur von Davidson geteilten Annahme, daß die semantische Struktur der natürlichen Sprache der einer (bestimmten) formalen Sprache entspricht, würde dieses Resultat auch für die natürliche(n) Sprache(n) gelten.

Dieser Ausweg hat jedoch ein paar Haken. Denn gegen ihn lassen sich die in der Literatur[9] gegen andere Varianten des Steinschleuder-Arguments vorgetragenen Einwände (bzw. passende Analoga) vorbringen:

- Die behauptete *logische* Äquivalenz der jeweiligen Ausdrücke, d.h. von (1) und (2) sowie (3) und (4), muß erst noch erwiesen werden. Bisher wurde sie einfach vorausgesetzt. Sie darf sich ebenfalls nicht in deren materialer bzw. extensionaler Äquivalenz erschöpfen, da dies ansonsten zu dem bereits bekannten Resultat führt, daß das Steinschleuder-Argument nur etwas über die Eigenschaften extensionaler formaler Sprachen zum Ausdruck bringt. Da in (2) und (3) jeweils die Klassenabstraktion (bzw. in anderen Varianten des Arguments: der Kennzeichnungsoperator) vorkommt, hängt die Möglichkeit eines entsprechenden Nachweises wesentlich von der je unterstellten *Kennzeichnungstheorie* ab. Diese Theorie muß darüber hinaus so beschaffen sein, daß sich (2) und (3) als syntaktisch korrekt gebildete und wahre Sätze erweisen.
- Drittengleichheit kann nur in Anspruch genommen werden, wenn das verwendete Zeichen »=« tatsächlich für die Identität(srelation) steht. D.h.: Einsetzungsinstanzen für die Drittengleichheit dürfen nur Individuenkonstanten oder -variablen sein, nicht aber Kennzeichnungen für Klassen (oder einzelne Objekte, d.h. definite Deskriptionen). Für diese muß erst geprüft werden, daß für sie ein Analogon der Drittengleichheit gilt. Auch dieser Nachweis hängt wesentlich von der je unterstellten *Kennzeichnungstheorie* ab.

Die Folge ist: Da das Steinschleuder-Argument (gleichgültig in welcher Variante) wesentlich auf der Verwendung von Kennzeichnungen (und den entsprechenden Operatoren) beruht, hängt die Möglichkeit der Überwindung der beiden genannten Schwierigkeiten hauptsächlich von der je unterstellten Kennzeichnungstheorie ab. Deshalb werde ich im folgenden zuerst die formale Korrektheit und semantische Signifikanz des Davidsonschen Steinschleuder-Arguments unter Voraussetzung verschiedener Kennzeichnungstheorien untersuchen, d.h. den Standardweg der modernen Argumentation beschreiten, bevor ich mich dem wichtigsten, in der Diskussion jedoch völlig vernachlässigten Einwand zuwende:

Der vorgeschlagene Ausweg via Drittengleichheit ist in demselben Maße *kreativ* wie die ursprüngliche Begründung, weil auch hier bereits auf objektsprachlicher Ebene die extensionale Äquivalenz von R und S direkt in Anschlag gebracht wird.

---

[9] Vgl. etwa Neale 1995 und Read 1993.

4 Die moderne Diskussion: Formale Korrektheit und semantische Signifikanz des Steinschleuder-Arguments unter Voraussetzung verschiedener Kennzeichnungstheorien

Leider findet sich bei Davidson an keiner Stelle eine Bemerkung darüber, welche Kennzeichnungstheorie er unterstellt. Es bleibt daher unklar, auf welche Weise er die Klassenabstraktion bzw. den Kennzeichnungsoperator in die Sprache des erweiterten Prädikatenkalküls einzuführen gedenkt. D.h., es ist nicht klar, wie entsprechende, mit Lambda- und Jota-Operator versehene Ausdrücke im Rahmen dieser Sprache zu interpretieren sind, weil Davidson offen läßt, in welcher Beziehung sie zu anderen Ausdrücken stehen, welche Regeln und Axiome bzw. Theoreme für sie gelten etc. Es gibt hierzu bei ihm keine weitergehenden Informationen als die, die das Steinschleuder-Argument selbst liefert. Und das heißt, es muß sich um eine Kennzeichnungstheorie handeln, auf deren Grundlage sich dieses Argument zumindest als formal korrekt erweisen läßt, ansonsten könnte Davidson es nicht verwenden.

Wird etwa die *Kennzeichnungstheorie von Russell/Whitehead* aus den »Principia Mathematica« unterstellt, dann läßt sich das Steinschleuder-Argument als formal korrekt erweisen. Die Ausdrücke (1) und (2) sowie (3) und (4) sind äquivalent und es gilt das folgende »Analogon« des Gesetzes der Drittengleichheit für Klassenabstraktionen[10] – hier mittels $\hat{z}$ symbolisiert – zur Begründung des Übergangs von (2) zu (3):

$$[\hat{z}(\psi z) = \hat{z}(\phi z) \wedge \hat{z}(\chi z) = \hat{z}(\phi z)] \rightarrow \hat{z}(\psi z) = \hat{z}(\chi z)^{11}$$

Dies entspricht dem Satz *20.24 aus den »Principia Mathematica«. Wegen der Oberflächenform dieses Satzes könnte man meinen, es handele sich um eine *Einsetzungsinstanz* in das Gesetz(esschema) der Drittengleichheit für Identitäten $x = z \rightarrow (y = z \rightarrow x = y)$, für alle x, y, z des Grundbereichs, wobei die erste Implikation durch eine Konjunktion ersetzt wurde, was aber wegen der Äquivalenz dieser beiden Aussagen bzw. Aussagenschemata korrekt ist. Es kann sich jedoch wegen der folgenden *definitorischen* Beziehung zwischen Klassenabstraktionen und quantifizierten Aussageformen nicht um eine Einsetzungsinstanz in dieses Gesetzesschema handeln:

$$\hat{z}(\phi z) = \hat{z}(\psi z) \leftrightarrow (\forall x)(\phi x \leftrightarrow \psi x)^{12}$$

Denn diese besagt, daß zwei Klassen genau dann identisch sind, wenn ihre definierenden Funktionen, d.h. die sie definierenden Prädikate, *extensional* äquiva-

---

[10] Es gilt natürlich auch ein solches »Analogon« für Kennzeichnungsausdrücke, so daß man im Rahmen dieser Kennzeichnungstheorie ebenfalls ein Steinschleuder-Argument als formal korrekt nachweisen kann, welches statt der Klassenabstraktion Kennzeichnungsausdrücke enthält.
[11] Vgl. Russell/Whitehead 1992, S. 193, *20.24, aber auch *20.23.
[12] Ebd., S. 188f., *20.01 und *20.15.

lent, d.h. umfangsgleich sind. Zwei Funktionen bzw. Prädikate bestimmen dieselbe Klasse genau dann, wenn sie von derselben Menge von Werten bzw. Gegenständen des Grundbereichs erfüllt werden.[13] Folglich ist die Beziehung der Identität zwischen Klassen im Rahmen dieser Kennzeichnungstheorie nichts anderes als die Beziehung der extensionalen Äquivalenz der entsprechenden Prädikate bzw. Aussageformen und kann demzufolge ohne Verlust auf diese reduziert werden. Das »Analogon« des Gesetzes der Drittengleichheit für Klassenabstraktionen erweist sich damit als Ausdruck der Transitivität und Symmetrie der extensionalen Äquivalenz. Der Grund hierfür ist, daß die Klassenabstraktion nur mittels einer *kontextuellen* Definition in das formale System der Principia Mathematica, d.h. in den Rahmen des Prädikatenkalküls erster Stufe, eingeführt wird, also als abkürzende Formulierung von komplexen Ausdrücken, die auch *ohne* Einführung der Klassenabstraktion in dieser Sprache gebildet werden können. Und diese komplexen Ausdrücke artikulieren extensionale Äquivalenzbeziehungen zwischen Prädikaten. (Analoges läßt sich für die Ersetzbarkeitsregeln von Kennzeichnungsausdrücken und deren ebenfalls kontextuelle Definition im System der Principia Mathematica zeigen.) Die Verwendung der Kennzeichnungstheorie von Russell/Whitehead führt also ebenfalls zu dem Resultat, daß das Steinschleuder-Argument nur bereits Bekanntes über die Eigenschaften extensionaler formaler Sprachen zum Ausdruck bringt, nicht aber beliebiger Sprachen.

Als Alternativen zur bloß kontextuellen Definition von Klassenabstraktionen bzw. Kennzeichnungsausdrücken im Rahmen des Prädikatenkalküls der ersten Stufe bieten sich die beiden folgenden Strategien an: *Entweder* man behandelt sie wie echte Eigennamen und damit als Individuenkonstante, unterstellt also ein referentielles (bzw. de-re) Verständnis von Kennzeichnungen und/oder Klassenabstraktionen, und sorgt folglich dafür, daß sie unter die Ersetzbarkeitsprinzipien für Identitäten fallen. *Oder* man führt sie über nichtkontextuelle Definitionen in die Sprache des Prädikatenkalküls der ersten Stufe ein, in dem Sinne, daß Jota- bzw. Lambda-Ausdrücke nicht auf deren (elementare) Ausdrücke reduzierbar sind. Dies kann jedoch nur durch die Verwendung von Ausdrucksmitteln erfolgen, die es im Rahmen dieser Sprache nicht gibt. Bevorzugt sind hier natürlich Definitionen, die sich *nicht* der Ausdrucksmittel sog. intensionaler formaler Sprachen bedienen, sondern solcher von Prädikatenkalkülen höherer Stufen, weil das Steinschleuder-Argument nicht zuletzt auch als Beweis dafür betrachtet wird, daß es keine intensionalen Operatoren bzw. Kontexte geben kann.

Doch auch diese Alternativen sind, neben anderen Schwierigkeiten, mit dem Problem konfrontiert, daß die Sicherung der formalen Korrektheit des

---

[13] Ebd., S. 189 bzw. 191.

Steinschleuder-Arguments nicht dessen semantische Signifikanz für die natürliche Sprache untergraben darf.

Verwendet man etwa für eine *nicht-kontextuelle* Definition von Klassenausdrücken die sprachlichen Mittel eines höherstufigen Prädikatenkalküls, das ebenfalls auf bloß extensionalen Ersetzbarkeitsprinzipien, wenn auch für die erweiterten Ausdrucksmittel und den erweiterten Gegenstandsbereich dieser Sprache, beruht, dann schränkt dies den Geltungsbereich des Steinschleuder-Arguments erheblich ein, nämlich wiederum auf Sprachen, für die logische Äquivalenz nichts anderes als extensionale Äquivalenz (wenn auch einer höheren Stufe) ist. Dies wird sofort deutlich, wenn man etwa die folgenden, nichtkontextuellen Definitionen der Klassenabstraktion von Smullyan (S) oder Quine (Q) betrachtet, die wie kontextuelle Definitionen auch, auf der Äquivalenz von Ausdrücken definiert sind, hier allerdings der Äquivalenzbeziehung der Sprache einer höheren Stufe.

(S) $[(\lambda x) \, Fx] \, G(\lambda x) \, Fx =_{df} (\exists \alpha) \, ((\forall x) \, (Fx \leftrightarrow x \varepsilon \alpha) \, . \, G\alpha)$

(Q) $(\lambda x) \, Fx =_{df} (\iota \alpha) \, ((\forall x) \, (Fx \leftrightarrow x \varepsilon \alpha))$

wobei α eine (Individuen)Variable für Klassen ist und $[(\lambda x) \, Fx]$ die Reichweite der Klassenabstraktion, d.h. des Lambda-Operators markiert.

Eine Kennzeichnungstheorie, die Kennzeichnungen und/oder Klassenabstraktionen als *echte Eigennamen* oder Individuenkonstante behandelt, bietet zwar eine Lösung für den problematischen Übergang von Beweiszeile (2) zu Beweiszeile (3) des Davidsonschen Steinschleuder-Arguments, weil damit das Gesetz der Drittengleichheit ebenfalls für Kennzeichnungen bzw. Klassenabstraktionen gilt. Doch bedeutet das noch lange nicht, daß im Rahmen einer solchen Theorie auch das gesamte Steinschleuder-Argument formal korrekt oder gar semantisch signifikant für die natürliche Sprache ist. Dazu müßte sie das Kunststück fertigbringen, unechten Kennzeichnungen Bezüge zuzuordnen, die mit dem Rest des Formalismus kompatibel sind, d.h. die dort geltenden und erwünschten Äquivalenzen nicht ungültig machen. Dies schließt ein, daß sich auf ihrer Grundlage die Äquivalenz der Beweiszeilen (1) und (2) sowie (3) und (4) nachweisen läßt und es sich dabei nicht um eine bloß *extensionale* Äquivalenz handelt. Darüber hinaus sollte sie keine Modifikationen grundsätzlicher Art an der jeweils unterstellten prädikatenlogischen Sprache erster Stufe und ihren Eigenschaften nötig machen. Weder darf das Zweiwertigkeitsprinzip aufgegeben werden, auch nicht durch Zulassen von Wahrheitswertlücken oder die Einführung einer sortalen Unterteilung des Grundbereichs der Sprache in Bezugsobjekte für echte und unechte Kennzeichnungen, noch dürfen die durch die logischen Kalküle implizit definierten Begriffe wie der Folgerungsbegriff, der Begriffs der logischen Wahrheit usw. verändert werden. Denn alle diese Modifikationen würden den Geltungsbereich des Steinschleuder-Arguments indirekt einschränken, weil der durch das Argument gelieferte Nachweis der Extensionalität nur für diejenigen Kontexte gilt, für welche die verwendete Kennzeichnungstheorie angemessen ist. Neale hat verschiedene Kennzeichnungstheorien untersucht, die ein referentielles Verständnis von Kennzeichnungen als echte Eigennamen unterstellen. Zwar fand er welche, auf deren Grundlage sich das Steinschleuder-Argument als formal korrekt nachweisen läßt, etwa die Taylorschen Vorschläge.[14] Doch keine dieser Theorien erfüllt die aufgeführten Kriterien, geschweige denn, daß sie den im Rahmen der natürlichen Sprache zulässigen Substitutionen für Kennzeichnungen in verschiedenen Kontexten gerecht werden und unzulässige ausschließen.

Letzteres hat prinzipielle Gründe, fallen Kennzeichnungen doch, wenn sie de-re als echte Eigennamen behandelt werden, unter die Ersetzungsprinzipien für Individuenkonstante, d.h. für Identitäten. Damit ist jedoch implizit unterstellt, daß es gleichgültig (i.S. von gleich bedeutend) ist, welche Kennzeichnung eines Gegenstandes verwendet wird. Denn definite Deskriptionen können einander dann in allen Kontexten ersetzen, solange sie sich auf dasselbe Objekt beziehen. Dies mag für Individuenkonstante korrekt sein, denn mit ihnen ist keine weitere Information verknüpft als die, daß es im Grundbereich der formalen Sprache ein Objekt mit diesem Namen gibt, was insbesondere für logische und mathematische Beweise von Bedeutung ist. Im Rahmen der natürlichen Sprache ist dieses Prinzip der Ersetzung von Identitäten insbesondere für Kennzeichnungen, aber auch für natürlichsprachliche Eigennamen in vielen Kontexten, insbesondere in Erklärungskontexten oder in Sätzen, die propositionale Einstellungen zum Ausdruck bringen, problematisch.

So läßt sich zusammenfassend festhalten, daß das Steinschleuder-Argument formal korrekt ist, wenn eine passende Kennzeichnungstheorie unterstellt wird, d.h. wenn eine passende formale Sprache gewählt wurde, in der Kennzeichnungen und/oder Klassenabstraktionen interpretiert werden können. Doch insbesondere im Rahmen einer solchen Sprache mangelt es dem Argument an semantischer Signifikanz, sowohl für die Semantik anderer formaler, z.B. intensionaler Sprachen, als auch für die der natürlichen Sprache.

5 Ein genereller Einwand gegen die Möglichkeit der semantischen Signifikanz von Steinschleuder-Argumenten: ihre Kreativität

Im Grunde genommen kann man sich diesen Standardweg der modernen Diskussion im Falle von Steinschleuder-Argumenten des Davidson-Typs allerdings ersparen. Denn der letztlich verbliebene Ausweg zur gleichzeitigen Rettung von formaler Korrektheit *und* semantischer Signifikanz des Davidsonschen Steinschleuder-Arguments via Drittengleichheit, welcher der Anlaß für

---

[14] Vgl. Neale 1995, S. 795-804.

die Untersuchung der verschiedenen Kennzeichnungstheorien war, untergräbt bereits selbst die semantische Signifikanz des Arguments. M.a.W.: Er ist in demselben Maße *kreativ* wie die ursprüngliche Begründung, weil auch hier bereits auf objektsprachlicher Ebene die extensionale Äquivalenz von R und S direkt in Anschlag gebracht wird. Denn für die Begründung der Identität der beiden in Frage stehenden singulären Termini $\hat{x}$ (x = x.R) und $\hat{x}$ (x = x.S) muß die Wahrheit von R *und S* vorausgesetzt werden. Dies ist nötig, weil nur so die Wahrheit der beiden Ausdrücke $\hat{x}$ (x = x.R) = $\hat{x}$ (x = x) und $\hat{x}$ (x = x.S) = $\hat{x}$ (x = x), d.h. der Beweiszeilen (2) und (3), begründet werden kann, nämlich durch Verweis auf ihre (logische) Äquivalenz mit R bzw. S. Und dies ist die Voraussetzung für die zweifache Anwendung der Abtrennungsregel, deren Resultat die fragliche Identität ist.

Daß R im Rahmen des Beweises wahr ist bzw. als wahr angenommen wird, ist dabei unproblematisch. Denn diese Information liefert Beweiszeile (1) – wäre R falsch, hätte der Beweis mit ¬R begonnen. Doch über den Wahrheitswert von S informiert der Beweis selbst erst in Beweiszeile (4), und dieser Wert wird auch noch wesentlich auf der Grundlage der logischen Äquivalenz von S mit dem Ausdruck von Beweiszeile (3) begründet. Die Wahrheit von Beweiszeile (4) ist also für die Begründung des Übergangs von (2) zu (3) völlig ungeeignet. Denn damit würde vorausgesetzt, was erst bewiesen werden soll.

Auf dieser Basis wurde allerdings auch nicht für die Wahrheit von S argumentiert. Dies geschah vielmehr durch Verweis auf die tatsächlich vorausgesetzte *Wahrheitswertgleichheit* von R und S, d.h. deren *extensionale* Äquivalenz. Doch auch diese Voraussetzung darf *im* Rahmen des Steinschleuder-Arguments nicht verwendet werden, weil sie dessen semantische Signifikanz untergräbt. Denn ein Steinschleuder-Beweis, in dem Ersetzungen salva veritate vorgenommen werden oder – was letztendlich auf das gleiche hinausläuft – der wesentlich auf Prämissen beruht, welche die extensionale Äquivalenz von Ausdrücken artikulieren, zeigt nur etwas für extensionale, nicht aber für beliebige Sprachen.

Gleichwohl muß diese Voraussetzung gemacht werden, schließlich ist sie die wesentliche Grundlage der *metasprachlichen*(!) Interpretation und Bewertung dessen, was das Steinschleuder-Argument beweisen bzw. zeigen soll, nämlich: S kann in allen Sprachen, die Kennzeichnungsausdrücke enthalten, durch die *alleinige* Anwendung von allgemein anerkannten Substitutionsregeln für Identitäten und logische Äquivalenzen, d.h. von Ersetzbarkeitsregeln, die nicht nur in extensionalen Sprachen gelten, auf der Grundlage von R bewiesen werden, obwohl R und S laut Voraussetzung bloß extensional äquivalent, d.h. wahrheitswertgleich sind. Der Zweck dieser Voraussetzung besteht also in der *meta*sprachlichen Beurteilung und Begründung der semantischen Aussagekraft und damit der Konsequenzen des Steinschleuder-Arguments für den Bezug wahrheitswertgleicher Sätze bzw. die Existenz nicht-extensionaler Kontexte und Junktoren. Ihre *objekt*sprachliche Verwendung *im* Rahmen des Steinschleuder-Arguments muß jedoch unterbleiben, weil darauf basierende Ableitungen von Ausdrücken im Beweis eben bloß als Ersetzungen salva veritate erfolgen können, was die semantische Signifikanz des Arguments für beliebige Sprachen untergraben würde.

Die Diskussion der formalen Korrektheit und semantischen Signifikanz verschiedener Varianten des Steinschleuder-Arguments läßt diese Einsicht vermissen. Im Gegenteil: Die vorausgesetzte Wahrheitswertgleichheit zweier beliebiger Sätze wird explizit *im* Rahmen des Steinschleuder-Argumentes als Prämisse eingeführt *und verwendet*, etwa zur Ableitung weiterer Beweiszeilen, ohne daß die Konsequenzen dieser Vorgehensweise für die semantische Signifikanz des Arguments auch nur bemerkt würden.

So diskutiert etwa Neale die folgende Variante eines Steinschleuder-Argumentes vom Davidson-Typ[15], welche beweisen soll, daß es in Sprachen, welche die Ersetzung logischer Äquivalenzen (PSLE) erlauben sowie Regeln für die Ersetzung von Kennzeichnungen (ι-SUB) enthalten, die denen der Ersetzung von Identitäten analog sind, keinen nicht-extensionalen Junktor geben kann. Sei ❽ irgendein nicht-extensionaler Junktor, dann gilt:

[1] ϕ ↔ ψ   premiss
[2] ❽ (ϕ)   premiss
[3] ❽ (ιx) (x = a) = (ιx) (x = a.ϕ)   2, PSLE
[4] (ιx) (x = a. ϕ) = (ιx) (x = a. ψ)   1, def. of ›(ιx)‹
[5] ❽ (ιx) (x = a) = (ιx) (x = a. ψ)   3, 4, ι-SUB
[6] ❽ (ψ)   5, PSLE [16]

Die erste Prämisse dieses Beweises ist offensichtlich die extensionale Äquivalenz von ϕ und ψ. Und diese Prämisse dient *wesentlich* zur Begründung von Beweiszeile [4], welche die Identität zweier Ausdrücke artikuliert, deren Struktur sich von den Ausdrücken $\hat{x}$ (x = x.R) und $\hat{x}$ (x = x.S), deren Identität im Ausweg via Drittengleichheit bewiesen wurde, nur darin unterscheidet, daß hier statt der Klassenabstraktion ein Kennzeichnungsoperator verwendet wird. Beweiszeile [4] ist wiederum Voraussetzung für den Übergang zu Be-

---

[15] Neale selbst nennt diesen Typ von Steinschleuder-Argumenten: »Church-Quine-Davidson slingshot«, weil allen hierzu gehörenden Varianten von Steinschleuder-Argumenten gemeinsam ist, daß sie sich auf die logische Äquivalenz von (mindestens zwei der) folgenden Ausdrücke berufen:
 – ϕ
 – a = (ιx)(x = a . ϕ)
 – (ιx)(x = a) = (ιx)(x = a . ϕ)
Vgl. Neale 1995, S. 791.
[16] Neale 1995, S. 793.

weiszeile [5], auf dessen Grundlage dann die interessierende Schlußfolgerung ❽ (ψ) gezogen wird. Neale verweist zwar auf die grundlegende Abhängigkeit der Korrektheit dieses Beweises von der je unterstellten Kennzeichnungstheorie. Doch wie nachhaltig die semantische Signifikanz des Arguments durch die Verwendung von Beweiszeile [1], d.h. durch Verwendung der extensionalen Äquivalenz von ϕ und ψ, zerstört wird, bemerkt er nicht. Dies wird deutlich, wenn man seinen Kommentar des Beweises betrachtet:

> Since {(ϕ ↔ ψ), ❽ (ϕ)} Æ ❽ (ψ), contrary to initial assumption »❽« is actually an extensional S-connective since it has been shown to be +PSME (›❽ (ϕ)‹ differs from ›❽ (ψ)‹ only in the substitution of the mere material equivalents ϕ and ψ).[17]

Es ist aber alles andere als verwunderlich, daß ❽ entgegen der ursprünglichen Annahme ein extensionaler Junktor ist, wenn zum Beweis von ❽ (ψ) wesentlich auf die extensionale Äquivalenz von ϕ und ψ zurückgegriffen wird.

(Ein analoger Nachweis läßt sich für das von Stephen Read in *The Slingshot Argument*, S. 196f., verwendete Steinschleuder-Argument führen. Hier taucht die extensionale Äquivalenz der beiden fraglichen Sätze p und q zwar nicht als Prämisse in den Beweiszeilen auf. Jedoch wird die Tatsache, daß sie beide wahr sind, zur Begründung der Einführung weiterer Beweiszeilen ebenfalls direkt genutzt.)

Zusammenfassend läßt sich also festhalten: Steinschleuder-Argumenten vom Davidson-Typ mangelt es an semantischer Signifikanz, und zwar prinzipiell, weil hier letztendlich immer der Übergang von einer Identitätsaussage zu einer zweiten Identitätsaussage erforderlich ist, die sich von der ersten in einem laut Voraussetzung bloß extensional-äquivalenten Teilausdruck unterscheidet. Damit ergibt sich, stärker noch als durch die Untersuchung der verschiedenen Kennzeichnungstheorien, das Resultat, daß das Steinschleuder-Argument zwar formal korrekt sein kann, es ihm aber dann an semantischer Signifikanz für beliebige Sprachen mangeln muß. Folglich ist das Steinschleuder-Argument nicht als Beweis dafür geeignet, daß es in der Ontologie der natürlichen Sprache keine voneinander unterscheidbaren Tatsachen bzw. nur genau zwei Propositionen geben kann.

Es bedarf folglich eines anderen Arguments, um zu begründen, daß sich Umstandsangaben *nicht* auf Tatsachen oder Propositionen beziehen können, etwa in dem Sinne, daß sie den Ort oder Zeitpunkt einer bestimmten Tatsache spezifizieren oder als lokale bzw. temporale Einschränkungen der Geltungsbedingungen von (wahren) Sätzen, d.h. als rahmensetzende, propositionsbezogene Modifikatoren fungieren können.

---

[17] Ebd.

Literatur

DAVIDSON, D.: *Wahrheit und Bedeutung*, in: ders.: *Wahrheit und Interpretation*, Frankfurt a. M.: Suhrkamp 1990, S. 40–67 [1967a].
DAVIDSON, D.: *Kausale Beziehungen*, in: ders.: *Handlung und Ereignis*, Frankfurt a. M.: Suhrkamp 1990, S. 214–232 [1967b].
DAVIDSON, D.: *Die logische Form der Handlungssätze*, in: ders.: *Handlung und Ereignis*, Frankfurt a. M.: Suhrkamp 1990, S. 155–177 [1967c].
DAVIDSON, D.: *Getreu den Tatsachen*, in: Davidson *Wahrheit und Interpretation*, Frankfurt a. M.: Suhrkamp 1990, S. 68–91 [1969].
DAVIDSON, D.: *Wahrheit und Interpretation*, Frankfurt/M: Suhrkamp 1990 [1990a].
DAVIDSON, D.: *Handlung und Ereignis*, Frankfurt/M: Suhrkamp 1990 [1990b].
HENNING, C.: *Kausalität und Wahrheit. Vorzüge und Grenzen formalsprachlicher Semantik am Beispiel der Bedeutungs- und Kausalitätskonzeption D. Davidsons*, Leipzig 2005.
MAIENBORN, C.: *Zustände – Stadien – stative Ausdrücke: Zur Semantik und Pragmatik von Kopula-Prädikativ-Konstruktionen*, in: Linguistische Berichte 183, Hamburg: Helmut Buske Verlag 2000, S. 271–307.
NEALE, S.: *The Philosophical Significance of Gödel's Slingshot*, in: Mind 104 (1995), S. 761–825.
READ, S.: *The Slingshot Argument*, in: Logique et Analyse 36 (1993), S. 195–218.
RUSSELL, B./WHITEHEAD, A. N.: *Principia Mathematica. Vol. 1* (Nachdruck der 2nd ed.), Cambridge: Cambridge University Press 1992.
SIEGWART, G.: Stichwort »*Begriffsbildung*«, in: Enzyklopädie Philosophie, hg. v. H. J. Sandkühler, Hamburg 1999, S. 130–144.

Sektion 3

Utopien – Kreative Entwürfe
der Staatsphilosophie

Corinna Mieth
Zum Stellenwert der Kreativität in Staats- und Gesellschaftsutopien 139

Friederike Rese
War Platon ein totalitärer Utopist? Zur modernen Platonkritik
und zum kreativen Gehalt von Platons ›Politikos‹ 151

Nikolaos Psarros
Utopien als Demarkationen des Menschlichen 163

Dagmar Borchers
Über Aus- und Einsteiger. Der Ausstieg aus illiberalen Gruppen
als Einstieg in die liberale Utopie einer pluralistischen Gesellschaft 173

Thomas Bedorf
Verordnete und stiftende Kreativität. Von den Schwierigkeiten,
politische Ordnungen zu erfinden 185

Zum Stellenwert der Kreativität in Staats- und Gesellschaftsutopien

CORINNA MIETH (BONN)

Um das Verhältnis von Kreativität und Utopie zu untersuchen, werde ich das Spannungsverhältnis von Kunst (als Paradigma der Kreativität) und Gesellschaftsutopie (als Paradigma der Ordnung) in vier Etappen aufzeigen. Innerhalb der klassischen Staatsutopie von Platon erhält die Kunst eine untergeordnete, pädagogische Funktion. Später verlegt der Marxismus die Implementierung der idealen Ordnung in die wissenschaftlich berechenbare geschichtliche Zukunft. Diese Zukunft unter totalitärer Herrschaft wird von den negativen literarischen Utopien als Warnung dargestellt. Angesichts der tatsächlichen Bedrohung durch totalitäre Gesellschaftssysteme dreht sich das Verhältnis von Kunst und Utopie im zwanzigsten Jahrhundert um: für Adorno wird die Kunst zum negativen Ort der Wahrheit, zur Statthalterin der Utopie von einer befreiten Gesellschaft. Kreativität als Abweichung von starren Ordnungsstrukturen erhält hier ihre Bedeutung zurück.

I. Die Rolle der Kreativität in der klassischen Staatsutopie

Die Bezeichnung »Utopie« ist bekanntlich eine humanistische Neubildung, die auf Thomas Morus zurückgeht, der seinen 1517 erschienenen Staatsroman als »Utopia« betitelt hat. Die Bezeichnung setzt sich aus griechisch »topos«, Ort und der neuen Vorsilbe »u« zusammen, die insofern mehrdeutig ist, als sie sowohl »u-topos« im Sinne von »Nicht-Ort« als auch, die englische Aussprache von »u« einbeziehend, »eu-topos«, also »eu«, griechisch »gut« und »topos«, also einen guten Ort bezeichnen kann. Letzteres entspricht vielleicht am ehesten unserem intuitiven Verständnis von einer Utopie: Der Vorstellung von einer idealen Gesellschaftsordnung, in der alle Menschen glücklich sind. Nun ist aber Morus nicht der erste, der eine solche Vorstellung von einer idealen Gesellschaftsordnung entworfen hat. Im ersten Buch der *Utopia* hebt er die Bezüge zu Platons *Politeia* hervor, die mit Recht in der Forschungsliteratur als eigentlicher Ausgangspunkt utopischen Denkens bezeichnet wird. (Gnüg, Saage, Shklar, Popper) Ich beginne meine erste Analyse mit Platons *Politeia*, um daran im Laufe des Vortrags einige Fußnoten anzuschließen.

Zunächst können wir in der *Politeia* (Rep.) eine ziemlich deutliche Abwertung der Dichter und damit der Kreativität finden. Denn Platon kritisiert die Kunst des antiken Griechenlands im zweiten, dritten und zehnten Buch der

Staatsschrift gnadenlos. Sein Beweisziel besteht, wie Luc Brisson[1] überzeugend herausgearbeitet hat, darin, zu zeigen, dass man den Dichter zu unrecht für einen Weisen und Lehrer des Volkes hält, was die Frage der richtigen Lebensführung betrifft. Diese kann nur der Philosoph klären, sofern er nicht nur eine Meinung von der besten Staatsverfassung hat, sondern über vernunftbestimmtes Prinzipienwissen verfügt. So kann er die intelligible Idee, das »Urbild« der Gerechtigkeit von bloßen sinnlich erfassbaren Abbildern unterscheiden. In Buch II und III wird die Dichtung nach ihrem Nutzen für die Herausbildung überragender moralischer Fähigkeiten bewertet. Abqualifiziert werden logisch widersprüchliche Inhalte der Dichtung wie die Wandelbarkeit der Götter oder mangelnde Tapferkeit der Heroen. In Buch X werden darüber hinaus die Dichtung und alle abbildenden Künste eines epistemischen und ontologischen Defizits überführt, da sich bloß mimetischen, also nachahmenden Charakter haben. Stephen Halliwell macht deutlich, dass sich diese Kritik vor allem gegen die Tragödie und ihre Form der Mimesis richtet.[2] Deren identifikatorisches Potential habe eine unstete Charakterbildung zur Folge, da sie v.a. die den unteren Seelenteilen zugehörigen Leidenschaften anspreche. Der Idealzustand der Seele besteht nach Platon jedoch darin, dass der oberste Seelenteil, der vernünftige Teil, das logistikon über die beiden anderen Seelenteile, das thymoeides und das epithymetikon, herrscht. Dieses Harmonieideal, in dem jeder Teil »das Seinige tut«, wiederholt sich auf der Ebene der Staatskonzeption. Analog zu den drei Seelenteilen sieht Platon drei Stände vor, die Philosophenherrscher, die den Staat mit Hilfe der Wächter regieren, und die Bauern und Handwerker. Der Staat ist gerecht, und damit gut geordnet, wenn jeder Stand das Seinige tut. Die Aufgabe der pädagogisch legitimierten Kunst besteht darin, dieses Verhalten herzustellen, jede andere Kunst wird qua Zensur ausgeschlossen. Wir können also, auf einer ersten Ebene, festhalten, dass Platon eine pädagogische Kunst- und Bildungskonzeption vertritt, indem die Leistung der Kunst funktional von der richtigen Gesellschaftsordnung und ihrem Vernunftideal her bestimmt wird.

Auf einer zweiten Ebene muss man sich jedoch klar machen, dass Platon den Idealstaat, in dem die legitime Kunst diese pädagogische Funktion übernehmen soll, in seiner Staatsschrift überhaupt erst entwirft. Dies geschieht durch die rationale Konstruktion des Idealstaats ab der Mitte des zweiten Buches der *Politeia*. Dieser Entwurf vollzieht sich in Gedanken, »en logô« (Rep. 369a; vgl. 472cf.). Sokrates lässt mit seinen Gesprächspartnern einen Staat entstehen, um, wie er sagt, an den »größeren Buchstaben« der politischen Gerechtigkeit die personale Gerechtigkeit genauer Erkennen zu können. Erst von diesem rationalen Konstrukt her kann die Dichtung als minderwertig im

---

[1] Luc Brisson: *Einführung in die Philosophie des Mythos*, Darmstadt 1996.
[2] Stephen Haliwell: *The Republic's Two Critiques of Poetry*, in: O. Höffe (Hg.): Platon, Politeia, Berlin 1997, S. 313-332; vgl. Rep. 568a.

Hinblick auf Erkenntnisse bezüglich der richtigen Lebensführung abqualifiziert werden. Das Entwerfen der idealen Staatsordnung dient der rationalen Einsicht in ein normatives Ideal qua Gedankenexperiment. Zentral ist dabei die Bezeichnung des Idealstaates als »paradeigma«, als »Beispiel, Vorbild, Muster, Modell« (Rep. 472e, 500d, 540a u.a.). Gemessen an der besten, vollkommen gerechten Staatsordnung kann die bestehende Ordnung als ungerecht kritisiert werden. Hier kommt es nicht auf die Originalität des Neuentwurfs an, sondern auf den Erkenntnisgewinn bezüglich der Gerechtigkeitsdefizite der herrschenden Staatsordnung.

Gleichwohl, und dies ist die dritte Ebene, auf der Platons *Politeia* als Ausgangspunkt der literarischen Utopietradition rezipiert wurde, verwendet Platon selbst literarische Mittel zur Schilderung seiner Idealstaatskonzeption. Die entscheidende Textstelle, auf die sich eine solche Rezeption berufen kann, ist wohl *Politeia* 501c, wo der Philosophenkönig als »politeiôn zôgraphos«, als der Zeichner des Staates beschrieben wird. Dieser zôgraphos, von zôon, lebendig, und »graphein«, schreiben, malen, dichten, ist der »Schilderer« des Staates, der seiner Beschreibung gleichsam Leben einhaucht. Das Gedankenexperiment kommt also nicht mit der reinen Begrifflichkeit aus, sondern es impliziert die literarische Darstellung, damit seine Vorstellung möglich wird. In dieser Hinsicht erdichten Sokrates und seine Gesprächspartner den Idealstaat in der Rede (mythologumen logô, Rep. 376d).

Hier schließt sich die Frage nach dem Umsetzungsproblem an, dem sich alle utopischen Staatsentwürfe stellen müssen. Wenn der Idealstaat nicht ein normatives Ideal oder eine schöne Vorstellung bleiben soll, so muss sich seine »Möglichkeit« erweisen. Diese hängt – nach der Bedingung der Besitzlosigkeit der Wächter und der Frauen- und Kindergemeinschaft von der »größten Welle« ab, dass »entweder die Philosophen Könige werden in den Staaten oder die jetzt so genannten Könige [...] wahrhaft und gründlich philosophieren und also dieses beides zusammenfällt, die Staatsgewalt und die Philosophie« (Rep. 473cf.). Das Eintreten dieser Konstellation scheint jedoch höchst unwahrscheinlich, da es einer göttlichen Fügung (»theia moira«) oder eines göttlichen Zufalls (»theia tychê«) bedürfte. Auch im *Politikos* ist die beste Herrschaft des Gottes über den Menschen von mythischen Zeitaltern abhängig. Als zweit- und drittbeste Lösung bleiben dort die Philosophenherrschaft und die Gesetzesherrschaft, die in den *Nomoi* erläutert wird.

Kommen wir nun, nach der Exposition der drei Ebenen, die die Platonlektüre für das Verhältnis von Kreativität und Utopie eröffnet hat, zu Thomas Morus zurück. Inhaltlich weist das zweite Buch von Morus' *Utopia*, in dem der ideale Staat geschildert wird, viele Vergleichspunkte mit Platons Modell auf. So sind beide Staatsentwürfe an einem Vernunftideal orientiert, beide fordern die Abschaffung des Privateigentums. Und in beiden Staatsentwürfen ist das Privatwohl der Bürger am Gemeinwohl orientiert, welches eine Orientierung auf eine der Idealstaatskonzeption zu Grunde liegende gemeinsame Vorstellung des Guten impliziert. Daraus ergibt sich eine weitere inhaltliche Kongruenz der Positionen, was die vom Ideal her legitimierte staatliche Erziehungsdiktatur und die detaillierte Regelung des Privat- und Sexuallebens betrifft. Die harmonische Organisation des Zusammenlebens wird durch die Unterordnung individueller Interessen unter das Kollektivwohl erreicht. Nicht erst K.R. Popper (1957) hat im ersten Band von *Die offene Gesellschaft und ihre Feinde* auf die Totalitarismusgefahr bei diesen Ordnungskonzeptionen hingewiesen. Ihre Umsetzung tendiert zu Gewalt und Ausgrenzung, die sich auf konzeptioneller Ebene schon durch die strenge Affektregelung mittels der Vernunft und die Unterscheidung von legitimen und illegitimen Bedürfnissen andeutet.

Wie Platons Idealstaatskonstruktion kann jedoch auch Morus' fiktiver Bericht von der Insel Utopia verschieden interpretiert werden: einerseits ermöglicht das Gedankenexperiment eines utopischen Staates Kritik an den Ungerechtigkeiten in der bestehenden Gesellschaft, indem es ihr ein Gleichheitsideal entgegensetzt. Andererseits kann man die innerhalb der Idealstaatskonstruktion entwickelten Forderungen ernst nehmen und zu verwirklichen suchen. Ein kleiner Blick auf die Rezeptionsgeschichte von Thomas Morus' Werk zeigt beide Möglichkeiten auf. Von den kommunistischen Interpreten wird im Protagonisten Raphael Hythlodeus, der beständig die Abschaffung des Privateigentums und des Geldes, also eine revolutionäre Umwälzung, zur notwendigen Bedingung einer besseren Staatsverfassung macht, das Sprachrohr des Autors gesehen. Dass der fiktive Morus, wie er in dessen utopischen Roman selbst auftritt, sich gegen die Abschaffung des Privateigentums und für eine Politik der langsamen Reformen ausspricht, wird als Selbstschutz der Autors erklärt. Der Roman thematisiert beide Perspektiven, ohne einer explizit den Vorrang zu geben. So erhielten die Utopier durch einen Glücksfall ihre Gesetze vom weisen König Utopos, der an Platons Philosophenherrscher erinnert – und nicht durch eine gewaltsame Umwälzung. Eine andere Rezeptionslinie macht besonders auf die Ironie aufmerksam, die schon im Namen des Raphael Hythlodeus deutlich wird (von griechisch hythlos: leeres Gerede, bloßes Geschwätz und griechisch daios: erfahren), der ein im leeren Geschwätz Erfahrener ist. Zudem verleihen die Ironiesignale zu Anfang dem Text einen eindeutig fiktionalen Status. Gerade die Betonung, die der fiktive Morus darauf legt, dass sein Bericht über das Gespräch mit Raphael, der von der Insel Utopia berichtet, auf Tatsachen beruhe, ist hier als offene Ironie zu deuten. Während manche diese Ironie jedoch als Ausdruck von Morus' Verzweiflung darüber verstehen, dass die Zeit für grundlegende Änderungen nicht reif sei, bestreitet Hans-Dieter Gelfert, dass Morus seine Utopie ernst gemeint habe: »Tatsächlich ist das Buch primär gar kein Entwurf eines Idealstaats, sondern eine subtile Satire, die die sozialen Missstände der eigenen Zeit anprangert.«[3] Dies wird im gesamten ersten Buch und am Ende des zweiten Buches deutlich, indem der Idealstaat der Utopier nochmals auf die Defizite der englischen Gesellschaft bezogen wird. An Morus, der oft als Begründer des Staatsromans als literarischer Gattung bezeichnet wird, kann man zeigen, wie sich in der frühen Neuzeit Literatur und Philosophie ausdifferenzieren.[4] So geht es einerseits um das Konstrukt einer idealen Gesellschaft und um die Einsicht in die Ungerechtigkeiten bestehender Ordnungen, z.B. unverschuldete Armut und strukturelle Ungleichheit. Ferner geht es, wie die phantastische Literatur zeigt, die an das fiktive Potential der utopischen Reiseliteratur anknüpft, um die Freude an einem Spiel mit Möglichkeiten. Den konstruktiven Ansatz des rationalen Gedankenexperiments wird hingegen die vertragstheoretische Tradition in der Staatsphilosophie fortsetzen, die mit Hobbes beginnt.

II. Von der Wissenschaftsutopie zur Reduktion der Utopie auf Geschichtsteleologie im Marxismus

Besonders relevant für die Entwicklung der Utopie ist Francis Bacons *Nova Atlantis*, die durch ihre offene Form von den klassischen Staatsutopien zu unterscheiden ist. Bacon beschreibt zwar innerhalb eines fiktiven Reiseberichts, wie Thomas Morus in *Utopia*, ein abgeschlossenes Gemeinwesen auf einer Insel; das fiktive Ich erhält jedoch – im Unterschied zu Morus – von den Insulanern explizit den Auftrag, deren überragendes Wissen in die Welt hinauszutragen. Dieses Wissen besteht zunächst nicht in einer besonders gerechten Staatsordnung, sondern in dem von Bacon im *Novum Organum* (1620) entworfenen Modell von Wissenschaft, das der Beherrschung der Natur durch den Menschen dient. Dieser hat, so deutet Bacon die Genesis, den Auftrag von Gott, über die gesamte Natur zu herrschen. Dies kann nur gelingen, wenn er die Naturgesetze mittels der Wissenschaft versteht und technisch anwendet. Die Wissenschaft ist ein Mittel zum menschlichen Glück. Denn ihr Ziel besteht darin, das »Wohl« der »gesamte[n] Menschheit« zu vergrößern.[5] Wenn die Wissenschaft dazu dienen soll, die Lebensbedingungen des Menschen auf der Erde zu verbessern, – z.B. indem sie nützliche Erfindungen wie Medikamente hervorbringt – muss das Wissensprojekt generationsübergreifend verstanden werden. Durch die wachsende Menge an Kenntnissen und der sich

---

[3] Hans-Dieter Gelfert: *Kleine Geschichte der englischen Literatur*, München 1997.
[4] Hiltrud Gnüg: *Literarische Utopie-Entwürfe*, Stuttgart 1999, S. 11 unterscheidet den »Idealitätscharakter«, der »die Nicht-Existenz/Noch-Nicht-Existenz« einer »besten Staatsverfassung« auszeichnet und sich als »unmittelbare Praxisanweisung versteht«, von der »Fiktionalität«, die »den utopischen Staatsroman gegen philosophische Traktate oder Parteiprogramme strukturell (ab) grenzt«.
[5] Francis Bacon: *Neues Organon*, lat.-dt., hg. v. W. Krohn, übers. v. R. Hoffmann, 2. Aufl., Hamburg 1999, S. 269.

daraus ergebenden technischen Möglichkeiten und Erfindungen steigt dann die Lebensqualität der Gattung ständig an. Bacons Utopie gilt also nicht der Staatsform, die auf der Insel »Bensalem« vorgefunden wird, sondern der menschlichen Macht über die Natur, die dieser seinen Bedürfnissen gemäß erforschen und gestalten kann, um dadurch das Glück aller zu erreichen. Da er eine qualitative Verbesserung, sowohl der wissenschaftlichen Methode als auch der ihr korrespondierenden Erfindungen, im Laufe der Geschichte annimmt, zählt er zu den Begründern des Fortschrittsdenkens. Bacon sieht den Menschen als Schöpfer seiner eigenen Umstände: er ist nicht nur Gottes Geschöpf, sondern als Naturbeherrscher und Umgestalter auch Selbstschöpfer. Das Unternehmen der Wissenschaft zum Wohle der Menschheit wird zum welthistorischen Auftrag an die Gattung. Es ist eine Charakteristik der neuzeitlichen Utopie, dass sie mit der Idee einer Überlegenheit der wissenschaftlich-technischen Zivilisation und Staatsorganisation rechnet. In diesem Kontext wird die Geschichte zum Ort der Einlösung der Erwartungen an konstruktive Entwicklungen. Kunst und Kreativität sind hier im Sinne der Herrschaftstechnik zu verstehen. Hier geht es um die Effizienz der Steigerung der Lebensqualität durch den Menschen selbst. Bacon hat durch sein explizit lineares und teleologisches Geschichtsbild das teleologische Utopieverständnis vorbereitet, das sich vor allem im Marxismus durchgesetzt hat. Obwohl Bacons Wissenschaftsutopie die unmittelbar politische Prägung von Morus' *Utopia* abzugehen scheint, ist er als direkter Vorläufer des Marxismus zu betrachten. Mit dem Unterschied allerdings, dass für Marx nicht die Naturwissenschaft, sondern die Ökonomie das tragende wissenschaftliche Beweisinstrument darstellt. Während Bacon die Wissenschaft immerhin noch als autonom gegenüber der Gesellschaft versteht, und deshalb nur die Fortschrittsfrage und nicht die Strukturfrage an die Gesellschaft stellt, artikuliert Marx die Fortschrittsfrage als politisch-ökonomische Strukturfrage: Die Gesellschaftswissenschaft beansprucht eine der Naturwissenschaft analoge Funktion.

Damit ist der Paradigmenwechsel von der klassischen Staatsutopie im Sinne eines *Gegenbildes zum Bestehenden* zur klassenlosen Gesellschaft im Sinne eines *noch nicht eingetretenen*, aber wenn auch jetzt nur vorläufig, so doch später einmal vollständig, mit wissenschaftlicher Genauigkeit berechenbaren, geschichtlichen Zieles vollzogen. Bei Marx steht der »wissenschaftliche Sozialismus« im Gegensatz zum »utopischen Sozialismus«, »der neue Hirngespinste dem Volk aufheften will, statt seine Wissenschaft auf die Erkenntnis der vom Volk selbst gemachten Bewegungen zu beschränken.«[6] Im Marxismus wird der Utopiebegriff in der Bedeutung von »bloß utopisch«, »unrealistisch«, »nicht umsetzbar«, »schwärmerisch« verwendet, die wir aus unserem alltägli-

---

[6] Karl Marx: *Konspekt von Bakunins Staatlichkeit und Anarchie*, in: MEW Bd. 18, S. 635f.

chen Sprachgebrauch kennen. »Doch diese verbale Utopiefeindlichkeit täuscht: Sie ist nur vordergründig und kann nicht verdecken, dass der sogenannte ›wissenschaftliche Sozialismus‹ [...] über ein erhebliches Utopiepotential verfügte.«[7] Um Richard Saages Rede vom »Utopiepotential« zu präzisieren, schlage ich vor, beim Marxismus von einer teleologischen Gesellschaftsutopie zu sprechen, die sich von den literarischen Utopieentwürfen durch ihre explizite Verortung im teleologisch interpretierten Geschichtsverlauf unterscheidet. Bei Marx fallen Staatsutopie und Geschichtsteleologie im Subjekt der Geschichte, dem Proletariat, zusammen. Die Einsetzung des Proletariats als Subjekt der Geschichte verdankt sich einer Verbindung der Baconschen Fortschrittsgeschichte, die den Menschen zum Schöpfer seiner Umstände erhebt, mit der Hegelschen Geschichtsphilosophie, die das Ideal als Widerspruch zum Bestehenden in der geschichtlichen Verwirklichung aufhebt. Diese teleologische Gesellschaftsutopie ist antizipatorisch, da sie die gesellschaftliche Entwicklung vom kommunistischen Endzustand der Geschichte aus bewertet.

Durch den Übergang von der Fiktion zur Antizipation wird die fiktive Kraft des Utopischen in Geschichtsteleologie aufgelöst. Dieser Paradigmenwechsel ordnet die Kunst und damit die Kreativität abermals der Gesellschaftsutopie unter. Allerdings ziehen nun beide gleichsam an einem Strang: Die Kunst wird, wie etwa bei Bertolt Brecht, pädagogisch, sie orientiert sich antizipatorisch am kommunistischen Gesellschaftsideal. Die Utopie ist nicht mehr Gegenbild, sondern ein aus der geschichtlichen Entwicklung, wenn auch in einer jetzt noch nicht voll durchschaubaren Abfolge, ableitbarer Standpunkt. Dieser Standpunkt soll durch ein Gedankenexperiment eingenommen werden. Hier wird also der Verstand angesprochen, nicht die Phantasie. Mit dieser Rationalisierung des utopischen Standpunkts ist das Utopische einerseits im Geschichtlichen aufgehoben, anderseits auch in seinem fiktiven Potential reduziert, das einen weiteren unserer intuitiven Utopiebegriffe ausmacht: eine fiktive, literarische Vision von (Gegen)welten, ein Spiel mit Möglichkeiten, ein kreativer, vom Bekannten abweichender Entwurf.

III. Von der positiven zur negativen Utopie

In den sogenannten negativen Utopien oder Warnutopien des frühen zwanzigsten Jahrhunderts tritt jedoch die literarische Utopie der teleologisch-marxistischen Gesellschaftsutopie wieder entgegen. Die Bezeichnung Warnutopie trifft am besten die Entwürfe von Samjatin (*Wir*), Huxley (*Brave New World*) und Orwell (*1984*). Denn diese Autoren greifen in den bestehenden Gesellschaften vorhandene Tendenzen auf, um deren negative Folgen in der geschichtlichen Zukunft innerhalb eines literarischen Gedankenexperiments

---

[7] Richard Saage: *Politische Utopien der Neuzeit*, Darmstadt 1991, S. 235.

aufzuzeigen. Die Kennzeichen der klassischen Staatsutopie: der Wahrheitsanspruch, die Vernunftherrschaft, das Erziehungsideal, Zensur der Dichtung und Kontrolle des Privatlebens, sowie die Vorrangstellung des kollektiven Wohls vor dem individuellen Glücksanspruch werden dort einer fundamentalen Kritik unterzogen. In allen drei Warnutopien wird gezeigt, dass die Umsetzung dieses Konzepts den Menschen prinzipiell überfordern muss und nur innerhalb eines totalitären, allgegenwärtigen Überwachungsstaates realisiert werden kann. Hatten Marx und Engels im 19. Jahrhundert noch gehofft, die sozialistische Utopie in die Tat umsetzen zu können, äußern die Autoren der negativen Utopien gerade Bedenken an der Sinnhaftigkeit dieses Ideals.

Richard Saage nennt für diese Skepsis an der wissenschaftlichen Gesellschaftsutopie nach dem Ende des Ersten Weltkrieges drei Gründe: Die »Krise des allgemeinen Fortschrittsglaubens«, die Erfahrung mit dem »sozialistische[n] Experiment der Bolschewiki nach der russischen Oktoberrevolution« und die allgemeine Überforderung des Menschen angesichts einer immer komplexer werdenden Lebenswelt.[8] Das grundlegend Neue an den »schwarzen Utopien« sieht Saage »darin, dass in ihnen der Gegenstand der Sozialkritik ausgewechselt wird: An die Stelle der Ausbeutungsmechanismen der realen Gesellschaften treten die des utopischen Gemeinwesens selbst. [...] [D]ie Vertreter der negativen Utopien [...] führen die inhumanen Verhältnisse auf deren normative Grundlagen selber zurück. Was einst als idealer Fluchtpunkt der Befreiung der Menschheit von Elend und Ausbeutung gedacht war, wird nun zu ihrem Verhängnis. Dies vorausgesetzt, verändern sich zentrale Elemente des Ideals der klassischen Utopietradition grundlegend.«[9] Dabei übergeht Saage jedoch, dass die literarische Utopie schon immer in einer kritischen Funktion, als Gegenbild zum Bestehen, oder als dessen Bewertungsmaßstab, angetreten war. Es ändert sich also nicht die Struktur der Utopie, sondern nur ihr Inhalt. Die Warnutopien verweisen, ex negativo, auf die Forderung nach der Akzeptanz der Fehlbarkeit des Menschen, der Besonderheit des Individuums und seiner Gefühle, die ja nur innerhalb einer Gesellschaftsordnung realisiert werden können, die das Individuum respektiert und dabei ihre eigene Kontingenz anerkennt. An die Stelle der utopischen Vision der rationalen Naturbeherrschung und der Selbsterschaffung des »neuen Menschen« tritt der Versuch, den Menschen als fehlerhaftes Wesen zu akzeptieren und seine individuellen Bedürfnisse wahrzunehmen.

---

[8] Ebd., S. 267ff.
[9] Ebd., S. 271.

IV. Die Kunst als Statthalterin der Utopie bei Adorno

Die gesellschaftstheoretischen Ursachen für den »dialektische[n] Umschlag«, den Saage hinsichtlich des Paradigmenwechsels von positiven zu negativen Utopien konstatiert, kann man auf der Grundlage der Analyse der »Dialektik der Aufklärung« von Max Horkheimer und Theodor W. Adorno auch auf der Ebene des Paradigmenwechsels von der teleologischen zur postteleologischen Utopie und von der engagierten zur autonomen Kunst nachvollziehen. Dabei sind innerhalb dieser Kulturanalyse Kunst und Gesellschaft ineinander verflochten. Das utopische Potential der Kunst ist bei Adorno nicht an ihren Inhalt oder ihre Thematik gebunden. Insoweit die Kunst ihrem eigenen Formgesetz folgt, ist sie weder mit der Gesellschaft identisch, noch gänzlich von ihr geschieden, sondern dialektisch mit ihr vermittelt: »Kunst ist die gesellschaftliche Antithesis zur Gesellschaft.«[10] Gesellschaft bezeichnet für Adorno das Verhältnis, in dem die Menschen zueinander stehen. Dieses ist, analog zum Verhältnis des Menschen zur Natur, ein Herrschaftsverhältnis.

Als »Dialektik der Aufklärung« beschreiben Horkheimer/Adorno die Emanzipation des Subjekts von der Übermacht der Natur, die schon in der Antike mit Odysseus beginnt. Dieser Prozess entfaltet seine eigene Dialektik: Alle Versuche des Menschen, die Natur zu beherrschen, werden damit bezahlt, dass sie das ihr eigene Gesetz der Selbsterhaltung des Stärkeren, also ein Machtprinzip, reproduzieren. Was als Emanzipation des Menschen von der Natur begann, endet schließlich in der Verinnerlichung des Herrschaftsprinzips der Natur im Subjekt und in der Gesellschaft: Aufklärung »schlägt in Naturverfallenheit zurück«, wie sich Horkheimer/Adorno ausdrücken. Sie verstehen die Geschichte nicht mehr als Fortschritts-, sondern als Katastrophengeschichte. Entgegen der totalitären Herrschaft der Nationalsozialisten wird die Kunst zum Ort, an dem ex negativo Wahrheit aufscheinen kann. Dies ist aber nur möglich, indem die Kunst die Praxis der Herrschaft des Menschen über den Menschen kritisiert, ohne sich selbst als solche zu verstehen. Durch ihre »praktischen Zwecken entäußerte Zweckmäßigkeit«, ihre eigene immanente Zweckmäßigkeit, durch die die Kunstwerke sich von der Gesellschaft abtrennen, üben sie Kritik »an Tätigkeit als Kryptogramm von Herrschaft.«[11] Dies bedingt auch die von Adorno vorgebrachte Kritik an der engagierten Kunst von Brecht, Sartre und den sozialistischen Realisten. Der »didaktische Gestus«, so Adornos Brechtkritik, sei »autoritär«[12]. Die Kunst ist für Adorno nicht wie bei Brecht und auch Bloch im Sinne einer Antizipation des geschichtlichen »Endziels«,[13] sondern vielmehr als permanente Opposition zur

---

[10] Theodor W. Adorno: *Ästhetische Theorie*, 13. Aufl., Frankfurt/M. 1995, S. 19.
[11] Ebd., S. 358.
[12] Ebd., S. 360.
[13] Ernst Bloch: *Tendenz-Latenz-Utopie*, Frankfurt/M. 1978, S. 417.

Gesellschaft bzw. zum Herrschaftsprinzip zu verstehen. Durch den »mimetischen Impuls« vollzieht das Kunstwerk eine zwanglose Anordnung seiner Teile, die gegenüber dem gesellschaftlichen Herrschaftszusammenhang eine Versöhnung der Widersprüche zwischen Einzelnem und Allgemeinem andeutet. Der Versöhnungsgedanke, den Adorno hier im Blick hat, geht über die in Huxleys negativer Utopie konstatierte Nicht-Vermittelbarkeit von individuellem Glücksanspruch und der staatlichen Implementierung des Glücks hinaus. Beide sind sich zwar in der Beobachtung einig, dass »der totalen Kollektivierung die totale Herrschaft entspricht«, doch die richtige Gesellschaft müsste, wie Adorno Huxley entgegenhält, die Befriedigung aller materiellen Bedürfnisse der Individuen ernst nehmen.[14] Erst wenn der Geist gegenüber den materiellen Bedürfnissen nicht mehr als vorrangig interpretiert würde, wäre das Prinzip der Selbsterhaltung, das gesellschaftlich als Herrschaftsprinzip fungiert, obsolet. Nach dem Stand der Produktivkräfte wäre, so Adorno, die Negation des Leidens aller Gesellschaftsmitglieder möglich. Die Kunst hält die Nicht-Verwirklichung dieser Möglichkeit gegenüber der Wirklichkeit fest.[15] In dieser Figur ist aber auch die prinzipielle Unmöglichkeit einer Umsetzung der durch die Kunst angedeuteten Utopie bezeichnet. Die wichtigste Belegstelle dazu findet sich in der *Ästhetischen Theorie*: »Zentral unter den gegenwärtigen Antinomien ist, dass Kunst Utopie sein muss und will und zwar desto entscheidender, je mehr der reale Funktionszusammenhang Utopie verbaut; dass sie aber, um Utopie nicht an Schein und Trost zu verraten, nicht Utopie sein darf. Erfüllte sich die Utopie von Kunst, so wäre das ihr zeitliches Ende.«[16] Die Kunst darf nicht »den Fortgang des sozialen Unrechts« kompensieren, wie die Kulturindustrie.[17] Nach Adorno verweist die moderne Kunst ex negativo auf das richtige Leben, auf das Bild einer vollständig befriedeten Gesellschaft, indem sie die Defizite der gegenwärtigen Gesellschaft total zu erkennen beansprucht. Die Ideale der Gleichheit und des gelungenen Lebens rücken hier angesichts ihrer realen Nichtverwirklichung, weder in westlichen noch in sozialistischen Gesellschaften, die für Adorno beide von totalitärer Herrschaft gekennzeichnet sind, wieder in den Status des Utopischen als Kontrafaktisches zurück.

Hiermit ist eine radikale Umgewichtung des oben beschriebenen Verhältnisses von Kunst und Gesellschaftsutopie in Bezug auf die erste Ebene bei Platon bezeichnet. Hatte Platon die Kunst dem Idealstaat untergeordnet, so wird sie bei Adorno zum Statthalter der Gesellschaftsutopie gegenüber der

---

[14] Theodor W. Adorno: *Huxley und die Utopie*, in: ders., Prismen, Gesammelte Schriften 10/1, Frankfurt/M. 1997, S. 100, 110f.; vgl. ders.: *Negative Dialektik*, Frankfurt/M. 1966, S. 207.
[15] Adorno: *Ästhetische Theorie*, a.a.O., S. 204.
[16] Ebd., S. 55.
[17] Adorno: *Huxley und die Utopie*, a.a.O., S. 112.

falschen Gesellschaft bzw. gegenüber der totalitären Herrschaft. Das utopische Gedankenexperiment findet jedoch nicht mehr im Text, wie in der literarischen Utopietradition statt, sondern es vollzieht sich in der Kunstrezeption. Gerade die Tatsache, dass bei Adorno die Unmöglichkeit der realen Verwirklichung von Utopie pointiert wird, fordert den Rezipienten gleichzeitig zur Erzeugung eines Gegenbildes zu diesem Zustand auf. Diesem Gegenbild entspricht aber kein positiver Utopieentwurf mehr, sondern es besteht in einer negativen Utopie, die sich aus der ästhetischen Kritik am Bestehenden erst ergibt. Utopisch ist nichts an dem Zustand, der z.B. in Kafkas Prosa beschrieben wird, utopisch wäre höchstens seine Überwindung. Diese Überwindung spielte aber – und darin ist das Aporetische an Adornos postteleologischer Utopiekonzeption zu sehen – wenn sie sich als Praxis organisieren wollte, schon wieder dem Herrschaftszusammenhang, in den die Gesellschaft verstrickt ist, in die Hände. So schrumpft die Gesellschaftsutopie bei Adorno auf eine utopische Erkenntnisleistung der Philosophie der Kunst zusammen, die als Philosophie wie in der platonischen Konzeption, die richtige Gesellschaftsordnung – wenn auch ex negativo – zu erkennen beansprucht. Wo bei Platon der Philosoph als rationaler Konstrukteur den Dichter ersetzt, wird bei Adorno der Philosoph zu demjenigen, der das Ideal der Kunst darin erblickt, dem individuellen, diffusen und entgleitenden, mit dem gesellschaftlichen Herrschaftszusammenhang Nichtidentischen zum Ausdruck zu verhelfen. Die Kreativität wird als Abweichung vom Bestehenden, als Hinweis darauf, »dass es anders sein könnte«, aufgewertet.

Am Ende meines Vortrags möchte ich noch eine kleine Anmerkung in Form eines Vorschlags machen, der die Perspektivierung des Verhältnisses von Kunst und Gesellschaftsutopie betrifft. Die Anmerkung betrifft Platons Kritik am Dichter, der die körperlichen Bedürfnisse, Leidenschaften und Vorstellungen vom Guten Leben anspricht. Gerade diese individuellen Bedürfnisse sind es, die in der oben herausgearbeiteten teleologischen Utopiekonzeption nicht aufgehen. Hier schlage ich eine Arbeitsteilung vor: Wenn die Gesellschaftsutopie das Utopische an die Kunst zurückgibt, bleibt für die Philosophie das rationale Gedankenexperiment übrig. Gleichwohl kommt das Gedankenexperiment nie ohne einen kreativen Zuschuss aus und dieser wiederum ruft das Bedürfnis nach einer begrifflichen Klärung hervor. Die entsprechende Klärungsbefugnis sollte jedoch die Kunst der politischen Philosophie überlassen. So kann die Kunst ihre wichtige Funktion für die Reflexion der Vorstellungen vom Guten erhalten, und eine wichtige Korrektivfunktion zu politischer Philosophie und gesellschaftlicher Praxis entfalten. Nimmt man die Kunst als Ort des Utopischen im Sinne ihrer genuinen Möglichkeiten des Entwerfens von Gegenwelten ernst, so folgt daraus schon etwas für die Gesellschaft, das in der Auflösung der (literarischen) Utopie zum geschichtsteleologisch fundierten Politikprogramm gerade negiert wurde: die Einsicht in individuell verschiedene Möglichkeiten der Vorstellung vom guten Leben, deren materielle Basis mittlerweile zu den normativen Idealen der zeitgenössischen politischen Philosophie zu rechnen ist. Die normativen Ideale der zeitgenössischen liberalen Entwürfe in der politischen Philosophie wirken deshalb so utopiefremd, weil sie genaue inhaltliche Bestimmungen des gesellschaftlichen Zusammenlebens ablehnen. Gegenüber dem perfektionistischen Ideal der an einer bestimmten Vorstellung orientierten Gesellschaft, sind die zeitgenössischen liberalen Entwürfe von Rawls bis Habermas neutral. Ihnen geht es um formale Bedingungen des Rechten, unter denen verschiedene Vorstellungen vom Guten Leben in gerechter Weise gegeneinander abgewogen werden können. Die Inhalte politischer Entscheidungen werden von den tatsächlichen Interessen der betroffenen Individuen bestimmt, nur die Form legitimer Entscheidungen wird von der politischen Theorie vorgegeben. Erst das radikale Demokratieverständnis eines Habermas ist im vollen Sinne utopisch, sofern sich das System – was die inhaltliche Ausrichtung betrifft – permanent selbst korrigieren kann.

Literatur

ADORNO, Theodor W.: *Ästhetische Theorie*, 13. Aufl., Frankfurt/M. 1995.
ADORNO, Theodor W.: *Huxley und die Utopie*, in: ders., Prismen (Gesammelte Schriften 10/1), Frankfurt/M. 1997.
ADORNO, Theodor W.: *Negative Dialektik*, Frankfurt/M. 1966.
BACON, Francis: *Neues Organon*, lat-.dt., hg. v. W. Krohn, übers. v. R. Hoffmann, 2. Aufl., Hamburg 1999.
BLOCH, Ernst: *Tendenz-Latenz-Utopie*, Frankfurt/M. 1978.
BRISSON, Luc: *Einführung in die Philosophie des Mythos*, Darmstadt 1996.
GELFERT, Hans-Dieter: *Kleine Geschichte der englischen Literatur*, München 1997.
GNÜG, Hiltrud: *Literarische Utopie-Entwürfe*, Stuttgart 1999.
HALIWELL, Stephen: *The Republic's Two Critiques of Poetry*, in: O. Höffe (Hg.): Platon, Polieia, Berlin 1997, S. 313–332.
MARX, Karl: *Konspekt von Bakunins Staatlichkeit und Anarchie*, in: MEW Bd. 18.
SAAGE, Richard: *Politische Utopien der Neuzeit*, Darmstadt 1991.

War Platon ein totalitärer Utopist?
Zur modernen Platonkritik und zum kreativen Gehalt von Platons ›Politikos‹

FRIEDERIKE RESE (FREIBURG)

Der Totalitarismus-Vorwurf ist zunächst von Karl Popper gegenüber Platon erhoben worden. Noch ganz unter dem Eindruck der nationalsozialistischen, totalitären Herrschaft schreibt Karl Popper in seinem Vorwort zur englischen Erstausgabe seines Werkes *Die offene Gesellschaft und ihre Feinde*:

> Große Männer können große Fehler machen, und ich versuche hier, zu zeigen, daß einige der größten geistigen Führer der Vergangenheit den immer wieder erneuerten Angriff auf Freiheit und Vernunft unterstützt haben.[1]

Was sind nun aber die Fehler, von denen Karl Popper meint, daß Platon sie sich als politischer Denker habe zu Schulden kommen lassen?

Insbesondere Platons Gerechtigkeitskonzeption in der *Politeia* wird von Karl Popper als demokratiefeindlich und totalitär angegriffen. Platons Vorstellung von Gerechtigkeit sei totalitär, da er den Staat in Klassen einteile, jeder dieser Klassen eine ihr eigentümliche Aufgabe im Staat zuschreibe und jede Mobilität zwischen den Klassen verhindere (vgl. OG 129–132). Eine solche Form der Ordnung des gesellschaftlichen Lebens im Staat wird von Karl Popper mit dem Begriff der »geschlossenen Gesellschaft« bezeichnet. Unter einer »geschlossenen Gesellschaft« versteht Popper eine »magische, stammesgebundene oder kollektivistische Gesellschaft« (OG 233), in der die Funktion der einzelnen Gruppen in der Gesellschaft wie die Funktion der Organe in einem Körper festgelegt ist (vgl. OG 233f.). Es ist den Mitgliedern einer solchen Gesellschaft nicht möglich, selbst zu bestimmen, welche Aufgaben sie im Staat übernehmen möchten. Dies ist vielmehr nur in einer »offenen Gesellschaft« möglich, deren Charakteristikum eben darin besteht, daß sich ihre Mitglieder untereinander im Wettstreit um ihre Stellung in der Gesellschaft befinden (vgl. OG 234).

Ohne diese Einschätzung von Platons Einteilung der Bürger des Staates in drei Klassen, die Klasse der Handwerker, der Krieger und die der Wächter,[2]

---

[1] Karl Popper: *Die offene Gesellschaft und ihre Feinde. Der Zauber Platons*, Bd. 1, Bern 1957, S. 5, im folgenden zitiert mit der Sigle OG.
[2] Vgl. Platon: *Res publica* IV 10, 434a9-b10, im folgenden zitiert mit der Sigle *Resp*. Die Einteilung in drei Klassen wird erst im IV. Buch der *Politeia* vorgenommen. Bei der Einführung des Gedankens der Zuordnung der Staatsbürger zu Klassen bzw. Ständen im II. Buch ist noch von einer größeren Vielzahl von Klassen bzw. Ständen die Rede, nämlich der der Bauern, Baumeister, Schuster, Weber, Schreiner, Schmiede, Rinder-

ausführlich kommentieren zu wollen, – Popper hat hier sicher einiges Zutreffendes erkannt; die Frage ist nur, ob das Gedankenmodell der *Politeia* tatsächlich den Charakter einer Staatsutopie hat oder ob es sich vielmehr um ein gedankliches Modell handelt, mit dessen Hilfe man Vorgänge im Staat besser verstehen kann – also: ohne diese Einschätzung weiter kommentieren zu wollen, möchte ich gleich den nächsten Punkt von Karl Poppers Platonkritik nennen. Karl Popper nimmt nämlich nicht nur an Platons Gerechtigkeitskonzeption Anstoß, sondern er kritisiert ihn auch für das sogenannte »Prinzip des Führertums«[3]. Dies kommt seines Erachtens sowohl in der Forderung nach der Herrschaft der Philosophenkönige in der *Politeia* als auch in der Forderung nach der Herrschaft des weisen Staatsmanns im *Politikos* zum Ausdruck. Platons politische Philosophie werde von der Frage bewegt: »Wer soll regieren?« (OG 170), nicht aber von der Frage: »Wie können wir politische Institutionen so organisieren, daß es schlechten oder inkompetenten Herrschern unmöglich ist, allzugroßen Schaden anzurichten?« (OG 170)

Tatsächlich werden von Platon weder in der *Politeia*, noch im *Politikos*, noch in den *Nomoi* politische Institutionen betrachtet. Grundsätzlich ist dazu aber zu bedenken, daß der Begriff der politischen Institution ein neuzeitlicher Begriff ist. Auch wenn man deshalb nicht erwarten kann, den Begriff der politischen Institution bei Platon zu finden, bleibt dennoch zu untersuchen, ob in Platons Denken auch der Sache nach ein Gegengewicht zur Frage der personalen Ordnung der Regierung im Staat fehlt. Daß ein solches Gegengewicht nicht fehlt, geht aber aus eben dem platonischen Dialog hervor, auf den sich Popper in seiner Kritik am sogenannten »Prinzip des Führertums« bezieht, nämlich dem *Politikos*. Denn im *Politikos* tritt neben die Frage ›Wer soll regieren?‹ die Frage: ›Was soll regieren? Das Urteil des weisen Staatsmanns oder die Gesetze?‹[4] Die Frage nach der personalen Besetzung der Regierung wird hier also um die Frage nach der Ordnung des politischen Lebens durch Gesetze ergänzt. Auch wenn Gesetze keine Institutionen darstellen, bilden sie dennoch eine formale Ergänzung zu der personalen Frage der Regierung. Hierauf werde ich später zurückkommen. Zunächst gilt es aber, einen weiteren Gesichtspunkt von Poppers Platonkritik aufzunehmen, der sich als der Bedeutsamste erweisen wird, da er sich auf Platon methodisches Vorgehen insgesamt bezieht.

---

hirten, Schäfer, Diener, Kaufleute, Tagelöhner (vgl. *Resp.* II 11, 369d6-372c2). Erst in der Betrachtung der üppigen Stadt zeigt sich die Notwendigkeit der Krieger (vgl. *Resp.* II 13, 373d4-374b3). Eben diese werden im II. Buch anschließend als die »Wächter« der Stadt bezeichnet (vgl. *Resp.* II 15, 374d8). Die Dreiteilung in Handwerker, Krieger und Wächter ist vom II. Buch aus gesehen also nicht so einfach aufrechtzuerhalten.
[3] Popper verwendet diesen Begriff in einer Kapitelüberschrift, vgl. OG 169-190.
[4] Vgl. Platon: *Politikos* 293e7-303b7, im folgenden zitiert mit der Sigle *Pltk*.

Karl Popper charakterisiert Platons methodisches Vorgehen als »utopische Sozialtechnik« (OG 213); er meint damit eine »Methode des Planens im großen Stil« (ebd.), eine »utopische Technik des Umbaus der Gesellschaftsordnung oder […] Technik der Ganzheitsplanung« (ebd.). Ihr stellt er eine von Fall zu Fall angewandte Sozialtechnik gegenüber (vgl. OG 213f.). Mit dieser Charakterisierung von Platons methodischem Vorgehen kommt Popper Arendts grundsätzlicher Platon- sowie Utopiekritik schon sehr nahe. Denn auch Popper wendet seine Platonkritik an dieser Stelle ins Grundsätzliche und formuliert sie als eine »Kritik des Vorgehens der Utopisten« (OG 218) überhaupt.[5] Für das Vorgehen der Utopisten sei charakteristisch, daß sie sich an einem Ziel orientieren, welches fern von jeder politischen Realität aufgestellt wird und fortan als Ziel der Umordnung des politischen Lebens fungiert. Im Unterschied zu der »Ad-hoc-Technik« (OG 214) schrittweiser, politischer Veränderungen, bezieht sich die »utopische Sozialtechnik« auf das Ganze des politischen Lebens in einem Staat und führt zu dessen gewaltsamer Umordnung (vgl. OG 219). Daß die Verwirklichung einer Utopie »aller Wahrscheinlichkeit nach zu einer Diktatur« (OG 217) führt, liegt darin begründet, daß sich der ideale Staat, welcher in der Utopie anvisiert ist, andernfalls nicht vollkommen umsetzen ließe.

Eben dieser Wunsch nach Vollkommenheit ist Poppers Einschätzung zufolge aber nicht nur für die Verwirklichung der Utopien, sondern auch für diese selbst charakteristisch: In ihnen werden Bilder eines idealen und vollkommenen Lebens im Staate entworfen, die sich bei ihrer Umsetzung in die Realität aber eher als Instrumente autoritärer Herrschaft erweisen, denn eine demokratische Gestaltung von Politik zulassen (vgl. OG 217). Da Utopien das Leben im Staat auf eine ideale und vollkommene Weise vorstellen, sind sie notwendig mit einer Art von »Ästhetizismus« verbunden, der sich in Platons Staatsmodell nur am deutlichsten zeige, so Popper (vgl. OG 223f.). Bei der Umsetzung der Utopien in die Wirklichkeit wird der Politiker zum Künstler (vgl. OG 224f.). Diese Rolle darf dem Politiker im Staat aber nicht zukommen, wenn die Organisation des Staates nicht totalitär sein soll. Denn ein Politiker, der als Künstler im Staat ein Kunstwerk verwirklichen soll, welches zuvor im Denken als Utopie entworfen wurde, sähe sich vor die Aufgabe gestellt, den Staat zunächst zu reinigen (vgl. OG 225), gleichsam für eine *tabula rasa* zu sorgen, um dem Staat dann die Züge aufprägen zu können, die der Utopie entsprächen. Der Prozeß der Reinigung und der anschließenden künstlerischen Hervorbringung eines bestimmten politischen Lebens beraubt die Staatsbürger aber ihres Rechtes auf vernünftige Selbstbestimmung ihres Handelns und ist insofern totalitär.

---

[5] Diese Kritik wird im Kapitel »Ästhetizismus, Perfektionismus, Utopismus« (OG, S. 213-227) entwickelt.

Dieser Zusammenhang von utopischem Denken und Totalitarismus wird auch von Hannah Arendt gesehen. Für sie bildet Platons politische Philosophie aber nicht nur ein Beispiel par excellence für diesen Zusammenhang, sondern sie betrachtet Platon als den »eigentliche[n] Begründer des utopischen Denkens in der Politik«[6]. Damit sei er zugleich der Begründer einer folgenreichen Tradition in der Geschichte der politischen Philosophie. Denn die durch Platon inaugurierte Tradition läuft »theoretisch und praktisch« darauf hinaus, »Politik überhaupt abzuschaffen« (vgl. VA 216). Was zur Abschaffung der Politik führt, ist die Tatsache, daß in dem Moment, in dem eine politische Utopie für das Leben in einem Staat maßgeblich wird, die Bürger dieses Staates nicht mehr selbstbestimmt handeln können, sondern der Utopie unterworfen sind. Dann aber ist das politische Handeln der einzelnen Bürger durch das Herstellen ersetzt. Denn dann gilt es nur noch, die Utopie zu verwirklichen und das Leben im Staat, der Utopie entsprechend, herzustellen. Eben diese Tendenz, das Handeln durch das Herstellen zu ersetzen, nimmt für Hannah Arendt aber ihren Anfang in Platons politischer Philosophie.

Obwohl Hannah Arendts Kritik, Platon habe das Handeln durch das Herstellen ersetzt, eine gewisse Verwandtschaft mit Poppers Kritik an Platon »utopischer Sozialtechnik« aufweist, ist der von Arendt geäußerte Kritikpunkt doch von einer noch weitreichenderen Allgemeingültigkeit. Denn Arendt beobachtet nicht nur, daß die Verwirklichung einer Utopie zu einer Formung des Lebens im Staat nach dem Modell der Utopie führt, sondern sie verknüpft diese Beobachtung mit einem Grundbegriff der platonischen Philosophie, nämlich dem Begriff des Herstellens, der *poiesis*. So wie ein Handwerker einen Gegenstand herstellt, so versuche der Politiker das Leben im Staat auf eine bestimmte Weise zu formen und somit herzustellen, wenn er sich an einer Utopie orientiere (vgl. VA 222).

Was es heißt, das politische Handeln nach dem Modell des Herstellens zu denken und es auf diese Weise durch das Herstellen zu ersetzen, muß aber noch deutlicher gemacht werden. Deshalb werde ich zunächst die *poiesis*, die Herstellung eines Gegenstands durch einen Handwerker bzw. einen Kunstfertigen, genauer betrachten:[7] Platon hat das den Handwerker leitende Wissen die Kunstfertigkeit (*techne*) genannt.[8] Es befähigt den Handwerker, handwerklich tätig sein und verschiedene Gegenstände herstellen zu können. Um nun aber einen bestimmten Gegenstand herstellen zu können, muß der Handwerker eine bestimmte Vorstellung von diesem Gegenstand, eine Idee von ihm, haben. Ebenso wie wir heute noch den Begriff der Idee verwenden, spricht auch Pla-

---

[6] Hannah Arendt: *Vita activa oder Vom tätigen Leben*, 8. Aufl., München 1994, S. 222, im folgenden zitiert mit der Sigle VA.
[7] Die folgende Darstellung stützt sich auf Platon: *Resp.* X 1, 595c7-598d7; vgl. dazu auch Arendt: VA 128f.
[8] Vgl. Platon: *Resp.* X 4, 601d2.

ton hier von der Idee, dem *eidos*⁹ bzw. der *idea*¹⁰ des Gegenstands. Er meint damit das Aussehen des Gegenstands, welches vom Kunstfertigen antizipiert wird und ihn zur Herstellung eines bestimmten Gegenstands befähigt. Denn nur wenn der Kunstfertige die Idee eines Gegenstands vor Augen hat, kann er diesen bestimmten Gegenstand herstellen.¹¹ Nur dann kann er das für die Herstellung des Gegenstands benötigte Material in eine Form bringen, die der Idee des Gegenstands entspricht. Aristoteles hat zur Beschreibung des Herstellungsvorgangs später zwischen vier Arten von Ursache unterschieden.¹² Platon unterscheidet zunächst nur zwischen zwei Arten von Ursache: dem Urheber des herzustellenden Gegenstands und der Idee, die ihn bei der Herstellung leitet, also zwischen der Wirkursache (*causa efficiens*) und der Zweckursache (*causa finalis*).¹³

Wenn dieses Modell der Herstellung aber auf den Bereich des Politischen übertragen wird, dann nimmt die Utopie die Stelle der Idee ein, die den Kunstfertigen bei der Herstellung des Werkes geleitet hatte. Die Utopie fungiert also als *causa finalis* bei der Herstellung eines bestimmten politischen Lebens im Staat. Dies führt jedoch dazu, daß alles, was im Staat geschieht, dem obersten Zweck, nämlich der Verwirklichung der Utopie, untergeordnet wird. Die einzelnen Bürger des Staates können dann nicht mehr als selbständig Handelnde in Erscheinung treten,¹⁴ – es sei denn, sie handeln im Sinne der für das Leben im Staat maßgeblichen Utopie, so wie es z.B. durch Platons Forderung, daß jeder im Staat »das Seinige zu tun«¹⁵ habe, nahegelegt wird. Mit der Aufforderung, das Seinige zu tun, ist bei Platon gerade nicht gemeint, im Sinne der individuellen Interessen, Bedürfnisse und Fähigkeiten tätig zu werden. Vielmehr ist damit gemeint, im Sinne der eigenen Aufgabe bzw. Funktion im Staat tätig zu werden, also als ›Wächter‹, ›Handwerker‹ oder ›Krieger‹.¹⁶ Damit werden die einzelnen Staatsbürger aber nicht mehr als Wirkursachen im Sinne ihrer selbst gesetzten Ziele, sondern nur noch als Wirkursachen im Sinne des für alle gemeinsam verbindlichen Zieles des Staates betrachtet. Die Unterordnung des politischen Lebens in einem Staat unter eine Utopie tendiert also ganz von selbst zur totalitären Herrschaftsform. Denn sobald das Leben im Staat nach Maßgabe einer Utopie gestaltet wird, kommen die Staatsbürger als

---

[9] Platon: *Resp.* X 1, 596a6.
[10] Platon: *Resp.* X 1, 596b7.
[11] Vgl. Platon: *Resp.* X 1, 595b6-9.
[12] Vgl. Aristoteles: *Metaphysik* II 3, 983a26-32.
[13] Vgl. Platon: *Phaidon* 97b7-99d3; *Philebos* 26e1-c2 (Wirkursache), 65a1-5 (Zweckursache).
[14] Für Hannah Arendt bedeutet Handeln, vor anderen in Erscheinung zu treten. Vgl. VA, S. 164-169.
[15] Zu der Formel »das Seinige tun« (*ta hautou prattein*), vgl. Platon: *Resp.* II 11, 370b4-8; bes. *Resp.* IV 10, 433a9-434a1.
[16] Vgl. Platon: *Resp.* IV 10, 434a2-d1.

Lebewesen, die eigenständig Ziele verfolgen können, welche sich von den Zielen des Staates unterscheiden, nicht mehr in Betracht.

Bedenkt man diese Züge von Platons *Politeia*, dann läßt sich wohl nicht vollkommen leugnen, daß in der *Politeia* nicht gerade das Bild eines modernen Staates entworfen wird. In einem modernen Staat könnten die Bürger ihre individuellen Bedürfnisse und Interessen verfolgen, solange diese nicht mit den individuellen Bedürfnissen und Interessen anderer in Konflikt geraten. Platons Staat ist nicht in diesem Sinne liberal. Aber ob er deshalb gleich als totalitär zu bezeichnen ist bzw. inwieweit die in der *Politeia* entworfene Utopie tatsächlich als eine Anleitung für den Aufbau eines ihr entsprechenden Staates gemeint ist, ist eine andere Frage. Diese Frage werde ich an dieser Stelle nicht weiterverfolgen, sondern mich vielmehr dem *Politikos* zuwenden. Denn im *Politikos* zeichnet Platon kein Bild eines idealen Lebens, das als Utopie verstanden werden könnte. Dennoch werde ich zeigen, daß auch der *Politikos* einen utopischen und damit kreativen Beitrag zum Verständnis von Politik enthält.

Im *Politikos* betrachtet Platon Politik auf eine andere Weise, nämlich als Staatskunst (*politikē*).[17] Als eine Kunstfertigkeit (*technē*)[18] ist die Staatskunst aber mit einem bestimmten Wissen verbunden, das Platon vor allem als ein Wissen um die Entstehung des Staates, die Regierung des Staates sowie um die Organisation des politischen Lebens begreift. Auch wenn im *Politikos* kein idealer Staat entworfen wird, ist angesichts des *Politikos* aber ebenfalls zu fragen, ob die in ihm gegebene Darstellung von Politik totalitäre Züge aufweist oder nicht. Außerdem ist zu bedenken, worin denn das utopische Moment des *Politikos* besteht, wenn nicht in dem Entwurf eines idealen Staates. Diesen beiden Fragen werde ich in einer Auseinandersetzung mit dem *Politikos* nachgehen. Die Textpassage, die für die Beantwortung der Frage nach Platons Totalitarismus entscheidend ist, befindet sich am Ende des *Politikos*.[19] In ihr erörtern der Fremde und Sokrates der Jüngere die Problematik, ob im Staat ein weiser Regent herrschen oder der Staat durch Gesetze geordnet werden solle.

Im Rahmen dieser Auseinandersetzung über die Herrschaft des weisen Staatsmanns vs. die Herrschaft der Gesetze gibt es einige Äußerungen des Fremden, die in der Tat befremdlich klingen. Sie könnten das Urteil, Platon sei ein totalitärer Denker, bestätigen. So sagt der Fremde an einer Stelle:

> Und wenn sie [die Regierenden, die über wahrhafte und nicht eingebildete Erkenntnis verfügen] auch einige töten oder verjagen und so zum Besten den Staat reinigen oder auch Kolonien wie die Schwärme der Bienen anderwärts hinsenden und ihn kleiner machen oder andere von außen her aufnehmen und ihn größer machen: solange sie nur Erkenntnis und Recht anwendend ihn erhalten und aus einem schlechten [Staat] möglichst einen besseren machen,

---

[17] Vgl. Platon: *Pltk*. 258c3.
[18] Vgl. Platon: *Pltk*. 258e8-b1.
[19] Platon: *Pltk*. 292b6-303b7.

werden wir immer [...] diese Staatsverfassung für die einzig richtige erklären müssen.[20]

Im Namen eines angeblich wahren und überlegenen Wissens werden hier also Exekution, Verbannung und Abschiebung von Bürgern des eigenen Staates sowie die willkürliche Aufnahme von Bürgern anderer Staaten gerechtfertigt. Diese Textstelle aus dem *Politikos* wird auch von Karl Popper als Beleg dafür angeführt, daß Platon als totalitärer Denker einzustufen sei (vgl. OG 225). Außerdem stimmt die Beschreibung, die der Fremde hier von dem Verhalten des Herrschers gegenüber seinen Untertanen gibt, haargenau mit der Beschreibung überein, die Hannah Arendt in *Elemente und Ursprünge totalitärer Herrschaft* von den politischen Zuständen in einem totalitär regierten Staat gibt.

Im Schlußkapitel von *Elemente und Ursprünge totaler Herrschaft* zeigt Hannah Arendt, warum das Töten von Bürgern des eigenen Staates in totalitären Staaten keine zufällige Erscheinung ist, sondern zu deren Wesen gehört. Ihre Argumentation lautet: Das Handeln ist in totalitären Staaten durch eine wie auch immer geartete Ideologie bestimmt. Angetrieben durch diese Ideologie, wird Politik im totalitären Staat nicht als eine immer wieder neu zu bestimmende Angelegenheit aller Mitglieder der politischen Gemeinschaft betrachtet, sondern als ein Mittel zur Realisierung der Ideen, die der jeweiligen Ideologie zugrundeliegen.[21] Ebenso wie es bei der Herstellung eines Werkes vor allem auf die Realisierung einer Idee im Werk ankommt, weniger auf den Vorgang der Herstellung selbst, so greift das totalitäre Regime selbst zu dem äußersten Mittel, um die vom Regime für gut gehaltene Ideologie durchzusetzen: nämlich zu der Exekution von Bürgern des eigenen Staates. Die Ideologie zeichnet der Bewegung, die allen Handlungen im Staat zugrundeliegt, die Richtung vor. Dabei ist es gleichgültig, ob die Ideologie am Begriff der Geschichte orientiert ist, wie der Stalinismus es war, oder ob sie am Begriff der Natur orientiert ist, wie der Nationalsozialismus es war, so Hannah Arendt (vgl. EU 951–953). In beiden Fällen sei für die Bewegung, die das Handeln in den beiden totalitären Staaten prägte, charakteristisch, daß sie zum gewaltsamen Ausscheiden bestimmter, durch die Ideologie definierter Menschengruppen führte:

> Es läuft auf jeden Fall auf ein Gesetz der Ausscheidung von »Schädlichem« oder Überflüssigen zugunsten des reibungslosen Ablaufs einer Bewegung hinaus, aus der schließlich gleich dem Phönix aus der Asche eine Art Menschheit erstehen soll. Würde das Bewegungsgesetz in positives Recht übersetzt, so könnte sein Gebot nur heißen: Du sollst töten! (EU 951)

Das positive Recht und die es sichernde, bürgerliche Gesetzgebung sind in totalitären Staaten also aufgehoben (vgl. EU 949f.). An seine Stelle ist ein ab-

---

[20] Platon: *Pltk.* 293d4-e2.
[21] Vgl. Arendt: *Elemente und Ursprünge totaler Herrschaft. Antisemitismus, Imperialismus und totale Herrschaft*, 8. Aufl., München 2001, S. 962-971, bes. S. 963, im folgenden zitiert mit der Sigle EU.

straktes Bewegungsgesetz getreten, welches zur Realisierung der für den totalitären Staat jeweils maßgeblichen Ideologie beiträgt. Die Bürger sind im totalitären Staat nicht mehr als mündige Bürger gefragt, die sich auf das positive Recht berufen könnten, welches in der bürgerlichen Gesetzgebung zum Ausdruck kommt. Vielmehr sind sie alle ein und derselben vom Staat vorgegebenen Ideologie unterworfen, die ihr Handeln bestimmen soll.

Bedenkt man die frappierende Nähe zwischen der von Hannah Arendt gegebenen Beschreibung der politischen Zustände im totalitären Staat und der Äußerung des Fremden in Platons *Politikos* – beide weisen auf die Möglichkeit der staatlich angeordneten Ermordung von Staatsbürgern hin –, dann scheint kein Zweifel mehr zu bestehen, daß Platons politische Philosophie tatsächlich totalitäre Züge trägt. Nachdem ich die Kritik an Platons politischer Philosophie und die Gründe für den Totalitarismusvorwurf so detailliert vorgetragen habe, wird es jetzt nicht einfach sein, das Bild noch einmal zu wenden. Meine These ist jedoch, daß die Argumentation zur Herrschaft des weisen Staatsmanns im *Politikos*, die auf den ersten Blick den Anschein einer Rechtfertigung totalitärer Herrschaft erweckt, auch ganz anders verstanden werden kann, – um nicht zu sagen: verstanden werden muß.

Für die Einschätzung der bereits zitierten Textstelle sowie des Argumentationsgangs zur Herrschaft des weisen Staatsmanns ist die genaue Kenntnis des Aufbaus der Argumentation im *Politikos* unerläßlich. Deshalb möchte ich den Aufbau der Argumentation kurz skizzieren: Zunächst begründet der Fremde, warum die Herrschaft des weisen Staatsmanns der Herrschaft der Gesetze bzw. der Ordnung des politischen Lebens durch Gesetze vorzuziehen sei.[22] Anschließend stellt er jedoch die gravierenden Mängel der Herrschaft eines Alleinherrschers dar, welcher nur aus Eigennutz und gegen die überkommenen, guten Gesetze herrscht.[23] Diese Form von Herrschaft wird als das äußerste Übel betrachtet, und sie führt zur Unterscheidung zwischen König und Tyrann: Während der König im Sinne der überkommenen, guten Gesetzgebung herrscht, wendet sich der Tyrann gegen die Gesetzgebung und ist von Begierde und Unwissen geleitet.[24] Die Alleinherrschaft des Tyrannen, der gegen die Gesetze verstößt, wird aber als die am wenigsten erträgliche Staatsform unter allen bezeichnet: »Die Alleinherrschaft nun, in gute Vorschriften, die wir Gesetze nennen, eingespannt, ist die beste [...], gesetzlos aber beschwerlich und die allerlästigste darin zu leben.«[25] Der Fremde läßt also keinen Zweifel darüber bestehen, welche Staatsform er als die verabscheuenswürdigste erachtet: Es ist die Tyrannis, und das heißt: die totalitäre Staatsform.

---

[22] Vgl. *Pltk*. 292b6-300a1.
[23] Vgl. *Pltk*. 300a2-301a4.
[24] Vgl. *Pltk*. 301a5-c4.
[25] *Pltk*. 302e10-12.

Warum aber kann der Fremde in Platons *Politikos* dann in einem so langen Teil seiner Ausführungen die Herrschaft des weisen Staatsmanns gegenüber der Herrschaft der Gesetze preisen? Warum erachtet er die Herrschaft der Gesetze nur als die »zweitbeste Fahrt«[26]? Welchen Sinn hat das Loblied auf die Herrschaft des weisen Staatsmanns, wenn es gerade nicht als ein Loblied auf die totalitäre Herrschaftsform gemeint sein kann? Um diese Fragen beantworten zu können, müssen die Gründe, die den Fremden zur Auszeichnung der Herrschaft des weisen Staatsmanns gegenüber der Herrschaft der Gesetze führen, bedacht werden.

Der Hauptbeweggrund für die Bevorzugung der Herrschaft des weisen Politikers ist der Umstand, daß der weise Politiker über Wissen bzw. Erkenntnis (*episteme*) verfügt, welches bei den Gesetzen nicht gegeben ist.[27] Aufgrund dieses Wissens vermag er flexibel auf politische Situationen zu reagieren und in diesen zu beurteilen, was angesichts der konkreten Umstände der Situation zu tun ist.[28] Dies ist dem Gesetz ebenfalls verwehrt, denn es legt ein für allemal fest, was zu tun ist.[29] Der weise Politiker wird vom Fremden außerdem als ein Herrscher portraitiert, der ernsthaft um das Wohl der Bürger seines Staates bemüht ist.[30] Nur wenn diese annehmen würden, daß er aus eigenem Interesse und zu ihrem Schaden wirken würde, wären sie darauf bedacht, ihn abzusetzen und durch eine andere Form von Herrschaft zu ersetzen.[31] Anschließend problematisiert der Fremde jedoch auch die Frage, ob es einen solchen weisen Herrscher unter den Menschen denn überhaupt geben kann. Diese Möglichkeit wird zunächst zwar nicht ausgeschlossen, am Ende aber doch zu einer Illusion erklärt. Denn von der besten Herrschaftsform, die vom Fremden zunächst als die Herrschaft des weisen Staatsmanns beschrieben worden war, heißt es am Ende, daß sie ebensowenig realisiert werden kann, wie es einen Gott unter Menschen gibt.[32] Das bedeutet aber, daß der Hinweis auf den weisen Staatsmann eine andere Bedeutung haben muß, als zu der Suche nach ei-

---

[26] *Pltk.* 300c1. Die »zweitbeste Fahrt« (*deuteros plous*) ist eine aus Platons *Phaidon* bekannte Metapher (vgl. *Phd.* 99d1). Ursprünglich stammt der Begriff aus der Schiffsfahrt und meint das Voranbringen der Segelschiffe durch Ruderschläge bei Windstille. Im *Phaidon* ist damit die Wende zu den *logoi* in der Erfassung des Guten gemeint, welches sich nicht direkt, sondern nur durch Gedanken und Rede (*logoi*) vermittelt, erfassen läßt. Im *Politikos* bringt der Fremde mit dieser Metapher zum Ausdruck, daß er die Ordnung des Staates durch Gesetze nur für die zweitbeste Lösung hält; die beste Lösung wäre die Ordnung des Staates durch den weisen Staatsmann.
[27] Vgl. *Pltk.* 292b6-7 und *Pltk.* 292e1-293a1.
[28] Der Fremde verdeutlicht dies am Beispiel des Heilens des Arztes, vgl. *Pltk.* 295b9-e2.
[29] Vgl. *Pltk.* 294a10-b2; *Pltk.* 294b8-c8; *Pltk.* 294e8-295a8.
[30] Vgl. *Pltk.* 296d8-297b3.
[31] Vgl. *Pltk.* 298a1-e4.
[32] Vgl. *Pltk.*303b2-5.

nem solchen weisen Staatsmann aufzufordern und einen Staat mit ihm an der Spitze einzurichten.

Die Bedeutung, die der Lobpreis auf die Herrschaft des weisen Staatsmanns tatsächlich hat, erschließt sich am besten, wenn man betrachtet, was der Ordnung des politischen Lebens fehlt, wenn sie allein durch Gesetze geregelt ist. Die Zustände in einem solchen Staat, dessen Leben nur durch Gesetze und nicht durch das Wissen und die persönliche Urteilskraft der Politiker geregelt wird, beschreibt der Fremde folgendermaßen:

> Wundern wir uns also noch, Sokrates, wie doch in solchen Staaten so viel Übles geschehen kann und noch geschehen wird, da sie auf einem solchen Grunde beruhen, daß sie nach Schriften und Gewohnheiten, nicht nach Erkenntnis ihre Geschäfte verrichten [...]?[33]

Obwohl der Fremde zuvor betont hat, daß die Ordnung des Staates durch Gesetze immer noch besser ist als die Ordnung durch einen Herrscher, dem keine wahrhafte Erkenntnis zugesprochen werden kann,[34] malt der Fremde hier die Möglichkeit aus, daß es in einem Staat bloß noch gesetzmäßig und routiniert zuginge und das Procedere der politischen Angelegenheiten so sehr im Vordergrund stünde, daß inhaltliche Fragen und solche nach den Zielen der Politik darüber völlig in Vergessenheit gerieten. Dieser Mangel an Erkenntnis, an einem über das politische Tagesgeschehen hinausgehenden Wissen, könnte sich aber ebenso fatal auswirken wie der Mangel an der Beschränkung der persönlichen Macht der Regierenden durch Gesetze. Die utopische Dimension, die im *Politikos* hinsichtlich der Gestaltung des politischen Lebens aufscheint und das wahrhaft kreative Potential dieses Dialoges darstellt, ist der Hinweis darauf, daß es ohne ein Wissen, das das bloße formal-korrekte Vorgehen im politischen Alltagsgeschehen transzendiert, keine gute Ordnung des politischen Lebens geben kann. Wie dieses Wissen aber aussehen kann und worin es besteht, dazu gibt der *Politikos* zwar einige Anhaltspunkte, aber keine endgültige Auskunft. Eben dies macht ihn aber zu einem Text in der Geschichte der politischen Philosophie, welcher nicht zu einem politischen Totalitarismus führt. Darüber hinaus wird im *Politikos* ein Grund totalitärer Herrschaft erkennbar: nämlich der Umstand, daß die Alleinherrschaft eines für weise gehaltenen Regenten nicht durch Gesetze beschränkt ist. Von der Weisheit, die für eine solche Art von Herrschaft erforderlich wäre, zeigt der Fremde aber, daß es sie gar nicht geben kann. So erweist sich die eingangs aus dem *Politikos* zitierte Textstelle als Totalitarismuskritik und nicht als Verklärung totaler Herrschaft.

---

[33] *Pltk.* 301e6-302a1.
[34] Vgl. *Pltk.* 301d8-301e4.

Literatur

ARENDT, Hannah: *Elemente und Ursprünge totaler Herrschaft. Antisemitismus, Imperialismus und totale Herrschaft*, 8. Aufl., München 2001.
ARENDT, Hannah: *Vita activa oder Vom tätigen Leben*, 8. Aufl., München 1994.
POPPER, Karl: *Die offene Gesellschaft und ihre Feinde. Der Zauber Platons*, Bd. 1, Bern 1957.

Utopien als Demarkationen des Menschlichen

NIKOLAOS PSARROS (LEIPZIG)

Ziel meiner Überlegungen ist es, die systematischen Unterschiede zwischen Utopien, und philosophischen Überlegungen zur konkreten Gestaltung des gesellschaftlichen Zusammenlebens im Staat herauszuarbeiten. Es soll gezeigt werden, dass Utopien – positive wie negative –, obwohl sie mit philosophischen Staatsentwürfen den Anspruch teilen, »ideale« Staatsformen zu beschreiben, nur notwendige Bedingungen zum Gelingen einer derartigen Unternehmung benennen, da sie von den faktischen gesellschaftlichen Problemen ihrer Zeit ausgehen und versuchen, in literarischer Form eine Gesellschaft zu entwerfen, in welcher die partikulären Probleme gelöst worden sind. Philosophische Staatsentwürfe hingegen, wie man sie bei Platon (Nomoi), Hobbes, Rousseau oder gar Machiavelli findet, formulieren die idealen Normen eines gut funktionierenden Staates, dessen Ziel die Eudaimonie aller seiner Bürger ist.

Der Zweck utopischer Entwürfe

Utopien sind nicht mit dem Genre des phantastischen Romans oder der Science-Fiction identisch und sie gehören auch nicht zu den historischen Erzählungen und Romanen. Die konkreten »Plots« utopischer Erzählungen können sich in Vergangenheit, Gegenwart oder Zukunft abspielen. Insofern sie sich allerdings in der Gegenwarts des Lesers abspielen, sind sie in einem fernen, von der übrigen Welt schwer zu erreichenden und bisweilen völlig unbekannten Land angesiedelt – dieser Umstand wird schon im Begriff Utopie angedeutet, der ja »*Kein Ort*« bedeutet.

Utopien sind Beschreibungen fiktiver Gemeinwesen, die sich von »normalen« Gemeinschaften durch die Erhebung eines oder einiger weniger Merkmale zum absoluten Prinzip gemeinschaftlichen Lebens unterscheiden, wobei diese »Einseitigkeit« als besonders positiv oder negativ ausgezeichnet wird. Im Falle »positiver« Einseitigkeiten wird die betreffende fiktive Gemeinschaft innerhalb der utopischen Erzählung oft als eine Idealgesellschaft (bzw. Idealstaat) bezeichnet, in der es gelungen ist – so die Behauptung des Erzählers oder eines Repräsentanten dieser Gemeinwesen –, das Elend des menschlichen Daseins zu überwinden und ihren Mitgliedern ein Leben in ewig währendem Glück zu ermöglichen. Schlechte bzw. negative utopische Gemeinwesen entstehen ebenfalls durch die Verabsolutierung eines Prinzips. Der Grund für diese Verabsolutierung ist auch hier die Amelioration des menschlichen

Lebens, und aus der Sicht der Figuren, die diese Gesellschaftsform verteidigen, ist dieses Ziel erreicht worden. Der Unterschied zwischen positiven und negativen Utopien besteht darin, dass die Lebensumstände in den ersteren einigen unserer Intuitionen vom guten Leben (zumindest dem Anschein nach) entsprechen, während sie in den letzteren diesen Intuitionen offensichtlich widersprechen.

Während negative Utopien als Mahnungen vor bestimmten gesellschaftlichen Fehlentwicklungen betrachtet werden – und in der Regel von ihren Verfassern auch so verstanden werden wollen –, sind positive Utopien mit dem Nimbus des Modernen, des Progressiven und vielleicht auch des Kreativen umgeben, auch wenn dies von ihren Verfassern nicht beabsichtigt worden war. So wird z.B. bereits die erste utopische Erzählung der Neuzeit und zugleich Namensstifterin des Genres, Thomas Morus' *Utopia*, seit ihrem Erscheinen als Verkünderin der Sehnsucht nach Gleichheit in Freiheit apostrophiert. Der Umstand, dass Morus selbst seinem Gesellschaftsentwurf kritisch gegenüber stand und ihn bloß als Anlass für eine Debatte über den Missbrauch des Privateigentums an Land verstanden wissen wollte, wird in Interpretationen dieses Werkes vernachlässigt. Thomas Morus' *Utopia* ist freilich nicht das erste Exemplar dieser Spezies. Als Vorbild des Typus der positiven Utopie kann Sokrates' Darstellung des idealen Staates in Platons Dialog *Politeia* angesehen werden, auch wenn diese nicht die Form einer fiktiven Erzählung hat, sondern als prosaischer, planmäßiger und rationaler Entwurf eines vermeintlich möglichen Gemeinwesens daher kommt. Die Erzählweise Sokrates' und die Haltung seiner Gesprächspartner zeigen jedoch, dass weder sie noch Sokrates selbst diese Erörterungen für das Programm oder gar den Verfassungsentwurf eines idealen Staates halten. Die Darstellung des idealen Staates ist eine, dem »Arbeitsstil« Sokrates' gemäße, funktionale Analyse der *Idee* des Staates. Sokrates vertritt die These, dass ein gut funktionierender Staat einer »Klasse« von Menschen bedarf, die nicht auf die Durchsetzung ihrer Privatinteressen hin arbeiten, sondern sich um den Staat selbst kümmern, dessen Aufgabe die Sicherstellung der Eudaimonie seiner Bürger ist. Diese Tätigkeit der Staatsdiener (in Sokrates' Terminologie: Wächter und Regenten) darf nicht mit einer normalen Berufstätigkeit eines Handwerkers oder Händlers verwechselt oder als Aufgabe einer Herrscherfamilie angesehen werden – Politiker sind *keine* Berufstätigen und *kein* besonderes Geschlecht. Die Beschaffenheit der Politikertätigkeit ist derart, dass letztendlich jeder Bürger zugleich Berufstätiger (Poietiker) und Staatsdiener (Praktiker) sein kann bzw. soll, wenn er bereit ist, in seiner Eigenschaft als Politiker auf seine familiären Bindungen und auf die eigene Bereicherung zu verzichten.

Sowohl die Auswahl des programmatischen Titels für Th. Morus' Erzählung als auch die Ähnlichkeit der Haltung zwischen ihm und Sokrates bzw. Platon bezüglich des geschilderten Gemeinwesens (beide stellen sich die Frage: wollen wir in einem solchen Staat leben?) weisen darauf hin, dass die eigentliche Funktion utopischer Entwürfe keinesfalls die Darstellung von Gemeinschaften ist, in denen man in immerwährender Eudaimonie leben könnte bzw. in denen Eudaimonie grundsätzlich ausgeschlossen ist (negative Utopien). Genaueres Hinsehen zeigt nämlich, dass auch in den so genannten positiven Utopien, einschließlich Morus' *Utopia* und Platons idealem Staat, das Leben durchaus nicht eudaimonisch ist: Der Morussche Utopier muss nicht nur auf Privateigentum an Produktionsmitteln verzichten, was ja tatsächlich die Ursache für allerlei Übel sein kann, sondern auf jedes Privateigentum über den unmittelbaren momentanen Lebensbedarf hinaus. Zusätzlich kennt er kaum eine Privatsphäre, was aber nicht bedeutet, dass er in die Anonymität der Öffentlichkeit abtauchen kann, denn öffentliches Leben – Theater, Feste u.ä. – findet in Utopia kaum statt. Utopia ist der perfekteste Überwachungsstaat, der mit den Mitteln des 15. und des 16. Jahrhunderts erreicht werden kann. Aber auch die Geborgenheit einer festen Bleibe bleibt dem Utopier verwehrt, denn er muss alle zehn Jahre umziehen, damit auch diese letzte Möglichkeit einer Aussonderung im Keim erstickt wird. Die einzige feste zwischenmenschliche Beziehung ist die Ehe, die aber vorrangig der Reproduktion dient, und die einzige Möglichkeit zur Zerstreuung bieten die allabendlichen Mahlzeiten im Kreise einer »erweiterten Wohngemeinschaft«, wo ein bisschen musiziert und vorgetragen werden darf. Ansonsten lebt jeder im Grunde für sich allein und hat sein Handeln mit Ausnahme des Ehebruchs nur vor den Staatsinstanzen zu verantworten. Ähnlich nicht beneidenswert ist das Leben der platonischen Wächter und Regenten. Ihnen werden sogar die Gefühle verwehrt, die mit der Eltern-Kind-Beziehung verbunden sind. Ihre gesamte Aufmerksamkeit und Loyalität dient dem Staat und den Interessen ihrer Schutzbefohlenen. Der Umstand, dass Platon/Sokrates nicht fordert, dass allein Eunuchen der Zugang zu dieser Kaste vorbehalten werden sollte, weist erneut darauf hin, dass es sich bei der Politeia nicht um den Entwurf eines konkreten Staates handelt, sondern um eine formale Analyse der Struktur einer staatlich organisierten Gesellschaft verbunden mit der Forderung, dass alle Erwachsenen – Männer und Frauen – sich um die Angelegenheiten des Staates zu kümmern haben und diese Tätigkeit nicht mit der Verfolgung ihrer Privatinteressen verwechseln oder gar vermengen dürfen.

Diese kurze Untersuchung der beiden prototypischen utopischen Erzählungen hat ergeben, dass in beiden keine idealen Staatszustände, sondern *notwendige Bedingungen* für einen gut funktionierenden Staat genannt werden. Platon betont den Unterschied zwischen normalen berufstätigen »Privatleuten« und staatsdienenden Beamten und Bürgern. Er verweist hier auf die Notwendigkeit, Staatsangelegenheiten nicht als Privatangelegenheiten eines Berufsstandes, einer Sippe oder einer Klasse zu betrachten. Morus, sein Vorbild konkretisierend und zugleich erweiternd, zeigt, dass die Beteiligung an den staatstragenden Tätigkeiten alle Bereiche der Gesellschaft erfasst, so dass jeder Beruf und jede Beschäftigung einen Beitrag zum Erhalt der staatlich verfassten Gesellschaft beinhaltet. Darüber hinaus betont Morus die Notwendigkeit des kollektiven Eigentums, das die Entfaltung der individuellen Personalität als berufstätiger Bürger überhaupt ermöglicht. Beide Erzählungen schildern jedoch nicht erstrebbare Gesellschafts- und Staatskonfigurationen, die beschriebenen Lebensformen beruhen auf einem einzigen Prinzip, vernachlässigen oder leugnen gar, dass es weitere notwendige Bedingungen für ein gutes Leben in einer gut lebenden Gemeinschaft gibt und situieren sich dadurch *außerhalb* des Bereiches des guten menschlichen Lebens.

Utopie vs. Ideal

Vor dem Hintergrund dieser Analyse können wir den Unterschied zwischen einer Utopie und einem Ideal folgendermaßen bestimmen: Eine Utopie *verabsolutiert* eine notwendige Bedingung guten menschlichen Lebens zum alleinigen Prinzip des menschlichen Lebens überhaupt, was zur Folge hat, dass die betreffende notwendige Bedingung zum unerfüllbaren – utopischen – Wunsch wird. Ein Ideal hingegen beschreibt ein *Ziel* des guten menschlichen Lebens. Ideale haben einen normativen Charakter, sie geben eine bestimmte Orientierung für das Handeln vor. Im Gegensatz zu Utopien, die auf Grund faktischer Umstände nicht realisierbar sind, z.B. weil ihre *unbedingte* Realisierung die Erfüllung weiterer notwendiger Bedingungen verhindern würde, sind Ideale stets annäherbar, auch wenn es klar ist, dass sie niemals erreicht werden können.

Die Nichterreichbarkeit des Idealen ist nicht durch unüberwindbare Hindernisse faktischer Natur bedingt, sondern einerseits durch den Umstand, dass es stets einzelne Menschen gibt, die sich an dem Ideal nicht orientieren, und andererseits, weil mit jeder Annäherung an das Ideal die Erfüllungskriterien desselben verschoben werden: Der Satz »Die Würde des Menschen ist unantastbar« beschreibt ein Ideal. Er formuliert ein Ziel menschlichen Handelns, das dadurch näher rückt, dass man sich gegenseitig nicht behelligt. Der Zustand einer »absoluten« Achtung der Würde des Menschen wird deswegen nicht erreicht, weil erstens nicht erzwungen werden kann, dass alle Menschen sich an diese Norm halten, und auch weil zweitens die Kriterien dafür, was als Verletzung der Menschenwürde gilt, sich mit jeder »Verbesserungsrunde« verändern. Waren vor zwei Jahrhunderten die Abschaffung der Folter als legitimen gerichtlichen Verhörmittels und die Abschaffung von so genannten »grausamen und unüblichen Strafen« hinreichende Kriterien für die Unantastbarkeit der Menschenwürde, so ist man heute der Ansicht, dass bereits abschätzige Bemerkungen über die Herkunft oder das Geschlecht eine Verletzung derselben darstellen.

Im Gegensatz dazu ist die Forderung »Jedem Arbeitswilligen einen festen Arbeitsplatz« ein typischer Fall eines utopischen Satzes. Auch wenn eine derartige Forderung auf den ersten Blick als eine Norm idealen Charakters erscheint, beschreibt sie einen Zustand, der nicht nur faktisch nicht herstellbar ist, sondern auch kein vernünftiges Ziel darstellt. Im Gegensatz zum Ideal besteht die Unerfüllbarkeit dieser utopischen Forderung nicht darin, dass man die Menschen nicht dazu zwingen kann, sie zu erfüllen, und dass die Erfüllungskriterien verschoben werden. Dieser Zustand ließe sich erzwingen. Man müsste aber dabei feststellen, dass man dabei nicht alle Beschäftigungswünsche erfüllen könnte, dass die Flexibilität der Güterproduktion unnötigerweise gesenkt und dass so die letztendlich legitimen Interessen aller Gesellschaftsmitglieder beeinträchtigt würden. Mit der Aufstellung der Forderung nach einem festen Arbeitsplatz für jeden Arbeitswilligen wird ein Ziel angestrebt, das sich außerhalb der Grenzen des guten menschlichen Lebens befindet und deshalb kein vernünftiges Ziel im Sinne eines Ideals darstellt.

Ein Beispiel

Utopien zeigen uns keine Idealzustände, sondern stecken *Grenzen* des guten menschlichen Lebens ab, indem sie einzelne notwendige Bedingungen dafür aufzeigen, aber zugleich vor einer Verabsolutierung einer einzigen Bedingung warnen: Gesundheit z.B. ist eine derartige notwendige Beziehung. In einer möglichst ideal konstituierten Gesellschaft würde Gesundheit zwar einen hohen Stellenwert besitzen, man würde aber auch ein gewisses Maß an Gesundheitsrisiken zulassen, um andere notwendige Bedingungen erfüllen zu können, wie den Genuss, die Aufrechterhaltung gemeinschaftlicher Bindungen, die Sicherheit oder die Versorgung mit wichtigen Rohstoffen, deren Abbau und Verarbeitung nicht gesundheitlich unbedenklich ist. Ein utopischer Entwurf mit dem zentralen Thema Gesundheit, würde vielleicht eine Gesellschaft beschreiben, die zwar über ein vorbildliches Gesundheitssystem verfügt, und Krankheit und Schmerz weitestgehend besiegt hat, deren Mitglieder aber unter einer »Ärztediktatur« zu leben hätten – nennen wir die dazugehörige Staatsideologie *Asklepeiismus*.

Die Asklepeier gestalten ihren Tag nach den Maßgaben eines von Gesundheitsexperten zusammengestellten Programms, dem selbstverständlich Tätigkeiten wie Rauchen oder das Einnehmen von gesundheitsbeeinträchtigenden Genussmitteln völlig unbekannt sind. Vier Mal am Tag sind sie angehalten, sich zu gymnastischen Übungen auf öffentlichen Plätzen zu versammeln. Hierzu werden sie traditionell von *Gymnasten* aufgerufen, die diese Tätigkeit aus hohen Türmen, die an jeder Turnhalle gebaut sind, ausüben. Es ist überflüssig zu sagen, dass die Einhaltung des Gymnastikgebots strengstens kontrolliert wird, und zwar durch eine Behörde, die auch das Recht hat, jeden Bürger regelmäßig auf seinen Gesundheitszustand und seine Gewohnheiten hin zu überprüfen und den Bürger gegebenenfalls zu einer Änderung dieser

Gewohnheiten anzuhalten – je nach Schwere des Falles können auch Zwangsmaßnahmen angeordnet werden. Der Anbau von Tabak und anderen Drogenpflanzen ist natürlich strikt verboten mit Ausnahme geringer Mengen, die ausschließlich der medizinischen Forschung und der Staatsverteidigung vorbehalten sind. Der Anbau von Pflanzen, aus denen leicht zu vergärende Säfte gewonnen werden können, wie z.B. Trauben, steht unter staatlicher Aufsicht wie auch die Produktion von Wein und Bier. Die Herstellung von Schnäpsen und alkoholhaltigen Likören ist ebenfalls strikt verboten. Der Ausschank bzw. der Verkauf von Wein, Bier, Kaffee und Tee sind kontigentiert und werden auf Bezugskarten notiert. Diese Getränke sind nur deshalb erlaubt, weil aus medizinischen Gründen darauf nicht verzichtet werden darf. Allerdings wird zurzeit im obersten Medizinalrat heftig darüber debattiert, ob die entsprechenden wissenschaftlichen Untersuchungen, die ihren Konsum rechtfertigen und auch vorschreiben, stichhaltig sind.

Die Wohnungen der Asklepeier sind nach den neuesten hygienetechnischen Erkenntnissen konzipiert, wobei jedes Mal, wenn diese Erkenntnisse erweitert werden, die Leute gezwungen sind, neue Wohnungen zu beziehen. Die Kosten dieses andauernden Wohnungsbaus inklusive der Umzugskosten werden durch die Erhebung einer allgemeinen Kopfsteuer mitfinanziert, die allerdings von den Bürgern gerne abgeführt wird, weil der Bezug einer neuen Wohnung mit einem dreijährigen Erlass der relativ hohen Gebühren für Energie, Wasser und Frischluft belohnt wird. Selbstverständlich sind Teppiche aus den Schlafzimmern verbannt und in den Wohnzimmern darf ihre Fläche einen bestimmten Anteil der Wohnfläche nicht überschreiten. Um die negativen Auswirkungen elektrischer Felder zu minimieren, werden die Schlafzimmer mit akkubetriebenen Lampen beleuchtet, was eine gewisse Einschränkung des Wohnkomforts bedeutet. Private Kochstellen oder gar Küchen sind aus hygienischen und diätetischen Gründen nicht erlaubt. In den Wohnungen dürfen nur geringe Mengen an Früchten und nichtalkoholischen Getränken sowie Milch und Jogurt aufbewahrt werden. Die Bürger essen in Kantinen an ihren Arbeitsplätzen (die Schüler und Studenten in Mensen), in Gemeinde-Esshallen, die auch die Kranken und Alten versorgen, und in staatlich lizenzierten privaten Restaurants (nicht allzu oft, weil recht teuer). So kann man eine gleich bleibende hohe Qualität der Mahlzeiten gewährleisten und auch für eine ausgeglichene Ernährung sorgen, da die Zusammensetzung des Speiseplanes der letzten acht Wochen auf der Nahrungsmittelkarte vermerkt wird. So kann einseitige oder ungesunde Ernährung rechtzeitig erkannt und korrigiert werden. Trotz der Zubereitung nach medizinischen Kriterien und trotz der Tatsache, dass viele Gewürze nicht zugelassen sind, ist das Essen recht schmackhaft und man versucht, eine gewisse Vielfalt der Küchen anzubieten – auch aus trophologischen Gründen. Es ist übrigens erlaubt, aus Anlass eines Festes oder eines geselligen Beisammenseins und gegen Gebühr Mahlzeiten und Getränke mit nach Hause zu nehmen und dort zu konsumieren.

Die Bekleidung der Asklepeier ist vor allem gesundheitsfördernd; Mode hat sich dem Diktat der Gesundheitsbehörde zu unterwerfen. Jeden Tag wird eine Bekleidungsempfehlung ausgegeben, die den Wetterverhältnissen und der Jahreszeit angemessen ist. Ihre Nichtbefolgung gilt im Falle mancher Erkrankungen als Indiz eines Selbstverschuldens. Individualtransportmittel sind nicht vorhanden mit Ausnahme von Fahrrädern und Rikschas. Aber auch diese dürfen nicht beliebig benutzt werden, um Verschleißerscheinungen zu vermeiden. Es besteht keine generelle Reisefreiheit. Dies gilt nicht nur für Auslandsreisen, die generell von der Gesundheitsbehörde genehmigt werden müssen und mit strikten Auflagen und peinlichen Kontrollen verbunden sind, sondern auch für Inlandsreisen, die je nach Gesundheitslage der Reisenden, ihrer Wohnorte und ihrer Reiseziele eingeschränkt oder untersagt werden können. Bei Aufenthalten in manchen Ländern Südeuropas, des Mittelmeerraumes, Afrikas und Asiens müssen sich Asklepeier zu wöchentlichen Urin- und Blutuntersuchungen in den diplomatischen Vertretungen des Asklepeïschen Staates einfinden, um sicher zu stellen, dass sie keine schädlichen Konsumgewohnheiten angenommen haben. Darüber hinaus haben sich alle in einem fremden Staat verweilenden Bürger zu fixierten Zeiten bei ihrer diplomatischen Vertretung einzufinden, um an den vorgeschriebenen Leibesübungen teilzunehmen. Längere Zeit im Ausland verweilende Bürger müssen sich alle sechs Monate einer Generaluntersuchung in der Botschaft unterziehen lassen und sind darüber hinaus verpflichtet, sich bei einem vom Asklepeïschen Staat lizenzierten Gymnastikstudio anzumelden, um dort regelmäßig zu üben. Noch strikter wird die Visaerteilung an Ausländer gehandhabt. Einzige Ausnahme bilden gewisse Gruppen von Kranken, die in besonderen Krankenhäusern behandelt werden, da die Asklepeier selbstverständlich die beste medizinische Versorgung auf der Welt gewähren können und diese Dienstleistung sich teuer bezahlen lassen (es gibt jedoch Kontingente für arme Ausländer sowie für Menschen aus Entwicklungsländern).

Natürlich betreiben die Asklepeier Eugenik, pränatale Diagnostik und strikte Gesundheitsvorsorge. Regelmäßige Check-ups sind obligatorisch und die Fortpflanzungspartner werden nach eugenischen Kriterien ausgewählt (Fortpflanzung und Partnerschaft oder die Bildung von Lebensgemeinschaften sind zwei vollkommen getrennte Angelegenheiten). Selbstverschuldete Erkrankungen werden mindestens als Ordnungswidrigkeiten angesehen und mit saftigen Bußgeldern geahndet. »Verbrecherisches Erkranken« zieht schwere Strafen nach sich, meistens die Verurteilung zu Zwangsaufenthalt in Gesundheitslagern. Menschen, die an Krankheiten leiden, die nach den Maßgaben der medizinischen Wissenschaft als unheilbar gelten, werden bei Erreichung eines vordefinierten Stadiums euthanasiert. War die Krankheit selbstverschuldet, erfolgt die Euthanasie beim ersten Auftreten von Invaliditätssymptomen.

Es gibt natürlich auch im Asklepeïschen Staat Tätigkeitsbereiche, die schwere Gesundheitsschäden verursachen. Solche Tätigkeiten werden von

Leuten ausgeübt, deren Lebenserwartung geringer als die Inkubationszeit der von der Tätigkeit verursachten Krankheit ist – in der Regel werden hierfür Leute mit angeborenen Krankheiten oder selbstverschuldet unheilbar Kranke bis zum Auftreten der Invalidität herangezogen.

Es ist einleuchtend, dass ein Staatswesen wie der hier nur kursorisch beschriebene Asklepeiische Staat alles andere als ein Hort der Demokratie, der individuellen Freiheit, der Entfaltung der Personalität und eines reichen intellektuellen Lebens ist, auch wenn seine Bürger vielleicht sich einer besonders hohen Lebenserwartung in relativer Gesundheit erfreuen mögen. Wäre dieser Lohn es wert, diesen Staat zu realisieren? Ich glaube nicht, nicht zuletzt, weil ich nicht auf die genüssliche Erfahrung des Kochens in den eigenen vier Wänden, nach meinen eigenen Vorstellungen und im Bewusstsein, damit meiner Familie und meinen Freunden einen Genuss bereiten zu können, verzichten möchte.

Utopische Demarkationen

In der von Platon und Morus gestifteten literarischen Tradition erfüllen utopische Entwürfe die philosophisch wie auch moralisch wichtige Aufgabe, mit literarischen Mitteln die notwendigen Bedingungen für ein gutes Leben in einer gut lebenden Gemeinschaft abzustecken. Stellvertretend für einen schier unübersichtlichen Literaturcorpus sollen hier folgende Autoren genannt werden: Platon entdeckt, wie wir gesehen haben, den Unterschied zwischen politischem Bürger und poietischem Handwerker, Morus betont die Bedeutung von Kollektiveigentum als Fundament und Voraussetzung der Entfaltung der Individualität, Bacon spricht in *Nova Atlantis* die Notwendigkeit einer vernünftigen technischen Infrastruktur und die Wichtigkeit von autonomen Gemeinschaften unterhalb der Gesamtgesellschaft an, Johann G. Schnabel präpariert in seinem Roman *Insel Felsenburg* die Bedeutung von Freiwilligkeit, Loyalität, Respekt und natürlicher Autorität heraus. Last but not least zeigen Aldous Huxley und Walter Jens in ihren »negativen« Utopien *Schöne neue Welt* und *Nein – die Welt des Angeklagten*, dass menschliches Leben sich nicht kalkülisieren lässt. Damit menschliche Gemeinschaften existieren können, bedarf es, so das Fazit dieser Utopien, Individuen, die über »volle Personalität« verfügen, die frei und fehlbar sein können. Ihre Eliminierung führt unweigerlich zur Zerstörung des genuin Menschlichen und zur Mutation von Menschengemeinschaften zu Ameisenhaufen.

Der Unterschied zwischen den so genannten positiven und den negativen Utopien besteht daher hauptsächlich darin, dass erstere eine derartige notwendige Bedingung zum zentralen Prinzip des gesellschaftlichen Lebens erheben und ein Gemeinwesen entwerfen, das auf den ersten Blick attraktiv erscheint, während letztere Gemeinwesen beschreiben, die eine notwendige

Bedingung überhaupt nicht erfüllen bzw. als solche gar nicht anerkennen. Somit wird ihr Defekt offensichtlich. Bei positiven Utopien hingegen zeigen sich die Defekte indirekt, etwa in der eifersüchtig gehüteten Isolation von der übrigen Menschheit, in der eifrigen gegenseitigen Überwachung der Bürger oder im rigiden und drakonischen Strafsystem. Es ist nämlich seltsam, dass eine vermeintlich ideale Gesellschaft, wie sie in Morus' *Utopia* oder in Bacon's *Nova Atlantis* beschrieben wird, nicht allein durch die spontane Loyalität ihrer Mitglieder aufrechterhalten wird, sondern der gegenseitigen Bespitzelung und einer übermächtigen, aber verborgenen Staatgewalt bedarf. Darüber hinaus sind die Bürger Utopias und Nova Atlantis' durch eine Arroganz gekennzeichnet, die teilweise an Rassismus heranreicht und unserer Intuition vom Auftreten eines wahrhaft ausgeglichenen, vernünftigen und in Eudaimonie lebenden Menschen stark widerspricht. Umgekehrt erscheinen die positiven Figuren in negativen Utopien, wie z.B. der »Wilde« Michel, Siegmund Marx und Helmholtz Watson in Huxleys *Schöne Neue Welt*, Walter Sturm in Jens' *Nein – Die Welt des Angeklagten* oder Winston Smith in Orwells *1984* umso menschlicher, weil sie gerade die verleugneten Bedingungen erfüllen oder weil sie spüren, dass etwas fehlt.

Eine Sonderstellung in der utopischen Literatur nimmt Schnabels *Insel Felsenburg* ein. Schnabels Gemeinschaft ist als große, patriarchale Familie konzipiert, die aber durch die Adoption von einigen auserwählten Fremden und die Aufnahme von Ehepartnern erweitert wird. Zentrales Prinzip dieser Gemeinschaft ist der natürliche Respekt der Kindergeneration vor ihren Eltern und die natürliche Autorität der Älteren. Schnabels Welt wird aber im Gegensatz zu Utopia und Nova Atlantis nicht durch Staatsgewalt und Gesetz zusammengehalten, sondern durch die Loyalität ihrer Bewohner und durch die göttliche Vorsehung, die es irgendwie verhindert, dass Störenfriede die Insel erreichen können, oder wenn sie sie doch erreichen, kurze Zeit darauf gewaltlos dahinscheiden. Allerdings sieht Schnabel ein, dass eine derartige Gemeinschaft nicht über mehrere Generationen hinweg stabil bleiben kann, da die familiären Loyalitätsbande mit jeder Generation schwächer werden. So kommt es letztendlich zur Auflösung der Felsenburg-Gemeinschaft, teils durch innere Zwietracht, teils durch kriegerische Maßnahmen der Großmächte der Zeit, die ein anarchisches Gemeinwesen nicht dulden können.

Fazit

Unsere Reflexionen zum Verhältnis von Utopie und Ideal haben ergeben, dass utopische Entwürfe nicht mit ernst zu nehmenden, geschweige denn kreativen Staatsentwürfen verwechselt werden dürfen. Praktisch und philosophiegeschichtlich relevante Staatsentwürfe, wie z.B. Platons *Nomoi*, Hobbes' *Leviathan* oder Macchiavellis *Principe* sind besonders skeptisch gegenüber utopischen Verabsolutierungen und sehr um ihre Realisierbarkeit besorgt, wobei die *auf Einsicht beruhende Akzeptanz* durch den Einzelnen das zentrale Kriterium ihrer Tauglichkeit ist. Staatsverfassungen sind das Heim, in dem Gemeinschaften sich auf lange Zeit einzurichten haben. Ausflüge ins Utopische sind dazu da, einem die Geborgenheit des eigenen Staatsheims bewusst zu machen, auch wenn dieses Heim noch weit vom idealen Staat entfernt ist.

Über Aus- und Einsteiger.
Der Ausstieg aus illiberalen Gruppen als Einstieg in die liberale Utopie einer pluralistischen Gesellschaft

DAGMAR BORCHERS (BREMEN)

Worum es gehen soll

Die Frage, welche Rechte kulturelle und ethnische Minderheiten in einem liberalen Staat genießen sollten, die selbst *nicht* als liberal bezeichnet werden können, hat vor dem Hintergrund des Mordes an dem Filmemacher van Gogh in den Niederlanden und den sich daran anschließenden Diskussionen in der Öffentlichkeit an Aktualität und Brisanz noch gewonnen und nimmt mittlerweile auch in der Politischen Philosophie einen breiten Raum ein. Da der *Liberalismus* von jeher die Relevanz kultureller Vielfalt betont hat und zugleich bestrebt war, auf der Basis einer möglichst voraussetzungsarmen Konzeption des Guten Lebens Regeln des Zusammenlebens zu begründen, bietet es sich eigentlich an, die Frage nach dem *modus vivendi* pluralistischer Gesellschaften im Rahmen einer liberalen Konzeption zu beantworten. *Insbesondere die Frage nach dem Umgang mit illiberalen Minderheiten verwirrt aber unsere Intuitionen:* Einerseits meinen wir, dass jede Gruppe gemäß den ihr eigenen kulturellen oder religiösen Maßstäben leben können sollte, andererseits sind wir nicht ohne weiteres bereit, Repressionen der Gruppe gegenüber ihren eigen Mitgliedern zu tolerieren, sondern verlangen, dass der liberale Staat in Fällen wie diesen aufgerufen ist, die Grundfreiheiten aller Individuen zu schützen. Auch liberale Theoretiker tun sich hier schwer, eine Grundsatzentscheidung zu fällen: Soll ein liberaler Staat die Grundfreiheiten seiner Mitglieder in jedem Fall garantieren? Dann kommt er nicht umhin, Gruppen Restriktionen aufzuerlegen und das Recht auf freie Assoziation zu beschneiden, da nur noch Gruppierungen bestimmter Art – nämlich jene, die liberalen Überzeugungen anhängen – zulässig wären. Oder soll er die Autonomie des Individuums gewährleisten, also auch dessen Recht auf freie Assoziation? Dann wird er zähneknirschend respektieren müssen, dass manche Gruppen individuelle Grundrechte massiv beschneiden.

Die Tatsache, dass die Auseinandersetzung zwischen verschiedenen Modellen pluralistischer Gesellschaften immer auch eine Debatte um die angemessene Interpretation des Liberalismus ist, macht sie in doppelter Hinsicht interessant. Aktuell steht ein breites Spektrum kreativer Entwürfe zur Diskussion. Interessanterweise folgen fast alle der gleichen Heuristik: Zunächst wird eine bestimmte Spielart des Liberalismus stark gemacht. Dies geschieht dadurch, dass der Autor jeweils einen zentralen Begriff wie etwa »Autonomie«, »Gleichheit« oder »Toleranz« neu interpretiert und diese Auslegung zum Kernprinzip der eigenen liberalen Konzeption erklärt. Dieses Kernprinzip fungiert dann als Basis für die Begründung grundlegender Rechte von kulturellen und ethnischen Minderheiten und der Entwicklung des Modells einer multikulturellen Gesellschaft. *Von dieser Rekonstruktion des Liberalismus hängt also die Vision einer pluralistischen Gesellschaft inhaltlich ab.*

Alle Konzeptionen enthalten somit die Vorstellung einer *zukünftigen* Gesellschaftsordnung. Vor dem Hintergrund unserer differierenden Auffassungen darüber, wie eine liberale Gesellschaft mit illiberalen Minderheiten umgehen sollte, kann es aber passieren, dass wir die Darstellung der liberalen Kernprinzipien zunächst zwar als adäquate Rekonstruktion akzeptieren, die sich aus ihnen ergebende Vision einer multikulturellen Gesellschaft aber ablehnen, weil sie schließlich doch mit unseren Intuitionen konfligiert. Die in den einzelnen Konzeptionen präsentierten Visionen multikultureller Gesellschaften funktionieren damit ähnlich wie Gedankenexperimente als »Intuitionenpumpe«: Zustimmung oder Ablehnung geben einen ersten Fingerzeig darauf, welcher Spielart des Liberalismus man nahe steht und welche Kernprinzipien man folglich selbst für zentral hält. *Die Frage, ob es sich bei einer liberalen Konzeption multikultureller Gesellschaften um eine Utopie im Sinne einer für uns erstrebenswerten Gesellschaft handelt, kann also inhaltlich aufschlussreich sein.* Wenn es zu Konflikten zwischen einer Theorie und unseren Intuitionen hinsichtlich dessen, was man mit Fug und Recht als »liberale« Gesellschaft bezeichnen kann, kommt, sollten natürlich weder die Theorie noch die Intuition als unantastbar gelten. *Vermutlich sind wir auch in diesem Fall gut beraten, im Sinne eines Rawlschen Überlegungsgleichgewichtes sowohl unsere Vorstellungen einer liberalen Gesellschaft im Angesicht einer Staatskonzeption kritisch zu hinterfragen, wie auch Modifikationen innerhalb der Theorie vorzunehmen.*

Eine der provokantesten und kühnsten liberalen Entwürfe der Gegenwart findet sich bei Chandran Kukathas, der vom Zusammenleben verschiedener Gruppen in Form eines liberalen Archipels in einem Meer der Toleranz träumt.[1] Liberal müssen dabei nicht die Gruppen selbst sein, die als Inseln das Archipel bilden, sondern die Konstruktion insgesamt: Sie ist insofern liberal, als dass der Staat für jedes Individuum das Recht auf freie Assoziation garantiert (also auch das Recht auf freie Dissoziation) und die Gruppen sich wechselseitig tolerieren im Sinne einer desinteressierten Duldung. Es geht mir im folgenden nicht darum, diese sehr radikale und damit interessante Konzeption insgesamt einer Bewertung zu unterziehen, sondern den oben geschilderten Konflikt zwischen einer konsistenten liberalen Antwort auf die Frage nach dem angemessenen Umgang mit nicht-liberalen Minderheiten und unseren In-

---

[1] C. Kukathas: *A Liberal Archipelago. A Theory of Diversity and Freedom*, Oxford 2003.

tuitionen zu illustrieren und zu zeigen, wie man diese Dissonanz in diesem Fall durch eine *Modifikationen innerhalb der Theorie* mildern könnte.

Kukathas verweigert ethnischen und kulturellen Gruppen politische Rechte, u. a. unter Hinweis auf ihre Instabilität. Einzige Bestandsgarantie und zugleich Basis ihrer Legitimität ist die freiwillige Mitgliedschaft von Individuen, die sich ihrer Autorität unterstellen. Freiwillig ist die Mitgliedschaft nicht deshalb, weil man sie im Zuge eines Reflexionsprozesses frei gewählt hat, sondern weil man gehen kann, wenn man will. Den Individuen diese *Ausstiegsoption* zu garantieren, ist die Kernaufgabe des Staates. *Solange das Individuum eine Ausstiegsoption hat, ist gegen das Bestehen extrem autoritärer Gruppen nichts einzuwenden.* Die Ausstiegs*kosten* sind allerdings ausschließlich Sache des Ausstiegswilligen. Würde der Staat Maßnahmen zur Kostensenkung ergreifen, würde das automatisch bedeuten, in die Belange der Gruppe einzugreifen. Die Kriterien für angemessene Ausstiegskosten würden dann nämlich (indirekt) definieren, welche Arten von Gruppen innerhalb der Gesellschaft zulässig wären, und das widerspräche dem Geist der Toleranz und damit dem des Liberalismus. Um diese Konzeption eines neutralen Minimalstaates nicht zu gefährden, weigert sich Kukathas, das Problem einer von der Gruppe bewusst herbei geführten Kostenexplosion anzugehen.

Mit dieser Haltung bringt er allerdings seine gesamte Konzeption in eine Schieflage: Diese Weigerung führt nämlich zu einem Gesellschaftsentwurf, den man solange nicht als Utopie im positiven Sinne bezeichnen kann, wie der faktische Ausstieg zu einem Ding der Unmöglichkeit werden kann und die Gefahr droht, dass Gruppenmitglieder in ihrer Gruppe gefangen bleiben. *Ohne die Einführung eines Kriteriums, das eine Kosteneskalation verhindert, bleibt die Ausstiegsoption ein theoretisches Konstrukt.* Notwendig ist die Kostenanalyse also deshalb, weil die Akzeptanz unendlich hoher Kosten, wie wir sie bei Kukathas vorfinden, de facto ein *Austrittsverbot* bedeutet und damit das Ende der Exit Option. Grundsätzlich ergibt sich die Möglichkeit einer Art »*Autoritätsspirale*« für Gruppen: Je mehr sie die Kosten in die Höhe treiben – also je illiberaler und autoritärer sie sich geben –, desto geringer ist die Wahrscheinlichkeit, das Mitglieder »austreten«. Auf diese Weise kann eine Gemeinschaft ihre eigene Bestandssicherung systematisch selbst erzeugen – sie muss nur hinreichend doktrinär und repressiv sein. Das kann nicht im Sinne eines liberalen Theoretikers sein. Nur wenn der Ausstieg als *durchführbare* Option gelten kann, lässt sich diese Konzeption mit unserer Intuition, derzufolge Individuen in liberalen Gesellschaften illiberalen Gruppierungen nicht ausgeliefert sein sollten, versöhnen. Das wird insbesondere deutlich, wenn wir uns den von Kukathas explizit formulierten utopischen Gehalt seiner Konzeption und dessen Gegenentwurf ansehen.

Inseln im Meer der Toleranz: Die liberale Utopie von Chandran Kukathas

The metaphor offered here [...] is one which pictures political society as an archipelago: an area of sea containing many small islands. The islands in question, here, are different communities or, better still, jurisdictions, operating in a sea of mutual toleration.[2]

Die einzelnen Gruppen innerhalb des liberalen Staates sind rechtlich und inhaltlich autonom, mit jeweils eigenen Autoritäten. Gleichzeitig erkennen sie aber die staatliche Autorität an, da der Staat bestimmte Funktionen übernehmen soll:

1. Seine Aufgabe ist zunächst die *Toleranz zwischen den Gruppen zu gewährleisten*. So wird er spätestens dann eingreifen müssen, wenn eine Gruppe die andere in ihrer Existenz bedroht oder verfolgt.
2. Er soll die prinzipielle Existenz der Ausstiegsoption gewährleisten.
3. Der Staat ist außerdem aufgerufen, einen *Lebensraum* für jene Aussteiger bereit zu stellen, die sich in keine andere Gruppe integrieren möchten.

Aus Sicht der *Gruppen* ist die erste Funktion natürlich die entscheidende; das Schicksal der Aussteiger wird sie genau so wenig interessieren wie die Ausstiegsgarantie selbst. Aus Sicht der *Individuen* sind die beiden letztgenannten Funktionen von großer Bedeutung, garantieren sie doch die Möglichkeit einer freien Wahl der persönlichen Lebensform. *Individuen wie Gruppen haben somit beide ein grundsätzliches Interesse, die Autorität des liberalen Staates anzuerkennen.*

Vor diesem Hintergrund sollte ein Wechsel der Gruppe – also das Wandern zwischen den Inseln – für jeden jederzeit möglich sein. Höchster Wert für den Liberalismus ist laut Kukathas die individuelle Autonomie, nicht verstanden als *Wahlfreiheit* im Sinne Mills und Kymlickas, sondern vielmehr als *Gewissensfreiheit*: Jeder hat das Recht, gemäß den Weisungen des eigenen Gewissens zu leben; niemand darf ungekehrt gezwungen werden, auf eine Weise zu leben, in der nicht leben *will*. Gewissensfreiheit zieht als zentrales Prinzip zunächst das Recht auf freie Wahl der Gruppenzugehörigkeit nach sich:

[...] the good society must be one in which no particular social formations are protected or privileged, but human beings are left free to associate: to form, reform, or transform the association under which authority they would live.[3]

Entscheidend ist also die Möglichkeit, eine Gruppe auch wieder zu verlassen – die Ausstiegsoption. Sie macht zugleich den Kern seiner Vision einer wahrhaft liberalen Gesellschaft aus. Um diesen für ihn zentralen Punkt zu erläutern, entwirft Kukathas die Vision zweier Gesellschaften – Panoptica und Mytopia:

---

[2] Kukathas: a.a.O., S. 22.
[3] A.a.O., S. 93.

- Im Land *Panoptica* gibt es eine Reihe von Gruppen, die ihren Angehörigen kaum Auflagen machen, außer denjenigen, die zur Erhaltung von Frieden und Sicherheit notwendig sind. Innerhalb ihrer Gruppe ist den Individuen Widerspruch möglich, auch eine weitgehende Wahl der eigenen Lebensform. Allerdings dürfen die Mitglieder keine Untergruppen bilden, und sie dürfen die Gruppe auch nicht verlassen.
- Die andere Gesellschaft ist die von *Mytopia*, die eine Reihe von mönchischen Gemeinschaften umfasst. Sie erlegen ihren Mitgliedern unterschiedliche, aber in jedem Fall tief greifende Freiheitsbeschränkungen auf. In dieser Gesellschaft darf man seine Gruppe verlassen, auch wenn bis jetzt noch niemand daran gedacht hat, es auch zu tun. Vielleicht haben es sich einige überlegt, einen Ausstieg aber als zu risikoreich oder teuer bewertet. Tatsächlich sind die einzigen Aussteiger solche, die von fremden Eindringlingen geraubt und ins Land Panoptica verschleppt wurden.

Für Kukathas ist klar: *Mytopia ist die freie Gesellschaft, denn seine Einwohner sind nicht gezwungen (in ihrer Gruppe) zu bleiben.* Und im Gegensatz zu ihren Nachbarn in Panoptica sind sie auch nicht gezwungen, Freiheit als persönlichen Wert zu schätzen. Die zweite Gesellschaft ist viel eher eine liberale Gesellschaft als die erste, denn

> at the core of liberalism (according to the theory advanced in this work) is an appreciation of the sanctity of disagreement. Liberal doctrines – and practices – arose out of a growing awareness that disagreement could not be eliminated, least of all by compelling those who were supposedly in error to change their behaviour (let alone their thinking).[4]

Damit das funktioniert, muss der Ausstieg wirklich möglich sein. Aber genau hier liegt ein substanzielles Problem bei Kukathas: Die Ausstiegsoption garantiert als konzeptioneller Kern das Funktionieren seiner liberalen Utopie, aber wer garantiert den Ausstieg als *reale* Option? Wenn er nur *prinzipiell*, nicht aber *faktisch* möglich ist, wird Mytopia zu Panoptica – es gibt dann zwischen ihnen keinen faktischen Unterschied mehr. Schlimmer noch: *Wenn die Ausstiegsoption nicht funktioniert, ist man mit Panoptica tatsächlich besser dran als mit Mytopia.* Für Kukathas selbst zählt nur die prinzipielle Möglichkeit eines Ausstiegs. Es ist nicht relevant, ob eine Person überhaupt den geistigen Horizont hat, sich Alternativen zum Status quo vorzustellen; es macht auch nichts, wenn sie sich die Frage nach möglichen Alternativen niemals stellt und damit auch die Zugehörigkeit zu ihrer Gruppe (ethnisch, religiös oder kulturell) niemals in Frage stellt oder stellen kann. Es ist auch nicht relevant, wenn eine Person über einen Ausstieg nachdenkt und diese Option nicht ergreift, weil ihr die Kosten zu hoch erscheinen: Was zählt ist einzig und allein der Umstand, dass ein In-

---

[4] A.a.O., S. 99.

dividuum, das gehen *will* auch gehen *kann* – wenn es denn bereit ist, Kosten und Risiken dieser Entscheidung zu tragen. Um in Kukathas' eigener Metapher zu sprechen: Es liegen Boote am Strand, um von Insel zu Insel zu fahren. Ob sich jemals jemand entschließt, an den Strand zu gehen oder ob niemand je von den Booten erfährt, ist ebenso unerheblich wie die Tatsache, dass schwere Stürme die Überfahrt zu einer lebensgefährlichen Angelegenheit machen können.

Der Ausstieg & seine Kosten: Ein Problem und ein Lösungsversuch

Für Kukathas' Kritiker Brian Barry[5] ist klar, dass wir von einem freiwilligen Verbleib in der Gruppe dann und nur dann sprechen können, wenn die Entscheidung zu gehen oder zu bleiben nicht dadurch vorgezeichnet ist, dass die Alternative »Gehen« vollkommen unattraktiv ist. Das ist sie u. a. dann, wenn die mit dem Ausstieg verbundenen Risiken und Kosten extrem hoch sind. In diesem Fall spricht er von »excessive costs«.[6] Um das Recht auf freie Dissoziation sicherzustellen, ist der Staat also aufgefordert, exzessive Kosten zu unterbinden. Barry unterscheidet drei verschiedene Arten von Kosten:

> First, there are those costs, that the state cannot, in the nature of things, take any steps to prevent or ameliorate. Call these intrinsic costs. Second, there are costs that the state could try to do something about [...], but which come about as a result of people doing things that a liberal state should permit. Call these associative costs. This leaves us with a third category consisting of costs that the state both can and should do something about: if it cannot prevent them from occuring altogether, it should do whatever is possible at least to reduce their scale. [...] call these external costs.[7]

Intrinsische Kosten sind zum Beispiel solche, die nach einer Exkommunikation aus der katholischen Kirche entstehen: Angst vor der Höhle und andere Gewissensqualen auf Seiten des Exkommunizierten. Diese Höhe dieser Kosten ist abhängig von der Art des praktizierten Glaubens. Man kann als liberaler Staat diese Kosten aber nicht verbieten: Das würde nämlich bedeuten, der Kirche die Praxis der Exkommunikation zu verbieten. Wenn sie diese Möglichkeit nicht mehr hätte, würde sie, so Barry, aber sehr bald aufhören, die *katholische* Kirche zu sein. Exkommunikation ist die kirchliche Spielart des Rechts auf freie Dissoziation. *Assoziative Kosten* ergeben sich aufgrund der Entscheidungen der Gruppe, die sie innerhalb einer liberalen Gesellschaft ohne weiteres treffen darf: Zum Beispiel eine Regel auf zu stellen, derzufolge diejenigen, die exkommuniziert worden sind, nicht mehr kirchlich heiraten dürfen. Es steht der Kirche frei, ihre Statuten entsprechend einzurichten. *Externe Kos-*

---

[5] Barry: *Culture and Equality*, Cambridge: Polity Press 2002.
[6] A.a.O., S. 150.
[7] A.a.O.

ten sind nun jene, die von Seiten der Gruppe unrechtmäßig erhoben werden: So ist nach Barrys Ansicht nicht zulässig, wenn ein katholischer Arbeitgeber seinen Angestellten feuert, nachdem er von dessen Exkommunikation erfahren hat oder wenn die Gruppe einen Boykott organisiert, der das Geschäft des Exkommunizierten und damit dessen ökonomische Grundlagen ruiniert.

Wie kann man nun *legitime assoziative* Kosten von *illegitimen externen* also *exzessiven* Kosten unterscheiden? Leider entwickelt Barry an dieser Stelle nicht das dringend erforderliche *Kriterium*, sondern belässt es bei den angeführten Beispielen. Er fordert, der Staat müsse dafür sorgen, dass die Gruppe den Boykott zwar durchführen kann, aber gleichzeitig das Ex–Mitglied entschädigt – so kann die Gruppe ihr Recht auf Dissoziation wahrnehmen, ohne durch exzessive Kosten dem Individuum das selbige Recht zu nehmen. Ebenso ist der Staat aufgefordert, den Verlust des Arbeitsplatzes durch den katholischen Arbeitgeber zu verhindern.

Natürlich hat Kukathas hier mit seiner Kritik ein leichtes Spiel. Die Klassifikation ist nicht ausgereift und leidet massiv darunter, dass kein Kriterium genannt wird, um assoziative von externen Kosten zu unterscheiden. Was exzessive Kosten sind, bleibt damit der Intuition des Betrachters überlassen. Kukathas selbst nimmt diesen etwas halbherzigen Versuch Barrys, das Kostenproblem zu lösen, als Beleg dafür, dass es nicht sinnvoll ist, an diesem Punkt seiner Konzeption etwas zu verändern, denn wir geraten seiner Ansicht nach sofort in massive Schwierigkeiten:

> If the account of an ›excessive cost‹ identifies that cost in terms of its propensity to effect individual decision-making, it is hard to see what would not count as an excessive cost. If, on the other hand, the account of an ›excessive cost‹ identifies costs in terms of an independent set of desiderata, those desiderata would then do the work of determining what kinds of associations individuals could and could not maintain or form: their willingness to be a part of such associations would become of secondary importance.[8]

Exzessive Kosten als diejenigen zu definieren, die die Entscheidungsfreiheit des Ausstiegskandidaten einschränken, ist in der Tat nicht sinnvoll: Jede auch noch so geringe Kostenerhebung von Seiten der Gruppe kann diesen Effekt auf die anstehende Entscheidungsfindung des Aussteigers haben. In diesem Sinne ist es einfach aussichtslos, exzessive Kosten verhindern zu wollen. Barry hat diese Schwierigkeit selbst gesehen. Auf diese Weise kommt man also überhaupt nicht weiter.

Damit die Definition exzessiver Kosten andererseits nicht dazu führt, dass man festlegt, welche Gruppen in einem liberalen Staat statthaft sind, sind meiner Ansicht nach bei der Entwicklung des Kriteriums *zwei heuristische Desiderata* zu beachten: Das Kriterium sollte idealerweise

---

[8] Kukathas: a.a.O., S. 111.

- möglichst wenige Eingriffe in Gruppenbelange nach sich ziehen,
- als Ausschlusskriterium für unzulässige Gruppierungen möglichst schwach sein.

Für die Entwicklung des Kriteriums ist es nicht unbedingt nötig, die Kosten–Klassifikation von Barry aufzugeben. Wenn ein Mitglied eine Gruppe verlässt, entstehen automatisch für beide Seiten sowohl intrinsische wie auch assoziative Kosten. Psychische Folgekosten wie Reue oder Gewissensbisse sind ein Beispiel für intrinsische Kosten des Aussteigers, für die Gruppe wären Kosten dieser Art etwa jene, die durch internen Unmut oder Ärger entstehen. *Diese Kosten müssen die Beteiligten deshalb selbst tragen, weil niemand sie verhindern und deshalb auch niemand für deren Auftreten verantwortlich gemacht werden kann.* Selbst beim Verlassen einer völlig freien, offenen Gruppe kann ein Mitglied Gewissensbisse empfinden – niemand kann von einer Gruppe fordern, so zu agieren, dass Kosten dieser Art *nicht* entstehen. Umgekehrt kann man vom einzelnen nicht verlangen, auf sein Ausstiegsrecht mit Rücksicht auf intrinsische Kosten auf Seiten der Gruppe wie zum Beispiel interne Missstimmungen oder Reputationsverluste keinen Gebrauch zu machen. *Sie sind der Preis für das Recht auf freie Dissoziation.* Beide Seiten verzeichnen auch assoziative Kosten – zum Beispiel ökonomische Verluste. Meines Erachtens lässt sich diese Bestandsaufnahme nun ohne größeren theoretischen Aufwand ins Normative wenden. Aus der Perspektive beider Seiten würde das Kriterium lauten: *Alles, was man durch die Gruppenzughörigkeit des Individuums gewonnen hat, schlägt bei einem Ausstieg als legitimer Kostenfaktor zu Buche. Legitime assoziative Kosten sind solche, die dadurch entstehen, dass man etwas aufgibt, was man durch die Gruppenzugehörigkeit gewonnen hat.* Das kann u. a. der Verlust von sozialen Kontakten, die Aufgabe von Bildungs– und Freizeitmöglichkeiten sowie von Traditionen und Gebräuchen, die unmittelbar mit der Gruppe verbunden sind, sein. Darunter fallen auch die ökonomischen Grundlagen des Aussteigers, *sofern er sie unmittelbar der Gruppe verdankt.* Das bedeutet, dass sowohl die Kündigung des katholischen Arbeitgebers als auch ein Boykott durch Gruppenmitglieder ohne Entschädigung hinzunehmen ist. Der Ausstiegskandidat muss neben den für ihn anfallenden *intrinsischen* auch die *assoziativen* Kosten selbst tragen.

Illegitime externe (also exzessive) Kosten sind solche, denen keine Gewinne, die sich direkt und unmittelbar der Gruppenzugehörigkeit verdanken, gegenüber stehen. Unzulässig ist es also, wenn die Gruppe versucht, Kosten aufzuerlegen, die nichts mit der früheren Zugehörigkeit zur Gruppe zu tun haben wie etwa die Bedrohung des Lebens oder der körperlichen und geistigen Unversehrtheit, die Verfolgung von Angehörigen und Freunden, die nichts mit der Gruppe zu tun haben, die Zerstörung der ökonomischen Grundlagen, wenn sie unabhängig von der Gruppe geschaffen worden sind bzw. nach dem Austritt weiter bestehen.[9] sowie Eingriffe in zukünftige Entscheidungen wie etwa Heirats-, Reise- oder Umzugspläne. Hier hat der liberale Staat das Recht und die Pflicht einzugreifen. Der Ausstiegswillige kann mit diesem Gewinn-gleich-Verlust-Kriterium ein klares Kalkül aufstellen: Er wird mit dem Verlust all dessen leben müssen, was er durch die Gruppe gewonnen hat. Der soziale, ökonomische, psychologische und eventuell auch politische Surplus, den die Mitgliedschaft mit sich brachte, wird im Falle eines Ausstiegs als Kostenfaktor zu Buche schlagen. Weitergehende Kosten dürfen durch die Gruppe nicht erhoben werden. Je nach Art der Gruppe, Dauer und Intensität der Zugehörigkeit und Status innerhalb der Gemeinschaft können die anfallenden Kosten und Risiken für einzelne Individuen also stark variieren. Entscheidend ist aber in jedem Fall, dass die Grenzen zwischen legitimen und illegitimen Kosten klar gezogen werden.

Natürlich ergibt sich sofort eine Reihe von strittigen Fragen: Was ist, wenn man seine *Ehe* im Rahmen der Gemeinschaft geschlossen hat? Was ist, wenn man während der Gruppenzugehörigkeit eine bestimmte *Qualifikation* erworben hat, die einem außerhalb dieses Verbundes sehr nützlich sein wird? *Was darf man »mitnehmen«?* In Bezug auf vom Ausstieg betroffene weitere *Personen* ist das nicht schwer zu beantworten: Sie entscheiden selbst. Will der Ehepartner ebenfalls die Gruppe verlassen, gilt für ihn dasselbe Kostenkriterium – die Ehe kann man »mitnehmen«. Will er bleiben, gehört zu den zu übernehmenden Ausstiegskosten auch der Verlust des Ehepartners bzw. der Ehe. Schwieriger ist es da schon mit *Qualifikationen*: Auch hier scheint mir das Kostenkriterium nahe zu legen, dass man Qualifikationen, also bestimmte Fähigkeiten, mitnehmen darf. Dieses Verlustrisiko hat die Gruppe zu tragen. Der Grund ist, dass man Kenntnisse und Fähigkeiten ja nicht wieder »entfernen« kann, ohne Leib und Leben des Ausstiegskandidaten zu gefährden. Leib und Leben verdankt das Individuum aber nicht der Gruppe. Der Transfer von Wissen und Qualifikationen nach außen kann also nicht durch das Auferlegen zusätzlicher Kosten seitens der Gemeinschaft unterbunden werden. Natürlich steht es den Beteiligten offen, deren Weitergabe oder (missbräuchliche) Anwendung vertraglich, d. h. in beiderseitigem Einvernehmen zu regeln.

Dies sind nur zwei Beispiele; natürlich gibt es zahllose weitere Streitfälle. So zeichnet sich ab, dass hier auch über *Kollektivgüter und deren Nutzungsrechte* zu reden sein wird wie auch darüber, dass ein solcher Staat ganz offensichtlich *föderale Strukturen* haben müsste. Detailprobleme dieser Art stehen hier zur Bearbeitung an und mit ihnen viele offene Fragen. Anhand konkreter Beispiele wäre im Folgenden zu zeigen, dass das Kostenkriterium trennscharf und damit leistungsfähig ist. Es ist klar, dass die Ausstiegskosten auch weiterhin ex-

---

[9] Ein Boykott ist erlaubt, weil die Gruppe das Recht hat, den Kontakt abzubrechen, nicht erlaubt ist aber die Zerstörung der Geschäftsgrundlage durch negative Beeinflussung von Kunden, die der Gruppe nicht angehören.

trem hoch sein können. Das erscheint insbesondere dann problematisch, wenn das Gruppenmitglied in die Gemeinschaft hinein geboren wurde, also nicht freiwillig und in Kenntnis der Risiken und Konsequenzen »eingetreten« ist. Aber dies zu ändern ist – und darin stimme ich Kukathas vollkommen zu – nicht Sache des liberalen Theoretikers. Es wird immer Fälle geben, bei denen wir intuitiv Ungerechtigkeit konstatieren würden und meinen, hier müsse der Staat einschreiten. *Das Gewinn–gleich–Verlust-Kriterium führt aber immerhin dazu, dass die Kosten kalkulierbar sind.* Ich halte es auch für gerecht, denn der Ausstiegskandidat verliert genau das, was er durch die Gruppenzugehörigkeit gewonnen hat, aber nicht mehr. Der Zugriff der Gemeinschaft auf all jene Bereiche seiner Person und seines Lebens, die nicht mit ihr in einem Zusammenhang stehen, wird vom Staat unterbunden. So müsste die Gruppe Entschädigungen für persönliches Eigentum leisten, das in ihrer Einflusssphäre verbleibt – etwa ein Haus, das auf Land steht, welches der Gruppe gehört.[10]

Kukathas übersieht leider an dieser Stelle auch, dass sich hohe Kosten für den Aussteiger innerhalb seiner Konzeption durch *staatliche Maßnahmen* abpuffern lassen: Der liberale Staat hat die Freiheit, soziale und ökonomische Maßnahmen, die entsprechende Härten nach einem Ausstieg mildern, zumindest für jene anzubieten, die die Gruppe verlassen, in die sie *hineingeboren* wurden. *Auf diese Weise kann der Staat die Kostenhöhe für ausstiegswillige Individuen massiv beeinflussen.* Er greift damit nicht direkt in Gruppenbelange ein und legt auch nicht fest, welche Art von Gruppen zulässig ist – käme damit allerdings seiner Pflicht nach, Lebensräume für Aussteiger offen zu halten.

Leider wird man konstatieren müssen, dass dieses Kriterium nicht in der Lage ist, die Ausübung von massivem (psychischen, aber auch physischem) Druck der Gruppe auf jenes Individuum zu verhindern, das seinen Ausstiegswillen erkennen lässt, aber noch in der Gruppe lebt. In diesem Sinne existiert die eingangs erwähnte »Autoritätsspirale« weiterhin. Dies verhindern zu wollen, hieße, dass der liberale Staat die Grundfreiheiten des Individuums auch *innerhalb* der von ihm gewählten Gruppierung zu gewährleisten hat. Das ist gleichbedeutend mit der staatlichen Berechtigung, massiv in die Gruppenbelange einzugreifen. Diese Grundsatzentscheidung würde uns aber aus dem theoretischen Rahmen von Kukathas hinaus katapultieren: Wir hätten es dann mit einer völlig anderen liberalen Theorie zu tun.[11] Wer die oben beschriebene Situation als nicht zu ertragenen Missstand begreift, wird sich überhaupt nicht auf Kukathas' Konzeption einlassen. Die Akzeptanz seiner Ausgangsprämissen hatte ich aber voraus gesetzt.

---

[10] Über Entschädigungsfragen und Eigentumsregelungen muss sicher noch *en detail* diskutiert werden.

[11] Vgl. u.a. Kymlicka: *Multicultural Citizenship. A Liberal Theory of Minority Rights*, Oxford: Clarendon Press 1995.

Fazit & Ausblick

Wahrscheinlich ist es klug, in beiden Richtungen Modifikationen vornehmen: *Modifikationen an der Theorie* bestehen wesentlich in der Einführung eines Kriteriums, das legitime von illegitimen Kosten unterscheidet und damit die Ausstiegsoption kein rein theoretisches Konstrukt bleibt. Ich hoffe – letztlich ist das offen geblieben und wird zu diskutieren sein – dass das von mir vorgeschlagene Procedere dazu in der Lage ist. Meiner Ansicht nach ist bei diesem Kriterium nicht zu befürchten, dass wir mit ihm Desiderata formulieren, die festlegen, welche Gruppen es geben darf – ausgeschlossen werden lediglich gewalttätige und aggressive Formen der Kosteneskalation seitens der Gruppe. *Modifikationen in Bezug auf unsere Intuitionen* bestehen wesentlich in der Erkenntnis, dass wir uns wohl tatsächlich entscheiden müssen: Wenn wir es als Liberale mit der persönlichen Freiheit des einzelnen ernst meinen, müssen wir wohl akzeptieren, dass er auch autoritäre Gruppen wählen kann und damit massive *Einbußen* in Hinblick auf seine persönliche Freiheit. Entweder wir gewähren wirklich das Recht auf *freie* Assoziation oder wir wollen unter allen Umständen die Grundfreiheiten des Individuums schützen und beschränken deshalb seine Wahlfreiheit und die Freiheiten von Gruppen – für eines von beidem müssen wir uns entscheiden, mit allen Konsequenzen. Und das können eben auch extrem hohe Ausstiegskosten sein.

Wer bereit ist, denn radikalen Individualismus und normativen Minimalismus von Kukathas mitzumachen, mag gleichwohl zögern, wenn ihm dessen Vision einer pluralistischen Gesellschaft präsentiert wird: Die Insellösung ist sowohl in theoretischer als auch in praktischer Hinsicht weitaus problematischer als Kukathas es darstellt. Der eingangs erwähnte Mord am Filmemacher van Gogh in den Niederlanden hat auch gezeigt, wie gefährlich die Existenz illiberaler Inseln inmitten einer liberalen Gesellschaft *tatsächlich* sein kann. Kukathas wird vermutlich einwenden, das Problem sei nicht die Insel, sondern der individuelle Mangel an Toleranz. Das lässt allerdings vermuten, dass zum modernen Staatsbürgertum auch gehören müsste, tolerantes Denken und Verhalten zu erlernen – nicht unbedingt eine minimale Konzeption von Staatsbürgerschaft. Individuen Toleranz zu vermitteln, *kann* bedeuten, in Gruppenbelange einzugreifen. Es ist zu vermuten, dass Kukathas seine diesbezügliche strikte Abstinenzforderung nicht durchhalten kann, wenn sein Modell funktionieren soll.

Literatur

BARRY, B.: *Culture and Equality*, Cambridge: Polity Press 2002.
KUKATHAS, C.: *A Liberal Archipelago. A Theory of Diversity and Freedom*, Oxford: Oxford University Press 2003.
KYMLICKA, W.: *Multicultural Citizenship. A Liberal Theory of Minority Rights*, Oxford: Clarendon Press 1995.

Verordnete und stiftende Kreativität.
Von den Schwierigkeiten, politische Ordnungen zu erfinden

Thomas Bedorf (Hagen)

Was hat Kreativität mit Politik zu tun? Auf drei Ebenen läßt sich die Frage meines Erachtens stellen. Da wäre zunächst das politische Handeln. Wie jedes Handeln enthält es eine Unbestimmtheit, weil es in unseren nicht-teleologischen Gesellschaften niemals zureichende Gründe für diese oder jene Option gibt. Wenn daher Politik die Kunst des Möglichen ist, wie das Bismarcksche Wort sagt, so bedarf diese Kunst einer Fertigkeit, die kreative Potentiale einschließt. Sodann wäre an die politischen Institutionen zu denken, deren Existenz sich nicht von selbst versteht. Sie haben ihre Geschichte und somit Momente ihrer Erfindung, mit denen auf historisch variable Anforderungen und auf veränderte Machtstrategien reagiert wird, in denen sich politisches Handeln bewegen kann. Schließlich könnte man der Rolle der Kreativität auf der Zeitebene der Politik nachgehen. Weder Herkunft noch Zukunft sind für ein Gemeinwesen ohne weiteres gegeben, sowohl die Erinnerung an Tradiertes, an orientierungsstiftende Werte und an die durch die Einrichtung des Staates verursachten Opfer können Gegenstand von Auseinandersetzungen sein, in denen die normative Ökonomie der Gesellschaft auf dem Spiel steht. Mit Blick auf die Zukunft stehen zeitnahe Horizonte politischen Handelns ebenso zur Debatte wie langfristige Utopien (wenn auch letztere seit einiger Zeit aus Theorie und Öffentlichkeit verschwunden sind). Zukunft wie Herkunft stehen nicht ein für allemal fest, sondern müssen jeweils neu erfunden werden.

Mich interessiert hier eine Problemstellung, die nicht zu diesen drei Ebenen hinzutritt, sondern quer zu diesen steht. Die drei Dimensionen der Kreativität im Politischen bewegen sich innerhalb einer gegebenen institutionalisierten Struktur. Die Offenheit politischen Handelns, die historische Erfindung der Institutionen und die Zeitdimension der sozialen Identität lassen sich im Rahmen einer gegebenen politischen Form des sozialen Lebens beschreiben. Denn das Urteil darüber, inwieweit kreative Potentiale umgesetzt werden, hängt von dem jeweiligen Bezugsrahmen ab. »Was in einem Kontext neu und kreativ ist, kann in anderen Zusammenhängen durchaus Standard sein.«[1] Eine andere Kreativität wird notwendig, wenn dieser Rahmen selbst zur Disposition steht. Seit einigen Jahren bemühen sich (insbesondere franzö-

---

[1] H. Bluhm/J. Gebhardt: *Politisches Handeln, ein Grundproblem der politischen Theorie*, in: dies. (Hgs): Konzepte politischen Handelns. Kreativität – Innovation – Praxen, Baden-Baden 2001, S. 9-19, S. 12.

sische) Theoretiker, eine Philosophie der Politik zu erarbeiten, die den Bruch mit einer Politik liberaler Herkunft zur Voraussetzung hat. Sie betonen die Kontingenz der jeweiligen Einrichtung der Gesellschaft und schlagen vor, die Politik im Gegensatz zum Raum des Politischen als die Erfindung der Grundregel der Gesellschaft zu verstehen.

Diesen Impuls möchte ich *stiftende Kreativität* nennen, weil sie gefordert ist, die ›unbegründete‹ Verteilung im sozialen Körper zu entwerfen, die noch vor den Verhandlungen über die Gleichheit von Chancen, Gütern und Funktionen liegt. Diese radikale Philosophie des Bruchs mit der Politik, wie sie in den zeitgenössischen liberalen Theorien der Gerechtigkeit und der Gleichheit intendiert wird, legt deren unbefragte Voraussetzungen offen und unterstreicht das Kontingenzmoment einer jeden Stiftung. Doch so wertvoll diese Beiträge als Kontrastfolie sind, welche die blinden Flecke der liberalen Theorien sichtbar macht, so mündet der Appell an die stiftende Kreativität in eine politische Überforderung, die einer *verordneten Kreativität* in den neoliberalen Gesellschaften ähnelt. Wie diese Problematik der Erfindung politischer Ordnungen zu beschreiben ist, dazu werde ich abschließend einen Vorschlag machen.

Mit Kant skizziere ich zunächst den traditionellen politischen Horizont, in dem die Kreativität im Sinne der Stiftung nur als Grenzphänomen bzw. als beobachtetes Außen fungiert (I). Anschließend erläutere ich den Begriff der Politik der Unterbrechung und deren Forderung einer Neuerfindung des Politischen. Ich beziehe mich hierfür auf die Philosophien insbesondere von Badiou, Nancy und Rancière (II). Abschließend unterziehe ich diese Positionen einer kritischen Würdigung vor dem Hintergrund ihrer kreativen Überforderung der Subjekte, wofür ich auf Foucaults Begriff der Regierungskunst oder der Gouvernementalität zurückgreife (III).

Eingeschränkte Kreativität in den Grenzen der praktischen Vernunft

Auctoritas non veritas facit legem.[2] Mit diesem vielzitierten Satz hält Hobbes den Kerngedanken positiven Rechts fest, das nicht wie die Gesetze bei Aristoteles für sich herrschen kann, sondern einer stützenden, zwingenden Gewalt bedarf. An der Zwangsgewalt des Rechts hält Kant zwar fest, wenn er in der *Metaphysik der Sitten* die »Befugnis zu zwingen«[3] und das Recht begrifflich in eins setzt. Doch wird die Hobbessche Hierarchie zwischen Souverän und Bürgern zu einer Reziprozität zwischen Vernunftwesen umgebaut. Nicht mehr die schiere Notwendigkeit der Selbsterhaltung motiviert die Legitimation der Gesellschaft, sondern die Einsicht in die Vernünftigkeit wechselseitiger Wil-

---

[2] Thomas Hobbes: *Leviathan*, 11. Aufl., Frankfurt/M. 2002, S. 212. Diesen Ausdruck nimmt u.a. Carl Schmitt wieder auf, vgl. *Politische Theologie: Vier Kapitel zur Lehre von der Souveränität*, Berlin 1990, S. 32.
[3] Immanuel Kant: *Metaphysik der Sitten*, AA VI, 232.

lenseinschränkung. Wo die transzendentale Auffassung der Freiheit als Voraussetzung praktischen Handelns regiert, kann soziale Ordnung widerspruchsfrei nur als reziproke Anerkennung ihrer Grenzen gedacht werden. Kants geschichtsphilosophische Auffassung kann zwar einen »Antagonism«[4] zwischen Selbsterhaltungsstreben und Sozialität ausmachen, diesem im Hinblick auf eine vernünftige Gesamtordnung jedoch nur temporäre stimulierende Wirkung zuschreiben. Die Legitimität des bestehenden Ganzen läßt sich damit nicht in Frage stellen. Den »Enthusiasmus«[5] angesichts der Französischen Revolution verspürt bekanntlich ein Beobachter und kein Handelnder. Die Rolle der Kreativität beschränkt sich, wenn man hier überhaupt von ihr reden will, darauf, die Gebote der Vernunft zu ergründen. Hier ist bestenfalls Platz für Angemessenheit, nicht aber für Erfindungsgabe.

Für jene politischen Philosophien, die sich heute mehr oder minder der Kantischen Identität der Rechtsperson als Autor und Adressat des Rechts verdanken, gilt Ähnliches. Der kreative Spielraum in der Begründung der Menschenrechte oder der Suche nach dem angemessenen Gleichgewicht zwischen freier Ausübung der eigenen Willkür und dem Anspruch auf Gleichheit ist gewiß nicht zu unterschätzen. Doch ist dieser auf die Suche nach dem besten Argument im intersubjektiven Verständigungsprozeß beschränkt. Die Grundlagen für diesen Prozeß selbst stehen jedoch nicht zur Diskussion.

Quer zu dieser Linie steht eine weitere Ressource für Kreativität, die sich mit dieser eng umschriebenen Aufgabe nicht zufrieden gibt. Kommen wir noch einmal auf Hobbes zurück. Dessen Modell wird üblicherweise als eine Begründung der absoluten Herrschaft verstanden, die sich des positiven Rechts bedient, um die »Irrlehren« der Gewaltenteilung und der Demokratie in die Schranken zu weisen. Eine solche Interpretation hat den ersten Anschein und die grobe Argumentationslinie für sich und findet Anhaltspunkte darin, daß Autoren wie Carl Schmitt sich auf ihn berufen. Inwiefern dies zurecht geschieht und diese Deutungsgeschichte überzeugt, muß hier nicht diskutiert werden. Jedoch läßt sich der Akzent auch auf einen anderen Aspekt legen. Gegenüber genetischen Modellen des Politischen, die die Einrichtung der Gesellschaft entweder als Fortschreibung einer naturrechtlich verankerten Ordnung oder als einen vernunftgeleiteten Austritt des Menschen aus seiner bloßen Natur verstehen, betont Hobbes die Kontingenz des Sozialen, die sich weder historisch noch rational beheben läßt. Der Übergang von der Natur zur Kultur ist bestimmt von einem Hiatus, der sich nie zur Gänze schließen läßt. Die Stiftung einer Ordnung, der Moment ihres Entstehens ist nicht selbst durch die normativen Mittel der so geschaffenen Assoziation begründ- oder ableitbar. In der Gründung ist ein radikaler Bruch impliziert, dem nur in ei-

---

[4] Ders.: *Ideen zu einer allgemeinen Geschichte in weltbürgerlicher Absicht*, AA VIII, 4. Satz.
[5] Ders.: *Der Streit der Fakultäten*, AA VII, 85.

nem »Wahn«⁶ begegnet werden kann, wie Derrida in etwas anderem Kontext sagt.

Wenn Gewalt das ist, was sich einem Diskurs entzieht und mit dem kommunikativen Kontinuum bricht,⁷ so kann die kreative Erfindung einer politischen Ordnung davon nicht unberührt bleiben. Die Tradition politischer Philosophie, die sich auf diesen Umstand beruft, stellt die Ordnung der Verteilung selbst in Frage und fordert zum Erfinden von neuen Ordnungen auf. Utopien sind damit nur bedingt anvisiert, weil sich diese Philosophie nicht auf einen Nicht-Ort, sondern sich auf ein Hier und Jetzt bezieht, auf politische Kämpfe, die in den liberalen Theorien unterbestimmt bleiben. Es ist dann eine *stiftende Kreativität* gefordert, die eine maximale Gleichheit garantieren soll.

Kreativität an den Brüchen der Ordnung

Es gibt philosophische Stimmen, die sich der auf Kant zurückgehenden Problemgeschichte nicht anschließen. Die systematisch, wenn auch nicht ausdrücklich, an Hobbes anschließenden Beiträge zur Philosophie des Politischen berufen sich nicht auf den Grundbegriff der Freiheit, sondern auf den der Gleichheit.⁸ Sie wird nicht als Frage nach der Güter- oder Chancenverteilung aufgefaßt, sondern fundamentaler als Einspruch gegen die Einrichtung einer Gemeinschaft, die das *Wie* der Gleichheit bereits einseitig beantwortet hat. Das egalitäre Prinzip findet seinen effektiven Platz nicht *in* der Gesellschaft und ihren Verteilungskämpfen, sondern in jenem Moment, in dem die gesellschaftliche Ordnung als solche erst gestiftet wird. »Gleichheit« ist die Parole, welche die Selbstverständlichkeiten bestehender Hierarchien und politischer Konfliktbearbeitungsszenarien in Frage stellt. Sie fordert, wie Jacques Rancière formuliert, »einen Anteil der Anteilslosen«⁹ ein, d.h. eine Partizipation derjenigen, die durch den herrschenden Diskurs des politischen Geschäfts nicht nur nicht an der Macht beteiligt sind, sondern geradezu kein »droit de parole«, keine Stimme haben. Es sind diejenigen, die durch die Anordnung der Konfliktlinien, die das Gemeinwesen bestimmen, keine politischen Subjekte

---

⁶ Jacques Derrida: *Gesetzeskraft. Der »mystische Grund der Autorität«*, Frankfurt/M. 1991, S. 52. Vgl. auch Derridas Problematisierung der Stiftung in ders.: *Nietzsches Otobiographie oder Politik des Eigennamens*, in: Spuren, Nr 10 (1980), S. 64-98.
⁷ Vgl. Kurt Röttgers: *Spuren der Macht und das Ereignis der Gewalt*, in: Kristin Platt (Hg.): Reden von Gewalt, München 2003, S. 80-120, S. 99.
⁸ Das Begriffsschicksal des dritten in der Trias der politischen Schlagworte enthaltenen Motivs bleibt mit den beiden wirkungsvolleren verwoben. Vgl. Verf.: *Androfraternozentrismus – Von der Brüderlichkeit zur Solidarität und zurück*, in: ders./Andreas Cremonini (Hgs.): Verfehlte Begegnungen. Levinas und Sartre als philosophische Zeitgenossen, München 2005, S. 223-257.
⁹ Jacques Rancière: *Das Unvernehmen. Politik und Philosophie,* Frankfurt/M. 2002, S. 22.

sein können. Ihre Beteiligung an der Vertretung politischer Interessen ist nicht durch die Macht oder die Institutionen des Zwangs untersagt, sondern schlicht nicht vorgesehen. Es geht also nicht um das Problem des Ausschlusses, das Agamben wortreich variiert, sondern um Diskurse, die das Sprechen bestimmter Subjekte ermöglichen oder eben nicht.

Der intendierte polemische Konflikt läßt in ähnlicher Weise, wie Lyotard den Widerstreit konzipiert, sich nicht auf Basis einer Gemeinsamkeit der Streitenden lösen, weil diese selbst fraglich und nicht ohne weiteres herzustellen ist. Die Politik besteht in diesem Unvernehmen (*mésentente*)[10], in dem unterschiedliche Beschreibungen der Situation oder umfassender: der »Welt«, zu ganz unterschiedlichen Konsequenzen führen, weil die Möglichkeitsräume des Politischen durch die Diskursgrundlagen selbst beschnitten oder erweitert werden. »Die Politik ist nicht aus Machtverhältnissen, sie ist aus Weltverhältnissen gemacht.«[11]

Inwiefern die Politik als Weltverhältniskonflikt eine Problematik der Kreativität darstellt, läßt sich mit Jean-Luc Nancys Überlegungen zur Kreation ohne Schöpfer formulieren. Der Schöpfungsbegriff wird von der Konnotation eines abgeschlossenen Werks gelöst und verbal aufgefaßt als eine »letztlich unaufhörliche Aktualität dieser Welt in ihrer Singularität (Singular der Singulare)«[12]. Daß die Welt *zu* erfinden, nicht aber eine Schöpfung im Sinne einer Produktion durch ein Jenseitiges (Prinzip oder Akteur) ist, liegt an einer aus der Phänomenologie geläufigen Einsicht: Welt ist kein Gegenstand, sondern ein Modus der Existenz, das Bezugssystem, *in dem* sich (Sinn-)Produktion entfaltet. Mit diesem Eingelassen-sein in die Welt, dem »Zur-Welt-sein«[13], wird jene Vorstellung des Weltbezugs abgelöst, die in Analogie zur Relation von Behältnis und Inhalt eine begriffliche und sinnliche Faßbarkeit der Welt zugrundelegt. Diese Auffassung wird ersetzt durch jene eines Horizontes, der die Existenz in ihrer Immanenz mit einem jeweils kontingenten Sinn versieht. »Die« Welt hat also weder Grund noch Schöpfer noch Sinn, sondern steht als Aufgabe jeweils bevor.

> Die Welt zu denken heißt, diese Faktizität zu denken, was voraussetzt, diese nicht auf einen Sinn zurückzuführen, der fähig ist, sie aufzunehmen, sondern in sie, in ihre faktische Wahrheit den ganzen möglichen Sinn zu legen.[14]

---

[10] Der Neologismus meint mehr als nur ein »Mißverstehen«. Da »entendre« sowohl »verstehen« als auch »hören« bedeutet, verweist die »mésentente« auch auf eine »Unhörbarkeit«.
[11] Rancière: *Das Unvernehmen*, a.a.O., S. 54.
[12] Jean-Luc Nancy: *Die Erschaffung der Welt* oder *die Globalisierung*, Berlin 2003, S. 71.
[13] Ebd., S. 35. Übersetzung unter Berücksichtigung des Bezugs auf Merleau-Pontys Begriff korrigiert. Die deutsche Ausgabe übersetzt »être-au-monde« heideggersch mit »In-der-Welt-sein«.
[14] Ebd., S. 36.

Wenn man dies nicht bloß als (unspektakuläre) phänomenologisch-ontologische Auslegung der Säkularisierung verstehen will, so muß man die These wohl politisch interpretieren. Im Verlust des Schöpfers liegt das Potential zur Schöpfung aus dem Nichts, die einen »Sinn *in actu*«[15] hervorbringt.

> *Die Welt erschaffen* bedeutet die sofortige, unverzügliche Wiedereröffnung jedes möglichen Kampfes für eine Welt […]. Diesen Kampf muß man aber gerade im Namen der Tatsache führen, daß diese *Welt* aus nichts hervorgeht, daß sie bedingungslos und ohne Modell ist, ohne gegebenes Prinzip und ohne gegebenen *Zweck*, und daß gerade *dies* die Gerechtigkeit und den Sinn einer Welt bildet.[16]

Die »Weltverhältnisse«, von denen bei Rancière als den eigentlich politischen Bedingungen die Rede war, unterliegen also, so könnte man Nancys Überlegungen zusammenfassen, einer *Kontingenzhermeneutik*. Sie führt dazu, Politik neu erfinden zu müssen, die weder den traditionellen Legitimationsfragen unterworfen ist, noch sich der Identitätsparanoia unterwirft, die die Konflikte des ausgehenden 20. Jahrhunderts bestimmten. Nancy zielt damit auf eine neue soziale Bindung, die sich zu keiner Identität und keiner identitären Logik schließen soll.

Um die Offenheit der Kontingenzhermeneutik zu gewährleisten, muß das Ereignis, in dem sich das politische Potential einer »anderen Gesellschaft« (Adorno) zeigen kann, singulär sein und bleiben. Es muß, so der Tenor von Rancières Poetik der Geschichtsschreibung, der Historie entrissen werden. Soll die »Opferung der Historie an die Affirmation des szientistischen Glaubens«[17] nicht als letzte Auskunft fungieren, so muß etwa die Französische Revolution als politisches *Ereignis* für sich selbst wahrgenommen werden. Dies zielt auf ihre liberale Besänftigung als Ursprung einer kulturellen Erfolgsgeschichte der Freiheit sowie auf ihre kulturkonservative Diffamierung als künstlich-widernatürlicher Bruch mit einer organischen und damit transzendent begründeten Ordnung.

In dieser Perspektive ist es nur konsequent, wenn Alain Badiou Politische Philosophie als Ontologie des Ereignisses betreibt.[18] Der Modus, in dem Politik erscheint, ist einer der singulären Ereignisse, die subjektiv besetzt werden,

---

[15] Ebd., S. 50.
[16] Ebd., S. 54f.
[17] Jacques Rancière: *Die Namen der Geschichte. Versuch einer Poetik des Wissens*, Frankfurt/M. 1994, S. 148. Rancières rhetorische Strategie hat unübersehbar Bezüge zu Nietzsches Frage nach der »Lebensdienlichkeit« der Historie als auch zu Benjamins Thesen über die Geschichte der Sieger.
[18] Die Kennzeichnung »Politische Philosophie« dient hier lediglich dazu, in diesem Wissensfeld eine gegenüber der liberaldemokratischen Tradition begrifflich andere Option zu verdeutlichen. Den Begriff einer gesonderten Disziplin, die »das Politische« behandeln würde, lehnen sowohl Badiou als auch Rancière ab, weil sie ihn mit liberalen Theorien identifizieren.

nicht aber der einer politischen Wissenschaft, der sich die liberalen Philosophien beharrlich annähern. Die »Bindung«, die von einer philosophisch legitimierten Ordnung solcher Art postuliert wird, ist es, »die aufgekündigt werden muß.«[19] Das entbundene Ereignis denkt Badiou uneingeschränkt ontologisch als radikale, kontingente Singularität, die alle Verbindungen zu durchlaufenden Prozessen kappt, ohne sich deren Folgen vorab vergewissern zu können. Kollektive Identitäten sind dementsprechend für Badiou ebenso unpolitisch wie Geschichtsteleologien.

Politik existiert als Antagonismus partikulärer Normen, die die Gleichheit zum Prinzip einer Situation erklären.[20] Wie bei Rancière sind die Gerechtigkeitsforderungen einer egalitären Politik nicht durch eine »Theorie der Gerechtigkeit« und ihre institutionellen Detailprozeduren zu eruieren, sondern nur durch eine Konfrontation mit den bestehenden institutionellen Einrichtungen des Rechts und der Ökonomie. »Die politische Gleichheit ist nicht das, was man will oder projektiert, sie ist das, was man im Feuer des Ereignisses hier und jetzt deklariert als das, was ist, nicht als das, was sein soll.«[21] Politik, die aus Weltverhältniskonflikten gemacht ist, verhandelt nicht über normative Erwartungen für die Zukunft, sondern konfrontiert Beschreibungen politischer Konflikte, die sich antagonistisch gegenüberstehen. Die Kontingenzhermeneutik läßt sich nicht in einem übergreifenden Raum der Vernunft befrieden.

Ob diese auf den Widerstreit statt den Konsens gebaute Politikkonzeption als demokratisch oder anti-demokratisch aufzufassen ist, hängt davon ab, was man unter Demokratie versteht. Slavoj Žižek identifiziert Demokratie mit konsensualen Aushandlungsprozessen, in denen die politischen Gegner sich als Konkurrenten sehen. Demgegenüber werden in der Politik der Unterbrechung Gegner zu Feinden, agonaler Wettbewerb zu einem antagonistischen Widerstreit, der Pakt der Anerkennung zwischen politischen Opponenten zu einem Bruch von Welten.[22] Die Strategie Rancières hingegen besteht darin, das geläufige Verständnis von Demokratie dadurch zu untergraben, daß er *demos* als Namen auffaßt. Insofern »das Volk« als noch ungeordnete Menge Anspruch auf Gleichheit erhebt, noch bevor Gleichheitsprozeduren die Menge in einzelne Gruppen und Klassen eingeteilt haben, kann er »Demokratie« mit der Politik des Ereignisses gleichsetzen.[23] Wie auch immer man sich hin-

---

[19] Alain Badiou: *Über Metapolitik*, Berlin 2003, S. 88.
[20] Dahinter steht das hier nicht weiter erläuterte Problem, ob und wie sich ein singulärer Universalismus denken läßt. Vgl. Alain Badiou: *Saint Paul. La fondation de l'universalisme*, 4. Aufl., Paris 2004.
[21] Ebd., S. 111.
[22] Vgl. Slavoj Žižek: *Die Revolution steht bevor. Dreizehn Versuche über Lenin*, Frankfurt/M. 2002, S. 94.
[23] Rancière: *Das Unvernehmen*, a.a.O., S. 108 u. 111.

sichtlich der Bezeichnungspraxis entscheidet, die kritische Distanz zu parlamentarischen Prozeduren der Entscheidungsfindung ist unübersehbar.

Die Kreativität der regierten Subjekte

Soweit zur ontologischen Grundlegung der anti-legitimatorischen Philosophie der Politik. Die in ihrer leidlichen Überbetonung des Neuen »kreativistisch« zu nennenden Philosophien kommen ohne einen Rekurs auf die Ernennung von Subjekten, die an den herrschenden demokratischen Diskursen keinen Anteil haben, nicht aus. Es handelt sich nicht um subjektlose Strukturalismen oder Dekonstruktionen. Ich komme daher auf die erste eingangs genannte Ebene der Kreativität der Politik zurück. Die Offenheit politischen Handelns, läßt sich – so zeigt sich nun – nicht einfach hintanstellen, auch wenn die skizzierte Theorie der Unterbrechung nicht handlungstheoretisch verfaßt ist. Subjekte der genannten Art bilden die Punkte, an denen sich die politische Einbildungskraft entfalten kann, die es braucht, damit eine Ordnung der Politik in Frage gestellt werden kann. Man muß sich anderes vorstellen und den Einspruch der Gleichheit praktisch umsetzen können, wenn die radikale Politik nicht bei einer reinen Negation des Bestehenden Halt machen soll.

Diese Forderung koinzidiert mit der Verwendung der freien Potentiale der Selbsterfindung für die marktfähigen Subjekte im Neoliberalismus. »Neoliberalismus« nennt Michel Foucault in den im vergangenen Jahr publizierten Vorlesungen zur Geschichte der Gouvernementalität jene Nachkriegspositionen amerikanischer und deutscher Ökonomen, die sich umwillen einer gesteigerten Selbstverantwortung gegen den Keynesianischen Staatsinterventionismus wenden. Interessant ist an den Vorlesungen, neben Verschiebungen, die sich im Inneren des Foucaultschen Werkes ergeben, vor allem, daß er den Staat nicht als autonome Machtquelle, sondern als »bewegliche[n] Effekt eines Systems von mehreren Gouvernementalitäten«[24] versteht. Gouvernementalität bedeutet ein Ensemble dreier »Bewegungen: Regierung, Bevölkerung, politische Ökonomie«, das »auch heute noch nicht aufgelöst ist«[25]. Nicht gehorsame Bürger müssen erzogen und diszipliniert werden, sondern mündige Subjekte, die Einsicht in die Erfordernisse der Zeit zeigen. Das Maß der gouvernementalen Praktiken ist nicht mehr das Recht, sondern der Erfolg oder der Nutzen. Zunehmend wird die Autonomie der Marktteilnehmer selber »erzeugt«[26].

---

[24] Michel Foucault: *Geschichte der Gouvernementalität II. Die Geburt der Biopolitik. Vorlesung am Collège de France 1978-1979*, Frankfurt/M. 2004, S. 115.
[25] Michel Foucault: *Geschichte der Gouvernementalität I. Sicherheit, Territorium, Bevölkerung. Vorlesung am Collège de France 1977-1978*, Frankfurt/M. 2004, S. 162.
[26] Foucault: *Geschichte der Gouvernementalität II*, a.a.O., S. 104.

Das kreative Potential ist nun *eine* Weise, diesen Autonomieeffekt zu füllen. »Jeder hat die Pflicht, initiativ zu werden«, lautet eine Maxime im Management-Handbuch eines bayrischen Automobilkonzerns. Die *verordnete Kreativität*, wie man die paradoxe Aufforderung nennen könnte, entspringt keinem sprachlichen Irrtum, sondern signalisiert ein Selbstverständnis, das Konsequenzen für die betriebliche Praxis und die Steuerung der Leistung der Mitarbeiter hat: Initiativen statt Direktiven, kreative Identifizierung mit der *corporate philosophy* statt zu erfüllender Vorgaben, Projektmanagement statt Unterordnung. Die Umstellung beschränkt sich nicht auf die Arbeitswelt, sondern verändert die Gesellschaft als ganze. In der »aktivierenden« statt wohlfahrtsstaatlich alimentierenden Politik, die in den Arbeitsmarktreformen und den Veränderungen der sozialen Sicherungssysteme offen propagiert wird, findet sie ihre Fortsetzung. Um der aktivierenden Logik zu entsprechen, bedarf es Subjekten, die die Anforderungen eines sich verändernden Arbeitsmarktes antizipieren und ihre Selbstbilder entsprechend einrichten. Die Ich-AGs, die das Selbst zum Unternehmer-Ich machen, das Marketinglösungen in eigener Sache kreieren muß, ist eine logische Folge. Um am Markt zu bestehen, muß das Subjekt seine Kreativität in Produkte umsetzen und zugleich sich selbst zum Gegenstand kreativer Umformungen machen. Denn anders als das Genie kann der kreative Mensch sich trainieren, fortbilden und disziplinieren. Die Ratgeberliteratur für kreatives Schreiben, Kreativität in der Personalentwicklung und als Erziehungsziel füllt Bibliotheken.[27] Da jeder Kreativität aktivieren *kann, soll* man dies, um sich unverwechselbar zu machen. Dies ist zugleich ein Imperativ, der an alle ergeht. »Gefordert ist serielle Einzigartigkeit, Differenz von der Stange.«[28]

Wie läßt sich die Emergenz einer verordneten Kreativität mit der Politik der Unterbrechung in Beziehung setzen? Die Rolle der stiftenden Kreativität hatte sich als eine Einbildungskraft erwiesen, die sich anderes vorstellen kann als das Bestehende. Doch wie die Gleichheit als Imperativ, der die herrschenden Zuordnungen durchstreicht, realisiert werden soll, dazu finden wir bei Rancière, Badiou, Žižek oder Nancy wenig. Es bleibt der Erfindungskraft der politischen Subjekte überlassen, die Leerstelle auszufüllen. Zugleich aber sollen, folgt man den Überlegungen der genannten Autoren, Subjekte benannt werden, die als Träger politischen Wandels fungieren können. Ebenso wie in der Programmatik des aktivierenden Staats und seinen Ich-AGs zeigt sich die

---

[27] Vgl. den kritischen Blick auf das Versprechen der Kreativität in Hartmut von Hentig: *Kreativität. Hohe Erwartungen an einen schwachen Begriff*, München, Wien 1998, insbes. S. 10f.
[28] Ulrich Bröckling: Art. *Kreativität*, in: ders./S. Krasmann/Th. Lemke (Hgs.): Glossar der Gegenwart, Frankfurt/M. 2004, S. 139-144, S. 143.

Forderung in der kreativistischen Theorie der Politik als eine charakteristische *Über*forderung.[29]

Es liegt an der dieser Theorie immanenten dezisionistischen Tendenz, daß sich die Subjekte von dem vorgegebenen Rahmen lösen und zugleich politisch wirksam das Neue erfinden sollen. Der Status der Subjekte selbst wird dabei unterbestimmt. Wer wird hier benannt oder benennt sich? Bisweilen klingen die Vorschläge so, als ob vorausgesetzt wäre, daß zwar hinter die politische Ordnung zurückgegangen werden soll, weil sie allzuviele Vorentscheidungen trifft, die Subjekte jedoch zur Verfügung stehen, um Akteure dieser Infragestellung zu sein.[30] Doch es empfiehlt sich, einen Subjektbegriff zu entfalten, der die Gefahr einer *creatio ex nihilo* oder *creatio ex subiecto* bannt.

Louis Althusser, dem Rancière wie Badiou theoretisch verbunden sind, hat seine Theorie der ideologischen Staatsapparate, die so etwas wie die Gouvernementalitäten avant la lettre darstellen, mit einer kursorischen Anerkennungstheorie versehen. Er illustriert sie am Beispiel eines Polizisten, der ein Subjekt im öffentlichen Raum anruft: »He, Sie da!«[31] Die unwillkürliche Umwendung des Subjekts vollzieht eine Anerkennung und Wiedererkennung (*reconnaissance*) des Sprechers und seines Appells, insofern zwar nicht zwangsläufig *dieses* Subjekt gemeint war, es sich jedoch als gemeint erfährt bzw. anerkennt. Analog zu Foucault, der immer wieder betont, daß die Macht nicht als ein Zentrum aufzufassen ist, von dem Wirkungen ausgehen, drückt sich, so Althusser, die Autorität in Praktiken *der* Subjekte aus, die sie *zu* Subjekten machen. Es handelt sich – wie das Beispiel zeigen soll – nicht um Disziplinierungen und herrschaftsförmige Hierarchisierungen, sondern um eine wechselseitige Bedingtheit, die darin besteht, »daß die Kategorie des Subjekts nur insofern konstitutiv für jede Ideologie ist, als jede Ideologie die (sie definierende) Funktion hat, konkrete Individuen zu Subjekten zu ›konstituieren‹.«[32] Subjektive Leistungen, die ›von innen‹ her kommen, drücken materiell die ideologische Disposition aus, wie umgekehrt die Ideologie angewiesen ist auf ihre Verkörperung in Subjekten.

---

[29] Wie universelle Forderungen mit singulären Anforderungen widerstreiten, wie sich Ethisches und Politisches verschränken, läßt sich mit der Figur des Dritten plausibel machen: Vgl. Verf.: *Dimensionen des Dritten. Sozialphilosophische Modelle zwischen Ethischem und Politischem*, München 2003.

[30] Natürlich ist dies eine Vereinfachung zu Demonstrationszwecken. Sie erhält jedoch Anhaltspunkte, wenn etwa Rancière Subjektivierungspraktiken an die »Polizei« und gerade nicht an die emanzipative Politik bindet. Vgl. Jacques Rancière: *Politique, identification, subjectivation*, in: ders.: Aux bords du politique, 3. Aufl. Paris 2004, S. 112-125.

[31] Louis Althusser: *Ideologie und ideologische Staatsapparate*, in: ders., Ideologie und ideologische Staatsapparate. Aufsätze zur marxistischen Theorie, Hamburg, Berlin 1977, S. 108-153, S. 142f.

[32] Ebd., S. 140.

Zu lernen wäre aus der Subjektwerdung als Anerkennung einer Machtpraxis, daß die jeweilige politische Ordnung nicht ohne weiteres unterbrochen werden kann, weil es der Subjekte bedarf, die dies bewerkstelligen. Wie Judith Butler in ihrer Interpretation Althussers hervorhebt, ist der Anruf des Gesetzes kein gewalttätiger Zwang, sondern ein vielversprechender Appell: »denn [er] verspricht Identität.«[33] Subjektgenese ohne eine solche Form der formierenden und in Praxen eingeübten Anerkennung ist ebenso wenig denkbar wie eine substantielle Fixierung der Subjekte auf eben diese Form. Denn sofern die Performanz der Praxen, die das Subjekt ausmachen, eingeübt werden muß, um wirksam zu sein, können Wiederholungen auch scheitern und verfehlt werden.

Diese Andeutungen müssen hier genügen, um plausibel zu machen, daß sich die Kontingenzhermeneutik auf eine Praxis der Wiederholung von Ritualen, Selbsttechnologien und Identifizierungen beziehen muß, wenn sie nicht ereignisontologisch leerlaufen oder dezisionistisch in einer Beschwörung des »Feuers des Ereignisses« (Badiou) enden will. Gegenüber der Emphase der Unterbrechung der kreativistischen Theorien käme es darauf an, nicht den Bruch als Bruch zu thematisieren, nicht das Ereignis der Politik an sich zu intendieren, das ohne Kontext stets blaß oder blendend zu werden droht. Vielmehr bedarf es eines Kontrastes, in dem sich das Politische von der Politik, das Ereignis, in dem es kreativ Ordnungen, Regeln und Institutionen zu erfinden gilt, von den verwalteten Strukturen abhebt, in denen es geschieht. Damit würde die stiftende Kreativität »seltener«[34] wie die ereignishafte Politik bei Rancière und damit die Überforderung der Subjekte durch die kreativistische Philosophie gemildert. Zugleich würde auch die Kreativität umgedeutet von einer antrainierbaren Kompetenz des formierten Individuums im 21. Jahrhundert zu einer Notwendigkeit, auf das Unvorhersehbare mit einer Erfindungskraft zu reagieren, die sich weder verordnen noch einüben läßt.

---

[33] Judith Butler: *Psyche der Macht. Das Subjekt der Unterwerfung*, Frankfurt/M. 2001, S. 103.
[34] Rancière: *Das Unvernehmen*, a.a.O., S. 29.

Literatur

ALTHUSSER, Louis: *Ideologie und ideologische Staatsapparate*, in: ders., Ideologie und ideologische Staatsapparate. Aufsätze zur marxistischen Theorie, Hamburg, Berlin 1977, S. 108–153.

BADIOU, Alain: *Saint Paul. La fondation de l'unversalisme*, 4. Aufl., Paris 2004.

BADIOU, Alain: *Über Metapolitik*, Berlin 2003.

BEDORF, Thomas: *Andro-fraternozentrismus – Von der Brüderlichkeit zur Solidarität und zurück*, in: ders./A. Cremonini (Hgs.): Verfehlte Begegnungen. Levinas und Sartre als philosophische Zeitgenossen, München 2005, S. 223-257.

BEDORF, Thomas: *Dimensionen des Dritten. Sozialphilosophische Modelle zwischen Ethischem und Politischem*, München 2003.

BLUHM, Harald/GEBHARDT, Jürgen: *Politisches Handeln, ein Grundproblem der politischen Theorie*, in: dies. (Hgs): Konzepte politischen Handelns. Kreativität – Innovation – Praxen, Baden-Baden 2001, S. 9–19.

BRÖCKLING, Ulrich: Art. *Kreativität*, in: ders./S. Krasmann/Th. Lemke (Hgs.): Glossar der Gegenwart, Frankfurt/M. 2004, S. 139–144.

BUTLER, Judith: *Psyche der Macht. Das Subjekt der Unterwerfung*, Frankfurt/M. 2001.

DERRIDA, Jacques: *Gesetzeskraft. Der ›mystische Grund der Autorität‹*, Frankfurt/M. 1991.

DERRIDA, Jacques: *Nietzsches Otobiographie oder Politik des Eigennamens*, in: Spuren, Nr 10 (1980), S. 64–98.

FOUCAULT, Michel: *Geschichte der Gouvernementalität I. Sicherheit, Territorium, Bevölkerung*. Vorlesung am Collège de France 1977–1978, Frankfurt/M. 2004.

FOUCAULT, Michel: *Geschichte der Gouvernementalität II. Die Geburt der Biopolitik*. Vorlesung am Collège de France 1978–1979, Frankfurt/M. 2004.

HENTIG, Hartmut von: *Kreativität. Hohe Erwartungen an einen schwachen Begriff*, München, Wien 1998.

HOBBES, Thomas: *Leviathan*, 11. Aufl., Frankfurt/M. 2002.

NANCY, Jean-Luc: *Die Erschaffung der Welt oder die Globalisierung*, Berlin 2003.

RANCIÈRE, Jacques: *Das Unvernehmen. Politik und Philosophie*, Frankfurt/M. 2002.

RANCIÈRE, Jacques: *Die Namen der Geschichte. Versuch einer Poetik des Wissens*, Frankfurt/M. 1994.

RANCIERE, Jacques: *Politique, identification, subjectivation*, in: ders.: Aux bords du politique, 3. Aufl. Paris 2004, S. 112–125.

RÖTTGERS, Kurt: *Spuren der Macht und das Ereignis der Gewalt*, in: Kristin Platt (Hg.): Reden von Gewalt, München 2003, S. 80–120.

SCHMITT, Carl: *Politische Theologie: Vier Kapitel zur Lehre von der Souveränität*, Berlin 1990.

ŽIŽEK, Slavoj: *Die Revolution steht bevor. Dreizehn Versuche über Lenin*, Frankfurt/M. 2002.

Sektion 4

Prozessphilosophie – Kreativität als Schlüsselbegriff religionsphilosophischer Entwürfe

Saskia Wendel
Prinzip Kreativität gleich Prinzip Freiheit? Bemerkungen
zu einer Leerstelle in Alfred North Whiteheads
philosophischer Theologie 199

Tobias Müller
Gott, Welt, Kreativität. Bemerkungen zu einem
Schlüsselbegriff moderner religionsphilosophischer Entwürfe 209

Sebastian Ullrich
Kreativität und Antizipation als Grundbegriffe der Konzeption
von Prozess bei Alfred North Whitehead 221

Barbara Muraca
Wie kann sich etwas, was noch nicht ist, aus seiner Zukunft
heraus frei gestalten? Identitätsbildung zwischen Kausal- und
Finalwirkung ausgehend von Whiteheads Kreativitätsbegriff 233

Daniel von Wachter
Göttliche Kreativität: Die vielen Weisen,
auf die Gott Ereignisse geschehen lassen könnte 245

Prinzip Kreativität gleich Prinzip Freiheit? Bemerkungen zu einer Leerstelle in Alfred North Whiteheads philosophischer Theologie

SASKIA WENDEL (TILBURG, NL)

Alfred North Whitehead ist einer der wenigen Philosophen des 20. Jahrhunderts, die den Entwurf einer philosophischen Gotteslehre vorgelegt haben. Diese philosophische Theologie schließt Whitehead an seine Konzeption einer prozessphilosophischen Ontologie an, worin der Begriff der Kreativität eine zentrale Bedeutung hat. Whiteheads Philosophie wurde deshalb zum Modell prozesstheologischer Entwürfe, die sich von der klassischen christlichen Gotteslehre abzusetzen suchten: Das traditionelle Verständnis Gottes als freier Schöpfer, Erhalter und Vollender der Welt sowie der Grundsatz der *creatio ex nihilo* durch den freien Schöpfergott sollte prozessphilosophisch modifiziert und so eine Alternative zu einem anthropomorphen, ungeschichtlichen und abstrakten Gottesverständnis formuliert werden.

Meines Erachtens weist die prozessphilosophisch inspirierte philosophische Gotteslehre Whiteheads jedoch eine entscheidende Leerstelle auf: Es gelingt Whitehead nicht, das Prinzip der Kreativität mit dem Prinzip der Freiheit zu verbinden, und diese Leerstelle hat prekäre Folgen für das Gottesverständnis. Denn wird Gottes Kreativität nicht als unbedingte Freiheit bestimmt, ist eine naturalistische Interpretation des Kreativitätsprinzips möglich, welche Kreativität entweder im Gefolge Nietzsches mit dem Willen zur Macht gleichsetzt oder als hervorbringende Kraft im Sinne purer Aktivität deutet, der keine Spontaneität im Sinne eines »Könnens« zu eigen ist, da Freiheit, verstanden als Spontaneität des Subjekts, naturalistischen Erklärungen zufolge nicht existiert.

Ich möchte in einem ersten Schritt kurz die ontologische und philosophisch-theologische Bedeutung der Kreativität in Whiteheads Philosophie skizzieren, um dann in einem zweiten Schritt das Problem des Ausfalls des Freiheitsprinzips in Whiteheads Modell der Kreativität zu verdeutlichen. Dabei werde ich auch andeuten, inwiefern eine philosophische Theologie, in deren Zentrum der transzendentalphilosophisch legitimierte Begriff der unbedingten Freiheit steht, eine Alternative darstellt.

1. Kreativität als ontologisches und philosophisch-theologisches Grundprinzip in der Prozessphilosophie Whiteheads

Whitehead bekennt sich in seiner Ontologie bekanntlich zum Aristotelischen Grundsatz, dass die ontologische Grundkategorie das wirkliche Einzelwesen ist; auch Gott ist solch ein Einzelwesen: ›Wirkliche Einzelwesen‹ – auch ›wirkliche Ereignisse‹ genannt – sind die letzten realen Dinge, aus denen die Welt zusammengesetzt ist. Man kann nicht hinter die wirklichen Einzelwesen zurückgehen, um irgend etwas Reales zu finden. Sie unterscheiden sich voneinander: Gott ist ebenso ein wirkliches Einzelwesen wie der trivialste Hauch von Sein im weit entlegenen leeren Raum.«[1] Doch im Unterschied zu Aristoteles fasst Whitehead wirkliche Einzelwesen nicht als Dinge oder als Substanzen auf, sondern als Ereignisse bzw. Geschehnisse und vertritt damit keine Dingbzw. Substanzontologie, sondern eine Ereignisontologie. Dadurch suchte Whitehead sowohl die Aristotelische Substanzontologie und deren Hylemorphismus als auch einen Substanzendualismus Cartesischer Provenienz zu unterlaufen. Allerdings ist er gezwungen, die Frage nach der Verhältnisbestimmung der pluralen Einzelwesen zueinander zu beantworten, nach der Verhältnisbestimmung von Allgemeinem und Einzelnem, Absolutem und Endlichem. Monistische Modelle wie dasjenige Spinozas oder Hegels beantworteten diese Frage durch den Rückgriff auf den Alleinheitsgedanken sowie durch die Bestimmung des Einzelseienden als Modus der alleinen Substanz bzw. als Moment des absoluten Geistes. Whitehead sieht jedoch zu Recht in diesen Konzepten das Problem ungelöst, wie die Eigenständigkeit, die Singularität des Einzelseienden mit dessen Interpretation als Modus bzw. Moment des Alleinen vermittelt werden kann. Daher bestimmt Whitehead das Einzelseiende als Einzelereignisse im Sinne von Erlebensprozessen, die durch das Universum, das All als Gesamtwirklichkeit dieser Prozesse miteinander verbunden und vermittelt sind. Jene Vermittlung vollzieht sich durch das wechselseitige Erfassen aller einzelnen Prozesse, denn Erleben, das als Geschehnis zu verstehen ist, impliziert Erfassen.[2]

Das wechselseitige Erfassen der Einzelwesen, das sie miteinander verbindet, bezeichnet Whitehead als ein elementares Prinzip, welches er »Kreativität«

---

[1] Alfred North Whitehead: *Prozeß und Realität. Entwurf einer Kosmologie*, Frankfurt/M 1987, S. 57f.
[2] »Das ontologische Prinzip (...) bildet den ersten Schritt in der Beschreibung des Universums als eine Solidarität vieler wirklicher Einzelwesen. Jedes wirkliche Einzelwesen wird als ein Erfahrungsakt interpretiert, der aus Daten hervorgeht. Es ist ein Prozeß des ›Empfindens‹ der vielen Daten, mit dem Ziel, sie in die Einheit der einen, individuellen ›Erfüllung‹ zu absorbieren. ›Empfinden‹ steht hier für die grundlegende, allgemeine Operation‹ des Übergehens von der Objektivität der Daten zu der Subjektivität des jeweiligen wirklichen Einzelwesens. Empfindungen sind verschiedenartig spezialisierte Vorgänge, die ein Übergehen in Subjektivität bewirken (...)« (Ebd., S. 93f.) Vgl. auch ebd., S. 60: »Die wirklichen Einzelwesen sind aufgrund ihres gegenseitigen Erfassens miteinander verbunden. Es gibt daher reale, individuelle Tatsachen der Gemeinsamkeit zwischen wirklichen Einzelwesen, die in dem selben Sinne real, individuell und ausgeprägt sind wie die wirklichen Einzelwesen und die erfaßten Informationen. Jede dieser besonderen Tatsachen der Gemeinsamkeit zwischen wirklichen Einzelwesen wird als ein ›Nexus‹ bezeichnet (...)«

nennt. Die Kreativität, identisch mit purer Aktivität[3], ist als Verbindung zwischen den Einzelwesen eine Einheit, die Differenz miteinander vermittelt; diese Einheit wiederum ist Whitehead zufolge ein wirkliches Ereignis, welches jedoch allein durch die Verbindung und Vermittlung der Einzelereignisse gegeben ist: »Aufgrund dieses elementaren Prinzips werden die vielen, die das Universum als trennendes verkörpern, zu dem einen wirklichen Ereignis, in dem sich das Universum als Verbindendes darstellt. Es liegt in der Natur der Dinge, daß sich die Vielen zu einer komplexen Einheit verbinden.«[4] In der Kreativität, im Hervorbringen, sind die Einzelwesen aufeinander angewiesen; zugleich sind sie dadurch geeint, dass sie alle hervorgebracht sind und wiederum hervorbringen. Kreativität ereignet sich somit im wechselseitigen Erfassen. Das elementare Prinzip der Kreativität existiert niemals an sich, sondern nur als verbindendes Moment der wirklichen Einzelwesen, denn: »Wo kein wirkliches Einzelwesen, da auch kein Grund.«[5]

Das Prinzip der Kreativität fällt nun mit der von Whitehead so bezeichneten ›Urnatur‹ Gottes zusammen, mit seiner ›uranfänglichen Wirklichkeit‹. Allerdings bestimmt Whitehead Gott als Exemplifikation dieser uranfänglichen Wirklichkeit und damit als quasi vornehmsten Ausdruck des Prinzips deer Kreativität, denn Gott ist auch ein wirkliches Einzelwesen, da Sein allein in Form von Einzelwesen existiert.[6] Doch wiewohl auch Gott einerseits ein Einzelwesen ist, so ist er doch kein Einzelwesen neben anderen, denn er entsteht nicht aus einem anderen Einzelwesen, sondern ist selbstursprünglich (causa sui), und darin ist er wiederum Ursprung aller anderen Einzelwesen. Zugleich gehört er jedoch auch dem prozessualen Werden der Welt an, ist somit nicht deren Ursprung, sondern auch deren Teil.[7] Die Urnatur Gottes realisiert sich infolgedessen in seiner sogenannten ›Folgenatur‹, der Welt und ihrer prozessualen Geschichte.

---

[3] Vgl. ebd., S. 79f.
[4] Ebd., S. 62.
[5] Ebd., S. 58.
[6] Vgl. z. B. ebd., S. 79: »Gott ist uranfängliches Geschöpf;«
[7] »Es ist genauso wahr zu sagen, daß Gott beständig ist und die Welt fließend, wie zu behaupten, daß die Welt beständig ist und Gott fließend.
Es ist genauso wahr zu sagen, daß Gott eins ist und die Welt vieles, wie zu behaupten, daß die Welt eins ist und Gott vieles.
Es ist genauso wahr zu sagen, daß Gott im Vergleich mit der Welt höchst wirklich ist, wie zu behaupten, daß die Welt im Vergleich mit Gott höchst wirklich ist.
Es ist genauso wahr zu sagen, daß die Welt Gott immanent ist, wie zu behaupten, daß Gott der Welt immanent ist.
Es ist genauso wahr zu sagen, daß Gott die Welt transzendiert, wie zu behaupten, daß die Welt Gott transzendiert.
Es ist genauso wahr zu sagen, daß Gott die Welt erschafft, wie zu behaupten, daß die Welt Gott erschafft.« (Ebd., S. 621).

Whitehead ist davon überzeugt, mit seinem Modell eine überzeugende Antwort auf die Frage nach der Verhältnisbestimmung von Allgemeinem und Einzelnem vorgelegt zu haben, das zudem als Basis einer philosophischen Theologie dienen kann, die Gott weder anthropomorph als Himmelsherrscher versteht noch als unbewegten Beweger, sondern als ›der großen Begleiter und Leidensgenossen, der versteht‹, als ›Poeten der Welt‹, der sie mit zärtlicher Geduld leitet durch seine Vision von der Wahrheit, Schönheit, Güte. Denn das einende Prinzip der Kreativität ist keine eigenständige ontologische Größe wie etwa Spinozas alleine Substanz oder Hegels absoluter Geist, und das Einzelseiende nicht lediglich Modus oder Moment dieses Seins; alleinige ontologische Kategorie ist das Einzelseiende. Die Kreativität ist somit weder das Sein, schon gar kein alleines Sein, noch eine Einheit, die dem Einzelseienden voraus geht; sie kommt aller erst in der Vermittlung des Einzelseienden, in seinem wechselseitigen Erfassen, auf. Damit, so könnte man meinen, hat Whitehead eine ontologische Alternative sowohl zum Monismus Spinozistischer Provenienz formuliert als auch zum Cartesischen Substanzendualismus sowie zum Aristotelischen Hylemorphismus.

Whiteheads Antwortvorschlag weist jedoch meines Erachtens eine Leerstelle auf, die sein Konzept einer prozessphilosophisch legitimierten philosophischen Theologie ins Wanken bringt: das Fehlen des Prinzips Freiheit. Dadurch erhält seine Prozessphilosophie eine monistische Drift, die eine naturalisierende Interpretation von Whiteheads Konzept erlaubt, welche im Widerspruch steht zum ursprünglich beabsichtigten Modell einer prozessphilosophisch ausgerichteten philosophischen Theologie. Diese These soll im folgenden näher begründet werden.

2. Eine Leerstelle in Whiteheads philosophischer Theologie: Der Ausfall des Prinzips Freiheit

Whitehead bestimmt die Kreativität als pure Aktivität und in diesem Sinne als schöpferisches Prinzip. Man könnte dies als Aufnahme des Freiheitsgedankens verstehen und dementsprechend auch Whiteheads Gottesverständnis im Sinne eines freien Schöpfers der Welt deuten, der in seiner Urnatur Ursprung der Welt ist, in seiner Folgenatur jedoch zugleich Teil der Welt. Doch diese Interpretation ist meiner Ansicht nach unzutreffend, denn das Prinzip der Kreativität ist nicht gleichbedeutend mit dem Prinzip der Freiheit, und Gott als ›uranfängliche Explikation‹ der Kreativität ist kein in Freiheit schaffendes Subjekt, das sich in Freiheit auf das von ihm Geschaffene bezieht und es in Freiheit vollendet. Freiheit ist nämlich nicht einfach nur als Kraft, etwas hervorzubringen, zu schaffen, zu bestimmen; ebensowenig allein als pure Aktivität. Noch weniger ist sie allein ein wechselseitiges Erfassen. Diese Differenz zwischen Kreativität und Freiheit lässt sich insbesondere durch Rekurs auf den Begriff der transzendentalen Freiheit bei Immanuel Kant und Johann Gottlieb Fichte deutlich machen. In theoretischer Hinsicht ist Freiheit, so Kant, die »*absolute Spontaneität* der Ursachen, eine Reihe von Erscheinungen, die nach Naturgesetzen läuft, von *selbst* anzufangen, mithin transzendentale Freiheit, ohne welche selbst im Laufe der Natur die Reihenfolge der Erscheinungen auf der Seite der Ursachen niemals vollständig ist.«[8] In praktischer Hinsicht ist Freiheit zunächst als negative Freiheit »die Unabhängigkeit der Willkür von der *Nötigung* durch Antriebe der Sinnlichkeit.«[9] Doch diese negative Freiheit hat die transzendentale Freiheit als positive Freiheit zu ihrer Möglichkeitsbedingung, also die absolute Spontaneität, ein pures Können, ein reines Vermögen. Denn auch die praktische Freiheit als Freiheit des Willens steht der Kausalität der Natur und damit der Determination durch Naturgesetze entgegen und sucht eine Handlung ganz von selbst zu beginnen. Jene Freiheit ist jedoch nicht zu denken ohne die Voraussetzung eines weiteren Prinzips: desjenigen der Subjektivität. Darauf hat vor allem Fichte aufmerksam gemacht, denn Fichte hat in seiner Wissenschaftslehre den Freiheitsbegriff im Kontext seiner Überlegungen zum absoluten Ich und zur Möglichkeit absoluten Wissens bestimmt, welches er mit dem Selbstbewusstsein des absoluten Ichs identifiziert. Das absolute Ich kann mit der Subjektperspektive des Ichs gleichgesetzt werden, welche die Singularität bezeichnet, die dem Ich aufgrund der Unhintergehbarkeit der Ich-Perspektive hinsichtlich seines Erkennens zukommt – im Unterschied zur Personperspektive, d.h. seiner Einzelheit und seines Bezugs zu Anderen. Die Subjektperspektive verknüpft Fichte mit der Freiheit, wobei er zwischen absoluter bzw. unbedingter Freiheit und Willensfreiheit unterscheidet: Erstere geht letzterer voraus als deren Bedingung der Möglichkeit, wobei die absolute Freiheit im Unterschied zur Freiheit des Willens nicht mehr als einzelnes Vernunftvermögen bestimmt ist, sondern als Bestimmung des absoluten Ichs, in dem alle Vermögen der Vernunft vereinigt sind. Diese unbedingte Freiheit des Ichs ist positive Freiheit, also ein unbedingtes Vermögen, jedoch nicht allein als Aktivität oder Spontaneität, sondern, so Fichte, in der Einheit von Aktivität und Passivität, denn anders wäre es nicht als Tätigsein zu bestimmen.[10] Dem menschlichen Ich unbedingte Freiheit zuzusprechen bedeutet jedoch keineswegs, ihm Allmacht, Vollkommenheit oder Unendlichkeit zu prädizieren. Denn hinsichtlich seiner Personperspektive ist die Freiheit des Ichs endlich und unterliegt vielfachen externen Einflüssen, die sie bedingen. So gesehen ist das Ich unbedingt und bedingt zugleich, wobei die menschliche Freiheit jedoch keineswegs voll-

---

[8] Immanuel Kant: *Kritik der reinen Vernunft*, B 474.
[9] Ebd., B 562.
[10] Vgl. hierzu etwa Johann Gottlieb Fichte: *Die Anweisung zum seligen Leben*, in: Fichtes Werke, hg. v. Immanuel Hermann Fichte, Band V: Zur Religionsphilosophie, Berlin 1971, S. 513-523.

kommen ist, eben weil sie auch und vor allem bedingt ist. Vollkommen ist allein die absolute Freiheit, und absolut frei ist allein das Absolute selbst. Das Absolute, von Fichte auch als absolutes Sein bezeichnet, ist Gott, denn das Absolute ist zugleich unbedingtes Ich und unbedingte, vollkommene Freiheit.

Diese Bestimmung der Freiheit deckt sich nicht mit Whiteheads Gedanken der Kreativität, denn Gott ist bei Whitehead nicht mit der Kreativität identisch, sondern er ist deren Exemplifikation insofern, als er alles, was ist, wechselseitig erfasst und miteinander verbindet. Mit dieser These eröffnet Whitehead die Möglichkeit einer monistischen Rezeption des Kreativitätsgedankens: Alles ist durch das Prinzip der Kreativität miteinander verbunden, und Gott ist – wiewohl als vornehmstes Einzelwesen – als Exemplifikation der uranfänglichen Wirklichkeit der Kreativität deren Ausdruck, man könnte sagen: deren Modus. Damit wird die Differenz zwischen der Urnatur Gottes und der Folgenatur Gottes aufgehoben in die Einheit der Kreativität, die sich in die göttliche Urnatur und in die göttliche Folgenatur ausfaltet, welche die Urnatur realisiert. Zudem setzt Whitehead die Realisierung der Folgenatur durch die Einzelwesen mit deren objektiver Unsterblichkeit gleich; das Viele ist aufgehoben im Einen im Prozess der Realisierung der Folgenatur[11] – ein Gedanke, der durchaus monistisch interpretierbar ist. Damit ist aber letztlich die Differenz zwischen Gott und Welt, zwischen Schöpfer und Geschöpf im Letztprinzip der Kreativität aufgehoben. Dieser monistische Grundzug passt hervorragend zu Whiteheads »one-category ontology«, der Ereignisontologie, die auch von modernen monistischen Philosophien vertreten wird.[12] Allerdings bleibt unklar, wie dieser monistische Grundzug sowohl mit Whiteheads Überzeugung zu vermitteln ist, dass allein das wirkliche Einzelwesen die ontologische Grundkategorie ist, als auch mit der These, dass die Einheit, die im Prinzip der Kreativität gegeben ist, allein durch die Verbindung des Einzelseienden aufkommt.

Darüber hinaus gibt es noch einen weiteren Unterschied zwischen Whiteheads Prinzip der Kreativität und demjenigen der Freiheit: Die Kreativität ist ein ontologisches Prinzip und als dieses wiederum ein philosophisch-theologisches Prinzip, da Whiteheads philosophische Theologie auf der Ontologie basiert. Die Freiheit dagegen ist kein ontologisches Prinzip, denn die Existenz der Freiheit kann in theoretischer Hinsicht nicht bewiesen werden, worauf bekanntlich Kant aufmerksam gemacht hatte. Der Begriff der Freiheit übersteigt den Bereich möglicher Erfahrung, folglich ist es unmöglich, hinsichtlich der Existenz der Freiheit ein synthetisches Urteil zu fällen. Wer dies

---

[11] Vgl. etwa Whitehead: *Prozeß und Realität*, a.a.O., S. 620ff.
[12] Vgl. hierzu z. B. Edmund Runggaldier: *Aktuelle naturalistische Tendenzen in der Deutung des Menschen*, in: J. Quitterer/E. Runggaldier (Hgs.): Der neue Naturalismus. Eine Herausforderung an das christliche Menschenbild, Stuttgart 1999, S. 15-29, hier: S. 19ff.

dennoch versucht, verstrickt sich unweigerlich in der antinomischen Struktur der theoretischen Vernunft.[13]

Welchen Vorzug hat aber eine philosophische Theologie, die auf dem Prinzip Freiheit basiert, gegenüber Whiteheads prozessphilosophischer Gotteslehre? Dazu ist zunächst auf die Schwachstellen in Whiteheads Konzeption aufmerksam zu machen. Eine Schwachstelle wurde bereits genannt: der monistische Grundzug, die dem Prinzip der Kreativität zu eigen ist. Damit ist die Möglichkeit einer naturalistischen *relecture* von Whiteheads Ontologie gegeben, die den Weg zu einer philosophischen Gotteslehre versperrt. Denn das Prinzip der Kreativität lässt sich genau besehen auch als Prinzip des Lebensstromes deuten, als hervorbringende Kraft und Energie, die dem Leben zu eigen ist. Denn die Ereignisontologie erlaubt die Ersetzung des Seinsbegriffs durch denjenigen des Ereignisses, und dieser wiederum lässt sich auch durch den Begriff des Lebens bzw. Lebensstromes ersetzen. Man könnte einwenden, dass auch Bewusstseinstheorien den Begriff »Leben« verwenden, ja dass selbst Fichte in *Die Anweisung zum seligen Leben* vom Absoluten als ›lauter Leben‹ sprach. Doch auch die Bezeichnung von Bewusstsein mit ›Leben‹ ist dann problematisch, wenn der Lebensbegriff als Synonym für einen nichtegologischen Bewusstseinsstrom fungiert, denn dann lässt sich – wie schon der Seinsbegriff – auch derjenige des Bewusstseins mühelos naturalisieren.[14]

Wenn das Prinzip der Kreativität nun als hervorbringendes Prinzip des Lebens verstanden werden kann, dann ist durchaus eine Nietzscheanische Interpretation dieses Prinzips denkbar, die die Kreativität mit dem Willen zur Macht gleichsetzt. Denn der Wille zur Macht ist nicht allein ein Herrschaftswille, sondern er ist der Lebensdrang, die kreative und dynamische Kraft des Lebens, die allem Lebendigen zukommt.[15] Der Prozess der Realisierung der

---

[13] »Die Freiheit wird hier nur als transzendentale Idee behandelt, wodurch die Vernunft die Reihe der Bedingungen in der Erscheinung durch das Sinnlichunbedingte schlechthin anzuheben denkt, dabei sich aber in eine Antinomie mit ihren eigenen Gesetzen, welche sie dem empirischen Gebrauche des Verstandes vorschreibt, verwickelt. Daß nun diese Antinomie auf einem bloßen Scheine beruhe, und, daß Natur der Kausalität aus Freiheit wenigstens *nicht widerstreite*, das war das einzige, was wir leisten konnten, und woran es uns auch einzig und allein gelegen war.« (Kant: *Kritik der reinen Vernunft*, B 558).
[14] Vgl. hierzu meine Kritik nichtegologischer Bewusstseinstheorien in Saskia Wendel: *Affektiv und inkarniert. Ansätze Deutscher Mystik als subjekttheoretische Herausforderungen*, Regensburg 2002, S. 271-283.
[15] »(...) das Leben als die uns bekannteste Form des Seins ist spezifisch ein Wille zur Accumulation der Kraft
: alle Prozesse des Lebens haben hier ihren Hebel
: nichts will sich erhalten, alles soll summirt und accumulirt werden
Das Leben, als ein Einzelfall: Hypothese von da aus auf den Gesammtcharakter des Daseins.
: strebt nach einem Maximal-Gefühl von Macht

Folgenatur Gottes wäre in dieser Perspektive als Prozess der ewigen Wiederkehr des Gleichen zu interpretieren, des unendlichen Kreislaufs des Werdens und Vergehens des Einzelnen im unendlichen Lebensstrom; dieses Prinzip der ewigen Wiederkehr des Gleichen ist die Kehrseite des Prinzips des Willens zur Macht, beide sind konstitutiv für das Leben.[16] Gott als uranfängliche Exemplifikation der Kreativität zu bezeichnen wäre dann nichts anderes als der metaphysische Rest des ›Glaubens an die Grammatik‹; das Zeichen »Urnatur Gottes« bezeichnete nichts anderes als das Prinzip allen Lebens: den Willen zur Macht und die ewige Wiederkehr des Gleichen. Die Folgenatur Gottes, die wirklichen Einzelwesen, realisierten diesen Willen zur Macht sowie die ewige Wiederkehr des Gleichen. Allein darin bestünde ihre ›objektive Unsterblichkeit‹ – auch dieses Zeichen wäre allein noch eine Konzession an den Sprachgebrauch. Jene Nietzscheanische Perspektive lässt sich mit gegenwärtigen naturalistischen Selbst- und Weltbeschreibungen verbinden, die den Gedanken des freien Selbst als Illusion kennzeichnen, welche die Kreativität neuronaler Prozesse mit der Freiheit des Subjekts verwechselt[17] – eine Illusion, die durch diese Prozesse selbst erzeugt ist; auch dies im übrigen eine bereits von Nietzsche vorgedachte These. Eine philosophische Theologie scheint hier kaum mehr möglich, es sei denn, man gebraucht das Zeichen »Gott« in Anlehnung

---

: ist essentiell ein Streben nach Mehr von Macht
: Streben ist nichts anderes als Streben nach Macht
: das Unterste und Innerste bleibt dieser Wille (...)«
(Friedrich Nietzsche: *Kritische Studienausgabe*, hg. v. G. Colli und M. Montinari, 2., durchges. Aufl., München, Berlin, New York 1988, Bd. 13, S. 262).
[16] »Diese Welt: ein Ungeheuer von Kraft, ohne Anfang, ohne Ende, eine feste, eherne Größe von Kraft, welche nicht größer, nicht kleiner wird, die sich nicht verbraucht sondern nur verwandelt, als Ganzes unveränderlich groß (...) vom ›Nichts‹ umschlossen als von seiner Gränze, (...) als Kraft überall, als Spiel von Kräften und Kraftwellen zugleich Eins und ›Vieles‹, hier sich häufend und zugleich dort sich mindernd, ein Meer in sich selber stürmender und fluthender Kräfte, ewig sich wandelnd, ewig zurücklaufend, mit ungeheuren Jahren der Wiederkehr, mit einer Ebbe und Fluth seiner Gestalten, aus den einfachsten in die vielfältigsten hinaustreibend, (...) und dann wieder aus der Fülle heimkehrend zum Einfachen, aus dem Spiel der Widersprüche zurück bis zur Lust des Einklangs, sich selber bejahend noch in dieser Gleichheit seiner Bahnen und Jahre, sich selber segnend als das, was ewig wiederkommen muß, als ein Werden, das kein Sattwerden, keinen Überdruß, keine Müdigkeit kennt –: diese meine dionysische Welt des Ewig-sich-selber-Schaffens, des Ewig-sich-selber-Zerstörens, (...) dieß mein Jenseits von Gut und Böse, ohne Ziel, wenn nicht im Glück des Kreises ein Ziel liegt, ohne Willen, wenn nicht ein Ring zu sich selber guten Willen hat, – wollt ihr einen N a m e n für diese Welt? Eine L ö s u n g für alle ihre Räthsel? (...) D i e s e Welt ist der Wille zur Macht – und nichts außerdem! Und auch ihr selber seid dieser Wille zur Macht – und nichts außerdem!« (Ebd. Band 11, S. 610f)
[17] Vgl. hierzu z.B. Gerhard Roth: *Das Gehirn und seine Wirklichkeit. Kognitive Neurobiologie und ihre philosophischen Konsequenzen*, Frankfurt am Main 1997; ders.: *Fühlen, Denken, Handeln. Wie das Gehirn unser Verhalten steuert*, Frankfurt am Main 2003.

an die Alltagssprache weiter, wohl wissend, dass es sich um eine Fiktion der Sprache handelt.

Eine andere Schwachstelle von Whiteheads philosophischer Theologie ist dessen Voraussetzung der Ontologie als *prima philosophia*. Denn spätestens seit Kants Kritik der Schulmetaphysik und der Gottesbeweise ist deutlich, dass eine philosophische Theologie nicht mehr innerhalb der theoretischen Vernunft zu formulieren ist, also auch nicht im Kontext einer Ontologie. Denn diese Versuche verstricken sich unweigerlich in der transzendentalen Illusion der theoretischen Vernunft.

Deshalb erscheint es geboten, die skizzierte Leerstelle in Whiteheads philosophischer Gotteslehre durch den Rückgang auf das transzendentalphilosophische Konzept einer unbedingten Freiheit zu füllen: Gott ist in dieser Konzeption philosophischer Theologie als unbedingtes Ich und unbedingte, vollkommene Freiheit zu bestimmen, und beides, Subjektivität und Freiheit Gottes, als Möglichkeitsbedingung der Kreativität Gottes, also seiner hervorbringenden wie auch vollendenden Kraft, wie auch als Möglichkeitsbedingung seines bleibenden Bezugs zur Welt und seiner Präsenz in der Welt. Dadurch wird einer naturalistischen Interpretation der Kreativität und der Ur- und Folgenatur Gottes die Basis entzogen. Dadurch wird jedoch das Modell einer philosophischen Theologie verlassen, der die Ontologie als *prima philosophia* zugrunde liegt. Denn der Begriff der Freiheit besitzt in theoretischer Hinsicht keine objektive Realität, und somit kann er nicht als Grundlage der Ontologie dienen.[18] Wohl aber kann er als ein zentraler Begriff der philosophischen Theologie fungieren unter der Voraussetzung der bereits von Kant vollzogenen Wende zur praktischen Vernunft und zur Moralphilosophie in der philosophischen Theologie. Dementsprechend gilt es in den Bahnen der Kantischen Tradition eine philosophische Theologie zu formulieren, die Freiheit als Möglichkeitsbedingung von Kreativität im Sinne schöpferischen Handelns zu denken vermag, und zu diesem kreativen Handeln gehört auch die versöhnende, heilbringende Tat mitten im Leid. Die Existenz Gottes als unbedingtes Ich und unbedingte Freiheit ist ein Postulat der praktischen Vernunft, an Gott kann geglaubt, auf ihn und seine Kreativität kann gehofft werden – als Prinzip der Ontologie ›gewusst‹ werden kann er allerdings nicht.[19]

---

[18] Kants Antinomienlehre in der *Kritik der reinen Vernunft* könnte auch als Basis einer Argumentation gegen naturalistische Bestreitungen der Freiheit dienen: Freiheit ist in theoretischer Hinsicht ein Grenzbegriff, dem Wirklichkeit weder zu- noch abgesprochen werden kann. Allein in der praktischen Vernunft ist Freiheit zu denken: als Postulat der praktischen Vernunft. Neurobiologischen Einwänden gegen die Wirklichkeit der Freiheit jedoch mit den Mitteln theoretischer Vernunft begegnen zu wollen hieße der transzendentalen Illusion der theoretischen Vernunft zu verfallen; allein der Rekurs auf die praktische Vernunft kann hier einen Ausweg bieten.
[19] Man könnte einwenden, dass dieses Konzept hinter Whiteheads philosophische Theologie zurückfalle, da Gott als freier Schöpfer immer noch anthropomorph be-

Literatur

FICHTE, Johann Gottlieb: *Die Anweisung zum seligen Leben*, in: Fichtes Werke, hg. v. Immanuel Hermann Fichte. Band V: Zur Religionsphilosophie. Berlin 1971, S. 513–523.

NIETZSCHE, Friedrich: *Kritische Studienausgabe*, hg. v. Giorgio Colli und Mazzino Montinari, 2., durchges. Aufl., München, Berlin, New York 1988.

ROTH, Gerhard: *Das Gehirn und seine Wirklichkeit. Kognitive Neurobiologie und ihre philosophischen Konsequenzen*, Frankfurt/M 1997.

ROTH, Gerhard: *Fühlen, Denken, Handeln. Wie das Gehirn unser Verhalten steuert*, Frankfurt am Main 2003.

RUNGGALDIER, Edmund: *Aktuelle naturalistische Tendenzen in der Deutung des Menschen*, in: J. Quitterer/E. Runggaldier (Hgs.): Der neue Naturalismus. Eine Herausforderung an das christliche Menschenbild. Stuttgart 1999, S. 15–29.

WENDEL, Saskia: *Affektiv und inkarniert. Ansätze Deutscher Mystik als subjekttheoretische Herausforderungen*, Regensburg 2002.

WHITEHEAD, Alfred North: *Prozeß und Realität. Entwurf einer Kosmologie*, Frankfurt/M 1987.

stimmt werde, und da er als von Welt und Mensch unterschiedener Schöpfer nicht teilhabe am Prozess der Welt und somit ungeschichtlich und abstrakt gedacht werde. Diesem Einwand kann dadurch begegnet werden, dass erstens die Verbindung von Gott und Welt, Unbedingtem und Endlichem, durch die Verknüpfung von unbedingter und endlicher Freiheit gedacht wird, so dass die Möglichkeit einer Bestimmung des Gott-Welt-Verhältnisses als Identität in bleibender Differenz bestünde, dass zweitens unbedingte Freiheit nicht als Willkürfreiheit bestimmt wird, sondern als Möglichkeitsbedingung von Verantwortung und Liebe, und dass drittens die Bestimmung Gottes als unbedingtes Ich und unbedingte Freiheit unter Anerkennung des Analogieprinzips erfolgt, wodurch die Gefahr des Anthropomorphismus zu umgehen ist.

Gott, Welt, Kreativität. Bemerkungen zu einem Schlüsselbegriff moderner religionsphilosophischer Entwürfe.

TOBIAS MÜLLER (FRANKFURT/M.)

1. Bedingungen heutiger Religionsphilosophie

Alfred North Whitehead (1861–1947) gilt im englischsprachigen Raum als bedeutender Erneuerer der Naturphilosophie und Metaphysik, und auch in Deutschland nimmt die Beschäftigung mit seiner Philosophie immer mehr zu. Hierzulande ist er vor allem als Autor der »Principia Mathematica« bekannt, die er zusammen mit seinem Schüler Bertrand Russell verfasste. Whitehead begann zwar als Physiker und Mathematiker, aber seine Interessen richteten sich im Verlauf der Zeit immer stärker auf naturphilosophische und metaphysische Fragen, so dass er in Abkehr von der Substanzmetaphysik eine prozessorientierte philosophische Kosmologie konzipierte, deren Anspruch es ist, der naturwissenschaftlichen Erfahrung ebenso Rechnung zu tragen, wie der ästhetischen, religiösen und ethischen. So verwundert es nicht, dass die Whitehead-Rezeption überwiegend in der metaphysischen und naturphilosophischen Debatte stattfindet, bietet seine Metaphysik eine angemessene Grundlage für den Dialog verschienener Disziplinen.

Bezogen auf ein religionsphilosophisches Anliegen, muss man sich zunächst folgende fundamentaler Fragen stellen:

> Wie muss ein religionsphilosophischer Entwurf konzipiert sein, damit Religion und Gottesbegriff unter heutigen Verstehensbedingungen begriffen werden können? Wie kann das Gott-Welt Verhältnis gedacht werden, und welchen Status haben die gemachten Aussagen?

Dies sind Eingangsfragen, die zum einen für eine heutige Religionsphilosophie bedeutend sind, zum anderen waren dies die Fragen, die Alfred North Whitehead dazu bewegten, eine Prozessphilosophie zu entwickeln, in der Religion und Gott einen angemessenen Platz haben.

Um zu zeigen, warum es für eine moderne Religionsphilosophie lohnend ist, wenn sie auf die Ressourcen der Whiteheadschen Philosophie zurückgreift, möchte ich zunächst kurz auf die heutigen Bedingungen eingehen, unter denen es sinnvoll scheint, eine philosophische Konzeptionen zu entwerfen. Besonderes Augenmerk soll hierbei auf den Begriff »Dialog« gelegt werden. Um es vorwegzunehmen: Wenn Whiteheads Philosophie von sich aus auf Dialog mit verschiedenen Erfahrungsgebieten angelegt ist, und wenn eine dialogische Konzeption von Philosophie sich als besonders fruchtbar herausstellt, dann liegt die Aktualität des Whiteheadschen Entwurfs auch für eine Religionsphilosophie auf der Hand.

Der Begriff »Dialog« stellt in unserer Zeit ein dominantes Schlagwort unserer Zeit dar. Warum ist dies so? Die Ursache hierfür hat man darin zu suchen, dass das Geistes- und Gesellschaftsleben zunehmend von einer Pluralisierung und Fragmentarisierung geprägt ist. Der damit einhergehende Verlust eines epistemischen Fundaments hat in der Moderne eine Situation entstehen lassen, die zu einer Vielzahl von Lebensformen und Wirklichkeitsverständnissen geführt hat. Das heißt, dass es bei der Wirklichkeitserschließung kein Erfahrungsgebiet gibt, aus dem alles Wissen abgeleitet werden kann. Vielmehr ist das Erkenntnisideal dialogisch strukturiert, so dass verschiedene Erfahrungsgebiete zu ihrem Recht kommen.

Um diese These zu untermauern, können vor allem drei Gründe angeführt werden:

1. Erkenntnisfundamentalistische Ansätze, die versuchen, monologisch aus einem vermeintlich privilegierten Wirklichkeitsbezug heraus einen universellen Maßstab gesicherten Wissens zu gewinnen, werden deshalb zunehmend unglaubwürdiger, weil sich unsere Erkenntnisse über die Welt auch als Derivate eines praktischen und symbolisch strukturierten Lebenszusammenhang erweisen, dessen wechselhafte und kontingente Bedingungen in ihre Konstitution mit eingehen. Auch wissenschaftliche Erkenntnisse müssen somit als perspektivisch begrenzt angesehen werden, was eine dialogische Offenheit für weitere Aspekte impliziert.
2. Das dialogische Erkenntnisideal enthält auch einen ethischen Imperativ, der daraus hervorgeht, dass eine monologische Ausrichtung die eigene Sichtweise zu einem exklusiven Maßstab macht, was die Berechtigungen alternativen Sichtweise untergräbt.
3. Als weiteres Argument für ein dialogisches Erkenntnisideal kann der Umstand angeführt werden, dass sie in besonderem Maße zu einer kritischen Betrachtung der eigenen Position befähigt, da eine monologisch strukturierte Selbstkritik begrenzt ist, weil sie in ihrem eigenen Horizont verhaftet bleibt. Die dialogische Konfrontation mit anderen Sichtweisen, ermöglicht eine Distanz zu eigenen Position.

Als Resümee bleibt festzuhalten, dass man umfassendere Erkenntnisse über die Welt unter heutigen Bedingungen nur dialogisch erlangen kann, da durch den methodenpluralisierten Zugang zur Welt eine Fragmentarisierung eingetreten ist, die ihrerseits nur philosophisch rückgebunden werden kann.

Als Paradebeispiel kann hier die Anthropologie dienen: Zwar liefern Psychologie, Biologie, Medizin, Chemie wichtige Erkenntnisse über den Menschen, aber welchen Beitrag sie zu einem vollständigen (nicht-reduktionistischen) Bild des Menschen leisten können, geht aus der einzelnen Zugang selbst nicht hervor. Das Aufeinanderbeziehen der einzelnen Aspekte ist eine philosophische Aufgabe, wobei Philosophie auf andere Erfahrungsgebiete verwiesen bleibt.

2. Kreativität in den methodischen Voraussetzungen der Religionsphilosophie Whiteheads

Dass Whiteheads Philosophie für ein solches Unterfangen schon methodisch besonders prädestiniert ist, soll im folgenden herausgestellt werden. Dabei wird zu zeigen sein, welche Rolle Kreativität in der Konzeption einer solchen Philosophie hat.

Der große Anspruch seiner Philosophie ist es, eine umfassende Metaphysik zu konzipieren, die ein Kategorienschema entwickelt, mit deren Hilfe sich alle Erfahrungen deuten lassen sollen, gleichgültig, ob diese nun dem naturwissenschaftlichen, künstlerischen, oder religiösen Bereich angehören. Das heißt, schon von ihrem Anspruch her, ist die Whiteheadsche Philosophie auf einen Dialog mit allen Erfahrungsbereichen angelegt. Im Vergleich mit den idealistischen Entwürfen setzt sich Whitehead von diesen hauptsächlich durch zwei Unterschiede ab. Zum einen kann man seine Philosophie unter dem methodischen Aspekt durchaus als pragmatisch bezeichnen. Die Hauptaufgabe einer spekulativen Philosophie besteht nach Whitehead darin, ein Ideenschema zu entwerfen, welches Kategorien und Prinzipien enthält, mit denen die Wirklichkeit gedeutet werden kann.[1] Zur Gewinnung dieses Ideenschemas gelangt man durch die »deskriptive Verallgemeinerung«, in dem man von einer konkreten Erfahrung ausgeht und versucht, die allgemeinen metaphysischen Prinzipien, die darin enthalten sind, zu eruieren. Diese Verallgemeinerung ist aber nicht mit unkritischer Phantasterei zu verwechseln. Die erhobenen Prinzipien und Kategorien haben sich wiederum an neuer Erfahrung zu bewähren. Tun sie das nicht, muss das Ideenschema erweitert oder gegebenenfalls korrigiert werden. Wir haben es hier mit einem Versuch der approximativen Annäherung an die die Wirklichkeit beschreibenden Prinzipien und Kategorien zu tun, die im Unterschied zum deutschen Idealismus nicht durch Deduktion erreicht werden kann. Insofern kann man Whitehead als pragmatischen Realist bezeichnen.

Der andere Unterschied manifestiert sich darin, dass Whitehead die Ergebnisse der modernen Naturwissenschaft als Inspiration für seinen Entwurf einer universellen Kosmologie mitberücksichtigt. Dies sollte nicht verwundern, war er doch lange Zeit Professor für (mathematische) Physik, deren Ergebnisse ihn dazu brachten, die Dynamik der Prozessualität der Welt als ihr

---

[1] A.N. Whitehead: *Process and Reality. An Essay on Cosmology* (Corrected Edition), New York 1978, S. 3; dt.: *Prozeß und Realität*, Frankfurt/M 1988, S. 31. Im folgenden wird die englische Version PR, die deutsche PRd abgekürzt.

Grundcharakteristikum anzusehen. Unter der physikalischen Perspektive wurde nämlich die starre Materiemasse durch dynamische Prozesseinheiten ersetzt. Damit ist implizit eine Kritik an dem Substanzbegriff der alten Metaphysik verbunden, allerdings ohne der Dauerhaftigkeit und Beständigkeit der Strukturen von manchen Gegenständen ihr Recht abzusprechen, wie später noch genauer dargelegt wird.

Das heißt auch, dass Kreativität – zunächst umgangssprachlich verstanden – schon in dem methodischen Bereich eine wichtige Rolle spielt: Bei der »deskriptiven Verallgemeinerung« ist die Kreativität des Philosophen von oberster Bedeutung, denn dieser muss aus bestimmten Erfahrungen allgemeine Prinzipien eruieren, was offensichtlich nicht so einfach ist, als dass dies ein rein mechanischer Prozess sein könnte, wie Whitehead folgendermaßen verdeutlicht:

> Die wahre Forschungsmethode gleicht einer Flugbahn. Sie hebt ab von der Grundlage einzelner Beobachtungen, schwebt durch die dünne Luft phantasievoller Verallgemeinerung und versenkt sich dann wieder in neue Bebachtungen, die durch rationale Interpretation geschärft sind.[2]

Für eine religionsphilosophische Konzeption ist dies von besonderer Bedeutung. Dazu ist es sinnvoll, sich in Erinnerung zu rufen, was nach Whitehead die Aufgabe der Religion ist: Religion in ihrer höchsten Form hat die Aufgabe, im Individuum ein Wertbewusstsein zu schaffen, das sich zunächst auf das Individuum selbst und dann auf die ganze Welt bezieht. Um diese Weltinterpretation kohärent durchführen zu können, muss die Religion ein System von allgemeinen Wahrheiten definieren, deren Einsicht sich aus tiefen religiösen Erfahrungen speist.[3] Aus dieser Perspektive bestimmt sich auch der Status des religiösen Dogmas: Sie sind Ansätze, die in der religiösen Erfahrung enthüllten Wahrheiten präzise zu formulieren. Damit haben religiöse Dogmen einen ähnlichen Status wie die Sätze der Physik, die nach Whitehead als Versuche anzusehen sind, die in der Sinneswahrnehmung gegebenen Wahrheiten zu formulieren.[4] Der Versuch, diese Wahrheiten zu formulieren, ist auf dem Gebiet der Religion vielleicht noch stärker an eine bestimmte kulturell geprägte Denksphäre gebunden als es in der Physik der Fall ist. Mit anderen Worten: Die Formulierung vollzieht sich nicht im luftleeren Raum, sondern benutzt schon in der jeweiligen kulturellen Umwelt vertraute sprachliche Formen. Die Endgültigkeit eines Dogmas zu akzeptieren hieße demnach auch, seine Denksphäre als letztgültig anzuerkennen.[5] Dies schließt zunächst nicht aus, dass man in einem Dogma einen wahren Kern einer religiösen Erfahrung zum Ausdruck gebracht hat. Allerdings sollte man sich bewusst sein, dass die zur

---

[2] PRd, S. 34, PR, S. 4.
[3] Vgl. RMd, S. 47, RM, S. 58.
[4] Vgl. RMd, S. 47, RM, S. 58.
[5] Vgl. RMd, S. 97, RM, S. 130.

Formulierung verwendeten Begriffe einen bestimmten Kontext entnommen sind und der Status der Begriffe offen bleibt für weitere Bestimmungen.

Demnach gilt, dass der Fortschritt der Wahrheit, sei sie religiös oder wissenschaftlich, in der Weiterbestimmung der verwendeten Begriffe zu sehen ist, die zum einen Kritik an zu abstrakten Begriffen bedeutet, zum anderem die Entwicklung neuerer und adäquaterer Vorstellungen, die zu einer angemesseneren Darstellung des Dogmas führen können.[6] Dies ist eben auch der Grund, warum es einen Entwicklungsprozess der Religion gibt: Weil die Religion, wenn sie die Gehalte der religiösen Erfahrung in Dogmen ausdrücken will, auf kulturell bedingte Formen und Begriffe zurückgreifen muss, deren Bedeutung im Lauf der Zeit wandelbar sind. Verändern sich die Formen und Bedeutungen der Begriffe, dann liegt es an der Religion, in den nun zur Verfügung stehenden Begriffen auszudrücken. Man könnte diesen Prozess als fortlaufende Rationalisierung bezeichnen, der gleichzeitig als Motor zur eventuellen Weiterentwicklung der Religion dient.

Möchte aber gerade Religionsphilosophie zu Klärung und Modifikation der religiösen Begriffe beitragen[7], können diese dann aus Sicht der Religion wiederum aufgenommen werden. Die Religionsphilosophie trägt damit auch zur Weiterentwicklung der Religion bei.

Aufgabe einer konstruktiven Religionsphilosophie ist es dann, den Inhalt eines Dogmas seiner jeweiligen Zeit angemessen zum Ausdruck kommen zu lassen, was dann aber wiederum nichts anderes heißt, als den Inhalt innerhalb einer neuen Denksphäre zu reformulieren.

Und auch hier wird die dialogische Konzeption wieder deutlich: Aus der Definition des Dogmas wird dann klar, dass es sich um eine kulturell bedingte Formulierung einer (vielleicht) wahren Einsicht handelt, die, wenn die Kultur sich weiterentwickelt, wieder der neuen Denksphäre neu angepasst werden muss. Tauchen in der neuen Denksphäre dann neue Einsichten anderer Erfahrungsbereiche auf, dann sind diese bei der Reformulierung zu berücksichtigen. Auch hier ist begriffliche Kreativität gefragt, wenn es darum geht, Inhalte neu zu formulieren. Dass damit die Religionsphilosophie in diesem Sinn immer kreativ zu sein hat, liegt auf der Hand, denn schließlich verändern sich die jeweiligen Denksphären, was dann zur Neuformulierung bestimmter Einsichten zwingt.

Muss also schon bei der allgemeinen Konzeption einer Metaphysik auf verschiedene Erfahrungsbereiche Rücksicht genommen werden, so gilt dies – wie wir eben gesehen haben – natürlich auch für den Bereich der religiösen Inhalte, in dem dann die Religionsphilosophie als reflexives Moment zur Mo-

---

[6] RMd, S. 98/99, RM, S. 131.
[7] Man denke nur an die analytische Religionsphilosophie Swinburnescher Provenienz, die es als Aufgabe sieht, die religiösen Begriffe konsistent und für ein System kohärent zu machen (vgl. dazu R. Swinburne: *The Coherence of Theism*, Oxford 1993).

difikation der religiösen Begriffe unter heutigen Verstehensbedingungen beiträgt, denn es geht angesichts neuer Erfahrungen und Erkenntnisse um neue Formulierungen alter Wahrheiten. Der Dialog mit den empirischen Wissenschaften und der interreligiöse Dialog sind so schon vorgezeichnet.

Aber nicht nur im methodischen Bereich der Whiteheadschen Philosophie spielt Kreativität eine gravierende Rolle. Kreativität ist bei Whitehead auch ein ontologischer Schlüsselbegriff, der maßgeblich ist für eine Verhältnisbestimmung von Gott und Welt. Eine Religionsphilosophie sollte deshalb auch in den Dialog mit metaphysischen Überlegungen treten.

Um das Gott-Welt Verhältnis – und gerade hier bietet sich Whitehead als lohnenswerte Ressource für eine heutige, konstruktive Religionsphilosophie – adäquat explizieren zu können, werde ich die Grundprinzipien seiner Metaphysik in aller Kürze darlegen.

3. Kreativität als ontologischer Schlüsselbegriff

Dass das Sein der Welt grundsätzlich vom Werden her begriffen werden muss, indem der Prozess das Urprinzip aller Wirklichkeit ist, kommt auch in der Hierarchie des in »Prozeß und Realität« entworfenen Ideenschemas zum Ausdruck. Denn die oberste Kategorie nennt Whitehead »Kategorie des Letzten« (category of the ultimate), die sich in den Begriffen »Eines«, »Vieles« und »Kreativität« expliziert.[8] Dies ist so verstehen, dass der aller Welt zugrundeliegende Prozess als das Fortschreiten von den vielen vorhandenen Entitäten zu einer neuen Entität beschrieben wird, wobei die vielen Einheiten um eine neue Einheit vermehrt werden, was Whitehead »Kreativität« nennt. Die Kreativität ist somit der allgemeinste Begriff, mit dem Wirklichkeit beschrieben werden kann. Sie existiert nur, indem sie sich in den Entitäten des Universums manifestiert und sie ist das verbindende Element alles Existierenden, während alle anderen Prinzipien und Kategorien des Ideenschemas nur dazu dienen, diese Prozessualität weiter zu spezifizieren, indem Differenzierungen und Bedingungen des Prozesses beschrieben werden.[9] Kreativität ist nach Whithead

---

[8] PRd, S. 61-63, PR, S. 20-22. Der Status der Kreativität ist in der Whitehead-Forschung umstritten. Die Interpretationen reichen von der Aussage, Kreativität besage nur, dass irgendwo eine aktuale Entität entstehen muss (vgl. E. Pols: *Whitehead's Metaphysics. A Critical Examination of ›Process and Reality‹*, London, New York 1967, S. 134), bis hin zu der Interpretation der Kreativität als Seins- und Erkenntnisgrund (vgl. hierzu z.B. W.J. Garland: *The Ultimacy of Creativity*, in: L.S. Ford/G.L. Kline (Hgs.): Explorations in Whitehead`s Philosophy, New York 1983, S. 212-238. Eine gute Zusammenfassung der Thematik bietet E. Orf: *Religion, Kreativität und Gottes schöpferische Aktivität*, Egelsbach 1996, S. 240 ff.

[9] Whitehead stellte an den Anfang seines Werkes »Prozeß und Realität« das Ideenschema, wobei der Rest des Werkes der Erläuterung der hier vorgestellten Prinzipien und Kategorien dienen soll.

auch der Garant dafür, dass es immer wieder neue aktuale Entitäten gibt, dass also dass Universum immer weiter voranschreitet und erst so die Möglichkeit gegeben ist, dass es komplexere Formen gibt.

Auf die Frage, was denn die letztgültigen Entitäten der Wirklichkeit sind, antwortet die Prozessphilosophie[10] mit der ersten »Kategorie der Existenz«[11], d.h. mit den der Prozessualität zugrundeliegenden Prozesseinheiten, die »aktuale Entitäten« (actual entities) oder auch »aktuale Geschehnisse« (actual occasions) genannt werden.[12] Sie sind die nicht weiter hintergehbaren Fakten der Wirklichkeit, und alles, was wirklich ist, muss als »aktuale Entität« aufgefasst werden. Whitehead vertritt damit eine einstufige Ontologie, auch wenn es Differenzen im Grad der Bedeutung oder Funktion der einzelnen »aktualen Entität« gibt. Die Gegenstände des Makrokosmos wie Steine, Pflanzen, Tiere, Menschen usw. sind als miteinander verbundene Gruppen von aktualen Entitäten anzusehen, die in einem ständigen Entstehen und Vergehen begriffen sind.

Wie für Aristoteles, so gilt auch für Whitehead, dass für Wirk- und Zweckursachen nur wirklich Seiende, also bei Whitehead nur aktuale Entitäten in Betracht kommen. Diesen Grundsatz nennt Whitehead das »ontologische Prinzip«[13], mit der – jedenfalls für ihn – die schon angesprochene Substanzkritik expliziert wird. Denn war die Substanzmetaphysik aufgrund ihrer Substanzdefinition, die besagt, dass die Substanz nichts anderes zu ihrer Existenz braucht als sich selbst,[14] weder in der Lage, wesentliche Veränderungen durch den Einfluss anderer Entitäten (im Gegensatz zu akzidentiellen), noch die Entstehung von wirklich Neuem zu erklären, so führt die Eigenschaft des Isoliertseins in einer Substanzmetaphysik letztlich dazu, dass zwischen Entitäten nur externe, niemals aber wesenskonstitutive, interne Verbindungen bestehen können. Nun widerspricht aber diese Konsequenz der Substanzmetaphysik unserer alltäglichen Erfahrung, in der sehr wohl beispielsweise kausale Verbindungen erfahren werden. In der Prozessphilosophie hingegen ist die Kategorie der wesenhaften Relation von größter Bedeutung, die sich in der vierten Erklärungskategorie des Ideenschemas im sogenannten »Relativitätsprinzip«

---

[10] Es bleibt darauf hinzuweisen, dass Whitehead selber seine spekulative Philosophie »philosophy of organism« nannte, da eine Prozesseinheit wesenskonstitutive Relationen zu allen anderen Prozesseseinheiten hat.

[11] PRd, S. 63, PR, S. 22. In deutscher Sekundärliteratur findet man auch »wirkliche Einzelwesen« als Übersetzung.

[12] Whitehead verwendet die beiden Begriffe weitgehend synonym. Einzige Ausnahme ist die göttliche Entität, die sich zwar auch im Werden befindet, aber nicht vergehen kann und nur als »actual entity« bezeichnet wird. Die vergänglichen Entitäten heißen dann entweder »actual occasions« oder »actual entities«.

[13] Vgl. hierzu u.a. PRd, S. 68, PR, S. 24; PRd, S. 58, PR, S. 18f.; PRd, S. 97f., PR, S. 43; PRd, S. 446, PR, S. 244.

[14] So z.B. die Substanzdefinition von R. Descartes, wie sie Whitehead versteht..

wiederfindet.[15] Dieses Prinzip besagt, dass alle Entitäten im Universum wesenskonstitutiv miteinander verbunden sind. Das Relativitätsprinzip stellt eine Spezifizierung des ontologischen Prinzips dar, denn besagte dieses einen wesenhaften Bezug der neu entstehenden Entität in ihrer Genese, so behauptet das Relativitätsprinzip, dass die neu entstehende Entität wieder als Potential für zukünftige Entitäten zur Verfügung steht, so dass die Wirklichkeit somit in ihrer Verwobenheit eine organische Struktur hat. Die dadurch entstehenden wesentlichen Verbindungen der Entitäten untereinander nennt Whitehead (in Anlehnung an das lateinische prehendere) »Prehensionen« (prehensions), womit ein – nicht unbedingt bewusstes – Erfassen von Entitäten gemeint ist, die als Objekte in den Werdeprozess der aktualen Entität eingehen. Eine Gruppe von Entitäten, die durch Prehensionen verbunden ist, wird in der Prozessphilosophie »Nexus« genannt (Plural Nexūs).

Die Prehensionen sind auch für den Begriff der Subjektivität, wie Whitehead sie versteht, von enormer Bedeutung. Was Whitehead mit Subjektivität meint, ist die Fähigkeit jeder aktualen Entität, Erfahrung zu haben oder anders formuliert, vorhandene Entitäten qua Prehensionen in den Werdeprozess, der sogenannten »Konkreszenz« (concrescence), der neu entstehenden Einheit zu integrieren.[16] Jede Konkreszenz meint die Entstehung von neuer Subjektivität, in der das Subjekt seine Bestimmtheit erlangt. Erfahrung ist demnach Voraussetzung für Bewusstsein, das als eine höhere Erfahrung gedeutet wird.[17] Der Abschluss der Konkreszenz, nachdem also die neue Entität voll bestimmt ist, geht mit dem Verlust der Subjektivität der aktualen Entität einher, da nun nichts mehr zu ihrer innerlichen Konstitution beitragen kann. Die aktuale Entität steht nun als Resultat des Prozesses als sogenanntes »Superjekt« (superject)[18] anderen neu entstehenden Entitäten als Potential zur Verfügung, womit ihr Status als Objekt für Werdeprozesse beschrieben ist. Jede aktuale Entität

---

[15] PRd, S. 65, PR, S. 22.

[16] Der Begriff der Subjektivität bei Whitehead ist oft kritisiert worden. Allen Positionen war dabei gemeinsam, dass sie als Folie ihrer Kritik einen Subjektbegriff zugrunde legten, der aus der Substanzmetaphysik entlehnt war, was zur Folge hatte, dass die Whiteheadsche Pointe gerade nicht verstanden wurde. Zur adäquateren Darstellung des Subjektbegriffs bei Whitehead vgl. u.a. M.-S. Lotter: *Subjekt-Superjekt: Zum Verhältnis von Privatheit und Öffentlichkeit*, in: Natur, Subjektivität, Gott: zur Prozessphilosophie Alfred N. Whiteheads, hg. v. H. Holzey, A. Rust und R. Wiehl, Frankfurt am Main 1990, S. 169-197; Fr. Rapp: *Das Subjekt in Whiteheads kosmologischer Metaphysik*, in: Natur, Subjektivität, Gott: zur Prozessphilosophie Alfred N. Whiteheads, hg. v. H. Holzey, A. Rust und R. Wiehl, Frankfurt am Main 1990, S. 143-168; R. Faber: *Prozesstheologie. Zu ihrer Würdigung und kritischen Erneuerung*, Mainz 2000, S. 186-200.

[17] Vgl. PRd, S. 121, PR, S. 56; PRd, S. 88, PR, S. 36.

[18] Der Ausdruck »Superjekt« soll andeuten, dass die aktuale Entität nun als Resultat gleichsam aus dem Prozess heraus fertig bestimmt vorliegt.

ist als Subjekt-Superjekt[19] somit ein Spiegel der zwei Aspekte des Weltprozesses, von dem der eine durch den Werdeprozess (Konkreszenz) und die damit verbundenen internen Relationen charakterisiert wird, der andere nach Abschluss der Konkreszenz durch das dann Zur-Verfügung-Stehen als Potential für weitere Werdeprozesse, wobei diese Relationen aus Sicht der superjektiven Entitäten als extern anzusehen sind.[20]

Der Werdeprozess (Konkreszenz) eines wirklichen Einzelwesens spielt sich zwischen zwei Polen, dem physischen Pol und dem geistigen Pol, ab, was nichts anderes heißt, als dass zwei Aspekte einen wesentlichen Einfluss auf den Prozess haben. Im physischen Pol erfasst das neue wirkliche Einzelwesen seine Umwelt, das heißt, die bereits abgeschlossenen Prozesse, die ihm als Material für den eigenen Prozess zur Verfügung stehen. Das neue wirkliche Einzelwesen erfasst so schon vorhandene wirkliche Einzelwesen, die dadurch wesentlich zu dem neuen wirklichen Einzelwesen beitragen, und verarbeitet das Material auf die ihm eigene Weise.

Im geistigen Pol werden nun reine Formen erfasst, die als mögliche Bestimmtheiten dienen. Die reinen Formen bezeichnet Whitehead als ewige Gegenständen (eternal objects), die in gewisser Weise den platonischen Ideen ähneln, dienen sie doch als Ideale. Allerdings als Ideale, die im Prozess verwirklicht werden können. Ein Unterschied zu den platonischen Ideen besteht darüber hinaus jedoch darin, dass die ewigen Gegenstände nicht die vollkommenere Wirklichkeit darstellen, sondern zunächst nur mögliche Formen (also mögliche Bestimmungen für den Prozess) sind, die auf ihre Realisierung warten. Da im geistigen Pol ein Bezug zum Idealen hergestellt wird, werden die Erfassungen (Prehensions), die die reinen Formen erfassen, in Anlehnung an die alte Metaphysik »begrifflich« genannt.

Jedes wirkliche Einzelwesen ist nun nicht durch die in es eingehenden wirklichen Einzelwesen vollständig bestimmt oder kausal determiniert. Jedes wirkliche Einzelwesen hat vielmehr die Fähigkeit und Spontaneität, bis zu einem gewissen Grad selbst zu bestimmen, was aus ihm wird. Das heißt, dass wirkliche Einzelwesen als Subjekte fungieren, die, je nach dem Grad ihrer Komplexität, sich final bestimmen können, was nichts anderes heißt, als dass sie bestimmen, wie das »Material« des physischen Pols verarbeitet wird. Möglich ist das ihnen nur, weil sie in ihrem geistigen Pol einen Bezug zu ihren möglichen Bestimmungen haben.

---

[19] Whitehead weist darauf hin, dass jede aktuale Entität beide Aspekte besitzt, und dass er manchmal die Verwendung »Subjekt« als Abkürzung für diesen Sachverhalt wählt (PRd, S. 76, PR, S. 29).
[20] Diese beiden Aspekte finden sich ebenfalls unter anderer Formulierung. So sind »formale« und »objektive« Existenz, sowie »Privatheit« und »Öffentlichkeit« Synonyme für das Subjekt-Superjekt Verhältnis.

Nun verlangt das ontologischen Prinzip, nach dem alle Gründe und Ursachen nur in wirklichen Einzelwesen gesucht werden dürfen – denn es gibt nach Whitehead keine freischwebenden Tatsachen –, dass auch die reinen Formen als Möglichkeiten in einem wirklichen Einzelwesen aufgehoben sein müssen. Dieses Einzelwesen, das alle reinen Formen in sich beherbergt, nennt die Prozessphilosophie Gott. Nun ist Gottes Funktion für die Welt nicht nur die Beherbergung der reinen Formen. Vielmehr wertet Gott diese Formen für die jeweiligen Prozesse, die sich in ihrer Konkreszenz befinden, so dass eine Hierarchie von Möglichkeiten für jedes einzelne wirkliche Einzelwesen entsteht, die verwirklicht werden können. Dabei richtet sich diese Hierarchie zum einen nach dem aktuellen Stand der Umwelt von dem wirklichen Einzelwesen, denn es können zu einem bestimmten Zeitpunkt immer nur gewisse Möglichkeiten verwirklicht werden, da die Möglichkeit der Realisierung von dem status quo der Welt anhängt. Zum anderen ist die Hierarchisierung der reinen Formen für eine aktuale Entität von der potentiellen Erfahrungstiefe abhängig, welche die aktuale Entität bei der Realisierung genau dieser Möglichkeit erlangen würde. Das heißt Gott stimmt die Möglichkeiten für die aktualen Entitäten gerade so ab, dass die lukrativsten Möglichkeiten auch die intensivste Erfahrung hervorbringen würden. Intensive Erfahrung für eine aktuale Entität ist dann gegeben, wenn man sie möglichst viele Elemente harmonisch in ihre Konkreszenz integrieren kann. Man muss in diesem Kontext aber darauf hinweisen, dass es Gottes allgemeines Ziel ist, in der gesamten Welt eine möglichst große Erfahrungstiefe zu ermöglichen, was dazu führt, dass die wertende Schau Gottes und die damit einhergehende, oben erwähnte Hierarchiesierung immer auch alle anderen aktualen Entitäten mitberücksichtigt, so dass ein »subjektives Ziel«, also die Möglichkeit, die in der bewerteten Hierarchie ganz oben steht, nie nur egoistische Interessen einer einzelnen aktualen Entität hervorrufen kann.

4. Die Bedeutung der Kreativität für das Gott-Welt Verhältnis

Betrachten wir das Verhältnis von Gott und Welt unter der Berücksichtigung der Kategorie der Kreativität (die ja beschreibt, dass die Prozesshaftigkeit der Welt in Form der immer neu entstehenden wirklichen Einzelwesen weitergeht), so lässt sich folgendes über ihre gegenseitige Beziehung sagen:

> Die wahre metaphysische Position lautet, daß Gott die uranfängliche Instanz dieser Kreativität ist und deshalb auch die uranfängliche Instanz der Kreativität ist und deshalb auch die uranfängliche Bedingung, die ihre Aktion bestimmt... Aber natürlich hat die ›Kreativität‹ keine Bedeutung ohne ihre ›Geschöpfe‹, ›Gott‹ hat keine Bedeutung ohne die ›Kreativität‹ und die ›zeitlichen Ge-

schöpfe‹, und diese wiederum sind bedeutungslos, abgesehen von der ›Kreativität‹ und von ›Gott‹.[21]

Meines Erachtens ist die hier angeführte Stelle so zu verstehen, dass die Begriffe »Kreativität«, »Gott« und »Geschöpfe« nur verständlich sind, wenn man ihre Bezogenheit zueinander kennt. Dazu ist es wichtig, sich kurz auch die Konkreszenz Gottes zu verdeutlichen, um dann die Gott-Welt-Beziehung richtig zu verstehen. Klar scheint aber schon jetzt zu sein, dass Kreativität auch die Dynamik zwischen Gott und Welt beschreiben soll, so dass es nicht nur innerhalb der Welt zu einem ständigen Fortschreiten kommt.

Zunächst gilt: Auch Gott ist wie alle anderen aktualen Entitäten bipolar (es gibt aber auch entscheidende Unterschiede). Er hat einen geistigen Pol, den Whitehead Urnatur nennt (primordial nature) und einen physischen Pol, der Folgenatur (consequent nature) genannt wird. Wir haben schon eine Funktion Gottes für die Welt kennen gelernt. Er wertet die ewigen Gegenstände für neu entstehende Prozesse in seiner Urnatur, die alle möglichen reinen Formen in sich beherbergt. In seinem physischen Pol, der Folgenatur, nimmt er alle abgeschlossenen Prozesse der Welt in sich auf und rettet so die in der Welt verwirklichten Werte inklusive ihrer subjektiven Erfahrung. Es kommt somit zur Verzahnung der weltlichen und des göttlichen Prozesses, so dass es zwischen beiden zu einer wesentlichen Beziehung kommt.

Eine solche Konzeption hat mehrere Vorteile. Zum einen gesteht sie der gesamten Wirklichkeit eine Spontaneität zu, die Gott nur »überredend« beeinflussen kann, indem er eine Hierarchie von Möglichkeiten anbietet. Welche Möglichkeit letztlich verwirklicht wird, ist zu einem Teil Entscheidung des jeweiligen Prozesses. Es bleibt also ein eigenständiges Moment in der Welt. Das bedeutet, dass angesichts vieler naturwissenschaftlicher Theorien wie z.B. der Selbstorganisationstheorie und der Evolutionstheorie auf der einen Seite zwar die Spontaneität der Welt unverzichtbar ist und diese muss auch von einer konstruktiven Religionsphilosophie eingeholt werden, auf der anderen Seite bleibt aber auch Platz für schöpferischen Bedingungen, die in Gott verankert sind. Eine solche Auffassung von Gottes schöpferischen Handeln als creatio continua ist dann kompatibel mit gängigen naturwissenschaftlichen Theorien.

In der Folgenatur hat Gott eine rezeptive Seite, die dann dafür sorgt, dass die verwirklichten Werte nicht ins Nichts versinken, sondern in Gott selbst aufbewahrt bleiben (bzw. versöhnt werden). Somit ist unser Handeln in der Welt von bleibender Bedeutung, denn unsere Handlungen sind in gewissen Sinn auch Beiträge zu Gott selbst.

Fassen wir kurz zusammen: Kreativität scheint in doppelter Hinsicht ein Schlüsselbegriff der Religionsphilosophie sein zu können, besonders dann, wenn man als Ressource die Whiteheadsche Konzeption zugrunde legt. Durch

---

[21] PRd, S. 411/412, PR, S. 225.

das Bewusstsein, dass alle, uns so auch religiöse Begriffe immer aus einer bestimmten Denksphäre entspringen, ist Religionsphilosophie darauf angewiesen, die Inhalte unter sich ständig verändernden Bedingungen neu zu bedenken, Begriffe unter Berücksichtigung neuer und anderer Erfahrungen, seien diese z.B. aus dem interreligiösen oder naturwissenschaftlichen Bereich, immer wieder neu zu formulieren.

Darüber hinaus – und dies ist der zweite Aspekt – bietet Kreativität als ontologischer Schlüsselbegriff die Möglichkeit, das Gott-Welt-Verhältnis in seinem dynamischen Dimensionen besser zu erfassen und so auch neuen philosophischen und theologischen Einsichten gerechter zu werden, so dass es auch hier zu einem fruchtbaren Dialog kommen kann

Literatur

FABER, R.: *Prozesstheologie. Zu ihrer Würdigung und kritischen Erneuerung*, Mainz 2000.
GARLAND, W.J.: *The Ultimacy of Creativity*, in: L.S. Ford/G.L. Kline (Hgs.): Explorations in Whitehead's Philosophy, New York 1983, S. 212–238.
LOTTER, Maria-Sibylla: *Subjekt-Superjekt: Zum Verhältnis von Privatheit und Öffentlichkeit*, in: H. Holzey/A. Rust/R. Wiehl (Hgs.): Natur, Subjektivität, Gott: zur Prozessphilosophie Alfred N. Whiteheads, Frankfurt/M. 1990, S. 169–197.
ORF, E.: *Religion, Kreativität und Gottes schöpferische Aktivität*, Egelsbach 1996.
POLS, E.: *Whitehead's Metaphysics. A Critical Examination of ›Process and Reality‹*, London, New York 1967.
RAPP, Friedrich: *Das Subjekt in Whiteheads kosmologischer Metaphysik*, in: H. Holzey/A. Rust/R. Wiehl (Hgs.): Natur, Subjektivität, Gott: zur Prozessphilosophie Alfred N. Whiteheads, Frankfurt am Main 1990, S. 143–168.
SWINBURNE, R.: *The Coherence of Theism*, Oxford 1993.
WHITEHEAD, A.N.: *Process and Reality. An Essay on Cosmology* (Corrected Edition), New York 1978.
WHITEHEAD, A.N.: *Prozeß und Realität*, Frankfurt/M. 1988.

Kreativität und Antizipation als Grundbegriffe der Konzeption von Prozess bei Alfred North Whitehead

Sebastian Ullrich (Eichstätt)

Einleitung: Whiteheads Radikalisierung seines theoretischen Standpunkts

In Whiteheads *Essay on Cosmology* geht es um den Begriff des *Prozesses*. Wie der Haupttitel *Process and Reality* bereits deutlich macht, soll die Wirklichkeit als Prozess begriffen werden. Gegen eine Substanzontologie entwirft Whitehead eine Kosmologie, in der das Seiende nicht mehr als dinghafte Substanzen gedacht wird, sondern als Abfolge von Ereignissen und damit eben als Prozess. Die letzten metaphysischen Elemente der Wirklichkeit sind für Whitehead die aktualen Ereignisse. Dabei handelt es sich quasi um Monaden, die allerdings nicht nur keine räumliche Ausdehnung haben, sondern zudem auch keine zeitliche, also keine Dauer. Schon gar nicht sind sie ewig, wie die Monaden von Leibniz. Jedes Ereignis ereignet sich vielmehr augenblicklich, instantan – oder gar nicht. In Hinblick auf ihre konzeptuelle Verwirklichung – ihren mentalen Pol – sind aktuale Ereignisse gar als völlig außerhalb der Zeit aufzufassen.[1] Die Frage ist dann freilich, wie solche Ereignisse, die zumindest in einer wesentlichen Hinsicht als ohne Ausdehnung, also auch ohne Dauer aufgefasst werden müssen, wie solche Ereignisse die Elemente – Whitehead sagt mitunter auch die Atome – eines Prozesses sein können.

Dass sich überhaupt etwas ereignet, ist jedenfalls in gewisser Weise eine Wirkung der *Kreativität*, der kosmologischen Grundkraft in Whiteheads Kosmologie. Der Begriff der Kreativität ist neben dem Begriff der *Konkreszenz der Fühlungen* ein zentraler und grundlegender Begriff von Whiteheads Ontologie. Aber mit dem Begriff der Kreativität wird auch – und das wurde bisher nicht mit genügender Deutlichkeit gesehen – der Begriff der *Antizipation* zu einem Grundbegriff der Ontologie. Prozess ist – so lässt sich vordeutend anmerken – immer im systematischen Sinn als »objektiv« aufzufassen, Antizipation dagegen gehört der »subjektiven« Seite der Wirklichkeit zu. Um dies zeigen zu können, muss zunächst ein wenig exegetisch ausgeholt werden.

Whitehead entwickelt eine aufwendige Theorie über die immanente Struktur der aktualen Ereignisse. Dabei kommt es ihm aber vor, dass er seinen eigenen Ansatz immer weiter überarbeitet und vertieft. Lewis Ford hat in seinem Buch *The Emergence of Whitehead's Metaphysics*[2] gezeigt, das Whiteheads

---

[1] PR 248.
[2] Lewis S. Ford: *The Emergence of Whitehead's Metaphysics*, New York 1984.

Werke selber die Dokumentation eines Denkprozesses sind. Nicht eine geschlossene Doktrin wird vorgetragen, sondern vielmehr Stadien in der Entwicklung seiner Metaphysik. Allerdings sind, vor allem in *Process and Reality*, die Neuerungen so in den Text eingearbeitet, dass oft nicht erkennbar ist, ob es sich nun eigentlich um neue Lehrstücke handelt, oder schlicht um Widersprüche und Inkohärenzen.

In der Tat lassen sich, sehr verkürzt und vereinfacht – hier werden im wesentlichen die Funde von Ford aufgegriffen und kondensiert – zwei tatsächlich unvereinbare Lehren bzw. doktrinale Tendenzen in *Process and Reality* ausfindig machen: Diese werden hier der Einfachheit halber als ›frühere Lehre‹ – wie sie noch an Whiteheads Überlegungen in *Science and the Modern World* anschließt – und als ›spätere Lehre‹ – die selbst in *Process and Reality* teilweise nur noch in Andeutungen zu finden ist – bezeichnet. Auch Whiteheads Alterswerk *Modes of Thought* lässt sich auf dem Hintergrund der Auslegung der ›späteren Lehre‹ leichter interpretieren und in die Auslegung von Whiteheads Kosmologie mit einbeziehen, auch wenn Whitehead in diesem äußerst tiefen Buch oft recht lax mit der Terminologie umgeht.

Die wesentlichen und für den hier anvisierten Zusammenhang relevanten Unterschiede zwischen diesen beiden ›Lehren‹ lassen sich schnell umreißen. In der ›früheren Lehre‹ gibt es eine innere Entwicklung des aktualen Ereignisses, die Whitehead noch mit dem Terminus »Prozess« belegt.[3] Whitehead experimentiert später mit den zwei Begriffen eines »makroskopischen« und eines »mikroskopischen Prozesses«, die in dieser Phase seines Schaffens »Übergang« und »Konkreszenz« heißen.[4] Diese Doppeldeutigkeit des Terminus »Prozess« bleibt in der Tat in allen Ausführungen von *Process and Reality* erhalten. Whitehead spricht zwar auch in späteren Einfügungen in sein Hauptwerk noch regelmäßig von »Prozess«, wenn er das immanente Funktionsgefüge aktualer Ereignisse meint. Behält man aber im Auge, dass es sich nicht (mehr) um einen Übergang zwischen verschiedenen Zuständen oder Phasen innerhalb des aktualen Ereignisses handelt, kann keine Verwirrung entstehen; an den entsprechenden Stellen lässt sich in der Regel unterscheiden zwischen den methodischen Hinsichten auf das Ereignis. Denn wesentlich wird die Unterscheidung zwischen der genetischen Teilung der Ereignisse und der koordinierten Teilung.[5] In Hinblick auf die genetische Teilung eines Ereignisses sind es sprachliche Gewohnheiten, die leicht dazu hinreißen, von »Prozess« zu sprechen[6]; eigentlich aber wird in der Hinsicht der genetischen Teilung das (immanente) Funktionsgefüge der aktualen Ereignisse analysiert.

---

[3] Vgl. Ford 1984, S. 199.
[4] A.a.O., S. 200f.
[5] PR 283.
[6] Schon der Terminus »Konkreszenz« verführt dazu; in *Modes of Thought* vermeidet Whitehead konsequenter Weise diesen Terminus.

»Übergang« wird dann zu einer Beziehung zwischen einem Ereignis, seiner Vergangenheit (den Erfüllungen) und seiner Zukunft (der Antizipation einer möglichen Objektivierung), das heißt, wenn von Übergang – und, darauf aufbauend, von Prozess – die Rede ist, geht es um die Koordination von Ereignissen[7], und nicht mehr um eine ereignisimmanente Entwicklung. Mit dieser tatsächlich fundamentalen – und in der Literatur oft nicht bemerkten – Modifikation seiner Sicht der letzten Elemente der Wirklichkeit rückt Whitehead zugleich vom Begriff des anfänglichen *einen* Datums der ›früheren Lehre‹ ab und gelangt zu einer Vielheit von anfänglichen Daten in der ›späteren Lehre‹.[8]

Das heißt, in der ›früheren Lehre‹ teilt sich ein Ereignis in zwei grundlegende Phasen, nämlich in eine erste, in der das Datum, das keinerlei subjektiven Aspekt beinhaltet, physisch gefühlt wird, und eine zweite Phase, in der das Ereignis Unmittelbarkeit der subjektiven Fühlung erlangt. Damit hat in seiner ›früheren Lehre‹ der Begriff der Selbsterschaffung bzw. *causa sui*, der später stark an systematischem Gewicht gewinnt, auch noch keine so radikale und grundlegende Bedeutung.[9] Spielte das Ideal, welches ein Ereignis gleichsam von sich selbst hat, in der ›früheren Lehre‹ als final bestimmendes Element des nachgeordneten mentalen Konkreszenzprozesses nur eine sekundäre Rolle, ist in der ›späteren Lehre‹ das subjektive Ziel grundlegende Bedingung der Möglichkeit der *Existenz* des aktualen Ereignisses.[10] In der ›späteren Lehre‹ geht somit das Ereignis in selbstverursachter Unmittelbarkeit aus einer Vielheit anfänglicher Daten hervor, deren Synthese zur objektiv erfassten aktualen Welt zugleich das Erreichen der Erfüllung des Ereignisses bedeutet. Damit bekommt in der ›späteren Lehre‹ der Begriff der Subjektivität die Bedeutung der »kreativen Vereinigung« (*creative unification*).[11]

Kreativität und Subjektives Ziel

Whiteheads Ontologie ist insofern eine Ontologie der Subjektivität in diesem systematischen Sinne von Subjektivität als kreativer Vereinigung. *Kreativität* und *Konkreszenz* sind die zentralen Begriffe seiner metaphysischen Kosmologie. Die das Sein des Seienden begründende Kreativität ist zugleich das kosmologische Prinzip der Neuheit: »Creativity‹ is the principle of *novelty*.«[12] Diese Formulierung, in welcher der Begriff des Prozesses wohlgemerkt keine Rolle

---

[7] Vgl. Ford 1984, S. 201.
[8] A.a.O., S. 201-203 und 188.
[9] A.a.O., S. 191.
[10] A.a.O., S. 194.
[11] Ebd.
[12] PR 21.

spielt, erreicht Whitehead erst in der ›späteren Lehre‹.[13] Prozess ist die darzustellende Idee, er ist nicht Grund, sondern Begründetes der Kreativität.

Die Kreativität bringt die aktualen Ereignisse hervor. Die Koordination schließlich, die immer nur vom Standpunkt einer kreativen Vereinigung her darstellbar ist, ist der Zusammenhang, in dem Neuheit als solche auftreten und zum Tragen kommen kann – dies, und der Begriff des Standpunkt wird weiter unten wieder aufgegriffen werden. Die Kreativität ist darin das Prinzip der *Vereinigung* von *Einheit* und *Vielheit*; der Zusammenhang, in dem Neuheit ermöglicht sein soll, ist ein Zusammenhang zwischen Einheit (des aktualen Ereignisses) und Vielheit (der Erfüllungen). Diese prinzipielle Drei-Einheit ist in der *Kategorie des Ultimativen* der Prozessontologie formuliert: »»Creativity‹, ›many‹, [and] ›one‹ are the ultimate notions involved in the meaning of the synonymous terms ›thing‹, ›being‹, ›entity‹. These three notions complete the Category of the Ultimate and are presupposed in all the more special categories.«[14]

Kreative Vereinigung, so kann auch gesagt werden, ist als das reale Wirken der Kreativität das Zusammenwachsen, d.h. die Konkreszenz, einer Vielheit (der Fühlungen) in eine neue Einheit. Konkreszenzen sind die Bausteine des Prozesses. Kreativität wirkt, indem *ständig neue* Konkreszenzen bzw. aktuale Ereignisse hervorgehen. Koordinierte Verknüpfungen solcher aktualen Ereignisse sind jeweils bestimmte Prozesse. Koordinierung ist eine Funktion der Objektivierung. Prozess ist insofern eine Abfolge objektiver Geschehnisse. Einigendes Band sind aber immer aktuale Ereignisse, die im angegebenen systematischen Sinn subjektiv sind.

Von daher wird erst Whiteheads Rede von »subjektiven Zielen« verständlich – und es wird zugleich verständlich, warum es sich dabei nicht um Anthropomorphismen handelt. Obgleich diese Subjektivität als kreative Vereinigung grundlegende Merkmale hat, die für die Subjektivität im erkenntnistheoretischen Sinne einschlägig sind. Jedes aktuale Ereignis prehendiert nämlich das Universum stets in seiner eigenen Perspektive. Kreativ ist diese Vereinigung, diese Konkreszenz der Prehensionen, weil jede Perspektive für sich absolut ist.[15] Insofern ist jede Perspektive gegenüber jeder beliebigen anderen Perspektive, die schon einmal eingenommen wurde oder die eingenommen werden könnte, eine *neue* Perspektive. Neue Perspektiven sind damit die notwendige Bedingung für die Herausbildung von neuen aktualen Ereignissen. Die Perspektive geht in die Vereinigung ein als das eigentlich *kreative* Moment. Die Perspektive tritt mit dem *subjektiven Ziels* in das Ereignis ein. Durch das subjektive Ziel wird ein (neues) *Wie* der limitierenden Integration

---

[13] Die ganze »*Category of the Ultimate*« ist sogar die letzte Einfügung in den Text von *Process and Reality*. Vgl. Ford 1984, S. 238-240.
[14] PR 21.
[15] AI 177.

der gegebenen Möglichkeiten zur (Selbst-) Verwirklichung des aktualen Ereignisses angehoben.

Wie gesagt denkt Whitehead in der ›späteren Lehre‹ seine aktualen Ereignisse radikal als selbstverursacht, und zwar ohne ihr Bewirktsein durch die Kreativität aufzugeben. Dies ist ohne Widerspruch möglich, denn wie gesehen ist die Perspektive, die ein Ereignis als ein bestimmtes auszeichnet gegenüber allen andern möglichen Perspektiven etwas Neues und *entspricht* damit dem Prinzip der Kreativität. Die Frage ist nun, wie ein aktuales Ereignis dazu kommt, eine Perspektive zu haben, um wirklich zu sein.

Whiteheads Antwort besteht darin – auch darauf wurde mit dem Verweis auf die ›spätere Lehre‹ schon gedeutet –, das *subjektive Ziel* des Ereignisses in logischer Hinsicht an den Ursprung des Ereignisses zu stellen. Das subjektive Ziel eines aktualen Ereignisses hat dabei »the unity of purpose«.[16] Whitehead spielt mit dem Begriff *purpose* auf den *Appetitus* der Leibnizschen Monaden an. Das subjektive Ziel ist in seiner allgemeinsten Form das Hingespanntsein des sich ereignenden Ereignisses darauf, das Universum aus seiner eigenen Perspektive zu prehendieren bzw. zu fühlen. Die Perspektive ist insofern das (virtuelle) Subjekt der Fühlungen.[17] Als spezifisches subjektives Ziel ist dieser Appetitus immer durch ein so genanntes ewiges Objekt charakterisiert.[18] Es ist das ewige Objekt, das als Wert in das Ereignis eintritt und somit eine Selektion der Fühlungen nach ihrer jeweiligen Relevanz für die Perspektive des aktualen Ereignisses ermöglicht.[19] Mit seinem subjektiven Ziel ist das Ereignis zugleich die Einführung einer neuen Form der Zusammensetzung in das Universum.[20]

Mit dem Eintritt des subjektiven Ziels in die Selbstverwirklichung des aktualen Ereignisses vollzieht sich gemäß Whitehead zugleich der Akt der Selbsterschaffung des so initiierten Ereignisses, das darin seine Erfüllung findet, dass es das von ihm prehendierte Universum aus seiner Perspektive heraus integriert. Deshalb spricht Whitehead auch davon, dass ein aktuales Ereignis einen Standpunkt[21] einnimmt. Mit dem Begriff des Standpunktes hängt der Begriff des Quantums zusammen. Aber ein Quantum kann, weil es notwendig

---

[16] MT 51.
[17] Deshalb gilt auch dass »the feelings *aim at* their subject«, PR 222. Die Fühlungen sind einerseits durch ihre Ausrichtung auf das subjektive Ziel *bestimmte* Fühlungen. Andererseits sind Fühlungen aber auch als Einwirkungen der realen Potentialität aufzufassen, als Vektoren, wie Whitehead schreibt, so dass die reale Potentialität insofern als *causa efficiens* – bzw. besser gesagt *causa materialis* – die Konkreszenz hervorbringt. Dabei ist die reale Potentialität den Prehensionen bzw. den Ereignissen *extern*.
[18] Es ist ein ewiges Objekt, das *diesen* Appetitus charakterisiert und die Individualität des aktualen Ereignisses begründet. Es ist *nicht* eines der ewigen Objekte, die mittels konzeptueller Fühlungen aus der realen Potentialität abgeleitet werden.
[19] PR 86 und PR 248.
[20] PR 44.
[21] PR 284.

extensiv ist, nur Element von Prozessen sein. Prozess ist aber, wie gesagt, durch Konkreszenzen bedingt, und nicht Eigenschaft der Konkreszenz; also kann das Quantum nicht als extensives Quantum die Grundlage – quasi das platonische Rezeptakel – für die Konkreszenz sein. Wesentlich in der Konstitution eines aktualen Ereignisses ist vielmehr die *Antizipation* des eigenen Standpunktes, der eigenen Position im extensiven Prozess – der Position, die erst in der Koordination des erfüllten bzw. objektivierten Ereignisses mit anderen Erfüllungen, also jedenfalls nur in der kreativen Vereinigung durch ein neues aktuales Ereignis, georted bzw. verortet wird.

Das Quantum

Das Quantum, als Moment in einem Prozess aufgefasst, ist zugleich der Ort, die Stelle des objektiven Ereignisses bzw. der Erfüllung innerhalb dieses Prozesses. Als extensive Region[22] ist es aber wie gesagt nicht gleichsam ein Behälter für das Ereignis als kreative Vereinigung. Vielmehr »konsonieren« – so Whitehead[23] – der subjektive und der objektive Aspekt des Ereignisses, die kreative Vereinigung und die Erfüllung, miteinander.[24] Hinter dieser musikalischen Metapher – die Whitehead allerdings etwas ungewöhnlich auffasst – verbirgt sich nun der Begriff der *Antizipation*, das einigende Band von *Kreativität* und *Prozess*. Gehen wir zunächst der musikalischen Metapher in Whiteheads Verwendungsweise ein Stück weit nach, um über einen kleinen Umweg zur Darstellung des gesuchten Begriffs zu kommen.

Betrachten wir einen Dreiklang als ein Beispiel des Zusammenhangs von Charakter und Quantum. Ein bestimmter Dreiklang ist das gleichzeitige Erklingen dreier Töne mit *einem* ganz bestimmten klanglichen Charakter. Der Dreiklang ist eine Ganzheit und die Einzeltöne, ohne die er nichts ist, sind seine Teile. Aber betrachtet bzw. hört man die Teile jeweils für sich, so lässt sich in ihnen nichts entdecken, was auf den Klangcharakter hindeuten würde, den der Dreiklang als solcher hat. Die Einzeltöne können aber auch nicht einfach in Eins ineinander fallen. Sie müssen auch innerhalb des Akkordes unterscheidbar bleiben. Sie bilden im Akkord eine *teilbare* aber *nicht geteilte* Einheit. In Whiteheads Sinn von »konsonieren« lässt sich also nicht einfach sagen, die einzelnen Töne würden zusammenklingen und dadurch als Summe die übergeordnete Ganzheit des Akkordes ergeben. Vielmehr »konsonieren« der an sich einheitliche und unteilbare Charakter *dieses* Zusammenklangs mit den tatsächlich gleichzeitig erklingenden Einzeltönen.

---

[22] PR 283.
[23] Ebd.
[24] In anderen Worten: der zeitlose mentale Pol und der zeitliche physische Pol des Ereignisses, vgl. PR 248.

»Konsonanz« in diesem Sinne ist dann eine Metapher für Whiteheads Auffassung der aktualen Ereignisse als Bürger zweier Welten. Denn jedes Ereignis hat seinen Charakter bzw. die Seite seiner konzeptuellen Realisation – Whitehead nennt das den »mentalen Pol« – und die Seite seiner kausalen Verknüpfung mit der Welt, in der es sich ereignet – den »physischen Pol«. Der mentale Pol ist nicht nur als Ort des Eintritts des subjektiven Ziels Existenzgrund des Ereignisses, sondern auch, wie schon gesagt, zeitlos, mehr noch, er ist überzeitlich. Der physische Pol dagegen ist extensiv, d.h. er hat die räumlichen und zeitlichen Merkmale der aktualen Welt des Ereignisses.[25] »Konsonanz« im Sinne von Whitehead ist die Einheit dieses überzeitlichen und des extensiven Aspekts des Ereignisses.

Behält man dies im Hinterkopf, lässt sich mit Blick auf das Beispiel eines Akkordes nachvollziehen, worauf Whiteheads Analysen eigentlich zielen, d.h., welches Ereignis in der Analysesituation genau genommen das zu analysierende ist. Denn es muss mit Whitehead die Analyse selbst methodisch in den Blick gehoben werden. Hier wird der Dreiklang objektiv analysiert, und das heißt in der Prozessontologie, als Erfüllung. Das Analysieren selber ist dabei ein aktuales Ereignis (bzw. ein Nexus bzw. eine Kette von Ereignissen), das als solches nicht Objekt der Analyse ist. Die objektive Ansicht – Whiteheads koordinierte Teilung[26] – lässt dabei stets nur zu Teilen gelangen, wie sie wirklich sein *könnten*, aber nicht *sind*.[27] Die Doppelspurigkeit bei der Analyse – die Kette von zu analysierenden Ereignissen auf der einen Seite und die Kette der die Analyse vollziehenden Ereignisse auf der anderen Seite – muss nun im Auge behalten werden, damit man Whitehead weiter folgen kann.

Erklingt ein bestimmter Dreiklang, so dass von einem Ereignis gesprochen werden kann, dann ist in der Realisation seines bestimmten Klangcharakters sein (subjektives) Ziel verwirklicht, allerdings nur insofern, als der Dreiklang objektiv, also als Erfüllung, von einem Hör-Ereignis erfasst wird. Der Dreiklang muss nun freilich als solcher eine bestimmte Dauer haben, d.h. ein Quantum ausfüllen, sonst würde er gar nicht erklingen – und zwar *für das Hör-Ereignis*. Aber es kann nicht davon gesprochen werden, dass sein Charakter eine Dauer habe. Dieses Verhältnis der zwei Aspekte eines Ereignisses, nämlich einerseits mit seiner Perspektive absolut zu sein, andererseits nur relativ zu einer Objektivierung in einem anderen Ereignis zu existieren, wird von Whitehead in seiner achten Kategorie der Erklärung festgehalten.[28]

---

[25] PR 248: »Every actual entity is ›in time‹ so far as its physical pole is concerned, and is ›out of time‹ so far as its mental pole is concerned. It is the union of two worlds, namely, the temporal world, and the world of autonomous valuation.«
[26] PR 283ff.
[27] PR 284.
[28] PR 23. Die achte Kategorie der Erklärung besagt: »That two descriptions are required for an actual entity: (a) one which is analytical of its potentiality for ›objectification‹ in the becoming of other actual entities, and (b) another which is analytical of the

Der Charakter ist stets so lange exemplifiziert, wie der Dreiklang erklingt. Insofern »konsonieren« Charakter – als Repräsentant des mentalen Pols und darin des subjektiven Ziels – und Dauer – also das Quantum. Unter Abstraktion seines bestimmten Charakters lässt sich der Dreiklang nun auch weiter koordiniert teilen. Dies kann geschehen, indem die Töne einzeln gespielt werden. Jeder Einzelton ist dann wieder ein Klang-Ereignis, das einen Charakter exemplifiziert und eine Dauer hat. Dass diese Töne als geteilte Einzeltöne des Dreiklangs aufzufassen sind, geht nur dann hervor, wenn im Nexus von Hör- bzw. Analyse-Ereignissen, in dem die Analyse im Modus der koordinierten Teilung vollzogen wird bzw. sich ereignet, der Bezug zum ursprünglichen Dreiklang erhalten bleibt (man behält beispielsweise den Dreiklang im Gedächtnis, während man die Einzeltöne am Klavier anschlägt).[29]

Es sind dabei aber wie gesagt selbst Ereignisse erfordert, die darin bestehen, dass diese Teilung vorgenommen wird bzw. eben *sich ereignet*. Das heißt, der Zusammenhang von kreativer Vereinigung und Erfüllung kann nicht anders beschrieben werden als von einem methodisch eingenommenen Standpunkt aus betrachtet. Der Begriff des *Standpunkts* ist somit zunächst als *methodischer* Standpunkt eingeführt.[30] Die philosophische Analyse ist es hier, die einen Standpunkt einnimmt und damit das Model dafür vorgibt, wie aktuale Ereignisse im Allgemeinen zu denken sind. Dieses Vorgehen der spekulativen Verallgemeinerung entspricht Whiteheads »subjektivistischem Prinzip«.[31]

Whitehead aber behauptet nun, dass das Quantum eine Voraussetzung der Konkreszenz sei.[32] Er geht sogar so weit zu behaupten, dieses Quantum sei die Basis der Objektivierungen für eine neue Konkreszenz, also für ein aktuales Ereignis.[33] Beim Blick auf das Beispiel des Akkordes, dessen Einzeltöne am Klavier angeschlagen werden, zeigt sich, wie dies gemeint ist. Denn die angeschlagenen Einzeltöne haben nur dann den Charakter von Einzeltönen eines Akkordes, wenn der Akkord selbst in irgend einer Form in die Analyse eingeht. Indem der Akkord, wie gesagt wurde, im Gedächtnis behalten wird, wird er *antizipiert* als der Akkord, zu dem sich die Töne zusammen setzen las-

---

process which constitutes its own becoming.« Hier verwendet Whitehead allerdings den Terminus »Prozess« in einem Sinne, wie er der ›früheren Lehre‹ zugehört. Vgl. Fußnote 35.
[29] PR 285: »Thus the subjective form of this coordinate division is derived from the origination of conceptual feelings which have regard to the complete region, and are not restricted to the sub-region in question. In other words, the conceptual feelings have regard to the complete actual entity, and not to the coordinate division in question.«
[30] So muss Whitehead verstanden werden wenn er schreibt: »In so far as the objectification of the actual world from this restricted standpoint is concerned, there is nothing to distinguish this coordinate division from an actual entity.« PR 284f.
[31] PR 157ff.
[32] PR 283.
[33] ebd.

sen sollen. In der koordinierenden Teilung wird also etwas vorausgesetzt, was nur als Antizipation in den Blick kommen kann.

Gemäß den Vorgaben des subjektivistischen Prinzips in Whiteheads Metaphysik manifestiert nun die philosophische Analyse selbst die Grundstruktur von aktualen Ereignissen. Also können die grundlegenden Bestimmungsstücke, die darin exemplifiziert sind, per Analogie von allen Ereignissen ausgesagt werden. Hier ist es der Sachverhalt, dass im Analyseereignis die Töne nur dann als Einzeltöne des Akkordes existieren, wenn im gleichen Ereignis zugleich ihr mögliches Zusammensein in einem Akkord antizipiert wird.

Als Ergebnis der spekulativen Verallgemeinerung kann also gesagt werden, dass die kreative Vereinigung, die sich als ein aktuales Ereignis vollzieht, nur dann möglich ist, wenn das Zusammensein der Momente, die in der Vereinigung koordiniert werden, bereits als solches antizipiert wird. Das Zusammensein der Momente ist dabei das, was Whitehead als Erfüllung in seine Ontologie einführt. Erfüllungen existieren aber nur als Objektivierungen, also als koordinierte Momente in kreativen Vereinigungen. Wenn also im Vollzug der kreativen Vereinigung das Zusammensein der Momente antizipiert wird, so wird damit die eigene Objektivierung des Ereignisses in neuen Ereignissen antizipiert.

Damit antizipiert sich das Ereignis selbst als Glied einer koordinierten Kette von Ereignissen, also als Moment in einem Prozess. Folglich antizipiert das Ereignis nichts anderes, als seine eigene Position im Prozess, oder, wie sich mit Whitehead hier nun sagen lässt, im extensiven Kontinuum, in dem allein es Standpunkte geben kann. Ein Standpunkt im extensiven Kontinuum ist nun aber kein mathematischer Punkt, sondern ein Quantum. Das aktuale Ereignis antizipiert damit sein eigenes Quantum im Prozess; in einem Prozess, der nur wirklich ist, sofern das Ereignis, das ihn antizipiert, als Erfüllung schon wieder in eine relative Nichtexistenz abgesunken ist.[34]

In diesem Sinne *entspringt* das Quantum selbst erst der kreativen Vereinigung, und zwar der Funktion der *Antizipation*. Mit anderen Worten: Die Selbstprojektion des aktualen Ereignisses in das Erfasstwerden als Quantum des extensiven Kontinuums durch ein neues aktuales Ereignis ist eine Bedingung der Möglichkeit seiner Existenz.[35]

---

[34] Vgl. dazu Jean-Marie Breuvart: *Préhension whiteheadienne et discours philosophique. La notion whiteheadienne de préhension considérée comme unité d'auto-sigification*, in: Archives de Philosophie, Bd. 38, 1975, S. 529-558, bes. S. 535, 539, 541.

[35] In *diesem* Sinne ist es zu verstehen, wenn Whitehead formuliert: »The actual entity is the enjoyment of a certain quantum of physical time. [...] Each phase in the genetic process presupposes the entire quantum, and so does each feeling in each phase.« PR 283. Der Begriff des »genetischen Prozesses« ist hier noch ganz klar ein Relikt der ›früheren Lehre‹. Dies verdeutlicht Whitehead an der gleichen Stelle: »This passage from phase to phase is not in physical time: the exactly converse point of view expresses the relationship of concrescence to physical time. It can be put shortly by say-

Antizipation als ontologische Funktion

Antizipation ist somit als grundlegende Funktion aktualer Ereignisse aufgedeckt und lässt sich in das Funktionsgefüge der Konkreszenz einordnen. Ein aktuales Ereignis ist eine Aktualisierung von real Möglichem, seiner *causa efficiens*, mit einem bestimmten subjektiven Ziel, seiner *causa finalis*. Eine einfache physische Fühlung besteht in einer Aktivität, die Whitehead mit dem Terminus »re-enaction«[36] belegt. Darin vollzieht sich die Reaktualisierung der subjektiven Form einer Fühlung des objektivierten Ereignisses in der einfachen physischen Fühlung des erfassenden Ereignisses. Das objektivierte Ereignis ist insofern die Ursache der Fühlung des aktualen Ereignisses. Das Fühlen der Fühlungen der objektiven Ereignisse bzw. der Erfüllungen ist insofern der Effekt oder die Wirkung der anfänglichen Daten. *Dass* aber die erfassten Ereignisse eine solche kausale Wirksamkeit in der Konkreszenz des aktualen Ereignisses haben können, hängt von der immanenten Konstitution bzw. vom prehensiven Funktionsgefüge des aktualen Ereignisse ab, d.h. von den Fühlungen des aktualen Ereignisses, die Vektoren mit Ausrichtung auf sein subjektives Ziel sind.

Das aktuale Ereignis ist *insofern* immer der selbst nicht-extensive *Abschluss* eines extensiven Prozesses. Denn das aktuale Ereignis erfasst seine aktuale Welt mit solchen Relevanzbeimessungen, dass am Ende dieses so koordinierten Weltprozesses, der *physisch* erfasst wird, eben *dieses* aktuale Ereignis steht. Das aktuale Ereignis objektiviert also gemäß seinem subjektiven Ziel die reale Potentialität gerade so, dass dieses Ereignis sich *selbst* als kausal aus *dieser* Welt hervorgehend darstellt. *Insofern* wäre dann die Erfüllung des Ereignisses das Ende des Prozesses.

Auf der anderen Seite werden mit der Konkreszenz aber immer schon bestimmte Möglichkeiten für die Zukunft festgelegt. Das bringt Whitehead in *Modes of Thought* folgendermaßen auf den Punkt: »The completed fact is only to be understood as taking its place among the active data forming the future.«[37] Das Ereignis ist daran beteiligt, die zukünftige Welt und Umwelt festzulegen, in welcher es selbst als Erfüllung eine Rolle spielen wird. Es *antizipiert* (seine bzw.) eine zukünftige Welt. Nun ist aber das Zielen auf Ordnung eine grundlegende Eigenschaft der Kreativität[38] – d.h. aktuale Ereignisse müssen ihre Nachfolger stets so antizipieren, dass sich Ordnung etablieren kann. Es

---

ing, that physical time expresses some feature of the growth, but *not* the growth of the features.« In *Adventures of Ideas* ersetzt Whitehead an entscheidender Stelle diesen Begriff durch den viel glücklicheren des »decisive moment«, vgl. AI 177.
[36] PR 237.
[37] MT 90.
[38] PR 88 und PR 244. Vgl. Ravi Prakash Singh: *An Appraisal of the Role of Creativity in Whitehead's Metaphysics*; Univ.-Diss., The American University 1985, S. 39f: »Order is not an accident of existence; it is the very condition of existence.«

muss also einen unmittelbaren Nachfolger seiner selbst antizipieren, der seine Charakteristika so übernehmen könnte, dass sich ein Nexus mit linearer – Whitehead sagt »personaler« – Ordnung ergäbe. In diesem Sinne kann Whitehead sagen: »Thus the superject is already present as a condition, determining how each feeling conducts its own process.«[39]

Die Antizipation ist vom subjektiven Ziel geleitet. Durch die Antizipation ist es dem aktualen Ereignis möglich, in der realen Potentialität, der es als Erfüllung seinen Charakter hinzufügen wird, die Bedingungen zu schaffen, die es tatsächlich begünstigen können, dass sich die antizipierten Ordnungen etablieren.[40] In diesem Sinne sagt Whitehead denn auch: »The present receives the past and builds the future.«[41]

Das aktuale Ereignis konstituiert sich so, dass es selber kausale Anreize für neue Ereignisse gibt. Immanent wurde das hier am Funktionsgefüge der Antizipation gezeigt, transzendent ergibt es sich aus der Voraussetzung, dass das Ereignis als Erfüllung, also *zum Fühlen*, seine Existenz als bleibende Charakterisierung der realen Potentialität hat. *Insofern* ist also jedes aktuale Ereignis Teil des Gesamtprozesses, der nichtsdestoweniger von *jedem* aktualen Ereignis *neu* koordiniert werden muss.[42] Wie gesagt, der Übergang wird nicht mehr als Überlagerung innerhalb des Ereignisses konzipiert, sondern als Koordination. Das bedeutet, dass »Übergang« die Art und Weise meint, wie das aktuale Ereignis die von ihm erfassten Daten koordiniert. Das aktuale Ereignis erfasst aber nicht nur die Erfüllungen, die es als vergangene Ereignisse objektiviert, sondern es *antizipiert* auch eine ›Zukunft‹. Koordination der Erfassungen *und* Antizipation des eigenen Erfasstwerdens ist also zugleich eine Selbstverortung des aktualen Ereignisses in einem Übergang.[43] Nur in diesem Sinne kann also von Übergang und damit von Prozess im eigentlichen Sinne einer Entwicklung, die sich immer in einer Kette von Ereignissen bzw. Übergängen voll-

---

[39] PR 223. Der Terminus »process« stiftet hier nur Verwirrung, wenn er als ereignisimmanente Entwicklung gelesen wird. Dann müsste das Ereignis wiederum aus einer Reihe von Ereignissen bestehen usw. D. Emmet: *Whitehead's Philosophy of Organism*; 2. Aufl., Connecticut 1966, S. 176-181 und H.N. Lee: *Causal Efficacy and Continuity in Whitehead's Philosophy*, in: Tulane Studies in Philosophy. Studies in Whitehead's Philosophy, Bd. 10 (1961), S. 59-70 stolpern hier auf unterschiedliche Weise und kommen so zu nahezu entgegengesetzten Auslegungen einiger von Whiteheads Grundbegriffen. Für W. Pannenberg: *Atom, Dauer, Gestalt. Schwierigkeiten mit der Prozessphilosophie*, in: Whiteheads Metaphysik der Kreativität; hg. v. Fr. Rapp und R. Wiehl, München 1986, S. 185-196 endet Whiteheads Kosmologie streng genommen in Aporien und Paradoxa.
[40] Und damit letztlich so etwas wie dauerhafte Gegenstände möglich werden.
[41] MT 31.
[42] MT 90: »When we consider the process under examination as completed, we are already analyzing an active datum for other creations.«
[43] Vgl. AI 192: »Each moment of experience confesses itself to be a transition between two worlds, the immediate past and the immediate future.«

zieht, gesprochen werden. Die *Kreativität* treibt so das Universum vorwärts in eine *antizipierte* Zukunft. Jedes Ereignis ist niemals bloß Vergangenheitsbewältigung bzw. nur kausales Produkt, sondern immer auch Eröffnung neuer Möglichkeiten, eine aktive Gestaltung der zukünftigen Welt.

Literatur

BREUVART, Jean-Marie: *Préhension whiteheadienne et discours philosophique. La notion whiteheadienne de préhension considérée comme unité d'auto-sigification*, in: Archives de Philosophie, Bd. 38, 1975, S. 529–558.
EMMET, Dorothy: *Whitehead's Philosophy of Organism*, 2. Aufl., Connecticut 1966.
FORD, Lewis S. : *The Emergence of Whitehead's Metaphysics*, New York 1984.
LEE, Harold N.: *Causal Efficacy and Continuity in Whitehead's Philosophy*, in: Tulane Studies in Philosophy. Studies in Whitehead's Philosophy, Bd. 10 (1961), S. 59–70.
PANNENBERG, Wolfhart: *Atom, Dauer, Gestalt. Schwierigkeiten mit der Prozessphilosophie*, in: F. Rapp/R. Wiehl (Hgs.): Whiteheads Metaphysik der Kreativität, München 1986, S. 185–196 .
SINGH, Ravi Prakash: *An Appraisal of the Role of Creativity in Whitehead's Metaphysics*; Univ.-Diss., The American University 1985.

Wie kann sich etwas, was noch nicht ist, aus seiner Zukunft heraus frei gestalten? Identitätsbildung zwischen Kausal- und Finalwirkung ausgehend von Whiteheads Kreativitätsbegriff

BARBARA MURACA (GREIFSWALD)

Einleitung

Ziel dieses Beitrages soll die Auseinandersetzung mit einer der Kernfragen der Interpretation Whiteheads bezüglich des komplexen Verhältnisses zwischen Kausalwirkung und Finalwirkung in der Entstehung von Neuartigkeit sein. Im Folgenden wird zunächst auf die scharfe Diskussion innerhalb der Prozessschule hinsichtlich dieses Themas hingewiesen und dabei werden die sich darin am deutlichsten kristallisierenden Positionen kurz dargestellt. Des Weiteren wird auf einen Vorschlag hingearbeitet, der beide Grundakzentuierungen hinsichtlich der Gewichtung von Vergangenheit und Zukunft versucht aufzunehmen und weiterzuentwickeln. Dabei wird auf die von Wohlfahrt Pannenberg dargelegte Konzeption der Antizipation von Totalität zurückgegriffen und auf dieser Basis ein eigener Weg in der Diskussion eingeschlagen. Schließlich wird dieses hauptsächlich auf den Werdegang einzelner aktueller Entitäten bezogene Modell für eine weitere Betrachtung in der Anthropologie und Persönlichkeitstheorie aufgenommen. Versteht man die persönliche Identität eines Menschen im Züge von Whiteheads Begriff »interner Relationen« als den Knoten zwischen konstitutiven Relationen oder gar Bindungen zu anderen bzw. zur Außenwelt und teleologischer Selbstgestaltung, stellt sich spontan die Frage nach der konkreten Möglichkeit für Freiheit und Selbstkonstituierung des Subjektes in diesem Zusammenhang. Im letzten Teil des Beitrages werden einige weiterführenden Gedanken in diesem Sinne zur Diskussion gestellt.

Zur Problemstellung

Die Hauptkontroverse unter den Interpreten der Philosophie Whiteheads bezieht sich auf die komplexe, und zum Teil auch widersprüchliche Beschreibung des Zusammenhanges zwischen Kausal- und Finalwirkung in der Entstehung jeder *actual entity*. *Actual entities*, die nach Whitehead als eine Art durch interne konstitutive Relationen verbundene Erfahrungsereignisse zu verstehen sind, entstehen aus einer komplexen Zusammenwirkung zwischen *causal efficacy* der Vergangenheit und Selbstgestaltung der gegenwärtig werdenden Entität. Einer genauen Beschreibung dieses Sachverhaltes sowie dem Versuch einer

Beseitigung möglicher Missverständnisse dienten beinahe alle Hauptwerke des britischen Philosophen. Einige Interpreten weisen auf interne Meinungsverschiebungen im Laufe der Zeit hin und meinen daher einen chronologischen Leitfaden von Whiteheads Stellungnahmen diesbezüglich erkennen zu können[1]; andere wiederum sind der Auffassung, die Werke Whiteheads seien als ein in sich schlüssiges Gesamtsystem zu beachten[2].

In der Kürze der Zeit kann die Debatte hier nur in sehr allgemeinen Zügen dargestellt werden. Grundsätzlich lässt sich das Lager in zwei Fronten teilen:

Auf der einen Seite befinden sich diejenigen, die Kausalwirkung eine sehr große Bedeutung beimessen und sie als eine Aktivität der vergangenen Welt auf die Zukunft betrachten; darunter vertreten diese Position Frankenberry, Nobo und Cloots. Demnach stünde eine Deutung vergangener Entitäten als etwas grundsätzlich Passives und insofern gar nicht mehr »actual« mit vielen Aussagen Whiteheads im direkten Widerspruch. Wie Nobo durch eine sehr präzise Rekonstruktion von Primärquellen beweist, bezieht sich bei Whitehead das Wort »actual« nicht ausschließlich auf die in der Gegenwart werdenden neuartigen Entitäten, sondern impliziert ebenfalls die bereits »gestorbenen« (*perished*): »I shall also be led to attack the erroneous belief that (...) »actuality« can be properly predicated only of processes of concrescence, and not of the static products of such processes«[3]. Vergangene Entitäten sind zwar gestorben im Sinne, dass sie als Subjekte keinerlei Aktivität aufweisen können, nicht jedoch im Sinne einer bloßen Passivität ihres Daseins[4]. Vielmehr sind sie erst recht als »Sein« zu betrachten, wogegen die anderen sich noch im »Werden« befinden.

Vergangene Entitäten sind folglich weniger inerte statische Gegebenheiten, die lediglich die Bedingungen für die Realisierung neuer Möglichkeiten verkörpern (so Ford), als aktiv wirkende Kräfte, die sich in die Neuartigkeit der Zukunft hineinstürzen, »the throbbing emotions of the past hurling itself into a new transcendent fact«[5].

Auf diese Deutung der *actual entities* als Kräfte werde ich später zurückkommen. Grundlegend in dieser Auffassung ist, dass Kreativität nicht nur auf die Ebene des internen Werdeprozesses (*concrescence*) einer Entität reduziert werden darf, sondern auch in dem Übergang (*transition*) eine wesentliche Rolle

---

[1] Lewis S. Ford: *Creativity in a Future Key,* in: Robert C. Neville (Hg.): New Essays in Metaphysics, Albany 1987, S. 179-195.

[2] Jorge Luis Nobo: *The Approach to Whitehead: Traditional? Genetic? or Systematic?,* in: Process Studies 27/1-2 (Spring-Summer 1998), S. 48-63.

[3] Jorge Luis: Nobo *Whitehead's Principle of Process* in: Process Studies 4/4 (Winter 1974), Ss. 275-284.

[4] »Satisfaction spells the death of the process of unification but not the end of the creative energy involved« (Frankenberry, Nancy: *The Power of the Past,* in: Process Studies 13/2 (Summer 1983), Ss. 132-142).

[5] Alfred North Whitehead: *Adventures of Ideas,* New York 1967 [1933], S. 227.

spielt. Neuartigkeit kann nicht alleine durch die aktive Selbstgestaltung des werdenden Subjektes und sein in sich selbst Aufnehmen vergangener Ereignisse erklärt werden. Dieses wurde das Risiko implizieren, so diese Autoren, der Entstehungsprozess einer neuen Entität zu sehr als eine Art *creatio es nihilo* zu verstehen, ja quasi als die demiurgische Selbstschöpfung der Gegenwart aus Allgemeinformen, die hier von der Vergangenheit vererbt werden. Vererbt, übernommen oder aufgenommen sind aber nicht nur die Formen vergangener Entitäten, so Nobo[6]. Die Kausalwirkung ist vielmehr als ein direkter Einfluss zu verstehen, denn vergangene Entitäten sind in jedem werdenden Ereignis immanent präsent: Nobo lehnt die Interpretation einer Objektivierung der Vergangenheit im Sinne einer bloßen Übernahme bereits realisierter Universalien ab, da die wechselseitige Immanenz zwischen Entitäten eine unhintergehbare Voraussetzung der Kosmologie Whiteheads darstellt: »An actual entity cannot be described, even inadequately, by universals; because other actual entities do enter into the description of any one actual entitiy«[7]. Whitehead selbst hebt diesen Aspekt gegen mögliche Missverständnisse in einem Brief an Dorothy Emmet deutlich hervor: »You seem to me at various points to forget my doctrine of ›immanence‹, which governs the whole treatment of objectification. Thus at times you write as tho' the connection between past and present is merely that of a transfer of character«[8].

Einzelne voneinander getrennte vergangene Ereignisse mögen zwar als passiv erscheinen, jedoch »viewed in conjunction they carry the creativity which drives the world«[9]. Kreativität ist demzufolge die Kraft der Vergangenheit, die durch ihr »Energisieren« das Entstehen neuer Entitäten verursacht (*provoke*)[10]. Genau um diese Energie auf neu werdende Ereignisse zu übertragen, sind die vergangenen Entitäten kausal wirksam. Sie konstituieren deshalb weniger die zu berücksichtigen Vorbedingungen für die konkrete Konfiguration einer neuen Entität als die *conditio sine qua non* für ihr Entstehen selbst. Was konkret jede einzelne Entität wird, ist Ergebnis ihrer eigenen freien Entscheidung; dass es sie aber als Einzelne geben kann, ist nur durch die wirksame Aktivität der (Kreativität in der) Vergangenheit möglich.

Die Gegenposition wird insbesondere von Ford vertreten. Ford behauptet, dass die kausale Aktivität nicht auf der Seite des verursachenden Ereignisses zu finden ist, wie es in der traditionellen Metaphysik der Fall sei, sondern in der Wirkung. Genau diese Umkehrung wäre in Whiteheads Theorie der *prehen-*

---

[6] Jorge Luis Nobo: *Whitehead's Principle of Relativity,* in: Process Studies 8/1 (1978), Ss. 1-20.
[7] Alfred North Whitehead: *Process and Reality. An Essay in Cosmology* (1929), Corrected Edition, David Ray Griffin und Donald W. Sherburne, New York 1978, S. 76.
[8] Dorothy Emmet: *Whitehead's Philosophy of Organism,* Second Edition, New York 1966, S. xxii, xxiii.
[9] Alfred North Whitehead: *Adventures of Ideas,* a.a.O., S. 230.
[10] Frankenberry: *The Power of the Past,* a.a.O.

sion möglich, obgleich es auch so Paradox klingen mag[11]. Zu recht sieht Ford ein, dass eine zu starke Betonung der Kausalwirkung die Möglichkeit der Freiheit und Selbstgestaltung sowie die Entstehung von Neuartigkeit sehr einschränken würde. Um seine Position zu erklären, weist Ford auf zwei unterschiedliche Umschreibungen von Kausalwirkung in Whitehead hin, »efficacy« und »efficacity«. *Efficacy* wird von Ford als die potentielle Fähigkeit beschrieben, eine Wirkung hervorzubringen , während *efficacity* ist die Aktivität dieser Hervorbringung selbst, die für Ford innerhalb des Werdeprozesses der *actual entity* stattfindet. Die aktiv werdende sich selbst schaffende Entität nimmt (*prehends*) vergangene Entitäten als jene sie bestimmenden Bedingungen auf, die zwar eine notwendige Voraussetzung für ihr Entstehen darstellen, jedoch nie vollkommen über sie entscheiden können: Es gibt immer eine »indecision as to the particular quantum of extension to be chosen for the basis of the novel concrescence«[12]. Die Kausalwirkung der Vergangenheit findet innerhalb der *prehension* statt, indem vergangene Entitäten »verzeichnet« werden (so Ford). Neuartigkeit kann nicht im Übergang zwischen Entitäten stattfinden, sondern ist erst durch die Hervorbringung einer neuen Erfahrungseinheit gegeben: »There cannot be novelty without the actualization of initial aim in free responsiveness which requires subjectivity as the present instantiation of creativity. In any case, novelty occurs *within*, an not *between* occasions«[13]. Das *subjective aim* scheint somit vom Anfang an den *gesamten* Werdeprozess einer Entität zu leiten. So auch Lucas: »The subjective aim is logically prior to any concrescence of data, since it is with that aim that the concrescence initiate«[14].

Woher soll aber die Aktivitätsquelle jener Anfangssituation eines *concrescence*-Prozess kommen, die Neuartigkeit hervorbringen kann[15]? Auf keinen Fall kommt die aus der Vergangenheit, die alleine nicht imstande wäre, Neues in der Welt zu schaffen. Kreativität ist vielmehr für Ford als von der Zukunft aus agierend zu verstehen. Sie ist die Kraft der Zukunft[16], die neue Realisierungsmöglichkeiten mit Berücksichtigung der gegebenen Bedingungen der Vergangenheit erwägt und öffnet. Die Kreativität hat in Gott, die Quelle aller Werte und Möglichkeiten, auch ihre Quelle in der Zukunft.

Wie eine Wirkung aus der Zukunft aussehen kann, erklärt Ford nur, indem er auf die Besonderheit einer sich nicht in der physikalischen Zeit befindenden *concrescence* hinweist: »Physical time is the time of physics: the division into earlier and later events pertains to the being of determinate events«[17]. Demnach

---

[11] Lewis S. Ford: *Efficient Causation Within Concrescence,* in: Process Studies 19/3 (1990), Ss. 167-180.
[12] Whitehead: *Process*, a.a.O., S. 436.
[13] Ford: *Efficient Causation*, a.a.O.
[14] George R. Lucas: *Two Views of Freedom in Process Thought*, Missoula 1979, S. 27.
[15] Ford: *Creativity*, a.a.O., S.183.
[16] Ebd., S. 184.
[17] Ebd., S. 189.

findet innerhalb des Werdeprozesses einer Entität eine Umkehrung zwischen früher und später statt, so dass das noch nicht gewordene Ereignis dank der Aktion der Kreativität Gottes aus der Zukunft den Werdeprozess leitet und zur Vollendung bringt.

Auf dem Weg zu einer Versöhnung

Die Lösung Fords lässt viele Interpreten Whiteheads ziemlich unzufrieden. Die Frage danach, wie eine Kraft aus der Zukunft – also aus dem noch-nicht-Sein – eine direkte Wirkung auf gegenwärtiges Geschehen ausüben kann, bleibt m.E. auch bei den von Ford formulierten Deutungsversuchen offen. Jedoch scheint mir eine kritische Auseinandersetzung mit den Schwierigkeiten gerechtfertigt, die bei der ersten Position auftreten. Neuartigkeit und Freiheit können tatsächlich nicht als Ergebnis vergangener Kausalwirkung erklärt werden und selbst die von allen eingeräumte Einschränkungen derer bestimmende Einflüsse auf das gegenwärtige Werden genügen nicht, um das Prinzip des Neuen und der freien Selbstgestaltung zu legitimieren.

Im Folgenden möchte ich versuchen, einige Elemente beider Position aufzunehmen und zu verbinden, um auf einen möglichen Weg aus dem Dilemma hinzuweisen.

i.

Fassen wir vergangene Entitäten im Sinne von aktiven »wirkenden Ursachen« (sensu Aristoteles) auf, so scheint solche Kausalwirkung zunächst in einem direkten Widerspruch zur Möglichkeit einer freien Selbstgestaltung der neu werdenden Entität zu sein. Dieses gilt jedoch nur, wenn die wirkenden Ursachen wie von selbst die Gesamtstruktur derer Wirkung ausmachen. Sollte dies nicht der Fall sein, müsste man andere mitwirkende Elemente einräumen.

Tatsächlich kooperieren alle vergangenen Entitäten an der Entstehung einer weiteren, so dass wir im Prinzip von unendlich vielen wirkenden Ursachen ausgehen können. Verstehen wir die vergangenen Entitäten als Vektoren[18], müssen wir uns dann ein unglaublich verwickeltes Netz von Fäden vorstellen, die sich gegenseitig ausschließen, neutralisieren und zu »cross-currents incompatibilities«[19] führen. Virtuell unendliche Kausalvektoren können keine neue Gestalt *automatisch* hervorbringen. Kausalwirkung ist zwar eine notwendige, aber nicht ausreichende Bedingung für die Entstehung von Formen. Wie Whitehead selbst behauptet, »each novel actuality is a new partner adding a

---

[18] »physical prehension are »vectorial« designating transmission of energy with direction as well as magnitude« Sie sind also »the physical transfer of energy« (Frankenberry: a.a.O.).
[19] Whitehead: *Process*, a.a.O., S. 247.

new condition. (...) Each condition is exclusive, intolerant of diversities; except so far as it finds itself in a web of conditions which convert its exclusion into contrasts«[20]. Benötigt wird demnach ein weiteres Prinzip, welches den Werdeprozess hin zu einer neuen Struktur leitet und Inkompatibilitäten entweder durch Ausschließungen ausräumt, oder in Kontraste verwandelt und in die Schaffung einer neuen Einheit einbezieht[21]. Die neue Entität ist nicht die bloße Summe vergangener Ereignisse und geht nicht als ihr striktes Ergebnis hervor. Jede neue *actual entity* kann auch als »causa sui« bezeichnet werden, da die unendlichen Ursachenvektoren diese nicht von sich aus in ihrer Ganzheit »verursachen«. Jedoch handelt es sich hier nicht um »causa sui« im absoluten Sinne, da keine *creatio ex nihilo* stattfindet[22].

ii

Damit die Kausalwirkung zur Hervorbringung neuer Gestalten beitragen kann, wird ein Konzentrationspunkt der Vektoren benötigt, der die Kräfte anzieht und somit ordnet. Frankenberry spricht explizit von *physical transfer of energy* mit Bezug auf die *physical feelings* vergangener Entitäten. Diese sind also die Träger der Energie, die die Anfangsphase einer neuen Entität konstituiert. Kreativität kann hier als die gesammelte Energie der vergangenen Ereignisse verstanden werden, die sich an dem Punkt der möglichen Neuentstehung konzentriert und eine Art noch bestimmungsloses Kraftfeld erzeugt. Man kann sich diese vage undefinierte Region analogisch wie der kosmische Staub vorstellen, der sich unter bestimmten Bedingungen zu einem neuen Stern entwickeln kann. Die Anfangsphase ist noch offen, vage und unbestimmt, wie eine Staubwolke, die nur eine bloße Potentialität zur Realisierung besitzt und erst durch Kreativität als »reelle Potentialität« einen Verwirklichungsprozess einschlägt. Am Ende des Zusammenwachsensprozesses, als die neue Entität die eigene Vollendung erreicht hat, kann man sich ähnlich wie bei einem Prozess der Kernfusion vorstellen, dass Energie freigesetzt wird, die wiederum für die Entstehung weiterer Entitäten sorgt. In diesem Sinne können wir auch die genaue Bedeutung von Frankenberrys Kräftebegriff erfassen. Um es mit Whiteheads Worten auszudrücken: »The initial situation includes a factor of activity which is the reason for the origin of that occasion of experience. This factor of activity is what I have called »Creativity«. The initial situation with its creativity can be termed the initial phase of the new occasion. It can equally well be termed the ›actual world‹ relative to that occasion. It has a certain unity of its own, expressive of its capacity for providing the objects requisite for a

---

[20] Whitehead: *Process*, a.a.O., S. 223.
[21] An dieser Stelle scheint wohl überflüssig zu betonen, dass je komplexer eine Entität wird, desto mehr Elemente in sich zulassen und kontrastieren kann.
[22] André Cloots: *The Metaphysical Significance of Whitehead's Creativity*, in: Process Studies 30/1 (2000), Ss. 36-54.

new occasion, and also expressive of its conjoint activity whereby it is essentially the primary phase of a new occasion. It can thus be termed a ›*real potentiality*‹. The ›potentiality‹ refers to the passive capacity, the term ›real‹ refers to the creative activity«[23].

iii

In diesem Konzentrationspunkt der Energie kristallisiert sich das so genannte *subjective aim* der Entität, die als Zweck des Werdeprozesses diesen leitet und zu sich anzieht. An dieser Stelle kann man sich tatsächlich jene Art der Umkehrung vorstellen, von der Ford spricht. Aus diesem vagen Energiefeld öffnet sich das konkrete Feld der *concrescence* »nach hinten«, in der unterschiedliche Vektoren einfließen und von ihm aufgenommen werden. Als solches kann dieses Feld eine unterschiedliche Breite haben und somit unterschiedlich viel von der vergangenen Welt in sich aufnehmen. *Concrescence* bezeichnet sowohl en Prozess des Zusammenwachsens (*cum-crescere*) der Vektoren in eine neue komplexe Einheit als auch das Konkretwerden der neuen Entität. In diesem Sinne könnte man von einer Rückwirkung einer noch nicht vollkommenen Zukunft auf die Vergangenheit sprechen, obwohl, wie Ford zu recht notiert, die physikalische Zeit innerhalb des Werdeprozesses einer neuen Entität im strikten Sinne keine Geltung hat.

Pannenbergs Konzept einer Antizipation der Totalität konnte eine Hilfestellung in diesem Sachverhalt bieten. Es ist hier aus Platzgründen nicht möglich, ausführlich über Pannenbergs Theologie hinzuweisen, in der dieser Begriff eine wesentliche Rolle spielt. Die noch nicht realisierte und von den Gegebenheiten der Gegenwart strukturell abhängige Totalität sowohl der persönlichen Identität als auch der Geschichte wirkt aus der Zukunft heraus als ein Versprechen, ja eine Verheißung von Erfüllung zurück. Pannenberg bezieht sich in seinen Ausführungen selbstverständlich nicht auf den Werdegang einer *actual entity*, sondern z.B. auf die Konstituierung einer zwischen Bestimmung der Vergangenheit und Selbstgestaltungsmöglichkeiten schwebenden menschlichen Identität. Jedoch können wir seine Worte auch in unserem Sinne nutzen:

> so ergibt sich, dass die Sinntotalität (...) *selbst noch im* geschichtlichen *Prozess* ist. (...) Als Totalität wird sie erst konstruiert durch eine *endgültige Zukunft*. (...) Alle gegenwärtigen Sinneserfahrungen (...) müssen dann als *Antizipation des erst in jener endgültigen Zukunft definitiv zu entscheidenden Gesamtsinnes der Wirklichkeit* begriffen werden.[24]

---

[23] Whitehead: *Adventures of Ideas*, a.a.O., S. 179 (meine Hervorhebung).
[24] Wohlfahrt Pannenberg: *Eschatologie und Sinnerfahrung*, in: ders.: Grundfragen systematischer Theologie, Bd. 2, Göttingen 1980, S. 66-79, Ss. 76-77 (meine Hervorhebung).

Die Verwirklichung, die in der Zukunft liegt, jedoch als Totalität für den gegenwärtigen Prozess zu verstehen ist, kann antizipiert werden und somit eine nicht festgelegte oder fest determinierte Entwicklungsrichtung geben. Als solche ist jene künftige Totalität nur vage und unbegreiflich, kann jedoch in ihrem Noch-Nicht-Sein bereits als reelle Potentialität für die Gegenwart wirken. »Nur die Wesenszukunft bringt das Dasein in seine Ganzheit (...). *Nur die Wesenszukunft wirkt befreiend auf die Gegenwart*«[25]. Das Prinzip der Freiheit ist in der Zukunft verwurzelt und impliziert Zweckorientierung und teleologisches Handeln. Für unsere Entität im Werdeprozess können wir ebenfalls behaupten, dass in ihrer noch nicht vollendeten Zukunft die Quelle ihrer Freiheit sei. An dieser Stelle, wie auch bei Pannenberg, wird Freiheit nicht im Sinne von Willkür oder Autonomie von jeglichen Bindungen verstanden. Eine solche Freiheit ist bloße Abstraktion, da aus dem nichts nichts kommen kann; die Bindungen konstituieren die materielle Möglichkeit für die Entstehung von Neuartigkeit. Freiheit soll hier vielmehr als *Gestaltung* verstanden werden, i.e. als die konkrete Verwirklichung der Freiheit in einer neuartigen Gestalt. Wie auch Whitehead sagt, »there is no such fact as absolute freedom; every actual entity possesses only such freedom as is inherent in the primary phase ›given‹ by its standpoint of relativity to its actual universe. Freedom, givenness, potentiality, are notions which presuppose each other and limit each other«[26].

In seiner Systematischen Theologie greift Pannenberg sogar auf die Physik zurück, um den Begriff eines Kraftfeldes zu entwickeln, welches eine spezifische temporale Struktur aufweise. »Das Kraftfeld des künftig Möglichen wäre so dafür verantwortlich, dass im ganzen durch das Entropiewachstum zur Auflösung der Gestalten und Strukturen tendierenden Naturprozesse doch auch Raum bieten für das Entstehen neuer Strukturen«[27]. Indem er sich auf den Quantenphysiker Hans-Peter Dürr bezieht, bezeichnet Pannenberg die Zukunft als das *Reich des Möglichen*, das dem Vergangenen als dem *Reich des Faktischen* gegenübertritt, »die Gegenwart aber als den Zeitpunkt bezeichnet, ›wo Möglichkeit zur Faktizität gerinnt‹. Diese Beschreibung erweckt den Eindruck einer aus der Zukunft auf die Gegenwart zukommenden, in ihr »gerinnenden« und in der Vergangenheit erstarrten Bewegung«[28]. Obwohl Pannenberg der Schwierigkeiten eines solchen Konzeptes sehr wohl bewusst ist, stellt er in diesen Annahmen auch seitens der Naturwissenschaften die Erkennung einer gewissen »Mächtigkeit« der Zukunft gegenüber dem Faktischen fest.

In ähnlichem Sinne könnte man auch den *concrescence*-Prozess als eine Gerinnung des Möglichen zum Faktischen, also eine gewisse Umkehrung der linearen Reihenfolge zwischen Vergangenheit und Gegenwart beschreiben. Die

---

[25] Ebd., S. 73.
[26] Whitehead: *Process*, a.a.O., S. 133.
[27] Wohlfahrt Pannenberg: *Systematische Theologie*, Bd. 2, Göttingen 1991, S. 123.
[28] Ebd., S. 121.

Zukunft agiert zwar nicht direkt auf die Vergangenheit, übt jedoch eine Anziehungskraft aus, wenn auch aus einem vagen und noch von der Gegenwart selbst zu bestimmenden Feld heraus. Aus dieser Anziehungskraft entwickelt sich das werdende Subjekt, welches die eigene Gestalt mit seiner subjektiven Form hervorbringt und schließlich als Subjekt »stirbt« und als *superject* weitere Energiemöglichkeiten für künftige »Gerinnungsprozesse« auslöst.

Whiteheads Begriff von »lure« steht diesem sehr nahe: Das *subjective aim* ist »the lure for feeling«[29], der Anziehungspunkt der Vektoren. Als solcher ist es nicht etwas bereits »Gegebenes«, sondern kann als ein Verlangen nach Verwirklichung verstanden werden, welches ausgehend von einer noch undeterminierten Anfangsphase in seine genauere Selbstbestimmung bis zum Ziel der Befriedigung (*satisfaction*) (zusammen)wächst.

Wenn das »Wo« einer neuen *actuality* und ihr »Was« jeweils von der Energie der Kreativität und den vergangenen Ereignissen mitbestimmt sind, ist das »Wie« der *subjective form* die absolute entstehende Neuartigkeit; wie die Einflüsse der Vergangenheit gefühlt werden – also zusammengesetzt – welchen mit welcher Intensität eine besondere Gewichtung zukommt, wie im Grunde die Gestalt selbst sich konstituiert, das ist das freie Agieren der Entität, mit unterschiedlichen Neuartigkeitsgraden je nach innerer Komplexität.

Konsequenzen in der Anthropologie / Persönlichkeitstheorie

Es bietet sich als eine interessante Weiterführung, nach den Implikationen eines solchen Mikroebenemodells auf den ebenfalls im ständigen Werden zwischen Bestimmungen und Freiheit schwebenden Prozess der Identitätsbildung eines Menschen zu fragen. Dafür nehmen wir auf Whiteheads Begriff einer so genannten »serially ordered societies« Bezug, der u.a. auch die Struktur eines Menschen beschreibt[30]. Eine Person ist eine »society« in der eine Serie von herrschenden Entitäten miteinander privilegiert verbunden ist und das Organisationszentrum eines ganzen Organismus ausmacht.

Um sich diese »privilegierte« Verbundenheit zwischen Vor- und Nachfahren vorzustellen, redet Whitehead oft von der besonderen Relevanz der vergangenen Entitäten einer Serie. Diese Art besonders starker Bindung konstituiert auch jene gewisse Einrahmung der Persönlichkeit, die – wenn auch als offenes Komplex – im Laufe der Zeit erkennbar ist. Ausgehen von dem o.g. entwickelten Modell können wir uns diesen Sachverhalt so veranschaulichen, dass jede Entität nach ihrem Tod eine Art Refraktionsfeld generiert, durch das vergangene Einflüsse anderer Entitäten potenziert und konzentriert werden.

---

[29] Whitehead: *Process*, a.a.O., S. 85.
[30] Im Folgenden werde ich das Wort »Personen« verwenden, so wie Ferré es in genau diesem spezifischen Sinne tut (Frederick Ferré: *Being and Value*, Albany 1996, S. 374).

Ähnlich wie durch eine die Sonnenstrahlungen konzentrierende Linse, wird die Möglichkeit der Entstehung der nächsten zur Serie gehörende Entität stark mitbewirkt. Diese hohe Energiekonzentration wirkt ebenfalls wie ein »lure for freedom« für die Neuentstehung einer hoch entwickelten und weitaus freien Entität. Bei der Entstehung einer neuen Person setzt sich ein starker Energiestrom frei, der von den ersten Entitäten der Serie potenziert weitergegeben wird.

Bei der Geburt eines Menschen öffnet sich demzufolge ein neues starkes »Feld des Möglichen«, mit einer vagen Richtungsorientierung, die auf eine provisorische und noch nicht verwirklichte »Sinntotalität« zielt, oder, besser, von der es angezogen wird. In diesem Feld, welches als ein durch die Antizipation der künftigen Erfüllung geöffneter Energiekorridor aussehen kann, entstehen einzelne Entitäten, die die Geschichte einer komplexen Person ausmachen.

Das »Wer« unserer persönlichen Geschichte stellt sich somit aus einer Reihe einzelner weltoffener Erfahrungsereignisse zusammen, die komplexe Elemente der eigenen relevanten Vergangenheit sowie auch des ganzen Universums in sich aufgenommen haben. Dabei wurden auch Universalien, allgemeine Realisierungsmöglichkeiten, verwirklicht, in der Einzigartigkeit des »Wer« verkörpert. Dieses »Wer« ergibt sich als eine absolut einzigartige Zusammenstellung, welche aus unendlich vielen miteinander verflochtenen »Was« besteht. Wie Nobo in Bezug auf einzelne Entitäten behauptet, »the superject is what it is by reason of the genetic process that produced it. Indeed, to understand the structure of the superject, it is necessary to reconstruct the process of which it is the outcome«[31]. Dieses lässt sich auch auf die gesamte Identität einer Person erweitern. Wie insbesondere italienische Interpretinnen von Hannah Arendt diesbezüglich hervorgehoben haben, kann die Singularität einer Person nicht auf allgemeine Prädikate reduziert werden, wie innerhalb der Tradition der »Moderne« der Fall zu sein scheint. Betrachten wir jemanden als bloßes »Was«, so sehen wir über die vielfältige Komplexität hinweg, die seine/ihre einzigartige Geschichte repräsentiert. Dabei wird der Andere im Grunde zu einem (passiven) Objekt gemacht[32]. Um diese Position zu veranschaulichen, nimmt Cavarero Bezug auf die italienische feministische Tradition der 70er Jahren, in der sich Frauen auf der Suche nach einer neuen nicht durch die männliche Symbolik definierte Identität in kleineren Gruppen trafen und anfingen, die eigene verkörperte einzigartige Geschichte, den eigenen »Wer« sich gegenseitig zu erzählen. Auf diese Weise wird die Kontinuität der Identität einer jeder als ein ständig offenes Beziehungsgeflechte durch das Erzählen aus einer Zukunftsperspektive zusammengehalten. Eine provisorische Sinntotalität wird immer wieder in ihrer fragilen und vielfältigen prozessualen

---

[31] Nobo: *Principle of Process*, a.a.O.
[32] Adriana Cavarero: *Tu che mi guardi, tu che mi racconti*, Milano 1997.

Natur rückblickend hergestellt. Das »Wer« entspringt als ein komplexes Gewebe unterschiedlicher Erfahrungen, aber auch allgemeiner Kategorien (die »Was«, wie Nationalität, Geschlecht, Alter usw.), die in der Geschichte selbst verankert sind: sie liegen zwar auch anderen gemeinsam, sind aber von der einzigartigen Form (so etwas wie die *subjective form*) ihrer Einbettung nicht trennbar.

Von Whiteheads vielschichtigem Zusammenhang zwischen Kausalbindung und freier Selbstgestaltung lässt sich ein Reflexionsfaden spinnen, der zu kritischen Auseinadersetzungen u.a. aus frauenphilosophischen Seite mit dem traditionellen Subjekt- und Identitätsbegriff der »Moderne« führen kann. Es ist an dieser Stelle unmöglich, diesen Faden in seinen weiteren komplexen Figuren zu verfolgen. Es soll lediglich Ziel dieser Darlegung, auf diese mögliche Entwicklungslinie hinzuweisen und eine Diskussion darüber anzustoßen.

Literatur

CAVARERO, Adriana: *Tu che mi guardi, tu che mi racconti*, Milano 1997.
CLOOTS, André: *The Metaphysical Significance of Whitehead's Creativity*, in: Process Studies 30/1 (2000).
FERRÉ, Frederick: *Being and Value*, Albany 1996.
FORD, Lewis S.: *Creativity in a Future Key*, in: Robert C. Neville (Hg.): New Essays in Metaphysics, Albany 1987, S. 179–195.
FORD, Lewis S.: *Efficient Causation Within Concrescence*, in: Process Studies 19/3 (1990).
FRANKENBERRY, Nancy: *The Power of the Past*, in: Process Studies 13/2 (1983).
LUCAS, George R.: *Two Views of Freedom in Process Thought*, Missoula 1979.
NOBO, Jorge Luis: *The Approach to Whitehead: Traditional? Genetic? or Systematic?*, in: Process Studies Vol. 27/1–2 (1998).
NOBO, Jorge Luis: *Whitehead's Principle of Process* in: Process Studies 4/4 (1974).
NOBO, Jorge Luis: *Whitehead's Principle of Relativity*, in: Process Studies 8/1 (1978).
PANNENBERG, Wohlfahrt: *Eschatologie und Sinnerfahrung*, in: ders.: Grundfragen systematischer Theologie, Bd. 2, Göttingen 1980, S. 66–79.
PANNENBERG, Wohlfahrt: *Systematische Theologie*, Bd. 2, Göttingen 1991.
WHITEHEAD, Alfred North: *Adventures of Ideas*, New York 1967 [1933].
WHITEHEAD, Alfred North: *Process and Reality. An Essay in Cosmology*, Corrected Edition, D.R. Griffin/D.W. Sherburne, New York 1978 [1929].
EMMET, Dorothy: *Whitehead's Philosophy of Organism*, 2nd Ed., New York 1966.

Göttliche Kreativität:
Die vielen Weisen, auf die Gott Ereignisse geschehen lassen könnte

Daniel von Wachter (München)

Wenn es einen Gott gibt, dann kann er alles Mögliche tun. In diesem Sinne sagt man, Gott sei allmächtig. Es heißt, er habe die Welt erschaffen, er erhalte die Dinge, er tue ab und zu Wunder, u.v.m. Die Frage, ob es tatsächlich einen Gott gibt, werde ich in diesem Vortrag nicht behandeln. Meine Frage ist, auf welche Weisen Gott am Eintreten eines Ereignisses beteiligt sein kann, *wenn* es einen Gott gibt. Ziel meines Vortrags ist es, die wichtigsten möglichen Handlungsweisen Gottes (z.B. Erschaffen und Erhalten) im Zusammenhang und vor dem Hintergrund einer nicht-Humeschen Theorie der Kausalität, die ich skizzieren werde, zu untersuchen.

Die Occasionalisten haben ausgeschlossen, daß geschaffene Dinge selbst Ursache (sog. sekundäre Ursache) sind. Nach ihnen jedes Ereignis direkt von Gott hervorgebracht. Die Deisten hingegen haben ausgeschlossen, daß ein Ereignis in der Welt, z.B. ein Waldbrand, direkt von Gott und nicht von einem geschaffenen Ding verursacht wird. Ich werde keine solchen ausschließenden Annahmen machen und ein weites Spektrum an Modi göttlichen Handelns aufzeigen. Ich also sowohl die Möglichkeit sekundärer Ursachen als auch die Möglichkeit von Eingriffen Gottes behaupten.

Der Gottesbegriff

Der Gottesbegriff, den ich verwende, ist der des klassischen Theismus, wie er in etwa in Judentum, Christentum und Islam verwendet wird.[1] Die Behauptung, daß es einen Gott gebe, heißt demnach, daß es eine körperlose Person gebe, die allmächtig, allwissend, ewig, frei und gut sei. Unter Theismus verstehe ich die Auffassung, daß es so einen Gott gibt.[2] Daß Gott Person sei, soll hier nur heißen, daß er (mit Absichten und aus Gründen) handeln kann. Daß er ewig sei, wurde in der Tradition seit dem Neuplatonismus oft so verstanden, daß er *außerhalb* der Zeit sei. Das nehme ich wie ein Großteil der heutigen Religionsphilosophen nicht an.[3] Daß Gott ewig sei, verstehe ich statt dessen

---

[1] Detaillierte Untersuchungen hierzu sind: Hoffman/Rosenkrantz 2002; Swinburne 1993; Morris 1991.
[2] Ich beschränke den Begriff eines Theisten also nicht auf jemanden, der Offenbarungsglauben ausschließt.
[3] Gute Gründe dafür sind dargelegt z.B. in Wolterstorff 1975; Swinburne 1998.

so, daß er immerwährend sei, d.h. zu jeder Zeit existiere. Ein deistisches Argument, das annimmt, daß Gott außerhalb der Zeit sei, ist damit entkräftet. (Die meisten, die es für unmöglich halten, daß ein außerzeitlicher Gott in natürliche Prozesse eingreift, werten dies aber eher als ein Argument gegen Gottes Außerzeitlichkeit als eines für den Deismus.)

Das Handeln Gottes

Bevor wir uns mit dem Occasionalismus und dem Deismus auseinandersetzen, müssen wir ein Grundmodell göttlichen Handelns vorstellen. Angenommen, es gibt einen Gott und es gab einmal nichts Materielles. Sagen wir, das Universum fing mit dem Urknall an, der Urknall war eine *creatio de novo*. Der Urknall dauerte eine Weile, sagen wir von t1 bis t2. Vor dem Zeitpunkt t1 gab es nichts Materielles. Hatte dann der Urknall eine Ursache? Hatte er eine *vorausgehende* Ursache? Es gibt zwei vertretbare Antworten auf diese Frage. Entweder der Urknall hatte einen Willensimpuls (was in der englischen Debatte ein »trying« oder »undertaking« genannt wird) als vorangehende (d.h. früher als es beginnende) Ursache. Dieser göttliche Willensimpuls begann vor t1. Oder aber der Urknall hatte keinerlei vorangehende Ursache. Wir brauchen diese Frage hier nicht entscheiden. Nach beiden Antworten bringt Gott ein Ereignis direkt durch Handlung hervor: im ersten Falle den Willensimpuls, im zweiten Falle den Urknall. Festzuhalten ist also, daß Gott Ereignisse direkt hervorbringen kann. Ein so hervorgebrachtes Ereignis hat keine vorangehende Ursache, es hat keine Ereignisursache. Es ist aber auch kein zufälliges Ereignis. Vielmehr ist es durch Gott geschehen. Es war Gottes Entscheidung. Man kann daher Gott Ursache des Ereignisses und die Beziehung zwischen Gott und dem Ereignis im Unterschied zur Ereigniskausalität »Agenskausalität« nennen.[4] Wenn es einen Gott gibt, dann kann er Ereignisse seiner Wahl hervorspringen lassen; »hervorspringen« in dem Sinne, daß so ein Ereignis keine vorangehende Ursache hat.

Das ist das Grundmodell göttlichen Wirkens, nennen wir es »direktes Hervorbringen«.[5] Es folgt aus Gottes Allmacht, daß Gott so handeln kann. Die Gegenposition dazu wäre, daß Gott nie Ereignisse direkt hervorbringt, sondern daß jedes Ereignis eine vorangehende Ereignisursache hat und daß Gott diese Ereignisse und deren Wirken erhält. Aber selbst wenn das Universum keinen Anfang hatte und Gott nie ein Ereignis direkt hervorgebracht hätte, könnte er das Universum abschaffen und dann wieder ein Universum hervorbringen. Dieses Hervorbringen eines Universums wäre eine Handlung nach

---
[4] Eine Erörterung dieser Weise, wie ein Ereignis zustande kommen kann, ist Wachter 2003.
[5] Direktes Hervorbringen als Grundmodell göttlichen Handelns wird z.B. auch von Foster 2004, S. 139 angenommen.

dem eben vorgestellten Grundmodell. Wenn die Konzeption des direkten Hervorbringens inkohärent oder aus anderen Gründen unhaltbar ist,[6] dann ist die Existenz Gottes unhaltbar. Das zu untersuchen ist aber hier nicht meine Aufgabe. Ich komme zu dem Schluß: Wenn es einen Gott gibt, dann kann er Ereignisse direkt hervorbringen.

Wir können uns nun mit den zwei Auffassungen befassen, die bestimmte Modi göttlichen Handelns ausschließen: dem Occasionalismus und dem Deismus.

Occasionalismus

Der arabische Theologe Al-Ghazali (1058–1111)[7] vertrat wie später David Hume die Auffassung, man könne keine kausalen Verbindungen (bei Hume: »connexions«) beobachten. Beobachte man z.B. ein weißes Tuch im Feuer, so sehe man, daß es im Feuer sei und daß es zunächst weiß sei und dann schwarz und schließlich zerfalle. Man sehe aber nicht, daß das Feuer auf das Tuch *wirke*. Man beobachte nichts als die einzelnen Ereignisse. Anders als Hume gab Al-Ghazali jedoch eine Erklärung für die Vorhersagbarkeit von Ereignissen und für die naturgesetzliche Ordnung. Jedes Ereignis werde direkt von Gott hervorgebracht. Es gebe keine sekundäre Verursachung, d.h. Verursachung durch geschaffene Dinge, sondern nur primäre Verursachung, d.h. Verursachung durch Gott. Gott bringe zunächst ein weißes Tuch im Feuer hervor, dann macht er es schwarz, dann läßt er es zerfallen. Das Feuer tut dem Tuch selbst nichts an, es wirkt nicht, es besteht keine kausale Verbindung zwischen ihm und dem Tuch. Daß das Tuch im Feuer ist, nimmt Gott zum Anlaß, es schwarz werden zu lassen, daher wird Al-Ghazalis Auffassung Occasionalismus genannt.

Während Al-Ghazalis Hauptgrund für den Occasionalismus ist, daß kausale Verbindungen nicht beobachtbar seien,[8] bewegte Nicolas Malebranche (1638–1715) der Gedanke, daß Gott allmächtig sei und daß wir völlig von Gott abhängig seien, zum Occasionalismus. Zum Allmächtigsein Gottes gehört für ihn auch, daß Gott die einzige Ursache jedes Ereignisses ist.[9]

---

[6] Zum Beispiel behauptet Honderich 1993, Kap. 3 für menschliche Handlungen, daß solche »Erstauslösung« unhaltbar sei.
[7] Zitiert in: Averroes 1954, S. 316-318. Vgl. Perler/Rudolph 2000, Kap. 2.
[8] Eine ähnliche Auffassung wird von McCann/Kvanvig 1991 vertreten.
[9] Genauer gesagt nahm Malebranche wie auch die anderen christlichen Occasionalisten nur von Ereignissen, die nicht von Menschen durch ihren freien Willen verursacht sind, an, daß Gott ihre einzige Ursache sei. Vgl. Freddoso 1988, S. 81-84; dort auch mehr über weitere Vertreter des Occasionalismus, z.B. Gabriel Biel und George Berkeley. Malebranche nahm an, daß Menschen bestimmte geistige Ereignisse, Willensimpulse, frei hervorbringen können und daß Gott entsprechende körperliche Er-

Sekundäre Verursachung

Uns interessiert hier nicht in erster Linie, ob es tatsächlich sekundäre Verursachung gibt, sondern ob sie möglich wäre und welche Rolle Gott dabei spielte. Im Mittelalter nahmen die Gegner des Occasionalismus an, daß Gott dem verursachenden Ding und dem beeinflußten Ding ihr Sein (esse) gibt. Eine Debatte gab es darüber, ob das Sein des bewirkten Akzidens von Gott oder von der Ursache käme (cf. Freddoso 1991). Da ich nicht annehmen möchte, daß das Sein eines Dinges ein ontischer Bestandteil des Dinges ist, steht so eine Auffassung für mich nicht zur Verfügung.[10] Ich werde nun eine andere Theorie der sekundären Verursachung skizzieren und darauf gründend bestimmen, was Gottes erhaltende Tätigkeit wäre.[11] Wenn diese Theorie gangbar ist, dann ist (gegen Al-Ghazali) sekundäre Verursachung nicht auszuschließen.

Sekundäre Verursachung hat etwas damit zu tun, daß ein Ereignis (oder »Sachverhalt«) einen Einfluß darauf hat, was danach geschieht. Nicht alle Möglichkeiten, wie sich die Welt zu einem bestimmten Zeitpunkt weiterentwickeln könnte, sind gleichwahrscheinlich. Das Erdbeben im Meer hat dazu geführt, daß eine Flutwelle entstand, die sich zu den Küsten A, B, und C bewegt hat. Hätte kurz nach dem Erdbeben ein Meteorit aus dem Weltall die Erde zerstört, wäre es nicht zu dieser Flutwelle gekommen. Aber da nichts dazwischen kam, kam es unweigerlich zur Flutwelle. Mit der Aussage »Das Ereignis war Grundlage einer bestimmten Tendenz« meine ich nun, daß das Ereignis den zukünftigen Lauf der Welt in eine bestimmte Richtung neigen ließ.

> »Ereignis E1 zur Zeit t1 ist die Grundlage einer Tendenz T
> zum Ereignis E2 zur Zeit t2«

heißt, daß E1 die Welt dazu neigen ließ, daß zu t2 E2 eintreten würde. (Mit »t1« und »t2« sind die Zeitperioden gemeint, in der E1 bzw. E2 stattfinden. Mit »nach t1« ist gemeint: nach dem Ende der Zeitperiode, in der E1 stattfindet.) E1 hat in diesem Sinne einen zukünftigen Verlauf der Welt, der zu E2 führt, wahrscheinlicher gemacht.[12] Nach t1 könnte alles mögliche geschehen. Es könnte sein, daß nach t1 die Welt genauso ist, wie sie am 9.11.1989 um 9.00 Uhr MET war. Es könnte sein, daß nach t2 gar nichts Materielles mehr existiert. Aber wegen E1 sind die zukünftigen Weltverläufe, die E2 beinhalten gegenüber den anderen privilegiert. Genauer gesagt: *Es ist unmöglich, daß nach*

---

eignisse hervorbringe. Der Gedanke, daß Handlungen direkt von Gott oder deterministisch durch frühere Ereignisse verursacht werden, lag diesen Philosophen fern.

[10] Eine Theorie, nach der Gott das Sein beisteuert, ist hingegen Quinn 1988.
[11] Detail dieser Theorie finden sich in Wachter (forthcoming).
[12] Wenn »wahrscheinlich« hier im Sinne statistischer Wahrscheinlichkeit interpretiert wird, ist es wegen der vieldiskutierten Möglichkeit der »spurious correlations« aber nicht unbedingt wahr, daß $P(E2|E1)>P(E2|\sim E1)$. Vgl. (Suppes 1970, Kap. 2).

E1 der Lauf der Welt nicht zu E2 führt, obwohl nichts dazwischenkommt, d.h. obwohl kein von einer anderen Ursache verursachtes Ereignis zwischen t1 und t2 eintritt, das unvereinbar ist mit einem Ereignis, zu dem E1 geführt hätte. Zum Beispiel wäre die genannte Zerstörung der Erde durch einen Meteoriten eine solche Unterbrechung (oder »Intervention«). Wenn eine glühende Zigarette in einem Heustadel ein kleines Feuer entfacht, das gleich mit einem Eimer Wasser gelöscht wird, wird damit ein von der Zigarette und dem bei ihr liegenden Heu ausgehender Prozeß unterbrochen, der sonst zu einem Brand des Heustadels geführt hätte. Wenn eine Billardkugel auf eine andere stößt, ist das ebenfalls eine Unterbrechung: etwas ist dazwischengekommen.

Mit der Aussage »Die auf Ereignis E1 gründende Tendenz T zu Ereignis E2 ist *verwirklicht* worden« meine ich, daß sich die Welt nach E1 der Tendenz folgend so entwickelt hat, daß E2 eingetreten ist. Eine Tendenz wird genau dann verwirklicht, wenn nichts dazwischenkommt.

In das Gesagte fügt sich gut der Begriff eines kausalen *Prozesses* ein. Angenommen das Ereignis E1 verursacht wie beschrieben E2. Die kontinuierliche Reihe von Ereignissen zwischen E1 und E2 ist ein kausaler Prozeß. Ein kausaler Prozeß entsteht, wenn eine Tendenz verwirklicht wird. Etwas vereinfacht können wir sagen: Ein kausaler Prozeß ist eine kontinuierliche Reihe von Ereignissen, von welchen zu jedem (außer dem ersten) eine auf einem früheren Ereignis der Reihe gründende Tendenz geführt hat und von welchen jedes (außer dem letzten) Grundlage einer Tendenz zu den späteren Ereignissen der Reihe ist. Mit der Aussage »E1 hat zu E2 geführt« meine ich, daß E1 Grundlage einer Tendenz zu E2 war und daß die Tendenz verwirklicht wurde. Statt dessen kann man auch sagen, daß diese Tendenz zu E2 geführt hat. Wenn E1 (t1) Grundlage einer Tendenz zu E2 (t2) ist, dann gibt es für jede Zeit t zwischen t1 und t2 ein Ereignis, zu welchem hin es eine auf E1 gründende Tendenz gibt. Will sagen, die Tendenz, die zu E2 führt, führt auch zu Ereignissen zwischen t1 und t2.

Nun gilt: *Ein Ereignis x hat ein Ereignis y genau dann verursacht, wenn x Grundlage einer Tendenz war, die zu y geführt hat.* M.a.W. Ein Ereignis x hat ein Ereignis y genau dann verursacht, wenn x eine Stufe eines kausalen Prozesses ist, von welchem y eine spätere Stufe ist.

Diese Theorie der Verursachung hat einen metaphysischen Preis: Man muß annehmen, daß es Tendenzen gibt; an der Natur der Dinge liegende Neigungen der Welt betreffend, was nachfolgend geschehen wird. Tendenzen sind nicht reduzierbar auf relative Frequenzen, d.h. darauf, wie oft tatsächlich Ereignisse einer bestimmten Art von Ereignissen folgen. Tendenzen sind auch nicht epistemische Wahrscheinlichkeiten. Die Annahme ist vielmehr, daß von den Möglichkeiten, wie sich das Universum an einem Zeitpunkt weiterentwickeln könnte, nicht alle gleichgewichtet sind.

»Gott erhält die Welt«

Wenn das haltbar ist, dann kann es sekundäre Verursachung geben. Wenn es einen Gott gibt, was ist dann seine Rolle bei sekundärer Verursachung? Eine Auffassung wäre, daß Gott die Dinge schaffen könnte so, daß kein Zutun von ihm bei sekundärer Verursachung nötig ist. Er schafft die Dinge und überläßt sie dann sich selbst. Theisten haben diese Auffassung in der Regel jedoch abgelehnt, weil der Gottesbegriff eine stärkere Abhängigkeit der Dinge von Gott nahelegt. (Cf. Wachter 1699) Gott muß etwas dazu tun, damit ein geschaffenes Ding etwas verursachen kann. Diese erhaltende Tätigkeit[13] müssen wir als eine eigene Art göttlichen Handelns annehmen. Unterließe Gott sie, hörte alles Verursachen in der geschaffenen Welt auf. Die geschaffene Welt hörte überhaupt zu existieren auf (vorausgesetzt, daß die Lebensphasen eines Dinges kausal miteinander verbunden sind, d.h. daß der Mond zu t1 Ursache für den Mond oder die Existenz des Mondes zu t2 ist).

Als Zwischenergebnis können wir damit festhalten, daß direktes Hervorbringen das Grundmodell göttlichen Handelns ist, daß sekundäre Verursachung nicht auszuschließen ist (gegen den Occasionalismus) und daß ein Modus göttlichen Handelns die erhaltende Tätigkeit ist. Bei der Suche nach möglichen weiteren Modi göttlichen Handelns haben wir uns nun mit dem Deismus zu befassen.

Deismus

Der Deismus ist die Auffassung, daß es einen Gott gebe, daß er aber nicht in natürliche Prozesse, d.h. sekundäre Verursachung, eingreife. Diese Auffassung wird von Theologen wie Friedrich Schleiermacher (1768–1834), Paul Tillich (1886–1965) und Rudolf Bultmann (1884–1976) vertreten, aber auch von einigen zeitgenössischen Religionsphilosophen, z.B. (Griffin 2001, 21–28) und (Murphy 1995, 343). Ein Grund, weshalb der Deismus wahr sein könnte, wäre ein Gelübde Gottes, nie in natürliche Prozesse einzugreifen. Ein anderer Grund wäre, daß Gott moralische Gründe dafür hat, nie einzugreifen.[14] In unserem Zusammenhang interessanter ist der andere mögliche Grund: daß nämlich der Gedanke eines göttlichen Eingreifens (oder eines »Wunders«) widersinnig sei und daß ein göttliches Eingreifen von vorneherein (d.h. unabhängig davon, ob Gott ein Gelübde gemacht hat oder ob es moralische Gründe ge-

---

[13] Vgl. hierzu Quinn 1988 und Craig 1998.
[14] Was die Gründe der genannten Theologen waren, ist nicht immer leicht zu ergründen. Vgl. hierzu van Inwagen 1995, S. 2f zu Bultmanns Gründen.

gen jegliches Eingreifen gibt) auszuschließen sei. Prüfen wir dieses an der skizzierten Theorie der sekundären Kausalität.[15]

Wenn Ereignis E1 Grundlage einer Tendenz zu E2 ist, dann wird E2 geschehen, es sei denn, es geschieht eine Unterbrechung. Es ist unmöglich, daß E1 und mithin die Tendenz existiert, aber die Tendenz nicht verwirklicht wird, obwohl keine Unterbrechung stattfinden. Das heißt aber, daß es möglich ist, daß eine Unterbrechung stattfindet. Eine Unterbrechung ist ein von einer anderen Ursache verursachtes Ereignis, das nicht vereinbar ist mit einem Ereignis, zu dem E1 geführt hätte.

Eine Unterbrechung kann von einem vorangehenden Ereignis verursacht werden. So z.B. kann der Prozeß des Rollens einer Billardkugel durch eine in den Weg rollende andere Billardkugel unterbrochen werden. Wenn es Personen gibt, die Ereignisse direkt hervorbringen können, können diese Personen damit kausale Prozesse unterbrechen; indem sie nämlich ein Ereignis direkt hervorbringen, welches unvereinbar ist mit einem Ereignis, zu dem der Prozeß sonst geführt hätte. Wenn es einen Gott gibt, kann auch er auf diese Weise kausale Prozesse unterbrechen, also in das Naturgeschehen eingreifen. Solche Eingriffe werden Wunder genannt. Demnach ist Eingreifen in einen im Bereich der geschaffenen Dingen stattfindenden kausalen Prozeß ein weiterer Modus göttlichen Handelns.

Damit göttliches Eingreifen möglich ist, ist es nicht nötig, daß es indeterministische, d.h. Zufallsprozesse gibt. Kausale Prozesse der beschriebenen Art lassen ein Eingreifen zu, weil es zwar unmöglich ist, daß ihre Verwirklichung ausbleibt, obwohl keine Unterbrechung stattgefunden hat, aber weil Unterbrechungen eben doch möglich sind. Daß es stärkere kausale Prozesse gibt, solche, die, sobald sie einmal in Gang gekommen sind, durch nichts zu stoppen sind, ist nicht anzunehmen. Wenn das Ereignis E1 (t1) das Ereignis E2 (t2) verursacht hat, dann war es möglich, daß E1 geschieht, aber E2 ausbleibt, wenn nämlich eine Unterbrechung stattfindet, sei es nun durch eine natürliche Ursache oder durch ein freies Lebewesen, z.B. eine Katze, oder auch durch einen Poltergeist oder durch Gott. Eine Unterbrechung eines kausalen Prozesses durch einen anderen kausalen Prozeß (z.B. eine rollende Billardkugel) ist genauso eine Unterbrechung wie eine Unterbrechung durch ein Eingreifen Gottes. Ein Ereignis zur Zeit t1 kann nicht erzwingen, daß ein Ereignis zu einer späteren Zeit t2 geschieht, denn es kann es nicht unmöglich machen, daß zwischen t1 und t2 etwas den Prozeß unterbricht.

---

[15] Dem Humeschen Einwand gegen die Möglichkeit von »Wundern« kann ich hier nicht nachgehen, ich verweise jedoch auf die m.E. sehr schlagkräftigen jüngeren Kritiken an Humes Argument: Earman 2000; Larmer 1988, Kap. 2-3; Johnson 1999; Swinburne 1989, Kap. 8.

Schluß

Ich komme zu folgendem Schluß. Wenn es einen Gott gibt, dann ist das Grundmodell göttlichen Handelns das direkte Hervorbringen. Gegen den Occasionalismus ist sekundäre Verursachung nicht auszuschließen. Sie geht einher mit Gottes Erhalten der geschaffenen Dinge. Gegen den Deismus ist nicht auszuschließen, daß Gott manchmal in Prozesse sekundärer Verursachung eingreift.

Literatur

AVERROES: *Tahafut al-tahafut* (The incoherence of the incoherence), übers. S. v. d. Bergh, London: Luzac 1954.
CRAIG, William Lane: *Creation and Conservation Once More*, in: Religious Studies 34 (1998), S. 177–188.
EARMAN, John: *Hume's Abject Failure: The Argument against Miracles*, Oxford UP 2000.
FOSTER, John: *The Divine Lawmaker: Lectures on Induction, Laws of Nature, and the Existence of God*, Oxford: Clarendon 2004.
FREDDOSO, Alfred J.: *Medieval Aristotelianism and the Case against Secondary Causation in Nature*, in: T.V. Morris (Hg.), Divine and Human Action: Essays in the Metaphysics of Theism, Cornell UP, S. 74–118 [1988].
FREDDOSO, Alfred J.: *God's General Concurrence with Secondary Causes: Why Conservation is Not Enough*, in: Philosophical Perspectives 5, Philosophy of Religion (1991), S. 553–585.
GRIFFIN, David Ray: *Reenchantment Without Supernaturalism: A Process Philosophy of Religion*, Cornell University Press 2001.
HOFFMAN, Joshua/ROSENKRANTZ, Gary: *The Divine Attributes*, Oxford: Blackwell 2002.
HONDERICH, Ted: *Wie frei sind wir? Das Determinismus-Problem* (How Free Are You?), übers. J. Schulte, Stuttgart: Reclam 1995 [1993].
JOHNSON, David: *Hume, holism, and miracles*, Ithaca & London: Cornell University Press 1999.
LARMER, Robert A.: *Water into Wine? An Investigation of the Concept of a Miracle*, McGill-Queen's University Press 1988.
MCCANN, Hugh J./KVANVIG, Jonathan L.: *The Occasionalist Proselytizer: A Modified Catechism*, in: Philosophical Perspectives, 5, Philosophy of Religion (1991), S. 587–615.
MORRIS, Thomas V.: *Our Idea of God*, University of Notre Dame Press 1991.
MURPHY, Nancey: *Divine Action in the Natural Order: Buridan's Ass and Schrödinger's Cat*, in: R.J. Russell/N. Murphy/A.R. Peacocke (Hgs.): Chaos and Complexity: Scientific Perspectives on Divine Action, Vatican Observatory Publications, S. 325–357 [1995].

PERLER, Dominik/RUDOLPH, Ulrich: *Occasionalismus: Theorien der Kausalität im arabisch-islamischen und im europäischen Denken*, Göttingen: Vandenhoeck & Ruprecht 2000.

QUINN, Philip L.: *Divine Conservation, Secondary Causes, and Occasionalism*, in: T.V. Morris (Hg.): Divine and Human Action, Cornell UP, S. 50–73 [1988].

SUPPES, Patrick: *A Probabilistic Theory of Causality*, Amsterdam: North-Holland Publishing Company 1970.

SWINBURNE, Richard: *The Coherence of Theism* (Revised edition), Oxford: Clarendon Press 1993.

SWINBURNE, Richard: *Gott und Zeit*, in: C. Jäger (Hg.): Analytische Religionsphilosophie, UTB Bd. 2021 [1998].

SWINBURNE, Richard (Hg.): *Miracles*, New York: Macmillan 1989.

VAN INWAGEN, Peter: *God, Knowledge, and Mystery*, Ithaca & London: Cornell UP 1995.

WACHTER, Daniel von: *Free Agents as Cause*, in: K. Petrus (Hg.): On Human Persons, Frankfurt, Lancaster: Ontos Verlag, S. 183–194 [2003].

WACHTER, Daniel von.: *The Tendency Theory of Causation* (forthcoming).

WACHTER, Johann Georg: *Diatribe philosophica: De dependentia causae secundae in operando a causa prima*, Tübingen 1699.

WOLTERSTORFF, Nicholas: *God Everlasting*, in. C. J. S. Orlebeke (Hg.): God and the Good: Essays in Honor of Henry Stob, L.B. Eerdmans Publishing Company [1975].

Sektion 5

Verstehen und Erfinden – Die Kreation von Sinn als hermeneutisches Problem

Andrzej Przylebski
Anders oder besser verstehen? Das Kreative einer Interpretation............ 257

Christel Fricke
Poesie Verstehen... 265

Georg W. Bertram
Kreativität und Normativität.. 273

Sabine Ammon
Welterzeugung als kreativer Prozeß – Überlegungen zu
Nelson Goodmans konstruktivistischer Theorie des Verstehens 285

David Krause
Verstehen und Erfinden – Die Kreation von Sinn und ihre Grenzen 295

Anders oder besser verstehen?
Das Kreative einer Interpretation

ANDRZEJ PRZYLEBSKI (POZNAN)

Ich beginne mit einer allgemeinen Bemerkung. Obwohl es evident zu sein scheint, daß das Hauptthema dieses Kongresses – die *Kreativität* – seinen unbestreitbaren Platz im Gebiet der Verstehens, der Auslegung bzw. der Interpretation, die doch alle eine kreative Einstellung des menschlichen Subjekts voraussetzen, haben muß, wurde es meines Wissens als explizites Problem der hermeneutisch orientierten Philosophie kaum beachtet. Als ob es sich von selbst verstünde, daß Verstehensakte bzw. Interpretationen die menschliche Kreativität fordern und von ihr bedingt werden. Aber wie und wo?

In meinen Bemerkungen, die lediglich einen kleinen Beitrag zur Beantwortung dieser Frage leisten können, habe ich absichtlich eine Kontroverse gewählt, die zwischen H.-G. Gadamer und zunächst Ernst Betti, dann Karl-Otto Apel und Albrecht Wellmer, und am Ende Hans Krämer stattfand: die Kontroverse um die Möglichkeit des besseren Verstehens. Es ist bekannt, daß in der Theorie des geistigen Vaters der Hermeneutik, F.D. Schleiermachers, die Möglichkeit, einen Text besser zu verstehen als ihn der Autor selber verstanden hatte, explizit zugelassen und anerkannt war, und zwar im Zusammenhang mit der eingeführten Unterscheidung zwischen dem unbewußten (bzw. nicht völlig bewußten) Charakter des schriftstellerischen Schaffens und dem bewußten Charakter der Aneignung des so hergestellten Sinnes in der Interpretation. Die Präsenz der Bewußtheit sollte den geeigneten und gut vorbereiteten Interpreten in eine dem Verfasser des Textes priviligierte Lage versetzen. Die These, daß man den Autor besser verstehen kann als der sich selbst verstanden hat, ist übrigens auch bei anderen, weniger hermeneutisch gesinnten Philosophen, wie Kant oder Fichte, zu finden. Und obwohl sie bei ihnen den Vorrang der begrifflichen Erkenntnis dokumentiert, läuft sie abermals auf den Moment des Bewußtseins hinaus.

Der an die traditionelle, methodisch orientierte Hermeneutik anknüpfende Betti, für den sie vor allem eine Lehre über die Kanons des richtigen Verstehens bedeutete, fand in der Wissenschaftlichkeit der Methode das, was Schleiermacher in der Bewußtheit des Interpretierens vorgefunden hatte. Das kritische Potential der objektivierenden, wissenschaftlichen Betrachtung aller Dinge sollte es ermöglichen, vielleicht sogar garantieren, daß vor jeder Interpretation die Möglichkeit offen steht, den vorangehenden Deutungen überlegen zu werden.

»Wahrheit und Methode«, das bahnbrechende Hauptwerk Hans-Georg Gadamers, hat bekanntlich die Analogie zwischen den Natur- und Geisteswissenschaften in Frage gestellt. Er wies nicht nur auf die Grenzen des Methodologismus in der Geisteswisssenschaften und auf die Präsenz in ihnen einer anderen, methodisch kaum greifbaren Wahrheit hin, sondern darüber hinaus zeigte er den grundsätzlich »praktischen«, »ethischen« Charakter dieser Wissenschaften, die – erstens – immer perspektivistisch und wirkungsgeschichtlich bedingt sind, und – zweitens – mit ihren Ergebnissen vor allem einen Beitrag zum Selbstverstehen der Forscher und der Menschen einer gegebenen Epoche überhaupt leisten. Die Applikation dieser Ergebnisse kann kaum den Charakter eines verfügbaren Wissens, einer *techne*, einer technisch-manipulatorischen Anwendung haben, ohne das Wesen bzw. die Eigenart dieser Forschung zu verletzen.

Für Gadamer war die These über das Besserverstehen nicht mehr so evident. Für ihn wäre es ziemlich schwierig, die Kriterien anzuführen, die dafür bürgen könnten, daß eine neue Interpretation einer älteren überlegen ist und sie überflüssig macht. Deshalb sollten wir seiner Meinung nach anstatt über ein Besser-Verstehen lieber über ein Immer-Anders-Verstehen sprechen. Denn Verstehen geschieht nach der Dialektik von Frage und Antwort, d.h. jede Interpretation wird durch die Fragen des Interpreten und seinen Auffassungshorizont dermaßen bestimmt, daß es schwer fallen wird, einen wirklich überzeugenden, gerechten Vergleich zwischen den verschiedenen Interpretationen durchzuführen.

Dadurch widersprach Gadamer nicht nur der überlieferten Meinung der bisherigen Hermeneutik. Er widersetzte sich auch dem Common Sense. Denn alle von uns haben in ihrem Leben bestimmt Situationen erlebt, in denen sich zwei unterschiedliche Deutungen einer Sache vergleichen lassen, und zwar vor allem in solchen Fällen, in denen es sich nicht so sehr um die beabsichtigte Andersartigkeit, d.h. die Originalität der Deutung, sondern um die Richtigkeit und Tiefe der Auslegung handelt. Ich meine solche Situationen, in denen die Richtung der konkurrierenden Deutungen ungefähr gleich ist, eine von ihnen uns aber viel tiefer und überzeugender, z.B. durch Berücksichtigung der größeren Anzahl der im Zuinterpretierenden beinhalteten Faktoren, sowie reicheren Deutungstechniken, zu sein scheint. Kann man solche Situationen bestreiten? Ich glaube nicht. Und ich glaube, daß auch Gadamer sie nicht bestreiten wollte.

Das entkräftet seine Argumentation aber noch nicht ganz. Denn er könnte die gerade geschilderte Auslegungssituation als Beispiel einer einfachen, banalen Interpretation betrachten und auf die komplizierteren Fälle der anders gerichteten, wirklich kreativen und innovativen Interpretationen hinweisen. Das tat er in der Tat als er seine Ausarbeitung des Phänomens des Verstehens nicht an die Analyse der alltäglichen Verständigung zwischen den Menschen – zum Beispiel im persönlichen Gespräch –, sondern auf die Analyse der Interpretation der eminenten, klassischen, traditionstragenden Texte der literarischen Überlieferung stützte. Die Frage ob sein Zugang zur Sache – d.h. zur

Enthüllung des Wesens des Verstehens – richtig oder verfehlt ist, lassen wir hier beiseite.

Wenn Verstehen als eine intellektuelle Analyse des Textes aufgefaßt wird, dann kann man – das gibt auch Gadamer zu – keine prinzipiellen Einwände gegen die These erheben, daß der Interpret den Text besser verstehen kann als dessen Autor selbst. (Gadamer, S. 196). Wenn wir aber daraus schließen, daß der Sinn des Textes – vor allem wegen des Wesens der Sprache – den Autor übertrifft, dann werden wir anerkennen müssen, daß das Gleiche auch für alle Interpreten gilt. Das heißt: der Autor wird zu einem Interpreten unter anderen, und sein Kritiker ebenso. »Nicht nur gelegentlich, sondern immer übertrifft der Sinn eines Textes seinen Autor. Daher ist Verstehen kein reproduktives, sondern stets auch ein produktives Verhalten. Es ist vielleicht nicht richtig, für dieses produktive Moment, der im Verstehen liegt, von Besserverstehen zu reden. Denn diese Formel ist (...) die Umsetzung eines Grundsatzes der Sachkritik aus dem Zeitalter der Aufklärung auf der Basis der Genieästhetik. Verstehen ist in Wahrheit kein Besserverstehen, weder im Sinne des sachlichen Besserwissens durch deutlichere Begriffe, noch im Sinne der grundsätzlichen Überlegenheit, die das Bewußte über das Unbewußte der Produktion besitzt. Es genügt zu sagen, daß man anders versteht, wenn man überhaupt versteht« (Gadamer, S. 301–302).

Gadamer hofft damit den Rahmen der romantischen Interpretationsauffassung zu sprengen, die den Text ursprünglich nicht als eine Wahrheitsenthüllung, d.h. wegen seines Anspruchs auf Wahrhaftigkeit, sondern lediglich als Ausdruck des Lebens (u.z. des geistigen Lebens des Autors) versteht. Es läßt sich aber kaum bestreiten, daß gerade wenn wir auf den Wahrheitsanspruch des Textes ausgerichtet sind, die Rede über ein besseres bzw. schlechteres Verstehen möglich scheint. Sie wechselt aber die Bezugssubjekte bzw. Adressaten. Es heißt jetzt nicht mehr, einen Text besser als sein Verfasser zu verstehen, sondern eine bessere Interpretation zu liefern, eine bessere im Vergleich mit anderen Auslegungen dieses Textes, egal ob sie vom Verfasser oder von anderen Interpreten kommen. Die einzige Bedingung, daß dieses Verfahren sinnvoll ist, wäre hier die Möglichkeit des Vergleichs der Interpretationen. Und die ist – laut der dialogischen Idee der Wahrheit bei Gadamer, laut der modellhaften Rolle des Gesprächs, in dem Argumente über das im Text Gesagte ausgetauscht werden – wenigstens prinzipiell gegeben.

Erinnert sei an dieser Stelle, daß obwohl der Titel seines Hauptwerkes oft als »method versus truth« (Tugendhat, S. 428) gelesen wurde, Gadamer nie die Bedeutung der Methode in der wissenschaftlichen Erkenntnis in Frage stellen wollte. Seine Absicht war es lediglich, die methodisch gesicherte Erkenntnis, vor allem in den Geisteswissenschaften, vom Himmel der Illusionen über sich selbst auf den harten Boden der Realität zurückzuziehen. Denn, wie er sagte: »Als Werkzeuge sind Methoden immer gut. Nur, – wo diese Werkzeuge mit Gewinn eingesetzt werden können, darauf muß man sich verstehen! Methodische Sterilität ist eine allgemein bekannte Erscheinung. Es gibt immer wieder die Anwendung wohlbewährter oder bloß modischer Methoden auf unergiebige Sachgebiete. Was macht denn eigenlich den produktiven Geisteswissenschaftler? (...) Daß er die Methoden seines Fachs beherrscht? Das tut auch der, der nie etwas Neues herausfindet, nie eine Interpretation von wirklich aufschließender Kraft zustande bringt. Nein, – nicht schon die Methodenbeherrschung, sondern die hermeneutische Phantasie ist die Auszeichnung des produktiven Geisteswissenschaftlers! Und was ist hermeneutische Phantasie? Das ist der Sinn für das Fragwürdige und das, was es von uns verlangt«. (Dutt, S. 16).

*

Eine interessante Erweiterung dieses Dilemmas finden wir in den Arbeiten des Berliner Philosophen Albrecht Wellmer vor. Er unterscheidet zwei grundsätzliche Typen der Interpretationen. »Ich möchte sie – schreibt er (Wellmer, S. 22) – als die (Möglichkeit – A.P.) des »internen« oder »immanenten« und die des »externen« oder »produktiven« Verstehens unterscheiden. (...) Die Unterscheidung, so denke ich, bekommt etwas phänomenologisch unmittelbar Einleuchtendes, wenn wir uns nur an entsprechende Grenzfälle des Interpretierens erinnern: philologisch-getreue, immanente Nachkonstruktion von Texten auf der einen Seite, produktiv-kritische Neulektüren von Texten, wie man sie etwa bei Heidegger oder Adorno findet, auf der anderen«.

Beide Interpretationstypen verlangen Aktivität und Kreativität des Interpreten. Während aber die erstere im Text sozusagen eingefangen ist, d.h. seine Wahrheit nicht in Frage stellt, sondern versucht sie lediglich zu enthüllen und anzueignen (sog. Teilhabe), versucht das »externe Verstehen« dem Text gegenüber absichtlich gewaltsam, verfremdend, kritisch zu sein. »Auch hier kann von Verstehen die Rede sein, nämlich dann, wenn es dem Interpreten gelingt, den Text nach Maßgabe von dessen eigenem Wahrheitsanspruch zu überschreiten, wenn also Wahrheit und Unwahrheit des Textes im Horizont und in der Sprache des Interpreten in einem neuen und schärferen Licht erscheinen«. (Wellmer, S. 22)

Wenn diese Annahmen akzeptabel sind, dann kann man berechtigterweise – so Wellmer (S. 29) – die Idee eines hermeneutischen Fortschritts in einem schwachen Sinne, gegen Gadamer, verteidigen.

*

Interpretationen scheinen also durchaus vergleichbar zu sein, ich würde sogar sagen – aneinander meßbar, vorausgesetzt sie gehören dergleichen bzw. einer sehr ähnlichen Klasse an, sind – könnte man sagen – aus dem gleichen Holz geschnitzt. Nehmen wir als Beispiel eine folgende Situation: Wir gehen ins Kino, um uns einen neuen Film anzuschauen, und zwar in der Begleitung eines Freundes, der ein raffinierter Filminterpret ist. Nach dem Film, der – zur Vereinfachung – mehr einem Theaterstück als einem Actionfilm ähnelt, tauschen wir unsere Gedanken zum gerade Angeschauten aus. Dieser Austausch ist bereits ein Vergleich der ersten Interpretationen. Weil unser Partner ein einfühlsamer und aufmerksamer Interpret ist, und weil der Film durch seine theatralischen Züge – nehmen wir z.B. die unlängst ausgestrahlten »Lost in Translation« oder »Closer« (Hautnah), als Beispiele solcher Filme – besonders interpretationsbedürftig ist, merken wir bald, daß unsere Interpretation zwar in die gleiche Richtung geht wie die unseres Partners, d.h. ähliche Sinnkonturen erkennt, daß aber sein Deutungsversuch ein viel tieferer und raffinierterer ist als der unsere. Er bemerkte Sachen, Worte, Aspekte, an denen wir vorbeigegangen sind, und integrierte sie in seine Interpretation. Dadurch verliert sie die – sagen wir: kategoriale – Ähnlichkeit zu unserer zwar nicht, wirkt jedoch im Vergleich zu ihr irgendwie reichhaltiger und gründlicher, einfach besser.

Mit einer anderen Situation haben wir es zu tun, wenn beide Interpretationen grundverschieden sind, z.B. wenn eine der – mit der Ricoeurschen Unterscheidung ausgedrückt – den Sinn bzw. die Botschaft der Mitteilung enthüllen will, die andere aber der Hermeneutik des Verdachts verpflichtet ist, d.h. die eine den gemeinten Sinn zu entschlüsseln versucht, während die andere diesen gerade unterlaufen will, um zu den dahinter versteckten Denkstrukturen zu gelangen, und so die »wahre« Bedeutung des Gesagten enthüllen zu können. In so einem Fall basieren die beiden Interpretationsversuche auf ganz unterschiedlichen Voraussetzungen und der Vergleich ihrer scheint kaum möglich zu sein. Dort bleibt uns nur die Überprüfung beider Interpretationen auf ihre innere Kohärenz und auf die Übereinstimmung mit möglichst vielen Stellen im Werk.

Durch diese kurze Analyse der beiden Auslegungssituationen bzw. Strategien begreifen wir, daß es zwischen dem Besserverstehen und Andersverstehen kein Widerspruch geben muß. Jedes Verstehen eines Werkes, eines Sinngebildes, ist ein anderes Verstehen, vielleicht nicht nur im Vergleich zum Verstehen unserer Zeitgenossen, sondern auch zu unseren eigenen, älteren Versuchen. Das ist durch den Moment der Applikation (Anwendung) bedingt, den Gadamer so stark, in Anknüpfung an die theologische und juristische Hermeneutik sowie an die sachlich orientierte Aufklärungshermeneutik, zurecht betont. Andererseits können wir selber feststellen, daß wir jetzt ein bestimmtes Sinngebilde besser als damals verstehen. Ein ählicher Vergleich ist auch im intersubjektiven Bereich möglich, vorausgesetzt es herrsche dort die Möglichkeit, eine gemeinsame Sprache zu finden und sich im Geiste der argumentativen Kritik auseinanderzusetzen.

Man sieht auch ganz klar, daß obwohl der kreative Moment in den beiden, grundverschiedenen Interpretationstypen vorhanden ist, es doch in einem anderen Sinne geschieht. Die Kreativität der internen, werkimmanenten Interpretation beruht darauf, in sich die Verstehensvoraussetzungen (die sog. produktiven Vorurteile) zu erwecken bzw. zu kreieren, die den Zugang zu dem im Text Gemeinten, zur »Sache des Textes«, ermöglichen, die ihn erhellen und nicht unlesbar, unverständlich machen. Die Vorbedingung wird hier immer die Kenntnis der Sprache und der Sache bleiben. Sie reicht aber nicht aus, um quasi automatisch eine richtige Deutung hervorzuzaubern. Dazu bedarf es das mit der Anwendung verbundene Interesse an der Sache und eine gewiße Einfühlsamkeit in der Betrachtung des Textes, bei der die Subjektivität des Textherstellens die Intersubjektivität – womit der Anspruch auf objektive Geltung des im Text Gesagten gemeint ist – nicht eliminieren darf.

Im Falle einer dekonstruktivistischen bzw. durch die Hermeneutik des Verdachts geleiteten Lektüre eines Textes liegen die Momente der Kreativität woanders. So eine Interpretation versucht, das Eingefangensein in den Text zu umgehen und ihn kritisch zu überprüfen. Hier spielt der Anspruch auf Wahrhaftigkeit des im Text Gesagten eine größere Rolle. Deshalb erlaubt sich so eine Leseart, den Text gewaltsam zu verfremden, seine Schichten umzustellen und Motive aufzusuchen, um an den versteckten, »wahren« Grund des Textes zu gelangen. Aber auch der Kreativität dieser Interpretation sind gewisse Grenzen gesetzt, solange sie die Interpretation eines konkreten Sinngebildes bleiben will. Sie liegen im ihrem Ziel, das nicht die Meinung des Interpreten, sondern des Textes zum Vorschein bringen soll. »Das Recht solcher produktiver und kritischer Interpretationen bemißt sich an ihrem Beitrag zur Klärung der Sachfragen. Aus der Perspektive der Interpretation mögen die Begriffe des Textes in Bewegung geraten, Textschichten sich voneinander abheben. Wahrheit und Unwahrheit des Textes sich voneinander scheiden; und wenn dies geschieht, verstehen wir den Text besser als zuvor« (Wellmer, S. 23).

In Reaktion auf mögliche Proteste gegen die Zulässigkeit solcher Interpretation, die von der philosophischen Hermeneutik im Stile Gadamers kommen könnten, möge man feststellen, daß gerade der geistige Protektor dieser Hermeneutik, M. Heidegger, sich – was die Geschichte der abendländischen Philosophie anbetrifft – mit einer so tendenziell einseitigen Lektüre augezeichnet hat.

*

Beide Interpretationstypen verfahren nach der von Gadamer beschriebenen Metapher der Horizontenverschmelzung, die sowohl die negativen wie die positiven Bedingungen des Verstehens, seine Geschichtlichkeit, zurecht hervorhebt. Jede macht es aber auf eine andere Weise. Im ersten Typus dominiert der vom Werk ausstrahlende Horizont, der vom Interpreten belebt wird und dem er sich – wegen seiner Endlichkeit nie völlig – anzupassen versucht. Die Kreativität so eines Verstehens steckt gerade in dieser Anlehnung eigener Subjektivität an die Wahrheit des Textes, in dem Sich-Öffnen auf seine Botschaft. Der Gewinn dieser Anpassung ist üblicherweise der eigene »Zuwachs am Sein«, d.h. die Erweiterung der Erfahrung des Interpreten (u.a. durch das In-Frage-Stellen der eigenen bisherigen Vorurteile). Im zweiten wird der Horizont des Interpreten dominant, der den Text so sehr es geht aus eigener Perspektive auf Wahrheitsgehalt zu überprüfen versucht. So eine Deutung würden wir aber nur dann eine Werkinterpretation nennen, wenn sie zur Erhellung der Textbedeutung beiträgt. Sonst wäre sie nur ein vielleicht nicht unwichtiger Impuls zu einer neuen Sinnkreation.

Es hat sich also herausgestellt, daß die Opposition zwischen dem Besser- und Andersverstehen einen relativen Charakter hat. Im existentiellen, durch die Anwendung und Selbstverständnis bedingten Sinne kann man eigentlich ausschließlich über ein Andersverstehen reden. Denn jeder Mensch ist – als potentieller Interpret – mit eigenen Vorurteilen ausgestattet. Sobald wir aber ins Gespräch mit anderen kommen – und gerade die Wissenschaften sind darauf angewiesen –, wo Gründe angeführt und Argumente präsentiert werden müssen, scheint die Möglichkeit eines besseren oder schlechteren Verstehens evident zu sein. Diese Möglichkeit fördert und fordert das Kreative jedes Verstehens besonders stark. Denn die Konfrontation mit einer anderen Deutung führt nicht nur zur Überprüfung der inneren Kohärenz dieser Deutung, sondern darüber hinaus zur Bewußtmachung der Voraussetzungen der eigenen Interpretation. Denn nichts fordert mehr heraus als ein fremdes Du, mit seinen Vorurteilsstrukturen, die wir entdecken und berücksichtigen müssen, um es, d.h. die Wahrheit seiner Auffassung der Sache, verstehen zu können.

Literatur:

DUTT, C.: *Hans-Georg Gadamer im Gespräch*, Heidelberg 1993.
GADAMER, H.-G.: *Wahrheit und Methode*, GW 1, 6. Aufl., Tübingen 1990.
TUGENDHAT, E.: *Philosophische Aufsätze*, Frankfurt/M. 1992.
WELLMER, A.: *Zur Kritik der hermeneutischen Vernunft*, in: Lingua ac Communitas 5 (1995), Warszawa-Poznan, S. 7–30.

Poesie Verstehen

CHRISTEL FRICKE (OSLO)

1981 hat der amerikanische Philosoph Arthur Danto ein Buch mit dem Titel *The Transfiguration of the Commonplace* veröffentlicht. Als »Transfiguration«, eigentlich »Umgestaltung« von Gemeinplätzen beschreibt Danto den Prozeß, in dem aus Alltagsgegenständen Kunstwerke werden. Sein Standardbeispiel: Die *ready-mades* von Marcel Duchamp. Das sind alltägliche Gebrauchsgegenstände, die Duchamp aus ihrem alltäglichen Verwendungskontext herausgenommen und damit ihrer normalen Funktion, ihres Gebrauchswerts beraubt hat, um sie (nicht ohne eine gehörige Portion Ironie) als ästhetische Objekte zu präsentieren. »Was heißt es eigentlich, einen ganz normalen Gegenstand als ästhetisches Objekt zu betrachten?« Diese Frage hat Duchamp provoziert. Die Antwort hat Danto auf den Punkt gebracht: Kunst entsteht aus einer Umgestaltung (einer konkreten Umgestaltung, oder aber einer Umgestaltung, die sich erst in der Rezeption durch einen Betrachter, Zuhörer oder Leser vollzieht) des Gewöhnlichen.

Danto beschäftigt sich in dem genannten Buch vornehmlich mit der bildenden Kunst. Auch in den sprachlichen Künsten haben wir es mit Ästhetisierungsprozessen zu tun, die denen in der bildenden Kunst verwandt sind: Das Material, mit dem die Dichter arbeiten, ist »ready-made«, es ist das Wort- und Regelmaterial einer natürlichen Sprache. Zu dem Material einer natürlichen Sprache, mit dem die Dichter arbeiten, gehören nicht nur die Wörter (genauer: die Vorkommnisse von Wort-Typen) dieser Sprache, die diese ihnen bereitstellt, sondern auch die gewöhnliche Verwendung dieser Wörter in alltäglichen und wissenschaftlichen Kontexten gemäß den zu dieser Sprache gehörenden syntaktischen und semantischen Regeln für die Bildung wohlgeformter Ausdrücke und insbesondere wahrer Sätze.

Was kennzeichnet den gewöhnlichen Sprachgebrauch, und was machen die Dichter mit dem *ready-made* Sprachmaterial zum Zweck von dessen Ästhetisierung?

Gewöhnlich verwenden wir *kodifizierte Zeichensysteme*, die wir aus dem Fundus einer natürlichen Sprache konstruieren, ohne diesen Fundus gleich zu erschöpfen. Zu den Alltagskodes, mit denen wir operieren, gehören meist nur gerade die Elemente, die wir in den entsprechenden Verwendungskontexten benötigen. Mit den Mitteln dieser kodifizierten Systeme können wir das, was wir aussagen, fragen oder befehlen wollen, sagen. Wie reich differenziert und reichhaltig diese Systeme sind, hängt ganz von dem Kontext ab, in dem wir etwas sagen wollen, und davon, was wir mit der Aussage bezwecken. Vollständige Beschreibungen sind nicht nur nicht möglich (da für unsere menschlichen Verhältnisse zu komplex), sie sind nicht einmal erforderlich. Meist genügen sehr partielle Beschreibungen von Gegenständen, weil diese in dem jeweils gegebenen Verwendungskontext bereits in der Lage sind, den gemeinten Gegenstand unter allen anderen eindeutig zu identifizieren. Entsprechend bescheiden kann die Zahl der Prädikatausdrücke sein, die das Zeichensystem, aus dem wir uns jeweils bedienen, bereithält. Wenn es beim Bäcker ohnehin nur eine Sorte Brot gibt, dann brauchen wir kein Zeichensystem, um verschiedene Brotsorten angemessen – d.h. zur hinreichenden Unterscheidung voneinander – zu charakterisieren. Wir sind also in unserer alltäglichen Redeweise in bezug auf die Menge der Prädikatausdrücke, aus der wir etwas Passendes auswählen, sparsam. Anstatt uns genau auszudrücken, verlassen wir uns zur Spezifikation des Gemeinten auf den Kontext unserer Aussage, wir verwenden sprachliche Ausdrücke in buchstäblicher Bedeutung und wahrheitsgemäß (oder versuchen zumindest, diesen Anschein zu erwecken), und wir verhalten uns in unserem alltäglichen sprachlichen Handeln zweckrational, d.h. wir verfolgen Zwecke, für deren Erreichung eine bestimmte sprachliche Äußerung das geeignete Mittel ist und die für die Adressaten unserer Äußerungen durchschaubar sind (und diese Zwecke helfen diesen Adressaten ähnlich wie die Äußerungskontexte, das von uns jeweils Gemeinte richtig zu verstehen). Dabei halten wir uns nach Kräften (wenn auch selten bewußt), an die syntaktischen Regeln der jeweiligen Sprache. Kurz gesagt: in unserer alltäglichen Verwendung natürlichsprachlicher Ausdrücke sind wir buchstäblich und sparsam, regelkonform, wahrhaftig und zweckrational, verlassen uns auf den Kontext und verfolgen eindeutige kommunikative Absichten. Entsprechendes gilt von sprachlichen Äußerungen in den Wissenschaften.

Was ich bisher über den gewöhnlichen Sprecher gesagt habe, denjenigen, der Wörter einer natürlichen Sprache in ganz gewöhnlicher Art und Weise verwendet, um etwas auszusagen, zu fragen oder zu befehlen, gilt entsprechend auch für den Adressaten der sprachlichen Äußerung. Wer eine ganz gewöhnliche, natürlichsprachliche Äußerung verstehen will, muß die Sprache beherrschen, aus deren Fundus das verwendete sprachliche Material stammt. Dann kann er die einzelnen Zeichenvorkommnisse den entsprechenden Zeichentypen zuordnen, die Äußerung als wohlgeformten Ausdruck erkennen, den linguistischen (allein von den Zeichentypen im Kontext des jeweiligen Zeichensystems bestimmten) Sinn erfassen und unter Berücksichtigung des Kontextes so spezifizieren, wie es zum angemessenen Verständnis der Äußerung (ihres propositionalen Gehalts) erforderlich ist. Dabei gehört zur Berücksichtigung des Kontextes auch die Berücksichtigung des Sprachverwenders und seiner mutmaßlichen, kommunikativen Absicht. Das, was ich hier beschreibe, ist natürlich bestenfalls eine extrem schnörkellose Form des alltäglichen Sprachgebrauchs. Von unausdrücklichen Anspielungen, versteckter Kritik, Ironie oder Spott (um nur einige Beispiele für – von Grice – so genannte »Implikaturen« zu nennen), ist hier nicht die Rede, obwohl all diese kommunikativen Absichten nicht primär der buchstäblichen Wahrheit verpflichtet und dabei durchaus alltäglich sind.

Wenn ich mich in der Folge erst einmal mit dem Sprachgebrauch beschäftige, wie er z.B. in den Sonetten von Franz Josef Czernin realisiert ist, so wähle ich als Beispiel wiederum eine extreme Form des dichterischen, des ästhetischen Sprachgebrauchs. Extreme ästhetische Sprachverwendung ist der extremen Form alltäglicher Sprachverwendung in allen den von mir gerade genannten für diese charakteristischen Hinsichten entgegengesetzt. Es kommen sogar noch weitere Entgegensetzungen hinzu: Die Dichter verwenden kein Wortmaterial von Systemen, die im Hinblick auf gewöhnliche Kommunikationssituationen kodifiziert wurden, sie verwenden Ausdrücke nicht selten in nicht buchstäblicher oder nicht ausschließlich buchstäblicher Bedeutung, die sind unsparsam, bisweilen setzen sie sich über die syntaktischen Regeln einer Sprache hinweg, es ist nicht ihre vorrangige Absicht, buchstäblich wahre Aussagen, kommunikativ eindeutige Fragen oder Befehle zu formulieren, ihre Texte sind nicht auf eine ganz bestimmte Äußerungssituation bezogen und verfolgen keine offensichtlichen kommunikativen Absichten. Hinzu kommt, daß ihre Aufmerksamkeit auch formalen Eigenschaften des Klangs, des Rhythmus oder der graphischen Gestalt eines sprachlichen Gebildes gilt, worauf in Alltagsverwendungen kaum je geachtet wird.

Nicht von ungefähr sind dies alles negative Charakterisierungen ästhetischen Sprachgebrauchs – sie machen sich die Abweichungen zwischen gewöhnlichem und ästhetischem Sprachgebrauch zunutze. Daher scheint es mir angemessen zu sein, das sprachliche Material, mit dem die Dichter arbeiten, als *ready-made* zu charakterisieren: Die Dichter nehmen die Wörter einer natürlichen Sprache aus ihren gewöhnlichen Verwendungskontexten und damit aus den kodifizierten Systemen heraus (die ihre linguistische Bedeutung geprägt haben, die kontextneutrale Bedeutung, in der die Geschichte ihrer gewöhnlichen Verwendung in abstrakter, verallgemeinerter Form gespeichert ist), und sie verwenden sie auf eine neue, von der alltäglichen Verwendung abweichende Weise. Ähnlich hat Duchamp Gegenstände des alltäglichen Gebrauchs aus ihren alltäglichen Verwendungskontexten herausgenommen, das Rad eines Fahrrads auf einen Hocker montiert, eine Schneeschaufel oder ein Pissoir in ein Museum gestellt (nicht in die Toilettenräume!), einen Flaschentrockner ohne Flaschen aufgehängt. Dabei können die Abweichungen der dichterischen von der gewöhnlichen Sprachverwendung natürlich mehr oder weniger extrem sein. Bei aller Abweichung bleibt die Erinnerung an das Gewöhnliche, das Normale, die gewöhnliche Verwendungsweise eines Wortes präsent, sie bleibt präsent nicht zuletzt in den linguistischen Bedeutungen (und der darin gespeicherter Erinnerung an vormalige Verwendungen) dieses Wortes, auf die wir zurückgreifen müssen, um uns seine Verwendung in einem dichterischen Text verständlich zu machen. Diese Präsenz ist für die Möglichkeit, dichterische Texte überhaupt zu verstehen, von zentraler Bedeutung: Andernfalls hätten wir Leserinnen und Leser ja nichts, an dem wir uns bei der Suche nach einem angemessenen Verstehen eines dichterischen Textes orientieren könnten.

Was in der Dichtung passiert und was ein dichterischer Text uns Lesern abverlangt, läßt sich nicht nur im Rekurs auf Duchamps *ready-mades*, sondern auch in bezug auf die Malerei und ihre Geschichte veranschaulichen: Gewöhnlicher Sprachgebrauch ist ebenso wie figürliche bildliche Darstellungen bedeutungstransparent. Alles, was ich als Aspekte des Verstehens gewöhnlicher sprachlicher Äußerungen geschildert habe, läuft normalerweise unbewußt, automatisch ab. Wir verstehen scheinbar unmittelbar, so wie wir eine figürliche Darstellung unmittelbar durchschauen, ohne uns überhaupt Gedanken über die Gestaltung der Bildoberfläche, den Einsatz bildnerischer Mittel Gedanken zu machen. Dichterische Texte (und dies gilt insbesondere für die dunklen Texte) sind ähnlich wie nicht-figurative Gemälde und Graphiken bedeutungsopak. Wir sehen nicht durch die Zeichen (die Texte oder Bildoberflächen) hindurch auf das Ausgesagte oder Abgebildete. Vielmehr bleibt unser Blick an der Zeichengestalt (am Text und an der Bildoberfläche) haften, und wir müssen uns fragen, ob wir es überhaupt mit Zeichen, mit Bedeutungsträgern zu tun haben oder nur mit einer visuellen (im Fall der Dichtung auch: akkustischen) Struktur.

Die bildnerischen Mittel sind Form und Farbe, die dichterischen Mittel die Buchstaben und Wörter einer Sprache mit ihren klanglichen, rhythmischen, graphischen, syntaktischen und semantischen Eigenschaften. Alle diese Eigenschaften bilden das *ästhetische Potential* eines sprachlichen Ausdrucks. Worauf zielt nun ästhetischer Sprachgebrauch? Auf die Erfindung einer neuen Ordnung von Wörtern, die etwas zum Ausdruck bringt und gegebenenfalls auch exemplifiziert oder verkörpert, was seinerseits neu ist und mit sprachlichen Mitteln in ihrer gewöhnlichen Verwendung nicht zum Ausdruck gebracht werden kann. Diese neue Ordnung kommt nur als das dichterische Werk vor (als ein einzelner Text, als eine Sammlung von Texten, als Gedichtzyklus – gegebenenfalls als das gesamte Werk eines Autors); der Dichter liefert uns zu seinem Werk kein Lexikon und keine Grammatik, die es uns, seinen Lesern, erleichtern würden, sein Werk zu verstehen. Daher ist er in hohem Maß auf die Kooperation seines Publikums angewiesen. Wir Leser (oder Hörer) haben als Anhaltspunkt zum Verständnis des dichterischen Werks nur dieses Werk, wir müssen, um es zu verstehen, eine Art Lexikon und Grammatik erfinden, die uns erlauben, das Werk als wohlgeformten und bedeutungsvollen Ausdruck eines neuen Zeichensystems zu verstehen, dessen Elemente allerdings aus dem Fundus einer natürlichen Sprache stammen. Dabei müssen wir damit rechnen, daß sich dieses neue Zeichensystem nicht kodifizieren, also in die vertraute Form eines Lexikons und einer Grammatik bringen läßt, sogar damit, daß es mehr als ein neues Zeichensystem geben könnte, in bezug auf das sich das dichterische Werk als wohlgeformtes und bedeutungsvolles Zeichen verstehen läßt – weshalb die Interpretation eines Gedichts inkommensurabel ist. Jedoch kann dieses neue Zeichensystem von den Zeichensystemen, mit denen wir gewöhnlich, in nicht-dichterischen Kontexten, operieren, nicht total verschieden sein – andernfalls könnten wir einen dichterischen Text gar nicht lesen, wir könnten ihn nur als visuelle Struktur, Gekritzel auf Papier, oder als Geräusch wahrnehmen, ähnlich wie mündliche oder schriftliche Äußerungen in einer Sprache, die uns ganz und gar fremd ist. Die Verwandtschaft zwischen gewöhnlichem und dichterischem Sprachgebrauch erklärt sich u.a. daraus, daß beide, gewöhnliche Sprachverwender und Dichter, aus dem Fundus einer und derselben Sprache schöpfen, sie verwenden Zeichenvorkommnisse der Zeichentypen, die im Fundus der Sprache bereitliegen. Aber nicht allein dieser Fundus bedeutet einen gemeinsamen Rahmen für gewöhnlichen und dichterischen Sprachgebrauch; der dichterische Gebrauch sprachlichen Materials erfolgt in steter Erinnerung an den gewöhnlichen Gebrauch dieses Materials.

Das bedeutet für jeden Leser z.B. des Gedichts »Sonett, Palast« von Franz Josef Czernin, daß er erst einmal genau lesen und beschreiben muß, was offensichtlich ist: wie bestimmte Wörter der deutschen Sprache in die Form eines Sonetts gefügt sind, angeordnet in Zeilen mit bestimmten klanglichen und rhythmischen Eigenschaften, deren Enden sich auf die Enden anderer Zeilen reimen. So entsteht schon allein durch die Form ein Geflecht von Beziehungen zwischen den Elementen des Gedichtes, und den Windungen dieses Geflechts kann der Leser erst einmal nachspüren. Czernin verzichtet nicht auf jede erkennbare syntaktische Ordnung. Wir können z.B. in diesem Sonett so etwas wie Aussagenzentren erkennen. Aber weit mit unserem Verständnis dessen, was hier geschrieben steht, kommen wir allein damit nicht. Wir müssen Mosaiksteine von Bedeutungen sammeln und zueinander in Beziehung setzen, auch auf der Ebene der Bedeutungen ein Geflecht von Beziehungen erkennen, um dies dann mit dem Geflecht der formalen Beziehungen zusammenzudenken und nach der Einheit oder Ordnung suchen, die dieser Text verkörpert. Warum ein Text in der Form eines Sonetts, und warum diese Wörter in dieser Reihenfolge zu Zeilen, warum diese Zeilen in dieser Reihenfolge zusammengefügt? Auf diese Fragen suchen wir als Leser Antworten, und je besser wir diese Fragen beantworten können, desto weniger erscheint uns dieser Text als eine regelwidrige und daher verdächtig willkürlich anmutende Ansammlung von deutschen Wörtern. Dabei verstehen wir dieses Wortgefüge als Produkt einer Vielzahl von Wahlentscheidungen, wobei nicht nur verschiedene Textformen, sondern auch formlose Texte, verschiedene Wörter und Wortfelder und verschiedene syntaktische Strukturen zur Wahl standen. Dichtung ist sprachlich unsparsam, alles, was eine natürliche Sprache als Reservoir zur Verfügung stellt, steht dem Dichter zur Verfügung.

Beim Lesen ordnen wir die Wörter in Wortfeldern und stellen Zusammenhänge zwischen Wörtern und Wortfeldern her, bedenken gewöhnliche Verwendungsweisen von Wörtern, vergleichen, registrieren Abweichungen – wir könnten auch an Alternativen denken und uns fragen, was die Wortwahl plausibel erscheinen läßt. Dabei geht es durchaus nicht darum, detektivisch aufzuspüren, was sich der Dichter beim Dichten gedacht haben könnte. Er stellt uns sein Gedicht als ein Zeichen zur Verfügung, nicht als Zeichen, an dem wir irgendeine Botschaft ablesen sollen, sondern als Zeichen, mit dem er uns einlädt, selbst zu lesenden Sinnstiftern zu werden, eine Lektüre zu wagen, in der das Gedicht in seinem So-Sein einen Sinn gewinnt.

Wie eine *self-fulfilling prophecy* führt das Gedicht »Sonett, Palast« vor Augen, was es bedeutet, es produziert eine Erfüllungsinstanz des komplexen Begriffs eines dichterischen Palasts, den es entwirft. Hier gelingt etwas, was für jeden Prozeß der Ästhetisierung und insbesondere für einen Prozeß sprachlicher Ästhetisierung zentral ist: Die für natürlichsprachliche Zeichen charakteristische Zusammenhanglosigkeit von Zeichengestalt und Bedeutung wird unterlaufen. Normalerweise und in den meisten Fällen sind Zeichenvorkommnisse einer natürlichen Sprache ihrer Gestalt nach *arbiträr*. Darin unterscheiden sie sich von bildlichen Zeichen. Aber dieses Gedicht, offensichtlich aus Zeichenvorkommnissen der deutschen Sprache zusammengesetzt, verkörpert das, was es bedeutet: das architektonische Gefügtsein eines dichterischen Textes. Was bedeutet das für die Antwort auf die Frage, in welchem Sinn das Sonett ein Palast ist? Schließlich bleibt dies hier kein abstrakter Gedenke, sondern das Sonett führt die Richtigkeit dieser These vor Augen. Das ist die Frage nach der *Wahrheit der Dichtung*.

Um eine Antwort auf diese Frage geben zu können, will ich das Konzept der *Projizierbarkeit* eines dichterischen Textes einführen. Es ist eine Sache, die linguistische oder die propositionale Bedeutung eines sprachlichen Ausdrucks zu *verstehen*, und eine andere, darüber zu *entscheiden*, ob es in der Welt etwas gibt, auf das dieser Ausdruck zutrifft, das dieser Ausdruck angemessen charakterisiert oder beschreibt. Wir müssen beides unterscheiden, wenn wir auch insbesondere in Prozessen des Verstehens gewöhnlicher sprachlicher Äußerungen beides nicht wirklich getrennt betreiben – nicht zuletzt, weil wir dem Sprecher eindeutige sprachliche Absichten, Zweckrationalität und Wahrhaftigkeit unterstellen und wir uns beim Verstehen des linguistischen und propositionalen Sinns seiner Äußerung am Kontext und an seinen mutmaßlichen Absichten in diesem kommunikativen Kontext orientieren.

Wo es um das Verstehen dichterischer Texte geht, ist beides deutlicher getrennt, da wir uns nicht an einem bestimmten kommunikativen Kontext orientieren können. Wir können dem Dichter keine sprachlichen Absichten unterstellen, die über das Produzieren und öffentlich Machen seines Textes hinausgehen. Auch wenn wir ihm Zweckrationalität zubilligen hilft uns das nicht viel weiter, da wir über seinen kommunikativen Zweck nichts Genaues wissen. In unserem Bemühen, ein tendenziell opakes, dichterisches Zeichen zu verstehen, müssen wir uns erst einmal auf das Verstehen seines linguistischen Sinns konzentrieren. Erst wenn wir damit fortgeschritten sind, können wir nach Dingen oder Ereignissen in der Welt fragen, die von dem dichterischen Text angemessen beschrieben werden, in bezug auf die der Text wahr oder falsch ist. In bezug auf das Sonett »Sonett, Palast« von Herrn Czernin brauchen wir nach einem Gegenstand, auf den das Gedicht seinem linguistischen Sinn nach zutrifft, nicht lange und nicht in weiter Ferne zu suchen: das Gedicht exemplifiziert seine eigene Bedeutung. Aber darauf beschränken sich seine Erfüllungsinstanzen nicht. Es läßt sich erfolgreich auch auf andere Sonette, auf andere Gedichte traditioneller Form und vielleicht auch auf Gedichte in freier Form *projizieren*, vielleicht sogar auf Prosatexte, wenn bei deren Komposition auch formale Aspekte nicht die Rolle spielen, wie sie sie bei einem Sonett haben.

In der erfolgreichen Projektion eines dichterischen Textes liegt sein Wahrheitspotential auch jenseits seiner Exemplifikation dessen, was er bedeutet. Wie stellen wir fest, ob sich ein dichterischer Text erfolgreich projizieren läßt? Wir sind dabei in etwa in der Lage des Prinzen aus dem Aschenputtel-Märchen, der mit einem Schuh losreitet und die Frau sucht, der der Schuh paßt. Im Märchen ist das keine lange Suche, nach den beiden Stiefschwestern wird der Prinz schon bei Aschenputtel fündig. Aber er hätte, wenn er nicht in einer monogamen Kultur auf Brautschau gewesen wäre, weiterreiten und nach immer neuen Frauen suchen können, denen der Schuh paßt – aus welchen Motiven auch immer, vielleicht, um die Anatomie von Frauenfüßen zu studieren. Um zu entscheiden, welcher Text auf welche Gegenstände oder Ereignisse paßt, können wir uns nicht auf Regeln berufen, es ist eine Frage der Urteilskraft (im Kantischen Sinn der reflektierenden Urteilskraft) und des gedanklichen Ausprobierens.

Die erfolgreiche Projektion von Prädikatausdrücken spielt im Rahmen von Nelson Goodmans Theorie intensionalen Schließens eine zentrale Rolle. Wenn zwei alternative Prädikatausdrücke durch die vorliegende Menge von Daten gleich gut bestätigt sind, dann ist dasjenige von beiden für die Formulierung von gesetzesartigen Hypothesen über zukünftige Daten zu bevorzugen, das die Bedingungen erfolgreicher Projizierbarkeit erfüllt. Diese Bedingungen erfüllt, so Goodman, das Prädikat, das besser als alle alternativen Prädikate in der Sprache bzw. in der entsprechenden Theorie verankert ist. Diejenigen Prädikate sind gut verankert, die bereits zuvor erfolgreich projiziert worden sind und häufig zur wahren Beschreibung von Tatsachen und zur Formulierung korrekter deduktiver Schlüsse verwendet worden sind.

Im Bereich der Dichtung müssen wir die Bedingungen erfolgreicher Projektion anders formulieren. Hier geht es nicht um induktives Schließen von vorliegenden auf zukünftige Daten auf der Grundlage der Hypothese, daß in der Vergangenheit beobachtete Regularitäten auch in Zukunft vorherrschen werden. Hier geht es vielmehr darum, jenseits der vertrauten Denkmuster, mit den dichterischen Mitteln neu konstruierter sprachlicher Sinngebilde Strukturen in der vertrauten Wirklichkeit zu entdecken, die bis dahin unbemerkt geblieben waren. Dichterische Projektion ist nicht auf die Zukunft beschränkt, sie kann sich ebensogut auf die Vergangenheit und auf die Gegenwart beziehen. Und zu den Bedingungen erfolgreicher dichterischer Projektion gehört die Verankerung im Vertrauten gerade nicht. Erfolgreich ist eine dichterische Projektion bereits dann, wenn sich eine Erfüllungsinstanz für das findet, was ein dichterischer Text an linguistischem Sinn entwirft.

Ist nun die dichterische Wahrheit eine Variante der buchstäblichen Wahrheit? Ist ein Sonett ein Palast nicht nur im metaphorischen, sondern auch im buchstäblichen Sinn? Die Antwort auf diese Frage hängt davon ab, wo Sie den jeweiligen Prozeß des Verstehens, des Entdeckens von Exemplifikationen und des erfolgreichen Projizierens ansiedeln. Beschränkt sich dieses Verstehen auf den Bereich der *Sprachpragmatik* oder wirkt er in den Bereich der *Semantik* hinein? Ich bin immer mehr zu der Auffassung gelangt, daß sich diese Fragen kaum definitiv beantworten lassen, weil die Trennung der Pragmatik und der Semantik so künstlich ist. Jedes Verstehen ist ein aktuelles Geschehen und gehört daher erst einmal auf die Ebene der Sprachpragmatik. Aber jedes Verstehen orientiert sich an einem sprachlichen System, das entweder als Kode bereitliegt oder zum Entschlüsseln eines sprachlichen Gebildes konstruiert werden muß. Hinzu kommt, daß die Semantik einer Sprache auf nichts anderem beruht als auf abstrakten Kodifikationen eines Sprachgebrauchs, die im Licht neuer Arten der Sprachverwendung modifiziert werden können. Zielt die Dichtung darauf, den sprachlichen Kode zu verändern? Was liegt uns daran, Gedichte zu den Objekten zu zählen, auf die das Prädikat ›Palast‹ seiner buchstäblichen Bedeutung nach zutrifft? Wird es nicht langweilig, von Gedichten als von Palästen zu sprechen, wenn das buchstäblich wahr geworden ist? Und ist nicht die Kodifizierung eines bestimmten dichterischen Sprachgebrauchs das Ende seines dichterischen Charakters? So wie das Kodifizieren eines metaphorischen Sprachgebrauchs der Tod der entsprechenden Metapher?

Kreativität und Normativität

GEORG W. BERTRAM (HILDESHEIM)

Die folgenden Überlegungen wollen einen grundsätzlichen Aspekt des Begriffs der Kreativität beleuchten: den Zusammenhang mit dem Begriff der Normativität. Ich gehe der Frage nach, wie die normative Dimension kreativer Prozesse gedacht werden kann. Dabei komme ich zu der These, dass es erforderlich ist, einen *nicht gehaltsorientierten Begriff von Normativität* zu entwickeln, um der Verbindung von Kreativität und Normativität Rechnung zu tragen. Meine Darlegungen sind äußerst skizzenhaft und programmatisch. Ich trage sie in Form von Bruchstücken einer Theoriegeschichte des Verhältnisses von Kreativität und Normativität vor. Meine Zielsetzung ist aber – dieser Darbietungsweise zum Trotz – nicht historisch, sondern durchweg systematisch.

Um die Fragestellung meiner Überlegungen etwas verständlicher zu machen, will ich sie an einem Phänomen illustrieren. Betrachten wir ein Geschehen, das wir vortheoretisch als kreativ begreifen würden: eine Jazz-Improvisation. Nehmen wir an, die Musiker eines Jazz-Quartetts haben sich auf einige Themenstrukturen und auf ein gewisses Harmonieschema geeinigt und beginnen mit einer recht freien und nicht weiter festgelegten Improvisation. Wenn diese gelingt, wird es zu einem *freien Zusammenspiel* der unterschiedlichen Instrumente kommen. Dies bedeutet zum Beispiel, dass der Pianist bei einer Phrase des Saxophons mit seiner rechten Hand pausiert und dass er dann mit der rechten Hand auf genau diese Phrase antwortet – sei es, dass er die Tonfolge wiederholt, dass er sie transponiert, dass er einen Kontrapunkt spielt oder dass er noch einmal anders reagiert. In diesem Sinn spreche ich von einem freien Zusammenspiel. Charakteristisch für ein *Zusammenspiel* ist, dass die Instrumente bzw. die Musiker sich aneinander orientieren. *Frei* ist ein Zusammenspiel genau dann, wenn es nicht durch eine Partitur, durch einstudierte Pattern oder anderswie vorgegeben ist. Die Reaktion des Klaviers orientiert sich ohne Vorgabe an der Phrase des Saxophons. Wie allerdings ist diese Orientierung zu verstehen? Ich halte einen weiteren Schritt in der Beschreibung des Phänomens für wichtig. Wir können als Jazz-Kenner und auch als Laien, die nicht ganz musikunkundig sind, gute Reaktionen des Klaviers von schlechten unterscheiden. Dass es zu einem Zusammenspiel kommt, heißt nicht nur, dass das Klavier irgendwie auf das Saxophon antwortet. Es gibt gute und schlechte Antworten. Das wiederum bedeutet, dass in dem freien Zusammenspiel normative Kräfte wirksam werden. Die Orientierung des einen Instruments am anderen hat einen normativen Charakter.

Ich hoffe, dass ich mit diesen knappen Phänomenbeschreibungen deutlich machen kann, worum es mir geht: Kreative Geschehnisse können einen normativen Charakter aufweisen. Die Frage ist nun: Wie können wir diesen normativen Charakter verstehen? Wie lässt sich ein kreatives Geschehen zugleich als ein normatives Geschehen verständlich machen? Ich will in den folgenden Überlegungen Bruchstücke einer Antwort auf diese Fragen präsentieren.

Es scheint mir hilfreich, mich einer Antwort auf die soweit exponierten Fragen zu nähern, indem ich drei unterschiedliche Modelle betrachte, die im Denken der Moderne für das Verhältnis von Kreativität und Normativität entwickelt worden sind. Ich kann auch von drei Stereotypen sprechen, die in sehr unterschiedlichen Philosophien der Moderne reproduziert worden sind. Diese Stereotype entnehme ich verschiedenen philosophischen Kontexten. Es geht mir also im Folgenden nicht um die Philosophien, die ich heranziehe, als solche (auch wenn ich es für aufschlussreich halte, dass in ihnen jeweils das Verhältnis von Kreativität und Normativität thematisch ist), sondern um die von ihnen implizierte Bestimmung des Zusammenhangs von Kreativität und Normativität. Das erste Modell dieses Zusammenhangs, das ich knapp skizziere, findet sich in der Transzendentalphilosophie (1). Fragen, die das erste Modell offen lässt, weisen den Weg zu einem zweiten Modell, das ich Philosophien des linguistic oder – wie man allgemeiner sagen kann – symbolic turn zuschreibe (2). Auch mit dem zweiten Modell allerdings kann die normative Dimension kreativer Geschehnisse nicht in zufrieden stellender Weise begriffen werden. So komme ich zu einem dritten Modell, das sich an pragmatistisch-interaktionistischen Philosophien gewinnen lässt (3). Von diesem Modell wiederum gibt es zwei Varianten – eine Variante, die Normativität unter Zuhilfenahme eines Begriffs von geteiltem Gehalt erläutert, und eine andere, die in der Erläuterung von Normativität als solcher auf den Begriff des Gehalts verzichtet. Ich werde abschließend andeuten, warum die zweite Variante die normative Dimension kreativer Geschehnisse besser zu begreifen erlaubt (4).

(1) Transzendentalphilosophie:
Normen und die Kreativität ihrer Anwendung

Ein transzendentalphilosophisches Modell des Verhältnisses von Kreativität und Normativität lässt sich unter anderem an Kants Erkenntnistheorie ablesen.[1] Ich will ganz knapp einige Züge dieser Erkenntnistheorie, denen ich das Modell entnehme, aufrufen. Kant bestimmt den Verstand als »Vermögen der Regeln« (KrV, A 126). Begriffe sind demnach als Regeln zu verstehen, unter die gegebene Anschauungen subsumiert werden. Dies geschieht in Urteilen.

---

[1] Die Sprachtheorie Chomskys ist ein anderes augenfälliges Beispiel für eine Theorie, die ein solches Modell realisiert (vgl. z. B. Noam Chomsky: *Regeln und Repräsentationen*, Frankfurt/M. 1981).

Kant verbindet dieses Verständnis von Regeln als einem Moment der Verstandestätigkeit mit der Frage nach ihrer Anwendung. Genau darin zeigt sich der moderne Charakter von Kants Regelbegriff. Es gilt ihm nicht eo ipso als verständlich, dass und wie Anschauungen unter Begriffe fallen können. Kant legt sich explizit darüber Rechenschaft ab, dass das Problem der Anwendung nicht selbst qua Verstand gelöst werden kann. Dadurch käme es nur zu einem Regelregress (KrV, A 132f.). Aus diesem Grund erläutert Kant die Regelanwendung unter Rekurs auf eine Instanz, die zwischen Verstand und Anschauung vermittelt: unter Rekurs auf die Einbildungskraft. Die Einbildungskraft bringt Anschauungen in eine regelförmige Gestalt. »So viel können wir nur sagen: das *Bild* ist ein Produkt des empirischen Vermögens der produktiven Einbildungskraft, das *Schema* sinnlicher Begriffe (als der Figuren im Raume) ein Produkt und gleichsam ein Monogramm der reinen Einbildungskraft a priori, wodurch und wornach die Bilder allererst möglich werden, ...« (KrV, A 141). Kant spricht bekanntlich von einer »tief verborgene[n] Kunst in den Tiefen der menschlichen Seele, deren wahre Handgriffe wir schwerlich der Natur jemals abraten.« (ebd.) Die Tätigkeit der Einbildungskraft, so kann man vielleicht sagen, lässt sich nicht anleiten. Sie folgt gerade keinen Regeln. Kant zufolge müssen wir denken, dass Anschauungen in eine regelförmige Gestalt gebracht werden, ohne dass wir genau zu sagen wissen, wie dies geschieht. Es bedarf eines Prozesses, in dem das nicht regelförmig Bestimmte auf die Regel hin ausgerichtet wird.

Das Modell des Zusammenhangs von Kreativität und Normativität, das die Kantische Erkenntnistheorie impliziert, lässt sich äußerst knapp charakterisieren. Normativität muss diesem Modell zufolge als transzendentale Größe verstanden werden. Diese transzendentale Größe kann in der Auseinandersetzung mit der empirischen Welt nur dann zum Tagen kommen, wenn die Anwendung der Normen in kreativen Prozessen geschieht. Der Begriff der Kreativität, den dieses Modell impliziert, ist abkünftig von einer gegebenen Normativität.[2] In diesem Sinn spreche ich davon, dass in diesem Modell Kreativität und Normativität in abstrakter Weise verbunden sind. Insbesondere in einer Hinsicht ist diese Abstraktion evident: Die Konstitution von Normativität ist nicht von Kreativität geprägt – kreative Geschehnisse sind der Normativität von Verstand (und Vernunft) systematisch nachgeordnet. Aber auch die Konstitution von Kreativität wird letztlich nicht mit der Normativität in Verbindung gebracht. Auch wenn die kreativen Geschehnisse im Zusammenhang der Frage der Anwendung von Normen expliziert werden, werden sie doch nicht in Begriffen der Anwendung von Normen eingeführt. Es handelt sich letztlich um getrennte Vermögen, auf denen beide Aspekte beruhen. Normativität und kreatives Geschehen hängen nicht systematisch zusammen.

---

[2] Die gesamte Argumentation der Kritik der Urteilskraft zeigt, dass Kant auf diese These festgelegt ist.

Die Abstraktion von Normativität und Kreativität, die für das transzendentalphilosophische Modell charakteristisch ist, wirft allerdings sowohl in diesem Modell selbst als auch für ein Verständnis der normativen Dimension von Kreativität Probleme auf. In diesem Modell müssen – man denke an die Kategorien – Normen als Größen verstanden werden, deren Bestand von Momenten der Anwendung unabhängig ist. Normen dürfen nach diesem Modell gerade nicht auf Momente ihrer Anwendung reduziert werden können (das ist gewissermaßen die Falle, in die Hume aus der Perspektive Kants geht). Es stellt sich allerdings die Frage, wie der entsprechende transzendentale Bestand vorliegt. Warum fällt der Bestand genau so aus, wie er ausfällt, und inwiefern ist der Verstand unabhängig von Momenten seiner Tätigkeit mit ihm ausgestattet? Im Kontext meiner Überlegungen ist die zweite Problematik entscheidend. Ein Modell, das Kreativität und Normativität nur in abstrakter Weise verbindet, kann die normative Dimension kreativer Geschehnisse nicht verständlich machen. Wenn für kreative Geschehnisse grundsätzlich gilt, dass sie eine normative Dimension aufweisen, dann heißt dies, dass das transzendentalphilosophische Modell den Begriff der Kreativität überhaupt nicht verständlich macht.

(2) Philosophien des linguistic turn: Die Wechselbeziehung von Kreativität und Normativität

Die Probleme, die ich dem transzendentalphilosophischen Modell zuschreibe, haben bereits bei Zeitgenossen zu einer Reihe von Kritiken geführt. Vor allem Hamann, Herder und Hegel haben die Abstraktion von Normen und Momenten ihrer Anwendung als Fehler der Kantischen Position zu erweisen versucht. Aus der Kritik resultiert eine Position, die ich im weitesten Sinn als Philosophie des linguistic (bzw. des symbolic) turn charakterisieren will. Auch wenn diese Position bereits mit dem Denken von Hamann und Herder beginnt,[3] ist sie besonders in Philosophien des frühen 20. Jahrhunderts realisiert: in erster Linie im klassischen Strukturalismus und im logischen Empirismus. Auch die Philosophie von Cassirer fällt meines Erachtens unter den Typ, den ich im Auge habe. Für diesen Typ ist es charakteristisch, dass er jeglichen Bestand von Normen einer Empirisierung bzw. Pragmatisierung unterzieht. Es resultiert damit ein anderes Modell des Verhältnisses von Kreativität und Normativität, das ich an Saussures Strukturalismus deutlich machen will.

Der Begriff der Normativität wird in Saussures Sprachtheorie mit dem Begriff der langue erläutert. Normen sind demnach als Momente von Struktu-

---

[3] Vgl. Chr. Lafont: *The Linguistic Turn in Hermeneutic Philosophy*, Cambridge MA 1999, S. 5-12; vgl. auch M. Forster: *Herder's Philosophy of Language, Interpretation, and Translation: Three Fundamental Principles*, in: The Review of Metaphysics 56 (2002), S. 323-356.

ren zu verstehen, die in Momenten ihrer Anwendung in Kraft sind. Die Relevanz von Momenten der Anwendung für den Begriff der Normativität fasst Saussure, indem er in Zusammenhang mit dem Begriff der langue den der parole einführt. Langue und parole stehen nach Saussures Verständnis in einem untrennbaren Wechselverhältnis: »Die Sprache [langue] ist erforderlich, damit das Sprechen [parole] verständlich sei und seinen Zweck erfülle. Das Sprechen [parole] aber ist erforderlich, damit die Sprache [langue] sich bilde; …«[4] Normative Strukturen haben demnach nur in dem Maße Bestand, wie sie in Momenten der Anwendung zum Tragen kommen. Der untrennbare Zusammenhang, der hier behauptet wird, erlaubt es Saussure, den bindenden Charakter von Normen und ihre Veränderlichkeit zusammenzudenken. Ein Sprechen [parole] ist dann verständlich, wenn es sich auf bestehende sprachliche Strukturen stützt. Jedes Sprechen kann aber die sprachlichen Strukturen auch verändern.

Für das Modell des Verhältnisses von Kreativität und Normativität, das die Philosophien des linguistic turn implizieren, ist eine Dialektik von Normativität und Kreativität charakteristisch. Der Bestand von Normen wird genauso als Voraussetzung kreativen Geschehens begriffen, wie kreatives Geschehen als Voraussetzung für den Bestand von Normen gilt. Die besagte Dialektik löst Probleme des transzendentalphilosophischen Modells. Philosophien des linguistic turn gehen nicht davon aus, dass es einen Bestand von Normen gibt, der von Momenten ihrer Anwendung unabhängig ist. Die Anwendung von Normen wird nicht als ein Zugriff auf eine feststehende Struktur begriffen, sondern kann immer auch einen Eingriff in eine solche bedeuten. Kreative Geschehnisse werden so als Geschehnisse der Etablierung ›neuer‹ Normen auf der Basis ›alter‹ Normen begreiflich. Damit wird nachvollziehbar, dass Normen von kreativen Geschehnissen betroffen sein können.

Das Modell, das ich mit Philosophien des linguistic turn verbinde, abstrahiert also Kreativität und Normativität nicht voneinander. Man kann es vielmehr als Zielsetzung des Modells beschreiben, beide Momente in ihrem systematischen Wechselspiel zu erläutern. Diese Zielsetzung ist in den besagten Philosophien unter anderem mit den Begriffen des Empirismus oder des Pragmatismus markiert worden. Genau dieser Zielsetzung werden die Philosophien des linguistic turn allerdings letztlich nicht gerecht. Dass dies so ist, zeigt sich, wenn man nach dem Einsatzpunkt kreativer Geschehnisse fragt. Die Antwort auf diese Frage lässt sich noch einmal unter Rekurs auf den Strukturalismus von Saussure geben: Ein Sprechen, das die Sprache verändert, basiert nach Saussures Verständnis immer auf einer bereits gegebenen Sprache. Auch wenn dem Sprechen zugestanden wird, dass es die Sprache möglicherweise verändert: der Strukturalismus besteht auf einem strukturellen Vor-

---

[4] Ferdinand de Saussure: *Grundfragen der allgemeinen Sprachwissenschaft*, 2. Aufl. Berlin 1967, S. 22.

rang der Sprache vor dem Sprechen. Man kann sagen, dass der Bestand von Normen in den Philosophien des linguistic turn einen quasitranszendentalen Status zugesprochen bekommt. Ob als »langue« oder »Theorie« oder »Welt symbolischer Formen«: jeweils wird ein Bestand ausgezeichnet, der jeglichen Anwendungsmomenten strukturell vorausliegt. Es stellt sich allerdings dann wiederum die Frage, wie ein solcher Bestand vorliegt. Die strukturelle Nachordnung von kreativen Geschehnissen zeigt sich daran, dass genau diese Frage auftritt. Was heißt es, dass es eine Sprache gibt, auf deren Basis ich spreche? In welchem Sinn liegt eine Theorie vor als Basis der Einführung neuer Theoreme? Es ist schwerlich zu sehen, wie eine zufrieden stellende Antwort auf diese Frage zu gewinnen ist. Zugleich bedeutet der quasitranszendentale Status von Normen, dass Kreativität strukturell – doch wieder – als abkünftig verstanden wird. Das behauptete Wechselspiel hat eine Unwucht. Zwar gelingt es dem Modell durchaus, kreative Geschehnisse als Basis des Zustandekommens von Normen begreiflich zu machen. Dabei werden diese Geschehnisse aber stets auf gegebene Normen zurückgeführt. Solange allerdings der Bestand nicht verständlich wird, auf dem kreative Geschehnisse immer fußen sollen, hilft die These, dass diese Geschehnisse immer auf gegebenen Normen basieren, nicht weiter.

(3) Pragmatistisch-interaktionistische Philosophien:
Kreativität als Basis von Normativität

Auf die zuletzt geschilderten theoretischen Probleme hat es Reaktionen gegeben, die einen weiteren Typ von Philosophien hervorgebracht haben. Ich kann die Philosophien, die ich im Auge habe, mit der Angabe kennzeichnen, dass es diesen Philosophien darum geht, den Gedanken von Normen als einem Bestand aufzukündigen. Die Philosophien kennzeichnet auch, dass sie um eine konsequente Pragmatisierung normativer Verhältnisse bemüht sind. Besonders deutlich wird dies an der Position Davidsons.[5] Aus diesem Grund werde ich das dritte Modell des Verhältnisses von Kreativität und Normativität anhand dieser Position skizzieren.

Davidson geht – zumindest seit »Nice Derangements« – davon aus, dass sprachliches Verstehen in Momenten gelingender sprachlicher Interaktion besteht. Solche Momente kennzeichnet, dass die Bedeutungstheorie, die eine Sprecherin für ihre Worte verwendet wissen will, und die Bedeutungstheorie, die ein Hörer sich für diese Worte implizit ›erarbeitet‹, identisch sind. »Die Theorie, die wir ... verwenden, um eine Äußerung zu interpretieren, ist auf die

---

[5] Ich halte Wittgenstein für einen anderen wichtigen Vertreter der entsprechenden Philosophien; vgl. z. B. John McDowell: *Wittgenstein on Following a Rule*, in: Synthese 58 (1984), S. 325-363.

jeweilige Gelegenheit abgestimmt.«[6] Davidson insistiert darauf, dass es keinen Mechanismus gibt, der den Hörer mit einer entsprechenden Theorie ausstattet oder der das Erarbeiten einer solchen Theorie anleitet. Es ist seines Erachtens eine Frage der Praxis, der Übung und des Geschicks, zu einer entsprechenden Bedeutungstheorie zu kommen. Davidson hat entsprechend auch die Konsequenz in aller Deutlichkeit gezogen, die meines Erachtens im Zentrum des dritten Modells steht: Sprachliches Verstehen lässt sich seines Erachtens nicht auf einen Bestand von Sprache zurückführen.[7] Es beruht seiner Rekonstruktion zufolge auf geglückten sprachlichen Interaktionen.

Normen haben nach Davidsons Verständnis dadurch einen bindenden Charakter, dass sie gelingende Interaktionen prägen. Sie werden in diesen Situationen selbst konstituiert. Sie kommen gerade dadurch zustande, dass Sprecherin und Hörer sich in ihren Verständnissen aufeinander einstellen, dass sie ihre Verständnisse in Bezug aufeinander verändern. Normativität basiert, so verstanden, auf Kreativität. Es bedarf kreativer Prozesse zur Ausbildung von Normativität.[8] Insofern findet mit diesem dritten Modell im Vergleich zu den beiden zuvor skizzierten Modellen eine deutliche Akzentverschiebung in der Bestimmung des Verhältnisses von Kreativität und Normativität statt. Die Wechselbeziehung von Normativität und Kreativität, die schon die Philosophien des linguistic turn im Blick hatten, wird noch einmal anders konzipiert. Ausgangspunkt sind kreative Geschehnisse, die sich allerdings nur darin als kreativ erweisen, dass sie in einer momentanen Normenkonstitution resultieren. Pragmatistisch-interaktionistische Philosophien charakterisiert, dass sie Kreativität nicht in irgendeiner Form als abkünftig von Normativität bestimmen. In dieser Weise wird, so scheint mir, die Wechselbeziehung einsichtig: Normen kommen durch kreative Geschehnisse in Interaktionen zustande. Sie reichen über diese Interaktionen nicht hinaus. Nach dem Verständnis von pragmatistisch-interaktionistischen Philosophien ist es nicht so, dass es einen Bestand von Normen gibt, der die Basis von kreativen Geschehnissen darstellt. Das Verhältnis wird aber auch nicht einfach umgekehrt. Kreativität und Normativität werden beide in einem Atemzug expliziert.

Die resultierende Position gibt erste Anhaltspunkte dafür, wie das eingangs beschriebene Phänomen verstanden werden könnte. Wenn es in einer Improvisation zu einem gelingenden freien Zusammenspiel kommt, dann lässt sich das analog zu einer gelingenden sprachlichen Interaktion begreifen. Wenn die Pianistin gut auf die Phrase des Saxophonisten reagiert, dann bedeutet dies, dass wir ihr eine Theorie des Gehalts der Saxophonphrase zuschreiben kön-

---

[6] Donald Davidson: *Eine hübsche Unordnung von Epitaphen*, in: E. Picardi/J. Schulte (Hgs.): Die Wahrheit der Interpretation, Frankfurt/M. 1990, S. 203-227, S. 218.
[7] Ebd., S. 227.
[8] Vgl. dazu auch Donald Davidson: *Kommunikation und Konvention*, in: Wahrheit und Interpretation, Frankfurt/M. 1986, S. 372-393, S. 393.

nen. Es handelt sich in diesem Fall um eine Theorie musikalischer Gehalte.[9] Ein gelingendes freies Zusammenspiel ist entsprechend als ein kreatives Geschehen zu beschreiben, in dem die Spieler sich so verstehen wie Sprecher sich im sprachlichen Austausch verstehen. Kreativität steht dabei in einem unlösbaren Wechselverhältnis mit Normativität.

Zu diesem Verständnis kommt eine pragmatistisch-interaktionistische Philosophie, indem sie den Begriff von Normativität als einem Bestand aufgibt. Es scheint mir allerdings fraglich, ob diese Aufgabe in einer Philosophie wie derjenigen Davidson in ausreichender Konsequenz gedacht ist. In Davidsons Position gibt es ein Residuum der Konzeption, die mit Kreativität verbundene Normativität mit dem Begriff des Bestands zu fassen. Dieses Residuum ist der Gedanke einer geteilten Theorie bzw. geteilten Gehalts. Für Davidson ist es ein wesentlicher Moment einer gelingenden Interaktion, dass momentan Gehalte geteilt werden. Dies sagt er in aller wünschenswerten Deutlichkeit: »Das, was den Beteiligten gemeinsam sein muß, damit die Kommunikation gelingen kann, ist die Übergangstheorie.«[10] Entsprechend habe ich gerade bei der Übertragung der Position auf andere kreative Geschehnisse auch den Begriff von geteilten Gehalten verwendet. Betrachtet man kreative Geschehnisse, ist allerdings unklar, ob sie immer in geteilten Gehalten resultieren. Hinsichtlich der Jazz-Improvisation, an der ich meine Überlegungen orientiere, scheinen mir Zweifel berechtigt. Gelingt die Improvisation dann, wenn die Beteiligten musikalische Verständnisse teilen? Sollte man nicht vielmehr sagen, dass sie dann gelingt, wenn das Spiel des einen an das Spiel des anderen anschließt? Es ist sicher richtig, dass man im Fall des Gelingen sagen sollte, dass mindestens zwei sich musikalisch verstehen. Aber sollte man auch sagen, dass sie Verständnisse teilen – und sei es nur momentan? Wie verhält es sich mit Improvisationen im Tanz oder im Körpertheater? Auch wenn ich denke, dass eine pragmatistisch-interaktionistische Philosophie das Verhältnis von Normativität und Kreativität in der richtigen Weise fasst, hält sie meines Erachtens zu Unrecht an dem Gedanken geteilter Gehalte fest.

(4) Hegel: Bedingungslose Anerkennung als normative Dimension kreativer Geschehnisse

Eine mögliche Reaktion auf das zuletzt angedeutete Problem lässt sich der Philosophie Hegels entnehmen.[11] Hegel hat ein Verständnis von Normativität

---

[9] Zu der Frage, wie von diesen Gehalten die Rede sein kann, vgl. Matthias Vogel: *Medienphilosophie der Musik*, in: Mike Sandbothe/Ludwig Nagl (Hgs.): Systematische Medienphilosophie, Berlin, im Ersch.
[10] Davidson: *Hübsche Unordnung*, a.a.O., S. 219.
[11] Diese Reaktion ließe sich auch unter Bezug auf Gadamers Philosophie entfalten; vgl. z.B. H.-G. Gadamer: *Wahrheit und Methode*, 6. Aufl., Tübingen 1990, S. 364ff.

entwickelt, mittels dessen ein pragmatistisch-interaktionistisches Modell noch einmal korrigiert werden kann. Auch dieses Verständnis will ich in Hegels eigenen Worten einführen, bevor ich es in den Begriffen meiner Überlegungen resümiere. Hegel setzt der Abstraktion von Norm und Normanwendung bei Kant ein Verständnis entgegen, das beide in einen unlösbaren Zusammenhang bringt. Der Begriff für diesen unlösbaren Zusammenhang ist der Begriff der »Sittlichkeit« bzw. der »sittlichen Substanz«. Normen sind nach Hegels Verständnis nur in gemeinschaftlichen Praktiken realisiert. Normativität ist aus diesem Grund nicht in einem transzendentalen Bestand gegeben. Sie geht allerdings auch nicht einfach in gemeinschaftlichen Praktiken auf. In bloßen gemeinschaftlichen Praktiken kommt nicht die Instanz zustande, die Hegels Auffassung zufolge Träger der Bindung durch Normen ist: das Selbstbewusstsein. Dazu bedarf es Anerkennungsbeziehungen, die sich auf einzelne Selbstbewusstseine als solche beziehen. In der gemeinschaftlichen Praxis aber ist ein Individuum nur insofern anerkannt, als es Teil dieser Praxis ist – die Anerkennung bezieht sich auf ein Individuum überhaupt bzw. sie ist abstrakt.[12] Erst mit der vollen Anerkennung von Selbstbewusstseinen als solchen ist Normativität nach Hegels Auffassung konstituiert. Die Anerkennungsbeziehungen, die dazu erforderlich sind, kommen nicht durch die gemeinschaftliche Praxis in die Welt, sondern erst dadurch, dass Individuen sich von dieser Praxis distanzieren können und sich in ihren jeweiligen Distanzierungen aufeinander beziehen.[13]

Der interessante Vorschlag, den Hegels Philosophie für die Bestimmung des Verhältnisses von Kreativität und Normativität bereithält, besagt meines Erachtens, dass Normativität nicht in einer Bindung durch normative Gehalte besteht. Zwar geht Hegel davon aus, dass Normativität mit solchen Gehalten zusammenhängt – dass Normativität im Zusammenhang mit sittlichen Verhältnissen zu verstehen ist. Sie geht aber nicht in sittlichen Verhältnissen auf. Es bedarf dazu eine bestimmte Form von Bindungen, die dadurch entstehen, dass die an normativen Geschehnissen Beteiligten sich in bedingungsloser Anerkennung aufeinander beziehen. Normativität ist nur dort realisiert, wo solche Bezugnahmen im Zusammenhang mit der Konstitution von Normen in der Praxis zustande kommen. Hegel kommt damit zu einem Begriff von Normativität, den ich als nicht gehaltsorientiert bezeichne. Ein solcher nicht gehaltsorientierter Begriff von Normativität liegt genau dann vor, wenn normative Bindungen nicht durch die Begriffe des vorliegenden Bestands oder des geteilten Gehalts erläutert werden. Hegels Begriff der Anerkennung steht für ein Verständnis von Normativität, das normative Bindungen als eine genu-

---

[12] Dieses Abstraktbleiben rekonstruiert Hegel als »Tragödie im Sittlichen«; vgl. Hegel: *Phänomenologie des Geistes*, Werkausgabe Bd. 3, Frankfurt/M. 1977, S. 327ff.
[13] Hegel ist meines Erachtens der Auffassung, dass dies nur durch symbolisches Tun möglich ist.

in intersubjektive Größe begreift. Solche Bindungen kommen demnach zustande, wenn an normativen Geschehnissen Beteiligte sich auf andere Beteiligte als solche beziehen, die sie bedingungslos anerkennen.

Mit diesem Begriff von Normativität gerüstet, kann man das pragmatistisch-interaktionistische Modell des Verhältnisses von Kreativität und Normativität schärfen. Situationen wechselseitigen Verstehens sind kreative Geschehnisse. Die Normativität dieser Geschehnisse besteht allerdings nicht in den Gehalten, die geteilt oder nicht geteilt werden. Sie besteht vielmehr in dem Bezug des Hörers auf die Sprecherin bzw. der Sprecherin auf den Hörer. Wesentlich ist den Bezugnahmen, dass Individuen als solche anerkannt werden – unabhängig davon, was sie gerade sagen oder tun. Kreative Geschehnisse haben nach diesem Verständnis dort eine normative Dimension, wo solche Anerkennungs-Beziehungen im Spiel sind. Auch nach dieser Auffassung hängen kreative Geschehnisse mit Normen zusammen, die etabliert beziehungsweise verletzt werden. Die Normativität der Geschehnisse lässt sich aber nicht durch diesen Zusammenhang begreifen. Sie besteht in einer spezifischen Form von Beziehungen, in der diejenigen, die an normativen Praktiken beteiligt sind, stehen können.

Ich komme noch einmal auf mein Ausgangsbeispiel zurück. Wenn man den Zusammenhang von Kreativität und Normativität in der zuletzt geklärten Weise begreift, dann ist die Normativität einer Improvisation nicht durch geteilte Gehalte zu explizieren. Es ist vielmehr möglich zuzugestehen, dass in dem gelingenden Zusammenspiel keine geteilten Gehalte zustande kommen. Die normative Dimension des Zusammenspiels liegt vielmehr in der Anerkennung, die die Instrumentalisten sich zollen. Ein gelingender Anschluss ist entsprechend normativ dadurch gebunden, dass die Instrumentalisten sich als solche anerkennen. Aus solcher Anerkennung heraus orientieren sie sich in ihrem Spiel aneinander. Zwar kann von der Güte eines Anschlusses nur mit Blick auf bestimmte Normen gesprochen werden, die geteilt bzw. verletzt werden. Dass allerdings ein kreatives Geschehen überhaupt in die Dimension rückt, eine besondere Güte aufzuweisen, lässt sich auf solche Normen gerade nicht zurückführen. Es liegt in genuin intersubjektiven Anerkennungs-Beziehungen begründet.

Ich fasse meine – ich betone es noch einmal: programmatischen und skizzenhaften – Überlegungen zusammen. Ich habe gefragt, wie die normative Dimension kreativer Geschehnisse gedacht werden kann. Ich habe drei Modelle des Verhältnisses von Kreativität und Normativität verfolgt, die auf dem Weg zu einem angemessenen Verständnis dieses Verhältnisses sind. Sie lassen sich folgendermaßen gegeneinander abheben:

(1) Das erste Modell versteht Normativität als einen transzendentalen Bestand, auf dessen Basis kreative Geschehnisse im Rahmen empirischer Anwendungen dieses Bestands zum Tragen kommen.

(2) Das zweite Modell bemüht sich darum, kreative Prozesse auch als Basis des Zustandekommens von Normen zu begreifen. Ihm gelten Normen als ein quasitranszendentaler Bestand, der einerseits als Basis kreativer Überschreitungen fungiert und andererseits durch solche Überschreitungen zugleich verändert werden kann.
(3) Das dritte Modell expliziert kreative Geschehnisse als Basis des Zustandekommens normativer Bindungen, die wiederum in momentan geteilten Gehalten bestehen. Anders gesagt: Kreative Geschehnisse werden in diesem Modell als ein wesentliches Moment gelingender normativer Interaktionen begriffen.

In diesen drei Modellen lässt sich meines Erachtens eine Theoriegeschichte modernen Nachdenkens über das Verhältnis von Kreativität und Normativität erzählen. Ich habe argumentiert, dass erst das dritte Modell das in Frage stehende Verhältnis expliziert. Diesem Modell gelingt es, das Wechselverhältnis von Kreativität und Normativität in einer Weise zu begreifen, dass dieses Verhältnis nicht von einer Asymmetrie geprägt ist. Normative Bindungen kommen demnach grundsätzlich in kreativen Geschehnissen zustande und letztere sind nur dort gegeben, wo normative Bindungen wirksam werden. Ich habe dargelegt, dass man auf dieser Basis mit Hegel noch einen weiteren Schritt gehen sollte. Dieser Schritt führt dazu, dass man einen gehaltsorientierten Begriff der Normativität aufgibt. Normative Bindungen lassen sich genau dann in ihrem Wechselspiel mit kreativen Geschehnissen begreifen, wenn man sie als genuin intersubjektive Bindungen begreift, in denen die Akteurinnen und Akteure kreativer Geschehnisse zueinander stehen.

Literatur

CHOMSKY, N.: *Regeln und Repräsentationen*, Frankfurt/M. 1981.
DAVIDSON, D.: *Eine hübsche Unordnung von Epitaphen*, in: E. Picardi/J. Schulte (Hgs.): Die Wahrheit der Interpretation, Frankfurt/M. 1990, S. 203–227.
DAVIDSON, D.: *Kommunikation und Konvention*, in: Wahrheit und Interpretation, Frankfurt/M. 1986, S. 372–393.
DE SAUSSURE, F.: *Grundfragen der allgemeinen Sprachwissenschaft*, 2. Aufl. Berlin 1967.
FORSTER, M.: *Herder's Philosophy of Language, Interpretation, and Translation: Three Fundamental Principles*, in: The Review of Metaphysics 56 (2002), S. 323–356.
GADAMER, H.-G.: *Wahrheit und Methode*, 6. Aufl., Tübingen 1990.
HEGEL, G.W.F.: *Phänomenologie des Geistes*, Werkausgabe Bd. 3, Frankfurt/M. 1977.
LAFONT, Chr.: *The Linguistic Turn in Hermeneutic Philosophy*, Cambridge MA 1999.
MCDOWELL, J.: *Wittgenstein on Following a Rule*, in: Synthese 58 (1984), S. 325–363.
VOGEL, M.: *Medienphilosophie der Musik*, in: M. Sandbothe/L. Nagl (Hgs.): Systematische Medienphilosophie, Berlin, im Ersch.

Welterzeugung als kreativer Prozeß – Überlegungen zu Nelson Goodmans konstruktivistischer Theorie des Verstehens

Sabine Ammon (Berlin)

> Wenn Welten ... ebensosehr geschaffen wie gefunden werden, dann ist auch das Erkennen ebensosehr ein Neuschaffen wie ein Berichten. Alle Prozesse der Welterzeugung, die ich erörtert habe, sind Teil des Erkennens. Bewegung wahrzunehmen besteht ... häufig darin, sie hervorzubringen. Zur Entdeckung von Gesetzen gehört es, sie zu entwerfen. Das Erkennen von Strukturen besteht in hohem Maße darin, sie zu erfinden und aufzuprägen. Begreifen und Schöpfen gehen Hand in Hand[1],

schreibt Nelson Goodman in seinem 1978 im englischen Original erschienen Buch »Weisen der Welterzeugung«. Welten werden erzeugt, so die These des Autors, und die zugrundeliegenden Schaffensprozesse sind kreativ zu nennen. Schöpferische Welterzeugung aber ist eng mit Verstehen verknüpft, Welterzeugungsprozesse sind zugleich Verstehensprozesse. Diese Zusammenhänge lassen sich zu der Überlegung zuspitzen, daß mit der wechselseitigen Abhängigkeit von Begreifen und Schöpfen Verstehen als ein kreativer Vorgang betrachtet werden muß.

Begreifen und Schöpfen gehen Hand in Hand, diesem Motiv möchte ich auf den folgenden Seiten nachspüren. Zu klären ist, inwieweit sinnvoll von diesem Zusammenhang gesprochen werden kann und welche Auswirkungen die Konzeption auf den Verstehensbegriff hat. Dazu werde ich in einem ersten Schritt die Überlegungen Goodmans zu den verschiedenen Arten der Welterzeugung rekapitulieren. Welten erzeugen heißt, sie zu konstruieren, deshalb soll anschließend ein genauerer Blick auf die Konstruktionsprozesse geworfen werden. Hier wird sich zeigen, daß Kreativität eine wichtige Rolle spielt. Ich möchte daher in einem zweiten Schritt prüfen, wie Kreativität in den Konstruktionsvorgang hineinwirkt und wie daraus Verstehen hervorgehen kann. Abschließend werden die Auswirkungen des Wechselverhältnisses skizziert. Es wird deutlich werden, daß die Konzeption weiterreichende Folgen hat, als von Goodman ursprünglich beabsichtigt, Folgen, die nicht ohne Konsequenzen bleiben für das Projekt einer konstruktivistischen Erkenntnistheorie des Verstehens.

---

[1] Nelson Goodman: *Ways of Worldmaking*, Indianapolis 1978; deutsch: *Weisen der Welterzeugung*, Frankfurt/M. 1984, S. 36.

Wie Welten erzeugt werden

Welten werden erzeugt – so wichtig diese Aussage für die Spätphilosophie Goodmans ist, so wenig einleuchtend mag sie vielleicht auf den ersten Blick erscheinen. Goodman sieht sich selbst in einer Linie mit Kant und betont, daß es so etwas wie voraussetzungslose Wahrnehmung, das rein Gegebene oder absolute Unmittelbarkeit nicht geben kann. »Die Rede von einem unstrukturierten Inhalt, begriffslos Gegebenen oder eigenschaftslosen Substrat widerlegt sich selbst; denn Rede gibt Strukturen vor, bildet Begriffe, schreibt Eigenschaften zu.«[2] Durch unseren Umgang mit Zeichen – seien es nun Wörter und Etiketten, Bilder oder andere Symbole – systematisieren, strukturieren und gewichten wir. In diesen Vorgängen entsteht das, was wir Welt nennen. Zugang zu einem »Davor«, einem Unsystematisierten, Unstrukturierten, Ungewichteten gibt es nicht. Würden wir versuchen, diese Prozesse zurückzunehmen, um auf etwas »Zugrundeliegendes« zu stoßen, bliebe nichts mehr übrig. Wir haben keine Möglichkeit, auf das, was strukturiert wird, zurückzugehen: »Wenn wir alle Unterschiede zwischen den Weisen, *es* zu beschreiben, als Schichten der Konvention abstreifen, was bleibt übrig? Die Zwiebel wird geschält bis auf den leeren Kern.«[3]

Untrennbar ist also Welt mit dem Umgang von Symbolen verknüpft. Welt entsteht im Gebrauch von Symbolen, pointiert formuliert als Erzeugen von Welt. Mit Hilfe von Symbolen unterscheiden wir und grenzen voneinander ab, vergleichen und gewichten wir, strukturieren und ordnen wir. Welterzeugung nach Goodman ist Konstruktion durch Symbole, sie findet statt »mittels Wörtern, Zahlen, Bildern, Klängen oder irgendwelchen anderen Symbolen in irgendeinem Medium.«[4] Überall dort, wo wir mit Symbolen umgehen, sie anwenden, interpretieren oder herstellen, konstruieren wir – und als Ergebnis dieser Konstruktionen können Welten entstehen.

Doch es sind nicht isolierte Symbole, mit denen wir Konstruktionen herstellen, sondern immer ganze Symbolverbände. Erst in diesen Systemen werden die Symbole durch charakteristische Beziehungen untereinander und auf die Anwendungsbereiche selbst konstituiert. Hierin liegen auch die jeweiligen Eigenheiten so unterschiedlicher Symbolsysteme, wie sie in den Wissenschaften, den Bereichen des Alltags oder den Künsten anzutreffen sind. Ausgehend von den vielfältigen Systemen kann Goodman auch von einem Weltenpluralismus sprechen. Aber dieser Aspekt der Theorie der Welterzeugung soll in der vorliegenden Untersuchung nicht betrachtet werden. Entscheidend ist vielmehr die damit zusammenhängende Betonung des Konstruierens von Welt. Statt einer reinen Rezeption steht die aktive Erarbeitung im Vorder-

---

[2] Goodman: *Weisen der Welterzeugung*, S. 19.
[3] Ebd., S. 144.
[4] Ebd., S. 117.

grund, aus der vormalig passiven Welterkenntnis ist Erkennen im Erzeugen von Welt geworden. Das Erschaffen von Welten ist auf das Erkennen bezogen.[5] In »Revisionen«, dem gemeinsamen Buch von 1988, verweisen Goodman und Elgin auf die Fähigkeiten »zu erforschen und zu erfinden, auseinanderzuhalten und ausfindig zu machen, zu verbinden und zu verdeutlichen, zu ordnen und zu organisieren, zu übernehmen, zu prüfen, zu verwerfen.«[6] Verstehen ließe sich daher als Prozeß charakterisieren, »solche Fertigkeiten zur kognitiven Erzeugung und Wiedererzeugung einer Welt, von Welten oder einer Welt von Welten zu gebrauchen. Dieser Prozeß geht unaufhörlich weiter, denn Verstehen ist stets partiell.«[7] Verstehensprozesse wären demnach nichts anderes als Prozesse der Welterzeugung. Da aber Welt erschaffen ein schöpferischer Vorgang ist, und in diesem Sinne kreativ, wäre auch Verstehen ein schöpferischer Akt. Doch um zu prüfen, was es mit der »schöpferische Kraft des Verstehens«[8] auf sich hat, muß ein genauerer Blick auf den eigentlichen Konstruktionsvorgang geworfen werden.

Konstruieren mit Symbolen

Das Erzeugen ganzer Welten ist eine irreführende Metapher. Welterzeugungsprozesse sind genaugenommen Prozesse der Veränderung. Da es kein »Vorher«, kein Unstrukturiertes und Unsystematisiertes geben kann, geht Welterzeugung immer von bereits bestehenden Welten aus. Welten werden, so Goodman, »nicht aus dem nichts [erschaffen], sondern *aus anderen Welten*. Das uns bekannte Welterzeugen geht stets von bereits bekannten Welten aus; das Erschaffen ist ein Umschaffen.«[9] Was geschieht, sind Weltveränderungen, Revisionen bestehender Systeme oder Welten.

Vereinfacht spielt sich der Welterzeugungs- oder Konstruktionsprozeß folgendermaßen ab: Ein neues Symbol oder ein Symbolkomplex wird in einen bestehenden Hintergrund eingepaßt. Dazu wird das Neue mit dem Vorhandenen in Verbindung gebracht mit dem Ziel, die Neuerung in den Hintergrund zu integrieren und dauerhaft zu übernehmen. Gelingt der Vorgang, wird das Symbol Teil des Gesamtsystems, der Hintergrund hat sich geändert. Was als Hintergrund gilt, ist von der jeweiligen Situation abhängig: »Der Hintergrund, unter welchem Namen auch immer, besteht zu jeder Zeit und für jeden Kontext aus dem, was übernommen wurde und noch zu dieser Zeit und

---

[5] Vgl. ebd., S. 13.
[6] Nelson Goodman/Catherine Z. Elgin: *Reconceptions in Philosophy and other Arts and Sciences*, Indianapolis 1988; deutsch: *Revisionen: Philosophie und andere Künste und Wissenschaften*, Frankfurt/M. 1989, S. 213.
[7] Goodman/Elgin: *Revisionen*, a.a.O., S. 213.
[8] Goodman: *Weisen der Welterzeugung*, a.a.O., S. 13.
[9] Ebd., S. 19.

in diesem Kontext übernommen ist.«[10] Er kann Apparat, Struktur, Kontext, Diskurs, Komplex aus anderen Symbolen oder Gefüge genannt werden.[11]

Selten jedoch läuft die Übernahme reibungslos ab, der Neuerung stehen oftmals Elemente des Hintergrundes entgegen. Dann müssen Änderungen vorgenommen werden, am neuen Symbol oder Symbolkomplex, an Teilen des Hintergrundes, am gesamten Hintergrund oder allen zusammen. Unterläuft auch der Hintergrund Änderungen, werden sich manche Elemente den Revisionen stärker widersetzen als andere. Haben sich Symbole schon vielfach bewährt oder sind sie lange und tief verankert, sind sie vor Veränderungen besser geschützt. Doch auch diese tiefverwurzelten Elemente können letztlich Änderungen durchlaufen, keine Übernahme ist entgültig.

Im Spannungsfeld zwischen Veränderung und Bestand entscheidet sich der Konstruktionsvorgang, einem Wechselspiel zwischen Neuem und Bewährten. Goodman charakterisiert diesen Vorgang auch als Suche nach einem vorrübergehenden Gleichgewicht. Symbol und Hintergrund werden durch wechselseitige Veränderungen zusammengebracht. Es entsteht ein temporär stabiles Zusammenspiel, das jederzeit neu herausgefordert werden kann. »Die Entwicklung und Anwendung [stellt ...] einen dynamischen Prozeß der Analyse und der Organisation dar; und die entstehenden Spannungen lassen sich durch Anpassungen auf beiden Seiten ... auflösen, bis wenigstens vorübergehend ein Gleichgewicht hergestellt ist.«[12]

Natürlich sind dem Konstruieren Grenzen gesetzt, nicht jede Übernahme gelingt. Wann ist der Konstruktionsvorgang erfolgreich, wann entsteht eine Konstruktion, die Welt revidiert – oder in Goodmans Terminologie – Welt erschafft? Um diese Frage zu beantworten, muß das Zusammenspiel des Ganzen in den Blick genommen werden, um das Wirken der Veränderungen betrachten zu können. Werden Probleme lösbar, ergeben sich gewünschte Anwendungen, sind Anomalien beseitigt, signifikante Unterscheidungen getroffen oder aufschlußreiche Verbindungen hergestellt, ist »ein beständigeres und umfassenderes Begreifen«[13] erreicht worden, dann war das Konstruieren auf der kognitiven Ebene erfolgreich. Kurz, mit einer gelungenen Konstruktion stellt sich Verstehen ein. Welterzeugung mündet in Verstehen, und Verstehen wird zu einem Kriterium für Welterzeugung.

Doch Skepsis ist angebracht, will man versuchen, richtige, gelungene Konstruktionsprozesse auf allgemeine Kriterien oder Regeln zurückzuführen. Die

---

[10] Goodman/Elgin: *Revisionen*, a.a.O., S. 211, korrigierte Übersetzung.
[11] Ebd., S. 211 und S. 208.
[12] Nelson Goodman: *Languages of Art – An Approach to a Theory of Symbols*, Indianapolis 1968; deutsch: *Sprachen der Kunst: Entwurf einer Symboltheorie*, Frankfurt/M. 1997, S. 156. Vorformen dieser Darstellung finden sich auch in *Fact, Fiction, Forecast* und *Structure of Appearance*. In der Terminologie von Rawls wird der Vorgang später als »reflective equilibrium«, als »Gleichgewicht des Überlegens« in die Literatur eingehen.
[13] Goodman/Elgin: *Revisionen*, a.a.O., S. 209.

Schwierigkeit, diese Vorgänge genauer zu fassen, besteht nicht nur in der Vielfältigkeit der Konstruktions- und Verstehensvorgänge.[14] Was gelingt und wie sich Wirkung entfalten kann, wird in der konkreten Situation entschieden. Um dennoch den Konstruktionsvorgang und die Rolle der Kreativität genauer untersuchen zu können, möchte ich im folgenden einige Fallbeispiele vorstellen, um daran signifikante Merkmale herauszuarbeiten.

Die Rolle der Kreativität

Überall dort, wo wir mit Symbolen arbeiten, konstruieren wir; gelingt die Konstruktion, verstehen wir. Kreatives Ausprobieren und Testen, die Versuche, zu strukturieren und zu ordnen, sie finden sich im breiten Spektrum zwischen künstlerischen oder wissenschaftlichen Höchstleistungen und alltäglichen Situationen. Bereits in banalen Gesprächen sind kreativ Prozesse am Werk. Im Hin und Her sprachlicher Verständigung, im Zuhören und Sprechen, wirken Symbolprozesse. Eingebracht wird in die Situation ein sprachliches Hintergrundwissen, ein Erfahrungsschatz aus früheren Konstruktionen, erworbene Praxen aus dem Umgang mit Sprache. Sie müssen nun in einem neuen Umfeld, unter neuen Bedingungen zum Einsatz gebracht werden. Der eigentliche Konstruktionsvorgang beginnt: In der Regel läuft das Erfassen von Sätzen und ihr Formulieren so routiniert ab, daß problemlos die neuen Umstände integriert werden. Treten jedoch Unstimmigkeiten auf, wird deutlich, daß auch diese Vorgänge in ein aktives Suchen und Ausprobieren münden. Kreatives Handeln ist gefragt, hier hilft kein schematisches Abarbeiten, kein ausschließlich regelgeleitetes Vorgehen. Gelingen die Vorgänge, habe ich etwas dazugelernt, Verstehen hat sich eingestellt.

Wie sieht die Situation nun aus, wenn die Lösung scheinbar schon vorgegeben ist? So zum Beispiel, wenn ich versuche, eine mathematische Gleichung zu erfassen, deren richtige Lösung ich zwar vor Augen habe, aber nicht nachvollziehen kann: auch hier beginnt ein Prozeß des kreativen Probierens und Testens, frühere Erfahrungen und Erkenntnisse werden einbezogen, Vergleiche angestellt, Ähnlichkeiten gesucht. Etwas Neues muß hinzukommen, meine früher erlernten Regeln werden mich zwar begleiten und wenn möglich, leiten, aber sie allein führen nicht zum Ziel.

Betrachtet man schließlich die Beispiele künstlerischer Schaffensprozesse oder wissenschaftlichen Experimentierens, wird die implizite Kreativität unstrittig. Es werden Versuche gestartet und durchgespielt, Ansätze verworfen und im neuen Anlauf gesucht – so lange, bis eine zufriedenstellende Lösung gefunden wurde, die Anordnung stimmig ist oder das Vorhaben funktioniert.

---

[14] Goodman/Elgin: *Revisionen*, a.a.O., S. 207: »Kein philosophischer Richterspruch kann ein allgemeines Kriterium oder Regeln zur Festlegung der Richtigkeit anbieten.«

Und doch sind diese Vorgänge nicht allein kreative Spielereien, sondern ebenso Verstehensprozesse: Auch hier werden Einsichten gewonnen, Zusammenhänge erkannt, frühere Ergebnisse unter einer weiterführenden Perspektive betrachtet.

Die Beispiele machen deutlich, daß Kreativität in einem sehr unterschiedlichen Maß eine Rolle spielt. In vielen Fällen symbolischen Operierens sind die Prozesse des Suchens und Findens zur Routine geworden, deren Anwendung scheinbar automatisiert abläuft. Umgekehrt kann der Vorgang immer aufwändiger werden, wo weit über bisher beschrittene Wege hinaus gegangen werden muß und in langwierigen und komplexen Verfahren nach innovativen Lösungen gesucht wird. Doch wie wenig offensichtlich der Anteil an Neuheit auch sein mag, der Konstruktionsvorgang läuft immer nach einem Grundmuster ab: Eine »Vorgeschichte« wird in einem neuen Kontext angewendet, um eine Situation zu bewältigen. Dabei muß der Hintergrund Änderungen erfahren, Teile davon können bewußt manipuliert werden, weggelassen oder ergänzt werden. Das Ergebnis läßt sich nicht erzwingen. »Keine Regeln oder Relationen garantieren, daß eine korrekte Interpretation erzielt werden wird. Rezepte gibt es nicht,«[15] so Goodman und Elgin. Über Bekanntes muß hinaus gegangen werden; die Randbedingungen sind gegeben, der Weg zur Lösung nicht. Er muß gefunden, oder besser, erfunden werden. Zum Verstehen gelange ich nicht automatisch, aufgrund bereits gegebener Mechanismen. Ich muß über den bisherigen Hintergrund, das bisher Verstandene hinausgehen. Frühere Erfahrungen helfen, sie können einen Leitfaden geben, Anhaltspunkte, aber es gibt weder einen vorgefertigten Lösungsmechanismus noch ein vorab festgelegtes Ergebnis. Für das Austesten und Ausprobieren jenseits von Routine und Automatismen ist aber Kreativität notwendig. Sie brauchen wir, um das Unbekannte zu erschließen und mit dem Bekannten, bereits Verstandenen in Verbindung zu bringen. Wenn das gelingt, ist das Verstandene erweitert und vertieft worden.

Im Konstruieren Entwerfen

Goodman schildert die Konstruktionsprozesse als einen Einpassungsvorgang in ein vorübergehendes Gleichgewicht. So gut dieses Bild die wechselseitigen Abhängigkeiten illustrieren kann, bleibt es doch irreführend. Es impliziert etwas Vorhandenes, das nur noch durch Modifikationen in ein Gleichgewicht gebracht werden muß. Das Ziel ist vorgegeben, die Hauptdarsteller auch. Das neue Symbol und der vorhandene Hintergrund müssen nur noch mit Hilfe einer bestimmten Prozedur zusammengepaßt werden – was gelingen kann oder nicht. Doch damit geht der ursprüngliche Zusammenhang zwischen Begreifen

---

[15] Goodman/Elgin: a.a.O., *Revisionen*, S. 161.

und Schöpfen verloren. Denn erst im Schaffensprozeß, im aktivem Tun entsteht das spätere Ergebnis, entsteht Welt, entsteht Verstehen. Was entsteht und wie es entsteht, kann noch gar nicht vorgegeben sein.

Ich will daher ein anderes Bild benutzen. Es hilft, sich den Konstruktionsvorgang als einen Entwurfsprozeß zu veranschaulichen. Ist das Ziel meines Entwurfes ein Gebäude, weiß ich noch nicht, wie es aussehen wird, wenn ich beginne. Doch ich bin nicht völlig frei in meinem Gestalten. Mein Tun wird begrenzt von Randbedingungen, sie stecken das Feld ab, innerhalb dessen ich den Entwurf entwickeln kann. Unter diesen Vorgaben beginnt der Entwurfsvorgang als ein Präzisierungs- und Aushandlungsprozeß. Ein kreativer Vorgang des Suchens und Testens setzt sich in Gang. Verschiedene Ideen und Möglichkeiten werden durchprobiert, Abhängigkeiten aufgedeckt und durchgespielt; verworfen wird, was nicht brauchbar ist, weiterbearbeitet, was vielversprechend scheint, Sackgassen und Irrwege nicht ausgeschlossen. Wie originell, innovativ und gut der Entwurf wird, hängt entscheidend von der Erfahrung und dem Training der Entwerfenden ab, aber auch von der Flexibilität, Erarbeitetes auf andere Bereiche zu übertragen und Neues hinzufügen zu können.

Im Entwurfsprozeß gewinnt nicht nur das zukünftige Gebäude seine »Form«, sondern es werden auch die Randbedingungen präzisiert. Die Randbedingungen selbst haben unterschiedliche Prioritäten, manche Bedingungen müssen strikt eingehalten werden, andere sind stärker verhandelbar. Hier gibt es graduelle Abstufungen, Abhängigkeiten untereinander müssen berücksichtigt werden. Es schält sich heraus, welche Aspekte entscheidend für den Entwurf sind und welche modifiziert werden können; neue kommen hinzu, andere fallen weg – entworfen wird auf vielen Ebenen. In diesem Wechselspiel konstituiert sich gegenseitig, was zum Gebäudeentwurf wird und zur einflußnehmenden Randbedingung. Der Schaffensprozeß ist ein Konstitutionsprozeß, die Konstitution kreativ. Zunehmend stellt sich eine Klärung ein, doch ein absolutes Ende gibt es nicht. Optimieren ließe sich noch weiter, doch irgendwann scheint der Entwurf ausreichend tragfähig zu sein und zu funktionieren, praktische Überlegungen setzen einen Schlußstrich.[16]

Ohne dieses Beispiel überstrapazieren zu wollen, lassen sich doch hieran die Eigenheiten der Konstruktionsleistungen als Verstehensprozesse, von Verstehen als schöpferischen Akt sehr gut deutlich machen. Wie der Entwurf nach und nach entsteht, bildet sich im Konstruktionsprozeß schrittweise Verstehen heraus.[17] Zu Beginn steht kein fertiges Symbol, das in einen Bestand eingepaßt wird, sondern das Neue muß selbst erst konstituiert werden. Zu-

---

[16] Nimmt man als Beispiel den architektonischen Entwurf, setzt diesen Prozessen in der Regel ein bestimmter Zeit- und Kostenrahmen ein Ende.
[17] Forschungsergebnisse aus der Psychologie legen nahe, daß dies kein vollkommen kontinuierlicher Vorgang ist, sondern darin ein »kreativer Sprung« stattfindet.

nächst ist das Verständnis der Neuerung noch ganz unscharf, verschwommen. Es beginnt ein kreatives Spiel des Ausprobierens und Testens, das potentielle Symbol wird in bestehende Zusammenhänge gebracht und dessen Auswirkungen überprüft. Aber nicht nur das, was ich zu verstehen versuche, bildet sich heraus, sondern auch Elemente des Hintergrundwissens gewinnen an Klarheit. Es ist in der Regel ein wechselseitiger Klärungsprozeß, in dem nicht nur das Neue geschaffen wird, sondern sich auch das vormalige Hintergrundwissen neu formt.

Doch es gibt kein absolutes Ende, Verstehensprozesse sind graduell. Den Punkt, an dem vollständiges und letztgültiges Verstehens erreicht ist, kann es nicht geben. Der jeweilige Konstitutionsprozeß wird irgendwann abgebrochen, meist sind es praktische Gründe – sei es, daß Handlungsfähigkeit eingetreten ist, ein bestimmtes Problem lösbar oder eine gegebene Aufgabe zu bewältigen ist. Doch noch in einer anderen Hinsicht bleiben Verstehensprozesse unabgeschlossen. Verstehen muß sich immer wieder neu einstellen. Da Verstehensvorgänge sich im Spannungsverhältnis zwischen Hintergrundwissen als Kontext und dem neu zu konstituierenden Symbol abspielen, der Hintergrund aber einem permanenten Wandel unterliegt, muß sich Verstehen immer wieder neu einstellen. Dies kann im Falle routinierter Anwendungen vernachlässigbar gering sei; aber dort, wo Routine noch nicht oder nicht mehr gegeben ist, muß Verstehen sich immer wieder erarbeitet werden. Geschieht das nicht, geht Verstehen verloren; ist Verstehen einmal erreicht, bleibt es nicht automatisch bestehen, sondern muß ständig bekräftigt werden.

Wird der Verstehensprozeß als Entwurf veranschaulicht, wird darüber hinaus deutlich, daß der Konstruktionsvorgang – und damit Verstehen – auch von individuellen Bedingungen abhängig ist. Verstehensprozesse sind eingebettet in eine zeitliche und räumliche Situation, sie sind zum einen abhängig vom jeweiligen Hintergrundwissen, zum anderen von den Fähigkeiten, Verstehen im Konstitutionsprozeß voranzutreiben. Dazu gehört die Übung im Umgang mit Symbolen und Interpretieren, in die frühere Erfahrungen eingehen. Wesentlich ist aber auch die zur Verfügung stehende Kreativität, als geistige Mobilität und Flexibilität, Einfallsreichtum, Spontaneität, spielerischer Umgang. So können, abhängig von den Voraussetzungen, ganz unterschiedliche Interpretationen entstehen: da mag es umständliche, langwierige oder raffinierte, mehrdeutige und komplexe, bessere oder schlechtere Interpretationen geben, die sich dennoch alle als brauchbar erweisen können.

Verstehen als Begreifen und Schöpfen

Es ist deutlich geworden, daß Begreifen in Verstehensprozessen schöpferisch ist, Begreifen und Schöpfen hier untrennbar verbunden sind. Etwas verstehen heißt, etwas zu erschaffen; etwas erschaffen heißt zu verstehen. Im Vorgang des Begreifens entsteht etwas, wird etwas geschaffen, im Vorgang des Schaffens wird ein Verstehen erreicht. Richtige Konstruktionsprozesse – Konstruktionsprozesse, die zur Welterzeugung führen – sind gleichzeitig Verstehensprozesse.

Wenn aber die welterzeugenden Konstruktionsprozesse zugleich Verstehensprozesse sind, dann sind Verstehen und Welt zwei Seiten einer Medaille. Diese Konsequenz bedarf einer Erläuterung: Verstehen ist das Ergebnis von Konstruktionsprozessen. Diese sind aber auch Prozesse der Erzeugung von Welt. Durch richtige Konstruktionen entsteht Welt, Richtigkeit allerdings in einem stark aufgeladenen Sinn. Sie müssen gelungen sein, signifikant, brauchbar, nützlich, erfolgreich in ihrer Wirkung, sie müssen neue Zugänge zu Fragen und Problemen ermöglichen, neue hilfreiche Sichtweisen bieten, sie müssen sich an der Welt entscheiden. Verstehen aber stellt sich nach Goodman ein, wenn sich neue Einsichten gewinnen lassen, Probleme lösbar werden, sich gewünschte Anwendungen ergeben, aufschlußreiche Verbindungen hergestellt oder signifikante Unterscheidungen entdeckt werden. Wenn also im Verstehen umfangreichere Zusammenhänge deutlich werden, Strukturierungen vorgenommen werden, Abhängigkeiten festgestellt werden, zeigt sich hierin Welt, Verstehen ist »weltgeladen«.

Konstruktionsprozesse bedürfen der Kreativität. Da Verstehen das Ergebnis von Konstruktionsprozessen ist, setzt somit Verstehen Kreativität voraus. Wie an den vorangegangenen Beispielen deutlich wurde, ist der Anteil kreativer Prozesse variabel, je nach Art des Verstehens kann ihr Eintrag sehr unterschiedlich ausfallen. Eine berechtigte Frage bleibt, inwieweit sich dieses Ergebnis überhaupt auf alle Arten des Verstehens übertragen läßt. Verstehen ist hochgradig vielfältig, wir können das Wissen verschiedener Disziplinen in Form von Texten, Bildern oder Diagrammen verstehen, Werke aus den Bereichen der Künste, historische Ereignisse, andere Kulturen oder Gesellschaften, wir können andere Personen verstehen wie auch uns selbst. Diese Vielfalt stellt den Erfolg einer vereinheitlichenden Theorie des Verstehens in Frage,[18] die vielen Besonderheiten der einzelnen Verstehensvorgänge dürfen nicht aus dem Auge verloren werden. Doch solange diese Vorgänge als Konstruktionsleistungen erfaßt werden können, wird in Verstehensprozessen auch Kreativität mit im Spiel sein.

Deutlich geworden ist auch, daß es sich bei Verstehens- bzw. Konstruktionsprozessen um individuelle Vorgänge handelt. Individuelle Vorgänge, die nicht rein schematisch ablaufen und untrennbar mit der jeweiligen Situation und den besonderen Gegebenheiten des Kontextes verbunden sind. Damit verschiebt sich die erkenntnistheoretische Perspektive auf das Individuum, ei-

---

[18] Vgl. Richard Mason: *Understanding Understanding*, New York 2003, S. 3.

ne Konsequenz, die Goodman nicht mehr vor Augen hatte.[19] Individuelle Konstruktionsprozesse treten in den Vordergrund, die aus kreativen Vorgängen resultieren. Die Perspektive geht nun vom Einzelnen aus, von seinen Einbindungen und Wechselwirkungen mit der Sprachgemeinschaft und dem Kontext. Aus dieser Sichtweise geraten neben das traditionelle Verhältnis zur »Welt« die Verhältnisse der Individuen zueinander in den Fokus. Die Konstruktionsprozesse werden zu einem ständigen Aushandeln, zur permanenten Bewegung, zu Vorgängen nicht in Isolation, sondern in Interaktion. Sie sind partiell, graduell und nicht vollständig determiniert. Es gibt Freiräume, Gestaltungsmöglichkeiten und Spielräume – und dennoch immer eingebunden in einen Hintergrund. Was dieser Hintergrund heißt, wird zu einer entscheidenden Frage.

Das bedeutet nicht, daß damit die Prämissen der sprachphilosophischen Wende über Bord geworfen werden. Der öffentliche Zeichengebrauch bleibt als Voraussetzung für Allgemeingültigkeit und Kommunikation bestehen. Doch der Fokus hat sich geändert. Statt vom Sprach- und Zeichensystem den Blick auf das Individuum zu richten, und das Individuum nur als Zuträger und Teilnehmer zu sehen, geht die Perspektive nun vom Individuum aus, Veränderungen und Entwicklungen treten in den Vordergrund. Und damit kommen eine Reihe neuer Aspekte in den Blick. Doch das ist Aufgabe für eine weitere Untersuchung.

Literatur

GOODMAN, Nelson: *Languages of Art – An Approach to a Theory of Symbols*, Indianapolis 1968 (dt. *Sprachen der Kunst: Entwurf einer Symboltheorie*, Frankfurt/M. 1997).
GOODMAN, Nelson: *Ways of Worldmaking*, Indianapolis 1978 (dt. *Weisen der Welterzeugung*, Frankfurt/M. 1984).
GOODMAN, Nelson/ELGIN, Catherine Z.: *Reconceptions in Philosophy and other Arts and Sciences*, Indianapolis 1988 (dt. *Revisionen: Philosophie und andere Künste und Wissenschaften*, Frankfurt/M. 1989).
MASON, Richard: *Understanding Understanding*, New York 2003.

---

[19] Goodman sieht die Verhältnisse des Individuums als Aufgabe der Entwicklungspsychologie in: *Weisen der Welterzeugung*, a.a.O., S. 19.

Verstehen und Erfinden – Die Kreation von Sinn und ihre Grenzen

DAVID KRAUSE (AACHEN)

I Gadamer

H.-G. Gadamer hat auf überzeugende Weise gezeigt, dass *Applikation* konstitutiv für jedes Verstehen ist. Der Sinn eines Textes lässt sich nur vor dem Hintergrund eigener, *wirklicher* Fragen erschließen und zur Geltung bringen. Wir verstehen einen Text nur, wenn er *uns* etwas zu sagen hat, wenn wir ein wirkliches sachliches Interesse an ihm haben, wenn wir von ihm wirklich etwas wissen wollen.

Verstehen folgt daher der Logik von *Frage und Antwort*. Einen Text verstehen heißt, ihn so auf uns anzuwenden, dass wir in ihm eine Antwort auf unsere Fragen sehen. Ein Text sagt uns nur etwas dank der Fragen, die wir an ihn stellen. Dadurch, dass wir eine Frage an den Text stellen, wird die Sache, um die es im Text geht, allererst für uns zugänglich.

Da Verstehen stets anwendendes Verstehen und von bestimmten Fragen motiviert ist, ist Gadamer zufolge Verstehen (auch) ein *produktiver*, *schöpferischer* Vorgang. Indem wir mit unseren Fragen an den zu verstehenden Text herantreten und ihn als Antwort auf diese Fragen verstehen, bringen wir ihn *neu* zur Geltung. Das bedeutet dreierlei:

1. Beim Verstehen überschreitet der Interpret das vom Autor ursprünglich Gemeinte. Indem der Interpret den Text als Antwort auf *seine* Frage versteht, geht er über das im Text Gesagte hinaus und überschreitet den ursprünglichen Sinn auf ein neues Sachverständnis hin. Jedes Verstehen schließt eine Deutung ein.
2. Der Sinn eines Textes ist nichts Statisches, das in fertiger und abgeschlossener Gestalt vorliegt, sondern etwas Offenes und Unabgeschlossenes. Er verändert sich in Abhängigkeit vom Horizont des Interpreten, aus dem heraus er versteht. Daher Gadamers bekanntes Diktum, Verstehen sei immer Anders-Verstehen.
3. Beim Verstehen bringt der Interpret den Sinn erst hervor. Der Sinn eines Textes ist nichts objektiv Vorhandenes, das darauf wartet, rekonstruiert zu werden. Er bildet sich (als ein vom Autor und Interpreten gemeinsam geteilter) erst im Prozess des Verstehens.

Sinnverstehen, in dessen Zentrum die sinnbildende Dialektik von Frage und Antwort steht, verlangt vom Verstehenden *Kreativität*. Um ein Sinngebilde verstehen zu können, müssen wir die rechte Frage gewinnen, die Frage, die geeignet ist, den Sinn angemessen zu erschließen. Was ist die rechte Frage? Dies hängt natürlich von der konkreten Situation ab und kann daher nicht pauschal beantwortet werden. Gadamer macht jedoch darauf aufmerksam, dass eine Frage nur dann als angemessen bezeichnet werden kann, wenn sie zwischen dem Interpreten auf der einen und dem Interpretandum auf der anderen Seite *vermittelt*. Nur wenn das Eigene, Vertraute und das Andere, Fremde in Beziehung gesetzt werden, ist Verstehen möglich. Das heißt: Einerseits hat sich der Interpret dem Fremden zu öffnen (da er sich von ihm eine *Antwort* auf seine Frage erhofft), andererseits hat er sein eigenes Vorverständnis produktiv ins Spiel zu bringen (da er sich von ihm eine Antwort auf *seine* Frage erhofft). Verstehen ist daher zugleich rezeptiv und produktiv. Einen Sinn erschließen heißt, ihn zugleich aneignen und hervorbringen. Indem der Interpret den Sinn hervorbringt, besser: verwandelt, destruiert, korrigiert er das vom Autor ursprünglich Gemeinte. Ich habe bereits angedeutet (unter 1.), dass Verstehen stets auch kritisch ist. Drei Momente spielen insofern im Verstehen zusammen: das der Rezeption, Konstruktion und Destruktion. Verstehen ist zugleich rezeptiv, produktiv und kritisch.

Verstehen bedeutet also immer auch Produzieren, Entwerfen, Konstruieren. Auch Erfinden? Führt Gadamers Hermeneutik ins Unverbindliche? Gadamer möchte weder das produktive noch das kritische Moment im Verstehen für sich verselbständigt sehen (wie dies etwa bei R. Rorty oder J. Derrida zu beobachten ist). Beide Momente stehen im Dienst des *Verstehens*, des Versuchs, den *wahren* Sinn des zu verstehenden Textes zu erschließen. Zu Recht möchte Gadamer die Beliebigkeit der Interpretation vermeiden. Der Produktivität des Interpreten müssen Grenzen gesetzt werden. Indem Gadamer jedoch, wie ich noch zeigen werde, die Tradition zum Maßstab richtigen Verstehens macht, schießt er deutlich über das Ziel hinaus.

Gadamers Einsicht, dass Applikation konstitutiv für jedes Verstehen ist, hängt eng mit seiner Einsicht zusammen, dass Verstehen Teil *kommunikativer Verständigung über etwas* ist. Verstehen ist nach dem Muster sachlich bestimmter Verständigung zu begreifen. Der Interpret tritt mit dem Text (bzw. dessen Autor) in einen Dialog ein, der auf eine bestimmte Sache gerichtet ist. Diese Sache ist der gemeinsame Bezugspunkt der Dialogpartner, ihr Interesse ist es, sich über die gemeinsame Sache zu verständigen. Gadamer trennt daher nicht – anders als die von ihm kritisierten traditionellen, objektivistischen Ansätze, die Verstehen als Reproduktion einer ursprünglichen Produktion begreifen – zwischen reinem Sinnverstehen und der wertenden Verständigung über die Sache. Sinnverstehen, so ließe sich Gadamers Einsicht auf den Punkt bringen, verlangt die Verständigung mit dem Autor über die Sache.

Mit dem Hinweis auf den Sach- bzw. Wahrheitsbezug des Verstehens hat Gadamer *Wahrheit* als Maßstab richtigen Verstehens ins Spiel gebracht. Ob eine Textinterpretation angemessen ist oder nicht, hängt nun (unter anderem) davon ab, ob sie ein richtiges Verständnis der Sache, um die es im Text geht, zum Ausdruck bringt. Damit hat Gadamer die Möglichkeit *kritisch-produktiven* Verstehens allererst eröffnet. Wenn Verstehen nicht auf den objektiven Sinn gerichtet ist, sondern auf die *Wahrheit* des Sinns, dann muss es dem Interpreten möglich sein – gewissermaßen im Namen der Wahrheit –, sein eigenes Sachverständnis derart produktiv ins Spiel zu bringen, dass er das Verständnis der Sache, das in dem von ihm zu verstehenden Text zum Ausdruck kommt, aus seiner Sicht korrigiert, dass er den Wahrheitsanspruch des zu verstehenden Textes kritisch in Frage stellt und die Wahrheit aus seiner eigenen Perspektive neu konstruiert. Wie wir jedoch im Folgenden sehen werden, setzt Gadamer dem kreativen Verstehen durch seinen traditionalistischen Verstehensbegriff sehr enge Grenzen.

Gadamers Wahrheitsbegriff steht in großer Nähe zu dem Heideggers. Die im Verstehen erfahrene Wahrheit ist als ein *Geschehen* in einer Wirkungsgeschichte zu begreifen. Bemerkenswert ist, dass bei Gadamer, der das Heidegger'sche ›In-der-Welt-Sein‹ gewissermaßen durch ein ›In-der-Geschichte-Sein‹ ergänzt, die *Vergangenheit* ins Zentrum des Verstehens rückt. Verstehen ist nicht als eine (methodisch kontrollierte) Handlung eines (autonomen) Subjekts zu begreifen, sondern als ein *geschichtlich bedingtes* Wahrheitsgeschehen, als ein, wie Gadamer sagt, »Einrücken in ein Überlieferungsgeschehen«. Die Überlieferung liefert die Inhalte, Maßstäbe und Bedingungen möglichen Verstehens. Der Verstehende, Teilhaber eines übersubjektiven Geschehens, das von ihm nicht beherrscht wird, bildet durch applikatives Verstehen die Tradition fort. Dabei unterstellt Gadamer einen Wahrheitsvorsprung der überlieferten Texte. Das Wissen, das in den überlieferten Texten enthalten ist, ist dem des Interpreten grundsätzlich überlegen.

Wie kommt Gadamer zu dieser (intuitiv unplausiblen) Unterstellung? Gadamer orientiert sich bei seiner Analyse des Textverstehens am Modell des *Klassischen*, das, so Gadamer im Anschluss an Hegels *Ästhetik*, »sich selber bedeutet und sich selber deutet« und damit den Zeitenabstand überwindet. Klassische Texte durchdringen den Horizont des Interpreten und bringen sich im Verstehen selbst zur Sprache. Sie »deuten sich selber«, indem der Interpret die Wahrheit des Textes aufnimmt und auf diese Weise zur Sprache bringt. Sie garantieren von sich aus richtiges Verstehen, sie bilden Traditionen richtigen Verstehens, in die der Verstehende »einrückt«. Dabei wird die vom Interpreten unterstellte Wahrheit zum Maßstab richtigen Verstehens, der festlegt, was als richtige Auslegung zählen kann und was nicht. Angemessen ist demnach eine Auslegung nur dann, wenn sie die Wahrheit des Textes zur Geltung bringt. Die Überlieferung ist damit immun gegen Kritik. Wenn man etwas nur dann versteht, wenn man es *als* wahr versteht, dann kann es sich bei einer Auslegung, die den Wahrheitsanspruch des zu verstehenden Textes kritisch in Frage stellt, nicht um Verstehen im eigentlichen, nicht-derivativen Sinne handeln.

Vor diesem Hintergrund wird deutlich, was Gadamer unter Applikation versteht. Gadamer begreift Applikation als aktualisierende Aneignung eines grundsätzlich überlegenen Sinns. Beim Verstehen geht es darum, einen überlieferten Sinn der Vergangenheit aus dem Horizont der Gegenwart zum Sprechen zu bringen, in die eigene Sprache zu übersetzen, im eigenen Verständnis neu zur Geltung zu bringen. *Kreatives* Verstehen, bei dem der Interpret den ursprünglichen Sinn auf ein neues Sachverständnis hin überschreitet, ist in Gadamers Hermeneutik in einem nur sehr begrenzten Rahmen möglich. Gadamer rechnet gar nicht damit, dass die Überlegenheit hinsichtlich der sachlichen Wahrheit auch aufseiten des Interpreten liegen könnte. Der Interpret hat die Wahrheit des zu verstehenden Textes (im Großen und Ganzen) zu unterstellen, seine Aufgabe ist es, diese neu anzueignen, neu zur Geltung zu bringen. Die Produktivität bzw. Kreativität des Interpreten beschränkt sich daher auf das Neu-Sagen des Alten. Das Moment der Produktion tritt gegenüber dem der Rezeption deutlich in den Hintergrund.

Ich fasse zusammen: Gadamer hat (mit dem Hinweis auf den Sachbezug des Verstehens) auf der einen Seite gezeigt, das Verstehen stets (auch) ein produktiver Vorgang ist. Das (sachlich bestimmte) Vorverständnis des Interpreten, das Verstehen allererst möglich macht, geht produktiv in den Verstehensprozess ein. Sinn wird im Verstehensprozess erst hervorgebracht. Auf der anderen Seite hat Gadamer jedoch durch seinen Traditionalismus der Produktivität und Kreativität des Verstehenden sehr enge Grenzen gesetzt. Indem er Verstehen als unkritische Aneignung eines grundsätzlich überlegenen Sinns begreift, lässt er dem kreativen Verstehen keinen Raum.

Im Interesse kritisch-produktiven Verstehens sollte daher Gadamers Hermeneutik von dessen Traditionalismus befreit werden. Dieser Intuition ist K.-O. Apel gefolgt.

II Apel

Mit dem Hinweis auf die Endlichkeit und Geschichtlichkeit des Verstehens lehnt Gadamer die Möglichkeit eines *Besser-Verstehens*, eines Fortschritts im Verstehen im Sinne einer progressiven Annäherung an die richtige Auslegung ab. Da Verstehen stets vom geschichtlich bedingten Horizont des Verstehenden abhänge, komme es über ein immer bloß Anders-Verstehen nicht hinaus. Der Anspruch einer Auslegung auf absolute, geschichtsunabhängige Geltung müsse daher aufgegeben werden.

Apel, der Gadamers These von der Unmöglichkeit eines Besser-Verstehens stets entschieden abgelehnt hat, macht zu Recht darauf aufmerksam, dass ein Text nie vor Kritik gefeit ist. Nicht auszuschließen ist ja, dass der Interpret dem Text hinsichtlich der sachbezogenen Wahrheit überlegen ist. Da es primär um die gemeinsame Sache geht, haben grundsätzlich weder der Autor des Textes noch dessen Interpret eine dem anderen überlegene Stellung inne. Der Interpret muss bereit sein, seine Vormeinungen zu revidieren, aber auch die vom Autor geäußerte Meinung kann sich im Verstehensprozess als falsch erweisen. Grundsätzlich muss davon ausgegangen werden, dass die Überlegenheit im Sinne der Sachkenntnis auf der Seite der kritischen Interpretation des Textes liegen kann. Jeder Text steht unter dem Vorbehalt, durch eine kritische Interpretation in Frage gestellt zu werden. Das Recht kritischer Interpretationen verdankt sich, wie gesagt, dem Sachbezug des Verstehens. Gerade weil es im Verstehen um die Sache geht, muss die Möglichkeit eines Besser-Verstehens unterstellt werden.

Ich teile Apels Kritik an Gadamers traditionalistischem Verstehensbegriff. Der Ort der Wahrheit ist nicht die Überlieferung, der Ort der Wahrheit ist die Verständigung. Der Dialog, in den der Interpret mit dem Autor eintritt, um sich über die gemeinsame Sache zu verständigen, ist der Prüfstein der Wahrheit. Nun behauptet Apel jedoch darüber hinaus die Möglichkeit eines *progressiven, zielbestimmten* Immer-Besser-Verstehens, eines Fortschritts im Verstehen im Sinne einer Annäherung an die richtige, wahre Interpretation. Apel macht darauf aufmerksam, dass die am Verständigungsprozess Beteiligten zu ihren Äußerungen Geltungsansprüche erheben, die auf intersubjektive Anerkennung zielen. Diese Geltungsansprüche verweisen auf ideale Bedingungen (nach Apel die Bedingungen einer idealen Kommunikationsgemeinschaft), unter denen über das Recht der Ansprüche entschieden wird. Damit sei ein Maßstab richtigen Verstehens gegeben (die regulative Idee eines letzten Konsenses einer idealen Kommunikationsgemeinschaft), der festlege, wann eine Interpretation angemessen sei und wann nicht. Gültig kann demnach diejenige Interpretation genannt werden, die unter den Bedingungen einer idealen Kommunikationsgemeinschaft akzeptiert werden würde. Wesentlich für Apels Idee der idealen Kommunikationsgemeinschaft ist, dass sie sich zugleich auf ideale *kommunikative* (hermeneutische und moralische, da auf die intersubjektive Verständigung bezogene) und *epistemische* (auf die sachlichen Wahrheitskriterien bezogene) Bedingungen bezieht. Die ideale Kommunikationsgemeinschaft zeichnet sich durch eine in jeder Hinsicht ideale, unbegrenzte Verständigung aus. Erstens in *theoretischer* Hinsicht: die Beteiligten verfügen über die relevanten Argumente, zweitens in *praktischer* Hinsicht: die Verständigungspraxis gewährleistet die Einlösung von Geltungsansprüchen, und drittens in *hermeneutischer* Hinsicht: die sprachlichen Symbole sind transparent, ihr Sinn ist klar. Die ideale Kommunikationsgemeinschaft bezeichnet eine ideale Grenze, deren Realisierung die wahre Erkenntnis der Realität und – in moralischer und hermeneutischer Hinsicht – die »Beseitigung aller Hindernisse der Verständigung« (Apel) bedeuten würde.

A. Wellmer hat m.E. auf überzeugende Weise gezeigt, dass die Idee einer idealen Kommunikationsgemeinschaft widersprüchlich ist. Die ideale Kommunikationsgemeinschaft, so Wellmer, müsse als ein *Zustand* vollkommener

Transparenz, absoluten Wissens und moralischer Vollkommenheit gedacht werden, als ein Zustand also, so Wellmer mit Derrida, der »dem Spiel und der Ordnung der Zeichen« entkommen wäre. Sprache und Verständigung hätten einen Stand erreicht, in dem es keiner Verständigung mehr bedürfte, da keine Fragen mehr offen wären: die Wahrheit läge transparent vor aller Augen. Die Kommunikation hätte die Bedingungen ihrer Endlichkeit und Geschichtlichkeit hinter sich gelassen. Ein solcher Zustand, so Wellmer zu Recht, lässt sich aber nicht sinnvoll denken. Die Bedingungen der Endlichkeit sind zugleich die Bedingungen der Möglichkeit von Kommunikation. Ideale Kommunikation wäre Kommunikation jenseits der Bedingungen der Möglichkeit von Kommunikation. Ideale Kommunikation wäre das Ende der Kommunikation.

Gadamer hebt zu Recht den Anspruch einer Auslegung auf absolute, geschichtsunabhängige Geltung auf. Die Situation, auf die appliziert wird, ist stets endlich, und daher hat der Prozess der Auslegung kein Ende. Der Sinn eines Textes wird immer schon von einem geschichtlich bedingten Vorverständnis vorgreifend bestimmt, jedes Verstehen geht von einer historischen Situation aus, die produktiv in den Verstehensprozess eingeht. Endlichkeit und Geschichtlichkeit sind Bedingungen der Möglichkeit hermeneutischen Verstehens. Auslegungen sind immer vorläufig, es gibt kein endgültiges Verstehen. Sprachlicher Sinn ist etwas Offenes und Unabgeschlossenes. Weder ist die Wahrheit des Sinns in der Überlieferung zu finden noch in der idealen Kommunikationsgemeinschaft. Texte müssen immer wieder produktiv gelesen, angeeignet, interpretiert werden. Ein Ende dieses Prozesses ist weder sinnvoll denkbar noch wünschenswert.

Ich fasse zusammen: Apel verteidigt zu Recht gegen Gadamer die Möglichkeit kreativen, kritisch-produktiven Verstehens. Der Sachbezug des Verstehens verwickelt den Interpreten in einen kooperativen Streit um die Wahrheit (um eine Formulierung Wellmers zu benutzen). Dieser Streit ist grundsätzlich offen, das heißt, dass dem Interpreten die Möglichkeit eingeräumt werden muss, den Wahrheitsanspruch des Textes kritisch in Frage zu stellen und die Wahrheit aus seiner Sicht neu zu konstruieren. Auf der anderen Seite sind jedoch m.E. Gadamers Einwände gegen Apels Interpretation der Möglichkeit des Besser-Verstehens berechtigt. Interpretationen sind immer nur vorläufig und endlich, sie sind nie davor gefeit, durch eine kritische Interpretation in Frage gestellt zu werden. Der Prozess der Auslegung ist ebenfalls offen.

Wenn nun aber die Hoffnung auf eine absolute Wahrheit aufgegeben werden muss, muss man dann nicht konsequenterweise Wahrheit als Maßstab richtigen Verstehens ganz aus der Hermeneutik streichen? Diesen Vorschlag hat R. Rorty gemacht.

III Rorty

In »Der Spiegel der Natur« verabschiedet Rorty die erkenntnistheoretische, systematische Philosophie und entwickelt eine hermeneutische Philosophie, die um den Begriff der *Bildung* zentriert ist. Während es der erkenntnistheoretischen Philosophie um ein endgültiges, abschließendes Vokabular geht, das eine wahre Erkenntnis der Welt erlaubt, geht es der bildenden Philosophie um die Suche nach neuen, interessanteren Vokabularen, die die Welt stets auf neue Weise beschreiben. Die bildende Philosophie zeichnet gerade aus, dass sie die Hoffnung auf ein endgültiges Vokabular aufgegeben hat. Die bildende Philosophie will also nicht *erkennen*, d.h. zu wahren Aussagen über die Realität gelangen, sondern *bilden*, indem sie neue Selbst- und Weltbeschreibungen erfindet. In Rortys Worten: »Die bildende Philosophie sucht nicht eine objektive Wahrheit zu finden, sondern sie sucht das Gespräch in Gang zu halten.«

Phantasie und Kreativität (das Erfinden neuer Vokabulare) rücken damit ins Zentrum des Geschehens. Fortschritt verdankt sich kreativer Neubeschreibungen, die die Welt auf neue, fruchtbare Weise dadurch erschließen, dass sie gewohnte, eingeschliffene Interpretationsmuster aufbrechen und neue Perspektiven, neue Arten des Sehens schaffen. Dieser Prozess vollzieht sich aber jenseits jeglicher *Verbindlichkeit*. Weder hat er ein bestimmtes Ziel (es geht lediglich darum, Neues über uns und die Welt zu sagen, das Gespräch durch neue Wendungen in Gang zu halten), noch sind die Beteiligten bestimmten Regeln unterworfen. Veränderungen des Vokabulars erfolgen zufällig, abhängig von der jeweiligen Bedürfnislage. Ist ein Vokabular veraltet und unbrauchbar, entsteht ein neues, nützlicheres. Die »strong poets«, wie Rorty die Sprachschöpfer nennt, haben vollkommen freie Hand beim Erfinden neuer Terminologien. Ein neues Vokabular ist kein getreueres Bild der Wirklichkeit, sondern lediglich ein besseres Werkzeug.

Rorty geht zu Recht davon aus, dass es ein externes Maß von Wahrheit nicht gibt. Doch das heißt nicht, dass Fragen der Wahrheit überhaupt keine Rolle mehr spielen sollten. Zwar zielt Verstehen nicht auf *die* richtige Interpretation (diese gibt es nicht, wie ich schon mehrfach betont habe), aber doch auf *eine* richtige. Rorty lässt die Möglichkeit (bzw. Notwendigkeit) außer Acht, ein Maß des Wahren aus dem »Gespräch«, dem Streit der Interpretationen also, *selbst* hervorzubringen. Ohne ein solches Maß verliert der Streit der Interpretationen seinen Sinn. Indem Rorty den Begriff der Wahrheit *gänzlich* ausklammert, schüttet er das Kind mit dem Bade aus.

Ich fasse zusammen: Rorty macht zu Recht darauf aufmerksam, dass die Idee einer absoluten Wahrheit bzw. eines endgültigen Vokabulars keinen Sinn macht. Damit entfesselt er zwar einerseits die Produktivität und Kreativität der Sprachschöpfer. Sie können bei ihren Neubeschreibungen ihren Einfalls- und Ideenreichtum grenzenlos zur Geltung bringen, ihrer Schöpfer- und Gestaltungskraft freien Lauf lassen. Damit ist jedoch bereits das Manko der von

Rorty vorgeschlagenen hermeneutischen Philosophie angesprochen. Die andere Seite der Medaille ist nämlich, dass das Erfinden neuer Beschreibungen willkürlich, beliebig ist. Es gibt keine Kriterien, an denen die Neubeschreibungen gemessen werden können. Eine Unterscheidung zwischen richtigen und falschen Interpretationen ist nicht möglich. Rortys Hermeneutik führt zu einem Ausstieg aus der Hermeneutik.

IV Schluss

Welche Schlüsse lassen sich ziehen? Verstehen ist eingebettet in Prozesse kommunikativer Verständigung, in denen es immer schon um Geltungsfragen geht. Der Sachbezug des Verstehens verwickelt den Interpreten in einen Streit um die Wahrheit. Dieser Verständigungsprozess ist grundsätzlich offen. Das meint zweierlei: Zum einen (dies richtet sich gegen Gadamer), dass der Ausgang einer jeder Auseinandersetzung offen ist, und zum anderen (dies richtet sich gegen Apel), dass der Verständigungsprozess insgesamt (die Verständigung aller möglichen Personen über die Sache) kein Ende hat. Alle Interpretationen sind vorläufig. Es gibt kein endgültiges Verstehen. Wahrheit ist weder, wie bei Gadamer, am Anfang, in der Überlieferung, zu finden (Wahrheit muss sich im jeweiligen Verstehensprozess erst erweisen, daher kann sie durch eine kritisch-produktive Interpretation in Frage gestellt werden), noch, wie bei Apel, am Ende, in der idealen Kommunikationsgemeinschaft (Wahrheit ist immer nur aus dem aktuellen (endlichen) Horizont heraus zugänglich, daher hat der Prozess der Auslegung kein Ende). Gegen Gadamer lässt sich einwenden: Texte sind nie vor Kritik gefeit; gegen Apel lässt sich einwenden: Texte müssen immer wieder neu gelesen werden.

Der Ort der Wahrheit ist vielmehr der Verstehensprozess *selbst*. Hier klären die Beteiligten ihre Wahrheitsfragen. Da die Wahrheit weder in der Tradition noch in der idealen Kommunikationsgemeinschaft verortet werden kann, gibt es auch kein externes Maß des Verstehens. Ein solches Maß wird im Verstehensprozess selbst *hervorgebracht*. *Vor* diesem Prozess, gewissermaßen a priori, kann nichts über die Angemessenheit einer Interpretation gesagt werden.

Auf einen absoluten Wahrheitsbegriff zu verzichten, heißt aber nicht, auf Wahrheit generell zu verzichten. Ich habe (in Auseinandersetzung mit Rorty) anzudeuten versucht, dass wir einen absoluten Wahrheitsbegriff nicht brauchen, um eine normative Hermeneutik zu retten. Dem Interpreten muss es möglich sein, den Wahrheitsanspruch des Textes kritisch zu überschreiten und die Wahrheit neu hervorzubringen. Dies ist aber klar von *Erfinden*, von *subjektiver Setzung* zu unterscheiden. Das Ziel hermeneutischen Verstehens besteht darin, (kooperativ) den *wahren* Sinn zu erschließen. Über die Wahrheit des Sinns lässt sich, wie gesagt, a priori nichts sagen. Über sie wird in der Auseinandersetzung selbst entschieden. Auf diese Weise wird ein Maßstab gewonnen, der den Verstehensprozess für die Beteiligten verbindlich macht.

Ich fasse abschließend zusammen: Gadamer hat darauf hingewiesen, dass Verstehen immer auch produktiv und kritisch ist. Der Interpret bringt im Verstehensprozess den Sinn erst hervor und überschreitet dabei das vom Autor ursprünglich Gemeinte. Diesen kritisch-produktiven Ansatz verfolgt Gadamer jedoch nur halbherzig. Indem er der Überlieferung einen Wahrheitsvorsprung zuspricht, setzt er dem kritisch-produktiven Verstehen sehr enge Grenzen. An der Intuition, der Produktivität und Kreativität des Interpreten *überhaupt* Grenzen zu setzen, ist aber unbedingt festzuhalten. Ansonsten wäre zwischen Verstehen und Erfinden kein Unterschied mehr. Dies ist bei Rorty zu beobachten, da er Wahrheitsfragen gänzlich aus seiner hermeneutischen Philosophie ausklammert. Dies führt jedoch ins Unverbindliche und damit zu einem Ausstieg aus der Hermeneutik. Den gewissermaßen gegensätzlichen Weg geht Apel, der an der Idee einer absoluten Wahrheit, die er als letzten Konsens einer idealen Kommunikationsgemeinschaft beschreibt, festhält. Die Idee einer idealen Kommunikationsgemeinschaft hat Wellmer jedoch m.E. zu Recht als paradox entlarvt. Was die Grenzen der Kreation von Sinn sind, hängt vom jeweiligen Verstehensprozess ab. In diesem werden sie von den Beteiligten selbst bestimmt.

Sektion 6

Invention und Innovation – Konzeptionen von Kreativität in der Technikphilosophie

Johannes Lenhard
Kreation oder Kontrolle von Phänomenen?
Computersimulationen in der technikorientierten Wissenschaft............... 307

Karsten Weber
Computersimulationen im Entdeckungszusammenhang.......................... 319

Mario Harz
Logik der technologischen Effektivität.. 329

Nicole C. Karafyllis
Biofakte als Innovationen:
Eine Typologie kreatürlicher Medien lebendiger Technik 339

Tilo Eilebrecht
Kreativität und Technik.
Zur gegenwärtigen Relevanz von Heideggers Technikdeutung 351

Kreation oder Kontrolle von Phänomenen? Computersimulationen in der technikorientierten Wissenschaft

Johannes Lenhard (Bielefeld)

Einleitung: Die überraschende Kreation eines goldenen Drahtes

Computersimulationen kommen in vielen Bereichen der Wissenschaft und Technik zum Einsatz. Zunächst soll die Schilderung zweier typischer Beispiele illustrieren, auf welche Weise per Simulation Phänomene kreiert werden können. Als Beispiele dienen die Arbeiten von Uzi Landman, dem Direktor des *Center for Computational Materials Science* am *Georgia Institute of Technology* in Atlanta. Er ist ein Pionier der Simulationsmethode in den Materialwissenschaften, deren hier betrachteter Bereich zur Nanoforschung gerechnet wird.

Landman gelang die spektakuläre Kreation eines unerwarteten Phänomens mittels Simulation molekularer Dynamik. Er und seine Kollegen brachten eine Nickelspitze, wie sie bei sogenannten Rasterkraftmikroskopen üblich ist, sehr nahe an eine Goldoberfläche und beobachteten, dass sich Goldatome aus der Oberfläche lösten und sich aneinander reihten, um so einen dünnen, nur wenige Atome dicken Draht aus Gold zu bilden, der die Nickelspitze mit dem Testmaterial verband.

Abb. 1: Ein Nanodraht aus Goldatomen entsteht zwischen einer Nickelspitze und einer Goldfläche

Die Abbildung 1 besteht aus sechs simulierten Momentaufnahmen dieses Prozesses.[1] Oben links ist zu sehen, wie die Nickelspitze auf die Goldoberfläche aufgetroffen ist. Auf den folgenden Bildern wird die Spitze langsam zurückgezogen und dadurch ein dünner Draht aus Gold kreiert. Die Bilder verwenden eine hoch idealisierte Formensprache und lassen sich im Computer sogar als animierte Abfolge betrachten. Darüber hinaus verwenden sie eine artifizielle Einfärbung, die aber in der hier vorliegenden Adaption an den schwarzweiß Druck verloren geht. Landman beschreibt in einem Interview seine eigene Situation als vergleichbar derjenigen eines Experimentators, der den Ausgang eines komplizierten experimentellen Aufbaus beobachtet:

> To our amazement, we found the gold atoms jumping to contact the nickel probe at short distances. Then we did simulations in which we withdrew the tip after contact and found that a nanometer-sized wire made of gold was created. That gold would deform in this manner amazed us, because gold is not supposed to do this.

Das Ergebnis war überraschend, da Gold sich nicht inert, sondern chemisch aktiv verhielt. Das Experiment fand als Simulationsexperiment statt und die Beobachtung am Bildschirm. Hinter dem simulierten Phänomen stand der Einsatz massiver Parallelrechner, die die Interaktionen der Atome in sogenannten *ab initio* Methoden, also im Grunde quantenmechanisch, simulierten. In der Simulation wurde also ein neues und überraschendes Phänomen kreiert, die Herausbildung eines Nanodrahts aus Gold. Trotz der hochgradig anschaulichen Qualität des simulierten Geschehens bleibt die Frage, ob diese Kreation nicht nur einen »virtuellen« Charakter hat. Die Pointe des Beispiels besteht darin, dass sich die Kreation als zutreffende Vorhersage erwies, die zwei Jahre später durch empirische Resultate der Rasterkraftmikroskopie bestätigt werden konnte. Das verwunderte Amüsement, das Landman schildert, wiederholt sich auf einer theoretischen Ebene: Während wohlbekannte physikalische Gesetzmäßigkeiten als Ausgangsbasis der Simulation dienten, bestand das Resultat in einem durchaus unerwarteten Verhalten.

---

[1] Uzi Landman et al.: *Atomistic Mechanisms and Dynamics of Adhesion, Nanoindentation, and Fracture*, in: Science 248 (1990), S. 454-461.

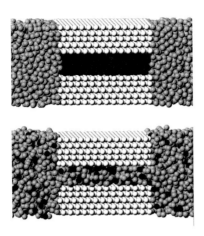

Abb. 2: geordneter Zustand und hohe Reibung (oberes Bild) und durch
Oszillation erzeugte Unordnung mit niedriger Reibung (unteres Bild)

Das zweite Beispiel behandelt Schmierung und die Eigenschaften von Schmierstoffen, denen nur ein sehr eng begrenzter Platz zur Verfügung steht, etwa ein Spalt vom Ausmaß weniger Atome, ein »Nano-Spalt«.[2] Der berühmte Physiker und Nobelpreisträger Richard Feynman, der als der programmatische Begründer der Nanoforschung gilt[3], hatte bereits vermutet, dass es Reibung und Schmierung auf der Nanoskala mit ganz neuartigen Phänomenen zu tun haben würden. Und in der Tat legen Landmans Simulationen nahe, dass das Verhalten langkettiger Schmierstoff-Moleküle eher demjenigen weicher Festkörper (»soft-solids«), als demjenigen von Flüssigkeiten ähnelt.

Das Ergebnis eines Simulationsexperimentes, in dem zwei ebene Schichten (hell, im Original gelb) gegeneinander gleiten, wird in Abbildung 2 gezeigt. Im Spalt zwischen den zwei Schichten befinden sich ein Schmierstofffilm von der Dicke nur weniger Moleküle. Seitlich befindet sich eine größere Menge an Schmiermittel. Der obere Teil der Abbildung zeigt eine Momentaufnahme aus der Bewegung. Die Moleküle des Schmierstoffes bilden geordnete Schichten, was die Reibung während der Bewegung der beiden Ebenen stark erhöht. Nun werden diejenigen Moleküle, die sich im Spalt befinden, dunkel markiert.

---

[2] Uzi Landman: *Studies of Nanoscale Friction and Lubrication*, in: Georgia Tech Research News Oct. 22 (2002), http://gtresearchnews.gatech.edu/newsrelease/MRSMEDAL.htm.
[3] Richard P. Feynman: *There Is Plenty of Room at the Bottom*, in: Engineering and Science, California Institute of Technology (1960).

(Die Einfärbung der originalen Visualisierung ist viel lebhafter.) Landman und seine Kollegen versuchten im weiteren Verlauf des Simulationsexperiments, das Problem der hohen Reibung zu lösen, indem sie den Spalt zwischen den beiden Ebenen leicht oszillieren ließen. Und in der Tat war diese Maßnahme (in der Simulation) erfolgreich. Der untere Teil der Abbildung 2 zeigt, wie die Moleküle ihren geordneten Verband aufgelöst haben, einige farbig markierte sind aus dem Spalt nach außen gewandert, andere nach innen, was eine unregelmäßige Durchmischung anzeigt. Diese »soft-solid« Eigenschaften, wie Landman sie nannte, sind wiederum überraschend, gemessen am normalen Verhalten von Flüssigkeiten.

> We are accumulating more and more evidence that such confined fluids behave in ways that are very different from bulk ones, and there is no way to extrapolate the behavior from the large scale to the very small. (Landman 2002, a.a.O.)

Die Gemeinsamkeit der beiden Simulationsbeispiele liegt darin, dass in einem Bereich, in dem die grundlegenden Gesetzmäßigkeiten wohlbekannt sind, unbekannte und überraschende Phänomene kreiert werden. Dieser Umstand mag einiges zur Faszination der Nanoforschung beitragen und ist zugleich von einer viel weiteren Tragweite für die philosophische Einschätzung der Simulationsmethode.

Komplexitätsbarriere und Simulationsverfahren

Diese eröffnet beides Mal einen kontrollierenden Zugriff auf die kreierten Phänomene. Welche Art der Oszillation zum Beispiel ist geeignet, die Reibung zu verringern? Kreation und Kontrolle greifen eng ineinander. Das ist, so die hier vertretene These, charakteristisch für Simulationen und es passt wie maßgeschneidert zu den Ansprüchen und Erfordernissen einer technikorientierten Wissenschaft. Am Falle der Computersimulationen lässt sich beobachten, wie Wissenschaft und ihre Instrumente sich im Prozess ihrer Entwicklung wechselseitig beeinflussen.

Bei der Anwendung von Simulationen können, wie die Beispiele aufgezeigt haben, die beiden folgenden Aspekte gleichzeitig zu Tage treten:

- Obwohl die theoretischen Gesetzmäßigkeiten, die das dynamische Verhalten des Systems bestimmen, bekannt sind, macht dessen Komplexität Vorhersagen unmöglich: zu viele Komponenten interagieren, zu viele Bedingungen beeinflussen sich gegenseitig. Anders gesagt gibt es eine »Komplexitätsbarriere« für das Verständnis des Systems, zumindest für ein Verständnis, das aus der Theorie stammte.
- Dennoch können durch Simulation neue Phänomene kreiert und gleichzeitig kontrolliert werden. Dabei sind Überraschung, Kreation

und Kontrolle offenbar nicht nur virtuell – man denke an die Bestätigung der Vorhersage des Nanodrahts.

Wie ist es zu erklären, dass die Simulationsresultate und deren Visualisierung eine so große Zuverlässigkeit aufweisen? Auf welche Weise wird die Komplexitätsbarriere – denkt man an erfolgreiche technologische Anwendungen von Simulationsresultaten – effektiv überwunden? Insbesondere stellt sich dabei die Frage, wie das simulationsbasierte Verständnis in Differenz zur theoriebasierten Einsicht in das Verhalten zu kennzeichnen wäre.

Im Folgenden soll skizziert werden, was Simulationsmodellierung in methodologischer Hinsicht auszeichnet und wie eine spezielle Art des Verständnisses der kreierten Phänomene ermöglicht wird. Vor allem das Ineinandergreifen von Simulationsexperimenten und Visualisierungen gestattet es, so die These, ein pragmatisches Verständnis der Phänomene herzustellen und so die Komplexitätsbarriere zu umgehen.

Explorative Experimente und opakes Wissen

Fritz Rohrlich[4] verwies bereits auf das Beispiel des Nanodrahts, um die neue Qualität von Visualisierungen als »dynamically anschaulich« zu betonen und in Lenhard[5] (2004) ist die »Überraschung« thematisiert, die sich für den Beobachter des simulierten Experiments ergab. Der Charakter als Experiment, sowie die visuelle Darstellung des sich entwickelnden Drahtes sind sicher zentrale Merkmale dieses Beispiels und gleichermaßen entscheidende Kennzeichen von Computersimulationen. Diese eröffnen einen neuen experimentellen Zugang und verändern dadurch Begriff und Praxis des Modellierens. Zugegebenermaßen handelt es sich bei Simulationsexperimenten, die auch als numerische Experimente bezeichnet werden, um eine spezielle Art von Experimenten, deren Status zu philosophischen Debatten Anlass gegeben hat. Können Simulationsexperimente zu Recht als Experimente bezeichnet werden? Stellen Simulationen einen dritten Weg dar, zwischen Experiment und Theorie? Jedenfalls nimmt die Diskussion um das Experimentieren eine Schlüsselstellung ein in den Versuchen, Simulation philosophisch zu verorten – beginnend mit Paul Humphreys und Fritz Rohrlich, bis hin zu den kürz er-

---

[4] Fritz Rohrlich: *Computer Simulation in the Physical Sciences*, in: Forbes/Fine/Wessels (Hgs.): PSA 1990, East Lansing: Philosophy of Science Association 1991, S. 507-518.
[5] Johannes Lenhard: *Nanoscience and the Janus-faced Character of Simulations*, in: D. Baird/ A. Nordmann/J. Schummer (Hgs.): Discovering the Nanoscale, Amsterdam: IOS Press, S. 93-100.

schienen Beiträgen von Evelyn Fox Keller, Eric Winsberg, oder Küppers und Lenhard[6].

Bei numerischen Experimenten handelt es sich wohlgemerkt nicht um blindes Ausprobieren, sondern um hochgradig theoretisch angeleitete Experimente. Die Beschreibung der Vorgehensweise als »numerische Lösung« eines analytisch nicht zugänglichen Problems trifft übrigens die Sache nicht. Das wäre bei der schrittweisen Bestimmung der Nullstelle einer Funktion der Fall. Im Allgemeinen jedoch handelt es sich nicht um einen Algorithmus, der mit kraftvoller Rechenleistung den »wahren« Wert näherungsweise bestimmte – es mangelt schon an einer geeigneten Vergleichsinstanz. In vielen Fällen nämlich gibt es keine mathematisch-analytische Lösung, von der dann ein numerisches Verfahren mehr oder weniger weit abweichen würde. Es kann geradezu als Kennzeichen komplexer Systeme genommen werden, dass deren Dynamik nicht explizit bekannt ist. Zum simulierten goldenen Draht gibt es kein mathematisches Gegenstück, mit dem er sich vergleichen ließe.

Das Experimentieren ist vor allem integraler Bestandteil des Modellierungsprozesses. Im Laufe einer Simulation werden in der Regel zahlreiche Anpassungen des Modells vorgenommen, jeweils im Lichte der Resultate explorativer Experimente. Zum Beispiel wird ein Parameter variiert mit dem Ziel, für das weitere Verfahren denjenigen Wert festzuhalten, der am besten passt. Das aber ist meist nur im Nachhinein – im Lichte des simulierten Verhaltens – zu beurteilen. Deshalb ist auch die Rechenleistung des Computers bedeutsam: Das schrittweise Abtasten des Parameterraumes etwa erfordert die Durchführung der Simulation für jeden einzelnen der betrachteten Werte. Die Wahl eines Parameterwertes kann weitgehend unabhängig von theoretischen Erwägungen erfolgen und sich stattdessen am Gesamtbild des Modellverhaltens orientieren, das sich schließlich aus den Iterationen ergibt. Das bemerkenswerte an der Simulationsmethode ist also, aus der fehlenden theoretisch-mathematischen Durchdringungstiefe methodologisches Kapital zu schlagen, indem sie Modellvariationen weniger aufgrund ihrer Plausibilität, sondern aufgrund ihres im Experiment bestimmten Verhaltens analysiert! Diese Vorgehensweise ist typisch für Simulationen und verwandt mit den sogenannten

---

[6] Paul Humphreys: *Computer Simulations*, in: Fine/Forbes/Wessels (Hgs.): PSA 1990, East Lansing: Philosophy of Science Association 1991, S. 497-506; Fritz Rohrlich: a.a.O.; Evelyn Fox Keller: *Models, Simulation, and ›Computer Experiments‹*, in: Hans Radder (Hg.): The Philosophy of Scientific Experimentation, Pittsburgh: University of Pittsburgh Press 2003, S. 198-215; Eric Winsberg: *Simulated Experiments: Methodology for a Virtual World*, in: Philosophy of Science 70 (2003), S. 105-125; Günter Küppers und Johannes Lenhard: *Computersimulationen: Modellierungen zweiter Ordnung*, in: Journal for General Philosophy of Science (2005, im Erscheinen).

quasi-empirischen Methoden, wie sie zum Beispiel Ramsey[7] thematisiert. Das explorative Experimentieren wird zum integralen Bestandteil des Modellbildungsprozesses selbst.

An dieser Stelle ist nun das zweite der erwähnten Kennzeichen von Simulationen, die anschauliche Darstellung, insbesondere die Visualisierung, von entscheidender Bedeutung. Von Computerspielen ist wohlbekannt, dass sie eine regelrechte virtuelle Realität kreieren können, deren absorbierende Glaubhaftigkeit auf der realistischen Darstellung des Geschehens, für unter Umständen mehrere Sinne, beruht. In der Wissenschaft findet sich eine andere, gleichwohl ähnlich funktionierende Gebrauchsweise. Forscher wie Landman sind nicht darauf angewiesen, die Details des komplizierten Zusammenwirkens der verschiedenen theoretischen Komponenten zu durchschauen. Sie können sich gewissermaßen im Modellverhalten orientieren und das Verhalten des Modells »verstehen«, indem sie mit dessen anschaulicher Darstellung interagieren. Beim Beispiel von Reibung und Schmierung etwa können sie beobachten, welchen Einfluss eine Veränderung der Oszillationsfrequenz auf das Verhalten des Schmiermittels hat. Die Resultate der variierenden Experimente werden sofort in visuelle Darstellung »umgerechnet«. So wird eine Orientierung im Modell ermöglicht, die mit der Betrachtung eines unbekannten Gegenstands und seines Verhaltens vergleichbar ist.

Einerseits scheint sich die theoretische Reflexion über das Modell zu verschieben, hin zum Erleben im Modell, und andererseits behält die simulierte Bewegung im Modell bei aller Plastizität doch auch etwas Fremdes und Undurchschautes. Diese Koinzidenz ist der Simulationsmethode eigentümlich: Sie leistet eine oft hyper-realistische Darstellung von Wissen, das im Kern – jedenfalls nach den etablierten Maßstäben – nicht völlig eingesehen ist. Kurz: Simulation offeriert eine luzide Darstellung opaken Wissens und koppelt damit zwei Bestandteile aneinander, die in starker Opposition zueinander zu stehen scheinen.

Simulation und Technologie

Diese Spannung spricht keineswegs gegen die Relevanz simulationsbasierten Wissens in der technologischen Anwendung. Ganz im Gegenteil, so wird im folgenden argumentiert, scheint die Simulationsmethode gleichsam maßgeschneidert zu sein für die Erfordernisse der Technologie, bzw. der technikorientierten Wissenschaft. Dort nämlich ist das allgemeine Wissen, wie es in Naturgesetzen Ausdruck findet, nur dann überhaupt brauchbar, wenn es sich

---

[7] Jeffry L. Ramsey: *Between the Fundamental and the Phenomonological: The Challenge of the Semi-Empirical Methods*, in: Philosophy of Science 64 (1997), S. 627-653.

hinreichend konkretisieren lässt. Die Fallstricke auf dem Weg von allgemeinen Gesetzen zu konkreten Anwendungen hat Nancy Cartwright in ihrem einflussreichen Buch »How the Laws of Physics Lie« in Erinnerung gerufen. Daran schloss sich die in der Wissenschaftsphilosophie bis heute virulente Diskussion um die Rolle der Modelle an. Sicherlich stellen Simulationsmodelle eine wichtige Art in der Familie der Modelle dar. Die soeben geschilderten methodologischen Eigenschaften geben berechtigten Anlass, von einer neuen Konzeption der Modellierung zu sprechen.

Der springende Punkt für eine technologische Anwendung ist nicht der Bezug auf allgemeine Gesetze, sondern ein Zugriff auf konkrete Situationen: Mit welchen Phänomenen in welcher quantitativen Ausprägung hat man es zu tun – und welche konkrete Vorhersage ergibt sich daraus? Es kommt auf das Verhalten unter konkreten Anfangs- und Randbedingungen an (des Materials, der Umgebung, des zeitlichen Ablaufs etc.). Erst derartiges Wissen kann man erfolgreich anwenden und Verhalten technisch nutzbar machen. Das schränkt einerseits die Relevanz von Gesetzeswissen stark ein. Rezepte im Sinne von Design-Regeln sind gefragt, was andererseits die Anforderungen abmildert, denn dazu ist nicht unbedingt theoretische Einsicht vonnöten.

Man könnte zunächst einwenden, dass theoretisches Gesetzeswissen die beste Voraussetzung dafür ist, erfolgreiche Rezepte abzuleiten. Generell trifft das jedoch nicht zu. Die Kernfusion zum Beispiel ist theoretisch sehr gut durchdrungen, aber man ist weit davon entfernt, tatsächlich einen Reaktor bauen zu können – zu komplex sind die Probleme, die sich einer konkreten Realisierung stellen. Im Falle des goldenen Nanodrahts, der von einer sich entfernenden Nickelspitze erzeugt wurde, war überraschendes Verhalten in Simulationsexperimenten beobachtet worden. Das Phänomen konnte später bestätigt werden, aber die Simulation liefert keine »Erklärung« im üblichen Sinne. Natürlich sind Gesetze im Simulationsmodell implementiert, aber die Relation zwischen der allgemeinen Schrödingergleichung und dem goldenen Draht bleibt undurchsichtig. Landman konnte überrascht sein, einen Draht zu beobachten, jedoch keine Einsicht gewinnen, wieso sich solch ein Draht bildet. Obwohl offenbar auf Theorie gestützt, bietet die Simulation keine theoriegestützte Einsicht.

Gleichwohl erbringen Simulationen eine gewisse explanatorische Leistung. Man versteht ein Gerät, wenn man ein Gefühl für den Umgang mit diesem entwickelt, also für die Reaktionen auf mögliche Eingriffe. Genau dies vermögen Simulationen zu leisten, wie das Beispiel des Goldfadens vor Augen führt. Systematisch handelt es sich dabei um eine pragmatisch geprägte Auffassung von Verstehen, das an der Fähigkeit zum Eingreifen ansetzt.

Die in der Wissenschaftsphilosophie übliche Auffassung des wissenschaftlichen Verständnisses ist von der wissenschaftlichen Erklärungsleistung abgeleitet. Wenn ein Phänomen erklärt wird, so hat man es, grob gesagt, verstanden. Dabei bestehen große Differenzen darüber, worin gelungene Erklärungen eigentlich bestehen, siehe etwa die Kontroverse um vereinheitlichende und kausale Erklärung.[8] Das Verständnis wird jedenfalls eher als eine abgeleitete Größe behandelt und meistens im Sinne durchschauender Einsicht aufgefasst. Richard Feynman hat dies griffig auf den Punkt gebracht: Eine Gleichung hat man verstanden, wenn man das durch sie beschriebene Verhalten angeben kann, ohne sie tatsächlich zu lösen.

Diese Ansicht deckt sich freilich nicht mit den genannten Merkmalen von Simulationen. Vielmehr hat die Diskussion der Beispiele gezeigt, dass sich das simulationsbasierte Verständnis gerade nicht in der Einsicht in das Verhalten unter Verzicht auf Kalkulation ausdrückt. Das Gegenteil ist der Fall. Die massive Kalkulation, die für die für die Visualisierung der Resultate notwendig ist und damit eine der Grundlagen für die Auffassung von Simulationen als numerische Experimente bildet, *ermöglicht* erst ein Verständnis im pragmatischen Sinn. Dieses Verständnis ist am Potential zur Intervention festzumachen und besitzt daher eine große Affinität zur technikorientierten Wissenschaft, der es ja letztlich auf Herstellung technologischer Artefakte ankommt. Handhabung und Neuentwicklung von technischen Geräten verlangen oft gar kein avanciertes, gesetzesbasiertes Verständnis, sondern kommen mit lokalen Anpassungen aus. In der Technikphilosophie ist die Eigenständigkeit des Ingenieurwissens oft betont worden.[9] Zwar können sich technische Neuerungen auch aus der Anwendung wissenschaftlicher Forschungsleistungen ergeben, aber brauchbare Regeln für das Design solcher Artefakte müssen sich eben nicht zwangsläufig auf die theoretische Durchdringung des betreffenden Sachbereichs stützen. Stattdessen reicht nicht selten auch ein experimentell gestützter Zugriff aus – und unter Umständen auch simulationsbasiertes, numerisches Experimentieren.

Einem grundlagenorientierten Theoretiker mag all das als defizitär erscheinen, erfüllt aber die Anforderungen einer technisch orientierten Wissenschaft, wie sie zum Beispiel die Nanowissenschaft darstellt. Sie benötigt ein Potential zur Intervention und zur Kontrolle von Phänomenen. Und passgenau in dieser Hinsicht scheinen Simulationen ein Verständnis zu ermöglichen. Im Falle der sich bewegenden Ebenen zum Beispiel führte die Manipulation der Bewegung, das leichte Oszillieren, zur Wiederherstellung der gewünschten Eigenschaften des Schmiermittels. Dies Beispiel zeigt, wie technische Anwendungen, Design-Regeln und auf Simulationen basierendes pragmatisches Verständnis zusammenwirken können. Die Technowissenschaft kann sich mit erfolgreichen Design Regeln bescheiden und Simulationen scheinen das ge-

---

[8] Philip Kitcher/Wesley C. Salmon (Hgs.): *Scientific Explanation*, Minneapolis: University of Minnesota Press 1989.
[9] Vgl. z.B. Walter G. Vincenti: *What Engineers Know and How They Know It*, Baltimore: Johns Hopkins Press 1990.

eignete Instrument zu sein, die Komplexitätsbarriere zu umgehen, indem sie das nötige Verständnis der Phänomene in einem pragmatischen Sinne ermöglichen.

Fazit: Kreation und Kontrolle

Die oben geschilderten Beispiele waren eng mit einer mathematisierten Fassung der physikalischen Gesetze verbunden (Schrödingergleichung als Grundlage der Simulationsalgorithmen), die Phänomene waren aber dennoch zu komplex, um im eigentlichen Sinne »durchschaubar« zu sein – Simulationen mussten als Krücke herhalten. Man kann darin einen typischen Prozess wissenschaftlichen Fortschritts sehen, indem ein neues Instrument geschaffen und benutzt wird, um die allzu limitierten Fähigkeiten der menschlichen Subjekte zu erweitern. Und Humphreys ordnet in seinem Buch »Extending Ourselves« (2004, a.a.O.) Computermethoden auch genau in diese Dynamik ein.

Darüber hinaus sollte man die spezielle Affinität von Technologie und Simulation nicht außer Acht lassen, die in methodologischer Hinsicht wie maßgeschneidert füreinander sind. Dahinter steht ein Prozess, der in mehrfacher Weise reizvoll für die wissenschaftsphilosophische Analyse ist: Die Verbreitung des Computers und der Computersimulation zieht eine tiefgehende Transformation der wissenschaftlichen Kultur nach sich, so verschmelzen die beiden Bereiche des »Representing and Intervening«, deren grundlegende Bedeutung Ian Hacking hervorgehoben hat.[10] Im vorliegenden Aufsatz wurde dafür argumentiert, dass Kreation *und* Kontrolle von Phänomenen in einer engen und für Simulationen charakteristischen Weise ineinander greifen. Darüber hinaus dauert dieser kulturelle Transformationsprozess weiter an und ist in der Philosophie noch wenig thematisiert worden. Insbesondere geht die Verfügbarkeit des pragmatischen Verständnisses mit einer tiefgehenden Transformation einher. Das seit Newton vorherrschende Paradigma mathematisierter Wissenschaft wird gewissermaßen reflexiv: Modellverhalten selbst wird opak, anstatt für Cartesische Luzidität und Transparenz zu sorgen. Man könnte hier einen Vergleich zur methodischen Revolution ziehen, welche die Entstehung der modernen Naturwissenschaft begleitet hat, nämlich die von Leibniz und Newton entwickelte Differentialrechnung, mit der ein passendes Instrument gefunden war, um Klarheit und Einsicht zu ermöglichen. Simulation ermöglicht ebenfalls Verständnis, nämlich als Potential zur Intervention

---

[10] Ian Hacking: *Representing and Intervening. Introductory Topics in the Philosophy of Natural Science*, Cambridge: Cambridge University Press 1983.

in komplexen Zusammenhängen. Dieser Vergleich freilich kommt einer Neubestimmung von Einsicht und Verständnis gleich.[11]

Literatur

FEYNMAN, Richard P.: *There Is Plenty of Room at the Bottom*, in: Engineering and Science, California Institute of Technology (1960).
HACKING, Ian: *Representing and Intervening. Introductory Topics in the Philosophy of Natural Science*, Cambridge: Cambridge University Press 1983.
HUMPHREYS, Paul: *Computer Simulations*, in: Fine/Forbes/Wessels (Hgs.): PSA 1990, East Lansing: Philosophy of Science Association 1991, S. 497–506.
KELLER, Evelyn Fox: *Models, Simulation, and »Computer Experiments«*, in: Hans Radder (Hg.): The Philosophy of Scientific Experimentation, Pittsburgh: University of Pittsburgh Press 2003, S. 198–215.
KITCHER, Philip/SALMON, Wesley C. (Hgs.): *Scientific Explanation*, Minneapolis: University of Minnesota Press 1989.
KÜPPERS, Günter/LENHARD, Johannes: *Computersimulationen: Modellierungen zweiter Ordnung*, in: Journal for General Philosophy of Science (2005, im Erscheinen).
LANDMAN, Uzi et al.: *Atomistic Mechanisms and Dynamics of Adhesion, Nanoindentation, and Fracture*, in: Science 248 (1990), S. 454–461.
LANDMAN, Uzi: *Studies of Nanoscale Friction and Lubrication*, in: Georgia Tech Research News, Oct. 22 (2002), http://gtresearchnews.gatech.edu/newsrelease/ MRSMEDAL.htm.
LENHARD, Johannes: *Nanoscience and the Janus-faced Character of Simulations*, in: D. Baird/A. Nordmann/J. Schummer (Hgs.): Discovering the Nanoscale, Amsterdam: IOS Press, S. 93–100.
RAMSEY, Jeffry L.: *Between the Fundamental and the Phenomonogical: The Challenge of the Semi-Empirical Methods*, in: Philosophy of Science 64 (1997).
ROHRLICH, Fritz: *Computer Simulation in the Physical Sciences*, in: Forbes/Fine/Wessels (Hgs.): PSA 1990, East Lansing: Philosophy of Science Association 1991, S. 507–518.
VINCENTI, Walter G.: *What Engineers Know and How They Know It*, Baltimore: Johns Hopkins Press 1990.
WINSBERG, Eric: *Simulated Experiments: Methodology for a Virtual World*, in: Philosophy of Science 70 (2003), S. 105–125.

---

[11] Ich möchte Martin Carrier, Günter Küppers und Alfred Nordmann für hilfreiche Diskussionen danken.

Computersimulationen im Entdeckungszusammenhang

KARSTEN WEBER (FRANKFURT/ODER)

Einleitung und Abgrenzung

In den Geistes-, Sozial- und Kulturwissenschaften wird spätestens seit Beginn des 19. Jahrhunderts[1] über die Dichotomie von ›Erklären‹ und ›Verstehen‹ diskutiert (bspw. Schleiermacher 1993; Dilthey 1993) – man könnte auch sagen, dass diese Unterscheidung konstitutiv für die Geistes-, Sozial- und Kulturwissenschaften war. Dabei wird unterstellt, dass Naturwissenschaften zum Ziel hätten, Erklärungen über kausale Mechanismen der Naturphänomene zu liefern, wohingegen Geistes-, Sozial- und Kulturwissenschaften hülfen, soziales Handeln von Menschen zu verstehen. Verstehen wird hierbei oft im Gegensatz zum Erklären gesehen: Allenfalls sei möglich, Handeln von Menschen in konkreten Einzelfällen intersubjektiv nachvollziehbar zu machen, indem Motive und Gründe des Handelns aufgedeckt würden, aber es sei nicht möglich, allgemeine Gesetze anzugeben, denen das menschliche Handeln unterläge.[2]

Um diese Unterscheidung von ›Erklären‹ und ›Verstehen‹ soll es im Folgenden jedoch nicht gehen. Meist wird in der wissenschaftstheoretischen Literatur unter einer Erklärung der Prozess verstanden, ein Explanandum durch Angabe von Gesetzen sowie Start- und Randbedingungen im Rahmen eines deduktiv-nomologischen oder induktiv-statistischen Schemas zu erklären. Komplementär und nicht konträr dazu soll ›Verstehen‹ im Folgenden so gefasst werden: Es ist möglich, plausible Argumente anzugeben, die verdeutlichen, warum Theorien ein gegebenes Explanandum erfolgreich erklären können oder nicht. These des Beitrags ist, dass Computersimulationen zu diesem ›Verstehen‹ gut beitragen können, wohingegen sie bei der Unterstützung von Erklärungen mehr Probleme als Nutzen mit sich bringen. Gründe dafür sind in den erheblichen methodologischen Schwierigkeiten zu sehen, die Computersimulationen mit sich bringen.

Verzichtet man jedoch auf den Anspruch, Simulationen zur Erklärung zu nutzen und unterstützt stattdessen Verstehensleistungen, verschwinden diese Probleme zwar nicht, aber stellen auch keine ernsthaften Einwände (siehe

---

[1] Zur Geschichte der Hermeneutik als ›Ort‹ des Verstehens siehe bspw. Seiffert 1992, S. 17 ff.
[2] Zum Begriffsumfang von ›Verstehen‹ siehe bspw. Ineichen 1991, S. 28ff.

Weber 2004) gegen die Nutzung von Simulationen im Forschungsprozess dar. Um dies zu zeigen, werden zunächst Einsatzgebiete, Vorteile und damit einhergehenden methodischen Probleme von Computersimulationen skizziert sowie die alternative Nutzung von Simulationen zur Unterstützung des Verständnisses des jeweiligen Gegenstandsbereichs vorgeschlagen. Es soll gezeigt werden, dass Computersimulationen insbesondere im Entdeckungszusammenhang kreativ genutzt werden können, da mit ihnen auf gleichsam spielerische Weise Szenarien erprobt und Konsequenzen theoretischer Annahmen evaluiert werden können. Dies soll im Folgenden in erster Linie an Beispielen der sozialwissenschaftlichen Forschung aufgezeigt werden.

Einsatz, Vorteile und methodische Probleme von Simulationen

Schon 1969, Computer waren noch nicht allgemein zugänglich und beileibe nicht so leistungsfähig wie heute, findet sich dieses Zitat: »Simulation may make possible experiments to validate theoretical predictions of behavior in case where experimentation on the system under study would be impossible, prohibitively expensive, or complicated by the effects of interaction of the observer with the system under study« (Meier/Newell/Pazer 1969, S. 2). Es werden also wesentliche Limitierungen des Forschungsprozesses genannt, die Simulationen durchbrechen könnten. Ergänzend (vgl. Badiro/Sieger 1998, S. 130) erlauben sie, Systeme zu untersuchen, die (noch) nicht existieren. Möglich wird bspw., Funktion und Leistung von Geräten und Produkten zumindest teilweise vor dem Bau eines Prototyps zu prüfen; dies kann Kosten sparen und ermöglicht einen iterativen Verbesserungsprozess.

Grenzen der Beobachtbarkeit existieren aber nicht nur in den Ingenieurs- und Naturwissenschaften. So werden bspw. in Rational Choice-Theorien des menschlichen Handelns theoretische Annahmen über Einstellungen, Motive, Nutzenfunktionen oder Präferenzen getroffen, die nicht direkt beobachtbar sind; sozialwissenschaftliche Untersuchungen können ihren Gegenstand beeinflussen; zudem können Humanexperimente ethisch bedenklich sein (vgl. Séror 1996, S. 21). Daneben unterliegt Forschung Bedingungen der Ressourcenknappheit. Grenzen der Beobachtbarkeit finden sich nicht nur in der Natur, sondern auch in der von Menschen geschaffenen sozialen Welt: Grenzen in den Sozialwissenschaften sind oft nicht nur jene der Beobachtbarkeit, sondern gleichzeitig auch die der Verantwortbarkeit entsprechender Beobachtungen.

Die Nutzung von Simulationen verspricht nun die Überwindung solcher Limitierungen durch »Virtualisierung« der jeweiligen Forschungsgegenstände. Vorteile sind weiterhin, dass sie die Prozessionalisierung theoretischer Annahmen, den Nachweis der Vollständigkeit einer Theorie, die Analyse beliebig komplizierter nicht-linearer Modelle, die Entdeckung unerwarteter Konsequenzen theoretischer Annahmen und die Überprüfung der Konsequenzen von Verteilungsannahmen ermöglichen sowie Vorteile in der Kommunikation theoretischer Konzepte durch die notwendige Explizierung in der Programmierung und damit eine leichtere Kritisierbarkeit der Annahmen bieten (Schnell 1990, S. 118ff.; Troitzsch 1990, S. 30ff.; Bossel 1994, S. 27). Die skizzierten Vorteile und Möglichkeiten tauchen immer wieder in den einschlägigen Publikationen auf, wobei Gewichtung und konkrete Benennung differieren können (vgl. Axelrod 1997a, S. 23f.; Conte 1997, S. 13f.; Latané 1996, S. 295f.; Séror 1996, S. 21f.). Immer beziehen sie sich aber sowohl auf den Entdeckungs- als auch den Begründungszusammenhang von Hypothesen und Theorien. Im Folgenden soll aufgezeigt werden, dass die Nutzung von Computersimulationen im Rahmen des Entdeckungszusammenhangs vergleichsweise unproblematisch ist, im Begründungszusammenhang jedoch mehr methodische Probleme mit sich bringt als löst.

Sozionik als ein Beispiel für ein interdisziplinäres Projekt von Sozialwissenschaften und Informatik beinhaltet explizit die Nutzung von Simulationen für soziologische Forschung; dabei werden meistens drei spezifische Nutzungsweisen genannt:

1. Konstruktion künstlicher Gemeinschaften, um zu zeigen, wie reale Gemeinschaften aufgebaut sein müssen (Gilbert/Troitzsch 1999),
2. Ersetzung von Beobachtungen durch Simulationsergebnisse zur Theoriebestätigung oder -Falsifikation (Martial 1992, S. 8) und
3. Überprüfung theoretischer Implikationen soziologischer Theorien (Malsch et al. 1998, S. 17). Diese Nutzungsweisen sollen nun etwas genauer betrachtet und ihre Probleme aufgezeigt werden.

Der Ablauf der Theorieprüfung kann mithilfe des DN- bzw. H-O-Schemas der Erklärung rekonstruiert werden (Hempel 1977, S. 6). Zwar werden gegen diese Auffassung zahlreiche Einwände erhoben (vgl. Balzer 1997, S. 322ff.); andererseits wird die Nutzung von Multi-Agenten-Systemen, die bspw. Schnell (1990, S. 125) als viel versprechende Variante der Simulationsnutzung in den Sozialwissenschaften betrachtet, von Manhart (1995, S. 50) entsprechend dargestellt (s. u.). Insofern scheint es berechtigt, das Schema als grobes Muster der Theorieprüfung anzuführen.

Eine wissenschaftlich gültige und adäquate Erklärung liegt dann vor, wenn dabei einige Kriterien erfüllt sind (Stegmüller 1969, S. 86; vgl. Bunzl 1993, S. 2), von denen hier insbesondere die Forderung, dass das Explanans empirischen Gehalt besitzen muss, von Bedeutung ist. »Empirischer Gehalt« kann zwar so verstanden werden, dass Beobachtungen nur logisch möglich sein müssen, ohne vollzogen worden oder überhaupt tatsächlich durchführbar zu sein (Schlick 1932, S. 8; Popper 1989, S. 13/15). Eine andere Deutung ist jedoch, dass nicht nur die logische Möglichkeit der empirischen Prüfung gegeben sein muss, sondern dass tatsächlich Beobachtungen existieren müssen, damit das Explanans einen empirischen Gehalt besitzt (Popper 1989, S. 14/17; Wendel 1998, S. 48ff.). Diese letzte Sichtweise vorausgesetzt bieten in Fällen, in denen sowohl die Anfangsbedingungen A_1, A_2,..., A_m als auch die Gesetze G_1, G_2,..., G_n als hypothetisch bezeichnet werden müssen und selbst das Explanandum nur wenig präzise benannt werden kann (für entsprechende Beispiele siehe Doran/Gilbert 1994; Doran et al. 1994; Mithen 1994), Simulationen, die zu jenem Explanandum führen sollen, keinerlei Erkenntnisgewinn; ihre Ergebnisse bleiben spekulativ.

Simulationen sollen ebenfalls dabei helfen, die Implikationen einer Theorie kognitiv besser zu durchdringen. So sind bspw. bei Multi-Agenten-Simulationen, in denen Interaktionen einer großen Zahl von Akteuren simuliert werden, Emergenzeffekte denkbar, die aus einer Theorie rational handelnder Akteure allein nicht zu erwarten sind (vgl. Drogoul/Ferber 1994; Gilbert 1996b, S. 5ff.; Hegselmann 1996a, S. 304; Nowak/Latané 1996; Manhart 1995, S. 39/49; Marney/Tabert 2000, Abs. 5.5/5.6). Dabei ist jedoch eine Reihe von Problemen zu beachten:

a) Sozialwissenschaftliche Theorien auf der einen und Programme auf der anderen Seite nutzen in der Regel eine jeweils unterschiedliche Wissensorganisation und -repräsentation,

b) die Abbildung von Realzahlen in die Fließkomma-Arithmetik des Computers, die bei der numerischen Lösung von Differentialgleichungen bei häufigen Iterationen zu falschen Schlussfolgerungen führen kann (Traub 1996, S. 247),

c) das Problem der Überführung von Modellaxiomen in die Konstrukte einer Computersprache (Balzer 1997, S. 119),

d) die Notwendigkeit der Explizierung aller theoretischen Annahmen für die Programmformulierung einer Theorie kann zu anderen Hypothesen führen als im ursprünglichen Modell enthalten (Manhart 1995, S. 52ff.),

e) Übersetzungsvorgänge bergen die Gefahr der Fehlinterpretation der Aussagen und Konstrukte innerhalb einer Theorie (Lindenberg 1977, S. 90ff.),

f) eigentlich außertheoretische Probleme, bspw. die Spielfeldgröße oder die Konzeption von Zeit in zellularen Automaten (Hegselmann 1996b) können die Ergebnisse beeinflussen und

g) Seiteneffekte der Simulationsumgebung (bspw. Hardware, Betriebssystem) auf theorie-realisierende Algorithmen, die nur schwer zu entdecken sind und so das Verhalten des Programms bzw. der Simulation unkontrolliert beeinflussen können (Manhart 1995, S. 55).

All dies führt dazu, dass Simulationen wie Theorien nicht nur validiert, sondern zusätzlich die sie realisierenden Programme verifiziert[3] werden müssen (vgl. Fraedrich/Goldberg 2000; Kleijnen 1995; Kleijnen/Sargent 2000). Selbst wenn die skizzierten Probleme gelöst werden, gilt, dass die Überprüfung theoretischer Implikationen selbst noch keinen Bezug zu den Gegenständen der Theorie herstellen kann. Die Postulierung von Entitäten, wie es bspw. eine Simulation des wissenschaftlichen Publikationswesens mit so genannten »Kenes« demonstriert (Gilbert 1998, S. 9ff.), bleibt solange rein spekulativ, wie keine Überprüfung auf das Vorhandensein entsprechender Entitäten in der Realität erfolgreich vollzogen wurde. Die bloße Reproduktion ähnlicher Ergebnisse in der Realität und in der Simulation kann allein kein Beleg für die zugrunde liegende Theorie sein.

Sozialwissenschaftliche Fragestellungen, insbesondere bei Voraussetzung eines methodologischen Individualismus, sind für die Untersuchung mithilfe von Multi-Agenten-Systemen prädestiniert, da Akteure, Wechselwirkungen und Interaktionen direkt in der Simulation abgebildet werden können. Beispiele hierfür finden sich bei Robert Axelrod (bspw. Axelrod 1984; Axelrod 1997b) oder Epstein und Axtell (1996; vgl. Casti 1997, S. 170ff.; Deadman 1999, S. 162f.). Derartige Simulationen sollen bspw. klären helfen, wie sich Akteure mit bestimmten Eigenschaften in der Konfrontation mit anderen Akteuren verhalten oder welche Makrozustände aus dem individuellen Verhalten von Akteuren entstehen. Angelehnt an das H-O-Schema der deduktiv-nomologischen Erklärung werden die Anfangsbedingungen durch den Input und die Gesetzesaussagen durch die Programme der Simulation ersetzt. Das Explanandum wird durch den Output der Simulation realisiert. Die Idee ist, dass die Programme, die die Agenten realisieren, als Äquivalent von Theorien des sozialen Handelns in der Formulierung mit einer Programmiersprache zu betrachten sind (Manhart 1995, S. 50). Deshalb gelten auch für Multi-Agenten-Systeme die obigen Bemerkungen: Damit entsprechende Simulationen als wissenschaftlich gültige und adäquate Erklärungen gelten können, müssen die verwendeten Sätze empirischen Gehalt besitzen. Gilt dies nicht, können auch Multi-Agenten-Systeme allenfalls prospektiv genutzt werden: Sie erlauben Planspiele.

Verstehen statt Erklären

Der heuristische Wert bei der Theoriebildung ist jedoch unbestreitbar, denn sofern die Anfangsbedingungen empirisch gestützt sind oder doch zumindest

---

[3] Die Verifikation eines Programms ist nicht gleichzusetzen mit der Verifikation einer Theorie.

bewährten Plausibilitätsannahmen entsprechen, können Theorieentwürfe, die als Simulation Ergebnisse liefern, die in realen Situationen so nie auftauchen, mit guten Gründen infrage gestellt werden (vgl. Klüver/Stoica/Schmidt 2003, Abs. 5.3); insofern sind Theoriebildung und -prüfung zwei Seiten einer Medaille. Entsprechende Schlussfolgerungen erfordern jedoch, dass überhaupt sozialwissenschaftliche Daten zur Verfügung stehen, die mit den Simulationsergebnissen verglichen werden können; verschiedene Autoren sehen aber gerade hier ein Defizit in den Sozialwissenschaften (bspw. Gilbert 1996a, S. 451; Müller 1996, S. 67).

Betrachtet man die einzelnen hier angeführten Verwendungsweisen von Computersimulationen und die damit einhergehenden methodischen Schwierigkeiten, so wird deutlich, dass sie im Prozess der Erklärung im Saldo eher Nachteile mit sich bringen. Die weiter oben angeführten Vorteile werden in aller Regel durch den zusätzlichen Aufwand der Verifizierung von Programmen, durch oft nicht einfach zu durchschauende Übersetzungs- und Umsetzungsprobleme und ganz allgemein durch die für Sozialwissenschaftler ungewohnte Technik kompensiert.

Dies ist darin begründet, dass an wissenschaftliche Erklärungen erhebliche Qualitätsmaßstäbe gelegt werden. Die Gesetzesaussagen, die in einer deduktiv-nomologischen oder induktiv-statistischen Erklärung genutzt werden, haben immer hypothetischen Charakter, sie stellen letztlich nur Vermutungs- und kein sicheres Wissen dar. Ähnliches gilt für Start- und Randbedingungen, denn selbst ihre Sicherheit unterliegt einer letztlich nicht auszuräumenden Skepsis. Nicht nur aus Sicht des Kritischen Rationalismus ist unser Wissen allenfalls gut bewährt. Gerade wenn man diese Sichtweise akzeptiert, ist es problematisch, in den Prozess der Erklärung Faktoren wie Computersimulationen zu integrieren, deren Korrektheit selbst erheblichen Zweifeln ausgesetzt ist. Okkhams Rasiermesser sollte daher nicht nur an die Aussagen, die in einer Erklärung genutzt werden, angesetzt werden, sondern ebenfalls bei den Methoden der Ableitung des Explanandums aus dem Explanans. Daher ist der Einsatz von Computersimulationen im Kontext des Begründungszusammenhangs von Hypothesen und Theorien skeptisch zu beurteilen.

Etwas anders fällt die Bewertung von Computersimulationen aus, wenn sie dazu verwendet werden, um die Durchdringung bzw. das Verstehen des jeweiligen Forschungsgebiets zu unterstützen und den kreativen Prozess der Entwicklung neuer Ideen, Hypothesen und Theorien zu unterstützen. Die oben angeführten Verwendungsweisen, bei aller Vorsicht gegenüber den mit ihnen einhergehenden methodischen Zweifeln, erlauben es, aus der großen Menge möglicher Theorien jene herauszufiltern, deren Plausibilität hoch ist. Zeigen die Ergebnisse von »explorativen« Simulationen bspw., dass bestimmte theoretische Annahmen in der Realität zu völlig unwahrscheinlichen Konsequenzen führen, so macht es Sinn, entsprechende Theorieteile zu verwerfen oder zu revidieren.

Damit ist keine Erklärung von Phänomenen aus dem interessierenden Realitätsausschnitts verbunden. Stattdessen kann so das Verstehen des jeweils betrachteten Forschungsgegenstands und seiner Umwelt unterstützt werden. Klarerweise ist dieses Variante des Verstehens nicht gleichzusetzen mit jenem Verstehen, wie es üblicherweise in den Geistes-, Sozial- und Kulturwissenschaften aufgefasst wird. Verstehen soll eben nicht nur das bloße Nachvollziehen der Handlungsmotive von Menschen in einem singulären Kontext sein, womöglich sogar bloß subjektiv; Verstehen in allen Disziplinen der Wissenschaft soll hier stattdessen eine komplementäre Ergänzung zur Erklärung sein. Dies kann sich auf Motive von handelnden Personen beziehen, aber eben auch auf Bedingungen der Möglichkeit der Sternentstehung in Gasnebeln. Verstehen in diesem Sinne ist somit eine notwendige Bedingung für die Möglichkeit einer wissenschaftlichen Erklärung.

Abschließende Bemerkungen

Für den kreativen Prozess der Entwicklung neuer Ideen, Hypothesen und Theorien sind Computersimulationen ohne Zweifel ein wichtiges und wichtiger werdendes Werkzeug. Sie können dazu dienen, einen Gegenstandsbereich in einer Weise zu untersuchen, wie es reale Beobachtungen oder Experimente nur unter erheblichen größerem Aufwand erlauben. Allerdings sollte jeder wissenschaftlichen Methode immer auch eine gehörige Portion Skepsis entgegengebracht werden. Die bunten Bilder oder gar das, was oft als »virtual reality« bezeichnet wird, dürfen nicht darüber hinwegtäuschen, dass Computersimulationen eben das sind: Simulationen und nicht die Realität selbst. Sie ähneln im Grunde technisch aufgeladenen Gedankenexperimenten; ihre Beweis- und Überzeugungskraft ist daher stark daran gebunden, welchen Realitätsbezug die einfließenden Annahmen haben.

Zuletzt soll hier noch auf eine Gefahr verwiesen werden, die – nicht nur, aber auch – mit der Nutzung von Simulationen einhergeht, die bisher noch nicht angesprochen wurde. Eingedenk der methodischen Schwierigkeiten, die weiter oben angeführt wurden, kann man – wiederum nicht nur – in den Sozialwissenschaften eine Tendenz beobachten, die man als instrumentalistische Haltung bezeichnen kann. Diese ist dadurch gekennzeichnet, dass Theorien als bloße Werkzeuge der Prognose verstanden werden, die eine auch nur näherungsweise Abbildung der Welt wird nicht mehr beinhaltet. Da aber Prognosen – gut ersichtlich am Beispiel der langfristigen Klimavoraussagen – zu oft mit Werturteilen und Interessen kontaminiert bzw. vermischt werden, bedarf es eines von Menschen unabhängigen Maßstabs für die Güte von Prognosen. Diesen kann man darin sehen, dass der wissenschaftliche Erkenntnisprozess auf der Korrespondenztheorie der Wahrheit basiert – Theorien und die darin enthaltenen Aussagen sind wahr, wenn sie mit der Realität übereinstimmen. Verliert man diese Basis, verliert man letztlich auch das entscheidende Kriterium für die Bewertung von Computersimulationen, die den wissenschaftlichen Forschungsprozess unterstützen sollen. In diesem Fall sind die hier gemachten Bemerkungen obsolet; wer menschliches Wissen als reine Konstruktion betrachtet, kann diese Konstruktion selbstverständlich mit jedem existierenden Werkzeug unterstützen.

Literatur

AXELROD, R.: *The evolution of cooperation*, in: New York: Basic Books 1984.
AXELROD, R.: *The Complexity of Cooperation*, Princeton/New Jersey: Princeton University Press 1997 (1997a).
AXELROD, R.: *Advancing the Art of Simulation in the Social Sciences*, in: R. Conte/R. Hegselmann/P. Terna (eds.): Simulation Social Phenomena, Berlin et al.: Springer 1997, S. 21–40 [1997b].
BADIRU, A.B./SIEGER, D.B.: *Neural network as a simulation metamodel in economic analysis of risky projects*, in: European Journal for Operations Research 105 (1998), S. 130–142.
BALZER, W.: *Die Wissenschaft und ihre Methoden*, Freiburg, München: Alber 1997.
BOSSEL, H.: *Modellbildung und Simulation*, 2. Aufl., Braunschweig: Vieweg 1994.
BUNZL, M.: *The Context of Explanation*, Dordrecht et al.: Kluwer 1993.
CASTI, J. L.: *Would-be Worlds*, New York et al.: Wiley 1997.
CONTE, R./HEGSELMANN, R./TERNA, P.: *Social Simulation – A New Disciplinary Synthesis*, in: R. Conte/R. Hegselmann/P. Terna (eds.): Simulation Social Phenomena, Berlin et al.: Springer 1997, S. 1–17.
DEADMAN, P. J.: *Modelling individual behaviour and group performance in an intelligent agent-based simulation of the tragedy of the commons*, in: Journal of Environmental Management 56 (1999), S. 159–172.
DILTHEY, W.: *Der Aufbau der geschichtlichen Welt in den Geisteswissenschaften*, 4. Aufl., Frankfurt a. M.: Suhrkamp 1993.
DORAN, J./GILBERT, N.: *Simulating societies: an introduction*, in: N. Gilbert/ J. Doran (eds.): Simulating societies. The computer simulation of social phenomena, London: UCL Press 1994, S. 1–18.
DORAN, J./PALMER, M./GILBERT, N./MELLARS, P.: *The EOS project: modeling Upper Palaeolithic social change*, in: N. Gilbert/L. Doran (eds.): Simulating societies. The computer simulation of social phenomena, London: UCL Press 1994, S. 195–221.
DROGOUL, A./FERBER, J.: *Multi-agent simulation as a tool for studying emergent processes in societies*, in: N. Gilbert/J. Doran. (eds.): Simulating societies. The computer simulation of social phenomena, London: UCL Press 1994, S. 127–142.
EPSTEIN, J./AXTELL, R.: *Growing Artificial Societies*, Cambridge Mass.: MIT Press 1996.
FRAEDRICH, D./GOLDBERG, A.: *A methodological framework for the validation of predictive simulations*, in: European Journal of Operational Research 124 (1996), S. 55–62.

GILBERT, N.: *Simulation as a Research Strategy*, in: K.G. Troitzsch et al. (eds.): Social Science Microsimulation, Berlin et al.: Springer 1996, S. 448–454 [1996a].
GILBERT, N.: *Holism, Individualism and Emergent Properties. An Approach from the Perspective of Simulation*, in: R. Hegselmann/U. Mueller/K.G. Troitzsch (eds.): Modelling and Simulation on the Social Sciences from the Philosophy of Science Point of View, Dordrecht: Kluwer 1996, S. 1–12 [1996b].
GILBERT, N.: *Simulation: An introduction to the idea*, in: P. Ahrweiler/ N. Gilbert (eds.): Computer Simulations in Science and Technology Studies, Berlin et al.: Springer 1998, S. 1–13.
GILBERT, N./TROITZSCH, K.G.: *Simulation for the Social Scientist*, Buckingham: Open University Press 1999.
HEGSELMANN, R.: *Understanding Social Dynamics: The Cellular Automata Approach*, in: K.G. Troitzsch et al. (eds.): Social Science Microsimulation, Berlin et al.: Springer 1996, S. 282–306 [1996a].
HEGSELMANN, R. *Cellular Automata in the Social Sciences*, in: R. Hegselmann/U. Mueller/K.G. Troitzsch (eds.): Modelling and Simulation in the Social Sciences from the Philosophy of Science Point of View, Dordrecht: Kluwer 1996, S. 209–233 [1996b].
HEMPEL, C.G.: *Aspekte wissenschaftlicher Erklärung*, Berlin: de Gruyter 1977.
INEICHEN, H.: *Philosophische Hermeneutik*, Freiburg, München: Alber 1991.
KLEIJNEN, J.P.C.: *Verification and validation of simulation models*, in: European Journal of Operational Research 82 (1995), S. 145–162.
KLEIJNEN, J.P.C./SARGENT, R.G.: *A methodology for fitting and validating metamodels in simulation*, in: European Journal of Operational Research 120 (2000), S. 14–29.
KLÜVER, J./STOICA, Chr./SCHMIDT, J.: *Formal Models, Social Theory and Computer Simulations: Some Methodical Reflections*, in: Journal of Artificial Societies and Social Simulation 6/2 (2003), http://jasss.soc.surrey.ac.uk/6/2/8. html.
LATANE, B.: *Dynamic Social Impact. Robust Predictions from Simple Theory*, in: R. Hegselmann/U. Mueller/K.G. Troitzsch (eds.): Modelling and Simulation on the Social Sciences from the Philosophy of Science Point of View, Dordrecht: Kluwer 1996, S. 287–310.
LINDENBERG, S.: *Simulation und Theoriebildung*, in: Albert, H. (Hg.): Sozialtheorie und soziale Praxis, Meisenheim am Glan: Verlag Anton Hain 1977, S. 78–113.
MALSCH, Th./FLORIAN, M./JONAS, M./SCHULZ-SCHAEFFER, I.: *Sozionik*, in: Th. Malsch (Hg.): Sozionik. Soziologische Ansichten über künstliche Sozialität, Berlin: Edition Sigma 1998, S. 9–24.
MANHART, K.: *KI-Modelle in den Sozialwissenschaften*, München, Wien: Oldenbourg 1995.
MARNEY, J.P./TARBERT, H.F.E.: *Why do simulation? Towards a working epistemology for practitioners of the dark arts*, in: Journal of Artificial Societies and Social Simulation 3/4 (2000), http://www.soc.surrey.ac.uk/JASSS/3/4/4. html.
MARTIAL, F. von: *Einführung in die Verteilte Künstliche Intelligenz*, in: KI, No. 1 (1992), S. 6–11.

MEIER, R.C./NEWELL, W.T./PAZER H.L.: *Simulation in Business and Economics*, Englewood Cliffs, New Jersey: Prentice-Hall 1969.
MITHEN, St.: *Simulating prehistoric hunter-gatherer societies*, in: N. Gilbert/J. Doran (eds.): Simulating societies. The computer simulation of social phenomena, London: UCL Press 1994, S. 165–193.
MÜLLER, G.: *Exploring and Testing Theories: On the Role of Parameter Optimization in Social Science Computer Simulation*, in: K.G. Troitzsch et al. (eds.): Social Science Microsimulation, Berlin et al.: Springer 1996, S. 66–77.
NOWAK, A./LATANÉ, B.: *Simulating the emergence of social order from individual behaviour*, in: N. Gilbert/J, Doran. (eds.): Simulating societies. The computer simulation of social phenomena, London: UCL Press 1996, S. 63–84.
POPPER, K.R.: *Logik der Forschung*, 9. Aufl., Tübingen: J.C.B. Mohr 1989.
SCHLEIERMACHER, F.D.E.: *Hermeneutik und Kritik*, 5. Aufl., Frankfurt a. M.: Suhrkamp 1993.
SCHLICK, M.: *Positivismus und Realismus*, in: Erkenntnis 3 (1933), S. 1–31 (1932).
SCHNELL, R.: *Computersimulationen und Theoriebildung*, in: Kölner Zeitschrift für Soziologie und Sozialpsychologie 42/1 (1990)), S. 109–128.
SEIFFERT, H.: *Einführung in die Hermeneutik*, Tübingen: Francke (UTB) 1992.
SÉROR, A.C.: *Simulation of complex organizational processes: a review of methods and their epistemological foundations*, in: N. Gilbert/J. Doran (eds.): Simulating societies. The computer simulation of social phenomena, London: UCL Press 1996, S. 19–40.
STEGMÜLLER, W.: *Probleme und Resultate der Wissenschaftstheorie und Analytischen Philosophie, Band I: Wissenschaftliche Erklärung und Begründung*, Berlin: Springer 1969.
TRAUB, J.F.: *On Reality and Models*, in: J.L. Casti/A. Karlquist (eds.): Boundaries and Barriers. Reading Mass et al.: Addison-Wesley 1996, S. 238–254.
TROITZSCH, K.G.: *Modellbildung und Simulation in den Sozialwissenschaften*, Wiesbaden: Westdeutscher Verlag 1990.
WEBER, K.: *Der wissenschaftstheoretische Status von Simulationen*, in: U. Frank (Hg.): Wissenschaftstheorie in Ökonomie und Wirtschaftsinformatik. Wiesbaden: DUV 2004, S. 191–210.
WENDEL, H.J.: *Das Abgrenzungsproblem*, in: H. Keuth (Hg.): Karl Popper. Logik der Forschung, Berlin: Akademie Verlag 1998, S. 41–66.

Logik der technologischen Effektivität

MARIO HARZ (COTTBUS)

1. Einleitende Bemerkungen zur Technikphilosophie

»Die Grundaufgabe der Technikphilosophie besteht zweifelsohne in der Analyse der Beziehung zwischen Wissenschaft, Technik und Praxis«[1]. Kornwachs schließt in seinen Untersuchungen an die Überlegungen von Mario Bunge[2] (1967) an, der eine Analyse der Beziehung zwischen Naturwissenschaft und Technologie vorgeschlagen hat[3] und damit begann, die innere Struktur des technischen Wissens in Ähnlichkeit zu logischen Ausdrücken darzustellen, mit denen sich die innere Struktur des Wissens über Natur beschreiben lässt. Die Analyse besteht nach Kornwachs darin, die logische und semantische Struktur beider Wissensarten mittels formaler Überlegungen zu untersuchen. Genau hier setzt das Thema »Logik der technologischen Effektivität« an, wobei es hier in erster Linie um die innerlogische Struktur technischen Wissens geht.

Die von uns entwickelte Methode bezieht sich auf die allgemeine Zielstellung, entscheiden zu können, unter welchen Bedingungen eine technologische Theorie als gegeneffektivitätsfrei oder gegeneffektiv gilt. Das wissenschaftstheoretische Problem bestand bisher darin, dass kein formales Verfahren im Sinne eines Algorithmus[4] bekannt war, mit dessen Hilfe die erfragte Zielstellung in einer endlichen Anzahl von Schritten erkannt werden konnte. Weiterhin stellen wir fest, dass man im Bereich einer technologischen Theorie nicht von Widerspruch reden kann. Es geht vielmehr um Effektivität. Aussagen in der Wissenschaft sind wahrheitsdefinit, Regeln in der Technologie sind »effektivitätsdefinit«.

Nach Bunge besteht eine Ähnlichkeit zwischen der formalen Implikation (A→ B), deren Wahrheitswerte (1, 0, 1, 1) sind und der Form technischer Regeln »B per A«. Diese Regeln sind aber in einer technologischen Theorie nicht wahrheitsdefinit, sondern nur nach dem Wert der Effektivität beurteilbar; nach Mario Bunge in Analogie zur Implikation (eff, non eff, ?,?)[5].

---

[1] Vgl. Kornwachs 2002 b, S. 5.
[2] Vgl. Bunge 1967.
[3] Kornwachs 2002b, S. 5. Zur Diskussion, ob Technologie angewandte Naturwissenschaft sei oder nicht, vgl. *Vom Naturgesetz zur technologischen Regel – ein Beitrag zu einer Theorie der Technik* (Kornwachs 1996) und *Über das Verhältnis von reiner und angewandter Forschung* (Zoglauer 1996).
[4] Zum Begriff Algorithmus vgl. Stegmüller 1984, S. 352.
[5] Vgl. Kornwachs 2002 b, S. 12.

Wir zeigen mittels einer neuen Deutung des »Abstrakten Kalküls«[6], dass sich weitere Formen von Regeln finden lassen, die eine Ähnlichkeit zu allen anderen logischen Funktionen haben, wobei die Ähnlichkeit eine syntaktische ist, die nur die logischen Funktionen, jedoch nicht die Variablen betrifft. Hinsichtlich der semantischen Interpretation wird der Unterschied beider Wissensarten deutlich.

Mit Hilfe einer neuen Deutung des abstrakten Kalküls, also eines aufgebauten, neuen Kalküls, der hier *Durchführungskalkül* heißen soll, kann geklärt werden, was »Geneffektivität« in technologischen Theorien bedeutet im Unterschied zum Begriff des »Widerspruchs« wissenschaftlichen Theorien.

Wir zeigen den Aufbau des neuen Kalküls, der im Stande ist, dieses zu leisten und geben die semantische Grundlage in Form einer Effektivitätswerttabelle an.[7]

Der Durchführungskalkül ermöglicht es, eine technologische Theorie zu formalisieren, um zu überprüfen, ob sie »gegeneffektivitätsfrei« ist oder nicht. Es empfiehlt sich, den Begriff »widerspruchsfrei« durch den Begriff *»gegeneffektivitätsfrei«* zu ersetzen, sofern der Kalkül selbst untersucht wird oder sofern der Durchführungskalkül auf technologische Theorien hinsichtlich des formalisierten Regelwerks angewandt wird. Benutzt man hingegen den Durchführungskalkül, um ein formalisiertes Regelwerk hinsichtlich tatsächlich ins Werk gesetzter Durchführungen zu überprüfen, verwenden wir an Stelle des Begriffs »gegeneffektivitätsfrei« den Begriff *»gegenwirksamsfrei«* bzw. *»gegenwirksam«*.

Aus der Sicht einer analytischen Philosophie der Technik, lässt sich die Beziehung demnach, zwischen Wissenschaft, Technik und Praxis nach unserem Verständnis in folgender Tabelle verdeutlichen:

---

[6] »Abstrakter Kalkül = $_{def}$ axiomatisches System, dessen Ausdrücke noch nicht gedeutet sind bzw. vorläufig als noch nicht gedeutet betrachtet werden« (Menne 1991,1 S. 48).

[7] Neben der üblichen Festlegung von Grundzeichen, Definitionen, Axiome, Theoremen und Regeln des Kalküls erfolgt auch der Nachweis der Gegeneffektivitätsfreiheit des Kalküls. Harz, M.: *Logik der technologischen Effektivität* (Dissertationsentwurf 2005).

Analytische Philosophie der Technik	Wissenschaft	Technik	Praxis
Formale Grundaufgabe	Formale Theorie der Technik[8]	Bedingungen der Gegeneffektivitätsfreiheit technologischer Theorien	Formen technischen Schließens (insbesondere test-technisches Schließen, d.h. ob etwas so oder anders funktioniert)
Inhaltliche Grundaufgabe	Methode zur Bestimmung effektiver technischer Regeln	Bewertung der Brauchbarkeit[9] technischer Regelwerke	Überprüfung gegeneffektivitäts-freier/ gegenwirksamfreier Durchführungen

Tabelle 1: Schematisierung der Aufgaben einer analytischen Philosophie der Technik

2. Technologische Theorien

Eine technologische Theorie besteht aus miteinander verknüpften Regeln, so wie eine wissenschaftliche Theorie aus miteinander verknüpften Gesetzen besteht.[10] Das Regelwerk einer technologischen Theorie ist demnach die Gesamtheit der miteinander verknüpften Regeln.[11]

Eine technologische Theorie enthält nach Bunge (1967) einen substantiellen und operativen Zweig. Die sogenannte substantielle Theorie besteht aus Regeln, die angeben, was für die Herstellung z. B. eines Gerätes durchzuführen ist (unter Benutzung der Gegebenheiten aus dem Gegenstandsbereich, wie z.B. der Physik) und die operative Theorie besteht aus Regeln der Regeldurchführungen der substantiellen Theorie, sowie den Regeln des Gebrauchs von Artefakten (Anordnung; Lay-Out, Optimierung etc.).[12]

Da wir die Struktur von Regelwerken technologischer Theorien unabhängig von ihrem konkreten Inhalt darstellen, und da sowohl der substantielle als auch der operativen Teil einer technologischen Theorie immer in Form von

---

[8] Zu den inhaltlichen Fragen, die mit einer formalen Theorie der Technik verbunden sind vgl. Kornwachs 2002b, S. 4-10.
[9] Zum Begriff der Brauchbarkeit technischer Regelwerke vgl. Kornwachs 2002a, S. 29.
[10] Vgl. Kornwachs 2002a, S. 9.
[11] Vgl. Kornwachs 2002a, S. 10.
[12] Ausführlich in Kornwachs 2002a.

technischen Regeln ausgedrückt werden kann, ist die Unterscheidung zunächst von untergeordneter Bedeutung. Erst wenn wir den Inhalt einer bestimmte technologische Theorie untersuchen, wird deutlich werden, ob eine technische Regel inhaltlich zum substantiellen oder operativen Teil der technologischen Theorie gehört.

3. Realisierung technischer Funktionen

Technische Regeln beziehen sich auf die Realisierung technischer Funktionen. So gilt z. B. für ein Gerät, dass die realisierte Funktion eines Gerätes dann eine technische Funktion ist, wenn ein Wert x absichtsvoll als Handlung A herbeigeführt wird, um den Wert y, der durch die Funktion zugewiesen wird, zu erlangen (Ereignis B).[13] Technische Regeln drücken, so aufgefasst, eine Zweck-Mittel-Relation aus.[14]

Das logische Vorgehen besteht darin, dass den Realisierungen technischer Funktionen *Durchführungen* entsprechen, die wir hinsichtlich der zeitlichen Abfolge der Initialisierung ihrer Wirksamkeit vergleichen[15], und dass wir technische Regeln darauf hin relationslogisch untersuchten, wie sie die Beziehungen der Möglichkeiten der zeitlichen Abfolge von Durchführungen hinsichtlich der Initialisierung ihrer Wirksamkeit ausdrücken.

Das oben gesagte wäre demnach so zu formulieren: So gilt z. B. für ein Gerät, dass die realisierte Durchführung durch dieses Gerät dann eine technische Durchführung ist, wenn eine zeitliche Abfolge zwischen Wert x (Durchführung A) und Wert y (Durchführung B) hinsichtlich der initialisierten Wirksamkeit für die technische Durchführung gegeben ist. Fassen wir beide Sichtweisen zusammen, so stellen wir fest, dass technische Regeln sowohl Zweck-Mittel Beziehungen als auch formale zeitliche Wirksamkeitsbeziehungen von Durchführungen ausdrücken.

4. Durchführungen

Jede technische Handlung ist eine technische Durchführung, aber nicht jede technische Durchführung ist eine technische Handlung.

Man kann die Handlungen des Benutzens/Herstellens z. B. eines Gerätes, durch einen Handelnden selbst als Durchführung auffassen, jedoch realisiert der Handelnde nicht selbst jede realisierbare technische Funktion des Geräts,

---

[13] Vgl. Kornwachs 2002a, S. 16f. Die Zweck-Mittel Relation ist in letzter Zeit wieder Gegenstand philosophischer Aufmerksamkeit geworden; vgl. Hubig 2002.
[14] Vgl. Kornwachs 2002b, S. 10.
[15] Vgl. Kornwachs 2002b, S. 17.

die hier aber ebenfalls als Durchführungen aufgefasst werden soll. Somit ist die Unterscheidung zwischen Handlungen A und Ereignisse B[16] formulierbar als Durchführungen A und Durchführungen B. Dies wird als Gesamtdurchführung gedeutet und entspricht der Realisierung technischer Funktionen.[17] Dieser Schritt ist deshalb wichtig, um die Analyse der Beziehung zwischen A und B innerhalb eines homogenen Bedeutungsfeldes vorzunehmen; d.h. es wird verlangt, dass der Bereich der Beziehung und ihr konverser Bereich vom gleichen logischen Typus sind[18].

Untersucht man formulierbare technische Regeln mit den entsprechenden Realisierungen technischer Funktionen (Durchführungen) hinsichtlich der zeitlichen Abfolge der Initialisierung ihrer Wirksamkeit, so kann man Folgendes feststellen:

1. Den Realisierungen technischer Funktionen entsprechen Durchführungen.
2. Zwischen Durchführungen bestehen Beziehungen der zeitlichen Abfolge hinsichtlich der Initialisierung ihrer Wirksamkeit.
3. Technische Regeln drücken die effektiven bzw. uneffektiven Beziehungen der Möglichkeiten der zeitlichen Abfolge von Durchführungen hinsichtlich der Initialisierung ihrer Wirksamkeit aus.
4. Technische Regeln beziehen sich auf Abfolgen von Durchführungen von denen es sinnvoll ist sie als effektiv oder uneffektiv zu bewerten.
5. Technische Regeln sind effektiv oder uneffektiv. Etwas Drittes ist vorerst ausgeschlossen.

Unter Berücksichtigung dieser fünf Grundsätze lässt sich eine Effektivitätswertetabelle in Analogie zur Wahrheitswertetabelle angeben.[19] So wie die Aussagenlogik untersucht, ob zwischen bestimmten Aussagen eine Beziehung der logischen Wahrheit besteht, so untersucht die Durchführungslogik, ob zwischen bestimmten initialisierten Durchführungen eine Beziehung technischer Effektivität besteht.

5. Durchführungslogik

Mit Hilfe der Durchführungslogik, können wir zeigen, dass eine logische Analyse der technologischen Regeln genauso möglich ist, wie dies die Wissen-

---

[16] Vgl. Kornwachs 2002a, S. 16. und 1996, S. 35.
[17] A, B lassen sich aufgrund des eingeführten Durchführungsbegriffs als Handlungen und/oder Ereignisse deuten.
[18] Zur Begründung dieses Vorgehens vgl. Russell 1923, S. 54. Zu den Begriffen: Bereich, konverser Bereich, Feld vgl. Menne 1991, S. 140f.
[19] Harz, M.: *Logik der technologischen Effektivität* (Dissertationsentwurf 2005).

schaftstheorie bei den Formen der gesetzesartigen Aussagen in der Naturwissenschaften mit Erfolg durchgeführt hat.

Wir sind jetzt in der Lage zu überprüfen, ob technologische Theorien hinsichtlich ihres Regelwerkes als »technisch geneffektivitätsfrei« bzw. »technisch gegeneffektiv« gelten, da wir über eine allgemeine Methode verfügen, welche die effektiven Kombinationsmöglichkeiten von technischen Regeln bestimmbar macht.

Die von M. Bunge eingeleitete wissenschaftstheoretische Untersuchung der formalen Struktur technologischen Wissens[20], die wir mit als Ausgangspunkt unserer Untersuchung nahmen, wurde zwar von ihm weitergeführt, allerdings unter Verzicht auf formallogische Untersuchungen.[21]

Ein groß angelegter Versuch, die herkömmlichen Deutungen der Technik aus idealistischer, marxistischer, kulturkritischer und phänomenologischer Sicht zu überwinden, stammt von G. Ropohl (1979, 1999), der das Instrumentarium der Systemtheorie (insbes. die Richtung der Kybernetik und der mathematischen Systemtheorie) benutzt, um Technik und ihre Einbettung in den Verwendungszusammenhang (Herstellen, Gebrauchen, Entsorgen) zu beschreiben. Allerdings werden dabei keine Untersuchungen zur Wissenschaftstheorie der Technik angestellt, der Ansatz von G. Ropohl scheint aber Hinweise auf eine systemtheoretische Formulierung technischen Wissens zu geben.[22] Dies lässt eine gewisse Anschlussfähigkeit der Durchführungslogik mit der systemtheoretischen Beschreibung der Technik vermuten.

Im Bereich der Handlungstheorie ist der Versuch von L.M. Alisch zu nennen[23], der die Bestimmungstücke einer technologischen Theorie selbst festzustellen versucht. Die Resultate der Durchführungslogik dürften leicht damit in Verbindung gebracht werden können zumal wir die Durchführungslogik als spezielle technische Handlungslogik auffassen können, wenn wir B und A als Handlungen interpretieren.

Die Idee eine Logik der technologischen Effektivität zu entwickeln nahm ihren Ausgangspunkt aus den bisherigen Forschungsresultaten über eine formale Theorie der Technik. Die Ergebnisse der Durchführungslogik weisen auf die Bedeutsamkeit dieser Resultate für eine formale Theorie der Technik zurück.[24] Kornwachs geht von dem Begriff der technologischen Regel bei Bunge aus[25] und zeigt zunächst, dass der pragmatische Syllogismus (»Wenn $A \rightarrow B$, und B gewünscht wird, muss man A tun«) in keinem bekannten deontischen

---

[20] Vgl. Bunge 1967.
[21] Vgl. Bunge 1983, insbes. Kap. 13.
[22] Vgl. Ropohl 2002.
[23] Vgl. Alisch 1995.
[24] Vgl. Kornwachs 1996; 2002 a, a2; b, b2.
[25] Vgl. Bunge 1967.

Kalkül ableitbar ist, wohl aber negative Formen.[26] Weiter entwickelt Kornwachs in seiner Untersuchung die Möglichkeiten, wie man technologische Regeln der Form »B per A« miteinander verknüpfen kann und gibt erste Hinweise, auf welchen die Durchführungslogik mit aufbaut.

Für die Technikphilosophie und ihre analytische Sicht auf Technik, ergeben sich dadurch eine Reihe von Konsequenzen, insbesondere für das Verhältnis von Theorie und Empirie, das sich durch den Test und weniger durch das Experiment bestimmt.[27] Wir können zeigen, dass sich mit Hilfe des Durchführungskalküls die Struktur eines Tests als die *Art und Weise technischen Effektivitätsschließens* ausdrücken lässt. Dies können wir das test-technisches Schließen nennen, d.h. ob etwas so oder anders funktioniert. Dies steht im Unterschied zum Experiment, welches in der prädikatenlogischen Struktur der deduktiv-nomologischen Erklärung ausgedrückt ist.

Aus dem technischen Quadrat ergibt sich unter anderem, dass technische Regeln nicht durch andere technische Regeln widerlegt werden können, sondern dass bestimmte Kombinationen technischer Regeln technisch unfunktional sind, so dass man »nur« feststellen kann, dass die Durchführung so nicht funktioniert. Funktioniert beispielsweise eine Durchführung gemäß der Regel [εB per εA], so funktioniert die Durchführung eben nicht gemäß der Regel [εB bevor εA].

Mit Hilfe der Durchführungslogik lassen sich eine ganze Reihe von allgemeingültigen Sätzen über das Gebiet der Technik erhalten:

1. Das durchführungslogische Gesetz der Verhinderbarkeit der Verhinderung

$$\approx (\approx \varepsilon A) \text{ jetzt } (\varepsilon A)^{28}$$

Als Regel der Durchführbarkeit von Durchführungen bedeutet dies, dass wir nicht in der Lage sind, technische Bewirkungen im Sinne des Gebrauchs oder der Beeinflussung von Artefakten und vorhandenen Dingen direkt durchzuführen. Effektiv sind nur Handlungen, wenn wir in der Lage sind, Durchführungen, die das Verhindern verhindern, zu bewerkstelligen, d.h. dass wir die gewünschte Bewirkung dadurch vornehmen, dass wir all das, was dem zu erzielenden Effekt entgegensteht, zu vermeiden oder zu verhindern suchen.[29]

---

[26] Vgl. Kornwachs 2002 b, b2.
[27] Kornwachs 2002b, S. 12.
[28] Die semantische und syntaktische Grundlegung ausführlich in: Harz, M.: *Logik der technologischen Effektivität* (Dissertationsentwurf 2005).
[29] Kornwachs 2002b, S. 20.

2. Das durchführungslogische Gesetz der gegenwirksamfreien Durchführbarkeit

$$\approx ((\approx \varepsilon A) \text{ zugleich } (\varepsilon A))$$

Als Regel der Gegeneffektivitätsfreiheit verweist dieses Gesetz darauf, dass eine Technik erst funktioniert, sowie es gelingt, die gleichzeitige Wirksamkeit von Gegeneffektivitäten zu verhindern. Dies ist auch der wesentliche Zug von Steuerung und Kontrolle[30], nämlich zu verhindern, das etwas gleichzeitig der Effektivität einer Durchführung im Wege steht.

3. Das durchführungslogische Gesetz der Verhinderbarkeit

$$\approx \varepsilon A \text{ mit } \varepsilon A$$

Als Regel der Verhinderbarkeit bzw. Durchführbarkeit von Durchführungen bedeutet dieses Gesetz, dass wir nur dann in der Lage sind, etwas technisch oder organisatorisch erfolgreich durchzuführen, wenn wir auch in der Lage sind, dies zu verhindern. D h. dass wir nicht zu einer bestimmten Handlungen gezwungen sind, sondern dass wir jedes mal über die Fähigkeit verfügen, außer diese Handlungen durchzuführen sie auch verhindern zu können. Für die Technik selbst bedeutet dass, dass man auch für jede funktionierende Technik immer Bedingungen angeben kann, die zum Verhindern des Funktionierens dieser Technik führen. In voller Allgemeinheit bedeutet dies auch, dass es keine Technik gibt, die man nicht verhindern könnte.

6. *Wissenschaftstheorie der Technik*

Aus unserer Sicht, stellt eine solche Durchführungslogik das methodische Instrument zur Formalisierung der technischen Regeln in technologische Theorien dar. Die Analogie zur Aussagenlogik mit ihrer Rolle für die wissenschaftlichen Theorien erscheint offenkundig. Dementsprechend unterscheidet sich eine Wissenschaftstheorie der Technik von der bekannten Wissenschaftstheorie der Naturwissenschaften durch eine andere Interpretation ihrer logischen Struktur.

---

[30] Kornwachs 2002b, S. 20.

	\multicolumn{5}{c	}{Wissenschaftstheoretische Erkenntnisfunktion}
Problemgegenstände	Realisierung	Beschreibung	Funktionieren	Explikation	Definition
Technische Ereignisse und Vorgänge	x	x			
Regeln			x		
Begriffe		x	x		
Sätze		x			
Worte					x
Ausdrücke				x	

Tabelle 2: Problemgegenstände einer Wissenschaftstheorie der Technik

Als mögliche Problemgegenstände werden erwogen: technische Ereignisse und Vorgänge, Regeln, Begriffe, Sätze, Worte, Ausdrücke (sprachliche Zeichen mit Bedeutung). Setzen wir Problemgegenstand und wissenschaftstheoretische Erkenntnisfunktion, d.h. welche Leistungen einer technischen Theorie (Regelwerk) man verstehen möchte (wie Realisierung, Beschreibung, Funktion etc.) in Beziehung, erhalten wir obige Tabelle 2. Die Tabelle zeigt u.a., dass technische Vorgänge und Ereignisse nur Gegenstand von Problemen sein können, die auf Realisierung und Beschreibung abzielen, weiterhin dass ein Definitionsproblem nur dann richtig gestellt ist, wenn es auf ein sprachliches Zeichen (auf ein Wort) bezogen wird, und ferner, dass ein Funktionierensproblem sich auf Regeln oder Regelwerke bezieht, da technische Vorgänge, Ereignisse, sprachliche Zeichen (Worte) nicht selbst Regeln sind, etc.

Literatur

ALISCH, L.M.: *Technologische Theorie*, in: H. Stachowiak (Hg.): Handbuch der Pragmatik Bd. 5, Pragmatische Tendenzen in der Wissenschaftstheorie, Hamburg: Springer 1995 S. 401–442.

HUBIG, Ch.: *Mittel*, Transcript, Bielefeld 2002.

BUNGE, M.: *Scientific Research II*, Heidelberg: Springer 1967.

KORNWACHS, K.: *Vom Naturgesetz zur technologischen Regel – ein Beitrag zu einer Theorie der Technik*, in: G. Banse/K. Friedrich (Hgs.): Technik zwischen Erkenntnis und Gestaltung. Berlin: Edition Sigma 1996, S. 13–50.

KORNWACHS, K.: *Kohärenz und Korrespondenz bei technologischen Theorien* (Langfassung), Berichte der Fakultät für Mathematik, Naturwissenschaft und Informatik der BTU Cottbus, PT- 02/2002, Fakultät 1, Cottbus 2002 (a).

KORNWACHS, K.: *Pragmatischer Syllogismus und pluralistische Ethik* (Langfassung), Berichte der Fakultät für Mathematik, Naturwissenschaft und Informatik der BTU Cottbus, PT 04/2002, 41 Seiten, 2002 (b).

MENNE, A.: *Einführung in die formale Logik*, Darmstadt: Wissschaftliche Buchgesellschaft 1991.

RUSSELL, B.: *Einführung in die mathematische Philosophie*, München: Drei Masken Verlag 1923.

ROPOHL, G.: *Die Philosophie der Technik – Ein Exempel für die Synthetische Philosophie*, in: philosophia naturalis 39/2 (2002), S.189–207.

STEGMÜLLER, W.: *Probleme und Resultate der Wissenschaftstheorie und Analytischen Philosophie*, Bd. 3, Studienausgabe, Teil B: Strukturtypen der Logik. Berlin, Heidelberg, New York: Springer.

ZOGLAUER, Thomas: *Über das Verhältnis von reiner und angewandter Forschung*, in: G. Banse, K. Friedrich (Hgs.): Technik zwischen Erkenntnis und Gestaltung, Berlin: Edition Sigma 1996.

Biofakte als Innovationen: Eine Typologie kreatürlicher Medien lebendiger Technik

NICOLE C. KARAFYLLIS (FRANKFURT/MAIN.)

1. Einleitung

Der Begriff »Biofakt« besteht aus einer Verbindung der Wörter »Bio« und »Artefakt«. Er ist ein Neologismus, der ein terminologisches Niemandsland besiedeln soll. Als natürlich-künstlicher Begriff bezeichnet er natürlich-künstliche Mischwesen, die durch zweckgerichtetes Handeln in der Welt sind, aber dennoch selbsttätig wachsen können (Karafyllis 2003, S. 11ff.). Wachstum wird dabei als zentrales Vermögen des Lebendigen vorausgesetzt, das »Leben« bislang konzeptuell mit »Natur« verbindet. Biofakte wachsen, aber sie tun dies explizit nicht um ihrer selbst willen. Ein Beispiel wäre die sog. »Gentomate«. Wenn man das subjektive Wissen um die eigene Zeugung als relevant für das Verständnis von persönlicher Freiheit erachtet und diese ferner durch einen autonomen Anfang gewährleistet bzw. fremdbestimmtes, technisches Handeln bedroht sieht (vgl. Habermas 2001), können auch verschiedene humane Reproduktionstechniken Biofakte hervorbringen (wie etwa das imaginäre »Klonbaby«). Derartige Möglichkeiten haben Einfluß auf das Selbst- und Weltverhältnis und sind damit noch vor dem Diskurs um die bioethischen Implikationen auf ihre anthropologische Bedeutung des Hybridstatus und ihren wissenschaftlich-technischen Zugang zu Repräsentationsformen des Lebendigen (vgl. Thompson 1995) hin zu befragen. Sie stehen im Kontext einer Anthropologie, die den Menschen als »Hybrid« zwischen Techniknutzer und Naturwesen sieht, die aber auch kybernetische Metaphoriken von Steuerung und Regelung beinhaltet (vgl. Rieger 2003). Biofakte zeichnen sich dadurch aus, daß ihre Anfangsbedingungen *gesetzt* wurden. Dabei handelt es sich nicht um eine *creatio ex nihilo*, sondern eine *creatio ex corpore*, die sich bekannter Körper als Konstruktionsmaterial rückversichert, das jedoch zur Konstruktion Teilautonomie behalten muß. Kreativität steht deshalb im Spannungsverhältnis einer weitgehend unkontrollierbaren, natürlichen Schöpferkraft, die sich genetisch beim Entstehen und Vergehen des Lebewesens zeigt, und einer technischen Gestaltungsmöglichkeit des Feststellbaren innerhalb wissenschaftlich auszulotender Grenzen (vgl. Kornwachs 2004, Poser 2004). In diesem ontologisch schwer zugänglichen Niemandsland zwischen einer bestimmten Form des *Werdens* und einer bestimmten Form des *Wissens* steht bereits der Technikbegriff des Aristoteles (Bartels 1965, S. 275). Das Konzept des »Biofakts« soll eine vorsichtige Besiedelung ermöglichen.

2. Lebendige Innovationen

Im Bereich der Biofakte sind *In*-Novationen, ebenso wie *In*-Formationen, auf Räume (auch Körperräume) angewiesen, *aus* denen sie hervorgehen und *in* denen sie sich vollziehen. Der Körper ist damit einmal Ort der Hervorbringung eines »Selbst« als Neuem (mittels Reproduktion), ein andermal Medium des In-Erscheinung-Tretens eines »Selbst« (mittels Wachstum). Zwischen diesen unterschiedlichen Auto-Topologien ist der Lebensbegriff als Vermittelndes angesiedelt. Die konstruierten Objekte, die als Dinge oder Artefakte wie Maschinen und Bauwerke begreifbar waren und »die Technik« symbolisierten, fielen bislang immer in den Bereich der Gegenstände und des Unbelebten. Mittlerweile haben auch Lebewesen mehr oder weniger große Anteile von technischer Zugerichtetheit sowie Maschinen und Artefakte Anteile von »Lebendigkeit« und »Natürlichkeit«. Hier wäre an Nanochips zu denken, die von Muskelfasern überwachsen werden und als sensumotorische Schnittstelle dienen. Sie kann in einen Körper implantiert werden und in ihm und von ihm betrieben werden. Im Falle von Miniaturrobotern auf Molekülebene, sog. Nanobots, die sich im Körper zu größeren funktionalen Einheiten organisieren, spricht man von »endogenem Design«. Derartige Technisierungsversuche des Körpers sind noch stark an die Prothetik angelehnt, in der die Technik als ein Äußeres konzipiert und nach Innen eingesetzt wird. Bei Biofakten verläuft der Weg umgekehrt: Sie zeigen einen technischen Eingriff mit seinen gesetzten Zwecken erst dadurch, daß sie sich qua Wachstum in Erscheinung bringen und damit entäußern.

Die aristotelische Natur-Technik-Dichotomisierung im Buch II seiner *Physik*, der gemäß Pflanzen wachsen weil sie den Anfang von Veränderung und Bestand in sich haben, ist durch die technischen Möglichkeiten sowohl wissenschaftstheoretisch als auch lebensweltlich diffus geworden. Das Gewachsene und auch das noch Wachsende verliert seine Evidenz für die Zuschreibung »Natur«, weil es nicht mehr zugleich das Nicht-Gemachte ist. In der aristotelischen Vier-Ursachen-Lehre ergeben sich dadurch auch konzeptionelle Verschiebungen. Die *causa finalis* bleibt äußere Ursache durch die Zwecksetzung, aber die *causa efficiens* gehört nicht mehr zu den äußeren Ursachen, sondern sie fungiert als räumlich Vermittelndes, das Inneres durch Wachstum als Äußeres in Erscheinung bringt anstatt Zuhandenes, wie das vorgesehene Material für eine Statue, in seiner Form durch Handlungen zu gestalten. Die *causa materialis* und *causa formalis* als innere Ursachen, die auch bei Aristoteles nicht trennscharf sind, verschmelzen vor den heutigen biotechnischen Möglichkeiten in der Idee des »Programms«: Der Materie ist die Form, die sie hervorbringt, als genetische Struktur eingeschrieben.

Bei biotischen Prozessen verbleibt das kreative Potential bislang auf zweifache Weise bei der Natur und damit dem technischen Zugriff entzogen. Erstens bei sich sexuell vermehrenden Lebewesen in der Durchmischung des

Erbguts von zwei Elternteilen bei der Befruchtung und dem Entstehen eines neuen Individuums, das seinerseits eigene Keimzellen bildet (Ebene der Reproduktion, »Keimbahn«). Technisch kann die Kreativität der Natur nur durch Selektion am Zur-Welt-Kommen gehindert werden, d.h. indem man über eine Einpflanzung entscheidet. Dafür muß das autonome Verwurzeln im Medium notwendigerweise unterbunden werden. Eine weitere Möglichkeit, die bei Pflanzen seit langem angewandt wird, ist das Ausschalten sexueller Prozesse durch Züchtung von sterilen Hybriden sowie das Ausnutzen von rein vegetativen Phänomenen wie der Sprossung und Selbstbefruchtung, bei denen genetisch identische »Kopien« hergestellt werden. Klonierungstechniken, die eine kontrollierte Vermehrung ermöglichen, sind mit derartigen Praxen strukturidentisch. Zweitens entstehen bei jeder Zellteilung Mutationen, d.h. marginale Abweichungen in der genetischen Struktur, die in evolutionstheoretischer Interpretation je nach Kontext Überlebensvorteile oder -nachteile gewährleisten können. Dies entscheidet sich jedoch in natürlichen Umwelten erst *nach* der Verwurzelung in einem unterhaltenden Medium.

3. Kontextuelle Typologie des Wachstums: Die Verortung im Kulturraum

Ausgehend von der an anderer Stelle zu spezifizierenden Annahme, daß Zusammenhänge von Wachstum und Bewegung einen relationalen Lebensbegriff bilden und über die Idee der Reproduktion als Technomorphien[1] erscheinen und damit artefaktisch teilsubstituiert werden könnten, kann man nach der Typologie dieser Relationalität fragen und untersuchen, was jeweils als »blinder Fleck« übrig bleibt. Man kann sie zunächst nach der *Kontextualität* der Zweckgerichtetheit ihrer Erscheinungen (vgl. Karafyllis 2001, S. 81) in *wildwüchsige*, *naturwüchsige* und *kunstwüchsige* Lebewesen, hier getroffen am Beispiel der Pflanzen, einteilen.

1. *Wildwüchsige* Pflanzen sind von den Zwecken des Menschen unberührte Pflanzen, die in Kontexten der Wildnis vorkommen (z.B. im naturbelassenen Wald, im Dschungel). Sie sind das Idealbild von unberührter, zweckfreier Natur, das als Projektionsfläche einer Naturvorstellung als freiem Gegenüber dient.
2. *Naturwüchsige* Pflanzen sind zwar nicht von den Zwecken des Menschen unberührt, aber ihr Wesen wird auch nicht überwiegend durch die Zweckgerichtetheit bestimmt. Sie sind kulturell als »Natur« akzeptiert und zeigen eine Natur, von der der Mensch versorgt wird und an der er

---

[1] Durch bereits definierte Zweck-Mittel-Relationen enthaltende Begriffe wie die vom gr. *organon* (Werkzeug) abgeleiteten »Organ«, »Organismus«, »Organisation« bzw. die informationstheoretisch verfaßten wie »genetischer Code«, »Programm« etc.

teilhat. Dazu gehören Acker-, Forst- und Gartenkulturen, züchterisch in geringem Umfang gentechnisch veränderte Pflanzen, die ihr ein Gedeihen gewährleisten (z.B. hinsichtlich der Frostresistenz etc.).
3. *Kunstwüchsige* Pflanzen tragen immer noch Aspekte des Pflanzlichen, aber sie sind nicht mehr aufgrund ihrer Vegetabilität als Natur erfahrbar, da die Zweckgerichtetheit ihres Wachsens im Auge des Betrachters derart dominiert, daß eine Assoziation mit selbsttätig wachsender Natur verunmöglicht wird. Dies kann sich auf die Innen- *und* auf die Außenperspektive beziehen. Zu erster gehören etwa Bakterien in Fermenterkultur, die Pflanzenproteine herstellen, zu zweiter gentechnisch veränderte Pflanzen, deren neue Eigenschaft nicht mehr mit »Natur« assoziiert werden kann (z.B. Pflanzen, die »Plastik« herstellen).

Diese Dreiteilung gilt sinnvoll nur dann, wenn wir von der technischen Einflußnahme bzw. Nicht-Einflußnahme *wissen* oder aufgrund des Kontexts (z.B. der Anbauform, der Grenze eines Ackers etc.) darauf schließen können. Das heißt, es bedarf einer – bewußten oder unbewußten – Entscheidung, ob wir es mit einem »Naturprodukt« (das wild- oder naturwüchsig sein kann) oder »Bioprodukt« (das lebt, aber kunstwüchsig ist, weil der zweckgerichtete Anteil im Phänomen den selbsttätigen Anteil des Wachstums dominiert) zu tun haben und einer *Spur*, die uns die Notwendigkeit zur Entscheidung überhaupt vor Augen führt. Die Anfangsbedingungen wurden im Fall 2 und 3 durch die Pflanzung gesetzt, nur im Fall 1 ist die Verwurzelung selbsttätig. Die Biofaktizität, der technische Eingriff in das Wachstum, nimmt von 1 bis 3 zu. Das verbleibende, wesensspezifische Wachstumsvermögen und das augenscheinliche Wissen um seine Grenzsetzungen bestimmen den Eindruck, ob es sich um »Natur« oder um »Technik« handelt.

Die eigendynamische Bewegung des Lebewesens, die sich im Wachstum eines Körpers vollzieht, und die Handlung des in das Wachstum Eingreifenden gehen im Biofakt eine Allianz ein. Biofakte sind biotische Artefakte, sie sind oder waren lebend. Die Kategorie der technischen Zurichtung des Lebenden ist nicht neu, jedoch gibt es keinen systematisierenden Begriff, der die strukturell gezielte Einflußnahme auf Wachstum benennt.

Der Begriff »Biofakt« findet sich das erste Mal in einer kaum beachteten Schrift des Wiener Tierpräparators und Protozoologen B. M. Klein (1943/1944), der tote Strukturen lebendiger Wesen (z.B. Kalkschalen) im Mikroskop von Präparationsartefakten einerseits, und von Strukturen ohne lebendige Genese wie z.B. den flächigen Verzweigungen des Silberarsenids auf dem Objektträger andererseits, abgrenzen wollte. Er war bislang kein eingeführter Terminus, bezeichnete aber vereinzelt stets Praxen, in denen Natürliches rekonstruiert wird oder in denen »Natur« selbst scheinbar technisch verfährt.

Ein methodischer Begriff ist nötig, um die Grenze zwischen Natur und Technik bezeichnend zu markieren, die ansonsten in Begriffen wie »Hybrid«,

»Chimäre«, »Cyborg« ö.ä. verwischt wird, weil sie sich auf zugrunde liegende, natürliche Kategorien des Pflanzlichen, Tierischen oder Menschlichen beziehen, die es nach der technischen Einflußnahme gar nicht mehr gibt. Dadurch würde einerseits das neue Wesen seine kulturelle Anbindung an bekannte Lebensformen und damit auch seinen semiotischen Charakter verlieren, andererseits würden die bekannten Lebensformen nicht mehr als Garanten für eine bestimmte Kategorie an »natürlichen« Möglichkeiten dienen können.

4. Phänomenologische Typologie des Biofaktischen

Die Phänomene des Wachstums können neben der kontextuellen, die nach dem Ort des Erscheinens gegliedert ist, um eine phänomenologische Einteilung ergänzt und nachfolgend in vier Typen ihrer Erscheinungsweisen von technisch reproduzierbarer Lebendigkeit und damit auch von Natürlichkeit untergliedert werden, zwischen denen es Überschneidungen gibt. Diese ergeben sich durch jeweils aktuelle technische Möglichkeiten. Dabei ist ein Kontinuum zu beobachten, in dem die Bedingungen für die »natürliche«, eigendynamische Bewegung zunehmend durch menschliche Handlungen geprägt werden, aber Wachstum phänomenal scheinbar zunehmend frei von technischer Einflußnahme stattfindet. Anders formuliert: Die Dauer und Präsenz der technischen Handlung im Reproduktionsprozeß des Lebendigen durch den Biotechniker wird kürzer als beim Bearbeiten des Materials durch einen Handwerker, der eine Gestalt manuell formt – die Phase des lebensweltlich wahrnehmbar und vermeintlich unbeeinflußten Lebens und Wachsens wird länger. Die Spur von Technik als Medium verläuft sich (vgl. Hubig 2002). Das erkenntnistheoretisch Besondere an diesem Handlungskontinuum ist, daß die Eingriffstiefe des Technischen in die Eigendynamik des Wachsens um so tiefer liegt, je weniger sie phänomenal im Wachstumsverlauf später noch zugänglich ist und auf den technischen Eingriff verweisen könnte. Mit der Eindringtiefe ist auch ein Zeitpunkt in der Genese des Lebewesens bezeichnet, in dem die Bedingungen seiner Möglichkeiten zu leben beeinflußt werden. Gentechnische Eingriffe im Zellkern vor einer Einpflanzung (z.B. bei der Herstellung von Saatgut) sind deshalb besonders invasiv.

Die Typisierungen der Phänomene erlauben Anknüpfungspunkte hinsichtlich ihrer technischen Reproduzierbarkeit. Dabei soll an dieser Stelle nicht nach den Zwecken der Technisierung gefragt werden, sondern sich mit den Weisen, wie sie im Spannungsfeld Natur – Technik in *Erscheinung* treten, systematisierend auseinander gesetzt werden.

a) Imitation

Die identische Erscheinung von etwas Hergestelltem mit der Gestalt von etwas »natürlich« und »fertig« Gewachsenem kann als Imitation bezeichnet werden. Die Imitation der Form steht mit dem mimetischen Technikverständnis der Antike in Einklang. Typisches Beispiel wäre der Plastikbaum, die Wachsfigur ebenso wie der im 15. Jahrhundert erfundene Naturabguß von Tieren und Pflanzen aus Metall, Gips und Lehm. Die Imitation ist, wenn sie als Produkt vorliegt, notwendigerweise bewegungslos. Ihre Innovativität besteht darin, daß sie sich den natürlichen Prozessen von Werden und Vergehen entziehen kann. Dadurch, daß sie vorliegt, symbolisiert sie ein bestimmtes Wachstums*stadium*. Auch ein Stein kann künstlich nachgebildet werden, d.h. der Prozeß des Lebens als Hervorbringung ist für die Imitation zunächst entbehrlich. Die Imitation soll das Original illusionieren und damit auf einen natürlichen Anfang verweisen, der im Falle des Lebendigen ein Ursprung ist. Die Gestalt des Vorliegenden ist als Urbild wichtig, da die Imitation davon ihr Abbild gewinnt. Das Material, aus dem das Imitat hergestellt wird, darf selbst keine Kreativität aufweisen, damit das Abbild das Original in der gewünschten Form naturgetreu widerspiegeln kann. Die Handlung des technischen Herstellens konzentriert sich auf die Imitation einer vorliegenden Naturform, die schon *vor* der technischen Einflußnahme als Standbild verdinglicht wurde und damit gedanklich stillgelegt wurde. Die Imitation kann lebensweltlich solange ein Lebewesen vortäuschen, bis der durch geeignete Materialwahl erzwungene Stillstand des vormals eigendynamisch Wachsenden als Bewegungslosigkeit ins Auge fällt oder andere sinnliche Qualitäten hinzugezogen werden (z.B. der Tastsinn), um die Leblosigkeit des Objekts zu erfassen. Auch wissenschaftliche Analyse schafft Klarheit (z.B. ob man in einer Plastikpflanze Zellen auffindet).

Während die nachfolgenden Typen der Biofaktizität eine Bewegung mechanisieren, Wachstum als Bewegung simulieren oder Wachstum im Lebewesen selbst provozieren, ist der Charakter der Imitation genau in Umkehrung dazu: Sie erzwingt eine Feststellung, wo vorher Wandel war.

b) Automation

Der Automat ist etwas, das material vorliegt und sich als Einheit, aber nicht von selbst bewegt. Imitiert dieses Selbst, das man gewöhnlich als Maschine bezeichnet, zusätzlich zur dinglichen Gestalt auch die Bewegung von etwas »natürlich« Gewachsenem, hat man bei entsprechenden, für die Gestalt normalerweise üblichen Bewegungen den Eindruck, es mit einem »echten« Lebewesen zu tun zu haben. Mit dem Kennzeichen der Bewegung ist eine erste Verbindung zum Leben gezogen (vgl. Karafyllis 2004). Die Verbindung von imitierter Gestalt und Imitation einer gestalttypischen Bewegung in einem bestimmten Raum-Zeit-Gefüge ist Kennzeichen z.B. von humanoid gestalteten Robotern des Science-Fiction-Genres. Die Automation ist eine bewegte Form der Imitation, da sie an der Entität keinen *Gestaltwandel* bewirkt. Allerdings wird hier eine bereits an einem Wesen vorgefundene Bewegung in einer anderen Form (z.B. Rhythmik) erzwungen, als sie von Natur aus vorlag. Der Stoff des Lebewesens scheint entbehrlich, aber die Zweckerfüllung der Bewegung muß ebenso gewährleistet sein, wie im natürlichen Vorbild für die Bewegung, die teleologisch interpretiert wird. Da der Zweck erst an einer bestimmten Gestalt erkennbar wird, ist die natürliche Gestalt (wie die Position der Organe) für die Automation immer noch notwendig. Im Falle von Pflanzen ist eine Automation bislang unüblich, wenn auch theoretisch denkbar. Ihr Lebensbegriff ist, weil er kaum an Bewegung gekoppelt ist, nicht über Automation zu imitieren. Dadurch entzieht er sich in gewisser Weise der Mechanisierung. Pflanzliche Bewegung zu automatisieren würde bedeuten, ihr Wachstum zu automatisieren. Dies ist gleichbedeutend mit der Simulation.

c) Simulation

Die Simulation imitiert nicht material ein Ding, das als Gestalt vorliegt, sondern den Prozeß, der dieses Etwas als Gestaltwandel in Erscheinung bringt. Dazu bedarf die Simulation eines Mediums. Virtuelle Pflanzen auf dem Computerbildschirm als wachsend in Erscheinung treten zu lassen ist eine typische Simulation. Die Gestalt der Pflanze bleibt wichtig in ihrer zeitlichen Gestaltabfolge, d.h. in Form ihres typischen Gestaltwandels. Mit Hilfe eines Programms kann man die Pflanze auf dem Bildschirm virtuell zum Blühen bringen und somit den aus der Natur bekannten Wachstumsverlauf zeigen. Im Gegensatz zur Automation, die nur die Bewegung programmgesteuert als bewegte Physiognomie imitiert, ermöglicht die Simulation auch die Imitation einer Naturgeschichte. Die Relationalität zeitlicher Abläufe von bestimmten Stadien ist tragend für die Illusion, es mit einer echt wachsenden Pflanze zu tun zu haben. Die Natur als Stoff ist entbehrlich, der Symbolgehalt ihrer sich wandelnden Form ist für die Simulation, die die Reproduktion eines Prozesses darstellt, notwendige Bedingung. Die Kontinuität der Bewegungsform simuliert die Wuchsform. Pflanzliche Wachstumsverläufe bekommen in der Simulation Symbolcharakter. Der Körper als kreatürliches Medium des Gestaltwandels wird ersetzt durch ein technisches Medium wie den Computer, der keine Kreativität bei der Darstellung des Verlaufs aufweisen darf. Beim Medienwechsel von Körper zu Rechner wird gleichzeitig der Wechsel vom Vollzug des Wachstums hin zum Verlauf des Wachstums in Objektperspektive vorgenommen.

d) Fusion

Während die Imitation, Automation und Simulation die Idee des Lebens als Form, bewegte Gestalt oder Gestaltwandel benötigen, um in Erscheinung zu treten, bedarf die Fusion des Vorhanden- und Zuhandensein des lebenden Materials, das eine gewisse Eigendynamik aufweisen muß, damit die Fusion gelingen kann. Die neue Form setzt der Biotechniker auf Basis der bekannten

Formen. Hierin unterscheidet sich die Fusion einerseits von der rein technischen Artefaktkonstruktion, der tote Materialien ausreichen, andererseits verbindet die Fusion mit der klassischen Realtechnik, daß bekannte Naturformen aufgelöst werden. Damit ist ihr tradierter Symbolgehalt hinfällig. Der Biotechniker schafft neue Lebensformen, die über die Möglichkeiten der natürlichen Lebensformen, aus denen die Bestandteile des Lebenden extrahiert und verpflanzt wurden, zum Teil hinausgehen oder sie beschränken – je nach Zwecksetzung. Sein technisches Handeln kann man auf der Konstruktionsebene als *Provokation* der Natur beschreiben, der auf der Planungsebene eine Präformation vorausgeht. Die Fusion ist gewissermaßen das Gegenteil der Simulation, die ein künstliches Medium brauchte. Fusionen bedürfen kreatürlicher Medien wie Körper und Zellen, die etwas in Erscheinung bringen und uns in dem, was sie in Erscheinung bringen, mit neuen Wachstumsverläufen konfrontieren. Körper vermitteln »Leben«. Mediale Kreatürlichkeit wird ermöglicht durch kreatürliche Medialität, die technisch modellierbar ist.

Als Grundeinheit medialer Kreatürlichkeit kann die Zelle angesehen werden. Zellmaterial tritt in seiner *Potentialität* zu wachsen im Labor in Erscheinung. Mit Hilfe von Biotechniken können Zellen vom Lebewesen isoliert werden und in dieser Isolation im Labor kultiviert werden. Die Kultivierung geschieht außerhalb des Kontextes, in dem das materialliefernde Lebewesen lebt und anderen Lebewesen phänomenal zugänglich ist. Typisch ist die *Extraktion* wachstumsbestimmender Teile von Lebewesen und ihre »Verpflanzung«, d.h. *Transplantation* in andere Kontexte. Dabei kann es sich um Organe, Zellen, Zellkerne oder die als Informationseinheiten interpretierten Gene handeln, denen gemäß Wachstum in technomorpher Interpretation als Programm verläuft. Das Programm begrenzt die Mutabilität des Genoms, wohingegen die Fähigkeit, neue Gene zu integrieren, die Kreativität des Lebendigen ausmacht. In der Extraktion wird das kontextfreie Wachstum, das schon in der Simulation angedeutet wurde, realiter ermöglicht. Dazu bedarf es Medien, die das Extrahierte aufnehmen. Die Extraktion ist Bedingung für die Fusion, d.h. das Zusammenführen lebender Bestandteile, die sich zu einem Ganzen von selbst verbinden oder verbinden lassen müssen. Die Fusion bedarf der Aufgabe der Körpergrenzen von Einzelnem und die Konstitution des Körpers eines Neuen. Inwieweit dieses Ganze noch ein Lebewesen ist, weil es in Verbindung mit einer aus dem Formenreichtum der Natur bekannten Gestalt tritt oder ob die Abwesenheit einer lebenstypischen Wachstumsform die Idee vom Leben zum Verschwinden bringt, gilt es zu thematisieren. Die Spur des Medialen, die Aufschluß über den ontischen Zustand des Dings oder Wesen geben könnte, ist in der Fusion aufgehoben. Wachstum ist zum Lebens-Mittel geworden.

5. Biotechnikphilosophie als Anthropologie der Technonatur

Bislang bleibt in der Diskussion verborgen, daß das begriffliche Ringen um den Natur- und den Lebensbegriff sich implizit an einem als unproblematisch gedachten Wachstumsbegriff festmacht, der zwischen Vorstellungen von Teleologie und Kausalität oszilliert. Dabei haben weder die Biowissenschaften einen einheitlichen, noch hat »die Wissenschaft« einen allumfassenden Wachstumsbegriff, wie von G. Banse (2005) der Einfachheit halber unterstellt wird. Den Wachstumsbegriff gilt es als Vorarbeit zum Lebensbegriff zu spezifizieren und im Rahmen einer Biotechnikphilosophie für eine transdisziplinäre Diskussion fruchtbar zu machen. Die Pflanzen und ihre Erscheinungen sollten dafür ein Vorverständnis liefern. Was wächst, kann also dennoch künstlich sein, je nachdem, ob man bei Wachstum die Zunahme, die Genese, die Zeugung, die Morphogenese oder die Individualentwicklung inklusive des Todes als wichtigsten Aspekt betrachten möchte.

Biofakte sind phänomenologisch betrachtet Lebewesen, weil man sie wachsen sieht und sie wie »alte Bekannte« aussehen, aber sie sind in ihrem Wachsen und Werden nicht mehr selbsttätig. Sie behalten gleichwohl die Fähigkeit zur Mutation und, im Falle von handlungsfähigen Lebewesen, als Erwachsene auch die Fähigkeit zur Handlung. Sie bringen sich nicht selbst hervor, sie setzen sich ihre Grenzen zumindest am Anfang, vor dem erwachsenen Zustand, nicht selbst. Biofakte sind eben nicht Roboter mit menschlichen Funktionen, bei denen man den artifiziellen Anteil auch phänomenal sieht. Sondern umgekehrt: Man sieht den artifiziellen Anteil nicht und findet ihn womöglich auch nicht einmal auf substantieller, molekularer Ebene. Die Echtheit der Leistung von Sportlern, die Gendoping durchlaufen haben, liegt nicht nur unter ihrer Haut verborgen, sondern sie ist dort auch nicht mehr als *Körperfremdes* nachweisbar. Die Haut wird nicht mehr zur Grenze der technischen Gestaltbarkeit von Körpern, sondern zu ihrem *Medium*.

Der Vormarsch des Gemachten in das Werdende hat seit langem begonnen. Neu ist, daß sich die Spur des Machens verliert, weil sie in Räumen wie Laboren stattfindet, die alltagsweltlich nicht geteilt werden, und weil Techniker die eigendynamischen Medien nutzen, mit denen Natur sich als wachsende bislang selbst in Erscheinung brachte. Biologisches Wachstum kann zwar nicht ersetzt, aber so stark provoziert werden, daß nur noch der abstrakte Anfangspunkt der Genese als selbsttätiger Naturanteil verbleibt.

Die Kreativität im Phänomen »Wachstum« bleibt in weiten Teilen wissenschaftlich unverstanden und damit technisch nur modellierbar, nicht beherrschbar. Es verbirgt sich hinter Begriffen wie der »Transplantation«, die nur dann gelingt, wenn das Organ sich im Ganzen innerhalb fremder Körpergrenzen verwurzelt und seinen vorbestimmten Zweck erfüllt. Ob es das tut, bleibt auch in der Medizin Wagnis. Ähnliches tarnt sich in den Neurowissenschaften im Begriff der »Plastizität« des Gehirns, seiner Wandlungsfähigkeit beim Lernen, Erinnern und Vergessen. Und wenn die Wissenschaftstheorie bei der Betrachtung des Handelns in biotechnischen Labors neben dem Experimentierraum die reproduktiven Räume berücksichtigen würde, wie Gewächshäuser, Brutschränke, Kolben und Schalen, in denen gewachsen und nicht gehandelt wird, um lebendiges Objekt-Material überhaupt erst bereitzustellen, dann würde die Angst vor einem Verlust der »Natur« angesichts der *technoscience* ihre Dramatik verlieren. Kulturelle Referenz für die biotechnische Innovation bleibt stets die Kreation, das Vorhandensein des von selbst Gewachsenen.

Das »Biofakt« soll die produktive Spannung zwischen lebender Entität und Identität angesichts der aktuellen technischen Möglichkeiten und der Diskussion um Hybridität begrifflich neu beleben. Hybridität und Biofaktizität des Lebewesens meinen nicht dasselbe. Hybridität ist ein ontologischer und anthropologischer Begriff, Biofaktizität ein epistemologischer. Der Mensch als Hybrid zwischen Techniknutzer und Naturwesen bezeichnet damit seinen Selbstentwurf, verbunden mit der Geschichte seiner Herkunft, sein eigenes Gewachsensein. Das Biofakt zeigt als Erwachsenes den Fremdentwurf an. Der Begriff »Biofakt« koppelt die Möglichkeiten des Hybridseins an faktische Gegebenheiten der technischen Einflußnahme des Wachsens. Das als solches gekennzeichnete Biofakt erzählt von einer Handlung der technischen Einflußnahme gleichermaßen wie vom Wachstum des gewachsenen Körpers. Nur: die Handlung gehört zum Anderen, das Wachstum zum Eigenen.

Deshalb kann man gen- und biotechnische Einflußnahmen zwar in eine Tradition mit der klassischen Züchtung stellen; man kann aber auch etwas kategorial Neues entdecken in der Verfügbarkeit des Anfangs von Wachstum in seinem Kern als nicht nur Vorhandenem, sondern auch Zuhandenem (in Heideggerscher Terminologie). Und zwar nicht nur als Zuhandensein seiner Verlaufsbedingungen des Wachstums, die man korrigieren kann, sondern als Zuhandensein des *Zur-Welt-Kommens* von etwas *in* seinem *Anfang*. Der Anfang muß von einem Wesen als Leben vollzogen werden. Die technische Verfügung über das Zur-Welt-Kommen des Wachsenden, des Entäußerns, ist das eigentlich Neue und damit die Innovation. Es funktioniert nur auf Wachstumsmedien der Einverleibung wie dem Boden und den Körpermedien (dem Zytoplasma und dem *kreas* des Kreatürlichen, das seine »Fleischlichkeit« begrifflich ausdrückt). Wachstum ist nicht nur Verlauf, es ist Vollzug, der sich in einem lebenden Individuum aktualisiert.

Wachstum als *Physis* ist immer vorhanden, d.h. es ist *Medium* des Lebens. Es wird zum Mittel (Hubig 2002), wenn es zuhanden ist. Durch Biotechniken wird es zeitlich immer früher zum Mittel und räumlich immer zentraler im Verhältnis zur Positionalität des Wesens. Während die Prothese außen und damit in erster Linie räumlich ansetzt, kann die Gentechnik im Kern und damit in erster Linie zeitlich die technische Setzung im Anbeginn vollziehen. Im Biofakt ist Wachstum deshalb *Mittel*: Mittel, etwas für die Zwecke eines Anderen in Erscheinung zu bringen unter Einschränkung der Selbstzwecklichkeit. Wir gelangen nun zu folgender Einteilung der Sphären von Hybridität:

	Natur	*Technonatur*	*Technik*
Entität	Lebewesen	Biofakt	Artefakt
Mittel	–	Wachstum	Handlung
Medium	Wachstum	Handlung	Handlung

Für das Subjekt, das Wachstum durchlebt, bleibt zu fragen, ob es das Wachstum als Medium des eigenen Lebens mit einer eigenen Leiberfahrung und Möglichkeiten, *an sich* zu wachsen, erfährt. Selbst- und Fremdentwurf vom Menschsein bleiben ein Leben lang reflexiv aufeinander bezogen, d.h. die Interpretation der Biographie und das zugrundeliegende Menschenbild.

Durch die zunehmende Verschmelzung von Bio-, Nano- und Informationstechnologien (»Converging Technologies«) wird nicht »die Natur« ontologisch ausgehöhlt, sondern die Repräsentationsformen des Technischen, die mittlerweile als vermeintlich bekannte Natur erscheinen. Die technische Handlung wird durch kreatürliche Medien unsichtbar und entzieht sich so einem gesellschaftlichen Diskurs um angemessene Zwecke. Die praktisch schwierig vorzunehmende Trennung von »Technik« und »Natur« bleibt jedoch theoretisch notwendig, um Hybridität überhaupt denken zu können und sich selbst als Hybrid mit leiblichen und geistigen Anteilen verstehen zu können.

Für die Wissenschaften bestünde eine Herausforderung darin, Wachstum (im Sinne des Hegelschen »an sich«) als Negation der Handlung (im Sinne des Hegelschen »für sich«) zu verstehen und damit als Anderes zunächst anzuerkennen, anstatt zu versuchen, Phänomene des Wachstums durch Handlungen zu überformen und im Moment der Handlung als Reproduktion letztlich aufzuheben. Vermittlungen sind gesucht. Handlung ist mit Wachstum als unverfügbarem Zuwachs von Möglichkeiten des Handelnkönnens in einem Lebensbegriff der Praxis notwendig verknüpft. Diese Einsicht kann man aus den wenigen Untersuchungen zur Technizität des Agrarbereichs gewinnen, von dem der Kulturbegriff etymologisch abstammt: Kultur ermöglicht durch instrumentelles Handeln modellierte Hervorbringungen physischen Wachstums, die den Menschen als Lebensmittel dienen, die aber ohne die ihrerseits unverfügbaren Medien mit der ihnen eigenen physischen Kreativität nicht erzeugt werden können. Eine Anthropologie, die die Natur- und Technikangebundenheit des Menschen parallel gelten läßt, ohne sie aufzuheben, müßte dialektisch angelegt sein (Holz 2003). Der Mensch wächst durch Erfahrungen, die er mit Handlungsvollzügen gemacht hat, und er handelt, indem er an Anforderungen, die ihm die ihrerseits wachsende Natur als Grenzen entgegen stellt, wächst.

Literatur

BANSE, G.: *Reproduktion und Technik*, in: G. Engel/N.C. Karafyllis (Hgs.): Re-Produktionen, Berlin 2005, S. 55–67.

BARTELS, K.: *Der Begriff Techne bei Aristoteles*, in H. Flashar/K. Gaiser (Hgs.): Synusia. Festgabe für Wolfgang Schadewaldt zum 15. März 1965, Pfullingen, S. 275–287 [1965].

HOLZ, H. H.: *Mensch – Natur. Helmuth Plessner und das Konzept einer dialektischen Anthropologie*, Bielefeld 2003.

HABERMAS, J.: *Die Zukunft der menschlichen Natur*, Frankfurt am Main 2001.

HUBIG, C.: *Mittel*, Bielefeld 2002.

KARAFYLLIS, N.C.: *Biologisch, natürlich, nachhaltig. Philosophische Aspekte des Naturzugangs im 21. Jahrhundert*, Tübingen, Basel 2001.

KARAFYLLIS, N. C. (Hg.): *Biofakte – Versuch über den Menschen zwischen Artefakt und Lebewesen*, Paderborn 2003.

KARAFYLLIS, N. C.: *Bewegtes Leben in der Frühen Neuzeit. Automaten und ihre Antriebe als Medien des Lebens zwischen den Technikauffassungen von Aristoteles und Descartes*, in: G. Engel/N.C. Karafyllis (Hgs.): Technik in der Frühen Neuzeit – Schrittmacher der europäischen Moderne, Sonderheft, Zeitsprünge. Forschungen zur Frühen Neuzeit 8/3-4 (2004), Frankfurt am Main, S. 295–335.

KLEIN, B. M.: *Biofakt und Artefakt*, in: Mikrokosmos 37/1 (1943/44), S. 2– 21.

KORNWACHS, K.: *Technik wissen*, in: N.C. Karafyllis/T. Haar (Hgs.): Technikphilosophie im Aufbruch. Festschrift für Günter Ropohl, S. 197– 210 (2004).

POSER, H.. *Innovation: The Tension between Persistence and Dynamics*, in: N.C. Karafyllis/T. Haar (Hgs.): Technikphilosophie im Aufbruch. Festschrift für Günter Ropohl, S. 183–196 (2004).

RIEGER, S.: *Kybernetische Anthropologie*, Frankfurt am Main 2003.

THOMPSON, M.: *The Representation of Life*, in: R. Hursthouse/G. Lawrence/ W. Quinn (Hgs.): Virtues and Reasons: Philippa Foot and Moral Theory, Oxford 1995.

Kreativität und Technik. Zur gegenwärtigen Relevanz von Heideggers Technikdeutung

TILO EILEBRECHT (BASEL)

»Angelpunkt der Zukunftsgestaltung ist der Mensch mit seiner Kreativität und seiner innovativen Kraft. Kreatives und innovatives Verhalten gilt unbestritten als einer der entscheidenden Erfolgsfaktoren. Das ist so in allen Zukunftsbereichen, ob es sich nun um Wissenschaft, Wirtschaft, Kunst, Literatur oder Technik handelt.«[1] Dieses Zitat von Karl Delhees bringt die hohe Aufmerksamkeit zum Ausdruck, die gegenwärtig den Begriffen Kreativität und Innovation gewidmet wird. Als Schlüsselfaktor zum wirtschaftlichen Erfolg in der heutigen ökonomisch-gesellschaftlichen Situation wird die Innovation angesehen, die Entwicklung neuer Produkte und Verfahrensweisen, für deren Zustandekommen Kreativität entscheidend ist. Aber nicht nur die Wirtschaft, auch die Pädagogik legt heute großen Wert auf die Entwicklung von Kreativität. Und auch in Kunst und Wissenschaft spielt der Begriff der Kreativität eine zentrale Rolle, wie nicht zuletzt dieser Kongress dokumentiert. Kreativität ist das Zauberwort, von dem die Lösung der wirtschaftlichen Probleme des Standorts Deutschland, aber auch eine Erziehung erhofft wird, die neue Seiten am jungen Menschen eröffnet.

Diese enormen Erwartungen, die sich an die Kreativität knüpfen, können als ein Indiz dafür gedeutet werden, dass der Begriff der Kreativität eines der Zentren ist, um die herum sich die heutige geschichtliche Situation dreht, oder zumindest auf ein solches Zentrum hindeutet. Daher möchte ich in diesem Vortrag den Versuch unternehmen, in Blick auf diesen Begriff die Eigenart der gegenwärtigen geschichtlichen Lage sichtbar zu machen. Martin Heidegger hat die heutige Zeit als Zeitalter der Technik gedeutet. Seine Analysen zur Technik sind auf breite positive Resonanz gestoßen, auch bei solchen, die seiner Philosophie sonst kritisch gegenüberstehen. Es wird daher legitim sein, wenn ich von Heideggers Technikbegriff ausgehe. Gefragt werden muss aber, ob er heute, 50 Jahre nach Heideggers Erörterungen, die geschichtliche Realität noch trifft bzw. welche Modifikationen durch die seitherige Entwicklung nötig gemacht wurden.

Die Soziologie deutet die heutige Gesellschaft als im Entstehen begriffene *Wissensgesellschaft*. Diese ist dadurch gekennzeichnet, dass die gesellschaftlichen

---

[1] K. H. Delhees: *Was uns kreativ macht*, in: H.-J. Braczyk/C. Kerst/R. Seltz (Hgs.): Kreativität als Chance für den Standort Deutschland, Berlin, Heidelberg 1998, S. 17-28, hier S. 17.

Prozesse sich zunehmend um Wissensbesitz, -erzeugung und -verarbeitung herum zentrieren. Hieraus resultiert auch die hohe Bedeutung der Kreativität als des entscheidenden Faktors bei der Wissenserzeugung. Ich möchte daher die gegenwärtige Gestalt der Technik als *Wissenstechnik* bezeichnen. Um deren Eigenart zu verstehen, ist es nötig, zunächst Heideggers Begriff der Technik zu entwickeln[2]. Anschließend wird uns die Betrachtung der Weise, wie heutzutage mit der Kreativität umgegangen wird, dazu verhelfen, einen Einblick in die Eigenart der Wissenstechnik zu erhalten.

Üblicherweise verstehen wir unter Technik eine bestimmte Weise des Entwerfens und Herstellens von besonders gearteten – technischen – Produkten. Zur Technik gehörten nach diesem Begriff bestimmte Verhaltensweisen, die mit dem Produzieren von technischen Objekten zu tun haben, sowie diese Produkte selbst. Heidegger versteht gegenüber diesem üblichen Verständnis die Technik in einem weiteren Sinn, gemäß dem sie das *gesamte* Verhalten des Menschen zu Seiendem betrifft. Dieser Unterschied ist zu beachten. Die Technik bestimmt Heidegger als eine *Weise des Entbergens von Seiendem.* Was bedeutet das? Wenn ein Ingenieur eine Maschine entwirft, so legt er hierbei Wert auf Effizienz, auf Erzielung größtmöglichen Nutzens aus der kleinstmöglichen Menge an Ressourcen. Er fordert die Ressourcen sowie die Maschine heraus zur Bereitstellung von Nutzen. Dieses Herausfordern nennt Heidegger »stellen«, in dem Sinne von: jemanden zum Kampf stellen, d.h. herausfordern. In ihm kommt das Seiende vom Bereitstellen einer Wirkung aus in den Blick – in den Blick, aus dem heraus es seinen Sinn erhält. Das Vermögen des Seienden, Nutzen bereitzustellen, stiftet dessen Sinn, so dass es sich als etwas Sinnvolles und Sinnbehaftetes zeigt. Wenn Heidegger vom Entbergen von Seiendem spricht, so kann man sich das erläutern als das Sichzeigenlassen des Seienden als eines Sinnvollen und Sinnbehaftetem. Technik ist für Heidegger nicht lediglich die Konstruktion und der Gebrauch von technischen Geräten, sondern noch ursprünglicher das in diesem geschehende Entbergen des Seienden.

Der Mensch verhält sich nun als ein solcher Entbergender nicht nur im Umgang mit technischen Objekten im engeren Sinne, sondern die heutige Existenz ist für Heidegger grundsätzlich von der gekennzeichneten Weise des Entbergens bestimmt. Überall versucht der Mensch, größtmöglichen Nutzen zu erreichen, auch etwa im Umgang mit seiner knappen Zeit oder in der Regeneration seiner Arbeitskraft im Urlaub – und nicht etwa nur dort, wo er technische Geräte im engeren Sinne verwendet. Sinnhaftigkeit von Seiendem *überhaupt* entsteht aus der Möglichkeit, aus diesem eine Wirkung zu erzielen. Der Grund hierfür ist, dass der Mensch zu seinem Herausfordern des Seien-

---

[2] Vgl. hierzu M. Heidegger: *Die Frage nach der Technik*, in: ders.: Vorträge und Aufsätze, 7. Aufl., Stuttgart 1994, S. 9-40; ders.: *Einblick in das was ist*, in: ders.: Bremer und Freiburger Vorträge, hg. v. P. Jaeger, Gesamtausgabe Bd. 79, Frankfurt/M 1994, S. 1-77.

den seinerseits herausgefordert ist – eine Forderung, die sein ganzes Sein durchtönt. Dieses universelle Herausgefordertsein des Menschen zum Stellen des Seienden ist dasjenige, was die Eigenart der gegenwärtigen geschichtlichen Epoche ausmacht. Heidegger nennt sie mit einem etwas schwer verdaulichen Neologismus das *Ge-stell*, d.h. die Versammlung des Stellens, wie das Ge-birge die Versammlung der Berge ist. Das Ge-stell ist für Heidegger das Wesen der Technik. Daher ist auch das technische Entbergen nicht lediglich eine menschliche Leistung. Es ist nur möglich, sofern es vom Ruf des Ge-stells nach universeller Herausforderung des Seienden auf Nutzen hin getragen ist. Das entbergende Handeln des Menschen ist einbezogen in ein ihn übergreifendes Entbergungsgeschehen.

Heideggers Technikphilosophie wird oft als eine Technikkritik gedeutet. Dies greift jedoch zu kurz; Heidegger legt gleichzeitig Wert auf die *Würdigung* des Wesens der Technik. Sie ist entbergend und damit gewährend: sie gewährt Sinnhaftigkeit des Seiendem und damit auch Freiheit, diejenige Freiheit nämlich, die der heutigen Zeit zugehörig ist. Der heutige Mensch gewinnt im erfolgreichen Bestellen des Seienden seine höchste Freiheit. Damit stiftet die Technik das Zentrum des heutigen Menschseins.

Gleichzeitig birgt die Technik aber eine Gefahr und zeigt sich damit als etwas zutiefst Zweischneidiges: Indem sie sich gegenwärtig immer mehr in den Vordergrund, ja in die Ausschließlichkeit vordrängt, verdrängt sie andere Weisen des Entbergens, die das Seiende nicht in dieser ausschließlichen Weise in das Bereitstellen einer Wirkung verklammern. Heidegger nennt als Beispiele eines ursprünglicheren und reicheren Entbergens die griechische *téchnê* sowie das poetische Entbergen; einen eigenen Entwurf der Sinnhaftigkeit des Seienden gibt er in seinem Vortrag »Das Ding«[3]. Insbesondere hat diese Verdrängung zur Folge, dass der Mensch seinen Blick ausschließlich auf das zu stellende Seiende richtet und das Entbergen selbst in den Hintergrund gerät. Die Herausforderung des Menschen zum Bestellen des Seienden hat die Eigenart, dass sie von ihr selbst weglenkt auf das einzig zählende, weil einzig in fassbarer Weise nutzbringende Seiende hin. Dabei geht der Sinn für das Entbergungsgeschehen selbst und das in diesem liegende Gewähren verloren, das zu kurz gesehen wird, wenn es lediglich als eine Leistung des Menschen gedeutet wird. Das in der Herausforderung zum Entbergen liegende Gewähren kann von der technischen Sichtweise nicht anerkannt werden, da sie alles auf die Leistung des Menschen setzt und zu einem Empfangen nicht in der Lage ist. Die Technik ist nicht nur entbergend, sondern zugleich verbergend: sie verbirgt ihr eigenes Wesen. Der Mensch ist in ihr unfrei, insofern all sein Handeln dadurch bestimmt ist, dass er in das Stellen gerufen ist, diesen Ruf selbst

---

[3] M. Heidegger: *Das Ding*, in: ders.: Vorträge und Aufsätze, a.a.O., S. 157-175.

aber nicht ausdrücklich zu vernehmen und so ein freies Verhältnis zu ihm aufzubauen vermag. Die Technik ist Obsession. Hieraus ersieht Heidegger die geschichtliche Notwendigkeit, in eine grundsätzlich andere Weise des Entbergens zu gelangen, die auch das Entbergen selbst, das nicht als Wirkung verstehbar ist, zu sehen in der Lage ist. Nur so kann der Mensch in ein wahrhaft freies Verhältnis zu seinem eigenen Wesen gelangen.

Welche Rolle nimmt nun der Mensch in der Technik ein? Eine erste Antwort auf diese Frage kann lauten: Wenn alles Seiende auf Nutzen hin gestellt ist, dann ist der Mensch genauso Nutzenlieferant und Besteller wie alles andere Seiende. Man denkt an den Industriearbeiter, der mit Heraufkommen der Technik zur austauschbaren Größe wird, an der einzig die Arbeitskraft zählt. Freilich ist die Rolle des Menschen in der Technik, so Heidegger, damit noch nicht ausreichend gedacht. Er ist nicht nur auf die Erledigung vorgegebener Arbeiten hin gestellt, sondern auch durch das Ge-stell dazu herausgefordert, selbst zu stellen, etwa indem er als Ingenieur eine Maschine entwirft oder als Manager eine optimale Firmenstrategie sucht. Auch hierzu ist der Mensch gestellt, jedoch in einer tiefergreifenden Weise des Stellens[4]. Als Stellender ist der Mensch entbergend, und hierin liegt seine Würde und Freiheit. Freilich ist sein Entbergen nicht autonome Leistung, sondern Vollzug eines ihm geschichtlich Gewährten. Die Gefahr, die in der Technik liegt, sieht Heidegger nicht zuletzt darin, dass die Seite des Menschen, nach der er zum Entbergen herausgefordert ist, durch das Stellen auf bloßen Nutzen in den Hintergrund gedrängt wird und der Mensch er Würde seines Wesens verlustig geht.

An dieser Stelle drängt sich der Begriff, um den diese Tagung kreist, wieder auf, der Begriff der Kreativität. Ist in ihm nicht gerade die entbergende Tätigkeit des Menschen genannt? Kreativität ist die Fähigkeit, Neues hervorzubringen. Sie ist damit sogar die höchste Form allen Entbergens. Die große Aufmerksamkeit, die ihr heutzutage in Wirtschaft, Pädagogik, Kunst und Wissenschaft gewidmet wird, bedeutet, dass Heideggers Befürchtungen nicht eingetroffen sind. Die Gefahr der Technik, so seine Diagnose, bestehe darin, dass das Entbergen selbst aus dem Blick gerät, dass der Mensch seine Würde und Freiheit dadurch verliert, dass seine Nutzenfunktion zur alleinigen wird und seine Rolle als Entbergender in den Hintergrund drängt. Das Gegenteil ist eingetreten: Die Gesellschaft ist auf die Bedeutung der entbergenden, kreativen Seite des Menschen aufmerksam geworden und ist dabei, sie immer umfassender zu berücksichtigen. Die Technik bewältigt ihre Schwächen aus eigener Kraft; nicht ein radikal »anderer Anfang« war hierfür nötig, sondern lediglich eine innere Transformation der Technik, welche in der zunehmenden Berücksichtigung der sogenannten »soft skills« neben den »hard skills« ihren

---

[4] Vgl. Heidegger: *Die Frage nach der Technik*, a.a.O., S. 21f.

Ausdruck findet. Es gelingt ihr, ihre Beschränkung auf das Berechenbare zu überwinden, denn die »soft skills« unterscheiden sich von den »hard skills« ja unter anderem dadurch, dass sie weniger eindeutig fassbar und lehrbar sind. Heideggers Technikkritik ist folglich hinfällig.

Doch sehen wir genauer hin, ob diese Einschätzung sich halten lässt. Der zentrale Satz aus dem Eingangszitat von Delhees lautete: »Kreatives und innovatives Verhalten gilt unbestritten als einer der entscheidenden Erfolgsfaktoren.« Die Kreativität kommt als *Erfolgsfaktor* in den Blick, d.h. als ein Faktor, der dazu beiträgt, die Leistungsfähigkeit des Menschen zu optimieren. Der Mensch wird auf Kreativität hin gestellt, um für Unternehmen und Gesellschaft Nutzen zu bringen. Nicht nur wird der Mensch zum Entbergen gestellt, sondern dieses Entbergen – seine Kreativität – wird auf Optimierung seiner Effizienz hin gestellt. Damit geschieht das Stellen des Stellens selbst. Dies ist die tatsächliche Charakteristik der heutigen geschichtlichen Lage, die ich als »Wissenstechnik« bezeichnet habe. Deren Eigenart besteht eben darin, dass in ihr das Entbergen selbst gestellt wird. In der Wissenstechnik potenziert sich die Technik, indem das Entbergen selbst in den Sog des Gestelltwerdens gerät. Die Würde des Entbergens wird herabgesetzt, indem sein Sinn in seinem potentiellen Nutzen gesehen wird. Völlig vergessen wird dabei, dass es keine rein menschliche Leistung ist, sondern in der Gewährung durch das Ge-stell seinen Grund hat.

Somit ist die gegenwärtige Entwicklung der Technik zwiespältig. Einerseits – das darf nicht übersehen werden – kommt die Eigenart des entbergenden Verhaltens verstärkt in den Blick. Andererseits wird dieses dadurch selbst zum technischen Objekt. Versuchen wir noch besser zu verstehen, was darin geschieht. Auf welche Weise hat sich die Technik zur Wissenstechnik entwickelt, und wie hat sie sich dabei verändert?

Im Laufe der Zeit radikalisiert sich die Technik, indem sie sich immer mehr ausbreitet. Sie erstreckt sich auf immer weitere Bereiche des Seienden. Daher ist es nur teilweise richtig, wenn Heidegger von der Technik sagt, in ihr werde das Seiende im Ganzen von vornherein dem Gestelltwerden unterworfen[5]. Diese Behauptung macht zu Recht darauf aufmerksam, dass jedes Stellen eines einzelnen Seienden oder Seinsbereichs darin seinen Grund hat, dass das Seiende überhaupt im Voraus als Bestellbares genommen wird, dass dessen Sinnhaftigkeit in seinen möglichen Wirkungen lokalisiert wird. Wenn das Seiende überhaupt in den Nutzenzusammenhang eingestellt wird, so bedeutet das aber noch nicht, dass jedes einzelne Seiende eigens Objekt der Bestellung wird. Insofern verstellt Heideggers Behauptung den Blick auf ein Charakteristikum der Technik, nämlich ihre immer weitere Kreise des Seienden in sich

---

[5] Vgl. Heidegger: *Einblick in das was ist*, a.a.O., S. 30.

einbeziehende Ausbreitung. Vieles von dem, mit dem wir umgehen, bleibt – so zeigt Heidegger selbst in »Sein und Zeit« auf – unauffällig[6]: Es wird nicht eigens thematisch. Daher kann es auch nicht gestellt werden, solange nicht auffällt, dass es etwas Nutzbringendes ist, welches in seiner Effizienz optimiert werden kann. Nach und nach kommen nun immer mehr Bereiche des Seienden in den technischen Blick; die Technik weitet ihre Herrschaft über das menschliche Leben aus. Einen jener Ausbreitungsschübe der Technik stellt etwa der Umweltschutz dar. Die Minimierung der Umweltbelastung wurde erst Ziel privaten, politischen und wirtschaftlichen Handelns, als die Knappheit und Gefährdung der natürlichen Ressourcen deutlich wurde und hieraus die Notwendigkeit ihrer Bewahrung in den Blick kam. Der Umweltschutz ist nur scheinbar eine die Technik relativierende Bewegung. Tatsächlich geschieht durch ihn die Einbeziehung weiter Bereiche insbesondere auch des alltäglichen Lebens des Menschen in das Stellen, hier nicht auf Nutzenmaximierung, sondern auf Schadensminimierung: auf Energiesparen, auf Müllvermeidung, auf Emissionsreduzierung. Erfolgreicher Umweltschutz kann nur durch Technologie erreicht werden.

Wenn sich nun die Aufmerksamkeit der gesellschaftlichen Akteure auf das Entbergen selbst richtet, so ist dies eine weitere – und vielleicht die bedeutendste – jener Ausweitungen des technischen Stellens. Die Technik wird zur Wissenstechnik. Genauer gesagt ist sie das verborgenerweise schon seit langem. Nur auf diesem Grunde konnte die Gesellschaft überhaupt den Weg hin zur Wissensgesellschaft einschlagen. In dieser kommt offen zum Vorschein, dass die Technik Wissenstechnik ist – das Bestellen der menschlichen Kraft zum Wissenserwerb geschieht nicht mehr nur vereinzelt, sondern umfassend gesellschaftlich organisiert. Wissenstechnik ist Stellen des Entbergens selbst, des Entwerfens, Planens, Konstruierens, Organisierens und Forschens. Dies alles sind menschliche Tätigkeiten. Daher wird der Mensch zum entscheidenden Produktionsfaktor, und zwar nicht als Arbeiter, sondern als Konstrukteur, Planer und Organisator. Der Mensch wird zur »human resource«, dessen Leistungsfähigkeit eigener Pflege unterworfen werden muss. In diesen Rahmen gehört auch die Aufmerksamkeit auf die Kreativität, die – da in besonderem Maße zugehörig zum Entbergen des Menschen – eine ausgezeichnete Stellung einnimmt.

Die Eigenart der Wissenstechnik gegenüber der industriellen Technik lässt sich daher im Ausgang von der Kreativität und den zu ihrer Steigerung eingesetzten Mitteln gut zeigen. Betrachten wir diese Mittel genauer. Der eingangs schon zitierte Psychologie Karl Delhees unterscheidet Kreativitätstechniken im engeren Sinne, die im einzelnen Akt die Kreativität fördern helfen, von der

---

[6] Vgl. M. Heidegger: *Sein und Zeit*, 17. Aufl., Tübingen 1993, S. 72-74.

Persönlichkeitsbildung, die grundlegender ansetzt und eine kreativitätsfördernde Grundhaltung zum Ziel hat[7]. Kreativitätstechniken sind bestimmte Verfahren, die Kreativität freisetzen und Blockaden abbauen sollen; die bekannteste ist wahrscheinlich das Brainstorming. Die Persönlichkeitsbildung setzt tiefer an; Delhees stellt eine Liste von Fähigkeiten und Eigenschaften kreativer Menschen auf und gibt Hinweise für deren Entwicklung. Es handelt sich dabei in erster Linie um Anweisungen zur Einnahme einer bestimmten Geisteshaltung, etwa: »Spontanes Verhalten aktivieren«, »Starrheit des eigenen Denkens und Handelns aufgeben«, »Sich nicht vorschnell auf eine Lösung festlegen«, »Das Wertvolle und Hervorragende bei sich selber suchen und sehen, anstatt nur bei anderen«, »Sich die Offenheit für neue Erfahrungen bewahren«[8].

Diese Mittel zur Steigerung der Entbergungsfähigkeit unterscheiden sich in einem wesentlichen Punkt fundamental von den Mitteln der industriellen Technik. Letztere haben ein physikalisches Sein, das in gewisser Weise unabhängig von der Weise ihrer Entbergung ist, bei den Mitteln zur Kreativitätssteigerung ist das nicht der Fall. Wenn beispielsweise gefordert wird, spontanes Verhalten zu aktivieren, so gibt diese Handlungsanweisung eine bestimmte Geisteshaltung als Ideal vor. Sinnvoll befolgt werden kann sie nur, wenn die Einstellung der Spontaneität dem Menschen, der seine Kreativität erhöhen möchte, offenbar, d.h. entborgen ist, und zwar in einer solchen Weise, dass es ihm auch gelingt, in sie zu gelangen. Die Handlungsanweisung versucht mit sprachlichen Mitteln, ihrem Adressaten diese Geisteshaltung vor Augen zu stellen. Sie vertraut darauf, dass sie und die Möglichkeiten zu ihrer Erreichung ihm wenigstens in gewisser Weise schon bekannt, entborgen sind. Nun ist die Handlungsanweisung jedoch zugleich selbst eine Weise der Entbergung der von ihr entworfenen Idealhaltung. Sie erschließt diese in neuer Weise unter dem Blickwinkel der Kreativitätsförderung, stellt sie auf Steigerung der Kreativität. Damit verändert sich die Weise der Entborgenheit der Spontaneität. Einerseits rekurriert die Anweisung also auf das Schonentborgen-sein dieser Geisteshaltung in ihrem Eigensinn – dessen bedarf die Anweisung für ihren Erfolg –, andererseits stellt sie die Spontaneität in eine neue Sinndimension ein, nämlich die, Mittel zur Kreativitätssteigerung zu sein. Dadurch wird jedoch die Entborgenheit ihres Eigensinns bedroht, da der Blick auf ihren möglichen Nutzen die Achtung ihrer immanenten Sinnhaftigkeit nach und nach verdrängt. Zudem modifiziert sich die Spontaneität selbst, indem sie nun um eines Zweckes willen geschieht.

---

[7] Vgl. Delhees: a.a.O., S. 23.
[8] Ebd., S. 24-26.

Dies ist ein Phänomen, das ich als *Vernutzung* bezeichnen möchte und das erst in der Wissenstechnik seine volle Brisanz entfaltet. Die Vernutzung hat zwei Seiten. Sie ist zunächst die vorgängige Einverleibung des Seienden in den Nutzenzusammenhang, die Verklammerung des Sinns des Seienden in die Erzeugung maximalen Nutzens. Die zweite Seite der Vernutzung liegt darin, dass hierdurch das jeweilige Seiende in seinem Eigensinn beeinträchtigt wird, dass es seine Eigentümlichkeit und Schwere verliert. Wo aber das Seiende in dem, was es ist, weitgehend von der Weise seiner Entbergung abhängt, wird sein Sein durch die Vernutzung ernsthaft bedroht. Es verliert zugleich seine technische Verwertbarkeit, da die Technik gerade auf die Entborgenheit seines Eigensinnes angewiesen ist. So hat die Wissenstechnik parasitären Charakter: sie nimmt den Eigensinn der Dinge in Anspruch, zehrt ihn jedoch zugleich auf.

Verdeutlichen wir uns diese etwas abstrakten Überlegungen am Beispiel der Kreativitätstechniken. Jemand besucht ein Kreativitätstraining und hört die Forderung »Aktivieren Sie Ihre Spontaneität«, die ihm von einem geschickten Trainer überzeugend vermittelt wird. Gestehen wir zu, dass diese Forderung ihm zunächst tatsächlich hilft, seine Blockaden abzubauen und in ein kreativeres Denken zu finden. Wir müssen aber nun die Wissenstechnik in einer konsequenten Form denken und den Fall betrachten, dass jemand nicht nur punktuell ein Kreativitätsseminar mitmacht, sondern systematisch seine Kreativität erhöhen möchte. Er wird dann immer wieder in die Situation kommen, dass er merkt, wie seine Kreativität gerade deutlich nachgelassen hat. Sie muss also wieder gesteigert werden, er sagt sich immer wieder vor: »Aktiviere Deine Spontaneität!«. Doch dabei wird ihm diese Forderung immer sinnleerer werden, immer ausschließlicher wird sich ihr Sinn als Kreativitätstechnik in den Vordergrund drängen und ihre eigene Bedeutung verstellen: sie vernutzt sich. Es ergibt sie die Paradoxie, dass die Wissenstechnik gerade dort, wo sie konsequent wird, ihre eigenen Grundlagen bedroht.

Dies versuchen Kreativitätstrainer einerseits dadurch zu umgehen, dass sie Kreativitätstechniken entwickeln, die konkretere Handlungsanweisungen geben, deren Wirkung zu einem gewissen Grad von der Weise der Entbergung unabhängig ist, da sie auf psychologisch-physiologischen Gesetzen beruht. Ein Beispiel hierfür stellt das Brainstorming dar, das erstens verhältnismäßig konkrete und leicht ausführbare Handlungsanweisungen gibt und zweitens auf die Eigendynamik sozialer Phänomene – den sogenannten »Gruppeneffekt« – rekurriert. Aber auch solches schleift sich ab, und zudem haben diese Techniken, wie auch Delhees betont, nur eine begrenzte Reichweite: die grundsätzliche Ebene der Persönlichkeitsstruktur erreichen sie nicht. Sie können daher Anweisungen von der oben betrachteten Art nicht ersetzen. Andererseits zeugt von der Eigengefährdung der Wissenstechnik durch sich selbst, dass wichtige Ratschläge zur Kreativitätsförderung sich darauf beziehen, einen Freiraum zu schaffen, in dem die Orientierung auf direkten Nutzen und unmittelbare Verwertbarkeit wegfällt. Popitz etwa nennt als ein wesentliches

Element der Kreativität die Fähigkeit, sich ganz auf die Sache in ihrer Andersheit einzulassen[9] statt nur auf möglichen Gewinn aus ihr zu blicken. All dies sind aber nur temporäre Suspensionen der Nutzenorientierung, die ihre Motivation gerade daraus empfangen, dass sie auf lange Sicht mehr Nutzen schaffen können. Konsequentes Streben nach Nutzen führt in der Wissenstechnik vielfach nicht zum Ziel. Je konsequenter ich mich um die Ausbildung meiner Kreativität bemühe, desto eher laufe ich Gefahr, das Gegenteil von dem, was ich erstrebe, zu erreichen. Muss erfolgreiche Wissenstechnik also Training in Inkonsequenz sein?

Kreativität hat sich als ein schillernder Begriff gezeigt. Wir sind von der These ausgegangen, dass die Aufmerksamkeit auf die »soft skills« und insbesondere die Kreativität Heideggers Einschätzung der Technik teilweise widerlegt. Richtet sich damit doch der Blick gerade auf das Entbergen selbst, welches laut Heidegger in der Technik der Verborgenheit anheim fällt und so in seinem Wesen bedroht ist. Tatsächlich ist – so ist mittlerweile deutlich geworden – das Gegenteil der Fall: In der Wissenstechnik verschärfen sich die Aporien der Technik, diese bedroht durch das Phänomen der Vernutzung ihre eigenen Grundlagen.

Zwar ist zu würdigen, dass zur Förderung der Kreativität eine teilweise Suspension der Ausrichtung auf Nutzen ermöglicht wird. Der Kreativität wird ein vom Zwang unmittelbarer Verwertbarkeit befreiter Entfaltungsraum gewährt. In diesem kann und soll der Kreative die Ansprüche der Sache selbst anstelle der eigenen Zwecke in den Vordergrund stellen. Zudem berücksichtigt die Aufmerksamkeit auf die Kreativität eine wichtige Seite des Menschseins und kämpft gegen die alleinige Wertschätzung der »hard skills« an. In der Erziehung zur Kreativität liegt ein befreiendes Potential – freilich auch die Möglichkeit des Umschlags in der Vernutzung. Schließlich öffnet sich in der Wissenstechnik der Blick für das Entbergen selbst, wenigstens insoweit, als es menschliche Leistung ist.

Andererseits wird die Kreativität und damit das Entbergen in die technische Maximierung der menschlichen Leistungsfähigkeit verklammert. So gerät es in den sich immer schneller drehenden Strudel des Stellens und der Vernutzung. Die Würde des Menschen, Entbergender zu sein, gelangt gerade nicht ins Freie, sondern der Mensch fällt auch darin der Vernutzung anheim und wird als »human resource« ausgelaugt. Ebensowenig wie der Mensch kommt das zu entbergende Seiende ins Freie. Zwar wird die Orientierung auf unmittelbaren Nutzen in der Kreativität suspendiert, nicht aber wird davon der Blick auf grundsätzliche Verwertbarkeit tangiert. Das Seiende wird nach wie vor im Schema der Verwertbarkeit gesehen. Diese muss nicht in ökono-

---

[9] Vgl. H. Popitz: *Wege der Kreativität*. 2., erw. Aufl., Tübingen 2000, S. 99.

mischem Nutzen liegen, sie kann z.B. auch in einer prägnanten wissenschaftlichen Theorie des jeweiligen Objekts bestehen, auf der die weitere Forschung aufbauen kann. Und in Blick auf den Einwand gegen Heidegger, die Aufmerksamkeit auf die Kreativität beseitige die Vergessenheit des Entbergens selbst, muss gesagt werden: Die Entbergung wird lediglich als Leistung menschlichen Tuns betrachtet. Die entscheidende Seite des Entbergungsgeschehens bleibt damit unsichtbar. Denn sie kann nur gesehen werden, wo die Orientierung auf Erfolge und Resultate aufgegeben wird. Nicht ein willentliches Tun ist das Entscheidende im Entbergungsgeschehen. Wo aber das Gelingen von Entbergung zunehmend als durch technische Mittel zu Erreichendes gesehen wird, gerät das Entbergungsgeschehen selbst in die Gefahr der Vernutzung. Damit ist Entborgenheit überhaupt bedroht und damit die Sinnhaftigkeit *alles* Seienden. Die Dinge verlieren ihre Schwere und Fülle, zunehmend greift Beliebigkeit um sich, was zur Folge hat, dass es immer wichtiger wird, nach Haltepunkten zu suchen, die sie in Zaum halten. Die Radikalisierung und Universalisierung der Wissenstechnik in der heutigen Zeit, die sich insbesondere in der Indienstnahme der Kreativität manifestiert, birgt Aporien in sich, die beginnen, sich deutlicher abzuzeichnen. In der begrenzten Zeit, die mir hier zur Verfügung steht, konnte ich nur eine davon darstellen, nämlich das Phänomen der Vernutzung. Eine andere ist die Unmöglichkeit, sich aus eigenem Vermögen und Tun offenzuhalten für das erfüllte Sichzeigen des Seienden. Die Wissenstechnik führt die Technik in einen Widerspruch zu sich selbst. Die Suche nach Alternativen wird somit unausweichlich.

Wenn freilich Kreativität ein schillernder Begriff ist, so darf nicht vergessen werden, dass die Aufmerksamkeit auf sie zugleich positive Möglichkeiten beinhaltet. Das Entbergen selbst kommt zunehmend in den Blick, wenngleich vernutzt und in arg verstellter Gestalt. Dies kann dazu führen, dass die Unangemessenheit der technischen Perspektive auf das Entbergen bemerkt und die Notwendigkeit gesehen wird, nach der ureigenen Natur des Entbergungsgeschehens zu fragen und hierbei auch ihre unverfügbare Seite zu berücksichtigen. Vielleicht erwächst aus der Aufmerksamkeit auf die Kreativität ein tieferes Verständnis des Entbergungsgeschehens selbst. Dazu muss sie freilich aus der Perspektive auf Nutzbarkeit herausgenommen und einer grundsätzlichen Umdeutung unterzogen werden.

Dies ist nur eine kurze Andeutung zu der sich aufdrängenden Frage, welche Wege uns aus der Technik herausführen können. Auf diese Frage auch nur annähernd befriedigend einzugehen, übersteigt den Rahmen dieses Vortrags bei weitem, zumal die Gefahr sehr nahe liegt, sogleich wieder in ein Stellen unserer Denkweise auf Überwindung der Technik zu geraten und alles, was hierzu gesagt wird, in ein Mittel zum Erreichen dieses Zwecks umzudeuten. Der Versuch, sich von der Technik frei zu machen, wird zunächst immer wieder in sie zurückfallen. Er muss einen langen und nicht einfachen Weg beschreiten. Die Gründe, aus denen ich es für nötig halte, sich aufzumachen, habe ich versucht anzudeuten.

Literatur

K. H. DELHEES: *Was uns kreativ macht*, in: H.-J. Braczyk/C. Kerst/R. Seltz (Hgs.): Kreativität als Chance für den Standort Deutschland, Berlin, Heidelberg 1998, S. 17–28.

M. HEIDEGGER: *Das Ding*, in: ders.: Vorträge und Aufsätze, 7. Aufl., Stuttgart 1994, S. 157–175.

M. HEIDEGGER: *Die Frage nach der Technik*, in: ders.: Vorträge und Aufsätze, 7. Aufl., Stuttgart 1994, S. 9–40.

M. HEIDEGGER: *Einblick in das was ist*, in: ders.: Bremer und Freiburger Vorträge, hg. v. P. Jaeger, Gesamtausgabe Bd. 79, Frankfurt/M 1994, S. 1–77.

M. HEIDEGGER: *Sein und Zeit*, 17. Aufl., Tübingen 1993.

H. POPITZ. *Wege der Kreativität*. 2., erw. Aufl., Tübingen 2000.

Sektion 7

Der ›neue‹ Mensch – Ethische Probleme der Genforschung und Biotechnologie

Armin Grunwald
Die Doppelfunktion der Ethik als Begrenzung und Orientierung
wissenschaftlich-technischer Kreativität
am Beispiel der »Verbesserung des Menschen«... 365

Bernward Gesang
Der perfekte Mensch in einer imperfekten Gesellschaft –
Die sozialen Folgen einer technischen Veränderung des Menschen......... 375

Elisabeth List
Eingriffe, Transformationen, Überschreitungen.
Die Frage nach dem Menschen und die Biotechnologie 387

Claudia Pawlenka
Der Sport – Bühne für den neuen Menschen?
Überlegungen zu Gendoping, Natürlichkeit und Kreativität.................... 395

Thomas Runkel
Personale Identität und die gentechnische Verbesserung des Menschen.
Die normative Beurteilung gentechnisch verbessernder Eingriffe
vor dem Hintergrund einer Analyse personalen Selbstverständnisses....... 409

Die Doppelfunktion der Ethik als Begrenzung und Orientierung wissenschaftlich-technischer Kreativität am Beispiel der »Verbesserung des Menschen«

ARMIN GRUNWALD (KARLSRUHE/BERLIN)

1. Ausgangssituation und Fragestellung

Zu den wesentlichen Kennzeichen der Moderne gehört die rasche und sich weiter beschleunigende Zunahme der Handlungsmöglichkeiten, angetrieben durch wissenschaftlich-technischen Fortschritt und daran anschließende ökonomische und soziale Innovationen (z.B. Mittelstraß 1989, Lübbe 1997). Besonders angesichts der technischen Möglichkeiten der modernen Biowissenschaften von Genetik bis zu den Neurowissenschaften und der Reproduktionsmedizin wird nach ethischen Orientierungen gerufen. Oft erfolgt dies in der Weise, dass die Ethik der wissenschaftlichen und technischen Kreativität »Grenzen« weisen solle (Grunwald 1999). Faktisch geltende Grenzen des Erlaubten sind abhängig von moralischen Positionen, wie sie z.B. von Religionsgemeinschaften vertreten werden, sie können in kulturellen Üblichkeiten oder in rechtlichen Kodifikationen bestehen. Selbstverständlich betreffen solche Grenzen auch die Technikentwicklung und -nutzung, z.B. in reproduktionsmedizinischen Fragen oder, für traditionelle Gesellschaften, in der Frage des Abbaus von Rohstoffen an »heiligen« Orten. In der Ethik werden diese faktischen moralischen Grenzsetzungen in Bezug auf Verallgemeinerbarkeit geprüft und nach ihrer Rechtfertigungsbasis hinterfragt. Dies betrifft insbesondere Situationen, in denen es zu Konflikten über die »richtigen« Grenzen kommt. In der Moderne kann das Sollen und Dürfen nicht mehr durch Berufung auf eine externe Instanz gerechtfertigt werden, sondern es müssen die Grenzen gesellschafts*intern* konstruiert und konstituiert werden (Habermas 1988): Wir dürfen, was wir dürfen, nämlich das, was wir selbst in gerechtfertigten Verfahren als zu dürfen bestimmt haben (Grunwald 1999).

In der öffentlichen Sichtweise fungiert Ethik demnach hauptsächlich als *Begrenzung* der naturwissenschaftlich-technischen Kreativität oder zumindest als Begrenzung der gesellschaftlich, politisch und letztlich rechtlich zugelassenen Anwendungen dieser Kreativität. Angesichts der Faszination und Schubkraft des wissenschaftlich-technischen Fortschritts und auch vor dem Hintergrund der ökonomisch notwendigen Innovationskraft der Volkswirtschaften ist dies eine eher unsympathische Rolle: die Rolle des Mahners und Warners, des Bedenkenträgers, Bremsers und Nörglers. Glaubt man den soziologisch diagnostizierten Kräfteverhältnissen, nach der Ethik vor allem als »Fahrradbremse am Interkontinentalflugzeug« (Beck 1988, S. 194) fungiert, ist die

Wahrnehmung dieser Rolle darüber hinaus mit nur geringen Erfolgsaussichten belegt.

In diesem Beitrag wird nicht bestritten, dass die Aufgaben der Ethik diese Rollenwahrnehmung umfassen; die These ist jedoch, dass sich Ethik nicht in dieser Rolle erschöpft, sondern auch ganz andere – und möglicherweise weiterreichende – Funktionen umfasst. Am Beispiel der »Verbesserung des Menschen«, wie sie in der Folge des NSF-Berichts zu den »Converging Technologies« (Roco/Bainbridge 2002) weltweit diskutiert wird, geht es in diesem Beitrag um die Frage nach der gesellschaftlichen Funktion ethischer Reflexion. In die Mitte der Betrachtung wird dabei die Differenz zwischen einem *Reagieren* der Ethik auf moralische »Provokationen«, ausgelöst durch den wissenschaftlich-technischen Fortschritt, und einem prospektiven *Agieren* der Ethik als einem Beitrag zur Orientierung der wissenschaftlich-technischen Kreativität gestellt.

Im Anschluss an eine kurze Reflexion der Geltungsbedingungen ethischer Urteile (Kap. 2) werden aktuelle Entwicklungen im gewählten Fallbeispiel (Kap. 3) sowie ihre ethischen Aspekte (Kap. 4) beschrieben. Auf dieser Basis kann sodann die Frage nach Funktionen der Ethik in Diskussionen dieses Typs erläutert und wenigstens thetisch beantwortet werden (Kap. 5).

2. *Ethik als konditional-normative Reflexion*

Die Unterscheidung von Ethik und Moral steht am Anfang der Analyse. Unter »Ethik« wird *die systematische und theoriegeleitete Reflexion über Moral* verstanden (Gethmann/Sander 1999). Ethik befasst sich mit den Möglichkeiten und Problemen der Rechtfertigung von Moralvorstellungen. Ethik nimmt faktische Moralen nicht einfach als gegeben hin, sondern hinterfragt sie. Dabei zielt sie auf Handlungsregeln, die Geltung über die Reichweite der bloß partikularen Moralen hinaus beanspruchen können. Insbesondere dient ethische Reflexion der argumentativen Bewältigung von Konfliktsituationen, die sich aus Handlungen oder Plänen von Akteuren mit *unterschiedlichen* Moralvorstellungen ergeben. Ethische Orientierung meint damit ein Wissen, das (a) über die Sphäre des subjektiven Meinens und Glaubens hinaus berechtigterweise Geltung beanspruchen kann und das (b) als Beratung für ein zu lösendes Problem eingesetzt werden kann (Grunwald 2003). Um zu untersuchen, wie moralische Sätze trans-subjektive Geltung erhalten können, seien die Behauptung eines ethischen Urteils und seine Bestreitung in einem geregelten Spiel zwischen Proponent und Opponent vorgestellt (Gethmann/Sander 1999). In einem *Diskurs* dieser Art soll dann geklärt werden, ob sich die Behauptung argumentativ verteidigen lässt. Ethische Orientierung muss sich einer Überprüfungsprozedur stellen, soll sie als transsubjektiv gültige Expertise anerkannt werden.

Was wird von einer solchen Prozedur bereits vorausgesetzt und worauf kann sie begründet werden?

Dem Anspruch nach trans-subjektiv gültige ethische Orientierung – und nur solche soll im Folgenden interessieren – wird *deliberativ* erzeugt bzw. geprüft. Damit dies überhaupt möglich ist, ist die vorgängige gemeinsame Akzeptanz von *prä-deliberativen Einverständnissen* erforderlich (Grunwald 2003 in Weiterführung von Gethmann 1982), ansonsten gerät die Argumentation in die Abgründe des bekannten Münchhausen-Trilemmas. Die sprachliche Analyse von Argumentationsketten führt darauf, daß jeglicher trans-subjektiven Form von Beratung, Absprache, Diskurs etc. eine von den Kommunikationsteilnehmern gemeinsam anerkannte Basis zugrunde liegen muss. Die argumentativen Wenn-Dann-Ketten von Rechtfertigungen ethischer Urteile enden nicht in einer Letztbegründung, auch nicht in der bloßen Subjektivität des Beurteilenden (Dezisionismus), sondern in dem gemeinsam anerkannten *prädeliberativen Einverständnis*, das selbst in der Praxis verankert ist. Dieses dient als Fundament, von dem aus Argumentationen aufgebaut werden können, welche zu Resultaten führen, die von allen anerkannt werden sollten, *die die gleiche Ausgangsbasis teilen*. Der Geltungsbereich dieses Einverständnisses, d.h. die Reichweite seiner Zustimmungsfähigkeit, ist sodann auch die Reichweite der Geltung der ethischen Orientierung; jemand, der auf der Basis eines anderen Einverständnisses argumentiert, kann zu anderen Ergebnissen kommen. Der faktischen Anerkennung des Einverständnisses (die gleichwohl nicht explizit durch eine Vertragsunterschrift o.ä. zustande kommen muss, sondern die in der betreffenden Praxis auch *implizit* unterstellt sein kann), gebührt der Primat.

Die Trans-Subjektivität ethischer Beratung wird damit auf die (realen oder unterstellten) Teilnehmer bezogen, die das prädeliberative Einverständnis teilen. Trans-Subjektivität meint nicht prinzipiell Universalität (im Einzelfall mag dies durchaus so sein, aber nicht als grundlegende Anforderung an ethische Beratungsleistung), sondern pragmatisch verstandene Relationalität in Bezug auf eine vorher festzulegende Personengruppe. Ethik als Beratung ist also nicht normativ, sondern – wegen der Abhängigkeit von prä-deliberativen Einverständnissen – *konditional-normativ*. Damit kann ein verbreitetes Missverständnis korrigiert werden: *Ethik ist keine Zensurbehörde*. Sie klärt nicht, was moralisch erlaubt bzw. verboten ist (in diesem Missverständnis wird Ethik mit Moraltheologie verwechselt). Ethische Expertise in Technikkonflikten fungiert vielmehr als *konditional-normative* Beratung (Grunwald 2003), als Informierung und Aufklärung der entsprechenden Debatten und Entscheidungsprozesse in normativer Hinsicht, ersetzt diese aber nicht. Fragen des »Dürfens« und des Entscheidens über die weitere Entwicklung können nicht an die Ethik delegiert werden. Zur »Begrenzung« der Kreativität kann Ethik analytische und rekonstruierende Beiträge leisten; die Begrenzung selbst ist jedoch Aufgabe der gesamten Gesellschaft in ihren dafür vorgesehenen Institutionen und Verfahren.

3. Kreativität in der Neugestaltung des Menschen

Im Zuge der Entwicklung der Nano- und der Nanobiotechnologie (Paschen et al. 2004) sind Überlegungen zu einer »Verbesserung des Menschen« mit technischen Mitteln aufgekommen. Nanotechnologie in Kombination mit Biotechnologie und Hirnforschung bietet Perspektiven, den menschlichen Körper tief greifend um- und neu zu gestalten. Aktuell wird etwa an Gewebe- und Organersatz geforscht, der mit Hilfe von Nano- und Stammzelltechnologie aufgebaut werden könnte. Nanoimplantate wären geeignet, Sinnesfunktionen des Menschen wieder herzustellen oder zu erweitern, aber auch, um das zentrale Nervensystem zu beeinflussen. Während die Beispiele aus medizinischen Anwendungen der Nanotechnologie sich noch in einem gewissermaßen medizinethisch traditionellen Rahmen bewegen, weil das Ziel im »Heilen« und in der »Reparatur« von Abweichungen von einem (idealen) Gesundheitszustand besteht, welches klassisches Ziel der Medizin ist, eröffnen sich im Zuge der »Converging Technologies« (Nanotechnologie, Biotechnologie, Informations- und Kommunikationstechnologie und Hirnforschung; Roco/Bainbridge 2002) möglicherweise Chancen (oder Risiken) einer Umgestaltung und »Verbesserung« des menschlichen Körpers. Dies kann sich auf die Erweiterung der physischen Fähigkeiten des Menschen beziehen, z.B. um neue sensorische Funktionen (z.B. Erweiterung des elektromagnetischen Spektrums der Wahrnehmungsfähigkeit des Auges). Es könnten aber auch durch eine direkte Ankopplung von maschinellen EDV-Systemen an das menschliche Gehirn völlig neue Schnittstellen zwischen Mensch und Maschine entstehen. Diese Entwicklungslinien ins Spekulative verlängert, kann die weitere Technisierung des Menschen, die Annäherung von Mensch und Technik aneinander, die Denkbarkeit (im Sinne der reinen Denkmöglichkeit) von »Cyborgs« als technisch erweiterten Menschen oder menschlich erweiterter Technik problematisiert werden (nach Paschen et al. 2004). Diskutiert werden sogar rein technische Organe und Körperteile oder gar vollständige Körper, die im Vergleich zu biologischen Organismen Vorteile wie etwa eine erhöhte Stabilität gegenüber äußeren Einflüssen zeigen sollen. In Visionen zur Nanotechnologie tauchen immer wieder Aspekte auf, die die Grenze zwischen dem verwischen, was Menschen sind, und dem, was sie mit Hilfe technischer Errungenschaften und Anwendungen erschaffen.

Mit der Überschreitung der Grenze zwischen Technik und dem Lebendigen von beiden Seiten her steht auch in Frage, was den Menschen auszeichnet, und wie der Mensch sich zu seiner natürlichen physischen und psychischen Verfasstheit verhält. Ganz in der Tradition des technischen Fortschritts, der zu jeder Zeit Zustände und Entwicklungen, die bis dato als vorgegeben, als unverfügbares Schicksal angesehen wurden, in beeinflussbare, manipulierbare und gestaltbare Zustände und Entwicklungen überführte, geraten zusehends der menschliche Körper und seine Psyche in die Dimension des Gestaltbaren. Ist der Wunsch, »den Menschen« zu verbessern, wohl angesichts der kulturellen und sozialen Defiziterfahrungen mit »real existierenden Menschen«, in der Geschichte des häufigeren geäußert worden, so ist der Ansatz, diese Verbesserung mit – als realisierbar angenommenen – technischen Mitteln zu erreichen, wohl neu (die Science Fiction Literatur erhebt in der Regel keinen Anspruch auf spätere Realisierbarkeit). Bislang gingen Verbesserungsutopien eher von »weichen« Methoden aus, vor allem aus Erziehung, Kultur und Bildung. Technik hatte ihren Platz außerhalb des Menschen, als Mittel zur Erweiterung seiner naturgegebenen Handlungsmöglichkeiten. Die technische Umgestaltung und »Verbesserung« des Menschen ist eine neue Herausforderung.

4. Ethische Aspekte der »Verbesserung« des Menschen

Damit stehen sofort anthropologische Fragen nach dem Menschenbild und nach dem Verhältnis von Mensch und Technik (Baumgartner 2004, S. 42) und die Frage im Raum, wie weit Menschen bei der (Um-)Gestaltung des menschlichen Körpers gehen *dürfen, sollen oder wollen*. Nanotechnologie bietet in einem noch höheren Maße als die moderne Bio- und Gentechnologie die Perspektive, den menschlichen Körper zu von einem natürlichen zu einem künstlichen Objekt zu machen. Die Grenze zwischen heilenden, in der medizinethischen Tradition verankerten Eingriffen in »kranke« Menschen einerseits und »verbessernden«, die Eigenschaften eines »gesunden« Menschen verändernden Maßnahmen andererseits ist aus begrifflichen Gründen – insbesondere sind die Begriffe »Gesundheit« und »Krankheit« bis heute nicht geklärt (Gethmann 2004) – und aus praktischen Gründen fließend (Habermas 2001).

Die »Verbesserung« des Menschen könnte auch die weitgehende Abschaffung des Todes umfassen. Nach der Definition von Gesundheit durch die Weltgesundheits-Organisation (WHO), nach der Gesundheit einen »Zustand vollkommenen körperlichen, psychischen und sozialen Wohlbefindens, nicht nur definiert durch die Abwesenheit von Krankheit oder Behinderung« darstellt (Charta der WHO), ließe sich auch das Altern als Krankheit deuten. Eine Überwindung des Alterns mit Hilfe der Nanotechnologie wäre dann im medizinethischen Sinne nichts Anderes als die Bekämpfung von Epidemien oder anderen Krankheiten. Vor dem Hintergrund anhaltender und kontroverser Diskussionen zum Krankheitsbegriff in der Theorie der Medizin und der Medizinethik (z.B. Gethmann 2004) ist dies jedoch nicht unumstritten. Ob das Altern als Prozess und der Tod als vorgegebene Randbedingungen der menschlichen Existenz prinzipiell anerkannt werden und nur in ihren Ausprägungen einer medizinischen Behandlung unterzogen werden sollten, oder ob Altern und Tod als möglichst abzuschaffende Sachverhalte angesehen werden, hängt von grundlegenden normativen Voreinstellungen ab, die angesichts der damit verbundenen Konflikte von großer ethischer Relevanz sind.

Mögliche Antworten aus der Ethik dürften je nach Schule unterschiedlich ausfallen. Liberale Eugenik auf der Basis utilitaristischer Ethik könnte den Schluss ziehen, keine Grenzen zwischen therapeutischen und verbessernden Eingriffen anzuerkennen und »die Auswahl der Ziele merkmalsverändernder Eingriffe den individuellen Präferenzen von Marktteilnehmern« zu überlassen (Habermas 2001). Kantische Ethik würde die Instrumentalisierung des Menschen thematisieren. Religiöse Moralen würden traditionelle (und tief in die Kultur eingelassene) menschliche Selbstverständnisse als (auch in der Zeit) endliches Wesen ins Feld führen.

Die praktische Relevanz derartiger ethischer Fragen angesichts einer – wenigstens von einigen Protagonisten gesehenen – möglichen technischen Verbesserung des Menschen (unter maßgeblicher Beteiligung der Nanotechnologie) mag auf den ersten Blick als gering erscheinen: selbst die Protagonisten verweisen auf die fernere Zukunft. Zweierlei steht jedoch dieser Einschätzung entgegen: erstens wird die Vision einer technischen »Verbesserung« des Menschen ernsthaft vertreten, werden Forschungsprojekte in diese Richtung ausgelegt, und Meilensteine zur Erreichung des Ziels angegeben (Roco/Bainbridge 2002). Zweitens sind technische Verbesserungen keineswegs so etwas völlig Neues, sondern – wenigstens rudimentär – durchaus etabliert, wie es das Beispiel der Schönheitschirurgie als technischer Verbesserung von als unschön wahrgenommenen Körpermerkmalen zeigt, wie es aber auch teilweise in der gesellschaftlich teils anerkannten Herstellung »künstlicher« Bewusstseinszustände durch Alkohol und andere Drogen zu erkennen ist. Dass Möglichkeiten und Realisierungen technischer Verbesserungen des Menschen zunehmen werden, ist unschwer prognostizierbar; eine Nachfrage ist vorstellbar. Angesichts der damit verbundenen moralischen Fragen und ihrer Konfliktträchtigkeit ist ethische Reflexion in diesem Bereich durchaus gerechtfertigt, auch angesichts der teils spekulativen Natur der weit reichenden Visionen.

5. Ethik in der Doppelfunktion: Begrenzung und Orientierung

Ethik als Begrenzung der wissenschaftlich-technischen Kreativität in dem in Kap. 1 genanntem Sinne ist selbstverständlich auch in diesem Feld der »Verbesserung« des Menschen gefragt. Dies kann sich z.B. auf die Vorbeugung gegenüber möglichem Missbrauch neuer Möglichkeiten des »Verbesserns« beziehen, auf Aspekte der Instrumentalisierung des Menschen durch eine intentionale Festlegung gewisser Eigenschaften, die einerseits damit dem Zufall entzogen sind, andererseits jedoch ohne Mitsprache und Einverständnis des Betroffenen erfolgen (wenn es sich z.B. um das »Design« von Kindern handelt). Auch problematische Nebenfolgen oder Risiken im Falle des Misslingens von als »Verbesserung« geplanten Maßnahmen können Gegenstand ethischer Begrenzungsdiskurse werden. Da kann Ethik allerdings nur normative Anleitung der Begrenzer oder von Prozessen der Begrenzung sein (Kap. 2).

Ethik befasst sich im Bereich der »Verbesserung« des Menschen also mit Risiken, ist jedoch nicht nur eine Risikosuchinstanz. In der Diskussion um Bio- oder Nanotechnologie wird von ethischen Aspekten zwar meist dann gesprochen, wenn Risiken in Sicht sind. Das ist jedoch einseitig, da ethisch relevant genauso die *Chancen* sein können oder sogar sein müssen. Wenn es z.B. um eine Beurteilung der Zumutbarkeit oder Akzeptabilität von Risiken geht, kann dies (in der Regel, d.h. wenn es sich nicht gerade um nicht abwägungsfähige Großrisiken handelt) nicht ohne einen Blick auf die Chancen erfolgen. Es kann auch eine Sollensverpflichtung zur Nutzung der Chancen geben, welche mit möglichen Risiken abgewogen werden muss. Selbst die Befassung mit Risiken des »Verbesserns« und mit den Fragen ihrer moralischen Akzeptabilität ist nicht ohne eine ethische Thematisierung und Analyse von positiven Aspekten der Entwicklung denkbar. Im Falle der »Verbesserung« des Menschen wäre also auch zu fragen nach Zwecken der damit verbundenen Entwicklungen, welche unter ethischen Aspekten nicht nur akzeptabel, sondern sogar durch eine Sollensverpflichtung rechtfertigbar wären. Dies kann durchaus schwierig sein (im Falle des reproduktiven Klonens etwa sind solche positiv besetzten Zwecke bislang nicht in der Diskussion), fordert aber die Ethik heraus.

Diese Überlegungen führen weiter zu einer weiteren Funktion von Ethik in diesem Feld. Angesichts der tief verankerten, moralischen und kulturellen Traditionen, die das Bild vom menschlichen Körper als eines »natürlichen« Objekts bestimmen und nach denen menschliche Eingriffe nur reparierenden, höchstens noch präventiven Charakter haben sollten bzw. dürften, erscheinen »verbessernde« Eingriffe in den Menschen (Körper und Psyche) Vielen zunächst als befremdlich, möglicherweise gar als prima facie anmaßende und unzulässige Eingriffe des Menschen in die »Natur«. Allerdings ist dieses »Befremden« kein ethisches Argument, wenigstens dann nicht, wenn naturalistische Argumentationstypen, die die »Natürlichkeit« des Menschen als nicht hintergehbar annehmen, als zu voraussetzungsreich und dogmatisch ausgeschlossen werden. Ethisch fragwürdig ist nicht etwas schon deswegen, weil es in der Gesellschaft Befremden auslöst oder die Gesellschaft sich mit moralischen Fragen konfrontiert sieht, auf die sie nicht vorbereitet ist. Aufgabe der Ethik kann es hier sein, das »Befremden« in seinen normativen Hintergründen zu analysieren und es auf mögliche ethisch haltbare Argumentationsmuster abzuklopfen genauso aber auf möglicherweise nicht vorhandene Argumentationskraft hinzuweisen. Ethik kann hier durch Analyse und Reflexion durchaus »zersetzende« Kraft haben und traditionelle moralische Gewissheiten und Üblichkeiten in Frage stellen. In diesem Sinne würde eine der klassischen Funktionen, die Ethik angesichts des wissenschaftlich-technischen Fortschritts haben sollte, geradezu konterkariert, nämlich diejenige, angesichts dieses Fortschritts die gesellschaftlichen Werte und Normen zu bewahren und sie zur Einhegung des Fortschritts in Anschlag zu bringen. Ethik wäre hier nicht wertkonservativ der Hüter von Traditionen, sondern gleichfalls eine die Traditionen kritisch hinterfragende Instanz, die dann auch in geradezu explorativer Weise nach ethisch haltbaren Argumentationsgründen jenseits gesellschaftlicher Befindlichkeiten wie eines möglichen »Befremdens« angesichts »verbesserter« Menschen Ausschau halten würde.

Dies bringt sodann die Ethik vollends aus der Ecke des Bewahrers von Traditionen und eines »Begrenzers« der wissenschaftlich-technischen Kreativität heraus (wohlgemerkt: die Analyse normativer Aspekte des Fortschritts, welche zum Begrenzen Anlass geben könnten, gehört zweifellos, wie oben ausgeführt, auch zum Aufgabenkatalog der Ethik). Denn es ist ebenso eine ethische Frage, in welcher die traditionellen und kulturell eingeübten »Befindlichkeiten« überhaupt als ethische Argumentationsstandards und damit als Argumente in der Beurteilung des wissenschaftlich-technischen Fortschritts taugen. Es gibt keine prima facie ausgezeichneten gesellschaftlichen »Werte«, die ihre argumentative Kraft ausschließlich daraus schöpfen, dass sie gesellschaftlich anerkannt sind.

Weiter ausgeführt, führen diese Überlegungen dahin, dass Ethik angesichts der »Verbesserung des Menschen« nicht nur eingeübte gesellschaftliche Befindlichkeiten gegen den wissenschaftlich-technischen Fortschritt ins Feld führen sollte, um ihn zu »zähmen« und ihn sozialverträglich zu gestalten. Vielmehr gilt auch das Umgekehrte: Ethische Reflexion kann (und soll) genauso gesellschaftliche Üblichkeiten in Frage stellen. Die wertkonservative Parteinahme für das Bestehende ist selbst häufig genug partikular und würde damit den eigenen argumentativen Standards nicht genügen. Objekt der ethischen Kritik sind nicht nur Ausprägungen des Fortschritts, z.B. der »Verbesserung« des Menschen, sondern auch Traditionen mit ihren eingeübten moralischen Kriterien, Sichtweisen und Standards. Unvoreingenommenheit und Unparteilichkeit als Voraussetzung der Urteilsbildung gelten in beide Richtungen: ethische Reflexion als Aufklärung in normativer Hinsicht darf sich nicht an die Normativität des Faktischen aktueller gesellschaftlicher Befremdenszustände binden.

Damit gerät ethische Orientierung in der Frage der »Verbesserung« des Menschen in eine Doppelfunktion: sicher werden Fragen des Begrenzens, der Einhegung und der »Zähmung« anstehen. Gleichzeitig aber werden auch Fragen nach der Orientierung der wissenschaftlich-technischen Kreativität in diesem Kontext aufkommen: wo sind die Forschungsrichtungen, wo es sich in ethischer Perspektive besonders lohnt? Kann Ethik »Verbesserungen« des Menschen vorschlagen, die vielleicht nicht nur akzeptabel, sondern gar wünschenswert und mit einer Sollensverpflichtung ausgestattet werden könnten? In der Orientierung für die wissenschaftlich-technische Kreativität in frühen

Stadien der Entwicklung liegen, abseits der »Reparaturethik« (Mittelstraß), weit reichende Aufgaben für die Ethik, ein gesellschaftliches Lernen in normativer Hinsicht zu unterstützen.

Literatur

BAUMGARTNER, C.: *Ethische Aspekte nanotechnologischer Forschung und Entwicklung in der Medizin*, Das Parlament B 23-24 (2004), 39–46.

BECK, U.: *Gegengifte. Die organisierte Unverantwortlichkeit*, Frankfurt 1988.

GETHMANN, C.F.: *Proto-Ethik. Untersuchungen zur formalen Pragmatik von Rechtfertigungsdiskursen*, in: Th. Ellwein/H. Stachowiak (Hgs.): Bedürfnisse, Werte und Normen im Wandel, Bd. 1. München 1982, S. 113–143.

GETHMANN, C.F.: *Zur Amphibolie des Krankheitsbegriffs*, in: A. Gethmann-Siefert/K. Gahl (Hgs.): Wissen und Verantwortung. Bd. 2: Studien zur medizinischen Ethik, Freiburg 2004.

GETHMANN, C.F./SANDER, T.: *Rechtfertigungsdiskurse*, in: A. Grunwald/ S. Saupe (Hgs.): Ethik in der Technikgestaltung. Praktische Relevanz und Legitimation, Berlin: Springer 1999, S. 117–151.

GRUNWALD, A.: *Ethische Grenzen der Technik? Reflexionen zum Verhältnis von Ethik und Praxis*, in: A. Grunwald/S. Saupe (Hgs.): Ethik in der Technikgestaltung. Praktische Relevanz und Legitimation, Berlin: Springer 1999, S. 221–252.

GRUNWALD, A.: *Methodical Reconstruction of Ethical Advises*, in: G. Bechmann/I. Hronszky (eds.): Expertise and Its Interfaces, Berlin: Edition Sigma 2003, S. 103–124.

HABERMAS, J.: *Nachmetaphysisches Denken*, Frankfurt/Main: Suhrkamp 1988.

HABERMAS, J.: *Die Zukunft der menschlichen Natur*, Frankfurt/Main: Suhrkamp 2001.

HUBIG, Ch.: *Pragmatische Entscheidungslegitimation angesichts von Expertendilemmata. Vorbereitende Überlegungen zu einer Ethik der Beratung auf der Basis einer provisorischen Moral*, in: A. Grunwald/ S. Saupe (Hgs.): Ethik in der Technikgestaltung. Praktische Relevanz und Legitimation, Heidelberg, Berlin, New York: Springer 1999, S. 197–210.

LÜBBE, H.: *Modernisierung und Folgelasten*, Heidelberg, Berlin, New York: Springer 1997.

MITTELSTRASS, J.: *Der Flug der Eule. Von der Vernunft der Wissenschaft und der Aufgabe der Philosophie*, Frankfurt/Main: Suhrkamp 1989.

PASCHEN, H./COENEN, C./FLEISCHER, T./GRÜNWALD, R./OERTEL, D./REVERMANN, C.: *Nanotechnologie*, Berlin et al.: Springer 2004.

ROCO, M.C./BAINBRIDGE, W.S. (eds.): *Converging Technologies for Improving Human Performance*, National Science Foundation, Arlington, Virginia 2002.

Der perfekte Mensch in einer imperfekten Gesellschaft – Die sozialen Folgen einer technischen Veränderung des Menschen

BERNWARD GESANG (DÜSSELDORF)

1. Einleitung

»Ein Ziel ist, sich prinzipiell von den Begrenzungen unseres Körpers zu emanzipieren: von Natur aus mangelhafte Organe gentechnisch zu modifizieren oder durch technisch-elektronische Systeme zu ergänzen, vor allem sich von Krankheiten und irgendwann auch vom Tod zu befreien.« Das meint der Zukunftsforscher Alexander Bohnke in seinem Buch »Abschied von der Natur«. Ist das verblendeter Utopismus oder weist Bohnke uns die Richtung zu einer glücklichen Zukunft?

In meinem Vortrag möchte ich eine partielle ethische Bewertung des so genannten »Enhancements«, also des Versuchs einer technischen Verbesserung menschlicher »Normaleigenschaften«, durchführen. Sollen zukünftige Menschen besser denken oder laufen können, als heutzutage üblich? Man kann Verbesserungen durch Eugenik, durch operative Eingriffe, etwa am Gehirn oder durch Konsum chemischer Präparate ermöglichen. Steht uns eine Welt von »Cyborgs« ins Haus, die technische Gehirnimplantate nutzen können?

Ich möchte im Folgenden *die sozialen Konsequenzen* bestimmter Formen von Verbesserungen untersuchen und bewerten, denn ich halte diesen Folgenkomplex für den wichtigsten. Allerdings kann ich auch nicht alle sozialen Folgen thematisieren, ich beschreibe primär Folgen für die Gerechtigkeit und den Wettbewerb. Die Themenstellung auszudehnen, etwa auf die Debatte um psychologische Folgen für das technisch manipulierte Individuum oder auf die Debatte um den Wert der menschlichen Natur, würde meinen Vortrag überladen. Zudem werde ich die vielen bestehenden *technischen Hindernisse* auf dem Weg zu Verbesserungen ignorieren und fragen, »was wäre wenn?«. Sich hinter Behauptungen zu verschanzen, dass etwa eine gezielte Manipulation der Intelligenz unmöglich sei, ist zu gewagt. Immerhin fallen technische Unmöglichkeiten oft schnell in sich zusammen: Noch 1996 hielt man das Klonen von Menschen für unmöglich. Meine Bewertungsmaßstäbe entstammen einer »interessenbasierten Ethik«. D.h. ich versuche, eine breitere Grundlage zu nutzen, die allen Ethiken gemeinsam ist, die moralische Gebote allein von den Interessen der Betroffenen ableiten.

In den Abschnitten 2–4 meines Vortrags möchte ich *allgemein* erläutern, welche sozialen Probleme durch »Verbesserungen« entstehen können. Ich werde mich an zwei möglichen Techniken orientieren. Ich nenne sie: Verbesserung als Erbprivileg und Verbesserung für Jedermann. Nachdem ich jeder dieser Techniken je einen Abschnitt gewidmet habe, werde ich im vierten Abschnitt des Vortrags fragen, wie weit Verbesserung für Jedermann eine Option sein kann, wenn der Staat die damit verbundenen Technologien finanziert. Um im letzten Abschnitt des Vortrags zu einer *konkreten* Bewertung der sozialen Folgen verschiedener Verbesserungsvorhaben zu gelangen, will ich die erarbeiteten allgemeinen Maßstäbe auf konkrete Anwendungen beziehen und schauen, welche menschlichen Eigenschaften überhaupt verändert werden sollen. Stehen z.B. eher körperliche oder auch mentale Eigenschaften auf der Agenda?

Bevor ich den ethischen Problemen näher trete noch kurz einige wichtige Unterscheidungen: *Zentrales Enhancement* erfolgt durch staatlich gelenkte Programme, wie sie etwa zu Zeiten der nationalsozialistischen Eugenik eingesetzt wurden. Der Staat befiehlt dem Individuum dabei, wie es sich fortpflanzen soll. Diese Option wird derzeit kaum ernsthaft diskutiert, denn sie setzt das Ende liberaler demokratischer Gesellschaftsformen voraus. Die derzeitige Debatte und auch mein Vortrag befassen sich mit *liberalem Enhancement*. Das geht von Elternpaaren oder den Individuen mit Veränderungswunsch selbst aus, die ihre individuellen Entscheidungen im Rahmen der gesetzlichen Möglichkeiten treffen. Dabei wäre zum einen vorstellbar, dass der Staat sich völlig passiv verhält und dem Markt seinen Lauf lässt. Wenn wir uns aber im Rahmen einer sozialen Marktwirtschaft bewegen, wird der Staat auch bei liberalem Enhancement nach gerechten Rahmenbedingungen suchen, ja vielleicht sogar Enhancement für alle ermöglichen. Das nenne ich *sozialstaatliches liberales Enhancement*. Wenn der Staat liberales Enhancement in bestimmten Formen fördert oder finanziell bestraft, kann aber keinesfalls von einem Übergang zum zentralem Enhancement gesprochen werden. Entscheidend ist, dass beim liberalen Enhancement die Entscheidung über eine Verbesserung von den Eltern oder den veränderungsbereiten Individuen selbst getroffen wird.

Viele Missverständnisse in der Debatte werden durch die Vernachlässigung einer ganz basalen Unterscheidung provoziert, der zwischen moderatem und radikalem Enhancement. *Moderate Verbesserungen* liegen vor, wenn bereits beim Menschen existierende Eigenschaften gesteigert werden, und zwar in moderaten Schritten. Nehmen wir das einfachste Beispiel, den IQ. Wenn ein IQ sagen wir um 10 Punkte durch technisches Enhancement gesteigert wird, wäre das der Musterfall von moderatem Enhancement. Hier wird nicht versucht, einen neuen Menschen zu schaffen, der die Dimensionen des Bekannten sprengt und etwa einen Durschnitts-IQ von 150 hat. Und es wird auch nicht versucht, viele Menschen auf die heute bekannten Spitzenwerte zu bringen, also etwa die meisten IQ's auf 140 zu heben. Ganz anders beim *radikalen* Enhancement, das sich »transhumanistisch« gibt, also die Grenzen, die bisher für unsere Art üblich waren, sprengen will. Zwar ist radikales Enhancement, das oft auch auf alle denkbaren mentalen Eigenschaften bezogen wird, noch Science-Fiction und vielleicht bleibt es das für immer. Gleichwohl bildet es den Musterfall dessen, über was in Enhancementdebatten wirklich geredet wird. Allerdings ist die Trennlinie zwischen beiden Arten des Enhancements nur schwer zu ziehen. Wann ist ein Schritt noch moderat? Wenn der IQ um 10 Punkte erhöht wird, während 20 Punkte schon radikal wären? Und was ist mit den nicht quantifizierbaren Eigenschaften wie Fleiß? Man wird die Differenz zwischen moderatem und radikalem Enhancement leider nur sehr grob und intuitiv fassen können. Der Maßstab für »moderate« Schritte könnte sein, dass die Verbesserungen, die durch die Technik beschert wurden, auch im Prinzip durch Erziehung oder Training hätten erreicht werden können. Im Folgenden will ich aus räumlichen Gründen primär über radikales dezentrales Enhancement reden.

2. Verbesserung als Erbprivileg

Worin liegt der »sex appeal« der gesamten Verbesserungs-Idee? Liberales Enhancement würde die Welt für diejenigen, die verantwortungsbewussten Verbesserungen unterzogen wurden, vielleicht schöner machen. Wenn eine Verbesserung bei bereits geborenen Menschen durchgeführt wird, können die Betroffenen selbst entscheiden, welche Eigenschaften sie erhalten möchten und könnten so direkt ihre Interessen umsetzen. Und diejenigen, für die z.B. durch ihre Eltern entschieden wird, könnten mit Eigenschaften ausgestattet werden, die sie nicht auf die Verfolgung eines bestimmten Lebensplans festlegen, sondern ihnen als Allzweckmittel in den meisten Lebenslagen hilfreich sind. So bedeuten ein gutes Gedächtnis und hohe Intelligenz in der Regel eine Erleichterung auf dem individuellen Lebensweg, weitgehend unabhängig vom kulturellen Kontext. Und es werden auch Vorteile für die Gesamtgesellschaft von einem Verbesserungsprojekt erwartet. Gäbe es in einer Welt mit vielen besonders intelligenten Leistungsträgern nicht mehr Erfindungen, mehr Wirtschaftswachstum und mehr Steuereinnahmen?

Eine Verbesserung könnte dem Einzelnen nutzen, z.B. in Form besserer *gesellschaftlicher Leistungen* oder höheren Ansehens (das nenne ich: soziale Wettbewerbsvorteile). Diese können auch einen gesamtgesellschaftlichen Vorteil (etwa ein Mehr an Erfindungen) konstituieren. Zwar kann man sich bei einer Einschätzung von Wettbewerbsvorteilen irren und so falsches wählen, aber vielleicht gibt es einige nicht zu spezifische Fähigkeiten, die Allzweckmittel sind und unterm Strich immer mehr Nutzen als Schaden bedeuten. Neben solchen Vorteilen im sozialen Wettbewerb kann es aber auch einfach *Freude* bereiten, sein schönes Gesicht im Spiegel zu betrachten oder schnell laufen zu können (private Vorteile). Wettbewerbsvorteile würden jedoch erhebliche Gerechtigkeitsprobleme aufwerfen, denen ich gleich nachspüren werde. Private

Vorteile sind hinsichtlich sozialer Gerechtigkeit eher harmlos, aber von vielen privaten Vorteilen ist nicht klar, ob sie sich nicht auch als Wettbewerbsvorteile erweisen werden. Zur besseren Handhabung der Probleme, muss man grob zwei anhand verschiedener Techniken gegebene Typen von Verbesserung unterscheiden:

Verbesserung als Erbprivileg: Die in diesem Bereich möglichen Veränderungen laufen beispielsweise über reproduktives Klonen oder eine Keimbahntherapie ab. Es existieren keine Techniken, um schon geborene Individuen mit den neuen Eigenschaften auszustatten, die andere bereits durch gentechnische Eingriffe erhalten haben. Bestimmte Eigenschaften gibt es nur »von Anfang an oder gar nicht«. Wer also nicht genetisch verändert auf die Welt kommt, hat keine Chance, den »Vorsprung« der bereits Veränderten, bezogen auf die ererbten Eigenschaften, einzuholen.

Verbesserung für Jedermann: Unter diesen Typ fallendes Enhancement ist dadurch definiert, dass rein technisch jedermann jederzeit die Verbesserungen dieses Typs erhalten kann. Niemand ist rein technisch von Verbesserung für Jedermann ausgeschlossen. Ein Paradebeispiel dafür wären etwa Gedächtnispillen, die jeder nehmen könnte. In diesem Abschnitt diskutiere ich die sozialen Folgen von radikalen Verbesserungen als Erbprivileg, in den nächsten beiden Abschnitten die Folgen von radikalen Verbesserung für Jedermann.

Würden radikale Verbesserungsmaßnahmen die Form von Erbprivilegien annehmen, würde die Gesellschaft auch auf Dauer betrachtet nicht nur aus erblich verbesserten Individuen bestehen, zumal viele Schwangerschaften *nicht geplant* sind. Damit würden dauerhaft zwei Gruppen, die mit ererbten Privilegien und die ohne solche Vorzüge parallel existieren. Das beinhaltet eine dramatische Gerechtigkeitsproblematik, wenn es sich um Privilegien handelt, die für den Wettbewerbserfolg wichtig sind. Eine neue und drastische Form der *Zwei-Klassen-Gesellschaft* droht, wenn z.B. Manager, Wissenschaftler und Spitzensportler de facto zu einer erbdynastischen Kaste optimierter Individuen werden bzw. wenn – wie Thomas Jefferson es ausdrückte – nur noch Menschen mit Sattel auf dem Rücken oder Menschen mit Stiefeln und Sporen geboren werden. Die Leistungsvorsprünge radikal genetisch Optimierter kann ein nicht in dieser Hinsicht verändertes Individuum selbst mit Stipendien und immensem Fleiß nicht mehr aufholen und diese Klassengesellschaft setzt sich auch bei den eigenen Kindern fort, denn die erblich verbesserten Menschen würden eine neue Art erblicher Aristokratie etablieren, wenn schon nicht in der Politik, dann doch bei der Vergabe der gesellschaftlichen Schlüsselpositionen. Sicherlich ist die Chancengleichheit auch heute schon vielfach verletzt, aber beim radikalen Enhancement droht *eine neue Qualität* der Verzerrung, denn es ginge um ganz andere Dimensionen als die Verbesserungen, die sich reiche Eltern bislang über zusätzliche Bildung kaufen konnten. Unsere mehrheitlichen Präferenzen, in was für einer Art von Gesellschaft wir leben wollen, würden durch die Einführung einer Zwei-Klassen-Gesellschaft verletzt. Wir sehen uns als aufgeklärte und halbwegs liberale Subjekte an, die in einer freiheitlichen Gesellschaft organisiert sind. Eine Art Aristokratie mit Kastensystem einzuführen, widerspräche unseren Vorstellungen einer durch die Moderne geprägten Gesellschaft in der wir leben wollen und auch unserem (westlichen) Selbstbild, weil zu beidem eine gewisse soziale Gerechtigkeit konstitutiv hinzugehört. Wir haben die Organisationsformen der Feudalgesellschaft hinter uns gelassen und sind auch stolz darauf, was heißt, dass zumindest die meisten Mitglieder westlich orientierter Gesellschaften ein Interesse daran haben, nicht auf diese Stufe gesellschaftlichen Zusammenlebens zurückzufallen. Auch der soziale Frieden wäre in einer neuen Feudalgesellschaft essentiell bedroht, denn die Aussichtslosigkeit, dass man selbst oder die eigenen Kinder jemals zur Klasse der Bessergestellten aufsteigt, führt zu extremer Resignation und Aggression und das Bewusstsein, dass Erbprivilegien nun auch noch vom Geldbeutel abhängen, würde ein Übriges tun. Gegen die ungerechte Natur kann man sich nicht auflehnen, gegen ungerechte Verteilungen, die bei dezentralem ungesteuertem Enhancement drohen, schon. Zwar ist nicht in jeder ungerechten Gesellschaft der soziale Friede brüchig, aber das Risiko zu solchen Auswirkungen erhöht sich mit so krass zunehmenden Gerechtigkeitslücken wie den zu erwartenden.

Allerdings könnte man meinen, solange sich komplexe mentale Eigenschaften der Manipulation entziehen und nur Dinge wie ein besseres Immunsystem oder eine gesteigerte Körpergröße angestrebt werden, sei die gerade diskutierte Folge nicht zu erwarten und hier werde mit Kanonen auf Spatzen geschossen.

Sicher, die Prämisse meiner obigen Argumentation war, dass es um bedeutende Wettbewerbsvorteile geht. Aber selbst wenn man die gerade aufgeführten, harmlos erscheinenden Eigenschaften betrachtet, werden problematische Folgen sichtbar: Auch ein verbessertes Immunsystem kann zu verbesserten Positionen auf dem Arbeitsmarkt führen. Der Arbeitnehmer der nie krank ist, ist hoch willkommen. Eine kleine Tendenz zur Zwei-Klassen-Gesellschaft zeichnet sich auch hier ab. Alles weitere dazu im letzten Abschnitt des Vortrags, wo die unterschiedlichen Veränderungsarten differenziert gewichtet werden.

Fazit: Alle »Verbesserungen«, die zu einer festen (erblichen) Zwei-Klassen-Gesellschaft bei der Vergabe sozialer Schlüsselpositionen führen, sind nach meiner Meinung aus Gerechtigkeitsgründen abzulehnen, denn sonst droht das faktische Ende aller Chancengleichheit und die sozialen Folgen davon wären dramatisch.

3. Verbesserung für Jedermann

Der Vorteil dieser Option gegenüber der gerade behandelten liegt auf der Hand: Hier droht nicht zwangsläufig eine unrevidierbare und mit der eigenen Geburt fest liegende Klassengesellschaft. Rein technisch könnte jeder verändert und jederzeit »nachgerüstet« werden. Aber auch dann nützt die prinzipielle Chancengleichheit von Verbesserung für Jedermann wenig, wenn solches Enhancement de facto nur *reichen* Bürgern zugänglich ist. Solange das so ist, geriete die *Chancengleichheit* nicht nur einmal mehr aus dem Lot, sondern sie würde untergehen. Verbesserung für Jedermann kann de facto zu ähnlichen Folgen führen wie Verbesserung als Erbprivileg, wenn der Staat nicht sozial gegensteuert und Verbesserung wirklich für Jedermann verfügbar macht. Heute ist man bei bestehenden sozialen Benachteiligungen wenigstens prinzipiell in der Lage, diese durch Leistung auszugleichen, also auch ohne staatliche Hilfe. Aber gegen radikal technisch manipulierte Individuen anzutreten und mit diesen zu konkurrieren, dürfte für »Normale« aussichtslos sein und das ist eine qualitativ neue Situation. Daher wäre eine neue Rolle des Sozialstaats wohl unverzichtbar, sofern die technische Verbesserung von Eigenschaften erlaubt würde, die sich deutlich auf den Erhalt gesellschaftlicher Schlüsselpositionen auswirken.

4. Probleme des sozialstaatlichen Enhancements

Nun gehe ich davon aus, der Staat würde Verbesserung für Jedermann jedem ermöglichen. Welche Probleme ergeben sich dabei?

An erster Stelle wäre sicher der alte Liedrefrain »Wer soll das bezahlen? Wer hat soviel Geld?« zu zitieren. Unsere Sozialsysteme sind ja bereits bis zum Bersten strapaziert und hier käme eine ganz neue und teure Aufgabe auf den Staat zu, wollte er jedem Bürger Chancen auf Verbesserung gewähren, damit er nicht zweitklassig sein muss. Man kann mit Nick Bostrom darauf verweisen, dass Verbesserung die Wirtschaft beflügeln und so dem Staat wieder Geld einbringen würde. Aber die Zusammenhänge zwischen mehr Leistung, mehr Verdienst und mehr Steuereinnahmen sind in Zeiten der Globalisierung und der Standortsicherung alles andere als linear. Millionäre zahlen oft weniger Steuern als manche Mittelständler. Die These, dass hier die Kosten eines neuen Kernpfeilers der Sozialpolitik eingespielt werden könnten, halte ich für ein kapitalistisches Phantasma. In der Tat müsste man aber hier mit Ökonomen diskutieren und gegebenenfalls die skeptische Einschätzung von Bostroms Argument revidieren. Bis dahin gehe ich aber davon aus, dass sozialstaatliches Enhancement für den Staat ein Verlustgeschäft ist. Arme Staaten könnten sich daher eine Verbesserung erst recht nicht leisten. So würde wohl auch die globale Kluft zwischen Norden und Süden durch die Einführung von Verbesserungen nochmals vergrößert.

Menschen würden wahrscheinlich bestimmte Merkmale (Sportlichkeit, Schönheit, Intelligenz) in ganz überproportionaler Häufigkeit auswählen und das auch zu Recht, wenn sie sich dauerhafte Vorteile durch die Wahl von Allzweckmitteln sichern wollen. Aber das gesamte auf der Diversität von Merkmalen aufbauende *arbeitsteilige Gesellschaftssystem* könnte aufgrund dieses Eingriffs instabil werden. Welt, in der vorrangig Genies leben, könnte auch Probleme schaffen. So könnte sich die Nachfrage nach bestimmten Berufen aufgrund veränderter Fähigkeiten überproportional erhöhen, während auf anderen Feldern Probleme entstünden, Arbeitskräfte zu gewinnen. Würde ein großer Anteil der Menschen ähnliche Fähigkeiten erwerben, dann würden diese Menschen dieselbe Nische in der Arbeitswelt und der Gesellschaft insgesamt besetzen wollen. Diese Nische könnte sich als entschieden zu klein entpuppen und dann hätten wir es z.B. mit einem Heer unzufriedener hoch qualifizierter Arbeitsloser und überqualifizierter Arbeitnehmer zu tun. Das wäre für diese Menschen frustrierend und für den sozialen Frieden gefährlich.

3) Gäbe es Verbesserungen für Jedermann, entstünde ein immenser Druck auf das nicht veränderungswillige Individuum, nennen wir es den *Veränderungsskeptiker*. Zwar könnte sich vielleicht jeder mit Hilfe eines generösen Sozialstaats verändern lassen, aber das würden viele Menschen nicht wollen. Dafür gibt es gute Gründe. Man könnte z.B. zweifeln, ob die eigene *Identität* durch eine mentale Veränderung nicht beeinflusst wird. Man könnte auch meinen, dass man auf die Leistungen nach einer »Verbesserung« nicht mehr stolz sein könne, weil man sie nicht mehr sich selbst zurechne. Allerdings würde es für den Veränderungsskeptiker sehr schwer, seine Abstinenz durchzuhalten. Wenn die Menschen um ihn herum mit massiven Wettbewerbsvorteilen ausgestattet wären, bliebe dem Veränderungsskeptiker kaum eine Wahl, auch er müsste aufrüsten.

4) Ein besonderes Problem würde entstehen, wenn Jedermann freien Zugang zu einer »Verbesserung« spezifischer mentaler Eigenschaften hätte, die keine Allzweckmittel sind, etwa Aggressivität und Gehorsam. Solche Eigenschaften sind differenziert genug, um speziellen Ideologien nützlich zu sein bzw. um von ihnen missbraucht zu werden. So könnte etwa auf Mitglieder bestimmter religiöser Gruppen sozialer Druck ausgeübt werden, nur Eigenschaften wie Gehorsam und Unterwürfigkeit zu wählen. So entstünde wegen eingeschränkter Wahlfreiheit des Individuums eine Zwischenform zum zentralen Enhancement.

Weiterhin würden die ideologischen Gräben in der Welt so vertieft: Man könnte nicht mehr an eine allen Menschen gemeinsame menschliche Natur und mit ihr verbundene Interessen appellieren, um Konflikte zu lösen, weil nun jede Kultur oder jede Glaubensgemeinschaft partiell ihre eigene Natur haben würde. Das wechselseitige Verständnis und die wechselseitige Toleranz wären in Frage gestellt.

5) Zur Vorsicht zwingt allgemein, dass die möglichen sozialen Folgen eines Enhancements für Jedermann so schwer zu überschauen sind, dass eine fundierte Folgenabschätzung stark erschwert ist. Technik ist nicht erst dann verantwortbar, wenn man sich über *alle* Konsequenzen ihrer Anwendung im Klaren ist. Das würde bedeuten, keine Technik mehr zuzulassen, denn es verbleibt immer ein Rest Ungewissheit. Dennoch fragt es sich, ob die Ungewissheit zumindest bei manchen Enhancementprojekten zu groß ist. Wie sich Verschiebungen unseres Selbstbildes, unserer Wirtschaftsweise usw. auswirken werden, wie sich die Situation von Veränderungsskeptikern in einer Welt voller verbesserter Menschen wirklich darstellen wird, darüber kann man nur recht grob spekulieren. Beim Enhancement werden Entscheidungen unter Unsicherheit von uns verlangt und da bei einigen Vorhaben sehr viel auf dem Spiel steht, bietet es sich bei solchen Entscheidungen an, eine Option zu wählen, deren schlimmste nicht auszuschließende Folge vergleichsweise am wenigsten schlimm ist. Ein solches risikoaversives Maximin-Kriterium schränkt manche Verbesserungsvorhaben ein.

Einige weitere soziale Folgen, etwa ob sich das gesellschaftliche Klima nicht durch »Verbesserungen« verschlechtern könnte, weil Menschen sich zunehmend wie Maschinen behandeln oder ob »Verbesserungen« nicht dazu führen, soziale Probleme nun mit Pillen zu »lösen« oder ob man Verbesserungen nicht nur einsetzen könnte, um die Ungerechtigkeit der natürlichen Lotterie für Benachteiligte auszugleichen, kann ich hier nicht mehr behandeln.

5. Radikale physische und mentale Verbesserungen: Bewertung der sozialen Folgen

Nehmen wir einmal (bislang illusorisch) an, radikales dezentrales Enhancement wäre ohne technische Risiken verfügbar, denn technische Risiken behandele ich hier nicht, sondern gehe davon aus, was passieren würde, wenn technisch gesehen »alles klappt«. Zu einer ethischen Gesamtschau der erörterten sozialen Vor- und Nachteile, muss man die bislang allgemein entwickelten Argumente auf die Arten der Eigenschaften beziehen, die verändert werden sollen. Folgende sicher nicht vollständige Kategorisierung bietet sich an:

1) Geht es um Gesundheitsvorsorge, etwa um ein besseres Immunsystem oder um geringere Neigung zu Depressivität? (Gesundheitsverbesserung)
2) Geht es um körperliche Eigenschaften, etwa Körperkraft und Ausdauer? (Körperverbesserung)
3) Geht es um mentale Eigenschaften, die sich als Allzweckmittel einheitlich positiver Bewertung erfreuen, etwa Intelligenz und Fleiß? (Allgemeine Mentalverbesserung)
4) Geht es um mentale Veränderungen, die spezifische Eigenschaften (Charakterzüge etc.) betreffen, die nicht ohne Weiteres einheitlich be-

wertet werden können wie Aggressivität oder Sanftmut? (Spezifische Mentalverbesserung)

Für jede der sich auch manchmal überlappenden Kategorien müssen nun die sozialen Probleme gegen mögliche Vorteile abgewogen werden:

Zur Gesundheitsverbesserung: Hier gibt es Fälle mit geringem Gefahrenpotenzial, bei denen der Nutzen für Betroffene und Gesellschaft sehr hoch sein könnte. Das Beispiel des Immunsystems zeigt, dass auch hier Gefahren existieren. Zwar könnte sich das Fehlen von Anfälligkeit für die meisten Krankheiten schon als deutlicher Wettbewerbsvorteil entpuppen, aber andererseits können solche Vorteile durch andere Vorzüge ausgeglichen werden und es sollen ja nicht alle Ungleichheiten, sondern primär extreme Ungerechtigkeiten ausgeschlossen werden, die zu einer zementierten Zwei-Klassen-Gesellschaft führen. Zudem sind gesellschaftliche Schlüsselpositionen sind in der Regel stärker an Eigenschaften anderer Kategorien wie Fleiß und Intelligenz geknüpft. Geringere Krankheitsanfälligkeit kann nur eine *Nebenrolle* für den gesellschaftlichen Erfolg, aber eine Hauptrolle für private Freuden des Subjekts spielen. Gegeben diese Voraussetzungen bin ich der Meinung, dass die großen Vorteile für die Betroffenen und die Ersparnisse im Gesundheitswesen die Gesundheitsverbesserung zu einer echten Option machen. Um Folgen für den Arbeitsmarkt zu verringern, wäre ein Ausbau der existenten Gesetze denkbar, welche das Wissen des Arbeitgebers etwa über die Gene seiner Arbeiter einschränken. Allerdings kann ich einen Folgenkomplex von Gesundheitsenhancement hier nicht weiter diskutieren, weil er diesen Rahmen sprengen würde: *Wie wirkt es sich auf das Sozialgefüge aus, wenn sich durch Gesundheitsenhancement die Lebensdauer der Individuen (drastisch) erhöht?*

Es mag sicher Fälle geben, in denen nicht klar ist, ob eine Gesundheitsverbesserung vorliegt, weil der Gesundheitsbegriff sich im Laufe der Zeit verschiebt. Wenn hier Problemfälle auftreten, muss man die etwaigen Wettbewerbsvorteile etc. im Einzelfall prüfen. Normativ entscheidend ist ja diese Folgenanalyse und nicht die Tatsache, ob man einen Eingriff Gesundheitsverbesserung nennt. Hier, hoffe ich, liegt ein Vorteil meines Ansatzes gegenüber der weit verbreiteten Position, die Grenze der Zulässigkeit für Veränderungen an das Vorliegen von Krankheiten und damit an den unscharfen Krankheitsbegriff zu koppeln. Dass das unbefriedigend ist, zeigt folgender Fall: Johnny ist ein elfjähriger Junge mit einen Wachstumshormondefizit. Ihm wird als Erwachsener eine Größe von 1.60 Meter vorhergesagt. Billy ist ein elfjähriger Junge mit extrem kleinen Eltern. Ihm fehlen keine Hormone, aber seine Erwachsenengröße wird auch mit 1.60 Meter beziffert. Johny ist krank, Billy nicht, aber beide werden gleichermaßen unter ihrer geringen Körpergröße leiden. Sollen wir also nur Johnny helfen, weil eine Hormongabe an Johnny eine Behandlung, an Billy aber Enhancement wäre?

Zur Körperverbesserung: Auch bei der Körperverbesserung wäre vorstellbar, dass sie nicht zu inakzeptablen Ungerechtigkeiten führt, weil körperliche Eigenschaften zunehmend unwichtiger für die Einnahme gesellschaftlicher Schlüsselpositionen werden. Allerdings gilt das nur in unserem Kulturkreis und auch dort werden etwa über Körpergröße und Geschlecht zumindest noch einige Vorteile realisiert. Andererseits können solche Vorteile durch andere Vorzüge ausgeglichen werden und es sollen ja nicht alle Ungleichheiten, sondern primär extreme Ungerechtigkeiten ausgeschlossen werden. Dass also Körperverbesserungen unter dem Aspekt sozialer Folgen in bestimmten weit industrialisierten Kulturkreisen eine Option sein können, ist nicht generell auszuschließen, je nach Einschätzung der eventuellen Wettbewerbsvorteile. In ärmeren Ländern hat aber z.B. die freie Geschlechterwahl fatale Folgen, hier sind solche »Körperverbesserungen« ein Fehler. Eine genauere Bewertung würde ich an noch spezifischere Einzelfallbetrachtungen verweisen.

Zur allgemeinen Mentalverbesserung: Das Potenzial zu sozialen Spannungen nimmt hier drastisch zu, denn an den hier betroffenen Eigenschaften hängen wahrscheinlich die meisten Wettbewerbsvorteile. Ich sehe nicht, welcher Staat es finanzieren könnte, solche Verbesserungen Jedermann zur Verfügung zu stellen. Zudem greifen hier viele der oben aufgelisteten Kritikpunkte am sozialstaatlichen Enhancement. Generell reichen Betrachtungen der sozialen Folgen aus, um allgemeine radikale Mentalverbesserung als Option abzulehnen, sofern nicht eine Form entwickelt wird, welche die oben thematisierten Nachteile nicht aufweist. Einzelfallbetrachtungen sind also immer wieder unverzichtbar.

Zur spezifischen Mentalverbesserung: Um die moralische Qualität radikaler spezifischer Mentalverbesserungen zu prüfen, sollte man folgende Probleme bedenken:

1) Einige Eigenschaften werden sozialschädigenden Charakter haben, wenn man sie fördert, etwa Fanatismus und Aggression. Eine (radikale) Vergrößerung dieser Merkmale halte ich für moralisch falsch.

2) Wie schon gesagt, ist die Einschätzung der Wettbewerbsrelevanz von Eigenschaften nicht einfach. Nun könnten auch spezifische mentale Eigenschaften den Wettbewerb verzerren, wenn man sie auf breiter Ebene radikal verändert. Es könnten sich ganz neue, unabsehbare Wettbewerbssituationen ergeben, die dann doch wieder in eine Zwei-Klassen-Gesellschaft führen. Diese Gefahr möchte ich jedenfalls ausschließen und das spricht gegen ein radikales Enhancement von mentalen Eigenschaften insgesamt.

3) Andererseits könnten mit einer sozialstaatlichen Förderung erwünschter Eigenschaften wie Sanftmut und Altruismus besondere kollektive Vorteile verbunden sein – vielleicht eine friedlichere und gerechtere Welt. Egoismus und Habgier sind ja wesentliche Ursachen globaler

Probleme. Allerdings sollte bedacht werden, dass wir hier ja nur über dezentrales Enhancement reden. In Teilen mancher Kulturen würden also vielleicht altruistische Persönlichkeitszüge gefördert und in anderen nicht. Manche Menschen könnten dabei gezielt auf eine weite Verbreitung von Altruisten setzen, um ihrem Kind durch erhöhte oder auch nur normale Aggressivität bessere Durchsetzungschancen als »Wolf in einer Welt voller Lämmer« zu bereiten. Zudem sind Nachteile für die geborenen Altruisten zu erwarten, wenn diese einem kapitalistischen Wirtschaftssystem ausgeliefert werden, in dem eben auch »Ellenbogen« zählen. Man müsste also erst einmal Rahmenbedingungen schaffen, die dem Altruismus eine Chance geben und das heißt, man müsste erst die Welt ändern und dann gezieltes Enhancement betreiben, statt die Welt durch solches Enhancement revolutionieren zu wollen.

Fazit: Auch wenn heute längst nicht alle Folgen von Verbesserungen absehbar sind und wir uns daher manchen technischen Optionen erst stellen können, wenn sie konkreter werden: Eine Debatte um die mögliche Gestalt der Gesellschaft in vielen Jahrzehnten muss jetzt schon geführt werden, selbst wenn die Technik für viele Veränderungen noch gar nicht verfügbar ist. Nur so haben wir genügend Zeit, solche Technik – wenngleich nur im Allgemeinen – schon vor ihrer Implementierung zu diskutieren und nicht alsbald vor vollendeten Tatsachen zu stehen. Als Kautel möchte ich folgende Überlegung an den Schluss stellen: Generell bin ich nicht der Meinung, dass alles politisch zugelassen werden sollte, was moralisch erlaubt ist. Die Politik ist selten in der Lage, der Differenziertheit der moralischen Kategorien Rechnung zu tragen. Sie vereinfacht und nimmt damit zusätzliche Risiken in Kauf. Inwieweit eine politische Erlaubnis bestimmter moralisch unbedenklicher Enhancementspielarten also angebracht wäre, wäre noch einmal unter Beachtung politischer Realitäten und Zwänge zu diskutieren.

Eingriffe, Transformationen, Überschreitungen. Die Frage nach dem Menschen und die Biotechnologie

Elisabeth List (Graz)

Die Ausrufung der Postmoderne war ein Signal für das Ende der Glaubwürdigkeit von ererbten Traditionen der Welt- und Selbstdeutung, vor allem der Modelle der Aufklärung und des Glaubens an eine allumfassende Vernunft. Gleichzeitig setzten sich die Denk- und Handlungsmodelle der Wissenschaften des 20. Jahrhunderts weltweit durch. So ist die Zeit der Postmoderne zugleich die Zeit technischer Revolutionen, vor allem im Bereich der digitalen Technologien und in der Biotechnologie. Es sind, wie man sie nennen kann, vor allem die neuen Technologien des Geistes und des Körpers, die, so scheint es, die Grundvorstellungen der Moderne und ihr Selbst- und Menschenbild zutiefst in Frage stellen. Eine Ära des Postbiologischen wird von der Avantgarde der Medienkunst angekündigt, von einer Zukunft des Posthumanen ist die Rede.

Die Rede vom Posthumanen signalisiert einen Umbruch. Sie signalisiert eine neue Art von Verunsicherung angesichts der Entwicklung der Informations- und Biotechnologien. Die Science Fiction ist hier rasch mit Endzeitszenarios zur Stelle: Die Abschaffung des homo sapiens wird angekündigt, oder seine Verdrängung und Einschließung in Reservate für absterbende Arten, wo er als überalterte Kuriosität weiterexistieren darf. Eine technisch transformierte Spezies sei dabei, ihn von der Spitze auf der Leiter der Evolution zu verdrängen. An seiner Stelle betritt eine neue Figur die Bühne: nicht mehr ganz der alte Mensch, noch nicht ganz Maschine, sondern Cyborg – der Cyborg, ein Wesen halb kybernetische Maschine, halb Organismus, wie sein Name sagt.

Die Reaktionen auf die Erscheinung des Cyborg sind widersprüchlich. Die Autorin Marge Piercy versucht ihn uns vertraut zu machen. Sie beschreibt Cyborgs als Wesen, die gleich dem Menschen ohne technische Prothesen Bedürfnisse haben, vielleicht überlegene kognitive Fähigkeiten, aber sonst ganz menschliche Züge. Donna Haraway, Biologin und Wissenschaftshistorikerin, begrüßt das Erscheinen des Cyborg. Er habe nämlich das Zeug, uns das Denken in Dichotomien, unsere Obsession des Abgrenzens, Unterscheidens, aus dem Diktat des Entweder-Oder auszutreiben. Es sei nämlich nicht der Fall, dass die Welt zusammenbricht, wenn die Grenzen zwischen Mensch und Maschine, oder die zwischen Tier und Mensch oder zwischen Frau und Mann diffus werden. Die Welt würde vielmehr offener, vielfältiger, kurz: lebenswerter.

Dieser positiven Sicht der Rolle der Cyborg-Technologien, die in das materiale Substrat des menschlichen Organismus eingreifen, stehen Befürchtungen gegenüber, dass sie nicht nur eine Transformation der Körperlichkeit mit sich bringen, sondern auch den Verlust der Autonomie des Menschen in seiner organischen Lebensform, ja den Verlust seiner leibgebundenen Potentiale und Fähigkeiten.

Drei Fragen stellen sich hier: *Erstens*, verschieben sich die Grenzen zwischen Mensch und Maschine gegenwärtig in einem Maß, dass von einer Transformation zum Posthumanen gesprochen werden kann (I); *zweitens*, welche Ängste und Motive stehen hinter dem Wunsch, an einer unverschiebbaren, kategorialen Grenzziehung zwischen Mensch, Tier und Maschine festzuhalten, warum ist uns die Grenze zwischen dem Humanen und Nichthumanen so wichtig (II)? *Drittens*, und das erweist sich als der entscheidende Punkt, welche ethischen Implikationen haben technische Eingriffe in den menschlichen Körper zunächst ganz allgemein und dann speziell jene, von denen eine solche grenzüberschreitende Transformation des menschlichen Leben erhofft oder mehr noch gefürchtet wird?(III)

I Abgrenzungsfragen: Beziehungen zwischen Mensch und Technik.

Zum gegenwärtigen Zeitpunkt ist der Ort des Posthumanen im Sinne des »Postbiologischen« vorerst Science Fiction. Science Fiction ist der Ort der Erprobung des Denkmöglichen, der Ängste und Wünsche, die angesichts der rasanten technischen Entwicklungen wach werden. Die Welt des »Technoimaginären«, die sie mit technischen Bildern erzeugt, ist die phantasierte Welt der Ängste und Hoffnungen von konkreten Akteuren mit Wünschen und Plänen, die sie durch Technik zu realisieren hoffen. Ist ein solches »Technoimaginäres« posthuman, sind es diese Akteure?

Für die Beantwortung dieser Frage müsste erst gesagt werden, was denn das Humane ist, das dieses Posthumane hinter sich gelassen haben will. Wer aber kann und soll das bestimmen, definieren, begründen? Es ist heute nicht mehr möglich, auf Bilder des Humanen aus dem 18. oder 19. Jahrhundert zurückzugreifen. Philosophen im 20. Jahrhundert haben doktrinäre Versionen des Humanismus und des Antihumanismus weitgehend hinter sich gelassen. Helmuth Plessner nennt den Menschen eine offene Frage, ein Wesen, das in dem, was er »exzentrische Positionalität« nennt, erst durch sein eigenes Tun zu dem wird, was er sein kann oder will. Er muss also »sein Leben führen«, erst selbst Gestalt werden lassen. Darin sieht Plessner das Hauptmerkmal der conditio humana. Plessners Definition der menschlichen Existenzweise als »exzentrische Positionalität« enthält zwei bestimmende Momente. Erstens, der

Mensch kann kein Verhältnis zu sich selbst haben außer durch die Vermittlung von Symbol und Reflexion und damit kraft eigener Wahl und Entscheidung, zweitens, er bleibt bei aller Vermitteltheit seiner Existenz durch seinen Intellekt und bei allen Eingriffen von Biotechnologie positional an seine Leiblichkeit, an sein materielles Hier und Jetzt gebunden.

Aus Plessners Definition folgt jedenfalls, dass technisches Handeln konstitutiv ist für die menschliche Lebensform. Das gilt auch für die durch die neuen Biotechnologien veränderte menschliche Lebenshaltung. Mit Helmut Plessner kann man sie als eine Sonderform von exzentrischer Positionalität betrachten – als »technische Exzentrizität« Auf der Basis der Kenntnisse der Biochemie, der Molekularbiologie und der Informatik ist die Biologie heute in der Lage, das materiale Substrat des organischen Lebens einschließlich des Zentralnervensystems genauer zu beschreiben und zu erklären als je zuvor. Aus der Position technischer Exzentrizität erscheint ihr der menschliche Körper als ein Ding neben anderen. Aufgrund einer offenbar unaufhaltsamen Eigendynamik naturwissenschaftlicher Forschung setzt sich schließlich ein Trend der Verselbständigung eines der beiden Pole des Doppelaspekts menschlicher Existenz, des Pols des Objektiven gegenüber dem Subjektiven durch. Eben dieser Verselbständigung des Außenaspekts der menschlichen Existenz verdanken sich die methodischen und technischen Fortschritte der Biowissenschaften: Sie erlaubt in ex-zentrischer Distanz den technisch-experimentellen Eingriff in den Körper und die technische, artifizielle Nachbildung und Substitution seiner Komponenten, etwa durch die Erzeugung von Prothesen, durch künstliche Organe oder Apparate, die als Instrumente der Erweiterung und auch der Ersetzung organisch gebundener Leistungen und Funktionen einsetzbar sind. Freilich: Derlei technische Leistungen gehen zuweilen auf Kosten des anderen Aspekts exzentrischer Positionalität, auf Kosten der Positionalität des Menschen, der aufgrund seiner Leibgebundenheit nicht nur »Körper hat«, sondern »Körper ist«.

Als Erscheinungsformen »technischer Exzentrizität« wurden einige Bereiche der Biotechnologie genannt – Prothesen und künstlichen Organersatz –, denen zuweilen zugesprochen wird, dass sie eine »posthumane« Transformation der organischen und mentalen Verfassung des homo sapiens mit sich bringen. Das ist zum gegenwärtigen Zeitpunkt nicht der Fall, noch liegt es in ihrer Absicht. Die Erzeugung von Prothesen hat nicht erst mit den neuen Technologien begonnen. Es handelt sich bei der Prothese lediglich um die Ersetzung einzelner peripherer organischer Komponenten des Körpers der durch technische Hilfsmittel. Die Ersetzung lebenswichtiger Organe durch Maschinen, etwa des Herzens oder des Gehirns, liegt vorerst außerhalb des technisch Möglichen. Als Denkmöglichkeit scheint Derartiges die Folge der Verabsolutierung eines Mythos und Imperativs der technischen Machbarkeit zu sein, der manche ehrgeizige Forscher dazu motiviert, grenzüberschreitende Technologien voranzutreiben. Die Produkte künstlicher Intelligenz als extrakorporale »Geistprothesen« haben heute trotz aller Fortschritte noch lange nicht das Niveau menschlicher Erkenntnis- und Orientierungsleistungen erreicht. Sie sind eine Erweiterung, bedeuten aber keine Transformation der menschlichen Lebensform.

Die Rede von einer »postbiologischen Evolution« in den Diskursen der Medienkunst und mancher Robotikingenieure zielt auf utopische Visionen der Ersetzung des menschlichen Körpers durch technische Artefakte, durch eine technische Konstruktion, die die bisher als essentiell betrachtete Leibgebundenheit menschlicher Existenz hinter sich lässt, was in der Tat eine Überschreitung der anthropologischen Bestimmungen des Humanen bedeuten würde. Hier handelt es sich jedoch um nicht mehr als Gedankenexperimente, an die sich freilich schon heute Hoffungen, aber auch Ängste knüpfen bezüglich eines Eingriffs in die bisher als unantastbar geltenden Verfassung des Menschlichen.

Gemäß Plessners Verständnis von exzentrischer Positionalität sind solche Formen des Technoimaginären Folgen des Verlusts des Positionalitätsbewusstseins, des Verlusts des Wissens um die Situiertheit und Leibbezogenheit der eigenen Existenz. Es handelt sich also um eine defiziente Form der Wahrnehmung und nicht um reale Handlungsoptionen. In Realität umgesetzt wäre das Projekt einer Cyborgisierung nach den Vorstellungen eines Marvin Minsky oder Hans Morawec, der an die Ersetzung des Hirns nach einem Vorgang des »destruktiven Scanning« durch einen Computer denkt und die Zerstörung eines menschlichen Gehirns in diesem Vorgang in Kauf nimmt, tatsächlich nichts anderes als die Abschaffung des homo sapiens – eine suizidale Konsequenz von »Optimierung« des Menschen durch Technik.

Für Cline und Clynes, die Autoren, de den Begriff »Cyborg« geprägt haben, war die Transformation des Menschen zum Cyborg zunächst gedacht als bioevolutionäre Strategie des Überlebens, der Anzupassung des Menschen an Lebensbedingungen im interstellaren Raum. Sie beschreiben allerdings fünf Stufen fortschreitender Vernetzung des Organismus mit technischen Artefakten, also seiner »Cyborgisierung«, und fassen als Endstufe die körperlose Existenz einer perfekten Intelligenz ins Auge. Diese letzte Vorstellung gehört zu den Phantasien eines neuen mystischen Positivismus, eines neuen religiösen Glaubens an die Macht der Technik. Es ist die Vorstellung des Geistwerdens und der Unsterblichkeit in Gestalt der Maschine. Über die Zustimmungsfähigkeit ihrer Vorstellungen machen sich die genannten Autoren keine Gedanken. Zu hoffen ist, dass eine kritische und informierte Öffentlichkeit Einspruch erhebt gegen Versuche der Realisierung solcher Projekte. Denn Wissenschaft und Technik sind kollektive Unternehmungen und als solche gebunden an ethische Normen und politische Zielsetzungen der sie tragenden Gesellschaften.

II Grenzen des Wissens, Grenzen des Machbaren, Erfahrung von Kontingenz

Diesseits solcher unrealistischer Zukunftsvisionen muss gefragt werden, wie weit der Horizont des heute tatsächlich Machbaren wirklich reicht. Die Biomedizin steht unter dem Primat des Heilens, und selbst in diesem Bereich sind ihr deutlich Grenzen gesetzt, etwa im Bereich der Molekulargenetik. Die Frage ist zum Beispiel heute nicht, ob man Erbkrankheiten heilen soll oder nicht, sondern, ob man es überhaupt kann. Im Feuilleton, aber auch in der wissenschaftlichen Literatur der letzten Jahre der Technikeuphorie machten voreilige Versprechungen und überzogene Erwartungen bezüglich der Anwendungsfähigkeit wissenschaftlicher und technischer Neuerungen die Runde.

Es ist die ethische Verantwortung der Biowissenschaftler und der praktizierenden Mediziner, sich und ihrer Klientel von den Grenzen der Erkennbarkeit und Planbarkeit der Verläufe organischen Lebens Rechenschaft zu geben, von den Grenzen der Verfügbarkeit des Lebens mithilfe von Wissenschaft und Technik.

Vonseiten des betroffenen Einzelnen wird die Grenze der Wiss- und Herstellbarkeit von organischen Lebensprozessen erfahren als Kontingenz. Der Gesamtzusammenhang von organischen Lebensprozessen in ihrer Wechselwirkung mit ihren psychischen und kulturellen Kontexten ist zu komplex, um im Einzelfall einsichtig zu werden. Sie werden als kontingent erlebt, als schicksalhaft. Medizinische Eingriffe erfolgen oft in einem Horizont des Nichtwissens bezüglich ihrer Folgen. Ein störungsfreies organisches Leben können sie, alle medizinischen und technischen Fortschritte unbenommen, meist weder garantieren noch bereitstellen. Die Grenzen, an die die Wissenschaft hier stößt, sind nicht eine Frage von Zeit, sondern grundsätzlicher Art. Die Anerkennung der nicht fassbaren Komplexität organischer Lebensprozesse führt nämlich zur Einsicht, dass ihre Kontingenz nicht ein unangenehmer Nebeneffekt, sondern ein Wesensmerkmal des Lebendigen ist. Denn Kontingenz des Lebendigseins ist nichts anderes als die Kehrseite eines seiner positivsten Seiten, nämlich seiner Offenheit und seiner Kreativität. Vermutlich hat alle menschliche Kreativität hier ihre Wurzel: Kreativität als Inbegriff des Neuen als des Unvorhergesehenen in der Verfassung des organisch Lebendigen.

Jedenfalls: Nur ein kleiner Ausschnitt des Lebendigen ist durch Technik machbar«. Sehr wohl aber kann der technische Eingriff Schaden anrichten, wie die gescheiterten Experimente mit Gentherapien beweisen. Aber auch solche Eingriffe, die schon heute im Bereich des realistisch Machbaren liegen, partielle Eingriffe ins Genom etwa im Sinne einer positiven Eugenik, haben vermutlich noch nicht abschätzbare Folgen für das Leben dergestalt »optimierter« Individuen und ihrer Angehörigen. Diese Folgen betreffen weniger Fragen der technischen Machbarkeit, sondern vielmehr moralische Fragen.

III Fragen der Ethik und Moral

Moralische Fragen sind Fragen des Umgangs mit dem Leben anderer. Sie stellen sich im besonderen Maß im Umgang mit dem Leben von Kranken, Behinderten, aber auch von Gesunden. Grundsätzlich ist der Sinn technischer Eingriffe in den menschlichen Körper die Behebung von Störungen des organischen Lebens. Benutzt in der Haltung des Sorge und der Verantwortung für menschliches Lebens sind sie nicht nur unbedenklich, sondern zu begrüßen. Dort, wo die Medizin mit ihrem Wissen an Grenzen stößt, sind Menschen mit mehr oder weniger schwerwiegenden Störungen ihrer organischen Verfassung ganz auf sich gestellt und auf die Zuwendung anderer angewiesen. Nur eine Moral der Verantwortung und Fürsorge kann ihnen als Mitglieder der sozialen Gemeinschaft gerecht werden.

Eine Überschreitung moralischer Grenzen bringen ohne Zweifel jene Biotechnologien mit sich, die auf der Basis des faktischen Eingriffs in die Körper lebender Individuen operieren, sei es in der Form der »Fremdnutzung« zu Forschungszwecken oder auch zumindest formal mit der Zustimmung der Betroffenen. Hier liegt die Gefahr der Verletzung moralischer Grundrechte vor, deren Problematik auf der Ebene des Umgangs mit anderen Personen und nicht auf der speziellen Ebene der Technik anzusiedeln ist.

Sieht man ab von den schwierigen Fragen des vorgeburtlichen Lebens und des Lebens in der Phase des Sterbens, die die verschiedenen Formen der technisch assistierten Formen der Pränataldiagnostik und die Festlegung von medizinisch handhabbaren Todeskriterien betreffen, stellt die Frage der ethischen Regulierung der Anwendung von Biotechnologien keine allzu große Probleme, auch nicht hinsichtlich der von der modernen Medizin durchweg respektierten Verfassung des Menschlichen .

Bei genauerer Betrachtung der heute möglichen und tatsächlich praktizierten Eingriffe in den menschlichen Organismus erweist sich deshalb die Rede vom Posthumanen entweder als voreilig oder als unangemessen. Ob jemand eine »Cyborg« genannt wird, weil er oder sie Zahnprothesen, eine Beinprothese hat, eine implantierte Linse oder einen Herzschrittmacher, die damit verbundenen Veränderungen seiner oder ihrer Lebensform sind grundsätzlich ohne tiefgreifende »transformative« Einwirkung auf seine menschliche Verfassung, das heißt, auf seine Denk, Handlungs- und Empfindungsfähigkeit, wiewohl sich seine Lebenssituation durch seine Angewiesenheit auf solche technische Hilfsmittel ohne Zweifel erheblich ändert und sich neue Probleme bei der Bewältigung des Alltags stellen. Ob die Praxis einer positiven Eugenik tatsächlich einen Eingriff in das Humanum in diesem Sinne bewirken kann, ist noch nicht erwiesen. Unbestritten dagegen ist, dass sie, wie jeder technische Eingriff in den menschlichen Körper, das soziale Beziehungsgefüge nachhaltig verändern dürfte.

IV Die Sorge um sich und der Wunsch nach Grenzen

Die technische Veränderung, Modellierung, Zurichtung der körperlichen Konstitution durch Technik könnte ein Anlass zur pauschalen Ablehnung der Technologien des Körpers sein. Oder verbergen sich hinter der Rede vom Posthumanen Sorgen anderer, geistiger oder mentaler Art? Steht hinter der Rede vom Posthumanen möglicherweise die Angst davor, durch die intelligenten Maschinen der Ära digitaler Technologien könnten dem Menschen seine Überlegenheit und Einzigartigkeit verloren gehen?

Solche Konstellationen verunsichern, weil sie an den Grenzen zwischen Tier, Mensch und Maschine rütteln. Das ist ein schwer erträglicher Gedanke, weil unser Bild von uns selbst und der Welt auf solchen Grenzziehungen beruht. Jedenfalls, solche Grenzen werden gezogen und, wie es scheint, müssen augenscheinlich gezogen werden.

Müssen sie wirklich gezogen werden, welche Funktion erfüllen sie? Schützen sie gegen das Andere, ist es die Angst vor der Diffusion mit dem Anderen? Sichern sie Macht, Kontrolle? Und wer zieht die Grenzen? Eines scheint klar: Es ist die Eigenheit des Menschen, nur des Menschen allein, solche Grenzen zu ziehen. Es sind nicht diese Grenzen, die ihn zu dem machen, was er ist, aber es gibt offenbar ein starkes Bedürfnis nach Abgrenzung, nach Grenzsetzung. Das Ziehen solcher Grenzen ist aber nicht Sache der Erkenntnis, sondern einer »Erkenntnispolitik«

Das beginnt historisch damit, dass in vielen archaischen Gesellschaften das Wort »Mensch« bedeutet, Mitglied der Gesellschaft zu sein. Was geschieht nun, wenn diese Gemeinschaft in Kontakt kommt mit anderen, fremden Sozietäten? Was geschah zum Beispiel, als mit der ersten Überquerung der großen Weltmeere die Existenz anderer Kulturen ins Bewusstsein der Europäer trat? Die Geschichte dieses Ereignisses hat viele Facetten. Eine davon ist die, dass die Rede vom Humanen – sei es in der Politik, der Philosophie oder den Wissenschaften – seit jeher zuweilen eine sehr fatale Rolle spielte: die Rolle der Abgrenzung des Eigenen vom Fremden, der eigenen Kultur von der anderen, des Gesunden vom Kranken, des Normalen vom Pathologischen – die Rolle der Ausgrenzung.

Europas Geschichte ist eine Geschichte der Errichtung und Erhaltung von Ordnung, von Hierarchien und Kontrolle, sehr oft eine Geschichte der Ausgrenzung und Entwertung dessen, was nicht Europa war, und sie legitimierte sich oft, ja meist im Namen des Humanen, des wahrhaft Menschlichen. Die Sprache wurde zur Hüterin für Ordnung und des Überlegenheitsanspruchs der Europäer. Die anderen, das waren die »Primitiven«, die »Barbaren« und bald die »Untermenschen«. Figuren, die das Existenzrecht wahren europäischen Menschentums bedrohen und deshalb nicht verdienen. Ein ähnlicher Kampf um Überlegenheit und Überlebensanspruch ist seit einiger Zeit Thema der Science Fiction – Literatur rund um den Krieg zwischen Menschen und Cyborgs.

In der Angst ums Eigene und seine Sicherung durch Abgrenzung liegen die Wurzeln von Faschismus, Sexismus, Fremdenfeindlichkeit – und vielleicht auch Technikfeindlichkeit. Der Cyborg ist in zwei Formen vorstellbar, einmal als der Versuch, organische Defekte oder Mängel mit Mitteln der Technik zu kompensieren, oder auch – vielleicht in einer fernen Zukunft – als eine Art »Überrasse«, die den »alten Menschen« kolonisiert oder gar auslöscht. Die erste Form ist schon Realität, die zweite gehört in den Bereich der Phantasie. In beiden Formen kann er Wünsche oder Forderungen nach Grenzziehungen hervorrufen. In der ersten Form ist die Situation eines so verstandenen »Cyborg« der Situation von Behinderten vergleichbar. Beide weisen eine organische Anormalität auf, und ihr Anderssein stößt auf Missbilligung oder Nichtachtung. Die Situation von Behinderten in unserer Gesellschaft ist durch solche Reaktionen der Ausgrenzung und Nichtanerkennung geprägt, und schwer Behinderten wurde oft genug das Existenzrecht als Menschen abgesprochen. Heute herrscht Übereinstimmung darin, dass das ein schweres Unrecht ist. Aber auch Menschen, die nur mit Mitteln der Technik überleben können, darf das Lebensrecht nicht abgesprochen werden. An ihnen zeigt sich, dass das Beiwort »technisch« keine Demarkationslinie zwischen Mensch und Nichtmensch ist. Die andere Form des Cyborg, die Phantasie vom Technomonster, das den Menschen ersetzt und eliminiert, erzeugt vorerst mehr Gruseln als realen Schrecken.

Angesichts dieser Situation sollte die Rede vom »Posthumanen« einen besseren Sinn bekommen. So wie die Verkündung der Postmoderne die Aufforderung meinte, sich von den großen Erzählungen von »Humanität« zu verabschieden, könnte sie die Verabschiedung einer symbolischen und realen Politik der Grenzen meinen, die sich zuerst mit Worten empfiehlt und mit anderen Mitteln, Mitteln der Manipulation und der Kontrolle durchsetzt. Sie könnte der Appell zur Anerkennung von Differenzen sein, von Verschiedenheit und Pluralität nach den Grundprinzipien sozialer Gerechtigkeit unter den Bedingungen einer sich Zivilisation, die durch den technischen Wandel geprägt ist.

Der Sport – Bühne für den neuen Menschen? Überlegungen zu Gendoping, Natürlichkeit und Kreativität

CLAUDIA PAWLENKA (FRANKFURT/M.)

1. Einleitung: Gendoping und Kreativität – Der neue Mensch auf dem Vormarsch?

Das Bestreben des Menschen, seine eigene Natur mit Hilfe der Gentechnik zu verbessern und so die Leistungsfähigkeit zu steigern, gilt im Sport und, im metaphorischen Sinne, darüber hinaus als »‚Gendoping«[1]. Als eingeführten Begriff gibt es Gendoping seit seiner Aufnahme 2003 unter die verbotenen Methoden der Dopingliste der Welt-Anti-Doping-Agentur (WADA) und des IOC. Während pränatale Eingriffe in die Keimbahn zur Züchtung von Superathleten und das reproduktive Klonen von Spitzenathleten derzeit als Sience-Fiction-Phantasien gelten, werden andere Einsatzmöglichkeiten der Gentechnik bereits ernsthaft diskutiert. Dabei geht es um den sportlichen Mißbrauch gentherapeutischer Verfahren zur Heilung von Erbkrankheiten wie z.B. der Duchenne-Muskeldystrophie oder Anämie. Denkbar ist es beispielsweise, das Muskelwachstum durch eine Injektion genveränderter körpereigener Muskelzellen in die Muskulatur künstlich anzuregen oder eine längst abgeschlossene Muskelbildung durch Produktion zusätzlicher Muskelfasern wieder in Gang zu setzen.[2] Weitere Möglichkeiten liegen in der subkutanen Transplantation EPO-sezernierender Zellinien zur Verbesserung der Ausdauerleistung oder in der gezielten Ausschaltung des wachstumshemmenden Myostatin-Gens, das in der Rindermast und in Tierversuchen (sog. »Schwarzenegger-Mäuse«) nachweislich zu abnormem Muskelwachstum führt.[3] Von der Entwicklungsdynamik im Bereich der Genforschung profitiert der Sport häufig indirekt. Bereits heute ist von einer Identifikation von »30 Sportler-Genen« für »Ausdauer, für Muskelwachstum- und stärke oder Atemleistung« die Rede, die »die körperliche Leistung explodieren lassen«[4], und nicht nur die Dopinganalytik blickt mit Sorge auf die Olympischen Spiele 2008 in Peking.

---

[1] Thomas Zoglauer: *Das Natürliche und das Künstliche: Über die Schwierigkeit einer Grenzziehung*, in: B. Baumüller et al. (Hg.): Inszenierte Natur, Stuttgart 1997, S. 145-161, S. 160.
[2] Vgl. Klaus Müller: *Am Horizont: Gendoping im Sport?*, in: Deutsch Olympisches Institut (Hg.): Jahrbuch 2001, Berlin 2001, S. 249-260, S. 258.
[3] Vgl. Thorsten Schulz et al.: *Gendoping im Sport: Fakt oder Fiktion?*, in: Deutsche Sporthochschule Köln (Hg.): Wissenschaftsmagazin F.I.T 1 (1989), S. 13-18, S. 16f.
[4] http://www.unifr.ch/nfp37/MEDIA&NEWS/DataMedia2002.html#FAC020131

Der Sport, dem als Bereich des Nicht-Notwendigen und des Spiels bislang wenig Beachtung geschenkt wurde[5], findet durch das Thema Gendoping nun auch Eingang in die bioethische Diskussion um den Einsatz von Gentechnologien und die Verfügbarkeit der menschlichen Natur. Auch hier entsteht zunehmend ein Bewußtsein dafür, daß der Sport aufgrund seiner Sonderweltlichkeit eine Vorreiterrolle bezüglich des Einsatzes von Biotechnologien spielen und einen Dammbruch bewirken könnte (slippery slope).[6] Doch nicht nur der Spielcharakter, sondern auch der olympische Steigerungsimperativ des citius-altius-fortius prädestinieren den medienrelevanten Leistungssport als »Testfall dafür..., ob es gelingt, die Manipulation des menschlichen Körpers innerhalb der Grenze von Natur *und* Kultur zu halten«[7].

Die Geschichte des Sports erweist sich bei genauerem Besehen als besonderer Ausdruck biotechnologischer Kreativität: als »experimentelles Theater« bzw. als ein »gigantisches biologisches Experiment«[8]. Die Professionalisierung, Mediatisierung und Verwissenschaftlichung haben zu einer extremen Technologisierung des Sports geführt, und die menschliche Natur wird im Sport in besonderem Maße zum (leistungs-)limitierenden Faktor. Das Dopingverbot, das im Gegensatz zur allgemeinen technischen Hochrüstung im Sport gerade der Körpertechnisierung kategorische Beschränkungen auferlegt, stellt »eine einmalige Form der Selbstbehinderung dar (...), die man der Entwicklung des menschlichen Potentials auferlegt«[9]. Es wurde in der bioethischen Debatte als Beispielfall und »paradigmatische Argumentation« hinsichtlich des gesamtgesellschaftlichen Problems gentechnologischer »Selbstverbesserungen«[10] genannt. Im folgenden soll dagegen gezeigt werden, daß die Primärgründe gegen eine künstliche Verbesserung des Menschen im Sport, – sieht man von Argumenten der schiefen Ebene ab –, in der Eigenlogik des Sports und der sportlichen Leistung liegen. Nicht die technologische Kreativität und das »Drama der menschlichen Selbst-Transformation«[11] bilden danach das Telos des

---

[5] Vgl. G. Gebauer: *Der Angriff des Dopings gegen die europäische Sportauffassung. Überlegungen zu ihrer Verteidigung in Japan niedergeschrieben*, in: M. Gamper et. al. (Hg.): Doping. Spitzensport als gesamtgesellschaftliches Problem, Zürich 200, S. 113-129, S. 125.

[6] Vgl. Peter Wehling: *Schneller, Höher, Stärker – mit künstlichen Muskelpaketen: Doping im Sport als Entgrenzung von »Natur« und »Gesellschaft«*, in: N. Karafyllis (Hg.): Biofakte. Versuch über den Menschen zwischen Artefakt und Lebewesen, Paderborn 2003, S. 85-11, S. 97, 99, sowie L. Siep: *Normative Aspekte des menschlichen Körpers*, in: Kurt Bayertz (Hg.): Die menschliche Natur. Wieviel und welchen Wert hat sie?, ethica Bd. 10, Paderborn 2005, S. 156-173, S. 167.

[7] Gebauer: a.a.O., S. 128.

[8] John Hoberman: *Sterbliche Maschinen. Doping und die Unmenschlichkeit des Hochleistungssports*, Aachen 1994, S. 40. Ebd., S. 13.

[9] Ebd, S. 121.

[10] Siep: a.a.O., S. 167.

[11] Hoberman: a.a.O., S. 40

Sports; das »Drama des Sports« liegt vielmehr in der »Krise des Könnens«[12], in seiner Willkürlogik und Demonstration von Selbstüberwindung.

2. Die natürliche Leistung im Sport – ein Oxymoron?

Die Definition und Rede von Doping als künstlicher Leistungssteigerung scheint zur Charakterisierung und Verständigung darüber, was Doping ist, ebenso unverzichtbar, wie sie auf theoretischer Ebene strittig ist: So verweist Hans Lenk auf die »angesichts der erwähnten pharmakologischen und technologischen Gefährdungen eminent wichtige, stets aktueller werdende Aufgabe der Sportphilosophie, die zugrunde liegenden Konventionen und Konzeptionen der ›Natürlichkeit‹, der als natürlich zuzulassenden (oder als unnatürlich auszuscheidenden) Variationen möglichst eingehend zu analysieren«.[13]

Die menschliche Natur/Natürlichkeit gilt nicht nur in bezug auf Doping im Sport, sondern allgemein als Problembegriff in der Philosophie: in deskriptiver Hinsicht sei sie ein »Mythos«[14], in normativer Hinsicht die »Hure der Moral«[15]. Die bioethische Krise über die technologische Verfügbarkeit der menschlichen Natur hat eine Neubesinnung auf die menschliche Natur ausgelöst. Für die deskriptive Verwendung des Homonyms »Natur« ist danach vor allem die Unterscheidung zwischen der »Natur der Dinge« und den »Dingen der Natur«[16] wichtig. Folglich gilt es zwischen der Frage nach dem Wesen des Menschen und der Frage nach dem natürlichen Menschen zu unterscheiden. Dopingdefinition und -analytik rekurrieren in selektiver Weise auf letzteren (›Natürlichkeit »in parte«‹[17]), und insofern scheint zumindest die deskriptive Verwendung der Begriffe natürlich/künstlich gerechtfertigt.[18] Im folgenden geht es jedoch in erster Linie um das Problem der Grenzziehung zwischen dem Natürlichen und dem Künstlichen, d.h. darum, Doping als künstliche

---

[12] Martin Seel: *Die Zelebration des Unvermögens*, in: Merkur 527 (1993), S. 91-100, S. 93.
[13] Hans Lenk: *Erfolg oder Fairneß? Leistungssport zwischen Ethik und Technik*, Ethik in der Praxis/Practical Ethics Bd. 13, Münster, Hamburg, London 2002, S. 170 (i. Orig. kursiv, C.P.).
[14] Dieter Sturma: *Jenseits der Natürlichkeit*, in: Kurt Bayertz (Hg.): Die menschliche Natur. Wieviel und welchen Wert hat sie?, ethica Bd. 10, Paderborn 2005, S. 174-191, S. 175.
[15] Volker Sommer: *Natur – die Hure der Moral*, in: Utz Thimm et al. (Hg.): Von Darwin zu Dolly. Evolution und Gentechnik. Begleitbuch zum Neuen Funkkolleg, Marburg 2001, S. 149-155, S. 149.
[16] Neil Roughley: *Was heißt Natur?*, in: Kurt Bayertz (Hg.): Die menschliche Natur. Wieviel und welchen Wert hat sie?, ethica Bd. 10, Paderborn 2005, S. 133-156, S. 136.
[17] C. Pawlenka: *Doping im Spannungsfeld von Natürlichkeit und Künstlichkeit*, in: dies. (Hg.): Sportethik. Regeln-Fairneß-Doping, ethica Bd. 9, Paderborn 2004, S. 293-308, S. 295f.
[18] Vgl. Kurt Bayertz: *Menschliche Natur und moralischer Status*, in: ders. (Hg.): Die menschliche Natur. Wieviel und welchen Wert hat sie?, ethica Bd. 10, Paderborn 2005, S. 9-31, S. 19.

Form der Leistungssteigerung von anderen Körpertechniken (Bewegungs-/ Geräte-/Trainingstechniken) zu unterscheiden. Im Zentrum der Analyse steht daher die aristotelische Unterscheidung zwischen dem Natürlichen (»Gewachsenen«) und dem Künstlichen (»Gemachten«), d.h. »die *Autonomie* des Wachsens, verstanden als seine Eigendynamik. Dort liegt die Grenze zum Technischen«[19].

Um das Problemfeld einzugrenzen, ob es im heutigen High-Tech-Sport noch so etwas wie eine natürliche Leistung geben kann, sind vorab zwei grundlegende Mißverständnisse auszuräumen: Ein solches liegt erstens vor, wenn man die Faktizität einer hinter der Praxis her hinkenden Dopingliste/ -analytik gegen die Geltung einer theoretischen Disziplinierung des Dopingproblems ausspielt.[20] Eine theoretische Festlegung, unter welchen Bedingungen der Tatbestand des Doping erfüllt ist, ist von pragmatischen oder juristischen Problemen der Nachweisbarkeit (z.B. Muskelbiopsien) und der Grenzwertbestimmung nicht betroffen. Die Schwierigkeiten, die z.B. die praktische Implementierung der für die Dopingbestimmung zentralen Unterscheidung von endogenen (im Körper »gewachsenen«) und exogenen (von außen beeinflussten bzw. »gemachten) Hormonkonzentrationen bereitet, spricht nicht gegen die dieser Unterscheidung zugrunde liegende Grenzziehung zwischen Natürlichkeit und Künstlichkeit. Die Dopingliste bzw. pragmatische Dopingdefinition und ihre verbotenen Mittel und Methoden sind zudem nicht Bewertungsmaßstab einer (z.B. natürlichkeitsfundierten) Realdefinition, die Kriterien letzterer sollen vielmehr gerade umgekehrt der Evaluierung ersterer dienen.[21] Ein zweites Mißverständnis liegt vor, wenn geglaubt wird, daß der Anspruch, »per Sport Natürlichkeit (zu) erhalten, ... nur bedeuten (könne), sich konsequenterweise jeder Naturmanipulation und Körpermanipulation zu enthalten«[22]. Der natürliche Körper ist im Sport nicht per se, sondern nur insofern erfordert, als er für die Erbringung der sportartspezifischen Leistung relevant ist. Die von der »Natur« einer bestimmten Sportart verlangte Natürlichkeit rekurriert, wie später gezeigt wird, lediglich auf einen bestimmten Ausschnitt der menschlichen Natur (Natürlichkeit »in parte«). Die technische Zurichtung und Kultivierung des Körpers, d.h. der Körper als soziales Gebilde ist für die Leistungsbewertung und damit Dopingthematik unerheblich, wie das Beispiel des deutschen Handballers Kretzschmer und dessen Tätowierungen und

---

[19] Nicole Karafyllis: *Das Wesen der Biofakte*, in: dies. (Hg.): Biofakte. Versuch über den Menschen zwischen Artefakt und Lebewesen, Paderborn 2003, S. 11-26, S. 14.
[20] Vgl. Wehling: a.a.O., S. 93ff.
[21] Vgl. Winfried Kindermann: *Dopingproblematik und aktuelle Dopingliste*, in: Deutsche Zeitschrift für Sportmedizin 4 (2004), S. 90-95, S. 90.
[22] V. Caysa: *Die Erfindung des »natürlichen« Selbst im Sport – Sport als Lebenskunst*, in: B. Ränsch-Trill (Hg.): Natürlichkeit und Künstlichkeit. Philosophische Diskussionsgrundlagen zum Problem der Körper-Inszenierung, Hamburg 2000, S. 113-143, S. 124.

Ganzkörper-Piercing eindrucksvoll zeigt (man denke an den Ausspruch; »Auf dem grünen Rasen und unter dem grünen Rasen, sind alle Menschen gleich«[23]). Wie ein Dopingfall bei den Paralympics im Rahmen der olympischen Winterspiele 2002 in Salt Lake City deutlich machte, kann man des weiteren mit Blick auf die »Natur« bzw. den Sinn des Sports durchaus zwischen der Künstlichkeit des Körpers durch Prothesen und der Künstlichkeit der sportlichen Leistungssteigerung unterscheiden. Dies markiert Toleranzräume für Künstlichkeit im Sport, deren Abgrenzung in der Unterscheidung von Kompensation und Steigerung (Enhancement) der körperlichen Leistungsfähigkeit liegt. Für die Dopingfrage unerheblich ist ferner die Natürlichkeit/Künstlichkeit des Mittels (Blutdoping, natürliches/synthetisches Testosteron), es sind vielmehr die Auswirkungen auf den menschlichen Organismus, die darüber entscheiden.

Dies führt zurück zur Eingangsfrage, warum man von Doping als künstlicher Form der Leistungssteigerung spricht bzw., anders gefragt, was an der sportlichen Leistung im modernen High-Tech-Sport noch »natürlich« ist. Wird die »natürlich« erbrachte Leistung nicht durch technisches Gerät, Infrastruktur und Unterstützungsumfeld verunklart?[24] Und warum sind Dopingtechniken künstlicher als andere Techniken zur Leistungssteigerung? »Was ist denn beispielsweise ›künstlicher‹ an Anabolika als einem neuen Spezialmaterial, das den eigenen Speer noch etwas weiter fliegen läßt als den des Konkurrenten?«[25] Und ist der zur Leistungssteigerung austrainierte Athletenkörper nicht ebenfalls unnatürlich bzw. »gemacht«, wie nachfolgende Beschreibung der griechischen Sprinterin Ekaterini Thanou bei den Olympischen Sommerspielen 2004 in Athen veranschaulicht: »Sie legt ihren Trainingsanzug ab. Als ob ein kriegerischer Engel vom Himmel gestiegen wäre, so sieht sie aus, der Körper in einem göttlichen Labor entworfen, die Muskulatur durchgestaltet von Kopf bis Fuß, Die Muskeln zitternd vor ungeduldiger Kraft. Neben ihr sieht Robina Muquimar, das 17-jährige Mädchen aus Kabul, plötzlich sehr wie ein Mensch aus, dünn und zerbrechlich«[26].

Ausgangspunkt einer differenzierten Verwendung des Ausdrucks »künstlich« ist das Gewahrwerden seiner Relationalität, die immer (biotische) Natur als Gegenbegriff und Bezugspunkt impliziert: Laut Böhme sprechen wir von künstlichen Produkten und Techniken nur dann, wenn die Natur zum Maßstab genommen, d.h. imitiert bzw. simuliert wird. Wir sprechen z.B. nicht von einem künstlichen Rad, wohl aber von einer künstlichen Niere oder künstli-

---

[23] G.A. Bogeng 1926, zit.n. Jens Adolphsen: *Internationale Dopingstrafen*, Tübingen 2003, S. 1.
[24] Vgl. Karl-Heinrich Bette/Uwe Schimank: *Dopingdefinitionen als soziale Konstrukte*, in: Olympische Jugend 3, 1995, S. 8-13, S 9.
[25] Ebd., S. 20.
[26] Die ZEIT Nr. 34 vom 12.08.04.

chen Befruchtung.²⁷ D.h., man spricht von künstlicher Leistungssteigerung nur dann, wenn die menschliche Natur technisch beeinflusst wird. Diese Sprachdifferenzierung hilft uns, den Unterschied zwischen Dopingtechniken und Bewegungs- bzw. Gerätetechniken zu markieren: Bewegungstechniken optimieren den Bewegungsablauf, nicht die Natur des Sportlers; Gerätetechniken wie beispielsweise ein Speer sind dem Körper äußerlich, d.h. bedeuten ebenfalls keine Beeinflussung von Körpergrenzen. (Die Frage inwiefern Anabolika künstlicher sind als ein neues Material beim Speerwerfen wäre folglich der Frage analog, inwiefern ein Holzfuß oder Bypass künstlicher ist als ein Regenschirm). Schwieriger dagegen ist die Abgrenzung von Doping- und Trainingstechniken, denn beide setzen direkt am menschlichen Körper an und versuchen, die menschliche Natur mit dem Ziel einer Verbesserung der sportlichen Leistungsfähigkeit zu optimieren. Warum also sind erstere künstlich, letztere hingegen natürlich zu nennen? Inwiefern ist ein anabolikabedingtes Muskel- und (als Begleiterscheinung zuweilen auftretendes) Busenwachstum beim Mann künstlicher bzw. eher vom Menschen »gemacht« als ein mit ausgefeilten Trainingstechniken und -geräten austrainierter Bizeps? Der Unterschied zwischen Trainings- und Dopingtechniken liegt darin, daß zwar beide den Körper technisch zu optimieren versuchen, die einen jedoch innerhalb der Grenzen des gegebenen Körpers (»natura naturata«/Fixnatur), die anderen über die natürlichen Grenzen hinaus (Transkörper/ modifizierte Körper). Doping ist der Versuch einer gezielten Manipulation der inneren Natur des Menschen, d.h. hormoneller (Anabolika) und neuronaler (Stimulantien) Steuerungs- und Stoffwechselprozesse oder gar der biotischen Materie selbst (genmanipuliertes Wachstum neuer Muskelfasern). Dies führt zu einer Veränderung von natürlichem Stoff, Form und Wachstumsbedingungen. Nimmt man das autonome Wachstum als Kriterium des genuin Natürlichen²⁸, so wachsen Muskeln zwar nicht von selbst wie Haare oder Fingernägel (»Der Bauer schläft, während das Korn wächst«). Muskeln sprießen von Natur aus weder von selbst wie bei einer gentechnischen Blockade des Myostatin-Gens noch ist ohne gentechnische Einflussnahme bzw. allein durch mechanisches Training ein Muskelwachstum durch Vermehrung der Muskelfasern, und nicht -fibrillen möglich. Wenngleich also das (natürliche) Muskelwachstum den Anstoß von außen bzw. dem Menschen erhält (das »gewollt Wüchsige«²⁹), bleibt die (natürliche) Wachstumslogik menschlicher Einflußnahme entzogen. So haben z.B. Anthropotechniken wie Trainingsgerät/-technik (Liegestütze vs. moderne Kraftmaschine) auf die naturgegebenen biochemischen Prozesse des

---

²⁷ Gernot Böhme: *Natürlich Natur. Über Natur im Zeitalter ihrer technischen Reproduzierbarkeit*, Frankfurt/M1992, S. 193ff..
²⁸ Vgl. Karafyllis: *Das Wesen der Biofakte*, a.a.O, S. 11.
²⁹ Nicole Karafyllis: *Biologisch, natürlich, nachhaltig. Philosophische Aspekte des Naturzugangs im 21. Jahrhundert*, Tübingen 2001, S. 78.

Muskelwachstums keinen Einfluß (das »Wildwüchsige«[30]). Dies verdeutlicht die Schwierigkeit eines Transfers der aristolischen Unterscheidung von Natur (von selbst Daseiendes) und Technik (durch den Menschen Daseiendes) auf den Menschen selbst: »Diese Unterscheidung ist so eigenartig gebaut, daß der Mensch selbst nicht durch sie erfaßt wird«[31]. Ein gewisser anthropogener Einfluß auf die Autonomie des Wachsens seiner Natur ist folglich zumeist nicht auszuschließen. Eine rigide Interpretation der aristotelischen Unterscheidung ist daher für den Zweck einer Verständigung über die Natürlichkeit und Künstlichkeit der menschlichen Natur nicht sinnvoll. Denn andernfalls würden eingeführte Sprachregelungen wie die Rede von künstlicher Befruchtung hinfällig, da bereits die natürliche Zeugung als künstlich bzw. »gemacht« zu bezeichnen wäre[32]

Abschließend bleibt festzuhalten: Eine künstliche Leistungssteigerung ist eine Maßnahme, deren Ziel in der technischen Veränderung bzw. Steigerung (Enhancing) der menschlichen Natur liegt (=Körpertranszendierungstechnik). Eine natürliche Leistungssteigerung ist dagegen eine Leistungssteigerung, die auf die Natur der psycho-physische (Ausgangs-)Natur des Menschen (Talent/Training) zurückgeführt werden kann (=Körperoptimierungstechnik); denn trotz aller technischen Finessen gilt: Trainieren muß der Athlet immer noch selbst. Letzteres bzw. das Training ist sozusagen der kultürliche Anteil; der Leistungsbegriff impliziert ja gerade, daß etwas »gemacht« wurde. Die Rede von einer natürliche Leistung im Sport ist folglich nicht widersinnig; »gewachsene« Natur und »gemachte« Arbeit (»Bizeps«) stehen in keinem Spannungs-, sondern in einem Bedingungsverhältnis. Natur ist im Sport kein limitierender Faktor, sondern Bedingung der Möglichkeit von Eigenleistung: Der Rohstoff, der bearbeitet wird, darf nicht manipuliert werden, um den (anthropologischen) Wert der Arbeit zu gewährleisten. Der Sport ist, wie Hans Lenk dies ausdrückt, »ein Kulturphänomen auf biologischer Basis«[33].

3. Die relationale Normativität von Doping im Sport: Zur Ontologie der sportlichen Leistung

Im folgenden sollen die relationale Normativität des Dopingbegriffs aufgezeigt und eine Begründung für die einzigartige Stigmatisierung von Doping im Sport gegeben werden.

Das Natürlichkeitskriterium hat im Sport allgemein eine eigenartige, aus einer Außenperspektive willkürlich erscheinende Normativität. Im Sport gilt beispielsweise ein Gesetz der umgekehrten Diskriminierung: Soziale und eth-

---

[30] Ebd.
[31] Böhme: a.a.O., S. 96.
[32] Vgl. Bayertz: a.a.O., S. 13ff.
[33] Lenk: a.a.O., S. 207.

nische Unterschiede werden aufgrund der formalisierenden Funktion der Spielregeln bei Leistungszuweisungen und Verteilungsmechanismen ausgeblendet, biologisch kontingente Merkmale wie Geschlecht, Alter oder Gewicht spielen hingegen eine zentrale Rolle. Einer ähnlichen Willkürlogik unterworfen ist der normative Status der menschlichen Natur bei der Dopingbestimmung: So gelten bestimmte Substanzen (z.B. Betablocker oder Alkohol) nur in einigen Sportarten (z.B. im Schießen) als Doping, in anderen dagegen nicht. Dies zeigt, daß der Künstlichkeit eines Mittels/Methode nicht per se normative Bedeutung zukommt, sondern immer nur in bezug auf den Kontext der jeweiligen Anwendungsbedingungen und die daraus resultierende (Steigerungs-)Intention. Ein Verbot von Wachstumshormonen (HGH) im Sport sagt zum Beispiel nichts aus über eine allgemeine ethische Bewertung des Einsatzes von HGH oder technischer Manipulationen der menschlichen Natur. Eine weitere Eigenart des Dopingbegriffs liegt darin, daß deskriptive und normative Elemente nicht zu trennen sind. Die Tatsache, daß etwas Doping ist, scheint immer zugleich auch zu bedeuten, daß es zu ächten ist. Eine (deskriptive) Beschreibung und eine davon getrennte (normative) Bewertung wie beispielsweise im Fall der Xenotransplantation sind folglich nicht möglich: Doping ist ein deskriptiv-evaluativer Doppelbegriff. Natürlichkeitsannahmen im Sport spielen daher lediglich eine Indikatorrolle für die Bestimmung von Doping im Sport. Die Kriterien ihrer Bewertung können jedoch nicht ihrerseits der menschlichen Natur entnommen werden, sondern müssen der »Natur« des Sports bzw. der jeweiligen Sportart entlehnt werden.

Um die alltagsweltliche Unsinnigkeit des Sports und die mit ihr verknüpften Authentizitäts-/Natürlichkeitsforderungen zu verstehen, muß man auf das Konstruktionsprinzip des Sports rekurrieren, d.h. auf die Spielregeln als einer Spezialform konstitutiver Regeln[34]. Danach entsteht Sport durch die willkürliche Auferlegung künstlicher Hindernisse, wobei sich der Ausdruck »künstlich« auf die Schaffung, nicht auf die Beschaffenheit der Hindernisse bezieht: »Den unerkletterbaren Gipfel (der uns ja durchaus nicht im Wege stand, im Gegenteil, zu dem wir erst hinreisen mußten), ernannten wir zum Hindernis, um ihn zu überwinden und um die Überwindung genießen zu können«[35].

Sportliche Tätigkeit, d.h. das Messen und Austesten natürlicher Grenzen der körperlichen Leistungsfähigkeit, wird folglich durch die Anerkennung willkürlicher Beschränkungen, welche die effektivsten Wege zur Zielerreichung ausschließen, allererst möglich. So ist z.B. die Gipfelbesteigung ohne Sauerstoffgerät, d.h. ohne technische Hilfsmittel bzw. aus eigener Kraft unter Bergsteigern eine »Frage der Ehre«, was nur dadurch verständlich ist, daß der

---

[34] Vgl. Bernard Suits: *Was ist ein Regelspiel?*, in: C. Pawlenka (Hg.): Sportethik. Regeln – Fairneß – Doping, ethica Bd. 9, Paderborn 2004, S. 29-41
[35] Anders 1992, S. 201; zit. n. Sven Güldenpfennig: *Sport: Autonomie oder Krise*, Sankt Augustin 1996, S. 122.

Sinn in der Besteigung (Bezwingung des Hindernisses), und nicht im Oben-Sein (im Erreichen des Gipfels bzw. Ziels) liegt. Dies macht deutlich, daß der Sinn des Sports bzw. einer sportlichen Leistung nicht darin liegt, ein bestimmtes Ziel zu erreichen, sondern dieses Ziel in einer bestimmten (nämlich natürlichen) Art und Weise zu erreichen. Das Ziel ist durch den Weg bzw. die Genese der sportlichen Leistung definiert, d.h., der Weg, der durch die Spielregeln vorgegeben ist, ist konstitutiver Bestandteil des Ziels. Der (einzige) Sinn der sportlichen Leistung weist somit auf sich selbst zurück, d.h. es handelt sich im Sport um »Leistungen als solche«, welche »nicht als Mittel zu anderen Zwecken erbracht werden«[36].

Vor diesem Hintergrund ist eine Interpretation von Doping als »Relativbegriff«[37] möglich: nämlich von Doping als personalem (über die Person) Eingriff in die Struktur (bzw. »Natur«) des Sports, die auf einen bestimmten Teil der menschlichen Natur (Natürlichkeit »in parte«) rekurriert. So besteht z.B. die Schwierigkeit (bzw. Kunst) beim Schießen darin, die Hand möglichst ruhig zu halten und nicht zu verreißen. Eine künstliche Ruhigstellung durch den Einsatz von Betablockern dagegen höbe den Sinn dieses Sports auf, d.h. veränderte die Definition der zu messenden Leistung selbst; (umgekehrt bedeutete der Verzicht auf Betablocker und damit effizientere Mittel zur Zielerreichung das Auferlegen eines künstlichen Hindernisses). Analog dazu könnte man ein sportimmanentes, globales bzw. kulturunabhängiges Argument gegen Gendoping formulieren, wonach das Klonen von Synchronspringern die Schwierigkeit (das »Hindernis«) und damit den »Witz« diese Sportart aufheben oder zumindest stark beeinträchtigen würde.

Dies erklärt auch, warum Steigerungsdrogen bei Sportlern im Gegensatz zu Akademikern, LKW-Fahrern, Chirurgen, Musikern oder Einbrechern die Leistungsfähigkeit nicht verbesserten, sondern allenfalls kontaminierten, d.h. verfälschten oder gar unmöglich machten. Hier gilt es, mit Blick auf die einzigartige Stigmatisierung von Doping im Sport auf den bislang unbeachteten Unterschied zwischen Sport und Kunst bzw. sportlicher und künstlerischer Eigenleistung zu verweisen. So ist die sportliche Leistung im Gegensatz zur künstlerischen Leistung (»Zweckmäßigkeit ohne Zweck«) durch eine spezifische Unzweckmäßigkeit mit Zweck gekennzeichnet, was der tiefere Grund dafür ist, warum an die Genese der sportlichen Leistung besondere Natürlichkeits-/Authentizitätsbedingungen geknüpft sind.[38] Denn im Gegensatz zur unter Drogeneinfluß entstandenen geistigen oder künstlerischen Leistung eines J.P.Sartres oder H. Bölls, deren Werke der Nachwelt als bleibender Wert

---

[36] Siep: *Arten und Kriterien der Fairneß im Sport*, in: V. Gerhardt/M. Lämmer (Hg.): Fairneß und Fairplay, Sankt Augustin, 2. Aufl. 1995, S. S. 87-102, S. 99.
[37] Güldenpfennig: a.a.O., S. 274.
[38] Vgl. C. Pawlenka: *Sport als Kunst? Zur Unterscheidung von essentialistischen und formalästhetischen Konstitutionsbegriff*, in: Claudia Pawlenka (Hg.): Sportethik. Regeln-Fairneß-Doping, ethica Bd. 9, Paderborn 2004, S. 91-106.

erhalten bleiben, ist der Wert einer sportlichen Leistung, der in einer Zahl fixierte Rekord relativ und vergänglich. Daher ist die Art und Weise der sportlichen Leistungserbringung, die einer bestimmten Natürlichkeitsidee verpflichtet ist, d.h. authentisch, echt und aus eigener Kraft zu erfolgen hat, so entscheidend; d.h., daher ist im Sport die Rede von »realkörperlich«, nicht aber in der Wissenschaft von »realgeistig« oder in der Kunst von »realkreativ« (dies gälte allenfalls für den Aktionskünstler). Die sportliche Leistung ist prozeß-, nicht ergebnisorientiert. Demgegenüber ist das Werk Platons für die Philosophie von unschätzbarem Wert, auch wenn nicht genau feststellbar ist, welcher Teil davon Sokrates und welcher Platon zuzuschreiben ist.

4. Der Sport als schöpferischer Akt der Freiheit

Wenngleich eine Gleichsetzung von Sport und Kunst zurückzuweisen ist, schließt dies eine ästhetische Betrachtung des Sports nicht aus. Die Willkürlogik des Sports verleiht der sportlichen Darbietung vielmehr einen besonderen prozessualen Charakter, der »körperliches Tun als reines Geschehen erfahrbar werden (läßt)«[39]. Die künstliche Idee des Sports impliziert weiter eine bestimmte Natürlichkeitsidee, d.h. die Demonstration dessen, was der Mensch kraft seines Willens (mentale Stärke) und kraft seines Körpers (physische Stärke) maximal leisten kann. Ähnlich wie die künstliche Schaffung eines Zoos oder Naturschutzgebietes eine positive (apriori) Bewertung von Natur zum Ausdruck bringt, repräsentiert auch der Sport eine Art menschliches Naturschutzgebiet, eine nach Max Scheler »künstliche Wiederpflege... eines Eigenwertes leiblichen Daseins«[40].

Der ästhetische Wert des Sport liegt folglich in der öffentlichen Inszenierung leiblicher Vervollkommnung und Selbstüberwindung: »Sport ist eine ästhetische Inszenierung der menschlichen Natur«.[41] Sportler sind im wahrsten Sinne des Wortes »Athleten des Willens«, die für jeden Zuschauer am eigenen Leibe spürbar die »Schillersche Wette...,wer wen über den Tisch zieht, der Körper den Geist, oder der Geist den Körper«[42] demonstrieren. Die Faszination der sportlicher Eigenleistung, die gerade darin liegt, aus eigener Kraft etwas aus dem zu machen, wozu man gemacht wurde[43] (»Als Pantani wird man geboren, aber ein Pirat muß man werden«[44]), die mitreißende Begeisterung, die gerade darin liegt, »aus eigener Kraft die Schwerkraft zu überwinden«

---

[39] Seel: a.a.O., S. 98.
[40] Max Scheler: *Resublimierung und Sport*, in: Volker Caysa (Hg.): Sportphilosophie, Leipzig 1997, 29-31, S. 31
[41] Seel: a.a.O., S. 98.
[42] Rüdiger Safranski: *Der Wille als Organ der Freiheit*, in: FAZ vom 26.08.04.
[43] Vgl. ebd.
[44] Die ZEIT (Nr. 36) vom 26.07.04

und aus sich »selbst herauszufliegen«[45] – all dies erst macht den Sport für direkt wie indirekt Beteiligte anthropologisch wie ästhetisch wertvoll. Diese Faszination des Sports liegt in seiner einfachen, für jeden am eigenen Körper mitfühlbaren, sinnfälligen Sprache, in seiner sinnlichen Inklusionskraft: Sport als Esperanto sinnlicher Kommunikation, der Sport als ein globales Fühl-Kino ungeheuren Ausmaßes. »Der Schreck, den jede gewaltige Sportleistung in uns auslöst« erfordert – so das starke Argument von Gunter Gebauer – den Erhalt eines »common body«.[46] Ohne einen Vergleichsmaßstab in Form einer Universal-Natur würde uns das Leiden der Tour de France Fahrer auf den letzten Metern der Bergetappe ebenso wenig berühren wie der – nach menschlichen Maßstäben über Domspitzen hinwegsetzende – Sprung eines Flohs oder Hochsprung auf dem Mond.

Im Sport scheinen derzeit folglich gegenläufige Kreativitätsprozesse abzulaufen: Mit dem Aufkommen des Gendoping und den Einsatzmöglichkeiten der modernen Biotechnologie könnte im Experimentierfeld Sport eine neue Phase der Kreativität in bezug auf die Steigerung der sportlichen Leistungsfähigkeit beginnen. Dieser Tendenz läuft das ästhetische Telos des Sports entgegen und die unabdingbare Kreativität, die ein Glücken sportlicher Leistungen angesichts des enormen Zeitdruck und der Risikobedrohung im heutigen Leistungssport erfordert: Die zeitliche Limitierung einer Sportlerkarriere, die immer geringer werdenden Leistungsunterschiede an der Weltspitze und die wachsende Bedeutung der Tagesform erfordern eine Art Punktlandung, die bei einem olympischen 100m-Endlauf an Spannung und Dramatik kaum zu übertreffen ist. Der Sport »führt... dem Menschen die unverfügbare Naturbasis seiner Macht an der empfindlichsten Stelle vor Augen – am eigenen Leib. Alle Technik auf die sich der moderne Sport stützt, bringt diesen Umstand eigentlich nur um so deutlich zutage – jedenfalls solange der sportliche Mensch nicht selbst aus technischer Züchtung stammt«[47].

Das Streben nach Vervollkommung und Vollkommenheit im Sport kann ungeachtet des wissenschaftlichen Fortschritts nicht durch den Einsatz technischer Maßnahmen erfolgen[48]; es erfordert vielmehr »eine natürliche Obergrenze«, die »aus der Natur der Eigenschaft und/der Natur des Dings hergeleitet wird. (...) Ein vollkommener Stürmer verfügt nicht über übermenschliche Laufgeschwindigkeit oder Schußfähigkeit, bestimmte Einschränkungen und Grenzen sind durch den Normalbereich der menschlichen Fähigkeiten gegeben«[49].

---

[45] Heike Drechsler: *Ausloten der eigene Grenzen*, in: Die ZEIT (Nr. 36) vom 26.08.04.
[46] Gebauer: a.a.O., S. 127f..
[47] Seel: a.a.O., S. 98.
[48] Vgl. Bayertz: a.a.O., S. 24.
[49] John Rawls: *Geschichte der Moralphilosophie*. Frankfurt/M 2002, S. 164.

Mit der gesamtgesellschaftliche Frage im Blick auf die Gentechnologie, ob allgemein ein Maß für eine menschliche Vervollkommung über den jetzigen Menschen hinaus gefunden werden kann und soll, wird sich die Bioethik zukünftig weiter auseinandersetzen müssen. Die Antwort könnte gerade für den Sport existentiell bedeutsam werden, wie die Parole des Transhumanismus eindrucksvoll vor Augen führt: »The body is obsolete!«[50]. Denn im posthumanen Zeitalter sind es Sport und Doping auch.

Literatur

ADOLPHSEN, Jens: *Internationale Dopingstrafen*, Tübingen 2003.
BAYERTZ, Kurt: *Menschliche Natur und moralischer Status*, in: ders. (Hg.): Die menschliche Natur. Wieviel und welchen Wert hat sie?, ethica Bd. 10, Paderborn 2005, S. 9–31.
BETTE, Karl-Heinrich/SCHIMANK, Uwe: *Dopingdefinitonen als soziale Konstrukte*, in: Olympische Jugend 3, 1995, S. 8–13.
BÖHME, Gernot: *Natürlich Natur. Über Natur im Zeitalter ihrer technischen Reproduzierbarkeit*, Frankfurt/M 1992.
CAYSA, Volker: *Die Erfindung des »natürlichen« Selbst im Sport – Sport als Lebenskunst*, in: Barbara Ränsch-Trill (Hg.): Natürlichkeit und Künstlichkeit. Philosophische Diskussionsgrundlagen zum Problem der Körper-Inszenierung. Hamburg 2000, S. 113–143.
DRECHSLER, Heike: *Ausloten der eigene Grenzen*, in: Die ZEIT (Nr. 36) vom 26.08.04.
GEBAUER, Gunter: *Der Angriff des Dopings gegen die europäische Sportauffassung. Überlegungen zu ihrer Verteidigung in Japan niedergeschrieben*, in: Michael Gamper et. al. (Hg.): Doping. Spitzensport als gesamtgesellschaftliches Problem, Zürich 200, S. 113–129.
GÜLDENPFENNIG, Sven: *Sport: Autonomie oder Krise*, Sankt Augustin 1996.
HOBERMAN, John: *Sterbliche Maschinen. Doping und die Unmenschlichkeit des Hochleitungssports*, Aachen 1994.
KARAFYLLIS, Nicole: *Biologisch, natürlich, nachhaltig. Philosophische Aspekte des Naturzugangs im 21. Jahrhundert*, Tübingen 2001.
KARAFYLLIS, Nicole: *Das Wesen der Biofakte*, in: dies. (Hg.): Biofakte. Versuch über den Menschen zwischen Artefakt und Lebewesen, Paderborn 2003, S. 11–26.
KINDERMANN, Winfried: *Dopingproblematik und aktuelle Dopingliste*, in: Deutsche Zeitschrift für Sportmedizin 4, 2004, S. 90–95.
LENK, Hans: *Erfolg oder Fairneß? Leistungssport zwischen Ethik und Technik*, Ethik in der Praxis/Practical Ethics Bd. 13, Münster, Hamburg, London 2002.
MÜLLER, Klaus: *Am Horizont: Gendoping im Sport?*, in: Deutsch Olympisches Institut (Hg.): Jahrbuch 2001, Berlin 2001, S. 249–260.

---

[50] Die ZEIT (Nr. 42) vom 7.10.04

PAWLENKA, Claudia: *Doping im Spannungsfeld von Natürlichkeit und Künstlichkeit*, in: dies. (Hg.): Sportethik. Regeln-Fairneß-Doping, ethica Bd. 9, Paderborn 2004, S. 293–308.

PAWLENKA, Claudia: *Sport als Kunst? Zur Unterscheidung von essentialistischen und formal-ästhetischen Konstitutionsbegriff*, in: dies. (Hg.): Sportethik. Regeln-Fairneß-Doping, ethica Bd. 9, Paderborn 2004, S. 91–106.

ROUGHLEY, Neil: *Was heißt Natur?*, in: K. Bayertz (Hg.): Die menschliche Natur. Wieviel und welchen Wert hat sie?, ethica Bd. 10, Paderborn 2005, S. 133–156.

SAFRANSKI, Rüdiger: *Der Wille als Organ der Freiheit*, in: FAZ vom 26.08.04.

SCHELER, Max: *Resublimierung und Sport*, in: Volker Caysa (Hg.): Sportphilosophie, Leipzig 1997, S. 29–31.

SCHULZ, Th. et al.: *Gendoping im Sport: Fakt oder Fiktion*?, in: Deutsche Sporthochschule Köln (Hg.): Wissenschaftsmagazin F.I.T 1 (1989), S. 13–18.

SEEL, Martin: *Die Zelebration des Unvermögens*, in: Merkur 527 (1993), S. 91–100.

SIEP, Ludwig.: *Normative Aspekte des menschlichen Körpers*, in: Kurt Bayertz (Hg.): Die menschliche Natur. Wieviel und welchen Wert hat sie?, ethica Bd. 10, Paderborn 2005, S. 156–173.

SIEP, Ludwig.: *Arten und Kriterien der Fairneß im Sport*, in: V. Gerhardt/M. Lämmer (Hgs.): Fairneß und Fair play, 2. Aufl., Sankt Augustin 1995, S. 87–102.

SOMMER, Volker: *Natur – die Hure der Moral*, in: Utz Thimm et al. (Hg.): Von Darwin zu Dolly. Evolution und Gentechnik. Begleitbuch zum Neuen Funkkolleg, Marburg 2001, S. 149–155.

STURMA, Dieter: *Jenseits der Natürlichkeit*, in: K. Bayertz (Hg.): Die menschliche Natur. Wieviel und welchen Wert hat sie?, ethica Bd. 10, Paderborn 2005, S. 174–191.

SUITS, Bernard: *Was ist ein Regelspiel?*, in: Claudia Pawlenka (Hg.): Sportethik. Regeln – Fairneß – Doping, ethica Bd. 9, Paderborn 2004, S. 29–41.

WEHLING, Peter: *Schneller, Höher, Stärker – mit künstlichen Muskelpaketen: Doping im Sport als Entgrenzung von »Natur« und »Gesellschaft«*, in: N. Karafyllis (Hg.): Biofakte. Versuch über den Menschen zwischen Artefakt und Lebewesen, Paderborn 2003, S. 85–11.

ZOGLAUER, Thomas: *Das Natürliche und das Künstliche: Über die Schwierigkeit einer Grenzziehung*, in: B. Baumüller et al. (Hg.): Inszenierte Natur, Stuttgart 1997, S. 145–161.

Personale Identität und die gentechnische Verbesserung des Menschen. Die normative Beurteilung gentechnisch verbessernder Eingriffe vor dem Hintergrund einer Analyse personalen Selbstverständnisses.

THOMAS RUNKEL (BONN)

Einleitung

Im Rahmen der Analyse ethischer Grundlagenprobleme im Bereich der Biomedizin kommt der normativen Beurteilung möglicher verändernder Eingriffe in die genetische Konstitution des Menschen ein zentraler Stellenwert zu. Denn diese Szenarien werfen grundsätzliche Fragen auf, die den Status des Menschen als ein durch Autonomie und eine persönliche Lebensgeschichte gekennzeichnetes Wesen betreffen. Gerade auch mit Blick auf die Vorstellung einer kreativen Neuerschaffung der menschlichen Verfasstheit rührt die Idee einer absichtsvollen Veränderung der genetischen Identität daher an grundlegende Bestimmungen menschlichen Selbstverständnisses. Im Hintergrund steht die Frage, ob die Idee einer normativ gehaltvollen menschlichen Natur in Anbetracht der prinzipiellen beliebigen Veränderbarkeit des Menschen zu verwerfen oder im Gegenteil umso eher zu affirmieren ist.

Gegenstand folgender Überlegungen sind biomedizinische bzw. biotechnologische Interventionsmöglichkeiten, die nicht auf Krankheitsheilung abzielen, sondern zum Zwecke der Festlegung, Verbesserung bzw. Steigerung personaler Eigenschaften oder Fähigkeiten eingesetzt werden. Dazu zählen beispielsweise gentechnische oder hormoninduzierte Manipulationen[1] von Eigenschaften, die psychopharmakologische Verbesserung von mentalen Zuständen oder kosmetisch-chirurgische Eingriffe ins Erscheinungsbild bzw. die Geschlechtsidentität. Konzentrieren möchte ich mich im Folgenden auf das paradigmatische Feld der Intervention in die genetische Identität und die normative Bewertung derartiger Handlungsmöglichkeiten.

Die anschließenden Überlegungen sollen aufzeigen, dass eine Analyse des Konzepts personaler Identität für eine normative Beurteilung dieser Form von Eingriffen fruchtbar gemacht werden kann. Die Untersuchung des Verhältnisses von personaler Identität und ethischer Normativität möchte ich aus drei

---

[1] Der Begriff »Manipulation« soll in diesem Kontext neutral und nicht pejorativ verstanden werden.

zu differenzierenden, aber dennoch miteinander verknüpften Perspektiven vornehmen: (1) der Perspektive der Persistenz als diachrone Identität einer Entität im Sinne ihrer Kontinuität, (2) der Perspektive evaluativ-praktischer Identität bzw. Persönlichkeit sowie (3) der Perspektive leiblich-praktischer Identität als Verhältnis von leiblicher Konstitution und Persönlichkeit. Hinsichtlich der Unterscheidung von Persistenz und Persönlichkeit sollen leibliche (naturale bzw. künstliche) Konstitutionsverhältnisse von Personen einerseits und personales Selbstverständnis andererseits differenziert und in ihrer Beziehung zueinander betrachtet werden. Das Konzept leiblich-praktischer Identität spielt dabei eine zentrale Rolle. Denn es bildet den Schnittpunkt der Konzepte leiblicher und evaluativ-praktischer Identität, indem es den Zusammenhang von leiblicher Konstitution einerseits und personalem Selbstverständnis andererseits zum Gegenstand macht. Gerade im Hinblick auf die Möglichkeiten der biomedizinischen Einflussnahme auf den Menschen mit dem Zwecke der Festlegung, Verbesserung bzw. Steigerung seiner genetischen, körperlichen oder mentalen Qualitäten ist die Perspektive leiblich-praktischer Identität wesentlich, wie ich im dritten Teil zeigen werde.

1) Persistenz und genetische Identität

Persistenz soll im Folgenden die kausale Kontinuität einer naturalen Entität bezeichnen und ist nur in der Beobachterperspektive gegeben, während für die Persönlichkeit eines Menschen dessen Teilnehmerperspektive konstitutiv ist. Aus der Beobachterperspektive kommen Bestimmungen und Kriterien von Identität in den Blick, die die Persistenz des Menschen hinsichtlich seiner genetischen, körperlichen oder insgesamt organischen Konstitution betreffen. Fasst man demgegenüber Persönlichkeit nicht als eine selbständige Entität, sondern als ein komplexes Muster von Eigenschaften und Fähigkeiten auf, so bestehen beobachtbare Persistenzbedingungen allein für den menschlichen Organismus und nicht für die Persönlichkeit. Im Hinblick auf Persistenz stellen sich dann die folgenden Fragen:[2] Führt ein gentechnischer Eingriff bei einem existierenden Organismus A dazu, dass dieser zu existieren aufhört und möglicherweise ein anderer Organismus B entsteht?[3] Inwieweit führt das Bestehen bzw. Nichtbestehen dieser Persistenz zur Entwicklung einer anderen Persönlichkeit als es ohne Intervention der Fall wäre, und hat dies normative Relevanz? Geht man davon aus, dass nicht alle vom Organismus aufgrund seines Genoms gebildeten Merkmale für seine Persistenz notwendig sind, und

---

[2] Vgl. Quante 2002, S. 113.

[3] Ich betrachte hier nicht die andere Variante dieses sogenannten »non-identity-problems«, in der auch der Organismus A noch nicht existiert, also ein bloß möglicher ist, so wie B.

versteht diese vielmehr als raum-zeitlich kausalen Prozess, so muss mit einem technischen Eingriff nicht die Persistenz des Organismus beendet sein.[4]

Wenn auch Persistenz und Persönlichkeit zu differenzieren sind, so ist jedoch offensichtlich, dass dem individuellen menschlichen Genom eine zentrale Rolle für das jeweilige personale Selbstverständnis zukommt. Dann aber kann sich durch den genverändernden Eingriff durchaus eine andere *Persönlichkeit* entwickeln als es ohne Intervention der Fall wäre, selbst wenn die Persistenz des menschlichen Organismus dabei erhalten bleibt. Geht man von der vorgenommen Unterscheidung der Perspektiven aus, so wird deutlich, dass die Persönlichkeit, d.h. die evaluativ-praktische Identität der Person, in der für das Genom konstitutiven Perspektive nicht in den Blick kommt. Eine normative Beurteilung gentechnischer Eingriffe muss sich aber an der Bedeutung der für die betreffende künftige Persönlichkeit möglichen bzw. zu erwartenden Veränderungen und ihrem Verhältnis zu ihrer leiblichen Konstitution orientieren. Denn erst dann, wenn eine Person sich aus der Teilnehmerperspektive zu ihren genetisch determinierten Eigenschaften in wertender Weise verhält, bilden diese einen konstitutiven Bestandteil ihrer Persönlichkeit. Die Frage ist also, ob eine solche Prägung der Persönlichkeit gewünscht ist. Persistenz kann dann aber im Blick auf die Verbesserung von Eigenschaften oder Fähigkeiten der späteren Person nicht von sich aus, d.h. aus der Beobachterperspektive, als normative Leitlinie dienen, sondern nur im Hinblick auf die für die Persönlichkeit konstitutive Teilnehmerperspektive. Entscheidend ist also das Selbstverhältnis der Person zu ihren naturalen bzw. künstlichen Vorgaben. Dies verweist auf den Begriff der leiblich-praktischen Identität, wie er im dritten Teil diskutiert wird.

2) Evaluativ-praktische Identität der Person

Der Begriff der Persönlichkeit bezeichnet die evaluativ-praktische Ebene der Person im Gegensatz zur rein deskriptiven Ebene der Persistenz. Persönlichkeit umfasst den Aspekt erstpersönlicher biographischer Identität. Sie konstituiert sich durch die psychischen Eigenschaften und Fähigkeiten einer Person, durch ihre Überzeugungen, Wünsche, Absichten und Erinnerungen. Während die Analyse der Persistenz der genetischen Konstitution von der Beobachterperspektive ausgeht, liegt der Erörterung der Persönlichkeit die Teilnehmerperspektive zugrunde.[5] Fasst man die Sorge um die eigene Zukunft als ein zentrales Charakteristikum personaler Existenz aus der Teilnehmerperspektive auf, so legt dies nahe, dass ein evaluatives Selbstverhältnis für die Identität der Person über die Zeit hinweg konstitutiv ist, in welches leibliche und soziale Konstitutionsverhältnisse mit eingehen.

[4] Vgl. Quante 2002, S. 116.
[5] Vgl. Quante 2002, S. 22.

Gemäß einem hierarchischen Modell von Autonomie[6] kann das Verhältnis von Wünschen bzw. Volitionen zweiter Stufe zu den Wünschen erster Stufe als Identifikation bezeichnet werden.[7] In dieser Identifikation zeigt sich ihr evaluatives Selbstverhältnis und die Fähigkeit eine Persönlichkeit sowie eine biographische Identität auszubilden. Darüber hinaus drückt sich in der Kohärenz der Wünsche erster, vor allem aber zweiter Ordnung das normative Selbstbild der Person aus: das, was sie sein will. Kohärenz und die Fähigkeit zur reflexiven Identifikation sind als notwendige Bedingungen der Autonomie einer Person aufzufassen.

Einem erweiterten, anspruchsvolleren Ansatz gemäß ist eine Person nur dann als autonom zu bezeichnen, wenn zum einen die Herausbildung mentaler Einstellungen nicht gegen ihren Widerstand erfolgt und zum anderen die reflexive Identifikation rational und frei von Selbsttäuschung ist.[8] Genau unter diesen Voraussetzungen liegt *personale* Autonomie und nicht allein Handlungsautonomie vor. Eine Person ist autonom, wenn sie in einem ungebrochenen Selbstverhältnis zu ihrer Biografie steht. Das evaluative Selbstverhältnis manifestiert sich in der Identifikation mit einer erinnerten oder antizipierten Situation bzw. Lebensphase. Wir respektieren eine bestimmte Handlung eines Subjekts, weil sich in ihr die *Fähigkeit* des Akteurs manifestiert, autonome Handlungen zu vollziehen.

Mit Blick auf das Selbstverhältnis der Person zu ihren leiblichen Grundlagen sind nun zweierlei Arten von Einschränkungen personaler Autonomie vorstellbar. Zum einen die für die Sozialisation einer Person konstitutiven Rahmenbedingungen, die nicht notwendigerweise autonomieeinschränkend wirken und tatsächlich autonomieeinschränkende bzw. -beseitigende Beeinträchtigungen oder Zwänge. Vor diesem Hintergrund kann die reflexive Identifikation als Kriterium für die normative Bewertung einer Einschränkung personaler Autonomie aufgefasst werden. Indem das Subjekt sich mit seiner Konstitution und den Einschränkungen stark, in geringerem Maße oder überhaupt nicht identifiziert, zeigt sich, inwieweit es diese in sein normatives Selbstbild integriert.

Für eine detailliertere Analyse lassen sich nun im Anschluss an Charles Taylor[9] zwei Formen von Authentizität unterscheiden. Reflexive Authentizität bedeutet, dass eine Person ihre Wünsche und Überzeugungen auf der Basis kritischer Reflexion geprüft und sich mit ihnen identifiziert hat. Da die Person Wünsche und Überzeugungen zu ihren eigenen gemacht hat, ist sie reflexiv authentisch. Vorreflexive Authentizität hingegen steht für ein ungebrochenes Verhältnis zu bestimmten die Person prägenden Einflüssen, beispielsweise aus

---

[6] Vgl. Dworkin 1988; Frankfurt 1988; Frankfurt 1999; Korsgaard 1996.
[7] Vgl. auch Quante 2002, S. 176f.
[8] Vgl. Quante 2002, S. 180.
[9] Vgl. Taylor 1991.

Sozialisationsprozessen, psychischen Bedürfnissen oder naturalen Vorgaben. Jemand fühlt sich beispielsweise einer religiösen Überzeugung verbunden, ohne diese reflektiert zu haben.

Während aber vorreflexive Authentizität für die Herausbildung eines evaluativen Selbstbildes, d.h. einer Persönlichkeit, hinreichend ist, ist für personale Autonomie darüber hinaus die kritische Reflexion dieser Evaluationen und Überzeugungen, also eine reflexive Identifikation im Sinne reflexiver Authentizität notwendig und konstitutiv. Die in der Lebensführung sich manifestierende Identifikation mit einem normativen Selbstbild ist für personale Autonomie hinreichend, wenn sie die *Fähigkeit* zur kritischen Reflexion mit einschließt. Entsprechend ist mit Blick auf vorreflexive Authentizität eine Person denkbar, die niemals irgendwelche Wünsche oder Überzeugungen in Bezug auf ihr evaluatives Selbstbild kritisch bewerten muss, die sich gemäß ihrer eigenen Selbsteinschätzung also als »vollkommen glücklich« bewertet.

Das Maß an personaler Autonomie, das einem Subjekt zuzuschreiben ist, hängt davon ab, inwieweit sie aus ihren reflexiven Identifikationen hervorgeht. Fasst man personale Autonomie als das grundlegende normative Konzept im Hinblick auf die intendierte Veränderung der menschlichen Natur auf, so ist für die Beurteilung dieser Manipulation entscheidend, ob sich die Autonomie der Person nach dem Eingriff auf die Fähigkeit zu reflexiver Authentizität berufen kann.

3) Leiblich-praktische Identität der Person und die Verbesserung der genetischen Konstitution

Vor dem Hintergrund der These Derek Parfits,[10] dass diachrone Identität nicht dasjenige sei, auf das es für das Selbstverständnis einer Person ankomme,[11] ergibt sich unter Berücksichtigung der analytischen Trennung von Persistenz und Persönlichkeit im Hinblick auf Eingriffe in die genetische Identität folgende Frage: Ist die Persistenz der naturhaften Konstitution einer werdenden Person für das personale Selbstverständnis aus der Teilnehmerperspektive in einem *normativen* Sinne bedeutsam? Diese Frage nach dem Zusammenhang von genetischer Identität und Persönlichkeit stellt sich gerade im Hinblick auf kreative technische Interventionen. Konstitutiv für die Persönlichkeit sind die genetisch bedingten Merkmale insofern, als die Person sich wertend ihnen gegenüber zu verhalten vermag. Zu dieser leiblich-praktischen Identität können dann körperliche Eigenschaften wie Aussehen, Geschlecht oder aber kognitive Eigenschaften bzw. Fähigkeiten zählen.

---

[10] Vgl. Parfit 1989, S. 245ff.
[11] Die Differenzierung zwischen Persistenz und Persönlichkeit wird von Parfit allerdings nicht vorgenommen. Für ihn gibt es daher Persistenzkriterien der Persönlichkeit, da diese aus der Beobachterperspektive betrachtet wird.

Genetische Interventionen scheinen nun aber in einem viel stärkeren Maße den Kern der Person zu treffen als dies andere, z.B. auf die körperliche Identität abzielende, Eingriffe tun. Von dieser Prämisse geht beispielsweise Habermas aus, wenn er als Argument gegen die genetische Manipulation des Embryos anführt, dass die spätere Person essentielle Grundbedingungen ihres personalen Soseins nicht mehr retrospektiv verarbeitend einholen könne.[12] Sie entfremdet sich von ihrer leiblichen Identität, die in ihren Grundlagen von Dritten kreiert worden ist. Der naturhaften genetischen Kontingenz wird damit gleichsam – wie ich noch zeigen werde - eine konstitutive Rolle bei der Herausbildung einer authentischen und autonomen Persönlichkeit zugewiesen. Ich bezeichne diesen Ansatz als die kontingenztheoretische Perspektive. Eine von dritter Seite manipulierte genetische Identität wird als eine autonomieeinschränkende Bestimmung interpretiert, weil für die Identität der Persönlichkeit wesentliche Aspekte sich fremder Einflussnahme verdanken.

Zwar räumt Habermas ein, dass ein reflexives Verhältnis der Person auch zu hergestellten genetischen Dispositionen eingenommen werden kann. Der fundamentale Unterschied besteht allerdings darin, dass die natürlich entstandene genetische Identität im Gegensatz dazu nicht durch Interessen Dritter geprägt ist. Dadurch dass keine Absicht anderer Personen, sei sie auch wohlwollender Art, sich in der leiblichen Konstitution des Individuums manifestiert, ist auch niemand für die aus dieser Verfasstheit erwachsenden Veranlagungen und Eigenschaften des Subjekts verantwortlich zu machen. Im Falle des manipulierten Genoms hingegen tragen die Macher die Verantwortung für die auf der genetischen Identität beruhenden qualitativen Identität der Persönlichkeit. Ich deute Habermas' Standpunkt so, dass die Fähigkeit zu unbeeinträchtigtem Selbstseinkönnen aus *begrifflichen* Gründen nicht mit einer fremdbestimmten genetischen Identität in Einklang zu bringen ist. Selbst wenn die faktischen Folgen einer Manipulation für das betroffene Individuum nicht derart gravierend oder, im Gegenteil, sogar förderlich wären, ist kontingente Naturwüchsigkeit eine unabdingbare Voraussetzung für das Selbstseinkönnen einer Person. Dass auch mit Blick auf das Naturschicksal von einer Fremdbestimmtheit die Rede sein könnte, wäre diesem Ansatz zufolge kein gültiger Einwand, weil hier keine Absicht eines interessegeleiteten Akteurs im Spiel ist.

Versteht man unter Individualität die Identität einer Person im Sinne ihrer jeweiligen Einzigartigkeit im Unterschied zu anderen Individuen, so hat diese Einzigartigkeit aus kontingenztheoretischer Perspektive die zufällige Entstehung des Individuums im Hinblick auf seine naturalen Anlagen zur Voraussetzung.[13] Für das Selbstverständnis des Subjekts ist es demnach wesentlich, dass es als solches einmalig und ungeplant existiert. Genetische Identität im Sinne der Naturwüchsigkeit des Ursprungs ist grundlegend für eine unbeein-

---

[12] Vgl. Habermas 2001, S. 105ff.
[13] Diese These wird auch innerhalb der Klonierungsdebatte verhandelt.

trächtigtes individuelles Sosein.[14] Denn nur wenn die Person nicht auf bestimmte Eigenschaften oder Fähigkeiten hin manipuliert worden ist, handelt es sich um ein singuläres Wesen mit eigener Individualität. Um sich als eine je eigene Person mit eigenen Entfaltungspotentialen zu verstehen, ist es das für das Individuum wichtig, zu wissen, dass es nicht von Dritten auf einen bestimmten Lebensentwurf hin konzipiert worden ist und bestimmte Erwartungshaltungen an es herangetragen werden. Denn allein die kontingente Entstehung verhindert, dass die Person in ihrem Sosein bereits bestehenden Vorstellungen über ihre physische oder psychische Verfasstheit entspricht. Vor diesem Hintergrund wird Individualität als ein wesentliches Element menschlicher Würde eingestuft.

Ein grundsätzliches Argument gegen den kontingenztheoretischen Ansatz lautet, dass sich die elterliche Einflussnahme auf das Kind mittels gentechnischer Maßnahmen dem normativen Status nach im Grunde nicht von sozialisations- oder erziehungsbedingten Eingriffen unterscheidet, Erziehung sogar in bestimmter Hinsicht tiefgreifender ist. Gerade durch Erziehungsmaßnahmen würden Eltern das Kind nach eigenen Zielvorstellungen prägen und es zu bestimmten Leistungen heranziehen wollen. Dann stellt sich aus liberaler Perspektive die Frage, warum Eltern, die auf erzieherische Weise das Beste für ihren Nachwuchs anstreben – z.B. in Fragen der Ausbildung, der Auswahl von Hobbys oder im sozialen Umgang – dies nicht auch mit den Mitteln der Gentechnik beabsichtigen sollten.[15]

Erzieherische Maßnahmen sind im Vergleich zu gentechnischen Interventionen insofern tatsächlich viel eher in der Lage, auf die evaluativ-praktische Identität einer Person Einfluss zu nehmen, als sie auf ein Wesen einwirken, das zu einem gewissen Grade bereits eine bestimmte Selbstkonzeption besitzt.[16] Hingegen zielen gentechnische Eingriffe auf eine vorpersonale Entität und sehen sich nicht mit einem zu personalem Selbstbild und zu Autonomie mehr oder minder fähigen Individuum konfrontiert. Auf basaler Ebene wird die naturale Identität des zukünftigen Subjekts durch die Intervention selbst erst geprägt. Es kann aus liberaler Sicht daher keine »person-regarding reasons«[17] gegen die Festlegung dieser Identität geben. Denn würde in diesem Stadium nicht eingegriffen, entstünde nicht die gleiche Person mit anderen Eigenschaften und Fähigkeiten, sondern eine andere Person. Die durch die Intervention entstehende Person hat diesem Argument zufolge kein Anrecht auf ein unmanipuliertes Genom, denn die Alternative zu ihrer hergestellten Identität wäre ihre Nichtexistenz.[18] Aus dieser Perspektive betrachtet sind er-

---

[14] Vgl. Honnefelder 1996.
[15] Buchanan et al. 2000, S. 159f.
[16] Vgl. Heyd 1992.
[17] Vgl. ebd.
[18] Dies ist der Kern des sogenannten »non-identity-problems« (vgl. Parfit 1989).

zieherische Eingriffe tiefgreifender als gentechnische, weil sie das »Innere« des Individuums betreffen, bei dem sich eine Teilnehmerperspektive bereits herausgebildet hat. Vor diesem Hintergrund wäre gegenüber dem kontingenztheoretischen Ansatz kritisch zu fragen, ob nicht die von kontingenztheoretischer Seite unterstellten problematischen Erwartungshaltungen der Herstellenden gegenüber den Hergestellten im Falle der sozialisatorischen Einflussnahme nicht minder gravierend sein könnten. Offen ist also, inwiefern gerade die Vorformung der genetischen Identität tatsächlich die leiblich-praktische Identität des Individuums in der Weise präjudiziert, wie es aus kontingenztheoretischer Perspektive angenommen wird.

Eine Antwort der kontingenztheoretischen Position besteht in dem Versuch aufzuzeigen, dass die Tiefe des Eingriffs im Falle der gentechnischen Manipulation ungleich größer ist als im Falle der Erziehung und Sozialisation. Während beispielsweise die Förderung musikalischer oder sportlicher Aktivitäten beim Kind diesem immer noch die Möglichkeit eröffnet, zumindest kritisch demgegenüber Stellung zu nehmen oder die elterlichen Intentionen gar zurückzuweisen, ist ihm dies im Falle des absichtlich veränderten Genoms nicht mehr möglich. Grundlegender ist ein intrinsisches Argument, demzufolge der Genotyp des Individuums auf gleichsam metaphysische Art und Weise mit dem substanziellen Kern der Person gleichgesetzt wird. Der Phänotyp hingegen wird als Akzidens gedeutet, dessen Veränderbarkeit keine derart weitreichenden Folgen für die personale Identität hat wie die Manipulationsfähigkeit der genetischen Identität. Entsprechend dieser Metaphysik von Substanz und Akzidens wären Eingriffe in die menschliche Natur umso kritischer zu bewerten, je näher sie an die substanzielle Identität der Person heranreichen bzw. diese modifizieren. Dies tun, so die kontingenztheoretische Auffassung, gentechnische Manipulationen auf eine qualitativ andere Art als umweltbedingte oder erzieherische Einflussnahmen. Zu unterscheiden ist freilich noch einmal zwischen den Wirkungen verschiedener gentechnischer Interventionen. Sicherlich ist der Eingriff zur Veränderung der Augenfarbe nicht so tief wie im Falle der Steigerung von Körperhöhe oder der Umwandlung des Geschlechts. Noch gravierender erscheint die gezielte Verbesserung bzw. Erzeugung einer kognitiven oder charakterlichen Eigenschaft (z.B. Intelligenz oder Ehrgeiz).

4) *Leiblich-praktische Identität unter der Perspektive personaler Autonomie*

Im Folgenden möchte ich aufzeigen, dass ein gentechnischer Eingriff ethisch danach bewertet werden sollte, ob und inwieweit das durch ihn möglicherweise konstituierte leiblich-praktische Selbstverhältnis im Hinblick auf *personale Autonomie* vertretbar ist. Da die Persönlichkeit zum Zeitpunkt des Eingriffs noch nicht ausgebildet ist, kann die Frage nicht aus deren Sicht entschieden werden. Dennoch sind Argumente zu berücksichtigen, die die Teilnehmerperspektive der *späteren Person* als wesentlich erachten.

Geht man von einem Begriff des guten Lebens als normativ vorrangig gegenüber einem Konzept personaler Autonomie aus – wogegen ich argumentieren werde –, so ist im Hinblick auf die Verbesserung bzw. Festlegung der leiblich-praktischen Identität der zukünftigen Person deren Wohl das wesentliche Entscheidungskriterium: »It is important that the attempts to produce the best children possible be understood as making the life of the child best for the child from the standpoint of that particular child's good, not best from some other standpoint, such as the good of the parents or of society«.[19] Wenn die Bedeutung bestimmter Eigenschaften von den speziellen Lebensplänen einer Person abhängt, ist es problematisch, wenn genetische Eingriffe so eingesetzt werden, dass sie partikularen Vorstellungen der Eltern über das gute Leben entsprechen.[20] Dies kann dem Recht des Kindes auf eine offene Zukunft zuwider laufen.[21] Diesem muss die Möglichkeit offen bleiben, reflexiv zwischen alternativen Konzeptionen des guten Lebens wählen zu können, d.h. personal autonom zu sein. Elterliche Erwartungshaltungen sorgen andernfalls dafür, dass das Kind nicht in die Lage versetzt wird, diese Wahl frei und möglichst authentisch zu vollziehen.

Die vorrangige Ausrichtung an dem für das spätere Selbst Gute statt an personaler Autonomie erscheint mir auch insofern problematisch, als die Erzeugung bestimmter Persönlichkeitsmerkmale selbst erst dazu *führen* könnte, dass das eigene Leben als glücklich aufgefasst wird. Die Zufriedenheit des Individuums ist dann selber Produkt der vorangegangenen Manipulation, wie dies beispielhaft in Huxleys »Brave New World« dargestellt wird.[22] Freilich kann sich dieses Problem auch für die sozialisationsbedingte Konstitution des Subjekts ergeben. Vor diesem Hintergrund erscheint dann die spätere Zustimmung des Subjekts als Kriterium auf den ersten Blick weder hinreichend noch notwendig für die Legitimität der Intervention: nicht hinreichend, da der Bewertungsmaßstab gegenüber den erzieherischen Einflussnahmen durch diese selbst mitgeprägt wird, und nicht notwendig, weil es denkbar ist, dass eine unerwünschte Eigenschaft (z.B. starke Aggressivität) sich entwickelt, deren Vermeidung durch Intervention ethisch legitim wäre. Dies könnte damit begründet werden, dass Motivationen, die das spätere Selbst von sich aus als

---

[19] Buchanan et al. 2000, S. 164.
[20] Verhandelt wird dieses Problem unter dem Stichwort des genetischen Kommunitarismus: Unter dem Stichwort des »deaf community argument« wird beispielsweise diskutiert, inwieweit es Taubstummen, die die aus ihrer Konstitution resultierende Lebensform als eigene Kultur auffassen, erlaubt sein soll, ihren Nachkommen die Behebung des Taubseins zu versagen. Sie streben dadurch den Erhalt ihrer kulturellen Identität an.
[21] Vgl. Feinberg 1980.
[22] Vgl. Huxley 2004.

freiheitsbeeinträchtigend betrachten würde, vermieden werden sollten. Die kritische Bewertung einer späteren Zustimmung des Subjekts kann aber allein aus der Perspektive eines Konzepts personaler Autonomie erfolgen, und nicht aus einer Perspektive des guten Lebens. Denn selbst wenn sowohl alle Wünsche und Präferenzen der Person erfüllt wären, sie sich also als »vollkommen glücklich« einschätzte, als auch keine Beschränkungen ihrer Handlungsfreiheit bestünden, könnte ihr die Möglichkeit zu *personaler* Autonomie, in der sich zugleich ihr Selbstseinkönnen ausdrückt, von vornherein versagt geblieben sein.[23]

Inwieweit kann nun mit Blick auf gentechnische Interventionen von Einschränkungen die Rede sein, durch welche personale Autonomie beeinträchtigt oder verhindert wird? Könnte sich ein personales Selbstverständnis nicht auch dann unbeeinträchtigt entwickeln, wenn die genetische Identität des Individuums nicht als naturhafte persistiert? Die kontingenztheoretische Konzeption beruht auf einem sehr starken Begriff genetischer Determination.[24] Geht man jedoch davon aus, dass nicht die genetische Identität als ontologische Basis für Individualität und Selbstsein verantwortlich ist, sondern die in einem sozialen Umfeld sich vollziehende Entfaltung der Person, die auf Achtung und Anerkennung angewiesen ist, so kann ein authentisches personales Selbstverständnis auch einem Wesen möglich sein, in dessen Genom eingegriffen worden ist. Fasst man die Natur des Menschen als nicht vollständig durch sein Genom bestimmt auf, so ließe sich argumentieren, dass ein Wissen um das eigene genetische Programmiertsein nicht unser Selbstbild als unabhängige Wesen tangieren kann.[25] Zudem geht Individualität über die Kontingenz der genetischen Konstitution hinaus. Denn die Individualität eines menschlichen Wesens ist zwar durch diejenigen Bestimmungen gekennzeichnet, die es von allen anderen Menschen unterscheidet. Unter dieser Annahme ist genetische Identität aber weder notwendig noch hinreichend für Individualität. Sie ist nicht hinreichend, weil beispielsweise eineiige Zwillinge als zwei unterschiedliche Personen zu betrachten sind, auch wenn sie in ihrem Genom gänzlich übereinstimmen. Sie ist aber auch nicht notwendig, weil auch bei Vorliegen von Mutationen oder Kopierfehlern im Genom die Individualität der Person immer noch gegeben ist.[26] Jenseits genetischer Identität ist Individualität daher als in der je eigenen Lebensgeschichte des Individuums basiert aufzufassen, d.h. in seiner narrativen Identität.[27] Entsprechend räumen auch

---

[23] Ich gehe in diesem Zusammenhang nicht näher auf das Verhältnis eines subjektivistischen gegenüber einem objektivistischen Begriff des guten Lebens ein. Aus den vorangegangenen Überlegungen scheint mir aber deutlich zu sein, dass ein subjektivistisches Konzept nicht hinreichend sein kann.
[24] Vgl. Buchanan et al. 2000.
[25] Resnik 1994, S. 30.
[26] Quante 2002, S. 115f.
[27] Assheuer 2001.

Vertreter des kontingenztheoretischen Ansatzes ein, dass das Selbstverständnis einer Person nicht auf ihre genetische Identität reduziert werden dürfe, da narrative Identität nicht allein durch die genetische Konstitution bestimmt werde.[28] Das Genom ist aus dieser Perspektive vielmehr kein substantielles Charakteristikum der Person, sondern eine rein akzidentelle Eigenschaft.[29] Keine andere nimmt dieselbe Lebenslinie mit den entsprechenden Raum-Zeitkoordinaten ein. Darüber hinaus ist einzuwenden, dass die leiblich-praktische Identität des Menschen nicht essenziell auf die Natürlichkeit der genetischen Identität angewiesen ist. Personale Autonomie könnte durch die möglichst weitgehende Kontrolle bzw. Eliminierung von natürlicher Kontingenz sogar erweitert werden. Die Manipulation der genetischen Identität kann unter diesen Umständen dazu führen, dass die Identifikation der zukünftigen Person mit dieser Konstitution verstärkt bzw. überhaupt erst ermöglicht wird. Die Person beurteilt dann ihre genetische Verfasstheit als konstitutiv für ihr eigentliches Selbst, sie identifiziert sich reflexiv mit ihr. Der Mensch wird von naturalen Einschränkungen in bestimmtem Maße befreit.

Berücksichtigt man nun allerdings, dass durch den gentechnischen Eingriff keine Person verändert, sondern diese erst in ihrer naturalen Identität kreiert wird (»non-identity-problem«), so lässt sich eine aus dem kontingenztheoretischen Ansatz stammende Überlegung aufgreifen, ohne die ontologische Basis in gleicher Weise auszuzeichnen. Dazu ist eine Differenzierung von Absichten, die von den Intervenierenden (z.B. Eltern) verfolgt werden, notwendig. Besteht die Intention darin, das Kind auf einen bestimmten Lebensplan festzulegen, ist dies sicherlich ethisch nicht legitim, weil die Fähigkeit zur reflexiven Auseinandersetzung mit dieser sich in der naturalen Konstitution manifestierenden Erwartungshaltung tatsächlich nicht mehr möglich oder zumindest stark beeinträchtigt sein wird. Nichtsdestoweniger sind Maßnahmen vorstellbar, die dem zukünftigen Subjekt die reflexive Identifikation insofern ermöglichen, als durch die Bestimmung der naturalen Identität eine Offenheit gegenüber Werten, Zielen und Lebensplänen gewahrt bleiben kann. Denn unter der Voraussetzung, dass zwar bestimmte Eigenschaften oder Fähigkeiten festgelegt werden, nicht aber Werte, Ziele oder der Lebensplan der betroffenen Person, ist der Entwurf einer selbstgewählten Zukunft durch das Subjekt immer noch möglich. Denn Eigenschaften oder Fähigkeiten determinieren Lebenspläne nicht notwendigerweise.

Die konkrete Entscheidung darüber, ob in einem gegebenen Fall eine Intervention in die genetische Konstitution ethisch zulässig ist, muss sich an der aus dem leiblichen Selbstverhältnis ergebenden praktischen Perspektive personaler Identität orientieren. Dabei muss sich die Konstitution der leiblich-praktischen Identität an der Ermöglichung von einer durch die Fähigkeit zu

---

[28] Böhme 1997, S. 216; Goering 2000, S. 338.
[29] Auner 1996.

reflexiver Authentizität gekennzeichneten Autonomie der späteren Person messen lassen. Wenn sich die praktische Identität der Person zu einem wesentlichen Teil durch das Verfolgen eines Lebensplans bestimmt, so bemisst sich die ethische Bewertung der Beeinträchtigung bzw. die Fremdbestimmung dieser Identität an zweierlei: Erstens daran, inwieweit das Subjekt diesen Lebensplan *selbst* gewählt hat, inwieweit er also einer authentischen Entscheidung entspringt und eine reflexive Stellungnahme dazu möglich ist. Zweitens daran, in welchem Maße sich die Ausführung des Plans autonom und authentisch vollziehen kann.

Literatur

ASSHEUER, T.: *Der künstliche Mensch*, in: Die ZEIT vom 15.3. 2001.
AUNER, N.: *Gentechnik in der Humanmedizin: Ethische Aspekte*, in: Imago Hominis 3/1 (1996), S. 37–50.
BOEHME, G.: *Ethik im Kontext*, Frankfurt 1997.
BUCHANAN, A./BROCK, D.W./DANIELS, N./WIKLER, D.: *From chance to choice. Genetics and justice*, Cambridge 2000.
DWORKIN, G.: *The theory and practice of autonomy*, Cambridge 1988.
FEINBERG, J.: *The child's right to an open future*, in: W. Aiken/H. LaFollette (Hgs.): Whose child? Children's rights, parental authority, and state power, Totowa 1980, S. 124–153.
GOERING, S.: *Gene therapies and the pursuit of a better human*, in: Cambridge Quarterly of Healthcare Ethics 9 (2000), S. 330–341.
HEYD, D.: *Genethics: moral issues in the creation of people*, Berkeley u.a 1992.
HUXLEY, A.: *Brave new world*, London 2004.
FRANKFURT, H.: *The importance of what we care about*, Cambridge 1988.
FRANKFURT, H.: *Necessity, volition, and love*, Cambridge 1999.
HABERMAS, J.: *Die Zukunft der menschlichen Natur. Auf dem Weg zu einer liberalen Eugenik?*, Frankfurt am Main 2001.
HONNEFELDER, L.: *Ethische Probleme der Humangenetik*, in: J.P. Beckmann (Hg.): Fragen und Probleme einer medizinischen Ethik, Berlin u.a. 1996, S. 332–354.
KORSGAARD, C.: *The sources of normativity*, Cambridge 1996.
PARFIT, D.: *Reasons and persons*, Oxford 1989.
QUANTE, M.: *Personales Leben und menschlicher Tod. Personale Identität als Prinzip der biomedizinischen Ethik*, Frankfurt am Main 2002.
RESNIK, D.: *Debunking the slippery slope argument against human germ-line gene therapy*, in: The Journal of Medicine and Philosophy 19 (1994), S. 23–40.
TAYLOR, C.: *The ethics of authenticity*, Cambridge 1991.

Sektion 8

Virtuelle Welten – Kreativität und Phantasie in Mathematik, Naturwissenschaften und anderen Künsten

Michael Hoffmann
Charles Peirce: Formen kreativer Tätigkeit in der Mathematik 423

Gabriele Gramelsberger
Simulation als Kreativitätspraktik.
Wissenschaftliche Simulationen als Experimentalsysteme für Theorien ... 435

Wolfgang Kienzler
Was ist ein Gedankenexperiment? 447

Tobias Fox
Atomkonzeptionen in den Quantenfeldtheorien –
ein Beitrag zur Realismusdebatte 457

Johannes Röhl
Zur Wirklichkeit virtueller Prozesse in der Teilchenphysik 467

Charles Peirce: Formen kreativer Tätigkeit in der Mathematik

MICHAEL HOFFMANN (ATLANTA, USA)

Peirces Philosophie der Mathematik als Philosophie mathematischer Tätigkeit

In »The Essence of Mathematics« diskutiert Peirce das Problem, sich zwischen zwei Definitionen der Mathematik entscheiden zu müssen: Die eine sei die gemäß ihrer Methode des »Ziehens notwendiger Schlüsse«, deren erste Formulierung er seinem Vater, dem Mathematiker Benjamin Peirce zuschreibt,[1] und die andere die gemäß ihrem Gegenstand, dem »Studium des hypothetischen Zustands der Dinge«. Während die erste Definition unerklärt lasse, wie es zu mathematischen Entdeckungen wie den nicht euklidischen Geometrien oder den idealen Zahlen hätte kommen können, würde auf der anderen Seite die Integration der Möglichkeit solcher Entdeckungen in den Bereich genuiner Mathematik dazu führen, dass man es bald mit einer Mathematik zu tun hätte, die, insofern es in ihr nur noch auf die »reine Kreation von Hypothesen« ankommt, nicht mehr von der »Poesie« zu unterscheiden wäre. Man muss also genauer bestimmen, welche »besondere Sorte von Hypothesen« Gegenstand der Mathematik sind, nämlich solche, »die exakt sind« und aus denen eben notwendige Konsequenzen abgeleitet werden können.[2] Auf diese Weise ist es möglich, diese beiden Definitionen miteinander zu verbinden: Die Mathematik ist diejenige Wissenschaft, welche die *notwendigen Konsequenzen von Hypothesen* erforscht.[3]

Der apodiktische Charakter notwendigen Schließens ist jedoch nur die eine Seite der Mathematik. In *On the Algebra of Logic* hatte er ein paar Jahre vorher bemerkt, dass es lange ein Rätsel gewesen sei, wie es sein könne, dass »die Mathematik auf der einen Seite ihrer Natur nach rein deduktiv ist und ihre Schlussfolgerungen apodiktisch zieht, während sie sich auf der anderen Seite wie jede Beobachtungswissenschaft als eine reiche und offensichtlich endlose Serie von überraschenden Entdeckungen präsentiert«.[4] Wie kann die Mathematik zu Entdeckungen fähig sein, wenn sie rein deduktiv vorgeht? Peirce sieht hier ein Paradox, dessen Auflösung für ihn dann möglich ist, wenn man

---

[1] Vgl. Peirce, CP 4.229: »It was Benjamin Peirce, whose son I boast myself, that in 1870 first defined mathematics as ›the science which draws necessary conclusions.‹ This was a hard saying at the time; but today, students of the philosophy of mathematics generally acknowledge its substantial correctness.«
[2] Peirce, CP 4.238; vgl. auch Peirce, NEM IV 268.
[3] Peirce, CP 4.232f.; vgl. z.B. auch SEM I 71f
[4] Peirce, CP 3.363.

den Begriff der »Deduktion« in einem weiteren Sinn versteht, und zwar in einem, der sich vom Begriff der *Tätigkeit* herleitet:

> Various have been the attempts to solve the paradox by breaking down one or other of these assertions, but without success. The truth, however, appears to be that all deductive reasoning, even simple syllogism, involves an element of observation; namely, deduction consists in constructing an icon or diagram the relations of whose parts shall present a complete analogy with those of the parts of the object of reasoning, of experimenting upon this image in the imagination, and of observing the result so as to discover unnoticed and hidden relations among the parts. (Peirce, CP 3.363)

Was Peirce hier beschreibt, hat er an anderer Stelle als den aus drei Elementen bestehenden Prozess »diagrammatisches Schließen« bestimmt:[5] (1) die Konstruktion von Diagrammen, (2) das Experimentieren mit diesen, und (3) die Beobachtung der Resultate solchen Experimentierens, durch die es möglich werde, bislang »unbemerkte und versteckte Beziehungen zwischen den Teilen« solcher Diagramme zu »entdecken«. Diese drei Tätigkeiten gehören für Peirce sowohl zur Mathematik wie auch zur Deduktion,[6] und zwar deshalb, weil er beides so bestimmen will, dass die Möglichkeit von Entdeckungen und von Kreativität mit erfasst werden kann.[7] Für Peirce sind Logik und Mathematik »deduktiv« immer nur in einem bestimmten »universe of discourse«,[8] das jeweils durch die ihm eigenen Axiome und als legitim akzeptierten Mittel des Beweisens definiert ist. So liegt der Schwerpunkt des Interesses nicht auf dem Versuch, die Mathematik als ein geschlossenes Ganzes wahrer Sätze zu konzipieren, sondern vielmehr auf der Beantwortung der Frage, wie in der Mathematik neue Beweismittel und Repräsentationsmöglichkeiten entwickelt werden.

Auf der einen Seite, so können wir somit zusammenfassend sagen, ist die Mathematik für Peirce die Wissenschaft des Erforschens notwendiger Konsequenzen von Hypothesen. Solche Hypothesen oder »idealen Zustände« müs-

---

[5] Vgl. Peirce, NEM IV 47f.; sowie Stjernfelt 2000; Hoffmann 2003a, 2004, 2005; Dörfler 2003, 2005.

[6] Vgl. dazu die Bemerkung von Murphey 1993 [1961], S. 230: »It should be noted here that Peirce extends this conception of deductive reasoning as observational to logic as well as to mathematics, and it does not therefore serve to distinguish them, nor does it affect the relations between them. ... In emphasizing the importance of observation, then, Peirce was attacking the naive concept of analyticity, not the concept of formal rigor.«

[7] Vgl. auch Levy 1997, S. 86.

[8] Diese Formulierung übernimmt Peirce von De Morgan (vgl. CP 2.517, 3.174, 4.172). Wichtig wird sie insbesondere in seiner Logik der »Existentiellen Graphen«, wo eine wesentliche Voraussetzung darin besteht, dass zwischen dem »Graphisten« und dem Interpreten eines Graphs Einigkeit über das jeweils gewählte »universe of discourse« hergestellt wird (CP 4.396; vgl. CP 6.351f.). Dieses ist also eine Sache der Konvention. Vgl. auch Peirce, SEM II 235.

sen in Diagrammen repräsentiert sein,[9] und die Möglichkeit, hier mit Notwendigkeit zu schließen ergibt sich aus den Regeln des jeweils gewählten Darstellungssystems. Innerhalb eines solchen »universe of discourse« schließt die Mathematik apodiktisch.

Auf der anderen Seite ist die Mathematik dahin gehend kreativ, dass sie sich ständig um die Entwicklung neuer mathematischer Mittel und Repräsentationsmöglichkeiten sowie um die Verallgemeinerung ihrer Diagrammatisierungssysteme bemüht. Die Bedeutung solcher Kreativität war für praktizierende Mathematiker schon immer klar. So wird die Bedeutung von Beweisen vor allem darin gesehen, dass zur Führung von Beweisen erst einmal Beweismittel entwickelt werden müssen, die dann auch in anderen Bereichen eingesetzt werden können. Die Möglichkeiten des Fortschritts in der Mathematik hängen entscheidend von der Entwicklung solcher Beweismittel ab. Gian-Carlo Rota (1997, 190f.) hat das in Bezug auf den vor einigen Jahren von Andrew Wiles formulierten Beweis von Fermats »Letztem Theorem« folgendermaßen zum Ausdruck gebracht:

> The actual value of what Wiles and his collaborators did is far greater than the mere proof of a whimsical conjecture. The point of the proof of Fermat's last theorem is to open up new possibilities for mathematics. ... Every mathematician knows that such an opening of possibilities is the real value of the proof of Fermat's conjecture.

Peirce scheint der erste gewesen zu sein, der sich um eine systematische Beschreibung kreativer Tätigkeit in der Mathematik bemüht hat. Schon länger ist bekannt, dass dazu seine Unterscheidung zwischen der sogenannten »theorematischen« und der »korollaren Deduktion« eine wesentliche Rolle spielt.[10] Das ist jedoch nur ein Anfang. An anderer Stelle habe ich ausführlicher gezeigt,[11] dass Peirce gerade in den letzten Jahren vor seinem Tode in bislang nur verstreut publizierten Manuskripten eine viel reichere Klassifikation verschiedener Deduktionsformen entwickelt hat, mit denen er unterschiedliche Grade und Formen mathematischer Kreativität zu beschreiben suchte. Im folgenden will ich diese Unterscheidungen – was Peirce selbst so nicht getan hat – systematisch darstellen.

---

[9] Vgl. Peirce, CP 5.148: »Mathematisches Schließen ist diagrammatisch«.
[10] Vgl. Hintikka 1983 [1980]; Ketner 1985; Zeman 1986; Shin 1997; Levy 1997; Marietti 2001; Müller 1999.
[11] Hoffmann, im Druck, Kap. 6.

Peirces Klassifikation deduktiver Schlüsse

Auf der Basis ganz unterschiedlicher Diskussionen in Peirces Schriften sei die hier vorgeschlagene Rekonstruktion verschiedener Formen deduktiven Schließens vorab folgendermaßen zusammengefasst:[12]

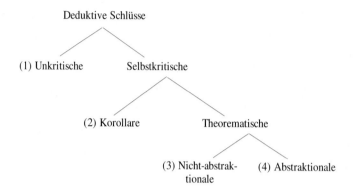

Abbildung 1: Vier Formen deduktiven Schließens bei Peirce

Die erste Unterscheidung von »selbstkritischem und unkritischem« Schließen hatte Peirce in Auseinandersetzung mit den zu seiner Zeit neuesten Entwicklungen »Logischer Maschinen« vorgeschlagen (NATUR 331f.). »Unkritisches Schließen« ist in mechanischen Apparaten realisiert, die im Prinzip nicht anders funktionieren »als wenn man zwei Karten in einen Jacquard-Webstuhl einschieben würde, die jeweils die Prämissen ausdrücken, wonach, wenn die Kurbel gedreht wird, die Konklusion herauskommt« (SEM III 308). Solche »reasoning machines« zeichnen sich nach Peirce durch »zwei inhärente Inkompetenzen« aus:

> In the first place, it is destitute of all originality, or all initiative. It cannot find its own problems; it cannot feed itself. It cannot direct itself between different possible procedures. ... In the second place, the capacity of a machine has absolute limitations; it has been contrived to do a certain thing, and it can do nothing else. (NEM III 630)

Im Gegensatz zu solcher rein mechanisch oder algorithmisch ablaufender Deduktion erfordern alle von Menschen ausgeführten Deduktionen zumindest ein Minimum an »Selbstkritik«, und damit an Kreativität. Sehen wir uns dazu seine bekanntere Unterscheidung von »theorematischer« und »korollarer Deduktion« an, die er einmal seine »erste wirkliche Entdeckung« nennt (NEM IV 49):

---

[12] Vgl. davon abweichend Levy 1997. Eine genauere Auseinandersetzung mit dessen Darstellung liegt in Hoffmann, im Druck, vor.

A Necessary Deduction is a method of producing Dicent Symbols[13] by the study of a diagram. It is either *Corollarial* or *Theorematic*. A Corollarial Deduction is one which represents the conditions of the conclusion in a diagram and finds from the observation of this diagram, as it is, the truth of the conclusion. A Theorematic Deduction is one which, having represented the conditions of the conclusion in a diagram, performs an ingenious experiment upon the diagram, and by the observation of the diagram, so modified, ascertains the truth of the conclusion. (CP 2.267; vgl. CP 7.204)

In »The Essence of Mathematics« hatte Peirce einmal spöttisch bemerkt dass »all die ›Philosophen‹ Aristoteles darin folgen, dass nur derjenige Beweis wirklich befriedigend ist, den sie einen ›direkten‹ Beweis oder einen ›Beweiswarum‹ nennen – womit sie einen Beweis meinen, der nur allgemeine Begriffe enthält und nichts folgert, was nicht Bestandteil einer Definition von dessen Teilbegriffen ist« (CP 4.234). Was »die Philosophen« so bewundern, seien für die Mathematiker jedoch nur »Korollarien«, das heißt wie diejenigen geometrischen Wahrheiten, die Euklid nicht für wert erachtete, einzeln zu erwähnen, und welche dann erst die Herausgeber seiner »Elemente« mit einer Art »Girlande« (corolla) in den Marginalien ausführten.[14] In den Theoremen jedoch – gemäß Peirces Begriff des »Theorems« – sei eine andere Art des Schließens gefordert:

> Here, it will not do to confine oneself to general terms. It is necessary to set down, or to imagine, some individual and definite schema, or diagram – in geometry, a figure composed of lines with letters attached; in algebra an array of letters of which some are repeated. This schema is constructed so as to conform to a hypothesis set forth in general terms in the thesis of the theorem. (ebd.)

Es ist klar, dass damit der theorematische Schluss der eigentlich kreative Schluss ist, weil er ingeniöses Experimentieren impliziert, die Konstruktion von Hilfslinien in Diagrammen oder, wie Hintikka vorschlägt, die Vermehrung der »number of layers of quantifiers in the proposition in question«.[15] Dabei sollte aber nicht vergessen werden, dass auch die korollare Deduktion ein gewisses Maß an Kreativität voraussetzt: Wenn hier auch nur die Definitionen der Terme der zu beweisenden These und allgemeine Prinzipien der Logik verwendet werden, so setzt sie doch zumindest eine zielgerichtete Analyse dieser Terme voraus, wie man leicht sehen kann, wenn man eines der »Korollarien« von Euklid beweisen will.[16]

---

[13] Ein Terminus aus der Peirceschen Klassifikation verschiedener Zeichenformen (vgl. Hoffmann 2003b). Hier ist offenbar nur gemeint, dass Deduktionen Sätze mit dem Anspruch allgemeiner Gültigkeit erzeugen.
[14] Zur Bildung der Terminologie im Anschluss an Euklid vgl. auch NEM III 171, CP 4.616, SEM III 308, NEM IV 49, und NEM IV 215.
[15] Hintikka 1983 [1980], S. 110.
[16] Vgl. Shin 1997.

In der Forschungsliteratur hat man sich meist damit zufrieden gegeben, die kreative Seite der Mathematik in Peirces Konzept der »theorematischen Deduktion« behandelt zu sehen. Die Frage ist jedoch, wie diese theorematische Deduktion selbst genauer zu verstehen ist. Eine genauere Analyse zeigt, dass Peirce selbst theorematisches Schließen noch einmal »in das Nichtabstraktionale und das Abstraktionale« Schließen unterteilt (NEM IV 49). Dabei geht er von einem Begriff der »Abstraktion« aus, den er andern Orts als »hypostatische Abstraktion« bezeichnet.[17] In »The Essence of Mathematics« kritisiert er die Logiker seiner Zeit, eigentliche Abstraktion, die für ihn allein »hypostatische« Abstraktion ist, mit dem zu verwechseln, was er »abhebende« Abstraktion nennt,[18] bei der wir »etwas unberücksichtigt lassen um uns etwas anderem zuzuwenden« (NEM III 917). »In der Geometrie z.B. ›heben‹ wir die Form von der Farbe ›ab‹« (CP 5.449), oder wenn wir von »weißen Dingen« sprechen, dann sehen wir von den Unterschieden dieser Einzeldinge ab (CP 2.428).

Dagegen versteht er unter dem Begriff der »hypostatischen Abstraktion« eine zunächst ziemlich schlicht aussehende Operation, die er gern an einem von Molière in dessen *Malade Imaginaire* mit beißendem Spott bedachten Beispiel deutlich macht: Ein Kandidat der Medizin antwortet auf die Prüfungsfrage nach dem Grund, warum Opium die Menschen zum Schlafen bringt mit der klugen Feststellung: »Weil in ihm eine einschläfernde Kraft ist«.[19] Trotz der scheinbaren Lächerlichkeit dieser Antwort, die sich daraus ergibt, dass der Kandidat »anstelle einer Erklärung einfach durch die Einführung einer Abstraktion die Prämisse umformt und ein abstraktes Nomen an die Stelle eines konkreten Prädikates setzt«, sieht Peirce hier einen entscheidenden Schritt realisiert: Was zunächst eine »reine Transformation der Sprache« zu sein scheint, habe sich ihm bei seiner »Analyse des Schließens in der Mathematik ... als ein essentieller Teil fast jeden wirklich hilfreichen Schrittes« erwiesen (NEM IV 160). Der für das mathematische Schließen – und hier denkt Peirce eben an das theorematische Schließen (vgl. NEM IV 11) – entscheidende Punkt der hypostatischen Abstraktion ist, dass allein auf diese Weise mathematische Gegenstände entstehen (vgl. NEM IV 290).

> In order to get an inkling—though a very slight one—of the importance of this operation in mathematics, it will suffice to remember that a *collection* is an hypostatic abstraction, or *ens rationis*, that *multitude*[20] is the hypostatic abstraction derived from a predicate of a collection, and that a *cardinal number* is an abstraction attached to a multitude. So an *ordinal number* is an abstraction attached

---

[17] Vgl. Zeman 1986; Otte 1997a, S. 343f und 355. Manchmal spricht Peirce auch von »subjectal abstraction« (NEM III 917) oder »subjectifaction« (CP 2.428).
[18] »*precisive* abstraction, or *prescission* CP 4.235.
[19] Zitiert CP 5.534 und SEM II 255.
[20] »multitude« ist Peirces Übersetzung des Cantorschen Begriffs der »Mächtigkeit«, meint also das, was wir heute als die »Kardinalität« einer Menge bezeichnen.

to a *place*, which in its turn is a hypostatic abstraction from a relative character of a unit of a *series*, itself an abstraction again.[21]

In jedem dieser Abstraktions- oder Verallgemeinerungsschritte haben wir es mit der Entstehung neuer »allgemeiner abstrakter Objekte« zu tun, welche zu einem Mittel für weitergehende Verallgemeinerungsprozesse werden können (NEM IV 161). Michael Otte beschreibt das folgendermaßen: »Die Entwicklung der Erkenntnis ist ein Verallgemeinerungsprozeß, der in der Einführung idealer Gegenstände der kognitiven Tätigkeit vermöge hypostatischer Abstraktionen auf stets höherer Stufe besteht. ... Das Wesentliche am Prozeß der hypostasierten Abstraktion ist die Rekursivität des Denkens, die darin zum Ausdruck kommt, daß ein Gedanke oder eine Handlung zum Gegenstand eines anderen Gedankens wird. Die unendliche Rekursivität des Abstraktionsprozesses ist ein Merkmal der Mathematik der Moderne« (Otte, 1997a, 180). Hypostatische Abstraktionen erweisen sich so als das Fundament mathematischer Erkenntnisentwicklung. Ohne sie ist Mathematik überhaupt nicht denkbar, da sich alle mathematischen Begriffe einer hypostatischen Abstraktion verdanken.

Peirces Unterscheidung von abstraktionalem im Gegensatz zu nicht-abstraktionalem theorematischen Schließen rekurriert nun offenbar gerade auf die Bedeutung solcher hypostatischer Abstraktionen. »Theorematic reasoning, at least the most efficient of it, works by abstraction; and derives its power from abstraction«.[22] Es ist allerdings nicht klar, ob Peirce hier mit dem Begriff »abstraction« den *Prozess* der hypostatischen Abstraktion meint, also die Schaffung neuer »Gegenstände« durch Hypostasierung, oder aber das *Ergebnis* solcher Hypostasierung, also die jeweils neuen Gegenstände. Wenn wir von der zweiten Möglichkeit ausgingen, dann müssten wir sagen, dass auch korollares Schließen »abstraktional« ist; denn da ja in korollares Schließen neben den logische Prinzipien nur Definitionen von Termen eingehen, haben wir es auch hier notwendig mit hypostatischen Abstraktionen zu tun.[23]

Es scheint mir deshalb plausibler, den Begriff der abstraktionalen Deduktion allein auf diejenige theorematische Deduktion zu beziehen, bei der in einem genuin kreativen Akt *neue* hypostatische Abstraktionen als Beweismittel geschaffen werden. Nicht-abstraktionale Deduktion wäre dagegen diejenige theorematische Deduktion, bei der man auf bereits anderweitig geschaffene hypostatische Abstraktionen zurückgreift, die bereits als Elemente von Darstellungssystemen etabliert sind.

---

[21] CP 5.534; vgl. auch NEM IV 11, 56, SEM III 136.
[22] So NEM IV 11. Vgl. auch Otte 1997b, S. 344.
[23] Vgl. auch Levy 1997, S. 103.

Der »theorische Schritt« im deduktiven Schließen

Die Einführung »hypostatischer Abstraktionen«, bei der durch die Verwandlung »eines Prädikates in ein Subjekt« neue »Gegenstände« geschaffen werden (NEM III 917), ist sicherlich wesentlich, wenn es um Kreativität in der Mathematik geht. Fragt man jedoch nach den *Bedingungen* solcher Kreativität, lohnt es sich einen anderen Begriff zu berücksichtigen, den Peirce offenbar erst 1907, wenige Jahre vor seinem Tod, eingeführt hat: den der »theô'ric transformation«. Er definiert solche »theorische« Transformation als »the transformation of the problem,– or its statement, – due to viewing it from another point of view«.[24] An anderer Stelle leitet er diesen Begriff des »Theorischen« vom griechischen Term theoria ab (ursprünglich »Schau, Betrachtung«, davon dann unser Begriff »Theorie«), den er übersetzt als »die Fähigkeit, Tatsachen von einem neuen Standpunkt zu betrachten« (SEM III 309).

Entscheidend für den Begriff der »theorischen Transformation« ist also der Wechsel des Blickpunktes, von dem aus etwas betrachtet wird. Peirce verweist als Beispiel des öfteren auf Desargues' Theorem, das er meist das Zehn-Punkte-Theorem nennt.[25] Dieser Satz kann in Anwendung auf Abbildung 2 (nach NEM II 212) so formuliert werden: Haben wir zwei Dreiecke $X_1Y_1Z_1$ und $X_2Y_2Z_2$ so, dass sich die Geraden X_1X_2, Y_1Y_2 und Z_1Z_2 in einem Punkt O schneiden, dann liegen die Schnittpunkte der Geraden X_1Y_1 und X_2Y_2, also der Punkt C, der Geraden X_1Z_1 und X_2Z_2, also B, und der Geraden Z_1Y_1 und Z_2Y_2, also A, auf einer Geraden ABC.

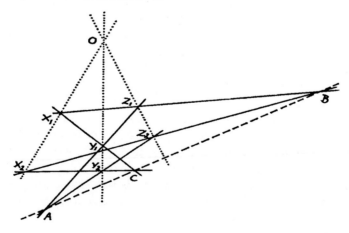

Abbildung 2: Peirces Darstellung von Desargues' Theorem

---

[24] Vgl. NEM III 491, und MS 754, ISP 8.
[25] Vgl. SEM III 309ff., NEM III 870f., 630, und CP 3.561. Beweise des Theorems hat er in NEM II 211ff und NEM III 846f vorgelegt.

Wenn man die Figur so betrachtet, ist es in der Tat ein ziemlich erstaunlicher Tatbestand, dass diese Punkte auf einer Geraden liegen. Schließlich soll das Theorem für alle Dreiecke gelten, deren Ecken auf die genannte Weise durch drei sich schneidende Strahlen verbunden sind.

Der eigentlich theoretische Schritt, der diesen Zusammenhang jedoch ganz einfach vorstellbar macht, besteht nun darin, dass man die ebene Figur in Abbildung 2 auch als eine *räumliche* Darstellung interpretieren kann. Das mag allerdings bei der hier von Peirce übernommenen Figur nur schwer vorstellbar sein. Wenn man jedoch ein wenig mit verschiedenen Darstellungen von Desargues' Theorem »herumexperimentiert« – um auf einen zentralen Begriff von Peirces Konzept diagrammatischen Schließens zu verweisen –, dann könnte man auch auf eine Darstellung wie die Abbildung 3 kommen, die ich dem Buch *Anschauliche Geometrie* von Hilbert und Cohn-Vossen, 1973 [1932], entnehme (107).

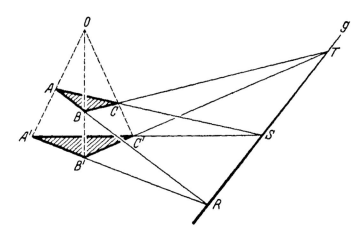

Abbildung 3: Eine anschauliche Darstellung von Desargues' Theorem nach Hilbert und Cohn-Vossen, 1973 [1932], 107

Wenn man sich hier vorstellt, der Punkt O wäre die Spitze einer Pyramide auf der Grundfläche A'B'C', dann ergibt sich schon anschaulich, dass die beiden Dreiecke zwei Ebenen im Raum dieser Pyramide bezeichnen, die sich als Ebenen im Raum notwendig in einer Geraden schneiden müssen – sofern eine Reihe von Spezialfällen ausgeschlossen wird, wie zum Beispiel der, dass die beiden Ebenen parallel im Raum liegen.

Ein solcher Wechsel des Blickpunktes, dieser »theoretische Schritt«, ist die wesentliche Voraussetzung, um dann im Rahmen einer »theorematischen« Deduktion mit Hilfe von hypostatischen Abstraktionen all diejenigen Mittel –

und vor allem erst einmal die entscheidende Beweisidee – zu entwickeln, mit denen dann alles Weitere in Bewegung gebracht werden kann.

Literatur

DÖRFLER, W.: *Protokolle und Diagramme als ein Weg zum diskreten Funktionsbegriff*, in: M.H.G. Hoffmann (Hg.): Mathematik verstehen – Semiotische Perspektiven, Hildesheim: Franzbecker 2003, S. 78–94.

DÖRFLER, W.: *Diagrammatic Thinking: Affordances and Constraints*, in: M.H.G. Hoffmann/J. Lenhard/F. Seeger (Hgs.): Activity and Sign – Grounding Mathematics Education. Festschrift for Michael Otte, New York: Springer 2005.

HILBERT, D./COHN-VOSSEN, S.: *Anschauliche Geometrie*, Darmstadt: WBG 1973 [1932].

HINTIKKA, J.: *C.S. Peirce's ›First Real Discovery‹ and its Contemporary Relevance*, in: E. Freeman (Ed.): The Relevance of Charles Peirce (pp. 107–118), La Salle, Ill.: Hegeler Institut 1983 [1980].

HOFFMANN, M.H.G.: *Peirce's »Diagrammatic Reasoning« as a Solution of the Learning Paradox*, in: G. Debrock (Ed.): Process Pragmatism: Essays on a Quiet Philosophical Revolution, Amsterdam: Rodopi 2003, S. 121–143 [2003a].

HOFFMANN, M.H.G.: *Semiotik als Analyse-Instrument*, in: M.H.G. Hoffmann (Hg.): Mathematik verstehen – Semiotische Perspektiven, Hildesheim: Franzbecker 2003, S. 34–77 [2003b].

HOFFMANN, M.H.G.: *How to Get It. Diagrammatic Reasoning as a Tool of Knowledge Development and its Pragmatic Dimension*, in: Foundations of Science 9/3 (2004), S. 285–305.

HOFFMANN, M. H. G.: *Signs as means for discoveries. Peirce and his concepts of »Diagrammatic Reasoning«, »Theorematic Deduction«, »Hypostatic Abstraction«, and »Theoric Transformation«*, in: M.H.G. Hoffmann/J. Lenhard/F. Seeger (Eds.): Activity and Sign – Grounding Mathematics Education, New York: Springer 2005.

HOFFMANN, M.H.G.: *Erkenntnisentwicklung. Ein semiotisch-pragmatischer Ansatz*, Frankfurt am Main: Klostermann (im Druck).

KETNER, K. L.: *How Hintikka Misunderstood Peirce's Account of Theorematic Reasoning*, in: Transactions of the Charles S. Peirce Society 21 (1985), S. 407–418.

LEVY, S. H.: *Peirce's Theoremic/Corollarial Distinction and the Interconnections Between Mathematics and Logic*, in: N. Houser/D. D. Roberts/J. van Evra (Eds.): Studies in the Logic of Charles Sanders Peirce, Bloomington, Indianapolis: Indiana University Press 1997, S. 85–110.

MARIETTI, S.: *Icona e Diagramma. Il Segno Matematico in Charles Sanders Peirce*, Milano: LED 2001.

MÜLLER, R.: *Die dynamische Logik des Erkennens von Charles S. Peirce*, Würzburg: Königshausen und Neumann 1999.

MURPHEY, M. G.: *The Development of Peirce's Philosophy*. Indianapolis, Cambridge: Hackett Publishing Company 1993 [1961].

OTTE, M.: *Mathematik und Verallgemeinerung – Peirce' semiotisch-pragmatische Sicht*, in: Philosophia naturalis 34 (1997), S. 175–222 [1997a].

OTTE, M.: *Analysis and Synthesis in Mathematics from the Perspective of Charles S. Peirce's Philosophy*, in: M. Otte/M. Panza (Eds.): Analysis and Synthesis in Mathematics. History and Philosophy, Dordrecht, Boston, London: Kluwer 1997, S. 327–364 [1997b].

PEIRCE (CP): *Collected Papers of Charles Sanders Peirce* (Bde. I-VI hg. von Charles Hartshorne und Paul Weiss, 1931–1935, Bde. VII-VIII hg. von Arthur W. Burks, 1958; zitiert nach Band und Paragraphen), Cambridge MA: Harvard UP.

PEIRCE (MS): *The Charles S. Peirce Papers*, Manuscript Collection in the Houghton Library, Harvard University. Available in the Peirce Microfilm edition, Pagination: CSP = Peirce / ISP = Institute for Studies in Pragmaticism.

PEIRCE (NATUR) : *Charles S. Peirce. Naturordnung und Zeichenprozeß. Schriften über Semiotik und Naturphilosophie*, Frankfurt/M: Suhrkamp 1991 [1988].

PEIRCE (NEM): *The New Elements of Mathematics by Charles S. Peirce*. Bd. I-IV (ed. by Carolyn Eisele). The Hague-Paris/Atlantic Highlands, N.J: Mouton 1976.

PEIRCE (SEM): *Charles S. Peirce, Semiotische Schriften*. Bd. I-III (hg. und übers. v. Christian Kloesel und Helmut Pape). Frankfurt/M: Suhrkamp 1986–1994.

ROTA, G.-C.: *Proof and Progress in Mathematics*, in: Synthese 111 (1997), S. 183–196.

SHIN, S.-J.: *Kant's Syntheticity Revisited by Peirce*, in: Synthese 113 (1997), S. 1–41.

STJERNFELT, F.: *Diagrams as Centerpiece of a Peircean Epistemology*, in: Transactions of the Charles S. Peirce Society 36 (2000), S. 357–384.

ZEMAN, J.J.: *Peirce's Philosophy of Logic*, in: Transactions of the Charles S. Peirce Society 22 (1986), S. 1–22.

Simulation als Kreativitätspraktik. Wissenschaftliche Simulationen als Experimentalsysteme für Theorien

GABRIELE GRAMELSBERGER (BERLIN)

Kreativität, verstanden als schöpferisches Denken, als Intuition und Ahnung, als das Erzeugen von Neuem, ist für den Forschungsprozess ebenso von Bedeutung, wie deduktiv-algorithmisches Schließen oder der Erkenntnisgewinn aus Induktionen. Die zeitliche Ausrichtung von Forschung bringt jedoch die kreativen Aspekte im Vorfeld verbalisierter Theorien und publizierter Resultate mit deren Einfügen in den diskursiven Darstellungskanon der Scientific Community zum Verschwinden. Aus der Perspektive von Außen geht die Wissenschaft damit ihres kreativen Potenzials verlustig. Mit dem Interesse an den sozialen Faktoren der Wissenserzeugung (Laboratory Life) gerät der Prozess der Wissensproduktion (Context of Discovery) in den Blickwinkel und legt damit nicht nur die soziale Konstruktion von Wissen und die Fabrikation von Erkenntnis offen, sondern auch die kreativen Faktoren wissenschaftlichen Forschens. Um diese Faktoren näher untersuchen zu können, gilt es:

1. einen Begriff davon zu geben, wie sich Kreativität philosophisch fassen lässt, und
2. den Forschungsprozess dahingehend zu analysieren, ob er die Bedingungen stellt, unter welchen das gegebene Konzept von Kreativität zur Entfaltung kommt.
3. Lassen sich solche Bedingungen identifizieren, können anhand konkreter Fälle die kreativen Faktoren wissenschaftlichen Forschens untersucht werden. Für den vorliegenden Beitrag konzentrieren sich die Konkretisierungen auf den Bereich der numerischen Simulation als neuem Instrument der Erkenntnisproduktion in den Wissenschaften.
4. Ziel ist es, die Simulation als Kreativitätspraktik zu erfassen und damit die in wissenschaftlichen, mathematischen und informatischen Praxen verborgenen Kreativitätsprozesse des Forschens offen zu legen bzw. die Simulation selbst als kreativen Output von Forschung zu verstehen.

1. Aspekte einer Philosophie der Kreativität

Die Theorie der Entstehung des Neuen von Charles S. Peirce, wie sie von Helmut Pape pointiert wurde, liefert für die Untersuchung wissenschaftlicher Kreativität praktikable Ansatzpunkte. Kreativität wird dort als Zusammenspiel aus hypostatischer Abstraktion zur Generierung abstrakter Ideen aus konkreten Prädikaten und der Verwendung der abstrakten Idee auf die Beziehung anderer Kontexte begriffen. Pablo Picassos Zusammenstellung eines Fahrradsattels und eines -lenkers zu einem Stierkopf als Kunstwerk ist in diesem Sinne ein kreativer Akt. »Kreativ sein heißt eine Darstellung zu finden, unter der sich der Zusammenhang der Erfahrung neu ordnet.«[1] Gegebene Erfahrungen werden durch die Einführung neuer Ideen oder Fiktionen überschritten, die eine Ordnung schaffen, die zuvor nicht bestand. Damit wird das Darstellen-als zur kreativen Funktion geistiger Prozesse. Die Struktureigenschaften geistiger Prozesse zeichnen sich bei Peirce durch einen prozessual-teleologischen Erfahrungsbegriff und das interdeterministische Prinzip des Geistes aus. Beides ist für die Analyse wissenschaftlicher Kreativität von Interesse, insofern der prozessual-teleologische Erfahrungsbegriff auf eine denkunabhängige Wirklichkeit ausgerichtet ist, die sich nicht nur jeglicher Erfahrung entzieht, sondern auch auf die prinzipielle Ungesättigtheit der endlichen menschlichen Erfahrung hinweist. Zudem eröffnet das interdeterministische Prinzip geistiger Prozesse erst den Raum für die kreative Selbstbestimmung, indem sich die Persönlichkeit in ihrer spezifischen Art, Verknüpfungen von Ideen und damit neue Ordnungen herzustellen, artikuliert. Im Unterschied zu deduktiven Konklusionen, ist die spontane Einführung von Ideen zur Herstellung neuer Zusammenhänge zwischen abstrahierten Elementen der Erfahrung nicht kausal notwendig. Spontaneität ist geradezu auf den Mangel von Notwendigkeit angewiesen und impliziert die Möglichkeit des Scheiterns. Dieses Faktum ist für die wissenschaftliche Kreativität von Bedeutung, insofern durch das Scheitern zwar nicht die Kreativität verloren geht, aber das Darstellen-als am wissenschaftlichen Kontext – im Unterschied zum künstlerischen Kontext – scheitern kann.

Weitere praktikable Ansatzpunkte gibt Wolfgang Hogrebe, wenn er Ahnungen als Untersuchungsgegenstand des Studiums natürlicher Erkenntnis rekonstruiert und sie als produktive Zustände der heuristischen Phasen aller Wissenschaften auszeichnet.[2] Ahnungen vergegenwärtigen die spontane Präsenz fragmentarischer Informationen durch den Wahrnehmungsschleier hindurch, sie sind individuelle, situationsabhängige Resonanzen unserer sensorischen und semantischen Registratur. Ahnungen sind flüchtige Zustände, die im Erfolgsfalle, also im Moment der Problemlösung oder der gesicherten Erkenntnis, sich selbst aufheben. Ahnungen sind epistemisch seriös, insofern sie Informationsvorsprünge oder Problemlösungsideen liefern und sie gehören zur szientifischen Abkürzungskultur, um sich gegebenenfalls langwierige induktive Anstrengungen zu ersparen. Sie sind fragile epistemische Zustände

---

[1] H. Pape: *Zur Einführung: Logische und metaphysische Aspekte einer Philosophie der Kreativität. C.S. Peirce als Beispiel*, in: ders. (Hg.): Kreativität und Logik. Charles S. Peirce und das philosophische Problem des Neuen, Frankfurt 1994, S. 26.
[2] W. Hogrebe: *Ahnung und Erkenntnis. Brouillon zu einer Theorie des natürlichen Erkennens*, Frankfurt 1996.

mit Vorgriffscharakter auf das, was anders noch nicht zugänglich ist, wobei sich eine epistemische Kette von Ahnungen, über Vermutungen, zu Meinungen und schließlich zu Wissen konstruieren lässt. Im vorliegenden Zusammenhang sind vor allem explanatorische Ahnungen von Interesse, »die uns vor einem Schleier des Nichtwissens Lösungen von Problemen ahnen lassen. … Ahnungen belegen auf ihre Weise, dass auch bestem Hintergrundwissen Kreativität bei der Findung neuer Theorien oder Problemlösungen unentbehrlich sind.«[3] Zu beachten ist, dass Ahnungen und Intuitionen unterschiedliche epistemische Verfassungen aufweisen. Beide basieren auf der Unmittelbarkeit eines epistemischen Geschehens und sind nicht willentlich erzeugbar. Während Ahnungen sich jedoch in der Sphäre des »Dämmerns eines Gedankens« abspielen und von daher epistemisch präsentisch, aber ontisch sättigungsbedürftig sind, produziert die Intuition das unvermutete »Klarwerden, was der Fall ist« und damit präsentische, gesättigte epistemische Zustände. Von daher sind Intuitionen eher in Problemlösungskontexten zu finden, da sie an Kontexten intendierten Wissens gekoppelt sind, während Ahnungen »erst ontisch ihr Ziel erreichen.«[4]

Weitere Aspekte ließen sich anführen, doch die Hinweise genügen fürs erste, um eine Annäherung an die wissenschaftliche Kreativität zu formulieren, die sich im Spektrum zwischen Ahnung, Intuition und Darstellen-als aufspannt.

2. Bedingungen wissenschaftlichen Forschens

Kreativität kann sich nur in jenen Forschungsräumen ereignen, die das Individuum als Einzelnen oder in der Gruppe in den Mittelpunkt stellen. Dabei muss der theoretische und diskursive Darstellungskanon Spielräume offenlassen, deren Mangel an Notwendigkeit neue Ordnungen ermöglicht. Dafür reicht es nicht aus, die Absteckung wissenschaftlicher Spielräume durch die Möglichkeit der Falsifizierbarkeit zu bestimmen. Vielmehr bedarf es im Wissenschaftsgefüge Lücken in dessen hochstrukturellen Ordnungen, um das kreative Potenzial als Herstellen neuer Ordnungen zu ermöglichen. Diese strukturellen Lücken oder Regionen hoher Plastizität rücken die Forscher näher an den Untersuchungsgegenstand heran, insofern in diesen Regionen eine theoretische und methodisch unterdeterminierte Atmosphäre herrscht, welche eher die Produktion von Fragen fördert, denn von Antworten. Typischerweise sind Labore Orte solcher Atmosphären und »Experimentalsysteme sind nicht Anordnungen zur Überprüfung und bestenfalls zur Erteilung von

---

[3] Hogrebe 1996, S. 17f.
[4] Hogrebe 1996, S. 25.

Antworten, sondern insbesondere zur Materialisierung von Fragen.«[5] Oder anders gewendet: »Wäre ein Forschungsexperiment klar, so wäre es überhaupt unnötig: denn um ein Experiment klar zu gestalten, muß man sein Ergebnis von vorneherein wissen, sonst kann man es nicht begrenzen und zielbewusst machen.«[6] Die Unschärfe in der Begrenzung und der Zielsetzung ist jedoch die Bedingung, um Spielraum für Ahnungen zu schaffen, die aufgrund ihrer Intentionslosigkeit ontisch sättigungsbedürftig und damit als kreativer Motor von Erkenntnisfortschritt prädestiniert sind. Aus dieser Perspektive ist es zu verstehen, wenn der Molekularbiologe François Jacob Experimente als Maschinerien zur Herstellung von Zukunft charakterisiert.[7]

Ahnung scheint jedoch ein zu fragiler epistemischer Zustand zu sein, als dass er konkrete Handlungsanleitungen induzieren würde. Allerdings motiviert Ahnung ein hinreichend starkes Moment für ein – im theoretisch und methodisch unterdeterminierten Spielraum wissenschaftlichen Forschens – vorsichtiges Umhertasten bzw. ein Anstoßen von Trial-and-Error Strategien. Unter Umständen führt dann das sich Umhertasten vor der Folie kontextbezogenem Hintergrundwissens zu Intuitionen, die klare Handlungsanweisungen auf experimentelle Modifikationen, neue theoretische Ansätze oder schlichtweg mögliche Antworten geben können. Intuitionen führen zu neuen Ideen, die über die hypostatische Abstraktion zu abstrakten Ideen evolvieren und als Darstellungen-als neue Ordnungen kreieren. Diese Interdependenz zwischen Ahnung, Intuition und Darstellen-als soll keine Reihenfolge oder epistemische Kette wissenschaftlicher Kreativität implizieren, sondern lediglich das Spektrum aufspannen, in welchem sich kreatives Forschen bewegt.

Zusammenfassend lässt sich sagen, dass Kreativität die Bedingung der Individualität, der Kontextbezogenheit, der Unmittelbarkeit, des Vorhandenseins von Spielräumen in hochstrukturellen Ordnungen, der Ungesättigtheit des Erfahrungswissens, des Scheitern-Dürfens und des Vorhandenseins relevanten Hintergrundwissens voraussetzt, um gegebenenfalls emergente Eigenschaften, neue Ordnungen oder Zukunft herzustellen.

3. Simulieren als neues Feld wissenschaftlicher Produktivität

Der Context of Discovery wird traditioneller Weise im Experimentallabor verortet, doch neben dem Labor tut sich ein weiteres Feld wissenschaftlicher Produktivität auf, das in seiner Praktik dem Experimentieren nahe steht, dessen epistemische Wurzeln jedoch primär in der Theorie verankert sind. Die

---

[5] H.-J. Rheinberger: *Experimentalsysteme und epistemische Dinge. Eine Geschichte der Proteinsynthese im Reagenzglas*, Göttingen 2002, S. 22.
[6] L. Fleck: *Entstehung und Entwicklung einer wissenschaftlichen Tatsache*, Frankfurt 1980, S. 114.
[7] François Jacob wiedergegeben nach Rheinberger 2002, S. 22.

Rede ist von wissenschaftlichen Simulationen, die sich als »Experimentalsysteme für Theorien« charakterisieren lassen. In diesem Sinne ist Simulieren dem Forschen in Laboren ähnlich, insofern die zuvor beschriebenen Bedingungen von Forschung auf Simulationen zutreffen, ohne jedoch primär die Widerständigkeit der Realität als Korrektiv passender/unpassender Darstellungen-als oder als Direktive für Ahnungen im Fokus zu haben, wie dies für die Funktionsweise von Experimenten der Fall ist. Dennoch ist die Widerständigkeit der Realität für Simulationen von entscheidender Bedeutung, insofern sie auf explanatorische und prognostische Zwecke im Wissenschaftsbetrieb ausgerichtet sind.

Unter wissenschaftlichen Simulationen als Experimentalsysteme für Theorien wird folgendes verstanden: Die Mathematisierung zahlreicher Wissenschaftsfelder beschreibt Naturgesetze mit Hilfe mathematischer Gleichungssysteme, die – im Falle eines deterministischen Prozessverständnisses – die raum-zeitliche Entwicklung von Systemen in Form von Differentialgleichungen erfassen. Typisch für die Klimaforschung, für zahlreiche Bereiche der Physik oder für die Genetik sind die Navier-Stokes-Gleichungen der Strömungsdynamik. Simulationen basieren auf mathematischen Modellen, die Interpretationen unspezifischer Gleichungssysteme sind. Üblicherweise wird die Modellierung von der Simulation unterschieden, doch im vorliegenden Verständnis von Simulationen als Experimentalsysteme für Theorien wird für eine Ausweitung des Simulationsbegriffes plädiert. Er umfasst dann die auf den Theorien basierende mathematische Modellierung, deren Diskretisierung und Programmierung sowie die computerbasierte rekursive Berechnung und schließlich die Visualisierung der Resultate.[8]

»Mathematicians had nearly exhausted analytic methods which apply mainly to linear differential equations and special geometries,«[9] stellte 1946 John von Neumann fest und schlug vor, die analytischen durch numerische Methoden zu ersetzen. Methodisch stellt die numerische Simulation eine neue Weise der Handhabung von Gleichungen dar, indem die Modelle diskretisiert und für definierte Parameterwerte, Anfangs- und Randbedingungen rekursiv berechnet werden, wobei numerische Simulationen immer nur Approximationen an die, zumeist nicht bekannten exakten Lösungen sind. Damit erweitern die Wissenschaften ihr Darstellungsarsenal und es wird nun möglich, komplexe Systeme und ihre nichtlinearen bzw. rückgekoppelten Zusammenhänge zu untersuchen. Heute hat sich die wissenschaftliche Simulation neben Theorie und

---

[8] Vgl. G. Gramelsberger: *Computersimulationen in den Wissenschaften. Neue Instrumente der Erkenntnisproduktion*, Explorationsstudie, Berlin-Brandenburgische Akademie der Wissenschaften, 2004 [www.sciencepolicystudies.de/dok/explorationsstudie_computersimulationen/inhaltsverzeichnis.html]

[9] John von Neumann zitiert nach F. Hoßfeld: *Partielle Differentialgleichungen: Die permanente Herausforderung*, in: W.E. Nagel (Hg.): Partielle Differentialgleichungen, Numerik und Anwendungen, Schriften des Forschungszentrum Jülich, Bd. 18, 1996, S. 4.

Experiment als dritter Weg wissenschaftlicher Erkenntnisproduktion mit eigenen Institutsdepartments im Wissenschaftsbetrieb etabliert. Im Folgenden wird zu zeigen sein, dass trotz Ausrichtung auf mathematisierte und algorithmisierte Verfahren, das Simulieren ein kreatives Feld wissenschaftlicher Produktivität ist.

4. Simulation als Kreativitätspraktik

4.1 Komplexe Systeme als Gegenstände ungesättigten Erfahrungswissens

Peirce' Verfassung der menschlichen Erfahrung als endlich und bezüglich der denkunabhängigen Wirklichkeit als unvollständig impliziert die prinzipielle Ungesättigtheit jeder Erfahrung. Lediglich auf die Widerständigkeit der Wirklichkeit gegen falsche Darstellung kann gehofft werden. Widerständigkeit zeigt sich vermehrt im Wissenschaftsgetriebe seit die Wissenschaften begonnen haben, komplexe Systeme zu erforschen. Es scheint paradox, dass ausgerechnet jetzt Widerständigkeit, die in aller Öffentlichkeit zur Rede von unsicherem und riskantem Wissen führt und Wissenschaft um ihren Ruf zu drohen bringt, zu Tage tritt, wenn Forscher ihren Griff auf die Realität lockern und stark idealisierte Übertragungen in den Bereich der Legenden verweisen. Hier scheint sich ein Abgrund aufzutun, den Wissenschaftler noch zu Beginn des 20. Jahrhunderts fürchteten.[10] Die Thematisierung dieser Problematik der aktuellen Wissenschaft betont zumeist die negativen Aspekte des unsicher gewordenen Wissens. Interessanter scheint jedoch, dass die in der Idealisierung und Linearisierung komplett festgezurrte strukturelle Ordnung mathematisierter Wissenschaften aufbricht und so Platz für Spielräume schafft. Die Simulation als neue Methode nutzt diese Spielräume aus. Dabei schafft die Entdeckung der Komplexität die Notwendigkeit für kreatives Forschen. Erst die Ahnung von bisher unerforschten wissenschaftlichen Erfahrungsräumen motiviert ein erstes Herumtasten im durchlässigen Gespinst des Wahrnehmungsschleiers, der vormals von den »exakte Wissenschaft« als solide Mauer positioniert wurde.

---

[10] Bereits 1885 führte die bange Frage nach der Stabilität unseres Sonnensystems zur Preisausschreibung durch Schwedens König Olaf II. Der Preis ging 1889 an Jules Henri Poincaré für dessen Untersuchung zur Divergenz der Reihenentwicklung für das Dreikörperproblem. Poincarés Arbeit basierte dabei auf der kreativen Idee, das Konzept des Phasenraums der statistischen Physik für die Untersuchung des Dreikörperproblems als qualitativ-geometrischen Zugang zu den Eigenschaften Hamiltonscher Systeme – im Unterschied zu den, am Dreikörperproblem gescheiterten quantitativ-analytisch-algebraischen Ansätzen seiner Vorgänger – einzuführen. Vgl. R. Hedrich: *Die Entdeckung der Komplexität. Skizzen einer strukturwissenschaftlichen Revolution*, Frankfurt 1994, S. 8ff und 140f.

4.2 Simulationen als Trial-and-Error Systeme zur Generierung neuer Ordnungen

Mit der Entdeckung der Komplexität hat sich nicht nur das Darstellungsarsenal der Wissenschaften erweitert, sondern auch der Zugang zu den untersuchten Systemen prinzipiell verändert. Im Mittelpunkt stehen Simulationen als Experimentalsysteme für Theorien, insofern sie als Trial-and-Error Systeme das Austesten von Hypothesen im theoretischen Rahmen ermöglichen und dadurch neue Ordnungen des Wissens generieren, beispielsweise in der Klimamodellierung:

> Wir sprechen von Experimenten. Wir betrachten das Modellsystem als Labor. Wir machen ein Experiment, wo wir etwas ändern und sehen, was herauskommt. ... Wir ändern etwas in der Modellanordnung, im System, und schauen dann, wie reagiert das System darauf und versuchen es zu verstehen. Im Idealfall läuft es so: Die Messleute finden irgendetwas, was sie sich nicht erklären können. Und dann versucht man es mit dem Modell zu erklären, versucht es zu simulieren. Das sind für uns die interessanteren Aufgaben.[11]

Mit Simulationen lassen sich verschiedene Annahmen austesten, Ahnungen in Anregungen umsetzen und Intuitionen bestätigen oder verwerfen. Dabei liegt das kreative Potential in der Methode der Simulation selbst begründet als »Strategie des Darstellen-als«. Insofern sind Simulationen als Kreativitätspraktiken zu verstehen. Theorie wird dabei als dynamisches Prozessgeschehen in diskreten Zeit-Räumen dargestellt und durch die Simulation ins visuell Erfahrbare transformiert. Die Visualisierungen der Simulationsresultate sind daher konkrete Bilder von Theorien. Durch das Darstellen von Theorie als dynamisches Prozessgeschehen wird ein neuer Referenzrahmen geschaffen, der neue Ordnungen ermöglicht und sichtbar macht. Diese Ordnungen lassen sich wiederum austesten, wobei das Austesten handwerkliches Geschick voraussetzt.

> ...wenn das nicht stimmt, tuned man meist über die Wolkenphysik. Da gibt es einige Parameter, die relativ unsicher sind, und da schraubt man ein bisschen. Das erfordert Fingerspitzengefühl und Erfahrung. Wir haben einen einzigen Mann hier im Haus, der das richtig gut kann. Es ist klar, wenn sich irgendetwas in dem Modell ändert, ändert sich alles andere auch. Und von daher erfordert es eben doch noch Gefühl und Erfahrung.[12]

4.3 Adäquatheit als Kriterium plausibler Entwurfspraktik

Modellieren und Simulieren sind eher als Entwurfspraktiken zu verstehen, denn als Deduktionssysteme. Dabei kommen diagrammatische Praktiken zum Einsatz, deren Adäquatheit außerhalb der Reichweite analytischer Beweisver-

---

[11] Gramelsberger 2004, S. 36.
[12] Gramelsberger 2004, S. 31.

fahren liegt. »Die Fähigkeiten der richtigen Wahl des mathematischen Modells liegt an der Grenze zwischen Wissenschaft und Kunst. Sie erfordert nicht nur die notwendigen mathematischen und angewandten Kenntnisse und Erfahrungen, sondern auch Stil und Gefühl für Proportionen.«[13] Ein Blick in die Genforschung verdeutlicht die Prozesse des Entwerfens:

> Als wir mit Forschern ... zusammen saßen und über die Modellierung der Huntington Krankheit sprachen, haben wir als erstes – ich habe es sogar hier auf Papier – überlegt, welche Prozesse kennen wir. ... Das war tatsächlich die erste Seite des Modells. Wir fingen an nachzudenken, was wir über die Elementarprozesse aussagen können. Wie modellieren wir diese, damit das Ganze einigermaßen realistisch ist, aber auch nicht nach Unendlich läuft. Dann haben wir uns die Kinetik überlegt. Was wäre der einfachste, sinnvolle Ansatz für die verschiedenen, auf Papier gezeichneten Pfeile? ... Schließlich kann man das Modell im Computer implementieren. ... Das Modell ist jedoch noch ohne Rückkopplungsschleifen, also ein reduzierter Ansatz. Wenn man Rückkopplungsschleifen integriert, braucht man unbedingt die Computer, dann ist es nicht mehr auf dem Papier zu machen. ...[14]

Die Kette plausibler Entscheidungen setzt sich während des Modellierens und Simulierens fort, indem Heuristiken im Zuge der Diskretisierung und Algorithmisierung der Modele eingeführt werden: Nichtlineare Abhängigkeiten werden linearisiert, komplexe geometrische Formen vereinfacht, Bewegungen periodisiert, Prozesse parametrisiert, geometrische und zeitliche Auflösungen der Effizienz der Rechner angepasst. Eine Rekonstruktion der Annahmen, die von der Modellierung bis hin zur Visualisierung in die Simulation einfließen, offenbart das Spektrum an plausiblen Entscheidungen, die sich nicht analytisch ableiten lassen, sondern auf Hintergrundwissen, Erfahrungen und Intuition beruhen. Hier dokumentiert sich der strukturelle Spielraum, in welchem sich das Simulieren bewegt und Kreativität entfaltet. Dass Kreativität dabei nicht mit Fiktion einhergeht, zeigt sich anhand der Möglichkeit, die Adäquatheit des Modells in konkreten Fällen zu überprüfen:

> ... Das sind leicht unterschiedliche Kinetiken. Wenn man das messen könnte, hätte man Hinweise, welcher Modellansatz korrekter ist.[15]

4.4 Erweiterungsfunktion ontisch ungesättigter Zustände

Ahnungen aufgrund ihrer Intentionslosigkeit als ontisch sättigungsbedürftige Zustände und damit als Antrieb von Erkenntnisfortschritt aufzufassen, ordnet der Kreativität eine entscheidende Funktion im wissenschaftlichen Forschen zu. Aufgrund ihrer ontischen Ungesättigtheit stellen Ahnungen einen »seltsa-

---

[13] I. Blechmann/A.D. Myskis/J.G. Panovko: *Angewandte Mathematik. Gegenstand, Logik, Besonderheiten*, Berlin 1984, S. 148.
[14] Gramelsberger 2004, S. 21f.
[15] Gramelsberger 2004, S. 18.

men Realitätskontakt zu Existierendem und Sichereignendem [her]. ... Ahnungen ›tunneln‹ Propositionen.«[16] Sie sind fragile epistemische Zustände, die Vorgriffscharakter haben, die »... uns etwas vermitteln, was wir ansonsten noch nicht registrieren, erklären oder wissen können.«[17] In diesem Sinne erweitern sie, die an sich begrenzte Dimension des propositionalen Raumes. Auf dieser Erweiterungsfunktion basiert kreativ motivierter Erkenntnisfortschritt jenseits traditioneller Heuristiken als Herleitung des Neuen aus Bekanntem. Im Kontext des Simulierens führt die Erweiterungsfunktion ontisch ungesättigter Zustände zu einem »Loop« zwischen Simulation und Experiment. Ahnungen werden in der Simulation ausgetestet und dann im Experiment in Orientierung auf die Widerständigkeit der Realität versucht zu rekonstruieren. Gelingt dies, löst sich der fragile Zustand der Ahnung in bestätigtes Wissen auf; aus der Ahnung ist eine brauchbare wissenschaftliche Spur geworden.

> Das ist das angestrebte Ziel: Ein Loop. Man lernt vom Experimentator: Was ist das Problem? Was weiß man? ... Dann simuliert man mehr oder weniger ins Blaue. Man stellt dumme Fragen an den Experimentator. Das ist vielleicht das Wichtigste und er antwortet dann typischerweise: Das habe ich mir noch nie überlegt? Ist das denn so wichtig? Zum Beispiel: Wie groß sind die Konzentrationen verschiedener Signalmoleküle? Kann man das deterministisch oder stochastisch simulieren? Ist der Feedback überhaupt schnell genug für das System? Wie lange dauert das? Was für eine Funktion ist das, mit der sich die Aggregate bilden? Usw. Das sind typische Fragen der Theoretiker, die bei der Modellierung benötigt werden und die oft nicht im Mittelpunkt der experimentellen Untersuchung stehen. Dann wird nachgedacht und es stellt sich heraus, das sind interessante Fragen. Man kann wirklich eine Menge lernen, wenn man das sorgfältig misst. Und dann werden die Experimente entworfen, meistens gemeinsam.[18]

4.5 Simulationen als Maschinerien zur Generierung neuer Wirklichkeiten

»Für Peirce ist ... das Bezogensein auf eine unabhängige, aber in der Zukunft durch unsere Handlungen veränderbare Welt eine Grunderfahrung.«[19] Diese Grunderfahrung ist handlungsleitend für die Wissenschaften, wenn aus kreativen Prozessen neue Methoden, neue Theorien und neue Technologien resultieren. Experimente und Simulationen sind dabei die vorrangigen Systeme zur Generierung von Zukunft, da sie sich im Bereich der strukturellen Lücken von Wissenschaft bzw. in den Regionen großer Plastizität bewegen, wo es Motivation und Möglichkeit gibt, das kreative Potenzial als Herstellen neuer Ordnungen zu entfalten.

---

[16] Hogrebe 1996, S. 26.
[17] Hogrebe 1996, S. 21.
[18] Gramelsberger 2004, S. 16.
[19] Pape 1994, S. 31.

Die Simulation verfügt dabei über ein enormes Kreativitätspotential, das eine Umkehrung des traditionellen Realitätsbezugs der Wissenschaften ermöglicht. Die vormals aus dem Realitätsbezug induzierten Theorien können sich in der Simulation verselbständigen und werden zur autonomen Basis neuer wissenschaftlicher Wirklichkeiten. Dieser Umkehrprozess lässt sich in vielen Wissenschaftsbereichen aktuell beobachten und soll mit einem Beispiel aus der Gravitationsphysik illustriert werden. Dort werden Simulationsresultate verwendet, um Messungen zu verifizieren, da man aufgrund von Erfahrungsmangel keine »Ahnung« hat, was man messen soll.

> Das Signal der Gravitationswellen ist ziemlich schwach. Es gibt ein starkes Rauschen im Detektor. ... Sie hoffen, dass sie Gravitationswellensimulationen dafür benutzen können, um das Signal vom Rauschen effektiver unterscheiden zu können. Das ist der Grund, warum wir ziemlich akkurate Simulationen brauchen ... Zum ersten, um das Signal zu finden. Dafür sind die Simulationen da. Und wenn das Signal gefunden ist, um zu wissen, was sie gesehen haben.[20]

Die Umkehrung des traditionellen Realitätsbezugs und die Generierung neuer wissenschaftlicher Wirklichkeiten wirft die grundlegende Frage nach dem epistemischen Charakter von Simulationen auf. Simulationen verstanden als Experimentalsysteme von Theorien implizieren nicht nur die Experimentalisierung des Theoretischen,[21] sondern – und das ist das tatsächliche Neue – dessen Laboratorisierung. Unter Laboratorisierung versteht man in der Wissenschaftsforschung die soziale Überformung natürlicher Bedingungen und Objekte und den daraus resultierenden epistemischen Profit. Dies geschieht durch die »Herauslösung dieser Objekte aus ihrem natürlichen Umfeld und ihre Installierung in einem neuen Phänomenfeld, das durch soziale Akteure definiert wird.«[22] Nun sind Theorien sicherlich keine natürlichen Objekte, doch die Naturwissenschaften basieren auf der Voraussetzung der strukturellen Homomorphie der in mathematischen Gleichungssystemen formulierten Naturgesetzlichkeiten und der Realität. Diese Voraussetzung gründet in dem traditionellen Realitätsbezug, insofern Realität Theorie induziert und bestätigt. Das Simulieren löst die Theorien aus ihren »natürlichen Bedingungen im Sinne der Homomorphie« und installiert Theorie in Form diskretisierter mathematischer Modelle im neuen Phänomenfeld des Computerlabors. Charakteristisch für dieses Phänomenfeld ist die Transformation in einen neuen prozessbasierten und visuellen Referenzrahmen im Zuge der Operation des Darstellen-als sowie die soziale Verfasstheit durch Akteure, zu der nicht zuletzt die

---

[20] Gramelsberger 2004, S. 26.

[21] Experimentieren mit Theorien in Form mathematischer Modellierung und numerischer Anwendung ist kein Phänomen der Einführung des Computers als wissenschaftliches Erkenntnisinstrument.

[22] K. Knorr Cetina: *Wissenskulturen. Ein Vergleich naturwissenschaftlicher Wissensformen*, Frankfurt 2002, S. 46.

kreativen Praktiken gehören. Die Loslösung aus den »natürlichen Bedingungen« verselbständigt Theorie und macht sie autonom. Die semiotisch-ontologische Differenz entfällt, da Simulationen im Semiotischen operieren. Dies hat nicht nur die Virtualisierung und mögliche Fiktionalisierung von Forschung zur Folge, sondern auch die Extrapolation theoretischer Kontexte in bisher ungeahnte propositionale Räume. Das Design neuer Moleküle auf Basis des Molecular Modelling und deren spätere Synthetisierung im Labor ist ein Beispiel für die Extrapolationskraft wissenschaftlicher Simulationen.

Inwieweit die Wissenschaft ein Interesse an der Eliminierung der semiotisch-ontologischen Differenz durch die Verselbständigung von Theorie im Semiotischen hat, bleibt offen, denn – wie das Experimentieren mit Simulationen zeigt – liegt der epistemische Gewinn vor allem im produktiven Loop zwischen Simulation und Realexperiment. Doch die Möglichkeit besteht und sie entspricht der von Peirce angesprochenen Grunderfahrung des Bezogenseins auf eine zwar unabhängige, aber in der Zukunft durch unsere Handlungen veränderbare Welt neuer Moleküle, transgener Organismen, intelligenter Materialien und fabrizierter Nanoobjekte.

Literatur

BLECHMANN, I./MYSKIS, A.D./PANOVKO, J.G.: *Angewandte Mathematik. Gegenstand, Logik, Besonderheiten*, Berlin 1984.
FLECK, L: *Entstehung und Entwicklung einer wissenschaftlichen Tatsache*, Frankfurt 1980.
GRAMELSBERGER, G.: *Computersimulationen in den Wissenschaften. Neue Instrumente der Erkenntnisproduktion*, Explorationsstudie, Berlin-Brandenburgische Akademie der Wissenschaften, 2004 [www.sciencepolicystudies.de/dok/explorationsstudie_computersimulationen/inhaltsverzeichnis.html].
HEDRICH, R.: *Die Entdeckung der Komplexität. Skizzen einer strukturwissenschaftlichen Revolution*, Frankfurt 1994.
HOGREBE, W.: *Ahnung und Erkenntnis. Brouillon zu einer Theorie des natürlichen Erkennens*, Frankfurt 1996.
HOSSFELD, F.: *Partielle Differentialgleichungen: Die permanente Herausforderung*, in: W.E. Nagel (Hg.): Partielle Differentialgleichungen, Numerik und Anwendungen, Schriften des Forschungszentrum Jülich, Bd. 18, 1996.
KNORR CETINA, K.: *Wissenskulturen. Ein Vergleich naturwissenschaftlicher Wissensformen*, Frankfurt, 2002.
PAPE, H.: *Zur Einführung: Logische und metaphysische Aspekte einer Philosophie der Kreativität. C.S. Peirce als Beispiel*, in: ders. (Hg.): Kreativität und Logik. Charles S. Peirce und das philosophische Problem des Neuen, Frankfurt/M 1994.
RHEINBERGER, H.-J.: *Experimentalsysteme und epistemische Dinge. Eine Geschichte der Proteinsynthese im Reagenzglas*, Göttingen 2002.

Was ist ein Gedankenexperiment?

WOLFGANG KIENZLER (JENA)

Der Ausdruck »Gedankenexperiment« begegnet sehr häufig in der neueren Literatur und zwar in den unterschiedlichsten Zusammenhängen. Der Ausgedehntheit des Gebrauchs steht jedoch eine auffallende Spärlichkeit an begrifflicher und philosophischer Analyse gegenüber. Dies ist umso erstaunlicher als in neuerer Zeit der Ausdruck auch innerhalb der Philosophie weite Verbreitung gefunden hat, bis hin zur These, Gedankenexperimente seien die eigentliche Methode der Philosophie. Angesichts dieser Situation ist eine differenzierende Analyse des Begriffs des Gedankenexperiments eine wichtige Aufgabe. In diesem Vortrag werde ich vorrangig Gedankenexperimente in den Naturwissenschaften behandeln und erst in einer Schlußbetrachtung auf ihr Vorkommen in der Philosophie eingehen.

1. Ein Paradox als Ausgangspunkt

In Beiträgen zum Thema stößt man auf ein immer wieder formuliertes Paradox: Gedankenexperimente, so die Auskunft, sind wichtige Erkenntniswerkzeuge sowohl der Naturwissenschaften wie auch der Philosophie, aber es erscheint völlig rätselhaft, wie sie dies sein können, denn einerseits erweitern sie unsere Erkenntnis, zum anderen aber bleiben Herkunft und Begründung dieser Erkenntniserweiterung im Dunkeln, da sie, anders als empirische Experimente, unserem Wissen keine neue Erfahrung hinzufügen können.

Als mögliche Lösungen für diese Schwierigkeit bieten sich zwei Wege an:

Entweder man vertritt den Standpunkt, daß Gedankenexperimente eben doch Experimente sind und daß daher ihre erkenntniserweiternde Kraft zuletzt doch auf der Erfahrung beruht, – oder man zieht die umgekehrte Konsequenz und erklärt, daß es doch möglich ist, nur aus Gedanken ohne empirische Grundlage neue Erkenntnisse, und zwar auch in den Naturwissenschaften zu gewinnen. Diese beiden Wege, der empiristische und der platonistisch-rationalistische werden in den beiden bisher einzigen zum Thema vorliegenden Monographien von Roy Sorensen (*Thought Experiments*, New York 1992) und James Robert Brown (*The Laboratory of the Mind*, London 1991) vertreten. Beide Vorschläge wirken jedoch eher wie Notlösungen angesichts eines im Ende immer noch unverstandenen Paradoxons und nicht wie eine überzeugende Lösung der Schwierigkeit.

2. Zur Wort- und Begriffsgeschichte

Um zu mehr Klarheit zu kommen, seien zunächst einige historische Hinweise vorausgeschickt. Der Ausdruck »Gedankenexperiment« hat im strengen Sinn keine Begriffsgeschichte und auch die Geschichte des Wortes ist eher kurz. Im entsprechenden Band des Grimmschen Wörterbuchs (1878) fehlt ein Stichwort, und das *Historische Wörterbuch der Philosophie* verweist im Wesentlichen auf die Prägung des Ausdrucks durch Ernst Mach. Das Kapitel *über Gedankenexperimente* in Machs Buch *Erkenntnis und Irrtum* führte das Wort 1905 in die naturwissenschaftliche und philosophische Sprache ein. Schon hier finden sich die beiden bereits angesprochenen charakteristischen Züge im Umgang mit diesem Ausdruck. Zunächst gebraucht Mach das Wort in einem sehr weiten und vielfältigen Sinn, wenn er unter denjenigen, die Gedankenexperimente anstellen »Projektenmacher, Erbauer von Luftschlössern, Romanschreiber, Dichter sozialer oder technischer Utopien« ebenso nennt wie »den soliden Kaufmann, den ernsten Erfinder oder Forscher« (S. 186); im weiteren führt er jedoch hauptsächlich Naturwissenschaftler wie Galilei, Newton und andere an. Zum zweiten trägt schon bei Mach der Ausdruck einen paradoxen Charakter, wenn er einerseits die Bedeutung und Beweiskraft rein gedanklicher Überlegungen betont, diese zuletzt dann aber doch wieder in seinem allgemeinen empiristischen Rahmen unterbringen will.

Ein weiterer eigentümlicher Zug bei Mach liegt darin, daß er den Ausdruck so verwendet, als habe es ihn immer schon gegeben, er erklärt ihn nicht, sondern verwendet ihn einfach. Dies verweist auf die Suggestionskraft der Prägung, wenn sie erst einmal da ist.

In der Literatur seit Mach wird der Ausdruck »Gedankenexperiment« häufig verwendet, aber Reflexionen auf seine Bedeutung und Analysen seiner begrifflichen Struktur kommen kaum vor; eine seltene Ausnahme bildet der Aufsatz von Thomas Kuhn, *Eine Funktion für das Gedankenexperiment* (1964, zit. n. *Die Entstehung des Neuen*, Frankfurt/M. 1977, S. 327–356). Kuhn betont ebenfalls die erkenntniserweiternde Kraft und kommt zu dem Schluß, »daß Gedankenexperimente dem Wissenschaftler gelegentlich Informationen verschaffen, die gleichzeitig verfügbar und doch irgendwie unzugänglich sind« (S. 348). Nach seiner Analyse helfen sie in revolutionären Phasen der Wissenschaftsentwicklung, Phänomene »auf neue Weise zu sehen« (S. 350), und daher seien sie in den Arbeiten von »Aristoteles, Galilei, Descartes, Einstein und Bohr, den großen Schöpfern neuer theoretischer Ansätze« (S. 351) besonders häufig zu finden. Auf diese Analyse wird noch zurückzukommen sein.

Die Wortzusammensetzung »Gedanken-Experiment« hat etwas Selbstwidersprüchliches: Zum einen erinnert der Ausdruck an die rationalistische Konzeption, durch nichts als das Denken selbst zu gehaltvollen Resultaten zu gelangen, fügt diesem Ansatz aber etwas Experimentelles hinzu, wodurch die Reinheit des Denkens sozusagen wieder verunreinigt wird; zum andern verweist das Wort auf Experimente als die Quelle allen Erkenntnisfortschritts, scheint diese Quelle aber durch den Verweis auf Gedanken wieder zu relativieren, ist es doch so, daß indirekt behauptet wird, Experimente und deren Interpretation benötigten in besonderen Fällen noch etwas Zusätzliches, um wirkliche Erkenntnis darzustellen, nämlich Gedanken. Auf diese Weise blockieren die beiden Teile des Ausdrucks »Gedanken-Experiment« einander und man sieht sich vor die unbefriedigende Alternative gestellt, entweder Rationalist zu sein, der sich auf Experimente stützt oder Empirist, gestützt auf nichts als Gedanken.

Es ist jedoch noch eine dritte Auffassung möglich, die bisher in der Analyse kaum versucht worden ist: Man kann das Wort so verstehen, daß es nur als Ganzes eine Bedeutung hat, so daß seine Bedeutung nicht aus der kombinierten Bedeutung der Teilausdrücke abgeleitet werden kann. Ein solcher Ansatz bietet die Möglichkeit, aus der paradoxen Situation herauszukommen und außerdem einen differenzierteren Begriff der Erkenntniserweiterung zu gewinnen.

Um diesen Ansatz durchzuführen, reicht eine Analyse der Wortteile nicht aus, sondern es bietet sich stattdessen die Beschreibung paradigmatischer Fälle an, anhand deren wesentliche Züge von Gedankenexperimenten aufgezeigt werden können.

Als drei klassische Fälle kann man folgende anführen:

a) Galileis Argumentation über die Fallgeschwindigkeit leichter und schwerer Körper,
b) Einsteins Betrachtungen über den Begriff der Gleichzeitigkeit, und
c) Bohrs Antworten auf Einsteins Einwände gegen die Quantenphysik.

3. Drei paradigmatische Beispiele

a) Galilei zeigt durch eine einfache Betrachtung, daß zwei Körper aus demselben Material im gleichen Medium unabhängig von ihrer Größe und d.h. ihrer Masse gleich schnell fallen: Vom gleichen Ausgangspunkt zugleich losgelassen, werden sie gleichzeitig auf dem Boden ankommen. Der entscheidende Punkt in Galileis Argumentation besteht nun darin, daß man sich einen kleinen und einen größeren Körper verbunden denkt. Damit widerlegt er die aristotelische Auffassung, nach der größere Körper entsprechend der Proportion ihres Gewichts schneller fallen als kleinere. Nach dieser Auffassung müßte der kombinierte Körper, weil er schwerer ist als jeder Einzelkörper, schneller fallen als die Einzelkörper; zugleich aber müßte der kleinere Körper als der langsamere den größeren in seinem Fall bremsen, sodaß der kombinierte Körper langsamer fiele als der schwerere der beiden Teilkörper. Galileis Lösung des Widerspruchs lautet, daß alle Körper gleicher Art gleichschnell fallen, so daß ihr

Gewicht für die Geschwindigkeit ganz unerheblich ist, und auch ob zwei Körper miteinander verbunden sind oder ob sie einzeln nebeneinander fallen.

b) Einstein erläutert in einer Darstellung der Grundbegriffe seiner Relativitätstheorie seine Konzeption der Gleichzeitigkeit an einem Beispiel mit einem Bahndamm, einem fahrenden Zug und zwei Blitzen, die an weit auseinanderliegenden Stellen in den Bahndamm einschlagen. Er macht darauf aufmerksam, daß wenn einem Beobachter, der sich in der Mitte zwischen beiden Einschlagstellen befindet, beide Blitze gleichzeitig erscheinen, weil ihn die Lichtsignale zur selben Zeit erreichen, dies für einen Beobachter an einer der beiden Einschlagstellen nicht gilt, und insbesondere nicht für einen Beobachter im fahrenden Zug.

Mit dieser Überlegung begründet Einstein die Notwendigkeit, den Begriff der Gleichzeitigkeit zu präzisieren und zu differenzieren.

c) In der Debatte um die Unhintergehbarkeit der Unbestimmtheitsrelation entwickelte Einstein unter anderem folgendes Gedankenexperiment: Ein Kasten mit einer Strahlungsquelle und einer Uhr wird so eingerichtet, daß zu einem exakt meßbaren Zeitpunkt ein einzelnes Teilchen ausgesendet wird. Zugleich aber kann der ganze Kasten in diesem exakt gemessenen Zeitpunkt auch gewogen werden, wodurch aus der Gewichtsdifferenz auch der Impuls des Teilchens exakt ermittelt werden könnte. Dies stünde im Widerspruch zu Heisenbergs Prinzip, daß zur selben Zeit nur entweder Ort oder Impuls eines Teilchens exakt gemessen werden können. Bohr zeigte nun, daß bei genauerer Berücksichtigung des Vorgangs des Wiegens eine locker aufgehängte Vorrichtung erforderlich ist, die in Verbindung mit dem Mechanismus einer Uhr gerade die von Heisenberg postulierten Unbestimmtheiten der Zeit und Impulsbestimmungen aufweisen wird. Die Bohrsche Ergänzung und Präzisierung des Gedankenexperiments von Einstein zeigt anschaulich auf, daß Orts- und Impulsmessungen Apparate unterschiedlicher Charakteristik erfordern, bei deren Zusammenwirken die Unbestimmtheit nicht unter einen angebbaren minimalen Grad reduziert werden kann. Einstein sah die Widerlegung durch Bohr in diesem Fall auch sofort ein und entwarf keine weiteren Anordnungen vom gleichen Typ.

4. Charakteristische Züge von Gedankenexperimenten

a) Naturprozesse im experimentellen Rahmen

In allen drei betrachteten Fällen geht es um Naturprozesse: Fallbewegungen, Blitzschläge und Teilchenemission (die Steine fallen von selbst, die Lichtsignale breiten sich selbständig aus, und auch Einsteins Teilchen hat ein eigenständiges Bewegungsverhalten). In allen drei Fällen werden diese Naturprozesse nicht einfach beobachtet, sondern sie sind in einen experimentellen Rahmen eingefügt. In Galileis Beispiel werden mehrere Körper ganz bestimmter Art zugleich unter denselben Bedingungen losgelassen; die Blitzschläge Einsteins sollen von einem Beobachter an einer bestimmten Stelle gleichzeitig wahrgenommen werden, d.h. in jeder realen Umsetzung würden sie künstlich erzeugt werden müssen; auch Bohrs Teilchenemission findet an einem bestimmten Ort und zu einem möglichst exakt bestimmten Zeitpunkt in Einsteins Kasten statt. Der experimentelle Rahmen enthält daher notwendigerweise sowohl Vorrichtungen zur Erzeugung kontrollierter Naturphänomene, als auch Meßgeräte wie Maßstäbe, Waagen und Uhren.

b) Bekannte Vorgänge

In allen drei Fällen sind die betrachteten Vorgänge bekannt und (relativ) alltäglich. Es geht nirgends darum, besonders neuartige oder spektakuläre Beobachtungen zu machen. In diesem Sinn handelt es sich nicht um die quantitative Erweiterung der bestehenden Kenntnisse und die betrachteten Gedankenexperimente sind von ganz anderer Art als etwa wissenschaftliche Expeditionen, die mit neuen Materialien zurückkehren. Die Frage: Welches ist der Ausgang des Experiments? spielt hier keine wichtige Rolle.

c) Kritik der selbstverständlichen Sichtweise

In allen drei Fällen wird durch die Beschreibung der experimentellen Anordnung, nicht durch die möglicherweise erzielten Resultate, aufgezeigt, daß die naheliegende und scheinbar selbstverständliche Betrachtungsweise der Situation unzureichend und in diesem Sinne falsch ist. Es erscheint der alltäglichen Ansicht selbstverständlich, daß größere und schwerere Körper schneller und mit größerer Wucht fallen als kleinere, leichtere; ebenso ist man geneigt zu sagen, daß zwei Ereignisse dann gleichzeitig sind, wenn sie zur gleichen Zeit stattfinden, und sonst eben ungleichzeitig, unabhängig davon, wo sie stattfinden; und ebenso natürlich ist es, anzunehmen, daß jedes Teilchen, das als bewegte Materieeinheit aufgefaßt wird, jederzeit eine bestimmte Geschwindigkeit und einen bestimmten Ort haben muß, wenn es denn wirklich ein real existierendes Teilchen ist.

d) Keine Konkurrenz der Theorien

In allen drei Fällen erweist sich bei genauerer Betrachtung die Gegenposition als unausgeführte, eher naive und nicht bis in die Einzelheiten ausgearbeitete Sichtweise. Galilei nennt zwar Aristoteles als Vertreter einer falschen Ansicht über den freien Fall, bezieht sich aber kaum auf dessen Texte, sondern diskutiert mit einem fiktiven zeitgenössischen Aristoteliker, der diese Auffassung in sehr allgemeiner Form vertritt, und der auch deswegen naiv wirkt, weil er eine ihm selbstverständliche Alltagsansicht verteidigt, für die er sich nie stichhaltige Argumente überlegt oder gar eine Theorie ausgearbeitet hat. Es gibt bei Aristoteles keine Theorie des freien Falls.

Ähnlich gibt es vor Einsteins Betrachtungen keine Theorie der absoluten Gleichzeitigkeit, sondern die von Einstein kritisierte Ansicht wurde einfach ohne genauere Differenzierungen als selbstverständlich vorausgesetzt und weder weiter untersucht noch begründet.

In seiner Kritik der Quantenmechanik ist dann Einstein wiederum Anhänger der scheinbar selbstverständlichen Ansicht, daß jedes Teilchen immer einen bestimmten Ort und zugleich eine bestimmte Geschwindigkeit haben müsse, ohne daß man diese Ansicht vor Auftreten der Quantenmechanik je ausdrücklich formuliert oder gar schlüssig begründet hätte.

e) Die Notwendigkeit neuer Differenzierungen; neue Selbstverständlichkeiten

Es ist für alle drei Fälle charakeristisch, daß die betrachteten Situationen einerseits relativ einfach sind, so daß sie vollständig analysiert und beschrieben werden können, daß aber durch die jeweilige Betrachtung aufgezeigt wird, daß neue, bisher unbeachtete Unterscheidungen eingeführt und Zusammenhänge berücksichtigt werden müssen, um zu einer angemessenen Beschreibung zu gelangen. Dabei wird für eine solche Weiterentwicklung und Umorientierung der Beschreibung nicht im engeren Sinn argumentiert, sondern eine genauere Betrachtung der Situation macht diese Notwendigkeit offenkundig und »für alle Einsichtigen« sichtbar. Das Ergebnis der drei Gedankenexperimente besteht daher nicht in besonders guten Argumenten für eine spezifische These, sondern darin, daß eine neue Sichtweise die frühere Ansicht ersetzt und danach ihrerseits als selbstverständlich erscheint. In diesem Sinn liegen ihre Wirkung und Aufgabe darin, alte Selbstverständlichkeiten durch neue, begründete Selbstverständlichkeiten zu ersetzen. Zu diesem sehr grundsätzlichen Charakter gehört auch, daß die betrachteten Fälle sämtlich ohne irgendwelche exakten Zahlenwerte auskommen, sie sind rein qualitativ. Darin unterscheiden sie sich von der ganz überwiegenden Zahl naturwissenschaftlicher Experimente, wie sie z.B. auch Galilei an der schiefen Ebene ausgeführt hat, und für die er eigens Geräte zur exakten Zeitmessung erfand und bauen ließ.

f) Eröffnung neuer Forschungsfelder

In allen drei Fällen sind die Gedankenexperimente nicht in einen bereits bestehenden experimentellen Rahmen einzuordnen, sondern sie eröffnen ihrerseits ein Feld von möglichen konkreten Experimenten. Die Bestätigung ihrer Richtigkeit liegt dann vorrangig in der Fruchtbarkeit des neuen Forschungszweiges, etwa der Untersuchung von Fallbewegungen oder von Ereignissen, die an weit voneinander entfernten Orten stattfinden, zwischen denen aber Signalverbindungen bestehen. Das dritte Beispiel trägt demgegenüber einen einschränkenden, insofern negativen Charakter: Bohr zeigt, daß Experimente eines bestimmten Typs, wie sie Einstein vorschweben, nicht zum gewünschten Ziel führen können, und daß insofern die Forschung in diesem speziellen

Gebiet eine nicht nur vorläufige, sondern prinzipielle und endgültige Grenze erreicht hat.

Keines der drei betrachteten Beispiele ist daher als Entwurf eines später zu realisierenden tatsächlichen naturwissenschaftlichen Experimentes anzusehen. Bohrs Skizze hat bereits in sich einen negativen Charakter, während Einsteins und Galileis Überlegungen quantitativ völlig unbestimmt sind, so daß sie gar nicht durch ein einzelnes Experiment realisiert werden könnten. Dies ist erst dann möglich, wenn man konkrete Spezialfälle konzipiert, in denen die skizzierten Bedingungen im einzelnen bestimmt werden, was auf ganz unterschiedliche Weisen geschehen kann.

5. *Gedankenexperiment, Erfahrung und Paradigmen*

Das Verhältnis der hier betrachteten Gedankenexperimente zur Erfahrung ist komplex. Sie sind zunächst nicht als Teil der quantitativen Vermehrung empirischer Informationen und Daten aufzufassen und daher von Forschungsarbeiten unterschieden, die solches zum Ziel haben. Auch statistische Überlegungen und Fehlerberechnungen haben in ihnen keinen Ort.

Andererseits ist diese quantitative Unbestimmtheit nicht mit Vagheit zu verwechseln, sondern ganz im Gegenteil sind die Ergebnisse, die diese Gedankenexperimente liefern, völlig eindeutig und klar bestimmt und geben keinen Spielraum für eine relativierende Interpretation: Es ist keine Frage der Deutung oder Meinung, ob Galileis, Einsteins oder Bohrs Ergebnisse überzeugend oder wahrscheinlich sind: sie sind in allen drei Fällen zwingend und unzweifelhaft.

Klassische Gedankenexperimente der betrachteten Art legen die Prinzipien fest, nach denen sinnvolle, korrekte und produktive Forschungsarbeit geleistet werden kann. Sie befinden sich außerhalb der konkreten empirischen Überprüfung oder Bestätigung und bestimmen etwas, das man das »Apriori der naturwissenschaftlichen Forschung« nennen könnte: Sie legen fest, was als seriöser empirischer Befund gelten kann und was nicht.

Dies bedeutet jedoch nicht, daß hier eine apriorische, rein gedankliche Wahrheit für alle Zeiten vorliegt, denn auch die Betrachtungsweisen der Natur können sich ändern und ändern sich. Dieser Prozeß ist, wie die angeführten Beispiele selbst schon zeigen, in vielen Fällen einer der Differenzierung und der Einführung neuer Gesichtspunkte. So muß man etwa Galileis Betrachtungen für Fallbewegungen, die nicht im gleichen Raumstück stattfinden, in besonderen Fällen durch Einsteins Überlegungen zur Gleichzeitigkeit von Bewegungen ergänzen.

Außerdem ist die relativ zur konkreten Forschungsarbeit apriorische Natur der Gedankenexperimente nicht mit ihrer völligen Unabhängigkeit von der Erfahrung gleichzusetzen, denn die innerhalb des jeweiligen Rahmens durchgeführte Forschung erweist die mehr oder weniger große Fruchtbarkeit des Ansatzes.

Die hier entwickelte Analyse klassischer Gedankenexperimente weist starke Ähnlichkeiten zu Thomas Kuhns Ansichten zur Entwicklung der Wissenschaften auf. Gedankenexperimente gehören dementsprechend nicht in den Bereich der Normalwissenschaft, in dem nach vorausgesetzten Paradigmen die empirischen Kenntnisse vermehrt werden, sondern sie sind wesentlicher Bestandteil der Paradigmen selbst. Sie artikulieren demnach Paradigmen oder Teile von ihnen, nach denen gute Forschung unternommen werden kann. Es ist daher nur konsequent, daß Kuhn, wie schon erwähnt, einen wichtigen Beitrag zur Frage der Gedankenexperimente geleistet hat, der nicht der zu kurz greifenden Alternative von Empirismus oder Rationalismus verfällt. Kuhn bleibt jedoch immer noch der Perspektive verbunden, die Erkenntnis mit Informationsgewinn gleichsetzt, wenn er von »Informationen, die gleichzeitig verfügbar und doch irgendwie unzugänglich sind« (S. 348) spricht. Mit dem wesentlich quantitativ gefaßten Begriff der Information allein ist jedoch nicht adäquat zu beschreiben, worum es sich bei Gedankenexperimenten wirklich handelt.

Als Ergebnis der hier entwickelten Analyse zeigt sich so, daß Gedankenexperimente vorrangig Instrumente sind, um Voraussetzungen für korrekte Einzelergebnisse und wahre wissenschaftliche Sätze zu gewinnen. Ihre Aufgabe liegt also vor allem darin, den Sinn von grundlegenden Begriffen und Verfahrensweisen der Forschung zu klären, und nicht über die Wahrheit oder Falschheit zweier konkurrierender Theorien zu entscheiden. (In dieser Hinsicht ist die gewöhnliche Darstellung schon durch Galilei selbst irreführend.) Wenn es aber die zentrale Aufgabe der Philosophie ist, Grundbegriffe zu klären und ihren Sinn festzustellen, dann leisten Gedankenexperimente genuin philosophische Arbeit. Dies bestätigt die Ansicht, daß Galilei, Einstein und Bohr nicht nur grundlegende naturwissenschaftliche, sondern methodisch gesehen auch fundamentale philosophische Arbeit geleistet haben.

6. Schlußbetrachtung: Erweiterungen des Wortgebrauchs

Wie verhält sich nun die skizzierte Analyse der klassischen Fälle zum gegenwärtigen, viel weiteren Wortgebrauch von »Gedankenexperiment«? Hier sind vor allem zwei Richtungen der Erweiterung zu unterscheiden:

a) Bei fiktiven Situationen, die häufig in philosophischen Überlegungen vorkommen, fehlt der charakteristische Bezug auf exakt überprüfbare experimentelle Anordnungen, der wesentlich zur Überzeugungskraft der hier betrachteten Fälle beitrug. So gesehen liegt hier die gemeinsame Aufgabe der Klärung grundlegender Begriffe vor, aber die wesentliche Verbindung zu exakten Experimenten im Sinn der modernen Naturwissenschaft fehlt.

So gehört etwa Putnams Frage, ob und wenn ja, woher wir wissen, daß wir nicht ein Gehirn in einem Tank sind, deswegen nicht zu den Gedankenexperimenten im engeren Sinn, weil hier keine von uns überschaubare und kontrollierbare experimentelle Situation vorliegt, sondern umgekehrt sollen wir selbst uns als (möglicherweise) innerhalb eines von uns nicht überschaubaren Experiments befindlich vorstellen. In philosophischen Beispielen gilt die Aufmerksamkeit gerade nicht der experimentellen Anordnung und Überprüfung durch Messungen, sondern in häufig ganz phantastischen Annahmen wird die Frage nach der prinzipiellen Möglichkeit im Sinne der Vorstellbarkeit untersucht.

Ein weiteres, damit eng verknüpftes Charakteristikum der Gedankenexperimente innerhalb der Philosophie liegt darin, daß die Komplexität der begrifflichen Situation in fast allen Fällen so hoch ist, daß die Interpretationsarbeit in der Regel zu keinem stabilen Ergebnis kommt, sondern immer wieder von neuem beginnt.

Eine gewisse Lockerheit des philosophischen Gebrauchs wird auch darin deutlich, daß man häufig statt der Wendung »das Gedankenexperiment, daß...« ohne Verlust an Genauigkeit auch setzen könnte »der Gedanke, daß...« Aus diesen Gründen kann man innerhalb der Philosophie von einer metaphorischen Verwendung des Ausdrucks »Gedankenexperiment« sprechen.

b) Außer der Frage unserer Stellung zum Experiment kann auch der Begriff des Experiments selbst anders gefaßt werden, nämlich als Versuch ins Offene hinein, wobei man die Rahmenbedingungen und den Ausgang gerade nicht oder jedenfalls nicht genau kennt, oder in denen man mit Absicht oder notgedrungen dem Zufall eine wesentliche Rolle überläßt. In diesem Sinne kann man von experimenteller Kunst oder auch von politischen Zielen und Utopien als Gedankenexperiment sprechen, hat dabei aber erneut den Begriff stark verändert.

Überlegungen wie diese zeigen, daß unter dem Gesichtspunkt logischer und kategorialer Klarheit verschiedene Gebrauchsweisen des Ausducks »Gedankenexperiment« sorgfältiger zu unterscheiden sind als dies in der gegenwärtigen Wissenschaftssprache in der Regel geschieht, und zwar deswegen, weil die klassischen Gedankenexperimente in den Naturwissenschaften neben wichtigen Ähnlichkeiten wesentliche Unterschiede gegenüber dem in der Philosophie so Bezeichneten aufweisen.

Literatur

SORENSEN, Roy: *Thought Experiments*, New York 1992.
BROWN, James Robert: *The Laboratory of the Mind*, London 1991.

Atomkonzeptionen in den Quantenfeldtheorien – ein Beitrag zur Realismusdebatte

TOBIAS FOX (BOCHUM)

1. Einführung

Gegenwärtig wird die Debatte um den wissenschaftlichen Realismus lebhaft geführt. Angesichts grandioser Vorhersageerfolge der empirischen Wissenschaften, aber auch angesichts imposanter Stürze von Weltbildern, unbewußter Annahmen und Vorstellungen über Gegenstände der Welt, ist die Frage, welche Teile der Wirklichkeit von den Naturwissenschaften dauerhaft beschrieben werden, nicht einfach zu beantworten. Heute wird die Auseinandersetzung nicht mehr so sehr zwischen realistischen und antirealistischen Positionen ausgefochten; es geht unter anderem um eine Entscheidung zwischen Entitätenrealismus und strukturellem Realismus. Der Entitätenrealismus hat mit der Erklärung zu kämpfen, weshalb in der Geschichte der Wissenschaft (insb. der Physik) wiederholt sich Entitäten als überflüssig erwiesen haben – man denke an den absoluten Raum, den Äther oder den Wärmestoff Phlogiston –, weshalb aber die gegenwärtig akzeptierten Entitäten dagegen sicher sein sollen. Auf der anderen Seite hat es revolutionäre Entitätenabschaffungen seit etwa 100 Jahren nicht mehr gegeben. Wenn neue Entitäten postuliert oder nachgewiesen worden sind, hat das Dasein der älteren nicht tangiert. In der Kosmologie sind das z. B. schwarze Löcher, in der Teilchenphysik jeweils weitere Substrukturen der chemischen Elemente: Nukleonen und Quarks.

Der strukturelle Realismus kann erklären, daß sich gewissen Strukturen nach einer theoretischen Umwälzung erhalten haben, selbst wenn gewisse Entitäten nun keine oder eine andere Rolle spielen sollten. Andererseits tut er sich bei der Benennung konkreter Strukturen, über die uns die Wissenschaft angeblich dauerhaft unterrichtet, schwer. Sind es strukturierte Phänomene, materielle Strukturen oder mathematische Formeln? Und wenn es nur Strukturen, also Relationen sind, die wir erkennen, was ist denn dann strukturiert (Slogan: keine Relationen ohne Relata)?

Diskutiert werden im wesentlichen zwei Argumente: das ist das keine-Wunder-Argument, demgemäß wissenschaftliche Theorien allein deswegen irgendetwas mit der Wirklichkeit zu tun haben, als daß sie die erfolgreiche Vorhersage neuer Phänomene wiederholt ermöglicht haben (Leplin 1984). Die pessimistische Metainduktion auf der anderen Seite schließt aus dem Scheitern aller historischen wissenschaftlichen Theorien, daß auch die gegenwärtigen sich eines Tages als falsch herausstellen werden (Worrall 1994, Papineau 1996). Jede Position in der Realismusdebatte muß erklären können, welche

Teile der wissenschaftlichen Theorien mit der Wirklichkeit zu tun haben, obwohl sie aus pessimistischer Sicht stets auf Abruf stehen.

Mit einer Betrachtung zweier Problemkreise aus den physikalischen Theorien kleinster Teilchen – den Quantenfeldtheorien – soll genau diese Streitfrage aufgegriffen und ein Plädoyer für den strukturellen Realismus gegeben werden. Dabei geht es zum einen um die Abhängigkeit bestimmter Elementarteilchen relativ zu der sie beschreibenden Theorie. Insofern man zeigen kann, daß Theorien verschiedener Teilchenebenen wie Atome, Atomkerne, Nukleonen und Quarks nicht aufeinander reduzierbar sind, erhalten die jeweiligen Entitäten einen eigenständigen Seins-Status ohne besondere Auszeichnung. Dann, zum anderen, geht es um die Objektkonstitution und Beobachtbarkeit von Quarks und virtuellen Teilchen; beides Objektklassen, die nur in Quantenfeldtheorien vorkommen, und deren Typen im Nukleonenmodell nicht mehr klar voneinander unterschieden werden können. Ein jeder Entitätenrealismus müßte sich im Beispiel der Teilchenphysik zu diesen Objekten bekennen und geriete dort in die Bredouille, wo der strukturelle Realismus aufklären kann: Quantenfeldtheorien legen sich auf keine Entitätenontologie fest, sie bieten mathematische, sich vielerorts wiederholende Strukturen, die erfolgreich die Relationen von außerfeldtheoretischen Dingen beschreiben.

2. *Relativer Atomismus und das Problem des Reduktionismus*

Nach dem Kenntnisstand der Physik ist die Materie in Ebenen verschiedener Teilchentypen strukturiert. Die Teilchentypen unterscheiden sich dadurch, daß sie jeweils anderen Größenklassen zuzuordnen sind, und die sie beschreibenden Theorien unterscheiden sich durch den Intervall auf der Energieskala, auf dem sie gültig sind. So beschreibt die kinetische Gastheorie Systemzustände bei Energien von 0,01 eV (und darunter) und spricht von Atomen, die ideale Gase bilden. Die Atomphysik behandelt Rumpf-Ionen und Elektronen, die sich bei 0,1 eV bis 5 eV ablösen. Kernphysik spielt sich bei 100 000 eV und mehr ab, und die Physik der Quarks setzt nocheinmal weit darüber ein. Bei steigender Energie der Systeme nimmt die zugeordnete Größe der betreffenden Teilchen ab. (Ein Zusammenhang, der sich in der Compton-Wellenlänge widerspiegelt.)

Daß es sich hier um verschiedene Ontologien handelt, ist solange nicht bemerkenswert, als man meint, alle physikalischen Theorien wären auf die aktuell fundamentalsten – in diesem Falle die Quantenfeldtheorien – reduzierbar. Dann, und nur dann, kann man im Slang der Physik behaupten, die Materie bestünde nicht aus Atomen und Molekülen, sondern aus Quarks und Elektronen. Sobald eine solche Reduktion aber global oder teilweise nicht gelingt, werden die Ontologien zu eigenständigen, relativ zu einer Theorie gültigen.

Die allgemeine Möglichkeit des Reduzierens wird von Physikern meistens vorausgesetzt, ohne daß diese Position der Physik in irgend einer Weise dienlich oder abträglich wäre. Was in der Physik unter Reduktion verstanden wird, hat vielleicht Ernest Nagel mit seiner Definition von Theorienreduktion treffend erklärt: aus einer allgemeineren Theorie wird durch Brückengesetze in Form von Gleichungen eine weniger allgemeine Theorie abgeleitet. Als paradigmatischer Fall gilt die Reduzierung der Thermodynamik auf die statistische Mechanik u. a. durch das Brückengesetz $kT = 2/3\ E$. Die Temperatur in der Thermodynamik ist dann nichts anderes als das statistische Mittel der kinetischen Energie der Moleküle (Nagel 1961). Es sind zu dieser Art der Reduktion mehrere Einwände vorgebracht worden; hier interessiert uns nur einer: ein einzelnes Molekül hat zwar aufgrund seiner Bewegung eine kinetische Energie, aber dennoch ist es nicht angebracht, ihm vermittelst des Brückengesetzes eine Temperatur zuzuschreiben. Das Konzept der Temperatur ist erst auf ein größeres System von Molekülen anwendbar. Es wäre also nicht richtig zu sagen, Temperatur sei nichts anderes als Bewegungsenergie, sondern die Temperatur emergiert über ein System mehrerer sich bewegender Subentitäten. Damit sind also einer reduktionistischen Vorstellung die Grenzen aufgezeigt. In der Teilchenphysik ist Steven Weinberg einer der bekanntesten Reduktionisten. Wiederholt kennzeichnet er seinen Begriff von Reduktionismus damit, daß die Eigenschaften und Zustände der Teilchen im Mikroskopischen die Systeme im Makroskopischen dahingehend bestimmten, daß sie so wären wie sie sind und nicht anders (Weinberg 1982, 1993, 1995). Damit spricht er aber nur aus, was unbestritten sein sollte: die Eigenschaften und Zustände von Elementarteilchen sind notwendige Bedingungen für die Eigenschaften und Zustände der Systeme, die sie bilden. Von hinreichenden Bedingungen – für die ein Reduktionist argumentieren muß – kann allerdings nicht die Rede sein.

Können emergente Eigenschaften wie die der Temperatur eines Gases in gleicher Weise zwischen anderen Theorien der Physik auftreten, dann sind die jeweiligen Theorien bis auf weiteres voneinander soweit unabhängig, daß sie für autonome Beschreibungsarten der Natur gehalten werden dürfen. Demnach kommt man zu der These, daß für einen Chemiker eben die chemischen Elemente die unversehrten Grundbausteine der Natur sind, für einen Teilchenphysiker entweder Protonen und Neutronen oder Quarks. Diese Ansicht, relativer Atomismus genannt, ist keineswegs neu, sondern von Kommentatoren der Teilchenphysik des 20. Jahrhunderts selbst motiviert. Werner Heisenberg und Victor Weisskopf gebrauchen zwar nicht den Terminus, liefern aber reichhaltige Argumente für den relativen Atomismus. (Heisenberg 1932–1976; Weisskopf 1963, 1968. Daß z. B. Weisskopf bekennender Reduktionist gewesen ist, ist dabei nicht von Belang, da seinen physikalischen Äußerungen mehr Gewicht beigemessen werden sollte, als seinen wissenschaftstheoretischen.)

Bei den Quantenfeldtheorien finden wir die Reihe hierarchisch angeordneter Theorien fortgesetzt. Es sind die Effektiven Feldtheorien, die jeweils auf einem begrenzten Energieintervall gültig sind und jeweils von unterschiedlichen Teilchenklassen als ontologischem Gehalt sprechen. Besonders hervorzuheben ist eine Gegenüberstellung von Effektiven Feldtheorien bei hohen Energien, die die elementarsten Teilchen beschreiben, die zur Zeit bekannt sind, mit chiralen Feldtheorien, die mit den Nukleonen vergleichsweise große Teilchen beinhalten. Auch in diesem Bereich sind mit gewissen Quantenzahlen der Nukleonen Eigenschaften zu finden, die emergent gegenüber den Subentitäten sind (Cao/Schweber 1993, Hartmann 2001, Castellani 2002).

Das Resultat des relativen Atomismus ist, daß die ursprüngliche philosophische Idee des Atomismus weitgehend aufgehoben ist. Es gibt nicht die eine Klasse von Elementarteilchen, die unteilbar sind, und auf die alles Geschehen im Makroskopischen reduzierbar wäre. Nein, jede naturwissenschaftliche Teildisziplin – zumindest in der Chemie und der Physik – hat seine eigenen, relativ unteilbaren Grundbausteine. Sogar die gegenwärtig kleinsten Teilchen sind nun unteilbare Grundbausteine nur relativ zu ihrer Effektiven Feldtheorie, da man über zukünftige Theorien über noch kleinere Teilchen bei noch höheren Energien natürlich nichts aussagen kann.

3. Quarks und virtuelle Teilchen als problematische Entitäten der Feldtheorien

Seit etwa dreißig Jahren gilt die Quantenchromodynamik als bestätigte und seitdem bestens bewährte Theorie der Quarks, den aktuell kleinsten Teilchen der wägbaren Materie. Aus wissenschafts- und erkenntnistheoretischer Perspektive muß gefragt werden, bei welchen Situationen Quarks entdeckt worden sind und welche Anhaltspunkte uns die Theorie liefert, von Quarks als kontinuierlich existierenden Objekten zu sprechen. Die maßgeblichen Veröffentlichungen zu den Experimenten, in denen die Quantenchromodynamik ihre Bestätigung fand, haben zum Ziel, gewisse Parameter der Theorie zu messen. Meistens handelt es sich um Streuexperimente, bei denen Teilchenspuren aufgezeichnet werden und Teilchenidentifikationen vorgenommen werden. Jedoch können damit weder Quarks beobachtet werden – das ist u.a. auch dem Quark-Confinement geschuldet –, noch liegt darin ihr endgültiger Zweck. Bei hoher Statistik kommt es nicht auf die Einzelereignisse an, sondern auf die Häufigkeit bestimmter Zerfallskanäle, die charakteristische Muster in den Teilchendetektoren hinterlassen. Die Experimente teilen sich in etwa vier Typen auf. Das sind (1) Messung der verletzten Skaleninvarianz von Nukleonen, die damit keine punktförmigen Objekte mehr sind (seit 1968); (2) Nachweis von Resonanzmesonen bei nur von der Quantenchromodynamik vorhergesagten Energiewerten (seit 1974); (3) Messung der Strukturfunktionen von Nukleonen, womit sich das Quark-Modell gegenüber dem Partonen-Modell auszeichnet (seit 1975); und (4) Aufzeichnung häufiger Jet-Ereignisse (seit 1975). Allen Experimenten ist gemein, daß sie Quarks weder direkt noch indirekt beobachten sollen, sondern der Bestimmung besonderer Parameter der Quantenchromodynamik dienen. (Dies gilt auch für die Aufzeichnung von Jet-Ereignissen, um einem möglichen Einwand zu begegnen, denn von Interesse sind nicht einzelne Ereignisse, sondern die Bestimmung ihrer Häufigkeit bei vorgegebener Kollisionsenergie.)

Da nun die Quarks experimentell nicht beobachtet werden, aber die Quantenchromodynamik sehr gut bestätigt ist: welche Rolle spielen die Quarks als Entitäten dieser Theorie? Dort fehlen wesentliche Kriterien, um von einer kontinuierlichen Existenz der Quarks sprechen zu dürfen. Diese Kriterien entlehnen sich aus dem in der Philosophie oft bemühten Beispiels des Baumes im Wald, der doch da sein sollte, auch wenn niemand hinschaut. Denn dies können wir nur sagen, wenn das Hin- und Wegschauen an der Konstitution des Baumes nichts ändern kann, wenn er neben seiner Sichtbarkeit auch noch andere Sinnesorgane anregen kann und dergleichen mehr. Übersetzt man diese Kriterien in die physikalische Sprache, dann gelangt man zu drei notwendigen Bedingungen, die ein kontinuierlich existierender Gegenstand erfüllen muß (ob es nur diese drei notwendige Bedingungen gibt, soll nicht weiter erörtert werden): (1) Invarianz der Objektes unter den zehn räumlichen und zeitlichen Galilei-Transformationen; (2) Unabhängigkeit der Messung und Ideal des isolierten Systems; (3) raumzeitlich konsistente Verknüpfung mehrerer Meßgrößen eines Gegenstandes. Die erste Bedingung, formuliert vor allem von Peter Mittelstaedt (Mittelstaedt 1994, 2003), ist dadurch nicht erfüllt, als daß Quarks nur invariant in der SU(3)-Symmetriegruppe sind, durch die man von einem Quark-Typ zum nächsten gelangt, nicht aber zu verschiedenen raumzeitlichen Perspektiven eines einzigen Quarks. Die Galilei-Transformationen sind etwas in der Quantenchromodynamik Ungebräuchliches. Die zweite Bedingung fällt allein dadurch aus, daß wir es bei den Quarks mit Quantenobjekten zu tun haben, deren isoliertes Dasein und Werden prinzipiell nicht aus der Physik ableitbar ist. Die dritte Bedingung gewährleistet, daß ein unbeobachtetes Objekt sich noch durch andere Eigenschaften, etwa gravitative oder elektrische, bemerkbar macht und dadurch als kontinuierlich existierend gelten kann. Bei den Teilen eines gegebenen Ganzen ist diese Bedingung prinzipiell problematisch, denn sobald nicht die Teile, sondern das Ganze als kontinuierlich existierend gedacht wird, übernimmt es die Rolle des Eigenschaftsträgers. Alle möglichen gravitativen oder elektromechanischen Wirkungen der Quarks – sofern sie in der Physik überhaupt betrachtet werden – übernimmt das Quark-Compositum, nämlich das Proton oder das Neutron. Daher müßte man nun fragen, ob denn die Unterteilung der Protonen und Neutronen kontinuierlich besteht. Für diese Frage bietet die Physik der Quarks keine Handhabe der Beantwortung mehr.

Virtuelle Teilchen sind auf eine andere Art problematische Entitäten der Feldtheorien. Sie sollen zwar die klassischen Kraftfelder ersetzen und eine Wechselwirkung zwischen realen Teilchen herstellen, doch ihre Herkunft und ihr Dasein sind aus wissenschaftstheoretischer Perspektive zweifelhaft. Sie treten nur im Ansatz der Pfadintegrale von Richard Feynman auf, der nur ein von mehreren Zugängen zu den Quantenfeldtheorien bietet. Sie sind Teil der störungsrechnerischen Methode und damit ein Produkt eines Näherungsverfahrens, während eine ontologische Interpretation eigentlich nur von exakten physikalischen Modellen sinnvoll ist. Schließlich ist ihr Auftreten nach Art und Anzahl selbst in einer einzigen Wechselwirkung nicht bestimmt. Letzteres ist das Argument der Superposition, und es ist zentral in der wissenschaftstheoretischen Diskussion um den Status virtueller Teilchen (Stöckler 1987, 1990, Redhead 1988, Weingard 1988). Man kommt zu dem Schluß, daß virtuelle Teilchen nur rechnerische Hilfsgrößen sind. Was aber dann wirklich vor sich geht, wenn es im mikroskopischen Bereich zu Wechselwirkungen kommt, bleibt aus der Sicht der Quantenfeldtheorien, immerhin die alternativlosen Theorien dieses Gebiets, unbeantwortet.

4. Ein erstes Fazit zur Ontologie von Quantenfeldtheorien

Eine Substanz-Akzidenz-Ontologie in den Quantenfeldtheorien wurde bereits aus anderen Perspektiven kritisiert (Auyang 1995, Cao 1999, Kuhlmann/Lyre/Wayne 2002, Hättich 2004). Eher votiert die Literatur für Ereignis-, Prozeß- oder Tropen-Ontologien. Ohne darauf näher einzugehen sei einmal festgehalten, daß die Entitäten der Feldtheorien sich nun auf eine neue Weise als zweifelhafte Kandidaten für substantielle, dauerhafte Objekte herausstellen: Sie gelten als fundamental und unveränderlich nur hinsichtlich ihrer Feldtheorie, während ihr Dasein (physikalisch: ihre Freiheitsgrade) in anderen Theorien der Materie keine Rolle spielt. Das Scheitern des Theorien- und auch des Entitätenreduktionismus (eine Blume ist nichts anderes als ein System von Atomen, Atome sind nichts anderes als ein System von Quarks und Elektronen) zeigt, daß auch Moleküle oder Atomkerne als die schlechthinnigen Bausteine der Materie aufgefaßt werden dürfen. Zudem kann zwar die Einführung von Quarks und von virtuellen Teilchen bislang alle Phänomene der Hochenergiephysik erklären, jedoch werden sie in einem gewissen Sinne eingefordert, ohne alle Bestimmungen von in der Raumzeit kontinuierlich existierenden Gegenständen erfüllen zu müssen. Daß sie diese Bestimmungen am Ende nicht erfüllen, darf dann nicht mehr verwundern. Welche Ontologie sich auch immer mit den Quantenfeldtheorien verbindet, es hat sich einmal mehr herausgestellt, daß es keine Ontologie der Entitäten ›Quarks‹ und ›virtuelle Teilchen‹ als dauerhafte Substanzen sein kann.

5. Ein Plädoyer für den strukturellen Realismus

Es ist richtig, daß es seit über 100 Jahren keine prominente Entitätenabschaffung in der Physik gegeben hat. Die physikalischen Entdeckungen immer neuer Substrukturen der Materie hat die darüberliegenden Entitäten bewahrt, ähnlich wie die Entdeckung neuer Kontinente auf der Erde am Dasein der alten (natürlich) nichts geändert hat. Man könnte demnach auf das keine-Wunder-Argument entgegnen: Unsere Theorien sind empirisch erfolgreich, weil sie – zumindest in der Physik – die wahren Bausteine der Materie postulierten, entdeckten und bewahrten. Auf die pessimistische Metainduktion würde man antworten: Auch die gegenwärtigen Theorien würden sich in Zukunft vielleicht als falsch herausstellen, sie blieben allerdings eine gute Näherung und ihre Entitäten weiterhin von Bestand.

Aber dieser Entitätenrealismus beruft sich auf sehr schwache Entitäten wie wir jetzt gesehen haben. Es scheint eine Wende angebracht zu sein, dergemäß die formalen Strukturen primär gegenüber den Entitäten angesehen werden müssen. Sicher bleiben die Entitäten dabei erhalten, vielleicht sogar über zukünftige Theorienentwicklungen hinaus. Aber damit ist im Bereich der Teilchenphysik keine ontologische Aussage verknüpft; vielmehr bedürfen wir eines Gegenstandsdenkens, das einerseits die Phänomene der makroskopischen Erfahrungswelt hilft zu verstehen, andererseits aber den Entitäten nicht zu viele Gegenstandseigenschaften unterstellt. Was sich sicher erhalten wird, sind Strukturen, die so anwendbar bleiben wie die Newtonsche Physik trotz der relativistischen Umwälzungen, oder die sich erhalten, weil sie sich teilweise in neue Theorien integrieren lassen. Die Teilchenphysik bietet eine Fülle von Beispielen für formale Strukturen, die auf mehreren Energieebenen (und damit Teilchentypen-Ebenen) und bei verschiedenen Wechselwirkungsarten wiederholt werden. Die Spektren von Molekülen, Atomen, Kernen, Nukleonen und schließlich Quarks sind ein beeindruckendes Beispiel, die analoge Modellierung der elektromagnetischen, schwachen und der starken Wechselwirkung ein weiteres.

Auf das keine-Wunder-Argument kann man nun antworten: Wir können deswegen neue empirische Phänomene vorhersagen, weil uns die bisher erkannten Strukturen dazu befähigen. Wir müssen sie nur noch auf die rechten Entitäten anwenden, gleich, wie schwach sich diese als Gegenstände ausnehmen.

Auf die pessimistische Metainduktion ist zu sagen: Sicher kann sich jede gegenwärtige Theorie als falsch, und zwar pauschal falsch und nicht bloß als Grenzfall einer zukünftigen, allgemeineren Theorie, herausstellen. Gleichwohl verbinden sich ältere Theorien, gegenwärtig gute und zukünftig viel bessere durch die Wiederholung zentraler formaler Strukturen.

Literatur

AUYANG, S.: *How is Quantum Field Theory Possible?*, Oxford 1995.

CAO, T. Y./SCHWEBER, S.: *The conceptual Foundations and the Philosophical Aspects of Renormalization Theory*, in: Synthese 97 (1993), S. 33–108.

CAO, T. Y. (Hg.): *Conceptual foundations of quantum field theory*, Cambridge 1999.

CASTELLANI, E.: *Reductionism, Emergence and Effective Field Theories*, in: Studies in History and Philosophy of Modern Physics 33/2 (2002), S. 251–267.

HÄTTICH, F.: *Quantum Processes*, Münster 2004.

HARTMANN, S.: *Effective Field Theories, Reductionism and Scientific Explanation*, in: Studies in History and Philosophy of Modern Physics 32/2 (2001), S. 267–304.

HEISENBERG, W. (1932—1976): diverse Aufsätze, Vorträge und Mitteilungen; z. B.: *Zur Geschichte der physikalischen Naturerklärung* (1932), in W. Heisenberg, Gesammelte Werke, München und Berlin 1984–1989, Abt. C Bd. I, S. 50–61; *Elementarteile der Materie* (1954), C I, S. 421–433; *Philosophische Probleme in der Theorie der Elementarteilchen* (1967), C II, S. 410–422; *Was ist ein Elementarteilchen?*, in: Die Naturwissenschaften 63 (1976), S. 1–7, Nachdruck in C III, S. 507–513.

KUHLMANN, M./LYRE, H./WAYNE, A. (Hgs.): *Ontological Aspects of Quantum Field Theory*, Singapore 2002.

LEPLIN, J.: *Scientific Realism*, Berkeley 1984.

MITTELSTAEDT, P.: *The Constitution of Objects in Kant's Philosophy and in Modern Physics*, in: P. Parrini (Hg.): Kant and Contemporary Epistemology, Dordrecht 1994, S. 115–129.

MITTELSTAEDT, P.: *Der Objektbegriff bei Kant und in der gegenwärtigen Physik*, in: Heidemann/Engelhard (Hgs.): Warum Kant heute?, Berlin 2003, S. 207–230.

NAGEL, E.: *The Structure of Science*, London 1961.

PAPINEAU, D. (Hg.): *The Philosophy of Science*, Oxford 1996.

REDHEAD, M.: *A Philosopher Looks at Quantum Field Theory*, in: Brown/Harre (Hgs.): Philosophical Foundations of Quantum Field Theory, Oxford 1988, S. 9–23.

STÖCKLER, M.: *Raum-Zeit-Strukturen in der Quantenfeldtheorie*, in: Weingartner/ Schurz (Hgs.): Logik, Wissenschaftstheorie und Erkenntnistheorie, Wien 1987, S. 263–266.

STÖCKLER, M.: *Materie in Raum und Zeit?*, in Philosophia naturalis 27 (1990), S. 111–135.

WEINBERG, S.: *Newtonianism, Reductionism and the Art of Congressional Testimony*, in: Nature 330 (1987), S. 433–437.

WEINBERG, S.: *Dreams of a Final Theory*, London 1993.

WEINBERG, S.: *Nature itself*, in: Brown/Pais/Bippard (Hgs.): Twentieth century physics, New York 1995, Bd. 2, S. 2033–2040.

WEINGARD, R.: *Virtual Particles and the Interpretation of Quantum Field Theory*, in: Brown/Harre (Hgs.): Philosophical Foundations of Quantum Field Theory, Oxford 1988, S. 43–58.

WEISSKOPF, V.: *The Quantum Ladder*, in: International Science and Technology 6 (1963), S. 62–70.

WEISSKOPF, V.: *The three Spectrocopies*, in: Scientific American 5 (1968), S. 15–29.
WORRALL, J.: *The Ontology of Science*, Dartmouth 1994.

Zur Wirklichkeit virtueller Prozesse in der Teilchenphysik

JOHANNES RÖHL (GIEßEN)

Einleitung

Schlägt man ein einführendes Buch zur Elementarteilchenphysik auf, begegnet man oft schon auf den ersten Seiten dem Modell, in dem Wechselwirkungen zwischen Materieteilchen durch den »Austausch« von Teilchen beschrieben werden, und entsprechenden graphischen Darstellungen, den sogenannten Feynman-Diagrammen. Bei der Streuuung zweier Elektronen wird demnach ein Photon zwischen diesen Teilchen »ausgetauscht«: Eins der Elektronen emittiert ein Photon und erfährt dabei einen »Rückstoß«, kurz darauf absorbiert das andere Elektron das Photon und nimmt so den übertragenen Impuls auf.

Im folgenden werde ich nach zwei Vorbemerkungen zu Realitätskriterien für unbeobachtbare Entitäten und der Interpretation der Quantentheorie (QT) zunächst kurz darstellen, wie man in der Quantenfeldtheorie (QFT) überhaupt dazu kommt, von virtuellen Teilchen zu sprechen. Dann werde ich die naive Interpretation dieser Modellvorstellung sowie deren zentrale Schwierigkeit erläutern. Anschließend versuche ich zu zeigen, dass diese Schwierigkeit nicht rechtfertigt, virtuellen Teilchen jegliche Wirklichkeit abzusprechen, sondern dass diese nach gängigen Realitätskriterien als wirklich angesehen werden müssen, allerdings in einer von der naiven Vorstellung abweichenden Weise. Diese dispositionale oder potentielle Seinsweise geht jedoch nicht wesentlich über die schon in der gewöhnlichen QT notwendigen Revisionen klassischer Vorstellungen hinaus.

Wissenschaftlicher Realismus, unbeobachtbare Entitäten und Realitätskriterien

Elementarteilchen, ganz gleich ob reell oder virtuell sind ein Musterbeispiel für das, was in Wissenschaftsphilosophie und Erkenntnistheorie unter dem etwas unglücklichen Begriff »theoretische Entitäten« bekannt ist. Eindeutiger ist es, von den Referenzobjekten »theoretischer Terme« (im Gegensatz zu direkt an Beobachtung gekoppelten Ausdrücken) einer Theorie als »unbeobachtbaren« Entitäten zu sprechen. Die Frage, ob es diese unbeobachtbaren Objekte in demselben Sinne gibt wie Sterne und Staubkörner ist einer der wesentlichen Streitpunkte zwischen eher empiristisch-positivistisch und realistisch eingestellten Philosophen. Lässt man als wissenschaftlicher Realist (prinzipiell) unbeobachtbare Referenzobjekte bestimmter Ausdrücke in der Wissenschaft zu, so benötigt man selbstverständlich Kriterien, um zu entscheiden, ob ein gegebener Begriff, z.B. »Elektron«, »Raumzeitpunkt« oder »Feldlinie« als mathematisches Hilfsmittel zu verstehen ist, oder ob Objekte, Relationen, Prozesse oder andere Entitäten postuliert werden, auf die sich solche Begriffe beziehen. Dabei werden u.a. folgende Realitätskriterien vorgeschlagen: Kontinuität[1] bzw. Einheit der Natur, explanative Kraft[2], technisch-experimentelle Manipulierbarkeit[3], kausale Rolle bei einer Erklärung.[4] Ich will hier nicht auf alle dieser Kriterien eingehen, der gemeinsame Kern dürfte eine Art des »Schlusses auf die beste Erklärung« sein. Die Varianten ergeben sich dadurch, dass strittig ist, welche Erklärung als »beste« oder überhaupt als zulässig gelten darf. Denn ohne Einschränkungen ist das Argument viel zu schwach und ein Vorgehen wie etwa in der ptolemäischen Astronomie, bei der zur Rettung der Phänomene immer neue Entitäten postuliert werden können, nicht ausgeschlossen werden.[5] Eine ausreichend starke Restriktion, die u.a. von Nancy Cartwright vertreten wird, scheint die auf Erklärungen durch kausale Prozesse zu sein: Stehen unbeobachtbare Entitäten in einer mehr oder minder direkten Kausalrelation zu den Phänomenen, so sind sie als real anzusehen, denn die Relata einer Kausalrelation können nicht unterschiedliche Grade von Realität besitzen.

Ein weiteres wichtiges Kriterium, dass die explanative Funktion präzisiert, ist die Forderung nach unabhängiger Testbarkeit. Eine postulierte Entität darf nicht nur für das Phänomen fruchtbare Erklärungen liefern, in dem sie ursprünglich angenommen wurde, sondern es muss Testinstanzen in verschiedenen Gebieten der Wissenschaft geben.[6] Der explanativ triviale Fall ist, für genau ein Phänomen eine verborgene Kraft zu dessen Erklärung anzunehmen, was seinerzeit von Moliere am Beispiel der *virtus dormitiva*, der einschläfernden Kraft der Morphiums, verspottet wurde. Ein historisches Paradebeispiel für unabhängige Testbarkeit ist die Akzeptanz der Realität der Atome, nachdem klar war, dass die Atomhypothese eine Fülle von Phänomenen aus verschiedensten Bereichen in Physik und Chemie erfolgreich erklären konnte.

Zur Interpretation der Quantentheorie

Das Problem der angemessenen Interpretation der Quantentheorie (QT) ist vielleicht das umstrittenste Gebiet in der Philosophie der Physik des 20. Jhds[7],

---

[1] Maxwell 1962, S. 7ff.
[2] Smart 1963, S. 39ff.
[3] Hacking 1983, S. 23: »So far as I'm concerned, if you can spray them then they are real.«
[4] Vgl. z.B. Cartwright 1983, S. 89ff.
[5] Ebd., S. 90f
[6] Vgl. z.B. Hesse 1962, S. 197.
[7] Für einen Überblick siehe z.B. Bartels 1995, S. 73ff.

insbesondere kann die QT ein Problem für einen zu naiv verstandenen wissenschaftlichen Realismus darstellen. Das zentrale Interpretationsproblem der Quantentheorie ist folgendes: Quantensysteme zeigen offenbar zwei grundlegend verschiedene Arten dynamischer Zustandsänderung. Bei einer Messung tritt eine diskontinuierliche Zustandsänderung auf (Von-Neumann-Dynamik), die zu einem scharfen Messwert der gemessenen Systemgröße führt. Dagegen entwickelt sich das System zwischen Messvorgängen zwar stetig nach der Schrödingergleichung, man kann ihm dann jedoch keine festen Werte für die dynamisch veränderlichen Eigenschaften zuschreiben (Schrödinger-Dynamik), sondern nur ein Spektrum von möglichen Werten einer Eigenschaft, von denen einer dann mit einer gewissen Wahrscheinlichkeit gemessen wird; nur diese Wahrscheinlichkeiten können prognostiziert werden. Das System befindet sich in einem sogenannten Superpositionszustand, einer gewichteten Überlagerung von Eigenzuständen und »springt« bei der Messung in einen Eigenzustand.

Da man aus der klassischen Physik gewohnt ist, dass Systeme ihre Eigenschaften immer definit besitzen, wirft dieses Moment quantentheoretisch zu beschreibender Systeme offenbar ein Problem auf. Die einfachste Lösung wäre, eine instrumentalistisch-positivistische Position bezüglich der Quantentheorie einzunehmen: Der mathematische Apparat erlaubt die Vorhersage der Messwerte, wenngleich mit einem stärkeren statistisch-probabilistischen Element als gewohnt, mehr ist von einer Theorie nicht zu verlangen. Ein über eine solche Minimalinterpretation der QT hinausgehender Ansatz, der für den wissenschaftlichen Realisten akzeptabel ist, ist die sogenannte *Propensitätsinterpretation*.[8] Propensitäten sind dispositionale Eigenschaften mit stochastischem Charakter, Zufallsdispositionen. Dispositionale Eigenschaften sind aus dem Alltag bekannt, es sind Eigenschaften, die unter geeigneten Bedingungen in eine andere manifeste Eigenschaft übergehen (oder ein Ereignis oder einen Prozess auslösen) z.B Zerbrechlichkeit oder Löslichkeit. In der QT kann man nun Systemen solche Eigenschaften mit der zusätzlichen Besonderheit, dass sie sich »zufällig« manifestieren, zuschreiben Das heißt, man kann auch unter idealen Bedingungen nur *Wahrscheinlichkeiten* dafür angeben, dass sich bestimmte Werte der Eigenschaften manifestieren. Die Aktivierungsbedingungen bei quantenmechanischen Systemen sind Messungen oder messungsähnliche Prozesse, das Wertspektrum der jeweiligen Eigenschaft z.B. des Impulses liegt als Propensität vor und bei der Messung manifestiert sich dann ein konkreter Impulswert.

Aufgrund dieser Eigenheiten von Quantensystemen ist einsichtig, dass es sich bereits bei den den nichtvirtuellen Entitäten der QFT nicht um »Teilchen« im Sinne klassischer Partikel handelt: die Entitäten der QFT sind insbesondere weder raumzeitlich scharf lokalisiert, besitzen daher keine Trajekto-

---

[8] Vgl. z.B. Teller 1995, S.7ff.; Jammer 1974, S. 447ff., S. 504ff.

rien, noch sind sie anderweitig individuierbar.[9] Ergänzend zu den oben angeführten Realitätskriterien muss man sich als notwendige Konzession an diese Erkenntnisse der Quantentheorie daher von dem althergebrachten Vorurteil verabschieden, dass nur selbstständigen partikularen Objekten Existenz im eigentlichen Sinne zugesprochen werden darf, während instantiierten Eigenschaften und Relationen nur ein irgendwie abhängiges, defizitäres Sein zukommt. Welche Ontologie man für die QT oder die QFT auch annimmt, eine gewisse »ontologische Demokratie« scheint unvermeidbar zu sein. Ich werde später versuchen zu zeigen, dass ein Teil der Verwirrung bei der Frage, ob und wie virtuelle Zustände nun existieren, darauf zurückzuführen ist, dass oft nur eine substantielle Existenz in diesem traditionellen Sinn im Blick gewesen ist.

Diagrammatische Störungstheorie und virtuelle Teilchen

Wie gelangt nun überhaupt die Vorstellung von »virtuellen Teilchen« in die QFT?

Beim Übergang von einer klassischen Feldtheorie zur QFT werden zunächst die Felder als generalisierte Koordinaten interpretiert und analog zu diesen kanonisch konjugierte »Impulsfelder« definiert. Der eigentliche »Quantisierungsschritt« besteht nun darin, von klassischen Feldern, also Funktionen, die jedem Raumzeitpunkt einen Skalar, Vektor u.ä. zuordnen, zu *operatorwertigen* Feldern überzugehen, die jeden Punkt mit einem Operator in einem Hilbertraum (also einem quantenmechanischen Zustandsraum) verknüpfen.[10] Klassische bzw. operatorwertige Felder beziehen sich demnach in unterschiedlicher Weise auf physikalische Größen: Bei einem klassischen Feld wird den Raumzeitpunkten direkt eine physikalische, i.d.R. messbare Größe zugeordnet, z.B. der Vektor des elektrischen Feldes. Dagegen muss man bei einem operatorwertigen Feld, um zu physikalischen Größen zu gelangen, den Erwartungswert des entsprechenden Operators in Hilbertraumzuständen bestimmen. Ein freies Feld kann nun in Fourierkomponenten entwickelt werden und damit kann ein beliebiger Zustand des freien Feldes einfach als eine Kollektion nichtwechselwirkender quantenmechanischer Oszillatoren aufgefasst werden. Die Feldtheorie des freien Feldes erhält so eine Darstellung, die formal mit einer Kollektion nicht wechselwirkender Teilchen oder »Feldquanten« identisch ist.

Bei der Beschreibung von Wechselwirkungen enthält die Lagrange-Funktion der Theorie einen Term für die freien Fermionenfelder (also in der QED Elektronen und Positronen), einen für die freien Bosonenfelder (in der QED die Photonen) und einen Wechselwirkungsterm, der die Kopplung zwischen den Fermionen und Bosonen beschreibt. Für die Berechnung eines

---

[9] Vgl. hierzu z.B. Redhead 1982; Teller 1995; Stöckler 1990; Falkenburg 1995.
[10] Vgl für ausführliche Ableitungen z.B. Sakurai 1967, S. 21ff.; Redhead 1982, S. 62ff.

Streuprozesses wie der Elektron-Elektron-Streuung ist die entscheidende Größe die sogenannte S-Matrix (Streumatrix). Sie enthält die quantenmechanischen Wahrscheinlichkeitsamplituden für den Übergang eines bestimmten, experimentell präparierten Ausgangszustands in verschiedene Endzustände.[11] Diese S-Matrix wird nun störungstheoretisch entwickelt. Das bedeutet, dass man Potenzen des Wechselwirkungsterms der Langrangedichte, die nun als Operatoren auf die Zustände wirken, zwischen den Anfangs- und Endzuständen auswerten muss: Erzeugungsoperatoren erzeugen ein Elektron bzw. Photon mit bestimmtem Impuls, Vernichtungsoperatoren vernichten entsprechende Teilchen. Ein in erster nichtverschwindender Ordnung beitragender Term hat dann z.B. die Form (abgesehen von Vorfaktoren): $b_q^+ a_k b_q b_p^+ a_k^+ b_p$: a_k^+ erzeugt ein Photon mit Impuls k, a_k vernichtet es wieder; die b/b^+ vernichten die Elektronen des Ausgangszustandes und erzeugen die beiden des Endzustandes. Das Photon taucht ganz richtig nicht im Anfangs- und Endzustand, sondern nur in einem intermediären Zustand auf: ein *virtuelles* Photon. Bei einem Streuprozess mit reellen Photonen im Ausgangs- und Endzustand wie der Comptonstreuung ist *dieselbe* Art von Erzeugungs- und Vernichtungsoperatoren dafür verantwortlich, ein reelles Photon zu vernichten und wieder zu erzeugen. (In diesem Fall gibt es eine interne Fermion-Linie.) Der Formalismus zeichnet also die reellen gegenüber den virtuellen Teilchen nicht aus, diese Interpretation ergibt sich erst bei der Auswertung mit konkreten Anfangs- und Endzuständen. Feynman-Graphen liefern eine piktoriale Darstellung dieser Terme der störungstheoretischen Entwicklung, wobei gemäß den Feynman-Regeln jedem visuellen Element ein mathematischer Term entspricht. Reellen Teilchen, die man im Prinzip detektieren könnte, entsprechen die äußeren »Beine« des Diagramms virtuelle Teilchen sind durch innere Linien repräsentiert.

Es ist nun sehr verführerisch (vermutlich auch weil die graphische Darstellung wie die Skizze eines makroskopischen Stossprozesses aussieht), die in den Feynman-Graphen dargestellten Beiträge als elementare physikalische Prozesse zu interpretieren: Ein Streuprozess zwischen zwei Elektronen würde sich also aus den Elementarprozessen »zusammensetzen«, deren jeweilige Wahrscheinlichkeit durch das entsprechende Matrixelement in der S-Matrix gegeben wäre. So kann man zu der »naiven Interpretation« virtueller Prozesse, einer Art Ignoranzdeutung auf realistischer Basis gelangen: Es gibt unterschiedliche Wahrscheinlichkeiten für die elementaren Wechselwirkungsprozesse, man weiß einfach nicht, ob nun tatsächlich ein 1-Photon, 2-photon-etc.-Austausch stattgefunden hat. Darüber hinaus kann man den Prozess noch »in der Mitte aufteilen«, d.h. ein Photon wird von Elektron 1 emittiert, fliegt ein Stückchen und wird dann von Elektron 2 absorbiert.

---

[11] Es handelt sich hierbei um eine grobe Skizze, angelehnt an Weingard 1982. Für Details vgl. z.B. Schroeder/Peskin 1995.

Robert Weingard hat wohl zuerst darauf hingewiesen, dass eine solche Interpretation zu naiv ist.[12] Experimentell zugänglich sind ohnehin nur ein präparierter Anfangszustand (ein Strom von Elektronen im Beschleuniger) sowie die Streuzustände nach der Wechselwirkung (also im Detektor gefundene abgelenkte Teilchen). Dazwischen sitzt eine *black box*, der genaue Vorgang der Interaktion ist nicht zugänglich. Für die Übergangswahrscheinlichkeit in einen bestimmten Endzustand liefert uns die Theorie (als wesentlichen Faktor) das *Betragsquadrat* des entsprechenden S-Matrixelementes:

$$\left|\langle p';q'|S|p;q\rangle\right|^2 = \left|\sum_{i}^{\infty}\langle p';q'|S^i|p;q\rangle\right|^2$$

Hier muss nun aber eine genaugenommen unendliche Summe von Termen der Störungsentwicklung eingesetzt und quadriert werden, wobei zum einen auch Prozesse höherer Ordnung berücksichtigt werden müssen, also bei der Streuung zweier Elektronen Prozesse mit 2, 4 etc. virtuellen Photonen. Darüber hinaus kommt es i. d. R. zu *Interferenztermen* zwischen den einzelnen Beiträgen. Nach der Interaktion befindet sich das System also eigentlich in einem Superpositionszustand aus den genannten Prozessen, in dem die Teilchenzahl der virtuellen Photonen nicht scharf ist, das System also nach der gängigen Interpretation der Quantentheorie keine bestimmte Anzahl an virtuellen Teilchen besitzt.[13] Erst die Messung der gestreuten Elektronen im Detektor führt zum Zusammenbruch des Superpositionszustandes in einen bestimmten Endzustand.

Eine allzu wörtliche Interpretation der Feynman-Graphen als Darstellung physikalischer Elementarprozesse, motiviert aus der Tatsache, dass dieselben Feldoperatoren reelle wie virtuelle Teilchen erzeugen bzw. vernichten, scheitert also daran, dass die eigentliche Wechselwirkung nicht als eine einfache Addition der Wahrscheinlichkeiten für die elementaren Beiträge, sondern als eine spezifisch quantentheoretische Superposition von Beiträgen mit jeweils unterschiedlicher Anzahl virtueller Teilchen zu sehen ist.[14] Möchte man demnach virtuelle Teilchen nur als unzulässige Hypostasierungen mathematischer

---

[12] Weingard 1982; 1988.

[13] Es ist in dem Überlagerungszustand tatsächlich noch nicht einmal die *Teilchensorte* scharf, denn in höherer Ordnung können interne Fermionen-Loops auftreten. Vgl. Weingard 1988, S. 45f.

[14] Auch wenn in unserer Darstellung die Motivation, von ›virtuellen‹ Teilchen zu sprechen, durch die Interpretation der Feldoperatoren als Erzeuger und Vernichter nahegelegt wurde, ist die Argumentation nicht von diesem speziellen Formalismus abhängig. Weingard hat für den alternativen Zugang über Feynmansche Pfadintegrale eine ähnliche Analyse durchgeführt, mit dem gleichen Ergebnis, daß Feynman-Diagramme nicht als reale Prozesse zu interpretieren seien. Das Kernproblem bleibt dasselbe, nämlich dass wir einen Superpositionszustand der intermediären Zustände, in dieser Formulierung direkt als Propagatoren, erhalten. Vgl. Weingard 1988.

Terme verstehen, ergibt sich jedoch eine Art Kategorienfehler![15] Wie sollen *reelle* Teilchen vermittels mathematischer Hilfskonstruktionen *wechselwirken*? Eine naheliegende Folgerung wäre, dass auch die »reellen« Teilchen oder Zustände der QFT mathematische Konstruktionen sind. Das ist für den wissenschaftlichen Realisten insofern unbefriedigend, als dass detektierbare Teilchen wie Elektronen die üblichen Realitätskriterien erfüllen. In jedem Fall würde es bedeuten, dass wir im Grunde weniger über Wechselwirkungen wissen als vorher, da wir das Modell der Austauschteilchen nicht als etwas sehen dürfen, das wenigstens in Grundzügen der Realität entspricht; die anscheinend »tiefere« Erklärung der Wechselwirkungen durch Quantenaustausch und die einheitliche formale Beschreibung von Materie- und Wechselwirkungsquanten wären eine Illusion.

Offenbar sind im Modell der virtuellen Austauschteilchen Versatzstücke unterschiedlicher Wechselwirkungsmodelle der klassischen Physik in die QT übertragen worden, obwohl sie dort nicht zusammenpassen. In der klassischen Physik wurde die Beschreibung von Wechselwirkungen durch umittelbaren Druck und Stoß nach und nach von einer durch Kräften und Felder vermittelten abgelöst. Kräfte und Felder sind bei klassischen Wechselwirkungsprozessen am besten als dispositionale Eigenschaften von Materiepartikeln oder Raumpunkten in der Umgebung dieser Körper zu verstehen, die die Bewegungsänderung eines sich nähernden Testkörpers veranlassen. Sobald man nun in der QFT dazu übergeht, diese Entitäten, die als wirkungsübertragendes Medium zwischen Phänomenen postuliert wurden, quantentheoretisch zu behandeln, sind Schwierigkeiten vorprogrammiert. Aufgrund der Gleichbehandlung von Materie und Wechselwirkung im Formalismus hat man in der naiven Interpretation ihre weiterhin unterschiedlichen Funktionen in der Theorie vernachlässigt und ist der Anschaulichkeit halber zu einem atomistischen Bild zurückgekehrt: Virtuelle Teilchen erfüllen zwar die Funktion einer Kraft oder eines Feldes, nämlich der Entität, die für die Wechselwirkungen verantwortlich ist, sie werden aber analog zu materiellen selbständig bestehenden Teilchen vorgestellt und die Wechselwirkung wird künstlich in zwei stoßähnliche Kontaktprozesse aufgeteilt. Gegenüber diesem naiven Modell ist die Kritik Weingards berechtigt, aber sie geht zu weit, wenn man daraus schließt, den virtuellen Prozessen sei jegliche Wirklichkeit abzusprechen. Denn die Debatte über ihre *Realität* wird ebenfalls von Überlegungen bestimmt, ob und wie virtuelle Teilchen ähnlich wie ein stabiles Materiebestandteil existieren könnten. Da die Funktion der virtuellen Teilchen jedoch die Mediation von Wechselwirkungen ist, die in der klassischen Physik Kräfte erfüllen, ist nicht verwunderlich, dass hier eine andere Art der Existenz vorliegt. Eine angemessene Interpretation muss demnach diese Funktion berücksichtigen.

---

[15] Auf die Schärfe diese Problems hat mich Tobias Fox (Dortmund) aufmerksam gemacht.

Wie sind die virtuellen Prozesse nun im Lichte der oben angeführten Realitätskriterien für unbeobachtbarer Entitäten zu beurteilen? Die kausale Rolle der virtuellen Prozesse im Wechselwirkungsprozess ist nicht auf den ersten Blick transparent. Wir haben gesehen, dass Weingards Einwand insofern ernst zu nehmen ist, als dass die Auflösung des Streuprozesses in selbständige physikalische Einzelprozesse und erst recht eine Deutung, nach der raumzeitlich getrennte Absorptions, Propagations- und Emissionsprozesse stattfinden, nicht akzeptabel ist. Aber der *gesamte* Streuprozess, also was sich insgesamt zwischen Anfangszustand und Streuzustand ereignet, ist fraglos ein kausaler Prozess. Selbst nach einer restriktiven Kausalitätstheorie wie der Transfer-Theorie, nach der ein Prozess dann kausal ist, wenn eine physikalische Erhaltungsgröße übertragen wird[16], ist eine Streuung zweier Elektronen kausal, denn es findet ein Impulsübertrag statt. Das »Übertragen« der Erhaltungsgröße wird jedoch durch die virtuellen Zustände modelliert. Obwohl also keine isolierbaren Prozesse stattfinden, die den einzelnen Feynmandiagrammen entprechen würden, ist der Gesamtprozess kausal und die virtuellen Zustände spielen eine gewisse kausale Rolle darin. Vielleicht hilft als Illustration eine analoge Situation in einer klassischen Feldtheorie: Die Felder komplizierter Ladungsverteilungen werden dort ebenfalls mittels Reihenentwicklung bestimmt, das resultierende Feld ist eine Überlagerung aller Beiträge: es gibt nicht einzelne für sich bestehende Monopol-, Dipol-, Quadrupol- usw. Felder.[17] Ebenso existieren nicht selbständige, elementare Streuprozesse mit unabhängig vom Gesamtprozess bestehenden virtuellen Zuständen.

Wohl ebenfalls von der Analogie mit einer komplexen klassischen Feldkonfiguration geleitet, hat Paul Teller eine neuartige Teil-Ganzes-Relation vorgeschlagen, um zu präzisieren, wie wir die »virtuellen« Elementarprozesse in der Darstellung durch Feynman-Diagramme als *Teile* des realen physikalischen Wechselwirkungsprozesses auffassen können.[18] Dazu unterscheidet er *mereologische* Teile von *analytischen* Teilen. Die mereologische Teilrelation ist *transitiv*, für einen Teil eines Ganzen gilt also, dass dessen Teile auch wieder Teile des ursprünglichen Ganzen sind, z.B. ist ein Teil eines Stuhlbeins selbstverständlich auch ein Teil des gesamten Stuhls.[19] Weiterhin sind i.d.R. mereo-

---

[16] Eine Transfertheorie für kausale Prozesse in der Physik hat u.a. W. Salmon vorgeschlagen (Salmon 1998, S. 13-24).
[17] Der wesentliche Unterschied ist, dass in der QFT noch das Betragsquadrat gebildet werden muss und selbst dann nur eine Wahrscheinlichkeit, keine direkt messbare Größe erhalten wird. Aber das ist keine Besonderheit virtueller Prozesse, sondern der gewöhnlichen QT.
[18] Vgl. zum folgenden Teller 1995, S. 139-142.
[19] Man sollte Tellers »mereologische« Teile vielleicht besser »Teile im Sinne einer common-sense-Teil-Ganzes-Relation« nennen, da die Mereologie formal sehr allgemeine Teil-Ganzes-Relationen untersucht, die durchaus über den Alltagsbegriff hinausgehen können. Mereologie ist eine Theorie, die sehr eng an Logik und Mengenlehre anknüpft. Vgl. Falkenburg 1995, S. 310ff.; Ridder 2002. Zumindest in der klassi-

logische Teile auch raumzeitliche Teile, die raumzeitlichen Trajektorien nichtüberlappender Teile bilden gemeinsam die Trajektorie des Ganzen. Im Gegensatz dazu nennt Teller z.B. die Vektorkomponenten einer Kraft oder Geschwindigkeit, oder die Fourierkomponenten eines Wellenzuges *analytische* Teile. Man kann durchaus sagen, dass eine Kraft aus ihren Komponenten und eine schwingende Saite aus ihren Partialschwingungen *besteht*, auch wenn diese Teile nicht *unabhängig* vom Ganzen gegeben sind. Diese analytische Teilrelation funktioniert nun offensichtlich in wesentlichen Punkten anders als die mereologische: Die *Transitivität* der Relation ist nun im Allgemeinen *nicht* mehr gegeben, denn die analytische Zerlegung erfolgt relativ zu einer *Basis*. In vielen Fällen sind die analytischen Teile keine *Dinge*, die überhaupt raumzeitliche Bahnen haben können (z.B. die Vektorkomponenten einer Kraft).

Tellers analytische Teil-Ganzes-Relation ist offenbar eine Möglichkeit, das Verhältnis der einzelnen »virtuellen« Beiträge der Superposition zum gesamten Streuprozess zu deuten: Das Ganze ist nicht auf die Teile reduzibel, aber die Analyse in Komponenten ist sinnvoll, um bestimmte Eigenschaften des Ganzen verständlich zu machen. Die virtuellen Prozesse sind also mit dem Begriff Tellers *analytische Teile* des Streuprozesses. Es muss hier allerdings darauf hingewiesen werden, dass in der QT offen ist, wo und wie man die Grenzen dessen, was als Ganzes betrachtet wird, ziehen kann. Der oben dargestellte Streuprozess ist ja keine »natürliche« Einheit, sondern eine theoretische Abtrennung des gerade interessierenden Ausschnitts der Realität: Das gestreute Elektron wird selbstverständlich seinerseits wieder durch Wechselwirkungen, etwa in einer Blasenkammer, indirekt nachgewiesen.

Zur unabhängigen Testbarkeit des Modells virtueller Teilchen ist zu sagen, dass hier kein völlig klarer Fall vorliegt, denn die Anwendungen bleiben auf Prozesse der QFT beschränkt. Aber es gibt dennoch unterschiedliche Phänomene, in deren Erklärung sie eine zentrale Rolle spielen. Außer den bisher diskutierten Streuprozessen sind zwei der wichtigsten der sogenannte Casimireffekt und die Struktur der Nukleonen.

Ein Nukleon z.B. ein Proton besteht nach gängigen Modellen nicht nur aus den drei »Valenzquarks (uud), sondern für ca. die Hälfte seiner Masse sind Gluonen (die Wechselwirkungsfelder der starken Kraft) sowie kurzfristig entstehende und wieder zerstrahlende, damit »virtuelle« Quark-Antiquark-Paare verantwortlich.[20] Es handelt sich bei Nukleonen also um Systeme, in denen nicht mehr scharf zwischen den Anteilen von Wechselwirkung einerseits und Materie andererseits unterschieden werden kann; man hat es in gewisser Weise

---

schen Mereologie gehören jedoch Existenz und Eindeutigkeit der Summe und Transitivität zu den Prinzipien (vgl. Ridder 2002, S. 98ff.).

[20] Allerdings stammen die wesentlichen Hinweise zur Struktur der Nukleonen aus hochenergetischen Streuprozessen, für niedrige Energien versagen perturbative Methoden und man ist auf weitgehend phänomenologische Modelle angewiesen. Vgl. Halzen/Martin 1984, S. 196ff.; Mosel 1998, Kap. 15 u. 16.

mit einem stabilen gebundenen Zustand zu tun, der sowohl aus reellen als auch virtuellen Entitäen besteht.

Der Casimir-Effekt ist dagegen eine *makroskopische* Konsequenz der QFT, die inzwischen experimentell gut bestätigt wurde.[21] Zwischen zwei parallelen Platten in einem Vakuum wirkt eine anziehende Kraft, weil »virtuelle« Feldmoden der Vakuumfluktuationen, die nicht halbzahlige Vielfache des Plattenabstandes sind, unterdrückt werden, außerhalb der Platten jedoch diese Einschränkung nicht besteht, also bildlich gesprochen ein »negativer Strahlungsdruck« im Zwischenraum herrscht.

Fazit

Die virtuellen Prozesse sind eine Folge der unvermeidlichen störungstheoretischen Beschreibung wechselwirkender quantenfeldtheoretischer Systeme. Trotz der formal analogen Behandlung von Materie und Wechselwirkung spielen virtuelle Zustände eine spezifische *Rolle* in der Theorie, nämlich die, die in einer klassischen Theorie Kräfte oder Felder, die die Wirkungsausbreitung vermitteln, einnehmen. Entsprechend muss die Frage nach ihrer Wirklichkeit gestellt werden. Aufgrund ihrer kausalen Rolle bei der Wechselwirkung und der explanativen Kraft des Modells virtueller Teilchen auf verschiedenen unabhängig testbaren Gebieten wie hochenergetischen Streuprozessen, Vakuumeffekten und der Struktur der Nukleonen, scheint durchaus akzeptabel, ihnen Realität zuzuschreiben. Allerdings besitzen sie keine *unabhängige* Realität nach der Art klassischer Partikel, sondern nur Realität als Teile eines übergeordneten Ganzen, z.B. eines Streuprozesses zwischen prinzipiell nachweisbaren Teilchen. Aber das betrifft bereits Systeme der nichtrelativistischen QT, insbesondere die in der QFT als »reell« bezeichneten Teilchen. Die virtuellen Zustände bieten daher für den wissenschaftlichen Realimus keine Schwierigkeiten, die über die bei der Deutung der Quantentheorie zweifellos schon vorhandenen wesentlich hinausgehen.[22]

Literatur

BARTELS, A.: *Moderne Naturphilosophie*, Paderborn 1995.
CARTWRIGHT, N.: *How the laws of Physics lie*, Cambridge 1983.
FALKENBURG, B.: *Teilchenmetaphysik*, Heidelberg 1995.
HACKING, I.: *Representing and Intervening*, Cambridge 1983.
HALZEN, F./MARTIN, A.D.: *Quarks and Leptons: An Introductory Course in Modern Particle Physics*, New York u.a. 1984.

---

[21] Vgl. Lamoreaux 1997.
[22] Ich bin Tobias Fox (Dortmund) sowie Andreas Bartels (Bonn) und den Teilnehmern seines Oberseminars für wertvolle Anregungen zu Dank verpflichtet.

HESSE, M.: *Forces and Fields* Westport 1962.
JAMMER, M.: *The Philosophy of Quantum Mechanics*, New York 1974.
LAMOREAUX, S.K.: *Demonstration of the Casimir Force in the 0.6 to 6 μm Range*, in: Phys. Rev. Letters 78/1 (1997), S. 5–8.
MAXWELL, G.: *The Ontological Status of Theoretical Entities*, in H. Feigl/G. Maxwell (Hgs.): Minnesota Studies in the Philosophy of Science, Vol. III, Minneapolis 1962, S. 3–27.
MOSEL, U.: *Fields, Symmetries and Quarks*, Berlin u.a. 1998.
REDHEAD, Michael L.G.: *Quantum field theory for philosophers*, in: P.D. Asquith/T. Nickles (Hgs.): Proceedings of the 1982 Biennial Meeting of the Philosophy of Science Association, Vol. 2 (1982), S. 57–111.
RIDDER, L.: *Mereologie*, Frankfurt/Main 2002.
SAKURAI, J.J.: *Advanced Quantum Mechanics* New York 1967.
SALMON, W.C.: *Causality and Explanation* Oxford u.a. 1998.
SCHROEDER, M./PESKIN, D.: *An Introduction to Quantum Field Theory*, Reading, 1995.
SMART, J.J.C.: *Philosophy and Scientific Realism*, London 1963.
STÖCKLER, M.: *Materie in Raum und Zeit?*, in: Philosophia naturalis 27 (1990), S. 111–135.
TELLER, P.: *An Interpretive Introduction to Quantum Field Theory*, Princeton 1995.
WEINGARD, R.: *Do virtual particles exist?«*, in: Asquith/Nickles: PSA 1982, Vol.1, (1982) S. 235–241.
WEINGARD, R.: *Virtual Particles and the Interpretation of Quantum Field Theory*, in: H.R. Brown/R. Harré (Hgs.): Philosophical Foundations of Quantum Field Theory, Oxford 1988, S. 43–59.

Sektion 9

›Creatio ex nihilo‹ und ›Creatio continua‹ – Der Schöpfungsgedanke in der Philosophie des Mittelalters

Gabriel Jüssen
Wilhelm von Auvergnes Explikation des Schöpfungsbegriffes
im Kontext der Philosophie des Mittelalters 481

Jörn Müller
Nulla est causa nisi quia voluntas est voluntas.
Die Selbstbestimmung des Willens als konstitutives Moment
göttlicher Kreativität bei Johannes Duns Scotus 489

Christian Rode
›Schöpfung‹ bei Wilhelm von Ockham 505

Ricardo Baeza García
Die Schöpfung und das Nichts
in Meister Eckharts deutschen Predigten und Traktaten 519

Ute Frietsch
Paracelsus' Schöpfungspraktiken
zwischen Naturphilosophie und Naturwissenschaft 525

Wilhelm von Auvergnes Explikation des Schöpfungsbegriffes im Kontext der Philosophie des Mittelalters

Gabriel Jüssen (Weilerswist–Metternich)

Die Entwicklung einer philosophischen Explikation des Theologumenons der Schöpfung im Denken des Mittelalters nimmt ihren systematischen Ausgangspunkt von der als Resultat der patristischen Diskussion geprägten Kurzformel der »creatio ex nihilo«. Hauptlinien dieser Entwicklung bilden zum einen die vor allem an Platon (Timaios) und dem Neuplatonismus orientierten Erklärungsversuche – von Eriugenas Deutung der Schöpfung als Theophanie über die Schulen von St. Viktor und Chartres bis hin zum Exemplarismus Bonaventuras –, zum anderen die in Auseinandersetzung mit der aristotelischen Kosmologie und Metaphysik entstandenen Konzeptionen: Maimonides, Albertus Magnus, Thomas von Aquin.

Eine Mittelstellung zwischen den aufgezeigten Hauptlinien nimmt Wilhelm von Auvergne (1180–1249) ein. Aufgrund der umfangreichen Rezeption des neuen Materials der aristotelisch-arabischen Naturwissenschaft entwickelt er als erster eine von der Theologie methodisch unabhängige rationale Kosmologie.

Wie sich bei ihm auf dem Hintergrund der kritischen Auseinandersetzung mit Aristoteles systematische Neuansätze in der Metaphysik (Entwicklung des Seinsbegriffs), philosophischen Psychologie (Reflexion der inneren Erfahrung), Erkenntnislehre (Wahrheitstheorie) und Ethik (Prinzipiendiskussion) finden (vgl. Jüssen 2003), so auch bei seinem Versuch der philosophischen Explikation des Schöpfungsgedankens.

1.

Schöpfung ist nach Wilhelm von Auvergne der voraussetzungslose Neubeginn des Existierens oder Seins aufgrund des Willens des Schöpfers ohne Vermittlung (creatio enim non est nisi novitas existendi vel essendi ex voluntate creatoris absque medio, Opp. I, 618,b). Er präzisiert diese Bestimmung, indem er die Tätigkeit des Erschaffens allein dem Schöpfergott zuschreibt, sie als ein unmittelbares Schenken des Seins qualifiziert, und zwar allein aufgrund seines Willensentschlusses, demjenigen gegenüber, den er beschenken will (… singularis operatio creatoris, qui solo beneplacito suo absque medio largitur esse, cui voluerit, Opp I, 618,b). Für das Erschaffen gebraucht Wilhelm auch Metaphern wie »von sich aus Sein einflößen« (influere de semetipso esse, Opp.

I, 615, a) oder »zum Sein hinführen« (adducere ad esse) oder »ins Sein rufen« (vocatio ad esse, ebda). Wie Wilhelm in der Lehre vom Sein ganz allgemein einen deutlichen Schritt auf Thomas von Aquin hin bedeutet (Gilson), so ist auch in unserem Zusammenhang eine Nähe zu Positionen von Thomas unübersehbar, zum einen wenn dieser vom Sein als dem »proprius effectus dei« spricht, zum anderen wenn er das Sein als das Innerlichste in jedem Ding kennzeichnet (magis intimum cuilibet rei, S.th.I 8, 1). Wilhelm spricht hier vom Sein als »intimum indumentum«, der innerlichsten Ausstattung eines jeden Geschöpfes (Opp. I 625, b).

Bei Thomas heißt es »...unter allen Wirkungen Gottes ist am umfassendsten das Sein selbst (inter omnes effectus dei universalissimum est ipsum esse)« – Wilhelm spricht vom Sein als dem Größten und Weitreichendsten (maximum et amplissimum), das aus dem Schöpfer hervorgeht (ebd.).

Mit der Formulierung »absque medio« wendet er sich gegen Avicennas Lehre von der Erschaffung der Welt durch die abgestufte Emanation der schöpferischen Intelligenzen. Er diskutiert diese Position ausführlich und kritisiert sie vor allem wegen ihres Nezessitarismus, der mit der uneingeschränkten Freiheit des Schöpfergottes unvereinbar sei.

Zwar referiert Wilhelm aus der Terminologie Avicebrons stammende Metaphern, in welchen die Mitteilung des Seins als ein »Fließen (fluere)« oder Gott als »erster Quell des Seins (fons primus essendi)« und das Universum als »Ausströmen seines Seins (fluxus eius esse)« charakterisiert werden. Dennoch lehnt er eine Deutung der Schöpfung als Emanation ab und zwar mit folgender Kritik der zitierten Metaphern: Was aus einer Quelle fließt, ist zuvor Bestandteil des Inhalts der Quelle. Wenn diese aber nichts anderes ist als der Schöpfer selbst, dann wären die Geschöpfe ja Teile Gottes, was abgesehen von den weiteren Konsequenzen wegen seiner Unteilbarkeit unmöglich ist (Opp. I, 612, a).

Nach der Erörterung anderer Alternativen entscheidet sich Wilhelm im Anschluss an den Johannes-Prolog und Augustinus für eine Schöpfung durch das Wort, das Dinge, die nicht existieren, ins Sein ruft (vocatio ad esse, Opp. I 615, b). Dieses schöpferische Wort ist als »locutio intellectualis« identisch mit dem göttlichen Denken und Wollen; für alles, was es geschaffen hat, ist es das Urbild. Wenn dieses wie Gott selbst ewig ist, dann folgt aus der Ewigkeit des Schöpferwortes gleichwohl nicht notwendig die Ewigkeit des von ihm Geschaffenen (worauf später noch eingegangen wird).

2.

Eine weitere Explikation des Theologumenons der Schöpfung unternimmt Wilhelm mit Hilfe der Begriffe Wirklichkeit und Möglichkeit. Sie besagt, dass

Schöpfung die Überführung der Möglichkeit (potentialitas) des Universums in die vollendete Wirklichkeit des Seins (effectus essendi, Opp II, 9) ist.

In diesem Zusammenhang kritisiert Wilhelm den Begriff des Real- oder Seinsmöglichen aufgrund der vor allem in der aristotelischen Analyse des Werdens angelegten engen Verbindung des Begriffs der Möglichkeit mit dem der Materie. Er hat dabei Avicennas These vor Augen, »dass die Möglichkeit der Existenz individueller Substanzen als Akzidens der Materie zu verstehen sei.« (Rohls 119) Alles Entstehende wäre demnach materiell, und die Materie selbst ewig, weil ansonsten ein unendlicher Regress entstünde. Eine »creatio ex nihilo« wäre demnach unmöglich (Opp II, 10).

Wilhelm wendet dagegen ein, dass die Möglichkeit ihren Ort nicht notwendig in der Materie als dem Prinzip, bestimmte Formen anzunehmen hat (Rohls: a.a.O.). Primär und konstitutiv dafür, dass die Existenz eines Gegenstandes möglich wird, ist das aktive ihn verursachende Prinzip. Daraus nun, dass Gott als die Ursache von allem (causa omnium) verstanden wird, folgt, dass er sowohl die Welt als auch ihre Materie erschafften hat .

Eine positive Lösung des Problems der »creatio ex nihilo« sieht Wilhelm dagegen im Rückgriff auf den ebenfalls auf Aristoteles zurückgehenden Begriff der sog. logischen Möglichkeit (»das ohne Bezug auf ein Vermögen Mögliche«, Metaph.V 12). Demnach war die Welt vor ihrer Erschaffung ein absolut bzw. schlechthin Mögliches (possibile absolutum bzw. possibile in se simpliciter, Opp. II, 14, 2). Die Grenze des in diesem Sinne Erschaffbaren ist allein das in sich Unmögliche (impossibile in se), nämlich das in sich Widersprüchliche. So hätte Gott weder einen Esel als animal rationale noch den Menschen als ein Wesen, das leidensunfähig ist, erschaffen können, da Leidensunfähigkeit (impassibilitas), jedenfalls in dem umfassenden Sinn von pati bzw passio, der Natur des Menschen widerspricht (natura impossibile). Gottes absolute Macht erstreckt sich auf alles in sich Mögliche, d.h. solches, was ins Sein überführt werden kann.

Die Tätigkeit des Schöpfers auf das faktisch Geschaffene zu beschränken würde seiner freien Entscheidung und seinem »posse absolutum« unzulässige Grenzen setzen. Aufgrund seiner »potentia absolute« (considerata) hätte Gott mehr und anderes erschaffen können als er tatsächlich erschaffen hat. Dass er aber Bestimmtes mehr als anderes gewollt und sich damit in gewissem Sinne auf das faktisch Erschaffene festgelegt hat, das liegt an seinem Willen zu einer bestimmten Ordnung im Kosmos (»voluntas, ut sit ordo in rebus«, Opp. I, 618, a), also an dem, was ab Hugo von St. Cher (ca. 1230) »potestas ordinata« heißt. Die mit dieser Ordnung gegebenen Grenzen bedeuten jedoch keine Einschränkung der Schöpfermacht. Sie gründen einerseits in der Eigengesetzlichkeit des Geschaffenen (bzw. des zu Schaffenden), was Wilhelm so formuliert, daß die Dinge selbst ein gewisses Maß, eine ihnen eigene Bestimmtheit erforderten (res ipsae mensuram requirebant, ebd.): »Der Mond wäre nicht Mond, wenn er als (selbst) leuchtend erschaffen worden wäre..., der Floh nicht

Floh, hätte ihm der Schöpfer die Größe des Elefanten verliehen« (neque luna luna esset, si luminosa creata esset ...neque pulex pulex esset, si magnitudinem ..elephantis creator eidem dedisset, Opp. I, 618). Andererseits widerspricht diese so stark betonte Eigengesetzlichkeit nicht der Freiheit des Schöpfers, insofern er die Dinge mit eben diesen in ihrer Natur gegebenen Bedingungen so gewollt hat.

Die Nähe von Wilhelms Auffassung zur Position Thomas von Aquins, was sowohl Terminologie wie Argumentation und Beispiele betrifft, ist nicht zu übersehen. Die Betonung der Eigengesetzlichkeit des Geschaffenen als eines »in sich schlechthin möglichen« (possibile in se simpliciter) verweist dagegen auf den scotischen Begriff des schlechthin Möglichen (simpliciter possibile) als der inneren Möglichkeit, die jedes Seiende vor seiner Erschaffung »formaliter ex se« hat (vgl. Honnefelder 1127 – 31).

3.

Wilhelms Betonung der Eigengesetzlichkeit und Selbständigkeit des Geschaffenen wird auch im Zusammenhang seiner Ideenlehre deutlich (vgl. Jüssen 1967). Das dem Geschaffenen eigene Wirklichsein im Bereich des »mundus archetypus« der göttlichen Ideen zu suchen, demgegenüber die Realisierung in der Sinneswelt nur einen unvollkommenen Existenzmodus darstellte, würde zu jenem Missverständnis führen, dem Platon im Timaios erlegen ist (Opp. I, 835, a).

Das Geschaffene wäre dann nämlich nicht seiner substantiellen Wahrheit nach (»per veritatem«) erkannt und benannt, sondern nur in seinem Abbildcharakter (per imaginem).

Dem widerspricht aber in Beziehung auf die Urbild-Abbild-Relation schon unser Sprachgebrauch: Wenn wir das Wort »Haus« verwenden, so referiert es keineswegs auf das Urbild im Geist des Architekten, sondern auf die in der Außenwelt existierende und sinnlich wahrnehmbare Wohnstatt und Behausung für Menschen (»nomen domus nullo modo impositum est ei, quod est apud artificem sive in mente ipsius, sed ei soli…., quod foris videtur, quod est scilicet habitaculum et receptaculum hominum«). Dementsprechend gilt für das Wort »Erde«, dass es jenes Element bezeichnet, das in unserer Welt existiert und wir mit unseren Augen erfassen, keinesfalls aber für etwas im Geist des Schöpfers (…terra est nomen eus, quod est apud nos et videtur, et nullum modorum alicuius, quod sit apud creatorem vel in mente ipsius, a.a.O.). Sein und Existenz kommen also primär der Wirklichkeit des Geschaffenen zu, nicht seiner idealen Möglichkeit.

4.

Was die Frage der Ewigkeit der Welt betrifft, so setzt sich Wilhelm hier ausführlich mit Aristoteles und mit Avicenna auseinander. In ähnlicher Weise wie Robert Grosseteste, der von »quidam moderni« spricht (Hexaemeron 1,8,2-4) und dabei wohl Alexander von Hales meint, kritisiert Wilhelm die Auffassung von Leuten, die behaupten, Aristoteles habe nichts dem christlichen Glauben Entgegenstehendes gelehrt: »Was immer man also sagt, und welche Leute auch immer versuchen, Aristoteles zu entschuldigen, zweifellos geht seine Position dahin, dass die Welt ewig ist…. und bezüglich der Bewegung hatte er eine ähnliche Auffassung (quidquid igitur dicatur et quicumque conentur excusare Aristotelem, haec indubitanter fuit eius sententia, quod mundus est aeternus …. et de motu similiter sensit«, Opp. I, 690,b)

Wilhelm geht davon aus, dass Gott der Welt nicht zeitlich, aber auch nicht simultan – wie Ursache und Wirkung –, sondern ewig vorgeordnet ist.[1] Da er die Ewigkeit hier im Sinne Augustins als ewige Gegenwart versteht, folgert er – ähnlich wie dieser, dass Ausdrücke wie »vor – nach« oder »früher – später«, »war – wird sein«, temporalen Charakter haben und damit auf den ewigen Gott nicht anwendbar sind.

Nach ausführlicher Erörterung der Argumente vor allem Avicennas kommt Wilhelm zu einem vorläufigen Ergebnis: Weder die These von einer ewigen Erschaffung der Welt, noch die Annahme, dass Gott die Welt zu einem bestimmten Zeitpunkt erschaffen hat, lassen sich uneingeschränkt aufrechterhalten; letztere würde insbesondere die Unvergänglichkeit und Zeitlosigkeit Gottes tangieren.

In diesem Zusammenhang zitiert Wilhelm Philosophen der »peripatetischen Schule«, die aus der Tatsache der Unveränderlichkeit von Gottes Willen folgerten, dass seine Tätigkeiten ewig sind (Opp I, 14,1). Folgt hieraus nun, dass die Gegenstände dieser Tätigkeiten ewig sind und damit die Ewigkeit der Welt? Wilhelm kritisiert diese Schlussfolgerung mit dem Einwand, in ihr werde davon abgesehen, dass Gott die Existenz bestimmter Dinge nicht schlechthin will (absolute et quacumque consideratione). Sonst könnte man argumentieren: »Wenn Gott unveränderlich will, dass ein Gegenstand x existiert, dann folgt daraus, dass x immer existiert« (Rohls 167). Wilhelm zeigt jedoch, dass diese Folgerung nicht gilt, weil die vorausgesetzte Beschreibung des göttlichen Wollens unangemessen ist. »Die Unveränderlichkeit Gottes als... Ursache temporaler Gegenstände wahrt Wilhelm dadurch, dass er den Satz »Gott will an t n x erschaffen« im Sinne von »Gott will, dass x an t n existiert« interpretiert, und nicht im Sinne von »Gott will an t n ,dass x existiert« (Rohls 168). Letztere Lesart verbietet sich, weil inkompatibel mit Gottes Ewigkeit und Unveränderlichkeit.

---

[1] Im folgenden orientiere ich mich an der Darstellung bei Rohls, Kap. 7.

Aus dieser Argumentation ergibt sich, dass es keinen Widerspruch bedeutet, zu behaupten, Gott habe von Ewigkeit her gewollt, dass die Welt »den Anfang ihrer Existenz« (initium existentae suae, Opp.14, 1) in der Zeit nehmen sollte. Damit ist, im Hinblick auf die peripatetischen Gegner, zwar die Möglichkeit eines zeitlichen Anfangs der Welt offen gehalten, aber noch nicht ihre Wirklichkeit bewiesen.

Den positiven Beweis für die »novitas« oder »temporalitas mundi« will Wilhelm mit einem Argument führen, das nach Sorabji (214) auf Philoponos zurückgeht und seit dem 9. Jahrhundert in der jüdischen und arbabischen Philosophie bekannt war (Opp I, 691,1 und 2). Wir finden dieses Argument auch bei Bonaventura und es spielt eine zentrale Rolle in der Kritik des Thomas von Aquins an Bonaventura. Von entscheidender Bedeutung ist der Begriff der Unendlichkeit und das mit ihm zusammenhängende, auf die aristotelische Physik (VI 2) zurückgehende Axiom »impossibile est infinita transiri«.

Wilhelm formuliert es als Prämisse seiner Argumentation folgendermaßen: »Das Unendliche ist nicht zu durchlaufen, und vor allem nicht in einem endlichen Prozess« (infinitum intransibile est, et maxime motu finito).

Er argumentiert dann folgendermaßen: »Die ganze Zeit, die vergangen ist, ist entweder endlich oder unendlich. Wenn sie endlich ist, dann hat sie auch einen Anfang, daher auch die Bewegung; und das widerspricht ihm (Aristoteles). Wenn sie aber unendlich ist, auf welche Weise hat sie dann (bis jetzt) das Ganze (der Unendlichkeit) schon durchlaufen? Denn auch ihr Fließen ist nicht von unbegrenzter Geschwindigkeit und nicht von größerer Geschwindigkeit als die Bewegung des Himmels«. (Tempus totum quod praeteriit, aut infinitum est aut finitum. Quod si finitum est, habet igitur initium, quapropter et motus; hoc est ei contrarium. Si autem infinitum, qualiter ergo totum iam transiit? Fluxus enim ipsius non est infinitae velocitatis, nec magis est velocitatis quam motus caelestis. Opp. I 697, 2).

Er unterstützt diese Argumentation durch eine naheliegende, auf Aristoteles (Physik III 5) zurückgehende Analogie aus dem Bereich der Arithmetik, die schon Philoponos verwendet hatte (Sorabji 213 ff.):

Auch ein Unendliches im Bereich der Zahlen kann im Zählen nicht durchlaufen werden (Opp.I 14).

Wenn die Welt also keinen zeitlichen Anfang hätte, wäre seit Ihrer Erschaffung eine unendliche Zeit vergangen und also durchlaufen worden. Da dies nach dem genannten Axiom unmöglich ist, muss sie einen Anfang in der Zeit haben.

Wilhelms (indirekter) Beweis – ebenso wie der entsprechende bei Bonaventura (Sent II,d.1,p.1,a.1,q 2) scheitert jedoch am Verständnis der Prämisse, dem aristotelischen Axiom.

Wenn Aristoteles sagt, dass die Zeit weder Anfang noch Ende hat, dann folgt daraus nur, dass ich von einem bestimmten Zeitpunkt nach rückwärts wie vorwärts beliebige Zeiteinheiten addieren kann, ohne dass ich einen definitiven Endpunkt erreiche. Aristoteles meint also eine potentielle Unendlichkeit, während die Argumentationen von Wilhelm und Bonaventura offensichtlich von der Konzeption eines aktual Unendlichen ausgehen. »Das Unendliche zu durchlaufen« impliziert nur dann einen Widerspruch, wenn ich es als aktuale Menge auffasse.

Genau in diesem Sinne argumentiert Thomas von Aquin gegen Bonaventura, wenn er formuliert: »Ein aktual Unendliches ist unmöglich, ein sukzessiv Unendliches dagegen nicht unmöglich« (infinitum in actu est impossibile, sed infinitum per successionem non est impossibile, Sent. II,d.1 q1 a5 c).

Bei Thomas finden wir durchgängig die Auffassung , dass es weder für noch gegen die These von einem zeitlichen Anfang der Welt unanfechtbare Beweise gibt.

Albert Zimmermann (S. 130) hat zur Erklärung der Genese der Kontroverse zwischen Bonaventura und Thomas folgende Überlegung angestellt (wobei das von Bonaventura Gesagte mutatis mutandis ebenso von Wilhelm von Auvergne gelten kann : »Bonaventura hat erkannt, dass die These von der Ewigkeit der Welt ein unbegreifbares Element enthält. ... Eine ewige Welt, also eine unendliche Folge von Umläufen oder Ereignissen als ganzes zu denken, erweist sich als widerspruchsvoll. ....Bonaventura folgert daraus dass eine solche Folge nicht möglich ist.« Er macht also die Begreifbarkeit durch den menschlichen Geist zum Kriterium der Möglichkeit.

Für Thomas von Aquin dagegen »enthält die These, der Kosmos sei ohne Anfang, ... keinen Widerspruch. Ein solcher ergibt sich vielmehr nur, wenn man eine ewige Welt als etwas Ganzes, als etwas Durchmessenes begreifen will. Dann nämlich versucht man sie einem Maß zu unterwerfen, das ihr nicht angemessen sein kann. Gewiß, es ist dies das Maß, bei dem der menschliche Verstand immer wieder seine Zuflucht sucht. Es taugt aber eben manchmal nur dazu, uns erkennen zu lassen, dass das, was möglich ist, unser Vermögen zu begreifen weit hinter sich lässt.«

Quellen und Forschungsliteratur

WILHELM VON AUVERGNE: *Opera omnia*, ed. F.Hotot (I), B. Le Feron (II) Paris-Orleans 1674.

GILSON, E.: *La notion d´existence chez Guillaume d`Auvergne*, Archives d'histoire doctrinal et littéraire du Moyen Age 15, 1946.
HONNEFELDER, L.: Art. »*Possibilien*«, HWP Bd 7, Basel 1989, 1126–1136.
JÜSSEN, G.: Art. »*Idee*«, HWP 4, Basel 1976, 83–86.
JÜSSEN, G.: *Wilhelm von Auvergne*, TRE Bd.XXXVI , Berlin 2oo3, 45-48.
ROHLS, J.: *Wilhelm von Auvergne und der mittelalterliche Aristotelismus*, München 1980.
SORABJI,R.: *Time,creation and the continuum*, London 1983.
ZIMMERMANN, A.: »*Mundus est aeternus*« - *Zur Auslegung dieser These bei Bonaventura und Thomas von Aquin*, in: Die Auseinandersetzungen an der Pariser Universität im 13.Jh., hg. v. A.. Zimmermann, Berlin, New York 1976, S. 317–330 (Miscellanea Medievalia)

Nulla est causa nisi quia voluntas est voluntas.
Die Selbstbestimmung des Willens als konstitutives Moment göttlicher Kreativität bei Johannes Duns Scotus

JÖRN MÜLLER (BONN)

Mit dem Begriff der »Kreativität« verbindet sich gemeinhin die Vorstellung der Fähigkeit, innovativ denken und die Ergebnisse solcher Denkprozesse in irgendeiner Form produktiv anwenden oder realisieren zu können. Kreativität umfasst somit in erster Linie ein kognitives und ein operatives Moment als zentrale begriffliche Aspekte. Insofern mag es prima facie verwundern, wenn im Titel dieses Beitrags im Hinblick auf die sich in der Weltschöpfung offenbarende Kreativität Gottes ein drittes, voluntatives Moment als konstitutives Element des Vorgangs deklariert wird: Zweifelsfrei hat Gott nach christlichem Verständnis die Welt als eine von ihm gewollte geschaffen, aber ist dies wirklich bedeutsam für die eigentümliche Kreativität des göttlichen Schöpfungsaktes oder für den Status der daraus hervorgegangenen Welt?

Im folgenden möchte ich im Blick auf Johannes Duns Scotus die Rolle dieses voluntativen Moments im Schöpfungsakt näher beleuchten und seine zentrale Bedeutung für das Verständnis göttlicher Kausalität sowie für den daraus resultierenden ontologischen Status der geschaffenen Welt akzentuieren. Im Ausgang von der scotischen Distinktion von *natura* und *voluntas* als grundsätzlich verschiedenen Verursachungsprinzipien (I) werden mit Blick auf die Schöpfung das Verhältnis von Kontingenz und Notwendigkeit (II) sowie von Intellekt und Wille (III) in Gott dargestellt; abschließend wird die fundamentale Bedeutung des Konzepts der Selbstbestimmung des Willens für diesen Problemkomplex verdeutlicht (IV).

I. Die scotische Unterscheidung von Natur (natura) und Wille (voluntas)

In seinen Quaestionen zu Buch IX der aristotelischen Metaphysik transformiert Scotus die dort getroffene Unterscheidung von rationalen und nichtrationalen aktiven Vermögen in eine grundlegende Distinktion zweier Arten von Kausalität bzw. Produktivität: *natura* und *voluntas*.[1] Natur als aktives Prin-

---

[1] Vgl. zum Folgenden v.a. Scotus: *Quaestiones super libros Metaphysicorum Aristotelis* IX q.15 n.20-34 (ed. G. Etzkorn et al., St. Bonaventure/N.Y. 1997, 680-684). Zur durchgängigen Bedeutung dieser Unterscheidung für das scotische Denken vgl.

zip ist hierbei v.a. gekennzeichnet durch die weitgehende Festgelegtheit der jeweiligen Wirkweise: Sie ruft, sofern sie nicht gehindert wird, immer das Gleiche oder zumindest Ähnliches hervor,[2] und es steht auch nicht in ihrem Ermessen, diese Wirkung in einem Fall auszuüben und in einem anderen nicht: Feuer produziert stets Hitze, die zwar auf verschiedene Objekte (wie etwa auf Papier oder Eis) unterschiedliche Wirkungen (Verbrennen oder Schmelzen) haben mag, aber diese objektspezifische Wirkweise kann nicht von dem sie hervorbringenden Prinzip modifiziert oder gar unterlassen werden. Dem stellt Scotus den Willen als zweites aktives Prinzip diametral gegenüber: Dieser besitzt zum einen im Vergleich zur Natur eine noch größere Vielfalt möglicher intentionaler Objekte sowie des Umgangs mit ihnen, zum anderen aber v.a. die Fähigkeit, ein und dasselbe sowohl verursachen als auch nicht verursachen zu können: In seinem Verursachungs- und Wirkspektrum liegen grundsätzlich die beiden Glieder eines kontradiktorischen Gegensatzes, insofern er etwas sowohl wollen als auch nicht wollen kann.[3] In vorläufiger, später noch zu präzisierender Formulierung: Im Reich der Natur herrscht Bestimmtheit und Fixiertheit, im Reich des Willens Freiheit. Mit unüberhörbarer Emphase grenzt Scotus deshalb den Willen von allen anderen aktiven Vermögen bzw. Prinzipien ab[4] und bezeichnet ihn als Prinzip, das im Universum seinesgleichen sucht.[5]

---

[1] T. Hoffmann: *The Distinction Between Nature and Will in Duns Scotus*, in: Archives d'histoire doctrinale et littéraire du Moyen Age 66 (1999), 189-224.
[2] Vgl. *Lectura* II d.25 q.un. n.36 (ed. Vat. XIX 239): »agens naturale (...) in eodem passo aequaliter disposito non potest causare opposita (hoc enim est de ratione agentis naturalis; unde II De generatione: »Idem in quantum idem natum est semper facere idem« [336a 27-28]; et hoc specialiter intelligitur de agente naturali.« Im Nachfolgenden werden die Texte von Scotus nach der 1891-1895 erschienenen Pariser Werkausgabe (=ed. Viv.), den seit 1950 von der scotistischen Kommission des Vatikans hg. *Opera Omnia* (=ed. Vat.) oder weiteren vorliegenden Editionen (wie etwa in der ersten Anmerkung) zitiert.
[3] *QQ in Metaph.* IX q.15 n.21-22 (ed. G. Etzkorn et al. 680f.): »prima distinctio potentiae activae est secundum diversum modum eliciendi operationem (...): Iste autem modus eliciendi operationem propriam non potest esse in genere nisi duplex. Aut enim potentia ex se est determinata ad agendum, ita quod, quantum est ex se, non potest non agere quando non impeditur ab extrinseco. Aut non est ex se determinata, sed potest agere hunc actum vel oppositum actum; agere etiam vel non agere. Prima potentia communiter dicitur ›natura‹, secunda dicitur ›voluntas‹.« Vgl. auch *Ordinatio* IV d.12 q.3 n.19 (ed. Viv. XVII 594b): »Respondeo, quod agens ex electione potest diversimode agere, non tantum diversitate quadam disparationis, sed contradictionis, sicut potest non tantum hoc agere, et illud, sed hoc agere, et illud non agere.«
[4] Vgl. *QQ in Metaph.* IX q.15 n.43 (ed. G. Etzkorn et al. 687): »voluntas est principium activum distinctum contra totum genus principiorum activorum, quae non sunt voluntas, per oppositum modum agendi.« Vgl. auch *Ord.* II d.42 q.1-4 n.1 (ed. Viv. XIII 448b): »Omnis causa activa in universo praeter voluntatem est naturaliter activa.«
[5] *Lect.* II d.25 q.un. n.93 (ed. Vat. XIX 261): »Voluntas est agens alterius rationis a toto quod est in universo«

Bemerkenswert ist hierbei nicht zuletzt, dass die kognitiven Vermögen (allen voran der Intellekt, den Aristoteles bei seiner Unterscheidung von rationalen und nicht-rationalen Vermögen im Blick hatte) der Seite der Natur zugeschlagen werden, also im Hinblick auf ihre Kausalität und Produktivität im Reich der fixierten Bestimmtheit angesiedelt werden: Letztlich liegt der spezifische Akt des menschlichen Intellekts, das Erkennen, nicht in seiner eigenen Verfügungsgewalt, sondern richtet sich nach dem Sachgehalt des Erkannten, dem die Zustimmung im Urteil nicht ad libitum verweigert werden kann.[6] Das heißt, dass auch seine Kausalität nach außen bzw. gegenüber anderen seelischen Vermögen inhaltlich determiniert ist.[7] Dies bedeutet aber, wie Scotus es in einem per-impossibile-Argument formuliert: Gäbe es bloß den Intellekt und die niedrigeren Seelenkräfte, nicht aber den Willen, »so würde niemals etwas geschehen, was nicht auf die Weise der Natur bestimmt ist, und es gäbe kein Vermögen, das zureichend wäre, um jeden der beiden Gegensätze hervorzubringen.«[8] Auch wenn sich Scotus natürlich bewusst ist, dass der Wille seinerseits in seinem intentionalen, d.h.: objektorientierten Wollen auf eine ihm vorausgehende kognitive Tätigkeit angewiesen ist, gilt doch: Ohne den Willen ist keine wirkliche Kreativität denkbar, da der Intellekt letztlich eben nur *per modum naturae* aktiv ist.

Scotus hält die zweipolige Distinktion von *natura* und *voluntas*, die ursprünglich aus dem Bereich der menschlichen Welt- und Selbsterfahrung stammt, im Bereich der aktiven Prinzipien bzw. Vermögen für exhaustiv und wendet sie auch auf Gott und die göttlichen Formen von Produktivität an.[9] Dies betrifft zuerst einmal die göttliche Produktivität *ad intra*, also die innertrinitarischen Hervorbringungen: Während es sich bei der Entstehung des Sohns aus der *memoria* des Vaters um eine Hervorbringung *per modum naturae* han-

---

[6] *QQ in Metaph.* IX q.15 n.36 (ed. G. Etzkorn et al. 684f.): »Et sic intellectus cadit sub natura. Est enim ex se determinatus ad intelligendum, et non habet in potestate sua intelligere et non intelligere sive circa complexa, ubi potest habere contrarios actus, non habet etiam illos in potestate sua: assentire et dissentire. [...] intellectus est idem principium cum natura.«
[7] Vgl. ibid. n.38 (685).
[8] Ibid. n.67 (697): »Immo, si solus – per impossibile – esset [intellectus] cum virtutibus inferioribus sine voluntate, nihil umquam fieret nisi determinate modo naturae, et nulla esset potentia sufficiens ad faciendum alterutrum oppositorum.«
[9] Vgl. *Ord.* I d.10 q.un. n.8 (ed. Vat. IV 341): »ergo non possunt haec reduci ad maiorem paucitatem quam ad dualitatem, principii scilicet productivi per modum naturae et per modum voluntatis: Et cum illa, ad quae tamquam ad perfecta stat tota ista reductio principiorum, sint simpliciter perfecta, ambo ista principia sub ratione sua propria ponentur in Deo ut est principium producens.« Vgl. bereits Heinrich von Gent, *Summa quaestionum ordinarium* a.60 q.1 (ed. Venedig 1520, ND St. Bonaventure 1953, 153vN): »natura et voluntas sunt duae rationes principales emanandi sive producendi tam in divinis quam in creaturis, ad quas omnes aliae quae sunt habent reduci.«

delt,[10] kommt der Heilige Geist durch das Zusammenwirken der beiden anderen Personen *per modum voluntatis* zustande.[11] Entscheidend ist hierbei, dass beide Hervorbringungen, sowohl die *generatio Filii* als auch die *spiratio Spiritus Sancti*, von Scotus letztlich als notwendig betrachtet werden. Dies verwundert v.a. mit Blick auf die zweite Hervorbringung, die doch *per modum voluntatis*, also im Modus der Freiheit erfolgt. Die vorläufig paradoxe Schlussfolgerung kann nur lauten, dass sich Freiheit und Notwendigkeit offensichtlich im Verständnis von Scotus nicht kontradiktorisch ausschließen und somit die *natura-voluntas*-Distinktion nicht zu voreilig in eine starre Antithese von Notwendigkeit und Freiheit eingegossen werden sollte. Scotus bemüht sich aber gleichzeitig sowohl darum, die Hervorbringung des Sohns *per modum naturae* als nicht unwillentlich auszuweisen,[12] als auch darum, die Vereinbarkeit von Freiheit und Notwendigkeit im Blick auf die *spiratio* des Hl. Geistes zu demonstrieren. Der postulierte Notwendigkeitscharakter der innertrinitarischen Produktionen beruht hierbei letztlich auf der Perfektion Gottes selbst. Der Hl. Geist ist nichts anderes als die vom göttlichen Willen hervorgebrachte Liebe, die ihrem ersten Gegenstand, der göttlichen Substanz, angemessen ist.[13] Gottes Selbstliebe ist notwendig, insofern gilt: »›Gott ist zu lieben‹ (...) ist eine praktische Wahrheit, die jeder Bestimmung des göttlichen Willens vorausgeht.«[14] Und da der göttliche Wille als unendlicher (im Gegensatz zum menschlichen) immer auf rechte Weise will, ist die Hervorbringung des Hl. Geistes zugleich vom Willen verursacht als auch seitens ihres Gegenstandes notwendig.[15] Die Notwendigkeit aus der Freiheit des göttlichen Willens (*necessitas ex libertate voluntatis*) ist hierbei jedoch nicht auf eine natürliche Notwendigkeit (*necessitas ex natu-*

---

[10] Vgl. *Quodlibet* XVI n.13 (ed. Viv. XXVI 198b): »Filius in divinis producitur per modum naturae.«

[11] Vgl. hierzu *Ord.* I d.10 q.un.: »Utrum Spiritus Sanctus producitur per actum et modum voluntatis«.

[12] Vgl. *Ord.* I d.6 q.un. (»Utrum Deus Pater genuit Deum filium voluntate«; ed. Vat. IV 87-105), bes. n.32 (105): »Dico quod nihil est ibi involuntarium, et ideo generatio Filii non est involuntaria (concedo), – sed non sequitur ultra ›ergo est voluntate ut principio elicitivo‹: multa enima facimus – sive voluntate praecedente sive voluntate concomitante – quorum principium immediatum non est voluntas, sed quorumdam natura...«

[13] Vgl. *Ord.* I d.6 q.un. n.27 (ed. Vat. IV 102): »voluntas in divinis est principium producendi amorem adaequatum essentiae divinae (...) et ille amor productus est Spiritus Sanctus.«

[14] *Ord.* IV d.46 q.1 (ed. Viv. XX 400b): »›Deus est diligendus‹ (...) est veritas practica praecedens omnem determinationem voluntatis divinae.«

[15] *Ord.* I d.10 q.un. n.47-48 (ed. Vat. IV 359): »dico quod necessitas huius productionis amoris adaequati – sicut et necessitas dilectionis qua formaliter habens voluntatem diligit – est ex infinitate voluntatis et ex infinitate bonitatis obiecti, quia neutrum sine alio sufficit ad necessitatem. Ista autem duo sufficiunt hoc modo, quia voluntas infinita non potest esse non recta; nec potest non esse in actu, quia tunc esset potentialis: igitur necessario est in actu recto.«

ralitate) reduzierbar.[16] Der zentrale Unterschied zwischen den beiden Produktionen *ad intra* im Hinblick auf das sie jeweils im prinzipiellen Sinne kausal Hervorbringende – in einem Fall *natura*, im anderen *voluntas* – bleibt somit grundsätzlich gewahrt.

II. Kontingenz und Notwendigkeit

Wie verhält es sich nun mit der Schöpfung der Welt, der *creatio* im eigentlichen Sinne des Wortes? Im Blick auf die göttliche Produktivität *ad extra* kommt nun ein neues Konzept ins Spiel, nämlich das der Kontingenz: »Das Prinzip der Hervorbringung nach innen und das Prinzip der Hervorbringung nach außen sind aus der der Natur des Gegenstands bestimmt, weil er [scil. Gott] sich gegenüber dem einen notwendig und gegenüber dem anderen kontingent verhält.«[17] Scotus bestimmt den Begriff der Kontingenz hierbei in partieller Absetzung von traditionellen Deutungen nicht primär als einen ontologischen Status, der eine Privation des notwendig und ewig Seienden darstellt. Ihm geht es weniger um die *contingentia mutabilitatis*, also die Frage nach der Veränderbarkeit einer existenten Sache in sich, sondern um die *contingentia evitabilitatis*: Diese liegt dann vor, wenn zu einem bestimmten Zeitpunkt ein Ereignis sowohl eintreten als auch nicht eintreten bzw. eine Sache sowohl existieren als auch nicht existieren könnte.[18] Diese zweite Form von Kontingenz ist nun nicht losgelöst von der jeweils vorausgehenden Ursächlichkeit zu betrachten: Ist die Verursachung selbst notwendig, also hätte der Verursacher nicht anders agieren können, kann auch keine Kontingenz im Verursachten vorliegen. Scotus verknüpft somit die Rede vom kontingent Seienden im wesentlichen mit dem vorliegenden Verursachungsmodus: Entitative Kontingenz gründet in kausaler Kontingenz,[19] was sich im Folgenden besonders im Blick auf die göttliche Ursächlichkeit zeigen wird.

---

[16] Vgl. ibid. n.26 (350f.). Vgl. auch die Unterscheidung von naturhafter und »spontaner Notwendigkeit« (*necessitas spontanea*) in *Collatio* XV n.4 (ed. Viv. V 208b).

[17] *Secundae additiones secundi libri*, d.1 q.1 (ed. C. Baliç, in: Les commmentaires de Jean Duns Scot sur les quatre livres des Sentences, Louvain 1927, 310): »principium producendi ad intra et principium producendi ad extra sunt ordinata ex natura rei, quia ad unum se habet necessario et ad aliud contingenter.«

[18] Vgl. zu dieser Unterscheidung: *Reportata Parisiensia* I A d.39-40 q.1-3 n.26-28 (ed. J. Söder, in: Kontingenz und Wissen. Die Lehre von den *futura contingentia* bei Johannes Duns Scotus (BGPhMA N.F. 49), Münster 1998, 246). Vgl. auch *De primo principio* c.4 n.56 (ed. W. Kluxen, Darmstadt ²1987, 70): »Non dico hic contingens quandocumque non est necessarium nec sempiternum, sed cuius oppositum posset fieri quando istud fit.«

[19] Vgl. *Ord.* I d.2 p.1 q.1-2 n.86 (ed. Vat. II 178): »dico quod non voco hic contingens quodcumque non-necessarium vel non-sempiternum, sed cuius oppositum posset fieri quando illud fit; ideo dixi ›aliquid contingenter causatur‹, et non ›aliquid est contingens‹.«

Mit dieser Neufassung der Modalitätenlehre tritt Scotus nämlich zugleich einer Form des kosmologischen Nezessitarismus entgegen, den er im wesentlichen mit Aristoteles und Avicenna in Verbindung bringt.[20] Deren fundamentalen Irrtum sieht er darin, dass sie aus der Unveränderlichkeit und Notwendigkeit Gottes auf eine notwendige Verursachung der geschaffenen Welt geschlossen haben.[21] Die Folgelast dieses Prinzips der notwendigen Verursachung Gottes *ad extra* ist jedoch nach Auffassung von Scotus, dass es überhaupt keine kontingente Verursachung in der Welt gibt, insofern die Wirkung aller möglichen Sekundärursachen virtuell in der Primärursache enthalten sein muss: Wenn aber die Primärursache nur über eine Form von Kausalität, nämlich über notwendige Ursächlichkeit verfügt, kann auch keine Sekundärursache kontingent verursachen. Mit anderen Worten: Die Welt wäre ein durchgängig notwendig bestimmter Kausalnexus, in dem für Kontingenz kein Platz ist.[22] Dieser Nezessitarismus der *causa prima* ist aus zwei Gründen problematisch:

(a) Zum einen widerspricht es auf einer theologischen Ebene der Vorstellung eines Gottes, dessen Schöpfung ein Akt der Gnade und nicht der (Natur-)Notwendigkeit ist. Scotus bringt dies auf den Nenner: »Gott liebt nichts von sich Verschiedenes notwendigerweise.«[23] Den Hintergrund dieses Prinzips bildet die bereits diskutierte innertrinitarische Produktivität Gottes, deren Notwendigkeit ja gerade in der Beschaffenheit der göttlichen Substanz und der damit verbundenen Selbstliebe begründet liegt. Im Gegensatz zu dieser determinierten Produktivität *ad intra*, ist das göttliche Wirken *ad extra* gerade nicht durch die Qualität der zu erschaffenden Welt determiniert: Kein außerhalb von Gott liegendes Gut ist so beschaffen, dass die göttliche Liebe zu ihm nicht ausbleiben könnte, und nichts in der Welt ist wesenhaft auf die göttliche

---

[20] Vgl. zum Folgenden auch: L. Honnefelder: *Die Kritik des Johannes Duns Scotus am kosmologischen Nezessitarismus der Araber: Ansätze zu einem neuen Freiheitsbegriff*, in: J. Fried (Hg.): Die abendländische Freiheit vom 10. zum 14. Jahrhundert, Sigmaringen 1991, 249-263.
[21] Vgl. *Ord.* I d.8 p.2 q.un. n.251 (ed. Vat. IV 294f.): »Respondeo ergo quod Aristoteles posuit, et similiter Avicenna, Deum necessario sese habere ad alia extra se, et ex hoc sequitur, quod quodlibet aliud necessarium se habet ad ipsum ...«
[22] Vgl. *Lect.* I d.39 q.1-5 n.35 (ed. Vat. XVII 489): »causa secunda non movet nisi in quantum movetur a prima; si igitur necessario movetur et causatur a prima, necessario movet aliud, et sic semper descendendo ad effectum producendum, et ita totus ordo causarum in movendo erit necessarius, et per consequens nullum effectum contingenter possunt producere. (...) Si igitur omnia essent necessaria in comparatione ad primam causam, nihil contingenter proveniret.«
[23] *Additiones Magnae* d.25 q.1 (ed. C. Balic [Anm. 17] 283): »Deus nihil aliud a se diligit necessario.«

Güte hingeordnet, so dass Gott es aus Gründen der Selbstliebe zwangsläufig erschaffen müsste.[24]

(b) Darüber hinaus hält Scotus den Nezessitarismus jedoch auch aus philosophischen Gründen für fehlerhaft: Auch wenn die Existenz von Kontingenz nicht a priori beweisbar ist, so sprechen doch aposteriorische Überlegungen (wie etwa die Erfahrung der eigenen Willensfreiheit, ein und dasselbe tun oder lassen zu können) sowie »schlagkräftige« ad-hominem-Argumente (die bereits von Avicenna selbst angeführte Unterscheidung von möglichem Verbrannt- und nicht Verbranntwerden) eine deutliche Sprache.[25] Die Annahme eines durchgängig notwendig determinierten Kausalnexus deckt sich nicht mit unserer Welt- und Selbsterfahrung und wird von Scotus folgerichtig mit diversen philosophischen Argumenten bekämpft.

Die vorgetragenen Überlegungen führen Scotus dazu, die göttliche Schöpfung der Welt als eine kontingente Form der Kausalität zu deklarieren. Die Möglichkeit zu kontingenter Verursachung ist auch nicht mit einer ontologischen Degradierung der *causa prima* verbunden: »Nur die Kontingenz als Seinsmodus (*corruptibilitas*) ist geringer als ihr Gegenteil, Kontingenz als Wirkweise eines Handlungsprinzips hingegen kann (...) gerade zu dessen Vollkommenheit gehören.«[26] Im Gegenteil: Eine notwendige Determinierung auf etwas ihm Nachfolgendes wäre für Gott sogar die Signatur der Unvollkommenheit.[27] Hier deutet sich philosophiehistorisch eine folgenreiche Verschiebung der Bewertung von Kontingenz und Notwendigkeit an.

Die entitative Kontingenz der geschaffenen Welt verdankt sich also der operativen Kontingenz des göttlichen Wirkens *ad extra*. Daran knüpft sich jedoch zwangsläufig die Frage an, wie man sich diese kontingente Verursachung auf Seiten Gottes zu denken hat: Wie kann Gott, dessen Seinsnotwendigkeit und Unveränderlichkeit Scotus ja nicht in Frage stellt, selbst Quelle von Kontingenz sein?

---

[24] Vgl. *Lect.* I d.8 p.2 q.un. n.250 u. 271 (ed. Vat. XVII 95 u. 102f.).
[25] Vgl. *Lect.* I d.39 q.1-5 n.39-40 (ed. Vat. XVII 490f.).
[26] W. Hoeres: *Der Wille als reine Vollkommenheit nach Duns Scotus* (Salzburger Studien zur Philosophie 1), München 1962, 105. Zur Nobilität der kontingenten Verursachung vgl. *QQ. in Metaph.* IX q.15 n. 44 (ed. G. Etzkorn et. al. 687f.).
[27] Vgl. *Quodl.* VXI n.9 (ed. Viv. XXVI,194): »pari ratione [scil. Deus] non necessario habet actum circa obiectum in[?]finitum, quia hoc esset imperfectionis, nam imperfectionis est necessario determinari ad posterius.«

III. Das göttliche Wollen als kontingente Ursache der erschaffenen Welt

Scotus präsentiert zwei mögliche Kandidaten für dasjenige Prinzip in Gott, das kontingent verursacht: den Intellekt und den Willen. Unzweideutig wird jedoch der Intellekt als Anwärter disqualifiziert, insofern es sich um ein Vermögen handelt, das mit natürlicher Kausalität agiert. Auf ein natürliches und d.h. zugleich unabänderlich notwendig agierendes Vermögen lässt sich jedoch die Kontingenz in den Dingen keinesfalls zurückführen.[28] Scotus konstatiert: »Der Intellekt ist keine kontingente Ursache, weil seine Tätigkeit nach der Weise der Natur geschieht.«[29] Hier kommt wieder die eindeutige Bestimmtheit bzw. Fixiertheit der aktiven natürlichen Vermögen ins Spiel, die der Kontingenz widerstreitet. Folgerichtig bleibt nur der göttliche Wille als Prinzip der kontingenten Verursachung *ad extra* übrig.[30]

Dass der göttliche Intellekt als unmittelbarer Grund für die Kontingenz in den geschaffenen Dingen ausgeschlossen wird, bedeutet jedoch keineswegs, dass seine Tätigkeit für den Akt der Weltschöpfung völlig insignifikant wäre. Dem Willen Gottes geht nämlich notwendig eine Erkenntnis der Dinge voraus, deren Wollen überhaupt möglich ist.[31] Die Kreaturen werden hierbei in ihrem Möglich-Sein erkannt, wobei alles das möglich ist, dessen formale Gehalte bei ihrer Zusammenfügung keinen inneren Widerspruch erzeugen. Die Kompossibilität bzw. Nicht-Repugnanz des inneren Gehalts einer Sache begründet somit ihr *esse intelligibile* bzw. *esse objectivum*, also ihr Gedachtsein, im göttlichen Intellekt. Somit hat der Intellekt durchaus eine eigene »Produktivität« im Hinblick auf die göttlichen Ideen, die sich dem Zusammenspiel des Intellekts als hervorbringenden Prinzip (*principiative*) und der Formalmöglichkeit der Dinge aus sich heraus (*ex se*) verdankt.[32] Doch bei der Hervorbringung der Ideen in ihrem Gedachtsein bzw. der Dinge in ihrem *esse essentiae* handelt es sich, wie Scotus es an einer Stelle explizit ausdrückt, nur um eine »als ob«(*quasi*)-Produktion, insofern damit noch kein realer Seinsgehalt im Sinne des *esse exsistentiae* gesetzt ist.[33] Dies hängt letztlich damit zusammen,

---

[28] *Rep.* I A d.39-40 q.1-3 n.35 (ed. J. Söder 248): »Sed intellectus divinus non potest esse prima ratio contingentiae, quia intellectus et actus eius (...) est mere naturalis, et effectus contingens non habet reduci in causam mere naturalem, sicut nec econverso.«
[29] *Rep.* II d.25 q.un. (ed. Viv. XXIII 128a): »intellectus non est causa contingens, cum talis actio sit per modum naturae.«
[30] *Rep.* I A d.39-40, q.1-3 n.35 (ed. J. Söder 248): »Est ergo voluntas divina prima ratio contingentiae.«
[31] Vgl. hierzu auch A.B. Wolter: *Scotus on the Divine Origin of Possibility*, in: American Catholic Philosophical Quarterly 67 (1993), S. 95-107.
[32] Vgl. hierzu *Ord.* I d.43 n.14-16 (ed. Vat. VI 358-360).
[33] Vgl. *Ord.* I d.10 q.un., adnotatio (ed. Vat. IV 375f.): »productio obiecti secundi in esse cognito non est productio realis, sicut nec terminus accipit esse reale, – ergo est productio deminuta, sicut productum est ens deminutum; talis productio potest esse,

dass die Erkenntnis des Intellekts selbst keine praktische bzw. operative ist, also nicht auf tätige Realisierung abhebt, sondern erst einmal im Modus der theoretischen Betrachtung verbleibt. Letztlich erkennt der göttliche Intellekt die möglichen Dinge in ihrem *esse objectivum* nicht als etwas von sich möglicherweise Getrenntes bzw. Trennbares, und damit nicht als *factibilia* bzw. *producibilia*. Statt dessen zeigt bzw. präsentiert er dem Willen diese Gehalte, und nur letzterer befindet darüber, welche von ihnen zu irgendeinem Zeitpunkt realen Seinsstatus erlangen werden, also zu *factibilia* bzw. *producibilia* werden.[34] Erst der Wille bestimmt im Rahmen einer kontingenten Verursachung die im göttlichen Intellekt gedachten Dinge auf einen der beiden Gegensätze von realem Sein- und Nichtsein hin, und entscheidet damit, was in der äußeren Wirklichkeit geschaffen wird und was nicht: »Wenn der göttliche Intellekt vor dem Willensakt erfasst, dass »dies zu machen ist«, erfasst er es gleichsam indifferent (...), aber wenn es durch den Akt des Willens ins Sein gesetzt worden ist, wird es vom Intellekt als wahrer Gegenstand gemäß einer Seite des Gegensatzes erfasst. Die Ursache der Kontingenz in den Dingen muss also folglich dem göttlichen Willen zugeschrieben werden.«[35]

Im »*ordo productionis*« geht somit die intellektuelle Hervorbringung möglicher Geschöpflichkeit der realen durch den Willen voran,[36] jedoch ohne dieses Wollen in irgendeiner Richtung zu determinieren: Die voluntative Kontingenz des göttlichen Wirkens ist somit letztursächlich für die operative Kontingenz der Schöpfung.

---

quae non est productio sed quasi-productio; huiusmodi est cognitio. Ergo Pater in se, per cognitionem in qua est virtualiter obiectum secundum, quasi-producit in se obiectum illud dum actu cognoscit, et communicans cognitionem communicat eam ut quasi-producentem idem obiectum (...) idea est obiectum secundum, sive productum sic vel sic, vel non productum sed ›quasi‹.«
[34] Vgl. *Ord.* IV d.46 q.1 (ed. A.B. Wolter: *Duns Scotus on the Will and Morality*, Washington 1986, 250): »dico quod intellectus apprehendit agibile, antequam voluntas illud velit, sed non apprehendit determinae hoc esse agendum, quod »apprehendere« dicitur »dictare«; immo, ut neutrum, offert voluntati divinae, quae determinat per volitionem suam istud esse agendum.«
[35] *Lect.* I d.39 q.1-5 n.44 (ed. Vat. XVII 493): »quando intellectus divinus apprehendit ›hoc esse faciendum‹ ante voluntatis actum, apprehendit ut neutram, (...) sed quando per actum voluntatis producitur in esse, tunc est apprehensum ab intellectu divino ut obiectum verum secundum alteram partem contradictionis. Oportet igitur assignare causam contingentiae in rebus ex parte voluntatis divinae.« Vgl. Honnefelder: *Die Kritik des Johannes Duns Scotus* (Anm. 20), 261: »Indem der Wille sich dazu determiniert, ein bestimmtes Mögliches zu einem bestimmten Zeitpunkt als wirklich zu wollen, determiniert er dieses Mögliche selbst. Das zunächst rein Mögliche gewinnt dadurch den Charakter eines *factibile* oder *producibile*.«
[36] Vgl. *Secundae additiones* d.1 q.1 (ed. C. Balić 309): »et quarto producit tota Trinitas creaturam in esse intelligibili (...). Et ultimo tota Trinitas producit creaturam in esse existentie per potentiam productivam quecumque sit, sive voluntas sive alia potentia.«

Welche Form von kausaler Kontingenz schreibt Scotus nun dem göttlichen Willen zu? Grundsätzlich unterscheidet er zwei Arten von willentlicher Kontingenz:[37] Im Falle von diachroner Kontingenz richtet sich der Wille zu verschiedenen Zeiten auf entgegengesetzte Objekte. Diese Form von Kontingenz ist für den göttlichen Willen nicht denkbar, da sie mit einer Wandelbarkeit des Willensaktes verbunden ist.[38] Der von Ewigkeit her bestehende göttliche Willensakt ist jedoch nur ein einziger und unwandelbarer, ebenso wie die in der synchronen Kontingenz vorausgesetzte Differenz von Wille als zugrunde liegendem Willensvermögen und davon zu unterscheidendem Willensakt im Falle Gottes problematisch ist. Während die Fähigkeit zu verschiedenen und ggf. kontradiktionären Willensakten für den menschlichen Willen in besonderem Maße Ausdruck seiner Freiheit ist, kann die göttliche Freiheit eben gerade nicht auf dieser Aktindifferenz beruhen.

Daneben kennt Scotus noch eine synchrone Kontingenz des Willens, die sich auf einen einzigen Willensakt bezieht. Für den menschlichen Willen bedeutet dies, dass das zugrunde liegende Willensvermögen zu einem bestimmten Zeitpunkt in Bezug auf einen Gegenstand sowohl einen Akt des Wollens als auch einen Akt des Nichtwollens hervorbringen kann. Wäre der menschliche Wille im Moment des Wollens nicht auch zum entgegengesetzten Akt fähig, könnte man nach Auffassung von Scotus nicht von Willensfreiheit sprechen. Hier gilt das »Prinzip der alternativen Möglichkeiten« als Signatur für wahrhaft freies Wollen. Diese Form von synchroner Kontingenz ist nun auch für das göttliche Wollen anzunehmen, und zwar im Unterschied zum menschlichen Willen in Gestalt einer unlimitierten Objektdifferenz im Akt des Wollens: Gott kann die Welt schaffen oder nicht schaffen, ebenso wie er in seinem einzigen Wollen die reale Existenz einer jeden beliebigen Sache in der Welt zu einem bestimmten Zeitpunkt wollen oder nicht wollen kann. Verschiedene Wirklichkeiten schaffen zu können, ist eine Möglichkeit des produktiven göttlichen Willens (*voluntas ut productiva*), setzt aber zugleich die innere synchrone Kontingenz des göttlichen Wollens als operativem (*voluntas ut operativa*) voraus.[39] Gott hätte also im Sinne synchroner Kontingenz verschiedene Welten schaffen können, insofern er im Moment des Wollens verschiedene

---

[37] Vgl. zu diesen beiden Formen von Kontingenz: *Lect.* I d.39 q.1-5 n.48-51 (ed. Vat. XVII 494f.) sowie die instruktiven Ausführungen bei Söder, Kontingenz und Wissen (Anm. 18), 91-100.

[38] Vgl. *Lect.* I d.39 q.1-5 n.53 (ed. Vat. XVII 497).

[39] Vgl. ibid. n.54 (497): »voluntas divina, quae in quantum operativa praecedit se ut productiva, potest in eodem instanti aeternitatis et pro eodem instanti aeternitatis velle et nolle aliquid, et sic producere aliquid et non producere. Et tunc sicut ista est distinguenda in nobis ›voluntas volens in a, potest esse nolens in a‹, sic est ita distinguenda ex parte Dei ›voluntas divina volens in instanti aeternitatis lapidem esse, potest nolle in eodem instanti lapidem esse‹...«

Welten wollen kann. Gerade hierin liegt die Freiheit der göttlichen Kreativität *ad extra* und somit die Kontingenz der Schöpfung begründet.

IV. Selbstbestimmung des Willens als Schlüsselbegriff göttlicher Kreativität

Wenn von der Indeterminiertheit des göttlichen Wollens im Blick auf die Schöpfung die Rede ist, könnte die Frage aufkommen, ob Unbestimmtheit als negative Bestimmung nicht dem scotischen Gedanken des Willens als *pura perfectio* bzw. der Idee der Vollkommenheit Gottes zuwiderläuft. Scotus ist deshalb bemüht, diese Indeterminiertheit des Willens von der Unbestimmtheit anderer Vermögen deutlich abzuheben.[40] Es handelt sich keineswegs um eine Unbestimmtheit, die irgendeiner Form von Potenzialität bzw. einem Mangel an Aktualität geschuldet ist (*indederminatio insufficientiae*), wie etwa die Materie im Hinblick auf die Form unbestimmt ist. Eine solche Form von Indeterminiertheit bedarf immer eines von außen hinzutretenden Moments, das die Bestimmung auf einen der beiden Gegensätze zur Folge hat. Der Wille hingegen verfügt im Gegensatz dazu über eine unbegrenzte Aktualität und damit, wie Scotus es ausdrückt, über eine Inderminiertheit der Unbegrenztheit (*indeterminatio illimitationis*) bzw. eine *indeterminatio superabundantis sufficientiae*. Diese Unbestimmtheit ist jeder Form von Privation und Passivität entgegengesetzt und die Festlegung des Willens erfolgt aktiv aus sich selbst heraus. Die zentrale Idee, die Scotus hier sowohl für den menschlichen als auch für den göttlichen Willen fruchtbar macht, ist die Idee der unverursachten und deshalb freien Selbstbestimmung.[41] Der Wille bestimmt sich selbst zur Position seines Aktes in Richtung eines der beiden Gegensätze, was natürlich die Voraussetzung dafür ist, dass die Akt- bzw. Objektindifferenz letztlich in Richtung eines produktiven Wollens überstiegen wird: »Denn der Wille bringt nicht als indif-

---

[40] Für die Abgrenzung der spezifischen Indeterminiertheit des Willens von anderen Formen der Unbestimmtheit vgl. *QQ. in Metaph.* IX q.15 n.31-34 (ed. G. Etzkorn et al. 683f.); *Additiones magnae* (ed. C. Baliç, 275f.); *Lect.* I d.8 p.2 q.un. n.278 (ed. Vat. XVII 105); *Lect.* II d.25 q.un. n.92-93 (ed. Vat. XIX 260f.).

[41] Vgl. *Lect.* I d.8 p.2 q.un. n.278 (ed. Vat. XVII 105): »indeterminatio potentiae activae naturalis tantum est ad unam partem contradictionis, sed indeterminatio agentis primi voluntarie est respectu utriusque partis contradictionis cum potestate determinandi se.« Vgl. auch *Additiones Magnae* (ed. C. Baliç, 275): »Sed voluntas non sic determinatur naturaliter, sed est indeterminata indeterminatione alterius rationis ab indeterminatione cuiuslibet alterius potentie; quia quaelibet alia est naturalis et limitata, hec sola est indifferens ex libertate, ideo determinat se libere. Unde hec est perfecta causalitas, que non habet similem, quia hec sola libera est, et ideo non potest simile in natura inveniri.«

ferenter etwas hervor, sondern als ein sich selbst bestimmender.«[42] Die Kontingenz verdankt sich also nicht einer beliebigen Indeterminiertheit, sondern der Unbestimmtheit einer Ursache, welche die Macht zur Selbstbestimmung hat.[43]

Scotus betont hierbei dezidiert die ultimative Unableitbarkeit und Unmittelbarkeit dieser Selbstbestimmung des Willens.[44] Auf die Frage etwa, warum etwa der göttliche Wille die Welt so will bzw. geschaffen hat, wie sie ist, kann auf nichts anderes verwiesen werden, als auf den Willen selbst: »Und deshalb muss man bei jenem ›Gottes Wille will dies‹ haltmachen, das kontingent und trotzdem unmittelbar ist, weil es keine dem Willen vorausliegende Ursache gibt, warum jener sich auf dieses und nicht etwas anderes richtet.«[45] Dafür, daß sich der Wille zu jenem und nicht zu etwas anderem bestimmt, gibt es keine andere Ursache als ihn selbst: »Nulla est causa nisi quia voluntas est voluntas.«[46] Damit ist auch klar, worin die Freiheit des Willens im eigentlichen Sinne begründet ist: nicht primär in der beschriebenen Option, Entgegengesetztes wollen oder realisieren zu können, sondern in erster Linie in der Macht einer Selbstbestimmung, die radikal in ihrer eigenen Aktualität und in nichts anderem wurzelt. Das bedeutet im übrigen nicht, wie häufig vorschnell geschlussfolgert wird, dass das Wollen absolut grundlos und damit letztlich unerklärlich bzw. irrational ist: Es heißt lediglich, dass intellektuelle Gründe kei-

---

[42] *Lect.* II d.25 q.un. n.95 (ed. Vat. XIX 262): »unde voluntas indifferens non producit, sed se ipsam determinans.« Vgl. M.E. Ingham, Ethics and Freedom. An Historical-Critical Investigation of Scotist Ethical Thought, Lanham 1989, 77: »the will's freedom which Scotus presents is not mere indifference but rather a creative freedom capable of self-determination.«

[43] *Rep.* I A d.39-40 q.1-3 n.56 (ed. J. Söder 254) »Sicut voluntas mea ita contingenter vult effectum et ponit contingenter quod in eodem instanti potest oppositum illius eo modo quod dictum est, sic et voluntas divina determinat se ad hoc in isto instanti quod posset oppositum in eodem instanti.«

[44] Vgl. *Quodl.* XVI n.15 (ed. Viv. XXVI 198f.): »[voluntas] nec potest esse determinata naturaliter ab aliquo agente superiori, quia ipsamet est tale activum, quod seipsam determinat in agendo, quod si voluntas aliquid necessario velit, puta A, non tamen velle illud causatur naturaliter a causante voluntatem, etiamsi naturaliter causaret voluntatem; sed posito actu primo, quo voluntas est voluntas, si ipsa sibi relinqueretur, etsi posset contingenter habere, vel non habere hoc velle, tamen seipsam determinaret ad hoc velle.«

[45] *Ord.* I d.8 p.2 q.un. n.300 (ed. Vat. IV 325): »et ideo oportet hic stare ad istam ›voluntas Dei vult hoc‹, quae est contingens et tamen immediata, quia nulla alia causa prior est ratione voluntatis, quare ipsa sit huius et non alterius. »

[46] Ibid. n.299 (325). Vgl. auch *Lect.* I d.8 p.2 q.un. n.279 (ed. Vat. XVII 105): »Si autem quaeras quid determinat ipsum ad agendum, dico quod per voluntatem suam determinatur; et si quaeras quid determinat voluntatem, respondeo (...) haec est immediata ›voluntas divina determinat se ad agendum‹,– est enim dare immediatum in contingentibus sicut in necessariis, ut ›ignis calefacit‹; unde quaerere quid determinat voluntatem, est quaerere quare voluntas est voluntas.«

ne effizienten Ursachen für die Hervorbringung eines Wollens durch den Willen sind. Diese Unterscheidung zwischen Ursachen und Gründen, für die man bei Scotus durchaus Belege finden kann,[47] gilt sowohl für den göttlichen als auch für den menschlichen Willen, so dass die Gleichsetzung von Voluntarismus und arbiträrem Irrationalismus einer näheren Prüfung nicht standhält.

Zwei Momente sind es also, die das Konzept der Selbstbestimmung des Willens bei Gott (und letztlich auch beim Menschen) ausmachen:

(a) die Fähigkeit zu synchron kontingenter Hervorbringung des eigenen Wollens sowie
(b) der Rekurs des Willens auf einen erkannten Gehalt, dessen Erkenntnis jedoch nicht als hinreichende Ursache für das folgende Wollen zu bestimmen ist: Dieses erfolgt nicht aus diesem Wissen heraus, wohl aber mit entsprechendem Wissen.

Diese Fassung von Freiheit als Selbstbestimmung, aus der heraus auch eine Lösung für die scheinbare Antinomie von Freiheit und Notwendigkeit im Bereich der innertrinitarischen Hervorbringungen möglich erscheint, ist im übrigen in der gegenwärtigen Debatte über menschliche Willensfreiheit ein viel diskutiertes Konzept.[48]

Hätte Gott nun *ad extra* Beliebiges schaffen können, sofern dieses dem auch für den göttlichen Willen verbindlichen Minimalkriterium des Nonkontradiktionsverbots genügt? Hier mag ein Caveat angebracht sein, das darauf verweist, dass nach Scotus die Schaffung der sekundären Objekte durch die Gerechtigkeit Gottes modifiziert wird,[49] insofern der göttliche Wille selbst eine *affectio iustitiae* und eine Orientierung auf die *recta ratio* besitzt.[50] Dies insinuiert aber – wie gezeigt wurde – keinesfalls, dass der Wille *per modum naturae* zu einer bestimmten Art von Schöpfung genötigt wäre, sondern lässt eine Vielzahl möglicher Welten zu, deren konkrete Realisierung einzig und allein von der kontingenten Selbstdetermination des göttlichen Wollens abhängt. Vielleicht leben wir entgegen der Annahme von Leibniz nicht in der besten aller möglichen Welten – eine Idee, die schon Ockham nahezu selbstverständlich erscheint.[51]

---

[47] Vgl. z.B. *Lect.* II d.25 q.un. n.97 (ed. Vat. XIX 262).
[48] Vgl. hierzu M. Pauen: *Illusion Freiheit? Mögliche und unmögliche Konsequenzen der Hirnforschung*, Frankfurt/M 2004, bes. 14-20.
[49] Vgl. *Ord.* IV d.46 q.1 (ed. A.B. Wolter 248): »Tamen potest dici quod ista unica iustitia, quae non inclinat determinate nisi ad primum actum, modificat actus secundarios, licet nullum eorum necessario, quin posset modificare oppositum.«
[50] Vgl. hierzu A.B. Wolter: *Native Freedom of the Will as a Key to the Ethics of Scotus*, in: Deus et Homo ad mentem I. Duns Scoti. Acta Tertii Congressus Scotistici Internationali Vindebonae, 28 sept. – 2 oct. 1970, Rom 1972, 359-370, v.a. 367f.
[51] Vgl. Wilhelm von Ockham: *In I Sent.* d.44 q.1 (OT IV 661): »Deus posset facere mundum meliorem.«

Damit ist deutlich, welche Bedeutung der voluntativen Komponente im Schöpfungsakt bei Scotus zukommt. Der Akt der äußeren Schöpfung setzt nicht bloß ein operatives Vermögen Gottes in Gestalt seiner Allmacht voraus, welche die Inhalte seines Denkens in das reale Sein überführt. Vielmehr steckt das göttliche Denken nur in produktiver Weise einen Möglichkeitsraum ab, der erst durch die Auswahl des Willens im Hinblick auf das real zu Produzierende zu einer Schöpfungsordnung wird. Ohne diese voluntative Bestimmung der *factibilia* bzw. *producibilia*, die vom Denken eben gerade nicht geleistet wird, verbliebe Gott im Status des unbewegten Bewegers der aristotelischen Metaphysik: Er würde in der Kontemplation denkbarer Gehalte und damit letztlich in der Selbstbetrachtung verweilen, wäre aber eben kein schöpferisches bzw. kreatives Wesen. Dass diese Schöpfung *ad extra* – im Gegensatz zu den innertrinitarischen Hervorbringungen – nicht in Kategorien der Notwendigkeit, sondern nur als kontingente Selbstbestimmung des göttlichen Wollens zu denken ist, betont zum einen die kreative Freiheit Gottes. Zum anderen bleibt dies nicht ohne Auswirkung auf den Status der Welt selbst, die durch den Modus ihrer Verursachung selbst einen kontingenten Seinsstatus besitzt. Genau in diesem Doppelsinn ist die Selbstbestimmung des Willens ein konstitutives Moment sowohl der göttlichen Kreativität selbst als auch ihres schöpferischen Produkts.

Scotus ist somit der erste Theologe, der die Voraussetzungen der 1277 erfolgten Verurteilung der These: »Quod prima causa non posset plures mundos facere«[52] systematisch durchdenkt. Im Resultat kommt er zu dem Ergebnis, dass die freie Potenzialität Gottes, verschiedene Welten schaffen zu können, nur über eine Interdependenz von Voluntarismus und Kontingenz zu gewährleisten ist. Damit werden für die Produktivität Gottes Möglichkeitsspielräume etabliert, die sich zunehmend auch auf die Sphäre menschlicher Kreativität ausdehnen. Auch der menschliche Wille ist, wie ja gerade die scotische *natura-voluntas*-Distinktion zeigt, eine Größe, die sich durch die Möglichkeit zur Transzendierung des Natürlichen auszeichnet, das im eigenen Wollen und Tun nicht mehr nur länger nachgeahmt oder realisiert werden muss. Nicht zuletzt in dieser Hinsicht erweist sich der theologische Voluntarismus von Scotus als Konstitutionshintergrund der Neuzeit und ihrer nahezu programmatischen Grenzüberschreitungen.[53]

---

[52] Vgl. R. Hissette: *Enquête sur les 219 articles condamnés à Paris le 7 Mars 1277* (Philosophes Médiévaux, 22), n.27 p.64.
[53] Vgl. hierzu J. Goldstein: *Kontingenz und Möglichkeit. Über eine begriffsgeschichtliche Voraussetzung der frühen Neuzeit*, in: W. Hogrebe (Hg.): Grenzen und Grenzüberschreitungen. XIX. Deutscher Kongreß für Philosophie, 23.-27. September 2002 in Bonn: Sektionsbeiträge, Bonn 2002, 659-669.

Forschungsliteratur

GOLDSTEIN, J.: *Kontingenz und Möglichkeit. Über eine begriffsgeschichtliche Voraussetzung der frühen Neuzeit*, in: W. Hogrebe (Hg.): Grenzen und Grenzüberschreitungen, XIX. Deutscher Kongreß für Philosophie, 23.–27. September 2002 in Bonn: Sektionsbeiträge, Bonn 2002, S. 659–669.

HISSETTE, R.: *Enquête sur les 219 articles condamnés à Paris le 7 Mars 1277*, Philosophes Médiévaux 22/27.

HOERES, W.: *Der Wille als reine Vollkommenheit nach Duns Scotus*, in: Salzburger Studien zur Philosophie 1, München 1962.

HOFFMANN, T.: *The Distinction Between Nature and Will in Duns Scotus*, in: Archives d'histoire doctrinale et littéraire du Moyen Age 66 (1999), S. 189–224.

HONNEFELDER, L.: *Die Kritik des Johannes Duns Scotus am kosmologischen Nezessitarismus der Araber: Ansätze zu einem neuen Freiheitsbegriff*, in: J. Fried (Hg.): Die abendländische Freiheit vom 10. zum 14. Jahrhundert, Sigmaringen 1991.

PAUEN, M.: *Illusion Freiheit? Mögliche und unmögliche Konsequenzen der Hirnforschung*, Frankfurt/M. 2004.

WOLTER, A.B.: *Native Freedom of the Will as a Key to the Ethics of Scotus*, in: Deus et Homo ad mentem I. Duns Scoti. Acta Tertii Congressus Scotistici Internationali Vindebonae (28 sept. – 2 oct. 1970), Rom 1972, S. 359–370.

WOLTER, A.B.: *Scotus on the Divine Origin of Possibility*, in: American Catholic Philosophical Quarterly 67 (1993), S. 95–107.

›Schöpfung‹ bei Wilhelm von Ockham

CHRISTIAN RODE (BONN)

Es gibt einige Interpretationen, die bei Ockhams Konzeption der Schöpfung besonders die rationalen Momente hervorheben. So möchte W. Vossenkuhl der Auffassung entgegentreten, daß Ockham »keinen vernünftigen Nachvollzug von Gottes Schöpfungswerk« erlaube.[1] Er glaubt, die »absolute Macht Gottes« sei durch das Prinzip vom auszuschließenden Widerspruch und die ontologische Bedingung, daß Gott sich nicht selbst schaffen könne, so »eingeschränkt, daß wir sie rational verstehen können.«[2] A. Ghisalberti kritisiert in gleichem Sinne Interpreten, die Ockham eine Trennung zwischen *ratio* und Glauben attestieren.[3] J. P. Beckmann betont »die vielfältigen Verbindungen« von Ockhams Denken zu dem der Hochscholastik« und konstatiert: »Allmacht, Freiheit und Vernunft stehen nach dem Dargelegten keineswegs in einem Zusammenhang, der sich auf Kosten der Vernunft konstituiert.«[4] Der vorliegende Aufsatz versteht sich nun als Gegenposition zu diesen und ähnlichen Deutungen. Vielmehr möchte ich zeigen, daß Ockham gerade in bezug auf das Wissen um einen Schöpfergott, gerade in Fragen der göttlichen und natürlichen Kausalität, die Beschränktheit unserer rationalen Erkenntnisfähigkeit herausstellt. Es soll dargelegt werden, daß sich für Ockhams theoretisches System Inkonsistenzen aus der Unbeweisbarkeit der freien göttlichen Schöpfung ergeben.

1. Creatio actio – creatio passio

Wie nähert sich Ockham dem Thema der Schöpfung? Er betrachtet die beiden Aspekte von Schöpfung, die *creatio actio*, die Gott zugeschriebene kreative Tätigkeit, und die den Kreaturen zugeschriebene *creatio passio*, das Empfangen oder Erfahren der göttlichen Schöpfungshandlung.[5] Bei dieser Betrachtung kommt ein typischer Zug Ockhamschen Philosophierens zum Tragen: Es

---

[1] W. Vossenkuhl: *Vernünftige Kontingenz. Ockhams Verständnis der Schöpfung*, in: ders./R. Schönberger (Hgs.): Die Gegenwart Ockhams, Weinheim 1990, S. 77.
[2] W. Vossenkuhl: *Vernünftige Kontingenz*, a.a.O., S. 81.
[3] A. Ghisalberti: *Gott und seine Schöpfung bei Wilhelm von Ockham*, in: Die Gegenwart Ockhams, a.a.O., S. 63.
[4] J. P. Beckmann: *Allmacht, Freiheit und Vernunft. Zur Frage nach ›rationalen Konstanten‹ im Denken des Späten Mittelalters*, in: J. P. Beckmann/L. Honnefelder/G. Schrimpf/G. Wieland (Hgs.): Philosophie im Mittelalter. Entwicklungslinien und Paradigmen, W. Kluxen zum 65. Geburtstag, Hamburg 1987, S. 193.
[5] Vgl. zu diesen Begriffen bei Ockham: A. Maurer: *The Philosophy of William of Ockham in the Light of Its Principles*, Toronto 1999, S. 307-311.

wird in erster Linie keine ontologische, sondern eine sprachphilosophische Untersuchung angestellt, obwohl damit nicht gesagt werden soll, daß Ockham ontologische oder gar metaphysische Fragestellungen prinzipiell vernachlässigt.[6] Gefragt wird, welcherart die Begriffe *creatio actio* und *creatio passio* sind, wie er sie gebrauchen will. Und sie werden als konnotative Termini[7] verwendet, d.h. sie bedeuten etwas an erster Stelle, *in recto*, und etwas anderes an zweiter Stelle, *in obliquo*. *Creatio actio* bezeichnet nun an erster Stelle das göttliche Wesen (*divina essentia*) und an zweiter Stelle die Existenz des Geschöpfs, das ohne Gott gar nicht sein kann. Allerdings lehnt Ockham ab, daß der Begriff der *creatio actio* auf irgendeine Weise eine eigenständige, real existierende Relation zwischen Gott und Geschöpf bezeichnet, obwohl Gott natürlich die Bedingung für die Existenz der Kreatur ist.[8] Ockham glaubt nämlich, daß Relationen nichts als mentale Begriffe zweiter Intention sind, denen letzten Endes einfach nur die beiden *absoluta* zugrunde liegen.[9] Ebenso, wie die Beziehung der Ähnlichkeit real in nichts anderem besteht als in zwei ähnlichen Dingen, ist die *creatio passio* nun wiederum nicht von der Kreatur unterschieden.[10] Ockham argumentiert demnach mit seinem *razor*; seine Argumentation beschränkt sich lediglich auf Gott und die Kreatur, anders als z. B. Thomas, der eine reale Relation der Kreatur zu Gott und eine gedankliche Relation Gottes zur Kreatur annahm.[11] Bei Ockham stehen sich also Gott und Geschöpf ohne irgendwelche vermittelnden Relationen gegenüber, die etwa ein eigenständiges Sein besitzen.

2. Die Lehre von den göttlichen Ideen

Die Annahme göttlicher Ideen dient traditionell dazu, die Einheit Gottes mit der Vielheit des Geschaffenen zu vermitteln. Ockham beschäftigt sich in der *Ordinatio*[12] unter anderem mit den Gründen, die Heinrich von Gent für die Notwendigkeit göttlicher Ideen anführt. »Idee« faßt Heinrich – so Wilhelm von Ockham – als Hinsicht der Nachahmbarkeit im göttlichen Wesen auf. Eine Idee sei also gerade der Aspekt des göttlichen Wesens, der von den Ge-

---

[6] Vgl. hierzu: L. M. de Rijk: *War Ockham ein Antimetaphysiker? Eine semantische Betrachtung*, in: Philosophie im Mittelalter, a.a.O., S. 313-328.
[7] Vgl. hierzu Wilhelm von Ockham: *Summa logicae* I, c. 10, ed. Ph. Boehner, G. Gál, S. Brown, St. Bonaventure N.Y. 1974, Opera Philosophica[=OPh] I, S. 35-38.
[8] Vgl. Wilhelm von Ockham: *Reportatio* II, q. 1, ed. G. Gál, R. Wood, St. Bonaventure, N. Y. 1981, Opera Theologica [=OTh] V, S. 9.
[9] Vgl. Wilhelm von Ockham: *Summa logicae* I, c. 49, OPh I, S. 155-156.
[10] Vgl. Wilhelm von Ockham: *Reportatio* II, q. 2, OTh V, S. 43.
[11] Vgl. Thomas von Aquin: *Summa theologiae* I, 45, 3, ad 1.
[12] Vgl. Wilhelm von Ockham: *Ordinatio* I, d. 35, q. 5, ed. G. I. Etzkorn, F. E. Kelley, St. Bonaventure, N. Y. 1979, OTh IV, S. 482.

schöpfen nachgeahmt werden kann.[13] Ideen in Gott seien nun notwendig für die göttliche Erkenntnis der vielen Geschöpfe, und sie sollen, so gibt Ockham Heinrichs Lehre wieder, als Archetypen und vollkommene Maßstäbe für die der Art nach verschiedenen Dinge dienen. Schließlich spielten die Ideen eine wichtige Rolle beim Schöpfungsakt, denn Gott könnte nicht eine Mannigfaltigkeit von Dingen erschaffen, wenn er nicht durch die Ideen diese Dinge erkennte.[14] Aber all diese Gründe lehnt Ockham ab. Die Erkenntnis braucht nicht durch Ideen vermittelt zu werden, sondern kann sich direkt auf die Dinge richten. Hier manifestiert sich daher Ockhams direkter erkenntnistheoretischer Realismus.[15] Auch zur Erschaffung von vielem bedarf es schon bei menschlichen Künstlern nicht eines *respectus rationis*, es reicht schlichtweg die Erkenntnis der vielen zu erzeugenden Dinge aus, also gilt dies erst recht für Gott. Und auch als vollkommene Maßstäbe der Geschöpfe benötigt Ockham keine Ideen, da sich andernfalls die Frage stellte, ob die Ideen mit Gott identisch seien. Sind sie es, können sie aufgrund der Einheit Gottes nicht viele sein; sind sie nicht mit Gott identisch, verstieße das gegen die Ausgangsposition, der zufolge Ideen als Hinsichten eins sind mit dem göttlichen Wesen.[16]

Da bisherige Lösungen unbefriedigend sind, klärt Ockham, was denn unter einer Idee zu verstehen sei, betreibt also wieder sprachphilosophische Begriffsklärung: Dem Begriff »Idee« entspricht nichts sachlich Eigenständiges, er besitzt keine Wesensdefinition (»non habet quid rei«[17]), sondern es handelt sich bei ihm bloß um einen konnotativen Terminus, wie z. B. auch beim oben angesprochenen Begriff *creatio actio*. Die Nominaldefinition für den Begriff »Idee« lautet nun: »Eine Idee ist etwas von einem verursachenden intellektuellen Prinzip Erkanntes, in bezug auf welches ein es betrachtendes Tätiges etwas real hervorbringen kann.«[18] Nicht zuletzt, weil diese Definition etwas schwerfällig anmutet, fragt sich, worauf sie denn zutrifft. Ockham behauptet zunächst[19], Ideen seien *exemplaria cognita*, erkannte vorbildhafte Muster. Es scheint, als sei diese Erläuterung gar nicht so weit von den obengenannten traditionellen Vorstellungen entfernt. Aber die Originalität der Ockhamschen Konzeption tritt zutage, wenn wir erfahren, worauf besagte Nominaldefinition zutrifft: auf nichts anderes als die Kreaturen selbst.[20] Die göttlichen Ideen sind also keine vermittelnden Hinsichten des göttlichen Wesens. An solche Entitäten hat ja Ockham seinen *razor* angelegt. Statt dessen fallen sie zusammen mit den Geschöpfen. Göttliche Einheit und kreatürliche Mannigfaltigkeit werden

---

[13] Vgl. Wilhelm von Ockham: *Ordinatio* I, d. 35, q. 5, OTh IV, S. 480.
[14] Vgl. ebd., S. 482f.
[15] Vgl. M. M. Adams: *William Ockham*, Vol. I, Notre Dame, Ind. 1987, S. 84.
[16] Vgl. Wilhelm von Ockham: *Ordinatio* I, d. 35, q. 5, OTh IV, S. 483-485.
[17] Vgl. ebd., S. 485.
[18] Vgl. ebd., S. 486.
[19] Vgl. ebd., S. 487.
[20] Vgl. ebd.

also gar nicht wirklich vermittelt, sondern stehen sich unmittelbar gegenüber. Genau wie ein menschlicher Künstler lediglich sein zu schaffendes Werk wissen muß, um es zu produzieren, reicht es hin, wenn Gott die zu erschaffenden Geschöpfe vorerkennt; die Geschöpfe sind dann die Ideen.[21]

Diese These, die Bannach[22] als »Gottes schöpferische Unmittelbarkeit« beschreibt, macht deutlich, daß das Ökonomieprinzip Ockhams und die daraus resultierende Kritik an Mittlerinstanzen wie dem *respectus rationis* nicht nur seine Ontologie und Erkenntnistheorie, sondern auch seine Schöpfungskonzeption nachhaltig bestimmen. Die gleiche Hervorhebung der Unmittelbarkeit, die sich in der Theorie der göttlichen Ideen ausdrückt, findet sich, wie wir noch sehen werden, in der Lehre von der *creatio* als *conservatio*.

3. *Notwendigkeit oder Kontingenz göttlichen Handelns*

Angesichts der Herausforderung eines sich auf Aristoteles berufenden Nezessitarismus fragt sich nun: Ist Gott, wie es der christlichen Schöpfungslehre entspricht, freie oder, gemäß einem aristotelischen Weltbild, natürliche Ursache von allem? Ockham hält sowohl den Beweis des Thomas als auch den des Scotus für die christliche These für nicht stichhaltig. Thomas[23], der nachzuweisen sucht, daß Gott sich selbst ein Ziel setzt und aufgrund von Intellekt und Willen, also frei, handelt, wirft er vor, daß auch die Aristotelische Auffassung, die sich z. B. bei Avicenna[24] findet, davon ausgeht, daß Gott aufgrund des Willens und des Intellekts verursachend tätig, aber dennoch nicht frei ist. Und auch die Fähigkeit, sich selbst einen Zweck zu setzen, spricht laut Ockham nicht für freies Handeln, ein *agens* kann sich auch notwendigerweise ein Ziel setzen.[25]

Scotus[26] versucht über die kontingente Kausalität der natürlichen Zweitursachen das kontingente Wirken Gottes zu beweisen, da die Zweitursachen nur kraft der ersten Ursache, also kraft Gottes, wirken. Auch dieser Beweis ist laut Ockham zum Scheitern verurteilt, da aus der Kontingenz der Zweitursachen

---

[21] Vgl. Wilhelm von Ockham: *Ordinatio* I, d. 35, q. 5, OTh IV, S. 489.
[22] K. Bannach: *Die Lehre von der doppelten Macht Gottes bei Wilhelm von Ockham. Problemgeschichtliche Voraussetzungen und Bedeutung*, Wiesbaden 1975 (Veröffentlichungen des Instituts für Europäische Geschichte Mainz, 75), S. 247.
[23] Vgl. Thomas von Aquin: *De potentia*, q. 1, a. 5; q. 3, a. 15; *Summa theologiae* I, q. 19, a. 4; *Sent.* I, d. 43, q. 2, a. 2. Ockhams Wiedergabe dieser Position: *Reportatio* II, q. 4, OTh V, S. 52.
[24] Vgl. Avicenna: *Liber de philosophia prima sive scientia divina*, tract. IX, c. 4, ed. S. Van Riet, Louvain/Leiden 1980, S. 476-488.
[25] Vgl. Wilhelm von Ockham: *Reportatio* II, q. 4, OTh V, S. 52f.
[26] Vgl. Johannes Duns Scotus: *Ordinatio* I, d. 2, p. 1, q. 1-2, n.79-88, Civitas Vaticana 1950, Editio Vaticana II, S. 176-180. Ockhams Wiedergabe: *Reportatio* II, q. 4, OTh V, S. 54f.

nicht notwendigerweise die Kontingenz der *causa prima* folgt.[27] Es gilt dabei zwei Alternativen zu bedenken: Entweder wirkt die Erstursache unmittelbar mit der Zweitursache zusammen. Dies ließe sich mit dem Fall vergleichen, bei dem Wille und Objekt zusammenkommen, um einen Willensakt hervorzubringen. Dabei wirkt der Gegenstand aber natürlich und der Wille frei und kontingent. Diese These der Simultaneität von Freiheit und Notwendigkeit begegnet uns übrigens noch häufiger bei Ockham. D. h. im Falle eines unmittelbaren göttlichen Zusammenwirkens ist die Freiheit oder Kontingenz der göttlichen Kausalität nicht bewiesen.[28] Die andere Möglichkeit ist ein vermitteltes Zusammenwirken der *causa prima* mit einer *causa secunda*, und auch dann ergibt sich nicht zwingend die Kontingenz göttlichen Handelns. Ockham macht dies an einem Beispiel deutlich: Die Sonne könnte auf meinen Willen wirken und der Wille dann einen bestimmten Willensakt hervorbringen. Zwar wirkte mein Wille kontingent und frei, nicht aber die Sonne.[29] Trotz des natürlichen und notwendigen Wirkens der Sonne kommt durch den Willen für Ockham Kontingenz und Freiheit zum Tragen.

Einem Ungläubigen läßt sich demnach nicht demonstrativ beweisen, daß Gott frei handelt und seine Schöpfung kontingent ist. Legt man bloß die natürliche Vernunft zugrunde, sind sowohl die christliche als auch die aristotelische Auffassung vertretbar. Gottes Freiheit läßt sich lediglich plausibel machen, ist damit höchstens wahrscheinlicher als die Notwendigkeit der Schöpfung.[30] Die christliche Schöpfungsauffassung ist daher indemonstrabel und allenfalls durch Argumente von einiger Überzeugungskraft zu illustrieren. Ein solches Argument besagt z. B., daß derjenige Agent frei und kontingent handelt, der sich bei gegebenen Wahlmöglichkeiten ungehindert für eine entscheidet. Freiheit und Kontingenz sind in diesem Falle für Ockham synonym. Gott kann also frei genannt werden, wenn er aus den gleichmöglichen zu schaffenden Dingen eines auswählt und vor den anderen erschafft.[31] Es geht also um einen Freiheitsbegriff, der Indeterminiertheit und Indifferenz impliziert, wobei sich natürlich fragen läßt, ob dies ein zureichendes Kriterium für freies Handeln darstellt und nicht auf die gleiche Weise eine bloß zufällige Entstehung der Welt aus einer ersten Ursache nahegelegt würde.

Die Haltung Ockhams zu nezessitaristischen Schöpfungstheorien ist ambivalent. Zum einen behauptet er, daß der Wahrheit gemäß Gott unmittelbare Ursache von allem ist, die in jedem Einzelfall mit einer natürlichen, aber unvollkommenen Ursache zusammenkommt. Und wegen der Einschaltung der Zweitursachen, die ein notwendig Agierender gar nicht bemühen müßte, ist

---

[27] Vgl. Wilhelm von Ockham: *Reportatio* II, q. 4, OTh V, S. 55.
[28] Vgl. ebd.
[29] Vgl. ebd.
[30] Vgl. ebd.
[31] Vgl. ebd., S. 55f.

Gott laut dieser Auffassung ein kontingent und nicht notwendig Handelnder, der alles Niedrigerstehende und Unvollkommene je neu hervorbringen kann.[32]

Aber diese freie Schöpfungsmacht läßt sich zum anderen nicht beweisen, und so steht neben dem für Ockham wahren Schöpfungsverständnis des Glaubens mehr oder weniger unvermittelt die aristotelische Auffassung.[33] Ihr zufolge sei Gott Wirkursache der Welt, erschaffe aber zuerst nur auf notwendige Weise die Intelligenzen und mittels ihrer dann die restliche Schöpfung. Es könne sogar sein, daß die Intelligenzen alle weitere Schöpfungstätigkeit selbst übernehmen.[34] Die Schöpfungstätigkeit Gottes könnte sich folglich auf die Erschaffung der Intelligenzen beschränken.

Laut dieser philosophischen Erklärung der Schöpfung wäre Gott nicht unmittelbare Ursache aller Geschöpfe, sondern lediglich der Intelligenzen. In bezug auf alles andere wäre er nur vermittelt kausal, wäre er bloß *causa remota* und nicht einmal im strengen Sinne Ursache, denn er würde nicht zur fortwährenden Erhaltung der Welt benötigt.

Später wird Ockham seine Aristoteles-Interpretation noch radikalisieren. Gott ist dann nicht mehr Wirkursache[35], sondern nur noch Finalursache von allem.[36] Dies ist aber bloß die Wiedergabe der aristotelischen Thesen. Ockham selbst hält es in den *Quodlibeta*[37] für nicht beweisbar, daß eine Finalursache überhaupt eine Handlung veranlaßt. Zwar gesteht er zu, daß Gott Finalursache menschlichen Handelns sein kann, schließlich können ja Menschen aus Gottesliebe handeln.[38] Nicht demonstrabel ist hingegen, daß Gott den Intelligenzen oder den erkenntnislosen natürlichen Dingen als Zweckursache vorsteht.[39] Obwohl Ockham Aristoteles so interpretiert, als sei Gott die Finalursache, nicht aber die Wirkursache, hält er diese Auffassung für nicht beweisbar und zweifelt generell an der Tragfähigkeit des Begriffs der Zweckursache.[40]

Die laut Ockham wahre, aber nicht durchgängig beweisbare christliche Schöpfungskonzeption, Gottes *creatio continua*, die sein freies Handeln und die daraus resultierende Kontingenz der gesamten Welt stark macht, hat als Alternative die philosophische Erklärung der Schöpfung, die sich demonstrativ

---

[32] Vgl. Wilhelm von Ockham: *Reportatio* II, q. 5, OTh V, S. 84.
[33] Vgl. ebd.
[34] Vgl. Hierzu Avicenna: *Liber de philosophia prima sive scientia divina*, tract. IX, c. 4, ed. S. Van Riet, Louvain/Leiden 1980, S. 476-488.
[35] Wie noch in *Reportatio* II, q. 5, OTh V, S. 84.
[36] Vgl. Wilhelm von Ockham: *Quodl.* IV, q. 2, ed. J. C. Wey, St. Bonaventure, N. Y. 1980, OTh IX, S. 309.
[37] Wilhelm von Ockham: *Quodl.* IV, q. 2, OTh IX, S. 302.
[38] Ebd., S. 303.
[39] Ebd., 302-303.
[40] Vgl. hierzu K. Bannach: a.a.O., S. 303: »Ockham streitet der Finalursächlichkeit jede eigene Wirkung ab, er läßt sie nur als Moment der Wirkursächlichkeit gelten. Aus diesem Grund verwirft er den Gedanken, Gott sei die Finalursache alles Geschaffenen, als nicht begründbar.«

nicht so einfach widerlegen läßt.⁴¹ Und Ockham entscheidet sich für die Freiheit Gottes, seine unmittelbare Erhaltungstätigkeit, aber ohne diese Grundentscheidung demonstrieren zu können. Das Fundament aller natürlichen Welterklärung ist so letztlich etwas, das durch natürliche Vernunft höchstens plausibel gemacht werden kann, aber nicht mehr rational beweisbar ist.

Wie integriert Ockham nun das biblische »Omnia per ipsum facta sunt« (Joh. 1,3) in seine Philosophie? Gibt es etwa Vermittlungsinstanzen in der Schöpfung? Für Ockham nicht, denn er plädiert für eine unmittelbare Verursachung: Damit man von Kausalität reden kann, ist die Präsenz der Ursachen erforderlich, andernfalls ließe sich etwa behaupten, daß Adam meine Ursache wäre.⁴²

4. Creatio continua

Gerade der Gedanke der unmittelbaren Präsenz Gottes, der ständigen Erhaltung der Welt, der *creatio continua*, wird im Gottesbeweis Ockhams im Sentenzenkommentar stark gemacht.

Ockhams Gottesbeweis ist ein Beweis über die Wirkursache, wie er auch unter anderem von Scotus geführt wird.⁴³ Allerdings will Ockham den Begriff der Verursachung eher als *conservatio*, als Erhaltung, denn als Hervorbringung verstanden wissen. Hervorbringung impliziert das vorherige Nichtsein eines Dings. Geht man von dieser Art der Verursachung, also einer Abfolge von Dingen aus, ist ein unendlicher Regreß schwer abzuweisen. Denn dann wäre ein Aristotelisches Weltbild möglich, dem zufolge ein Mensch immer wieder einen anderen *ad infinitum* hervorbringt.⁴⁴ Es kann also nicht bewiesen werden, warum ein Mensch nicht jeweils einen anderen als Totalursache erzeugen sollte, legt man »Verursachen« als »Hervorbringen« zugrunde.⁴⁵

Statt dessen läßt sich ein Gottesbeweis sehr wohl mit Hilfe der Erhaltung der Welt durch Gott bewerkstelligen: Was die Ursache für anderes ist, muß dieses andere in seinem Sein erhalten. Die Wirkung muß also abhängig von der Ursache sein und simultan mit ihr bestehen. Fragt man nun nach der Ursache von etwas Bestehendem, gelangt man zu etwas, das entweder nicht seinerseits von anderem abhängig ist, und dies ist dann Gott als erste Wirkursache (*Causa efficiens* und Erhaltung sind dabei identisch), oder man kommt zu

---

⁴¹ Eine gleiche Situation, bloß mit dem Fokus auf der Möglichkeit einer ewigen Welt, stellt N. Kretzmann dar in: *Ockham and the Creation of the Beginningless World*, in: Franciscan Studies 45 (1985), S. 1-31.
⁴² Vgl. Wilhelm von Ockham: *Reportatio* II, q. 4, OTh V, S. 61.
⁴³ Vgl. Scotus: *Ordinatio* I, d. 2, p.1, qq. 1-2, n. 43-53, Editio Vaticana II, S. 151-159.
⁴⁴ Vgl. hierzu Aristoteles: *De generatione et corruptione* II 10, 336a23-337a33.
⁴⁵ Vgl. Wilhelm von Ockham: *Ordinatio* I, d. 2, q. 10, ed. S. Brown, G. Gál, St. Bonaventure, N. Y. 1970, OTh II, S. 354f.

einer auf anderes rekurrierenden Ursache. Aber hier kann es keinen unendlichen Regreß geben, denn dann ergäbe sich eine aktuale Unendlichkeit, ein Ergebnis, das laut der Aristotelischen Lehre[46] unmöglich ist.[47]

Die Schöpfung Gottes als ständige Erhaltung kommt also ins Spiel, weil Ockham mittels der Kausalität als *productio* nicht die Existenz Gottes beweisen kann. Denn nur die erhaltende Tätigkeit existiert simultan mit den erhaltenen Dingen, und nur über den Begriff der *conservatio* läßt sich eine aktuale Unendlichkeit, ein *processus in infinitum* vermeiden.

Eine gewisse Skepsis gegenüber einer rationalen Theologie läßt aber auch der Gottesbeweis Ockhams erkennen: Denn »contra protervientes« ist es schwierig, die Einzigkeit Gottes zu beweisen. Zwar führt Ockham hier ein Argument an, das er Scotus[48] zuschreibt. Aber er fügt hinzu: »Haec ratio videtur probabilis quamvis non demonstret sufficienter.«[49] In der ersten *quaestio* des ersten *Quodlibet*[50] werden diese Zweifel noch vermehrt. Es gibt dort zwei mögliche Bedeutungen des Wortes »Gott« – einmal meint es das, was edler und besser als alles andere außer ihm ist, dann dasjenige, über das hinaus nichts Besseres und Vollkommeneres existiert. Von Gott in der ersten dieser Bedeutungen können wir nicht einmal evident wissen, daß er existiert; von Gott in zweiter Bedeutung läßt sich zwar mit den schon bekannten Mitteln die Existenz, aber weder evident die Einheit noch ihre Negation demonstrieren.

Die achte Quaestio des zweiten *Quodlibet* erhärtet die These der *creatio continua* bei Ockham. Dort soll dargelegt werden, daß jede Wirkung von Gott geschaffen wird, daß also Gottes Schöpfungstätigkeit immer dort veranschlagt werden muß, wo wir es mit Kausalität in der Welt zu tun haben. Wenn dem nun so ist, müßte ja gelten, daß bei jeder Wirkung eine *creatio ex nihilo* vor sich geht, d. h., daß jede Wirkung rein nichts ist, bevor sie hervorgebracht wird. Und davon geht Ockham tatsächlich aus: Jede Form könnte auch ohne Zugrundeliegendes geschaffen werden und entstünde demnach aus dem Nichts.[51] Wenn daher jeder natürliche Effekt *ex nihilo* geschaffen wird, ist dann überhaupt noch Platz für natürliche Erzeugung? Mit Ockhams Worten: Kann dieselbe Form zugleich natürlich erzeugt und erschaffen werden?[52] Der *Venerabilis Inceptor* sieht darin keinen prinzipiellen Widerspruch, eine These, die uns auch an anderer Stelle noch beschäftigen wird. Erschaffen werden kann dasjenige, was keine mitursächliche Materie benötigt; erzeugt werden kann das, was der mitverursachenden Materie bedarf. Für Ockham ist es offenbar möglich,

---

[46] Aristoteles: *Metaph.* II 2, 994a1-994b31.
[47] Vgl. Wilhelm von Ockham: *Ordinatio* I, d. 2, q. 10, OTh II, S. 355f.
[48] Vgl. Scotus: *Ordinatio* I, d. 2, p. 1, q. 3, n. 764, Editio Vaticana II, S. 232.
[49] Vgl. Wilhelm von Ockham: *Ordinatio* I, d. 2, q. 10, ed. S. Brown adlaborante G. Gál, St. Bonaventure, N. Y. 1970, OTh II, S. 357.
[50] Vgl. Wilhelm von Ockham: *Quodl.* I, q. 1, OTh IX, S. 1-11.
[51] Vgl. Wilhelm von Ockham: *Quodl.* II, q. 8, OTh IX, S. 145.
[52] Vgl. ebd., S. 146.

daß beides zugleich zutrifft, daß dieselbe Form, z. B. die Wärme, von Gott und beispielsweise einem Feuer simultan hervorgebracht wird, ebenso wie ein Willensakt frei vom Willen und auf natürliche Weise und notwendig vom Intellekt verursacht wird. Naturnotwendigkeit und göttliche Freiheit widersprechen sich folglich nicht, sondern sind kompatibel.[53] Allerdings schränkt Ockham dies ein, indem er behauptet, nur einfache, nicht zusammengesetzte Wirkungen würden auch von Gott erschaffen.[54]

Daß die These der *creatio continua*, der stetigen unmittelbaren Erhaltung und des fortwährenden Eingreifens in die Schöpfung, nicht folgenlos bleibt, zeigt sich unter anderem auch in der Erkenntnistheorie Ockhams. Er bestimmt im Sentenzenkommentar die *cognitio intuitiva* als diejenige Erkenntnis, aufgrund der man urteilt, daß ein Ding existiert, wenn es existiert. Immer wenn ich zwei Dinge intuitiv auffasse, kann ich nun sofort einen Satz bilden, der diese beiden *extrema* verbindet oder trennt, und ich kann diesem Satz zustimmen oder ihn ablehnen. Erkenne ich z. B. intuitiv einen Körper und die Weiße, kann ich unmittelbar den Satz bilden: »Der Körper ist weiß.«[55] Damit lassen sich mittels dieser Erkenntnisform affirmative Sätze über aktuell Bestehendes ohne weiteres erklären. Allerdings müssen, damit es zu einer Zustimmung zu einem Satz kommen kann, die beiden Erkenntnisse von Subjekt und Prädikat aktuell vorliegen, mit anderen Worten: Solche Sätze können nur bei Präsenz ihrer Objekte gebildet werden.[56] Daher kommt ein solcher epistemologisch-wahrheitstheoretischer Realismus aber in Schwierigkeiten, wenn es um Sätze über Nichtexistierendes oder um Negationen geht. Denn dann ist das Objekt, das Gegenstand eines Satzes ist, ja gerade nicht anwesend und kann keine intuitive Erkenntnis veranlassen.[57] Und an dieser Stelle wird Gott eingeführt: Damit wir auch negative wahre Sätze bilden können, verursacht Gott in uns jeweils die übernatürliche intuitive Erkenntnis eines Nichtexistierenden als Nichtexistierenden: »Ideo oportet quod cognitio intuitiva qua cognosco rem non esse quando non est sit supernaturalis quantum ad causationem vel conservationem vel quantum ad utramque.«[58] Wenn ich also den wahren Satz bilde: »In diesem Raum befindet sich gerade kein Elefant«, dann hat Gott in mir die intuitive Erkenntnis eines Elefanten als eines nichtexistierenden Dinges gebildet. Angesichts dieser Erkenntnis kann ich dann den Satz bilden, daß ein solches Objekt nicht existiert, dem der Intellekt aufgrund der intuitiven Erkenntnis zustimmt.[59] Dieses Beispiel macht zum einen deutlich, daß ein strikter er-

---

[53] Vgl. Wilhelm von Ockham: *Quodl.* II, q. 8, OTh IX, S. 146.
[54] Vgl. ebd., S. 147.
[55] Vgl. Wilhelm von Ockham: *Reportatio* II, q. 13, ed. G. Gál, R. Wood, St. Bonaventure, N. Y. 1981, OTh V, S. 256f.
[56] Vgl. Wilhelm von Ockham: *Reportatio* II, q. 13, OTh V, S. 258.
[57] Vgl. ebd., S. 259.
[58] Vgl. ebd., S. 260.
[59] Vgl. Wilhelm von Ockham: *Reportatio* II, q. 13, OTh V, S. 260.

kenntnistheoretischer Realismus, wie ihn Ockham vertritt, an seine Grenzen stößt, wenn es um die Erklärung negativer Propositionen geht. Zum anderen zeigt es, daß Ockham keine Schwierigkeiten damit hat, einen allmächtigen Gott als theoretische Notlösung einzuführen, wenn er mit den Mitteln seiner realistischen Erkenntnistheorie nicht auskommt. Die unmittelbare *conservatio* der Welt durch Gott besitzt also Auswirkungen auch außerhalb der Schöpfungsproblematik.

5. Legitimation der Zweitursachen

Wenn aber Gott bei jeder Verursachung präsent ist, wozu dienen dann überhaupt die erschaffenen Zweitursachen? Warum ist Gott nicht Totalursache von allem, was es in der Welt an Wirkungen gibt? Der Grund dafür ist, daß sich gerade darin sein freier Wille zeigt. Denn wäre Gott ein *agens naturale*, brächte er notwendigerweise allein jede Wirkung hervor. Da er es aber so wollte, wirkt er nur als Teilursache mit. Betrachtete man allerdings nur seine *potentia absoluta* – und dies ist eine interessante Wendung – könnte Gott, wenn er es wollte, durchaus Totalursache von allem sein.[60] Die absolute Macht Gottes bringt demnach eine gewisse, rational nicht mehr einholbare Grundunsicherheit in Ockhams Weltbild.

Dies zeigt sich z. B. an einer Annahme, die Ockham sich zwar nicht zu eigen macht, die er aber im Rahmen seiner Theorie durchaus für möglich hält: Gott ist in der Lage, etwas zu schaffen, was ein Geschöpf danach seinerseits hervorbringt. Die paradoxe These von der doppelten Hervorbringung ein und desselben Dings wird dadurch erläutert, daß z. B. ein Feuer erst von Gott erschaffen werden kann, dann in seinem Fortdauern aber von der Sonne abhängt. Diese Abhängigkeit bedeutet nichts anderes als eine hervorbringende Tätigkeit der Sonne, die der göttlichen *creatio* parallel geht, denn »Schöpfung und Erhaltung unterschieden sich durch nichts Positives«[61], sondern nur durch etwas Negatives: »Schöpfung« und »Erhaltung« sind jeweils konnotative Termini, d. h. sie bedeuten etwas an erster und an zweiter Stelle. »Schöpfung« bezeichnet nun eine Sache mit der Konnotation ihrer vorherigen Negation; »Erhaltung« bezeichnet dasselbe, aber mit der Zweitbedeutung der Fortführung.[62] Göttliche Schöpfungstätigkeit und natürliche Erhaltung sind also austauschbar, widersprechen sich nicht.

---

[60] Vgl. Wilhelm von Ockham: *Reportatio* II, q. 4, OTh V, S. 63.
[61] Vgl. ebd., S. 65.
[62] Vgl. ebd.

6. Skepsis gegenüber der Kausalität und Beweisbarkeit göttlicher Freiheit und Allmacht

Die Stärkung des Gedankens der göttlichen *conservatio* und ursächlichen Beteiligung mehrt aber den Zweifel an Kausalschlüssen:

Wir sahen ja schon, daß der späte Ockham die Finalursache als theoretisch unbrauchbar ansieht. Er bringt aber auch dem Begriff der Wirkursache eine gewisse Skepsis entgegen. Da jede Wirkung auch gänzlich von Gott hervorgebracht werden kann, läßt sich nicht demonstrativ beweisen, daß eine Zweitursache, also etwas Geschaffenes, überhaupt irgend etwas verursacht. So könnte es sein, daß ein dem Feuer angenähertes Papier nicht deshalb brennt, weil das Feuer dies verursacht, sondern weil Gott angeordnet hat, daß er selbst das Brennen hervorbringt, genau dann, wenn eine Substanz sich dem Feuer nähert, wie er auch in bezug auf die Kirche angeordnet hat, daß auf die Hervorbringung bestimmter Wörter die Gnade in der Seele produziert wird.[63]

Der *Potentia-absoluta*-Gedanke verunsichert das Weltbild so sehr, daß sich nicht mehr aufgrund einer Wirkung – also *a posteriori* – beweisen läßt, daß mein Gegenüber – mit den äußeren Merkmalen eines Menschen ausgestattet – überhaupt menschlich ist. Es könnte sich ja auch um einen Engel in Menschengestalt handeln, wie das Beispiel des Engels Raphael aus dem Buch Tobias[64] nahelegt.[65]

Die Stärkung der Allmacht Gottes und seiner Unmittelbarkeit wird also mit einer erheblichen Verunsicherung einer natürlichen Kausalordnung erkauft, mit einer Auflösung einer rational, durch Kausalschlüsse hergestellten Verbindung der Dinge in der Welt.

In den *Quodlibeta* ist die Skepsis gegenüber einer rationalen Durchdringung der Allmacht Gottes sogar noch größer, denn in *Quodl.* II,1[66] läßt sich nicht aufgrund natürlicher Vernunft beweisen, daß Gott unmittelbare Wirkursache von allem ist. Zum einen, weil möglicherweise andere Ursachen, wie die Himmelskörper, hinsichtlich vieler Wirkungen ausreichend sind. Zum anderen, weil man sonst die Notwendigkeit der Zweitursachen nicht beweisen könnte. Auch läßt sich nicht beweisen, daß Gott alles bewirkt, da unbeweisbar ist, daß es anderes Bewirkbares gibt neben genau dem Erzeugbaren und Vergänglichen, das von natürlichen, irdischen Körpern oder den Himmelskörpern verursacht wird. Ebenfalls läßt sich Gottes vermittelte Verursachung nicht beweisen, da andernfalls gleich die unmittelbare Kausalität bewiesen werden könnte. Gottes Schöpfungstätigkeit, die Gesamt- oder Teilverursachung von allem, läßt sich daher in den späten *Quodlibeta* nicht demonstrativ beweisen.

---

[63] Vgl. Wilhelm von Ockham: *Reportatio* II, q. 4, OTh V, S. 72f.
[64] Tobias, 12, 19.
[65] Vgl. Wilhelm von Ockham: *Reportatio* II, q. 4, OTh V, S. 73.
[66] Vgl. Wilhelm von Ockham: *Quodl.* II, q. 1, OTh IX, S. 107-111.

Bei Ockham begegnet also durchaus ein Skeptizismus im Hinblick auf die göttliche Kausalität, und selbst die göttliche Allmacht hält er für unbeweisbar.[67] Dieser Skeptizismus in bezug auf die Beweisbarkeit Gottes findet im Sentenzenkommentar eine frühe Parallele in der Unsicherheit aller *A-posteriori*-Kausalitätsschlüsse, die sich auf natürliche Ursachen beziehen. Der menschlichen Vernunft werden Schranken gesetzt; es läßt sich ebenfalls nicht mit demonstrativen Mitteln beweisen, daß Gott frei und kontingent handelt. Andererseits spielt gerade die Annahme eines frei handelnden, allmächtigen Gottes in den *Potentia-absoluta*-Gedankenexperimenten für die Erkenntnistheorie und Ontologie eine große Rolle. So besteht das Kriterium für einen Bestandteil der Welt, für eine *res absoluta*, darin, nach Belieben (aufgrund der Allmacht Gottes) widerspruchsfrei aus der Welt genommen oder in sie eingesetzt werden zu können.[68] Auch die oben skizzierte Einführung der göttlichen Einwirkung in die Erkenntnis- und Wahrheitstheorie zeugt von der immensen Bedeutung, die ein allmächtiger Gott in der Philosophie Ockhams besitzt. Damit hängen aber Ontologie und Erkenntnistheorie von einer Annahme ab, die nicht mehr rational-demonstrativ einholbar ist. Gegen Interpretationen, die die Rationalität göttlicher Schöpfung betonen, läßt sich hier eine Gedankenlinie erkennen, die bis zum Fideismus führt; Gegenstände des Glaubens sind nicht mehr demonstrativ nachzuvollziehen. Jedoch bilden ausgerechnet solche dem Beweis entzogenen, geoffenbarten Grundsätze bei Ockham das Fundament für all das, was der natürlichen Vernunft zugänglich ist; überdies dienen sie als Lösungshilfen für theoretische Schwierigkeiten. Damit ist sein systematisches Gebäude insofern inkonsistent, als es fortwährend auf Grundlagen zurückgreift, die es selbst nicht begründen kann und die außerhalb des Bereichs der natürlichen Vernunft stehen.

Forschungsliteratur

BANNACH, K.: *Die Lehre von der doppelten Macht Gottes bei Wilhelm von Ockham. Problemgeschichtliche Voraussetzungen und Bedeutung*, Wiesbaden 1975 (Veröffentlichungen des Instituts für Europäische Geschichte Mainz, 75).
BECKMANN, J.P.: *Allmacht, Freiheit und Vernunft. Zur Frage nach ›rationalen Konstanten‹ im Denken des Späten Mittelalters*, in: Philosophie im Mittelalter. Entwicklungslinien und Paradigmen, W. Kluxen zum 65. Geburtstag, hg. v. J.P. Beckmann, L. Honnefelder, G. Schrimpf, G. Wieland, Hamburg 1987.
DE RIJK, L. M.: *War Ockham ein Antimetaphysiker? Eine semantische Betrachtung*, in: Philosophie im Mittelalter, a.a.O.
GHISALBERTI, A.: *Gott und seine Schöpfung bei Wilhelm von Ockham*, in: Die Gegenwart Ockhams, hg. v. W. Vossenkuhl u. R. Schönberger, Weinheim 1990.

---

[67] Vgl. Wilhelm von Ockham: *Quodl.* I, q. 1, OTh IX, S. 11.
[68] Vgl. z. B. *Summa logicae* I, c. 50, OPh I, S. 161.

MAURER, A.: *The Philosophy of William of Ockham in the Light of Its Principles*, Toronto 1999.
KRETZMANN, N: *Ockham and the Creation of the Beginningless World*, in: Franciscan Studies 45 (1985).
VOSSENKUHL, W.: *Vernünftige Kontingenz. Ockhams Verständnis der Schöpfung*, in: Die Gegenwart Ockhams, hg. v. W. Vossenkuhl u. R. Schönberger, Weinheim 1990.

Die Schöpfung und das Nichts in Meister Eckharts deutschen Predigten und Traktaten

RICARDO BAEZA GARCÍA (FREIBURG)

Meister Eckharts Mystik steht in der Tradition einer sehr radikalen negativen Theologie. Eine solche Radikalisierung hat ihre Folgen in einer Schöpfungsvision, die sich von der traditionellen völlig unterscheidet. Bekanntlich steht im Mittelpunkt des orthodoxen Christentums die Idee einer Person Gottes, der außerhalb der Kreation wirkt. Diese Schöpfungsvision beinhaltet das klassische Bild Gottes, der sich in vertikaler Richtung vom Himmel zur Erde offenbart. Den Ort, an dem sich der Mensch befindet, würden wir dann als »dort jenseits-liegend« bezeichnen, und den Gottes im Gegenteil als »da-jenseits-liegend«. Die Religion soll die Beziehung des Menschen zu Gott sein. In dieser Beziehung soll sich der Mensch, nach der traditionellen Schöpfungsvision, völlig unabhängig vom allmächtigen Willen Gottes fühlen, der alles Dort-jenseits-Geschehene von »da-jenseits« regiert. Diese Vision des schöpfenden Gottes wird in Eckharts Mystik durch den zweiten Begriff der Unterscheidung Gott/Gottheit überwunden; der erste bezieht sich auf diesen schöpfenden Gott, und der zweite auf das Wesen Gottes oder Gott an sich.

Die Analyse dieser eckhartischen Differenzierung und die Folgen, die sie in den Konzepten der Schöpfung und des Nichts hat, bilden die Hauptziele dieser Arbeit. Demzufolge wird es in erster Linie auf die Unterscheidung Gott/Gottheit und deren Relation zum Schöpfungskonzept eingegangen, und später wird das Thema des Nichts im eckhartischen Denken beleuchtet. Hier wird die Existenz nur eines Nichts vorgeschlagen. Dieser Vorschlag unterscheidet sich von dem, der die Existenz verschiedener Arten Nichts behauptet, die, meiner Ansicht nach, auf den Perspektivenwechsel des Menschen zurückzuführen ist. Zum Schluß setzt man sich mit der Relation Geschaffenheit/Ungeschaffenheit in der Mystik des deutschen Denkers auseinander. Es wird die These einer Analogie zwischen Gott/Geschaffenheit/äußeren-Mensch und Gottheit/Ungeschaffenheit/ inneren-Mensch aufgestellt. Diese Arbeit will zur Forschung des eckhartischen Mystik durch ihre neuen Interpretationen einen Beitrag leisten.

1. *Gott und Gottheit*

Meister Eckhart ist bekannt durch seine Unterscheidung zwischen Gott und Gottheit. Diese Relation beinhaltet nicht die Existenz zweier Götter, sondern die Gegenüberstellung zwischen dem schöpfenden Gott und Gott an sich oder dem Wesen Gottes. Das erste entspricht dem klassischen Bild des schöpfenden Gottes, der alle Dinge schafft. Meister Eckhart stellt in diesem Sinne folgende Behauptung auf:

> Alles das, was in der Gottheit ist, das ist Eins, und davon kann man nicht reden. Gott wirkt, die Gottheit wirkt nicht, sie hat auch nichts zu wirken, in ihr ist kein Werk; sie hat niemals nach einem Werke ausgelugt. Gott und Gottheit sind unterschieden durch Wirken und Nichtwirken.[1]

Der schöpfende Gott wird notwendigerweise in Verbindung mit der Schöpfung gebracht. Er erscheint den Kreaturen in Form einer Offenbarung und bei der kontemplativen Betrachtung. Ein solches Bild Gottes wurde von Eckhart in verschiedener Weise wiedergegeben: Dreifaltigkeit, Vater, Sohn, Heiligen Geist, Gutheit, Weisheit... Diese Form ist weder Gottheit noch Gott an sich; Meister Eckhart deutet sie anhand verschiedener Begriffe an, wie Dunkel, Stille, Unbeweglichkeit, Grund, Meer, Abgrund, Wüste, Einöde... Das Wesen Gottes liegt jenseits des schöpfenden Gottes und der erschaffenen Lebewesen. Der Mensch soll auf alles Geschaffene und seine Relation zu dem schöpfenden Gott verzichten, um zum Wesen Gottes zu gelangen. Nur so ist er in der Lage, das Wesen Gottes zu erreichen, das das Wesen des Menschen selbst ist, – der Ort, an dem Gott erkennen sich-selbst-erkennen heißt.

Dieses Erkennen hat mit einem rationalen oder objektiven Erkenntnis nichts zu tun, sondern mit dem »erkennen-ohne-erkennen«. Wie man in der oben zitierten Stelle liest, existiert in der Gottheit keine Dualität, sondern eine absolute Einheit. Die Idee eines objektiven Erkenntnis beinhaltet eine Differenz zwischen dem, wer erkennt und dem, was erkannt wird. Diese Differenz ist nicht in der Gottheit vorhanden, sie bildet den Endpunkt der menschlichen Existenz. Dieser Endpunkt ist seinerseits dem Ausgangspunkt gleich. Der Mensch gelangt am Ende zu dem Punkt, wovon er ausgegangen ist, und schließt damit den Kreis. Eckhart spricht von diesem finalen Schicksal in der folgenden Behauptung:

> Was ist das letzte Endziel? Es ist das verborgene Dunkel der ewigen Gottheit und ist unerkannt und ward nie erkannt und wird nie erkannt werden.[2]

Das Nichts der Gottheit ist das Endziel der menschlichen Existenz, und man kann nicht weiter gehen. Es ist ein Abgrund, in dem es keine Zeit gibt und der untrennbar mit der Schöpfung verbunden ist. Das »erkennen-ohne-erkennen« bedeutet, dass das Erkenntnis Gottes durch den Menschen und das des Menschen durch Gott eins und dasselbe sind. In der Wüste Gottes gibt es keine Differenz zwischen Gott und Mensch.

Es ist zu betonen, daß diese Einheit nicht durch eine Art Annäherung des Menschen an Gott realisiert wird. Der Mensch erreicht es, indem er auf sich selbst und alles Geschaffene verzichtet und seine ursprüngliche Position und

---

[1] Eckhart 1979, S. 273.
[2] Ebd., S. 261.

seine wahre Natur wiedererkennt. Dieser Prozeß führt zur Entdeckung Gottes im Herzen des Menschen selbst. Eckhart nennt dieses Phänomen »die Gottesgeburt in der Seele«. In Wirklichkeit bedeutet das nicht, dass Gott in einem bestimmten Moment geboren wird, sondern, dass der Mensch ihn in sich selbst entdeckt. Hier, wie wir sehen, geht es nicht um die Idee einer konstanten Annäherung zwischen zwei Objekten, zwischen Gott und Mensch, sondern um die eines konstanten Durchbruchs des menschlichen »Ich«. Dieses »Ich« soll nicht dem Ego gleichgesetzt werden. Das Ego ist ein nicht authentisches Ich des Menschen und gleicht dem äußeren Menschen. Das wahre »Ich« aber entsteht aus der Negierung dieses »Ego« oder des nicht authentischen »Ich«. Nachdem ein absoluter Verzicht oder, nach Worten Echkarts, eine totale Abgeschiedenheit erreicht ist, gewinnt der Mensch seine ursprüngliche Position wieder.

Man kann denken, der Mensch braucht jetzt nur diese Grenze durchbrechen, zu der er gelangt ist. Dieser Prozeß endet hier aber nicht; der Mensch muss noch ein Mal sterben. Er muss auf dem Kreuz geopfert werden, nachdem er sich als Sohn Gottes erkannt hat. Gott stirbt durch seine Geburt im Menschen mit dem Menschen zusammen. Die beiden Tode öffnen den Grund ohne Grund, die Wüste oder das Nichts der Gottheit. Der schöpfende Gott und die menschliche Kreatur sind vollkommen negiert worden, um dadurch zu ihrem gemeinsamen Wesen gelangen zu können, zum Nichts der Gottheit.

Im folgenden Kapitel wird ausführlich das Konzept des Nichts in Eckharts Mystik besprochen. Im Werk des deutschen Denkers stoßen wir auf die angebliche Existenz verschiedener Arten Nichts. In diesem Teil wird aber die Existenz eines einzigen Nichts vorgeschlagen.

2. Der Begriff des Nichts bei Meister Eckhart

Der schöpfende Gott ist, wie wir sehen, die Idee Gottes, die der Mensch im Moment seiner Schöpfung hat, als die Kreatur im Werden der Schöpfung fließt.

> Wenn ich zurückkomme in Gott und (dann) dort (d. h. bei Gott) nicht stehen bleibe, so ist mein Durchbrechen viel edler als mein Ausfluß.[3]

Durch das Ausfließen sieht der Mensch sich selbst wie eine Kreatur. Hier hat der Mensch einen Gott vor sich. Durch das Durchbrechen aber durchbricht der Mensch die Kreation, um dadurch zu jenem Ort zu gelangen (wir benutzen das Wort »Ort«, um uns verständlich zu machen), an dem die Identität Gottes und die des Menschen zusammenfließen. Man kann sagen, dass der Mensch die Kreation deshalb durchbrechen muss, um dadurch zum *nihilium*

---
[3] Ebd., S. 273.

des *creatio* zu gelangen. Diese Handlung, in der der Mensch die Kreation und den schöpfenden Gott durchbricht, wird durch die Gnade der Schöpfers selbst realisiert:

> Gott leitet diesen Geist in die Wüste und in die Einheit seiner selbst, wo er ein lauteres Eines ist.[4]

Der Mensch muss (durch die Gnade Gottes) den temporären Dingen und sich selbst einen Ruckhalt schaffen. Dieser Verzicht auf das Zeitliche und Weltliche lässt den Wegweiser Gottes entdecken, der den Menschen zu der Wüste oder dem Nichts Gottes führt. Dort findet der Mensch Glückseligkeit und Frieden, die die Welt ihm nicht geben kann. Dieses Nichts der Gottheit stellt ein Ort dar, zu dem der Mensch nach seinem Pilgern durch das Werden der Kreation zurückkehrt.

Im Werk Eckharts ist jedoch ein anderes Nichts zu finden, das sich nicht auf das Nichts der Gottheit bezieht, sondern auf jenes Nichts, das die Kreatur in sich selbst hat. Um das zu erklären, muss man auf das christliche Konzept des *creatio ex nihilo* eingehen. Die Behauptung, die Schöpfung wird aus dem Nichts realisiert, meint, dass das Wesen aller Dinge und des Menschen selbst auf diesem *nihilum* beruht. In diesem Zusammenhang sagt Eckhart folgendes:

> Alle Kreaturen sind ein reines Nichts; weder die Engel noch die Kreaturen sind ein Etwas.[5]

Dieses »Etwas« bezieht sich auf das Nichts der Gottheit, das dem absoluten Nichts gleicht, das im menschlichen Wesen ist. Eckhart nennt es in verschiedener Weise, wie Bürglein, Etwas, Brunnen, Innerste, Tröpflein, Lauterste, Grund ... In bezug auf dieses Nichts in der Seele des Menschen behauptet Echkart folgendes:

> so wie er (der Bürglein) einfaltiges Eins ist, ohne alle Weise und Eigenheit, so ist er weder Vater noch Sohn noch Heiliger Geist in diesem Sinne und ist doch ein Etwas, das weder dies noch das ist.[6]

Dieses Nichts scheint sich vom Nichts der Kreatur zu untersheiden. Mein Vorschlag besteht darin, die beiden Visionen des Nichts von zwei möglichen Gesichtspunkten des Phänomens *creatio ex nihilo* aus zu erklären und damit eine These aufzustellen, dass es in der Wirklichkeit nicht um zwei verschiedene Arten Nichts handelt, sondern bloß um ein einziges, was die Position ändert, in der sich der Mensch befindet. Diese These, die zur Forschung des eckhartischen Denkens einen Beitrag leistet, wird im folgenden Kapitel beleuchtet.

---

[4] Ebd., S. 291.
[5] Ebd., S. 175.
[6] Ebd., S. 164.

3. Geschaffenheit und Ungeschaffenheit

Seit ihrem Ursprung unterscheidet die christliche Tradition zwei menschliche Typen, die im menschlichen Wesen koexistieren. Der eine ist der innere oder himmlische Mensch, und der andere der äußere oder fleischige Mensch. Der innere Mensch ist in der Mystik Eckharts nicht geschaffen worden, und der äußere Mensch geschaffen. Der neue Beitrag dieser Arbeit besteht darin, zu zeigen, dass die Vision des Nichts sich davon abhängt, welcher menschliche Typ es betrachtet; jedenfalls gibt es nicht zwei Typen des Nichts, sondern nur ein einziges. Der äußere Mensch ist unerbittlich mit der Vision sich sebst als Kreatur und der Gottes als Schöpfer verbunden. Das bedeutet unter anderem, dass der äußere Mensch »dort-jenseits« und Gott »da-jenseits« liegen. Wegen dieser Position erlebt der Mensch das *nihilum* des *creatio* als ein Nichts relativen Types. Diese Vision ist durch die Position, auch relativ, verursacht worden, dass der äußere Mensch hat. Wie sein Name zeigt, befindet sich dieser Mensch außerhalb sich selbst, er ist gezwungen, durch das *creatio* zu pilgern und zu sich selbst durch die Gnade Gottes zurückzukehren. Dieser Ort, an dem der Mensch in sich selbst ist, ist derselbe, wo Gott in sich selbst ist. Wie Eckhart sagt:

> In jenem Sein Gottes nämlich, wo Gott über allem Sein und über aller Unterschiedenheit ist, dort war ich selber, da wollte ich mich selber und erkannte mich selber, diesen Menschen (= mich) zu schaffen.[7]

Diese Vision des Nichts, die durch den äußeren Menschen realisiert wird, erschafft ein Nichts mit negierendem Charakter, das seinerseits mit dem Tod verbunden ist. Alles Geschaffene und der schöpfende Gott müssen sterben. Deswegen gibt es eine klare Relation zwischen Gott/Geschaffenheit/äußeren-Mensch und Gottheit/Ungeschaffenheit/inneren-Mensch. In dem Verzicht auf alles Geschaffene und den schöpfenden Gott muss der Mensch (in diesem Fall der äußere Mensch) nach Eckhart so leben, als wäre er tot:

> Es ist eine gute Lehre, daß der Mensch sich verhalten soll in dieser Welt, als ob er tot sei.[8]

Den eigenen Tod übernehmen heißt sich von allem Geschaffenen und sich selbst verabschieden. Auf diese Weise sieht sich der Mensch durch den konstanten Tod des äußeren Menschen allmählich im inneren Menschen leben. Durch diesen konstanten Verzicht findet langsam der Durchbruch statt, der den Menschen dazu führt, das zu sein, was er immer war und sein wird.

> Als ich aus Gott floß, da sprachen alle Dinge: Gott ist. Dies aber kann mich nicht selig machen, denn hierbei erkenne ich mich als Kreatur. Im dem Durchbrechen aber, wo ich ledig stehe meines eigenen Willens und des Willens

---

[7] Ebd., S. 308.
[8] Ebd., S. 191.

Gottes und aller seiner Werke und Gottes selber, da bin ich über allen Kreaturen und bin ich weder Gott noch Kreatur, bin vielmehr, was ich war und was ich bleiben werde jetzt und immerfort.[9]

Diese Vision des Nichts, das durch den inneren Menschen realisiert wird, hat keinen negierenden Charakter mehr, man entdeckt in ihm die Quelle des ewigen Lebens. Der Tod verliert endgültig seine Macht; der Mensch kann nicht mehr sterben, indem er jenseits der Zeit und alles Geschaffenen ist.

Schlußfolgerung

In Meister Eckharts Mystik entdeckt man Charakteristiken, die, wie ich am Anfang dieser Arbeit gesagt habe, zur Interpretation der Schöpfung führen, die sich von der klassisch christlichen unterscheidet. Im Mittelpunkt dieser Interpretation erscheint das Bild eines schöpfenden allmächtigen Gottes und das des Menschen, der seinem Willen unterworfen ist. Anhand der Unterscheidung Gott/Gottheit stoß Meister Eckhart auf einen Ort jenseits der Kreation, wo der Mensch und Gott eine Einheit bilden, die nicht mehr der klassischen *unio mystica* unserer Tradition ähnelt, sondern eine absolute Autoidentität zwischen Gott und Mensch.

Diese Vision löst innere Probleme der traditionellen Konzeption des schöpfenden Gottes auf. Wenn zum Beispiel die Existenz des Menschen und Gottes wie zwei getrennte Wesen postuliert wird und wenn behauptet wird, dass Gott der Kreation innewohnend und zugleich transzendent ist, dann behaupten wir, dass es in Gott einen Ort gibt, wo Gott nicht mehr Gott ist. So kann man behaupten, dass der Mensch in Gott und vor ihm ist. Dabei werden andere Probleme wie Autonomie und Nichtautonomie des menschlichen Willens vermieden. In diesem Zusammenhang kann man sagen, dass es enorm wichtig ist, die Mystik Meister Eckharts zu untersuchen, um aktuelle Probleme der Philosophie und Theologie zu lösen; die Bedeutung einer solchen Studie wurde bereits von Martin Heidegger oder Denker der sogenannten »Kyoto Schule« hervorgehoben. Meister Eckharts Mystik stellt eine Sichtweise dar, die sich innerhalb der klassischen Unterscheidung Theismus/Atheismus nicht einordnen läßt, sie geht viel weiter.

Literatur

MEISTER ECKHART: *Deutsche Predigten und Traktate*, Diogenes Verlag, Zürich 1979.

---

[9] Ebd., S. 308.

Paracelsus' Schöpfungspraktiken zwischen Naturphilosophie und Naturwissenschaft

UTE FRIETSCH (BERLIN)

1. Wissenschaftsphilosophische Vorgehensweise

Der Beitrag greift einen Ansatz der Wissenschaftsforschung der letzten Jahre auf, (natur-)wissenschaftliche Forschung konkret auf ihre praktischen und materiellen Abläufe hin zu befragen (vgl. Knorr Cetina 2002, Latour 2002). Dieser Ansatz, der insbesondere das Laboratorium und das Experiment in den Fokus nimmt, wird bislang überwiegend für die biologischen Wissenschaften des 19. und 20. Jahrhunderts (vgl. Rheinberger/Hagner 1993) sowie für zeitgenössische Forschung verfolgt. Dies erklärt sich zunächst aus den Ausgangsbedingungen: Die Erforschung moderner Wissenschaften ermöglicht es günstigenfalls, sich vor Ort zu begeben, was für die Wissenschaft vergangener Jahrhunderte der Sache nach ausgeschlossen ist. Hier ließen sich alternativ etwa archäologische Fundstücke (vgl. von Osten 1998) befragen, woraus sich allerdings beispielsweise kaum Aufschlüsse über soziale Interaktionen gewinnen lassen.

Dass der *practical turn* in der Wissenschaftsforschung insbesondere auf moderne Naturwissenschaft gerichtet ist, erklärt sich neben den Modi der Realisierbarkeit jedoch auch aus der spezifischen Motivation: Die wahrgenommene Unzugänglichkeit aktueller Naturwissenschaft für die (sozusagen sozialwissenschaftliche) Wissenschaftsforschung couragiert diese zu neuen Forschungsstrategien. Die *science studies* sind eminent an einer Erforschung der Gegenwart interessiert, liegt dem *practical turn* doch etwa die These zugrunde, dass das Labor in modernen Wissensgesellschaften zu einer sozialen Erscheinung auch außerhalb der Forschungseinrichtungen wird (vgl. Schmidgen/Geimer/Dierig 2004).

Im Gegensatz dazu ist für frühneuzeitliches naturphilosophisches respektive naturkundliches Schreiben und Praktizieren ungeklärt, inwiefern ihre Bezeichnung als »Wissenschaft« überhaupt angemessen ist. Sie verwenden die Selbstbeschreibung als »artes« oder »Künste«.

Will man jedoch Aufschluss gewinnen über die angebliche »Kluft« zwischen den »zwei Kulturen« (C. P. Snow 1959) Human- und Naturwissenschaften, so empfiehlt sich ein Rekurs auf historische Wissenskomplexe, die der Ausdifferenzierung beider Wissensfelder voraus liegen. Eine Auseinandersetzung mit dem weiten Verständnis insbesondere von Philosophie in der Vormoderne trägt bei zum Verständnis des geschichtlichen Zusammenhangs von Natur-, Sozial- und Geisteswissenschaften. Die Geschichte der Philosophie respektive des Verständnisses von Philosophie ist symptomatisch für die Geschichte des Zusammenhangs von Natur- und Humanwissenschaften.

Trotz des primären Interesses an der Beschreibung zeitgenössischer Formen von Wissenschaft und des zweifelhaften epistemologischen Status frühneuzeitlicher Philosophie und »Wissenschaft« ist die experimentelle Kultur der Wissenschaften des 17. Jahrhunderts bereits in den Fokus der *science studies* gelangt. Sie wird in neueren Forschungen mittels des Kriteriums der Performativität, der Theatralität und des Spektakulären analysiert (vgl. Schramm/Schwarte/Lazardzig, im Ersch.).

Dieser Beitrag unternimmt einen ersten Versuch, die Arbeitsweise von Theophrastus Bombastus von Hohenheim, genannt Paracelsus, sowie der unter seinem Namen firmierenden Paracelsisten des 16. Jahrhunderts einer vergleichbaren Analyse zu öffnen, indem ihre Labortätigkeit in den Blick genommen wird. Es soll auf diese Weise keine Linearität der Wissenschaftsentwicklung behauptet, sondern eher eine Vergleichbarkeit frühneuzeitlicher und (post-)moderner Wissensproduktion erwogen werden.

Es werden dabei zwei Komplexe der Arbeit des Paracelsus in Verbindung gebracht: Seine naturphilosophische Theorie der Schöpfung und der Fortpflanzung und seine experimentelle Arbeit im Laboratorium.

Während für die Erforschung heutiger Wissenschaft die Frage maßgeblich ist, auf welche Weise das Labor Einzug in die Wissensgesellschaft hält, ist für das spätmittelalterliche und frühneuzeitliche Experimentieren die umgekehrte Frage zu stellen: *Auf welche Weise gelangten alttradierte naturphilosophische Theorien und Konzepte ins Laboratorium?*

Dem hier verfolgten Vorgehen, Paracelsus' Theorie der Schöpfung und der Fortpflanzung und seine Arbeit im Laboratorium zusammen zu denken, liegt die These zugrunde, dass tradierte Generativitätskonzepte handlungsleitend waren für seine explorative Arbeit der Medikamentenherstellung.

Als für Paracelsus relevante Generativitätskonzepte werden im Folgenden untersucht:

– Naturphilosophische und biblische Schöpfungstheorien
– Naturkundliche Aussagen zu Fortpflanzung und Embryologie
– Alchemische Phantasien der Vereinigung

Mit diesen »Generativitätskonzepten« soll keine ideengeschichtliche Größe benannt sein, sondern ein Set von Spekulationen und Projektionen, das handlungsrelevant ist, indem es Operationalisierbarkeit leistet. Zur adäquaten Beschreibung des operativen Einsatzes von Generativität wird dabei die Erörterung ihrer (angeblichen?) Metaphorizität beziehungsweise die Konkretisierung ihrer etwaigen »Performativität« besonders dringlich.

Das »Neue« an dem Werk des alchemischen Arztes, Naturphilosophen und Laientheologen Paracelsus (1493–1541) lässt sich heute am unproblematischsten auf pharmaziegeschichtlichem Gebiet eruieren. Paracelsus' Beitrag zur Pharmaziegeschichte, der Bestandteil von Lehrbüchern ist (vgl. Helmstädter/Hermann/Wolf 2001), wird darin gesehen, dass er alchemische Verfahren in systematischer und explorativer Weise auf die Medikamentenherstellung übertragen hat. Seine experimentelle Arbeit bestand nicht in der Veredelung von Stoffen mit der Absicht der Herstellung von Gold, sondern in der Auskundschaftung und Synthetisierung neuer (anorganischer) Stoffe, zwecks erfolgreicherer Behandlung von Krankheiten.

Was ist aber unter dieser »Anwendung alchemischer Verfahren auf die Medikamentenherstellung« zu verstehen? Handelt es sich dabei lediglich um Techniken oder sind auch Theorien, Ideologeme und Vorstellungsinhalte von Paracelsus mit übernommen worden? In welchem Notwendigkeitsverhältnis stehen (alchemische) Verfahren und Theorien?

Ich werde im Folgenden meine These, dass der geschichtliche Übergang von Naturkunde in Naturwissenschaft verbunden ist mit einer Operationalisierung naturphilosophischer Generativitäts-Theorien, entwickeln, indem ich zunächst kurz die Alchemie vor Paracelsus skizziere und daraufhin die Paracelsische Iatrochemie. Beide werden in ihrem naturphilosophischen und theologischen Gehalt analysiert.

2. Die Alchemie vor Paracelsus

Für das alchemische Arbeiten stellt sich durchweg die Frage, in welchem Maß es in einem empirischen Außen praktiziert wurde und in welchem Maß es interiore Bewusstseinsprozesse schildert.

Das Projekt der mittelalterlichen christlichen Alchemie wird heute (vgl. Schmitz 1998; Priesner/Figala 1998) folgendermaßen beschrieben: Voraussetzung für dieses Projekt ist die biblische Lehre vom Sündenfall. Die alchemische Bearbeitung von Metallen zielt darauf, die Stoffe von ihrer Korruption zu erlösen und sie auf ihre quasi-paradiesische »prima materia« (ein Begriff der stoischen Schule, vgl. Schütt in Priesner/Figala 1998, S. 61) zurückzuführen.

Zu dieser Scheidung und Sublimierung der Stoffe werden Lösungsmittel verwendet, die alchemisch mit dem Oberbegriff »Menstruum« bezeichnet werden. Zur Präparation der Lösungsmittel diente eine Vielzahl von Stoffen, darunter Weinstein, Urin, Essig, Ammoniumcarbonat und Vitriol (vgl. Principe in Priesner/Figala 1998, S. 40f.). Die Scheidung dauert einen Mondmonat, 28 Tage, oder auch einen »philosophischen« Monat, das heißt 40 Tage.

Die alchemischen Traktate weisen, was ihre Zeitangaben betrifft, generell große Schwankungen auf. In diesem Zusammenhang wird in den Traktaten didaktisch-topisch auf eine Tugend verwiesen, die der Alchemist notwendig mitbringen oder erlernen muss: Geduld. Die Selbststilisierung der alchemisch Tätigen geht des Weiteren aus der Adressierung der Traktate hervor, in der oftmals der junge Mann als Nachfolger respektive Nachwuchs imaginiert wird (unter Formeln wie »filii« und »mein lieber Sohn«) sowie aus dem alchemischem *terminus technicus* »unser« beispielsweise »unser Menstruum« oder »unser Stein«, der im Wechsel mit dem *terminus technicus* »philosophisch« gebraucht wird (so etwa »das philosophische Menstruum«, »der philosophische Stein«).

Bei der Scheidung wird nicht allein der behandelte Stoff zersetzt, sondern im *Menstruum* entsteht auch etwas Neues: der »philosophische Stein« respektive der »Stein der Weisen«. Der Stein der Weisen ist sowohl Ziel alchemischer Tätigkeit wie auch ein stoffliches Mittel, das zum weiteren alchemischen Arbeiten erforderlich ist. Auf diese Weise folgen alchemische Traktate einer zyklischen (hermetischen und quasi-hermeneutischen) Struktur. Sie sind mit der Beschreibung der Herstellung des Steines meist nicht abgeschlossen.

Indem er durch das Menstruum angereichert wird, befindet sich der Stein der Weisen analog einem Embryo, denn in der spätmittelalterlichen »Gynäkologie« ging man davon aus, dass die Kinder im Mutterleib vom Menstruationsblut genährt werden. Am Ende des Scheideprozesses steht die *Prima Materia* des Ausgangsproduktes sowie der embryonale Stein der Weisen. Der Phase der Scheidung folgt eine Phase der Neu-Zusammenfügung, die als »himmlische Hochzeit« bezeichnet und geschildert wird: Die *Prima Materia* wird mit dem Stein der Weisen behandelt, wobei es zu einer »neuen Geburt« kommt, analog zur »neuen Geburt« Jesu Christi durch die Jungfrau Maria.

In zahlreichen alchemischen Werken – beispielsweise in der kompilierten alchemischen Handschrift *Pandora oder die Gabe Gottes* aus dem 15. Jahrhundert oder in der poetischen Schrift *Ordinal of Alchemy* des englischen Alchemikers Thomas Norton (1477) – werden zwei Steine der Weisen unterschieden, der weiße und der rote. Bei der »neuen Geburt« wird der rote Stein sichtbar, der im weißen Stein bereits verborgen enthalten ist. Auf diese Weise werden zwei Stadien des alchemischen Prozesses differenziert, die beispielsweise durch eine weiße und eine rote Blume oder durch eine weiß gekleidete Königin und einen rot gekleideten König zu symbolisieren sind. Da es sich bei der Hervorbringung des roten Steins der Weisen um einen der Geburt (Entbindung) analogen Prozess handeln soll, verweisen die beiden Stadien in einem christlichen Bezugssystem auf den zunächst in der Jungfrau verborgenen Christus. Dieser »Sohn«, der im alchemischen Werk erhofft wird, ähnelt, da sein Kommen noch aussteht, zugleich dem Messias des jüdischen Glaubens.

Das alchemische Projekt operiert zentral mit dem Gedanken einer »Hochzeit« der Stoffe. In der europäischen christlichen Alchemie bleibt es allerdings trotz seiner erotischen und sexuellen Thematik in einem merkwürdig asexuellen Rahmen. Die weibliche Position wird oftmals durch die Jungfrau besetzt und die männliche Position durch das Kind, und nicht durch den Mann. Dem korrespondiert, dass die alchemische Arbeit in der Gnosis sowie in Spätmittelalter und Früher Neuzeit in der Figur des Hermaphroditen symbolisiert wird. Dieser Hermaphrodit erscheint in bildlichen Darstellungen oft als sehr jung. Die Figur des Hermaphroditen steht für ein drittes Geschlecht, das Männlichkeit und Weiblichkeit transzendiert und zudem für geschlechtliche Neutralität. »Er« symbolisiert das angestrebte Ergebnis der alchemischen Arbeit.

3. Paracelsus' Iatrochemie

Die medizinische Alchemie des Paracelsus wurde in Folge der Entstehung einer wissenschaftlichen Chemie als »Iatrochemie« bezeichnet (nach gr. »iatros«: Arzt). Paracelsus bezeichnet sein Tun u.a. als Arzneikunst, als Alchemie und als Medizin, des Weiteren aber auch als Philosophie sowie als Astronomie.

Mit dem Oeuvre von Paracelsus tritt nicht allein eine Polarisierung von galenischer und paracelsischer Medizin ein, sondern zudem innerhalb der Alchemie eine Polarisierung der interioren und der empirisch-experimentellen Verfahrensweisen. Wissenschaftsgeschichtlich kommt es zu einer Ausdifferenzierung der experimentell verfahrenden künftig pharmazeutischen Chemie einerseits und der naturphilosophischen, theosophischen sowie okkult mystischen Rezeptionslinie andererseits.

Angestrebtes Ergebnis der Iatrochemie des Paracelsus sind die *Arcana*, seine geheimen und geheimnisvollen neuen Pharmaka. Sie treten gewissermaßen an die Stelle des Steins der Weisen.

3.1 Schöpfungs-Phantasien in der Sprache

Im 16. Jahrhundert war Astronomie als eine der *artes liberales* und Teil des *Quadriviums* Voraussetzung für das Studium von Philosophie, Theologie, Rechtswissenschaft und Medizin. Die Herstellung von Bezüglichkeiten zwischen Theologie, Astronomie, Naturphilosophie und Naturkunde, wie sie in der Analogie zwischen Schöpfung und Fortpflanzung vollzogen wird, war auf diese Weise wissenschaftlich ausgewiesen und in der akademischen Ausbildung selbst angelegt.

Termini der Schöpfung sind noch in der Wissenschaftssprache heute im Gebrauch, so etwa in der Rede von »Konzepten« oder auch in der Rede von »Generierung«. Ihr Gebrauch scheint lediglich metaphorisch zu sein. In Abgrenzung zu diesem schwachen metaphorischen Verständnis sei betont, dass ich Paracelsus' Reflexion von Generativität als handlungsleitend und als operationalisierbar verstehe für seine explorative Arbeit der Medikamentenherstellung. Die spätmittelalterliche und frühneuzeitliche Operationalisierung von Naturphilosophie hat Analogien zu ihrer Grundlage, die sich materiell umsetzen lassen. Sie arbeitet mit Interpretamenten der Weltdeutung, ist jedoch selbst bereits eine technologische Praxis. Auf diese Weise ist sie besonders aussagekräftig zur Beschreibung des Zusammenhangs von Naturphilosophie und (künftiger) Naturwissenschaft sowie neuzeitlicher Technik.

3.2 Alchemische Geräte

Angesichts der hohen Plastizität der Paracelsischen Sprache, bei der es sich um die Erarbeitung einer neuen, frühneuhochdeutschen und nicht länger lateinischen, Terminologie handelt (vgl. Weimann 1963, Eis 1965, Pörksen 1995), ist ein enger Zusammenhang zur praktischen Arbeit nahe liegend. Semantik und Syntax sind noch ebenso tastend wie es die explorative iatrochemische Arbeit ist. Semantisch zeigt sich der Zusammenhang in Paracelsus' Bemühen, adäquatere Bezeichnungen für Krankheiten zu kreieren. Syntaktisch lassen sich etwa die Präpositionen als Relationen im experimentellen Versuchsaufbau interpretieren.

Dieser Vorschlag gewinnt Plausibilität angesichts des engen Zusammenhangs, der zwischen den alchemischen Geräten und dem menschlichen Körper besteht. Dieser Zusammenhang wird in Paracelsus' Buch *Paramirum* besonders deutlich. Die Herstellung von Medikamenten wird hier als ein Nachbauen der körperlichen Krankheiten vorgestellt. Die Grundlage für diese Praxis ist die Analogie von kleiner und großer Welt (von Mensch und Makrokosmos), die hier zur Analogie von Mensch und Ding-Welt wird.

Paracelsus ersetzt die antike Lehre von den vier Körpersäften durch seine Auffassung der drei »stofflichen Prinzipien« Sulphur (»Schwefel«), Sal (»Salz«) und Mercurius (»Quecksilber«). Das Ineinsverstehen von Stoff und Prinzip folgt dabei der alchemischen Voraussetzung der Einheit von Geistigem und Materiellem. Sie ist zugleich Kunstgriff des Instrumentell-Werdens von naturphilosophischen Theoremen.

Den drei Grundstoffen entsprechen bei Paracelsus drei Grundformen von Krankheiten. Er beschreibt nun die »mercurialischen« Krankheiten, indem er den menschlichen Körper mit einem Destillationsgerät vergleicht. Der Mercurius steige im Körper auf und ab, er destilliere im Leib wie in einem Pelikan (PI, Bd. 9, S. 103). Paracelsus vergleicht die von Krankheit befallenen Glieder auch mit einem Brennofen (ebd., 102f.). Abbildungen aus zeitnahen Quellen verdeutlichen, dass Destillations-, Zirkulations- und Digestionsgeräte sowie weitere technische Vorrichtungen von den Alchemisten tatsächlich in Analogie zu menschlichen und tierischen Körpern sowie zu deren jeweiligen Interaktionen gesehen, und da sie diese zum Teil selbst gefertigt haben, auch entworfen und gebaut worden sind.

Ein prominentes Beispiel für die Analogie von Körper und alchemischem Gerät ist die »Matrix«. »Matrix« ist sowohl eine Bezeichnung für die Gebärmutter wie auch eine Bezeichnung für ein basales Gerät der alchemischen Praxis: für den Destillierkolben respektive die Retorte.

Der naturphilosophische Zusammenhang, in dem »Materie« sowie »Matrix« frühneuzeitlich gedacht wurden, ist inspiriert von Platons Aussagen über »Chora« (zu übersetzen auch als »Raum«) in seiner Schrift *Timaios* (49-53c, Platon 1991, S. 293–307) sowie von Aristoteles' Aussagen über »Hyle«. Beide griechischen Begriffe wurden, unter anderem in Marsilio Ficinos Plotin-Übersetzungen, lateinisch als »Materie« tradiert.

Bei »Matrix« handelt es sich nicht allein um einen medizinischen, sondern ebenfalls um einen naturphilosophischen Begriff. Insbesondere Paracelsus verwendet »Matrix« sowohl »gynäkologisch« als auch naturphilosophisch und kosmologisch (vgl. Frietsch 2004). Im Frühneuhochdeutschen war der Begriff *Matrix* außerhalb der Gynäkologie außerdem bereits in der Drucktechnik eingeführt, als Bezeichnung für eine Gussform zur Herstellung der beweglichen Lettern Johannes Gutenbergs.

Das tradierte naturphilosophische Vokabular wird in diesen technischen Zusammenhängen – die sich bis in die heutige Computertechnologie hinein um weitere Beispiele ergänzen lassen – nicht lediglich *metaphorisch* gebraucht, sondern es wird technisch *materialisiert*, indem es in unterschiedlichen Stoffen umgesetzt wird. Zum Gegebenen kommt das Gemachte, indem »Schöpfungsakte« artifiziell substituiert werden.

Die Materialisierungen naturphilosophischer Theorien im 15. und 16. Jahrhundert stellen eine Operationalisierung dar, die den neuzeitlichen Übergang von Naturkunde in Naturwissenschaft und neuzeitliche Technik (mit) auf den Weg gebracht hat. Diese Operationalisierung wurde als »Sublimierung« gedacht und praktiziert. Auf diese Weise wurde sie zugleich in einer religiösen Sprache formuliert und mit Blick auf die Kirche zu rechtfertigen versucht.

3.3. Sublimation von Generativität: Die »neue Geburt«

Die alchemische Arbeit wurde in Europa als christlich behauptet, indem die *Transmutation* (die Verwandlung von unedleren Metallen in Gold) der *Transsubstantiation* analog gesetzt wurde (vgl. Schmitz 1998, S. 261). Diese Analogisierung wurde vom diskursiven Kontext nahe gelegt. Die alchemischen Laboratorien waren in Europa generell zunächst im Kloster untergebracht, bevor sie in Bergwerken, Bergschulen, Privaträumen, an Fürstenhöfen und schließlich in Apotheken und an Universitäten eingerichtet wurden (ebd., S. 263f.). Die Analogisierung von *Transmutation* und *Transsubstantiation* war im 15. Jahrhundert ein alchemischer Topos. Sie findet sich bereits im *Buch der heyligen Dreyualdekeit und Beschreibung der Heimlichkeit von Veränderung der Metallen* um 1400.

Paracelsus' Verfahren der Medikamentenherstellung ist auf vergleichbare Weise christlich inspiriert. Abgesehen von der Bemühung um Heilerfolge lässt sich aus seinen Aussagen und Verfahrensweisen ein spezifisches Motiv ablesen, das in seinen Augen vermutlich christlich ist. Provisorisch lässt es sich bezeichnen als Aneignung und Substituierung von Generativität.

Maria, die ohne männlichen Samen gezeugt *hat*, so Paracelsus, ist eine Legitimationsfigur seiner experimentellen Arbeit. Sie ist, wie er in einer Art Epitheton schreibt,

> (...) die aller ausbereitetste jungfrau *experientiam*, die one mennlichen samen eine muter ist aller künsten und wollent des ungezweifelt sein eine bewererin alles unsers schreibens. (P I, Bd. 2, S. 363, Hervorhebung U.F.).

Sich, wie Paracelsus im Traktat *Von den Ursachen der Steinkrankheiten* (ebd.) unter Marias Schutz zu stellen, heißt zunächst, sich von den alten Griechen abzugrenzen. Für die Alten waren viele Krankheiten unheilbar, die nach der Zeitenwende mit einer christlichen Alchemie bekannt und heilbar sind. Die Berufung auf die Jungfrau steht aber auch für das alchemische Bemühen, der Schöpfung vor dem Sündenfall nahe zu kommen. Wie die Geburt von Jesus durch Maria eine »neue Geburt« war, die mit *Wasser* in der Taufe wiederholt wird, so bringt die alchemische Transformation die verwendeten Stoffe im *Feuer* in eine neue Geburt (vgl. Lehnig 2002, S. 30 und S. 50).

Berühmt geworden ist das vermutlich pseudo-paracelsische Projekt der Zeugung eines Homunculus, im ersten Buch der *Natura Rerum* (PI, Bd. 11, S. 317). Der Clou des Rezeptes besteht darin, dass der Homunculus mit dem Sperma eines Mannes, jedoch ohne die Gebärmutter einer Frau geschaffen wird. Dies ist sozusagen das Umkehrmodell zur Jungfrauengeburt. Die Gebärmutter wird ersetzt durch gärenden Pferdemist (»ventre equino«) und durch einen Kolben (»cucurbiten«). Die Homunculi werden als den Menschen überlegene Wunderleute bezeichnet. Vermutlich handelt es sich um eine Paracelsus unterschobene Darstellung (vgl. Benzenhöfer 1997, S. 120). In jedem Fall war dieses »Rezept« jedoch Ende des 16. Jahrhunderts von einem der Paracelsisten in seiner Formulierung auf den Weg gebracht.

Wie auch aus den Illustrationen der (anonymen) Handschrift *Pandora oder die Gabe Gottes*[1] zu entnehmen ist, erschöpfte sich die Analogie von menschlichem Körper und alchemischem Gerät durchaus nicht in einer undifferenzierten Projektion der sexuellen Vereinigung auf das alchemische Schöpfungs-Geschehen. Die Analogie führte zunächst zu einer Symbolisierung: Mann und Frau (respektive Sol und Luna) tauchen in der bildlichen Darstellung der Retorte auf und gelangen auf diese Weise *in* die Retorte. Menschliche Generativität wird instrumentalisiert und operationalisiert (in Geräten wie der Matrix). Auf diese Weise wird sie in einen anderen Kontext transponiert. Indem menschliche Sexualität von ihrem sozialen Ort gelöst und in den technisch-religiösen Zusammenhang des frühneuzeitlichen Laboratoriums transponiert

---

[1] Diese Handschrift entstand im 15. Jahrhundert. Sie gehört zu den meist gelesenen alchemischen Traktaten des späten Mittelalters (vgl. Paulus in Priesner/Figala 1998, S. 111f.) und war auch Paracelsus bekannt. Ende des 16. Jahrhunderts wurde sie kraft eines neuen Titels sowie eines Vorwortes durch den Herausgeber Hieronymus Reusner in die paracelsische Tradition eingeschrieben.

wird, wird menschliche Fortpflanzung als naturkundlich bearbeitbar sowie als instrumentell umsetzbar imaginiert. Sie wird zum Gegenstand naturkundlich-technischer Aneignung einerseits und religiös motivierter Sublimierung andererseits. Die Bearbeitbarkeit wird insbesondere dadurch geleistet, dass der vorgestellte Prozess (durch die Bilderfolge und durch die textuelle Beschreibung der Bilder als Stufen) in unterschiedliche Segmente oder Stadien zerlegt wird.

Um zurück vor den Sündenfall zu gelangen, liegt es nahe, alles zu vermeiden, das dem genitalen Austausch von Stoffen gleichkommt. Alchemisch lässt es sich durch artifizielle Zeugungsformen ersetzen, die eher dem Verdauen oder dem Wettermachen analog sind. Am alchemischen Verfahren der »Spagyrik« (vermutlich gebildet aus gr. »spao« (trennen) und gr. »ageiro« (vereinigen)) ist lediglich das Trennen christlich unproblematisch. Die Scheidung gehört gleichsam noch der Naturlehre an, während hinter sie zurück zu gelangen und das »Fiat« selbst zu explizieren Paracelsus zufolge allein Gegenstand der *Theologie* sein kann.

Die Gebärmutter sorgt Paracelsus zufolge insbesondere für Wärme und für Fäulnis. Diese Qualität kann imitiert werden, »ventre equino« oder durch das Wasserbad, das noch im heutigen Französisch *bain-marie* heißt, auf Latein *balneum Mariae*; benannt nicht eigentlich nach der Jungfrau und Gottesmutter, sondern nach der Hebräerin Maria, legendären Schwester des Moses, die als historische Person (vgl. Hild in Priesner/Figala 1998, S. 235f.) ihrerseits alchemisch tätig war.

Bei Paracelsus findet sich darüber hinaus die Arbeitsanweisung, dass das Männliche und das Weibliche voneinander geschieden werden müssen. Er schreibt in seinem Buch *De mineralibus*:

> (...) so merkent nun, das nicht alle mal ein menli alein ist on sein weib, sondern oft beide bei einander, als golt und silber, als eisen und stahel (...) auch also oft zinn und blei. wo aber solche bei einander seind, do ist nicht vil auszurichten; dan sie fügen nicht in ein corpus, sonder in mer corpora, ietlichs besonder zu sein geschiden. (PI, Bd. 3, S. 58)

Diese Worte beschreiben zunächst das Ein-Fleisch-Sein von Mann und Frau in der Natur, auch wenn dieses alttestamentarisch nicht auf das Reich der Metalle gemünzt ist. In der Natur als der »prima materia« sind Männliches und Weibliches beieinander. Will man sie als Stoffe in ihre Wirkung für den Menschen bringen, das heißt in ihre »ultima materia«, so müssen sie nicht etwa vereinigt, sondern von einander geschieden werden. Zur alchemischen »Gebärung« im Sinne von Paracelsus kommt es also nicht, wenn männliche und weibliche Metalle beieinander sind, sondern wenn sie getrennt werden.

Mit dem Komplex der »heiligen Hochzeit« ist nicht allein die sexuelle Vereinigung bezeichnet, auch wenn diese in den Illustrationen meist zur Darstellung gelangt, sondern unter dem Terminus der »neuen Geburt« wird insbesondere die Entbindung imaginiert und (beispielsweise als Destillation) auch praktiziert. Der Vereinigung von Mann und Frau (respektive von »männlichen« und »weiblichen« Stoffen) folgt die Entbindung des traditionell als männlich vorgestellten Kindes (Produktes) von der Mutter.

Die neue Geburt findet in der Paracelsischen Iatrochemie zudem nicht zwischen den Stoffen statt, sondern im Menschen. Im Menschen werden die Medikamente entbunden und kommen in ihre »neue Geburt«.

Dieser Vorgang lässt sich wiederum der Transsubstantiation vergleichen: Die Einnahme der paracelsischen Pharmaka führt ähnlich zu einer »neuen Geburt« wie die Einnahme von Brot und Wein im Abendmahl.

Auf der Basis naturphilosophischer und theologischer Modelle wird Schöpfung im 16. Jahrhundert neu verhandelt und angeeignet. Materielles wird zum Inbegriff philosophischer Gehalte. Auf diese Weise wird Philosophie technisch umsetzbar. Neue Kreatoren – insbesondere die platonisch, gnostisch und neuplatonisch inspirierten – beginnen »Materie« selbst zu handhaben. Die »creatio« des Gegebenen wird zur »creatio humana«.

Quellen

(ANONYM): *Buch der heyligen Dreyualdekeit und Beschreibung der Heimlichkeit von Veränderung der Metallen, offenbaret anno Christi 1400*, [Kupferstichkabinett Berlin, Ms. 78 A 11].

(EPIMETHEUS): *Alchimistisches Manuscript Pandora*. Franciscus Epimetheus Gab Gottes. 1550 [Öffentliche Bibliothek der Universität Basel, Ms. L IV 1].

(NORTON, Thomas [1477]): *Thomas Norton's Ordinal of Alchemy*. Edited by John Reidy. Published for The Early English Text Society by the Oxford University Press. London, New York, Toronto 1975.

(PARACELSUS): *Theophrast von Hohenheim, genannt Paracelsus. Sämtliche Werke. Erste Abteilung. Medizinische, naturwissenschaftliche und philosophische Schriften*, hg. v. Karl Sudhoff, 14 Bände. München und Berlin 1922–1933, Nachdruck Hildesheim, Zürich, New York 1996 (PI).

PLATON: *Timaios*, in: Sämtliche Werke in zehn Bänden, griechisch und deutsch, hg. v. Karlheinz Hülser, Band 8, Frankfurt am Main und Leipzig 1991.

REUSNER, Hieronymus (Hg.): *Pandora: Das ist/ Die edlest Gab Gottes/ oder der werde und heilsame Stein der Weysen/ mit welchem die alten Philosophi/ auch THEOPHRASTUS PARACELSUS, die unvolkommene Metallen durch gewalt des Fewrs verbessert: sampt allerley schedliche und unheilsame kranckheiten/ innerlich unnd eusserlich haben vertrieben. Ein Guldener Schatz/ welcher durch einen Liebhaber dieser Kunst/ von seinem Undergang errettet ist worden/ und zu nutz allen Menschen/ fürnemlich den Liebhabern der Paracelsischen Artzney/ jetzt widerumb in Truck verfertiget*, Basel 1588 [Mu 2155, Rara, Staatsbibliothek zu Berlin, Preußischer Kulturbesitz].

Weitere Literatur

BENZENHÖFER, Udo: *Paracelsus*, Reinbek bei Hamburg 1997.

EIS, Gerhard: *Zum deutschen Wortschatz des Paracelsus*, in: ders.: Vor und nach Paracelsus. Untersuchungen über Hohenheims Traditionsverbundenheit und Nachrichten über seine Anhänger, Stuttgart 1965, S. 18–25.

FRIETSCH, Ute: *Weltwissenschaft. Paracelsus' Geschlechter-Reflexionen in wissenschafts- und kulturgeschichtlicher Perspektive*, in: Gisela Engel (et al.): Geschlechterstreit am Beginn der europäischen Moderne. Die Querelle des Femmes, Königstein/Taunus 2004, S. 54–69.

HELMSTÄDTER, Axel/HERMANN, Jutta/WOLF, Evemarie: *Leitfaden der Pharmaziegeschichte*, Eschborn 2001.

HILD, Heike: *Maria (auch M. die Jüdin, M. die Koptin, M. Prophetissa), Alchemistin*, in: Priesner/Figala 1998, S. 235–236.

KNORR CETINA, Karin: *Wissenskulturen. Ein Vergleich naturwissenschaftlicher Wissensformen*, Frankfurt am Main 2002.

LATOUR, Bruno: *Die Hoffnung der Pandora. Untersuchungen zur Wirklichkeit der Wissenschaft*, Frankfurt am Main 2002.

LEHNIG, Susanne: *Die Drei-Prinzipien-Theorie des Paracelsus*, in: Nova Acta Paracelsica. Beiträge zur Paracelsus-Forschung, hg. v. der Schweizerischen Paracelsus-Gesellschaft, Neue Folge 16, 2002, S. 19–59.

OSTEN, Sigrid von: *Das Alchemistenlaboratorium Oberstockstall. Ein Fundkomplex des 16. Jahrhunderts aus Niederösterreich*, Innsbruck 1998.

PAULUS, Julian: *Donum dei*, in: Priesner/Figala 1998, S. 111–112.

PÖRKSEN, Uwe: *War Paracelsus ein schlechter Schriftsteller? Zu einer im 16. Jahrhundert entstehenden Streitfrage*, in: Nova Acta Paracelsica. Beiträge zur Paracelsus-Forschung, hg. v. der Schweizerischen Paracelsus-Gesellschaft, Neue Folge 9, 1995, S. 25–46.

PRIESNER, Claus/FIGALA, Karin (Hgs.): *Alchemie. Lexikon einer hermetischen Wissenschaft*, München 1998.

PRINCIPE, Laurence M.: *Alkahest*, in: Priesner/Figala 1998, S. 40–41.

RHEINBERGER, H.-J./HAGNER, M. (Hgs.): *Die Experimentalisierung des Lebens. Experimentalsysteme in den biologischen Wissenschaften 1850/1950*, Berlin 1993.

SCHMIDGEN, Henning/GEIMER, Peter/DIERIG, Sven (Hgs.): *Kultur im Experiment*, Berlin 2004.

SCHMITZ, Rudolf: *Geschichte der Pharmazie. Band 1: Von den Anfängen bis zum Ausgang des Mittelalters*, Eschborn 1998.

SCHRAMM, Helmar/SCHWARTE, Ludger/LAZARDZIG, Jan (Hg.): *Instrumente in Kunst und Wissenschaft. Zur Architektonik kultureller Grenzen im 17. Jahrhundert*, Berlin (im Erscheinen).

SCHÜTT, Hans-Werner: *Aristotelismus*, in: Priesner/Figala 1998, S. 59–61.

SNOW, C. P.: *The Two Cultures*, Cambridge 1959.

SUDHOFF, Karl: *Bibliographia Paracelsica. Besprechung der unter Hohenheims Namen 1527–1893 erschienenen Druckschriften*, Berlin 1894, Reprint Graz 1958.

SUDHOFF, Karl: *Versuch einer Kritik der Echtheit der Paracelsischen Schriften*, II. Theil. Paracelsische Handschriften, 1. und 2. Hälfte, Berlin 1898 und 1899.

WEIMANN, K.-H.: *Paracelsus und der deutsche Wortschatz*, in: L.E. Schmitt (Hg.): Deutsche Wortforschung in europäischen Bezügen, Bd, 2, Giessen 1963, S. 359–408.

Sektion 10

Funktionen und Dimensionen der Einbildungskraft – Zur Entwicklung eines transzendentalphilosophischen Grundbegriffs

Mirjam Schaub
Der kreative Eingriff des Zufalls in Kants Kritik der Urteilskraft............. 539

Johannes Haag
Das empirische Wirken der produktiven Einbildungskraft....................... 551

Dietmar H. Heidemann
Kann Erkenntnis kreativ sein? Die produktive Einbildungskraft
in der Erkenntnistheorie und Ästhetik Kants.. 565

Astrid Wagner
Kreativität und Freiheit. Kants Konzept der
ästhetischen Einbildungskraft im Spiegel der Freiheitsproblematik.......... 579

Jonas Maatsch
Wissensordnung und Erfindungskunst:
Novalis' Morphologische Enzyklopädistik.. 591

Der kreative Eingriff des Zufalls in Kants Kritik der Urteilskraft

MIRJAM SCHAUB (BERLIN)

Wie können Spontaneität und Rezeptivität, transzendentales und empirisches Ich in ein und demselben Subjekt produktiv zusammenwirken? Wie können kategoriale Schematismen und anschauliche Synthesen bei Kant harmonieren? Kants Argumentation entscheidet sich an der Plausibilität dieses Aufeinanderbezogenseins der verschiedenen Ordnungen: »Also muß es doch einen Grund der Einheit des Übersinnlichen, welches der Natur zum Grund liegt, mit dem, was der Freiheitsbegriff praktisch enthält, geben«.[1] Entscheidend ist hierfür die Rolle, welche der ›Zufall‹ in der dritten Kritik spielt. Ich lese Zufall als verobjektivierten Ausdruck der ›Verunsicherung‹ und Spaltung der beiden Ich Formen des Subjekts bei Kant, die sich wiederum der zeitlichen Struktur des inneren Sinns verdanken. Mich interessiert, wie Kant den Zufall als das konstitutiv Unvorhersehbare – als genuin kreative Kraft – in die Urteilsstruktur seines Subjekts integriert.

Die Listen des Intelligiblen und des Sensiblen: Wie ein zweifacher Zufalls- und Zweckbegriff etwas ›Undenkbares‹ in das Denken einführt

Die Antwort auf die Einheit des Übersinnlichen als Grundlage der sinnlichen Natur findet sich in der *Kritik der Urteilskraft*. Das freie Spiel der Kräfte, d.h. der einzelnen Vermögen, die in den anderen beiden Kritiken jeweils in ihre Schranken und Domänen verwiesen wurden und ein hierarchisches Gefüge bildeten,[2] ist *die* Entdeckung der dritten Kritik. Erst ihr interesseloses Zusammenspiel ermöglicht das Gefühl von Lust. Da es aber ›frei‹, d. h. hier nicht regelgeleitet ist, kann vorab über sein Gelingen – sei es harmonisch oder disharmonisch – nicht entschieden werden. Ist es harmonisch, erzeugt es Lust und bereitet damit die Empfänglichkeit des Gemüts für ›das Schöne‹ vor, erzeugt es (zunächst) Unlust, die sich erst im zweiten Schritt als Lust zu erkennen gibt, kündigt sie die Erfahrung des Erhabenen an. Verläuft das Spiel der

---

[1] Immanuel Kant: *Kritik der Urteilskraft*, hg. v. K. Vorländer, Hamburg 1990, S. XX. Fortan zit. als *KdU*.
[2] Es gibt bei Kant eine ›natürliche Konkurrenz‹ unter den Vermögen, die dazu tendieren, ihre Ansprüche auf das Territorium der anderen Vermögen auszudehnen und anderseits der anderen Vermögen bedürfen, um ihre eigenen Interessen zu wahren. Diese ›Feldeinteilung‹ der Vermögen unter die dem Land- und Lehnsrecht entnommenen Termini – Boden *(territorium)*, Gebiet *(ditio)* und Aufenthalt *(domicilium)* – findet sich in der Einleitung der dritten Kritik. – Vgl. Kant: *KdU*, XVI f.

Kräfte aber insgesamt disharmonisch, wird ein Gegenstand weder als schön noch als erhaben beurteilt werden. Kant liefert deshalb auch keine ›Letztbegründung‹ für das Auftauchen von Lust oder Unlust. Beides sind unmittelbar evidente Gemütszustände, die sich der rationalen Begründung oder Bestreitung immer schon entziehen. Das Gefühl selbst ist nicht diskursiv verfaßt, sondern *tautegorisch*. Es ist die unmittelbare ›Empfindungsgrundlage‹ allen Denkens, wie Jean-François Lyotard in seinem Buch über die »Analytik des Erhabenen« betont.

Das freie Spiel der Vermögen (Erkennen/Verstand, Empfinden/Urteilskraft, Begehren/Vernunft) im Verein mit der mal produktiv, mal reproduktiv wirkenden Einbildungskraft ist – im Fall der ästhetischen Erfahrung, die auf Interesselosigkeit an der Existenz eines Gegenstands fußt – tatsächlich ›jederzeit zufällig‹, d. h. kontingent und nicht vorab präjudizierbar. Und mehr noch, *gerade die Tatsache, daß es zufällig ist, sorgt dafür, daß der Mensch Lust (an sich und dem Spiel seiner Vermögen) empfindet.*

Eine ähnliche Rolle spielt der Zufall als ›Glücksbedingung‹ oder ›Quell der Freude‹ interessanterweise auch im Fall der teleologischen Urteilskraft. Zwar sei der Verstand a priori »im Besitze allgemeiner Gesetze der Natur«, aber es bedürfe darüber hinaus noch einer »gewissen Ordnung der Natur«, die (1) dem Verstand nur empirisch bekannt sein könne, (2) »in Ansehung seiner zufällig« (*KdU*, XXXV) sei, (3) deren Regeln doch »als Gesetze (d. i. als notwendig)« gedacht und mithin (4) als zweckmäßig betrachtet werden müssen.

Die sinnlich-übersinnliche Verbindung (oder Synthese) zu einer ›gesetzlichen Einheit‹ unter dem Vorbehalt einer »doch als an sich zufälligen« (*KdU*, XXXIV), nur *als notwendig* vorgestellten Zweckmäßigkeit der Objekte der Natur für die Inhalte des Denkens ist für Kant unverzichtbare Bedingung dafür, daß es einen »Fortgang von der allgemeinen Analogie einer möglichen Erfahrung (...) zur besonderen [Erfahrung]« geben kann. So verstanden erfüllt der Zufall in der *Kritik der Urteilskraft* die Rolle einer *Als-ob-Notwendigkeit*, die *zwei Arten von Zweckmäßigkeit* stiften kann als Resultanten der reflektierenden und der bestimmenden Urteilskraft. Die Größe der gestellten Aufgabe besteht also für den Verstand darin, »aus gegebenen Wahrnehmungen« einer Natur, die unendlich viele verschiedene empirische Gesetze enthält, »eine zusammenhängende Erfahrung zu machen« (ibid.). Genau bei diesem Prozeß aber ist – via der Regellosigkeit und Unvorhersehbarkeit des Zufalls – *Kreativität*, verstanden als Kreation von Neuem, im Spiel.

Die Als-Ob-Zweckmäßigkeit der Natur

Das, was aber die Natur zu einer für den Verstand erkennbaren Ordnung macht, beruht nicht auf einer probaten, prästabilierten Harmonie aus Subjekt und Objekt, Freiheits- und Naturbegriffen, sondern ist allein eine subjektiv zweckmäßige Annahme des Verstands. Die Natur wird durch den Begriff der Zweckmäßigkeit »so vorgestellt, *als ob* ein Verstand der Grund den Einheit des Mannigfaltigen ihrer empirischen Gesetze enthalte« (*KdU*, XXXVIII) [Herv. M.S.]. Diese bloß ›subjektive‹, der Sache nach aber zufällige oder, schärfer noch *spekulative Zweckmäßigkeit* kann also nicht eingesehen oder in objektivem Sinne erkannt, sondern nur *gefühlt* werden. Als Arbeitshypothese der Urteilskraft bildet sie die subjektiv notwendige Paßform für das Mannigfaltige der Natur und äußert sich zugleich im ersten ›datum‹ eines Gefühls der Lust, das »a priori und für jedermann gültig« die Beziehung des Objekts auf das Erkenntnisvermögen bestimmt und Grundlage der reflektierenden Urteilskraft als heautonomes (für sich selbst gesetzgebendes) Vermögen ist (vgl. *KdU*, XXXIX): »Also wird der Gegenstand alsdann nur darum zweckmäßig genannt, weil seine Vorstellung unmittelbar mit dem Gefühl der Lust verbunden ist; und diese Vorstellung selbst ist eine ästhetische Vorstellung der Zweckmäßigkeit« (*KdU*, XLIII).

In der kantischen Argumentation zur reflektierenden Urteilskraft verschränken sich die Begriffe ›an sich zufällig‹ und ›subjektiv zweckmäßig‹, was die Frage aufwirft, ob es sich wirklich um zwei Seiten ein und derselben Medaille handelt. Warum Kant beider Begriffe bedarf, leuchtet ein, wenn man bedenkt, daß er in seinem empirisch-transzendentalen Brückenschlag bemüht sein muß, den Eindruck abzuwehren, der Verstand oktroyiere hier der Natur nur seine eigenen, der Natur völlig fremden Gesetze. Allerdings ist dieser Verdacht noch nicht entkräftet, solange Kant schlicht behauptet, die ›Übereinstimmung von Verstandes- und Naturgesetzen sei nicht etwa nur vorgestellt oder gedacht, sondern ganz und gar ›zufällig‹, ein Glücksfall also, der real eintritt, wenn auch ohne zwingenden Grund.

Warum glauben, daß die ›gewisse Ordnung der Natur‹ (*KdU*, XXXV) überhaupt mit den Gesetzen des Verstandes übereinstimmt? Warum fernerhin annehmen, daß es sich hierbei um eine *zufällige* Übereinstimmung handelt? Ist da nicht die agnostizistische Position redlicher, die bei Kant nur in Nebensätzen anklingt, wenn es zum Beispiel heißt: »[D]ie Natur mag ihren allgemeinen Gesetzen nach eingerichtet sein, wie sie wolle« (*KdU*, XXXVIII)? Von welcher Position aus spricht Kant der Natur *Unabhängigkeit* gegenüber der Ordnung des Verstandes zu und zugleich auch wieder *Abhängigkeit*? Wie gerät der Zufall in das kantische System gerät, als agnostischer Vorbehalt oder als genuin transzendentalphilosophische Position?

Auch die allgemeinen Gesetze des Verstandes sind für Kant »zugleich Gesetze der Natur« und als solche »ebenso notwendig (obgleich aus Spontaneität entsprungen) als die Bewegungsgesetze der Materie« (*KdU*, XXXVIII). Die Natur selbst kennt zwei Formen von Kausalitäten, eine selbst-gesetzliche (spontane) und eine fremdgesetzliche, wobei die Ursache-Folge-Kette von der Bedingungslosigkeit oder Bedingtheit ihres Anfangs unberührt bleibt.

Zufall dient in der *Kritik der Urteilskraft* zur Begründung der Urteilskraft als einem eigenständigen, wenn auch nur heautonomen, dritten Vermögen, das auf ein eigenes apriorisches Prinzip gegründet werden kann. Dieses Prinzip ist die – hinter dem Zufall des Zusammenspiels als ›Als-ob-Notwendigkeit‹ aufscheinende – kreatürliche Zweckmäßigkeit einer mannigfaltigen Natur. Es lassen sich zwei Fälle unterscheiden:

Für die teleologische Urteilskraft bedeutet Zufall die zweckmäßige Strukturisomorphie von Naturgesetzen und Verstandeskategorien

Die Erkennbarkeit der Natur – als spezifizierte, geordnete, ausdifferenzierte – durch den menschlichen Verstand beruht auf einer ›gedachten Koinzidenz‹ beider, die Kant als ›zufällig‹ bewertet, um zu garantieren, daß der Verstand weder der Natur sein Gesetz vorschreibt, noch daß er umgekehrt durch Beobachtung an der Natur lernen muß, damit beide ihre Unabhängigkeit voneinander wahren (vgl. *KdU*, XXXVII). Der Zufall betrifft hier wesentlich eine *Strukturverwandtschaft* beider, wenn Kant feststellt, daß die Natur (höchstselbst) ihre allgemeinen Gesetze »nach dem Prinzip der Zweckmäßigkeit für unser Erkenntnisvermögen« (ibid.) spezifiziere, weshalb der Verstand ihren empirischen Gesetzen überhaupt »nachspüren« (*KdU*, XXXVIII) könne.

Zufall soll hier die Autonomie beider Ordnungen garantieren und gleichzeitig der teleologischen Urteilskraft die Bestimmung einer ›objektiven Zweckmäßigkeit‹ ermöglichen, indem er wie ›eine List der übersinnlichen Natur‹[3] selbst operiert, wenn Kant in seinem Namen das Sinnliche für die Zwecke des Übersinnlichen dienstbar macht. Demnach ist die sinnliche Natur selbst nicht in der Lage, ihre eigenen ›letzten Zwecke‹ zu verwirklichen, aber sie muß die Verwirklichung desselben doch immerhin ermöglichen, indem sie für die Manifestationen und Vollzüge des Übersinnlichen (z. B. dem Praktischwerden der menschlichen Freiheit) offen bleibt: Im Licht der teleologischen Urteilskraft betrachtet, erscheint der Zufall als *eine List des Übersinnlichen*.

Für die ästhetische Urteilskraft ist Zufall Ausdruck der Nicht-Präjudizierbarkeit, Unentscheidbarkeit des freien Spiels der Gemütskräfte

Die Einsicht der ästhetischen Urteilskraft ist wesentlich eine ›Einsicht in die Zufälligkeit‹, die situative Kontingenz der Beurteilung eines Gegenstands als ›schön‹ oder ›erhaben‹ und gleichzeitig erster Quell eines *lustvollen Gefühls*, das

---

[3] »Derart ist das, was in der Übereinstimmung der sinnlichen Natur mit den Vermögen des Menschen zufällig ist, eine höchst transzendentale Erscheinung, die eine List des Übersinnlichen verbirgt« – Gilles Deleuze: *Kants kritische Philosophie. Die Lehre von den Vermögen*, übers. v. M. Köller, Berlin 1988, S. 149. Fortan zit. als *Ka*.

sich einstellt, immer wenn die sonst so geregelten Vermögen aus freien Stücken zusammenspielen, weshalb Kant das Zusammenspiel der Vermögen auch nur als ›subjektiv zweckmäßig‹ bezeichnet für den einzelnen, der es wirklich empfindet, aber weder für sich selbst noch für andere zu demselben oder zu späteren Zeitpunkten verallgemeinern kann. Der Widerstreit der Vermögen untereinander wird *als kreative Produktivkraft* begriffen, als »disharmonischer Einklang« (*Ka*, 17), der seinen Grund im Zulassen der ›Freiheit von Regeln‹ in der Interaktion der Vermögen findet.

Zufall ist hier wesentlich ›Produkt‹ des nicht hierarisch organisierten, kreatürlichen Zusammenspiels der einzelnen Vermögen, Ausdruck einer konkreten, einmaligen Situation, die nur verstehbar wird von dem Hintergrund eben jener ›Zeit als Linie‹, in der das Vorher und Nachher zählt. Spürbar werden hier die Auswirkungen eines Zeitbegriffs, der den des Subjekts von Grund auf neu bestimmt. Während in den ersten beiden Kritiken die kantische Konversion immer darin bestand, das Gute dem Gesetz (wie in der *Kritik der praktischen Vernunft*), die Natur dem Verstand (wie in der *Kritik der reinen Vernunft*) unterzuordnen, eröffnet die dritte Kritik einen Blick in das Subjekt, das selbst von seiner eigenen Zeitlichkeit dominiert und bestimmt wird. Erst wenn Zeit asinotrop und alles, was in ihr geschieht, einmalig und irreversibel wird, kann die *creatio* des Zufalls zählen.

In Analogie zur ›List des Übersinnlichen‹, welche den Zufall als eine Gestalt der reflektierenden Urteilskraft stiftet, kann man für die bestimmende Urteilskraft sagen, daß er hier ›als List des Sinnlichen‹ erscheint, nimmt man die nicht präjudizierbaren raumzeitlichen Bedingungen ernst, unter denen das freie Spiel der Vermögen – dessen Ausgang ungewiß ist – jederzeit steht. Im Licht der ästhetischen Urteilskraft betrachtet, erscheint Zufall als *eine List des Sinnlichen*.

Glücksfall – hypothetischer Zusammenhang – kreatives Selbstverhältnis

Kritisch bleibt anzumerken, daß Kant im Schutz der Begriffe ›subjektive‹ und ›objektive Notwendigkeit‹ nicht offenlegt, aus welcher Position er den Zufall zu- oder absprechen kann. Und bedarf es nicht zweier verschiedener Legitimationen, um das freie Spiel der Vermögen untereinander einerseits und seine Übereinstimmung mit den Naturgesetzen andererseits ›als zufällig‹ zu bezeichnen?

(1) Ist der Zufall des internen Zusammenspiels der Vermögen, das zu keiner begrifflichen Reflexion über das Schöne führt, in der ästhetischen Urteilskraft nicht eher Name für die ›Unentscheidbarkeit‹ des Ausgangs ihres Zusammentreffens (harmonisch/disharmonisch), also ein *Glücksfall*? Ließe sich dieser ›Zufallstypus‹ nicht als ›eigentlicher‹, realer oder ›kategorischer Zufall‹ beschreiben in dem Sinne, daß das Spiel und die Konkurrenz der Vermögen

wirklich *in actu* im Angesicht eines wahrgenommenen Objekts stattfinden muß und sein Ausgang nicht vorab durch irgendwelche objektive Parameter zu entscheiden ist? Ist dieser Zufallstypus nicht Zeuge für das Einbrechen des Realen, des Ereignisses ins kantische System?

(2) Ist im Unterschied hierzu die Übereinstimmung von Naturgesetzen und menschlichem Erkenntnisvermögen überhaupt ›Zufall‹ zu nennen und nicht vielmehr ein ›hypothetischer Zusammenhang‹, d.h. der Name für eine hypostasierte Koinzidenz, welche an die Stelle einer prästabilierten Subjekt-Objekt-Harmonie tritt? Ist die Natur vielleicht bloß ›zweckähnlich‹ (vgl. *KdU*, B 321)? Ist die ›objektive Notwendigkeit‹ eines Naturzwecks, seine Übereinstimmung mit dem menschlichen Erkenntisvermögen eine idealistische oder eine realistische Annahme oder etwas Drittes?

Sein Bekenntnis zu einem diskursiven, ›der Bilder bedürftigen‹ menschlichen Verstand *(intellectus ectypus)* (vgl. *KdU*, B 351), welcher vom einzelnen der Teile auf ein Ganzes als seine Wirkung schließt, da er vom Analytisch–Allgemeinen (seiner Begriffe) zum Besonderen der gegebenen empirischen Anschauung gelangt (vgl. *KdU*, B, 349), stellt Kant vor das Problem einer ›Sonderkausalität‹ der Natur, die er nicht erkennen kann und für die er deshalb den Namen ›Zufall‹ reserviert. Andererseits bedarf der Verstand der Fremdheit und Undurchdringlichkeit der für ihn zunächst zufälligen, regellosen Beliebigkeit der Natur, *um auf die unhintergehbare Eigentümlichkeit seiner eigenen Gesetzgebung zurückgeworfen zu sein.* Das Übersinnliche bedarf also des Sinnlichen – zumindest *ex negativo* – zur Einsicht in die eigene Notwendigkeit, zur ›Selbstaufklärung‹. Das wäre jene »gewisse Ahnung der Vernunft«, jener »von der Natur uns gleichsam gegebene Wink, daß wir vermittelst jenes Begriffs der Endursachen wohl gar über die Natur hinauslangen und sie selbst an den höchsten Punkt in der Reihe der Ursachen verknüpfen könnten« (*KdU*, B 320). Erst die regulative Idee der ›objektiven Zweckmäßigkeit‹ der reflektierenden Urteilskraft liefert Kant ›einen Leitfaden, die Natur zu studieren‹ (vgl. *KdU*, B 334),

1. indem sie den Grund für die (Denk-)Möglichkeit eines Dings in der Natur unter »gewissen in der Erfahrung gegebenen Bedingungen« (*KdU*, B 330) liefert, nämlich der ›Zufälligkeit‹ ihrer faktischen Mannigfaltigkeit;
2. indem sie eine Beziehung stiftet hin auf eine empirisch gar nicht erfahrbare übersinnliche Welt der letzten Zwecke.

Kant sieht seine Aufgabe darin, die beunruhigende Zufälligkeit und Vielfalt der sinnlichen Welt durch regulative Ideen der Urteilskraft zu bändigen

1. indem sie eine Gesetzlichkeit des Zufälligen unter dem Namen der Zweckmäßigkeit anstrengen (vgl. KdU, 344 f.) und
2. auf die eigenen Reflexionsbedingungen dergestalt Bezug nehmen, *daß sie ihrer* eigenen Zufälligkeit gewahr werden.

Dieser letzte Aspekt führt uns zum entscheidenden Motiv für die Verschränkung von Zufälligkeit und Notwendigkeit (oder Absichtlichkeit); erstere wird transzendental ›idealer‹, letztere empirisch ›realer‹:[4]

> [G]ewisse Naturprodukte müssen, nach der besonderen Beschaffenheit unseres Verstandes, von uns ihrer Möglichkeit nach absichtlich und als Zwecke erzeugt betrachtet werden, ohne doch darum zu verlangen, daß es wirklich eine besondere Ursache, welche die Vorstellung eines Zwecks zu ihrem Bestimmungsgrunde hat, gebe (...). Es kommt hier also auf das Verhalten unseres Verstandes zur Urteilskraft an, daß wir nämlich darin *eine gewisse Zufälligkeit der Beschaffenheit des unsrigen aufsuchen, um diese als Eigentümlichkeit unseres Verstandes* zum Unterschiede von anderen möglichen [archetypischen, urbildlichen, intuitiven statt diskursiven, Anm. M. S.] anzumerken. – Kant (*KdU*, B 346) [kursiv M.S.]

Das Gedankenspiel mit einem anderen, nicht diskursiven Verstand dient Kant dazu, die Zufälligkeit nicht nur als Reflexionsbestimmung der Verstandes in Ansehung der sinnlichen Natur zu begreifen, sondern auch, um die Eigentümlichkeit des Verstandes (vom Einzelnen zum Ganzen, vom Begriff zur Anschauung zu gehen) *als zufällig ihrer Form nach, als notwendig aber ihres Gebrauchs nach* zu bestimmen. Modern gesprochen löst Kant das Problem einer ›Koevolution‹ von Natur und eines ihr gemäßen Verstandes also so, daß er auch den menschlichen Verstand als etwas Besonderes in der sinnlichen Natur bestimmt, dem wie jedem anderen Konkreten, Einzelnen auch Kontingenz anhaftet, welche sich der Subsumption unter ein Allgemeines (hier eines übermenschlichen Verstandesbegriffs) immer schon entzieht. Insofern steht ›Zufälligkeit‹ für jenen Rest an Unverfügbarkeit ein, welcher jede individuelle Form der Natur (zu der auch der menschliche Verstand zählt) vor dem nahtlosen Aufgehen in ihre jeweilige Gattungsbestimmung bewahrt.

---

[4] Kant versucht der idealistischen wie der realistischen Perspektive sowohl physische als auch hyperphysische Erklärungsmuster nachzuweisen. Unter denen, die die objektive Zweckmäßigkeit für eine idealistische halten, firmieren bei Kant Epikur und Demokrit als Vertreter einer Kasualität (also des blinden Zufalls) von Naturbestimmungen. Spinoza steht ein für die Fatalität derselben, wenn er Naturzwecke nicht als Produkte, sondern als dem Urwesen inhärierende Akzidenzen betrachtet und so alle Zufälligkeit aus der späteren Zweckeinheit streicht. Wird die Zweckmäßigkeit der Natur aber als realistisch angenommen, muß man diese entweder in Analogie zu handelnden Wesen erklären (Hylozoism) oder als Ausdruck eines vernünftigen Urgrundes des Weltalls (Theism) betrachten. Es sei aber, so Kant, nicht möglich, den Begriff des Naturzwecks durch eine ungleiche Verteilung von Zufall und Absicht dogmatisch zu behandeln, da seine Unschärfe, ein Schwanken zwischen regulativen (man könnte auch sagen, idealistischen) und konstitutiven (realistischen) Anteilen ihren Grund in den Eigentümlichkeiten des menschlichen Verstandes habe. Zugespitzt läßt sich sagen, *der (reale) Zufall wird im Zuge der kantischen Argumentation transzendental ideal, die (ideale) Absicht aber empirisch real.* – Vgl. Kant: *KdU*, S. 322-29.

Das kreative Vermögen der Einbildungskraft, eine ›begriffslose Reflexion‹ im Zentrum der Urteilskraft

Die ausführliche Auseinandersetzung mit dem Zufallsbegriff bereitet darauf vor, daß sich der Begriff der Reflexion innerhalb der *Kritik der Urteilskraft* signifikant verschiebt. Reflexion ist nicht länger einer ›natürliche Disposition‹ des menschlichen Geistes, sondern eine *zufallsabhängige und kreative Syntheseleistung*, die nicht etwa von außen, sondern von innen – durch die Antagonisten und widerstreitenden Interessen der einzelnen Vermögen – bedroht ist.

Die Rolle der Einbildungskraft in der *Urteilskraft* ermöglicht es, einen neuen Begriff von Reflexion zu bilden, der ein nicht-reflexives Moment in sein Zentrum einführt, ähnlich wie die ›Zweckmäßigkeit ohne Zweck‹ des Schönen uns darauf vorbereitet, in der teleologischen Urteilskraft einen neuen Zweckbegriff zu bilden, der jede einfache Zweck-Mittel-Relation ausschließt (vgl. *Ka*, 135). Die »Reflexion eines einzelnen Objekts in der Einbildungskraft« (*Ka*, 100 f.) ist in der dritten Kant-Kritik – im Unterschied zum ›materiellen‹ oder analogen Moment der Empfindungen – *bloß die Form eines Objekts*, wie es sich als einfaches Produkt einer nicht weiter hinterfragbaren ›Operation‹ der Einbildungskraft (qua sukzessiver und figürlicher Synthese) darstellt.

Die Einbildungskraft muß gar nicht in der Lage sein, alle Schwingungen eines Tons zu reflektieren. Was zählt, ist die »Zeichnung, ist die Komposition, in denen sich die formale Reflexion manifestiert« (*Ka*, 101). Das Vermögen der Einbildungskraft ist abstrakter, abstrahierender, reflexiver als jede bloße Empfindung. Es ist abhängig von seinem Zusammenspiel mit den Begriffen des Verstandes und den Ideen der Vernunft.

Die Einbildungskraft erhält in der dritten Kritik ihre Sonderstellung innerhalb des transzendental-philosophischen Systems durch eine Reihe von Besonderheiten:

(1) Die dritte als die erste Kritik: Obwohl sie chronologisch betrachtet die letzte Kritik ist, liefert sie doch eine Grundlegung für die beiden anderen Kritiken. Indem das freie Spiel der Vermögen einen ›Indizienprozeß‹ zugunsten einer ›Selbstaufklärung‹ der Vermögen führt und uns dazu *zwingt* – bei Kant heißt es, daß die Antinomien ›wider Willen nötigen‹ –, »über das Sinnliche hinauszusehen und *im Übersinnlichen den Vereinigungspunkt aller unserer Vermögen a priori zu suchen*« (*KdU*, B 239) [Herv. M.S.]. So bietet erst die *Kritik der Urteilskraft*« Einblick in die ›Mechanik‹ jeglicher auf Erkenntnis zielender Anstrengung des Subjekts.

(2) Die dritte Kritik offenbart die notwendige ›Unvollkommenheit‹ der beschriebenen Synthesen und Schematismen: In diesem Eingeständnis der Schwäche, das zugleich aus einer Ernstnahme des Zufalls bzw. der Kreativität eines jeden ›freien Spiels‹ folgt, liegt das zweite Eingeständnis der Urteilskraft. So erscheint das freie Spiel auch wie eine Befreiung von der in den beiden anderen Kritiken

beschriebenen gewöhnlichen Subordination der Vermögen. Insbesondere die Einbildungskraft kommt in der Urteilskraft zu ihrem eigenen Recht, und zwar um den Preis, daß sie sogleich das Gelingen der üblichen Synthesen (wenn Anschauungen unter Begriffe gebracht werden) und Schematismen (wenn für Begriffe Anschauungen gesucht werden) in Frage stellt.

Die Einbildungskraft kreiert via symbolische Hypotypose Bilder ohne Vorbilder

Bereits in der Schönheitserfahrung kommt die kreative Rolle der Einbildungskraft zum Tragen. Hier darf die *imaginatio* erstmals die schematische, begriffsgeleitete Darstellung hinter sich lassen zugunsten der ›symbolischen Hypotypose‹, *einer Versinnlichung im Symbol,* welche auf die Darstellung des Undarstellbaren – z.B. die Ideen der Vernunft – spezialisiert ist.[5] Kant unterstreicht, daß die Hypotypose allein der subjektiven Assoziation der produktiven Einbildungskraft gehorcht und damit der Erscheinung nach eine ›echte‹, bildliche oder sprachbildliche, aber der Idee nach ›indirekte‹ – d. h. uneigentliche – ›Darstellung‹ *(exhibitio)* liefert (vgl. *KdU*, B 255). Die Einbildungskraft erfüllt hier die Aufgabe, durch und im Medium einer *creatio sui generis*, d.h. einer *Darstellung ohne Vorbild*, die (folgende) Reflexion über undarstellbare Vernunftsideen durch raumzeitliche ›Symbole‹ zu ermöglichen und anzuleiten.

Was Kant als »Übertragung der Reflexion über einen Gegenstand der Anschauung auf einen ganz anderen Begriff, dem vielleicht nie eine Anschauung direkt korrespondieren kann« (*KdU*, B 257) beschreibt, ist ein komplexer Vorgang, ein *kreativer, erfinderischer und autonomer Akt der Einbildungskraft*, deren ›Freiheit‹ Kant immer wieder lobt (*KdU*, B 259), obgleich (oder weil) er diese zu den dunkelsten, undurchsichtigsten Eigenschaften der Einbildungskraft zählt. Kant selbst erhellt diese ›black box‹ der bildhaften Assoziation, der Versinnlichung und der unähnlichen Analogiestiftung nicht. Die symbolische Hypotypose bleibt in der *Kritik der Urteilskraft* ähnlich dunkel wie das Kapitel über die schematische Hypotypose in der *Kritik der reinen Vernunft* (im Schematismus-Kapitel)

In der Erhabenheitserfahrung wird die kreative Rolle der Einbildungskraft über den Begriff einer ›negativen Darstellung‹ (*KdU*, B 124) von Kant in einem zweiten Anlauf entfaltet. Er bezieht sich hier nicht nur auf die ›Unerforschlichkeit der Idee der Freiheit‹ (*KdU*, B 125), sondern auch auf die ›Erweiterung der Seele‹ durch die Erfahrung der *Unendlichkeit der Vermögen* – insbesondere der Vernunft. Kant nennt auch ausdrücklich »Raum und verflossene Zeit« und »das Unendliche« (vgl. *KdU*, 92). Nicht, daß die Unendlichkeit nicht im Begriff

---

[5] So macht sie beispielsweise ›das Schöne‹ als ›Symbol des Sittlichen‹ vorstell- und damit reflektierbar macht (vgl. *KdU*, B 258).

der Vernunft selbst enthalten wäre. *Aber es geht nicht einfach um den Nachvollzug einer analytischen Einsicht, sondern um eine jederzeit sinnliche Erfahrung, welche nicht einfach* Begriffe, sondern ›Eigenschaften‹ der Vernunft zu einem erkenntnisstiftenden Erlebnis machen. Kant spricht verschiedentlich davon, daß das Gemüt sich »die eigene Erhabenheit seiner Bestimmung (...) *fühlbar* machen« (*KdU*, B 106) [Herv. M.S.] müsse.

Eben hierfür ist eine Darstellung der Einbildungskraft unverzichtbar – und sei sie auch nur eine »abgezogene Darstellungsart, die in Ansehung des Sinnlichen gänzlich negativ wird« (*KdU*, B 124). Was also stellt sie ›negativ‹ dar? Was hat man sich unter einer ›abgezogenen Darstellungsart‹ vorzustellen?

> [D]as Gefühl der Unerreichbarkeit der Idee durch die Einbildungskraft ist selbst *eine Darstellung der subjektiven Zweckmäßigkeit unseres Gemüts im Gebrauche der Einbildungskraft* für dessen übersinnliche Bestimmung, und nötigt uns, *subjektiv die Natur selbst in ihrer Totalität als Darstellung von etwas Übersinnlichem zu denken,* ohne diese Darstellung **objektiv** zustande bringen zu können. – Kant (*KdU*, 115f.) [kursiv M.S.]

Ein möglicher Zugang zum besseren Verständnis des ›Mechanismus‹ des Scheiterns der Einbildungskraft – Kant spricht mehrfach von der ›Unangemessenheit‹ ihrer Tätigkeit für das Erreichen einer Idee (vgl. *KdU*, B 93, B 96) –, welche in dieser *Not-Darstellung* zum Ausdruck kommt, läuft über die *zeitliche Struktur* der Erhabenheitserfahrung, wie sie für das Mathematisch-Erhabene expliziert wird. Demnach erfährt die Einbildungskraft zum ersten Mal die Kraft der ›sukzessiven Synthesis‹, die prinzipiell jede sinnliche Auffassung *(apprehensio)* begleitet, und die ihrerseits aus dem Zusammenspiel von innerem Sinn und Einbildungskraft entsteht, gleichsam *ex negativo* im Moment des Scheiterns einer sinnvollen *comprehensio*, am ›eigenen Leibe‹.[6]

Die ›negative Darstellung‹ ist eine fragmentarische, weil sie im Unabgeschlossenen, Noch-Sukzessiven wie ein ›Wisch-‹ oder ›Bewegungsbild‹ ohne klare Konturen bleibt und im Grunde die Sukzession der eigenen Syntheseleistungen noch *in statu nascendi* zum Ausdruck bringt.

›Symbolische Hypotypose‹ der Schönheits- und die ›abgezogene Darstellungsart‹ der Erhabenheitserfahrung eignen sich deshalb gut für eine Untersuchung über das kreative Potential der Einbildungskraft bei Kant, weil sich hier

---

[6] Die sukzessive Synthesis ist der wichtigste Vollzug der ›ursprünglichen Apperzeption‹ in der »Kritik der reinen Vernunft«, welche die synthetische Einheit des Zeitverhältnisses aller Wahrnehmungen zu garantieren hat. Die Apperzeption bezieht sich auf den inneren Sinn, den ›Inbegriff aller Vorstellungen‹, oder, wie Kant weiter präzisiert, »a priori auf die Form desselben, d. i. das Verhältnis des mannigfaltigen empirischen Bewußtseins in der Zeit« (*KrV*, B 220). Dessen allgemeine Zeitbestimmung ist bekannt: »Die Apprehension des Mannigfaltigen der Erscheinungen ist *jederzeit sukzessiv*. Die Vorstellungen der Teile folgen aufeinander [...], das Mannigfaltige der Erscheinungen wird im Gemüt *jederzeit sukzessiv* erzeugt.« – Kant: *KrV*, B 234, 235 [M.S.].

der Eingriff des verobjektivierenden Zufalls auf der Ebene eines intelligiblen Vermögens ›wie in Zeitlupe‹ manifestiert. Die sich an Kant anschließende Frage ist verführerisch: Ist Kreativität zugelassener, aber verlangsamter und dadurch minimal gelenkter Zufall?

Literatur

DELEUZE, Gilles: *Kants kritische Philosophie. Die Lehre von den Vermögen*, übers. v. M. Köller, Berlin 1988.
KANT, Immanuel: *Kritik der Urteilskraft*, hg. v. K. Vorländer, Hamburg 1990.

Das empirische Wirken der produktiven Einbildungskraft

JOHANNES HAAG (MÜNCHEN)

Der wichtigste systematische Grund für die Annahme einer empirischen Anwendung der produktiven Einbildungskraft in Kants theoretischer Philosophie ist sicher, dass nicht zu sehen ist, warum die Notwendigkeit des ›Zustandebringens‹ von Vorstellungen durch die produktive Einbildungskraft nur hinsichtlich reiner Anschauungen bestehen sollte. Denn sicherlich sind es nicht nur reine Anschauungen, die die reproduktive Einbildungskraft verknüpft. Woher aber stammen dann die empirischen Anschauungen? Nicht synthetisiertes Mannigfaltiges *können* sie nicht sein: Das, was uns gegeben ist immer synthetisiert. Also muss auch hier eine *Synthesis* zugrunde liegen.

Welche kann das sein? Die reproduktive Einbildungskraft ist nicht spontan und kommt deshalb nicht in Frage. Kann die produktive Einbildungskraft, sofern sie ein apriorisches Vermögen ist, die Anschauungen synthetisieren? Auch das ist nicht möglich: Sie synthetisiert ja immer nur *Form*, was wir nun brauchen, ist aber eine Synthesis der *Materie* – wenn auch nach formalen Prinzipien.[1] Wir brauchen also eine Wirkung der Einbildungskraft, die *spontan* ist, sofern sie Anschauungen hervorbringt, und die *nicht rein* ist, sofern diese Anschauungen Materie enthalten sollen. Wir brauchen, mit anderen Worten, eine *empirische produktive Einbildungskraft*.

1. Einbildungskraft als Vermögen der Bilder

Als Produkte der empirischen produktiven Einbildungskraft kommen natürlich die empirischen Anschauungen in Frage, d.i. die Vorstellungen, durch die sich unsere Erkenntnis unmittelbar auf Gegenstände bezieht. Anderseits haben wir die Aussagen aus der ›Deduktion von unten‹, in denen die produktive Einbildungskraft als ein Vermögen geschildert wird, das uns das Mannigfaltige der Anschauung »in ein <u>Bild</u>« (A 120) bringt. Und in einer sehr aufschlussreichen Fußnote bemerkt Kant in diesem Zusammenhang:

»Daß die Einbildungskraft ein nothwendiges Ingredienz der Wahrnehmung selbst sei, daran hat wohl noch kein Psychologe gedacht. Das kommt daher, weil man dieses Vermögen theils nur auf Reproductionen einschränkte (was Kant selbst gleich im Anschluss – allerdings nur im ersten Schritt – bewusst tut; J.H.), theils weil man glaubte, die Sinne lieferten uns nicht allein

---

[1] Aus demselben Grund kommt erst recht nicht die *synthesis intellectualis* des Verstandes hinsichtlich Anschauungen überhaupt in Frage.

Eindrücke, sondern setzten solche auch sogar zusammen und brächten *Bilder* (meine Hervorhebung) der Gegenstände zuwege, wozu ohne Zweifel außer der Empfänglichkeit der Eindrücke noch etwas mehr, nämlich eine Function der Synthesis derselben, erfordert wird.« (A 120)

Heißt das nun, dass Anschauungen *Bilder von Gegenständen* sind? Ist das der Sinn von Kants Kennzeichnung der empirischen produktiven Einbildungskraft als das »bildende Vermögen der Anschauung« (AA. 28.1:235 ff.), von dem Kant in der Metaphysik-Vorlesung ›L₁‹ spricht?[2] Diese Frage können wir erst beantworten, wenn wir dieses ›bildende Vermögen der Anschauung‹ genauer untersucht haben. Immerhin sei schon hier darauf hingewiesen, dass ein *bildendes Vermögen der Anschauungen* kein *Vermögen der Bildung von Anschauungen* sein muss. Die Bilder, die dieses Vermögen hervorbringt, können auch so etwas wie notwendige Bedingungen oder auch Bestandteile von Anschauungen sein.

Die ›Bilder‹ der Gegenstände, die uns das in ›L₁‹ diskutierte Vermögen gibt, sind »Abbildungen« (ebd. 236) von Gegenständen, die zu groß oder zu detailliert sind, als dass man sie ›auf einen Blick‹ erfassen könnte, *oder* von Gegenständen, die aus verschiedenen Perspektiven betrachtet werden können und so eine jeweils andere Ansicht darbieten, in einem komplexen ›Bild‹. Dieses komplexe ›Bild‹ von einem Gegenstand nimmt die verschiedenen Aspekte bzw. perspektivischen Ansichten in einer bildhaften Vorstellung »alle zusammen« (ebd.).[3]

In diese Richtung geht auch eine Charakterisierung der Wirkung der empirischen produktiven Einbildungskraft im *Schematismus der reinen Verstandesbegriffe*, der sich an die Überlegungen der Deduktion anschließt. Mit dieser Charakterisierung, die sich in Abgrenzung vom Begriff des *Schemas* vollzieht, der gleichfalls eine Wirkung der Einbildungskraft, allerdings nicht der empirischen, bezeichnet, will ich mich nun kurz beschäftigen. Dort heißt es: »(D)as <u>Bild</u> ist ein Produkt des empirischen Vermögens der productiven Einbildungskraft ...« (A 141/B 181)

Was aber sind hier Bilder? Ist das Gleiche gemeint wie in der Vorlesungsnachschrift ›L₁‹? Kant gibt ein Beispiel: »So, wenn ich fünf Punkte hinter einander setze: . . . . . , ist dieses ein Bild von der Zahl fünf.« (A 140/ B 170)

Dieses Beispiel ist zunächst ein wenig irritierend. Warum sollten wir uns ein komplexes Bild von etwas machen, was wir sozusagen mit einem Blick erfassen können? Doch Kant ist natürlich an einem allgemeinen, obschon für

---

[2] Vgl. dazu Hoppe 1983, S. 180 f.
[3] An anderer Stelle, in der *Kritik der Urteilskraft*, wird die Einbildungskraft als ein »Vermögen der Darstellung« (Kant ebd. 5:232) bezeichnet, was, gemessen daran, dass Einbildungskraft ja ein Vermögen ist, den Gegenstand auch ohne seine Gegenwart in einer Anschauung vorzustellen (vgl. B151), die bessere Formulierung ist. Aber auch als Vermögen der Darstellung ist die Einbildungskraft, das machen die anderen Bemerkungen deutlich, ein Vermögen der *bildhaften Darstellung*.

gewöhnlich weitgehend automatisierten Wirken der Einbildungskraft interessiert, für dessen Illustration die Beispiele in ›L₁‹ nur deshalb besonders geeignet sind, weil sie gerade eine *nicht* automatisierte Wirkung des bildgebenden Verfahrens der empirischen produktiven Einbildungskraft zitieren und deshalb transparenter sind.

Wenn wir davon ausgehen, dass sich in den zitierten Passagen der Vorlesung tatsächlich die genauere Schilderung der Einbildungskraft als eines Vermögens der bildhaften Darstellung findet, können wir unmittelbar übergehen zu der Interpretation dieses Vermögens, die der amerikanische Philosoph Wilfrid Sellars in seinem späten Aufsatz »The Role of Imagination in Kant's Theory of Experience« (Sellars 1978). Denn der Begriff des *Bild-Modells* (image-model), den Sellars in diesem Aufsatz entwickelt, soll genau die Produkte eines solchen Vermögens bezeichnen.[4]

Bild-Modelle sind – als Abbildungen von Gegenständen in Zeit und Raum – Konstrukte aus dem Fluss sensorischen Inputs (des Mannigfaltigen der Anschauung). Dieses Mannigfaltige wird mittels der apprehendierenden und reproduktiven Synthesis der produktiven Einbildungskraft so zusammengefasst, dass komplexe Bilder der Gegenstände entstehen.[5] Obwohl uns diese nicht *als* Bilder gegeben sind[6], haben sie wesentlich perspektivischen Charakter und müssen so vom Gegenstand selbst unterschieden werden, zu dessen Begriff als Gegenstand es wesentlich gehört, dass er nicht-perspektivisch ist.

> Thus we must distinguish carefully between objects, including oneself, as conceived by the productive imagination, on the one hand, and the image-models constructed by the productive imagination, on the other. (Sellars 1978 § 29)

Weil wir uns letztlich auf die Bild-Modelle, die die unmittelbaren Objekte unseres Bezugs sind, *als* auf *Gegenstände* beziehen, können wir sagen, dass wir etwas wesentlich Perspektivisches, ein Bild-Modell, konstruieren, indem wir es als wesentlich nicht-perspektivisch, nämlich als Gegenstand, *betrachten*. Als Material dieses Bild-Modells dienen uns die aristotelischen *sensibilia*. Diese unmittelbar wahrnehmbaren Qualitäten (das, was ›in der Anschauung der Empfindung korrespondiert‹) sind dabei das, woraus wir die Bild-Modelle formen und was ihre *Materie* (im kantischen Sinne) bildet.

Die *Prinzipien dieser Konstruktion*, die für ihre *Form* verantwortlich sind, können aber natürlich, anders als ihr Material, *nicht* aus dem gegebenen Mannigfaltigen extrahiert werden. Sie müssen ihre transzendentale Grundlage im Vermögen der *Spontaneität* haben. Die Bild-Modelle sind also bereits eine Wirkung

---

[4] Vgl Rosenberg 2000, S. 153 ff.
[5] Vgl. Sellars 1978, § 28. Sellars schreibt dort: »Their being is that of being complex patterns of sensory states constructed by the productive imagination.« (ebd.)
[6] »(A)lthough the objects of which we are directly aware in perceptual consciousness are image-models, we are not aware of them *as* image-models.« (Sellars 1978, § 27, Herv. J.H.)

eines spontanen Vermögens –der produktiven Einbildungskraft– auf die Sinnlichkeit als *bloß* rezeptives Vermögen. Kants Bild ist dabei etwa das folgende: Die formale Anschauung von Raum und Zeit gibt die vorgestellte Struktur vor, in der die raum-zeitliche Verortung des sinnlichen Materials der Bild-Modelle stattfindet.

Völlig unklar ist allerdings bislang, *wie* die allgemeinsten Verstandesbegriffe, d.h. die aus Urteilsformen gewonnenen *Kategorien*, in der Konstruktion der *anschaulichen Vorstellungen* solcher konkretesten raum-zeitlichen *Gegenstände* wirken sollen. In der *Transzendentalen Deduktion* erfahren wir zwar, *dass* es eine solche Wirkung geben muss, da sonst eine Anwendung von Kategorien in der Anschauung von Gegenständen nicht möglich wäre – und wir uns damit nicht auf empirische Gegenstände beziehen könnten.[7] *Wie* diese Anwendung aber *möglich* sein soll, wird dort nicht weiter expliziert.

2. Schemata

Beginnen wir mit einer analytischen Skizze von Kants eigener Einführung der Problematik. Er formuliert das Problem zunächst nur im Zusammenhang des Verhältnisses von Kategorien und Anschauungen. Zunächst müssen wir mit Kant konstatieren, dass Anschauungen und reine Verstandesbegriffe als Arten von Vorstellungen einfach nicht zueinander zu passen scheinen. Das liegt nach Kant daran, dass sie ein Prinzip verletzen, das ich das *Subsumtionsprinzip* nennen will[8].

Dieses Prinzip besagt, dass ein *Gegenstand* nur dann *unter einen Begriff fällt*, wenn die *Vorstellung* dieses Gegenstandes mit dem Begriff *gleichartig* ist. Gleichartigkeit ist so definiert, dass der Begriff diejenige Eigenschaft als eine seiner Inhaltseigenschaften[9] enthalten muss, die wir dem Gegenstand in der fraglichen Vorstellung zuschreiben.[10]

Nun sind aber die Kategorien

> ... in Vergleichung mit empirischen (ja überhaupt sinnlichen) Anschauungen ganz <u>ungleichartig</u> und können niemals in einer Anschauung angetroffen werden. Wie ist nun die Subsumtion der letzteren unter die erste, mithin die Anwendung der Kategorie auf die Erscheinungen möglich, da doch niemand sa-

---

[7] Vgl. B 159 ff.
[8] Das Subsumtionsprinzip hängt eng zusammen mit den Prinzipien der Homogenität und der Spezifikation, die Kant in dem Abschnitt über den *Regulativen Gebrauch der Ideen* formuliert. Vgl. A 657/B 685.
[9] Vgl. zum Begriff der Eigenschaft von Begriffen und seinem Verhältnis zum Begriff des Merkmals (Kant: *Logik*, § 7 9:95).
[10] Vgl. A 137/B 176. Kants Beispiel ist die Subsumtion eines Tellers unter den Begriff des Kreises, die legitim ist, weil die Vorstellung des Tellers den Begriff der Rundung enthält, der auch ein Merkmal des Begriffs des Kreises (und deshalb diesem gleichartig) ist.

gen wird: diese, z.B. die Causalität, könne auch durch die Sinne angeschaut werden und sei in der Erscheinung enthalten? (A 137/B 176)

Und dies gilt nicht nur für die Kategorien, die reinen Verstandesbegriffe, sondern, wie wir wenige Seiten später erfahren, für *Begriffe* im Verhältnis zu *Anschauungen* ganz allgemein – mit Ausnahme einer besonderen Klasse begrifflicher Zustände, die das *Schematismus*-Kapitel aber gerade erst einführen soll. Auch die reinen und empirischen sinnlichen Begriffe, die im Spektrum zwischen Sinnlichkeit und Verstand der Sinnlichkeit gewissermaßen am nächsten stehen, sind den Bild-Modellen, deren Eigenschaften Bestandteile unserer Anschauungen sind, *wesentlich* ungleichartig:

> Dem (reinen sinnlichen; J.H.) Begriffe von einem Triangel überhaupt würde gar kein Bild desselben jemals adäquat sein. Denn es würde die Allgemeinheit des Begriffs nicht erreichen.... Noch viel weniger erreicht ein Gegenstand der Erfahrung oder Bild desselben jemals den empirischen Begriff. (A 142/B 180)

Das Problem ist also ganz allgemeiner Natur: Wie können Anschauungen (reine oder empirische) unter Begriffe *subsumiert* werden, da doch Begriffe nicht angeschaut werden können?

Bevor wir damit beginnen können, Kants Antwort auf diese Frage zu skizzieren, müssen wir sicherstellen, dass wir die Frage richtig verstehen. Und zu diesem Zweck sollten wir zunächst klären, was mit *Anschauungen* hier gemeint sein kann. Sind es die synthetisierten Anschauungen, die aus dem Mannigfaltigen der Anschauung bereits die *Anschauung eines Mannigfaltigen* gemacht haben? Oder geht es vielmehr um das in der Anschauung gegebene *Mannigfaltige der Anschauung* selbst, das zwar einer Synopsis, aber noch keiner Synthesis unterworfen ist? Im ersten Fall geht es um die Frage der *Möglichkeit von Urteilen*, im letzteren um die Frage der *Möglichkeit von Anschauungen des Mannigfaltigen*.

Wenn wir das Subsumtionsprinzip ansehen, dann beobachten wir, dass es dabei um die Unterordnung eines Gegenstandes unter einen Begriff geht. Die Vorstellung von einem Gegenstand ist eine Anschauung des Mannigfaltigen als Mannigfaltiges. Insofern geht es uns, sofern die Leitfrage des Schematismus die Frage der Möglichkeit der Subsumtion ist, scheinbar um die Unterordnung von Anschauungen unter Begriffe – und damit um Urteile.

Für die zweite Option, dass nämlich das Anwendungsproblem eigentlich das Mannigfaltige der Anschauung betrifft, sprechen eine Reihe von exegetischen und systematischen Gründen. Ein erster exegetischer Punkt ist Kants qualifizierende Charakterisierung des Problems der Anwendung reiner Verstandesbegriffe auf Anschauungen als ein Problem der Anwendung reiner Verstandesbegriffe auf *Erscheinungen*. Diese Bestimmung macht deutlich, dass es um die Anwendung auf den noch *unbestimmten* Gegenstand der Vorstellungen der Sinnlichkeit geht. Anschauungen eines Mannigfaltigen als ein Mannigfaltiges sind aber bereits Vorstellungen von einem *bestimmten* Gegenstand. Dieses exegetische Argument leitet direkt über zu einem systematischen Grund.

Denn es gibt im Rahmen der Anwendung reiner Verstandesbegriffe auf Anschauungen eines Mannigfaltigen überhaupt kein Problem hinsichtlich der Frage der Anwendbarkeit oder Subsumtion.

> (T)he categories apply to intuitions, because, although the content of *sensations* does not contain the categories, the content of *intuitions* (of manifolds) does. (Sellars 1976, § 11)

Wenn diese Deutung von Sellars richtig ist und es Kant im Schematismuskapitel tatsächlich vorwiegend um Anschauungen eines Mannigfaltigen geht, dann gibt es gar kein echtes Anwendungsproblem – weder für sinnliche Begriffe, reine oder empirische, noch für Kategorien.

Die Rolle des Subsumtionsprinzips muss also noch einmal neu bewertet werden. Denn der Gegensatz von *Einzelnem* und *Allgemeinem*, der Kants Problemformulierung hinsichtlich des Subsumtionsprinzips zugrunde liegt, kann die Subsumtion nicht mehr verhindern, sofern Anschauungen schon in näher zu bestimmendem Sinne kategoriale Form haben.

Bezeichnend ist deshalb die *Reformulierung des Problems* in A 139/40, wo es um die »formalen Bedingungen a priori« geht, »welche die allgemeine Bedingung enthalten, unter der die Kategorie allein auf irgendeinen Gegenstand angewendet werden kann« (ebd.). Das Problem der *Subsumtion* von Sinnlichem unter Begriffe (ein spezifisches Problem des Urteilens) wird also zu einem Problem der *Restriktion* von Begriffen auf die Bedingungen der Sinnlichkeit (ein allgemeines Problem der Synthesis, das sowohl die Einheit von Urteilen als auch die von Anschauungen betrifft).

Diese Reformulierung hat einen Vorteil und einen Nachteil. Der Vorteil liegt darin, dass sie deutlich macht, dass es Kant auch und vor allem um die konkrete Anwendung von Begriffen auf das Mannigfaltige der Anschauung gehen muss. Denn die Frage der Restriktion von Kategorien auf die Sinnlichkeit ist durch die Überlegungen der *Transzendentalen Deduktion* bereits *prinzipiell* beantwortet. Kategorien sind restringiert auf die Grenzen möglicher Erfahrung, die sie ihrerseits erst ermöglichen. Das Ergebnis der Deduktion besteht in dem Aufweis der notwendigen Beteiligung der Kategorien bei der Synthesis des Mannigfaltigen der Anschauung. *Problematisch* ist die Frage der Restriktion nur noch hinsichtlich der Prinzipien der Restriktion der verschiedenen Begriffe, d.i. der Art und Weise ihrer Beteiligung, im Einzelnen. Es geht also um die Frage nach der konkreten Funktionsweise der verschiedenen Begriffe bei der Synthetisierung des Mannigfaltigen, was auch in Kants Beschreibung der Aufgabe der folgenden Abschnitte am Ende der B-Deduktion deutlich wird:

> *Wie* sie aber Erfahrung möglich machen, und welche Grundsätze der Möglichkeit derselben sie in ihrer Anwendung auf Erscheinungen an die Hand geben, wird das folgende Hauptstück ...das mehrere lehren. (B 167; Herv. J.H.)

Der Nachteil der Reformulierung ist, dass man nun nicht mehr leicht sieht, wieso das Problem ein *allgemeines Problem* für Begriffe ist – und nicht nur für die Kategorien. Denn nur diese müssen doch, so scheint es, restringiert werden. Die empirischen Begriffe enthalten ja schon Materie und verführen deshalb gar nicht erst zur Anwendung auf etwas, das den formalen Bedingungen der Sinnlichkeit *nicht* genügt. Und für reine sinnliche Begriffe gilt dies natürlich erst recht.

Doch diese Überlegung übersieht, dass wir es hier gar nicht mehr mit dem *grundsätzlichen Problem der Restriktion* der Kategorien zu tun haben, sondern mit dem *Problem der konkreten Restriktion* oder auch *der Funktionsweise* der Kategorien, die derart restringiert sind. Das erste Problem betrifft tatsächlich nur die reinen Verstandesbegriffe, das zweite aber ist ein *allgemeines* Problem der Funktionsweise von Begriffen – das für Kant im Anschluss an die *Deduktion* natürlich im Zusammenhang mit den Kategorien besonders zentral ist.[11]

Der Zusammenhang mit dem Subsumtionsproblem wäre demnach etwas komplexer als ursprünglich angenommen. Denn es geht nicht um die Frage der Subsumtion von Anschauungen unter Begriffe, sondern darum, warum eine derartige Subsumtion überhaupt *möglich* ist. Dazu muss eben etwas zwischen dem Mannigfaltigen der Anschauungen und (Allgemein-)Begriffen so vermitteln, dass Anschauungen eines Mannigfaltigen (als Mannigfaltigen) möglich werden, die hinsichtlich des Subsumtionsprinzips unproblematisch sind, weil sie selbst kategoriale Form enthalten.

Diese Vermittlungsaufgabe kann aber nun wiederum nur etwas erfüllen, was im Rahmen der Synthesis des Mannigfaltigen der Anschauung durch die Einbildungskraft eine Rolle übernimmt, die einem Prinzip gehorcht, das zum Subsumtionsprinzip in struktureller Hinsicht *analog* ist, aber eben nicht bereits die Subsumtion von Vorstellungen unter Vorstellungen – unter Voraussetzung einer erfolgreichen Synthesis des Mannigfaltigen –, sondern die Synthesis des Mannigfaltigen *entsprechend* Begriffen betrifft. Aus dieser engen Koppelung der Prinzipien, deren eines die Einheit von Urteilen, das andere aber die Einheit von Anschauungen betrifft, erklärt es sich m.E., dass Kant im weiteren Verlauf seiner Ausführungen an Stellen, an denen es eigentlich um die *Entsprechung* geht, von *Subsumtion* spricht.

Dieses *Prinzip der Entsprechung* verlangt also ähnliche Übereinstimmung wie das Prinzip der Subsumtion: Die Synthesis des Mannigfaltigen der Anschauung kann nur gelingen, sofern diese mit etwas in den begrifflichen Bedingungen dieser Synthesis *gleichartig* ist. Und diese Gleichartigkeit fehlt nicht nur bei transzendentalen, sondern auch bei empirischen Begriffen.

Wir brauchen dazu eine weitere, *spezielle Art von Begriffen*, die so zwischen Begriffen und dem Mannigfaltigen der Anschauungen vermittelt, dass wir Begriffe auf Erscheinungen in der Synthesis dieser Anschauungen so anwenden können, dass die sich ergebenden Anschauungen des Mannigfaltigen ge-

---

[11] Vgl. dazu z.B. B 166.

mäß dem Prinzip der Subsumtion in Urteilen unter Begriffe geordnet werden können. Solche Begriffe nennt Kant *Schemata*.

> Das Schema ist an sich selbst jederzeit nur ein Produkt der Einbildungskraft; aber indem die Synthesis der letzteren keine einzelne Anschauung, sondern die Einheit in der Bestimmung der Sinnlichkeit allein zur Absicht hat, so ist das Schema doch vom Bild zu unterscheiden. (A 140/B 179)[12]

3. Empirische Schemata

Von den drei verschiedene *Typen von Schemata*, die wir m.E. unterscheiden müssen –ich will sie als *transzendentale, empirische* und *reine Schemata* bezeichnen– muss ich mich hier auf eine kurze Diskussion der empirischen Schemata beschränken.

Das Ziel der Vermittlung zwischen Begriffen und dem Mannigfaltigen empirischer Anschauungen ist zunächst genau dasselbe wie bei den transzendentalen Schemata. Doch während *transzendentale Schemata* zwischen <u>*transzendentalen*</u> *Begriffen* und *Erscheinungen* vermitteln, vermitteln *empirische Schemata* zwischen <u>*empirischen*</u> *Begriffen* und *Erscheinungen*. Und dadurch wird die Aufgabe der (nicht empirischen) produktiven Einbildungskraft bei der Erstellung der Schemata eine ganz andere – und damit auch ihr Verfahren.

Auch im Fall der *empirischen* Schemata betrifft die Subsumtion einen kategorialen Unterschied: Eine wesentlich konkrete Erscheinung wird unter eine wesentlich allgemeine Vorstellung, d.i. einen Begriff, subsumiert. Dies geschieht nun aber sozusagen in doppelter Vermittlung durch ein Schema *und* ein –gleichfalls konkretes– komplexes Bild[13] von einem Gegenstand, d.h. ein *Bild-Modell*.

In diesem Fall ist das Schema deshalb nun *nicht* mehr die raum-zeitliche Spezifikation einer allgemeinen Regel –wie bei den transzendentalen Schemata–, sondern eine »Vorstellung ... von einem allgemeinen *Verfahren* der Einbildungskraft, *einem Begriff sein Bild zu verschaffen.*« (A 140/B 179/80; Herv. J.H.) Als Vorstellung bzw. Begriff eines solchen Verfahrens ist sie gleichartig mit der Erscheinung und mit dem Begriff – aber natürlich wiederum nicht hinsichtlich desselben Merkmals.

Gleichartig mit der *Erscheinung* ist sie, sofern sie die Methode einer *bildhaften* Konstruktion in Raum und Zeit enthält, die zur faktischen Konstruktion des raum-zeitlichen *Bild-Modells* verwendet wird, das seinerseits mit der Erscheinung den *sinnlichen* Gehalt – hinsichtlich Form und Materie – teilt. Denn dieselben *sensibilia*, mit denen wir den Gegenstand im Bild-Modell versehen, sind

---

[12] Dieses Zitat ist übrigens ein weiterer Beleg dafür, dass es um die Möglichkeit der Synthesis des Mannigfaltigen geht.
[13] Vgl. Kants Wortwahl im Zusammenhang des Hunde-Beispiels, wo er vom »Bild, das ich in concreto darstellen kann« (A 141/B 180) spricht.

auch Bestandteile der Erscheinung, die sich allerdings als *Gegenstand* einer Anschauung durch *sensibilia* nicht erschöpfend charakterisieren lässt.

Das empirische Schema ist aber auch gleichartig mit dem *Begriff*, sofern diese *Konstruktionsmethode* sich an der *Allgemeinheit der Regel* orientiert und die Konstruktion einer Vielzahl verschiedener Bilder erlaubt. Die Begriffsklasse, die nun überhaupt hinsichtlich empirischer Anschauungen vermittels eines empirischen Schemas zur Anwendung kommen kann, ist die Klasse der *empirischen* Begriffe, d.i. der Begriffe, die Empfindung enthalten[14].

Dass die empirischen Begriffe Empfindung in raum-zeitlicher Form enthalten, bedeutet aber natürlich nicht, dass sie nicht auch *mehr* als Empfindung und raum-zeitliche Anordnung von Empfindung enthalten bzw. enthalten müssen: Auch empirische Begriffe stehen unter den Kategorien bzw. den transzendentalen Schemata und versehen ihre Gegenstände dementsprechend mit kategorialen Eigenschaften. Es ist wichtig, sich das zu verdeutlichen, weil man sonst die spezifische Funktion von Bild-Modellen im Verhältnis zu Anschauungen und Begriffen nicht versteht: Denn würde der Gehalt empirischer Anschauungen sich in dem erschöpfen, was Inhalt eines Bild-Modells sein kann, dann wären ihre Merkmale *ausschließlich* sinnlich wahrnehmbare Eigenschaften. Dies gilt aber nicht einmal für ein so ›anschauliches‹ Beispiel wie das folgende:

»(Der empirische Begriff; J.H.) bezieht sich jederzeit unmittelbar auf das Schema der Einbildungskraft, als eine Regel der Bestimmung unserer Anschauung gemäß einem gewissen allgemeinen Begriffe. Der Begriff vom Hunde bedeutet eine Regel, nach welcher die Einbildungskraft die Gestalt eines vierfüßigen Thieres allgemein verzeichnen kann, ohne auf irgend eine einzige besondere Gestalt, die mir die Erfahrung darbietet, oder auch ein jedes mögliche Bild, was ich in concreto darstellen kann, eingeschränkt zu sein.« (A 141/B 180)[15]

Solche empirischen Schemata sind also Konstruktionsmethoden von Bild-Modellen in Übereinstimmung mit empirischen Begriffen.

Als Regeln sind sie natürlich selbst eine Unterklasse von Begriffen, und weil die Methode sich nur am Begriff orientiert, nicht am Material, auf das sie angewendet wird, sind die Schemata selbst rein. Die Benennung ›empirisches Schema‹ bezieht sich also auf die Vorstellungen, zwischen denen diese Schemata vermitteln sollen, d.h. empirische Begriffe und Mannigfaltiges empirischer Anschauungen.

(D)as Schema sinnlicher Begriffe (als der Figuren im Raum[16]) (ist) ein Product ... der reinen Einbildungskraft a priori wodurch und wornach die Bilder aller-

---

[14] Vgl. A 50/B 74.
[15] Diese Allgemeinheit unterscheidet natürlich den Begriff von der Anschauung: Die Anschauung ist sozusagen die Exemplifizierung des schematisierten Begriffs.
[16] I.e. ohne Materieanteil! (Anm. J.H.)

erst möglich werden, die aber mit dem Begriffe nur immer vermittelst des Schema ... verknüpft werden müssen und an sich demselben nicht völlig congruieren. (A 142 / B 181)

Bilder oder Bild-Modelle werden also durch das Schema der *reinen* produktiven Einbildungskraft möglich, das die Methode ihrer Konstruktion, d.i. die Methode der konkreten Synthesis des angeschauten Mannigfaltigen im Bild-Modell, durch die *empirische* produktive Einbildungskraft vorgibt.

4. Bild-Modelle und Anschauungen

Sellars deutet die Anwendung von Schemata der reinen produktiven Einbildungskraft auf das bildgebende Verfahren der empirischen folgendermaßen:

> Kant distinguishes between a concept of a dog and a schema of a dog. The former together with the concept of a perceiver capable of changing his relation to his environment implies a family of recipes for constructing image models of perceiver-confronting-dog. (Sellars 1978, § 31; Bsp. aus A 141/ B 180)

Auffällig sind an dieser Beschreibung vor allem zwei Punkte. Zum einen der Bezug auf eine ganze Familie von Verfahren zur Konstruktion von Bild-Modellen, zum anderen die Einbeziehung des Betrachters in die Konstruktion dieser Modelle.

Dass es sich tatsächlich um eine ganze *Familie von Verfahren* handelt, die uns ein konkretes Bild-Modell von einem Gegenstand (nicht *als Gegenstand*!) gibt, illustriert Sellars unter anderem am Beispiel der Anschauung eines Apfels:

> Seeing a cool juicy red apple (as a cool juicy red apple) is a matter of (a) sensing-cum-imaging a unified structure containing as aspects images of a volume of white, a sensed half-apple shaped shell of red, and an image of a volume of juiciness pervaded by a volume of white; (b) conceptualizing this unified sense-image structure as a cool juicy red apple. (Sellars 1978, § 24)

Vernachlässigen wir für den Moment noch die unter (b) beschriebene Konzeptualisierung und wenden wir uns (a) zu. Die dort beschriebene Konstruktion des komplexen Apfel-Bildes ist also Ergebnis der Synthesis eines gegebenen Mannigfaltigen *zusammen mit* einem Komplex von Konstruktionen, die jede für sich *einen* Aspekt des Komplexes in einem Bild synthetisiert. Wichtig ist bei dieser Analyse, dass zunächst nur die *nicht* sichtbaren Eigenschaften des Apfels tatsächlich in Gestalten (›volumes‹; Kants ›Figuren‹) bildhaft vorgestellt werden, während die sichtbaren Eigenschaften nur apprehendiert werden müssen. Das reflektiert eine wichtige Eigenschaft der Einbildungskraft, die ja ein »Vermögen einen Gegenstand auch ohne dessen Gegenwart in der Anschauung vorzustellen« (B 151) ist. Doch im komplexen Bild-Modell des Apfels sind sichtbare *und* bildhaft vorgestellte Eigenschaften in *einem* Bild synthetisiert. Sie werden so und nicht anders synthetisiert, weil sie Bestandteile der Familie von Verfahren (»a family of concepts pertaining to ... perspectival image-models« (ebd. §33)) sind, die zusammen das komplexe *Verfahren* der Erstellung eines Apfel-Bild-Modells konstituieren – das *Schema* des empirischen Begriffs *Apfel*.[17]

Die bildhaft *vorgestellten* Eigenschaften sind dabei nicht das, was wir *von* dem Gegenstand wahrnehmen, aber auch nicht das, *als* was wir den Gegenstand wahrnehmen. Sie sind, mit anderen Worten, im Moment der fraglichen Wahrnehmung nicht *sichtbar*, aber sie sind auch nicht nur als etwas vorhanden, was wir von dem Apfel *glauben*.

> We do not see of the apple its opposite side, or its inside, or its internal whiteness, or its juiciness. But while these features are not seen, they are not merely believed in. They are present in the object of perception as actualities. They are present by virtue of being imagined. (Sellars 1978 § 21)[18]

Daraus folgt aber, dass sie, wenn sie auch nicht sichtbar, d.h. nicht in der Anschauung *gegeben* sind, doch *prinzipiell wahrnehmbare* – im Gegensatz zu bloß kausalen – Eigenschaften sein müssen. Es muss sich, wie bereits erwähnt, bei ihnen um *sensibilia* handeln.

> Aristotle would put it by saying that we see of objects only their occurrent proper and common sensible features. We do not see of objects their causal properties, though we see them as having them. (Sellars 1978 § 22)

Der andere bemerkenswerte Umstand von Sellars' Analyse war die *Einbeziehung des Betrachters* in das Bild-Modell als dessen Bestandteil. Das entstehende komplexe Bild-Modell ist, um bei dem Apfel-Beispiel zu bleiben, nicht einfach das Modell eines Apfels, sondern ein Bild-Modell eines Betrachters-der-sich-einem-Apfel-gegenüber-sieht – wiederum nicht *als* Betrachter-der-sich-einem-Apfel-gegenüber-sieht. Die Einbeziehung des Betrachters, die dem Bild-Modell seine Perspektive verleiht, ist für Sellars eine zentrale Eigenschaft von Bild-Modellen.

> (T)he construction of image-models of objects in the environment goes hand in hand with the construction of an image-model of the perceiver's body, i.e. what is constructed in an image-model of oneself-in-one's-environment. The perspectival character of the image-model is one of its most pervasive and distinctive features. ... Image-models are »phenomenal objects«. Their *esse* is to be representatives or proxies. Their being is that of being complex patterns of sensory states constructed by the productive imagination. (Sellars 1978, § 28)

---

[17] Vgl. ebd.
[18] Ich glaube, dass diese explizite Betonung eines bildhaft-sinnlichen Elements im empirischen Erkennen der Kritik von Richard Aquila Rechnung trägt, der Sellars (und Prauss) – im Hinblick auf frühere Arbeiten – eine Vernachlässigung eben dieses Elements vorwirft. Vgl. Aquila 1983 XI/XII. Allerdings würde Sellars der stärkeren These Aquilas – das die Sinnlichkeit eigenständige Intentionalität besitzt (ebd.) – nicht zustimmen, sofern damit begriffsunabhängige Intentionalität gemeint ist.

Die Perspektivität selbst ist ein wesentlicher Schlüssel zur Abgrenzung von Bild-Modellen von Gegenständen der Erfahrung. Denn der Begriff des Gegenstands soll ja gerade *nicht* perspektivisch sein.[19]

Eine ausführliche Analyse der Konsequenzen der hier vorgestellten Auffassung des empirischen Wirkens der produktiven Einbildungskraft muss deshalb klären, in welcher Beziehung ein wesentlich perspektivisches Bild-Modell zu einem wesentlich nicht-perspektivischen Gegenstand stehen kann.[20] Auf jeden Fall, so lässt sich vor dem Hintergrund der vorgestellten Überlegungen schon festhalten, ist jeweils der Begriff von einem konkreten Gegenstand dafür verantwortlich, *welche* Konstruktionsverfahren das *Schema* dieses Begriffs bilden, auf der Grundlage dessen das Bild-Modell ebendieses Gegenstandes konstruiert wird.

> In the first place, the productive imagination is a unique blend of a capacity to form images in accordance with a recipe, and a capacity to conceive of objects in a way which supplies the relevant recipes. (Sellars 1978, § 31)

Die begriffliche Auffassung des Gegenstandes, von der hier die Rede ist, kann, wie ich bereits oben angedeutet habe, nicht erst durch die Anwendung von Begriffen auf gegebene Anschauungen von Gegenständen, i.e. auf die *Bestimmung* von unbestimmten Gegenständen der Anschauungen in einem Urteil geschehen, sondern ist bereits *Bestandteil* der Anschauung.

Die empirische produktive Einbildungskraft gibt uns also nicht nur Bild-Modelle des Gegenstandes, sondern (allerdings in einem ganz anderen Sinne) auch den Gegenstand selbst in einer Anschauung, sofern diese eine bezugnehmende Vorstellung *dieses* Gegenstandes ist. Sie ist, anders gesagt, auch dafür verantwortlich, *als was* wir die Gegenstände sehen. In diesem Sinne *implizieren* die Begriffe des Gegenstands und eines Betrachters, der seine Position gegenüber dem Gegenstand verändern kann, tatsächlich, *welche* Verfahren Bestandteile der Konstruktion des Bild-Modells dieses Gegenstands sein können.

> The basic idea is that what we perceive of the object in visual perception consists of those features which actually belong to the image-model, i.e., its proper and common-sensible qualities and relations. Also its perspectival structure. On the other hand, what we perceive the object as is matter of the conceptual content of the complex demonstrative thought. I pointed out that the sensible features belong in both contexts. Thus the phrase »cube of pink (from a certain point of view)« refers both to an actual feature of the image-model and (in second intention) a component of the conceptual center of the demonstrative thought. (Sellars 1978, § 38)

---

[19] »Although the image-models are perspectival in character, the objects in terms of which they are conceptualized are not.« (ebd., § 29)
[20] Vgl. dazu Haag im Ersch. Kap. 11.

Bestandteile dieses demonstrativen Gedankens, als der die *Anschauung* hier konzipiert wird[21], sind, darauf weist Sellars' Formulierung hier ausdrücklich hin, nicht nur die *sensibilia*, die ihren Kern bilden, sondern auch kausale und dispositionale Eigenschaften der empirischen Gegenstände, die nicht Bestandteile der Bild-Modelle sein können. Gemeinsam bestimmen sie das gegebene *Mannigfaltige* der Anschauung so, dass uns die so synthetisierte Anschauung einen *Gegenstand* geben kann. Dazu ist eben beides nötig: Die bildhafte Zusammenfassung des gegebenen Mannigfaltigen in einem *Bild-Modell* und die gleichzeitige begriffliche Bezugnahme in einer *Anschauung* auf einen Gegenstand, die uns die Verfahren der Konstruktion vorgibt.

Literatur

Kants Werke werden nach der Akademie-Ausgabe (AA.) von *Kants gesammelte Schriften* in der üblichen Weise zitiert, Bände I-XXII hg. v.d. Preußischen Akademie der Wissenschaften, Berlin 1902 ff., Band XXIII hg. v. d. Deutschen Akademie der Wissenschaften, Berlin, 1956, Bände XXIV-XXIX hg. v. d. Akademie der Wissenschaften zu Göttingen, Berlin 1966 ff.

Die *Kritik der reinen Vernunft* wird jeweils mit der Paginierung der ersten Auflage von 1781 (A) und der zweiten Auflage von 1787 (B) nach der Akademie-Ausgabe zitiert.

AQUILA, R.E.: *Representational Mind. A Study in Kant's Theory of Knowledge*, Bloomington: Indiana University Press 1983.
HAAG, J.: *Erfahrung und Gegenstand. Zum Verhältnis von Sinnlichkeit und Verstand im empirischen Erkennen* (erscheint bei Klostermann, 2005).
HOPPE, H.: *Synthesis bei Kant*. Berlin: de Gruyter 1983.
ROSENBERG, J.: *Perception vs. Inner-Sense: A Problem about Direct Awareness*, in: Philosophical Studies 101 (2000) S. 143–160.
SELLARS, W.: *Science and Metaphysics. Variations on Kantian Themes*, London: Routledge and Kegan Paul [1967 a].
SELLARS, W.: *Kant's Transcendental Idealism*, in: Collections of Philosophy 6 (1976), S. 165–181. (Veröffentlicht im Internet unter der http-Adresse: www.ditext.com/sellars/kti.html).
SELLARS, W.: *The Role of Imagination in Kant's Theory of Experience* (The Dotterer Lecture), in: H. Johnstone (Hg.): Categories: A Colloquium, Pennsylvania State University Press 1978, S. 231–245. (Veröffentlicht im Internet unter der http-Adresse: www.ditext.com/sellars/ikte).

---

[21] Vgl. dazu Sellars 1967, Kap. 1.

Kann Erkenntnis kreativ sein? Die produktive Einbildungskraft in der Erkenntnistheorie und Ästhetik Kants

DIETMAR H. HEIDEMANN (KÖLN)

1. Einleitung: Erkenntnis und Kreativität

Der »Verstand schöpft seine Gesetze (*a priori*) nicht aus der Natur, sondern schreibt sie dieser vor« – so lautet eines der markantesten und zugleich umstrittensten Theoreme der Transzendentalphilosophie Kants.[1] Nimmt man diese Aussage ernst, wobei zu betonen ist, dass hier nicht von den besonderen, sondern von den allgemeinsten Naturgesetzen die Rede ist, so scheint Kant dem Verstand ein außerordentliches Vermögen zuzuschreiben: die Fähigkeit zu Kreativität. Denn offensichtlich ist das menschliche Erkenntnisvermögen dazu in der Lage, unabhängig von dem, was ihm empirisch gegeben ist, aus sich selbst Gesetze zu produzieren, nach denen sich die Gegenstände möglicher Erkenntnis zu richten haben. Zählt man zum engeren Bedeutungsfeld von ›Kreativität‹ Bestimmungen wie Spontaneität, Produktivität, Originalität oder auch Innovation, so liegt es daher nicht fern, die transzendentalphilosophische als eine Konzeption *kreativer* Erkenntnis zu verstehen. Dies ist nicht zuletzt auf das Vermögen der Einbildungskraft zurückzuführen, die nach Kantischer Lehre eine Art ursprüngliches Produktionszentrum im kognitiven Haushalt des Menschen darstellt. Sie ist nicht nur konstitutiv für Erkenntnis, sondern sie lässt sich ihrem Wesen gemäß charakterisieren als ein spontanes, in ihrer Produktivität originäres und insofern auch der Innovation fähiges Erkenntnisvermögen. R. Hanna gibt folgende Kennzeichnung: »The imagination is essentially spontaneous, goal orientated, and vital – in a word creative«.[2]

Dass diese Charakterisierung der Einbildungskraft und damit auch des Verstandes als ihrer Natur nach kreative Vermögen tatsächlich zutrifft, lässt sich allerdings mit guten Gründen bezweifeln. Bereits ein Blick auf die transzendentalphilosophische Vermögenslehre zeigt, dass Kant dem Verständnis der Einbildungskraft und folglich auch der menschlichen Erkenntnis als krea-

---

[1] Vgl. *Prolegomena*, AA, Bd. IV, S. 320. Zitiert nach I. Kant: *Gesammelte Werke*, hg. v. der königlich preußischen (später deutschen) Akademie der Wissenschaften, Berlin 1900ff. (abgek.: AA).
[2] R. Hanna: *Kant and the Foundations of Analytic Philosophy*, Oxford 2001, S. 39, ebenso S. 36. Hans Lenk spricht sogar von »Kants Kreativitätsphilosophie«, in: *Kreative Aufstiege. Zur Philosophie und Psychologie der Kreativität*, Frankfurt a. M. 2000, S. 281-292.

tiver Vermögen skeptischer gegenübersteht, als man aufgrund des obigen Theorems meinen könnte. In allgemein kognitiver Hinsicht bestimmt er die Einbildungskraft als »das Vermögen, einen Gegenstand auch ohne dessen Gegenwart in der Anschauung vorzustellen«.[3] Obwohl Kant in seiner kritischen Philosophie an diesem Grundverständnis von »Einbildungskraft« festhält, unterliegt ihre systematische Stellung und Funktion im Übergang von der ersten zur zweiten Auflage der *Kritik der einen Vernunft* doch einem entscheidenden Wandel. Während in der ersten Auflage ein triadisches Modell der Erkenntnisstämme anzutreffen ist, das »Sinn[lichkeit], Einbildungskraft und Apperzeption« (*KrV*, A 115) als die drei eigenständigen Quellen der Erkenntnis ausweist, liegt der zweiten Auflage der *Kritik der reinen Vernunft* ein Dualismus der Erkenntnisstämme zugrunde, nämlich Sinnlichkeit und Verstand als alleinige Quellen der Erkenntnis. Die selbständige Stellung der Einbildungskraft der ersten Auflage findet sich hier herabgestuft zu einer Sekundärfunktion des Verstandes, der durch einheitsstiftende Synthesis von gegebenem Anschauungsmannigfaltigem auf die Sinnlichkeit regelhaft einwirkt. Wie insbesondere die transzendentale Deduktion (B) zeigt, geht Kant nun von folgender Grundstruktur unseres kognitiven Vermögens aus: Sinnlichkeit und Verstand sind die beiden Stämme der Erkenntnis. Die Sinnlichkeit ist rezeptiv, der Verstand spontan. Die grundlegende Funktion der Einbildungskraft besteht dabei in der Synthesis von Mannigfaltigem, die letztlich vom Verstand ausgeführt wird. Dieses Mannigfaltige kann gemäß der Kantischen Theorie von zweierlei Art sein, sinnlich oder intellektuell. Die Synthesis von sinnlichem Mannigfaltigem, das heißt von *sinnlichem* Anschauungsmannigfaltigem, bezeichnet Kant als »synthesis speciosa«, als figürliche Synthesis. Die Synthesis von solchem Mannigfaltigem hingegen, das uns in der nicht-sinnlichen Anschauung *überhaupt* gegebenen ist, heißt »synthesis intellectualis«, Synthesis also der reinen »Verstandesverbindung« wie wir sie »in der bloßen Kategorie« denken (*KrV*, B 151f.). Insofern es sich bei diesen beiden Arten der Synthesis um Möglichkeitsbedingungen von Erkenntnis a priori handelt, gelten sie Kant jeweils auch als »transzendentale Synthesis«. Allerdings sei ausschließlich die »figürliche« zugleich »transzendentale Synthesis der Einbildungskraft«. Denn allein durch die figürliche Synthesis bestimme der spontan tätige Verstand die Sinnlichkeit a priori. Diese Form der figürlichen Synthesis sei »von der intellektuellen Synthesis« zu unterscheiden, weil letztere unabhängig von der Einbildungskraft nur durch den Verstand ausgeführt wird. Die spontan tätige Einbildungskraft der figürlichen Synthesis sei schließlich entweder »produktive« oder »reproduktive« Einbildungskraft.[4]

---

[3] Vgl. *Kritik der einen Vernunft*, B 151. Zitiert nach der Ausgabe von J. Timmermann, Hamburg 1998 (abgek. *KrV*, 1. Aufl. von 1781 = A, 2. Aufl. von 1787 = B).
[4] Vgl. *KrV*, B 151f. Die »synthesis speciosa« selbst ist allerdings nicht unabhängig vom Verstand, vgl. *KrV*, B 164. Siehe zu diesen Differenzierungen die klaren Erläute-

Im Hinblick auf das Sachproblem der Kreativität der Erkenntnis ergibt sich nun die Frage, was unter produktiver Einbildungskraft als einer Spezifikation der synthesis speciosa des näheren zu verstehen ist. Ist die Tätigkeit dieser Form der Einbildungskraft eine im noch näher zu bestimmenden Sinne kreative? Obwohl Kant einerseits von der Spontaneität und Originalität der produktiven Einbildungskraft spricht, sieht er ihren epistemischen Aktionsradius andererseits doch durch die Bedingungen der sinnlichen Anschauung (Raum und Zeit) sowie des Denkens (Kategorien) als limitiert an, so dass dem rein theoretischen Erkennen Kreativität offensichtlich nur in einem eingeschränkten Sinne zukommt. Die Problematik dieses Sachverhalts wird dabei durch die Tatsache verschärft, dass Kant demgegenüber die ästhetische Einbildungskraft, die gemäß seiner Lehre ebenfalls ein *Erkenntnis*vermögen, aber nur ein solches der subjektiven, nicht objektiven Erkenntnis ist, als schöpferisch-produktiv bezeichnet.

Vor dem Hintergrund dieser einleitenden Überlegungen gehen die folgenden Untersuchungen der Frage nach, ob und wenn ja inwiefern Erkenntnis kreativ sein kann. Erörtert wird zunächst die erkenntnistheoretische Konzeption der produktiven im Unterschied zur reproduktiven Einbildungskraft. Hier wird sich zeigen, dass Kant über ein limitatives Verständnis von »Produktivität« und »Originalität« verfügt, das es verbietet, im epistemologischen Sinne von *kreativer* Erkenntnis zu sprechen (2.). Sodann wird dargelegt, dass die Kantische Konzeption der ästhetischen Einbildungskraft sowie des Geniebegriffs über das limitative Kreativitätsverständnis in der Erkenntnistheorie hinausgeht. Denn obwohl auch die produktiv-ästhetische Einbildungskraft ein *Erkenntnis*vermögen und insofern in ihrer Kreativität limitiert ist, gesteht Kant ihr doch ein größeres Maß an schöpferischer Freiheit zu, die insbesondere dem künstlerischen Genie zukommt, als der reinen theoretischen Gegenstandserkenntnis (3.). Im abschließenden Resümee werden die erzielten Untersuchungsergebnisse zusammengefasst (4.).

2. Produktive und reproduktive Einbildungskraft in der Erkenntnistheorie

Obwohl Kant den Begriff ›kreativ‹ (bzw. ›Kreativität‹) nicht verwendet, wenngleich ihm das lateinische »creatio«, »creator«, »creare« etc. aus dem traditionellen philosophischen Schulvokabular durchaus bekannt ist, verfügt er mit dem Synonym »schöpferisch« doch über eine genaue Vorstellung seines Bedeutungsinhalts. ›Kreativ‹ oder »schöpferisch« steht demnach für das Vermögen, »eine Sinnenvorstellung, die vorher unserem Sinnesvermögen nie gegeben

rungen von Henry E. Allison: *Kant's Transcendental Idealism*, zweite, überarbeitete und erweiterte Auflage, New Haven, London 2004, S. 186ff.; ebenso Hanna: a.a.O., S. 35ff. sowie instruktiv B. Longuenesse: *Kant and the capacity to judge*, Princeton, New Jersey 1998, S. 211ff.

war, hervorzubringen«.[5] Da Kant von »schöpferisch« prinzipiell nur in Bezug auf die Erkenntnisvermögen sowie das künstlerische, aber auch wissenschaftliche Genie spricht, verwendet er einen, wie man ihn nennen kann, epistemisch-personalen Kreativitätsbegriff. Nicht Schaffensprozesse, Produkte oder Umweltbedingungen sind kreativ, sondern kognitive Fähigkeiten wie die Einbildungskraft bzw. eine Person wie das künstlerische Genie.[6] Anders als sich terminologisch nahe legen würde, kommt der produktiven Einbildungskraft gemäß Kant das Attribut »schöpferisch« allerdings nicht zu. Die produktive Einbildungskraft zeichne sich zwar dadurch aus, Gegenstände »ursprünglich[ ]«, das heißt unabhängig von der Erfahrung und also a priori vorzustellen; so sei sie dazu in der Lage, in geometrischen und arithmetischen Bestimmungen der Mathematik reine formale Raum- und Zeitschauungen zu konzipieren. Doch berechtige diese Fähigkeit nicht dazu, die produktive Einbildungskraft zugleich auch als ein kreatives Vermögen zu verstehen. Zwar unterscheide sich die produktive von der reproduktiven, nach Assoziationsgesetzen verfahrenden Einbildungskraft und ist ihr in gewisser Weise überlegen; dass die produktive anders als die empirisch-reproduktive Einbildungskraft das Anschauungsmannigfaltige gemäß reinen kategorialen Synthesisregeln spontan zur Einheit bringt, macht sie aber nicht zu einem Erkenntnisvermögen, das die Produkte seines Vorstellens kreativ aus sich selbst zu schöpfen vermag.[7]

Was sind die Gründe für dieses limitative Kreativitätsverständnis und wodurch wird die Kreativität selbst der produktiven Einbildungskraft limitiert? Die Antwort auf diese Frage liegt in der Konzeption der Kantischen Epistemologie als einer Theorie, die die Reichweite von Erkenntnis begrenzt. Demnach gibt es in der Transzendentalphilosophie objektive Erkenntnis nur von Gegenständen möglicher Erfahrung. Aufgrund der Tatsache, dass Sinnlichkeit und Verstand die alleinigen Quellen unserer Erkenntnis sind, können für die-

---

[5] Vgl. *Anthropologie in pragmatischer Hinsicht*, AA, Bd. VII, S. 168. Siehe zu Kants vor allem kosmologischer sowie theologisch-philosophischer Verwendung von »creatio« etc. vor allem die vorkritischen Schriften, z. B. *Monadologia Physica* (1756): »Deus omnibus rebus creatis per actum conservationis [...]« (AA, Bd. I, S. 481).

[6] Siehe zu den heute in der Psychologie gängigen Verstehensmöglichkeiten von ›Kreativität‹ als »creative environment«, »creative product«, »creative process« oder »creative person« Calvin W. Taylor: *Various approaches to and definitions of creativity*, in: Robert J. Sternberg (Hg.): The nature of creativity. Contemporary psychological perspectives, Cambridge 1989, S. 99-121, bes. S. 101ff. Hanna macht in diesem Zusammenhang darauf aufmerksam, dass das Kreativitätskonzept der generativen, produktiven Informationsverarbeitung in der gegenwärtigen kognitiven Psychologie, etwa in R. Sternbergs *Cognitive Psychology* (Fort Worth 1996), direkt auf die Kantische Theorie zurückgeführt wird. Vgl. Hanna: a.a.O., S. 35, Anm. 43., auch Lenk: a.a.O., S. 76ff. und 94f.

[7] Vgl. *Anthropologie*, AA, Bd. VII, S. 167f. Kants Kreativitätsverständnis ist allerdings terminologisch ambivalent, da er die Einbildungskraft in ästhetischen Zusammenhängen sehr wohl als »schöpferisch« betrachtet, vgl. ebd., S. 224. S.u. Abschnitt 3.

sen kritischen Restriktionsbegriff der Erkenntnis zwei entscheidende Gründe geltend gemacht werden: Zum einen sind Raum und Zeit die reinen Formen unserer Sinnlichkeit, so dass uns nur Gegenstände gegeben werden können, die wir räumlich und zeitlich anschauen können. Zum anderen stecken die reinen Verstandesbegriffe oder Kategorien den Rahmen ab, innerhalb dessen der Verstand Gegenstände überhaupt denken kann. Da Erkenntnis nach Kant nur durch die Kooperation von Sinnlichkeit und Verstand möglich ist, indem die (produktive) Einbildungskraft das in der Anschauung gegebene sinnliche Mannigfaltige gemäß den reinen Synthesisregeln der Kategorien verbindet, unterliegt der transzendentalphilosophische Begriff der Erkenntnis in der gesamten Variationsbreite seiner Möglichkeiten den Bedingungen von Anschauung und Denken. Was über diese Möglichkeitsbedingungen hinausgeht, kann der Verstand allenfalls denken, sofern es sich nicht widerspricht; erkennen kann er es nicht, da Verstandeserkenntnis stets auf sinnlich-anschaulich Gegebenes angewiesen ist. Kant legt dabei nicht nur zugrunde, dass Erkenntnis überhaupt erst durch die Kooperation von Sinnlichkeit und Verstand zustande kommt, sondern auch dass der Verstand in materialer Hinsicht grundsätzlich von dem abhängt, was der äußere Sinn dem inneren Sinn liefert. Denn von den Gegenständen außer uns haben »wir doch den ganzen Stoff zu Erkenntnissen selbst für unsern inneren Sinn« (*KrV*, B XXXIX, Anm.).[8]

Die Abhängigkeit des inneren vom äußeren Sinn ist in der Kantischen Erkenntnistheorie prinzipiell auf zweierlei Weise zu verstehen: Abhängig ist der innere vom äußeren Sinn zum einen in empirisch-psychologischer Hinsicht. Denn der reproduktiven Einbildungskraft kommt als »Erinnerungsvermögen« die Fähigkeit zu, gemäß Assoziationsgesetzen im inneren Sinn ehemals gehabte Vorstellungen mit dem gegenwärtigen Bewusstsein zu verbinden und »in einer zusammenhängenden Erfahrung zu verknüpfen«; und diese Vorstellungen gehen ursprünglich immer zurück auf den äußeren Sinn: »Wenn also gleich die Einbildungskraft eine noch so große Künstlerin, ja Zauberin ist, so ist sie doch nicht schöpferisch, sondern muß den Stoff zu ihren Bildungen von den Sinnen [gemeint sind die fünf äußeren Sinne, D.H.] hernehmen.« Allerdings ist das »Gedächtnis« nach Kant von der bloß erinnernd-reproduktiven Einbildungskraft zu unterscheiden, da »es die vormalige Vorstellung willkürlich zu reproduzieren vermögend, das Gemüt also nicht ein bloßes Spiel von jener ist. Phantasie, d.i. schöpferische Einbildungskraft, muss sich nicht darein mischen, denn dadurch würde das Gedächtnis untreu.« Geht die Einbildungskraft in der Reproduktion ihrer Anschauungen »unwillkürlich«,

---

[8] Vgl. *KrV*, B 67: Es ist klar, dass »die Vorstellungen äußerer Sinne den eigentlichen Stoff ausmachen, womit wir unser Gemüt besetzen«. Siehe zur These der materialen und epistemischen Abhängigkeit des inneren vom äußeren Sinn Dietmar H. Heidemann: *Kant und das Problem des metaphysischen Idealismus*, Berlin, New York 1998 (Kantstudien Ergänzungsheft 131), bes. Kap. III und IV.

das heißt nicht nach gegebenen Regeln vor, so handele es sich eben nicht um Gedächtnis, sondern um »Phantasie«. Abgesehen davon, dass Kant die »Phantasie« in diesem Zusammenhang in einem eher pejorativen Sinne als »schöpferische Einbildungskraft« bezeichnet, gelten ihm die psychischen Leistungen der reproduktiven Einbildungskraft insgesamt nicht als kreativ, da sie keine Inhalte originär hervorzubringen vermag, die uns nicht schon einmal sinnlich gegeben waren.[9]

Die Abhängigkeit des inneren vom äußeren Sinn hat in der Kantischen Erkenntnistheorie zum anderen vor allem nicht-psychologische, im engeren Sinne epistemologische Bedeutung. Diesbezüglich zu unterscheiden ist die Synthesis der Apprehension von der transzendentalen, schemabildenden Synthesis der Einbildungskraft. Die Synthesis der Apprehension bezeichnet die Aufnahme des im äußeren Sinn empirisch gegebenen Anschauungsmannigfaltigen in das Bewusstsein, das die Einbildungskraft zu einer einheitlichen Wahrnehmung verbindet. Diese Form der Synthesis beschreibt letztlich nichts anderes als das Zustandekommen alltäglicher Wahrnehmungen, z. B. das Zusammenfügen von Teilvorstellungen eines Hauses in der Anschauung zu einem einheitlichen Wahrnehmungsbild (*KrV*, B 162). Für das Problem der Kreativität im Bereich der Erkenntnistheorie signifikant ist die transzendentale, schemabildende Synthesis der Einbildungskraft.[10] Schemata geben nach Kant an, unter welchen Bedingungen reine Verstandesbegriffe auf das Anschauungsmannigfaltige angewendet werden können. Zu unterscheiden ist zwischen mathematischen, empirischen und transzendentalen Schemata. Sie sind allesamt »Produkte der Einbildungskraft« und repräsentieren die Methode oder das »Verfahren«, »einem Begriff sein Bild zu verschaffen«. So beschreibt z. B. das mathematische Schema eines Dreiecks das Verfahren, nach dem die Einbildungskraft vorgeht, wenn sie im reinen geometrischen Anschauungsraum ebendiese Figur konstruiert. Entsprechend gilt dies für das empirische Schema als »Regel«, der die Einbildungskraft in der Synthesis von empirischem Anschauungsmannigfaltigem folgt. Das Schema reiner Verstandesbegriffe bedeutet nun die »reine Synthesis, gemäß einer Regel der Einheit nach Begriffen überhaupt, die die Kategorie ausdrückt, und ist ein transzendentales Produkt der Einbildungskraft, welches die Bestimmung des inneren Sinnes überhaupt nach Bedingungen seiner Form (der Zeit) in Ansehung aller Vorstellungen betrifft« (*KrV*, B 181). Dies lässt sich an folgendem Beispiel erläutern: Schema der Substanz-Kategorie ist die »Beharrlichkeit des Realen in der Zeit«. Demnach lässt sich die Kategorie der Substanz nur dann auf ein in der Anschauung Gegebenes anwenden, wenn etwas in der Zeit Bestand hat (*KrV*, B 183). Entscheidend ist, dass die epistemologische Leistung der Einbildungs-

---

[9] Vgl. *Anthropologie*, AA, Bd. VII, S. 182f. und 167f.
[10] Der Schematismus kann hier nur skizzenhaft erörtert werden. Vgl. daher Allison: a.a.O., S. 202-228.

kraft bei der Produktion der Schemata jedoch nicht als kreativ verstanden werden kann. Denn ihre Synthese von reinem Anschauungsmannigfaltigem ist normiert durch die kategorialen Regeln des Verstandes sowie die Form des inneren Sinnes, die Zeit. Die Produktivität der Einbildungskraft ist mithin intern eingeschränkt auf den Bereich dieser rein formalen Bestimmungen. Zwar ist sie durch den Verstand, dessen Vermögen sie letztlich bleibt, spontan und unabhängig von der Erfahrung tätig, wenn auch nicht von der Formbestimmtheit der reinen Sinnlichkeit, doch vermag sie nicht, ihre Produkte nach eigener Maßgabe zu erzeugen. Die durch die produktive Einbildungskraft in Form der Schemata hervorgebrachten Erkenntnisbedingungen markieren zugleich die Grenzen ihrer Produktivität. Innerhalb dieser Grenzen billigt Kant der Einbildungskraft ein bestimmtes Maß an Kreativität zu, da sie durch spontane Synthesis eines *vorgegebenen* Mannigfaltigen sogar ›neue‹ Erkenntnisinhalte hervorzubringen vermag. Verbindet man mit Kreativität aber zugleich Originalität und Innovation in dem Sinne, dass sie ihre Produkte quasi ex nihilo schöpft, so kann man hier nicht von Kreativität sprechen.

Dieser limitative Kreativitätsbegriff ist insofern von erheblicher Bedeutung, als sich die epistemologische Begrenzung der produktiven Einbildungskraft für die Grundsätze des reinen Verstandes als konstitutiv erweist. Denn vermittels der Schemata werden Anschauungen in den Grundsätzen unter Kategorien subsumiert. Also unterliegt das Erkenntnisvermögen auch in seinen allgemeinsten Gesetzen, den Grundsätzen, einer prinzipiellen Einschränkung, so dass nach Kant selbst naturwissenschaftliche Erkenntnis in ihrem Fortschritt von vornherein den transzendentalen Möglichkeitsbedingungen untersteht. Diese Auffassung ist Konsequenz des kritischen Erkenntnisbegriffs und muss nicht von vornherein dem heutigen wissenschaftlich-kreativen Denken und technologischen Innovationsanstrengungen entgegenstehen, obwohl Kant eine kreative Erkenntnis letzter Gründe auch in den Naturwissenschaften für unmöglich hält. Demgegenüber gesteht Kant der Einbildungskraft in ihrem zweiten systematischen Tätigkeitsfeld, in der Ästhetik, originäre Kreativitätsleistungen durchaus zu.

3. Die produktive als ästhetische Einbildungskraft

In der *Anthropologie* unterscheidet Kant zwei Arten produktiver geistiger Tätigkeit, das Erfinden und das Entdecken. Obgleich eine Entdeckung, wie die Entdeckung Amerikas durch Kolumbus, »verdienstvoll« sein könne, sei die Erfindung von etwas doch höher zu schätzen. Denn was entdeckt werde, existiere ja schon, was aber erfunden werde, sei originäres Produkt des Künstlers oder Genies, das »musterhaft ist, d. i. wenn es verdient als Beispiel (*exemplar*) nachgeahmt zu werden.« Kant denkt hier nicht ausschließlich an das ästhetische Genie, denn auch Newton und Leibniz seien in ihren Disziplinen Genies, nämlich wissenschaftliche Genies gewesen, da sie durch ihren »erfinderischen« Geist »in allem Epoche gemacht« haben. Mit dem Begriff »Genie« bezieht sich Kant jedoch in erster Linie auf das ästhetische Genie, dem er in seinem Tätigkeitsbereich ausdrücklich kreative Leistungen zuschreibt: »Das eigentliche Feld für das Genie ist das der Einbildungskraft: weil diese schöpferisch ist und weniger als andere Vermögen unter dem Zwange der Regeln steht, dadurch aber der Originalität desto fähiger ist.«[11] Was Kant der (produktiven) Einbildungskraft in der Erkenntnistheorie abspricht, scheint er ihr also in der Ästhetik ausdrücklich zuzugestehen: Kreativität. Im Folgenden ist zu überlegen, in welchem Sinne Kant die produktiv-ästhetische Einbildungskraft als »schöpferisch« fasst und ob sie als Erkenntnisvermögen wie in der Erkenntnistheorie letztlich nicht doch bestimmten internen Grenzen unterliegt.

Kant konzipiert die Ästhetik als Theorie, die vom rezipierenden Betrachter ausgeht.[12] Zentral ist die Lehre vom Geschmacksurteil und seinen vier Momenten, dem interesselosen Wohlgefallen, der Allgemeinheit, der begifflosen Zweckmäßigkeit sowie der Notwendigkeit. Dem Geschmacksurteil zugrunde liegt eine proportionierte Übereinstimmung der Gemütskräfte, das harmonische Spiel von Einbildungskraft und Verstand, demzufolge in der ästhetischen Betrachtung die »Einbildungskraft in ihrer Freiheit den Verstand erweckt, und dieser ohne Begriffe die Einbildungskraft in ein regelmäßiges Spiel versetzt«.[13] Dabei kommt der Einbildungskraft eine Doppelfunktion mit je unterschiedlichem Kreativitätspotential zu: Zum einen fungiert die Einbildungskraft als das Beurteilungsvermögen (Geschmack) eines jeden ästhetischen Betrachters; in dieser Funktion ist sie nach Kant nicht schöpferisch-hervorbringend, weil eben nur beurteilend tätig. Zum anderen kann die Einbildungskraft aber zugleich auch ästhetische Einbildungskraft des künstlerisch-produktiven Genies sein; insofern das Genie ästhetische Ideen entwirft, seien der Einbildungskraft dann kreative Leistungen zuzuschreiben, und zwar indem es in einem schöpferisch-originären Sinne Anschauungen produziert. Diese Doppelfunktion der ästhetischen Einbildungskraft ist näher zu betrachten.

Als ästhetisches Beurteilungsvermögen ist die Einbildungskraft nach Kant »frei«, »produktiv« und »selbsttätig«. Frei ist sie, insofern sie in der ästhetischen Betrachtung gemäß der Sinnlichkeit und damit weitgehend unabhängig von der begrifflichen Regel des Verstandes Anschauungen bildet. Während in einem (logischen) Erkenntnisurteil eine gegebene Anschauung unter einen Begriff vom Objekt subsumiert wird, bringt das ästhetische Urteil das ästhetische

---

[11] Vgl. *Anthropologie*, AA, Bd. VII, S. 224 und 226.
[12] Zur systematischen Einordnung der Kantischen Ästhetik als »deskriptive Rezeptionsästhetik« und ihrer aktuellen Bedeutung siehe K. Engelhard: *Kant in der Gegenwartsästhetik*, in: D.H. Heidemann/dies. (Hgs.): Warum Kant heute? Systematische Bedeutung und Rezeption seiner Philosophie in der Gegenwart, Berlin, New York 2004, S. 352-382, hier S. 354f.
[13] *Kritik der Urteilskraft*, AA, Bd. V, S. 296.

»Gefühl« zum Ausdruck, und zwar ohne dass sich die Ursache dieses Gefühls begrifflich bestimmen ließe. Andernfalls wäre das ästhetische Urteil als objektiv gültig beweisbar, obwohl ihm nur subjektive Gültigkeit zukommt. Es ist so Ausdruck des sich spontan einstellenden Wohlgefallens des Betrachters im sich »wechselseitig belebenden« Zusammenspiel der Erkenntnisvermögen, hat aber anders als im objektiven Erkenntnisurteil kein Schema zu Voraussetzung, sondern beruht letztlich »auf einer bloßen Empfindung«.[14] Eben darin besteht die Freiheit der Einbildungskraft, in der ästhetischen Betrachtung ohne Begriffe auszukommen und durch den Verstand nicht reglementiert zu sein. Diese Selbständigkeit qualifiziert sie, wie Kant einschärft, jedoch nicht zur »Autonomie«. Denn autonom oder selbstgesetzgebend sei allein der Verstand; und sofern dieser die Einbildungskraft »nach einem bestimmten Gesetze zu verfahren« nötigt, handele es sich nicht um ästhetisches, sondern vielmehr um praktisches »Wohlgefallen«.[15]

Aus der Freiheit der ästhetischen Einbildungskraft ergibt sich ihre Bestimmung als produktives und selbsttätiges Vermögen. Demnach kommen der ästhetischen Einbildungskraft Produktivität und Selbsttätigkeit oder Spontaneität zu, weil sie »Urheberin willkürlicher Formen und Anschauungen« ist. Obwohl sie sich als ästhetisches Beurteilungsvermögen in »Einstimmung mit der Verstandesgesetzmäßigkeit« befindet, kann sie sich als produktives und selbsttätiges Vermögen dennoch nicht gänzlich vom Verstand frei machen.[16] Denn wenn sie »regellos« und ohne »Thema« produziert, so »verwirrt« sie bloß und es stellt sich kein ästhetischer Zustand ein. Aus diesem Grunde bleibt die Einbildungskraft in der ästhetischen Betrachtung an den durch Begriffe regelnden Verstand gebunden, ohne dass dieser ihr dabei eine ästhetische Norm vorgibt. Der in der ästhetischen Betrachtung anzutreffende Restbestand von Verstandestätigkeit auf der einen Seite, geht auf der anderen Seite einher mit der Abhängigkeit der Einbildungskraft von dem, was die Sinnlichkeit ihr darbietet, gleich was sie aus ihm macht. So gilt für Kant in der Ästhetik zunächst dasselbe wie in der Erkenntnistheorie, nämlich dass die produktive Einbildungskraft nicht schöpferisch tätig ist, auch wenn sie in diesem Gebiet »weniger als andere Vermögen unter dem Zwange der Regeln steht, dadurch aber

---

[14] Vgl. ebd., S. 287.
[15] Vgl. ebd., S. 241. Obwohl solches praktische »Wohlgefallen« praktische Urteilskraft involviert, gibt es nach Kant doch keine spezifisch praktische Einbildungskraft und einen ihr eigentümlichen Schematismus. Denn das »sittlich Gute« ist etwas »Übersinnliches«, dem keine Anschauung korrespondieren kann. Moralisch zu handeln, heißt nicht, eine konkrete Handlung unter das Sittengesetz zu subsumieren, sondern bedeute moralische Selbstbestimmung des praktischen Willen, der an keine sinnlichen Bedingungen gebunden ist. Vgl. *Kritik der praktischen Vernunft*, in: AA, Bd. V, S. 67-71.
[16] *Kritik der Urteilskraft*, AA, Bd. V, S. 240.

der Originalität desto fähiger ist«.[17] So bringt also die Einbildungskraft der bloßen ästhetischen Beurteilung durch freie, produktiv-spontane Tätigkeit zwar originäre ästhetische Einsichten oder Urteile hervor, ihre Kreativität aber steht dennoch unter den Limitationen von Sinnlichkeit und Verstand.

Durchbrochen wird diese Limitation der ästhetischen Einbildungskraft durch das künstlerische Genie. »Genie ist das Talent (Naturgabe), welches der Kunst die Regel gibt«, definiert Kant in der *Kritik der Urteilskraft* (§46). Es zeichnet sich wesentlich dadurch aus, ästhetische Ideen hervorzubringen, die es nach Kantischer Konzeption aber nicht einmal in die Praxis umsetzen muss, um Genie sein zu können. Eine ästhetische Idee ist, wie es heißt, »diejenige Vorstellung der Einbildungskraft, die viel zu denken veranlasst, ohne dass ihr doch irgend ein bestimmter Gedanke, d.i. Begriff, adäquat sein kann, die folglich keine Sprache völlig erreicht und verständlich machen kann.«[18] So wie einer Vernunftidee als transzendentalem Begriff keine Anschauung entsprechen kann, so kann umgekehrt der ästhetischen Idee als Anschauung der Einbildungskraft kein Begriff adäquat sein. In der künstlerischen Produktion entwirft das Genie ästhetische Ideen als Richtlinien, die aber nicht auf den Begriff gebracht werden können. Von ihnen lässt es sich bei der Herstellung schöner Kunst leiten, ohne nach bestimmten Zweckvorstellungen vorzugehen. Denn schöne Kunst komme durch das Genie nur zustande durch die subjektive Übereinstimmung der Erkenntnisvermögen selbst, von Einbildungskraft und Verstand. Dabei ist zwar auch die Einbildungskraft des Genies auf das Material angewiesen, das ihr die Wirklichkeit vorgibt; doch sei sie in der ästhetischen Produktion »sehr mächtig in Schaffung einer anderen Natur«. Darin liegt die originäre Kreativität des künstlerischen Genies. Seine Einbildungskraft ist »schöpferisch« oder kreativ in Bezug auf die Hervorbringung ästhetischer Ideen, die »das Vermögen intellektueller Ideen (die Vernunft) in Bewegung [bringen], mehr nämlich bei Veranlassung einer Vorstellung zu denken (was zwar zu dem Begriffe des Gegenstandes gehört), als in ihr aufgefaßt und deutlich gemacht werden kann.«[19] Zwar bleibt auch das künstlerische Genie letztlich auf das ihm sinnlich Vorgegebne angewiesen, doch geht das Kreativitätspotential seiner Einbildungskraft über das der bloßen ästhetischen Beurteilung hinaus, da es die Fähigkeit zu musterhafter Originalität besitzt, auf die es in der bloßen ästhetischen Betrachtung nicht ankommt. Aus diesem Grunde kann man sagen, dass die Einbildungskraft in der ästhetischen Betrachtung

---

[17] Vgl. *Anthropologie*, AA, Bd. VII, S. 224, ebenso ebd., S. 177ff. Zur ästhetischen, auch in ihrer Sonderfunktion als dichtende Einbildungskraft, sowie zur Frage nach ihrer Kompatibilität mit der ›erkenntnistheoretischen‹ Einbildungskraft siehe Klaus Düsing: *Ästhetische Einbildungskraft und intuitiver Verstand. Kants Lehre und Hegels spekulativ-idealistische Umdeutung*, in: Hegel-Studien 21 (1986), S. 87-128, bes. S. 89-102.
[18] Vgl. *Kritik der Urteilskraft*, AA, Bd. V, S. 314.
[19] Ebd., S. 314f., ebenso S. 341-344. Vgl. Engelhard: a.a.O., S. 358f.

produktiv-originär ist, aber dass allein das Genie kreativen Geist besitzt, sofern seine Produktion nicht unthematisch-regellos ist.

3. Resümee

Wie ist die Frage nach der Kreativität der Erkenntnis nun abschließend zu beantworten? Anders als das zu Beginn dieser Untersuchung angeführte Theorem: ›Der Verstand schreibt der Natur die Gesetze vor‹ nahe legt, lässt sich aus der Kantischen Lehre nicht der Schluss ziehen, dass Erkenntnis kreativ ist. Anstelle von ›kreativ‹ verwendet Kant den Begriff »schöpferisch«. Diesen bezieht er grundsätzlich auf das Erkenntnisvermögen bzw. die Person, so dass sich der Kantische als ein epistemisch-personaler Kreativitätsbegriff erweist. Entscheidend ist die Rolle der produktiven Einbildungskraft. In ihrer erkenntnistheoretischen, Schemata herstellenden Funktion ist sie nach Kant zwar produktiv, aber nicht kreativ, da ihre Produktion durch die Bedingungen von Anschauen und Denken limitiert bleibt. Auch wenn der produktiven Einbildungskraft als ästhetischem Beurteilungsvermögen demgegenüber ein größeres Maß an schöpferischer Freiheit zuzugestehen ist, bleibt auch sie in ihrer Leistungsfähigkeit letztlich durch die Bedingungen von Anschauen und Denken eingeschränkt und kann nicht als kreativ gelten. Kreativität als ein schöpferisch-innovatives Hervorbringen kommt allein dem ästhetischen Genie zu. Zwar ist auch das ästhetische Genie in der Herstellung des Schönen auf sinnliches Material angewiesen. Doch ist seine ästhetische Produktion als originäres Entwerfen ästhetischer Ideen durch die Einbildungskraft ein kreativer geistiger Akt, durch den musterhaft Neues entsteht. Da aber eine ästhetische Idee nicht den transzendentalen Bedingungen der Erkenntnis gemäß sein kann, handelt es sich auch in diesem Bereich nicht um kreative Erkenntnis.

Literatur

ALLISON, Henry E.: *Kant's Transcendental Idealism*, zweite, überarbeitete und erweiterte Auflage, New Haven, London 2004.

DÜSING, Klaus: *Ästhetische Einbildungskraft und intuitiver Verstand. Kants Lehre und Hegels spekulativ-idealistische Umdeutung*, in: Hegel-Studien 21 (1986), S. 87–128.

ENGELHARD, Kristina: *Kant in der Gegenwartsästhetik*, in: dies./Dietmar H. Heidemann (Hgs.): Warum Kant heute? Systematische Bedeutung und Rezeption seiner Philosophie in der Gegenwart, Berlin, New York 2004, S. 352–382.

HANNA, Robert: *Kant and the Foundations of Analytic Philosophy*, Oxford 2001.

HEIDEMANN, Dietmar H.: *Kant und das Problem des metaphysischen Idealismus*, Berlin, New York 1998 (Kantstudien Ergänzungsheft 131).

KANT, I: *Gesammelte Werke*, hg. v. der königlich preußischen (später deutschen) Akademie der Wissenschaften, Berlin 1900ff. [AA].

KANT, I: *Kritik der praktischen Vernunft*, in: AA, Bd. V.

KANT, I.: *Kritik der reinen Vernunft*, hg. v. J. Timmermann, Hamburg 1998.
LENK, Hans: *Kreative Aufstiege. Zur Philosophie und Psychologie der Kreativität*, Frankfurt a. M. 2000.
LONGUENESSE, Béatrice: *Kant and the capacity to judge*, Princeton, New Jersey 1998.
TAYLOR, Calvin W.: *Various approaches to and definitions of creativity*, in: Robert J. Sternberg (Hg.): The nature of creativity. Contemporary psychological perspectives, Cambridge 1989, S. 99–121.
STERNBERG, R.: *Cognitive Psychology*, Fort Worth 1996.

Kreativität und Freiheit. Kants Konzept der ästhetischen Einbildungskraft im Spiegel der Freiheitsproblematik

ASTRID WAGNER (BERLIN)

Die Freiheitsproblematik ist ein im Kantischen Denken tief verankertes Thema. Die drei Kritiken durchzieht sie wie ein roter Faden, der Erkenntnistheorie, Ethik, Ästhetik und teleologische Naturbetrachtung miteinander verknüpft. Entsprechend vielschichtig ist Kants Umgang mit dem Begriff. Er spricht von Willensfreiheit, Handlungsfreiheit, sittlicher und praktischer Freiheit, von psychologischer und ästhetischer Freiheit, von Freiheit der Einbildungskraft, von Freiheit als Kausalität und nicht zuletzt von transzendentaler Freiheit. Der innere Zusammenhang dieser Freiheitskonzepte zeigt sich, sobald man sie unter der Fragestellung betrachtet, wie das Verhältnis von Freiheit und Gesetzmäßigkeit zu denken sei. Diese bildet den Leitfaden der folgenden Betrachtung. In einem ersten Schritt werden vier Problemstellungen hinsichtlich des Verhältnisses von Gesetzmäßigkeit und Freiheit rekonstruiert und die damit verbundenen Freiheitskonzepte kurz skizziert. In einem zweiten Schritt werden aus der so gewonnenen strukturierten Liste von Freiheitskonzepten zwei herausgegriffen, die ästhetische und die praktische Freiheit, und auf ihre Zusammenhänge hin untersucht. Dabei wird das Augenmerk nicht auf die expliziten Bezüge zwischen kantischer Ethik und Ästhetik gerichtet sein, sondern auf einen Aspekt gelenkt werden, der in der Forschungsliteratur bislang kaum thematisiert wurde: auf die enge Verzahnung von Kreativität und Toleranz in der Freiheit der Einbildungskraft.

1. Die dritte Antinomie und das Problem der transzendentalen Freiheit

Das Problem der transzendentalen Freiheit markiert zusammen mit den anderen Antinomien den systematischen Ausgangspunkt von Kants kritischem Werk: »Nicht die Untersuchung vom Daseyn Gottes, der Unsterblichkeit etc. ist der Punct gewesen von dem ich ausgegangen bin, sondern die Antinomie der r[einen] V[ernunft]: ›Die Welt hat einen Anfang – : sie hat keinen Anfang etc. bis zur vierten: Es ist Freyheit im Menschen, – gegen den: es ist keine Freyheit, sondern alles ist in ihm Naturnothwendigkeit‹; diese war es welche mich aus dem dogmatischen Schlummer zuerst aufweckte und zur Critik der Vernunft selbst hintrieb, um das Scandal des scheinbaren Widerspruchs der

Vernunft mit sich selbst zu heben.«[1] In der dritten Antinomie findet sich die wohl allgemeinste Formulierung des Freiheitsproblems, das darin besteht, die durchgängige Kausalität der Naturprozesse, welche die Einheit und Ordnung der Erfahrungswelt gewährleistet, mit dem Gedanken einer absoluten Spontaneität zu vereinbaren. Spontaneität, definiert durch die Möglichkeit, Kausalketten selbständig in Gang zu setzen, belegt Kant mit dem Terminus ›transzendentale Freiheit‹. Die Unabdingbarkeit transzendentaler Freiheit wird in der Exposition der Antinomie auf zwei Arten begründet: erstens wäre anderenfalls die Reihe der Ursachen niemals vollständig, zweitens würde der Gedanke einer Zurechenbarkeit und Verantwortlichkeit für menschliche Handlungen sinnwidrig. Zurechenbarkeit unterstellen wir jedoch im Umgang mit anderen Personen und für uns selbst. Diese zweite Begründung führt zu dem engeren Problem der Willensfreiheit in Abgrenzung zur psychologischen Freiheit. Der Begriff der psychologischen Freiheit trifft recht gut, was im alltäglichen Sprachgebrauch unter ›Freiheit‹ verstanden wird: die Vorstellung, seine Entscheidungen nach eigenen Interessen ausrichten zu können. In Kants Terminologie bezeichnet solche psychologische Freiheit lediglich den Umstand, dass die Handlungen nicht durch äußere Zwänge, sondern durch innere Ursachen bestimmt werden. Sie beruht also auf einer Form von innerer Kausalität und bleibt ein bloßer psychischer Mechanismus, eine notwendige Kette von Erscheinungen. Erst wenn vernünftige Gründe die Entscheidungen leiten, spricht er in einem starken Sinne von Freiheit, von Willensfreiheit und sittlicher Freiheit. Sie stellt das positive Komplement der transzendentalen Freiheit dar, die rein negativ dadurch bestimmt ist, sich dem Mechanismus der äußeren wie der inneren Natur entziehen zu können.

Die Antinomie führt uns also auf drei Formen von Freiheit: transzendentale Freiheit, psychologische Freiheit, Willensfreiheit. Nun könnte man denken, dass mit der Auflösung der Antinomie, mit der Auszeichnung zweier Gesichtspunkte, unter denen man jede Handlung hinsichtlich ihres ›empirischen Charakters‹ als kausal determiniert, hinsichtlich ihres ›intelligiblen Charakters‹ als frei betrachten kann, auch das Freiheitsproblem beseitigt sei. Dies ist jedoch nicht der Fall. Vielmehr stellt es sich in einer neuen Form.

---

[1] Brief an Chr. Garve vom 21.9.1798, Ak. XII, S. 257f. Alle Werke und Briefe Kants werden zitiert nach *Kants Gesammelte Schriften*, hg. von der Königlich Preussischen Akademie der Wissenschaften, Berlin 1910ff. (abgekürzt mit Ak.). Die Stellenangabe zu Kant-Zitaten erfolgt unter Verwendung des Kürzels im Text. Dass Kant die Freiheitsproblematik in diesem Brief der vierten Antinomie zuordnet, kann wohl auf den engen Zusammenhang der beiden dynamischen Antinomien zurückgeführt werden.

2. Sittliche Freiheit und Autonomie

In den Antinomien hatte sich gezeigt, dass die theoretische Schwierigkeit, einen durchgängigen Kausalzusammenhang in der Natur mit der Möglichkeit des selbsttätigen Auslösens von Kausalketten zusammen zu denken, das praktische Problem des Verhältnisses von Determination und Freiheit im Handeln impliziert. Handlungen können nur dann zugeschrieben werden, wenn Freiheit widerspruchsfrei denkbar ist. Das praktische Problem der Freiheit ist also im theoretischen bereits angelegt: Verantwortung kann sinnvoll nur für freie Handlungen unterstellt werden. Anderenfalls droht der Fatalismus als Konsequenz der natürlichen Determiniertheit allen Geschehens. In dieser Formulierung ist das Problem seit der Antike Thema philosophischer Reflexion gewesen. Genuin kantisch ist allerdings die Auffächerung der Problematik vor dem Hintergrund des transzendentalphilosophischen Ansatzes. Dabei werden in hypothetischer Perspektive drei Aspekte praktischer Freiheit hervorgehoben: 1. Wenn es überhaupt Sittlichkeit und Verantwortung geben sollte, dann muss vorausgesetzt werden, dass menschliches Handeln nicht naturnotwendig durch äußere Ursachen determiniert ist. 2. Darüber hinaus müsste die Möglichkeit innerer Freiheit gewährleistet und ein psychologischer Determinismus ausgeschlossen werden. 3. Diese negativen Freiheitsbegriffe sind zu präzisieren in einem positiven Konzept von Freiheit als Autonomie des Willens. Jede Art von kausaler Bestimmung, sei es durch äußere Zwänge oder durch Gefühle und Interessen, wäre demgegenüber Heteronomie.

Selbstbestimmung kann daher nur gedacht werden als freie Unterordnung des Willens unter ein selbst gegebenes Gesetz, das formale Prinzip des Kategorischen Imperativs, anhand dessen die subjektiven Maximen auf ihre Widerspruchsfreiheit unter der Bedingung strenger Allgemeingültigkeit geprüft werden. Nur dies garantiere die Ausrichtung der Handlungsgrundsätze an allgemeinen Kriterien der Rationalität und die Ausschaltung privater Handlungsmotive. So werden Willensfreiheit, Autonomie und Rationalität eng miteinander verschränkt. Diese Freiheit, deren objektive Realität für die theoretische Philosophie problematisch bleiben muss, erweist sich in praktischer Hinsicht als notwendige Bedingung moralischen Handelns. »Ich sage nun: ein jedes Wesen, das nicht anders als unter der Idee der Freiheit handeln kann, ist eben darum in praktischer Rücksicht wirklich frei, d.i. es gelten für dasselbe alle Gesetze, die mit der Freiheit unzertrennlich verbunden sind, eben so, als ob sein Wille auch an sich selbst und in der theoretischen Philosophie gültig, für frei erklärt würde.« (Ak. IV, 448) Freiheit ist also für den Menschen als vernünftiges und physisches Wesen eine notwendige regulative Idee. Sie realisiert sich im Akt der vernünftigen Willensbestimmung, unabhängig vom Erfolg der resultierenden Handlung.

Damit erweist sich in praktischer Perspektive das Verhältnis von Freiheit und Gesetzmäßigkeit als ein doppeltes: Einerseits besteht die praktische Freiheit wie die theoretische darin, der kausalgesetzlichen Determination zu entgehen. Andererseits ist praktische Freiheit nicht mit Willkür zu verwechseln. Vielmehr erfordert sie die Ausrichtung des Willens an der logischen und sinnlogischen Gesetzmäßigkeit menschlicher Rationalität. Kant selbst betont, dass dies in einen Zirkel zu führen scheint: »Wir nehmen uns in der Ordnung der wirkenden Ursachen als frei an, um uns in der Ordnung der Zwecke unter sittlichen Gesetzen zu denken, und wir denken uns nachher als diesen Gesetzen unterworfen, weil wir uns die Freiheit des Willens zugelegt haben.« (Ak. 450) Die Auflösung dieses Zirkels erfolgt wiederum durch die Auszeichnung zweier Standpunkte der menschlichen Selbstbetrachtung: einerseits als phänomenales, sinnliches Wesen, das unter einer Naturgesetzlichkeit steht, in der jeder Zustand durch einen vorangegangenen bestimmt ist (Heteronomie); andererseits als noumenales und vernünftiges Wesen, dessen freie Entscheidungen auf rationalen Gründen und Grundsätzen beruhen (Autonomie). Macht man sich bewusst, dass man notwendig beide Standpunkte in sich vereint, so denkt man sich als verpflichtet. Im Akt der autonomen Entscheidung verschmelzen Sollen und Wollen zu einer Einheit.

3. Die Vereinigung von Gesetzmäßigkeit und Freiheit im Reflexionsurteil

Wir haben gesehen, wie sich die Perspektive der Heteronomie und der Autonomie in der Vorstellung der Pflicht vereinigen und der Konflikt zwischen Gesetzmäßigkeit und Freiheit im Akt der moralischen Handlung praktisch unterlaufen wird. Es stellt sich jedoch die Frage, ob Naturgesetzlichkeit und Freiheit nicht auch in einer Perspektive verbunden werden können, die epistemische und normative Komponenten gleichermaßen umfasst. Eben dies erfolgt in der teleologischen Naturbetrachtung und in der ästhetischen Erfahrung. Die Vermittlungsfunktion der teleologischen Urteilskraft hinsichtlich der inkongruenten Bereiche von Naturgesetzlichkeit und Freiheit lässt sich wie folgt skizzieren: Die Möglichkeit einer Wirkung der freien Entscheidung in der natürlichen Welt (einer Kausalität durch Freiheit) wird dadurch verständlicher, dass man den Objekten der Natur die Idee einer Zweckmäßigkeit unterlegt und so die Gesetze der Freiheit in einem heuristischen Geniestreich auf den Bereich der Naturgesetze abbildet. Die Leistung der teleologischen Urteilskraft besteht also darin, eine ergänzende Perspektive auf die natürliche Welt bereitzustellen, die eine Brücke schlägt zwischen einer rein kausalen Auffassung der sinnlichen Welt und einer rationalen Auffassung der intellektuellen Welt. Dass es sich dabei um eine heuristische Perspektive handelt, macht Kant bereits in der *Grundlegung zur Metaphysik der Sitten* deutlich: »Die Teleologie erwägt die Natur als ein Reich der Zwecke, die Moral ein mögliches Reich der Zwecke als ein Reich der Natur. Dort ist das Reich der Zwecke eine theoretische Idee, zu Erklärung dessen, was da ist. Hier ist es eine praktische Idee, um das, was nicht da ist, aber durch unser Thun und Lassen wirklich werden kann, und zwar eben dieser Idee gemäß zu Stande zu bringen.« (Ak. IV, 432) In der teleologischen Naturbetrachtung wird die Idee der Freiheit zur Voraussetzung für eine erklärende Interpretation der gegebenen Phänomene, die über das Aufzeigen von Kausalzusammenhängen hinausgeht. Diese heuristische Perspektive besticht durch ihr Erklärungspotential hinsichtlich der organisierten Formen der belebten und unbelebten Natur. Kants kritischer Umgang mit dem Problem des Verhältnisses von Freiheit und Gesetzmäßigkeit lässt sich bis hierher grob in drei Entwicklungsschritte aufteilen, die jeweils mit einer Modifikation des Freiheitsbegriffs und einem Wechsel der Perspektive (epistemologisch, moralisch-praktisch, heuristisch-teleologisch) einhergingen. Es bleibt noch eine vierte Perspektive, in der das Verhältnis von Freiheit und Gesetzmäßigkeit zentral ist: die der ästhetischen Erfahrung.

Ästhetische Urteile grenzen sich von anderen Urteilen ab durch: die Interesselosigkeit; die Bezugsrichtung auf den inneren Zustand des urteilenden Subjekts; den Anspruch auf eine subjektive, aber dennoch allgemeine Geltung. Dieser Geltungsanspruch wird nicht durch eine Regel der Begriffsverwendung gerechtfertigt, sondern dadurch, dass man bei sich keine privaten Gründe für ein Lust- oder Unlustgefühl feststellen kann. Zugleich wird das affizierende Objekt nicht hinsichtlich eines objektiven oder subjektiven Zwecks beurteilt, sondern nach der subjektiven Zweckmäßigkeit des Zusammenspiels der Vorstellungskräfte in der Beschäftigung mit ihm. Schließlich weist das ästhetische Urteil eine subjektive Notwendigkeit auf, die allerdings der Bedingung unterliegt, im Urteilen von allen Zwecken und Interessen abzusehen und sich völlig frei zu fühlen. Nur der bewusste Zustand eines freien Wohlgefallens soll im ästhetischen Urteil mit Notwendigkeit und Allgemeinheit verbunden werden. Ähnlich wie eine Handlung, die unter der Idee der Freiheit erfolgt, diese Freiheit auch realisieren kann, legitimiert hier die Ausrichtung des Urteils an der Idee einer ›allgemeinen Stimme‹ aus der Perspektive des Subjekts den Anspruch auf Allgemeinheit und Notwendigkeit. Die vier Merkmale des Geschmacksurteils ergeben sich in schematischer Anwendung der Urteilstafel, also unter den formalen Gesichtspunkten der Quantität, Qualität, Relation und Modalität. Doch in allen vier Aspekten entzieht es sich einer klaren Zuordnung zu den Urteilsformen, einfach deshalb, weil im ästhetischen Urteil gar keine begriffliche Subsumption vollzogen wird, deren formale Struktur unter Maßgabe der Verstandesfunktionen untersucht werden könnte. Das Schema der urteilslogischen Analyse erweist sich hier als inadäquat. Nur in einer Untersuchung der Bedingungen der ästhetischen Lust, lässt sich näheres über die ›Logik‹ und Freiheit ästhetischer Urteile erfahren. Damit verlässt man die urteilslogische Perspektive und gibt den Blick frei auf das ästhetische Erlebnis und den inneren Zustand einer Person, auf das freie Spiel von Einbildungskraft und Verstand, die Grundlage reflektierender Urteile.

Urteilskraft überhaupt wird von Kant konzipiert als Vermögen, »das Besondere als enthalten unter dem Allgemeinen zu denken«. (Ak. V, 179) Sie ist ein individuelles Talent und kann als Entscheidungsinstanz über die Anwendung von Regeln nicht selbst gemäß bestimmter Vorschriften der allgemeinen Logik gelehrt werden. Kant unterscheidet zwischen bestimmender und reflektierender Urteilskraft. Erstere ist erfordert, wenn etwas unter Begriffe gebracht, eine empirische Vorstellung begrifflich bestimmt wird. Die Kenntnis der begrifflichen Merkmale ist dabei vorausgesetzt. Es bedarf nur noch der regelgerechten Anwendung. Reflektierende Urteilskraft bezeichnet das Vermögen, exemplarisch für einen vorliegenden Fall die Regel zu finden, das heißt »über eine gegebene Vorstellung, zum Behuf eines dadurch möglichen Begriffs, nach einem gewissen Prinzip zu reflektieren«. (Ak. XX, EE, V) Dies setzt die Fähigkeit des Erfassens impliziter Regularitäten und Gesetzmäßigkeiten des Individuellen ohne explizite Kenntnis entsprechender begrifflicher Regeln oder Gesetze voraus. Wichtig für unseren Zusammenhang ist, dass der Anwendung von empirischen Begriffen immer schon kategorialisierende Organisation voraus liegt. Sie beruht auf den Funktionen der Kategorien und der Grundsätze des reinen Verstandes. Diese liegen Kant zufolge jeder Erfahrungserkenntnis zugrunde, sind darin aber nicht mehr unmittelbar präsent, so dass man im Erkenntnisurteil seine Aufmerksamkeit auf sie richten könnte. Sie erschließen sich nur in transzendental-reflexiver Perspektive.

Läge im ästhetischen Urteil eine begriffliche Subsumption vor, müsste eine Regel der Anwendung des Begriffs ›schön‹ bzw. ein Kriterium für Schönheit angegeben werden können. Doch offenbar funktioniert das Prädikat ›ist schön‹ auf andere Weise. Nicht im Urteil, sondern im ästhetischen Gemütszustand vollziehe sich die »Beurtheilung des Gegenstandes« (Ak. V, 218), nicht im Sinne einer Subsumption von Anschauungen unter Begriffe, sondern in Form eines freien Zusammenspiels der Erkenntnisvermögen. Der Zustand ästhetischer Erfahrung ist der Grammatik des Urteils in epistemischer Hinsicht vorgeordnet. Er ist nicht propositional, vielmehr entzieht er sich einer adäquaten sprachlichen Erfassung. Dennoch beharrt Kant auf der ihrer Mitteilbarkeit und ihrer kognitiven Relevanz. Dies wird verständlich mit Blick auf die kognitiven Aktivitäten in der ästhetischen Erfahrung, auf das vielzitierte freie Spiel von Einbildungskraft und Verstand.

4. Funktionsweisen der Einbildungskraft und ästhetische Freiheit

Was unter dem freien Spiel von Einbildungskraft und Verstand zu verstehen ist lässt sich im Rekurs auf Kants Konzept der ästhetischen Idee veranschaulichen, derjenigen »Vorstellung der Einbildungskraft, die viel zu denken veranlaßt, ohne daß ihr doch irgend ein bestimmter Gedanke, d.i. Begriff, adäquat sein kann, die folglich keine Sprache völlig erreicht und verständlich machen kann« (Ak. V, 314). Sie ist begrifflich nicht adäquat erfassbar, subjektiv und anschaulich, ein Pendant zur Vernunftidee, für die als rein begriffliches Konzept keine adäquate anschauliche Darstellung gegeben werden kann. Ästhetische Ideen sind also Vorstellungen der Einbildungskraft. Allerdings kann Vorstellung bei Kant vieles bedeuten: Repräsentation, Perzeption, Empfindung, Erkenntnis, Anschauung oder auch Begriff. Es gilt also, die Funktionsweisen der Einbildungskraft zu untersuchen und herauszufinden, um was für Vorstellungen es sich dabei handelt. Für unsere Zwecke können wir grob drei Arten von Imagination unterscheiden.

1. Reine Einbildungskraft a priori: Ihre synthetische und transzendentale Funktion liegt in der Erzeugung zeitlicher Schemata durch Anwendung der Kategorien auf die Zeit als allgemeinste Bedingung der Sinnlichkeit. Die Schemata der Kategorien können selbst nicht in ein Bild gebracht werden. Wie die Schemata reiner sinnlicher Begriffe ermöglichen sie Bilder allererst. Schemata können verstanden werden als Methoden der Konstitution von Einheiten in der Sinnlichkeit, als »Vorstellung […] von einem allgemeinen Verfahren der Einbildungskraft, einem Begriff sein Bild zu verschaffen« (Ak. III, 135).

2. Produktive und reproduktive Einbildungskraft: Sie ermöglicht die Verbindung von Vorstellungen nach Verstandesregeln, den Kategorien gemäß, und die Erzeugung von Bildern. Diese Leistungen werden von Kant als Wirkung des Verstandes auf die Sinnlichkeit qualifiziert, wobei der Einbildungskraft eine eigene Spontaneität zugestanden wird. Sie ermöglichen die Gegenstandskonstitution durch eine Reihe von Strukturierungsleistungen im Bereich der Empfindung: durch Prozesse des Abgrenzens, Unterscheidens, der Synthesis des Gleichartigen, der Komposition des Mannigfaltigen zu einem Ganzen, der Bildung von Aggregaten, des Organisierens, der Gestaltbildung, der raum-zeitlichen Lokalisierung und der Bestimmung der Empfindungsintensität. Jede bewusste Empfindung und bestimmte Vorstellung setzt solche Leistungen voraus. Sie bilden die Grundlage der Konstitution von Erfahrungsgegenständen durch Synthetisierung sinnlicher Reize und die Herstellung von raumzeitlichen Einheiten, heute würde man sagen: durch Gestaltbildung, sowie durch Funktionen der Identifikation und Re-Identifikation.[2]

---

[2] Mittels der produktiven und reproduktiven Fähigkeiten unserer Imagination können wir Wahrnehmungen verschiedener Gegenstände derselben Art oder verschiedene Wahrnehmungen desselben Gegenstandes verknüpfen. Vgl. P.F. Strawson: *Freedom and Resentment and other essays*, London 1974, S. 47-56; und ders.: Individuals. An Essay in Descriptive Metaphysics, London, New York, 3. Aufl., 1971, S. 98ff.

3. Subjektiv reflektierende Einbildungskraft: Sie ist in der ästhetischen Erfahrung präsent, wo sich in einem Prozess des ›Schematisierens ohne Begriffe‹ ihre freie Gesetzmäßigkeit erweist. Doch was kann man sich vorstellen unter einem freien imaginativen Schematisieren, das nicht unter Maßgabe von Begriffen erfolgt? Heißt dies lediglich, dass man in der ästhetischen Auffassung eine Perspektive einnimmt, die nicht nach dem ›Was‹ und dem Erfahrungsgegenstand, sondern nur nach dem ›Wie‹ der inneren Befindlichkeit fragt? Wird nur von einer Bestimmung der Objekte durch empirische Begriffe abgesehen? Oder haben wir es gar mit einer Erfahrung zu tun, die sich der Geltung der Kategorien entzieht? Oder sollte man Schopenhauers radikaler Kant-Interpretation folgen? Wird in der ästhetischen Auffassung in Form einer meditativen Einstellung von allen Varianten des ›Satzes vom Grunde‹ abgesehen, auch von Raum und Zeit als Formen der Anschauung?

Die Frage, welche Imaginationsleistungen für die ästhetische Erfahrung konstitutiv sind, durchzieht seit Jahrzehnten die Kant-Forschung.[3] Unter dem Diktum der ›Nichtbegrifflichkeit‹ entwickelte sich insbesondere eine Debatte über die kategoriale Organisiertheit ästhetischer Objekte.[4] Einerseits sind Kunstwerke sinnlich wahrgenommene und raumzeitlich bestimmte Objekte der Erfahrungswelt. Sonst wäre es unmöglich, in den Prado zu gehen, um Bosch's ›Garten der Lüste‹ zu betrachten. Als Gegenstände unserer Erfahrungswelt sind sie grundsätzlich kategorial strukturiert. Andererseits kann ein Roman oder Film in fiktionale Zeiten und Räume versetzen, können Kunstwerke die räumliche Ordnung unserer Erfahrungswelt bewusst konterkarieren. Die Malerei der klassischen Moderne führt uns dies eindrucksvoll vor Augen. Man denke nur an Magrittes bewusstes Spiel mit der kategorialen Struktur unserer Realitätserfahrung oder an Eschers Umgang mit den Dimensionen unserer räumlichen Wahrnehmung. Auch Picassos Eigenart, viele Perspektiven gleichzeitig in einem Bild darzustellen, macht deutlich, dass es möglich ist, die Aufmerksamkeit auf die konstruktionalen Wahrnehmungsprozesse zu lenken, indem man die übliche Praxis des Sehens distanziert. In der Musik betrifft dies zeitliche Strukturen der Wahrnehmung. Eine musikalische Passage kann so stark konnotiert werden, dass äußere Zeit sich in der inneren Erfahrung dehnt. Haben wir es also mit zwei Perspektiven zu tun: der epistemischen Per-

---

[3] Vgl. A.H. Trebels: *Einbildungskraft und Spiel*, Bonn 1967, S. 119; P. Heintel: *Die Bedeutung der ästhetischen Urteilskraft für die transzendentale Systematik*, Bonn 1970, S. 42; und insb. R. Makkreel: *Einbildungskraft und Interpretation*, Paderborn 1997, S. 66.

[4] Während Beck argumentiert, dass hier zwar die mathematischen, nicht aber die dynamischen Kategorien relevant seien (L.W. Beck: *Essays on Kant and Hume*, New Haven 1978, S. 52), betont Makkreel die Relevanz aller Kategorien im ästhetischen Urteilen, jedoch nicht zur Synthetisierung der Empfindungen; vielmehr würden sie selbst einer reflektierenden Spezifikation durch die Einbildungskraft unterzogen.

spektive der Einbettung in einen Erfahrungskontext einerseits und der immanenten raumzeitlichen Erfahrung von Kunstwerken andererseits? Zur Beantwortung dieser Frage ist zu klären, worin die Freiheit der ästhetischen Einbildungskraft besteht. Sie manifestiert sich in der reflektierenden Urteilskraft, die, wie Kant in den Vorlesungen zur Logik deutlich macht, auf zwei »logische[n] Präsumtionen« beruht: auf dem Prinzip der Verallgemeinerung durch Induktion und dem Prinzip der Spezifikation durch Analogie (Ak. IX, 133). Letzteres spielt in der ästhetischen Reflexion eine wichtige Rolle.

Die freie ästhetische Einbildungskraft liefert »ungesucht reichhaltigen unentwickelten Stoff für den Verstand, worauf dieser in seinem Begriffe nicht Rücksicht nahm« (Ak. V, 317). Kant spricht von einem materialen Überschuss der inneren Anschauung. Dies wird verständlich, wenn man der sinnlichen Fülle eines Bildes die diskursive Struktur von Begriffen gegenüberstellt. Begrifflichkeit ist per se mit dem Ausschluss irrelevanter Aspekte verbunden. Schon der Versuch, den anschaulichen Gehalt eines Stillebens sprachlich zu erfassen, erfordert mehrseitige Texte. Begriffe zeichnen sich durch ihre Allgemeinheit aus. Deshalb können wir durch sie unsere Erfahrungswelt klassifizieren, nach Zweckgesichtspunkten ordnen und die Vielfalt sinnlicher Reize organisierend bewältigen. Die ästhetische Auffassung bietet einen anderen Zugang zur sinnlichen Welt, in der Wahrnehmungsdichte und -intensität einer individuellen ästhetischen Erfahrung und den verbundenen Konnotationen und Emotionen. Die ästhetische Freiheit und Kreativität liegt nun genau im Akt der Verbindung von dichter sinnlicher Anschauung und begrifflicher Diskursivität. Sie wird deutlich im Kunstwerk und der darin realisierten ästhetischen Idee.

5. Schematische und symbolische Darstellung

Die ästhetische Idee ist ein Produkt der freien Einbildungskraft als »Dichtungstrieb«. Sie ›verdichtet‹, ›analogisiert‹ und vermag die Erfahrung umzubilden durch die »Schaffung gleichsam einer anderen Natur aus dem Stoffe, den ihr die wirkliche gibt« (Ak. V, 314). Unter ›Natur‹ aber versteht Kant die »synthetische Einheit des Mannigfaltigen der Erscheinungen nach Regeln«, genauer gesagt nach Verstandesregeln (Ak. IV, 93). »Die Ordnung und Regelmäßigkeit also an den Erscheinungen, die wir Natur nennen, bringen wir selbst hinein […]« (Ak. IV, 92). Unter dieser Voraussetzung ist es möglich, in einer Perspektive, die nicht auf eine zusammenhängende Erfahrungserkenntnis abzielt, Begriffe, Regeln und Grundsätze des Verstandes zu distanzieren und damit indirekt ihr Verhältnis zur Sinnlichkeit in den Blick zu heben. Darin können sich neue Horizonte der Interpretation, neue Weltsichten, eröffnen und Begriffe ihre Bedeutungen erweitern oder modifizieren. Solche Akte kreativen Umgangs mit anschaulichen und begrifflichen Organisationsformen setzen die Freiheit der ästhetischen Einbildungskraft voraus. Sie steigern die kognitive Aktivität und das Lebensgefühl. Ihre sinnliche Fülle und Konnotativität führt nicht zur Diffusion, sondern ermöglicht neue Bezüge und Verknüpfungen.

Die belebende Wirkung ästhetischer Ideen beruht auf einem Wechselspiel zwischen Einbildungskraft und Verstand oder Vernunft, abhängig davon, was für ein ›Gedanke‹ symbolisch dargestellt wird. Die Grundlage dafür bildet unsere Praxis, Begriffen einen reichen anschaulichen Inhalt zuzuordnen, der in diesen nicht vollständig erfasst wird. Diese sinnliche Fülle ermöglicht die Herstellung von Beziehungen zu anderen Begriffen durch Identifikation von Affinitäten und Verwandtschaften. Solche Konnotationen sind nicht nur für ästhetische Attribute, Metaphern, Analogien und Vergleiche charakteristisch, sondern für Kunst überhaupt. Sie liefern indirekte Darstellungen, durch die strukturelle Verwandtschaften gerade dort aufgezeigt werden können, wo keine direkte begriffliche Verknüpfung gegeben ist. Mittels solcher analogischer Verfahren können auch begriffliche Verbindungen hergestellt werden, jedoch nicht über den propositionalen, sondern über den anschaulichen Gehalt. Dies nennt Kant symbolische Darstellung (Ak. V, 352). Die Einbildungskraft ist dabei symbolisierend tätig. Sie liefert eine »Hypotypose«, eine anschauliche Darstellung, die nicht schematisch, sondern symbolisch ist und durch die einem Vernunftbegriff, »dem keine sinnliche Anschauung angemessen sein kann, eine solche unterlegt wird, mit welcher das Verfahren der Urtheilskraft demjenigen, was sie im Schematisiren beobachtet, bloß analogisch ist« (Ak. V, 351). Symbolische Hypotyposen können wir für alle Begriffe herstellen, deren direkte anschauliche Darstellung an Grenzen stößt oder wenig aufschlussreich ist. Solche dichten Zeichen mit symbolisierender Kraft unterscheidet Kant explizit von bloßen Charakterismen, von »Bezeichnungen der Begriffe durch begleitende sinnliche Zeichen, die gar nichts zu der Anschauung des Objects Gehöriges enthalten, sondern nur jenen nach dem Gesetze der Association der Einbildungskraft [...] zum Mittel der Reproduction dienen« (Ak. V, 352). Neben Worten und algebraischen Zeichen ordnet er auch mimische Zeichen in diese Kategorie ein, ursprünglich wohl auch Zeichen mit symbolisierender Kraft, die dann ›erstarrt‹ sind und deren metaphorische Bedeutsamkeit sich durch Gewöhnung in buchstäbliche, nur kennzeichnende Bedeutung, zu einer bloßen Denotation gewandelt hat. Hierin offenbart sich das anschauliche Fundament unserer Zeichen- und Symbolverwendung. Um expressiv und erhellend zu symbolisieren, ist freie Imagination erforderlich. Sie ermöglicht das Erfassen einer impliziten Praxis der Konnotation und einer Regularität, die unserer Zeichen- und Begriffsverwendung zugrunde liegt. Vorgänge dieser Art sind charakteristisch für den ästhetischen Schaffensprozess. Sie zeigen sich auch im Verhältnis von logischem und ästhetischem Urteil. In der Logik des ästhetischen Urteils werden die Grenzen und Bedingungen der Möglichkeit des logischen Urteils deutlich. In der ästhetischen Erfahrung, könnte man sagen, zeigt sich die Form der Praxis unserer Zeichenverwendungen selbst.

6. Gesetzmäßigkeit und Freiheit
in der ästhetischen Imagination

Die ästhetische Freiheit steht also in einem besonderen Verhältnis zur Naturgesetzlichkeit der Erscheinungen. Sie ist Voraussetzung dafür, die verstandesgemäße Ordnung der Erscheinungen ein Stück weit distanzieren zu können und die für jede Wahrnehmung grundlegenden synthetisierenden, assoziativen, konstruktionalen und nicht-propositionalen Prozesse der Einbildungskraft deutlich werden zu lassen. Erfolgen diese in der Perspektive der Erfahrungserkenntnis, so unterliegen sie immer schon dem Zwang eines begrifflichen Netzwerks. Erfolgen sie aber in einem Akt ästhetischer Freiheit, so sind wir in der Lage zur »Schaffung gleichsam einer anderen Natur aus dem Stoffe, den […] die wirkliche giebt« (Ak. V, 314). Diese ›Naturen‹, die in einer Erfahrungsperspektive gegebene und die in der ästhetischen Auffassung gegebene, haben ein gemeinsames sinnliches Fundament, das in der Struktur des Urteils niemals vollständig erfasst wird, dessen anschauliche Struktur aber neue Bezüge eröffnet. In der ästhetischen Erfahrung unterliegen wir nicht dem Zwang eines begrifflichen Netzwerks. Aber um dieses zu etablieren, zu erweitern und den semantischen Zusammenhang der Begriffe zu stiften, ist reflektierende Urteilskraft und imaginatorische Freiheit erfordert. Sie konstituiert das anschauliche Fundament unserer Begriffe. Ästhetische Freiheit bietet also die Möglichkeit, die eigene Urteilsperspektive zu suspendieren, andere Begrifflichkeiten und Urteile, sogar andere Weltauffassungen, zuzulassen. Dies ist zugleich ein Vorgang von höchster ethischer Relevanz, so dass nun ein neuer Zusammenhang zwischen ästhetischer und praktischer Freiheit deutlich wird: Wie gezeigt wurde, setzt praktische Freiheit die Möglichkeit voraus, den Standpunkt eines intelligiblen Wesens in einem ›Reich der Zwecke‹ einzunehmen und sich von der Selbstbetrachtung als kausal determiniertes Naturwesen zu distanzieren. Die Möglichkeit einer solchen Distanzierung der Kausalgesetzlichkeit der Naturerscheinungen ist aber gerade durch die ästhetische Freiheit gegeben, und zwar ohne auf einen intelligiblen Standpunkt verpflichtet zu sein, sondern auf der Grundlage der sinnlich-phänomenalen Welterfahrung selbst. Das ästhetische Urteil eröffnet eine besondere Perspektive und ermöglicht das kreative Herstellen neuer Bezüge zwischen Anschauungen, Begriffen und Ideen. In ihr werden fast unbemerkt die Bedingungen menschlicher Wahrnehmung und Erfahrung und die darin involvierten konstruktionalen Prozesse selbst zum Thema. Dies erfordert imaginatorische Freiheit und die Fähigkeit, eine Vielzahl von Perspektiven zuzulassen. Eine solche Offenheit für unterschiedliche Interpretationshorizonte aber kann als Grundmerkmal moderner Auffassungen von Moralität und Toleranz angesehen werden. So trägt Kants Konzept ästhetischer Freiheit bereits den Keim eines neuen Verständnisses von praktischer Freiheit, das aber keineswegs die Beliebigkeit der Horizonte, Interpretationen und Handlungen zur Folge hat, sondern gebunden bleibt an die menschliche Rationalität.

Literatur

BECK, L.W.: *Essays on Kant and Hume*, New Haven 1978.
HEINTEL, P.: *Die Bedeutung der ästhetischen Urteilskraft für die transzendentale Systematik*, Bonn 1970.
KANT, Immanuel: *Kants Gesammelte Schriften*, hg. v. der Königlich Preussischen Akademie der Wissenschaften, Berlin 1910ff.
MAKKREEL, R.: *Einbildungskraft und Interpretation*, Paderborn 1997.
STRAWSON, P.F.: *Freedom and Resentment and other essays*, London 1974.
STRAWSON, P.F.: *Individuals. An Essay in Descriptive Metaphysics*, 3. Aufl., London, New York, 1971.
TREBELS, A.H.: *Einbildungskraft und Spiel*, Bonn 1967.

Wissensordnung und Erfindungskunst: Novalis' Morphologische Enzyklopädistik

Jonas Maatsch (Jena)

In diesem Referat möchte ich der Frage nach dem Zusammenhang von Wissensordnung und kreativer Erfindung von neuem Wissen nachgehen. Im Mittelpunkt der Betrachtungen stehen dabei die enzyklopädistischen Studien Friedrich von Hardenbergs, genannt Novalis, weil es in ihnen zentral um die Möglichkeit geht, Wissensordnung zu einem Instrument der Heuristik zu machen.

Der problemgeschichtliche Kontext

In der Zeit, in der Novalis seine Gedanken zur Enzyklopädistik niederlegt, um 1800 also, ist das Problem einer faßlichen Anordnung des Wissens eines der drängendsten der deutschen Philosophie. War im 18. Jahrhundert das empirische Wissen mit einer bis dahin nicht gekannten Dynamik angewachsen und in eine unübersichtliche Fülle von Einzeldisziplinen auseinandergelaufen, so waren die Lösungsansätze, die das Jahrhundert bot, kaum befriedigend. Die berühmte französische *Encylopédie* von d'Alembert und Diderot war, was den Systematisierungsgrad des in ihr versammelten Wissens betrifft, bekanntlich wenig ambitioniert: Sensualistische Systemskepsis, die jede Systembildung mit dem Verdacht einer gezwungenen Künstlichkeit belegte, führte zu einer abwartenden Epoché hinsichtlich eines wirklich umfassenden und in der Sache selber begründeten Systems alles Wissens. Neben der materialen Wissenssammlung, fällt der den alphabetisch angeordneten Artikeln vorgeschaltete »Stammbaum der Wissenschaften« in der *Encyclopédie* enstprechend bescheiden aus, und auch d'Alemberts Vorrede präsentiert nur eine eher lose, historisierende Darstellung des Zusammenhangs der Wissenschaften.

Auch die formalen Wissensordnungen des 18. Jahrhunderts, die nicht wie die *Encyclopédie* Wissensinhalte versammeln, sondern einen orientierenden Überblick über das Wissen geben wollen, scheinen in ihren Einteilungen und Anordnungen der unterschiedlichen Wissensfeldern wenig zwingend, vielmehr weitgehend beliebig bzw. den kontingenten Realitäten wie z. B. der Einteilung der Universitätsstudien geschuldet. Hier wäre stellvertretend für eine Reihe ähnlicher Werke etwa J. G. Sulzers »Kurzer Begriff aller Wißenschaften und andern Theile der Gelehrsamkeit«[1] zu nennen. Sulzer teilt die Skepsis der Herausgeber der französischen Enzyklopädie bezüglich einer natürlichen, in der Sache begründeten Systematisierung des Wissens, und wie diese will auch er statt dessen einen praktikablen Weg finden, in aufklärerischer Absicht die Fortschritte des Wissens überschaubar darzustellen. Gegen Ende des Jahrhunderts ist dagegen ein deutlich steigender Anspruch an Systematizität der enzyklopädischen Wissensordnungen zu konstatieren, der sich auf Kants kategorische Gleichsetzung von Systematizität mit Wissenschaftlichkeit ebenso zurückführen läßt wie auf dessen transzendentalphilosophische Wende, die dem diskursiv-systematisch verfahrenden Verstand einen souveränen Umgang mit dem Material des Wissens zu gestatten schien. So entstanden in den 1790er Jahren meist unter dem Titel »Enzyklopädie der Wissenschaften« Systementwürfe, die ganz auf dihäretischen Begriffsteilungen des *summum genus* »Wissen« beruhten. Als Beispiele seien hier nur die Enzyklopädien Wilhelm Traugott Krugs[2] und Benjamin Gottlob Jäsches[3] genannt. Jäsche will, wie er in seinem 1795 in Niethammers *Philosophischen Journal* veröffentlichten Entwurf zu einer Enzyklopädie erklärt, die Transzendentalphilosophie zur Gesetzgeberin aller übrigen Wissenschaften machen.[4] Er teilt die Wissenschaften dann zunächst nach den Stämmen der Erkenntnis in Sinnes- und Vernunftwissenschaften ein, die er dann weiter nach *genus proximum* und *differentia specifica* unterteilt, entsprechend seiner Absicht, die Grenzen einer jeden Wissenschaft genau zu bestimmen.[5]

Natürliches System des Wissens

Einen ganz anderen Weg geht nun Novalis in seinen enzyklopädistischen Studien, die vor allem in einem von ihm als »allgemeines Brouillon« bezeichnetem Notizbuch Niederschlag gefunden haben. Novalis versammelt hier über 1100 fragmentarische Aufzeichnungen als »Materialien zur Enzyklopädistik« – neben eigenen Gedanken viele kurze Exzerpte aus der wissenschaftlichen Literatur. Statt durch dihäretische Begriffsteinteilungen die *Grenzen* der Wissenschaften innerhalb ihrer gemeinsamen Gattung zu bestimmen, geht es ihm darum, das *Gemeinsame* der Wissenschaften herauszuarbeiten. Seine Enzyklopädistik soll, so notiert er, »Verhältnisse – Aehnlichkeiten – Gleichheiten – Wirckun-

---

[1] J.G. Sulzer: *Kurzer Begriff aller Wißenschaften und andern Theile der Gelehrsamkeit worin jeder nach seinem Inhalt, Nuzen und Vollkommenheit kürzlich beschrieben wird*, 2. Aufl., Leipzig 1759.
[2] Willhelm Traugott Krug: Versuch *einer Systematischen Enzyklopädie der Wissenschaften*, Erster und zweiter Teil, Wittenberg und Leipzig 1796–1797.
[3] Benjamin Gottlob Jäsche: *Idee zu einer neuen systematischen Encyklopädie aller Wissenschaften*, in: Philosophisches Journal 1 (1795), S. 327–372.
[4] Vgl. ebd., S. 330.
[5] Vgl. ebd., S. 328.

gen der Wissenschaften auf einander«⁶ darstellen. Bezieht man neben den schon kurz dargestellten Enzyklopädien einen anderen *locus classicus* der Wissensordnung um 1800, nämlich die naturgeschichtliche Systematik in unsere Betrachtungen mit ein, so kann man sagen, Novalis versucht sich an einem *natürlichen* System des Wissens. Dem »künstlichen« Natursystem Linnés, das auf wenigen a priori bestimmten Merkmalen beruhte und durch Begriffseinteilungen eines *summum genus*, also analytisch fortschritt, wurden gegen Ende des 18. Jahrhunderts verschiedene Entwürfe »natürlicher« Systeme gegenübergestellt, die von den Zeitgenossen als realistischere Ordnungen des Pflanzen-, Tier- und Mineralreichs betrachtet wurden, da sie die ›realen Verwandtschaftsverhältnisse‹ in der Natur widerspiegeln sollten, statt nur eine faßliche Ordnung des Naturwissens zu liefern. Diese Systeme gingen von den einzelnen Naturgegenständen aus, die sie aufgrund sinnlich wahrgenommener Ähnlichkeit synthetisch zu größeren Gruppen vereinigten. Beruhte das Linnésche System auf Einteilungen nach jeweils nur wenigen Merkmalen, so sollten die ›natürlichen‹ Systeme eine möglichst große Zahl, im Grenzfall ›alle‹ Merkmale (die dann eigentlich nicht mehr als Merkmale zu bezeichnen wären), also den sinnlichen Totaleindruck der Naturalie, zur Grundlage ihrer Klassifikationen machen. Damit einher ging eine Aufwertung der sinnlichen Erkenntnis, die sich nicht wie die Verstandeserkenntnis auf Abstraktionen einzelner Merkmale stützt, um die Dinge unterscheidend zu ordnen, sondern, wie es Alexander Gottlieb Baumgarten formulierte »das Besondere in der Komplexität seiner vielfältigen Verknüpfungen fest[hält] [und] [...] bei der Erscheinung« verweilt,⁷ die also, um es mit der Leibnizschen Unterscheidung zu sagen, klare, aber verworrene Erkenntnis liefert. Und auch das Erkenntnisvermögen des Genies, das Christian Wolff als »Leichtigkeit in der Beobachtung der sinnfälligen Ähnlichkeit der Dinge«⁸ bestimmt hatte, erhält mit den natürlichen Systemen als »Gefühl für Verwandtschaft« oder »sensus physiognomicus«⁹ Einzug in die Naturforschung um 1800. Statt enkaptisch-hierarchischer Einteilungen, also *logischer* Ordnungen, bildeten die natürlichen Systeme Reihen¹⁰ oder Netze¹¹:

---

⁶ Novalis: *Schriften. Die Werke Friedrich von Hardenbergs*, begründet von P. Kluckhohn und R. Samuel, hg. v. R. Samuel in Zus. mit H.-J. Mähl, 3. erw. und verb. Aufl., Stuttgart, Bd. 1: 1977, Bd. 2: 1981, Bd. 3: 1983, Bd. 4: ²1975 (im folgenden zitiert: Novalis: [Bandnr.], [Seite]: [Fragmentnr.]).
⁷ Hier zitiert nach Ursula Franke: *Kunst als Erkenntnis. Die Rolle der Sinnlichkeit in der Ästhetik Alexander Gottlieb Baumgartens*, Wiesbaden 1972 (Studia Leibnitiana, Suppl. 9), S. 37.
⁸ »Facilitas observandi rerum similitudines«: Christian Wolff: *Psychologia empirica* (1732), hg. von J. Ecole, S. 367, § 476 (Gesammelte Werke, Abt. II, Bd. 5).
⁹ Vgl. August Johann Georg Karl Batsch: *Tabula affinitatum regni vegetabilis*, Weimar 1802, S. 76.
¹⁰ Vgl. z. B.: Antoine Laurent de Jussieu: *Genera Plantarum secundum ordines naturales disposita, juxta methodum in horto regio Parisiensi exaratam, Anno MDCCLXXIV*, hg. v. Paul Usteri, Zürich 1791, S. xliii: »[...] *methodus dicta naturalis* quae [...] a minima ad

analogische Strukturen, die man mit dem Wittgensteinschen Konzept der Familienähnlichkeiten vergleichen kann. Damit erhält die natürliche Systembildung aber auch eine heuristische Funktion, die ein künstliches System nicht erfüllen kann: die Hypothese fehlender Zwischenglieder einer Reihe kann ebenso wie der Analogieschluß von dem systematischen Ort auf die Eigenschaften eines Gegenstandes die naturgeschichtliche Forschung vorantreiben.

Morphologie

Goethes morphologische Methode gehört nun auch hierher, auch wenn die Wissens*ordnung* nicht Goethes eigentliches Interesse war. Die Reihenbildung nach Gestaltähnlichkeit ist für ihn ja nur ein erster Schritt hin zu einer »Erfahrung höherer Art«. Bekanntlich folgt die morphologische Erkenntnis aus einem dreistufigen Verfahren: Der Naturforscher muß als erstes eine vollständige Entwicklungsreihe der in der Natur vorgefundenen Gestalten, seien es Entwicklungsstufen *einer* Pflanzenart, seien es verschiedene Arten von Naturalien, aufstellen, diese Reihe muß sodann als ein Ganzes erfaßt und in ihren Übergängen geistig nachvollzogen werden, so daß er schließlich in der Reihe der Phänomene das Gleichartige, die »Dauer im Wechsel« erkennt, also die gemeinsame »Substanz«, die Goethe auch als »Typus« oder »Idee« bezeichnet. Diese von Goethe als »sinnliches Anschauen« oder, auf den von Kant in der Kritik der Urteilskraft allein Gott zugestandenen *intellectus archetypus* anspielend, als »intuitiver Verstand« bezeichnete Erkenntnisform ist ein dynamisches Auffassen des Wechsels, der Übergänge, mit einem Wort: des Lebens, und nicht der Plan einer fixierten, starren Ordnung. Das »sinnliche Anschauen« will in der *natura naturata* die *natura naturans* erkennen.

Diesen Ansatz auf seine Enzyklopädistik anwendend, notiert Novalis: Der »(Formations) (Lebens)process unserer Vorstellungen dürfte wohl Gegenstand der Beobachtung und d[es] Nachdenkens des philosophischen Classificators und Systematikers seyn – wie auf eine analoge Weise der Lebensproceß der naturhistorischen Gegenstände das Phaenomén des Naturhistorikers«[12]. Wie in Goethes Morphologie bedarf es, um diesen Prozeß erfassen zu können, einer Ordnung, die die Übergänge der Gedanken ineinander, ihre Zusammenhänge und Abhängigkeiten erkennbar werden läßt. Den Gedanken, daß zunächst scheinbar ganz verschiedene Formen durch metamorphotische Prozesse ineinander überführt werden können, rezipiert Novalis mit großem Interesse aus der naturwissenschaftlichen und mathematischen

---

maximam continuata serie procedit, quasi similis catenae cujus annuli totidem species specierumve fasciculos repraesentant«.

[11] Vgl. z.B. die Darstellung bei Johannes Hermann: *Tabula affinitatum animalium*, Straßburg 1783.

[12] Novalis III, 333f.:460.

Literatur seiner Zeit; so findet er etwa in mathematischen Lehrbüchern die Möglichkeit, die Kegelschnitte kontinuierlich ineinander zu überführen (ein Beispiel, das übrigens auch Wittgenstein zur Erläuterung seiner »übersichtlichen Darstellung« verwendet[13]), auf dem Gebiet der Mineralogie beschäftigt er sich mit der Theorie der Übergänge der Grundformen der Kristalle, und sogar der Gedanke des Übergangs verschiedener Sprachen ineinander durch korrupte Aussprache scheint ihm bedenkenswert. Novalis notiert sich dementsprechend in seiner enzyklopädistischen Materialsammlung das Vorhaben einer »*FigurenLehre* – ihre Verwandl[ungen] – Übergänge«[14]. Daß sich wissenschaftliche Gedanken, wie Novalis sie in seinem *Brouillon* sammelt, überhaupt ineinander überführen lassen, liegt daran, daß sie alle in einem analogen Verhältnis stehen. Novalis notiert entsprechend: »Alle Ideen sind verwandt. Das Air de Famille nennt man Analogie«[15] und denkt in seinem *Brouillon* über eine »Analogistik«[16], eine eigenständige Lehre von der Analogie und ihren Anwendungen, nach. Wie bei Goethes Typus-Begriff handelt es sich bei der analogischen Verwandtschaft der Wissenschaften um eine πϱος ῾εν-Analogie, d.h., die Elemente sind auf ein Gemeinsames bezogen. Diese gemeinsame Idee oder Substanz aller Wissenschaften ist die Philosophie. Novalis formuliert das so: »Jede Wissensch[aft] ist vielleicht nur eine Variation der Philosophie. Die Phil[osophie] ist gleichsam die Substanz der W[issenschaft] – die überall gesucht wird – überall vorhanden ist, und nie dem Sucher erscheint«[17]. An anderer Stelle bezeichnet er die Philosophie als »Geist der Wissenschaften« der undarstellbar sei, »erst im vollständigen System aller W[issenschaften] wird die Phil[osophie] recht sichtbar seyn«[18]. Es bedarf also, mit Wittgenstein zu sprechen, einer »übersichtlichen Darstellung«[19] der Wissenschaften, um die Idee der Philosophie als allgemeines Bild des Ganzen zu erkennen. Neben Wittgenstein sei hier auch auf die Nähe zu Walter Benjamins Begriff der »Idee« hingewiesen, die sich ebenfalls nicht an sich selbst darstellt, sondern nur in einer »Konfiguration« »dinglicher Elemente« erscheint.[20]

Es geht in Novalis' Enzyklopädistik nicht so sehr, wie in der Forschung häufig behauptet, um eine *ars combinatoria* nach Art der Leibnizschen – obwohl er im einzelnen zweifellos auch kombinatorische Ansätze verfolgt –, sondern

---

[13] Vgl. Ludwig Wittgenstein: *Bemerkungen über Frazers ›The Golden Bough‹*, in: ders.: Vortrag über Ethik und andere kleine Schriften, Frankfurt/M 1989, S. 37.
[14] Novalis III, 293:297.
[15] Novalis II, 540:72.
[16] Novalis III, 321:431
[17] Ebd., 302:343.
[18] Ebd., 666:605
[19] Ludwig Wittgenstein: *Philosophische Untersuchungen*, Werkausgabe, Band 1, Frankfurt am Main 1984, S. 302.
[20] Vgl. Walter Benjamin: *Gesammelte Schriften*, Bd. 1, hg. v. R. Tiedemann u. H. Schweppenhäuser, Frankfurt/M 1972ff., S. 214.

um eine analogische Verknüpfung, um eine »VerwandtschaftsLehre der Gedanken«[21]. Novalis richtet sich deutlich gegen eine Kombinatorik, die die Wissenschaften zunächst auf elementare »notiones primitivae« zurückführen muß, wenn er schreibt:

> Man hat bisher in der Untersuchung der Philosophie, die Philosophie erst todtgeschlagen und dann zergliedert und aufgelößt. Man glaubte die Bestandtheile des Caput mortuum wären die Bestandtheile der Philosophie. Aber immer schlug jeder Versuch der Reduktion, oder der Wiederzusammensetzung fehl.[22]

Für Novalis gilt dagegen: nur »synthetische Gedanken sind associirende Gedanken. Ihre Betrachtung führt auf die natürlichen Affinitaeten – und Sippschaften der Gedanken«[23]. Diese »Betrachtung« soll ihm nun sein *Brouillon* ermöglichen, in dem Fragmente versammelt, die je für sich mehr oder weniger komplexe Zusammensetzungen darstellen und an denen er verschiedene Verbindungen erproben kann, die ihn im Erfolgsfall »Ideen«, allgemeine Grundmuster und Schemata der Wissenschaften erkennen lassen – so wie man zu mehreren Kindern durch Vergleichung die »ElternIndividuen«[24] erahnen könne (auch hier erinnert die Metaphorik wieder an Wittgensteins »Familienähnlichkeit«).

Erfindungskunst

Damit wird aber die Wissensordnung bei Novalis, ganz anders als in den Enzyklopädien seiner Zeitgenossen, die mit ihren begrifflichen Systemen gleichsam nur das analytisch aus dem Begriff herausarbeiten können, was sie vorher hineingelegt haben, zu einer Erfindungskunst oder, wenn man will, zu einem Organon der Kreativität. Hatte schon Goethe über seine aus der Erfahrung gewonnene Idee einer Urpflanze gesagt, »mit diesem Modell und dem Schlüssel dazu kann ich Pflanzen ins Unendliche erfinden«[25], will Novalis nun aus der »lebendigen«, also, wie wir gesehen haben, der auf die Zusammenhänge und Übergänge der komplexen Bestandteile gerichteten, Beobachtung der Philosophie in Zukunft die Kunst gewinnen, »Philosophieen zu machen«,[26] und er bezeichnet, ganz in diesem Sinn, die aus der übersichtlichen Darstellung der Wissenschaften zu gewinnende »Idee der Philosophie« als ein »Schema der Zukunft«. Wenn nun aber bei Novalis Wissensordnung und Erfin-

---

[21] Ebd., 447:930.
[22] Novalis II, 526:15.
[23] Novalis III, 558.
[24] Novalis II, 540:72.
[25] *Goethes Werke*, Hamburger Ausgabe in 14 Bänden, hg. v. E. Trunz, München 1982ff., Bd. 11, S. 375.
[26] Vgl. Novalis II, 526:15.

dungskunst ganz auf der Fähigkeit beruhen, Ähnlichkeiten zwischen den Gedanken wahrzunehmen und Ideen in ihnen zu erkennen, dann stellt sich die Frage nach der Natur dieser Fähigkeit. Wie die zeitgenössischen Natursystematiker verlegt Novalis dieses Vermögen in ein nichtpropositionales »Gefühl«:

> Eine Idee finden – i. e. in der Außenwelt unter mehreren Gefühlen herausfühlen – aus mehreren Ansichten heraussehn – aus mehreren Erfahrungen und Thatsachen herauserfahren – heraussuchen – aus mehreren Gedancken den rechten Gedancken – das Werckzeug der Idee – herausdenken – unterscheiden. Hierzu gehört *physiognomischer* Sinn für die mannichfachen *Ausdrücke* [...] der Idee.[27]

Das synthetische Denkvermögen, das die Einzelerkenntnisse – ähnlich wie in Walter Benjamins Konzept der »Konfiguration« oder »Konstellation« – analogisch zu einem umfassenden Bild verbindet, ohne ihre Individualität in Begriffe aufzulösen, ist für Novalis das Genie. Entscheidend ist dabei, daß es ihm nicht mehr um das sozusagen gewöhnliche Genie geht, das *ingenium*, das tradionell als Gegenbegriff zum *studium* als der nicht erlernbare Anteil am künstlerischen Ausdruck galt. Genie im emphatischen Sinne ist für Novalis vielmehr die Vereinigung des »blos mechanisch – *discursiv* – atomistisch[en]« mit dem »blos intuitiv – dynamisch[en]« Denken.[28] Diese Vereinigung in seinem Denken gelingt dem Genie mit Hilfe seiner besonders starken produktiven Einbildungskraft. Als das zwischen Anschauung und Begriff in der Mitte liegende Vermögen erfüllt die produktive Einbildungskraft hier die Funktion dessen, was Goethe als »intuitiven Verstand« bezeichnet hatte. Für Novalis vermag sich eine starke »produktive[] Imagination [...] im Moment des Übergehens von einem Gliede zum andern schwebend zu erhalten und anzuschauen«[29]. Wahrhaft geniales Denken ist demnach, »was zugleich Gedanke und Beobachtung ist«[30]. Dieses Schweben in der Mitte ermöglicht es nun auch, gleichsam in Umkehrung des immer von der Empirie ausgehenden Goetheschen Vorgehens, Geistiges sinnlich zu betrachten. Novalis notiert: »Das Abstracte soll versinnlicht, und das Sinnliche abstract werden«[31] und denkt über eine »Plastisirungsmethode« nach, die philosophische Begriffe, wie es Kant ausdrücklich nur für mathematisch-geometrische zugelassen hatte, in der Anschauung konstruiert. Auf etwas Ähnliches zielte übrigens auch Friedrich Schlegel mit seinem Konzept symbolischer Formen der Philosophie, die philosophische Systeme und Gedankengänge in konkreter geometrischer Gestalt, etwa als Dreieck oder als Kreis, vorstellten. Diese Konvergenz von sinnlicher Anschauung und begrifflicher Erkenntnis, die bei Novalis in die Utopie einer

---

[27] Ebd., 588:263.
[28] Ebd., 524:10.
[29] Ebd., 525:13.
[30] Novalis III, 344:480.
[31] Ebd., 299:331.

direkten Totalerfassung der empirischen Dinge, einer anschauenden und zugleich deutlichen Erkenntnis gipfelt, scheint vielleicht weniger eigentümlich, wenn wir sie mit modernen Autoren vergleichen, die sich ebenfalls der morphologischen Methode bedienten. Ist schon bei Wittgenstein häufig von einem »Sehen« der Zusammenhänge oder einem »Fühlen« des Sinns auch da die Rede, wo es um begriffliche Zusammenhänge geht, so steht das von Walter Benjamin (und Adorno) gebrauchte Konzept des »mimetischen Vermögens« als ebenfalls genau zwischen Sinnlichkeit und Begriff stehende Erkenntnisform in deutlicher Nähe zu Novalis' Vorstellungen, wie Adornos Charakterisierung des Mimetischen bei Benjamin zeigt:

> Der Gedanke rückt der Sache auf den Leib, als wollte er in Tasten, Riechen, Schmecken sich verwandeln. Kraft solcher zweiten Sinnlichkeit hofft er, in die Goldadern einzudringen, die kein klassifikatorisches Verfahren erreicht, ohne doch darüber dem Zufall der blinden Anschauung sich zu überantworten.[32]

Man kann Novalis' Geniekonzept als eine Aufwertung der klaren, aber verworrenen Erkenntnis – wie es die sinnliche gewöhnlich ist – gegenüber der klaren und deutlichen, aber im Sinne des »omnis determinatio est negatio« auch eingeschränkten Erkenntnis verstehen. Dazu scheint auch zu passen, daß das französische Wort *Brouillon*, mit dem Novalis seine Materialiensammlung zur Enzyklopädistik nennt, eben auch »verworren« bedeuten kann. Wenn Novalis nun in seinem *Brouillon* schreibt:

> Die Wissenschaften sind nur aus Mangel an Genie und Scharfsinn getrennt – die Verhältnisse zwischen ihnen sind dem Verstand und Stumpfsinn zu verwickelt und entfernt von einander. Die größten Wahrheiten unserer Tage verdanken wir solchen Combinationen der lange getrennten Glieder der Totalwissenschaft.[33]

dann wird dies ganz deutlich. Der Verstand ist danach nicht in der Lage, die verwickelten Verhältnisse, in denen die Wissenschaften untereinander stehen, zu durchschauen, und schafft sich daher ein künstliches, auf Trennung des eigentlich Zusammengehörenden beruhendes System, das, wie der Satz von den größten Wahrheiten, die durch den Austausch unter den Wissenschaften entstünden, zeigt, sich hemmend auf die kreative Hervorbringung des Neuen auswirkt.

»Übersichtliche Darstellung« und Methode

Das *Brouillon* scheint für Novalis ein Übungsmittel für sein eigenes geniales Denken gewesen zu sein. Vom traditionellen Verständnis abweichend, war für die Frühromantiker Genie ein durch Übung erlernbares Vermögen: »Jeder

---

[32] Theodor W. Adorno: *Prismen. Kulturkritik und Gesellschaft*, Frankfurt/M. 1976, S. 300.
[33] Novalis II, 368.

Mensch hätte einen genialischen Keim – nur in verschiedenen Graden der Ausbildung und *Energie*«[34]. Als Absolvent der Bergakademie in Freiberg kannte Novalis sehr genau den Wert, den Sammlungen zur Einübung der Natursystematik hatten. Novalis selbst beschreibt seine Materialsammlung als »lebendiges wissenschaftliches Organon«[35], das ihm »den Weg zur *ächten Praxis* – dem wahrhaften Reunionsprozess – [...] bahnen« soll. Durch wiederholtes Umsortieren der gesammelten Fragmente würde sich der Sinn für die Verwandtschaften schärfen und der Entwicklungsprozeß des Wissens dem Übenden klar vor Augen stellen. Daher bezeichnet Novalis seine philosophische Methode auch als »Naturgeschichte der Philosopheme«[36], also der komplexen Bestandteile der Philosophie, eine Metaphorik, die sich wiederum auch bei Wittgestein findet, der seine philosophischen Untersuchungen als »Naturgeschichte der menschlichen Begriffe«[37] bezeichnet, insofern sie die verschiedenen Aspekte herausarbeiten soll, unter denen sich der Zusammenhang der Begriffe untereinander betrachten ließe. Wäre nun also eine »übersichtliche« Ordnung der wissenschaftlichen Gedanken erreicht, so würde daraus für Novalis nicht nur, wie in den »natürlichen Systemen« der Naturgeschichte eine »Lehre wo man best[immte] Ideen aufzusuchen – und zu vermuthen hat« hervorgehen, es entstünde auch das, was Novalis im Bild des Rhythmus faßt: »Alle Methode ist *Rhythmus*. [...] *Rythmischer Sinn* ist Genie.« und weiter:

> In wessen Kopfe dieser große Rhythmus, dieser innre poëtische Mechanismus einheimisch geworden ist, der schreibt ohne sein absichtliches Mitwircken, bezaubernd schön und [...] die höchsten Gedanken [gesellen sich] von selbst diesen sonderbaren Schwingungen [...] [zu].[38]

»Rhythmus« ist hier insofern eine besonders passende Metapher, als es Novalis, wie wir gesehen haben, um eine Wissensordnung der Übergänge geht – gleichsam von einem Ton zum anderen, wobei erst aus der Abfolge mehrerer Übergänge ein Rhythmus entsteht. Ist dieser Rhythmus noch eine nichtpropositionale »Methode«, so kann durch Selbstbeobachtung des eigenen Tuns von der Stufe des bloß instinktiven Könnens zu einem in Regeln faßbaren Verfahren vorzurücken:

> Instinkt ist Kunst *ohne Absicht* – Kunst, ohne zu wissen wie und was man macht. Der Instinkt läßt sich in *Kunst* verwandeln – durch *Beobachtung der*

---

[34] Novalis III, 332:454.
[35] Novalis IV, 263.
[36] Novalis II, 362:21.
[37] Ludwig Wittgenstein: *Bemerkungen über die Philosophie der Psychologie*, Werkausgabe, Bd. 7, 5. Aufl., Frankfurt a. M. 1991, § 950.
[38] Novalis III, 308f.:380.

Kunsthandlung. Was man also *macht*, das läßt sich am Ende kunstmäßig zu machen, erlernen.[39]

Wären nun aber die Zusammenhänge und Übergänge zwischen den Gedanken, die Novalis in seinem *Brouillon* versammelt hat, einmal alle hinreichend übersichtlich dargestellt, dann könnten die darin zu erkennenden Folgen, wie bei einer mathematischen Folge regelmäßig fortgesetzt werden:

> Wie man in der Mathem[atik] durch regelmäßiges *Functioniren* bekannter *Glieder* und Theile der ganzen Gleichung – die Unbekannten successive findet und construirt, so findet und construirt man in allen Wissenschaften – die Unbekannten, Fehlenden Glieder und Theile des Wissenschaftlichen Ganzen durch *Functionirungen* der Bekannten Glieder und Theile.[40]

So ließe sich dann auch eine »Idee« fassen, die sich sonst doch nur in einer »unendliche[n] Reihe von Sätzen«[41] zeigt; das »Gesetz ihrer Fortschreitung«[42] ließe sich nach Novalis nämlich aus einigen Gliedern der Reihe ableiten – vorausgesetzt, man hat diese Glieder zuvor in die richtige Ordnung gebracht. Das wäre dann die von Novalis beabsichtigte »symbolische, indirecte, Constructionslehre des schaffenden Geistes«[43].

Schluß

Novalis hat sein enzyklopädistisches Projekt nicht vollenden können, und angesichts der teilweise überzogenen Ansprüche erscheint es fraglich, ob es sich in toto überhaupt hätte verwirklichen lassen. Ein entscheidendes Problem – über das Novalis tatsächlich intensiv nachgedacht hat – wäre sicher die Frage der Darstellungsform. Ob seine Enzyklopädistik sich am Ende auf die Angabe eines reinen »Relationsschema[s] der W[issenschaften]«[44] beschränkt oder den Versuch unternommen hätte, im Sinne der frühromantischen Theorie der »Mitteilung« durch eine entsprechende Rhetorik dem Leser gerade das nichtpropositionale, »geniale« synthetische Vermögen zu vermitteln, ist heute nicht mehr zu rekonstruieren.

Novalis' Enzyklopädistik bleibt aber schon deshalb bemerkenswert, weil sie den ersten Versuch darstellt, die morphologische Methode, die Goethe für seine Naturbetrachtungen entwickelt hatte, ganz auf theoretische Probleme anzuwenden. Sie zielt damit auf eine relationale Ordnung des Wissens, die nicht allein auf den diskursiven Verstand, sondern auch auf die bildlich organisierte Einbildungskraft setzt, und damit die zwei Vermögen kombiniert, de-

---

[39] Ebd., 288:270.
[40] Ebd., 92.
[41] Novalis II, 570.
[42] Ebd.
[43] Novalis IV, 263
[44] Novalis III, 378:624.

ren Zusammenspiel auch für Kant das Genie konstituiert.[45] Indem Novalis ganz vom konkret Gegebenen ausgeht, das in seiner quasi gestalthaften Qualität »verworren« aufgefaßt und in Zusammenhänge gebracht werden soll, steht er am Anfang einer längeren Denkströmung, die als ein Denken in unscharf begrenzten Begriffen (Wittgenstein) in Konstellationen (Benjamin), in ästhetischer Theorie (Adorno), in Strukturen (Dilthey) und in dekonstruktiven Verfahren (Derrida) die Begrenztheit des nur begrifflich-logischen Denkens zu ergänzen und das kreative Potential dessen, was nicht zur Gänze in den Begriff eingeht, zu nutzen sich bemüht.

Literatur

ADORNO, Theodor W.: *Prismen. Kulturkritik und Gesellschaft*, Frankfurt/M. 1976.
BATSCH, A.J.G.K.: *Tabula affinitatum regni vegetabilis*, Weimar 1802.
BENJAMIN, Walter: *Gesammelte Schriften*, Bd. 1, hg. v. R. Tiedemann u. H. Schweppenhäuser, Frankfurt/M. 1972ff.
DE JUSSIEU, Antoine Laurent: *Genera Plantarum secundum ordines naturales disposita, juxta methodum in horto regio Parisiensi exaratam, Anno MDCCLXXIV*, hg. v. Paul Usteri, Zürich 1791.
FRANKE, Ursula: *Kunst als Erkenntnis. Die Rolle der Sinnlichkeit in der Ästhetik Alexander Gottlieb Baumgartens*, Wiesbaden 1972 (Studia Leibnitiana, Suppl. 9).
GOETHE, Johann Wolfgang von: *Goethes Werke. Hamburger Ausgabe in 14 Bänden*, hg. v. E. Trunz, München 1982ff.
HERMANN, Johannes: *Tabula affinitatum animalium*, Straßburg 1783.
JÄSCHE, Benjamin Gottlob: *Idee zu einer neuen systematischen Encyklopädie aller Wissenschaften*, in: Philosophisches Journal 1 (1795), S. 327–372.
KRUG, Willhelm Traugott: *Versuch einer Systematischen Enzyklopädie der Wissenschaften, Erster und zweiter Teil*, Wittenberg und Leipzig 1796–1797.
NOVALIS: *Schriften. Die Werke Friedrich von Hardenbergs*. Begründet von P. Kluckhohn und R. Samuel. Hg. von R. Samuel in Zus. mit H.-J. Mähl, 3. erw. und verb. Aufl., Stuttgart, Bd. 1: 1977, Bd. 2: 1981, Bd. 3: 1983, Bd. 4: ²1975.
SULZER, J. G.: *Kurzer Begriff aller Wißenschaften und andern Theile der Gelehrsamkeit worin jeder nach seinem Inhalt, Nuzen und Vollkommenheit kürzlich beschrieben wird*, 2. Aufl., Leipzig 1759.
WITTGENSTEIN, Ludwig: *Bemerkungen über Frazers ›The Golden Bough‹*, in: ders.: Vortrag über Ethik und andere kleine Schriften, hg. u. übers. von J. Schulte, Frankfurt/M. 1989.
WITTGENSTEIN, Ludwig: *Bemerkungen über die Philosophie der Psychologie*, Werkausgabe, Bd. 7, 5. Aufl., Frankfurt a. M. 1991.
WITTGENSTEIN, Ludwig: *Philosophische Untersuchungen*, Werkausgabe, Bd. 1, Frankfurt am Main 1984.
WOLFF, Christian: *Psychologia empirica* (1732), hg. von J. Ecole (Gesammelte Werke, Abt. II, Bd. 5).

---

[45] Vgl. *Kritik der Urteilskraft* § 49.

Sektion 11 I

Kreativität und Kultur – Der Kreativitätsgedanke im interkulturellen Vergleich

Guido Rappe
Kreation oder Individuation? –
Bemerkungen zum Kreativitätsgedanken im interkulturellen Vergleich.... 603

Mathias Obert
Künstlerische Kreativität und Weltbezug im vormodernen China 615

Stephan Schmidt
Wege der Anverwandlung –
Zur Kreativität konfuzianischer Traditionsbildung 627

Sasa Josifovic
›Wu-wei‹ und die Innovation im Ausdruck des Unfassbaren.
Auffassung des Absoluten (Tao) als ›wu-wu‹... 639

Heinrich Geiger
Das ›Große Ich‹ – Das ›Wahrhafte Ich‹.
Schöpfertum und Kreativität in der chinesischen
Philosophie und Ästhetik. Ein interkultureller Blick 649

Kreation oder Individuation? – Bemerkungen zum Kreativitätsgedanken im interkulturellen Vergleich

GUIDO RAPPE (KARLSRUHE)

Eines der bedeutendsten Motive der europäischen Philosophiegeschichte ist bekanntlich das christliche Konzept der *creatio ex nihilo*. Der ihm zugrundeliegende Kreativitätsgedanke verweist auf einen entscheidenden Bruch sowohl mit außereuropäischen Vorläuferkonzepten im alten Orient als auch mit der griechisch-römischen Antike. Die Auswirkungen dieser Umprägung antiker Konzepte waren weitreichend und halfen wesentlich ein kulturspezifisches Weltbild zu schaffen. Noch beim Übergang der mittelalterlichen in die neuzeitliche Philosophie – etwa im dritten Hauptstück der 1692 erschienen *Einleitung zur Sittenlehre* des Thomasius (1968, 124) – galt die *creatio ex nihilo* als Errungenschaft gegenüber der ursprünglichen griechischen Auffassung, dass aus Nichts nichts werden kann. Allerdings begann sich verstärkt eine Ambivalenz gegenüber dem Schöpfungsgedanken abzuzeichnen, die etwa bei Schelling zum Ausdruck kommt. Schelling (1968b, 380), der ein abstraktes Nichts ablehnte, da »alle endlichen Wesen« »aus dem Nichtseienden geschaffen« worden seien, »aber nicht aus dem Nichts«, schwankte in seiner Haltung zwischen der Auffassung, dass die christliche »Vorstellung einer Schöpfung aus nichts« »aus Missverstand« des griechischen Begriffs *me on,* des Nichtseienden oder des Nichts, »entstanden« sei, und der Erkenntnis, dass es sich bei der »Schöpfung aus dem Nichts« eigentlich doch nicht um ein »Missverständnis« handelte, »sondern eben« um »eine Urdoktrin des Christentums« (1968c, 566). Geht man davon aus, dass es sich beim Christentum um eine gezielte Uminterpretation bestehender archaischer und griechischer Vorstellungen handelte, dann zeigt sich die *creatio ex nihilo* als ›Urdoktrin‹, welche sowohl die göttliche Allmacht als auch die Personalität besonders betonte und damit dem Monotheismus personaler Prägung, der mit dem Christentum entstand, ein neues und entscheidendes Gesicht verlieh. Das absolute Ereignis der Weltentstehung wird durch den Kreativitätsgedanken zur absoluten Tat eines einzigen personalen Gottes der aus einem abstrakten Nichts heraus auf wunderbare und allmächtige Weise alles schafft.

Dieser neue, christliche Gedanke eines abstrakten Nichts vor der Schöpfung spielt noch in der modernen naturwissenschaftlichen Theorie des Urknalls als eine auf ein Extrem zugespitzte, ohne Gott auskommende Vorstellung kosmischer Kreativität, hinein, denn hier wird das ›absolute Ereignis‹ der Entstehung des Kosmos unüberbietbar auf einen Punkt fixiert, an dem das

Sein beginnt und vor dem ›Nichts‹ war. Fragt man sich jedoch trotzdem, was vor diesem Punkt war, wird das Denken auf eigentümliche Weise an seine Grenzen geführt. Christliche Kreativität als Erschaffung aus Nichts kennt keinen Zustand vor der eigentlichen Tat bzw. dem Ereignis; außereuropäische und griechische Vorstellungen schon, nämlich das Nichts in Form des Chaos oder des Unbestimmten.

Vorbereitet wurde der christliche Gedanke, Kreation als geistigen Akt und den eigentlichen, reinen geistigen Akt als Kreation zu verstehen, durch den Platonismus. Schon Platon entwickelte ein kulturspezifisches Modell der Weltentstehung, wobei die Kreativität im Herstellung von Gegenständen mit derjenigen des geistigen Aktes über die Ideenlehre eigentümlich verschmolzen wurde. Mit dem Bild des Demiourgos, des ›Handwerkergottes‹ im *Timaios (28a)*, schuf Platon ein Paradigma des Kreativitätsgedankens, das als direktes Vorbild des christlichen Schöpfergottes gelten kann. Dort erklärte Platon die Entstehung des Kosmos als Tat eines Gottes, der mit Blick auf die ewige Ideenordnung als *paradeigma* – dem »mit dem verstandesmäßigen Denken« zu erfassenden »sich stets selbst Gleichen«, »stets Seienden« – aus einer chaotischen Masse eine geordnete Welt des »stets Werdenden« aber nicht »wirklich Seienden« schuf, das nur über Vermutung (*doxa*) und Sinneswahrnehmung zu erfassen war. Obwohl Platon zunächst auf archaische Konzepte zurückgriff und diese Schöpfung als Überführung von dem Zustand der Unordnung in den der Ordnung auffasste (TIM, 30a), modellierte er diese auf ganz spezifische Weise, indem er sich am Prozess der Erzeugung eines Gegenstandes mittels *techne* orientierte. So wie der Künstler oder Handwerker seinen Gegenstand schafft, indem er ein Vorbild vor Augen hat und nach diesem seinen Stoff oder sein Material formt, schuf Gott die Welt, in dem er dem formlosen Raum (*chora*) und der unvernünftigen Masse (*ochlos*) Form und Vernunft einbildete. Damit war ein neues, dualistisches Paradigma des Kreativitätsgedankens geschaffen, nämlich das der Schöpfung als Verbindung zweier vor ihr bestehender Komponenten – dem Geist (bzw. den Ideen) und der Materie –, durch eine personale, ebenfalls vorher bestehende Instanz.

Gegenüber dieser dualistischen, aus formloser chaotischer Masse und ideenträchtigem Geist bestehenden Konzeption der ›Kreativität als Zusammenfügung‹ gingen die griechischen schon ›vorsokratischen‹ Konzepte zwar auch von einem Nichts und einem Zustand der Unordnung aus, der vor der Entstehung der Welt bestand, doch fehlt zunächst der Geist und die Ordnung. Diese gehen aus dem Chaos hervor, das am Anfang der Entwicklung stand. Diese Chaos-Vorstellungen zeigen kulturübergreifende Züge und verweisen auf eine Nähe selbst zu den hebräischen Vorstellungen des Wassers als dem chaotisch-stofflichen Element, über dem in der *Genesis* bei der Erschaffung der ›Geist (*ruah*) Gottes‹ schwebte. Inspiriert scheint der althebräische Stammesmythos der Weltentstehung und der hebräische *jawhe* von schon altägyptischem Gedankengut, etwa den Vorstellungen des Gottes *Atum*, von dem Assmann (1984, 146) schrieb, er sei »der ›Selbstentstandene‹«, »alles Weitere« entstehe »aus ihm«. Die Welt »emaniere« aus ihm bzw. er verwandele sich in sie. Allerdings, so betonte Assmann, sei *Atum* »nicht Schöpfer, sondern Ursprung«. Damit zeichnet sich ein anderes, monistisches Paradigma des Kreativitätsgedankens ab: Schöpfung als Individuation im Sinne von Selbstentstehung und verwandelndem Hervorgehen, wobei nicht dem Chaos der Geist eingeprägt wird, sondern sich dieser als dessen Potenz entfaltet.

Schon in den frühesten Texten, so Assmann weiter, falle »diese Konzeption auf durch das abstrakte Niveau ihrer Spekulation«. *Atum* heiße »der Vollendete, das ›All‹ im Zustand der Nichtexistenz«, *Chepre(r)* meine »der Werdende« und bezeichne »den in spontaner ›Selbstentstehung‹ in die Existenz umgeschlagenen Aspekt des Gottes.« Es werde der »Übergang von der Präexistenz zur Existenz« beschrieben, »den sich der Ägypter nicht als ›Urknall‹, sondern als ein Erwachen, ein Zu-sich-Kommen des das ›All‹ personifizierenden Urgottes« denke (1984, 219). Es handele sich »mehr um eine Selbstentfaltung der Welt als um deren planvolle Schöpfung«. »Das entscheidende kosmogonische Ereignis« bestehe im »›Auftauchen‹ des ›von selbst entstandenen‹ Urgottes«, bei dem es sich um einen »Akt einer uranfänglichen Spontangenese« handele, um »das schlechthinnige ›Erste Mal‹, wie der ägyptische Begriff für die Genesis« laute (1984, 148). Von daher kam Assmann (1991, 250) zu der Forderung, dass wir uns, »wenn wir die ägyptische Weltsicht verstehen wollen, vom Begriff Schöpfung freimachen« müssen. »Für den Ägypter« sei »die Schöpfung das ›erste Mal‹ die ›Initialzündung‹ eines Prozesses«. Es handele sich bei diesen Konzepten nur um einen »sekundären Dualismus«, da der »Antagonismus« »nicht zum Urprinzip der Kosmogonie« gehöre, sondern »nachträglich in die Welt« komme, und zwar »offenbar in verschiedenen Schüben, die zu einer Steigerung von Differenzierung, Komplexität und Negativität der Welt führen« (1990, 176).

Demgegenüber zeigen die Vorstellungen des platonischen ontologischen Dualismus, der bereits vor der Erschaffung der Welt ihre Teilung in zwei Seinsbereiche propagierte und der Handwerkergott, der als Vorläufer des christlichen Schöpfergottes die Welt mit Blick auf die Ideenordnung erschafft, kulturspezifisches Denken. Von daher empfiehlt es sich bei der interkulturellen Auseinandersetzung mit dem Kreativitätsgedanken den Unterschied zwischen *Schöpfung* und *Individuation, Handwerker-* oder *Schöpfergott* und *Individuationsinitiator*, sowie dem der *Schöpfungsordnung* und der *Individuationsordnung* zu beachten.

Bei letzterer wird das ursprüngliche *Chaos*, der *Individuationsgrund* – und nicht die bloße *Masse* oder *Materie* –, in den *Kosmos* überführt, was für auffallend viele Weltenstehungserzählungen gilt (vgl. Rappe 1995, 331–342). So betonte z.B. auch Tauchman (1968, 31), für die Minahasa sei es nicht angebracht, »von einer ›Schöpfung‹ zu sprechen, weil die Existenz der Menschen und ihrer elementaren Umwelt nicht auf den Willensakt einer (oder einiger)

Gottheit(en) zurückgeht, sondern der Akzent in erster Linie auf dem ›Werden‹ und ›Entstehen‹« liege. Und auch Laubscher (1977, 230) bemerkte mit Blick auf die Iban (See-Dayak), dass »die Kreativität der Schöpferwesen« erst einsetze, »als der Baustoff vorhanden ist«. Diese Kreation vollzieht sich also als Individuation und zwar als aus dem Chaos spontan mittels Trennung erfolgendem Übergang zum Kosmos. Mit Jensen (1950, 460) lässt sich zusammenfassen, dass »die Technik der Schöpfung« in diesen Konzepten »nicht von solcher handwerklichen Art« ist, »dass die Dinge ›gemacht‹ werden«, sondern »im wesentlichen in einer Selbstverwandlung der bestimmten Gottheit in diese Erscheinung« bestehe. So lautet auch beispielsweise der Name des Gottes *Mula Jadi Na Bolon* der Toba-Batak in Indonesien nach Münsterberger (1939, 110): »»Der seinen Ursprung in sich selbst hat««, wodurch er zum Gedankenkreis des unpersönlichen »Aus-Sich-Hervorbringens« und des »Entstehens ›aus sich selbst‹« gehört (1939, 90).

Schon ein oberflächlicher Blick auf die frühen griechischen Konzepte von Chaos und Kosmos zeigt ein ähnliches Bild. Kosmos ist bekanntlich das griechische Wort für die schöne und gute Anordnung der Welt, wie sie in ihrem strukturellen Aufbau vom Menschen begriffen wird. Das Chaos war von seiner Wortbedeutung her wahrscheinlich zunächst eine klaffende Erdspalte oder ein gähnender Abgrund, der einem das Gefühl einer unermesslichen, grenzenlosen und dunklen Tiefe vermittelte. Hesiod (TH 115–130), der vom *protista chaos* sprach, ließ aus ihm zunächst die Erde und anschließend den Himmel sowie Nacht und Tag und dann erst das ganze Göttergeschlecht hervorgehen. Damit wird sofort deutlich, es fehlt ein Gott vor der Weltentstehung, die Götter werden in diesem Sinn ›innerweltlich‹ gedacht. *Gaia*, die weibliche Erde und *Ouranos*, der männliche Himmel, bilden ein Weltelternpaar, wie es aus vielen Kulturen bekannt ist. Das mit ihnen verknüpfte Paradigma des Kreativitätsgedankens ist das *hieros gamos* Motiv, die ›heilige Hochzeit‹ und ›Urzeugung‹, durch die dann der Kosmos sich als Wachstumsprozess entfaltet. Noch Platon integriert es als bekanntes Modell in seine Konzeption (TIM, 40ef), die es aber eigentlich ersetzen sollte.

Das zentrale Motiv des Chaos und die Vorstellungen kosmischer Individuation als Entfaltungsprozess findet sich weiter auch in China beispielsweise an einer Stelle in den 1973 gefundenen Mawangdui-Texten, wo es heißt: »Leere ohne Form, die zentrale Spalte ganz dunkel; der Ort der zehntausend Dinge aus dem das Leben erfolgt« (Yates 1997, 50f.).

Die Dunkelheit, Stille und Abgründigkeit des Chaos verweisen auf das Fehlen aller Bestimmungen, die »äußerste Leere« an Bezeichnungen, die *Privatio*, den Mangel oder die *Negatio*, die Verneinung aller Inhalte und in diesem Sinne auf ein »Nichts« oder Nicht-Sein, *me on* im Griechischen, *wu you* im Chinesischen, in dem es keine Unterscheidungen gibt und das von daher unerkennbar ist. Gemeint ist aber kein christliches, vage vorgezeichnetes abstraktes, ›reines‹ oder ›absolutes Nichts‹ – allenfalls bei Parmenides eine Art

›logisches Nichts‹, über das man nichts sagen kann, und dass es eigentlich gar nicht gibt –, sondern eben ein Nicht-haben von Grenzen oder Formen, ein *apeiron*, wie es seit Anaximander in den verschiedensten Formen die griechische Philosophie durchzieht, oder ein *wuji* wie es seit dem *Guanzi* (16, A.1b) und *Daodejing* (28) in chinesischen Vorstellungen zu finden ist. Der entscheidende Unterschied zwischen den konkreten und den abstrakten Formen des Nichts besteht darin, dass die abstrakten, apriorischen Formen völlig leer sind, die konkreten Formen nur von einer Abwesenheit identifizierbarer Gegenstände ausgehen, die aber potenziell vorhanden sind. Damit verweist der ursprüngliche Begriff des Chaos und des Nichts auf die erkenntnistheoretische Dimension der Vorhandenheit von ›etwas‹ – dem Nicht-Seienden auch im Sinne Schellings –, dem alle Bestimmungen fehlen, das aber kein völliges Nichts ist.

Demgegenüber beruht das ›abstrakte Nichts‹ auf einer Fortführung der Abstraktionsbewegung über die Unerkennbarkeit von ›etwas‹ hinaus in die ›absolute Unvorhandenheit‹, die nur als erkenntnistheoretischer Grenzbegriff noch Sinn macht, und selbst der darf bezweifelt werden. So wie sich der Mensch immer schon in Situationen, einer Umgebung und einer Welt befindet, kommt die Erkenntnis – will sie sich nicht im rein Formalen erschöpfen – nicht über ›etwas‹ hinaus, das in den archaischen Konzepten eben durch eine Erdspalte, Dunkelheit oder ein ›Element‹ wie z.B. das Wasser symbolisiert wurde. Weitere kulturübergreifende Bilder zur Bezeichnung dieses chaotischen Urgrundes sind »Wurzel«, »Quelle« oder »Samen«. Dazu gehören auch die Vorstellungen eines Urstoffes, der die ganze Fülle des Seins in potentieller Form bereits enthält, wie z.B. der *aer* des Anaximenes oder das »Ursprungs-*qi*« (chin. *yuanqi*; jap. *genki*) in daoistischen Texten. Diese stellen aber bereits entwickelte philosophische Konzepte mit einem Ansatz zu einer naturwissenschaftlichen Betrachtung dar.

Allen diesen ›ursprünglichen‹ Vorstellungen vom Chaos ist der Gedanke gemeinsam, dass aus ihm die Welt oder der Kosmos irgendwie hervorgegangen ist oder individuiert wurde. Sie bilden die Beispiele des Paradigmas der *Individuation*, die als Prozess des Werdens oder Hervorgehens eines *Individuums* aus einem Chaos oder Weltstoff – dem *Individuationsgrund* – aufgefasst wird, woraus sich das ›kosmische Individuum‹, die ›umfassende Einheit der geordneten Welt‹ bildet oder eben *individuiert*. Das Erkennbare, die Welt in ihrer entwickelten Ordnungsstruktur, entstand in den meisten frühen Mythen aber erst in einem zweiten *Individuationsschritt*, nämlich durch Trennung und Teilung der Einheit in polare Kategorien oder Wesen wie Himmel und Erde, Licht und Dunkelheit, Tag und Nacht. Der einmal ausgelöste Differenzierungsprozess vollzog sich dann ›selbsttätig‹ weiter und erzeugte die Vielfalt der Welt. Das im Urakt des Denkens angelegte Trennen und Benennen brachte die Ordnung in die Welt, wie das *Daodejing*, ein Text der Mawangdui-Funde aber auch Berichte aus anderen Kulturen explizit machen. Diese durch den Ablauf der Individuation oder den *Individuationsprozess* erfolgende fortgesetzte Unterteilung konstituiert erst den Kosmos im Vollsinn. Eine klassische Form einer solchen *Individuationsordnung* – einer Ordnung des Entstehens die gleichzeitig die Ordnung des Entstandenen ist – findet sich im *Daodejing* Kapitel 42 und lautet: »Das *dao* bringt die Eins hervor, die Eins die Zwei, die Zwei die Drei, die Drei die ›zehntausend Dinge‹. Die ›zehntausend Dinge‹ tragen das *yin* und umarmen das *yang*. Durch das offen-weite *qi* wird die Harmonie bewirkt.«

Diese äußerst abstrakten und knappen Formulierungen, die an von Pythagoras ausgehende griechische Zahlenspekulationen erinnern, machen eine Interpretation nicht leicht. Dies auch, weil der Begriff *dao* nicht einfach zu erfassen ist. Allgemein kann er mit »Weg« und dann mit »Sprache« und »Ordnung« übersetzt werden. Auf Ähnlichkeiten zum altägyptischen Begriff *maat* oder dem altindischen *rta* aber auch Konzepten der griechischen *logos*-Vorstellungen ist genügend hingewiesen worden. Wenn gesagt wird, dass das *dao* das Eine oder »die Eins« (hier lässt sich je nach Schwerpunkt interpretieren) »hervorbringt«, so hat es eine, die Individuation initiierende Funktion. Es leitet den *Individuationsprozess* ein und gibt den Anstoß, durch den sich die Abfolge der Ordnung oder, modern ausgedrückt, die Evolution vollzieht. Es ist der *Individuationsinitiator*.

Darüber hinaus zeigt es eine gewisse Nähe zum *Individuationsgrund*, denn es wird gesagt, dass es »die Eins« hervorbringt. Obwohl das Zeichen für »Hervorbringen« auch »Gebären« bedeuten kann, ist hier wohl weniger an die ›biologische‹ Metapher gedacht als vielmehr an das Entstehen von Ordnung überhaupt. Diese erfolgt nicht als Kreation eines Gottes, sondern als Selbstentfaltung ursprünglicher Potenz. Dem entsprechend kann »die Eins« als eine die Vielfalt der Welt potentiell enthaltene Einheit verstanden werden, die durch den Urakt der Individuation entsteht. Mit folgender Beschreibung aus den Mawangdui-Texten lässt sich die Vorstellung des Chaos so präzisieren: »Am Anfang des ewigen Nichts war es durchdringend gleich mit der großen Leere. Leer und gleich war es das Eine, das ewige Eine und ›sonst nichts‹. ›Neblig und trüb‹, hatte es noch nicht Licht und Dunkel. Göttlich und geheimnisvoll umfasste und erfüllte es, rein und still war es, ohne zu scheinen. Daher hatte es noch nichts, gab es die ›zehntausend Dinge‹ nicht. Daher hatte es keine Form, [sondern war] ein großes Durchdringen ohne Namen.« (Yates 1997, 172–177 u. 280 A. 503 f.).

Diese Konzeption des namenlosen, göttlichen, geheimnisvollen und umfassenden Einen zeigt Ähnlichkeiten zu Gedanken Plotins, für den das Eine, Gute ebenfalls form- und gestaltlos, ungeteilt und ein Grenzenloses, *apeiron*, ein »Nicht-Seiendes«, *me on*, die »Erzeugerin«, der »Ursprung« und schließlich die »Quelle« von Allem war. Weder dieses noch die daoistische Vorstellung dürfen aber mit der Eins, die vom *dao* hervorgebracht wird oder der Eins als Geist bei Plotin bzw. schon bei Platon verwechselt werden. Bei allen ist das Eine, Gute als unerkennbarer *Individuationsgrund* »selbst nicht das Sein, sondern ragt noch über das Sein an Würde und Kraft hinaus«, wie die berühmte Stelle in der *Politeia* (509a6-10) lautet. Während aber für den Individuationsgedanken gilt, dass die Eins in spontaner Selbstentfaltung aus dem Chaos als Potenz entsteht, wurde bei Platon das Chaos zur *chora* abgewertet und die Ideenordnung apriorisch mit dem Chaos zeitlich gleichgesetzt. Kreativität als Zusammenfügung setzt bereits das Bestehen beider voraus.

Festzuhalten bleibt, dass die Vorstellung eines für sich und mit sich identisch seienden ›Geistes‹ vor der Schöpfung einen wichtigen Schritt bei der Uminterpretation der archaischen interkulturellen Individuationsordnungen darstellte. Dabei fällt auf, dass der chaotische Urgrund sowohl in China als auch in Griechenland göttlich konnotiert war, aber eher als weiblich und dunkel aufgefasst wurde, denkt man eben an Hesiods Chaos und die weibliche Erde, aber auch beispielsweise an Pindar und den Anfang der 6. Nemeischen Ode, in der das Genos von Menschen und Göttern auf einen gemeinsamen weiblichen Ursprung zurückgeführt wird, nämlich *ek mias matros*, »von einer einzigen Mutter her«.

Dies änderte sich radikal in der platonisch-dualistischen Haltung. Gerade bei Platon ist weder die Hochschätzung weiblicher Aspekte noch die des chaotischen Bereichs überhaupt zu finden. Statt einer mütterlichen Quelle der Individuation – auf die er letztlich auch nicht gänzlich verzichten konnte – schuf er die *chora* als chaotisches Materie-Prinzip und »Amme des Werdens« (TIM, 52d u. 49a), der er das geordnete Reich der Ideen gegenüberstellte. Diese »Amme« hat zwar von ihrem chaotischen Gehalt her Ähnlichkeit mit Zhuangzis »Mutter des *qi*« oder dem »Dunklen-Weiblichen« im *Daodejing*, doch als wesentlicher Bestandteil einer voll entwickelten dualistischen Metaphysik steht ihr der lichte ›Geist‹ als Initiator und Garant der Ordnung gegenüber. Ihm gegenüber ist die »Amme« eine »Masse«, *ochlos* (TIM 42c), was ihre Teilbarkeit suggeriert, da der Begriff z.B. auf eine Menschenmenge angewandt und also im Sinne von zusammengehörigen Einzelnen verstanden wird. Dies kommt auch durch die Mischung aus den ›vier Elementen‹ zum Ausdruck. Als *chora* oder »Raum« ist sie die Ausdehnung schlechthin (TIM 51a), und als »Amme« ist sie eine Art formlose »Prägemasse« *(to ekmageion;* TIM 50b), denn es müsse, so Platon (TIM 50e) »von allen Formen frei sein, was alle Arten in sich aufnehmen soll.« Sie habe keine sichtbare Form, sei gestaltlos und äußerst schwierig zu erfassen, nehme aber »auf eine irgendwie höchst unerklärliche Weise am Denkbaren« teil.

Ähnlich konzipierte dann auch Aristoteles seine *hule* als einen indefiniten Stoff. Dabei übte er (PHU, 210a) zunächst durchaus Kritik an der Vorstellung der *chora* als Raum oder Ort. Sein Urstoff ist von sich aus nichts, kann aber durch zusätzliche Bestimmung etwas werden, denn was »nur der *dunamis* und nicht der *enteleicheia* nach« sei, sei »das Unbestimmte« (*aoriston*) nämlich ein »Nicht Seiendes« (*me on;* MP, 1007b28). Damit deutet sich aber an, dass dies ursprünglich nicht das Erste und das Wesen sein kann, sondern, so der platonisierende Aristoteles, dass »die Idee früher als der Stoff und mehr seiend ist« (MP 1019a3-7). Dabei wurde das platonische Motiv der Aufnahme von Allem, was der Geist in der *chora* anregt, bei Aristoteles weiter ausgestaltet. Die *hule* ist so chaotisch voll und reich, dass nichts Einzelnes hervortreten kann. Über die Schwierigkeit, einen solchen, in der Erfahrung nirgends vorkommenden Stoff zu denken, war sich Aristoteles (MP 1036a8 f.) durchaus klar; bei der *hule* handelte es sich eher um eine erkenntnistheoretische Konstruktion, sie selbst war an sich unerkennbar. Als passive, vollkommen unbestimmte Unterlage fehlte der *hule* die initiierende und formgebende Kraft des Geistes. Sie war zwar wie das Chaos ›superpotent‹, aber dadurch nicht mehr wirklich (oder direkt in der Erfahrung nachweisbar), sondern bedurfte zur Realisierung der einzelnen Dinge des Geistes als Individuationsinitiator. Dieser sollte in aller Reinheit am Rande des Kosmos, befreit von jeder Spur der inferioren *hule,* existieren, eine Art Restvorstellung des eigentlichen wahren Seins (der Ideen) Platons. »Das erste Sosein«, so Aristoteles (MP, 1073b 35 ff.), »hat keinen Stoff, denn es ist Vollendung. Eines also ist dem Begriff und der Zahl nach das erste bewegende Unbewegte«. Als oberstes Prinzip und sich selbst denkender, unbewegter Beweger konstruierte ihn Aristoteles sowohl erkenntnistheoretisch als auch kosmologisch. Dabei wandte er (MP 1072a8) sich ausdrücklich gegen die hesiodsche Vorstellung der Entstehung der Welt aus Chaos und Nacht und begründete dies mit der Unaufhörlichkeit der Bewegung, die keine Entstehung haben könne. Diese anfanglose Bewegung sei die Kreisbewegung, wodurch der Bezug zum (ersten, ewigen) Himmel hergestellt wurde (MP 1072a19-22). Man beachte die Ersetzung: die Stille und Ruhe des Chaos wird als Unbewegtheit dem Geist zugesprochen, der nun die Bewegung initiiert, wie ehemals das Chaos spontan den Kosmos. Außerdem ist er »unteilbar und untrennbar«, jenseits jeder Größe (MP, 1073a) und hat jenes »unbegrenzte Vermögen«, dessen inferiorer Spiegel die *hule* ist.

Auf diese Art wurden sowohl der *noos* zum Vorbild der Geistauffassung in der metaphysischen Tradition Europas, als auch die *chora* und *hule* zum Prototyp europäischer philosophischer Konzepte von Materie, lateinisch *materia,* in der noch *mater*, »Mutter«, steckt, nämlich Konzepte eines geistlosen Stoffes, des Geistlosen schlechthin, und auch von Körpern sowie der auf diese reduzierten Frau als einer ›geistlosen Gebärmaschine‹. Es handelt sich nur noch um eine reduzierte Form des Weiblichen, die eine Geschlechterdifferenz initiierte, welche deutlich hierarchische Züge trägt, wobei sie die spermatische Funktion des Mannes zur ›Selbsterzeugung‹ und ›Zeugung im Schönen‹ hypostasierte und die Funktion der ›physikalischen‹ Hervorbringung abwertete.

Diesen Trend setzte das Christentum fort, denn es übernahm die platonische Konstruktion. Eine entscheidende Bruchstelle dieser Übernahme darf bei Augustinus vermutet werden, der sich intensiv mit dem Problem auseinander setzte. So berichtete er (CON XII, 5) von Schwierigkeiten bei der Vorstellung eines Etwas »zwischen Form und Nichts, nicht Form, nicht Nichts«, ein

»Formloses beinah Nichts«, deshalb sei es ihm »viel leichter« gefallen, »zu glauben«, dass das, »was keine Form besitze«, »auch kein Sein« »besitze«. Damit zeichnet sich das abstrakte Nichts vor der Schöpfung ab, das wie die *chora* kein eigentliches Sein im platonischen Sinn hat. Dabei gab Augustinus durchaus zu, »dass alles, was sich wandelt, unserm Denken eine ungestalte Masse nahe legen muss, aus der es erst Gestalt genommen hat, dass es in ihr sich wandeln und verändern könne« (CON XII, 19). »Wahr« sei auch, »dass von allem dem Gestalteten nichts dem Ungestalteten näher steht als die Erde und der Abgrund«: »Ein Nichts« sei »nämlich all das, was fließt, was sich auflöst, was verströmt, was gleichsam dauernd sich verliert« (DBV, 8); so die augustinische Aufnahme des platonischen Motivs der *chora* und der Werdewelt sowie der Körpervorstellung. Allerdings begann Augustinus nun, den ursprünglichen Dualismus etwas zurückzunehmen und das christliche Konzept der *creatio ex nihilo* zu betonen, mit der man sich vom griechischen Denken allgemein abheben konnte. In diesem Sinn betonte er, dass die Welt mit ihrem Werden und Vergehen von Gott »aus nichts« »geschaffen« und zwar nicht »aus« ihm »und nicht aus einem Stoff«, der nicht von ihm oder »vor ihm« »gewesen« sei, sondern sie sei aus von Gott »erschaffenem Stoff« hervorgegangen. Diesem Stoff habe Gott »zugleich mit seinem Sein auch die Gestalt verliehen.« Denn geschaffen habe Gott »beide, den Stoff aus nichts und die Gestalt der Welt aus ihrem ungestalten Stoff«, und beides habe Gott, so setzte Augustinus hinzu, die platonische Ideenordnung und Werdewelt in seine Konzeption integrierend, »in einem geschaffen, so dass die Form dem Stoffe folgte ohne jedes Später in der Zeit« (CON XII, 33). Doch nicht nur der platonische Ansatz ließ sich so in christliches Denken überführen, sondern auch die Konzepte von Individuation, die Augustinus in seine Schöpfungsordnung baute, wobei er sogar auf das hesiodische Bild des Chaos zurückgriff. Dazu erklärte er: »Jener Abgrund aber war nah dem Nichts, denn noch war er ganz gestaltlos. Aber er war doch, was gestaltet werden konnte. Denn du, Herr, schufst die Erde aus dem gestaltlosen Stoff, den du aus Nichts geschaffen, beinah ein Nichts, dass du daraus das Große schaffest, das die Menschenkinder staunend sehen.« (CON XII, 7)

Damit aber war der ursprüngliche Urstoff als das Erste, Dunkle, Weibliche hierarchisch integriert und zum Zweiten umgewandelt, so dass Platz eins Gottvater einnehmen konnte, dem die gleiche Funktion des Hervorbringens zugeschrieben wurde, wie sonst dem Chaos. Anstatt die Ordnung als spontanen Prozess der Selbstentstehung aus dem Chaos hervorgehen zu lassen, wie dies mit dem Auftauchen der Gottheit in den meisten Individuationsordnungen überall auf der Welt der Fall war, wurde die Ordnung apriorisch vor das Chaos gesetzt, wodurch sie dessen Göttlichkeit ›einnahm‹. Dies kann als die eigentliche, platonische Entdeckung des ›Geistes‹ angesehen werden, die diesen zu einem kulturspezifischen Konzept ausgestaltete. Christlich ›vollendet‹ wurde sie durch Augustinus, der den ursprünglichen Dualismus in die Einheit

Gottes zurückzunehmen suchte. Nun ging aus Gott als dem Geist auch die Materie bzw. das Chaos hervor, die Umkehrung war perfekt. Der chaotische *Urstoff* blieb zwar der »Stoff, aus dem erst Form und Schöpfung werden konnte«, und in ihm »liege ja« »dies alles schon beschlossen, verworren zwar und nicht nach Art und Form geschieden, was wir heute, da es in Ordnung vor uns steht, den Himmel und die Erde nennen, ihn die geistige und sie die körperliche Kreatur« (CON XII, 17), doch war er eben nicht mehr Ursprung und heilig, sondern weiblich und inferior.

Damit wird deutlich, wie das Christentum einfach vor den Beginn der Individuation aus dem chaotischen Stoff einen Schöpfungsakt setzte, der das Prinzip der Individuation in die männliche Tat der Schöpfung als geistige ›Kreation‹ transformierte. Dieser rhetorisch konzeptuelle, durch einen nicht zu unterschätzenden Preis an Anschaulichkeit und Stringenz erkaufte ›Kniff‹ vertauschte das weibliche, chaotische, mütterliche Prinzip der göttlichen Matrix mit der Herrschaft des männlichen Geistes, der nun erst eigentlich ›kreativ‹ war, nämlich auch noch den chaotischen Urstoff erzeugte, wodurch die ursprüngliche Überfülle göttlich-weiblich-chaotischer Kraft des Gebärens zum Letzten und Untersten der Schöpfung gemacht werden konnte (vgl. CON XII, 29). Kreation als Ausrichtung des Handwerkergottes an der Ideenordnung konnte sich Gottvater im Grunde sparen, wenn, wie noch bei Leibniz (1956, 45) der »göttliche Verstand« »die Region der ewigen Wahrheiten bzw. der Ideen, von denen sie abhängen« war, wodurch das platonische Modell der Kreation als geistiger Tat vollständig integriert erscheint. Als Schöpfungsmodell der 7 Tage blieb aber Gott (für die ›unteren Schichten‹) handwerklich tätig, wobei dies so anstrengend war, dass er sich er sich am Schluss ausruhen musste.

Noch im 20. Jahrhundert wurden diese Konzepte um den platonischen Geist und die christliche Schöpfung gerade wegen ihrer ›Abstraktheit‹ äußerst positiv bewertet. So sprach, um nur ein Beispiel zu nennen, Cassirer (1925, 261) von einer »Erhebung« des »reinen Monotheismus« zum »Gedanken der ›Schöpfung aus dem Nichts‹«. Allerdings musste Cassirer selbst zugeben, dass sie zwar »vom Standpunkt des theoretischen Denkens gesehen immerhin ein Paradoxon, ja eine Antinomie« darstelle, doch bedeute der Gedanke »in religiöser Hinsicht« »nichtsdestoweniger ein Letztes und Höchstes, weil in ihm die gewaltige Abstraktionskraft des religiösen Geistes, der das Sein der Dinge aufheben und vernichten muss, um zum Sein des reinen Willens und des reinen Tuns zu gelangen, zu voller uneingeschränkter Geltung gelangt«. Das »Sein des reinen Willens und des reinen Tuns« ist aber eine etwas seltsame philosophische Vorstellung von Kreativität. Im interkulturellen Vergleich erweist sie sich als Abkömmling jenes metaphysischen Denkens, das Kreativität dualistisch interpretierte und als handwerkliche Produktion der planvollen Schöpfung mittels eines Vorbilds verstand. Diese kulturspezifische Vorstellung der Schöpfung als Paradigma für Kreativität sorgte für intrakulturelle

Differenzen sowohl gegenüber den ursprünglichen griechischen Ansätzen der Individuation, als auch für interkulturelle Differenzen gegenüber den altägyptischen und chinesischen Individuationsordnungen, die auf interkulturelle Gemeinsamkeiten zu den griechischen Konzepten verweisen. Die durch sie aufgezeigte Möglichkeit Kreativität nicht nur als ›geistigen‹ Akt, sondern als spontanen Prozess der Selbstentfaltung eines ganzen Individuums zu verstehen, wie er in den philosophischen und künstlerischen Konzepten Ostasiens bis zur Perfektion entfaltet wurde, geriet in der dominanten europäischen Geist-Metaphysik immer mehr aus dem Blick.

Literatur

ARISTOTELES: *Metaphysik*, Bücher I (A)–VI (E), Übers. H. Bonitz, Hamburg: Meiner 1978.
ARISTOTELES: *Metaphysik*, Bücher VII(Z)–XIV(N), Übers. H. Bonitz, Hamburg: Meiner 1971.
ARISTOTELES: *Physik*, Bücher I–IV, Übers. H.G. Zekl, Hamburg: Meiner 1987.
ARISTOTELES: *Physik*, Bücher V–VIII, Übers. H.G. Zekl: Hamburg: Meiner 1988.
ASSMANN, Jan: *Ägypten – Theologie und Frömmigkeit einer frühen Hochkultur*, Stuttgart 1984.
ASSMANN, Jan: *Ma'at Gerechtigkeit und Unsterblichkeit im Alten Ägypten*, München 1990.
ASSMANN, Jan: *Stein und Zeit*, München 1991.
AUGUSTINUS, Aurelius: *Des Heiligen Augustinus Bekenntnisse* (CON), Übers. H. Hefele, Jena: Diederichs 1921.
AUGUSTINUS, Aurelius: *De Beata Vita* (Über das Glück), Übers. I. Schwarz-Kirchenbauer u. W. Schwarz, Stuttgart: Reclam 1989.
CASSIRER, Ernst: *Philosophie der Symbolischen Formen II: Das Mythische Denken*, Berlin 1925.
Daodejing, Ausgabe Sanmin-Verlag, Taiwan 1997.
DIELS, Hermann/KRANZ, Walther: *Die Fragmente der Vorsokratiker* (Bd. I, II, III); Berlin 1956.
Guanzi, Sibu Conggan, Ssu-pu ts'ung-k'an = SPTK.
HESIOD: *Hesiodi Carmina*; hg. v. A. Rzach, Stuttgart 1958.
JENSEN, Adolf, E.: *Die mythische Weltbetrachtung der alten Pflanzer-Völker*; in: Eranos XVII Jahrbuch 1949, Zürich 1950.
LAUBSCHER, M.: *Iban und Ngaju: Kognitive Studie zu Konvergenz*, in: Weltbild und Mythos, Paideuma 23, 1977.
LEIBNIZ, G.W.: *Vernunftprinzipien der Natur und der Gnade / Monadologie*, Übers. A. Buchenau H. Herring, Hamburg: Meiner 1956 [1714].
MÜNSTERBERGER, Werner: *Ethnologische Studien an Indonesischen Schöpfungsmythen*, Den Haag 1938.
PINDAR: *Oden*, Übers. E. Dönt, E., Stuttgart: Reclam 1986.
PLATON: *Werke in 8 Bänden*, griech.-deut., Übers. Schleiermacher, Darmstadt: Wiss. Buchges. 1990.

PLOTIN: *Text und Übersetzung* (1–21), Bd. 1a, Übers. R. v. Harder, Hamburg: Meiner 1956.
PLOTIN: *Text und Übersetzung* (22–29), Bd. 2a, Übers. R. v. Harder, R., Hamburg: Meiner 1962.
RAPPE, Guido: *Archaische Leiberfahrung – Der Leib in der frühgriechischen Philosophie*, Berlin 1995.
SCHELLING, Friedrich Wilhelm Joseph: *Stuttgarter Privatvorlesungen*; in: Ausgewählte Werke – Schriften von 1806–1813, Darmstadt: Wiss. Buchges 1968 (b).
SCHELLING, Friedrich Wilhelm Joseph: *Darstellung des philosophischen Empirismus*; in: Ausgewählte Werke – Schriften von 1813–1830, Darmstadt: Wiss. Buchges. 1968 (c).
TAUCHMANN, Kurt: *Die Religion der Minahasa-Stämme*, Köln 1968.
THOMASIUS, Chr.: *Einleitung zur Sittenlehre*, Hildesheim 1968 (Nachdruck Halle 1692).
YATES, Robin D.S. (transl.): *Five Lost Classics: Tao, Huanglao, and Yin-Yang in Han China*, New York: Ballantine Books 1997.
Zhuangzi: Ausgabe Sanmin-Verlag, Taiwan u. HY 1996.

Künstlerische Kreativität und Weltbezug im vormodernen China

MATHIAS OBERT (BERLIN)

1. Zur Tragweite der Frage nach dem Kreativen

Die vormoderne chinesische Geistesgeschichte kennt den Gedanken der Kreativität nicht – mit dieser überspitzten Behauptung kann die Ausrichtung dieses Beitrages umrissen werden. Damit habe ich allem Anschein nach von vorneherein die Berechtigung eingebüßt, die folgenden Überlegungen hier vorzutragen. Indem jedoch das Thema der Kreativität mehrere Grundbegriffe des Abendlandes berührt, stellt es einen Angelpunkt in der Auseinandersetzung mit dem chinesischen Denken dar. Ich möchte also nicht einen Vergleich der psychologischen Deutungsmuster unternehmen, die im Hinblick auf kreative Phänomene zum Tragen kommen. Mein Anliegen ist es viel eher, die Voraussetzungen der gegenwärtigen Kreativitätsforschung, soweit diese in bestimmten geschichtlichen Grundentscheidungen des Denkens und in Leitvorstellungen abendländischer Anthropologie zu suchen sind, aus dem Blick auf die vormoderne chinesische Geistesgeschichte – also auf den Zeitraum vor der Verwestlichung Chinas seit dem späten 19. Jahrhundert – heraus zu beleuchten. Ohne einen Kulturvergleich anzustreben, soll versucht werden, aus einer chinesischen kunstphilosophischen Perspektive eine schärfere Sicht auf die abendländische Philosophie selbst zu gewinnen. Daß eine solche höchst einseitig pointierte Kontrastierung der nahezu gänzlich voneinander unabhängigen Überlieferungsgeschichten nach wie vor keiner strengen Methodik unterworfen werden kann, sofern es dabei wirklich um eine philosophische Begegnung mit dem Fremden geht, möge um des erhofften Erkenntnisgewinns willen vorweg zugestanden werden. Gemäß der von Wolfgang Welsch wiederholt vorgetragenen These von einer durchgreifenden »epistemologischen Ästhetisierung« des europäischen Geistes seit dem Beginn der Moderne[1] soll hier der Freiraum zu einer ästhetischen Übertragung von Gedanken und Phänomenbeschreibungen im Blick nach China genutzt werden. Immerhin pflegt man in China gerade im Ästhetischen seit rund zweieinhalb Jahrtausenden einen Kernbereich der eigenen geistigen und soziokulturellen Identität auszumachen.

---

[1] W. Welsch: *Ästhetisierungsprozesse – Phänomene, Unterscheidungen, Perspektiven* bzw. *Ästhetische Grundzüge im gegenwärtigen Denken*, in: ders.: Grenzgänge der Ästhetik, Stuttgart 1996, S. 43 ff. bzw. 73 ff.

Wenn Kreativität als ein besonderes Vermögen durch Schlagworte wie »Innovation« oder »Originalität« und »Spontaneität« bezeichnet wird, so werden auch schon wichtige Voraussetzungen in unserem Verständnis menschlicher Schöpferkraft sichtbar. Demnach zielt der Begriff der Kreativität auf einen zeitlich bestimmten Vorgang, auf den Übergang zu etwas neu Entstandenem, das nicht unmittelbar aus Vorgegebenem abzuleiten scheint. Die Rede von der »Originalität« mag das Phänomen eines Sprunges in der Zeit umreißen. Die Kennzeichnung als »spontan« zielt auf den Einbruch eines mechanistisch oder kausalistisch nicht ohne weiteres faßbaren Ereignisses in den Horizont eines determinierten und im wesentlichen rational beschreibbaren Geschehens. Beide Merkmale des Kreativen, Innovation oder Originalität wie Spontaneität, beziehen ihren Kerngehalt dabei aus einem bestimmten Begriff des Handelns, nämlich aus dem handwerklichen Muster des »Herstellens von etwas«. Dahinter steht der abendländische Leitgedanke der *poièsis*. Diese wimet sich im Rahmen einer schöpferischen Handlung oder *prâxis* und im Hinblick auf ein eidetisch gefaßtes *telos* dem Erschaffen eines bestimmten Seienden, eines *prâgma* oder *on*. Als Leitbild in der Deutung sowohl einer wissenschaftlich-technischen wie einer künstlerischen Kreativität fungiert das herstellende Tun des Demiurgen oder Schöpfergottes. Insofern der göttliche Schöpfungsakt als erste Ursache des Seins schlechthin gedacht wird und der Mensch sich inmitten einer Welt seiender Dinge vorfindet, gründet die abendländische Handlungstheorie vermutlich im ganzen noch im Muster der *poièsis*. Jede Analyse der *prâxis* gehorcht zumindest implizit der Idee des Herstellens von Seiendem.[2]

Entscheidend ist an diesem Bild dreierlei: Erstens wohnt dem eine im starken Sinne »ontologisch« zu nennende Voraussetzung inne, wenn das Wirkliche im ganzen je schon als »etwas Bestimmtes« und als »Seiendes« ausgelegt ist. Noch hinsichtlich des Werdens richtet sich der philosophische Blick in der Rede von der Kreativität auf das fertige Erzeugnis, auf das bestimmte Etwas, das da geworden ist. Kreativität hat es auf stillgestelltes Seiendes, exemplarisch verstanden als ein »Werk«, abgesehen. Zum zweiten kommt der Gedanke eines Anfangs ins Spiel. Das All des Seienden hat einen Anfang, insofern es geschaffen ist. Auch der Künstler setzt eine Sinngebilde uranfänglich in sein Sein. Er erwirkt das Sein von etwas und gibt ihm seinen Anfang. Drittens ist in diesem ontologisch gefaßten Schaffensprozeß das Moment der Absicht von Belang. Noch in der Rede von der scheinbaren Absichtslosigkeit des spiele-

---

[2] Hannah Arendt vertritt die These von einer bewußten »Verwandlung« des politischen Handelns in ein handwerklich herstellendes Fabrizieren, von einer Überlagerung des Begriffs der *prâxis* durch den der *poièsis* in der Geschichte der griechischen Philosophie. Zugleich zeigt sie sehr deutlich den Zusammenhang zwischen dem poietischen Paradigma und der griechischen Substanzontologie auf (H. Arendt: *Vita activa oder Vom tätigen Leben*, München 2002, S. 244 f. und 166 ff.).

risch Schaffenden kommt implizit jene Grundanschauung zum Tragen, wonach Seiendes von der Art eines Hergestellten prinzipiell zugleich mit seiner Erschaffung einer »Sinngebung« unterliegt. Der menschliche Handwerker wie der Demiurg, beide blicken zuvor schon auf das *eidos* dessen hin, was sie nach diesem Musterbild ins Sein zu bringen gedenken. Im Kreieren nie dagewesener Muster kehrt das Herstellen von Seiendem wieder – bis hin zum gewollten Verzicht auf Sinnentwürfe in der Aleatorik oder im *action painting*, wo sich das Moment absichtsvoller Hervorbringung von etwas noch im gezielten Herbeiführen dessen verbirgt, was als ein Symbol der Absichtslosigkeit wahrzunehmen wäre. Ein Ausdrucksphänomen in Zeit und Raum in eine, sei es auch noch so vorübergehende Existenz zu bringen, ist nach wie vor das erklärte Ziel auch der negativistischsten Kunstform der Avantgarde. Künstlerisches Tun folgt stets dem Gesetz einer werkhaften Formstiftung. Diese Wahrheit spiegelt der Kunstmarkt und seine Verschleierungsform, der Kunstbetrieb, jederzeit wider.

Ausgehend von den drei genannten Momenten des *Werks*, des *Neuanfangs* und der *Sinnabsicht* im europäischen Begriff der Kreativität sollen im folgenden exemplarisch einige zentrale Aussagen zur künstlerischen Arbeit aus dem vormodernen China vorgeführt werden. Leitend ist dabei die These, daß jenes andere kunstphilosophische Denken gerade auf dem Boden einer nicht-ontologischen, mithin nicht-poietischen und nicht-kreationistischen Disposition entfaltet wurde. Erstens wird dort das Wirkliche nicht als ein »Sein« im prägnanten Sinne der antiken Ontologie verstanden. Das Wirkliche gilt viel eher als die analytisch nicht bestimmbare, allein in perspektivischer Teilnahme zugängliche Zusammenhangsganzheit eines unendlichen »Wandlungsgeschehens« (*huà* 化). Zweitens wird kein Anfang der so gegebenen Wirklichkeit gedacht. Was in der chinesischen Überlieferung als »Schöpfungsmythos« bezeichnet werden mag, bezieht sich in Wahrheit auf die Ausgestaltung eines bereits vorhandenen Weltganzen und leitet sich von Mythen der Kulturstiftung ab. »Daoismus«, »Konfuzianismus« und »Buddhismus«, den drei Hauptströmungen chinesischer Weltdeutung, liegt weithin die Vorstellung von einem anonymen, anfangs- und endlosen Weltprozeß zugrunde. Sogar der Gedanke des Anfanges wird bisweilen entscheidend relativiert.[3] Drittens wird nicht sel-

---

[3] So etwa der logische Zweifel an der Annahme eines absoluten Anfangs (*shǐ* 始) im 4./3. Jahrhundert vor der allgemeinen Zeitrechnung in *Zhuang Zi* 莊子 2 (Guo Qingfan 郭慶藩, *Zhuang Zi ji shi* 莊子集釋, 38 [enthalten in: Zhonghua shuju 中華書局 (Hg.), *Zhu Zi ji cheng* 諸子集成, 8 Bde., Beijing 1954, 2. Bd.]), woraus sich in der kanonisierten Auslegung des Hauptkommentars eine Kritik am Begriff von Anfang und Ende überhaupt ergibt; vgl. die stark interpretierende Übersetzung von Richard Wilhelm: *Dschuang Dsi. Das wahre Buch vom südlichen Blütenland*, München 1969, [I. Hauptteil, Buch II 6.] 46; vgl. ebenso Victor H. Mair: *Wandering on the Way. Early Taoist Tales and Parables of Chuang Tzu*, Honolulu 1994, [2.8] S. 18. Siehe ferner die Lehre von einer Art »Weltentstehung« in den ersten beiden Kapiteln des *Huainan Zi*

ten die Unterstellung eines über seine bloße Perpetuierung hinausgehenden Endzweckes in diesem Wirklichkeitsgeschehen zurückgewiesen.[4] Was sich vollzieht, vollzieht sich nicht aufgrund einer bestimmten Absicht.

Entlang jener oft irreführend als »Prinzipien« wiedergegebenen »ordnenden Bahnen [der Wirklichkeit]« (*lǐ* 理) verlaufend, vollzieht sich das Wandlungsgeschehen »von selbst« (*zì rán* 自然). Was es gibt, ist nach diesem Leitbild nicht »hergestellt«, sondern aus anderem »geboren« (*shēng* 生).[5] So ist auch das bekannte Muster des »Töpfers« oder »Eisengießers« (*táo yě* 陶冶) zu verstehen, der aus Vorgegebenem Neues formt. Da geht es nicht um ein Kreieren, sondern um ein fortgesetztes »Umformen«. Wo alles im Fluß ist, kann streng genommen nicht einmal von einem Werden und Vergehen gesprochen werden. Im Bild des »Gießens« wird zwar die jeweilige Ausbildung all der innerweltlichen Vorkommnisse (*wàn wù* 萬物) gedeutet. Doch der Prozeß des naturwüchsigen Gießens wird nie beendet im Sinne eines In-sein-Telos-Bringens von Seiendem. Wenn solches formende Ausbilden der Wirklichkeit im ganzen nachgesagt wird, ohne daß dazu ein Urheber gedacht wird, so liegt hier ein wichtiger Unterschied zur Idee des kreativen »Erschaffens«. Der Lauf der Welt ist verkörpert in jenem berühmt-berüchtigten *dào* 道, dem »Weg«, der allem Geschehen Richtung und Sinn vorgibt, seinerseits aber im Modus des »Von-selbst« erwächst.[6] Dieser Lauf der Dinge entfaltet sein zeitliches Geschehen, ohne dieses uranfänglich zu setzen und ohne etwas Seiendes herzustellen. Die Idee der Regelung eines Wasserlaufs (*zhì* 治), nicht die des Herstellens von Dingen bestimmt daher das vorherrschende Verständnis vom menschlichen Handeln. Der Verzicht des älteren chinesischen Denkens auf den Gedanken des Ursprungs, der Kausalität und der Teleologie wie auf die

---

淮南子 (übersetzt von Charles Le Blanc: *Huai-Nan Tzu. Philosophical Synthesis in Early Han Thought*, Hongkong 1985) aus dem 2. Jahrhundert vor der allgemeinen Zeitrechnung. Im 11. Jahrhundert lehrt sodann der »Neokonfuzianer« Cheng Hao 程顥, der »weghaft leitende Sinn« (*dào* 道), der zugleich das Weltgeschehen durchwaltet und den Menschen moralisch durch die Geschichte führt, sei anfangs- und endlos; siehe *Er Cheng yi shu* 二程遺書 (*Hinterlassene Schriften der Gebrüder Cheng*) 12.2; enthalten in: Xiong Dunsheng 熊鈍生 (Hg.), *Er Cheng quan shu* 二程全書, 3 Bde., Taibei 1986, 1. Bd.

[4] Für die »daoistische« Auffassung mag *Lao Zi* 老子 5 stehen; vgl. die Übersetzung von Richard Wilhelm: *Laotse. Tao te king*, München 1998, S. 45. Aber auch eine orthodoxe »konfuzianische« Gelehrsamkeit seit dem 2. Jahrhundert vor der allgemeinen Zeitrechnung unterstellt wohl einen »Himmel« (*tiān* 天) als Garanten der Moralität, geht indes zugleich von naturwüchsigen, zweckfrei ablaufenden Wandlungsprozessen zwischen *yīn* 陰 und *yáng* 陽 bzw. den »fünf Phasen« (*wǔ xíng* 五行) als dem einzig Wirklichen aus.

[5] Vgl. die Darstellung in Xu Fuguan 徐復觀: *Liang Han sixiang shi* 兩漢思想史 (*Geschichte des Denkens der Han-Zeit*), 3 Bde., Taibei 1979, 2. Bd., S. 213 ff.

[6] Dazu klassisch *Lao Zi* 老子 25; vgl. R. Wilhelm: *Laotse*, S. 65.

Hypostase eines Schöpfergottes[7] – dies harrt als eine philosophische Tat höchsten Ranges noch der Würdigung.

Daneben gilt es schließlich die gegenüber einer ontologischen Anthropologie geänderte Stellung des Menschen als drittes Glied zwischen Himmel und Erde (*tiān dì rén* 天地人) zu würdigen. Dem menschlichen Leben kommt einzig die Aufgabe eines gelungenen Eingehens in den Gesamtzusammenhang des Weltgeschehens zu. Der Mensch untersteht der Welt oder der Natur nicht als ein Geschöpf; ebenso wenig schwingt er sich zu einer dem Schöpfergott ebenbürtigen Verfertigung von Natur auf. Wo er in das Weltgeschehen eingreift, geschieht dies durch Teilnahme von einem Ort innerhalb des Geschehens selbst aus.

Vor diesem anti-kreationistischen Hintergrund wird nun nicht eine objektivierende »Produktion der Wirklichkeit« im Poietischen[8] zum Leitbild der Kunst, sondern vielmehr das situative *Eingehen* in die bewegte Wirklichkeit, die den Menschen je schon umfängt. Nicht das geschaffene Werk und nicht das ästhetische Gebilde sind als Ziel der künstlerischen Arbeit anzusetzen, sondern das Erwirken eines Einklangs zwischen Welt und Mensch. Nicht *creatio* oder Neuerschaffung, sondern die »Rücknahme« ins je schon Stattfindende, allenfalls eine erneuerte »Einführung« und »Einübung« des Menschen in die Welt, können als Schlüsselbegriffe für ein Verständnis der älteren chinesischen Ästhetik gelten. Hinter dem funktionierenden Gelingen solcher Einübung tritt der Gedanke einer kreativen Innovation oder Originalität in den Hintergrund. Ebenso bestimmt weithin diesseits der Idee kreativer Spontaneität im setzenden Eingriff ein leiblich vermittelter Mitvollzug die künstlerische Gestaltfindung wie den rezeptiven Akt. Ein fertiges Werk als solches wird in der Kunst zu einem zweitrangigen Anliegen gegenüber dem künstlerisch-ästhetisch gelebten Weltbezug. Aus der nicht-ontologischen Grunddisposition des vormodernen China wird auch der Primat des »Zwischen« und der fließenden Übergänge vor den festen Formen in allen chinesischen Kunstgattungen verständlich.

Dieser Skizze sei jetzt mit ein paar Belegstellen aus der Kunsttheorie Leben eingehaucht.

2. Einige Beobachtungen an dichtungs- und kunsttheoretischen Schriften

Nicht unbekannt ist dem älteren China der Wert neuer Ausdrucksformen. Verbreitet sind Lobesformeln wie »neuer Sinn« (*xīn yì* 新意), »außergewöhnlich« (*yì* 異) oder »herausragend« (*qí* 奇). Diese Ausdrücke finden sich allerdings nicht als Kennzeichnung höchster Vollendung. Diese obliegt Kategorien

---

[7] Vgl. Mou Zongsan 牟宗三: *Caixing yu xuanli* 才性與玄理 (*Naturanlage und verborgene Prinzipien*), verbesserte Neuausgabe, Taibei 2002, S. 159 ff.
[8] So Welsch: *Grenzgänge*, 68, unter Berufung auf Konrad Fiedler.

wie »lebendiges Atmen« (*qì* 氣), »vornehme Gestimmtheit« (*yùn* 韻) oder »lebendige Bewegtheit« (*shēng dòng* 生動). Aber auch hinsichtlich des nachgeordneten Stellenwertes origineller Innovation muß im hiesigen Zusammenhang klargestellt werden, daß sich mit dem Moment der Neuerung in der Regel auf die Sinneshaltung des Künstlers im ganzen abgehoben wird, nicht – wie allzu oft unterstellt – auf konkrete einzelne »Vorstellungen«, Gedicht- oder Bildentwürfe. Der Ausdruck »Sinneshaltung« (*yì* 意) ist stets konnotiert mit der stimmungsmäßigen und emotionalen Ausprägung einer künstlerischen Gesamtsituation vor dem Arbeitsbeginn. Erst eine neuartige Abwandlung auf dieser Ebene mag dann als objektivierte Neuheit im geschaffenen Gebilde ihren Niederschlag finden.

Noch deutlicher läßt sich der entscheidende Unterschied zwischen innovativem Produkt und der *Innovation in den Voraussetzungen* eines künstlerischen Arbeitsprozesses an der bekannten Formel »die Sinneshaltung geht dem Pinselzug voraus« (*yì zài bǐ qián* 意在筆前) festmachen.[9] Diese Aussage ist vor einem bestimmten kulturgeschichtlichen Hintergrund zu lesen. Seit dem zweiten Jahrhundert hat sich in China die Schriftkunst als eine lebensgestaltende und bildungsmäßige Übung *sui generis* entwickelt, die nicht mit einer nach Verschönerung strebenden Kalligraphie verwechselt werden darf. Mit dem »Pinselzug« ist in dem angeführten Spruch daher nicht die technisch-praktische Umsetzung eines zuvor im Geiste verfertigten »Konzepts« gemeint. Klar steht hier der »Pinselzug« als Kürzel für *konventionalisierte Bewegungsabläufe*, die durch lebenslange Einübung selbstverständlich geworden sind. Gerade in der Schriftkunst spielt ja ein allgemeiner Schrifttyp als Garant der kommunikativen Kraft der Schrift mit historischen und individuellen Ausprägungen zusammen, was den ästhetischen und ethisch-existentiellen Gehalt des als höchste Kunstform gepflegten Schreibens ausmacht. Das konkrete Ziehen des Pinsels in der Zeit des Schreibens wird stets darauf zurückgeführt, daß ein Individuum eine überindividuelle »stilistische Verkörperung« (*tǐ* 體) durch Übung sich soweit »einverleibt« hat, daß nun das Individuum seinerseits den Stil in jeder konkreten Schreibbewegung neuerlich »verkörpert« und zum

---

[9] Zuerst findet sich der Gedanke im 4. Jahrhundert in Wei Shuo 衛鑠 (Dame Wei 衛夫人), »Bi zhen tu 筆陣圖« (»Tafel mit der Ausrichtung der Pinselzüge«), in: Wang Yuanqi 王原祁: *Peiwen zhai shu hua pu* 佩文齋書畫譜, 5 Bde., Beijing 1984, [卷 3, 論書三] Bd. 2, 56a; vgl. Yolaine Escande: *Traités chinois de peinture et de calligraphie. Traduits et commentés par Y. Escande*, [1. Bd.] Paris 2003, S. 163. Derselbe Gedanke wird auch von dem berühmten Maler und Dichter Wang Wei 王維 aus dem 8. Jahrhundert überliefert in *Shan shui lun* 山水論 (*Erörterung über die Berg-Wasser-Malerei*) und *Shan shui fu* 山水賦 (*Langgedicht zur Berg-Wasser-Malerei*), enthalten in: Yu Jianhua 俞劍華 (Hg.): *Zhongguo gudai hualun leibian* 中国古代画论类编 (*Sammlung der Texte des alten China zur Malereitheorie, nach Kategorien geordnet*), verbesserte Neuauflage, 2 Bde., Beijing 1998, 1. Bd., S. 596 f. bzw. S. 600 f. Vgl. die englische Übersetzung in Susan Bush/Hsiao-Yen Shih: *Early Chinese Texts on Painting*, Cambridge, London 1985, S. 173.

Ausdruck bringt. In Anbetracht dieser Voraussetzungen ist die Formel so zu interpretieren, daß vor jedem Schreib- oder Malprozeß eine »stimmungsmäßige Sinneshaltung« (*yì* 意) im Schreibenden oder Malenden sich eingestellt haben muß, ehe er mit seiner eingeübten Schreib- oder Malbewegung einsetzt. Die Sinneshaltung ist nicht auf einzelne Formen im fertigen Produkt oder die dazu führenden Pinselzüge gerichtet. Sie zielt auf die Authentizität eines in seiner Gesamtheit – etwa bei einem längeren Schriftstück oder einem großen Berg-Wasser-Bild (*shān shuǐ huà* 山水畫) – gar nicht vollständig im voraus zu entwerfenden *Bewegungsablaufes*. Nicht eine konkrete vorstellungsmäßige Gestalterfindung oder *inventio* ist es also, die der praktischen Arbeit vorauszugehen hat. Gemeint ist die Disposition zu einer Bewegung, und alle Neuerungen haben zunächst einmal diese Disposition zu einer allenfalls halb spontanen und freien Tätigkeit zu ergreifen. Der aus langer Einübung erwachsende künstlerische Akt ist eher als eine wiederholende, »wiederbelebende« *práxis* denn als *poìesis* zu verstehen. Originalität und Innovation kommen somit allenfalls der Voraussetzung des Werkschaffens, nicht diesem selbst zu.

Näher an den Ursprung eines vermeintlich kreativen Vollzuges führen andere Belegstellen. In der Ausrichtung auf ein künstlerisches *Geschehen*, nicht aber auf ein Produkt oder etwas Seiendes, ist auch die Rede von einem vorbereitenden »Sinnen in Gedanken« (*sī* 思) zu lesen. Gemäß der einflußreichen Wendung »vergeistigtes Sinnen« (*shén sī* 神思) versetzt eine ausgezeichnete Besinnung den Dichter in eine lebendige Verbindung mit den reingeistigen Momenten im Weltgeschehen. Dementsprechend markiert das »Geistige« (*shén* 神) künstlerisches Gelingen und den höchsten Rang. Nach daoistischer Vorstellung höchster Verwirklichung des Menschseins geht der einzelne auf der Stufe des »Vergeistigten« (*shén* 神) ins Weltganze ein. In einer eurozentrischen Übersetzung wird daraus zweifellos der »göttliche Künstler«. Solches »Sinnen« des dichtenden Menschen trachtet indes schwerlich nach einer bestimmten, aus dem Geist heraus in materielle Formen umzusetzenden Erschaffung. Es geht vielmehr um eine fundamentale *Öffnung zur Welt*. Nicht von ungefähr geht mit diesem Gedanken der Hinweis auf ein Antwortgeschehen einher. Die dichterische Arbeit kennt nach Liu Xie 劉勰 vom Anfang des sechsten Jahrhunderts sehr wohl den Unterschied von Fleiß und Mühe, von Bestimmung und Korrektur einerseits, behender Durchführung in einem Atemzug andererseits. Denkbar ist dabei dann im äußersten Falle:

> Die behende Befähigung geht dem Planen voraus, erwidert der Bewegtheit der Situation und bestimmt die Entscheidung.[10]

---

[10] Liu Xie 劉勰: *Wen xin diao long* 文心雕龍 26; übersetzt nach: Luo Liqian 羅立乾: *Xinyi Wen xin diao long* 新譯文心雕龍, Taibei 1994, S. 437. Vgl. Vincent Yu-chung Shih: *The Literary Mind and the Carving of Dragons. A Study of Thought and Pattern in Chinese Literature*, Hong Kong 1983, S. 303.

Als künstlerisches Ideal wird nicht ein planvolles subjektives Tun, sondern ein »Erwidern« oder eben »Antworten« auf die Umstände angesetzt. Dementsprechend fällt kurz darauf im gleichen Text folgende zentrale Aussage:

> Die Dinge ersuchen [uns] mit ihrem Anblick, das Innere erwidert [ihnen] gemäß den ordnenden Bahnen der Wirklichkeit.[11]

Die reizvolle Formulierung irritiert sämtliche Kommentare. Die Analogie gilt dem Mitschwingen von korrespondierenden Tönen und dem Verhältnis zwischen Fürst und Untertan, dem »Ersuchen« des einen und der großzügigen »Antwort« des anderen. So wird das dichterische Schaffen gerade nicht im Sinne des Anfangenlassens von gänzlich Neuem, vielmehr als gelingender *Einklang* dargestellt. Das Dichten wird verstanden als eine Erwiderung auf den Anspruch des Wirklichen an den Menschen. Die Dichtung entspringt – als gleichsam musikalisches Einschwingen in die Welt begriffen – einem Antwortgeschehen und gerade nicht einer individuellen *creatio*.

In dieselbe Richtung weist auch der früheste überlieferte Quellentext zur Berg-Wasser-Malerei von Zong Bing 宗炳 vom Beginn des fünften Jahrhunderts. Für ihn kommt in der Ausführung dieser chinesischen »Landschaftsmalerei« alles auf eine als *Schwingungsereignis* gelingende Korrespondenz zwischen Mensch und Welt an. Geradezu mechanisch – also antikreationistisch – mutet in dieser Schilderung des künstlerischen Schaffensaktes die Rede vom »Erwidern« (*yìng* 應) des Auges, vor allem aber die Leitvorstellung von einer »Anrührung« (*gǎn* 感) im Geistigen durch eine effektive »Korrespondenz« (*lèi* 類) der sichtbaren Gestalten an.[12] Auch hier geht die Suche nach Originalität und freier Spontaneität als Kennzeichen des Kreativen leer aus.

Auf diesem Boden kommt das Ideal einer malerischen Gestaltung auf, die sich nicht aus einem »Einfall«, sondern unmittelbar aus der leiblichen Bewegung des Pinselzuges ganz »von selbst« (*zì rán* 自然) ergeben soll. Diese Forderung wird im zehnten Jahrhundert von dem Berg-Wasser-Maler Jing Hao 荆浩 formuliert. Drei seiner Aussprüche seien zum Schluß angeführt:

> (1) »Der innere Sinn bewegt sich mit dem Pinsel mit, und ohne Fehl werden [so] die Erscheinungsgestalten aufgenommen.«

---

[11] Luo Liqian: *Wen xin*, S. 443; ganz anders im Verständnis und grammatikalisch fragwürdig ist die Übersetzung in V. Shih: *The Literary Mind*, S. 305: »Things are apprehended by means of their appearances, and the mind responds by the application of reason.«

[12] Vgl. dazu im einzelnen wie zur Übersetzung: Mathias Obert: *Vom Nutzen und Vorteil der Bildbetrachtung: Zong Bings Theorie der Landschaftsmalerei*, in: Asiatische Studien LIV:4 (2000), S. 839–874; siehe ebenso Kiyohiko Munakata: *Concepts of Lei and Kan-lei in Early Chinese Art Theory*, in: Susan Bush/Christian Murck: Theories of the Arts in China, Princeton 1983, S. 105–131. Vgl. ferner die kommentierte Übersetzung ins Englische in William R. B. Acker: *Some T'ang and pre-T'ang Texts on Chinese Painting, translated and annotated by W. R. B. Acker*, Sinica Leidensia VIII/ XII, 2 Bde., Leiden 1954/1974, 2. Bd., S. 116 f.

(2) »[… das Gemalte ist da] von glänzender Bildung und [zugleich ganz] von selbst so geworden, gleichsam als sei es nicht abhängig von [der Arbeit eines] Pinsels.«

(3) »[…] es gibt da nichts, was tätig betrieben würde; eingelassen in die Bewegung, werden die Erscheinungsgestalten zuwege gebracht.«[13]

Hier wird ausdrücklich der Faktor subjektiver Besinnung hinter die konkret vollzogene Bewegung des Pinsels gestellt. Die eingeübte leibliche Bewegung ist also dasjenige, dem anstelle einer *inventio* oder konzeptuellen Bildfindung der Akt der Gestaltgebung anvertraut wird. Gegen das *telos* des Herstellens, gegen die »tätig betriebene« Absicht und gegen individuelle Spontaneität wird die alte Idee der unendlichen Vollzugsform des Weltgeschehens im Modus des »Von-selbst« in die Kunst eingeführt. Gegen die innovative Originalität eines Anfanges wird das gelungene »Sich-Einlassen« auf eine Bewegtheit in Anschlag gebracht, die immer schon stattfand. Daß das Ergebnis dann weniger ein in sich abgeschlossenes Werk ist, das der »Arbeit eines Pinsels« zu verdanken wäre, sondern die ausdruckhaft wirksame Fortsetzung der Weltwirklichkeit selbst in der Anschauung, kann hier nicht näher erläutert werden.[14] Dieser »kreative« Künstler jedenfalls – wenn er denn überhaupt noch so genannt zu werden verdient – nimmt sich selbst in allen Punkten, die seine Kreativität ausmachen könnten, hinter den Ereignischarakter seines Kunstaktes wie zugleich dann des rezeptiven ästhetischen Aktes zurück. Was er anstrebt, ist nicht die Setzung eines Werk-Dinges in der Welt, sondern die transformative ästhetische Eröffnung einer je schon vorgegebenen, einer immergleichen Welt. In diesem künstlerischen Ideal hat das Neue als solches keinen Platz.

3. *Schlußfolgerungen*

Die angeführten Zeugnisse aus der chinesischen Überlieferung lassen sich grob in zwei Gruppen einteilen. Auf der einen Seite steht die Vorbereitung der gestaltenden Ausführung. Hier wird die Idee der Spontaneität eingeschränkt zugunsten einer subjektiven »Sinneshaltung«, die wie eine Stimmung der konkreten künstlerischen Setzung vorausgeht. Diese Stimmung darf nicht schon als konkrete »Gestaltfindung« gedeutet werden. Vorbedingung der Gestaltgebung ist die innere Sammlung des Künstlers, die sich maßgeblich auf *Bewe-*

---

[13] Siehe *Bi fa ji* 筆法記 (*Aufzeichnungen zu den Verfahrensweisen der Pinselkunst*) von Jing Hao 荊浩. Alle drei Aussprüche übersetzt nach: Yu Jianhua: *Zhongguo gudai*, 1. Bd., S. 606. Vgl. zu einer kommentierten Übersetzung der ganzen Schrift: Kiyohiko Munakata: *Ching Hao's Pi-fa-chi: A Note on the Art of Brush*, Artibus Asiae suppl. 31, Ascona 1974; zu diesen Sätzen siehe ebenda, S. 12 f.

[14] Vgl. genauer Mathias Obert: *Leib und Welt. Für eine Phänomenologie welthaften Malens im Ausgang von ästhetischen Theorien des chinesischen Landschaftsbildes*, in: Allgemeine Zeitschrift für Philosophie, 28, 2 (2003), S. 107–124.

gungsverläufe in der konventionalisierten Pinselführung der Schriftkunst oder der Malerei richtet. Zugleich besteht sie aus einem *stimmungsmäßigen Leben*, das an Umfang und Wirksamkeit alle einzelnen Gestaltmomente, mithin jedes *eidos* von Seiendem übersteigt. Die andere Gruppe von Aussagen betont, daß die höchste Form künstlerischer Arbeit nach dem Muster eines *Antwortgeschehens* zu verstehen sei. Demnach geht es, vordergründig betrachtet, nicht um Kreativität oder Neuerung. Obwohl diese Auffassung an den europäischen Gedanken einer genialischen Inspiration erinnern mag, beinhaltet doch die von außen an den Künstler herantretende Anregung nicht bestimmte Gestalten oder Gehalte. Im Gegenteil dient der nach musikalischem oder politischem Muster gedeutete Anstoß einem je nur situativ darauf eingehenden »Antworten« im Gestaltungsakt. Nicht die fertige Gestalt aber, sondern der nicht zuletzt leiblich vermittelte Vollzug selbst bildet die Antwort.

Zweck solchen Künstlertums ist entsprechend einem ohne den Schöpfungsgedanken auskommenden und nicht ontologisch disponierten Weltverständnis nicht die Originalität und Einzigartigkeit eines geschaffenen Werks. Auf dem Spiel steht im Gegenteil das ästhetisch vermittelte Eingehen des einzelnen in den immergleichen Lauf des Weltganzen. Das Werk gilt als bloße »Spur« eines solchen idealiter »von selbst« sich vollziehenden Antwortgeschehens. Im künstlerischen Akt wie dann in einem transformatorischen Rezeptionsakt liegt der Schwerpunkt nicht auf dem Was, sondern auf dem Wie. Es geht um ein Einschwingen in die »Wiederkunft des Gleichen«, nicht um das kreative Erschaffen von erstmals Existierendem. Es geht bei solcher Kunstübung nicht um den innovatorischen Eingriff ins Gegebene; als Ideal gilt viel eher dessen reibungslose Restitution, insofern »das Gegebene« nicht Seiendes, sondern eine umfassende Bewegtheit und Schwingungsverläufe meint.

In paradoxer Weise wird somit gerade der meisterliche Künstler und das gelungene Kunstwerk im vormodernen China dessen entbehren, was Kreativität genannt wird. Soll aus abendländischer Sicht in diesem Kunstverständnis gleichwohl ein Moment der Innovation und Originalität ausgemacht werden, so ist es gegenüber dem »Schaffen von etwas« auf einer Meta-Ebene zu suchen. Gefragt ist Kreativität gewissermaßen gerade darin, Wege zurück in die Welt zu finden und im authentischen Kunsterzeugnis für andere zu bahnen. Die Suche gilt Wegen der Rücknahme aus dem kreativen Machen des schöpferischen Subjekts in ein »es macht sich«, das zwischen Mensch und Welt sein lebendiges Spiel entfaltet. Die kreative Kunst besteht demnach in der gelingenden Rücknahme aus aller einseitigen, spontan-innovativen menschlichen Aktivität. Für eine solche negierende, in pragmatischer Absicht den aktiven Kreationismus menschlichen Verhaltens gegenüber der Welt verlassende »Findigkeit« stehen seit dem chinesischen Altertum unter dem Titel »Daoismus« zusammengefaßte Errungenschaften des Denkens Pate. Eine »Kreativität« gegen den Zwang des Menschen zum kreativen Herstellen kennzeichnet Dichtung und Kunst im vormodernen China. Diese Anti-Kreativität gebar zugleich jene spezifisch chinesische »Erfindung«, die seit dem siebten Jahrhundert aufblühenden Denk- und Redestile der buddhistischen Chan 禪-Schulen. Diese haben bei uns über Japan als »Zen« Bekanntheit erlangt und – in innovatorischer Verkehrung ursprünglicher Intentionen – Einfluß auf die Kreativität der Avantgarde-Kunst genommen.

Literatur

ACKER, William R. B.: *Some T'ang and pre-T'ang Texts on Chinese Painting*, translated and annotated by W. R. B. Acker, Sinica Leidensia VIII/ XII, 2 Bde., Leiden 1954/1974.

ARENDT, Hannah: *Vita activa oder Vom tätigen Leben*, München 2002.

BUSH, Susan/SHIH, Hsiao-Yen: *Early Chinese Texts on Painting*, Cambridge, London 1985.

ESCANDE, Yolaine : *Traités chinois de peinture et de calligraphie*, Traduits et commentés par Y. Escande, 1. Bd., Paris 2003.

LE BLANC, Charles: *Huai-Nan Tzu : Philosophical Synthesis in Early Han Thought*, Hongkong 1985.

LUO Liqian 羅立乾: *Xinyi Wen xin diao long* 新譯文心雕龍, Taibei 1994.

MAIR, Victor H.: *Wandering on the Way. Early Taoist Tales and Parables of Chuang Tzu*, Honolulu 1994.

MOU Zongsan 牟宗三: *Caixing yu xuanli* 才性與玄理, verbesserte Neuausgabe, Taibei 2002.

MUNAKATA, Kiyohiko: *Concepts of Lei and Kan-lei in Early Chinese Art Theory*, in: S. Bush/Chr. Murck: Theories of the Arts in China, Princeton 1983, S. 105–131.

MUNAKATA, Kiyohiko: *Ching Hao's Pi-fa-chi: A Note on the Art of Brush*, Artibus Asiae suppl. 31, Ascona 1974.

OBERT, Mathias: *Vom Nutzen und Vorteil der Bildbetrachtung: Zong Bings Theorie der Landschaftsmalerei*, in: Asiatische Studien LIV/4 (2000), S. 839–874.

OBERT, Mathias: *Leib und Welt. Für eine Phänomenologie welthaften Malens im Ausgang von ästhetischen Theorien des chinesischen Landschaftsbildes*, in: Allgemeine Zeitschrift für Philosophie, 28/2 (2003), S. 107–124.

SHIH, Vincent Yu-chung: *The Literary Mind and the Carving of Dragons. A Study of Thought and Pattern in Chinese Literature*, Hong Kong 1983.

WANG Yuanqi 王原祁: *Peiwen zhai shu hua pu* 佩文齋書畫譜, 5 Bde., Beijing 1984.

WELSCH, Wolfgang: *Grenzgänge der Ästhetik*, Stuttgart 1996.

WILHELM, Richard: *Dschuang Dsi: Das wahre Buch vom südlichen Blütenland*, München 1969.

WILHELM, Richard: *Laotse: Tao te king*, München 1998.

XIONG Dunsheng 熊鈍生 (Hg.): *Er Cheng quan shu* 二程全書, 3 Bde., Taibei 1986.

XU Fuguan 徐復觀: *Liang Han sixiang shi* 兩漢思想史, 3 Bde., Taibei 1979.

YU Jianhua 俞劍華 (Hg.): *Zhongguo gudai hualun leibian* 中国古代画论类编, verbesserte Neuauflage, 2 Bde., Beijing 1998.

ZHONGHUA SHUJU 中華書局 (Hg.): *Zhu Zi ji cheng* 諸子集成, 8 Bde., Beijing 1954.

Wege der Anverwandlung – Zur Kreativität konfuzianischer Traditionsbildung

STEPHAN SCHMIDT (TAIPEI/TAIWAN)

Seit jeher haben westliche Beobachter dem chinesischen Denken eine ausgeprägte Treue zur eigenen Tradition bescheinigt, bzw. ihm ein Streben nach Fortschritt und Entwicklung abgesprochen. Mangel an Kreativität, so ließe sich der weithin anerkannte Befund auf den Punkt bringen. Gleichzeitig haben vor allem moderne China-Wissenschaftler, deren philologische Kompetenz einen eigenständigen Umgang mit den Textquellen verschiedener Epochen gestattet, immer wieder darauf hingewiesen, wie – nach Maßstäben westlicher Wissenschaft gemessen – philologisch ungenau und frei die Klassikerauslegung in den chinesischen Kommentarwerken häufig ist. Dies verleitet zu dem gegenteiligen Eindruck einer mangelnden Anerkennung der Autorität klassischer Texte und einer entsprechenden Kreativität ihrer jeweiligen Auslegung.

In welcher Weise also wohnt der konfuzianischen Traditionsbildung ein Moment der Kreativität inne? Was heißt Kreativität im konfuzianischen Kontext? Welche Funktion erfüllt sie oder welcher Leistung ermangelt gegebenenfalls das konfuzianische Denken aufgrund seines etwaigen Mangels an Kreativität?

Um nicht ein ihm unangemessenes Vorverständnis von Kreativität an den konfuzianischen Kontext heranzutragen – wie es in unterschiedlicher Form beide oben wiedergegebenen Auffassungen tun – möchte ich Kreativität zunächst wörtlich als »Hervorbringung« und »Schöpfung« verstehen und zum Beispiel offen lassen, ob das kreativ Hervorgebrachte und Geschaffene etwas Neues, Neuartiges und Ungewöhnliches sein muss oder ob ein kreativer Prozess auch darin bestehen könnte, etwas Bekanntes und Bewährtes durch beständige Hervorbringung lebendig zu erhalten. Zum innerhalb der westlichen Kultur allgemein ausgeprägten Verständnis von Kreativität gehört sicherlich das Moment des Neuen und Neuartigen, aber ich werde zu zeigen versuchen, dass das konfuzianische Verständnis von Kreativität und vor allem die Wirksamkeit dieser Kreativität in der konfuzianischen Traditionsbildung durchaus *auch* – und vielleicht in erster Linie – jenes andere, nach unserem Dafürhalten eher als konservativ zu bezeichnende Element enthält. Zu untersuchen ist dann, worum es sich bei diesem Bekannten und Bewährten handelt, das nicht nach einer Neuschöpfung verlangt, wohl aber nach beständiger Hervorbringung.

Zum Zwecke meiner Untersuchung werde ich mich nach einer einleitenden Vorstellung der Konstitution konfuzianischer Texttradition beispielhaft mit einem der einflussreichsten Versuche einer Neuinterpretation und

-ordnung dieser Tradition beschäftigen, welchen der moderne Neukonfuzianer Mou Zongsan (1909–1995) mit seiner Studie über *Xinti yu Xingti* [*Moralisches Bewusstsein und Moralische Substanz*][1] vorgelegt hat. Es handelt sich dabei keineswegs nur um die singuläre Interpretation eines einzelnen chinesischen Philosophen – eine solche hätte kaum eine Auseinandersetzung nach sich ziehen können, die bis heute die philosophische Welt Ostasiens beschäftigt – sondern um einen besonders pointierten Beitrag im Kontext einer Debatte, die die chinesische Philosophie durch das gesamte 20. Jahrhundert hindurch beschäftigt und gewissermaßen ihr Generalthema bildet: Die mit dem erzwungenen Eintritt Chinas in eine globale Moderne ebenso notwendig wie schwierig gewordene (Neu)-Bestimmung der eigenen Tradition vis-à-vis der westlichen Philosophie.[2] Ich werde versuchen zu zeigen, dass der Traditionsbruch, den der Eintritt Chinas in die Moderne im späten 19. und frühen 20. Jahrhunderts markiert, bestimmte Modi eines sozusagen traditionellen Traditionsbezugs – und die ihm innewohnende Wirkungsweise konfuzianischer Kreativität – gerade nicht außer Kraft, sondern in einem radikal veränderten Umfeld neu in Szene setzt.

Eine Untersuchung von Mous Studie bietet sich im Kontext des Kreativitätsproblems besonders an, weil sein Umgang mit der Tradition nicht nur bestimmte, meines Erachtens typische Momente konfuzianischer Kreativität enthält, sondern weil er sich darüber hinaus auch explizit des Begriffs »Kreativität« (*chuangzaoxing*) bedient, um eine spezifische Eigenart der konfuzianischen Tradition zu bezeichnen. Seine Untersuchung ist somit beides, ein lehrreiches *Beispiel für* konfuzianische Kreativität und ein bedenkenswerter konfuzianischer *Beitrag zu* der Diskussion um die Frage, was menschliche Kreativität ist. Entsprechend wird auch meine Untersuchung darum bemüht sein, Mou auf beiden Ebenen zu begegnen.

Zunächst eine terminologische Vorbemerkung: Ich verwende im Folgenden die Bezeichnung *Konfuzianismus* als Oberbegriff und unterscheide intern zwischen dem *frühen Konfuzianismus* der Vor-Han-Zeit (vor ca. 200 v. Chr.), maßgeblich geprägt durch Konfuzius (etwa 551-479) selbst, dem *Neo-*

---

[1] Mou Zongsan: *Xinti yu Xingti*, 3 Bde., Neuausgabe, Taipei 1990, (Originalausgabe 1968/69) im Folgenden zitiert unter dem Kürzel XT. Meine Übersetzung des Titels lehnt sich an diejenige an, die Th. Metzger in seiner Studie *Escape from Predicament – Neo-Confucianism and Chinas Evolving Political Culture*, New York 1977, vorgeschlagen hat. Zu bedenken ist allerdings, dass es sich angesichts der Komplexität der beiden Titeltermini von Mous Studie – in denen versucht wird, einen genuin konfuzianischen Traditionsgehalt in die Form westlicher Begriffe zu bringen – nur um eine ungefähre Annäherung an ihren Gehalt und keineswegs um eine präzise Übersetzung handeln kann.

[2] Für das Verständnis dieses gesamten Komplexes beinahe unverzichtbar ist die Studie von O. Lehmann: *Zur moralmetaphysischen Grundlegung einer konfuzianischen Moderne – ›Philosophierung‹ der Tradition und ›Konfuzianisierung der Aufklärung bei Mou Zongsan*, Leipzig 2003.

Konfuzianismus der Epochen Song (960–1279) und Ming (1368–1644) mit der bedeutenden Systematisierung und Kanonisierung der Tradition durch Zhu Xi (1130–1200) sowie dem modernen *Neukonfuzianismus*, der im späten 19. Jahrhundert aufgekommen ist und bis heute eine der wichtigsten Denkströmungen im chinesischen (VR China, Taiwan, Singapur) oder chinesisch mitgeprägten (Korea, Japan) Kulturraum bildet.

I) Implizite Kreativität: Die konfuzianische »Klassikerkultur«

Der Konfuzianismus ist seit seinen Anfängen vor allem auch eine Texttradition. Der chinesische Ausdruck für »Konfuzianismus« (*rujia*) enthält keinen Verweis auf die Person des Konfuzius, sondern bringt mit seiner Bedeutung von »Gelehrten-Familie« das Selbstverständnis einer im Umgang mit den »klassischen« Schriften geschulten Elite zum Ausdruck, die sich damit von Orakeldeutern, Medizinmännern usw. absetzt. Bedeutende Konfuzianer haben in der Geschichte häufig niedere Ränge in der öffentlichen Verwaltung bekleidet und sich nebenher oder in ihren jeweiligen Positionen der Tradierung der alten Schriften gewidmet. Das wichtigste Vehikel dabei war der »Kommentar« (*zhu*), dessen Funktion sich jedoch keineswegs in der philologischen Aufarbeitung und Vermittlung eines älteren Textes erschöpfte, ja darin vielleicht nicht einmal seine vorrangige Aufgabe hatte. Es handelt sich bei der chinesischen Kommentartradition nicht um eine der westlichen Texthermeneutik analoge Auslegung einer autoritativen Schriftquelle, d.h. das Überlieferungsgeschehen ist nicht in gleicher Weise auf diese Quelle gerichtet; viel eher ist der »Klassiker« der Rohstoff einer im Medium des Kommentars erfolgenden Selbstauslegung des Interpreten. Damit wird der Kommentar zum eigentlichen Ort des Überlieferungsgeschehens. Die von kaum einem Kommentator ausgelassene Versicherung, den eigentlichen und ursprünglichen Sinn des jeweils kommentierten Werks zum Erscheinen bringen zu wollen, hat vorwiegend legitimatorischen Charakter und ist weniger als Vorsatz zu philologischer Texttreue und Zeichengenauigkeit zu lesen. Im Sinne eines verbindlich vorgegebenen Standards ist damit der chinesische »Klassiker« gerade nicht *klassisch*[3] – seine emphatische Anrufung ist das vom Kommentator selbst ausgestellte Zeugnis eigener Orthodoxie, d.h. Ausweis der Legitimität seines Tuns.

Wenn das Ziel einer Hermeneutik westlicher Provenienz nach Gadamers berühmtem Wort in der »Verschmelzung zweier vermeintlich für sich seiender Horizonte« besteht, so lässt sich für den konfuzianischen Kontext konstatieren, dass hier die Horizonte immer schon verschmolzen sind. Es fehlt damit der hermeneutische Spielraum der Auslegung, es fehlt aber auch die lebensweltliche Distanz zur Autorität des Klassikers. Dessen Gehalt ist vielmehr

---

[3] So auch Lehmann: a.a.O., S. 18.

selbstverständlicher Bestandteil des Selbstverständnisses nicht nur des Kommentators, sondern auch des Publikums, für das er schreibt. Diese gemeinsame Verwurzelung im Sinnhorizont der alten Texte macht einen – im oben angegebenen »westlichen« Sinn – »kreativen« Umgang mit dem Schriftgut überflüssig. Kein Kommentator versteht sich als »(Neu)-Schöpfer« von Sinn oder »Entdecker« einer bisher unbekannten Wahrheit. Alleine deren Möglichkeit müsste ja den Wert der Texttradition bereits untergraben. Der Sinn ist vielmehr immer schon da; er wird in den Texten manifest und in den Kommentaren virulent. Die Aufgabe ist nicht, die Identität des Sinns mit sich selbst festzustellen, sondern ihn am Leben zu erhalten und damit seine Funktion als Medium der Selbstauslegung zu sichern. Es geht, anders formuliert, nicht um die Feststellung der Wahrheit des Sinns, sondern um die Bewahrung seiner Lebendigkeit durch beständige Wiederaneignung. Die kommentierten Texte sind nicht Dokumente schriftlich fixierter und damit verfügbarer Wahrheit, sondern fungieren als nie versiegende *Sinnquellen*, aus denen die Tradition schöpft – es handelt sich also eher um ein *Schöpfen aus* als um ein *Schöpfen von*, welches letztere dem westlichen Verständnis von Kreativität besser entspräche.

Insofern es *dieser* und keineswegs ein beliebiger Sinn ist, auf den der Kommentar sich richtet und den es sich anzueignen gilt, sind dem, was wir Kreativität nennen würden, im konfuzianischen Kontext enge Grenzen gesetzt. Insofern aber dieser Sinn wiederum kein selbstidentisch feststehender, sondern ein lebendig jeweiliger ist, den nur die Arbeit des Kommentators so ans Licht bringen kann, öffnet sich ein Raum der Anreicherung und Verwandlung des Sinns – ich versuche diese Gleichzeitigkeit von Aneignung und Verwandlung mit dem Begriff der *Anverwandlung* einzufangen.

Wenn man sich nun die Struktur der Kommentarliteratur etwas näher ansieht, lässt sich feststellen, dass das Moment der Aneignung wenigstens tendenziell eher der jeweils explizit vorgebrachten Deutung im Kommentar zugeordnet werden kann, während die Verwandlung sich in höchst sublimen Verschiebungen, Akzentuierungen und Nuancierungen zeigt – oder sich vielmehr gerade nicht manifest zeigt, sondern weitgehend implizit bleibt und nur durch eine nach gleichem Muster verfahrende Kommentierung des Kommentars (und auch dann häufig nur in Ansätzen und Hinweisen) sichtbar gemacht werden kann. Für diese »Kommentare zweiter Stufe« gibt es in China die Bezeichnung *shu*, was ursprünglich soviel wie »Ausbaggern« bedeutet, also das Vertiefen einer schon vorgebahnten (Sinn)spur.

Es ist damit für das Verständnis der Modi konfuzianischer Traditionsbildung entscheidend zu sehen, dass erstens ihre Kreativität weniger als es unserem Vorverständnis entspräche das Moment des Neuen und der Neuschöpfung enthält, sondern auf die beständige Wieder-Hervorbringung eines lebendigen Sinns der alten Texte abzielt; dass aber zweitens ein Moment des in unserem Sinne kreativen Umgangs mit den Texten keineswegs ganz fehlt, sondern unter der Oberfläche expliziter Deutung in Form von subtilen Neu-Akzentuierungen sehr wohl enthalten und gerade in dieser versteckten[4] Form höchst wirksam ist. Als nächstes gilt es zu untersuchen, ob und wie sich dieses Kreativitätsmuster auch unter den radikal veränderten Rahmenbedingungen der chinesischen Moderne durchhält bzw. durchgehalten hat.

II) Die neukonfuzianische Reinterpretation der Tradition

Das Eintreffen der westlichen Mächte im China des 19. Jahrhunderts und die Verstärkung westlicher Präsenz im 20. Jahrhunderts bedeuteten in vielerlei Hinsicht eine historische Zäsur, deren Bewältigung bis heute andauert. Im Bereich der Philosophie erwuchs dem chinesischen Denken in Gestalt der westlichen Philosophie ein Gegenüber, der eine Neubestimmung des Eigenen unumgänglich machte, dessen Einfluss aber gleichzeitig so groß war, dass er das Ergebnis dieser Neubestimmung maßgeblich mitbestimmte. Seither besteht chinesische Philosophie zu weiten Teilen – wenn auch keineswegs vollständig! – in dem Bemühen um eine Vermittlung von chinesischer und westlicher Tradition, d.h. in dem Vergleichen, Abgrenzen und Verbinden der jeweiligen Terminologien und Paradigmen. Die Situation der Neukonfuzianer – und insbesondere der zweiten Generation, als deren einflussreichster Vertreter Mou Zongsan gilt[5] – war in dieser Konstellation insofern prekär, als die Neukonfuzianer ihrem Selbstverständnis gemäß als Anwälte und Bewahrer der Tradition auftraten, sich also gegen eine zu weitgehende »Verwestlichung« des Denkens sperrten und sogar im für sie entscheidenden Punkt – nämlich der Moralphilosophie – eine prinzipielle Überlegenheit des Konfuzianismus konstatierten, welche sich allerdings nur erweisen ließ auf dem Wege einer Auseinandersetzung mit westlichem Denken, die massiven Gebrauch machte von westlicher Begrifflichkeit. Bereits diese Ausgangslage erhellt, dass die Neukonfuzianer nicht einfach die Tradition als solche, d.h. als gleichsam von westlicher Kontamination rein gehaltene Quelle ihrer Identität zu sichern beabsichtigten; ihr Programm war ferner philosophisch weit anspruchsvoller als die ansonsten

---

[4] Wobei gewiss auch in dieser Behauptung des Versteckt-Seins sich eine westliche Perspektive auf den chinesischen Kontext ausspricht, denn für den geübten chinesischen Leser der entsprechenden Literatur, dessen Sensorium von vornherein auf das eingestellt ist, was – wiederum mit einer uns geläufigen Metapher gesprochen – »zwischen den Zeilen« steht, mag das Implizite genauso offensichtlich sein wie das, was der Kommentar explizit als Deutung vorschlägt. In letzter Zeit ist vor allem der französische Sinologe und Philosoph F. Jullien mit Analysen der Sinnkonstitution chinesischer Texte hervorgetreten, besonders eindrucksvoll in: *Umweg und Zugang – Strategien des Sinns in China und Griechenland*, Wien 1995.
[5] Eine knappe Einführung in den modernen Neukonfuzianismus und eine Vorstellung seiner wichtigsten Vertreter bietet der Band von Lee Ming-huei (Li Minghui): *Der Konfuzianismus im Modernen China*, Leipzig 2001.

vielfach absolvierte Übung, Äquivalente für bestimmte westliche philosophische Konzepte in der chinesischen Tradition zu entdecken und diese dadurch wie eine vorausgreifende Überbietung des westlichen Denkens erscheinen zu lassen. Wonach die Neukonfuzianer suchten, war vielmehr das, was man mit Charles Taylor einen *best account* ihrer Tradition nennen könnte: Eine im Sinne der gleichen Augenhöhe mit der konzeptionell stärker durchgebildeten westlichen Philosophie ebenso *zeitgemäße* wie im Sinne der moralischen Standards der Tradition *authentische* Ausformulierung konfuzianischen Denkens. Zu diesem Zweck machten sich die Neukonfuzianer an die Aufgabe eines erneuten »Ausbaggerns« der Tradition mit dem Werkzeug einer dem westlichen Diskurs entlehnten philosophischen Begrifflichkeit. Aufgrund der Verschiedenheit der beiden solcherart vermittelten Denktraditionen geriet dieser Versuch allerdings zu einem höchst spannungsreichen Unternehmen – welche Spannung durch die komplexen politischen Implikationen, etwa bezüglich der Konkurrenz von neukonfuzianischer und marxistischer Traditionsdeutung, keineswegs gemildert wurde. Der politische Kontext der Auseinandersetzung ebenso wie ihr philosophischer Kern machten eine harmonische Auflösung der Spannung in das Bild einer unversehrt in der Gegenwart aufgehobenen Tradition unmöglich; den Neukonfuzianern wurde vielmehr eine Art Zwang zur Kreativität auferlegt: Die Tradition musste neu erfunden werden, ohne dass diese Neuerfindung als Bruch mit und Verrat an der Vergangenheit erschien, sondern präsentiert werden konnte als bestmöglicher Ausdruck der Tradition selbst.

Anhand der besonders exponierten Position Mou Zongsans lässt sich zeigen, dass dieses Ziel nur erreicht werden konnte durch den Rückgriff auf das oben vorgestellte Interpretationsschema des traditionellen Kommentars: Auch Mou versichert seinen Lesern, dass er nichts anderes vorhabe als die deutliche und verständliche Herausarbeitung des eigentlichen Sinns der konfuzianischen Tradition. Was er zu diesem Zweck als *Rekonstruktion* der Tradition vorstellt, ist freilich in erster Linie eine *Übersetzung* traditioneller Gehalte in die moderne (d.h. ursprünglich westliche, aber im chinesischen Denken zu dieser Zeit bereits geläufige und vielfach angewandte) Begriffssprache der Philosophie. Sie ist in Mous Fall insbesondere dem Kantischen Denken entlehnt.[6] Die mit dieser Übersetzung einhergehende Verwandlung des traditionellen Gehalts – das in unserem Sinne kreative Moment – bleibt weitgehend implizit. Explizit wird in den drei Bänden der materialreichen Untersuchung vor allem die Neuordnung der Tradition anhand des traditionellen Orthodoxie-Heterodoxie-Schemas. Diese Neuordnung ist durchaus revolutionär, insofern sie die überragende Gestalt des songzeitlichen Neokonfuzianismus, nämlich Zhu Xi, und

---

[6] Eine Untersuchung des Verhältnisses von konfuzianischem Denken und Kant mit besonderem Blick auf Mou Zongsan bietet Li Minghui: *Rujia yu Kangde* [*Der Konfuzianismus und Kant*], 2. Aufl., Taipei 1997.

die sich maßgeblich auf ihn berufende Tradition neokonfuzianischen Denkens – die sogenannte »*Li*-Schule« (*lixue*) – zur Heterodoxie erklärt. Das Argument für diesen Schritt enthüllt freilich die erwähnte Spannung des Unternehmens: Zhu Xi habe das im konfuzianischen Ideal »innerlicher moralischer Kultivierung« (*fayang benxin*) liegende Moment der moralischen Autonomie (des Willens) an das Ideal einer »durchdringenden Erkenntnis der Dinge« (*gewu qiongli*) entäußert.

Dieses Argument ist höchst komplex: Zunächst fungiert hier der kantische Autonomiebegriff – der als kantischer Terminus eingeführt wird, welcher geeignet ist, einen genuin konfuzianischen Gehalt zum Ausdruck zu bringen[7] – als Kriterium, um zwei gleichermaßen in der neokonfuzianischen Tradition verwurzelte Kultivierungskonzepte anhand des Schemas orthodox-heterodox in strikte Opposition zueinander zu bringen. Sodann wird unter großem philologischem Aufwand Zhu Xis Schriften eine Verbindung zu diesem zweiten, nun heterodoxen Kultivierungskonzept nachgewiesen. Und drittens wird dieses zweite Konzept der »durchdringenden Erkenntnis der Dinge« (*gewu qiongli*) in Verbindung gebracht zur Erkenntnistheorie westlicher Provenienz, die nach Mous Urteil das Problem moralischer Kultivierung – d.h. die eigentliche Aufgabe der Philosophie! – unberührt lässt. Mit anderen Worten: Ein westlicher Begriff wird als Ausdruck einer genuin konfuzianischen Idee gedeutet; mit seiner Hilfe wird dann ein genuin neokonfuzianisches Kultivierungskonzept so rekonstruiert, dass es erstens als Verfehlung eben dieser konfuzianischen Idee erscheint, und zweitens als Verfehlung gleicher Art, wie sie sich das moralvergessene und einseitig am Wissenschafts- und Wahrheitsparadigma orientierte westliche Denken zu Schulden kommen lässt. So erscheint Zhu Xi als ein radikaler »Verwestlicher« *avant la lettre*, während die Berechtigung des Schrittes, dem Konfuzianismus einen kantischen Autonomiebegriff einzusetzen und sein Denken damit einem westlichen Kriterium zu unterwerfen, ungeprüft bleibt. Dieser Schritt findet vielmehr seine nachträgliche Berechtigung darin, dass mit seiner Hilfe die Neuordnung, sprich: Richtigstellung der Tradition und die »Ausbaggerung« ihres authentischen Sinnes gelingt. Solche Richtigstellung ist freilich nach Mou kein Eingriff in ihren eigentlichen Gehalt, sondern lediglich die Rücknahme der songzeitlichen Verzerrung eben dieses Gehalts durch Zhu Xi. Auf diese Weise wird die Authentizität der Tradition gewahrt bzw. erst wieder hergestellt, und zwar gerade auf dem Weg einer zeitgemäßen Neuformulierung – die sich damit als *best account* erweist.

---

[7] Entscheidend ist der erste Teil des ersten Bandes von XT und darin wiederum vor allem der dritte Abschnitt: *Daode zilü yü daode de xingshangxue* [*Moralische Autonomie und Metaphysik der Moral*], XT, 115-189. Mou nimmt hier Kants Begriff in Anspruch, weil er seiner Meinung nach etwas zum Ausdruck bringt, was der Idee nach immer schon dem konfuzianischen Denken – insbesondere dem der beiden Gründergestalten Konfuzius und Menzius – innegewohnt habe.

Die Kreativität des Mouschen Unternehmens bleibt weitgehend hinter seinen Treubekundungen gegenüber der Tradition verborgen, d.h. er lässt sie selbst lediglich als Korrektur der Verirrung eines einzigen Vertreters dieser Tradition, nämlich Zhu Xis, erscheinen.[8] Sein kritischer Kommentar zum songzeitlichen Neokonfuzianismus – der freilich nicht mehr ganz im Gewand der Gattung »Kommentar« auftritt – präsentiert eine konfuzianische Tradition, der die Errungenschaften der kritischen Philosophie Kants gleichsam schon in die Wiege gelegt wurden. Ob es Mou war, der sie dort hinterlegt hat, oder ob es sein Genie war, das sie dort auffand und begrifflich sichtbar machte, ist eine kaum zu beantwortende Frage – die gleichwohl seit Jahrzehnten in China und Taiwan heiß diskutiert wird![9] Wer sie etwa im Sinne der ersten Alternative beantworten wollte, müsste zeigen können, dass bestimmte Autoren der Tradition nicht an ein Prinzip der Willensautonomie gedacht haben, als sie von »gutem Herzgeist« (*benxin/liangxin*) sprachen. Im strikten Sinne beweisen ließe sich das jedoch so wenig wie umgekehrt Mou die »Wahrheit« seines *best account* beweisen kann. Wahrheit ist offensichtlich dort kein taugliches Kriterium, wo eine gesamte Tradition begrifflich neu konstituiert wird. In jedem Fall aber ist aus westlicher Perspektive Mous Werk ein eindrucksvolles Zeugnis sowohl für die Bedrängnis, in die außereuropäische Kulturen durch den Kontakt mit der westlichen Zivilisation geraten sind, d.h. für das Ausmaß der Erschütterung ihrer kulturellen Identität, als auch für die gewaltigen Anstrengungen, die von chinesischen Philosophen unternommen wurden, um dieser Herausforderung Herr zu werden. Der unmöglichen Alternative von vollständiger Assimilierung einerseits oder (im Sinne der bloßen Bewahrung der Authentizität der Tradition) »reiner« Selbstbehauptung andererseits sind sie begegnet durch die explizite Inanspruchnahme westlicher Terminologie gepaart mit dem impliziten Rückgriff auf ein Kreativitätspotential ihrer Tradition, das dort immer schon wirksam gewesen ist und bis heute Kontinuität auch in Zeiten radikalen Wandels ermöglicht.

---

[8] Lehmann spricht bezüglich Zhu Xis und seiner Schule salopp vom »Bauernopfer« der Mouschen Neuordnung der Tradition. Lehmann: a.a.O., S. 20 Das wird allerdings der Stellung Zhu Xis in dieser Tradition nicht gerecht, welche der chinesische Philosophiehistoriker Feng Youlan weit angemessener in das ironische Bild von Konfuzius als konstitutionellem Monarchen und Zhu Xi als dem eigentlich machtausübenden Premierminister fasst. Vgl. Feng: *Zhongguo zhexueshi xinpian* [*Neue Ausgabe der Geschichte der chinesischen Philosophie*], Bd. 5, Neuauflage, Taipei 1991, S. 172.
[9] Den enormen Einfluss Mous auf das zeitgenössische Denken insbesondere in Taiwan spiegelt der von Li Minghui herausgegebene Sammelband: *Mou Zongsan xiansheng yu Zhongguo zhexue zhi chongjian* [*Mou Zongsan und die Neukonstitution der chinesischen Philosophie*], Taipei 1996.

III) Moralische Autonomie und Moralische Kreativität

Mou greift in seinen Ausführungen allerdings nicht nur auf das traditionelle Moment einer impliziten Kreativität im Umgang mit den konfuzianischen Texten zurück, sondern er bedient sich auch explizit des Begriffs der Kreativität – und zwar in einem Sinn, der selbst schon wieder von Kreativität zeugt: Der für Mou zentrale kantische Begriff der moralischen Autonomie wird nämlich an mehreren Stellen seiner Untersuchung wiedergegeben mit »moralischer Kreativität« (*daode chuangzaoxing*).[10] Auf der terminologischen Ebene geschieht diese Gleichsetzung ohne besondere Begründung, allerdings lässt sich aus Mous Arbeit mit dem Kreativitätsbegriff der Sinn der Verschiebung rekonstruieren.

Moralisches Verhalten ist für Mou gleichsam per definitionem kreativ – in dem Sinne, dass es Moralität *hervorbringt*. Diese Moralität wird von Mou verstanden als Substanz (*benti/shiti*), und zwar tatsächlich in Analogie zum westlichen Substanzbegriff, allerdings wiederum nicht in vollständiger Entsprechung: Die Substanz (*benti/shiti*), von der Mou spricht, ist nämlich gerade kein bloßes Zugrundeliegendes, kein beharrlich Seiendes, sondern sie wird gedacht als etwas, was durch menschliche Anstrengung (*gongfu*) erst hervorgebracht und realisiert werden muss. Die menschliche Anstrengung bezieht sich dabei auf das, was seit frühesten Zeiten einen Kerngedanke der konfuzianischen Tradition ausmacht: Die moralische Kultivierung (*xiuyang/xiushen*[11]) des Menschen, d.h. die lebenslange Ausbildung seiner moralischen Natur. Anders als die moralische Autonomie Kants bedarf die moralische Kreativität Mous gerade nicht der Einsicht in ein Gesetz, das sich der Wille selbst gibt, um sich ihm dann zu unterwerfen; stattdessen benötigt sie den Anschluss an eine Tradition, die selbst aus der Anstrengung moralischer Kultivierung hervorgegangen ist – das konfuzianische Schrifttum. Und anders als unser Verständnis von Kreativität als Neu-Schöpfung nahe legt, besteht die spezifisch moralische Kreativität Mous weder in der Ausbildung neuer Formen moralischen Verhaltens noch in der Herleitung neuer Begründungen für tradiertes Verhalten, sondern in der realen und konkreten Bemühung, Moralität im eigenen Verhalten hervorzubringen. Es ist, könnte man sagen, eine Kreativität, die keinerlei Anspruch auf *Originalität* erhebt. Das, worum es ihr geht, muss nicht erfunden,

---

[10] Diese eher stillschweigende – implizite – Gleichsetzung findet sich bereits auf der ersten Seite des erwähnten Abschnitts von XT, S. 115. Eine Interpretation des Begriffs »moralische Kreativität« bietet Huang Huiying: *Daode chuangzao zhi yiyi – Mou Zongsan xiansheng dui ruxue de chanshi* [Die Bedeutung der moralischen Kreativität – Mou Zongsans Auslegung der konfuzianischen Lehre], in: Li Minghui (Hg.): Mou Zongsan, a.a.O. S. 143-160.

[11] Tatsächlich wird bereits im songzeitlichen Neokonfuzianismus »Anstrengung/Bemühung« (*gongfu*) als Titel für den gesamten Komplex moralischer Kultivierungsleistungen gebraucht.

sondern lebendig erhalten werden; ihre Tradition will nicht tradiert, sondern gelebt werden.

Es ist genau dieser Gedanke einer moralischen Substanz, den Mou aus dem neokonfuzianischen Schrifttum der Song-Zeit herauszuarbeiten bemüht ist.[12] Seiner Ansicht nach ist der Gedanke im Denken des frühen Konfuzianismus bereits implizit präsent und wird dann von einigen neokonfuzianischen Denkern in größerer Klarheit expliziert – wobei an Zhu Xi der Vorwurf ergeht, diese Explikation durch seinen bloß äußerlichen oder natürlichen Substanzbegriff, d.h. durch die Missachtung des moralischen Charakters der Substanz selbst,[13] verdeckt und verdunkelt zu haben. Diese Verdunkelung zu beseitigen, ist das Hauptanliegen von Mous Philosophie, soweit sie als Interpretation der chinesischen Tradition auftritt. Sein terminologisches Werkzeug entnimmt er der westlichen, vor allem der kantischen Philosophie,[14] wobei deutlich geworden sein dürfte, dass im Prozess der Anwendung auch das Werkzeug selbst eine nachhaltige Umprägung erfährt. In Mous Denken

---

[12] Wichtig ist hierbei vor allem Cheng Ming-dao (1032-1085), dessen Denken Mou im zweiten Band von XT ausführlich analysiert.

[13] Wieder ließe sich ergänzen: So wie es nach Mou auch bezüglich des Substanzbegriffs der westlichen Philosophie der Fall ist.

[14] Wobei sich dem westlichen Beobachter gewiss die Frage aufdrängt: Warum ist Kant für Mou eigentlich so wichtig? Warum hat für ihn der Begriff der moralischen Autonomie solche Bedeutung, wenn er ihn doch in einen Kontext transferiert, in dem das Moment der Gesetzmäßigkeit von untergeordneter Bedeutung ist, und der im übrigen keinerlei Bezug zum Freiheitsproblem erkennen lässt? Eine pauschale Antwort darauf sehe ich allerdings nicht; es gehört gewiss Kants herausragende Stellung innerhalb der westlichen Philosophie dazu, sein Ruf als Erneuerer, als »Kopernikus« des westlichen Denkens, ferner sein Bemühen um Systematik und Präzision, schließlich der stets präsente moralische Anspruch seines Denkens. Vor allem letzteres dürfte Mou von der Kongenialität zwischen kantischem und konfuzianischem Denken überzeugt haben, und vermutlich hat er auch sich selbst bezüglich der chinesischen Philosophie als einen Erneuerer von kantischem Rang gesehen. Vgl. hierzu die Überlegungen von Lehmann: a.a.O., 33ff. Nicht unbeachtet darf freilich bleiben, dass Mou auch deutliche Kritik an Kant geübt hat, und zwar in engem Zusammenhang mit dem Hauptanliegen seiner eigenen Theorie, nämlich dem Gedanken der moralischen Substanz: Diese habe Kant so wenig erkannt wie die gesamte westliche Tradition der Philosophie vor oder nach ihm, und daraus folge, dass der Ansatzpunkt für die zentrale Problematik der moralischen Kultivierung ungesehen bleibe. Aus diesem Grund erkennt Mou Kants Moralphilosophie schließlich nur den Status einer »moralischen Theologie« (*Daode de shenxue*) zu, d.h. in seinem Verständnis den eines umgreifenden gedanklichen Überbaus, der gleichsam nur Postulat bleibt, weil unklar ist, in welche konkrete lebendige Verbindung der Mensch mit diesem Überbau treten kann. Wo diese Verbindung realisiert wird, d.h. wo über die Anstrengung der moralischen Kultivierung eine direkte Möglichkeit aufgezeigt wird, Moralität als moralische Substanz hervorzubringen, da spricht Mou – in Bezug auf die konfuzianische Orthodoxie, natürlich inklusive seines eigenen Denkens – von »moralischer Metaphysik« (*Daode de xingshangxue*). S. XT, S. 138ff.

gehen chinesische und westliche Tradition eine Verbindung ein, die beide Seiten verändert. Das Ergebnis ist auf jeden Fall eine neue, außergewöhnliche und einzigartige Philosophie, und so gehört zu den vielen Paradoxa von Mous Denken am Ende auch dieses: Dass er, ohne sich um Kreativität im Sinne von Neu-Schöpfung zu bemühen und mit einem Kreativitätsbegriff arbeitend, in dem das Moment der Originalität keine Rolle spielt, eine moderne chinesische Philosophie entwickelt hat, die in punkto Neuheit und Originalität ihresgleichen sucht.

Literatur

FENG *Zhongguo zhexueshi xinpian* [*Neue Ausgabe der Geschichte der chinesischen Philosophie*], Bd. 5, Neuauflage, Taipei 1991.

HUANG Huiying: *Daode chuangzao zhi yiyi – Mou Zongsan xiansheng dui ruxue de chanshi* [*Die Bedeutung der moralischen Kreativität – Mou Zongsans Auslegung der konfuzianischen Lehre*], in: Li Minghui (Hg.): Mou Zongsan. a.a.O., S. 143–160.

JULLIEN, F.: *Umweg und Zugang – Strategien des Sinns in China und Griechenland*, Wien 1995.

LEE Ming-huei (Li Minghui): *Der Konfuzianismus im Modernen China*, Leipzig 2001.

LEHMANN, O.: *Zur moralmetaphysischen Grundlegung einer konfuzianischen Moderne – ›Philosophierung‹ der Tradition und ›Konfuzianisierung‹ der Aufklärung bei Mou Zongsan*, Leipzig 2003.

LI Minghui: *Rujia yu Kangde* [*Der Konfuzianismus und Kant*], 2. Auflage, Taipei 1997.

LI Minghui (Hg.): *Mou Zongsan xiansheng yu Zhongguo zhexue zhi chongjian* [*Mou Zongsan und die Neukonstitution der chinesischen Philosophie*], Taipei 1996.

METZGER, Th.: *Escape from Predicament – Neo-Confucianism and Chinas Evolving Political Culture*, New York 1977.

MOU Zongsan: *Xinti yu Xingt,* 3 Bde., Neuausgabe, Taipei 1990, (Originalausgabe 1968/69).

›Wu-wei‹ und die Innovation im Ausdruck des Unfassbaren. Auffassung des Absoluten (Tao) als ›wu-wu‹.

SASA JOSIFOVIC (KÖLN)

Die absolute Substanz oder Tao als Bezugshorizont der schöpferischen Praxis

Wenn Kreativität einen Prozess beschreiben soll, im Rahmen dessen etwas hervorgebracht wird, das ohne die Kreation nicht gegeben wäre, so beschreibt sie nicht bloß eine Form von Einfallsreichtum oder Gewitztheit, sondern stellt ein Moment der schöpferischen *Praxis* dar. Soll darin schließlich etwas zum Ausdruck gelangen, das über die bloße Willkür des Individuums hinaus einen (objektiven) Gehalt darstellt, muss diese Praxis als Einbettung des individuellen Schaffens in die Natur und zugleich als durch die Individualität vermittelter Selbstvollzug der Natur verstanden werden. Die beiden Pole dieser Praxis sind also als *Individualität* und *Natur* bestimmt, wobei die Individualität als in die Natur eingebettet und die Natur als der Inbegriff der denkbaren Wirklichkeit verstanden werden soll.

Dieser Inbegriff selbst (die Natur), sofern er die denkbare Wirklichkeit vom denkenden Subjekt unterscheidet, hat jedoch eine *Grenze* an sich, durch welche die Natur vom denkenden Individuum getrennt ist, und die es erst nötig macht, dass von der Einbettung des Individuums in die Natur gesprochen wird; denn nur, wenn das Individuum als in sich reflektierte Einheit von der es umgebenden Natur isoliert wird, also in Absonderung von der Natur bestimmt wird, ist es notwendig, von der Einbettung dieser Einheit in die Gesamtwirklichkeit zu sprechen. Wird diese Begrenzung jedoch aufgehoben, so ist ein Zustand der allgemeinen *Dynamik der Substanz* (jenseits der Unterscheidung von Individualität und Natur) gegeben, worin jegliche Bestimmung des Individuums, des Einzelnen oder der einzelnen Substanz bloß als *Fixierung eines augenblicklichen Kraftaktes* ausgefasst werden kann. Darin ist das Individuum nicht durch Absonderung bestimmt und muss auch nicht mehr eigens in die Substanz eingebettet werden.

Nennen wir die Substanz, sofern sie als unendliche Dynamik jenseits der Unterscheidung von Denkendem und Gedachtem vorgestellt wird, *absolute Substanz, das Absolute* oder *Tao* so ist darin die *schöpferische Praxis* des Individuums jederzeit zugleich Ausdruck der unendlichen Dynamik der Substanz. Das, was als *schöpferische Praxis* bezeichnet wird, stellt allerdings nur eine solche Art des individuellen Handelns dar, worin sich das Individuum mit der Substanz vermittelt, worin es in Orientierung, in Ausrichtung auf die Substanz im eigenen Handeln jene unendliche Dynamik nachzuahmen sucht, welche als

Ursprung und *Hintergrund* aller erscheinenden Wirklichkeit *vorgestellt* werden kann. Die absolute Substanz, Tao, gilt für die Praxis des Individuums dann als *Bezugshorizont*.

Es versteht sich von selbst, dass eine Isolation des Individuums innerhalb der Idee einer absoluten Substanz eine Abstraktion ist, woraus folgt, dass sich das Individuum in der schöpferischen Praxis selbst transzendieren muss, indem es die schöpferische *Praxis* nicht ausschließlich als *sein eigenes* Handeln auffasst, sondern sich selbst im geschaffen Produkt zurückzieht, das Produkt als frei entlässt und auf dem geschaffenen Werk nicht als *dem seinigen* besteht. Man könnte dies mit einiger Berechtigung auch so ausdrücken: In der Anschauung eines gelungenen Werkes der schöpferischen Praxis verhält sich das Individuum als im *Aufschwung befindliche Existenz*. Was darin zum Ausdruck kommt, ist nicht die individuelle Tätigkeit, sondern die *unendliche Dynamik der Substanz in ihrer Vermittlung durch die unverrechenbare Einzigartigkeit der individuellen Erfahrung*. Dieser gesamte Prozess der schöpferischen Praxis hat zunächst die Einzigartigkeit der individuellen Erfahrung zum Ausgangspunkt. Diese Erfahrung entsteht jedoch nicht in der Isolation von der Substanz, sondern stellt eine Art der Bezogenheit des Individuums auf die Substanz dar (Te); sie ist ein Ausdruck der Zugehörigkeit des Individuums zur Substanz und somit der *Ursprung* der Zuwendung zum Absoluten. Die erfolgende Ausrichtung des individuellen Handelns auf das *Absolute als Bezugshorizont der individuellen Selbstverwirklichung* bringt eine Tätigkeit hervor, in der sich zugleich die *technische Kunstfertigkeit* als Ausdruck der Individualität und die *Poesie* als Ausdruck der sich durch die Individualität vermittelnden absoluten Substanz, vollziehen. In der hervorgebrachten *Anschauung* macht das Individuum erneut eine unverrechenbar persönliche Erfahrung, als deren Gehalt die Vereinigung von individuellem und substanziellem Vollzug *empfunden* wird. Dies stellt eine einschneidende Wende im Vollzug der Individualität dar, denn die Einzigartigkeit der persönlichen Erfahrung stellt nun ihrerseits mitnichten eine Grenze zwischen der Substanz und der Individualität dar, sondern bringt die *Empfindung* der an sich seienden *Identität* beider hervor. Als Resultat dieser Empfindung tritt das Individuum vom Besitzanspruch gegenüber dem Produkt der schöpferischen *Praxis* zurück, entlässt dieses als frei und gewinnt somit selbst Freiheit gegenüber der Bindung an dieses Produkt. Im verbleibenden Vollzug seiner selbst *existiert* es nicht als natürliche Individualität in der einzelnen Empfindung, sondern als Aufgehobenes in der unendlichen Dynamik der Substanz. Die schöpferische Praxis gilt für das Individuum dann als punktueller Kraftakt der unendlichen Dynamik, das, was sich darin als *Poesie* äußert, gilt als Vermittlung dieser Dynamik durch die in ihr aufgehobene Individualität und das, was sich als *Technik* oder begriffliches Konzept vollzieht, hat bloß noch dann Geltung, wenn es als Ausdruck der durch die Individualität angestrebten *Nachahmung* der substantiellen Dynamik empfunden wird, als bewusste *Zuwendung zur absoluten Substanz*. Als Gesamtresultat geht mitnichten die Auflösung der Individualität in der Substanz hervor, sondern die unverrechenbar *persönliche* Erfahrung des Individuums, dass die Substanz ewig ist. In diesem Sinne werden Taoisten unsterblich. Die Auflösung wäre der Tod, das Aufgehoben sein oder das Eingehen in die Substanz dagegen ist die Unsterblichkeit.

Die *Kreativität* ihrerseits stellt jenes Vermögen in der schöpferischen *Praxis* dar, durch das etwas in Erscheinung tritt, das zuvor nicht gewesen ist. Sie hat etwas Innovatives an sich, da sie das Individuum befähigt, die unendliche Dynamik der Substanz, durch welche die wahrhaft erscheinende Natur ihre Gestalt erhält, nachzuahmen und selbst einen Ausdruck dieser Dynamik zur Anschauung zu bringen. In der Kreativität kommt die *poetische* Fähigkeit des Individuums zum Ausdruck, die Reflexion in sich, die Vereinzelung, zu überwinden, sich für den *Zuspruch des Absoluten* zu öffnen, die *Inspiration* zu erfahren und ihr in der *Nachahmung* der substantiellen Dynamik zu entsprechen. Die schöpferische *Praxis* stellt dann das Handeln des Individuums dar, sofern dieses in Zuwendung zum Absoluten erfolgt und die *Kreativität* beschreibt die Fähigkeit, in der schöpferischen Praxis eine *neue Erscheinungsgestalt des Absoluten zur Anschauung zu bringen*, worin sich über die konkrete Absicht, den Plan des Individuums hinaus etwas artikuliert, das der gewordenen Anschauung jenen Gehalt gibt, der über die begriffliche Konzeption, sowie die *technische Kunstfertigkeit* des Individuums hinaus als Ausdruck der Unendlichkeit, als *Poesie* gelten kann. *Kreativität ist dann das Vermögen, durch die Vereinigung von Technik und Poesie eine neue Erscheinungsgestalt des Absoluten zur Anschauung zu bringen.* Sie stellt ein Moment der schöpferischen Praxis dar und vollzieht sich als *Praxis des Individuums in Zuwendung zum Absoluten* oder als *Existenz im Aufschwung*. Da jedoch die absolute Substanz (Tao) als Jenseitiges gegenüber der Unterscheidung von Denkendem und Gedachtem *vorgestellt* wird, ist sie bloß als *unendliche Dynamik*, als Selbstbewegung vorstellbar, jedoch niemals im Begriff fixierbar. Dem begrifflichen Denken gegenüber, das seinerseits stets die Unterscheidung von Denkendem und Gedachtem zugrunde legt, bleibt das Absolute jederzeit transzendent und somit *unfassbar*. Was sich also in der *schöpferischen Praxis* als *Kreativität* vollzieht, ist die *Innovation im Ausdruck des begrifflich unfassbaren*, des un-seienden, oder »*wu*«-seienden.

Tao als »wu-wu«. *Gehalterzeugung durch* Entzug *und* Leere *der sinnstiftenden Substanz.*

Das Wort »Wu« kommt im Tao Te Ching in zweifacher Bedeutung vor, nämlich entweder als »Ding« oder als eine Form der *bestimmten Negation* von etwas. In dieser zweiten Bedeutung wird es in der Regel mit »nicht-« übersetzt. Wenn also der Ausdruck »wu-wu« (gemeint ist Tao) beide Bedeutungen in sich vereint, dann kann er (natürlich zunächst höchst mangelhaft) mit »nicht-Ding« oder »Un-Ding« übersetzt werden. Dieses *»wu« als Negation* hat aber etwas Eigentümliches an sich, das sich uns Europäern nicht unmittelbar zuspricht. Die Bedeutung dieses Begriffs jedoch ist in der chinesischen Philosophie, insbesondere im Taoismus, aber auch über China und den Taoismus hinaus, zum Beispiel im japanischen Zen-Buddhismus sehr groß; denn darin kommt die spezielle Art und Weise zum Ausdruck, *wie die absolute Substanz in der einzelnen Existenz anwesend ist.*

Diese Negation entspricht nicht schlechthin unserem natürlichen Verständnis davon, dass etwas nicht der Fall ist, in dem Sinne, wie: »Heute ist nicht Mittwoch«, oder »Nein, das ist kein Pferd«. Sie stellt vielmehr eine Form der sich entziehenden Gegenwart von etwas dar. Das, was sich entzieht, was »wu«-seiend ist, wirkt bestimmend und lässt sich in dem bestimmten Ausdruck seiner Wirkung dennoch nicht fassen. Die Figur, an der »wu« im Tao Te Ching thematisiert wird, ist:

> Man erweicht Ton, um ein Gefäß zu machen:
>
> Gemäß seinem Nicht-Sein ist des Gefäßes Gebrauch. (TTK 11)[1]

Der Prozess, den der erste Vers umschreibt, die Gestaltung eines Gefäßes durch die Erweichung von Ton, bezieht sich auf die bewusste, nach Begriffen und Zwecken erfolgende Handlungsweise des Individuums. Dies entspricht im Allgemeinen dem, was wir als *Kunstfertigkeit* oder *Technik* bezeichnen. In der Wissenschaft fällt dies in den Bereich des *Begriffs*. Der zweite Vers hebt hervor, dass nicht dies, sondern vielmehr der Innenraum, der Raum, wo der Ton nicht ist, wo er abwesend, wu-seiend ist, – die Leere – den Gebrauch des Gefäßes bestimmt. Zwar ist die äußere Form, die materielle Gestalt des Gefäßes unerlässlich, doch bestimmt sie nur in ihrem Entzug den Gebrauch des Gefäßes; dort, wo der Ton nicht-ist, wo er wu-seiend ist, dort liegt Gebrauch des Gefäßes.

Wenn »wu« also eine Art der Negation beschreiben soll, dann handelt es sich stets um die *bestimmte Negation eines Inhalts, der in seiner Äußerung unfassbar bleibt*, da er sich darin stets entzieht. Dennoch ist dieser Inhalt nicht nur im ersten Schritt einer Kette von kausalen Verknüpfungen als Ursprung dieser Äußerung entscheidend; er durchwaltet vielmehr die gesamte Äußerung durchgehend. Dieser Inhalt macht das Wesen der Äußerung aus, stellt den gesamten Bezugshorizont dar, vor welchem sie als sinnvolle Äußerung vernommen werden kann. Er ist zugleich *Ursprung* und *Hintergrund* der Äußerung.

---

[1] Strauss, Victor von: *Lao Tse, Tao Tê King*, Zürich 1959. Im Folgenden als »TTK« bezeichnet.

Wir können versuchen, uns diese Art der »wu«-Negation anhand des folgenden Textes zu vergegenwärtigen:
(Der Titel bleibt zunächst ungenannt.)

Die   bei   den   Dirnen   trafen
Es   glücklich,   sind   satt   und   frei:
Mir   brachen   die   Arme   entzwei,
Weil ich bei Wolken geschlafen.

Schuld   sind   im   Himmelsgefild
Die   Sterne   ohnegleichen,
Kann,   verzehrt,   ich   nichts   mehr   erreichen,
Als von Sonnen ein Bild.

Unmöglich,   dass   ich   erringe
Des   Raumes   Mitte   und   End;
Irgend   ein   Blick,   der   brennt,
Bricht mir, ich fühl' es, die Schwinge;

Und   vom   Drang   nach   dem   Schönen   versengt,
Wird'   ich   nicht   bis   zum   Stolz   mich   erheben,
Meinen   Namen   dem   Abgrund   zu   geben,
Der als Grab mich empfängt.

Dieses Gedicht heißt »Die Flügel des Ikarus« (Charles Baudelaire) und mit dem Titel gewinnen wir einen entscheidenden Bezugshorizont für seine Interpretation, nämlich den tragischen Tod des Protagonisten. Somit ist in jedem einzelnen Vers die Negation der Existenz des Individuums in Gestalt des Todes gegenwärtig, obwohl sie in keinem einzigen Vers greifbar ist. In keinem einzigen Vers ist Ikarus tot, nicht einmal zuletzt, da er fällt, und ihn der Abgrund als Grab empfängt, ist er tot. Dies verdeutlicht schon die Erzählperspektive, nämlich die personale Ich-Perspektive: »Der als Grab mich empfängt«. In dem Moment, da *mich* der Abgrund als Grab empfängt, existiere ich, solange ich aber existiere, bin ich nicht tot. Diese Erzählperspektive könnte sogar als Garantie für die Unsterblichkeit des Protagonisten in dem gesamten Gedicht verstanden werden, denn: ich erzähle, also bin ich, oder: solange ich noch erzählen kann, bin ich nicht tot. Der Tod wird also als Negatives zur Existenz mitgedacht, wohl wissend, dass der Tod in der Existenz niemals zum Ausdruck kommen kann. Dennoch gilt er hier als sinnstiftender Background für die Bestimmtheit dieser sich aufschwingenden Existenz (derjenigen des Ikarus).

Der Tod ist in jedem einzelnen Vers als etwas Negatives anwesend, sich stets Entziehendes gegenwärtig – somit kann man ebenso gut sagen, er sei in jedem Vers abwesend. An jedem Punkt, wo man ihn greifen will, ist er nicht greifbar, und doch durchwaltet er jeden Vers nicht bloß auf eine begleitende Art und Weise, sondern in sinnstiftender Funktion. Der Tod, das Tragische, gilt im gesamten Gedicht als Bezugshorizont der Interpretation sowie als allgegenwärtiger Hintergrund des Geschehens. Nur in Zuwendung zu diesem Bezugshorizont und in anhaltender Projektion auf diesen Hintergrund entfaltet jeder Vers im Einzelnen, sowie das Gedicht im Ganzen seinen vollständigen Sinn. Selbst die Spannung zwischen dem abfallenden Dasein »bei den Dirnen« und der sich aufschwingenden Existenz »bei den Wolken« macht hier nur vor dem Bezugshorizont der Endlichkeit des Individuums bei gleichzeitiger Sehnsucht nach der Idee der Unendlichkeit, der Sonne, und unserer Gewissheit des tragischen Scheiterns Sinn. Das heißt: die entscheidende, sinnstiftende Komponente jedes einzelnen Verses ist zugleich das darin nicht explizit gewordene, das darin nicht greifbare, sondern das alles durchwaltende, als Hintergrund und Bezugshorizont allen Sinns gegenwärtige, sich aber zugleich in jeder Einzelheit entziehende *Negative* – der Tod als Negation des individuellen Daseins. Der Tod ist in diesem Sinne im gesamten Gedicht »wu«-seiend. Er ist nicht anwesend, nicht abwesend... Man könnte sagen:

> Ihm entgegengehend sieht man nicht sein Antlitz,
>
> ihm folgend sieht man nicht seine Rückseite. (TTK, 14)

Auf alle Fälle ist er als sinnstiftender Bezugshorizont unersetzlich. Man kann sich den Unterschied leicht deutlich machen, der entstünde, wenn dieser Bezugshorizont nicht gegeben wäre. Lesen wir die erste Strophe ohne Bezug auf das tragische Schicksal des Protagonisten:

Die	bei	den	Dirnen	trafen
Es	glücklich,	sind	satt	und	frei:
Mir	brachen	die	Arme	entzwei,

Weil ich bei Wolken geschlafen.

Gerade das Motiv des abfallenden Daseins bei den »Dirnen« fällt unangenehm ins Auge, wenn der Sinnhorizont der Ikarus-Tragödie unbeachtet bleibt.

Dieselbe Strophe aber in dieser Gestalt:

Die Flügel des Ikarus

Die	bei	den	Dirnen	trafen
Es	glücklich,	sind	satt	und	frei:
Mir	brachen	die	Arme	entzwei,

Weil ich bei Wolken geschlafen.

Das bedeutet »wu« als bestimmte Negation.

Nun geht es uns aber eigentlich nicht um den Tod, sondern um nichts geringeres als die absolute Substanz; und das, was uns als wu-Sein des Todes im obigen Gedicht von Baudelaire deutlich geworden sein sollte, soll zum Verständnis der Art und Weise beitragen, wie die absolute Substanz, Tao, in der einzelnen Existenz aufgefasst und ausgedrückt werden kann, denn die Kreativität soll das Vermögen zur Innovation in diesem Ausdruck darstellen. Die obigen Motive vom Gefäß und vom tragischen Tod des Ikarus zur Hilfe nehmend können wir uns den *Entzug des Absoluten im Einzelnen* plausibel machen. Das Absolute bringt das Einzelne hervor, entzieht sich jedoch im Hervorgebrachten und bleibt gegenüber dem Zugriff aus der Sphäre des Daseienden unfassbar. Tao besteht nicht auf dem Produkt seiner Tätigkeit als dem Seinigen, beansprucht nichts, will nichts kontrollieren:

Erzeugen und nicht besitzen,

wirken und nichts darauf geben,

erhalten und nicht beherrschen,

das heißt tiefe Tugend. (TTK 51) (Tiefe Tugend steht hier für *hsüan Te*.)

Lediglich in der aus der Inspiration entspringenden *poetischen* Tätigkeit, die als Existenz im Aufschwung verstanden werden kann, lässt sich diese stille, unaufdringliche Art der Hervorbringung und der Entzug des Erzeugenden im Erzeugten nachahmen. Diese stille Hervorbringung bei gleichzeitigem Zurücktreten des Erzeugers vom Besitzanspruch gegenüber seinem Werk beschreibt das »wu-wei« des Tao, nämlich die Art und Weise, wie das Absolute im Rahmen seiner unendlichen Dynamik in *Existenz* tritt. Das, was als Resultat dieses Prozesses (in seiner Reinheit) hervorgeht, ist die *wesenhafte Existenz* der »10.000 Dinge«, wozu auch die Menschen zählen. Nun gilt es, diese stille Tätigkeit als Mensch nachzuahmen, indem man sich in der schöpferischen Praxis der Poesie folgend, selbstlos, dem Zuspruch des Absoluten hingibt und in Ausrichtung auf die Substanz aktiv wird. Dies stellt mehr als bloßes Nachdenken dar, denn in dieser Nachahmung des »wu-wei« des Tao tritt der Mensch mit all seinen Vermögen in die Dynamik des Absoluten ein, gibt sich ihr hin, und handelt selbst so, dass er in seinem Handeln wu-seiend ist – dies stellt das »wu-wei« des Menschen dar. Sofern der Mensch aber dem »wu-wei« entsprechend handelt, besteht er nicht darauf, der Autor seiner Produkte, das Agens seiner Praxis zu sein, sondern tritt von der Bindung und von den Besitzansprüchen an die Produkte seiner Praxis zurück, und gibt schließlich diese Produkte sowie sich selbst der Dynamik des Absoluten hin. Dann ist seine Praxis nicht mehr bloß Nachahmung des »wu-wei« des Tao, sondern indem es nicht mehr seine persönliche Praxis ist, ist sie zugleich das »wu-wei« des Tao. Das »wu-wei« des Menschen ist also in das »wu-wei« des Tao eingeflossen und zwischen beiden besteht keine Differenz. Der Mensch hat darin auch nichts verloren, denn er ist von seinen Besitzansprüchen ebenso zurückgetreten, wie das Tao seinerseits. Er gibt sich dem Tao hin, aber da Tao nimmt ihm nichts weg.

Die Quelle der Innovation in dieser Praxis kann niemals persönlichen Ursprungs sein, sondern muss stets im Zuspruch der Substanz, der Inspiration, begründet sein. Somit kann das Individuum weder mit dem Vorsatz, kreativ zu sein, handeln, noch kann es sich die Innovation im Ausdruck als sein Werk anziehen. (Dies gilt nur für den Bereich der *Existenz im Aufschwung*, die schöpferische *Praxis*. Der *Abfall* vom Absoluten zieht sich die Originalität gerne an und ergötzt sich an seinem Spiegelbild.)

Die durchgängige Bestimmtheit des Einzelnen und das Ideal vom Ganzen

Im letzten Abschnitt dieser Überlegungen sei es noch erlaubt, das, was uns als wu-Sein des Tao plausibel geworden ist, wenn auch nur unscharf, begrifflich zu fixieren.

Die absolute Substanz als Absolutes ist nicht. Sie erscheint nur in Gestalt des Weltmannigfaltigen, der 10.000 Dinge, worin sie gegenüber jeder einzelnen Gestalt negativ bleibt. Man könnte also mit einiger Berechtigung sagen, dass das Eine nicht ist; es kann jedoch insofern sein, als das Einzelne sich ihm zuwendet, indem es dem »wu-wei«-Prinzip folgt. Das heißt, die einzelne Tätigkeit im Rahmen der schöpferischen Praxis stellt eine Ausrichtung des Individuums auf eine Substanz dar, von der das Individuum weiß, dass sie nicht ist (wu-seiend ist), sich aber in seinem Handeln artikuliert, und zwar in denjenigen Momenten seines Handelns, die sich unbewusst als Poesie vollziehen. Die Einheit selbst aber findet lediglich in der schöpferischen Praxis eine Ausgestaltung, sie selbst jedoch, als Inbegriff, entzieht sich gegenüber dem einzelnen Zugriff. Sie gilt also stets als ein *sich entziehender Bezugshorizont*. Warum entzieht sich uns aber das Absolute im Einzelnen so beharrlich?

Darum, weil Tao oder das Absolute der *Inbegriff vom Ganzen* ist, der Inbegriff vom Ganzen aber lässt sich im Endlichen nicht fassen. Alles, was sich im Endlichen greifen lässt, ist die *Einbettung* des Einzelnen in die Natur, somit niemals die Einheit der Substanz. Fixiert man das Einzelne als Einzelnes begrifflich, so bestimmt man es zunächst in Abgrenzung von seinem prädikativen Umfeld. Seine durchgängige Bestimmtheit ist dann die durchgängige Bestimmtheit aller seiner Prädikate im Verhältnis zum Inbegriff aller möglichen Prädikate, also zum Weltganzen als Natur. Diese Fixierung der Prädikate des Einzelnen in Ansehung des Inbegriffs vom Ganzen, macht die durchgängige Bestimmtheit des Dinges aus. Doch lässt sich an der unmittelbaren Bestimmung des einzelnen Dinges nicht der Inbegriff des Ganzen fassen, und zwar wegen des negativen Verhältnisses zu den Prädikaten, die dem durchgängig bestimmten Gegenstand im Prozess seiner Bestimmung nicht zugesprochen werden.

Die durchgängige Bestimmtheit eines Dinges kommt dadurch zustande, dass dem Ding aus der Menge aller möglichen Prädikate eine bestimmte Reihe von Prädikaten zugesprochen wird, und dass die Summe der Prädikate, durch die das Ding bestimmt ist, in ein Verhältnis zur Gesamtmenge aller Prädikate gesetzt wird. Die durchgängige Bestimmtheit hat also zwei Komponenten, eine positive in Bezug auf den Gegenstand, nämlich die Auswahl der Prädikate. Andererseits hat sie aber auch eine negative Komponente, d.h. die Abgrenzung und Beziehung des Dinges auf den Inbegriff der Gesamtmenge aller Prädikate. Das *Verhältnis* der ausgewählten Prädikate zur Gesamtmenge aller Prädikate macht die durchgängige Bestimmtheit des Dinges aus.

In der Anschauung des einzelnen Gegenstandes aber wird die Menge *seiner* Prädikate erfasst, wobei von der Menge aller übrigen Prädikate abgesehen wird; der Gegenstand wird also von der absoluten Substanz isoliert. Somit entzieht sich in der Anschauung des einzelnen Dinges das Absolute. Alles, was in Bezug auf das Absolute aufgezeigt werden kann, ist das Verhältnis dieser Prädikate zu denjenigen, die im Prozess der durchgängigen Bestimmtheit als wu-seiend mitwirken. Dies macht die der wu-Negation entsprechende Anwesenheit der absoluten Substanz aus, oder die Art und weise, wie das Tao die wahrhafte gestalt der 10.000 Dinge hervorbringt. Das heißt, dass bei der durchgängigen Bestimmtheit eine ganze Reihe von Prädikaten affirmativ ausgewählt wird, während die weitaus größere Menge im Sinne der wu-Negation bei der durchgängigen Bestimmtheit mitwirkt.

Das Aufzeigen der *Spur* des Absoluten im Einzelnen besteht darin, über das Verhältnis der ausgewählten Prädikate zum Inbegriff aller Prädikate zu reflektieren, d.h. zu zeigen, dass mit der Auswahl jedes bestimmten Prädikats die In-Verhältnis-Setzung zu einer unendlichen Reihe von Prädikaten erfolgt. Dazu ist es jedoch nötig, diesen Inbegriff zu denken und das Verhältnis herstellen zu können – eine Anforderung, die das Denkvermögen des endlichen Verstandes überschreitet, do dass er sich nur damit behelfen kann, diese durchgängige Bestimmtheit des Weltganzen als ein Ideal vorzustellen, und in Orientierung an das Ideal zu handeln. Dann jedoch erhält auch dieses Ideal seine Wirklichkeit, nämlich als dasjenige Prinzip, das die Praxis des Individuums durchwaltet und in aller Praxis nicht Nichts, sondern wu-seiend ist.

Literatur

STRAUSS, Victor von: *Lao Tse, Tao Tê King*, Zürich 1959.

Das ›Große Ich‹ – Das ›Wahrhafte Ich‹.
Schöpfertum und Kreativität in der
chinesischen Philosophie und Ästhetik.
Ein interkultureller Blick

Heinrich Geiger (Bonn)

Bei meinen Ausführungen zu dem Themenbereich der Kreativität in der chinesischen Philosophie und Ästhetik werde ich mich auf den Daoismus konzentrieren. Im Unterschied zum Konfuzianismus und auch den Denkschulen des Buddhismus, bei denen die ethische, politische Komponente (Konfuzianismus) und der Aspekt der plötzlichen Erkenntnis (Buddhismus/Zenbuddhismus) im Vordergrund stehen, kommt bei diesem der Kreativität oder, besser gesagt, der schöpferischen Kraft eine zentrale Bedeutung zu. Dies hatte bedeutsame Auswirkungen auf die Rezeption des Daoismus im Westen! Denn seine große Resonanz in der westlichen Geistes- und Kunstwelt verdankt sich zuvorderst dem Faktum, dass der Daoismus im Mantel einer zivilisationsfeindlichen wie auch ahistorischen Haltung den Menschen auf eine Seinsebene verweist, die letztendlich die Erweiterung des Ichs zum Ziel hat. Jenseits der Grenzen von Gesellschaft und Geschichte, aber innerhalb der Grenzen einer idealen Welt hebt er Einfachheit und Naturnähe als Bedingungen des »wahren Menschseins« hervor. Im Buch *Zhuangzi*[1] lesen wir:

> Das Volk besitzt einen von Ewigkeit her bestimmten natürlichen Instinkt, Stoffe zu weben und sich solchermaßen zu kleiden, die Felder zu bestellen und sich solchermaßen zu ernähren. Das ist es, was man »gleichartige Tugend« (*tong de*) nennt. (*Zhuangzi*, Kap. 9, zitiert nach Bauer 1974, S. 63)

In einer für die Konzeption der Kreativität grundlegenden Weise geht es dem Daoismus um den »wahren Menschen« (*zhen ren*), dem die schöpferische Kraft wie jedem anderen Menschen gegeben ist. Da sie bei allen Menschen gleichermaßen (*tong*) vorhanden ist, verweist der daoistische Kreativitätsbegriff auf ein universales Prinzip und nicht auf eine individuelle Könner- oder Meisterschaft. Die schöpferische Potenz ist im höchsten Maße neutral, sie ist identisch mit der Ureinheit des Chaos, die der Entstehung der Welt vorangeht. »Der Sinn (*dao*) bewirkt die Dinge/ so chaotisch und dunkel«, heißt es im *Dao*

---

[1] Das Buch *Zhuangzi* stellt zusammen mit dem *Dao de jing* (Klassiker von »Weg« und »Tugend«) des Laozi die beiden wichtigsten daoistischen Textsammlungen dar. Die älteren Teile des Buches entstammen dem Ende des 5. und dem Anfang des 4. Jh. v. Chr., die jüngeren teilweise erst dem 2. Jh. v. Chr. Die Kontinuität zwischen beiden Teilen ist aber durchgängig gegeben. Das *Dao de jing* ist auf die Mitte bis Ende des 4. Jh. v. Chr. anzusetzen.

de jing in der Übersetzung von R. Wilhelm. (Wilhelm 1976, S. 61) Damit der Mensch sein »wahres« Menschsein entfalte, ist er gefordert, zu wirken und nicht zu behalten: »Ist das Werk vollbracht, so verharrt er nicht dabei.« (*Dao de jing*, Wilhelm 1976, S. 77). Nach *Zhuangzi* besteht das Geheimnis des »wahren Menschen« darin, »sein Herz (*xin*) nicht vom »Weg« (*dao*) wegzulenken, und nicht mit Menschlichem dem Himmel helfen zu wollen.« (*Zhuangzi*, Kap. 6, zitiert nach Bauer 1974, S. 65).

Die große Anziehungskraft des Daoismus liegt darin begründet, dass er die im modernen Bewusstsein so tief empfundene Entfremdung des Menschen von der inneren und der äußeren Natur in ein schöpferisches Verhältnis umzuwandeln hilft. Aber auch seine Gelassenheit, die er u.a. dem Tod gegenüber zeigt, stellt die Größe der daoistischen Philosophie auf eine beeindruckende Weise unter Beweis. Seinem Lebensbegriff *sheng* lässt sich entnehmen, dass nach der daoistischen Weltsicht die Form und das Äußere aller irdischen Dinge und Lebewesen durch die Existenz der Zeit geprägt sind. Sie sind unbeständig, während die Substanz und, mit ihr, die Lebenskraft als unverlierbar im Daoismus gelten. »*Yin* und *Yang* sind des Menschen Eltern«, so heißt es. Indem der Daoismus darüber hinaus noch das menschliche mit dem außermenschlichen Leben verbindet und auch den Gedanken der Metamorphosen in seine Philosophie integriert, fundiert er das Verhältnis von menschlicher und kosmischer Schöpferkraft in einer alles umfassenden Einheit. So hilft er das Seil, das nach Nietzsche der Mensch zwischen Tier und Übermensch darstellt, spannen.

Durch Publikationen wie das Buch Lin Yutangs *Chinesische Kunst – Eine Schule der Lebenskunst* (Lin 1967) und Chang Chung-yuans *Tao, Zen und Schöpferische Kraft* (Chang 1995) wurde das Verständnis der kunst- und kreativitätsrelevanten Gedanken des Daoismus im Westen befördert. Auf diese Weise konnte das Buch *Zhuangzi* eine Rezeption finden, die der in ihm angelegten Balance zwischen Versenkung in den Weltgrund und der daraus sich ergebenden praktischen Weltüberwindung gerecht wird. Wie unter anderem aus der Lektüre des zweiten Kapitels »Über die Gleichheit der Dinge« (*qi wu lun*) hervorgeht, hat das Buch *Zhuangzi* dem menschlichen Schöpfertum mit der Figur des »Höchsten Menschen« eine phantastische Gestalt verliehen. Dort heißt es:

> ›Der Höchste Mensch ist vergeistigt‹, sagte der Adelsspross. ›Setzte man die großen Moore in Brand, würde es ihm nicht heiß. Gefrören die Flüsse, würde es ihm nicht kalt. Spalteten gewaltige Donnerkeile die Berge, so verletzte ihn das nicht. Peitschten Wirbelstürme die Meere auf, so fürchtete er sich nicht. Da er also ist, fährt er auf den Wolken, reitet er auf Sonne und Mond und wandert jenseits der Vier Ozeane. Da selbst Leben und Tod ihn nicht zu wandeln vermögen, wieviel weniger dann Nutzen und Schaden!‹ (zitiert nach Wohlfart 2003, S. 57)

Auf die moderne Kunst eingehend, formuliert Robert Henri (1865–1929) den menschlichen Zustands der »höchsten Wirksamkeit« auf eine Weise, die an den »Höchsten Menschen« im Buch *Zhuangzi* erinnert:

> Die Absicht, welche die Grundlage jedes wahren Kunstwerkes ist, ist die Erreichung einer Seinsbedingung, eines Zustands höchster Wirksamkeit, eines mehr als gewöhnlichen Augenblicks der Existenz. (Pantheon Books, *Artists on Art*, zitiert nach Chang 1995, S. 184)

Trotz dieser inhaltlichen Nähe der Aussagen ist aber zu betonen, dass die Kreativität oder, besser gesagt, die schöpferische Kraft im Daoismus nicht allein ein Phänomen der Kunst im Sinne der westlichen Schönen Künste (*beaux arts*) bedeuten kann. Interessanterweise ist dies in den Publikationen des deutsch- und englischsprachigen Raums zum Daoismus auch nie wirklich missverstanden worden: In ihnen kommt den Schönen Künsten nicht die Schlüsselposition zu, sondern dem *dao*, das meist als Seinsprinzip und, als solches, als Urquell des Schöpferischen interpretiert wird. In dem Streben nach einer universellen Kunst, die ihrer Auffassung nach auf einer Synthese von westlichen und fernöstlichen Auffassungen beruhen müsse, liegt bei ihnen wie auch in den chinesischen Texten der Hauptakzent auf der schöpferischen Kraft. Es wird das Denken an den «Seinsbedingungen« ausgerichtet. Mittels einer Kunst jenseits der Kunst soll aus dem kleinen empirischen Ich (*xiao wo*) das große, kosmische Ich (*da wo*) werden!

Das Große Ich

Ihre lebensweltliche Bedeutung gewinnt im Daoismus die schöpferische Kraft aus der Versenkung. Demgemäß handelt es sich bei ihr um eine Dynamik, die negativer Natur ist, da durch sie die sinnlich-physiologischen Reize ausgeschaltet werden. Zhuangzis »Höchster Mensch« ist weder hitze- noch kälteempfindlich. Ebenso ist er nicht zu verletzen. Da er auch nicht den Einschränkungen des diskursiven Denkens unterliegt – es wird nicht zwischen »schön« und »hässlich«, »gut« und »wahr« unterschieden – lässt ihn seine schöpferische Kraft das Gesetz der Schwerkraft (Fahrt auf den Wolken) überwinden und seine Grenzen (Wandern jenseits der Vier Ozeane) durchbrechen. Es kommt zur »Kunst«, weil der »Höchste Mensch«, wie es im 23. Kapitel des Buchs *Zhuangzi* heißt, »äußerste Stille bewahrt«. »Pflegt man sein Wahres-Selbst, erreicht man das Absolute«. (zitiert nach Chang 1995, S. 110)

Bei dem sich aus der schöpferischen Kraft ableitenden Begriff von »Kunst« überlagern die Momente der Stille (*qing*) und der Klarheit (*ming*), sprich der Versenkung und der ontologischen Erkenntnis, im Kontext des Lebensvollzugs alle anderen Gehalte. Die Bedeutung des Schöpferischen besteht darin, durch die Stille zur großen Schöpfungskraft vorzudringen, die sich nur dem reinen Bewusstsein erschließt. Gleichsam als Beweis für diese These darf das 223 Seiten umfassende Buch Chang Chung-yuans mit dem Titel *Tao, Zen und schöpferische Kraft* gelten. Die Originalausgabe *Creativity and Taoism* war 1963 bei Julian Press, Inc., New York erschienen. Auf den ersten Blick scheint Changs Buch sowohl in der Originalausgabe wie in der deutschen Übersetzung, die 1995 bereits in der 7. Auflage vorlag, den Schönen Künsten der Poesie und Malerei zu gelten, obgleich es in seinem Titel ohne deren Erwähnung auskommt. Widersprüchlich ist auch, dass der Verfasser die Fragestellung seiner Publikation im Vorwort auf kunsttheoretische Überlegungen hin ausrichtet, der Übersetzer aber in seiner Schlussbemerkung in eine andere Richtung geht. Dort ist zu lesen, dass das Buch viel mehr als nur den Bereich der Schönen Künste umfasst. Es geht um die Lebenspraxis, den Lebensvollzug oder auch, in Entsprechung zu der Überschrift des 4. Kapitels, den »Prozess der Selbst-Verwirklichung«, der eine höhere Integration des Menschen in die Welt, eine Art *empowerment* von Frau und Mann in weltlichen Dingen bezwecken soll:

> Aber nicht allein der Künstler kann die ontologische Erfahrung als eine Quelle der Kraft ansehen. Große Führer der Menschheit – Staatsmänner, Erzieher und Wissenschaftler – können Zugang finden zu jenem Urgrund, der der Quell der Intuition ist – und viele haben das auch getan. (Chang 1995, S. 222)

Wie festzustellen ist, beziehen der Begriff der »schöpferischen Kraft« und der »Kunst« im wesentlichen ihre Logik aus der erkenntnistheoretisch bedeutsamen Grundannahme, dass unsere Wirklichkeit nur auf ihre Lebbarkeit hin überprüft werden kann. So wird eine Brücke zwischen Kunst und Nichtkunst über einen in beide Richtungen hin durchlässigen Lebensbegriff geschlagen, dem in der Kunst des Teetrinkens oder derjenigen des Malens gleichermaßen erhabene Züge zukommen können. Beide Male ist die Einheit mit dem *dao* der Ursprung und das Ziel des Tuns.

Folgt man der Übersetzung des *Dao de jing* durch Richard Wilhelm und seinen Erläuterungen, dann ist die »Weisheit Chinas« eine spontane und kreative Seinsform. Durch seine Wiedergabe der Begriffe des *dao* und des *de* mit »Sinn« und »Leben« sowie durch seinen Kommentar, dass »das Leben (...) nach Laotse eben nichts anderes als dieses spontan sich betätigende, mit dem Weltgrund letzten Endes identische Menschenwesen« ist, (Wilhelm 1976, S. 29) treten die Spontaneität und die Intuition als Kernmomente der daoistischen Philosophie deutlich hervor. Durch die Spontaneität lässt sich, so Wilhelm in der Einführung zu der deutschen Übersetzung des *Dao de jing*, auf eine Seinsebene Bezug nehmen, die den Grenzen des Subjekts entrückt ist und es als »kosmische Potenz« ausweist.[2]

---

[2] »Spontaneität«, siehe Wilhelm 1976, S. 29 ff.; »kosmische Potenz«, siehe Wilhelm 1976, S. 31.

Richard Wilhelm hat mit seiner Übersetzungstätigkeit die Grundlagen dafür gelegt, dass der Daoismus im Westen unter dem Gesichtspunkt der Kreativität oder, besser gesagt, der schöpferischen Kraft große Aufmerksamkeit erfuhr. Da in den westlichen Gesellschaften, einhergehend mit den großen Transformationsprozessen nach dem II. Weltkrieg, das Wort der Kreativität so wichtig wurde, konnte er sich mit seiner Philosophie eine breitere Rezeptionsbasis verschaffen. Aber schon in den Jahrzehnten davor war das Interesse am Daoismus durch das Interesse an der fernöstlichen Mystik angeregt worden. Da er aus der Sicht der Zeit die Verbindung zwischen Religion und Kunst ermöglichte, verhalf er nicht wenigen Künstlern und Denkern dazu, sich geistig den totalitären Tendenzen der eigenen Gesellschaft zu entziehen. Im Tagebuch des Malers Julius Bissier, geb. am 3.12.1893 in Freiburg i.Br., gestorben am 18.06. 1965 in Ascona, findet sich unter dem Datum des 17. Juni 1949 folgender Eintrag:

> Ich bin für die westliche Kunst ein für allemal verloren und sitze demgemäß auf einem äußersten Ästchen, das nach dem äußersten Osten mehr tendiert als dem Westen. (Bissier 1978b, S. 12)

In diesen Worten klingt die Situation eines Rezipienten ostasiatischer und insbesondere chinesischer Geistigkeit an, der sich nach dem Bruch mit der eigenen künstlerischen und geistigen Tradition in exponierter Stellung wiederfindet. Auf einem »Ästchen« sitzend, wie es Bissier so treffend mittels eines bildhaften Ausdrucks verdeutlicht. Mit dem Wort »äußerst« ist in dessen Doppelung (»äußerstes Ästchen«, »äußerster Osten«) die Entfernung zu den eigenen kulturellen Wurzeln mit einem dramatischen Unterton verdeutlicht, der sich aus der Biographie des Künstlers erklärt.

Schöpferisches Tun entspringt unter den Bedingungen der Moderne weder aus der Einheit mit einem Seinsprinzip noch mit der eigenen Kultur. Dies lässt sich ebenso für das traditionelle China darlegen, das sich, allen kulturessentialistischen Behauptungen zum Trotz, nicht in soziokulturellen Selbstverständlichkeiten bewegt. Selbst die Rückkehr zu diesen ist unmöglich, wie sich der Geschichte von der Pfirsichblütenquelle (*taohuayuan shi bing ji*)[3] des berühmten Dichters Tao Qian, der besser unter seinem zweiten Namen Tao Yuanming (372–427) bekannt ist, entnehmen lässt. In dieser ist von einer paradiesischen Welt hinter einer Höhle, mit der die Vorstellung von einem Goldenen Zeitalter verbunden ist, die Rede. Die Geschichte endigt damit, dass nach der Rückkehr der Personen, die zufälligerweise in das Paradies vorgedrungen waren, dieses für immer entrückt bleibt. Selbst ein Suchtrupp, der vom Distriktskommandanten ausgeschickt wird, verirrt sich und ist nicht imstande, den Weg wiederzufinden. Paradise lost!, – so fällt für das ferne China wie für das

---

[3] Eine Übersetzung ins Deutsche findet sich u.a. in: Karl-Heinz Pohl (Hg.): *Tao Yuanming. Der Pfirsichblütenquell. Gedichte*, Bochum 2002, S. 202-204.

uns nahe christliche Abendland trotz aller *dao*-Idyllen der geistes- bzw. religionsgeschichtliche Befund aus.

Auch der chinesische Mensch lebt, schöpft nicht allein aus der Unbewusstheit oder aus einer vorzivilisatorischen Unschuld. Unter anderem das Lachen der Daoisten macht deutlich, dass ihre Weltsicht das Gegenteil von Geistlosigkeit ist und über einen tiefen philosophischen Sinn verfügt. Ebenso dürfen die vom Daoismus inspirierten Werke der Kunst und Literatur in hohem Maße als reflexiv gelten, sodass die Feststellung Jacques Maritains: »Chinese art is seeking after beauty only in an unconscious manner« (Maritain 1953, S. 176) als ein einziger großer Irrtum zu bezeichnen ist.

Das Wahrhafte Ich

Dem Autor, Dramatiker und Maler Gao Xingjian (geb. 1940)[4], der seit 1987 in Paris lebt, wurde im Jahr 2000 der Literaturnobelpreis verliehen. In seinem in französischer Sprache verfassten Theaterstück aus dem Jahr 1998 *Quatre quatuors pour un week-end* (deutscher Titel: *Wochenendquartett*) heißt es:

> Du bist ein Fremder, bestimmt, für immer ein Fremder zu sein. Du hast keine Heimatstadt, kein Land, keine emotionalen Bindungen, keine Familie und keine Verpflichtungen außer der, deine Steuern zu bezahlen ... Du hast keine Feinde, und wenn jemand dich zu seinem Feind machen will, so ist es seine Sache. Dein einziger Widersacher – du selbst – wurde bereits viele Male getötet; es ist nicht nötig, nach Feinden zu suchen.[5]

Im Sinne einer Haltung, die im Rahmen und unter den Bedingungen der Migrationsbewegungen des 20. Jahrhunderts als »wahrhaft« zu bezeichnen ist (mit dem Begriff der »Wahrhaftigkeit« wird Bezug auf den »wahren Menschen« im Buch *Zhuangzi* genommen), greift Gao Xingjian in dieser Textpassage auf keine kulturellen Stereotypen zurück, um das Gefühl der Heimatlosigkeit abmildern zu können. Er spricht vom Fremdsein, und sonst von nichts anderem. Sein eigenes Heimatland, der kulturelle Mutterboden, in dem er einer kulturessentialistischen Sichtweise gemäß völlig unbewusst ruhen könnte, sind für ihn soweit entrückt, dass sie nurmehr in der Vielschichtigkeit seiner eigenen Gefühle und Erinnerungen präsent sind. So ist es nicht mehr als folgerichtig, dass für Gao Xingjian die »Ehrlichkeit der absolute Wert der Literatur« ist. Einhergehend damit kommt dem Zweifel an jeglicher Wertvorstellung

---

[4] In deutscher Sprache liegen von ihm u.a. folgende Werke vor: *An der Grenze zwischen Leben und Tod*, Hefte für ostasiatische Literatur 13, München 1992; *Auf dem Meer. Erzählungen*, Frankfurt/Main 2000; *Nächtliche Wanderung. Reflektionen über das Theater*, Neckargemünd 2000; *Der Berg der Seele*, Roman, Frankfurt/Main 2002; *Das Buch eines einsamen Menschen*, Frankfurt/Main 2004. Gao Xingjian verfasste ebenso mehrere Theaterstücke und Prosatexte in französischer Sprache.

[5] Zitiert aus FAZ 03.06.2000.

und damit auch an gesellschaftlichen, kulturellen Belangen eine besondere Rolle zu. Gao sagt:

> Wenn ein Volk keinen Platz hat für diese Art nicht-utilitaristischer Literatur, so ist das nicht bloss ein Unglück für den Autor, sondern eine Tragödie für das Volk. (zitiert nach: Hammer 2002, S. 51)

Will man in diesem Zusammenhang von Identität sprechen, dann ist Gao Xingjian als Vertreter einer in ihren Konsequenzen bewusst reflektierten Ich-Identität[6] zu bezeichnen:

> Als Schriftsteller bemühe ich mich darum, mich zwischen Ost und West anzusiedeln. Als Individuum unternehme ich alles, um am Rande der Gesellschaft zu leben.
>
> Ein Mensch, der sich seiner selbst ganz bewusst ist, ist immer im Exil. Erst wenn du Stück für Stück alles ablegst, was dir von anderen aufgebürdet, aufgezwungen wird, baust du allmählich deine eigenen Werte auf – das schließt auch den Selbstzweifel mit ein. (Hammer 2002, S. 51f.)

Vor dem Hintergrund dieser Aussagen ist nicht zu übersehen, dass eben die Differenz und nicht die Einheit mit einer Kultur und einem Seinsprinzip vielen modernen und zeitgenössischen Werken der Kunst und Literatur ihren Stempel aufgedrückt hat. Im Falle Gao Xingjians ist es, wie auch bei zahlreichen anderen Künstlern und Autoren, darüber hinaus gehend das Leben im Exil, das die Kluft zwischen persönlicher – der Ich-Identität – und der kollektiven bzw. der nationalen, kulturellen Identität zu einer das literarische Werk prägenden Erfahrung gemacht hat.

1993 führte Gao Xingjian mit dem chinesischen Lyriker Yang Lian (geb. 1955)[7], mit dem er seit den 1980er Jahren bekannt ist, ein Gespräch über chinesische Literatur. Bei dieser Gelegenheit wurde von ihnen das Thema der kulturellen Identität auf eine sehr persönliche, aber damit auch unverstellte Art und Weise behandelt. Die Aufzeichnung des Gesprächs wurde 2001 unter dem Titel *Was hat uns das Exil gebracht?* in deutscher Sprache publiziert[8]. Ihm ist ein Vorwort Yang Lians vorangestellt, das er im Oktober 2000 nach der Kür Gaos zum Literaturnobelpreisträger verfasste. Yang Lian, der in der Schweiz als Sohn eines chinesischen Diplomaten geboren wurde, in Beijing

---

[6] Zur »Ich-Identität« siehe Paul Ricoeur: *Das Selbst als ein Anderer*, München 1996. Ebenso das Kapitel »Die diskursive Konstruktion der nationalen Identität«, in: R. Wodak/R. de Cillia/M. Reisigl/K. Liebhart/K. Hofstätter/M. Kargl (Hgs.): *Zur diskursiven Konstruktion nationaler Identität*, Frankfurt/Main 1998, S. 41-103.

[7] In deutscher Übersetzung liegen von ihm u.a. vor: *Pilgerfahrt*, Gedichte, Innsbruck 1987; *Gedichte*, Zürich 1993; *Maske und Krokodil*, Gedichte, Berlin 1994; *Geisterreden*, Essays, Zürich 1995; *Der Ruhepunkt des Meeres*, Gedichte, Stuttgart 1996.

[8] *Was hat uns das Exil gebracht? Ein Gespräch zwischen Gao Xingjian und Yang Lian über chinesische Literatur*, aus dem Chinesischen von Peter Hoffmann, Berlin: DAAD, Berliner Künstlerprogramm (Reihe SPURENSICHERUNG Bd. 4), 2001.

aufwuchs und seit 1989 im Londoner Exil lebt, ist ebenso wie Gao Xingjian an dem Begriff von »China« unsicher bzw. irre geworden. Auch er stellt als eine Person, die auf Grund ihres Chinesentums mit größter Selbstverständlichkeit in die Rolle eines Repräsentanten Chinas gesetzt werden könnte, Fragen, die in Bezug auf »China« nicht grundlegender sein können:

> Wer weiß, was ›China‹ ist? Wer weiß, ob es ein ›China‹ gibt? Auf der Welt war und ist ›China‹ immer nur ein Wort. Ein ›Nichtsein‹, das sich in der Vorstellung der Menschen eingenistet hat. Ein allzu tiefes Schweigen in der Geschichte, eine allzu große Leere. ...
>
> Doch wer hat es dann erdacht? Wie wurde ›China‹ Schicht für Schicht sorgfältig zu einer zierlichen, innen hohlen Elfenbeinkugel ziseliert? (Yang 1998, S. 40)

An anderer Stelle ist von ihm zu lesen:

> Nun, was ist dann China, das Reich der Mitte? Vor langer Zeit war China für die Welt ein Mythos, die Welt für China eine Erzählung. Auch wenn die Chinesen in China lebten, so war es doch ein Geheimnis für sie. Uns bleibt nichts anderes übrig, als uns Schritt für Schritt selbst in die Schule zu schicken für einen Kurs in gründlicher kultureller Selbstüberprüfung. (Yang 1999, S. 20)

Kreativität – Schöpferisches Menschsein

Das Große Ich wie auch das Wahrhafte Ich folgen nicht der Bewegung eines absoluten Geistes, wenngleich auch ihr Werk das Zeugnis einer höchsten Geistigkeit (*shen*) ist, dessen Gehalt sich der Rezipient wiederum in einem Akt der »geistigen Vereinigung« (*shenhui*) erschließt. Da sie in metaphysischen Dingen schwerelos sind, agieren das Große Ich und das Wahrhafte Ich frei, wobei ihr Tun auf das Universale an den Dingen ausgeht. Dies ist aber nicht von Anbeginn an erfahrungslos, wie sich dem *Dao de jing* entnehmen lässt: »Wer den SINN übt, vermindert täglich./ Er vermindert und vermindert,/ bis er schließlich ankommt beim Nichtsmachen./ Beim Nichtsmachen bleibt nichts ungemacht.« (Wilhelm 1976, S. 91) Deswegen erfassen all die Theorien, die das Schöpferische im Chinesischen ohne den Prozess des Reduzierens sehen, der in der Welt der Erfahrung seinen Anfang nimmt, nur einen Teil des Gesamtvorgangs. Allem schöpferischen Tun geht im *Dao de jing* wie auch im Buch *Zhuangzi* nicht nur das Verharren in der Introspektion, sondern ein Wahrnehmungsprozess voraus, den der bedeutende ming-zeitliche Gelehrte Wang Yangming (Wang Shouren, 1472–1528) einmal als »Herumkauen« auf den Wahrnehmungen bezeichnet hat:

> Der Mensch muss sich am Gegenstand schleifen und läutern, dann wird seine Arbeit von Nutzen sein; falls er bloß die Meditationsruhe liebt, wird er bei der Begegnung mit dem Gegenstand noch verwirrter sein und so auf die Dauer kein Vorwärtskommen haben. (Contag 1955, S. 47)

Der Maler Shi Qi (um 1612–1697), der 100 Jahre später als Wang Yangming lebte, hat diesen Gedanken bezogen auf die Person des Künstlers folgendermaßen in Worte gefasst:

> Himmel und Erde sind wie ein großer Schmelzofen und Blasebalg. Mit unermesslicher Wasser- und Feuerkraft wurden damit von alters bis heute die Menschen herausgeschmiedet. Weil aber ihr Eifer zu gering war und sie daher dem Formen und Schmelzen nicht gewachsen waren, so trieben sie dahin und gingen in den Tod ... Im Sinne dieser Worte suche ich seit langem einen solchen Menschen, eine wirklichen Kerl, der sich auch bei drohender Gefahr nicht ändert. Doch dieser ist wohl erst dabei, geformt und geprägt zu werden. (Contag 1955, S. 47)

Der Literaturnobelpreisträger Gao Xingjian scheint aus diesem Schmelzofen und Blasebalg hervorgegangen zu sein, von dem bereits im *Dao de jing* die Rede ist. Wie auch schon die großen daoistischen Klassiker macht sein Werk deutlich, dass es beim schöpferischen Tun um ein tieferes Innovationsgeschehen geht, das sich jeder kulturessentialistischen Festlegung entzieht. Vielmehr setzen sowohl das Große Ich wie das Wahrhafte Ich die Form eines schöpferischen Menschseins voraus, das Geistigkeit und Phantasie beinhaltet. Das Heranreifen dazu verlangt Askese, sowohl in Bezug auf die Leiblichkeit wie hinsichtlich der Kräfte des Herzens (*xin*), von denen die daoistischen Klassiker *Laozi* und *Zhuangzi* sprechen. So ist der Punkt entscheidend, an dem die innere Versenkung zum Nährboden für eine Welterfahrung wird, durch die sich der Mensch die Wirklichkeit neu gewinnt.

In der chinesischen Kulturgeschichte hat das schöpferische Tun einen hohen Stellenwert. Und so hat sich das Bild des Künstlers in China auch nie ganz der Prägung durch die prähistorischen Kulturheroen entledigt, die mit dem, was sie taten, die Welt ordneten und befriedeten. Bezeichnenderweise wird das Schriftzeichen *yi*, das ins Deutsche mit «Kunst» übersetzt wird, im han-zeitlichen *Shuowen jiezi* (100 n. Chr.) des Xu Shen mit den Bedeutungsgehalten des Pflanzens und Kultivierens erläutert. Alle diese positiven Dimensionen, die sich in einer wahrhaft authentischen Kreativität bündeln können, gehen aber auch im Konzept des schöpferischen Menschseins mit vielen Möglichkeiten des Scheiterns und Versagens einher. Trotzdem wird von den Denkern, Literaten und Künstlern im Geiste des Daoismus nicht nur ein Loblied auf die endliche Freiheit angestimmt. Ihnen steht vielmehr der Geist nach der unendlichen Freiheit, – und das ist ihr Merkmal!

Literatur

BAUER, Wolfgang: *China und die Hoffnung auf Glück. Paradiese, Utopien, Idealvorstellungen in der Geistesgeschichte Chinas*, München 1974.

BISSIER, Julius: *Farbige Miniaturen*, Nachwort von Werner Schmalenbach, München 1960.

CHANG, Chung-yuan: *Tao, Zen und schöpferische Kraft*, 7. Aufl., München 1995.
CONTAG, Victoria: *Zwei Meister chinesischer Landschaftsmalerei Shi-T'ao und Shi-Ch'i. Ein Beitrag zum Verständnis des Wesens chinesischer Landschaftsmalerei*, Baden-Baden 1955.
GEIGER, Heinrich: *Die Grenze zwischen Wort und Bild. Die Rezeption Lao Zis unter deutschen Künstlern und Kunsttheoretikern des 20. Jahrhunderts*, in: minima sinica 2 (1997), S. 17–37.
HAMMER, Christiane: *Randständig aus Prinzip. Gao Xingjian als Schriftsteller und Maler*, in: Neue Zürcher Zeitung, 5./6. Januar 2002.
MARITAIN, Jacques: *Creative Intuition in Art and Poetry*, New York 1953.
WILHELM, Richard (Übers.): *Laotse. Tao te king. Das Buch vom Sinn und Leben*, Düsseldorf, Köln 1976.
WOHLFART, Günter (Auswahl, Einleitung und Anmerkungen): *Zhuangzi*, Stuttgart 2003.
YANG, Lian: *China?*, in: Lettre International 41/2 (1998), S. 40–42.
YANG, Lian: *Der Himmel ändert sich nicht. Kontinuität und Umbruch in China*, in: Frankfurter Rundschau, 30. Januar 1999, Nr. 25.

Sektion 11 II

Kreativität und Kultur – Der Kreativitätsgedanke im interkulturellen Vergleich

Marco Haase
Die Konstruktion kultureller Identität 661

Georg Stenger
Kreativität als Grundbegriff interkultureller Verständigung 671

Mirko Schiefelbein
Die Kreativität des Urteilens nach Kants Kritik der Urteilskraft 685

Kiran Desai-Breun
Das Staunen als kreative Methode:
Mythe und Rätsel in der indischen Tradition 697

Marcus Schmücker
Kreativität und Differenz. Versuch zur Relationalität
von Transzendenz im Kontext interkultureller Philosophie 707

Die Konstruktion kultureller Identität

MARCO HAASE (BERLIN)

Der Begriff der Interkulturalität setzt ebenso wie der Begriff des Multikulturalismus voraus, daß es verschiedene Kulturen mit einer je eigenen Identität gebe. Doch gibt es tatsächlich eine Vielzahl der Kulturen? Können wir berechtigterweise die Kulturen verschiedener Gesellschaften oder unterschiedlicher Epochen von einander abgrenzen? Oder ist jede Rede von der Identität einer Kultur und der Differenz zwischen den Kulturen eine bloße Konstruktion des Betrachters? Gibt es also nur die Menschheitskultur, die alle kulturellen Erscheinungen gleichermaßen umfaßt? – Doch auch die Rede von der Menschheitskultur setzt voraus, daß sich kulturelle Erscheinungen von nichtkulturellen Phänomenen abgrenzen ließen. Gibt es also ein Kriterium, das die Identifizierung des Kulturellen und die Unterscheidung von Kultur und Nicht-Kultur erlaubt oder ist auch die Differenz von Kultur und Nicht-Kultur eine bloße Konstruktion des Betrachters?

Fraglich ist hier, was unter Konstruktion verstanden wird. Der erkenntnistheoretische oder wissenschaftssoziologische Konstruktivismus ist meist nominalistisch und relativistisch. Er ist nominalistisch, insofern er den Grund für die Konstruktion eines Begriffs nicht in der zu erkennenden Wirklichkeit, sondern in der Denktätigkeit des Betrachters ausmacht. Er ist relativistisch, wenn er den Begriff als ein Konstrukt versteht, das von äußeren, kontingenten Faktoren abhängt, von zufälligen historischen, gesellschaftlichen, institutionellen oder individuellen Bedingungen und Erkenntnisinteressen. Wird ein Begriff als Konstruktion des Betrachters erkannt, zeigt sich die Möglichkeit der Dekonstruktion und das Recht des Betrachters, bei geänderten Erkenntnisinteressen die Ordnung der Welt neu zu konstruieren.

Aber ist eine Konstruktion kultureller Identität stets nominalistisch und relativistisch oder kann eine Konstruktion auch notwendig und in der zu erkennenden Wirklichkeit begründet sein? Um diese Frage näher zu beleuchten, soll hier zunächst auf Kants Kunsttheorie zurückgegangen werden.[1] Denn auch die Konstruktion einer Erkenntnis ist ein Artefakt. Kants Begriff des Kunstwerkes kann deshalb dazu dienen, den Begriff einer nicht relativistischen und nicht nominalistischen Vernunftkonstruktion zu entwerfen. In einem zweiten Teil soll dieses Konzept einer Vernunftkonstruktion auf den Begriff der Kultur angewandt werden, um zu skizzieren, wie eine vernünftige Konstruktion der Geschichte die menschliche Kultur als ein reich gegliedertes Kunstwerk der Vernunft deuten müßte.

---

[1] Zum Zusammenhang von Kants Kunsttheorie und seiner Natur-, Geschichts- und Staatsphilosophie vgl. Haase: *Grundnorm, Gemeinwille, Geist*, insb. S. 71ff.

Kants Kunsttheorie

Ein Kunstwerk unterscheidet sich nach Kant von der Natur dadurch, daß in ihm mannigfaltige Teile durch menschliche Handlungen zu einem Ganzen geordnet sind und deshalb eine Einheit bilden. Das Ordnungsprinzip dieses Gebildes ist der Zweck, der im freien Willen des Herstellers begründet ist.[2] Der Uhrmacher beispielsweise schafft sein Werk, indem er in seiner Vorstellung einen Zweck setzt, gemäß diesem Zweck einen Bauplan entwirft, nach diesem Bauplan seinen Rohstoff zu Zahnrädern formt und diese Teile zu einem Ganzen, der Uhr, zusammensetzt. Der Zweck ist der Einheitspunkt, der die Identität des Bauplans und damit die Identität des Werkes begründet. Zugleich ist der Zweck der Maßstab, an dem die Güte des Werkes gemessen wird. Erfüllt die Uhr ihren Zweck, ist sie in der Ordnung, stimmt ihr Sollen mit ihrem Sein überein, ist sie gut.

Ein Werk der schönen Kunst hingegen hat nach Kant den Zweck, eine ›ästhetische Idee‹ mitzuteilen. Zu diesem Zweck muß der Künstler die ›ästhetische Idee‹ dem Betrachter zeigen und sie im Kunstwerk darstellen. Das Kunstwerk ist deshalb die sinnliche Darstellung einer ›ästhetischen Idee‹. Wie der Zweck des Uhrmachers begründet die ›ästhetische Idee‹ den Sinn und die Ordnung eines Werkes der schönen Kunst. Sie konstituiert die Einheit des Kunstwerks, indem sie bestimmt, ob die Elemente dazugehören oder nicht. Aus der ›ästhetischen Idee‹ ergibt sich, ob die Geräusche der Musiker Teil der Symphonie oder nur Nebengeräusche sind, ob die Flecken in einem Gemälde zu der Komposition gehören oder Altersspuren sind. Darüber hinaus ist die ›ästhetische Idee‹ zugleich der Maßstab für die Beurteilung des Werks. Ob ein Kunstwerk gelungen oder mißlungen ist, richtet sich danach, ob es dem Zweck genügt, seine ›ästhetische Idee‹ sinnlich darzustellen.

Während der Handwerker sich einen beliebigen Zweck vorsetzen kann, der in den äußeren Lebensumständen begründet ist, hat das Werk der schönen Kunst stets den Zweck, dem Betrachter eine ›ästhetische Idee‹ mitzuteilen. Der Künstler kann keine beliebige Vorstellung zur ›ästhetischen Idee‹ machen; vielmehr kommt der ›ästhetischen Idee‹ ein allgemeingültiger Maßstab zu. Diese Norm der ›ästhetischen Idee‹ ist das ›Ideal der Schönheit‹, das nach Kant im »Ausdruck des Sittlichen« besteht. Der Künstler hat daher die Aufgabe, die »Idee der höchsten Zweckmäßigkeit«, »in körperlicher Äußerung«[3] sichtbar zu machen. Allgemeingültiger Inhalt einer ›ästhetischen Idee‹ ist also die Darstellung des ›übersinnlichen Substrats‹, die Versinnlichung des ›Reiches der Zwecke‹.

---

[2] Kant: *Kritik der Urteilskraft*, 173f.
[3] A.a.O., 60.

Das ›Reich der Zwecke‹ bestimmt Kant als die Idee einer »systematischen Verbindung verschiedener vernünftiger Wesen«[4], einer Welt, in der die Vernunft das Gesetz gibt und in der jedes vernünftige Wesen Glied eines Ganzen, nicht bloß Mittel, sondern zugleich auch Zweck ist. Die vernünftigen Wesen folgen in dieser intelligiblen Welt nicht einem äußeren Zwang, sondern befolgen aus eigenem Antrieb die vernünftigen Gesetze. In seiner Philosophie des Lebens bestimmt Kant den Organismus eines Lebewesens als eine derartige ›systematische Verbindung‹ mannigfaltiger Glieder. Das Merkmal des lebendigen Organismus aber ist die Selbstorganisation.[5] Selbstorganisation wiederum ist nicht anderes als das, was Kant in der ›ästhetischen Urteilkraft‹ die »Gesetzmäßigkeit ohne [äußeres] Gesetz«, die »Zweckmäßigkeit ohne [äußeren] Zweck«[6] nennt. Auch das ›Reich der Zwecke‹ ist als ideale Welt vernünftiger Selbstgesetzgebung eine Welt, in der sich vernünftige Wesen selbst organisieren und sich aus eigenem Antrieb zu einem Ganzen verbinden. Das Selbst, das Prinzip dieser Ordnung, ist aber die Vernunft.

Der Künstler, der ein Werk der schönen Kunst herstellen will, steht mithin vor der Aufgabe, dieses ›übersinnliche Substrat‹, diese Welt vernünftiger Selbstorganisation zu versinnlichen. Deshalb muß er zeigen, daß an sich das sinnlich Mannigfaltige vernünftig ist und sich aus eigenem Antrieb zu einem Ganzen fügt.

Die Versinnlichung des ›übersinnlichen Substrats‹ zeigt sich zunächst in der Phantasie des Künstlers als die ›ästhetische Idee‹; in einem zweiten Schritt versinnlicht der Künstler dann diese ›ästhetische Idee‹ in einem Kunstwerk und macht sie auf diese Weise für einen Betrachter sinnlich erfaßbar. Das Reich vernünftiger Selbstorganisation zeigt sich in der ›ästhetischen Idee‹ bereits durch deren Form. Denn die ›ästhetische Idee‹ ist eine »Vorstellung der Einbildungskraft, welche mit einer solchen Mannigfaltigkeit von Teilvorstellungen in dem freien Gebrauche derselben verbunden ist«[7]. Die ›ästhetische Idee‹ bildet sich also aus einer Vielheit von Teilvorstellungen, die sich von selbst zu einem Ganzen zusammenfügen. In der ›ästhetische Idee‹ kommt es zur freien Assoziation der Vorstellungen, indem sich die Vorstellungen selbst organisieren. Diese Selbstorganisation der Vorstellungen macht das »belebende Prinzip«[8], das »freie Spiel«, die »freie Gesetzmäßigkeit«[9] der ›ästhetischen Idee‹ aus.

Dieses Prinzip der ›ästhetischen Idee‹, die Versinnlichung vernünftiger Selbstorganisation, zeigt sich auch an der äußeren Gestalt des Werkes der

---

[4] Kant: *Grundlegung zur Metaphysik der Sitten*, 433.
[5] Kant: *Kritik der Urteilskraft*, 292.
[6] A.a.O., 69.
[7] A.a.O., 197.
[8] A.a.O., 192.
[9] A.a.O., 69.

schönen Kunst. Denn »schöne Kunst ist«, wie Kant sagt, »eine Kunst sofern sie zugleich Natur zu sein scheint«[10]. Das Kunstwerk scheint zugleich Kunst und Natur zu sein, wenn sich hier die sinnliche Mannigfaltigkeit von sich aus, ohne äußeren Zweck zu einem Ganzen geordnet hat, wenn das Kunstwerk ohne äußeren Zweck zweckmäßig ist. Aus diesem Grund verlangt die Verwirklichung einer ›ästhetischen Idee‹ einen bestimmten Umgang mit dem Gegebenen. Bei einem Werk der mechanischen Kunst zwingt der Handwerker seinen Zweck einem zweckfreien Stoff auf; er ordnet das mannigfaltig Gegebene gemäß seinen eigenen Vorgaben zu einem Ganzen. Bei einem Werk der schönen Kunst hingegen scheint der Künstler die ›ästhetische Idee‹ dem Stoff nicht von außen aufzudrücken, sondern nur freizulegen, was im Stoff bereits angelegt ist. In einem Werk der schönen Kunst zeigt sich deshalb der Stoff, als ob er sich aus eigenem Antrieb, spontan, zu der Sinnordnung des Kunstwerkes füge. Die Schönheit der Töne, der Glanz der Farben, die Struktur des Steins, der Klang der Wörter scheinen selbst die Ordnung zu verlangen, zu der der Künstler sie gemäß seiner ›ästhetischen Idee‹ gestaltet. Das Prinzip vernünftiger Selbstorganisation, das der Künstler im Kunstwerk darstellen soll, fordert also, daß der Künstler nicht unabhängig vom Material eine ›ästhetische Idee‹ entwickelt, sondern aus dem Material selbst das Ordnungsprinzip gewinnt. Wenn das Kunstwerk als Versinnlichung des Prinzips der Selbstorganisation erscheint, scheint deshalb das sinnliche Material dem Künstler die ›ästhetische Idee‹ »mitzuteilen«[11], nach der dieser das sinnliche Material ordnet.

Das Kunstwerk als sinnliche Darstellung des Prinzips der Selbstorganisation setzt also voraus, daß bereits im Gegebenen dieses Prinzip erscheint. Das Kunstschöne ist also nur möglich, wenn es bereits in der Natur Gebilde gibt, die eine ›ästhetische Idee‹ auszudrücken scheinen und von Natur aus schön sind. Der Betrachter scheint dann im Naturschönen wahrzunehmen, daß der Natur ein Zweck einwohne, der Zweck, dem Betrachter im Naturschönen das Prinzip der Selbstorganisation zu zeigen. Im Naturschönen scheint die Natur zu beabsichtigen, dem Betrachter das eigene Ordnungsprinzip, die eigene ›ästhetische Idee‹, mitzuteilen.

Dieser Schein des Naturschönen, die Wahrnehmung des Betrachters zu bezwecken, zeigt sich darin, daß das Naturschöne dem Betrachter die Wahrnehmung »erleichtert«[12]. Wenn der Betrachter ein Gebilde wahrnimmt, muß er mannigfaltige Sinneseindrücke zu einem Gegenstand zusammenfügen. Für diese Konstruktion des Wahrnehmungsgegenstandes bedarf der Betrachter der allgemeingültigen Verstandeskategorien als eines Bauplans. Mit Hilfe dieses Deutungsmusters kann er die mannigfaltigen Sinneseindrücke zu einem Gegenstand zusammenfügen. Das Deutungsmuster des Verstandes ist jedoch

---

[10] A.a.O., 159.
[11] A.a.O., 204.
[12] A.a.O., 31.

ein äußerer Konstruktionsplan, den der Betrachter dem Stoff von außen aufzwängt. Das Naturschöne hingegen erleichtert Kant zufolge die Wahrnehmung, indem das sinnlich Gegebene zugleich den Maßstab zu geben scheint, wie der Betrachter das mannigfaltig Gegebene zu einem Gegenstand zusammenfügen kann. Die farbige Blume, das regelmäßige Kristall, der Gesang des Vogels gibt dem Betrachter nicht allein zerstreute Sinneseindrücke, sondern zugleich den Maßstab, um das Mannigfaltige zu einem Ganzen zusammensetzen und als ein Gegenstand wahrnehmen zu können. Auch das Naturschöne kann dann als Werk der schönen Kunst betrachtet werden, als »Technik der Natur«[13].

Der Künstler kann also im Werk der schönen Kunst das vernünftige Prinzip der Selbstorganisation ausdrücken, sofern er bereits die Gebilde der Natur als Naturschönes, als Kunstwerke, als Ausdruck dieses Prinzips auffassen kann. Dem Künstler kommt dann allein die Aufgabe zu, dieses Prinzips, daß bereits im Naturschönen erscheint, im Kunstwerk freizulegen. Das Kunstwerk ist deshalb als Darstellung der ›ästhetischen Idee‹ Gliederung mannigfaltiger Teilordnungen, die jeweils ein eigenes Ordnungsprinzip haben und sich jeweils aus eigenem Antrieb zu einem Ganzen zu organisieren scheinen. Das Kunstwerk besteht aus mannigfaltigen Tönen, Farben, Linien, die sich zu bestimmten Einheiten gliedern, die wiederum ein Ganzes ergeben. Wie sich ein Lebewesen innerlich aus mannigfaltigen, unterschiedlichen Organen bildet, zeigt das Kunstwerk den Stoff als Ordnung der Ordnungen, als Einheit mannigfaltiger, unterschiedlicher Teilgebilde, die jeweils ein Moment des Ganzen darstellen. Indem das Kunstwerk den Stoff in reicher Gliederung und Untergliederung zeigt, kann es dem Betrachter das freie Spiel der Vorstellungen in der ›ästhetischen Idee‹ sinnlich darstellen und damit das Prinzip vernünftiger Selbstorganisation.

Die Identität eines Werkes der schönen Kunst ist somit durch vier Merkmale gekennzeichnet: Dem Werk der schönen Kunst kommt 1.) wie einem Werk der mechanischen Kunst ein Zurechnungspunkt und Beurteilungsmaßstab zu. Dieser Einheitspunkt ist der Zweck des Werkes, bei einem Werk der schönen Kunst die Mitteilung der ›ästhetischen Idee‹ durch ihre sinnliche Darstellung. Dieses Ordnungsprinzip macht die Identität des Werkes aus und begründet, was dazugehört und was gut ist. 2.) ist das Werk der schönen Kunst keine Konstruktion nach einem zufälligen Bauplan; es ist vielmehr Ausdruck eines allgemeingültigen Organisationsprinzips. Ein Werk der schönen Kunst hat den Zweck, dem Betrachter das Prinzip vernünftiger Selbstorganisation sinnlich faßbar zu zeigen. Das Prinzip der Selbstorganisation findet der Künstler in seiner eigenen Vernunft als das ›Reich der Zwecke‹. 3.) scheint im Werk der schönen Kunst der Künstler das allgemeingültige Ordnungsprinzip nicht allein aus seiner Vernunft zu entwickeln, sondern im Gegebenen selbst

---

[13] A.a.O., 77.

vorzufinden. Der Künstler prägt das allgemeingültige Ordnungsprinzip nicht wie ein Handwerker einem zweckfreien Stoff auf; vielmehr scheint der Künstler lediglich die vernünftige Ordnung freizulegen, die im gegebenen Stoff bereits angelegt ist. Denn der Stoff scheint dem Künstler die ›ästhetische Idee‹ mitzuteilen, nach der der Künstler den Stoff zu einem Kunstwerk ordnet. 4.) ist das Kunstwerk als sinnliche Darstellung des Prinzips der Selbstorganisation eine Ordnung der Ordnungen. Die einzelnen Teile des Kunstwerkes scheinen selbst ein Ganzes mit einem eigene Ordnungsprinzip zu bilden und fügen sich zugleich zu einer höheren Einheit zusammen.

Die Menschheitskultur als Kunstwerk der Vernunft

Kants Kunstphilosophie zeigt nicht nur, daß ein Werk der schönen Kunst als eine Erscheinung gedacht werden muß, in der sich der intelligible, freie Wille in der Sinnenwelt darstellt; vielmehr ergibt sich aus Kants Kunstlehre auch, wie sich der Betrachter in seinem Gemüt ein Bild von der Welt machen kann. Denn die Deutung der Welt ist selbst ein künstliches Gebilde, eine Konstruktion der Vorstellungen in der Einbildung des Betrachters.[14] Nicht allein die Erzeugung eines Werkes in der äußeren Welt verlangt, daß der Urheber aus Mannigfaltigem einen Gegenstand zusammensetzt; vielmehr ist auch die Erkenntnis des Gegebenen nur möglich, wenn der Betrachter den Erkenntnisgegenstand in seinen Vorstellungen als künstliches Erzeugnis herstellt.

Als Artefakt aber kann die vernünftige Erkenntnis analog zu einem Werk der schönen Kunst gefaßt werden. Vernunfterkenntnis bedeutet dann folgendes: 1.) verbindet der Betrachter bei der Deutung des mannigfaltig Gegebenen das Mannigfaltige gemäß einem Ordnungsprinzip zu einem Ganzen, dem Erkenntnisgegenstand. 2.) ist das Ordnungsprinzip dieser Verbindung nicht willkürlich, sondern allgemeingültig. Kant kennt hier neben den allgemeingültigen Verstandeskategorien das Deutungsmuster der Vernunft, nach dessen Maßgabe das Gegebene als Werk der Vernunft, als Erzeugnis vernünftiger Selbstorganisation begriffen wird. 3.) trägt im Gegensatz zur Verstandeserkenntnis der Betrachter das Ordnungsmuster nicht von außen an das Gegebene heran, sondern betrachtet das Gegebene, als ob im Gegebenen selbst die Ordnung angelegt sei.

Kants Geschichtsphilosophie kann als derartige Vernunftkonstruktion der Menschheitskultur gelesen werden. Auch bei der Betrachtung der Menschheitsgeschichte steht der Betrachter vor mannigfaltigen kulturellen Erscheinungen, die er in eine Ordnung bringen muß, um sie zum Gegenstand ›Weltgeschichte‹ verknüpfen zu können. Für diese Aufgabe entwirft Kant ein

---

[14] Zur Parallele von Kunst und Erkenntnis vgl. Kant: *Kritik der reinen Vernunft*, B 180/181.

Ordnungsmuster, wie der Betrachter, mannigfaltige Erscheinungen als Sinngefüge denken kann. Dieses Ordnungsmuster liefert dem Betrachter den vernünftigen »Leitfaden«[15], wie die mannigfaltigen kulturellen Erscheinungen zu einer Sinneinheit, zu einem »System«[16], zusammengefaßt werden können. Das Ordnungsmuster ist der Bauplan, dem gemäß der Betrachter die geschichtliche Wirklichkeit in der Geschichtsschreibung als ein Kunstwerk konstruiert.

Mittelpunkt dieses Deutungsmusters ist auch hier ein einheitliches Ordnungsprinzip. Wie der Künstler aus einer ›ästhetischen Idee‹ die Ordnung des Kunstwerkes entwickelt, die er im Kunstwerk darstellt, bedarf auch der Betrachter der Menschheitsgeschichte eines Prinzips, nach dem er den Stoff zur Ordnung der Weltgeschichte gliedert. Dieses Ordnungsprinzip ist die »Idee zu einer allgemeinen Geschichte in weltbürgerlicher Absicht«[17]. Nach Kant soll der Betrachter diese Idee jedoch nicht beliebig setzen, sondern mit Denknotwendigkeit aus der Vernunft ableiten. Das Ordnungsprinzip für die Deutung der Weltgeschichte ist die allgemeingültige Forderung der Vernunft, eine Welt vernünftiger Selbstorganisation zu verwirklichen.[18] Wie die ›ästhetische Idee‹ die Darstellung der Idee vernünftiger Selbstorganisation verlangt, fordert die ›Idee einer weltbürgerlichen Absicht‹, den mannigfaltigen Stoff so zu ordnen, daß die Menschheitsgeschichte auf die Verwirklichung des freien, vernünftigen Willens, auf die Schaffung des ›Reiches der Zwecke‹ zielt.

Die Idee einer ›weltbürgerlichen Absicht‹ bildet für die ›allgemeine Geschichte‹ des Menschen wie die ›ästhetische Idee‹ für das Kunstwerk sowohl den Zurechnungspunkt als auch den Bewertungsmaßstab. Dieses Ordnungsprinzip ist die allgemeingültige Norm, nach der bestimmt werden kann, was kulturelle Erscheinungen sind. Denn Kultur ist nach Kant die Sphäre, in der der Mensch durch die Herrschaft über die Natur Handlungsfreiheit gewinnt, um für das ›Reich der Zwecke‹ tauglich zu werden.[19] Zugleich ist diese Idee der Maßstab, der erlaubt, die kulturellen Erscheinungen zu bewerten und in das fortschreitende Ganze der Weltgeschichte einzuordnen.[20]

Ein vernünftiges Deutungsmuster der Weltgeschichte gliedert sich in die Teilordnungen einzelner Kulturen, einzelner Zeitalter und Völker, die jeweils eine Stufe im Aufstieg der Weltgeschichte zum ›Reich der Zwecke‹ bilden. Wie sich im Werk der schönen Kunst die Ordnung in mannigfaltige Teilordnungen gliedert, so differenziert sich die Ordnung der Weltgeschichte in mannigfaltige Teilordnungen, die jeweils ein besonderes Ordnungsprinzip haben, das ein Moment der weltbürgerlichen Absicht verwirklicht. Ebenso, wie sich die ›äs-

---

[15] Kant: *Idee zu einer allgemeinen Geschichte in weltbürgerlicher Absicht*, S. 42.
[16] Ebd.
[17] Ebd.
[18] Kant: *Kritik der Urteilskraft*, 391.
[19] Ebd.
[20] Kant: *Idee zu einer allgemeinen Geschichte in weltbürgerlicher Absicht*, S. 42.

thetische Idee‹ aus mannigfaltigen Teilvorstellungen bildet, die sich in freier Gesetzlichkeit zu einem Ganzen fügen, sind die einzelnen Völker und Epochen eingebettet in das System der Menschheitsgeschichte.

Die Vernunftkonstruktion verlangt aber nicht nur, daß der Betrachter ein allgemeingültiges Deutungsmuster aus seiner eigenen Vernunft entwickelt, sondern auch, daß er in dem Material selbst das Ordnungsprinzip sucht. Die vernünftige Deutung der Weltgeschichte verlangt, daß das Ordnungsprinzip einer vernünftigen ›weltbürgerlichen Absicht‹ nicht nur eine Idee des Betrachters ist, sondern ihren Grund in der betrachteten Welt hat. Kants Geschichtsphilosophie unterstellt deshalb, daß die ›weltbürgerliche Absicht‹ nicht nur ein Ordnungsprinzip des Betrachters sei, sondern der Natur selbst innewohnt. Die vernünftige Betrachtung der Welt setzt voraus, daß der Welt ein vernünftiger Wille zugrunde liegt, der die Welt geordnet hat, um in der Menschheitsgeschichte das Prinzip vernünftiger Selbstorganisation zu verwirklichen. Wer die Welt vernünftig betrachtet, geht davon aus, daß das Ordnungsprinzip des Betrachters zugleich im betrachten Stoff wirkt. Kant betrachtet deshalb die Geschichte, als ob die ›weltbürgerliche Absicht‹ in der Natur der handelnden Menschen selbst angelegt ist, als ob die Menschen, deren Handlungen zu dem Ganzen einer Kultur geordnet werden sollen, seit alters her, wenn auch anfangs in nur tastender und unbewußter Weise den allgemeingültigen Zweck der Verwirklichung der Vernunft im ›Reich der Zwecke‹ verfolgen. Der Betrachter gliedert die Welt zu mannigfaltigen Kulturen, weil die handelnden Menschen ihr Handeln nicht an der Weltgeschichte, sondern an einzelnen Teilordnungen der ›allgemeinen Geschichte‹ ausrichten. Die vernünftige Konstruktion des Betrachters ist dann freilich weder bloßer Spiegel einer vorgegebenen Einheit der Kultur noch schafft sie diese Einheit; vielmehr entwickelt sie nur, was unentwickelt im Stoff bereits vorhanden ist. Wie der Künstler nur die ›ästhetische Idee‹ freilegt, die im Stoff bereits ausgedrückt ist, deckt der vernünftige Betrachter der Geschichte nur die Ordnung auf, die in den kulturellen Erscheinungen bereits angelegt ist.

Resumé

Kants Philosophie der Geschichte kann somit als eine Vernunftkonstruktion der Kultur, der ›allgemeinen Geschichte‹ gelesen werden. Eine derartige Deutung konstruiert die Menschheitsgeschichte als ein Kunstwerk der Vernunft, indem sie die mannigfaltigen kulturellen Erscheinungen als Teil einer Weltgeschichte auffaßt, die auf die Verwirklichung der ›weltbürgerlichen Absicht‹ zielt. Da Kant hier ein allgemeingültiges Ordnungsprinzip voraussetzt, ist dieser Konstruktivismus nicht relativistisch.

Diese Vernunftkonstruktion unterstellt darüber hinaus, daß diese vernünftige Einheit der Weltgeschichte keine bloße Konstruktion des Betrachters, sondern im Stoff das Ordnungsprinzip angelegt ist, daß die Natur des Menschen von sich aus zur Verwirklichung der Vernunft drängt und die mannigfaltigen kulturellen Erscheinungen der Weltgeschichte Ausdruck der Vernunft des Menschen sind. Der vernünftige Betrachter konstruiert deshalb die Weltgeschichte als in sich gegliederte Einheit und unterstellt, daß die mannigfaltigen kulturellen Erscheinungen Teil einer vernünftigen Ordnung sind. Die Konstruktion des Betrachters ist dann ein Kunstwerk der Vernunft, weil sie voraussetzt, daß auch die geschichtliche Wirklichkeit ein vielfach gegliedertes Werk der Vernunft ist. Die Vernunftkonstruktion steht daher auf dem Standpunkt, nicht nominalistisch zu sein.

Nichtsdestoweniger kann Kants Konstruktivismus nominalistisch verstanden werde; denn Kant betont, daß der Betrachter nicht erkennen kann, ob an sich das mannigfaltig Gegebene vernünftig sei. Der Betrachter könne die Welt nur deuten, als ob sie Ausdruck des Prinzips der Selbstgestaltung wäre. Das Naturschöne *scheint* deshalb nur Ausdruck der ›ästhetischen Idee‹ zu sein; es *scheint* lediglich dem Betrachter das eigene Ordnungsprinzip mitteilen zu wollen. Ebenso ist die ›Idee einer weltbürgerlichen Absicht‹ der Natur nur ein ›Leitfaden‹ des Betrachters, jedoch kein konstitutiver Begriff. Der Betrachter kann die Welt nur betrachten, als ob sie ein Kunstwerk der Vernunft wäre.

Fraglich ist jedoch, ob Kants Kunsttheorie nicht über diesen Nominalismus hinausgegangen ist. Denn ist nicht jedes einzelne Kunstwerk ein Beweis, daß der freie, vernünftige Wille in der Welt wirken kann? Und ist nicht gerade die menschliche Erkenntnis, die auf die Konstruktionen des Denkens gegründet ist, der Beweis für die Wirklichkeit der Freiheit? Hegel wird diesen Weg weitergehen. Er wird das einzelne Kunstwerkes als Ausdruck der einzelnen Kultur verstehen, die einzelne Kultur aber als Ausdruck des Weltganzen des sich selbst erkennenden Geistes. Indem Hegel die Kultur nicht nur wie Kant als Mittel für die Schaffung einer moralischen Welt betrachtet, sondern die Selbsterkenntnis des Geistes als Selbstzweck faßt, kann Hegel auch der Besonderheit und dem Eigenrecht der einzelnen Kulturen gerecht werden. Denn für Hegel ist jede Kultur als ein Ganzes Ausdruck des sich selbst erkennenden Geistes. Diese Geistesmetaphysik ist unserer Zeit freilich fremd. Der Zweifel an der Möglichkeit, daß sich der menschliche Geist in endlicher Gestalt selbst verwirklichen könnte, stellt allerdings nicht allein die Möglichkeit der Unterscheidung von Kultur und Natur und die Deutung einzelner Kulturen als Einheit in Frage, sondern auch die Möglichkeit der Darstellung des freien Geistes in einem Werk der schönen Kunst.

Literatur

HAASE, Marco: *Grundnorm, Gemeinwille, Geist – Der Grund des Rechts nach Kelsen, Kant und Hegel*, Tübingen 2004.
KANT, Immanuel: *Kritik der reinen Vernunft* (hg. v. R. Schmidt), Hamburg 1976.
KANT, Immanuel: *Kritik der Urteilskraft* (hg. v. K. Vorländer), Nachdruck der sechsten Auflage von 1924, Hamburg 1974.
KANT, Immanuel: *Idee zu einer allgemeinen Geschichte in weltbürgerlicher Absicht*, in: Ausgewählte kleine Schriften, Hamburg 1965.
KANT, Immanuel: *Grundlegung zur Metaphysik der Sitten* (hg. v. K. Vorländer), Nachdruck der dritte Auflage, Hamburg 1965.

Kreativität als Grundbegriff
interkultureller Verständigung

GEORG STENGER (WÜRZBURG)

Stellt man sich die Frage nach dem Kreativitätsgedanken im interkulturellen Vergleich, so tauchen instantan mehrere Problemtitel auf. Zunächst setzten wir schon ein Verständnis von Kreativität voraus, welches sodann auf seine kulturell divergierenden Erscheinungsformen hin untersucht würde. Gewiss, so ließe sich manches deutlich machen, Kreativität findet allenthalben und überall statt, und es käme nur darauf an, auf die jeweiligen Besonderheiten und unterschiedlichen Formtypen hinzuweisen.

Wüssten wir aber dann, worum es sich bei der Kreativität handelt, wüssten wir, was Kreativität zur Kreativität macht? Was verstehen wir unter Kreativität? Ein bestimmtes Verständnis, oder sagen wir besser, Vorverständnis müssten wir haben, um Vergleiche anstellen zu können. Was wir vergleichen können, bezöge sich auf bestimmte Inhalte, nicht aber auf den Begriff der Kreativität selber. Um nun aber überhaupt mit einem Begriff operieren zu können, d.h. ihn als Formgebung zur Anwendung bringen zu können, ist nach Kant neben den »logischen Verstandes-Actus« der »Reflexion« und »Abstraktion« stets schon jener der »Komparation« tätig, der für die »Vergleichung der Vorstellung unter einander im Verhältnis zur Einheit des Bewußtseins« zuständig ist.[1] Komparation, darauf wird Hegel in seiner »Wissenschaft der Logik« zurückkommen, erweist sich als konstitutiver Baustein des Begriffes selbst. Wir scheinen vor einem eigentümlichen Dilemma zu stehen: Noch bevor wir vergleichen können, benötigen wir einen Begriff, noch bevor wir etwas auf den Begriff bringen können, haben wir schon verglichen. J. Simon kommt mit Rekurs auf Kant und Hegel zu dem Schluss, dass unter den Prämissen begriffs- und reflexionslogischen Vorgehens, wie es für das westliche Denken nun mal signifikant ist, eine »vergleichende Philosophie« eigentlich nicht möglich ist, will sie sich nicht in Selbstwidersprüche verwickeln. Auf der anderen Seite gibt es ja die außerwestlichen Kulturen und Denkformen, die sich gerade aufgrund des westlichen Standorts begriffsphilosophischer Prägung nicht vergleichen lassen, sollen sie nicht unter das Maß ihrer als mögliche Philosophien, und das heißt auch ihrer als kulturelle Wirklichkeit mit all ihrem Reichtum zurück gestuft wird. Einen Ausweg aus diesem augenscheinlichen Paradox, das sich zwischen formaler Allgemeinheit und inhaltlicher Beson-

---

[1] I. Kant: *Logik*, WA Bd. VI, 1. Aufl., Frankfurt/M. 1977, 524 ff.

derheit auftut, sieht Simon in Humboldts Sprachkonzept gegeben, insofern die Sprache beide Seiten vermittelt, und zwar so, dass *in* der jeweiligen Sprache – es gibt keine Universalsprache, die die lebensweltlichen Sedimente der Kulturen erreichen würde – und *mit* der Tätigkeit des jedesmaligen Sprechens »Weltansichten« zu trage treten und befördert werden, die immer nur als eine bestimmte Weltansicht auftauchen können, in der sowohl die Individualität des Menschen als auch seine intersubjektiv-soziale, seine regional- und nationalsprachliche wie kulturelle Identität sich bilden.[2]

Nun, auch Humboldt hat sich des Vergleichstheorems bedient, aber, und dies scheint mir bemerkenswert, nicht unter der logischen Direktive der notwendigen Suche nach einem tertium comparationis, sondern hinsichtlich sprachlich verankerter Weltansichten, denen qua dieser Konstellation eingeschrieben ist, dass »(a)lles Verstehen (...) immer zugleich ein Nicht-Verstehen (ist), alle Übereinstimmung in Gedanken und Gefühlen zugleich ein Auseinandergehen.«[3] Wenn Humboldt von der »Thätigkeit des jedesmaligen Sprechens«, von dem »Act (der) Erzeugung«[4] spricht, so weist dies auf Potentiale von Kreativität vor, als welche Verstehen und Verständigung hinsichtlich ihrer schöpferischen Grundierung schon anklingen, zumal hinsichtlich kultureller und interkultureller Verständigung.

Unversehens sind wir nun doch beim Thema der Kreativität im Zusammenhang interkultureller Verständigung gelandet. Gleichwohl bleibt die Frage nach wie vor offen, was es mit dieser Kreativität selber auf sich hat, woher sie kommt – bei Humboldt scheint sie irgendwie aus der Vermögungsstruktur und Kraft des Individuums zu kommen –, und inwiefern ihr gar eine Schlüsselrolle interkultureller Verständigung zuwächst.

Ich werde nun (1.) eine phänomenologisch inspirierte Begriffsbestimmung der *Kreativität* vornehmen, um (2.) auf die, wie mir scheint, Vorgängigkeit des kreativen, also schöpferischen *Prozesses* überzuleiten. Der (3.) Abschnitt, der den Hauptteil bildet, wird versuchen, den Topos der Kreativität hinsichtlich seiner Relevanz und Tragfähigkeit für die interkulturelle Verständigung herauszustellen, wofür mir der Grundbegriff der *»Konkreativität«* besonders fruchtbar zu sein scheint. Es wird darin um Aspekte intra- wie interkultureller Konstellationen gehen, um Grundzüge dialogischer Kultur, in der die Differenzen ernst genommen, d.h. jenseits harmonistischer so wie universalistischer *und* gegenseitig sich ausschließender so wie relativistischer Konzepte auf die

---

[2] J. Simon: *Hegels Begriff der Philosophie als ›ihre Zeit in Gedanken erfaßt‹ und das Problem der vergleichenden Philosophie*, in: Allgemeine Zeitschrift für Philosophie 25/1 (2000), S. 3-17.
[3] W. v. Humboldt: *Über die Verschiedenheit des menschlichen Sprachbaues und ihren Einfluss auf die geistige Entwicklung des Menschengeschlechts*, Werke in fünf Bänden, Bd. III, 7. Aufl., Darmstadt 1994, S. 439.
[4] Humboldt: a.a.O., S. 418 und 438 (passim).

Möglichkeiten gegenseitiger Entdeckung, Höherführung und Selbstklärung hin interpretiert werden.

1. Begriffsbestimmung und phänomenologische Sichtung der Kreativität

›Kreativität‹ geht bekanntlich auf ›creatio‹, ›creare‹ zurück und meint ›schaffen, erschaffen, hervorbringen, erzeugen, gebären, ins Leben rufen, schöpfen, verursachen‹ usw. Der Begriff orientiert sich einerseits im Umfeld von Anfangs- und Ursprungstopoi (creator: Schöpfer, Urheber, creatrix: Mutter, Gebärerin), andererseits eröffnet er Semantiken wie freies Schaffen, Variabilität und Experimentierfreudigkeit, Phantasie und Einbildungskraft, Hervorbringung von Neuem, ingeniöses Tun, das sich vom durchschnittlichen und gewöhnlichen Erfassen und Handeln abhebt.

Zugleich scheinen in der Kreativität beide Grundbegriffe der praktischen Philosophie von Aristoteles aufgenommen. Sowohl das hervorbringende (Poiesis) wie das handelnde Motiv (Praxis) kommen zum Ausdruck, insofern jedes kreative Tun auf äußere Ziele (Produkte, Werke, Ergebnisse) wie auf innere Ziele (Tugendhaftigkeit, gutes und gelingendes Leben, Glückseligkeit) ausgerichtet ist. Alle Hervorbringung und Handlung ist auf ein Ziel hin angelegt, muss, um Handlung sein zu können, ein Ziel haben, dem wiederum eine Absicht korrespondiert. Ansonsten verhielten wir uns nur, handelten aber nicht, schon gar nicht kreativ, wie das Verhalten des Tieres dies zeigt, das seine Art durch Instinktregulation etc. erhält und damit seine biologische Determiniertheit erfüllt.

Nach diesem Verständnis ruht Kreativität auf zwei Säulen, dem Subjekt als Ausgangspunkt und Autorschaft, dem »Objekt« als Zielpunkt und Adressat resp. Werk.

Diese Ansicht hält sich im übrigen nahezu ungebrochen bis Kant durch, der zeigt, dass erst durch die Vorstellung eine Handlung als Handlung konstituiert wird, wobei die Vorstellung auf etwas absieht, also einen Zweck verfolgt. Hat eine Handlung keine Absicht, kein Ziel, keinen Zweck, so ist sie keine Handlung. Und jede noch so kreative Handlung, sie mag in praxi nie zur Ausführung gekommen sein, hat und verfolgt ein Ziel. Hat nun nicht nur wissenschaftsgeschichtlich die »ars inveniendi« (Die Kunst des (Er)findens) die »ars demonstrandi« (Die Kunst, das zu zeigen, was schon ist) abgelöst, wodurch zwar das kreative Handlungsmotiv, welches natürlich auch und vor allem für die Erkenntnis selber (Hypothese etc.) zutrifft, zum Vorschein, so wurde auf der anderen Seite aber auch eine Entwicklung deutlich, welche die von Aristoteles noch vorgenommenen feineren Unterschiede tendenziell zu jener opaken Konstellation gerinnen ließen, die seither unter dem Stichwort »Machen« um den Globus läuft.

›Machen‹ ist nun keineswegs allein als Derivat kreativer Handlungsoptionen anzusehen, es hat sich als prinzipielle Handlungsinstanz fest- und durchgesetzt, die einer ontologischen Vorentscheidung gehorcht. Das Subjekt steht dem Objekt, der Welt, der Natur gegenüber, auf die man zugehen kann, die man be-handeln, her-stellen, über die man befinden kann. Dem Machen erscheint so alles als grenzenlos, erbötig der Omnipotenz des Handlungs- und Erkenntnissubjekts. Durchsetzbarkeit und Herstellbarkeit sind die intrinsischen Markenzeichen seines auf der Mittel-Zweck-Konstellation basierenden Selbstverständnisses. Idee und Telos kondensieren zu einem Herrschaftswissen, das in principio alles machen, sprich konstruieren kann. Kreativsein heißt dann ›Neues schaffen‹, Innovation, hervorbringen was möglich ist, und es zeigt sich, dass nichts unmöglich ist. Nun, was sich bis in heutige Debatten in den verschiedenen Bereichsethiken fortgepflanzt hat (Stichwort: Dürfen – Machen), schien schon in frühester Zeit Platz gegriffen zu haben, man denke nur an den Demiurgen der griechischen Antike oder an das Verständnis des christlichen Schöpfergottes, der nach einem bestimmten Vorbild und Plan die Schöpfung »macht«, indem er Materie beformt.

Mag sein, dass hierin einer der Gründe zu finden ist, weshalb ›Kreativität‹ bislang, jedenfalls in der Breite, noch keinen gebührenden Platz in der philosophischen Landschaft gefunden hat. Begrifflichkeiten wie Konstruktion, Herstellen und Machen hielten bislang jene Stellen besetzt, mit ihnen wird aber auch zunehmend klarer, dass hier entscheidende Grundbegriffe der Philosophie vorausgesetzt sind, die es auf ihre Voraussetzungen und Konstitutionsbedingungen hin erst noch zu untersuchen gälte. Wenn ich daher nun etwas näher an das Phänomen des kreativen, schöpferischen Hervorbringens herantrete, dann will damit kein Gegenmodell installiert sein. Es ginge mir um den kritischen Aufweis bestimmter Voraussetzungen und Vorentscheidungen, wie sie beispielsweise in den Topoi des Schöpfers, des Subjekts, des Plans, Ziel und Zwecks, des Raums, des Dings, der Welt usw. zu Tage treten.

Ich möchte nur einen Punkt hervorheben: Alles, was hervorgebracht wird, findet innerhalb eines bestimmten Feldes, einer bestimmten Ordnung statt, bestätigt diese insofern, als diese wiederum auf die Kreation antwortet, sei es affirmativ, sei es ablehnend. Dies ist in der Modezunft nicht anders als bei der Kreation neuer Computer und Computerprogramme, in der Kunst nicht anders als in Politik, Wissenschaft und Philosophie. Gewiss, man könnte Kreativität hier so verstehen, dass man ihr jenen Zug von Freiheit zuspricht, der die Dinge immer auch anders anzugehen, anders gelagerte Verknüpfungen zu probieren, überhaupt ein freies Spiel der Variation zu exponieren weiß. Man mag dies schon kreativ nennen, ein entscheidender Grundzug kreativer Hervorbringung scheint mir da aber nicht berücksichtigt. Das Schöpferische, Kreative einer Handlung bezieht sich nicht so sehr auf die Sache, mit der sie es zu tun hat, als vielmehr darauf, dass mit ihr das Ordnungsgefüge, die Dimension bisherigen Selbstverständnisses in Frage gestellt wird. Es geht um das Aufbrechen gängiger Vorstellungen und Gewohnheiten, um ein Übertreten der Ordnung. Dies aber nicht aufgrund hybrider und exaltierter, avantgardistischer oder anarchischer Avancen, sondern weil darin der unverbrüchliche Zusammenhang von konkreter Sache und Dimension zum Vorschein kommt. Dem Künstler in diesem Sinne, also unter der Hinsicht kreativen Schaffens, ist es vornehmlich um dieses zu tun, dass anhand eines Kunstwerks die Dimension selber, innerhalb derer das Kunstwerk ja erst zu sprechen beginnt, hervortritt. Die Verstehensdimension, der Raum des Verstehens und das Hervortreten des Sinnraumes des Kunstwerks selber gehen aneinander und auseinander hervor. Unter »Künstler« wäre so natürlich jeder zu verstehen, der in diesem Sinne kreativ und schöpferisch tätig ist. Mit Einstein wird anhand konkreter physikalischer Problemstellungen eine neue Dimension ersichtlich, in der Grundbegriffe wie Raum, Zeit, Schwerkraft, Licht, Materie, Energie in einem neuen Gesamtzusammenhang ersichtlich werden. Raum und Zeit werden selber »relativ«, d.h. etwa auch, dass Newton und Kants Raumauffassung relativiert werden. Mit Cézanne wird das bis dato zentralperspektivische Apriori aller Wahrnehmung auf seine konstitutive Genesis hin befragt, was völlig neue Wahrnehmungsweisen auf den Plan ruft, die keineswegs nur rein aisthetischer Natur sind. Ein anderes Sehen bedeutet immer auch anders sehen, was selber schließlich, um mit Husserl zu sprechen, als Habitualität in den Menschen einzieht. Mit v. Gogh wird das Ausgesetzte, Gebrochene, Leidvolle gleichsam ›sichtbar‹, gewinnt weit über die kunsttheoretische Relevanz hinausgehend eine ethisch-aisthetische Grundbedeutung, die von gesamtmenschheitlichem Belang ist. Der für das japanische Denken des 20. Jhs. maßgebliche Denker Nishida Kitaro hatte diese intrinsische Konstellation von konkreter Sache und Dimension, von Besonderheit/Bestimmtheit und Allgemeinheit/Ganzheit besonders im Blick, wenn er versuchte, die »reine Erfahrung«, die »intellektuelle« und »handelnde Anschauung« als Grundpfeiler seines Denkens zu exponieren. »Die wahre intellektuelle Anschauung ist aber die Einheitsfunktion selbst, die *in* der Reinen Erfahrung wirkt, sie ist das Sich-Bemächtigende des Lebens. (..) Intellektuelle Anschauung meint nun [auch] das Erfassen des Einzeldings. Solcherart unmittelbare Wahrnehmung ist nicht der hohen Kunst vorbehalten, sie ist ein geradezu alltägliches Phänomen, wie es auch in unseren erprobten Tätigkeiten sichtbar wird. [Nishida meint hier Tätigkeiten wie Bergsteigen, Musizieren, die vielfältigen zenbuddhistisch inspirierten Künste- und »Wege«-Traditionen Japans, das Erfassen mathematischer Prinzipien ebenso wie das Denken des Philosophen. (G.S.)] (..) Ein Zustand, in dem Ding und Ich einander vergessen haben, in dem weder Ding das Ich bewegt noch das Ich das Ding. Da ist nur eine Welt, ein Szenarium. Der Begriff intellektuelle Anschauung klingt so, als wäre damit eine subjektive Funktion gemeint, aber in Wirklichkeit bedeutet er ein Zustand, der Subjekt und Objekt transzendiert, ja man kann sagen, dass die Opposition von Subjekt und Objekt durch diese Einheit überhaupt erst konstituiert wird.«[5]

Unter Kreativität wäre demnach der notwendige Konstitutionszusammenhang von konkreter Sache und der mit ihr eröffneten Dimension zu verstehen. In der Regel geht man entweder auf das eine oder das andere, obwohl keines ohne das andere zu haben ist. Da nun letzteres meist nicht in den Blick rückt, wird nur auf Einzelheiten und Besonderheiten geschaut, deren Herkunft wiederum in die Autorschaft des Hervorbringenden und dessen Vermögen, Pläne, Absichten zurück verlegt wird. ›Kreativität‹ aber wäre so nicht mehr unterscheidbar zu Modellen des ›Machens‹, ›Erzeugens‹, ›Konstruierens‹, denen gerade das eben skizzierte Phänomen *dimensionaler* Eröffnung abgeht.

2. Vorgängigkeit des Prozesscharakters

Dass Kreativität nur über den Gedanken des Prozesses adäquat zu verstehen ist, darüber wird es kaum Dissens geben. Aber es macht einen dimensionalen Unterschied, ob man Prozess als Entwicklung versteht, wo etwas gleichsam Kernhaftes entfaltet und ausdifferenziert, mithin etwas Implizites explizit gemacht wird, oder ob der Prozess selber hinsichtlich seines Geschehenscharakters zum Thema gemacht wird. Wenn in der Kreativitätsforschung (Guilford, Csikszentmihalyi, Gardner) von kreativem Prozess die Rede ist, so wird dieser in die psychologische Disposition einzelner Protagonisten zurückverlegt, mit einem dezidierten Bezug auf allein kognitive Aspekte. Auch wenn das Individuum in sozial-kulturelle Prozesse eingebunden und eine Interaktion zwischen Individuum und soziokulturellem Kontext als konstitutiv erachtet wird, so schreibt man doch das kreative Vermögen allein dem Individuum zu. Dieses steht für das kreative Vermögen, woher auch immer dies kommen soll, und was noch zu Kants und nachkantischen Zeiten als »Genie« angesetzt wurde, diese kreativen Potentiale soll jetzt im Prinzip jeder haben können.

Mir scheint hier ein mögliches Ergebnis auch schon für den Ausgangspunkt genommen zu sein. D.h. in concreto, dass, bemühen wir nochmals das Beispiel künstlerischen Schaffens, nicht nur ein Werk entsteht, gar noch als Ideeausführung des Künstlers verstanden, sondern dass mit dem Werk und seiner Hervorbringung *zugleich* auch der Autor und Künstler als dieser mitentsteht. Beide gehen in ganz direktem Sinne auseinander hervor. Es gibt Picasso nicht noch neben seinem Schaffen, jedenfalls wäre er uns *als* Picasso unbekannt und, mit Verlaub, auch uninteressant. Das schöpferische Prozessgeschehen bringt auch noch den Schöpfer des Werkes (Schöpfung) hervor, ohne

---

[5] Vgl. K. Nishida: *Über das Gute. Eine Philosophie der Reinen Erfahrung*, 2. Aufl., Frankfurt/M. 1990, S. 66f., S. 32, S. 218. Vgl. auch insbes. zu Grundbegriffen wie »Ort«, »Welt«, Ich-Selbst«, »handelnde Anschauung« u.a. ders.: *Logik des Ortes. Der Anfang der modernen Philosophie in Japan*, Darmstadt 1999.

dass dieses Geschehen über den einzelnen Paradigmen und Bedingungen dieses Prozesses schwebte. Die Einzelfaktoren und -bedingungen erbringen den Prozess, so wie der Prozess mit diesen Bedingungen hervorgeht. Kreativität ist mehr Geschenk denn Vermögen, Geschenk insofern, als dieses aus der inneren Dynamik des Prozesses zuwächst und den Auctor über sich hinaushebt. Nicht von ungefähr, dass jeder kreative Prozess als hebend und erhebend erlebt wird. Das Leben hebt sich darin als ganzes. Noch die Sophokleische Antigone geht aus einem dramatischen Prozess als eine Frau hervor, durch die jenseits der Frage Tod oder Leben eine *ethische* Grunderfahrung mit menschheitsgeschichtlicher Wirkung virulent wird. Mit »Antigone« werden Ebenen humanen Selbstverständnisses angezeigt, auf denen es um die Gestaltungsfragen von Recht und Gesetz, Individuum und Staat, Zivilcourage und Obrigkeit, Freiheit und Unfreiheit geht. Der schon erwähnte Nishida beschreibt dieses Phänomen auf einem anderen Feld: »Weil ein Mathematiker sein Ich vergisst und die mathematischen Prinzipien *liebt* und *eins* mit ihnen wird, erscheinen sie ihm klar und deutlich. Der Künstler liebt die Natur und wird eins mit ihr, indem sein Selbst in der Natur untergeht, erfasst er sie ganz.«[6] Bezüglich der »handelnden Anschauung« sagt Nishida etwas spekulativer: »Handelnde Anschauung heißt, dass wir selbstwidersprüchlich Objekte gestalten und wir umgekehrt von und aus den Objekten gestaltet werden. Handelnde Anschauung bedeutet die widersprüchliche Selbstidentität von Sehen und Wirken. (..) Gestalten ist Sehen, wir wirken aus dem Sehen heraus. Wir sehen handelnd-anschauend Dinge und gestalten, weil wir Dinge sehen. Wenn man von ›wirken‹ spricht, geht man vom individuellen Subjekt aus. Allein wir wirken nicht von außerhalb der Welt, sondern sind, wenn wir wirken, bereits inmitten der Welt. Das Wirkende ist ein Gewirktes.«[7] Nun, über den kreativen Prozess müsste weit mehr gesagt werden, über seinen Verlauf, seine Phasen, über Anfang und Ende, die Tiefenschichten usw., überhaupt über seine gesamte Konstitutionsarbeit. Mir kam es hier nur auf die Frage bestimmter Konstitutionsbedingungen des Prozesses für das Individuum, den Autor und Künstler an, dass dieser nicht dem Prozess gegenübersteht, sondern aus diesem und mit diesem hervorgeht. Der kreative Prozess zeigt also auch dem Individuum und Subjekt deren konstitutive Bedingungen. Anders gesagt: Ziel und Zweck sehen sich in das Prozessgeschehen des ›Weges‹ hinein vermittelt, so dass sie selber als Phasen, als Durchgangsstationen, als Gestaltungsaufforderungen und -herausforderungen auftreten.

---

[6] Nishida 1990, S. 218.
[7] Nishida: *Nishida Kitarô zenshû* (NKZ/Gesamtausgabe), Bd. 9, 173/168f.; zitiert nach R. Ohashi (Hg.): Die Philosophie der Kyôto-Schule, Freiburg/München 1990, S. 80.

3. Der Schlüsselbegriff der ›Konkreativität‹

Der Kreativitätsbegriff bleibt, wiewohl er tendenziell prozessuale und übersteigende, selbsttranszendierende und überformende Gesamtkonstellationen anspricht, in einer Vermögensstruktur hängen, die selber nicht genau anzugeben wüsste, woher sie kommt. Nach meinem Dafürhalten eignet sich daher der Topos »Konkreativität« besser, insofern mit ihm der Strukturierungsprozess als solcher Hauptthema wird, das die zunächst notwendig gemachten Voraussetzungen und Geltungsinstanzen auf ihre Genesis hin untersucht. Mit dem »Con« der Konkreativität kommt das Vermittlungsgeschehen zum Ausdruck, das stets schon »zwischen« die einzelnen Parameter tritt, sie angeht und herausfordert, sie auf ihr immer schon Kommunizieren hin anspricht und ihnen so ihre vorgängige Konstitutionsarbeit zeigt. Das Grundmotiv ist das Hervorgehen selber, das die apriorischen Bedingungsvoraussetzungen auf ihre Gestaltungsarbeit hin untersucht. In diesem Sinne nimmt der Konkreativitätstopos das schon für die Kreativität konstitutive Motiv der ›Gestaltung‹ auf, verleiht diesem aber eine grundlegende Geltung.[8]

Für meine Fragestellung hier möchte ich zwei Aspekte hervorheben, worin mir der Begriff der Konkreativiät besonders fruchtbar erscheint: Wie oben angedeutet wird es mit ihm möglich, das schöpferische Grundmovens aus seiner Entstehung heraus zu zeigen, was nicht nur eine Individualgenese, sondern darüber hinaus auch sozio- und kulturgenetische Einsichten deutlich machen kann.[9] 1.) möchte ich anhand der altägyptischen Kultur auf den Selbstgestaltungsprozess einer Kulturwelt aufmerksam machen, um mich 2.) einigen in diesen Zusammenhängen auftretenden Fragestellungen interkultureller Verständigungsprozesse zu widmen.

3.1. Zur Genese kultureller Selbstkonstitution

Auch wenn wir mittlerweile vieles über die Altkulturen in Erfahrung gebracht haben, so verbleibt dies doch meist auf der Beschreibungsebene empirischer Forschungen. Weit interessanter, weil die Grundlagen und Grundverständnisse aufzeigen können, wäre ein Eingehen auf das – ich möchte es einmal so nennen – »struktural-transzendentale« Konstitutionsgeschehen, das nicht nur an einer empirisch-transzendentalen Verknüpfung arbeitet, sondern darüber hinaus auch Entsprechungskonstellationen ausfindig machen kann, die eine Kultur als Kultur*welt* ansichtig werden lässt. Dieses Konstitutionsgeschehen ist nicht abzukoppeln von der jeweiligen Selbsterfahrung kultureller Welten.[10]

---

[8] Ich übernehme diesen Topos von H. Rombach: *Der Ursprung. Philosophie der Konkreativität von Mensch und Natur*, Freiburg i.Br. 1994.

[9] Vgl. hierzu H. Rombach: *Phänomenologie des sozialen Lebens. Grundzüge einer Phänomenologischen Soziologie*, Freiburg/München 1994.

[10] Als grundlegend für ein interkulturelles Denken habe ich den konstitutiven Zusammenhang von ›Erfahrung‹ und ›Welten‹ herauszuarbeiten versucht. Vgl. Verf.: *Phi-*

Nun also ein Andeutungsversuch bezüglich der altägyptischen Kulturwelt. Hier wäre etwa zu untersuchen, wie die Struktur »Gott und Pharao« aussieht, was sie austrägt, wie dies wiederum zu den Phänomenen von Ewigkeit und Tod, Leben und Fruchtbarkeit in Entsprechung steht, und wie all dies mit der Wüste und dem Fruchtbarkeit bringenden Nilschlamm zusammenhängt. Des weiteren: was haben der Stein, der Pyramidenbau damit zu tun, und wie stehen diese zur politischen Form der Dynastie, zu Herrscher und Sklavenvolk? Wie kommt es, dass die Schrift selber etwas Heiliges, Hohes sein kann, eine »Hieroglyphe«, die in die Mauern der Tempelanlagen eingeritzt sind, so dass die Tempel selber, schon in ihrer Bauweise und Grundstruktur, zum Kanon, ja Grundbild ägyptischer Kultur werden konnten. Warum setzt hier die »Hochkultur« an und worin besteht deren Absetzungsbewegung gegen die sogenannte »niedere Kultur«? Versteht man die Zusammenhänge nun nicht einfach kausal, utilitaristisch und dergleichen, sondern versucht ›konkreativ‹ heranzugehen, so wird folgendes deutlich: Handel und Schrift stellen beispielsweise keine verschiedenen, nicht aufeinander zurückführbarer Bereiche dar, es kann vielmehr gezeigt werden, wie und dass sie sich gegenseitig ›finden‹, darin zugleich gegenseitig, schrittweise beantworten und sich dadurch aneinander entwickeln und wachsen; sie steigern sich gegenseitig und erfassen sich in ihrer gemeinsamen Bedingungsstruktur. Der Tempelbau mit seinen beschrifteten Mauern, die selber als Trennungslinie zwischen »Gesetz« und »Chaos«, »Kultur« und »Natur« fungieren, versteht sich schon als eine Interpretation auf »Ewigkeit« hin, so wie aufgrund des durch den Nilschlamm gewonnenen fruchtbaren Bodens ein Getreideanbau in bislang nicht gekannter Menge und Qualität ›gefunden‹ und kreiert wurde, so dass überhaupt erst aufging, was Getreide sein kann und welche Möglichkeiten dadurch eröffnet werden, wie also – um weiter auszuholen – Natur und Mensch sich gegenseitig höher führten, und wie all dies in den Sonnenkreislauf und -mythos zurückgestellt wurde, wodurch der innere Zusammenhang von Leben und Tod, Endlichkeit und Ewigkeit klar werden konnte.[11]

Das *Welthafte* einer Kulturwelt zeigt sich, insoweit man diese auf ihr konstitutives Kommunikations- und Antwortgeschehen zwischen ihren einzelnen Dimensionen hin betrachtet. Darin wird zugleich ersichtlich, dass es die Bedingungen seiner Möglichkeit aus dem Kommunikationsgeschehen selber erst gewinnt. Die einzelnen Dimensionen gehen so aufeinander zu, dass das krea-

---

losophie der Interkulturalität – Erfahrung und Welten. Eine phänomenologische Studie; München, Freiburg 2005.

[11] Die Darstellungen der diversen Grabreliefs im sogenannten »Tal der Könige« zeigen sehr eindrucksvoll diesen Zusammenhang von Tod/Ewigkeit und Leben, das in der alltäglichen Feldarbeit strukturell immer mit dem Geschehen der Leben spendenden Sonne im Zusammenhang steht. Vgl. E. Hornung: *Tal der Könige. Ruhestätten der Pharaonen*, 3. Aufl., Zürich 1985. – Bezüglich des methodischen Theorems der ›Sinngeschichte‹ vgl. J. Assmann: *Ägypten. Eine Sinngeschichte*, Frankfurt/M. 1999.

tive Moment aus dem gegenseitigen Antwortgeschehen gleichsam hervorspringt. Was da geschieht, geschieht *kon-kreativ*. Die einzelnen Ebenen und Dimensionen sprechen sich an, konfligieren, reizen sich und fordern sich heraus, so dass sie über ihr bisheriges Selbstverständnis hinausgetrieben werden, ja sie bemerken aller erst, dass sie sich selber einem konkreativen Geschehen verdanken, das sie überhaupt erst kommunikations- und handlungsfähig macht.

3.2. Einige Bedingungen interkultureller Verständigung

– Der Weltcharakter der Kulturen hängt an ihren ›Genesen‹, denen auch jeder Einzelne konstitutiv zugehört. Sprache, Religion, Sitten, lebensweltliche Erfahrungshintergründe, leibliche Sinnstrukturen, Naturverständnisse usw. erweisen sich gerade in ihrer jeweiligen Besonderheit als unhintergehbar. Hieraus erklärt sich wiederum die Erfahrung des Fremden, was Husserl mit den Termini »Heimwelt« und Fremdwelt« zu fassen versucht, und was Waldenfels dahingehend radikalisiert, dass das Fremde als Fremdes niemals gänzlich einzuholen ist. Nicht allein deshalb, weil sich das Fremde jeglichem Verstehensversuch entzieht, sondern weil dem zuvor auch schon das Eigene vom Fremden durchzogen ist. Daher wird eine Analyse des Fremden an einer ›Phänomenologie der Fremd*erfahrung*‹ nicht vorbei kommen können. Denn »Erfahrungen machen‹ heißt etwas durchmachen und nicht etwas herstellen. (..) Erfahrung bedeutet dem [Denken von Empirismus und Rationalismus] gegenüber einen Prozeß, in dem sich Sinn bildet und artikuliert und in dem die Dinge Struktur und Gestalt annehmen. Die Phänomenologie hat es, wie es bei Merleau-Ponty heißt, mit einem Sinn in statu nascendi zu tun und nicht mit den Gegebenheiten einer fertigen Welt.«[12] Das Fremde meldet sich als »Überschuß« des »Außer-ordentlichen« einer jeden Ordnung, so dass an die Stelle eines Verstehens und einer Aufnahme des Fremden, welche tendenziell immer auch einer Aneignung und Vereinnahmung gleichkommen, das »Antwortereignis« tritt, welches vor allem darin sein Bewenden hat, dass man immer schon vom Anspruch des Anderen und Fremden in Anspruch genommen ist, auf den zu antworten man sich nicht entheben kann. Damit ist zugleich eine fundamentale ethische Dimension der »Verantwortlichkeit« angerissen. So findet man sich wider in einer Situation des »Paradoxes einer kreativen Antwort, in der wir geben, was wir nicht haben«.[13]

---

[12] B. Waldenfels: *Topografie des Fremden. Studien zur Phänomenologie des Fremden I*, Frankfurt/M. 1997, S. 19.
[13] B. Waldenfels: *Das Eigene und das Fremde*, in: Deutsche Zeitschrift für Philosophie 43 (1995), S. 620.

— Insofern Fremdheit als Vorschein sich entziehender und verborgener Welten auftritt, macht sie zugleich darauf aufmerksam, dass hier Welten zu *entdecken* sind. Das heißt näher, dass die Welten darauf aus sind, einander zu begegnen, dass sie einerseits andere Welten kennen lernen und in Erfahrung bringen möchten, andererseits darin ein grundsätzliches Eigeninteresse liegt, seine eigene Welt besser verstehen zu lernen. Hier meldet sich nochmals jenes Grundmotiv des schöpferischen Aktes, von dem wir eingangs sprachen, wonach mit der konkreten Sache zugleich die Dimension mit aufgerufen ist und wie sie aneinander ersichtlich werden. Eine Dimension, das bedeutet eigentlich immer, so konnten wir sehen, eine Welt.

— Die Kulturen sind qua Kulturen grundsätzlich an einem kreativen Dialog interessiert, der konstruktive und kreative Auseinandersetzung sucht. Vorschnelle Harmonisierung und Universalisierung erschiene ihm mehr als kontraproduktiv. Gerade das Insistieren der Kulturwelten auf ihrer »Wahrheit« zeigt die Ernsthaftigkeit des Ganzen, zeigt im Umkehrschluss die Notwendigkeit, sich auf andere Kulturwelten einzulassen und nicht unter dem Maß eigenen Selbstverständnisses über diese hinwegzugehen.

— Der Dialog, setzt er auf seine kreativen Potentiale, weiß um diese Schwierigkeiten und er weiß auch, dass diese nicht irgendwelchen Dogmatismen und Fundamentalismen geschuldet sind, sondern dass sich dahinter Grunderfahrungen kultureller Tiefenstrukturen verbergen, die nicht nur einen veritablen Sinn, sondern ihre eigene Höhe haben. Zu solchen Tiefenstrukturen gehörten etwa die Religionen, deren identifikatorische Kraft gerade hinsichtlich des jeweils mitgeführten Wahrheitsanspruchs zu würdigen ist.[14]

— Das Grundproblem, das sich stellt, ist die Frage, wie mit Wahrheiten, also mit Wahrheit im Plural, umzugehen sei, ohne auf Kosten der einzelnen Ansprüche zu gehen. Man wird Welten *als* Welten nie zugleich haben können, bestenfalls im Übergang von einer zu anderen. Voraussetzung wäre aber in der Tat, sich jeweils auf eine solche einzulassen, ja in sie einzutauchen, geht einem doch nur im Mitgehen und Mitvollzug der Weltcharakter auf. Man *versteht* dann überhaupt erst, was der Andere will, was ihn antreibt — ansatzweise jedenfalls.

— Entscheidend wird sein, inwieweit die Verflechtung intra- und interkultureller Konstellationen in den Blick rücken. In jeder kulturweltlichen Bezugnahme und Begegnungsweise werden zugleich intrastrukturelle Zusammenhänge aufsässig und virulent werden, so dass es ohne Selbst-

---

[14] Vgl. hierzu Verf.: *Hermeneutik der Hermeneutiken. Zu Raimon Panikkars religiöser Tiefenhermeneutik*, in: B. Nitsche (Hg.): Gottesdenken in interreligiöser Perspektive. Raimon Panikkars Trinitätstheologie in der Diskussion, Frankfurt/M. 2005 [i.E.].

und Fremdkorrekturen, ohne ein produktives Umgehen mit Missverständnissen, ohne gegenseitige Kritikfähigkeit nicht wird gehen können. Daran wird das Grundmotiv der Konkreativität seine Bewährungsprobe haben, geht es ihm doch über ein bloßes Verständnis hinaus um eine gegenseitige Höherführung, die zugleich in die Tiefen- und Grunderfahrungen der Kulturen führt.

– Anhand sozialphilosophischer Kategorien ließe sich ein solcher Weg ebenfalls skizzieren, den ich mit den Topoi der Toleranz, der Achtung, der Anerkennung und schließlich der Würdigung und Hochschätzung näher beschreiben würde. Im Maße der Selbstklärung dieses Weges, der von Schritt zu Schritt inhaltlich konsistenter und phänomennäher wird, öffnen sich die Welten gegenseitig *als Welten* und vermögen in ein fruchtbares Antwortgeschehen einzutreten. Zudem zeigte dieser Weg in steigendem Maße die Relevanz des kreativen und konkreativen Moments, das für eine interkulturelle Verständigung eintritt, die jenseits universalistischer und relativistischer Theoreme für eine »fruchtbare Differenz« zwischen den Kulturwelten plädiert.[15] Ich würde mich nicht scheuen, Humboldts Einsicht, dass jede Sprache eine »unerschöpfliche Fundgrube« darstellt, für eine jede Kulturwelt geltend zu machen.

Literatur

ASSMANN, J.: *Ägypten. Eine Sinngeschichte*, Frankfurt/M. 1999.
HORNUNG, E.: *Tal der Könige. Ruhestätten der Pharaonen*, 3. Aufl., Zürich 1985.
HUMBOLDT, W. v.: *Über die Verschiedenheit des menschlichen Sprachbaues und ihren Einfluss auf die geistige Entwicklung des Menschengeschlechts*, Werke in fünf Bänden, Bd. III, 7. Aufl., Darmstadt 1994.
NISHIDA, K.: *Über das Gute. Eine Philosophie der Reinen Erfahrung*, 2. Aufl., Frankfurt/M. 1990.
NISHIDA, K.: *Logik des Ortes. Der Anfang der modernen Philosophie in Japan*, Darmstadt 1999.
OHASHI, R. (Hg.): *Die Philosophie der Kyôto-Schule*, Freiburg, München 1990.
ROMBACH, H.: *Der Ursprung. Philosophie der Konkreativität von Mensch und Natur*, Freiburg i.Br. 1994.
ROMBACH, H.: *Phänomenologie des sozialen Lebens. Grundzüge einer Phänomenologischen Soziologie*, Freiburg, München 1994.
SIMON, J.: Hegels *Begriff der Philosophie als ›ihre Zeit in Gedanken erfaßt‹ und das Problem der vergleichenden Philosophie*, in: Allg. Zeitschrift für Phil. 25/1 (2000), S. 3–17.
STENGER, G.: *Philosophie der Interkulturalität – Erfahrung und Welten. Eine phänomenologische Studie*, München, Freiburg 2005.
STENGER, G.: *Hermeneutik der Hermeneutiken. Zu Raimon Panikkars religiöser Tiefenhermeneutik*, in: B. Nitsche (Hg.): Gottesdenken in interreligiöser Perspektive.

---

[15] Vgl. Verf.: *Philosophie der Interkulturalität*, München/Freiburg 2005.

Raimon Panikkars Trinitätstheologie in der Diskussion, Frankfurt/M. 2005 [i.E.].

WALDENFELS, B.: *Das Eigene und das Fremde*, in: Deutsche Zeitschrift für Philosophie 43 (1995).

WALDENFELS, B.: *Topografie des Fremden. Studien zur Phänomenologie des Fremden I*, Frankfurt/M. 1997.

Die Kreativität des Urteilens nach Kants Kritik der Urteilskraft

MIRKO SCHIEFELBEIN (JENA)

1. Die individuelle Hinsicht der ästhetischen Urteilskraft

Gemeinhin findet sich Kreativität in einer Weise thematisiert, die das einzelne Individuum stark in den Vordergrund rückt, dem dann alle weiteren etwa beizubringenden Sachverhalte als Bedingungen gegenüberstehen. In dieser Frontstellung deutet sich zweierlei an: einmal das nicht weiter erörterte Verhältnis von Individualität und Allgemeinheit; dann tendiert jene Vorstellung zu einer Verausnahmung von Kreativitätsbezeigungen, indem Kreativität kategorisch jenseits jedweder Normalität verortet wird. Letztlich schlägt sich das in einer Dialektik nieder, nach der sich Kreativität gerade darin zu bewähren habe, daß sie aller Bedingungshaftigkeit Paroli bietet: nur darin komme zum Ausdruck, daß sie ein Phänomen sui generis sei. Mit Kant, so wird man vermuten dürfen, müßte sich dagegen ein Begriff von Kreativität erarbeiten lassen, der weniger effekthascherisch daherkommt; denn der unbedingt auf Autonomie abstellende kantische Ansatz weist gerade in ihr die allgemeine Vernunfthaftigkeit nach – sowohl in praktischen Belangen als auch hinsichtlich der Urteilskraft. Ich möchte mit den folgenden Überlegungen nicht die einzelnen immanenten Schwierigkeiten des kantischen Ansatzes thematisieren; mir geht es vielmehr darum zu zeigen, inwiefern man vor dem Hintergrund der kantischen Konzeption der Urteilskraft davon sprechen kann, daß Individualität, Zivilisation und Kultur in ihrem Wechselverhältnis erst diejenige Einheit bilden, die sinnvoll von *kreativen Prozessen* sprechen läßt.

Eine erste ›politische‹ Komponente der Urteilskraft liegt darin, daß ihre Begründung auf Allgemeinheit und Mitteilbarkeit rekurriert. In der Allgemeinheit liegen bereits zwei Momente: einmal ein Jenseits bloßer Privatheit, dann eine Allgemeingültigkeit – Kant spricht auch von »Gemeingültigkeit« (23/128)[1] –. Das Gefühl, auf dem jedes Urteil gründet, wird »nicht als Privatgefühl, sondern als ein gemeinschaftliches zum Grunde« (67/159) gelegt. Dieses ›als‹ zeigt an, daß es nicht um einen substantiellen Unterschied geht, sondern um eine *Differenz der Perspektive*, der Auffassung und Verständigung. Diese durch eine Perspektive begründete Allgemeinheit muß sich in der Folge auch

---

[1] Ich zitiere im folgenden aus Immanuel Kant: *Kritik der Urteilskraft* (= Werkausg. X) (= *KU*), hg. v. Wilhelm Weischedel, Sonderausg., 3. Aufl., Frankfurt/M. 1997 und gebe hinter den Zitaten die Seitenzahlen der B-Aufl. (1793) und der Weischedel-Ausg. an; die im Original gesperrten Teile sind kursiviert.

in der modalen Form der Allgemeingültigkeit niederschlagen, weshalb Kant hier von »Ansinnen« oder »Zumutung einer allgemeinen Beistimmung« (68/159) spricht. Hier ist eine zwischenmenschliche Ebene der Einforderung von bestimmten Urteilen aus bestimmten Annahmen heraus erreicht, die näher über die Perspektive begründet wird, für die die bekannte Maxime der »erweiterten Denkungsart« gilt, wo man »aus einem allgemeinen Standpunkte über sein eigenes Urteil [reflektiert]« (159/227). Die Reflexion ist damit gekennzeichnet als von den subjektiven materialen Gegebenheiten abstrahierende Bewegung auf das Allgemeine hin (»Operation der Reflexion« (157/226)). Der Gemeinsinn ist hier Grenzbegriff.

Das zweite Moment dieser ersten ›politischen‹ Komponente liegt in der Mitteilbarkeit, deren ›ansinnende‹ Form eben schon herausgestellt wurde. Weiter wurde deutlich, daß in der Reflexionsbewegung eine Selbstreferenz angezeigt ist, die noch einmal das eigene Urteil vornimmt. Diese Selbstreferentialität im Verbund mit jener sich selbst auf das Allgemeine hin übersteigenden Reflexivität ist es, die Kant als formales Prinzip der reflektierenden Urteilskraft begreift. Wenn Kant nun schreibt: »Man könnte sogar den Geschmack durch das Beurteilungsvermögen desjenigen, was unser Gefühl an einer gegebenen Vorstellung ohne Vermittelung eines Begriffs *allgemein mitteilbar* macht, definieren« (160/ 228), dann führt er damit neben jenem formalen Prinzip der Selbstreflexivität ein weiteres, gleichsam *materiales*[2] Kriterium ein: die unmittelbare Beziehung von Gefühl und Mitteilbarkeit. Insofern jene Quasi-Instanz (»desjenigen, was [...] macht«) wieder nur der Geschmack ist, untersteht dieses Kriterium jener formalen Selbstreflexivität (»desjenigen« als genitivus subiectivus). Aber insofern damit über die unmittelbare Beziehung zwischen Gefühl und Mitteilbarkeit geurteilt ist, liegt hier ein eigenständiges Kriterium vor (»desjenigen« als genitivus partitivus).

Darüber hinaus aber bleibt die Frage, worüber denn objektiv geurteilt wird (genitivus obiectivus). Beurteilt wird weder ein Gefühl noch ein Urteil; sondern das konkrete Verhältnis, in dem Urteil (Bezug des Gefühls auf die Erkenntnisvermögen) und Urteilskraft zueinander stehen. »Der Geschmack ist also das Vermögen, die Mitteilbarkeit der Gefühle [...] a priori zu beurteilen« (160/228). Das aber bedeutet insgesamt, daß das material-objektive Moment der Mitteilbarkeit darauf zurückverweist, wie Urteil und Urteilskraft zueinander stehen, womit nur wieder die Überführung des materialen in das formale Prinzip geleistet ist. Kants Idee ist, auf diesem allgemeingültigen Kriterium zu insistieren, indem er das Gefühl der Lust und Unlust nicht vorreflexiv an Vor-

---

[2] Daß man hier durchaus von Materialität sprechen kann, zeigt sich in folgendem Zitat: »Das Befremdende und Abweichende liegt nur darin: daß es nicht ein empirischer Begriff, sondern ein Gefühl der Lust (folglich gar kein Begriff) ist, welches doch durch das Geschmacksurteil [...] jedermann zugemutet und mit der Vorstellung desselben [des Objekts, M. S.] verknüpft werden soll.« (XLVI/101)

stellungen bindet, sondern es als Index der Konstellation und des Zusammenstimmens der Erkenntnisvermögen begreift. Demnach ist das Gefühl nicht Ausgangspunkt der Reflexion – es ist nicht schlicht ›gegeben‹ –, sondern immer schon als Ausdruck zu verstehen.

So ergeben sich zwei Prinzipien bzw. Kriterien der ästhetischen Urteilskraft: zum einen das formale der Zusammenstimmung der Erkenntnisvermögen – von Einbildungskraft und Verstand im Falle des Schönen, von Einbildungskraft und Vernunft im Falle des Erhabenen –, zum andern das materiale einer unmittelbaren Beziehung zwischen allgemeiner Mitteilbarkeit und Gefühl. Was von Kant nicht weiter problematisiert wird, ist das Verhältnis dieser Kriterien zueinander, insofern formal prinzipiell eine Endlosigkeit der Reflexion angedacht ist, während material eine Gegebenheit angesetzt wird. Diese Schwierigkeit, daß Kant sich dieser Schwierigkeit nicht annimmt, läßt sich aufhellen, weil der von ihm favorisierte Gedanke ist, daß die im Reflexionsurteil prinzipiell angelegte Endlosigkeit stets schon harmonisiert gedacht ist mit den bestimmten Gefühlen. Im Gegensatz zu dieser ›Lösung‹ Kants möchte ich an der Frage festhalten, ob nicht gerade diese Schwierigkeit den Blick öffnet für etwas, das man eben *Kreativität* nennen kann. Diese Konzeption von Kreativität geht – so viel kann man jetzt schon sagen – über den Rekurs auf das Genialische, das das Geheimnis oder Rätsel in das einzelne Subjekt und dessen individuelle Begabung verlagert, insofern hinaus, als hier eine stärkere Anbindung an das Moment des Ansinnens erfolgt.

> [W]eil eben darin, daß die Einbildungskraft ohne Begriff schematisiert, die Freiheit derselben besteht: so muß das Geschmacksurteil auf einer bloßen Empfindung der sich wechselseitig belebenden Einbildungskraft in ihrer *Freiheit*, und des Verstandes mit seiner *Gesetzmäßigkeit*, also auf einem Gefühle beruhen [...]; und der Geschmack, als subjektive Urteilskraft, enthält ein Prinzip der Subsumtion, aber nicht der Anschauung unter *Begriffe*, sondern des *Vermögens* der Anschauungen oder Darstellungen (d. i. der Einbildungskraft) unter das *Vermögen* der Begriffe (d. i. den Verstand), sofern das erstere *in seiner Freiheit* zum letzteren *in seiner Gesetzmäßigkeit* zusammenstimmt. (146/217f.)

Die Freiheit der Einbildungskraft besteht darin, daß sie »ohne Begriffe schematisiert« (ebd.), d. h. sie entwirft eine Zusammensetzung des Mannigfaltigen, ohne an die kategorialen, transzendentalen Grundsätze des Verstandes gebunden zu sein. Gleichwohl geschieht diese Zusammensetzung der Gesetzmäßigkeit des Verstandes gemäß, was hier nur heißen kann: gemäß einem Grundsatz nicht-kategorialer Art. Von diesem Grundsatz läßt sich jedoch nur sprechen, solange es um den quasi-subsumtiven Charakter des Reflexionsurteils geht. Sobald dagegen die interne Struktur der Reflexion im Vordergrund steht, muß auch dieser Grundsatz verändert werden können, denn andernfalls wäre die Rede von einer »wechselseitigen Belebung« von Einbildungskraft und Verstand leer. In dieser internen Struktur liegt mithin ein gewisses sich in sich selbst versenkendes, reflexiv-kontemplatives Moment. Insofern jedoch die interne Konstitution des Urteils auf die Abstraktion von aller bloßen Privatheit abzielt, besteht eine *Konvergenz von Kontemplation und Allgemeinheit*: indem das Subjekt in der Kontemplation sich seiner bloß privatsubjektiven Bedingtheiten entledigt, erfährt es die weitere, sich stets erweiternde und stärkende gegenseitige Belebung seiner Erkenntnisvermögen als etwas Allgemeines und Allgemeingültiges.

In diesem Sinne liegt in dem Urteil über die konkrete Erfahrung dieser Freiheit nicht nur eine nachträglich beanspruchte Form der Allgemeingültigkeit, sondern in der Konstitution dieser Erfahrung liegt eo ipso ein starkes allgemeines Moment. Kant versucht dieses Verhältnis von Reflexion und Allgemeinheit über den Begriff des *Gemeinsinns* einzulösen. Modal sind diese Urteile »Ansinnen« oder »Zumutungen«. Wesentlich ist diesen mitgeteilten Urteilen dabei, daß sie nicht nur den propositionalen Gehalt übermitteln, sondern daß in ihnen insbesondere der Anspruch gelegen ist, zugleich den nichtkategorialen Grundsatz zu verstehen. Das bedeutet, daß die Mitteilungen den Vorschlag eines zwar nicht begrifflich-kategorialen, dennoch aber *bestimmten* Grundsatzes unterbreiten. Insofern dieser Grundsatz konkret darin besteht, in einer bestimmten Weise mit einer gegebenen Vorstellung umzugehen, d. h. in einer bestimmten Weise das Gefühl der Lust und Unlust reflektiert zu haben, liegt das erste Moment der *ästhetischen Kreativität* darin, welcher Grundsatz implizit vorgeschlagen wird. Die darin enthaltene ›Auswahl‹ eines Grundsatzes wiederum hat zur Voraussetzung, daß der Urteilende diesem prinzipiell endlosen reflektierenden Spiel ein Ende bereitet hat. Daß hinwieder dieses Ende nicht willkürlich ist, sondern durch es ein in der Reflexion allgemein Gültiges aufgewiesen wird, darin liegt nicht nur die Idee einer Garantie individuell sinnhaften Urteilens, sondern darin liegt insbesondere die Idee einer Begründung zwischenmenschlichen Verständnisses überhaupt.[3] Insgesamt zeichnet die Anwendung nicht-kategorialer Grundsätze demnach zweierlei aus: zum einen ein gewisser Entdeckungscharakter, wie die Erkenntnisvermögen zueinander stehen können; zum andern ein Belebungscharakter, den Kant nicht müde wird zu betonen: »Beförderung der Erkenntnisvermögen in ihrem freien Spiele« (146/217), »weil diese Betrachtung sich selbst stärkt und reproduziert« (37/138).

Die *These hinsichtlich der Kreativität* individuellen Urteilens läßt sich nun resümieren: Kant versucht, an die ästhetisch reflektierende Urteilskraft über das Kriterium der Zusammenstimmung der Erkenntnisvermögen heranzukommen. Problematisch bleibt dabei, daß damit ein Prozeß losgetreten ist, der in

---

[3] »Bei allen Menschen seien die subjektiven Bedingungen dieses Vermögens, was das Verhältnis der darin in Tätigkeit gesetzten Erkenntniskräfte zu einem Erkenntnis überhaupt betrifft, einerlei; welches wahr sein muß, weil sich sonst Menschen ihre Vorstellungen und selbst das Erkenntnis nicht mitteilen könnten.« (Kants Fußnote 151/221)

sich als endlos bestimmt werden muß. Dann aber muß die Frage darauf gehen, nach welchem Prinzip diese prinzipielle Endlosigkeit beendet werden kann. An dieser Stelle ist es, daß ich vorschlagen möchte, Kreativität als zentralen Begriff anzusetzen: Kreativität meint ein Prinzip des Abbruchs der endlos reflektierenden Urteilskraft und bildet so das Komplement zur Zusammenstimmung der Erkenntnisvermögen. Mit solcher Kreativität spricht sich eine gewisse *Erfahrung* aus, wie Dinge betrachtet werden können, so daß ihnen ein freiheitlich-ästhetischer Aspekt abgewonnen werden kann. *In diesem Sinne sind kreative Urteile freiheitliche Erfahrungsartikulationen*, sofern Erfahrung hier ein Verhältnis von Gegenständen und Vorstellungen zur Proportion der Erkenntnisvermögen, d. h. zum Gefühl der Lust und Unlust, anzeigt. Wenn aber richtig ist, daß hier Kreativität verortet werden kann, bedeutet das, daß Erfahrungen machen heißt, kreativ zu sein.

2. Die zivilisatorische Hinsicht der ästhetischen Urteilskraft

Was ich bezogen auf Kreativität kontinuierlich herausarbeiten möchte, läßt sich durch ein Zitat andeuten: »Wir sind im hohen Grade durch Kunst und Wissenschaft *kultiviert*. Wir sind *zivilisiert*, bis zum Überlästigen, zu allerlei gesellschaftlicher Artigkeit und Anständigkeit. Aber, uns für schon *moralisiert* zu halten, daran fehlt noch sehr viel.«[4] Hier kündigt sich eine Abstufung innerhalb des Gegenstandsbereichs der praktischen Philosophie an, die sich zum einen an der Betätigungs- und Äußerungsweise der Freiheit entspannt, wobei diese zum andern in einer Abhängigkeit von gesellschaftlichen Verhältnissen gesehen wird. Fokussieren möchte ich zunächst Zivilisierung und Kultivierung. Jene findet sich als Begriff in der »Deduktion des reinen ästhetischen Urteils«, diese in der »Methodenlehre der teleologischen Urteilskraft«. Die zentrale Stelle ist:

> [N]ur in Gesellschaft kommt es ihm [dem Menschen, M. S.] ein, nicht bloß Mensch, sondern auch nach seiner Art ein feiner Mensch zu sein (der Anfang der Zivilisierung): denn als einen solchen beurteilt man denjenigen, [...] den ein Objekt nicht befriedigt, wenn er das Wohlgefallen an demselben nicht in Gemeinschaft mit andern fühlen kann. Auch erwartet und fordert ein jeder die Rücksicht auf allgemeine Mitteilung von jedermann, gleichsam als aus einem ursprünglichen Vertrage, der durch die Menschen selbst diktiert ist; und so werden freilich anfangs nur Reize, z. B. [...] Blumen [...], in der Gesellschaft wichtig und mit großem Interessen verbunden: bis endlich die auf den höchsten Punkt gekommene Zivilisierung daraus beinahe das Hauptwerk der verfeinerten Neigung macht, und Empfindungen nur so viel wert gehalten werden,

---

[4] Kant: *Idee zu einer allgemeinen Geschichte in weltbürgerlicher Absicht*, in: Schriften zur Anthropologie, Geschichtsphilosophie, Politik und Pädagogik I (= Werkausg. XI), hg. v. Wilhelm Weischedel, 11. Aufl., Frankfurt/M. 1996, A 402, S. 44.

als sie sich allgemein mitteilen lassen; wo denn [...] die Idee von ihrer allgemeinen Mitteilbarkeit ihren Wert beinahe unendlich vergrößert. (163f./229f.)

Die Zivilisierung betrifft mithin das »empirische Interesse am Schönen«, d. h. Neigungen, wogegen Kant das »intellektuelle Interesse am Schönen« – unter ausdrücklichem Ausschluß der Mitteilung: »ohne Absicht, seine Bemerkungen andern mitteilen zu wollen« (166/232) – in die Nähe der Moralität gerückt wissen will. Was sich hier auf empirischer Seite Bahn bricht, ist die Idee einer sozialen und intersubjektiven Perspektive, die urteilenden Subjekten eigen ist. Sicherlich wird man nicht zu weit gehen dürfen in der Bestimmung der sozialen als einer konstitutiven Dimension menschlichen Existierens, weil dies dem gesamten Kantischen Projekt einer autonomen Existenzweise des Menschen zuwiderliefe und insbesondere den auch im analytischen Teil der KU präsenten Autonomie-Ansatz ausblenden müßte. Nichtsdestotrotz scheint hier die Idee auf, daß Menschen in zivilisatorischer Hinsicht auf Bestätigung, Anerkenntnis und Kommunikation angewiesen sind.

Der Zusammenhang zwischen reflektierenden Urteilen und dem Interesse am Schönen läßt sich durch zwei Zitate herausstellen: »Wenn man annehmen dürfte, daß die bloße allgemeine Mitteilbarkeit seines Gefühls an sich schon ein Interesse für uns bei sich führen müsse [...]« (161/228); und, hinsichtlich der »auf den höchsten Punkt gekommenen Zivilisierung«: »Empfindungen nur so viel wert gehalten werden, als sie sich allgemein mitteilen lassen« (163f./230). Wird aus dem ersten Teil deutlich, daß mit dem Urteil nicht unmittelbar ein Interesse verbunden sein muß, so tritt mit dem zweiten Zitat heraus, daß für Kant anscheinend jedes tatsächliche Interesse ›bloß‹ empirisch ist. Dann aber ist er in der *Empirismus-Falle*, die er sich selbst gestellt hat. Der Grund hierfür liegt in der Idee, die soziale Dimension empirisch nicht anders denn als »Neigung zur Gesellschaft« begreifen zu können, als ob man für das vernunftbegabte Wesen zwar eine allgemeine und gleiche Vernunftstruktur ansetzen könnte, sich dafür jedoch keine vernünftige Manifestationsweise finden ließe außer der autonomen Selbstbestimmung. M.E. wird hier ein Potential verschenkt, das es im Gegenzug herauszuarbeiten gilt – behutsam zwar, aber doch über Kant hinaus. Das möchte ich nun versuchen mittels einer kurzen Überlegung zum Vernunft- sowie zum Wertbegriff.

Ich hatte oben herausgestellt, daß Kant eine gewisse Konvergenz zwischen Reflexion und Allgemeingültigkeit der Urteile ansetzt. Hannah Arendt versucht demgegenüber, einen anderen politischen Aspekt des *Vernunftbegriffs* zu betonen: Würde unser Verständnis freier Meinungsäußerung darauf beruhen, »daß ich fähig bin, mir meine Meinung ganz alleine zu bilden«, so sei »Kants Ansicht in dieser Frage [...] eine ganz andere. Er glaubt, daß das Denkvermögen selbst von seinem öffentlichen Gebrauche abhängig ist.«[5] Ich denke, man

---

[5] Arendt, Hannah: *Das Urteilen. Texte zu Kants Politischer Philosophie*, hg. u. m. e. Essay v. Ronald Beiner, aus d. Amerik. [*sic!*] v. Ursula Ludz, München 1998, S. 56.

darf diesen Ansatz nicht überzeichnen, sondern muß ihn präzisieren, indem man Arendts These reformuliert: die *urteilende* Vernunft sei von ihrem öffentlichen Gebrauche abhängig. Nun ist aber gerade jene erste Idee einer Konvergenz dazu geeignet, diesen politischen Aspekt der Vernunft wieder an die individuell-autonome Konzeption der Urteilskraft zurückzubinden (ein Aspekt, der von Arendt nicht ausgeführt wird). Demnach lassen sich die erste Konvergenz von Kontemplation und Allgemeingültigkeit für das Subjekt und die zweite von Individualität und Gemeinschaft für das Politische in einer *dritten Konvergenz* zusammenführen, indem in das Allgemeingültige ein politisches Moment eingetragen werden kann. Daß in subjektiven Urteilen eine politisch-soziale Dimension gelegen ist, die auf Allgemeingültigkeit Anspruch machen kann, darin liegt demnach die Bedeutung des Begriffs des Gemeinsinns.

Einen indirekten Zugang zu der Konzeption des Gemeinsinns gewährt nun der *Begriff des Wertes*, wie er sich im obigen Kant-Zitat angedeutet findet. »Wert« ist zunächst Ausdruck des Verhältnisses zwischen dem subjektiven Gefühl der Lust, das jemand bei einer bestimmten Vorstellung empfindet, und dem subjektiven Interesse, das er an der Existenz dieses mit der Vorstellung verbundenen Gegenstandes nimmt. Darin besteht der streng *subjektive Begriff des Werts*. Der »höchste Punkt der Zivilisierung« beschreibt sodann einen gesellschaftlichen Zustand, wo an die Stelle des subjektiv empfundenen Gefühls der Lust die allgemeine Mitteilbarkeit getreten ist. »Wert« ist dann Ausdruck des Verhältnisses zwischen allgemeiner Mitteilbarkeit und Interesse an der Existenz derjenigen Gegenstände, über die man sich austauschen will. Das ist der *soziale Begriff des Werts*. In diesem Übergang vom subjektiven zum sozialen Wertbegriff liegt nun insofern eine gewisse *Verselbständigung* der sozialen Sphäre, als diese sich zum einen von der subjektiven Komponente entkoppelt, sie zum andern aus dieser Eigenständigkeit heraus die entsprechenden Interessen generiert, die das Subjekt in der Folge als ihm angesonnene erfährt. Diese Verselbständigung wiederum schließt an die obige, in individueller Hinsicht erarbeitete Idee einer Erfahrungs- als Freiheitsartikulation an. Das Vorschalten des Gemeinsinns mitsamt der empirischen Ausbildung bestimmter Interessen bildet demnach einen Vorrat gesammelter Erfahrung, welche Gegenstände in ästhetischer Hinsicht »zu versuchen« sich für das Subjekt lohnen soll (»man kann a priori nicht bestimmen, welcher Gegenstand dem Geschmacke gemäß sein werde, oder nicht, man muß ihn versuchen« (XLVII/102)). Die Grundidee läßt sich hier so bestimmen, daß es gleichsam zu bestimmten Gegenständen und Vorstellungen kommt, die in einer zivilisierten Gesellschaft eo ipso als ästhetisch wertzuschätzende gelten und auf diese Weise dem einzelnen Subjekt angesonnen werden. Das von Kant verfochtene Argument, um diesen Gedankengang nicht weiter verfolgen zu müssen, ist, daß das Subjekt sich diesen Gegenständen nur »durch Neigung zur Gesellschaft« (164/230) zuwende. Das aber verfängt nicht, denn von Kant ist allenthalben zugestanden, daß das urteilende Subjekt sich aus vielerlei Gründen und

Motiven einer ästhetischen Betrachtung überlassen kann, daß es nur im Akt der Beurteilung von jedem Interesse absehen müsse.

Ich möchte nun diese zivilisatorische Hinsicht, auf den Begriff der Kreativität zugespitzt und unter Zuhilfenahme der Überlegungen zur individuellen Kreativität, resümieren. Ein erstes kreatives Moment hatte sich insofern ergeben, als ein bestimmtes Prinzip des Abbruchs der an sich endlosen Reflexion gefunden werden mußte. In individueller Hinsicht hatte sich anschließend ergeben, daß dieses Prinzip als allgemeingültiges gleichsam entdeckt wird. Vor dem Hintergrund der Überlegungen zur Zivilisation hat sich nun weiter herausgestellt, daß diese Allgemeingültigkeit näher mit dem Gemeinsinn zusammenhängt, dessen eine Manifestationsweise eben in der Zivilisation besteht. Dasjenige Subjekt, das in einer Zivilisation, d. h. in einer Welt relativer Beständigkeit, lebt, kann demnach die in dieser Zivilisation wertgeschätzten Gegenstände und Vorstellungen darüber entziffern, lesen und verstehen, daß es mit ihnen einen Appell verbunden sieht, daß diese Gegenstände schön seien. *In diesem Ansinnen liegt zugleich, daß bestimmte Prinzipien des Urteilens — wiewohl auf unbestimmte, nicht kategorial-begriffliche Weise — als sinnvolle Endlosigkeitsabbrüche verstanden werden sollen.* Damit ist das *zweite Moment der Kreativität* herausgestellt, denn die soziale Wertdimension läßt die Zivilisation in den Aspekten, in denen Urteile stattfinden, als denjenigen gemeinschaftlichen Raum erscheinen, in den sich zu integrieren dem einzelnen Subjekt angesonnen wird, ja der bestimmte Grundsätze bereithält, die das Subjekt je Zivilisation verstehen lassen.

3. Die kulturelle Hinsicht der teleologischen Urteilskraft

Zunächst ist fraglich, ob man nicht schon bestimmte, beispielsweise auf die Kunst abhebende Aspekte der Zivilisation besser »Kultur« nennen sollte. Tatsächlich findet sich dieser Begriff durchgängig bei Arendt, und auch Kant spricht von »Kultur«: »Doch in aller schönen Kunst besteht das Wesentliche in der Form, welche für die Beobachtung und Beurteilung zweckmäßig ist, wo die Lust zugleich Kultur ist und den Geist zu Ideen stimmt« (214/264). Dieser ästhetische Aspekt des Kulturbegriffs hebt auf das interesselose Wohlgefallen ab und liegt in der Kultivierung des Urteilsvermögens. Ein anderer Kulturbegriff wird von Kant für den »letzten Zweck der Natur als eines teleologischen Systems« (so der Titel von § 83, 388/387) reserviert. Das wurde schon deutlich in dem Zitat aus der *Idee zu einer allgemeinen Geschichte*, wo Zivilisierung mit »gesellschaftlicher Artigkeit«, Kultivierung dagegen mit »Kunst und Wissenschaft« in Verbindung gebracht wurde. In diesem Sinne möchte ich die Leitfrage für den kulturellen Aspekt der Urteilskraft so bestimmen, inwiefern in der Kultur ein *kreatives Moment* liegt, das sich auf die *Fähigkeiten der Menschen* bezieht.

Zunächst muß der Unterschied zwischen ästhetischer und teleologischer Urteilskraft erinnert werden. So gilt generell, daß, obwohl die »Zusammenstimmung des Gegenstandes mit den Vermögen des Subjekts zufällig ist«, sie doch »die Vorstellung einer Zweckmäßigkeit [des Gegenstandes, M. S.] in Ansehung der Erkenntnisvermögen des Subjekts« (XLV/101) bewirkt. *Ästhetisch* besteht die Zweckmäßigkeit des Gegenstandes ausschließlich hinsichtlich des Erkenntnisapparats des Subjekts. *Teleologisch* wird diese Beziehung auf den Gegenstand rückübertragen, und zwar auf die Möglichkeit seiner eigenen Existenz: »ein Ding existiert als Naturzweck, *wenn es von sich selbst* [...] *Ursache und Wirkung ist*« (286/318). Schon vorher hatte Kant diese Form der Teleologie als »innere Zweckmäßigkeit« von der »relativen Zweckmäßigkeit«, »als Mittel zum zweckmäßigen Gebrauche anderer Ursachen«, als »Nutzbarkeit (für Menschen)« (279f./313) abgegrenzt. Mit dieser Abgrenzung allerdings verbindet Kant keinen Ausschluß der relativen Zweckmäßigkeit aus der Teleologie, sondern er scheint so etwas wie eine Abstufung des teleologischen Bereichs anzudenken. So berechtigt die relative Form zwar »zu keinem absoluten teleologischen Urteile«; ich möchte sie aber als *indirekte* Form beibehalten, denn von der äußeren Zweckmäßigkeit eines Dinges kann man nach Kant sprechen »unter der Bedingung, daß die Existenz desjenigen, dem es zunächst oder auf entfernte Weise zuträglich ist, für sich selbst Zweck der Natur« (282f./315) ist, was für den Menschen zutrifft. Die eminenten Naturzwecke nun unterliegen der *Selbstorganisation*, d. h. zugleich einem spezifischen Teil-Ganzes-Verhältnis wie einer wechselseitigen Relation der Teile (»Organe«) untereinander.

Kants Ansatz hebt darauf ab, die Möglichkeit einer teleologischen Beurteilung der Natur aufzuzeigen und nachzuweisen, daß – nicht ontologisch, sondern in teleologischer Perspektive – der Mensch der letzte Zweck der Natur ist. Wenn dies auch zugestanden ist, so ist doch die konsequente Frage, »worein wir am Menschen wenigstens jenen *letzten Zweck* der Natur zu setzen haben« (390f./389). Als Kandidaten kommen hier in Betracht *Glückseligkeit*: die Befriedigung des Menschen – als Zweck der Natur – durch diese, ohne Zutun des Menschen; und *Kultur*: »die Tauglichkeit und Geschicklichkeit zu allerlei Zwecken, wozu die Natur (äußerlich und innerlich) von ihm gebraucht werden könne« (388/387). Die Glückseligkeit wird mit einem anthropologischen Argument zurückgewiesen: »denn seine [des Menschen, M. S.] Natur ist nicht von der Art, irgendwo im Besitze und Genusse aufzuhören und befriedigt zu werden« (389/388). Also bleibt nur die Kultur übrig, deren Bestimmung ich zitieren möchte:

> Es bleibt also von allen seinen [des Menschen, M. S.] Zwecken in der Natur nur die formale, subjektive Bedingung, nämlich der Tauglichkeit: sich selbst überhaupt Zwecke zu setzen, und [...] die Natur den Maximen seiner freien Zwecke überhaupt angemessen, als Mittel, zu gebrauchen, übrig, was die Natur [...] ausrichten, und welches also als ihr letzter Zweck angesehen werden kann.

Die Hervorbringung der Tauglichkeit eines vernünftigen Wesens zu beliebigen Zwecken überhaupt (folglich in seiner Freiheit) ist die *Kultur*. (391/389f.)

Die Kultur des Menschen ist der letzte Zweck der Natur. Diese Kultur wiederum besteht darin, die Natur als Mittel zu den freien Zwecken des Menschen zu gebrauchen. Hier wird die oben reklamierte Abstufung teleologischer Bereiche wiederholt. In diesem Sinne der Nutzungsmöglichkeit nun ist der Mensch abermals auf die teleologische Urteilskraft angewiesen; allerdings beurteilt er die Natur dann nicht nach ihrer inneren, sondern nach ihrer relativen Zweckmäßigkeit. Die Frage, auf die diese Überlegungen hinauslaufen, geht also auf *das Verhältnis von innerer und relativer Zweckmäßigkeit*.

Teleologisch ist der Mensch Zweckursache der gesamten Natur. Indirekt-relativ aber erscheinen nun einzelne Gegenstände oder Sachverhalte in der Natur, die für den Menschen nutzbar sind. Insofern nun nicht sofort die praktische Ebene angeführt wird, die Zwecke zu bestimmen vermag, taucht nun die Idee auf, daß das Subjekt teleologisch-reflektierende Urteilskraft braucht, um die spezifische Zweckmäßigkeit und Selbstorganisation einzelner natürlicher Gegebenheiten beurteilen zu können. Zieht man dies nun von der umgekehrten Seite her auf, tritt das *kreative Moment* deutlich heraus: Die Zweck-Mittel-Relation ist insofern subsumtiv zu begreifen, als bei gegebenen Zwecken die entsprechenden Mittel darunter eindeutig rubriziert werden können. Die eigentliche Problematik aber besteht darin, Zwecke zu bestimmen; und diese Zweckbestimmung teils aus gegebenen Mitteln, teils aus Erfindungsgabe ist ein kreativer Akt, der insofern der teleologischen Urteilskraft entspringt, als diese bestimmte Sachverhalte und Gegenstände so perspektiviert, als ob sie nur durch einen immanenten Zweck existieren bzw. sinnvoll gedacht werden können. *Indem nun ein bestimmter Sachverhalt nur unter Zugrundelegung eines ›neuen‹, veränderten Zwecks sinnvoll gedacht werden kann, scheinen gewisse andere Konstellationen, Aspekte und Interpretationsweisen dieses Zweckes auf, die dann zu veränderten Mittelverhältnissen führen können.* Darin besteht das *Potential der Kreativität der teleologischen Urteilskraft* in kultureller Hinsicht.

In der Folge des erarbeiteten Kulturbegriffs unterscheidet Kant eine *Kultur der Geschicklichkeit* und eine *der Disziplin* (392/390). Noch bevor explizit Moralität eine Rolle spielt, erfolgt hier insofern eine Anknüpfung an die praktische Philosophie, als die hypothetischen Imperative solche der Geschicklichkeit (problematisch-möglich) und der Klugheit (assertorisch-wirklich) sind.[6] Das Vokabular der *KU* hinsichtlich des Kulturbegriffs wiederholt hier exakt das der *Grundlegung* in Bezug auf die hypothetischen Imperative (»beliebige Zwecke«). Faßt man das zusammen, dann ist die Idee hier, daß die »Tauglichkeit zu beliebigen Zwecken überhaupt« sich gleichsam einem Möglichkeits-

---

[6] Vgl. dazu Kant: *Grundlegung zur Metaphysik der Sitten*, in: Kritik der praktischen Vernunft. Grundlegung zur Metaphysik der Sitten (= Werkausg. VII), hg. v. Wilhelm Weischedel, Sonderausg., 3. Aufl., Frankfurt/M. 1997, BA 39ff., S. 43ff.

raum einschreibt, den zu aktualisieren teils dem Streben nach Glückseligkeit, teils der Vernunftforderung nach Moralität überlassen ist. In der Konsequenz müßte dann die Tugendlehre der *Metaphysik der Sitten* herangezogen werden, nach der jemandes Tugendpflicht auf andere Subjekte hin darin besteht, ihre Glückseligkeit zu fördern,[7] was letztlich nichts anderes heißen kann, als ihre Hypothesenfähigkeit hinsichtlich ihrer Glückseligkeit zu steigern, was indirekt darüber gelingen kann, daß jemand ihnen bestimmte Zwecke, Mittel und die entsprechenden Relationen dazu ansinnt.

4. Zusammenfassung

Abschließend möchte ich nun die einzelnen Momente der Kreativität, wie sie sich im Laufe der Überlegungen ergeben haben, zusammenführen. Ausgehend vom Individuum wird deutlich: die Beförderung der Erkenntnisvermögen in ästhetischer Hinsicht führt einmal zu gewissen Erfahrungsartikulationen der Freiheit der Lust, die dann in der Zivilisation aufbehalten werden können; dann führt die Beförderung der Erkenntnisvermögen in teleologischer Hinsicht zu einer gewissen Gegenstandserkenntnis unter Zugrundelegung bestimmter Zwecke, welche Zweckfähigkeit dann in der Kultur aufbehalten werden kann. Gemeinsam ist beiden, daß sie je zu einer engen Anbindung individueller Kreativität an Formen des Gemeinschaftlichen führen, wie sie durch Zivilisation und Kultur benannt sind. Insbesondere unter teleologischen, aber auch schon unter ästhetischen Gesichtspunkten deutet sich hier etwas an, das man als Eigenständigkeit gesellschaftlicher Formen betrachten kann, von welcher Eigenständigkeit aus sich dann eine spezifische Relation zu den einzelnen Subjekten denken läßt, die andersgelagert ist als rein vernünftig, woran Kant selber allerdings primär interessiert ist. In diesem Sinne liegt in der Betonung des *Kreativen*, wie es sich an Hand der *KU* herausarbeiten läßt, zugleich ein Verweis auf ein genuin *geschichtliches Moment*, welcher Geschichtlichkeit auch der Modus der Freiheit und des zwischenmenschlichen Bezugs als Ansinnen entspricht. Und schließlich ist diese Geschichtlichkeit die Bedingung dafür, daß Kreativität in eminenter Weise mit Neuheit verbunden ist, worin zugleich liegt, daß es auch um das Veralten gehen muß.[8]

---

[7] Vgl. Kant: *Die Metaphysik der Sitten* (= Werkausg. VIII), hg. v. Wilhelm Weischedel, 11. Aufl., Frankfurt/M. 1997, insbesondere *Metaphysische Anfangsgründe der Tugendlehre* A 16ff., S. 517f.
[8] Von Kant gibt es zum historisierenden Moment nur eine Nebenbemerkung: »Zwar spüren wir an der Faßlichkeit der Natur [...] keine merkliche Lust mehr: aber sie ist gewiß zu ihrer Zeit gewesen« (XL/97).

Literatur ·

ARENDT, Hannah: *Das Urteilen. Texte zu Kants Politischer Philosophie*, hg. u. m. e. Essay v. Ronald Beiner, aus d. Amerik. v. Ursula Ludz, München 1998.

KANT, Immanuel: *Die Metaphysik der Sitten*, Werkausgabe Bd. VIII, hg. v. W. Weischedel, 11. Aufl., Frankfurt/M. 1997.

KANT, Immanuel: *Grundlegung zur Metaphysik der Sitten*, in: Kritik der praktischen Vernunft. Grundlegung zur Metaphysik der Sitten, Werkausgabe Bd. VII, hg. v. W. Weischedel, Sonderausg., 3. Aufl., Frankfurt/M. 1997.

KANT, Immanuel: *Idee zu einer allgemeinen Geschichte in weltbürgerlicher Absicht*, in: Schriften zur Anthropologie, Geschichtsphilosophie, Politik und Pädagogik I, Werkausgabe Bd. XI, hg. v. W. Weischedel, 11. Aufl., Frankfurt/M. 1996.

KANT, Immanuel: *Kritik der Urteilskraft*, Werkausgabe Bd. X, hg. v. Wilhelm Weischedel, Sonderausg., 3. Aufl., Frankfurt/M. 1997.

Das Staunen als kreative Methode:
Mythe und Rätsel in der indischen Tradition

KIRAN DESAI-BREUN (ERFURT/BOMBAY)

1. Einleitung

Seit der Antike scheint man sich darüber im Unklaren zu sein, was eigentlich die Methode der Philosophie sei.[1] Platon reserviert für die Philosophie die Methode der Logoi, wenn er von der Dialektik spricht, bei der es darauf ankomme, sowohl das Eine mit dem Vielen zu verbinden als auch das Viele und Konkrete auf das Eine und Allgemeine zu beziehen.[2] In der zweiten Analytik des *Organon* postuliert Aristoteles die Apodeixis, d.h. das beweisende Erklären, das als die logische Ableitung eines konkreten Falls aus allgemeinen Gründen ein wissenschaftliches Methodenideal bildet. In der *Topik* jedoch reserviert er für die Philosophie den dialektischen Syllogismus oder die Dialektik des Argumentierens[3]. Wenngleich die Frage nach der Methode der Philosophie sich nicht auf Anhieb beantworten lässt, so scheint man sich darüber einig zu sein, der Philosophie die Fähigkeit des Argumentierens zuzuerkennen, wodurch sie aber, da dieses auf ein Publikum bezogen bleibt, in die Nähe der Rhetorik gerät. Selbst die Phänomenologie Husserls, die alles Argumentieren hinter sich lassen und zu den Sachen zurückgehen will, kann dies nicht vermeiden genau so wie die vielen Richtungen, in welche sich die Sprachanalyse verzweigt hat.

Wenn die alten Griechen allerdings der Meinung sind, dass die Philosophie mit dem Staunen anfange[4], so verstehen sie darunter nicht nur einen Affekt, sondern auch eine Methode. Nun stellt sich die Frage, ob sich das Staunen überhaupt als eine Methode und gar als eine kreative Methode für das philosophische Denken beschreiben lässt. Das Staunen scheint sogar das Gegenteil einer Methode zu sein. Wer staunt, ist zunächst ratlos. Er steht wie vor einem Rätsel, vor einer Aporie, und weiß zunächst gar nicht mehr weiter. Im Staunen bekundet sich ein Wissensmangel, mit dem, wenn man nicht verzagt, umgegangen werden soll. Zwar könnte man sich Methoden ausdenken, um sich vorteilhaft aus dieser Schwierigkeit zu retten. Nicht darin aber scheint sich die philosophische Einstellung zu bekunden, sondern in der Frage, wie der Wissensmangel, dieses Rätselhafte, das einen in die Ratlosigkeit, in eine Aporie

---
[1] Vgl. Rüdiger Bubner: *Hat die Philosophie eine Methode?*, in: Internationale Zeitschrift für Philosophie 1 (2002), S. 7-17.
[2] Vgl. Platon: *Phaidros* 265d.
[3] Vgl. Aristoteles: *Topik* 1,1.
[4] Vgl. Platon: *Theaitetos* 155d; Aristoteles: *Metaphysik* 1,2,982b.

bringt, zu bewältigen sei.[5] So gesehen enthält das Staunen durchaus ein kreatives Potential. Im Vergleich der Kulturen lässt sich feststellen, dass nicht bloß in Griechenland, sondern auch im alten Indien sich das Staunen in bestimmte Formen des Denkens entlädt, in welchen sich die Anfänge der Spekulation zeitigen. Welche Formen sind das?

Lange bevor sich die Philosophie bestimmte literarische Formen wie den Brief, den Dialog oder die wissenschaftliche Abhandlung aneignet, scheint sie sich bestimmter Formen des Denkens zu bedienen, die zwar aus der Sprache hervorgehen, aber weder von der Stilistik noch von der Rhetorik noch von der Poetik und noch nicht einmal von der Schrift erfasst werden können. Man darf diese Formen im Anschluss an Jolles »einfache« Formen nennen[6], insofern sie bestimmte Formen des Denkens bezeichnen, deren man sich bedient, wenn man spricht. Es sind jene mündliche Formen des Denkens, die sich ohne Zutun des Dichters in der Sprache selbst ›ereignen‹. Fasst man darunter die Legende, die Mythe, das Rätsel, den Spruch, den Kasus, die Memorabile, das Märchen und den Witz[7], so geht es im Folgenden darum, zwei solcher Formen, die Mythe und das Rätsel im frühen indischen Denken zu betrachten.

2. Mythe und Rätsel im frühen indischen Denken

Wenn man mit der Mythe die einfache Form des Denkens, mit dem Mythos ihre jeweilige Vereinzelung bezeichnet[8], dann bietet sich die vedische Überlieferung für eine Untersuchung dieser Form in der indischen Tradition an. Die frühesten Fragen, mit denen sich diese beschäftigt, betreffen den Kosmos. Man fragt nach der Weltordnung und ihren Erscheinungen, und diese teilt sich einem in einer Antwort mit. Dabei richtet man sich nach den allgemeinen Erscheinungen, die sich durch ihren regelmäßigen Rhythmus von dem unberechenbaren Geschehnisablauf des Alltags abheben. Diese Welt der Mythe ist keine solche, in der es mal so und mal anders zugeht, sondern sie ist eine Welt, die eine feste Gesetzmäßigkeit bezeugt. Die Beobachtung des regelmäßigen Wechsels der Gestirne, der Tages- und Jahreszeiten führt zum Begriff des ṛta, der das Gesetzmäßige und Sich Wiederholende in sich fasst, und auf diese Weise, aufgrund der Anschaulichkeit, die täglich durch die Augen nachprüfbar ist, zum Inbegriff des Wahren wird. Da das Vorauszusehende, das Berechenbare zugleich als das Fördernde aufgefasst wird, entwickelt sich aus dem Begriff des Gesetzmäßigen, Sich Wiederholenden der Begriff des Guten im Sinne des Fördernden. Im Gegensatz dazu bedeutet jede einmalige Durchbrechung des ṛta wie das Unwetter, die Sonnenfinsternis und solche

---

[5] Vgl. Bubner: a.a.O., S. 14f.
[6] Vgl. André Jolles: *Einfache Formen*, 7. Aufl., Tübingen 1999.
[7] Vgl. ebd.
[8] Vgl. ebd., S. 100.

Ereignisse, die den Charakter des Unberechenbaren tragen, Böses, Schädliches, Unwahres.[9]

Da im vedischen Indien jede Erkenntnisbemühung ihren Ausgangspunkt in der Anschauung hat, fasst der *Rigveda* den Begriff des ṛta in einer Bildersprache, die sich an den Mythos bindet. Dieser Begriff wird anschaulich gefasst, personifiziert in der Gestalt des Varuṇa. Varuṇa, der als eine mythische Figur die heilige Weltordnung verkörpert, wird als »Hüter des großen Gesetzes« (*Rigveda,* 7,64,2) beschrieben, als Verkünder des ṛta. Er sei ›gewaltig, tausendäugig, und er bewacht den Bezirk der Flüsse‹ (*Rigveda,* 7,34,10). Varuṇa bewohne sowohl den Himmel als auch die Erde, und er habe die Weltordnung eingerichtet: »Über den Bäumen hat Varuṇa die Luft ausgebreitet, in die Rennpferde hat er den Sieg, in die Kühe die Milch gelegt; ins Herz die Überlegung, ins Wasser den Agni, an den Himmel die Sonne, auf den Berg den Soma gesetzt« (*Rigveda,* 5,85,2).

Während der Mensch in der Form der Mythe nach der Welt und ihren Erscheinungen fragt, sind die Fragen nicht solche, dass jede nach der ihr eigenen Antwort verlangt. Die Mythe lässt sich vielmehr als eine Antwort fassen, die eine Frage enthält, dagegen betrifft das Rätsel eine Frage, die nach einer Antwort verlangt. Im Gegensatz zur Mythe besteht in der einfachen Form des Rätsels kein Verhältnis von Mensch und Welt. Hier stellt ein Mensch, der weiß, einem anderen eine Frage auf eine Weise, die diesen dazu nötigt, sie zu beantworten. Derjenige, der das Rätsel aufgibt, ist im Besitz des Wissens, das verrätselt wird. Wenn also der Aufgebende durch die Frage den Ratenden und seine Ebenbürtigkeit prüft, befindet sich der Ratende unter dem Zwang, sich dem Aufgebenden ebenbürtig zu zeigen. Dies tut er, wenn er die Lösung errät.

Da die Enträtselung des verrätselten Wissens als eine Einweihung in das sakrale Wissen zu verstehen ist, wird das Rätsel im vedischen Indien heilig. Derjenige, der das Rätsel aufgibt, steht nicht als einzelner dar, sondern er repräsentiert meistens den Stand der Priester, der seinerseits ein bestimmtes Wissen vertritt, das ihn bindet. Der geregelte Lauf der Dinge, das ṛta, scheint durch nichts so gehütet zu sein wie durch das Wissen der Priester um die heiligen Dinge und um ihre geheimen Namen. Im vedischen Indien wetteifert man bei den Opferfesten um dieses Wissen. Es ist da üblich, dass ein Priester einem anderen Fragen stellt, deren Antwort dieser erraten soll. Der *Rigveda* enthält mehrere so genannte Rätsellieder (brahmodyāni), die einen genau so wichtigen Teil des Opferrituals wie die Opferhandlung selber bilden. Lied 8,29 des *Rigveda* bietet ein solches Rätselspiel, bei welchem die einzelnen Gottheiten aus den charakteristischen Attributen erraten werden sollen: »Der eine braun, veränderlich, ein edler Jüngling, legt sich goldene Farbe auf (Soma). / Der eine hat sich leuchtend in seinen Mutterschoß gesetzt, der Weise unter den Göttern (Agni)« (*Rigveda,* 8,29,1-2). Ein anderes Rätselspiel bietet Lied

---

[9] Vgl. Betty Heimann: *Studien zur Eigenart indischen Denkens,* Tübingen 1930, S. 29.

1,164 des *Rigveda,* dessen dritte Strophe sich auf das Opfer bezieht und um die Zahl sieben kreist: »Während sieben diesen Wagen bestiegen haben, ziehen sieben Rosse den siebenrädrigen Wagen. Sieben Schwestern schreien (ihm) zu, in dem die sieben Namen der Kühe niedergelegt sind« (*Rigveda,* 1,164,3). Mag die Enträtselung zwar darin liegen zu erraten, dass der Wagen der Opferwagen sei, die sieben Fahrenden die sieben Priester seien, die sieben Rosse die sieben Metren, die sieben Räder die sieben Grundformen, die sieben Schwestern die sieben Stimmen und die sieben Namen der Kühe die metaphernreiche Sprache der Dichter[10], so lässt sich doch feststellen, dass nicht die unberechenbaren Begebenheiten des Alltags, nicht jene Unterbrechung des Kausalgesetzes, sondern die tägliche Beobachtung des geregelten Ablaufs des Kosmos und seiner Entsprechung im Kult beim vedischen Inder das Staunen auslöst, das zwar zu den Fragen führt, über deren Antwort er in der Form der Mythe und des Rätsels nachdenkt. Insofern aber die symbolischen Ausdrücke wie Schablonen gebraucht werden, und das Rätselspiel selbst von der fraglosen Gewissheit getragen zu sein scheint, dass man überall von Wundern umgeben sei, könnte man folgern, dass es hier nicht um jenes Staunen geht, das gerade die Philosophie in Gang bringt. Wie unterscheiden sich solche rituell-religiöse Rätsel von den philosophischen? Diese Frage ist in Bezug auf die indische Tradition nicht auf Anhieb zu beantworten, denn die klare Grenze, die es zwischen Philosophie und Religion wohl auch in der indischen Tradition zu geben scheint, verwischt, wenn das Lied 10,129 des *Rigveda* und die Überlieferung der *Upaniṣaden* berücksichtigt werden.

Das Lied 10,129 des *Rigveda* über den Ursprung der Dinge sucht die Welt nicht durch die einzelnen Phänomene, die in ihr erscheinen, sondern in ihrer Ganzheit zu begreifen. In diesem Lied fragt das Denken nach dem Urgrund der Welt, den es als jenseits der Welt denkt. Obwohl die Geistesbeschäftigungen Mythe und Rätsel auch hier zwar vollkommen getrennt bleiben, scheint in diesem Lied die Form der Mythe die des Rätsels zu berühren, ohne in dieser aufzugehen oder sich aufzulösen: hier wird ein Mythos verrätselt. Jedoch bleibt in diesem Lied das eigentliche Rätsel über den Ursprung der Welt ungelöst, und die letzte Strophe des Liedes betont die Ratlosigkeit in Bezug auf die Lösung. Das Lied stellt eine Suche nach der Lösung auf eine Weise dar, dass jede Frage einen der Lösung zwar näher bringt, aber diese enthält eine zweite, tiefere, die sie nicht preisgibt. So führt jede Frage einen der Antwort näher, die ihrerseits aber zugleich Frage bleiben muss. Das eigentliche Rätsel in diesem

---

[10] Vgl. Karl Friedrich Geldner: *Der Rigveda 1*, Wiesbaden 1951, S. 228. Porzig stellt fest, dass in den Rätseln des *Rigveda* Bewegliches (Sonne, Mond, Jahr, Fuß) Rad oder Wagen, Gleichgeordnetes (Tage, Monate) Brüder heißt. Erscheinungen in der Luft (Sonne, Funken, Blitz) heißen Vögel, etwas, woraus ein anderes hervorgeht (Wolken, Morgenröte, Feuer) heißt Kuh, Unteres heißt Fuß, Oberes Haupt. In: Walter Porzig *Germanica*. Festgabe Sievers, Halle 1925. Vgl. auch Jolles: a.a.O., S. 141f.

Lied besitzt keine eindeutige Lösung. So endet das Lied in einer Aporie. Wenn man mit einem gewissen Recht sagen kann, dass es auch wesentlich zu philosophischen Fragen gehört, dass sie nicht immer eindeutige Resultate ergeben, dann scheint durch den Zweck der Verrätselung, der nicht in der Lösung, sondern vielmehr im Lösen selber liegt, dieses Lied sich einem philosophischen Bewusstsein zu nähern, wenngleich es, insofern der Urgrund als dieser Welt transzendent zu denken ist, dem mythischen Bewusstsein verhaftet bleibt.

Wenn in den *Upaniṣaden* das Rätsel diejenige Form ist, von der die Spekulation über die Begriffe von Brahman und Ātman zum großen Teil ausgeht, so zeigt dies zugleich, dass das Wissen als Besitz nicht nur verrätselt werden kann, sondern auch erlernt werden muss. Die *Bhṛguvallī,* die den letzten Teil der *Taittirīya-Upaniṣad* bildet, schildert die typische vedische Schulform, in der eine Lehre vom Vater an seinen Sohn weitergegeben wird. Sie gibt die Lehre vom Brahman wieder, zu welcher Erkenntnis Bhṛigu durch die Anweisung seines Vaters findet. Varuṇa teilt Bhṛigu nicht selbst die Lehre vom Brahman mit, sondern er gibt ihm nur ein Kriterium, an welchem das Brahman erkannt werden kann, das folgendermaßen lautet: »Dasjenige, fürwahr, woraus diese Wesen entstehen, wodurch sie, entstanden, leben, worein sie, dahinscheidend, wieder eingehen, das suche zu erkennen, das ist das Brahman« (*Taittirīya-Upaniṣad* 3,1). Man sieht an dieser Anweisung, dass hier ein Wissen verrätselt wird. Das Rätsel, worum es hier geht, lässt keinen Raum für Eindeutigkeit zu, und seine Lösung kann mehrfach besetzt werden. Ausgehend von der Form des Rätsels spekuliert dieser Text über das Brahman auf eine Weise, bei der jede höhere Erkenntnis vom Brahman die frühere als ungenügend und unvollständig fallen lässt. Das Wissen vom Brahman, das hier in fünf Stufen stattfindet, erfolgt als eine indirekte mündliche Belehrung des Vaters an seinen Sohn, die auf den intuitiven Scharfsinn des letzteren abzielt. Auf dem Weg der fortgesetzten Askese begreift Bhṛigu in zunehmender Verinnerlichung das Wesen des Brahman als Nahrung, als Lebenshauch, als Manas, als Erkenntnis und zuletzt als Wonne.

Im obigen Beispiel ist zu sehen, wie der Ratende durch die Lösung des Rätsels Zugang zum Wissen erlangt, in dessen Besitz er sich vorher nicht befindet. Insofern als die Enträtselung zugleich als eine Einweihung zu verstehen ist, wird der Ratende ins Wissen eingeweiht, das ihm vorher verschlossen war. Im sechsten Buch der *Chāndogya-Upaniṣad* stellt die mündliche Belehrung Uddālakas an seinen Sohn Śvetaketu zugleich eine Einweihung ins Wissen vom Brahman dar, die mit der Unterweisung darin beginnt, »durch welche [auch] das Ungehörte ein [schon] Gehörtes, das Unverstandene ein Verstandenes, das Unerkannte ein Erkanntes wird« (*Chāndogya-Upaniṣad* 6,1,2). Zweck und Aufgabe des Rätsels auf der Seite des Aufgebenden ist zu prüfen, ob der Gefragte reif sei, die Weihe zu empfangen und ihm den Zugang zum Abgeschlossenen zu gewähren, auf der Seite des Gefragten seine Würde zu zeigen, zur Weihe zugelassen zu werden. Auch diese Rätselfrage zielt auf den intuitiven Scharfsinn des Gefragten ab. Wie im vorigen Beispiel der *Taittirīya-Upaniṣad* gilt es auch hier, die Rätselhaftigkeit der Phänomene nicht zu fliehen oder durch irgendeine Theorie zu beseitigen, sondern vielmehr die Rätselhaftigkeit zu steigern. Nur so scheint sie so greifbar und so konkret zu werden, dass sich aus der rätselhaften Sache selbst die Anweisungen für die Auflösung des Phänomens ergeben. In der *Bhṛiguvallī* löst sich die Rätselhaftigkeit nur auf dem Weg der fortgesetzten Askese und zunehmenden Verinnerlichung auf. In der *Chāndogya-Upaniṣad* gleicht Śvetaketus Belehrung einem praktisch-experimentellen Unterricht, bei welchem er nur auf dem Weg des eigenen Erlebens Einsicht in das Wissen vom Brahman gewinnt und es vollzieht.

Das, was das Wissen verrätselt und dem Rätsel seinen eigentümlichen Charakter verleiht, ist die Sondersprache des Rätsels, die dem Fernstehenden und Ungeweihten unverständlich ist. Die Verrätselung besteht darin, dass das Rätsel seine vieldeutige Sondersprache in eine Eindeutigkeit führt, und zwar so, dass von der Gemeinsprache aus die Sondersprache unverständlich erscheint. Es gehört, wie oben gesehen, zur Sondersprache des vedischen Rätsels, dass sie bloß andeutet, um den Gegenstand in der Einbildungskraft hervorzurufen. Dazu scheint kein diskursives Denken zu führen, sondern vielmehr ein ›Sehen‹ in jenem metaphorischen Sinn, der für die griechische Philosophie das eigentliche Wesen des Wissens (idea, eidos) bildet.[11] Es mag eine leicht spielerische oder eine höchst reizbare Phantasie sein, die den vedischen Inder dazu befähigt, Bedeutungen zu ›sehen‹, ohne sie begrifflich ›denken‹ zu müssen; diese ließe auf eine unphilosophische Veranlagung nur dann schließen, wenn man sich weigert, die wesentliche Rolle anzuerkennen, die undefinierte Bedeutungen im Prozess des Denkens spielen. Wenn das indische Denken zum großen Teil über anschauliche Symbole zu den spekulativen Begriffen vom Brahman und Ātman gelangt, so trägt der andeutende Ausdruck einerseits zwar die Gefahr mit sich, Geistiges nur in räumlich-anschaulichen Symbolen zu erfassen, aber er scheint andererseits zugleich die Erstarrung in Termini immer wieder hinauszuschieben.

Während in der Form der Mythe das Wissen aus Frage und Antwort erst errungen wird, ist es in der des Rätsels im Augenblick, in welchem die Frage gestellt wird, selbst vorhanden. Ist im ersteren man selbst der Fragende, wird im letzteren man selbst gefragt. Und durch die Art und Weise der Verrätselung, die sich aus der Sondersprache ergibt, prüft der das Rätsel aufgebende zugleich, ob der Ratende die Sprache des Eingeweihten versteht. Deshalb steht Mythe, wie Jolles meint, »im Zeichen der Freiheit – Rätsel im Zeichen der Gebundenheit; deshalb ist Mythe Tätigkeit, Rätsel Leiden, deshalb bedeu-

---

[11] Vgl. Julius Stenzel: *Kleine Schriften zur griechischen Philosophie*, 2. Aufl., Darmstadt 1957, S. 79f.

tet Mythe ein Aufatmen, Rätsel eine Beklemmung«[12]. Man denkt dabei vor allem an die Rätsel der Sphinx in der griechischen Antike, die zeigen, dass ein aufgegebenes Rätsel nicht lösen können für den Ratenden Untergang heißt, es lösen können Leben, wogegen ein Rätsel aufzugeben, das keiner rät, für den Aufgebenden Leben bedeutet, und ein solches aufzugeben, das geraten wird, Tod. Gerade weil Leben und Tod von der Lösung des Rätsels anhängen, sind die Rätsel der Sphinx Halsrätsel. Die Spekulation über die Begriffe vom Brahman und Ātman, die in den *Upaniṣaden* zum Teil in der Form von Kampfgesprächen unter Gelehrten an den Königshöfen stattfindet, bei welchen der König dem Sieger einen reichlichen Lohn verspricht, bietet auch Rätsel, zum Teil auch Halsrätsel, die, könnte man meinen, im Zeichen der Beklemmung stehen. Der Lohn, zu welchem Kühe und Rosse ausgesetzt werden, bedeutet materiellen Reichtum. Im dritten Buch der *Bṛhadāraṇyaka-Upaniṣad* setzt König Janaka eintausend Kühe als Preis für ein theologisches Streitgespräch unter Brahmanen aus, die an seinem Opferfest teilnehmen. Dadurch, dass der weise Yājñavalkya im voraus alle Kühe für sich wegtreiben lässt, fordert er seine Gegner heraus. So berichtet das dritte Buch der *Bṛhadāraṇyaka-Upaniṣad* vom Halsrätsel, das Yājñavalkya siegessicher seinem Gegner stellt: »Das sind also die acht Grundlagen, die acht Reiche, die acht Götter, die acht Geister. Der aber, diese Geister auseinandertreibend, zurücktreibend, über sie hinausschreitet, nach diesem Geiste der Upanishadlehre frage ich dich! Wenn du mir diesen nicht ansagen kannst, so muß dein Kopf zerspringen!« – Den wusste der Nachkomme des Śakala nicht. Und sein Kopf zersprang. Und Räuber stahlen seine Gebeine, die sie für etwas anderes [Besseres] gehalten« (*Bṛhadāraṇyaka-Upaniṣad* 3,9,26). Im selben Buch stellt Gārgī dem Yājñavalkya ein Halsrätsel über die absolute Bedingung dieser Welt. In seiner Antwort schreitet Yājñavalkya vom jeweils Bedingten zum schlechthin Bedingenden, und auf diese Weise zum Brahman fort, zu dem angelangt er Gārgī mahnt, nicht weiter zu fragen, da nicht nur derjenige büssen muss, der das Rätsel nicht raten kann, sondern auch derjenige, dessen Rätsel geraten wird: »Da sprach er: ›O Gārgī, überfrage nicht, damit dir dein Kopf nicht zerspringe! Du überfragst eine Gottheit, die man nicht überfragen darf; o Gārgī, überfrage nicht!‹ – Da schwieg Gārgī, die Tochter des Vacaknu« (*Bṛhadāraṇyaka-Upaniṣad* 3,6). Wenngleich dieses Rätsel als Halsrätsel im Zeichen der Beklemmung zu stehen scheint, stellt sich, näher betrachtet, die folgende Frage: Enthält nicht jene Aufforderung zum Schweigen zugleich eine, das Staunen einzuüben, damit es nicht verloren gehe? So gesehen bietet dieses Rätsel der *Bṛhadāraṇyaka-Upaniṣad*, wie auch das des Lieds 10,129 des *Rigveda*, eine Einübung in jene Einstellung, die als philosophisch betrachtet werden kann. Nicht bloß die Grenze des Wissbaren, sondern vielmehr das eigene Wissen um diese scheint jenes Staunen aufrechtzuerhalten und zu kultivieren,

---

[12] André Jolles: a.a.O., S. 130.

das zu einer philosophischen Denkhaltung werden kann, die zwar fragt, aber sich ihrer eigenen Grenze auch bewusst bleibt.

Der Umgang mit der eigenen Wissensgrenze, die in eine Aporie und vor das Rätselhafte führt oder auch den Zugang zum Mythischen eröffnet, setzt jene staunensbedingte Wissensbemühung in Gang, welche zu einer Entwicklung führt, die für das philosophische Verhalten nicht unbedeutsam ist. So erhebt sich derjenige, der den Zugang zum verschlüsselten Wissen erlangt, über alles Weltliche, infolge dessen er die Askese auf sich nimmt, wie im zweiten und im vierten Buch der *Bṛhadāraṇyaka-Upaniṣad* der weise Yājñavalkya all seinen materiellen Reichtum aufgibt, um ins Asketentum einzusteigen (*Bṛhadāraṇyaka-Upaniṣad,* 2,4; 4,5).

Wie lange wirkt diese einfache Form des Denkens fort? Das Rätsel hängt sowohl mit einer bestimmten Lebensauffassung als auch mit einer bestimmten Auffassung vom Wissen zusammen. Nur da, wo es den Bund und die Heimlichkeit des Bundes gibt, und Wissen als Macht eigentlich verrätseltes Wissen bedeutet, hat das ernsthafte Rätsel seinen Platz. Nur dann kann man fragen, wie das Lied 1,164 des *Rigveda* fragt: »Als Unkundiger befrage ich darüber die kundigen Seher um es zu wissen, (selbst) nicht wissend. Was ist denn ferner das Eine in Gestalt des Ungeborenen, der die sechs Welträume auseinander gestemmt hat?« (Rigveda, 1,164,6) Dort, wo das Wissen zum Allgemeinbesitz wird, wo es den Bund und die Heimlichkeit des Bundes nicht mehr gibt, büßt das Rätsel seinen ernsthaften Charakter ein, es wird zum Spiel. Seitdem das Wissen als Allgemeinbesitz verrätseltes Wissen verdrängt hat, ist für das Rätsel kein Platz mehr.[13] Mit der mehr oder weniger analytischen Vorgehensweise der Schulen, die vom *Veda* abzweigen, löst sich die Form des Rätsels fast auf. Was von dieser Form übrig bleibt, ist bloß die Struktur von Frage und Antwort, die sich in der Denktätigkeit der verschiedenen indischen Schulen manifestiert, welche die von ihnen vertretene Anschauung (darśana) als eine Antwort auf die gegnerische Position verstehen.

Im rigvedischen Indien jedoch ist das brahmodya, d. h. das Rätsellied, zugleich auch ein Rätselspiel im wahren Sinn des Wortes. Das brahmodya ist ein Rätsel, insofern derjenige, der die Fragen stellt, die Antwort bereits weiß, und es nicht so sehr darum geht, ein Wissen zu erarbeiten, als vielmehr die Ebenbürtigkeit des anderen zu prüfen. Und es ist zugleich auch Spiel, insofern es eine beliebte Art von Erholung beim ermüdenden Ritual des Opfers darbietet. Und da das Rätsel in den heiligen Rahmen des Opfers gestellt wird, so bedeutet das brahmodya ein heiliges kultisches Spiel, von dem auf der einen Seite und vom Kampfgespräch auf der anderen die Spekulation über das Absolute, das in den abstrakten Begriffen vom Brahman und Ātman kulminiert, ausgeht.

---

[13] Vgl. Helmuth Plessner: *Über die Rätselhaftigkeit der Philosophie*, in: ders.: Politik – Anthropologie – Philosophie, München 2001, S. 217-230, S. 222.

3. Schluss

Mit seiner Bedeutung für die Anfänge des philosophischen Denkens stellt sich zum Schluss die Frage, ob das Staunen heute noch als eine kreative Methode der Philosophie betrachtet werden kann. Nach dem neuzeitlichen Wirklichkeitsverständnis gibt es freilich keine Wunder mehr, da alles nach dem Kausalgesetz geschieht, und für alles, das geschieht, nach diesem Gesetz eine Ursache gefunden werden kann, auch wenn diese noch nicht bekannt sein mag[14]. Jedoch ist es nicht allein jene Unterbrechung des Kausalgesetzes, die das Staunen bedingt. Je mehr man weiß, desto schwerer fällt es einem – das zeigt zumindest die zu unseren Lebzeiten in ihrem Ausmaß beispiellose Naturkatastrophe des Seebebens in Süd- und Südostasien Ende 2004 –, sich damit abzufinden, dass einem die erworbene Gewissheit entrissen wird. Dieser Verlust schlägt dann in Staunen um. Als eine Methode erfordert dies eine Neuorientierung. Vielleicht muss man das Vorverständnis aufrollen, Voraussetzungen überprüfen, und wie Bubner meint, das »retrospektive Prüfen«[15] betreiben, bis man zu den vermeintlichen ›Gewissheiten‹ gelangt, die im ratlosen Staunen enden. Indem das, was bisher so selbstverständlich war, in einem neuen Licht erscheint, und man das Fragen von vorne ansetzt, beginnen sich, an dieser Bruchlinie, philosophische Fragen, die sich von wissenschaftlichen Gewissheiten unterscheiden, abzuzeichnen.

Literatur

BLUMENBERG, Hans: *Wirklichkeitsbegriff und Wirkungspotential des Mythos*, in: Manfred Fuhrmann (Hg.): Terror und Spiel. Probleme der Mythenrezeption, München 1990, S. 11–66.
BUBNER, Rüdiger: *Hat die Philosophie eine Methode?*, in: Internationale Zeitschrift für Philosophie 1 (2002), S. 7–17.
GELDNER, Karl Friedrich: *Der Rigveda 1*, Wiesbaden 1951.
HEIMANN, Betty: *Studien zur Eigenart indischen Denkens*, Tübingen 1930.
JOLLES, André: *Einfache Formen*, 7. Aufl., Tübingen 1999.
PLESSNER, Helmuth: *Über die Rätselhaftigkeit der Philosophie*, in: ders.: Politik – Anthropologie – Philosophie, München 2001, S. 217–230.
PORZIG, Walter: *Germanica*, Festgabe Sievers, Halle 1925.
STENZEL, Julius: *Kleine Schriften zur griechischen Philosophie*, 2. Aufl., Darmstadt 1957.

---

[14] Vgl. Hans Blumenberg: *Wirklichkeitsbegriff und Wirkungspotential des Mythos*, in: Manfred Fuhrmann (Hg.): Terror und Spiel. Probleme der Mythenrezeption, München 1990, S. 11-66, S. 36.
[15] Bubner: a.a.O., S. 16.

Kreativität und Differenz. Versuch zur Relationalität von Transzendenz im Kontext interkultureller Philosophie

Marcus Schmücker (Wien)

Interkulturelles Philosophieren muss sich darum bemühen, innerhalb der einzelnen Kulturen und ihrer philosophischen Traditionen, die philosophischen Entwürfe jeweils in ihrer Besonderheit herauszuarbeiten.

Fraglich ist allerdings, welche philosophische Problematik man als einen Ausgangs- oder als einen Vergleichspunkt wählen kann, um schließlich zur Darstellbarkeit zentraler philosophischer Aussagen zu kommen, um ferner die besondere individuelle philosophische Leistung eines Autors oder einer philosophischen Tradition deutlich machen zu können, gleichzeitig aber Rechnung zu tragen, dass es sich meistens um komplexe historische Entwicklungen handelt, von denen man nur einen Ausschnitt behandeln kann.

Um den Begriff der Kreativität in interkultureller Perspektive und speziell in der Fragestellung der Kreativität eines transzendenten Prinzips behandeln zu können, möchte ich daher vorschlagen, die Problematik der Vermittelbarkeit zwischen einem als absolut gedachten Prinzip und dem, was durch es begründet wird, als Ausgangspunkt für einen Vergleich zu nehmen.

Das Problem der Vermittelbarkeit drängt sich auf, wenn man fragt, wie ein als kreativ gedachtes transzendentes Prinzip der Grund oder die Ursache einer Vielheit sein kann, wie es weiterhin diese erhalten oder mit ihr verbunden und zugleich dennoch sich selbst als das, was es in sich ist, in seiner Einheit, in seiner Transzendenz bewahren kann?

Um diese Problematik in interkultureller Perspektive am Beispiel des Begriffes der Kreativität entfalten zu können, müssen jedoch zwei weitere, in diesem Zusammenhang wesentliche Begriffe geklärt werden, die impliziert sind, wenn von der Kreativität eines absoluten Prinzips die Rede sein soll; es ist dies der Begriff der Relationalität und der Begriff der Differenz. Daher zunächst die einfache Frage, warum stößt das Denken auf eine Differenz zwischen absolut vorgestelltem Prinzip und dem, wofür es als Grund oder Ursache gedacht wird?

Die Differenz zeigt sich z.B. daran, dass man nicht im Denken, d.h. denkend über endliches Denken selbst hinausgreifen kann. Endliches Denken an Transzendentes ist eben nur Denken *an*, *von* oder *über* ein solches und nicht selbst der Gedanke eines transzendenten Prinzips. Durch endliches Denken lässt sich gerade kein Überstieg des Denkens vollziehen. Denkend kann gerade nicht der Ort erreicht werden, der als dieses Denken begründend angenommen wird, der also *vor* allem Denken liegt. Als Grund allen endlichen Denkens ist es selbst kein Gegenstand des Denkens, weil es alles Denken erst ermöglicht und indem es ein solches ermöglichen kann, muss es von ihm strikt verschieden sein.

Endliches Denken muss also, wenn es ein begründendes Prinzip denkt, bereits eine unhintergehbare Differenz zwischen sich und dem, was es als ein uneinholbares Prinzip denkt, gemacht haben. Diese vorauszusetzende Differenz, die nun einerseits verbietet, das absolute Prinzip noch einmal unter gegenständlichen Bedingungen des Denkens zu denken, eröffnet überhaupt erst die Möglichkeit, dass es als absoluter/transzendenter Grund des Denkens *gedacht* und damit als in einer Beziehung zur endlichen Welt, zum endlichen Denken verstanden werden kann.

Die Differenz ist dabei alles andere als ein statischer Begriff, denn sofern sie eingehalten wird, kann das transzendente Prinzip in mehrfacher Weise in Bezug auf die Welt als Grund, als Träger, als schöpferisches Prinzip usw. *gedacht* werden und seine Relationalität viele Formen annehmen. Vielleicht kann man sagen, dass die Differenz offen ist für jede Weise ihrer Ausgestaltung. *Dass* sie besteht, ist notwendig und *wie* sie im einzelnen charakterisiert ist, wird in philosophischen Traditionen unterschiedlichster kultureller oder auch religiöser Identität verschieden entfaltet. Um daher den Begriff »Kreativität« als Kreativität eines transzendenten Prinzips im Sinne eines »schöpferischen Verhaltens zu« im interkulturellen Kontext fruchtbar zu machen, bedarf es der grundlegenden Begriffe der Differenz und der mit ihr implizierten Relationalität. Erst dann kann vielleicht auch in interkultureller Perspektive verstehbar werden, *dass* und *wie* sich ein höchstes Prinzip kreativ zur Welt verhalten kann.

Die Frage, wie es möglich sein soll, dass ein Prinzip relational gedacht wird und daher auch als kreativ, ohne in seiner Transzendenz relativiert zu werden, möchte ich zunächst am Beispiel zweier philosophischer Traditionen Indiens beantworten. Beide Traditionen reflektieren in umfangreicher Weise den Begriff der Differenz (verwendet wird der Terminus *bheda*, wörtl. »Spaltung«), ziehen aber unterschiedliche Schlussfolgerungen für das Verhältnis zwischen einem absoluten Prinzip und dem, was es begründet.

Um daran anschließend besser zeigen[1] zu können, dass diese Problematik genauso zentral im Kontext europäischen Denkens (im weitesten Sinne) ist, möchte ich zwei verschiedene Deutungsmöglichkeiten der Differenz behandeln, die ich zunächst im Kontext indischer philosophischer Tradition erläutern möchte.

---

[1] Dies konnte in dieser Fassung noch nicht geleistet werden.

1.) Das Prinzip ist strikt geschieden von dem, was durch es begründet sein soll.
2.) Das Prinzip ist strikt geschieden von dem, was durch es begründet sein soll, aber zugleich auch als immanent vorgestellt.

Zu 1.) Die erste Möglichkeit lässt sich am Beispiel der Tradition des sog. Advaita-Vedānta illustrieren. Das tragende Prinzip ist das ausschließlich als geistig und als seiend vorgestellte Brahman. Als geistiges Prinzip jeder gegenständlichen Erkenntnis ermöglicht es eine solche Erkenntnis erst und kann daher selbst nicht noch einmal zum Gegenstand einer solchen Erkenntnis werden. Jeder Versuch, das geistige Prinzip als Objekt der Erkenntnis einzuholen, muss es als solches wieder voraussetzen. Nimmt man es aber irrtümlich – im Sinne einer falschen Übertragung – als Gegenstand des Denkens an, dann ist es kein geistiges Prinzip mehr, sondern vielmehr ungeistig wie ein materieller Gegenstand. Nur in einer strikten Unterscheidung kann ein Widerspruch zwischen dem Prinzip und dem, was es begründet, vermieden werden.

Wie aber werden in dieser Tradition das geistige Prinzip und das, was es begründet trotz ihrer Differenz in ihrem Verhältnis zueinander gedeutet? Ist das begründende Prinzip ohne jede Vielheit gedacht, ist es also nicht verbunden mit dem, was es begründet, dann ergibt sich die Frage, woher oder woraus sich die Vielheit herleiten lässt?

Bemerkenswerter Weise sind Beiträge der Autoren dieser Tradition zum Begriff der Differenz sehr detailliert. Die Differenz ist nämlich nicht im Sinne eines gewöhnlichen Unterschiedes zwischen zwei beliebigen Gegenständen zu verstehen. Anderenfalls hätte man ja wieder das geistige Prinzip als Gegenstand vorausgesetzt. Sie bedeutet vielmehr die Differenz zwischen etwas Erkennbarem und etwas Unerkennbarem. Ist eines von beiden nicht gegenständlich erkennbar, dann bedeutet das nicht, dass es die Differenz nicht gibt, sie ist nur nicht in gleicher Weise erfassbar, wie ein Unterschied zwischen gewöhnlichen Gegenständen. Genau gegen einen solchen gegenständlich verstandenen Unterschied richtet sich aber die advaitische Kritik: Die Differenz zwischen geistigem Prinzip und Welt, ist nicht im Sinne eines gegenständlichen Unterschiedes zu verstehen.

Ein Advaitin kann im Alltag einen gewöhnlichen Unterschied feststellen. Wenn es aber um das absolute Brahman geht, kann seine Differenz zur Mannigfaltigkeit der Welt nicht gegenständlich erkannt werden. Dennoch muss es diese Differenz *irgendwie* geben. Sie kann *nicht nicht* existieren. Wäre sie erkennbar, dann würde wieder folgen, dass man das unerkennbare Brahman fälschlich wie ein wahrnehmbares Ding behandelt hat oder auf es etwas projiziert hat, was es in Wirklichkeit nicht ist. Verneint man die Differenz, dann würde es überhaupt keine Unterscheidung zwischen Brahman und Welt geben. Beide Möglichkeiten sind widersprüchlich. Und so eröffnet sich dem Advaitin aus der unhintergehbaren Annahme der Differenz die Möglichkeit einerseits gegen ein Nichts zu polemisieren, aber andererseits das Brahman als ein absolutes Prinzip zu vertreten. Er entfaltet seine Argumentation in der Vermeidung zweier Extreme: etwas *ist*, aber es ist weder mit dem absoluten Prinzip zu identifizieren, noch ist es als absolutes Nichts zu verstehen.

Soweit möchte ich zusammenfassen: Das Prinzip und das durch es Begründete können nur mithilfe der unhintergehbaren, zugleich aber unerkennbaren Differenz aufeinander bezogen sein. In diesem Sinne ist auch die Selbstbezeichnung der Tradition als »ohne Zweiheit« (*advaita*) zu verstehen, denn jede Zweiheit würde wieder einen erkennbaren Unterschied voraussetzen. Jeder erkennbare Unterschied vom Brahman müsste es aber als einen Gegenstand bestimmt und lediglich als etwas Ungeistiges vorgestellt haben. Die Einhaltung seiner Differenz hingegen ermöglicht, dass es auf eine Vielheit bezogen sein kann. Doch zugleich sperrt diese Differenz das absolute Prinzip gegen die Erschaffung der Vielheit. Sie ermöglicht das Zueinander von Prinzip und Mannigfaltigkeit, aber eine Kreativität im Sinne eines »kreativen Verhaltens zu etwas«, das neu erschaffen oder umgeformt wird, wobei sich der Schöpfer in die Materie integriert, wird in dieser Tradition nicht entwickelt. Neben dem in diesem Zusammenhang gelehrten Begriff der Scheinentfaltung (*vivarta*) lässt sich jedoch auch hier ein Weiterdenken der Vermittlungsproblematik beobachten, denn das Brahman ist nach späterer Ansicht dieser Tradition explizit unentbehrliche Grundlage (*āśraya*), wörtl. »Stütze« eines zweiten Prinzips, das sog. Nichtwissen, das den wandelbaren Bereich des Entstehens und Vergehens darstellt und als Ursache aller materiellen Dinge gelehrt wird. Auch hier wird die Differenz zwischen »Stütze« und »Gestütztem« niemals zum Objekt gegenständlicher Erkenntnis, sondern sie ist nur eine unentbehrliche Voraussetzung dafür, dass das geistige Prinzip und das, was es begründet in Relation zueinander zu denken sind.

Zu 2.) Die These, das Prinzip transzendent und gleichzeitig immanent zu denken, die mit der etwas später einsetzenden, aber ebenfalls vedāntischen Tradition, dem sog. Viśiṣṭādvaita-Vedānta verbunden ist, erscheint im beschriebenen Zusammenhang eher wie eine weiterführende Möglichkeit, »Stütze« und »Gestütztes« einander näher zusammenzubringen. Während die Differenz des Brahman in der advaitischen Tradition sich vielmehr aus dem Gedanken vollkommener Ungegenständlichkeit dieses Prinzips oder seiner Nicht-Verdinglichung verstehen lässt, erhält sie in den Lehren der Tradition des Viśiṣṭādvaita-Vedānta eher den Aspekt einer vermittelnden Dynamik zwischen absolutem Prinzip und der Vielheit der Welt. Das Brahman ist hier nicht mehr ein neutrales, a-personales Prinzip, sondern deutlich mit einem personalen Gott identifiziert. Gerade weil dieser Gott durch die Differenz unterschieden ist, kann er als tragendes Prinzip gedacht werden, auf das alle Vielheit im Sinne eines qualifizierenden Verhältnisses bezogen ist. Der entscheidende Grundgedanke, der durch die Differenz von Gott und Welt entwickelt werden kann, besteht darin, das höchste Wesen nicht unabhängig von der Welt denken zu können, wobei die Welt, bestehend aus der Vielheit geistiger und ungeistiger Entitäten, als Körper des Gottes vorgestellt wird. Wie der menschliche Körper mit seiner ihn lenkenden Seele untrennbar (bis zur Erlösung) verbunden ist, so ist das höchste Wesen hier mit der aus geistigen und ungeistigen Entitäten bestehenden Vielheit der Welt verbunden. Und als Körper Gottes wird die Welt von Gott selbst im Sinne eines in ihr wirkenden »Inneren Lenkers« getragen, geleitet und schließlich als ihm dienend bezeichnet. Diese Vielheit wird daher in dieser Tradition als »Modus« (*prakāra*) des höchsten Wesens, das Träger dieser Modi ist, bezeichnet. Die Bedingung aber, dass das höchste Wesen hier untrennbar von seinen Weisen »zu sein« besteht, verdankt sich letztlich der Differenz, die eine *Einheit* von Gott und Welt stiften kann, ohne dass dabei Gott und Welt miteinander identifiziert werden. Doch auch hier versucht man, wie bereits in der advaitischen Tradition, Wandellosigkeit und Veränderung zusammen zu denken: Veränderung findet im Bereich von Gottes Körper, der Welt, statt. Aufgrund der Differenz bleibt der Gott von den Veränderungen der Welt unberührt. Indem sie aber als sein Körper untrennbar zu ihm gehört, ist er dennoch mit ihr verbunden und kann in ihr z.B. kraft seines Willens wirksam sein. Ein kreatives Verhalten zur Welt ist durchaus denkbar, doch nicht im Sinne einer neuen oder einmaligen Schöpfung, denn Gottes Körper gehört ewig zu ihm und bedarf daher keiner Erschaffung. Er unterliegt lediglich einem Wechsel von Zuständen (*avasthā*), die letztlich veränderliche Zustände des einen, unveränderlichen transzendenten Gottes sind.

Sektion 12

Kreativität im Denken Albert Einsteins
[Kooperation mit BMBF und MPG im Rahmen des Einstein-Jahres]

Andreas Kamlah
Mißverständnisse von Einsteins Relativitätstheorie 715

Heinz-Jürgen Schmidt
Einstein und die Quantentheorie 731

Joerg H. Y. Fehige
Kreativität im Denken. Eine Kritik des Reliabilitätsarguments
von John D. Norton gegen rationalistische Epistemologien
zur Methode des Gedankenexperiments 737

Felix Mühlhölzer
Einstein und die Philosophie 757

Mißverständnisse von Einsteins Relativitätstheorie

ANDREAS KAMLAH (OSNABRÜCK)

1. Vorbemerkung

Kaum eine physikalische Theorie hat in der Öffentlichkeit und bei den Philosophen so hohe Wellen geschlagen wie die beiden Relativitätstheorien. Es ist insoweit nicht weiter verwunderlich, dass sie weitgehend missverstanden worden sind. Die Philosophen haben versucht, sie in den Rahmen ihrer Erkenntnistheorien einzuordnen oder sie lehnten sie ab, wenn ihnen das unmöglich erschien. Die Physiker versuchten mit diesen Theorien zu arbeiten. Beides führte nicht zu einer Erkenntnis der logischen Struktur der speziellen und der allgemeinen Relativität. Außerdem erwies es sich als hinderlich, dass die allgemeine Relativität nur äußerlich eine Verallgemeinerung der speziellen ist, was ebenfalls von vielen Interpreten nicht gesehen wurde. Auch hat Einstein selbst nicht immer zur Klarheit beigetragen. Er war nicht immer konsequent, konnte einmal ein Prinzip vertreten und dann wieder ein anderes, einen Terminus einmal für einen Begriff verwenden und dann wieder für einen anderen. Einstein liebäugelt in seinen Relativitätstheorien mit dem Phänomenalismus Ernst Machs, später fordert er für die Mikrophysik der Quantenphänomene den Realismus ein. Das kennt man gut von anderen genialen Physikern, wie etwa von Galilei oder von Newton. Kreative Geister neigen dazu, sich philosophischer Gedanken scheinbar nach Belieben zu bedienen. Galilei gibt sich zuweilen als Empiriker und bei anderer Gelegenheit als Platoniker.

Geniale Geister sind eben andere als skrupulöse Analytiker. Dies deutlich zu machen, ist eine der Absichten dieses Beitrags zum Thema »Kreativität im Denken Albert Einsteins«.

So haben die vielen seit dem ersten Weltkrieg erschienenen philosophischen Bücher über die Relativitätstheorie zwar sicherlich zu ihrer logischen Analyse beigetragen – wer wollte das bestreiten. Doch die Ansichten über den methodologischen Status dieser beiden Theorien sind auch heute noch kontrovers. Meine Absicht ist hier nicht, Vorschläge zur Deutung der beiden Relativitätstheorien zu machen. Ich greife drei Punkte aus der Vielzahl der Diskussionen heraus:

1. die sogenannte Relativität der Begriffssysteme,
2. die Tatsache, dass nur Koinzidenzen erfahrbar sind, als Begründung für die allgemeine Relativität,
3. die vermeintlich erkenntnistheoretisch notwendige Relativität der Rotationsbewegung (Machsches Prinzip).

2. Begriffsklärungen vorweg: Relativität, Invarianz, Kovarianz[1]

Was heißt Relativität überhaupt? Bereits in der Antike hatte man erkannt, dass manche Eigenschaften von gewissen Umständen oder weiteren Eigenschaften abhängen. So ist das Meer nicht einfach gut oder schlecht. Für Fische ist es gut, ja sogar lebenswichtig. Für Menschen ist es tödlich, wenn sie ohne ein Schiff oder Rettungsring dort hinein geraten. Dann ertrinkt ein Mensch im Meer.

Viele Begriffe sind Relationen. So ist ein Mann Sohn eines Vater und einer Mutter, nicht einfach nur Sohn, eine Frau nicht einfach nur Tochter, sondern Tochter eines Elternpaares. Der Mensch lernt im Laufe der Zeit, dass viele Eigenschaften noch von etwas Zusätzlichem abhängen, also Relationen sind, oder dass bisher als zweistellig geglaubte Relationen in Wirklichkeit dreistellig sind. So etwas geschieht auch in den beiden Relativitätstheorien. Die spezielle Relativitätstheorie liefert uns nun die Erkenntnis, dass die Ganggeschwindigkeit von Uhren und die Länge von Maßstäben noch zusätzlich vom Bewegungszustand eines Koordinatensystems abhängen, in dem sie ruhen. Zwei Ereignisse, die im Koordinatensystem eines fahrenden Zuges gleichzeitig sind, sind es nicht in dem des Schrankenwärters am Bahngleis. (Natürlich fahren die Züge der Deutschen Bahn viel zu langsam, als dass wir das darin schon bemerken können.) Die allgemeine Relativitätstheorie erfordert dann noch weitere Relativierungen.

Eine ideale physikalische Sprache enthält Relationen und Funktionen, die als solche invariant gegenüber den Invarianztransformationen der Naturgesetze sind. Eine Relation oder Funktion kann gegenüber einer Transformation eines Koordinatensystems in ein anderes invariant sein, d. h. sie ändern sich nicht, wenn man statt der einen Koordinaten die anderen verwendet, so wie das Wort für Musik sich nicht ändert, wenn man einen Text, in dem es vorkommt, vom Deutschen ins Englische übersetzt (natürlich wird »k« hier zu »c«).

Als Argumente dieser Relationen und Funktionen können dann Eigennamen auftreten, Bezeichnungen für einzelne Dinge oder Vorgänge in Raum und Zeit oder auch Raum–Zeit–Punkte, Kurven in der Raum–Zeit etc. Diese Eigennamen sind dann nicht invariant. Stellt sich nun heraus, dass eine Eigenschaft oder Relation nicht eindeutig als Invariante definiert werden kann, wenn man nicht ein zusätzliches Argument in sie einführt, dann muss es eben relativiert werden, das heißt mit der zusätzlichen Argumentstelle versehen werden.

Nach einer gelungenen Relativierung ist dann die Relation wieder invariant. Das lässt sich gut am Beispiel der Gleichzeitigkeit studieren. Wir definieren die

---

[1] Siehe auch Andreas Kamlah: *Der Griff der Sprache nach der Natur*, Paderborn 2002, Kapitel 11.

Gleichzeitigkeit durch Übertragung von Lichtsignalen, so wie Einstein das vorschlägt. Dazu führe ich einen Hilfsbegriff ein, den der Inertialschar. Das soll die Menge aller Weltlinien von in einem Inertialsystem ruhenden Raumpunkten sein, also aller Weltlinien in einem vierdimensionalen Raum, die zur Zeitachse eines Inertialsystems parallel sind. Zu einer Inertialschar gehören viele Inertialsysteme, die alle dieselbe Zeitachse haben.

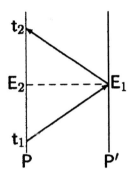

Abb. 1: Die Definition der Gleichzeitigkeit mit Lichtsignalen

Ein Raumpunkt P, der in einer Inertialschar I ruht, sei mit einer Uhr verbunden. Ein Ereignis E_1 finde außerhalb von P statt. Wenn die Uhr in P die Zeit t_1 anzeigt, werde von P aus ein Lichtsignal abgeschickt, das E_1 gerade erreicht. Von E_1 gehe ein weiteres Signal nach P, das dort eintrifft, wenn die Uhr t_2 anzeigt. Dann ist E_1 bezüglich I gleichzeitig mit E_2, der Uhranzeige in P von $t = \frac{1}{2}(t_1 + t_2)$. Wir wollen das *glz($E_1$,$E_2$,I)* nennen,

glz(E_1,E_2,I) ⇔ E_1 *ist bezüglich* I *gleichzeitig mit* E_2

Diese dreistellige Relation ist nun Lorentz–invariant.

In physikalischen Gesetzesaussagen treten nun invariante Relationen auf, und alle nicht invarianten Charakterisierungen einzelner physikalischer Körper, Felder oder Vorgänge kommen darin nur als Variablen vor. Ein Naturgesetz ist einer Gruppe von Abbildungen gegenüber invariant, wenn die naturgesetzlich konstanten Relationen gegenüber dieser Gruppe invariant sind. Bisher hatten wir es dabei noch mit einfachen Relationen zu tun, zum Beispiel mit der Gleichzeitigkeitsrelation *glz(E_1,E_2;I)* zwischen Ereignissen E_1, E_2 und der Inertialschar I. Diese Relation ist Lorentz–invariant. Deshalb ist auch der Satz

∀I ∀E_1 ∀E_2 ∀E_3(*glz(E_1,E_2;I)* ∧ *glz(E_2,E_3;I)* → *glz(E_1,E_3;I)),* der die Transitivität der Gleichzeitigkeitsrelation für eine Inertialschar I ausdrückt, ein Lorentz–invariantes Naturgesetz.

Im Falle der allgemeinen Relativitätstheorie haben wir es mit komplizierteren Relationen zu tun. Die Feldgleichungen der Gravitation enthalten eine invariante Relation $\Phi(T,\Gamma;\kappa)$ zwischen der Masse–Energie–Tensor–Funktion $T_{\mu\nu}(x_0 \ldots x_3)$ und der Feldstärke $\Gamma^{\alpha}_{\mu\nu}(x_0 \ldots x_3)$, die auch eine tensorielle Funktion von Ort und Zeit ist. Diese Relation enthält auch eine Konstante κ, die der Gravitationskonstante entspricht und als Skalar sowieso invariant ist. Die Überprüfung der Invarianz der genannten Relation kann hier nicht erfolgen, dazu braucht man den Tensorkalkül, den ich hier weder voraussetzen möchte, noch im Rahmen dieses Vortrags entwickeln kann. Das Gleichungssystem hat dann die Form

$$\forall T\ \forall \Gamma (\Phi(T,\Gamma;\kappa))$$

Es gilt für alle Gravitationsfelder und alle Energie–Massen–Verteilungen T und Γ, die in der Relation Φ nur als Variable eingehen. T und Γ sind zufällige (kontingente) Eigenschaften eines bestimmten Raum–Zeit–Gebiets und sind als solche nicht invariant unter beliebigen stetig differenzierbaren Transformationen der Raumzeit. Die Formulierung eines Naturgesetzes mit Allquantoren mag einem Physiker ungewohnt erscheinen, weil er diese unbewusst immer mitdenkt.

Warum ist es so wichtig, invariante Relationen und Funktionen zu verwenden? Für den Physiker sind Invarianzgesetze eine große Hilfe bei der Suche nach neuen Theorien. Es ist immer wieder von der Einfachheit der Naturgesetze die Rede. Einfach sind aber stets nur die Naturbeschreibungen mit invarianten Bezeichnungen. Diese Ausdrücke sind auch sehr wichtig bei den praktischen Anwendungen. Das wird bereits bei der Invarianz gegenüber räumlichen Verschiebungen deutlich. Verschiebungsinvariante Bezeichnungen sind situationsunabhängig verwendbar. Man stelle sich vor, das Kilogramm sei abhängig vom geographischen Längengrad. Welche Umstände würde das beim Kauf von Waren bereiten? So ist eine Sprache, die invariante Bezeichnungen verwendet, grundsätzlich vor alternativen Sprachen vorzuziehen.

Nachdem wir uns mit dem Invarianzbegriff ein wenig befasst haben, können wir auch schnell begreifen, was »kovariant« heißt. Ein Vektor oder Tensor ist kovariant gegenüber einer Gruppe von Transformationen. Tensoren oder Vektoren sind Tabellen von physikalischen Größen, die bei Koordinatentransformationen in bestimmter festgelegter Weise in andere solche Tabellen übersetzt werden.

3. Die Relativität der Begriffssysteme

Einsteins berühmte Arbeit von 1905 über die spezielle Relativität beginnt mit seiner bekannten operationalen Definition der Gleichzeitigkeit. Einstein spricht davon, dass zunächst nicht feststeht, wie eine Uhr am Raumpunkt B durch eine Uhr am Raumpunkt A geeicht werden kann und definiert dann in seiner berühmten Arbeit wie folgt:

Die letztere Zeit [die Zeit in B] kann nun definiert werden, indem man *durch Definition* festsetzt, dass die »Zeit«, welche das Licht braucht, um von A nach B zu gelangen, gleich ist der »Zeit«, welche es braucht, um von B nach A zu gelangen.[2]

Diese Definition wurde oft als Zeugnis für die Notwendigkeit von operationalen Definitionen wissenschaftlicher Begriffe betrachtet, wobei man dann stets betonte, dass Definitionen willkürlich sind.

Nun ist Einsteins Definition keineswegs willkürlich, sondern – von logisch gleichwertigen Definitionen einmal abgesehen – auch, wie wir bereits sahen, die einzige Lorentz–invariante, die man mit Lichtsignalen formulieren kann, wenn man keine Eigennamen darin benutzen will. Alle davon abweichenden Definitionen (die dazu im Widerspruch stehen) wie die unten in diesem Abschnitt, setzen einen bestimmten Bezug auf eine Raumrichtung oder einen bestimmten Raumpunkt voraus, sind also entweder nicht drehinvariant oder nicht verschiebungsinvariant.

Besonders krass wirken Äußerungen H. Reichenbachs wie etwa:

Als logische Basis der Relativitätstheorie dient die Entdeckung, dass viele Aussagen, deren Wahrheit oder Falschheit als erweisbar angesehen wurde, bloße Definitionen sind.[3]

Hier wird man fragen: Was heißt hier logische Basis? Wenn man eine Bezeichnung anders definiert, bekommen die wahren Sätze einen anderen Wortlaut. Davon werden sie aber nicht falsch. Damit erhält man nur eine anderen »äquivalente Beschreibung«.[4] Reichenbach spricht auch von der »philosophischen Relativität«[5]. Ein paar Zeilen später heißt es:

Dass die Messeinheit [der Länge] eine Sache der Definition ist, wird als Tatsache allgemein zugegeben. Jedermann weiß, dass es keinen Unterschied ausmacht, ob wir Entfernungen in Fuß oder Metern oder Lichtjahren messen. Dass aber auch der Vergleich der Entfernungen eine Sache der Definition ist, wurde nur dem Kenner der Relativität deutlich. … Eine andere Definition würde herauskommen, wenn wir einen Maßstab, der einmal an eine andere

---

[2] Albert Einstein: *Zur Elektrodynamik bewegter Körper*, in: Annalen der Physik 17(1905), S. 891–921, in § 1.
[3] Hans Reichenbach: *Gesammelte Werke*, Bd. 3, Braunschweig, Wiesbaden 1979, S. 322.
[4] Ders.: *Gesammelte Werke*, Bd. 1, Braunschweig, Wiesbaden 1977, S. 233 ff.
[5] Ebd., S. 214.

Stelle transportiert wurde, als zweimal so lang oder wenn er dreimal transportiert wurde, als dreimal so lang betrachten.

Wir wollen hier nicht diskutieren, ob diese Definition auch die Transitivität des Längenmaßes garantiert. Tatsache ist, dass die spezielle und auch die allgemeine Relativitätstheorie keine pathologischen alternativen Längenmaße benutzen. Der »Kenner der Relativität« wird hier kein Déjà–vu–Erlebnis haben.

Sowohl die spezielle als auch die allgemeine Relativitätstheorie kennt einen invarianten (in allen Koordinatensystemen gleichen) Abstand zweier Ereignisse, der sich aus dem räumlichen und dem zeitlichen Abstand zusammensetzt. Auch der räumliche und der zeitliche Abstand sind zwar je nach Koordinatensystem verschieden, aber dennoch nicht beliebig wählbar.

Machen wir uns die Sache einfach und begeben wir uns für einen Augenblick in die Welt der klassischen Physik! Dort könnte ich natürlich ein Längenmaß einführen, das in Nord–Süd–Richtung doppelt so viel beträgt wie das übliche und in Ost–West–Richtung ebensoviel und das in den übrigen Richtungen so beschaffen ist, dass dafür der Satz des Pythagoras erfüllt ist. Aber ein solches Längenmaß ist unphysikalisch, weil es nicht rotationsinvariant ist. Es hängt im Gegensatz zu den Gesetzen der klassischen Physik von einer Raumrichtung ab. Diese Raumrichtung kann nur durch einen *Eigennamen* benannt werden. Ich müsste bei der Längenmessung jederzeit einen Kompass zur Hilfe nehmen oder mit dem Fernrohr nach dem Polarstern suchen, der auch ein mit einem *Eigennamen* benanntes Objekt ist. Damit kommt in die Längenmessung etwas hinein, was damit eigentlich nichts zu tun haben sollte.

Der Längenabstand ist in der klassischen Physik eine zweistellige invariante Funktion von zwei Raumpunkten. Würde man das eben beschriebene pathologische Längenmaß einführen, würde man auf die praktischen Vorteile dieser Invarianz verzichten. Um festzustellen, ob mein Schrank beim Umzug durch die Tür geht, müsste ich beim Ausmessen immer wissen, in welcher Richtung ich messe. Das hieße viel völlig sinnlose zusätzliche Arbeit.

Lange Zeit war die Längeneinheit noch von dem Eigennamen »Pariser Urmeter« abhängig. Das war sicher noch ein Makel der physikalischen Sprache. Heutzutage ist die Längeneinheit hingegen völlig eigennamensfrei durch eine bestimmte Spektrallinie festgelegt.

Die Diskussion von Alternativen zu den üblichen physikalischen Begriffen hat sich auch vor allem an der Gleichzeitigkeit vollzogen. Anstatt wie oben geschehen, zu sagen. E_1 ist gleichzeitig mit der Uhranzeige $t = \frac{1}{2}(t_1 + t_2)$, könnte es auch heißen:

$$t = \varepsilon t_1 + (1- \varepsilon)t_2 \text{ mit } 0 < \varepsilon < 1.$$

Der Koeffizient ε ist in diesen Grenzen frei wählbar. Das könnte aber nur in einer Raumrichtung gelten. In der Gegenrichtung hätte man dann statt ε ein ε' mit $\varepsilon' = 1 - \varepsilon$. Bereits in dem noch relativ einfachen Fall, dass die zu E_1

gleichzeitigen Ereignisse auf Grund der Definition eine Hyperebene im vierdimensionalen Raum bilden, hätten wir dann nicht mehr eine dreistellige Relation $glz(E_1,E_2;I)$, sondern eine vierstellige $glz(E_1,E_2;I, z)$, wobei z die Raumrichtung ist, in der ε seinen größten Wert annimmt. So haben wir dann die Wahl zwischen dem Regen und der Traufe: wenn z einen festen Wert annehmen soll, also der Name für eine Raumrichtung ist, ist glz nicht mehr Lorentz–invariant. Soll aber z eine Variable sein, so ist aus der invarianten dreistelligen Relation eine invariante vierstellige geworden. Wir hätten es mit der Relativierung der Gleichzeitigkeit zu weit getrieben.[6]

Der unvoreingenommene Leser wird sich fragen, warum Reichenbach so großen Wert auf die »Relativität der Geometrie« gelegt hat, der These, dass die Gültigkeit der Sätze der Geometrie von den Definitionen ihrer Bezeichnungen abhängen.[7] Sieht man sich die entsprechenden Abschnitte in der Philosophie der Raum–Zeit–Lehre genau an, so sieht man, dass er sich dort mit der Kantschen Auffassung auseinandersetzt, dass uns die euklidische Geometrie durch die reine Anschauung gegeben ist.[8] Johannes v. Kries hat dafür eine Formulierung gefunden, die sicherlich auch viele seiner Zeitgenossen vertreten haben[9]:

Auch ein Weltbild, wie es hier als höchstes Ziel wissenschaftlicher Entwicklung ins Auge gefasst wird, muss sich nun selbstverständlich eines begrifflichen Materials bedienen, das uns irgendwie zugänglich, in unserem Seelenleben irgendwie gegeben ist. Hiermit kommen wir auf die Frage zurück, wie es kommt, dass für ein solches Weltbild der Inhalt der Mathematik bindende Gültigkeit besitzt. ... Es versteht sich, dass, solange wir ... die Vorstellungen von Raum und Zeit dem wissenschaftlichen Wirklichkeitsdenken zugrunde legen, wir auch an die diesen Vorstellungen eigene Natur gebunden sind. Auch die zeit–räumlichen Bestimmungen, die in unser Weltbild eingehen, müssen sich in den mit jenen Vorstellungen gegebenen Begriffen, wie dem der Gleichheit usw. bewegen; auch für sie sind die inneren Beziehungen und Zusammenhänge zwingend festgelegt, die sich aus der Natur der Zeit– und Raumvorstellung ergeben. In diesem Sinne kann der Inhalt der Mathematik, wiewohl er als die Summe von Reflexionsurteilen eine von dem speziellen Inhalt der Erfahrung unabhängige Evidenz (eine Apriori–Geltung) besitzt, doch für die Erfahrung, d. h. für ein wissenschaftliches Weltbild bindend genannt werden.

Wir haben also Vorstellungen in unserem Bewusstsein, die den Inhalt unserer geometrischen Sätze bestimmen. Aussagen der Geometrie sind wahr, wenn sie mit diesen Vorstellungen übereinstimmen. Dahinter steht bei v.

---

[6] Eine ausführlichere Diskussion dieser Probleme findet sich in Kamlah: *Griff*, a.a.O., in § 13.8.
[7] Reichenbach: *Werke*, Bd. 2, § 8, S. 49 ff.; Bd.3, a.a.O., S. 326.
[8] Ders.: *Werke*, Bd. 2, § 9–13.
[9] Johannes v. Kries: *Logik*, Tübingen 1916, S. 166 f.

Kries noch die alte mentalistische Semantik, nach welcher der Inhalt einer Aussage ein Urteil, und das Urteil eine Verknüpfung von Vorstellungen ist. Die Aussagen der Geometrie sind damit völlig unabhängig von jeder physikalischen Interpretation durch Messvorschriften. Es war eine wichtige Erkenntnis von Frege[10], dass die Vorstellungen in unserem Bewusstsein nicht das Entscheidende für die Bedeutung unserer Bezeichnungen sind. Wir können Reichenbachs Argumentation für die sprachliche Relativität der geometrischen Bezeichnungen besser verstehen, wenn wir sehen, dass er sich mit Leuten auseinandersetzt, für die der Inhalt von Aussagen aus Vorstellungen besteht. Er muss ihnen zeigen, dass mentale Vorstellungen auch nur eine Art von Zeichen sind, deren Beziehung zur Erfahrung festgelegt werden muss.[11]

Die Schüler Reichenbachs in den USA haben nicht mehr gewusst, mit wem er sich in seinen Schriften auseinandersetzt. Adolf Grünbaum unterschiebt ihm daher eine ganz andere These, nämlich dass der Raum als solcher keine metrischen Eigenschaften hat, was immer das heißen mag.[12]

4. Nur Koinzidenzen sind empirisch feststellbar

Wir Menschen glauben die Welt zu kennen; aber ein jeder Mensch verfügt letztlich nur über seine eigenen Wahrnehmungen. Ein Lichtquant koinzidiert mit einer Netzhautzelle. Eine Schallwelle trifft das Cortische Organ. Ein Nagel berührt einen Tastpunkt der Hand. So sind alle beobachtbaren Fakten letztlich Koinzidenzen. Daraus gewinnt Einstein wichtige Folgerungen:

Dass diese Forderung der allgemeinen Kovarianz, welche dem Raum und der Zeit den letzten Rest physikalischer Gegenständlichkeit nehmen, eine natürliche Forderung ist, geht aus folgender Überlegung hervor. Alle unsere zeiträumlichen Konstatierungen laufen stets auf die Bestimmung zeiträumlicher Koinzidenzen hinaus. Bestände beispielsweise das Geschehen nur in der Bewegung materieller Punkte, so wäre letzten Endes nichts beobachtbar als die Begegnungen zweier oder mehrerer dieser Punkte. Auch die Ergebnisse unserer Messungen sind nichts anderes als die Konstatierung derartiger Begegnungen materieller Punkte unserer Maßstäbe mit anderen materiellen Punkten bzw. Koinzidenzen zwischen Uhrzeigern, Zifferblattpunkten und ins Auge gefassten, am gleichen Orte und zur gleichen Zeit stattfindenden Punktereignissen.

Die Einführung eines Bezugssystems dient zu nichts anderem als zur leichteren Beschreibung der Gesamtheit solcher Koinzidenzen. Man ordnet der Welt vier zeiträumliche Variable x_1, x_2, x_3, x_4 zu, derart, dass jedem Punkter-

---

[10] Gottlob Frege: *Über Sinn und Bedeutung*, in: Funktion, Begriff, Bedeutung, Göttingen 1960, S. 43 f.
[11] Reichenbach, *Werke*, Bd. 2, § 15, S. 131 ff.
[12] Adolf Grünbaum, *Philosophical Problems of Space and Time*, New York 1963, S. 27 ff.

eignis ein Wertesystem der Variablen $x_1 \ldots x_4$ entspricht. Zwei koinzidierenden Punktereignissen entspricht dasselbe Wertesystem der Variablen $x_1 \ldots x_4$; d. h. die Koinzidenz ist durch die Übereinstimmung der Koordinaten charakterisiert. ... Da sich alle unsere physikalischen Erfahrungen letzten Endes auf solche Koinzidenzen zurückführen lassen, ist zunächst kein Grund vorhanden, gewisse Koordinatensysteme vor anderen zu bevorzugen, d. h. wir gelangen zu der Forderung der allgemeinen Kovarianz.[13]

Schlick übernimmt diesen Gedankengang[14]:

Man sieht leicht ein, dass die Möglichkeit alles exakten Beobachtens darauf beruht, identisch dieselben physischen Punkte zu verschiedenen Zeiten und an verschiedenen Orten ins Auge zu fassen, und dass alles Messen hinausläuft auf die Konstatierung des Zusammenfallens zweier solcher festgehaltenen Punkte am selben Ort und zur gleichen Zeit. ... Solche Koinzidenzen sind also strenggenommen das einzige, was sich beobachten lässt, und die ganze Physik kann aufgefasst werden als ein Inbegriff von Gesetzen, nach denen das Auftreten dieser zeiträumlichen Koinzidenzen stattfindet. Alles, was sich in unserem Weltbilde *nicht* auf derartige Koinzidenzen zurückführen lässt, entbehrt der physikalischen Gegenständlichkeit und kann ebenso gut durch etwas anderes ersetzt werden. Alle Weltbilder, die hinsichtlich der Gesetze jener Punktkoinzidenzen übereinstimmen, sind physikalisch absolut gleichwertig. Wir sahen früher, dass es überhaupt keine beobachtbare, physikalisch reale Änderung bedeutet, wenn wir uns die ganze Welt in völlig beliebiger Weise deformiert denken, falls nur die Koordinaten eines jeden physischen Punktes *nach* der Deformation stetige, eindeutige, im übrigen aber ganz willkürliche Funktionen seiner Koordinaten *vor* der Deformation sind (und die physikalischen »Konstanten« ein entsprechendes Verhalten zeigen). Bei einer derartigen Punkttransformation bleiben nun in der Tat alle räumlichen Koinzidenzen restlos bestehen, sie werden durch die Verzerrung nicht berührt, so sehr auch alle Entfernungen und Lagen durch sie geändert werden mögen. ...... Alle Koinzidenzen bleiben mithin bei der Deformation ungestört erhalten.

Es ist deutlich, dass Schlick mit seiner Wiedergabe von Einsteins Argument über diesen hinausgeht. Während für Einstein »zunächst kein Grund vorhanden« ist, bestimmte Koordinatensysteme zu bevorzugen, ist das für Schlick eine Folge des Phänomenalismus. Er will nur »physikalisch Beobachtbares« in die physikalische Beschreibung aufnehmen. Während Einstein den Gedanken versuchsweise aufgreift, um seine empirische Tragfähigkeit zu prüfen, ist er für Schlick die Folge einer erkenntnistheoretischen These. Daraus entsteht die Illusion, als sei bereits die Einführung der Schreibweise mit Tensoren ein Verdienst.

---

[13] Albert Einstein, *Die Grundlage der allgemeinen Relativitätstheorie*, in: Annalen der Physik 49 (1916), S. 769–822; in § 3.
[14] Moritz Schlick: *Raum und Zeit in der gegenwärtigen Physik*, 3. Aufl., Berlin 1920, S. 50 f.

Überlegen wir uns, was hier gesagt wurde! Zunächst gilt natürlich: Wenn nur Koinzidenzen wie z. B. die eines Zeigers mit einem bestimmten Strich auf der Skala eines Anzeigeinstruments empirische Fakten sind, dann können wir den Rest der Beschreibung unserer Welt beliebig wählen, uns etwa vorstellen, über Nacht wäre alles zehn mal so groß geworden. Aber was zwingt uns dazu, das zu tun? Reicht uns nicht eine einzige Beschreibung unserer Welt, wenn sie uns instand setzt, zukünftige Koinzidenzen vorherzusagen, darunter sehr nützliche, wie etwa die morgige Koinzidenz meiner Mundhöhle mit einer warmen und nahrhaften Suppe? Um aber auf zukünftige Koinzidenzen schließen zu können, brauchen wir theoretische Vorgaben, Zuordnungsprinzipien, wie es Reichenbach genannt hatte.[15]

Ein illustratives Beispiel ist Keplers Verfahren zur Bestimmung der Planetenbahnen.[16] Kepler verfügte über Daten, aus denen zunächst nur die Richtung hervorging, in der jeweils ein Planet von der Erde aus zu sehen war, nicht jedoch seine Entfernung. Wie sollte er nun diese bestimmen? Er setzte hypothetisch voraus, dass alle Planeten, einschließlich der Erde, periodisch immer wieder die gleichen Bahnen in gleichen Zeitintervallen durchlaufen. Damit konnte er einen Planeten an derselben Stelle nach einem Umlauf von zwei verschiedenen Punkten der Erdbahn aus beobachten und so seine Entfernung bestimmen. Das Verfahren ist natürlich noch ein wenig komplizierter, als ich es hier andeute. Aber immerhin wird hier klar sein, wie durch Vorgabe einer Hypothese, die hier die Rolle eines Zuordnungsprinzips übernimmt, Tatsachen gefunden werden können, aus denen sich dann wieder mit der gleichen Hypothese künftige Beobachtungen erschließen lassen.

Nun könnte jemand einwenden: Es ist überhaupt nicht klar, ob Kepler nun die richtigen Entfernungen der Planeten gefunden hat. Durch Übersetzung in eine andere Sprache könnte man die Entfernung r durch r^2 ersetzen. Dann müsste natürlich die Hypothese der periodischen Bewegung der Planeten durch etwas anderes extrem Kompliziertes ersetzt werden.

Ich will die Argumentation hier nicht weiter vertiefen. Ich hoffe nur, dass hier deutlich wird, dass es keine methodologische Pflicht geben kann, alle möglichen raumzeitlichen Interpolationen zwischen Koinzidenzen gleichzeitig zu betrachten. Wenn wir die freie Wahl haben zwischen verschiedenen Beschreibungssystemen, reicht es normalerweise aus, wenn wir uns das beste oder die besten davon aussuchen. Erst wenn sich ein bestes nicht eindeutig finden lässt, müssen wir eine größere Menge gleichwertiger Beschreibungen ins Auge fassen. Das ist aber genau die Situation in den beiden Relativitätstheorien, wobei in der speziellen die Klasse der geeigneten Beschreibungssysteme noch enger gefasst werden kann als in der allgemeinen.

---

[15] Reichenbach: *Werke*, Bd. 3, S. 239 ff.
[16] Andreas Kamlah: *Zuordnungsprinzipien und Forschungsprogramme*, in: Studia Leibnitiana, Sonderheft 6 (1977), S. 1–16.

Wir verstehen jetzt vielleicht besser, wieso die logischen Empiristen in Einsteins allgemeiner Relativitätstheorie eine Bestärkung der »philosophischen Relativität« sahen, wie Reichenbach das nennt (siehe oben in Abschnitt 4).

Wenden wir uns nun wieder Einstein zu! Einstein schreibt seine Gleichungen so hin, dass sie kovariant sind, d. h. dass sich darin im Rahmen verschiedener Koordinatensysteme der gleiche Sachverhalt in korrespondierenden Darstellungen ausdrücken lässt.

Einstein hat bezeichnenderweise damals noch nicht zwischen »kovariant« und »invariant« unterschieden. Schreibt man einen physikalischen Ausdruck in der Tensorschreibweise hin und setzt ihn gleich Null, dann hat man ihn für alle Koordinatensysteme gleichzeitig formuliert. *Das Entscheidende ist nun, dass alle Tensoren in der Gleichung Variablen für physikalische Größen sind. Sämtliche Gesetzeskonstanten sind Skalare, keine Tensoren.* Darin kommt das allgemeine Relativitätsprinzip zum Ausdruck. Dieser Punkte wird von Einstein in seinem Aufsatz von 1916[17] in dem entscheidenden § 3 gar nicht direkt erwähnt. Er formuliert das allgemeine Relativitätsprinzip wie folgt:

> *Die allgemeinen Naturgesetze sind durch Gleichungen auszudrücken, die für alle Koordinatensysteme gelten, d. h. die beliebigen Substitutionen gegenüber kovariant (allgemein kovariant) sind.* (Kursivschrift im Original)[18]

Ein paar Zeilen danach sagt er, dass die »Forderung der allgemeinen Kovarianz ... dem Raum und der Zeit den letzten Rest physikalischer Gegenständlichkeit« nimmt.

Kovariante Darstellungen von Naturgesetzen gab es in der Mechanik seit Lagrange und Euler. Man kann die Eulerschen Gleichungen der Mechanik gut mit einem Tensor hinschreiben, der für die kartesischen Koordinatensysteme zum Einheitstensor wird, und für die anderen das Längenmaß definiert. Dieser Tensor ist aber eine Konstante, die den Raum charakterisiert, in dem der physikalische Vorgang stattfindet. Der Gegenstand »Raum«, der bei den kartesischen Koordinatensystemen in den Hintergrund tritt, wird durch diesen Tensor beschrieben. Nach dem, was oben im Abschnitt 2 gesagt wurde, dürfen in einem Naturgesetz, das gegenüber einer Gruppe von Abbildungen invariant sein soll, variante Ausdrücke nur als Variablen vorkommen. J. L. Anderson nennt eine nicht invariante Konstante – in der Regel ein Tensor – eine Bezeichnung für ein *absolutes Objekt*[19]. Kommen in einem Gesetz Ausdrücke für absolute Objekte vor, ist die intendierte Invarianz nicht mehr garantiert.

Einsteins Gleichungen enthalten nun keine solche konstanten Tensoren mehr, die nicht für kontingente Eigenschaften physikalischer Systeme sondern für naturgesetzlich notwendige Dinge stehen. Damit hat er »Raum und der Zeit den letzten Rest physikalischer Gegenständlichkeit« genommen.

---

[17] Einstein: *Die Grundlage der allgemeinen Relativitätstheorie*, a.a.O., in § 3.
[18] Ebd., in § 3.
[19] James L. Anderson: *Principles of Relativity Physics*, New York, London 1967, S. 83.

Ich will hier nicht behaupten, Einstein habe übersehen, was er verschweigt. So sagt er im gleichen Aufsatz in § 14: »Ein Spezialfall ... ist der der ursprünglichen [speziellen] Relativitätstheorie, in dem die $g_{\mu\nu}$ gewisse konstante Werte haben.«[20] Damit sagt er, bezogen auf die spezielle Relativitätstheorie, genau das, was er in § 3 unterschlägt, nämlich, dass in dieser Theorie ein Tensor $g_{\mu\nu}$ vorkommt, der nicht den physikalischen Zustand eines Feldes oder der Materie beschreibt, sondern etwas, das konstant ist, das absolute Objekt »Raum«. Man kann die spezielle Relativitätstheorie ohne weiteres im Formalismus der allgemeinen hinschreiben, aber eben mit einem konstanten Tensor $g_{\mu\nu}$. Doch etwas in allen Einzelfällen zu erkennen, heißt noch nicht, die allgemeine Regel vor Augen zu haben.

Das Unzureichende der Formulierung des Prinzips der allgemeinen Relativität Einsteins in seiner Arbeit von 1916 wurde bald von E. Kretschmann bemerkt.[21] Einstein akzeptierte zwar Kretschmanns Kritik[22], aber spätere Formulierungen des Prinzips können einen auch nicht voll zufrieden stellen. So heißt das Prinzip in einem Buch von 1916, das später immer wieder unverändert gedruckt wurde: »Alle Gaußschen Koordinatensysteme sind für die Formulierung der allgemeinen Naturgesetze absolut gleichwertig.«[23] Was Gaußsche Kordinatensysteme sind, hatte Einstein vorher genau gesagt. Das Problem ist das Wort »gleichwertig«. Wir brauchen die Frage, was er denn damit gemeint haben könnte, hier nicht weiter zu verfolgen. Uns geht es hier um die Wirkung auf die logischen Empiristen.

Die Folge der unvollständigen Formulierung des Prinzips der allgemeinen Relativität war, dass Schlick und andere Philosophen die wichtige Pointe der allgemeinen Relativitätstheorie nicht gesehen haben und geglaubt haben, die Tatsache, dass wir nur Koinzidenzen in der Welt feststellen können, führe zur Notwendigkeit einer Beschreibung der Welt mit beliebigen Koordinatensystemen, und bereits die Erkenntnis der Möglichkeit, eine physikalische Theorie für beliebige Koordinatensysteme hinzuschreiben, sei die große Einsicht Einsteins gewesen. Damit wäre Einsteins allgemeine Relativitätstheorie aber nur eine Variante von Reichenbachs bereits erwähnter »philosophischen Relativitätstheorie«, die er dann später »Theorie der gleichwertigen Beschreibungen« nennt. Natürlich haben die logischen Empiristen gesehen, dass das nicht die ganze Botschaft von Einstein gewesen sein konnte. Aber worin diese nun bestand, wenn man es ganz allgemein ausdrücken will, war ihnen absolut nicht klar.

---

[20] Einstein: *Die Grundlage der allgemeinen Relativitätstheorie*, a.a.O., in § 14.
[21] E. Kretschmann: *Über den physikalischen Sinn der Relativitätspostulate, A. Einsteins neue und seine ursprüngliche Relativitätstheorie*, in: Annalen der Physik 53 (1917), S. 575–614.
[22] Albert Einstein: *Prinzipielles zur allgemeinen Relativitätstheorie*, in: Annalen der Physik, 55 (1918), S. 241–244.
[23] Albert Einstein: *Über die spezielle und die allgemeine Relativitätstheorie*, Braunschweig 1917, § 28.

5. Das Machsche Prinzip

Bekanntlich versuchte Newton mit seinem berühmten Eimerversuch die Existenz des absoluten Raumes zu belegen.[24] Ein mit Wasser gefüllter Eimer sei an der Zimmerdecke an einem Seil aufgehängt. Man verdrillt das Seil und lässt dann den Eimer mit dem Seil los. Erst dreht sich der Eimer, und das Wasser darin vollzieht diese Drehung nicht mit, dann überträgt sich die Drehung auf das Wasser und seine Oberfläche bildet eine Delle. Schließlich hält man den Eimer an und das Wasser rotiert noch einige Zeit weiter. Die Delle bleibt so lange bestehen, wie die Rotation des Wassers anhält.

Newton will damit sagen, dass die Verformung der Oberfläche nicht davon abhängt, wie sich der Eimer bewegt, sondern einzig und allein vom Bewegungszustand des Wassers gegenüber dem Raum. Diesen absoluten Raum muss es daher geben.

E. Mach wandte dagegen ein, dass die Delle auf der Wasseroberfläche auch eine Wirkung der Drehung gegenüber dem Fixsternen sein könne.[25] Der absolute Raum war für ihn ein metaphysisches Monster, das es nicht geben konnte, weil er nicht als »Komplex von Elementen« (d. h. Sinnesdaten) aufgefasst werden konnte.

Machs Kritik an Newton hat Einstein sehr beeindruckt. Um Machs Argument darzustellen, denkt sich Einstein zwei kugelförmige elastische Körper, S_1 und S_2, die um eine gemeinsame Achse rotieren (wobei die Rotationsgeschwindigkeit auch Null sein kann). Entweder rotiert nun S_1 und S_2 ist in Ruhe, oder S_1 ist in Ruhe und S_2 rotiert in umgekehrter Richtung. Die relative Rotationsgeschwindigkeit ist in beiden Fällen gleich. Nun ist aber eine der beiden Kugeln – im ersten Fall S_1, im zweiten Fall S_2 – zu einem Ellipsoid verformt. Man nimmt für gewöhnlich an, das liege an den Zentrifugalkräften und daher, dass im ersten Falle S_1 und im zweiten Falle S_2 rotiert.

Für Einstein kommt nun der absolute Raum Newtons als Ursache dafür nicht in Frage, weil Ursachen auch empirisch nachweisbar sein müssen:

> Wir fragen nun: Aus welchem Grunde verhalten sich die Körper S_1 und S_2 verschieden? Eine Antwort auf diese Frage kann nur dann als erkenntnistheoretisch befriedigend anerkannt werden, wenn die als Grund angegebene Sache eine beobachtbare Erfahrungstatsache ist; denn das Kausalitätsgesetz hat nur dann den Sinn einer Aussage über die Erfahrungswelt, wenn als Ursachen und Wirkungen letzten Endes nur *beobachtbare Tatsachen* auftreten.[26] (S. 82)

Er übersieht, dass man den absoluten Raum, wenn es ihn denn gibt, sehr wohl nachweisen kann, wenn man Experimente mit weiteren rotierenden Körpern

---

[24] Isaak Newton: *Mathematische Prinzipien der Naturlehre*, Darmstadt 1963; in Erklärungen, Anmerkung, S. 29 f.
[25] Ernst Mach: *Die Mechanik, historisch kritisch betrachtet*, Darmstadt 1963, S. 220 ff.
[26] Einstein: *Grundlage der allgemeinen Relativitätstheorie*, a.a.O., § 2.

anstellt. Es stellt sich dann heraus, dass es durchaus etwas gibt, das alle diese Körper in gleicher Weise beeinflusst, nämlich den absoluten Raum, falls nicht irgendwelche anderen Dinge dafür verantwortlich gemacht werden können.

Obwohl Einsteins Berufung auf das Machsche Prinzip als erkenntnislogisches Argument nicht berechtigt war, erwies es sich doch als ungemein fruchtbar bei der Entstehung einer neuen Theorie, die alles bis dahin in der Physik Gehörte in den Schatten stellte.

Reichenbach sah nun, dass das Machsche Prinzip nicht analytisch wahr sein konnte, da es ja empirische Konsequenzen hatte.[27] Wenn die Zentrifugalkräfte durch das Feld verursacht sind, das von den umgebenden Körpern ausgeht, muss man sie durch Änderung der Anordnung und der Bewegung der umgebenden Körper beeinflussen können. Reichenbachs Formulierungen sind hier nicht ganz klar. Ich deute sie wie folgt: Man kann auf jeden Fall den ganzen Vorgang in beliebigen Koordinatensystemen in der Tensorschreibweise darstellen. Der absolute Raum wird dann durch ein spezielles Tensorfeld beschrieben, das eine tensorielle Konstante ist, ein absolutes Objekt, wie es Anderson nennt. Das dies möglich ist, nennt Reichenbach das »Machsche Prinzip im weiteren Sinne«, welches er als ein erkenntnistheoretisches Prinzip« betrachtet. Daneben tritt das »Machsche Prinzip im engeren Sinne«, welches empirisch ist.

Reichenbach hat durchaus gesehen, dass Machs erkenntnistheoretische Betrachtung noch keine physikalische Theorie hervorbringt. Er teilt daher ein »erkenntnistheoretisches Machsches Prinzip« (das »Machsche Prinzip im weiteren Sinne«) vom empirischen (»Machschen Prinzip im engeren Sinne«) ab:

> Das erkenntnistheoretische Prinzip besagt, dass alle Erscheinungen von jedem beliebigen bewegten Koordinatensystem in gleicher Weise zu deuten sind, also keinen Bewegungszustand auszeichnen.[28]

Ich kann jedes Koordinatensystem als das ruhende deklarieren. Das ist einfach eine Angelegenheit der Definition. Damit ist aber physikalisch noch gar nichts geleistet. Er fährt fort:

> Das empirische Prinzip besagt, dass alle physikalischen Erscheinungen nur von der gegenseitigen Lage der Körper abhängen, nicht von der Lage der Körper im Raum; zwei gleichartige im Raum verschieden orientierte Systeme müssen danach die gleichen physikalischen Erscheinungen zeigen.

Reichenbach landet bei dieser Betrachtung letztendlich wieder bei seiner bereits mehrfach erwähnten »Theorie der gleichberechtigten Beschreibungen«, wie er sie später nennt, die Aussage, dass Bezeichnungen für Eigenschaften und Relationen, die nicht unmittelbar beobachtbar sind, definiert werden müssen und in zwei äquivalenten Beschreibungen eben etwas Verschiedenes

---

[27] Reichenbach: *Werke*, Bd. 2, a.a.O., in § 34, S. 257f.
[28] Ebd., in § 34, S. 259.

Bedeuten können. Als Physiker würde man heute sagen, das »erkenntnistheoretische Machsche Prinzip« sei eine völlige Trivialität. Reichenbach hingegen war diese These ungeheuer wichtig.

6. Zusammenfassung

Die Diskussion aller drei Punkte ergaben im Kern dasselbe Resultat: Die logischen Empiristen (hier sind es Schlick und Reichenbach) haben versucht, aus Einsteins Prinzipien Folgerungen für ihre Erkenntnistheorie zu ziehen. Dabei landeten sie bei dem konventionalistische Gedanken der Willkür der sprachlichen Formulierung naturwissenschaftlicher Theorien. Einstein selbst war daran nicht unschuldig. Doch dieser Gedanke ist streng zu unterscheiden von den Prinzipien, die der Physik eine völlig neue Gestalt gegeben haben.

Literatur

ANDERSON, James L.: *Principles of Relativity Physics*, New York, London 1967.
EINSTEIN, Albert: *Zur Elektrodynamik bewegter Körper*, in: Annalen der Physik 17 (1905), S. 891–921.
EINSTEIN, Albert: *Die Grundlage der allgemeinen Relativitätstheorie*, in: Annalen der Physik 49 (1916), S. 769–822.
EINSTEIN, Albert: *Über die spezielle und die allgemeine Relativitätstheorie*, Braunschweig 1917.
EINSTEIN, Albert: *Prinzipielles zur allgemeinen Relativitätstheorie*, in: Annalen der Physik 55 (1918), S. 241–244.
FREGE, Gottlob: *Über Sinn und Bedeutung*, in: ders.: Funktion, Begriff, Bedeutung, Göttingen 1960.
GRÜNBAUM, Adolf: *Philosophical Problems of Space and Time*, New York 1963.
KAMLAH, Andreas: *Zuordnungsprinzipien und Forschungsprogramme*, in: Studia Leibnitiana, Sonderheft 6 (1977), S. 1–16.
KAMLAH, Andreas: *Der Griff der Sprache nach der Natur*, Paderborn 2002.
KRETSCHMANN, Erich: *Über den physikalischen Sinn der Relativitätspostulate, A. Einsteins neue und seine ursprüngliche Relativitätstheorie*, in: Annalen der Physik 53 (1917), S. 575–614.
KRIES, Johannes von: *Logik*, Tübingen 1916.
MACH, Ernst: *Die Mechanik, historisch kritisch betrachtet*, Darmstadt 1963.
NEWTON, Isaak: *Mathematische Prinzipien der Naturlehre*, Darmstadt 1963.
REICHENBACH, Hans: *Gesammelte Werke*, Bd. 1, Braunschweig/Wiesbaden 1977.
REICHENBARCH, Hans: *Gesammelte Werke*, Bd. 2, Braunschweig/Wiesbaden 1977.
REICHENBACH, Hans: *Gesammelte Werke*, Bd. 3, Braunschweig/Wiesbaden 1979.
SCHLICK, Moritz: *Raum und Zeit in der gegenwärtigen Physik*, 3. Aufl., Berlin 1920.

Einstein und die Quantentheorie

HEINZ-JÜRGEN SCHMIDT (OSNABRÜCK)

Einleitung*

Die Person Einsteins wird vorwiegend mit der Entwicklung der beiden Relativitätstheorien assoziiert. Vielleicht nimmt man noch zur Kenntnis, dass er sich zeitweise auch mit Fragen der Quantentheorie befasst hat, zunächst kreativ, dann eher kritisch, neigt aber dazu, diese Beschäftigung auf das Konto seiner Vielseitigkeit zu buchen. Als Kuriosum gilt die Begründung für die Verleihung des Nobelpreises 1921, den er nicht etwa für die Relativitätstheorien erhalten hat, sondern »für (...) seine Entdeckung des photoelektrischen Effekts«.

Tatsächlich aber spielte die Quantentheorie in Einsteins wissenschaftlichen Leben eine größere Rolle als landläufig vermutet. Überspitzt könnte man sagen, dass die Quantentheorie Einsteins Leitmotiv und zentrale Fragestellung für über fünf Jahrzehnte seines Lebens war, unterbrochen nur durch einige Jahre Arbeit am Nebenschauplatz Relativitätstheorie.

Ich will versuchen, diese Behauptung durch eine physikhistorische Skizze der Auseinandersetzung Einsteins mit der Quantentheorie zu belegen. Man kann drei Phasen dieser Auseinandersetzung unterscheiden.

1. Phase (1905–1926): Einstein und die frühe Quantentheorie

Die Väter der frühen Quantentheorie (1900–1926) waren Planck, Einstein und Bohr. Während Planck sich mit den Ergebnissen seiner Vaterschaft nie richtig anfreunden konnte, war Einstein die treibende Kraft bei der Entwicklung des Konzepts der Lichtquanten oder Photonen, der Statistik von Quantengasen und der Vorläufer der Wellenmechanik. Die erste Arbeit im »annus mirabilis« 1905 mit dem Titel »Über einen die Erzeugung und Umwandlung des Lichtes betreffenden heuristischen Gesichtspunkt« enthielt die revolutionäre Lichtquantenhypothese, die mit den Maxwell'schen Gleichungen der klassischen Physik offenbar nicht verträglich war. Diese Lichtquantenhypothese wurde lange Zeit angezweifelt, unter anderem von Planck und Bohr, und erst auf Grund der Entdeckung des Compton-Effekts 1923 allgemein akzeptiert. Einstein nutzte einerseits seinen wachsenden Einfluss in der scientific community, um neue Ansätze zur Quantentheorie von damals unbekannten

---

* Aus Zeitgründen verzichte ich auf Literaturangaben. Die benutzen Quellen sind allgemein bekannt und zugänglich. Eine erweiterte Fassung dieses Textes mit Literaturangaben wird unter http://www.physik.uos.de/einstein/ bereitgestellt.

Physikern wie Bose oder de Broglie zu unterstützen und publik zu machen. Andererseits trieb er die Entwicklung mit eigenen Beiträgen voran, die sich in heute üblichen Fachbegriffen wie »Bose-Einstein-Statistik«, »Bose-Einstein-Kondensation« oder »Einstein-Koeffizienten« für die Emission und Absorption von Strahlung niedergeschlagen haben.

Die frühe Quantentheorie umfasste verschiedene Ideen und Ansätze ohne jedoch ein umfassendes Theoriegebäude zu liefern. Einsteins Versuche zur Formulierung einer echten Quantentheorie kreisen bereits in dieser ersten Phase um die Idee einer einheitlichen Feldtheorie. Sie sollte nicht nur Gravitation und elektromagnetische Wechselwirkungen verschmelzen sondern auch, etwa durch Überbestimmung der Feldgleichungen, das Rätsel der Quantelung lösen. Einstein führte diese Versuche in unterschiedlichen Variationen trotz permanenter Fehlschläge bis zu seinem Lebensende fort.

2. Phase (1926–1935): Kritik der Quanten-Vernunft

In den Jahren 1925/26 entstand schließlich die langgesuchte Theorie, die heute als »Quantenmechanik« bekannt ist. Sie trat in zwei disparaten, aber äquivalenten, Theorievarianten auf: Einerseits gab es die Göttinger »Matrizenmechanik« von Heisenberg, Born, Jordan und Pauli und andererseits die »Wellenmechanik« von Schrödinger. Diracs Beiträge gehören stilistisch zur Göttinger Variante. Die Wellenmechanik entsprach eher dem Zeitgeschmack der Physiker als die abstrakte und ungewohnte Matrizenmechanik und wurde mit Begeisterung begrüßt, auch von Einstein.

Für ihn war offenbar auch wichtig, dass zunächst eine realistische Deutung der Wellenfunktion möglich schien, die auch Schrödinger selbst lebenslang verfochten hat. Kurze Zeit später wurde die mathematische Äquivalenz beider Varianten (von Schrödinger) bewiesen und es setzte sich die Born'sche Wahrscheinlichkeitsinterpretation der Wellenfunktion durch.

Parallel zum empirischen Siegeszug der neuen Quantenmechanik begann ein Kampf um die Deutung der Theorie. Die Kopenhagener Interpretation, durch Stichworte wie irreduzible Wahrscheinlichkeitsaussagen, Unschärferelation, Komplementarität und unverzichtbare Rolle der Messanordnung umschrieben, implizierte eine Abkehr von überkommenen Theorie-Idealen wie Kausalität und eine objektive und lokale Beschreibung der physikalischen Realität. Einstein lehnte aus diesem Grunde die »Heisenberg-Bohr'sche Beruhigungsphilosophie« strikt ab ohne allerdings die empirischen Erfolge der Quantenmechanik in Frage zu stellen. Eine gewisse Publizität erlangte die Auseinandersetzung als Einstein-Bohr-Debatte auf den Solvay-Konferenzen 1927 und 1930. Der sportliche Aspekt dieser Debatte zeigte sich in wiederholten Versuchen Einsteins, die Unschärferelation durch raffinierte Versuchsanordnungen zu überlisten, gefolgt von der prompten Widerlegung durch Bohr am nächsten Morgen.

Den Höhe- und Endpunkt dieser Wettkämpfe bildete 1930 ein Gedankenexperiment Einsteins, in dem ein Photon zu einem definierten Zeitpunkt aus einem Kasten tritt, dessen Energie durch eine Wägung des Kastens gemäß E=m c^2 genau bestimmt werden kann. Dies wäre eine Verletzung der Energie-Zeit-Unschärferelation. Die Bohr'sche Widerlegung am nächsten Morgen basierte auf der Zeitunschärfe der Uhr im Kasten auf Grund seiner Ortsunschärfe in Verbindung mit der allgemeinen Relativitätstheorie. Derart mit seinen eigenen Waffen geschlagen, gab Einstein weitere Versuche auf, die Unschärferelation durch Gedankenexperimente ad absurdum zu führen, jedoch nicht seine grundsätzliche Opposition zur Quantentheorie. Im Nachhinein betrachtet, erscheinen diese Versuche auch, wenn man so sagen darf, unter Einsteins Niveau zu liegen: So einfach läßt sich die Quantenmechanik nicht aushebeln.

Zwei Nebenbemerkungen, die die historische Exkursion unterbrechen: Erstens fällt auf, dass die Gedankenexperimente und ihre Widerlegung im Grunde keine Quantenmechanik benutzen, sondern innerhalb der klassischen Theorien mit zusätzlichen Unschärfe-Postulaten funktionieren. Vermutlich handelt es sich um eine Eigenschaft der klassischen Theorien, die als Verträglichkeitsbedingung mit den zu Grunde liegenden Quantentheorien erscheint, aber meines Wissens noch nicht analysiert worden ist. Zweitens ist es im Hinblick auf die bis heute ungeklärte Beziehung zwischen Quantentheorie und allgemeine Relativitätstheorie bemerkenswert, dass die allgemeine Relativitätstheorie oder zumindest Konsequenzen der allgemeine Relativitätstheorie gebraucht werden, um die Quantentheorie gegen Einwände zu verteidigen. Wenn Einstein die allgemeine Relativitätstheorie nicht bereits aufgestellt hätte, hätte Bohr sie entdecken müssen, um Einsteins Einwand gegen die Quantentheorie zu entkräften?

Die Niederlagen auf den Solvay-Konferenzen änderten nichts an der grundsätzlich kritischen Einstellung Einsteins zur Quantentheorie. Seine nächste Attacke, die in der Fachwelt einiges Aufsehen erregte, war der Physical-Review-Artikel von 1935, der das später nach den Autoren so benannte E(instein) P(odolski) R(osen)-Paradox enthielt. Dieser Aufsatz wurde von den Vertretern der Kopenhagener Deutung zwar ernst genommen und von Bohr ausführlich beantwortet, aber in seiner grundsätzlichen Bedeutung von der Fachwelt erst später, etwa ab 1966, gewürdigt. Das EPR-Paradox beruht auf gewissen Zuständen, die gemäß der Quantentheorie möglich sind und nach Schrödinger »verschränkte Zustände« genannt werden. Sie besitzen als Überlagerungen von Produktzuständen keine Entsprechung in klassischen Theorien und sind daher einigermaßen unanschaulich. Die von EPR betrachteten Zustände zeigen darüber hinaus hohe (Anti-)Korrelationen zwischen räumlich beliebig weit entfernten Messungen.

Solche Korrelationen sind an sich nicht paradox; auch die Reaktionen der Fernsehzuschauer eines Fußballspiels in zwei räumlich entfernten Ländern kann hohe Anti-Korrelationen aufweisen. Allerdings sind die EPR-Korrelationen höher als es lokal realistische Theorien erlauben, sie verletzen nämlich die Bell'schen Ungleichungen (1966). Seit den siebziger Jahren des letzten Jahrhunderts ist das EPR-Gedankenexperiment in vielfältiger Weise technisch realisiert worden, wobei stets eine Verletzung der Bell'schen Ungleichungen und eine Bestätigung der quantentheoretischen Korrelationen beobachtet wurde.

Dieser Aspekt war für Einstein und seine Mitautoren aber nicht maßgeblich, zumal sie die Bell'schen Ungleichungen noch nicht kannten. Sie betonten vielmehr den paradoxen Effekt, dass das Ergebnis einer lokalen Messung von der Versuchsanordnung und vom Ergebnis einer weit entfernten Messung festgelegt wird, ohne dass die Quantentheorie dies adäquat beschreiben kann. »Adäquat« im Sinne von EPR wäre eine Beschreibung in Form von lokalen, realistischen Theorien. Der Versuch, die Wellenfunktion selbst als lokale Beschreibung von individuellen Zuständen zu verwenden, führt zu einer plötzlichen Veränderung der Wellenfunktion in Abhängigkeit vom Ergebnis der entfernten Messung, die Einstein »spukhafte Fernwirkung« nannte. Schon die Frage, wann diese plötzliche Veränderung eintritt, kann nicht im Einklang mit dem relativistischen Zeitbegriff beantwortet werden.

Der EPR-Aufsatz wurde von Podolski formuliert und entsprach in seiner publizierten Fassung nicht völlig Einsteins Geschmack. Er selbst ist in Aufsätzen und Briefen wiederholt auf das EPR-Paradox zurückgekommen und hat dabei die Akzente etwas anders gesetzt als in dem EPR-Aufsatz. Das Paradox zeigt nach Einsteins Meinung, dass die Wellenfunktion nicht das Einzelsystem beschreibt, sondern dass sie der statistischen Gesamtheit (dem »Ensemble«) zugeordnet werden muss. In der Ensemble-Interpretation

verschwinden die spukhaften Fernwirkungen, allerdings verzichtet die Quantentheorie in dieser Interpretation auf die Beschreibung des Einzelexperiments, nach Einstein ein Ausdruck ihrer Unvollständigkeit. Zumindest dieser Aspekt der Einsteinschen Position wird auch heute von einer Fraktion der Quantenphysiker (z.B. Ludwig oder Ballantine) vertreten.

3. Phase (1935–1955): Der einsame Kritiker

Die Haltung Einsteins zur Quantentheorie blieb nach dem EPR-Aufsatz bis zu seinem Lebensende unverändert, sieht man von einzelnen resignativen Äußerungen ab. Er arbeitete weiter erfolglos an verschiedenen Ansätzen zur vereinheitlichten Feldtheorie, die, wie gesagt, immer auch als alternative Quantentheorie gedacht waren. Anders als in der zweiten Periode von 1926-35 wurde aber seine Position von der Fachwelt weitgehend ignoriert. Natürlich war Einstein nicht völlig isoliert. Er sprach mit Besuchern über Fragen der Quantentheorie und führte Korrespondenz.

In einem Briefwechsel mit Born von 1953–54 geht es um die Beziehung der Quantentheorie zur makroskopischen Physik am Beispiel der Bewegung eines makroskopischen Körpers zwischen zwei reflektierenden Wänden. In dieser Diskussion reden (oder schreiben) Einstein und Born zunächst aneinander vorbei. Born führt aus, dass die beobachtete Bewegung auch im Rahmen der Quantentheorie durch eine langsam zerfließendes Wellenpaket beschrieben werden kann. Dies ist korrekt, geht aber völlig an dem Anliegen von Einstein vorbei. Erst als Pauli sich einschaltet und bei einem Besuch in Princeton mit Einstein diskutiert, klären sich die Positionen. Es bleibt der Dissens über die Frage, ob jede Lösung der Schrödinger-Gleichung im Prinzip einer möglichen Bewegung des makroskopischen Körpers entspricht. Pauli muss dies postulieren, um dem Einwand der Unvollständigkeit der Quantentheorie zu entgehen; Einstein bezweifelt es. Auch in dieser Debatte dürfte heute Einstein einige Physiker auf seiner Seite haben, die mit ihm an eine Unvollständigkeit der Quantentheorie im Makroskopischen glauben.

In den letzten beiden Jahrzehnten seines Lebens sah es allerdings so aus, als sei die Zeit über Einstein hinweggegangen. Dabei spielte es auch eine Rolle, dass die allgemeine Relativitätstheorie nur noch von einer kleinen Minderheit der Physiker weiterentwickelt wurde, während sich die Mehrheit den Konsequenzen der Quantentheorie in der Kern- und Festkörperphysik zuwandte, ohne allzuviel Zeit in grundsätzliche Fragen ihrer Interpretation zu investieren. Das Projekt einer Gravitation und Elektrodynamik vereinigenden Feldtheorie wirkte angesichts der neu entdeckten Kernkräfte (starke und schwache Wechselwirkung) obsolet.

Erst nach seinem Tode erlebten die Grundlagenfragen der Quantentheorie eine Renaissance. Dies führte zu einer verspäteten Würdigung der Einstein'schen Positionen. Einstein gilt heute in zunehmendem Maße nicht mehr als unverbesserlicher Querulant, sondern als jemand, der die Quantentheorie nicht akzeptieren wollte, weil er ihre radikalen Konsequenzen klarer gesehen hat als mancher Zeitgenosse.

Diskussion

Einstein hat also die frühe Quantentheorie wesentlich gefördert, aber die Quantenmechanik in der Form von 1926 hartnäckig und lebenslang kritisiert. Dabei hat er den empirischen Gehalt der Theorie nie angezweifelt, sondern nur ihre Vollständigkeit in Frage gestellt und die Kopenhagener Deutung der Quantenmechanik, die ihre Vollständigkeit implizierte, bekämpft. Einstein wollte nicht akzeptieren, dass die Kopenhagener Deutung in programmatischer Weise auf Eigenschaften von Theorien verzichtete, die von den bisherigen klassischen Theorien erfüllt waren und die Einstein weiterhin für wünschenswert hielt: Kausalität, realistische Interpretation, Objektivität, Lokalität. Dabei bleibt es etwas unklar, ob Kausalität im Einstein'schen Sinne auch Determinismus einschließt. Einerseits kennen wir von Einstein apodiktische Ablehnungen des Wahrscheinlichkeitsbegriffes für fundamentale Theorien (»Der Alte würfelt nicht«), andererseits gibt es nach Aussagen von Pauli beim späten Einstein vorsichtige Abgrenzungen vom Determinismus.

Wie man die Einstein'schen Positionen heute einschätzt, hängt auch davon ab, ob man die Vertreibung aus dem Paradies der klassischen Theorien für endgültig hält. Ich plädiere dafür, bei der Beurteilung der Haltung Einsteins zur Quantentheorie eine gewisse Behutsamkeit zu üben. Sollte eine zukünftige Theorie, die nach der Hoffnung vieler Physiker Quantentheorie und allgemeine Relativitätstheorie vereint und alle vier bekannten Wechselwirkungen einschließt, wieder stärker »klassische« Züge haben, würde man einige Einstein'sche Positionen mit neuen Augen sehen. Dies ist, zugegebenermaßen, reine Spekulation, solange eine solche Theorie nicht vorliegt. Die Wissenschaftsgeschichte zeigt aber, dass solche späten Rehabilitationen nicht selten sind. Oft handelt es sich dabei aber nur um »partielle Rehabilitationen«. Wenn man etwa von heute aus gesehen die unterschiedlichen Raumauffassungen von Newton und Leibniz vergleicht, so kann man den Schluss ziehen, dass beide Seiten teilweise Recht hatten: Der Raum ist weder absolut, noch in dem starken Sinne von Leibniz relativ, sondern die Wahrheit liegt in der Mitte. Außer der »Wahrheit« gibt es noch die Nützlichkeit: Wahrscheinlich war Newtons Auffassung für die mittelfristige Entwicklung der Physik fruchtbarer. Aber auch diese Einschätzungen können sich im Laufe der Geschichte der Physik wieder ändern: Gewisse Interpretationen der allgemeinen Relativitätstheorie, die die Gleichberechtigung aller Koordinatensysteme betonen, scheinen auf der Leibniz'schen Linie zu liegen, während bestimmte kosmologische Modelle eine Rückkehr zum absoluten Raum nahezulegen scheinen.

Damit soll nicht einem schrankenlosen historischen Relativismus das Wort geredet werden. Physikalische Theorien haben einen empirischen Kern und eine, etwas polemisch formuliert, »ideologische Hülle«. Die Grenze zwischen beiden ist nicht immer klar. Viele Missverständnisse rühren von der fehlenden Unterscheidung von Kern und Hülle her. Zum Beispiel nimmt der empirische Gehalt der physikalischen Theorien ständig zu, während der ideologische Überbau von verschiedenen Faktoren, zum Beispiel geistigen Strömungen geprägt wird. Hier kann man kaum von »Fortschritt« reden, sondern eher von einer Pendelbewegung. Die Einstein-Bohr-Debatte betraf die ideologische Hülle, nicht den empirischen Kern. Deshalb ist ihr Ausgang keine Frage der Logik sondern des Zeitgeistes.

Kreativität im Denken.
Eine Kritik des Reliabilitätsarguments von John D. Norton gegen rationalistische Epistemologien zur Methode des Gedankenexperiments

JOERG H. Y. FEHIGE (MAINZ/TEL AVIV)

Im Folgenden soll die epistemologische Debatte um die Methode des Gedankenexperiments aufgegriffen werden. Diese Diskussion ist als eine wichtige Facette der gegenwärtigen Renaissance des Rationalismus in der analytischen Philosophie zu verstehen. Ziel der Überlegungen ist es, ein einziges Argument – das als ein Argument gegen eine rationalistische Epistemologie des Gedankenexperiments gemeint ist – einer genauen Kritik zu unterziehen, um zu zeigen, dass es den Rationalisten nicht imponieren sollte. Nach einer kurzen Einführung in die gegenwärtige Debatte um die Methode des Gedankenexperiments (I), wird das zu kritisierende Argument angegeben (II), woran sich eine Erläuterung des Arguments anschließt (III), bevor im Ausgang von einem paradigmatischen gedankenexperimentbasierten wissenschaftlichen Austausch (IV), die Kritik am Argument entfaltet wird (V).

Im Zentrum steht dabei eines von zwei Argumenten gegen den Rationalismus, das John D. Norton seit über einem Jahrzehnt gegenüber dem Rationalisten James R. Brown Aufrecht erhält. Es wird hier als *Reliabilitätseinwand* vom *Empirismuseinwand* gegen den Rationalismus abgegrenzt und einer Kritik unterzogen. Es soll dabei gezeigt werden, dass dieses Argument entweder ein eigenständiges Argument gegen den Rationalismus darstellt, wie Norton behauptet. In diesem Fall läuft es aber entgegen der Absicht von Norton doch auf ein Argument zu Gunsten eines Rationalismus hinaus. Oder aber es ist, in Abwendung dieser Tendenz durch empiristische Zusatzannahmen, doch nicht vom Empirismuseinwand unabhängig. Dann ist es jedoch kein eigenständiges Argument und kann auf das Empirismusargument reduziert werden. In jedem Fall ergibt sich als Konsequenz: Der Reliabilitätseinwand ist als Argument gegen den Rationalismus nicht überzeugend.

I

Obgleich bereits im Jahre 1811 Hans Christian Ørsted als erster den Begriff »Gedankenexperiment« zur Bezeichnung einer separaten Wissensquelle gebraucht hat,[1] ist es bleibendes Verdienst von Ernst Mach, den Begriff »Gedankenexperiment« für die philosophische Diskussion geprägt zu haben[2]. Es sollte jedoch fast ein Jahrhundert dauern bis Machs epistemologischer Vorstoß in sachlich angemessener Weise aufgegriffen wurde. Dass dies geschah, ist – angesichts der gegenwärtigen Diskussionslage – wohl eindeutig James R. Brown mit einer geradezu spektakulären Erweiterung des Spektrums an epistemologischen Erklärungsansätzen durch seine Option für den Rationalismus[3], Tamara Horowitz und Gerald Massey mit ihrer in Pittsburgh abgehaltenen Konferenz über Gedankenexperimente[4] und Roy A. Sorensen mit seiner ersten Monographie über Gedankenexperimente geschuldet[5]. Dass dies erst so spät geschah, ist sicherlich dem Umstand anhängig, dass der sich im schwindenden Schatten des logischen Positivismus mehrheitlich niederlassende moderate Empirismus in der Philosophie analytischer Tradition dem Erklärungsansatz von Mach sich unverbindlich und unbedacht, in der Überzeugung endgültiger Überwindung des Rationalismus, anzuschließen vermochte. Irgendwie würde sich die kognitive Leistung von Gedankenexperimenten, wenn es denn eine gibt, im Begriffsrahmen des moderaten Empirismus erklären lassen – so mag man gemeint haben. Der methodologische Stellenwert des Gedankenexperiments blieb in Folge unterbestimmt, da eine angemessene wissenschaftstheoretische und metaphilosophische Analyse des Gedankenexperiments ausblieb.[6] Dies war ein gravierendes Versäumnis der analytischen Philosophie – und zwar aus zwei Gründen: (1) In keiner anderen philosophischen Tradition werden so viele Gedankenexperimente ausgeführt wie in der analytischen Philosophie. Welche philosophische Disziplin man auch nimmt, man trifft auf das Gedankenexperiment: Sei es nun die Religionsphilosophie mit John Wisdoms naturwissenschaftlich in seiner Existenz nicht nachweisbarem Gärtner, der trotzdem von einigen – angesichts eines, ansonsten kaum für sie zu erklärenden, Fortbestands bestimmter, sehr pflegebedürftiger Pflanzenarten in einem verwahrlosten Garten – angenommen wird, womit die Irrationalität des theistischen Glaubens angezeigt sein soll[7]; sei es die Sprachphilosophie mit

---

[1] Vgl. Ørsted 1811.
[2] Vgl. Mach 1897.
[3] Vgl. Brown 1986.
[4] Vgl. Horowitz/Massey (Hgs.) 1991.
[5] Vgl. Sorensen 1992.
[6] Vgl. nur Myers 1986, S. 109.
[7] Vgl. Campbell 1974.

Putnams berühmtem Zwillingserdeargument zu Gunsten des semantischen Externalismus[8], oder die Epistemologie mit Gettiers berühmten Fällen von Wissen, die mit dem traditionellen Begriff von Wissen als wahrer, gerechtfertigter Überzeugung nicht hinreichend erklärt werden können[9] – das Gedankenexperiment scheint unverzichtbar zu sein. (2) Keine andere philosophische Tradition fühlt sich der Nähe zu den Naturwissenschaften mehr verpflichtet als die analytische Philosophie. Es sind aber gerade die vielen Gedankenexperimente in den Naturwissenschaften, die eine besondere epistemologische Herausforderung darzustellen scheinen, da mit ihnen seitens der Naturwissenschaftler ein Wissen über den Gegenstandsbereich der Naturwissenschaft erlangt wird, das ohne eine systematische Manipulation des jeweiligen naturwissenschaftlichen Gegenstandsbereichs gewonnen wird. Zu denken ist hier natürlich vor allem an die vielen Gedankenexperimente eines der maßgeblichen Begründer der Physik als Naturwissenschaft, die nach ihm eigentlich allein der Methode der Beobachtung verpflichtet zu sein hat. Gemeint ist Galileo Galilei.[10] Nur Albert Einstein kommt mit seinen Gedankenexperimenten zahlenmäßig an Galilei heran[11] – bezeichnenderweise einer der maßgeblichen Begründer der modernen Physik. Mit dieser Methode isoliert sich Einstein keineswegs, sondern erfährt methodisch ebenbürtige Erwiderung, d. h. Antworten auf seine gedankenexperimentbasierten Behauptungen, die selbst auf Gedankenexperimenten basieren. Man sollte also *erstens* nicht vermuten, dass Galileis exzessiver Gebrauch der Methode des Gedankenexperiments eine Verlegenheitsgeste in der Übergangsphase zur Etablierung der Physik als Naturwissenschaft war. Sodann sollte man *zweitens* nicht meinen, der Gebrauch von Gedankenexperimenten in der Naturwissenschaft sei eine Ausnahmeerscheinung. Genau das bedingt wohl auch die Tatsache, dass in der gegenwärtigen, um die naturwissenschaftlichen Gedankenexperimente zentrierten epistemologischen Diskussion, folgendes Problem als epistemologisches Hauptproblem angesehen wird:

(HP) Wie ist es möglich, dass uns Gedankenexperimente Wissen über den Gegenstandsbereich der Naturwissenschaft erwerben lassen, obgleich dabei keine erfahrbare systematische Manipulation dieses Gegenstandsbereichs stattfindet.

Die epistemologische Herausforderung war also seitens Ernst Mach mit gutem Recht gestellt worden. Seit etwa zwanzig Jahren ist dank der oben genannten Autoren zu beobachten, dass sich die Beiträge zur Begegnung dieser Herausforderung in begrüßenswerter Weise mehren und sich der Tiefe des

---

[8] Vgl. Putnam 1975.
[9] Vgl. Gettier 1963.
[10] Vgl. z.B. Koyré 1988 und 1992.
[11] Vgl. nur Norton 1991 und 1993.

Problems verständlich erweisen. Dabei dominieren die Beiträge von James R. Brown[12] mit seiner Option für ein rationalistisches Apriori einerseits und die Beiträge von John D. Norton[13] mit seinem eliminativ-moderaten Empirismus andererseits. Während Brown behauptet, dass sich die Methode des Gedankenexperiments nicht im Begriffsrahmen des moderaten Empirismus beschreiben lässt und sich folglich der Rationalismus aufdrängt, plädiert Norton dafür, unter einem Gedankenexperiment nichts anderes zu verstehen als ein Argument. Folglich erachtet er die Methode des Gedankenexperiments für reduzibel. Diese Methode ist ihm zu Folge grundsätzlich durch die Methode des Arguments ersetzbar. Die Methode des Gedankenexperiments erscheint bei Norton also nicht als Ort irreduzibler rationaler Einsicht, sondern als überflüssig, weil es sich grundsätzlich durch die Methode des Arguments ersetzen ließe, da Gedankenexperimente ja mit Argumenten identisch sein sollen. Sofern das Gedankenexperiment kognitive Effektivität besitzt, also als eine Quelle von Gründen zur Aufrechterhaltung von Überzeugungen dient, geschieht dies nur deswegen, weil es letztendlich ein Argument ist. Alle narrativen Elemente des Gedankenexperiments erhalten so den Status von irrelevantem Beiwerk. Interessanterweise teilt niemand den Rationalismus von Brown und nur Martin Bunzl[14] den eliminativ-moderaten Empirismus von Norton. Die Mehrheit der Beiträge ist also darum bemüht, eine Epistemologie des Gedankenexperiments vorzulegen, die zwar einen Rationalismus im Sinne von Brown vermeiden will, andererseits aber nicht behaupten möchte, dass Gedankenexperimente auf Argumente reduzierbar und folglich eliminierbar seien.

II

Es gibt gute Gründe dafür, dieser Strategie zu folgen und Nortons eliminativ-moderatem Empirismus *nicht* zu folgen. Ein Grund soll hier erstmals Entfaltung finden. Im Mittelpunkt steht dabei ein zentrales Argument von Norton gegen den Rationalismus von Brown. Dieses Argument kann wie folgt rekonstruiert werden:

---

[12] Vgl. Brown 1991a und 1991b.
[13] Vgl. Norton 3/1996 und 2004.
[14] Vgl. Bunzl 2/1996.

(RE)
  i. Die Methode des Gedankenexperiments ist fallibel und reliabel.
  ii. Eine fallible Methode des Erkenntnisgewinns ist dann reliabel, wenn angesichts der Resultate angegeben werden kann, ob die Applikation der Methode erfolgreich war oder nicht.
  iii. Wir haben keine andere Möglichkeit als mittels Logik (im engeren Sinn) festzustellen, ob ein Gedankenexperiment erfolgreich war oder nicht – ungeachtet der Wahrheit der Annahmen.
  iv. Wir haben keine andere Möglichkeit als mittels Logik (im engeren Sinn) festzustellen, ob ein Argument erfolgreich war oder nicht – ungeachtet der Wahrheit der Annahmen.
  v. Gedankenexperimente sind folglich Argumente mit narrativem Beiwerk.

Dieses Argument **RE** soll hier als Reliabilitätseinwand gegen eine rationalistische Epistemologie des Gedankenexperiments diskutiert werden. Norton behauptet, es sei ein eigenständiges Argument und sei von seinen empiristischen Neigungen unabhängig. Diese bringt er mit einem anderen Argument zur Geltung, dass folglich als Empirismuseinwand bezeichnet werden könnte, hier jedoch nur von nebensächlicher Relevanz sein wird. Dieses Empirismusargument kann wie folgt angegeben werden:

(EE)
  i. Der Empirismus besagt, dass alles nicht-analytische Wissen auf die Erfahrung zurückführbar ist.
  ii. Der Empirismus ist die plausibelste Epistemologie, was die Bewältigung aller bisherigen epistemischen Phänomene angeht.
  iii. Ein Argument in den empirischen Wissenschaften ist nur deswegen kognitiv effektiv, weil es Erfahrung in propositionale Form bringt.
  iv. Jedes Gedankenexperiment lässt sich als ein Argument rekonstruieren.
  v. Gedankenexperimente sind nichts anderes als Argumente.

EE ist einfach zu widerlegen. Bei diesem Argument trägt nämlich die vierte Annahme die entscheidende Beweiskraft gegen den Rationalismus. Ansonsten besagte das Argument doch nur, dass der Rationalismus keine Option in der Epistemologie des Gedankenexperiments sein kann, weil der Empirismus bislang die plausibelste Epistemologie in der Bewältigung der verschiedensten epistemischen Phänomene ist. Was nun die vierte Annahme anbelangt, so gilt aber, dass sich auch jedes physische Experiment als ein Argument rekonstruieren lässt. Niemand käme aber doch deswegen auf die Idee zu sagen, physische Experimente seien in ihrer kognitiven Effektivität durch Argumente ersetzbar.[15] Die alles entscheidende Frage in der Epistemologie des Gedankenexperiments bleibt damit offen, weil sie mit **EE** nicht entschieden werden kann. Diese alles entscheidende Frage lautet: Was ist es, dass die kognitive Effektivität der Gedankenexperimente bedingt und damit erklären lässt? Im Fall des physischen Experiments ist es die Erfahrung. Was ist es im Fall des Gedankenexperiments?

Es wird nun zu zeigen sein, dass auch der Reliabilitätseinwand als eigenständiges Argument gegen den Rationalismus nicht imponieren sollte.

III

Was Norton in seiner Auseinandersetzung mit der rationalistischen Epistemologie des Gedankenexperiments richtig sieht, ist, dass Gedankenexperimente für den Rationalisten eine erfahrungsunabhängige Quelle der Evidenz darstellen und folglich Erfahrung als Referenzpunkt für die Überprüfung des Erfolgs eines Gedankenexperiments ausscheidet. Das akzeptiert Norton nicht, obgleich die Idee des Gedankenexperiments irgendwie darin zu bestehen scheint, dass in relativer Unabhängigkeit zu Erfahrung und Beobachtung

---

[15] Dies ist ein Gedanke, der mir selbst sehr einsichtig erscheint, jedoch immer wieder in der Diskussion Verwunderung hervorruft. Was soll damit gemeint sein, so wird angefragt, dass sich auch jedes physische Experiment als ein Argument rekonstruieren lässt und daher die Eliminationsthese von Norton auf Grund des Empirismuseinwands zusammenbricht, demnach sich die kognitive Effektivität des Gedankenexperiments auf die eines Arguments reduzieren lässt, weil sich jedes Gedankenexperiment als ein Argument rekonstruieren lässt. Deswegen hier eine kurze Anmerkung dazu. Zunächst einmal dürfte es klar sein, dass jedes physische Experiment mit seiner theoriebildungsrelevanten Evidenz nur dann epistemische Kraft entfalten kann, wenn es in ein Argument eingebettet ist. Unter einem Argument verstehen wir hierbei mit Norton jede Form von propositional strukturiertem schlussfolgerndem Denken. Das muss deswegen der Fall sein, weil Theorien propositionale Gebilde sind. Wie soll etwas nicht-propositionales etwas propositionales bestätigen oder widerlegen können? Dies zugestanden, lässt sich nun in Anlehnung an Soeren Haeggqvist (1996, S. 111) die logische Form des Arguments, das auf einem physischen Experiment basiert, wie folgt angeben: Gegeben die drei logisch relevanten Komponenten *Hypothese* (H), *hypothesenbasierte Voraussage über beobachtbare Sachverhalte* (V) *und Beobachtung* (B) ergibt sich unter anderen Möglichkeiten (genauer gesagt: unter vier logisch möglichen Rekonstruktionen) eine Möglichkeit, den Ausgang eines physischen Experiments als Argument zu rekonstruieren, nämlich für den Fall, dass sich gegen die zu überprüfende Hypothese entschieden wurde: {H, H impliziert (V impliziert B), V, nicht-B, es folgt: nicht-H}. In diesem Sinne lässt sich also jedes physische Experiment als ein Argument rekonstruieren. Der entscheidende Punkt gegen Norton ist nun der, dass uns die Tatsache einer Rekonstruierbarkeit von physischem Experiment und eben auch von Gedankenexperiment ja keine epistemologische Einsicht dazu verschafft, was es nun letztendlich ist, das die kognitive Effektivität leistet. Im Fall des physischen Experiments ist es natürlich die mittels Beobachtung gewonnene Evidenz. Was ist es denn im Fall des Gedankenexperiments?

selbst Aussagen über die erfahrbare und beobachtbare Welt begründet werden sollen. Sie sollen also als Rechtfertigung dienen, selbst dann, wenn grundsätzlich die Durchführung eines physischen Experiments möglich gewesen wäre. Diesen, für jede Epistemologie des Gedankenexperiments interessanten, Fall hatte bereits Mach bei seiner Taxonomie der Experimente berücksichtigt:

Der Unterschied zwischen instinktivem und dem durch Denken geleiteten Experiment ist gradueller Natur				
Grad der Abstraktion und der Idealisierung von der ⟶				
unmittelbar beobachtbaren Manipulation der Umgebung ⟶				
Das instinktive Experiment (iE)	Das physische Experiment (pE)	Das Gedankenexperiment (GE)		
		GE als Vorbereitung von pE	GE anstelle von pE, weil das pE unnötig erscheint	GE wegen praktischer Undurchführbarkeit eines pE. GE in diesem Fall als maximale Idealisierung und Abstraktion

Abbildung 1 Machs Taxonomie der Experimente[16]

Für Norton ist das Gedankenexperiment in seiner kognitiven Effektivität, also in seinem Stellenwert als Quelle der Evidenz, im Gegensatz zum instinktiven und physischen Experiment, nur deswegen reliabel, weil die Annahmen, die entweder implizit oder explizit zu einer Schlussfolgerung führen, ihren Ursprung *erstens* in der Erfahrung haben und *zweitens* in logisch nachvollziehbarer Weise verknüpft sind. In diesem Sinne ist also das Gedankenexperiment ein um narrative Elemente erweiterter wahrheitserhaltender Schluss. Dass Norton dessen ungeachtet davon spricht, den Begriff des Arguments weiter fassen zu wollen als es in der Logik üblich ist, kann als ein rhetorischer Zug verstanden werden, der auf eine fundamentale Schwäche im Ansatz hindeutet und weiter unten von uns bedacht werden muss. Entgegen Nortons Betonung unterstellen wir also, dass er behauptet, Gedankenexperimente seien auf *deduktive* Argumente reduzierbar. Dies geschieht aus einem strategischen Grund für die zu entfaltende Kritik von **RE**. So gesehen, sind Gedankenexperimente Norton zu Folge nichts anderes als *deduktive* Argumente. Jede *Ausführung* eines Gedan-

---

[16] Vgl. Mach 1905.

kenexperiments ist folglich mit der Ausführung eines *deduktiven* Arguments als einer wahrheitserhaltenden Schlussfolgerung von explizit oder implizit vorhandenen, empirisch gedeckten Annahmen identisch. Nur so scheint Norton zufolge die Reliabilität der Methode des Gedankenexperiments verbürgt werden zu können. Wir lesen hier Norton mit seinem Argumentbegriff also zunächst einmal strikter als er selbst verstanden werden will. Das ist wichtig für die zu entfaltende Kritik an seinem Reliabilitätsargument.

Sofern wir unter Gedankenexperimenten also nichts anderes verstehen als die Ausführung von *deduktiven* Argumenten, lässt sich extern, d.h. unabhängig von den Beteiligten nachvollziehbar (a) jede einzelne Annahme bezüglich ihres empirischen Gehalts ebenso überprüfen wie (b) die wahrheitserhaltende Verknüpfung dieser Annahmen, bei der aus ihnen eine Schlussfolgerung gezogen wird. Der Empirismuseinwand gegen den Rationalismus hebt auf *(a)* ab, der Reliabilitätseinwand auf *(b)*.

Der Rationalist dagegen behauptet, dass an irgendeiner Stelle während des Gedankenexperimentierens ein *Moment* ins Spiel kommt, das in entscheidendem Maße zum Ergebnis des Gedankenexperiments beiträgt und sich weder auf ein empirisches noch auf eine wahrheitserhaltendes Moment in der Verknüpfung von empirisch gewonnenen Annahmen reduzieren lässt. Zur Veranschaulichung ließe sich hier etwa an George Bealers *Intuition* denken: Eine irreduzible propositionale Einstellung mit einer angemessenen modalen Bindung an die Wahrheit, wobei diese Bindung (*) relativ zu geeignet guten kognitiven Bedingungen besteht, (**) als holistisch charakterisierbar und (***) fallibel ist.[17] Hier haben wir es mit einer für den Rationalismus typischen Art von Einsicht zu tun, die *erstens* nicht-trivial, somit informativ und damit unabhängig von einer wahrheitserhaltenden Verknüpfung von Annahmen, sowie *zweitens* relativ erfahrungsunabhängig sein soll.

Das Problem mit solcher Art Einsicht ist, Norton zu Folge, jedoch, dass Bealer und auch Brown deren *Fallibilität* eingestehen. Das geschieht gegenwärtig seitens aller Rationalisten.[18] Dann sei es aber notwendig anzugeben, wann wir mit der jeweiligen rationalen Einsicht in die Irre gehen und wann nicht. Können die Rationalisten hier keine externen Kriterien der Überprüfung angeben, verpflichten sie den Wissenschaftsbetrieb auf eine mysteriöse und damit unseriöse Methode des Erkenntnisgewinns. Norton scheint hier externe Kriterien einzufordern, d.h. Kriterien, die unabhängig von dem sind, der die jeweilige Einsicht hat – so wie logische oder empirische Kriterien. Eine Orientierung an Gedankenexperimenten im Sinne des Rationalisten wäre ein irrationales Vorgehen, wenn solche Kriterien nicht benannt werden können. Im Fall der eindeutig falliblen visuellen Wahrnehmung können wir zum Bei-

---

[17] Vgl. Bealer 1999, 2000 und 2002.
[18] Vgl. Bealer 1999, 2000 und 2002; BonJour 1998; Chalmers 2002; oder Jackson 2000.

spiel angeben, warum ein näheres Objekt größer erscheint als ein weiter entferntes, warum ein Stock im Wasser gekrümmt erscheint, jedoch nicht, wenn er außerhalb des Wassers ist, usw. Wir sind also imstande, Fehlwahrnehmung zu erklären. Da dies für den Fall der falliblen Gedankenexperimente im Rahmen eines rationalistischen Begriffsrahmens nicht gilt, ist zu Gunsten der Methode des Gedankenexperiments davon auszugehen, dass ihre kognitive Effektivität auf die Leistung eines Arguments reduziert werden kann.

Soweit einige Erläuterungen zur Motivation des oben dargelegten Reliabilitätseinwands gegen den Rationalismus, von dem Norton behauptet, er sei von seinem Empirismuseinwand unabhängig, weil ja grundsätzlich – ganz gleich von welcher Wissensquelle ausgegangen wird – für jede fallible Methode des Wissenserwerbs zur Aufrechterhaltung ihrer Reliabilität die Forderung erhoben wird, dass externe Kriterien zur Bewertung der Ergebnisse ihrer Applikation formuliert werden können.

Um zu einer Ausgangsposition für die Kritik an Nortons Reliabilitätseinwand zu gelangen, widmen wir unsere Aufmerksamkeit zunächst einmal einer paradigmatischen gedankenexperimentbasierten Argumentation, bei der das Gedankenexperiment eine irreduzible Methode darzustellen scheint. Dadurch soll gezeigt werden, dass (1) Gedankenexperimente tatsächlich kognitive Effektivität haben und (2) nicht auf deduktive Argumente, also Argumente im Sinne eines wahrheitserhaltenden Schlusses aus explizit oder implizit vorhandenen, empirisch gedeckten Annahmen reduzierbar sind. Das sind aber keine neuen Gründe gegen den Reliabilitätseinwand. *(1)* ist überhaupt gar kein Grund gegen den Reliabilitätseinwand und *(2)* ist bereits, zumindest im Ansatz für einen sehr weiten Argumentbegriff, von Michael A. Bishop[19] vorgebracht worden. Mit *(1)* und *(2)* gelangen wir aber zur Ausgangsposition für unsere Kritik an **RE**. Es wird nämlich erklärlich, warum Norton bei seinem Reliabilitätseinwand von einem Argumentbegriff im weiten (und das heißt wohl im nicht-deduktiven) Sinn ausgeht. Der weite Argumentbegriff führt dann geradewegs zum Kern der hier zu entfaltenden Kritik.

IV

Ein gutes Beispiel für eine Situation, in der das Gedankenexperiment die irreduzibel ausschlaggebende Methode in der Entscheidung einer kontroversen Frage ist, gibt der Schlagabtausch zwischen Einstein und Niels Bohr auf der Solvay Konferenz von 1930 ab. Bohr berichtet davon sehr ausführlich, wobei wir für unseren Zusammenhang die mathematisch-technischen Details unterschlagen können.[20]

---

[19] Vgl. Bishop 4/1999.
[20] Vgl. Bohr 1949, S. 136-141.

In der Kontroverse zwischen Einstein und Bohr um die 1927, übrigens unter anderem mit Hilfe eines Gedankenexperiments, von Werner Heisenberg eingeführte Unschärferelation ($\Delta p * \Delta q > h$)[21] spielte folgendes Gedankenexperiment die entscheidende Rolle: Nach Einstein ist ein Kasten voller Photonen anzunehmen, der an einer Seitenwand eine Klappe hat, die von einer Uhr kontrolliert wird. Der Kasten ist an einer Federwaage aufgehängt. Mittels eines Zeigers kann die Lage des Kastens an einer am Waagestativ befestigten Skala abgelesen werden. Wiege den Kasten, so fordert uns Einstein auf und justiere dann den Klappenmechanismus so, dass die Klappe nur für einen, mit Hilfe einer Uhr genau terminierbaren, so kurzen Augenblick öffnet, dass ein Photon nach außen passieren kann. Wiege dann den Kasten erneut, wiederholt Einstein seine Aufforderung. Die Abweichung zwischen den beiden Messdaten (Gewicht vorher und nachher) gibt uns exakt die Masse des einen Photons an, das durch die Klappe nach außen passiert ist. Von hier aus können wir dann unter Zuhilfenahme der Formel $E=mc^2$ die Energie des Photons bestimmen. Es scheint also möglich, die *Energie* des Photons und den *Zeit*raum seiner Passierung nach außen annähernd exakt zu bestimmen. Einstein gelangt so zu dem Ergebnis, dass Heisenbergs Unschärferelation falsch sein muss, woraus zudem folgen soll, dass die Kopenhagener Interpretation der Quantenphysik unvollständig ist. Heisenbergs Unschärferelation ist falsch, weil das Gedankenexperiment zeigt, dass eine grundsätzlich unhintergehbare Begrenzung in der exakten Messung konjugierter Variablen, wie z.B. Energie und Zeitpunkt eines emittierenden Photons, besteht.

Interessant ist nun, dass Bohr dasselbe Gedankenexperiment aufgreift und modifiziert, um ein Argument zu Gunsten der Unschärferelation auszuführen. Dazu verhilft ihm Einsteins Allgemeine Relativitätstheorie, weil sich nämlich die von Einstein inszenierte Apparatur auch in einem Gravitationsfeld bewegen muss. Von hier aus gelangt er dann zu dem Ergebnis, dass entgegen Einsteins Behauptung eine Unbestimmtheit bestehen bleibt. Nach Bohr könne, entgegen Einsteins Behauptung, die Energie und der Zeitpunkt des emittie-

---

[21] Nach der Unschärferelation von Heisenberg kann, grob gesprochen, die Ungewissheit hinsichtlich der Position eines Teilchens mal der Ungewissheit hinsichtlich seiner Geschwindigkeit mal seiner Masse nie einen bestimmten Wert unterschreiten, nämlich die Plancksche Konstante (h). Das Revolutionäre daran ist, dass die Ungewissheit weder davon abhängt, wie man die Position oder Geschwindigkeit des Teilchens zu messen versucht, noch davon, welcher Art das Teilchen ist. Das heißt, wohlgemerkt, nicht, dass man innerhalb von bestimmten kleinen Räumen ein Teilchen nicht so, wie man es möchte, lokalisieren kann und auch nicht, dass der Impuls nicht mit der gewünschten Präzision bestimmt werden kann; es heißt aber, dass die beiden Operationen miteinander unvereinbar sind, oder besser gesagt: Die beiden Ziele können nicht beide vollkommen erreicht werden. Da jedoch die Bestimmung der Bahn eines Teilchens auch die Kenntnis seiner Position und dementsprechend auch seines Geschwindigkeitsvektors mit sich bringt, verliert der Begriff der Bahn eines Teilchens seine Bedeutung.

renden Photons, grob gesagt, deswegen nicht zugleich mit Exaktheit bestimmt werden, weil gemäß Einsteins Allgemeiner Relativitätstheorie eine Uhr, die sich in Richtung der Gravitationskraft bewegt, einer Schwankung unterliegt, die sich im Ablesen der Uhr niederschlägt. Der entscheidende Unterschied zwischen den beiden Versionen des Gedankenexperiments besteht also darin, dass Bohr die Allgemeine Relativitätstheorie einbringt, um damit die bestehende Unbestimmtheit ans Tageslicht zu befördern, die mit der Zeitmessung verbunden ist. So gelangt Bohr zu einem Ergebnis, das dem von Einstein widerspricht, weil wir nämlich den Zeitpunkt des Passierens *und* die Energie eines Photons nicht mit annähernder Exaktheit zugleich messen können. Bewegt sich nämlich eine Uhr in Richtung der Gravitationskraft, dann geschieht gemäß allgemeiner Relativitätstheorie eine Veränderung im Ablesen der Uhr. Und diese wiederum bedingt eine Unbestimmtheit des Zeitfaktors.[22]

Einstein hat sich von Bohr überzeugen lassen und damit erstmalig eingestanden, dass er sich geirrt hatte, obgleich er natürlich weiterhin mit der Unschärferelation samt Kopenhagener Interpretation der Quantenphysik unzufrieden war.[23]

V

Der Schlagabtausch zwischen Bohr und Einstein lässt sich nicht so rekonstruieren, dass die Identitätstheorie von Norton angesichts des involvierten Gedankenexperiments aufrechterhalten werden kann. Nortons Behauptungen zu Folge muss nämlich folgendes gelten, gegeben die Möglichkeit, dass man sowohl Argumente als auch Gedankenexperimente eines bestimmten Typs in verschiedenen Versionen vorlegen kann, ohne angeben zu müssen, was im Einzelnen die Identitätskriterien für einen Argument- bzw. Gedankenexperimenttyp sind:

(A) Zwei Vorkommnisse eines Gedankenexperiments sind Instanzen desselben Typs von Gedankenexperiment gdw. sie Vorkommnisse desselben Typs von reinem Argument sind.

Norton muss zeigen, dass *(A)* wahr ist. Erinnern wir uns. Norton möchte gegen den Rationalismus von Brown mit der Identität von Argument und Gedankenexperiment argumentieren. Das tut er mit zwei Argumenten. Das erste Argument wurde mit **EE** als das *Empirismusargument* eingeführt. Es besagt, grob gesagt, dass bei gegebener sonstiger epistemologischer Kraft des Empi-

---

[22] Vgl. den Appendix für eine genauere Rekonstruktion von Bohrs Replik.
[23] Fünf Jahre später unternahm Einstein seinen zweiten gedankenexperimentbasierten Versuch, die Unvollständigkeit der Kopenhagener Deutung nachzuweisen. Dies geschah mit dem berühmtgewordenen Einstein-Podolsky-Rosen Gedankenexperiment (EPR). Vgl. Einstein/Podolsky/Rosen 1935.

rismus *und* faktischer Rekonstruierbarkeit von jedem Gedankenexperiment zu schlussfolgern ist, dass das Gedankenexperiment bloß ein Argument ist und nicht nach weiterer Erklärung in einem rationalistischen Begriffsrahmen verlangt. Bei diesem Argument ist der Empirismus federführend, der als die plausiblere Epistemologie gleichsam unterstellt wird, was in dem Moment auf einen Zirkelschluss gegen den Rationalismus hinausläuft, wenn gezeigt werden kann, dass sich auch jedes physische Experiment als Argument rekonstruieren lässt. Dann besagt der Empirismuseinwand nämlich nur noch, dass der Rationalismus in der Epistemologie des Gedankenexperiments falsch ist, weil der Empirismus wahr ist. Das zweite Argument, mit dem Norton zu Gunsten der Identität von Argument und Gedankenexperiment argumentiert ist mit **RE** eingeführt und rekonstruiert worden und steht im Zentrum unserer Überlegungen. Dieses soll nach Norton ganz vom Empirismus unabhängig sein. Reine Reliabilitätsüberlegungen legten nämlich nahe, dass Gedankenexperimente nichts anderes als Argumente mit narrativem Beiwerk sind. Es soll gezeigt werden, dass **RE** nicht stark genug ist, den Rationalismus als eine Option in der Epistemologie des Gedankenexperiments auszuschließen. Ein Dilemma soll aufgezeigt werden, das wesentlich deswegen droht, weil der Argumentbegriff so weit gefasst wird, dass nicht nur deduktive Argumente gemeint sind, wenn seitens Norton behauptet wird, dass wir ein Argument ausführen, wenn wir ein Gedankenexperiment ausführen.

Brown hatte den Rationalismus als eine ernsthafte Position in der Epistemologie des Gedankenexperiments zur Disposition gestellt und damit Nortons Widerspruch provoziert. Auch wenn Browns rationalistische Position alles andere als plausibel ist, so sollte nicht voreilig der Rationalismus abgetan werden – zumindest nicht auf Grund von **RE,** wie jetzt zu zeigen sein wird.

Kommen wir damit auf *(A)* zurück. Die reinen Argumente sind im Schlagabtausch von Einstein und Bohr *nicht typidentisch*, denn sie haben ganz unterschiedliche Annahmemengen und ganz unterschiedliche Konklusionen. Bohrs Argument ist wesentlich um die Annahme der Gravitationskraft gemäß Allgemeiner Relativitätstheorie erweitert. Natürlich ist es ein schwieriges Unterfangen anzugeben, was die Identitätskriterien für die Typidentität von deduktiven Argumenten im Einzelnen sind. Wie immer aber das Unterfangen ausfallen mag, es kann doch wohl nicht sein, dass zwei Versionen eines deduktiven Arguments eine unterschiedliche Annahmenmenge *und* unterschiedliche Konklusionen haben, während sie immer noch als derselbe Typ von Argument gelten sollen. Das schiene mir ebenso abwegig wie ein Ergebnis des Unterfangens, demnach ein deduktives Argument nur dann vom selben Typ ist, wenn dieselben Annahmen und dieselbe Schlussfolgerung bestehen, weil dann wohl eine Modifikation desselben deduktiven Arguments kaum noch denkbar wäre, was bedeutet, dass es nicht mehr Version ein und desselben Arguments sein kann.

Die Vorkommnisse des Gedankenexperiments sind im Gegensatz zu den rekonstruierbaren deduktiven Argumenten typidentisch. Norton als Verteidiger von *(A)* müsste zeigen, dass die beiden Vorkommnisse des Gedankenexperiments nicht typidentisch sind, einmal angenommen, dass es sehr unplausibel ist, vermuten zu wollen, die Typidentität der beiden rekonstruierten deduktiven Argumente ließe sich irgendwie aufweisen. Es scheint aber nun nur um den Preis epistemologisch sehr hoher Kosten gezeigt werden zu können, dass es sich nicht um zwei Vorkommnisse desselben Gedankenexperiment-Typs handelt. Folgendes Szenario ergäbe sich nämlich für diesen Fall:

Einstein hätte gegen Bohr einfach einwenden können, das Thema gewechselt zu haben, hätte Bohr nicht dasselbe Gedankenexperiment wiederholt. Bohr hätte dann einfach über ein ganz anderes Experiment gesprochen. Einstein hätte dann gar keinen Grund gehabt, Bohrs Darlegungen als Kritik an seinem Gedankenexperiment anzunehmen, weil Bohr ja über ein ganz anderes Experiment gesprochen hätte. So war es aber doch nicht. Es liegt also nahe davon auszugehen, dass hier derselbe Typ von Gedankenexperiment im Spiel ist. *(A)* wäre widerlegt und damit Nortons eliminativ-empirischer Ansatz.

Wenn es nun zutrifft, dass es (a) Fälle wie den eben referierten gibt, bei dem wir es mit methodisch irreduziblen (d.h. weder auf ein deduktives Argument noch auf ein physisches Experiment reduzierbaren) Gedankenexperimenten zu tun haben, und wir (b) zudem eingestehen müssen, dass uns keine Kriterien an die Hand gegeben sind, die seitens des Rationalisten unterstellte Einsicht einer externen, d.h. unabhängig von den beteiligten Wissenschaftlern vollzogenen, Bewertung zu unterziehen, schließlich auch (c) dass es keinen alternativen Begriffsrahmen zum Rationalismus und Empirismus gibt, wären wir nach Norton dazu gezwungen, den Austausch von Einstein und Bohr als irrational einzustufen. Das erscheint jedoch seinerseits genau so unplausibel wie nach Norton die Rede von einer extern nicht bewertbaren, seitens der Rationalisten unterstellten Einsicht, die das entscheidende Moment der kognitiven Effektivität des Gedankenexperiments sein soll. Neben der Falsifikation von *(A)* haben wir aber noch einen weiteren Grund, an der Schlagkraft von Nortons Argument gegen den Rationalismus zu zweifeln.

Von einem pragmatischen Standpunkt sieht es erst einmal so aus, als ob wir dann – entgegen Nortons Überzeugung – eine Erkenntnismethode erwägen müssten, die nur interner, d.h. in Abhängigkeit von den beteiligten Wissenschaftlern vollzogener, Bewertung zugänglich ist, weil wir nicht unterstellten sollten, Bohr hätte sich unbegründet herausfordern lassen und Einstein unbegründet seine Herausforderung zurückgezogen. Was nämlich sonst, wenn nicht die beteiligten Wissenschaftler selbst, sollte uns als Indikator dienen, um über eine zu Recht bestehende kognitive Effektivität urteilen zu können? In diesem Sinne beziehen wir den Standpunkt einer pragmatischen Epistemologie.

Norton verbliebe die Möglichkeit, den Begriff des Arguments so weit zu fassen, dass jede Form der irgendwie annahmebasierten ergebnisorientierten Überlegung ein Argument sein soll und folglich auch größere Variationen in der Annahmemenge möglich sind, um noch als dasselbe Argument gelten zu können. Genau das ist auch seine Strategie, und das auch nicht erst in der Konfrontation mit Kritikern, sondern bereits von Anfang an. Norton hat immer schon eine Einengung auf den deduktiven Argumentbegriff strikt abgelehnt und eine Sicht vertreten, die induktive und informelle Argumentation auch mit einschließt[24]. Insofern ist der von uns bislang unternommene Kritikansatz mit dem unterstellten strikten Argumentbegriff im Sinne eines deduktiven Arguments also von vornherein eine Totgeburt. Es wurde ja auch betont, dass die semantische Beschränkung des Argumentbegriffs auf deduktive Argumente strategische Gründe hat. Es sollte nämlich gezeigt werden, dass Norton angesichts des nun verfolgten Kritikansatzes ein Ausweg nicht bleibt, nämlich den Argumentbegriff strikter zu verstehen als er es tut. Es tut sich nämlich ein anderes Problem mit dem Reliabilitätsargument auf, wenn der Argumentbegriff in einem weiteren Sinne verstanden wird. Mit dem Aufweis dieses Problems kommen wir dann zum Ziel unserer Überlegungen.

Wir scheinen uns nämlich angesichts des sehr weiten Argumentbegriffs in Bezug auf die Berechtigung einer rationalistischen Epistemologie im Kreis zu drehen, weil wir gerne wüssten, warum wir uns zum Beispiel auf die Induktion als eine reliable Methode des Wissenserwerbs stützen dürfen, nicht aber auf das Gedankenexperiment – obgleich es doch um die Rechtfertigung der Induktion in einem empiristischen Begriffsrahmen genauso schlecht bestellt ist wie um das Gedankenexperiment. Lässt sich etwa die Induktion empirisch rechtfertigen? Haben wir eine Rechtfertigung dieser Methode, die uns externe Kriterien an die Hand geben würde, um die Resultate induktiven Schließens einer externen Evaluation zuzuführen? Gehen wir diesen Fragen kurz nach.

Bei den induktiven Schlüssen geht es um wahrheits*erweiternde* Schlüsse im Gegensatz zu den deduktiven als wahrheits*erhaltenden* Schlüssen. Sie treten eigentlich überall in der Wissenschaft auf – wie eben auch die Gedankenexperimente und scheinen nicht minder wissenschaftstheoretisch problematisch. Als induktives Prinzip schlechthin kann der *Schluss auf die beste Erklärung* gelten. Es hat folgende logische Form:

---

[24] Vgl. Norton 2004, S. 63.

(P1) Die Erklärungshypothese E erklärt das Phänomen X im Vergleich mit anderen Erklärungshypothesen am besten.

(P2) X
_____

(es ist wahrscheinlich, dass)

(K) E

Abbildung 2: Die logische Form des Schlusses auf die beste Erklärung

Die Anwendung der induktiven Schlüsse in den Naturwissenschaften ist hauptsächlich dann problematisch, wenn es um unbeobachtbare Entitäten geht. Es ist hier natürlich jetzt nicht der Ort, dieses wissenschaftstheoretische Problem in angemessener Weise zum Thema zu erheben. Das müssen wir auch nicht, sofern wir nur zeigen wollen, dass das Reliabilitätsargument den Rationalisten nicht imponieren sollte – und zwar auf Grund des seitens Norton eingeräumten weiten Argumentbegriffs, der eben induktive Schlüsse mit umfasst. Gehen wir aber noch einen Schritt weiter und fragen danach, ob induktive Schlüsse nicht sogar für den Rationalismus sprechen – wie eventuell auch die Gedankenexperimente.

Dazu fragen wir danach, was eigentlich begründungsbedürftig erscheint, um induktive Schlussprinzipien zu rechtfertigen, wie etwa das Prinzip des *Schlusses auf die beste Erklärung*. Wir fragen also danach, wie wir rechtfertigen, dass uns induktive Schlüsse als reliable Rechtfertigung dienen. Begründungsbedürftig erscheint die *Verlässlichkeit* dieses Prinzips im Verhältnis mit dessen *empirischem Erfolg*. Die wissenschaftstheoretische Ausgangslage erscheint also ähnlich zu sein, wie wir sie beim Gedankenexperiment vorfinden, zumindest im Fall der naturwissenschaftlichen Instanzen. Welcher Art ist der Zusammenhang, ergibt sich hier also als Aufgabe im Rahmen der Rechtfertigung dieser Methoden. Man liegt sicherlich nicht falsch damit, dass es hier um einen Zusammenhang geht, der *notwendig* erscheint. Dann wäre der Schritt aber nicht mehr weit zum Rationalismus, der ja gerade mit der Behauptung auftritt, es gäbe irreduzible rationale Einsichten in *notwendige* Zusammenhänge. Und genau eine solche Einsicht bräuchten wir zur Rechtfertigung der induktiven

Schlüsse.[25] Abzuwenden wäre dieser Schritt nur auf Grund empiristischer Überlegungen. Und genau darauf kommt es uns hier an.

Wir können unsere Überlegungen damit beenden, weil unser Argumentationsziel erreicht ist. Wir haben nun genügend Vorbereitungen getroffen, um auf ein Dilemma aufmerksam zu machen, in das sich Norton mit seinem Reliabilitätsargument manövriert: *Soll das Reliabilitätsargument logisch unabhängig von seinem empirismusbasierten Argument sein, läuft es auf den Rationalismus hinaus. Soll dieser abgewandt werden, muss das Reliabilitätsargument auf sein empirismusbasiertes Argument reduziert werden.* In beiden Fällen erweist sich das Argument als überflüssig. Der Rationalist hat also guten Grund, sich von dem Reliabilitätseinwand nicht beeindrucken zu lassen – einmal angenommen, unsere unternommene Denkbewegung lief nicht an irgendeiner Stelle fehl.

Erscheint darüber hinaus unsere angezeigte Kritik an ***EE*** als schlagend, dann bleibt Nortons Attacke auf den Rationalismus folgenlos. Die Diskussion muss weiter gehen – und zwar unter Berücksichtigung der Option einer rationalistischen Epistemologie des Gedankenexperiments.

Appendix

Nach der Allgemeinen Relativitätstheorie unterscheidet sich die von einer Uhr U_1 angezeigte Zeit T um

(1) $\quad \Delta T = g * T * \Delta z / c^2$

von derjenigen Zeit T, die eine andere Uhr U_2 anzeigt. Dies gilt dann, wenn U_1 im Schwerefeld der Erde verglichen mit U_2 um den Abstand Δz vertikal versetzt angebracht ist. Das Schwerefeld der Erde wird – neben der angezeigten Zeit T, dem Abstand Δz und der Lichtgeschwindigkeit c – in der Gleichung mit der Gravitationskonstante g berücksichtigt. Dabei wird vorausgesetzt, dass die Zeitintervalle durch die Übermittlung von Lichtsignalen verglichen werden können und $T = 0$ für beide Uhren bei diesem Vergleich dasselbe bedeuten.

Der mit *(1)* berücksichtigte Sachverhalt ist nun von Relevanz um zu verstehen, warum Bohr mit seiner Version des Gedankenexperiments zeigen konnte, dass die Unschärferelation von Heisenberg nicht in Gefahr ist, der zu Folge gelten soll:

(2) $\quad \Delta q * \Delta p > h$

Heisenbergs Unschärferelation besagt, dass eine unhintergehbare Begrenzung dabei besteht, um mit annähernder Exaktheit den Wert konjugierter Variablenpaare (wie z.B. Energie und Zeit, oder Ort und Impuls) messen zu können. Einstein meinte, mit seinem Gedankenexperiment gezeigt zu haben,

---

[25] Vgl. BonJour 1998, Kapitel 7.

dass *(2)* falsch ist, weil das Gedankenexperiment s. E. zeigt, dass sich die *Energie* des Photons und der *Zeitpunkt* seiner Passierung durch das seitliche Loch am Kasten exakt zugleich bestimmen lassen. Bohr zeigt hingegen, dass dieser Anspruch mit dem Gedankenexperiment nicht eingelöst werden kann, weil Einstein *(1)* unberücksichtigt lässt. Damit Bohr aber *(1)* berücksichtigen kann, muss er das Gedankenexperiment von Einstein um zwei Komponenten modifizieren:

A. Bohr lässt den Kasten an einer *Feder* hängen. Diese ermöglicht dem Kasten eine Bewegung Δp in Übereinstimmung mit der Veränderung der Masseverhältnisse des Kastens.

B. Der Veränderung der Masseverhältnisse korrespondiert eine Änderung auf der Skala Δq, die die Bestimmung der Masseverhältnisse ermöglicht – und zwar dadurch, dass an der Unterseite des Kastens solange *Gewichte angehängt werden können*, bis der Zeiger der Skala wieder den Nullwert erreicht, nachdem das Photon entwichen ist.

Der mit B ermöglichte Vorgang beansprucht aber *Zeit*, und zwar um so mehr Zeit um so exakter der emissionsbedingte Masseverlust Δm durch Rückführung des Zeigers auf die Null-Lage der Skala eruiert werden soll. Eine Exaktheit hier ist erwünscht, weil mittels der Gleichung $E=mc^2$ die Energie des Photons exakt bestimmt werden soll.

Um die Ungenauigkeit Δm der Wiegeprozedur klein zu halten, sollte erstens eine möglichst kleine Ungenauigkeit Δq der Ablesung des Zeigers erreicht werden. Das findet aber seine Grenze darin, dass ein kleines Δq ein großes Δp impliziert. Zudem sollte zweitens möglichst viel Zeit T darauf verwandt werden, um den Wiegevorgang durchzuführen, weil grundsätzlich gilt: Wiegevorgänge brauchen um so mehr Zeit, je genauer sie sein sollen. Je genauer die Ablesung von q am Zeiger der Skala ausgeführt wird, desto länger muss also das Wägeintervall T sein, wenn man eine gegebene Genauigkeit Δm beim Wägen des Kastens mit Inhalt erzielen will. Jeder in diesem Sinne erfolgreiche Wiegevorgang muss demnach mindestens solange dauern, bis die durch sie induzierten Schwankungen des Zeigers geringer sein können als jene, die ihm auf Grund des quantenmechanischen $\Delta p \approx h/\Delta q$ durch die angestrebte Ablesegenauigkeit Δq aufgezwungen werden. Da diese Unbestimmtheit kleiner sein muss als der Gesamtimpuls des Kastens, der während des ganzen Zeitintervalls T des Wiegevorgangs von dem Gravitationsfeld auf einen Körper der Masse Δm gegeben werden kann, folgt

(3) $\Delta p \approx h/\Delta q < T * g * \Delta m.$

Führt man nun einige mathematische Modifikationen von *(1)* und *(3)* durch, um die entscheidende Zeitvariable formal genauer zu bestimmen, dann erhält man folgende Gleichung:

(4) $T = (\Delta T * c^2)/(g * \Delta q).$

Ersetzt man nun T in der Gleichung *(3)* durch die rechte Seite von *(4)* dann erhält man:

(5) $\quad h/\Delta q < (\Delta T * c^2 * g * \Delta m)/(g * \Delta q)$.

Nach einigen Kürzungen erhalten wir dann:

(6) $\quad h < \Delta T * \Delta m * c^2$.

Gegeben, dass $E=mc^2$, und gegeben, dass $\Delta E = \Delta m * c^2$, lässt sich die Heisenbergsche Unschärferelation ableiten:

(2Bohr) $\quad h < \Delta T * \Delta E$.

Dies hat Einstein überzeugt, was ihn dazu bewegt hat, sein Gedankenexperiment als ein Argument gegen Heisenbergs Unschärferelation fallen zu lassen.

Literatur

BEALER, George: *Intuition and the Autonomy of Philosophy*, in: Michael R. DePaul (Hg.): Rethinking Intuition: The Psychology of Intuition and its Role in Philosophical Inquiry 1999, S. 201–239.

BEALER, George: *A Theory of the A Priori*, in: Pacific Philosophical Quarterly 81 (2000), S. 1–30.

BEALER, George: *Modal Epistemology and the Rationalist Renaissance*, in: Tamar S. Gendler/J. Hawthorne (Hgs.): Conceivability and Possibility, Oxford: Clarendon Press 2002, S. 71–125.

BISHOP, Michael A.: *Why Thought Experiments are not Arguments*, in: Philosophy of Science 66/4 (1999), S. 534–541.

BOHR, Niels: *Diskussion mit Einstein über erkenntnistheoretische Probleme in der Atomphysik*, in: Schilpp, Paul A. (Hg.): Albert Einstein als Philosoph und Naturforscher, Stuttgart: Kohlhammer Verlag 1949, S. 115–150.

BONJOUR, Laurence: *In Defense of Pure Reason*, Cambridge: CUP 1998.

BROWN, James R.: *Thought Experiments since the Scientific Revolution*, in: International Studies in the Philosophy of Science 1 (1986), S. 1–15.

BROWN, James R.: *The Laboratory of the Mind*, London: Routledge 1991(a).

BROWN, James R.: *Thought Experiments: A Platonic Account*, in: Horowitz/Massey (Hgs.): a.a.O., S. 119–128 [1991b].

BUNZL, Martin: *The Logic of Thought Experiments*, in: Synthese 106/2 (1996), S. 222–240.

CAMPBELL, Donald: *Evolutionary Epistemology*, in: Schilpp, Paul (Hg.): The Philosophy of Karl Popper, La Salle IL: Open Court 1974, S. 413–463.

CHALMERS, David: *Does Conceivability entail Possibility*, in: Tamar S. Gendler/J. Hawthorne (Hgs.): Conceivability and Possibility, Oxford: Clarendon Press 2002, S. 145–200.

EINSTEIN, A./PODOLSKY, B./ROSEN, N.: *Can quantum mechanical description of physical reality be considered complete?*, in: Physical Review 47 (1935), S. 777–780.

GETTIER, Edmund L.: *Is Justified True Belief Knowledge?*, in: Analysis 23 (1963), S. 121–123.

HAEGGQVIST, Soeren: *Thought Experiments in Philosophy*, Stockholm: Almqvist & Wiksell International 1996.
HOROWITZ, Tamara/MASSEY, Gerald (Hgs.): *Thought Experiments in Science and Philosophy*, Savage: Rowman & Littlefield 1991.
JACKSON, Frank: *Representation, Scepticism, and the A Priori*, in: P. Boghossian/Chr. Peacocke (Hgs.): New Essays on the A Priori, Oxford: Clarendon 2000, S. 320–332.
KOYRÉ, Alexandre: *Das Experiment von Pisa. Fall-Studie einer Legende*, in: ders.: Galilei. Die Anfänge der neuzeitlichen Wissenschaft, Berlin: Verlag Klaus Wagenbach 1988, S. 59–69.
KOYRÉ, Alexandre: *Galielo's Treatise »De Motu Gravium«: The use and abuse of imaginary Experiment*, in: ders.; Metaphysics and Measurement, Switzerland et al.: Gordon and Breach Science Publishers 1992, S. 44–88.
MACH, Ernst: *Über Gedankenexperimente*, in: Zeitschrift für den physikalischen und chemischen Unterricht 10 (1897), S. 1–5.
MACH, Ernst: *Über Gedankenexperimente*, in: ders.: Erkenntnis und Irrtum, Leipzig: Verlag von Johann Ambrosius Barth 1905, S. 181–197.
MYERS, C. Mason: *Analytical Thought Experiments*, in: Metaphilosophy 17 (1986), S. 109–118.
NERSESSIAN, Nancy J.: *In the Theoretician's Laboratory: Thought Experimenting as Mental Modelling*, in: D. Hull/M. Forbes/K. Okruhlik (Hgs.): Proceedings of the Biennial Meetings of the Philosophy of Science Association, Bd. 2, East Lansing MI: Philosophy of Science Association 1993, S. 291–301 [1992].
NORTON, John D.: *Thought Experiments in Einstein's Work*, in: Horowitz/Massey (Hgs.): a.a.O., S. 129–144 [1991].
NORTON, John D.: *Einstein and Nordström: Some lesser known Thought Experiments in Gravitation*, in: J. Earman/M. Janssen/J.D. Norton (Hgs.): The Attraction of Gravitation: New Studies in History of General Relativity, Boston: Birkhäuser 1993, S. 3–29.
NORTON, John D.: *Are Thought Experiments just what you thought?*, in: Canadian Journal of Philosophy 26/3 (1996), S. 333–366.
NORTON, John D.: *Why Thought Experiments Do Not Transcend Empiricism*, in: Chr. Hitchcock (Hg.): Contemporary Debates in the Philosophy of Science, S. 44–66 [2004].
ØRSTED, Hans Christian: *Förste Indledning til den Almindelige Naturlaere, et indbydelsesskriyt til forelaesninger over denne vindenskab*, Copenhagen 1811.
PUTNAM, Hilary: *The Meaning of Meaning*, in: ders.: Mind, Language and Reality (PPII), Cambridge et al.: CUP, S. 215–271 [1975].
SORENSEN, Roy A.: *Thought Experiments*, New York: Oxford University Press 1992.

Einstein und die Philosophie

FELIX MÜHLHÖLZER (GÖTTINGEN)

Einsteins Beziehung zur Philosophie ist schon gründlich untersucht worden, etwa von Erhard Scheibe oder Don Howard.[1] Ich möchte im folgenden der Frage nachgehen, was genau das Philosophische in Einsteins eigenem Denken ist. Die Einflüsse der Philosophie auf Einstein, und die Einflüsse Einsteins auf die Philosophie, werde ich nur am Rande behandeln. Paul Arthur Schilpp hat dem Einstein gewidmeten Band seiner *Library of Living Philosophers* den Titel *Albert Einstein: Philosopher-Scientist* gegeben[2], und dieser Titel ist sehr zutreffend, denn Einstein gehörte nicht zu denjenigen Wissenschaftlern, die Philosophischem höchstens in Sonntagsreden Aufmerksamkeit schenken. Philosophische Überlegungen spielten vielmehr auch in seinem werktäglichen, wissenschaftlichen Denken eine wesentliche Rolle, und er hat stets, von den Anfängen seiner Karriere bis an sein Lebensende, den Wert der Philosophie ausdrücklich hervorgehoben. Er lag für ihn vor allem darin, daß die Philosophie, oder jedenfalls gute Philosophie, Abstand zu unseren Denkgewohnheiten herstellt. In einem sehr schönen (leider nur auf Englisch vorliegenden) Brief vom Dezember 1944 an einen jungen Wissenschaftsphilosophen drückt Einstein dies so aus:

> I fully agree with you about the significance and educational value of methodology as well as history and philosophy of science. So many people today – and even professional scientists – seem to me like somebody who has seen thousands of trees but has never seen a forest. A knowledge of the historic and philosophical background gives that kind of independence from prejudices of his generation from which most scientists are suffering. This independence created by philosophical insight is – in my opinion – the mark of distinction between a mere artisan or specialist and a real seeker after truth.[3]

Zugleich ist Einstein niemals so weit gegangen, selbst in der professionellen Philosophie mitmischen zu wollen. In einem Brief an Hans Vaihinger aus dem

---

[1] Siehe vor allem Erhard Scheibe: *Albert Einstein: Theory, Experience, Reality*, in ders.: *Between Rationalism and Empiricism*, New York: Springer 2001, S. 119-135; Don Howard: *Einstein's Philosophy of Science*, Stanford Encyclopedia of Philosophy (Spring 2004 Edition), URL = <http://plato.stanford.edu/archives/spr2004/entries/einstein-phil-science/>; Don Howard: *Einstein and the Development of Twentieth-Century Philosophy of Science*, Ms., 2005, erscheint in M. Janssen/C. Lehner (Hgs.): The Cambridge Companion to Einstein, Cambridge University Press.
[2] Open Court 1949. Eine deutsche Ausgabe erschien 1955 unter dem Titel *Einstein als Philosoph und Naturforscher* bei Kohlhammer, Stuttgart.
[3] Diese Passage wird zu Beginn von Howard 2004 zitiert.

Jahr 1919 weist er dessen Ansinnen, eine Einsteinsche Abhandlung für die *Kantstudien* zu erhalten, mit folgenden Worten zurück:

> Ich bin in der Philosophie zu wenig bewandert, um mich darin aktiv zu betätigen; ich bin ganz zufrieden, wenn ich an den Arbeiten der Männer von diesem Fach empfangend Anteil nehmen kann. Ich habe nur versprochen, mündlich und schriftlich Auskunft zu geben über den Philosophen interessierende Dinge, die mein besonderes Fach betreffen. Dies ist der einzige Weg, auf dem ich vielleicht der Philosophie dienen kann. Schuster bleib bei deinen Leisten![4]

Einstein ist hier allerdings zu bescheiden. Er entwickelt, wie wir sehen werden, durchaus echte philosophische Überlegungen und gibt keineswegs *nur* »Auskunft [...] über den Philosophen interessierende Dinge, die mein besonderes Fach betreffen«.

Woran erkennt man echte philosophische Überlegungen? Ich orientiere mich an Kants Charakterisierung, nach der alle Philosophie letztlich zur Beantwortung der *einen* Frage beitragen möchte: »Was ist der Mensch?« – wobei das Wort »Mensch« natürlich nicht im biologischen Sinn verstanden wird, sondern im Sinne des Menschen als geistigem Wesen. Echte philosophische Überlegungen richten sich also auf den Menschen als geistiges Wesen. Als solches ist der Mensch vor allem ein symbolverwendendes Wesen, und genau dazu finden sich bei Einstein erstaunlich viele Überlegungen. Dies ist durchaus untypisch für einen normalen Naturwissenschaftler, der seine Symbole verwendet, um die Natur zu beschreiben, zu der der Mensch als geistiges Wesen gerade nicht gehört – während er seine Symbolverwendung selbst vergleichsweise selten thematisiert. Ganz anders bei Einstein, der permanent die Frage nach dem *Sinn*, oder der *Bedeutung*, sprachlicher Zeichen aufwirft und aufs Sorgfältigste behandelt.

Besonders prominent wurde diese Frage natürlich im Hinblick auf den Gleichzeitigkeitsbegriff, und Einstein hat sie in diesem Fall in einer Weise beantwortet, die der Verifikationstheorie der Bedeutung der Logischen Empiristen Nahrung gab; etwa wenn er in § 8 seines 1916 verfaßten Büchleins *Über die spezielle und die allgemeine Relativitätstheorie (Gemeinverständlich)*[5], wo er den Fall zweier an entfernten Orten einschlagenden Blitzen betrachtet, folgendes schreibt:

> Der Begriff [der Gleichzeitigkeit] existiert für den Physiker erst dann, wenn die Möglichkeit gegeben ist, im konkreten Falle herauszufinden, ob der Begriff zutrifft oder nicht. Es bedarf also einer solchen Definition der Gleichzeitigkeit, daß diese Definition die Methode an die Hand gibt, nach welcher im vorliegenden Falle aus Experimenten entschieden werden kann, ob beide Blitzschläge gleichzeitig erfolgt sind oder nicht. Solange diese Forderung nicht erfüllt ist,

---

[4] *The Collected Papers of Albert Einstein*, Vol. 9, Princeton University Press 2004, S. 51.
[5] Abgedruckt in *The Collected Papers of Albert Einstein*, Vol. 6, Princeton University Press 1996, S. 420-539.

gebe ich mich als Physiker (allerdings auch als Nichtphysiker!) einer Täuschung hin, wenn ich glaube, mit der Aussage der Gleichzeitigkeit einen Sinn verbinden zu können. (Bevor du mir dies mit Überzeugung zugegeben hast, lieber Leser, lies nicht weiter.)

Das große Selbstbewußtsein der Logischen Empiristen, ihr Glaube, daß ihnen und ihrem Denken die Zukunft gehört, rührte unter anderem daher, daß sie dachten, sich mit ihrem Verifikationismus auf Einstein und dessen wissenschaftlichen Erfolg berufen zu können. Insbesondere sahen nun Philosophen wie Schlick oder Reichenbach eine der wichtigsten Aufgaben der Wissenschaftsphilosophie darin, diejenigen Sätze, die nur *Definitionen*, und damit wahr aufgrund von *Konventionen*, sind, von den eigentlich *empirischen* Sätzen, also denjenigen mit *empirischem Gehalt*, sauber zu trennen.

Einstein selbst jedoch ließ sich, der soeben zitierten Passage ungeachtet, keineswegs auf diese Art von Verifikationismus festnageln. Acht Jahre später, also im Jahr 1924, schrieb er eine Rezension des Buches *Kant und Einstein*, verfaßt von dem Kantianer Alfred Elsbach, in der er auf folgende Weise gegen die Auszeichnung von Sätzen als ›apriorische Sätze‹ argumentiert:

> Eine physikalische Theorie bestehe aus den Teilen (Elementen) A, B, C, D, die zusammen ein logisches Ganzes bilden, das die einschlägigen Experimente (Sinnenerlebnisse) richtig verknüpft. Dann pflegt es so zu sein, daß der Inbegriff von weniger als allen vier Elementen, z.B. A, B, D, über die Erlebnisse ohne C noch nichts aussagt, ebensowenig A, B, C ohne D. Es steht dann frei, den Inbegriff von dreien dieser Elemente, z.B. A, B, C, als apriorisch anzusehen, und nur D als empirisch bedingt. Unbefriedigend bleibt dabei aber immer die Willkür der Auswahl derjenigen Elemente, die man als apriorisch bezeichnet.[6]

Diese Passage ist eigentlich gegen den kantischen Apriorismus gerichtet; aber wenn man das Wort »apriorisch« durch »wahr aufgrund von Konvention« ersetzt, richtet sie sich ebenso gegen Schlick und Reichenbach, und natürlich hat Einstein dies auch gesehen. Man glaubt, in der soeben zitierten Passage Quine zu hören (allerdings 26 Jahre *vor* »Two dogmas«!), aber sie ist in Wirklichkeit der Nachhall von Einsteins Lektüre der Schriften Duhems.[7]

---

[6] Albert Einstein: *Elsbachs Buch: Kant und Einstein*, in: Deutsche Literaturzeitung für Kritik der internationalen Wissenschaft, Neue Folge, Bd. 1 (August-Dezember 1924), Sp. 1685-1692; hier: Sp. 1689. – Eine eingehende Erörterung der Einsteinschen Überlegung, und auch ein konkretes physikalisches Beispiel für sie, findet sich in meinem Aufsatz »*Raffiniert ist der Herrgott, aber boshaft ist er nicht*«, in: L. Danneberg/A. Kamlah/L. Schäfer (Hgs.): Hans Reichenbach und die Berliner Gruppe, Vieweg, 1994, S. 325-331.

[7] Klaus Hentschel scheint der erste gewesen zu sein, der die Bedeutung von Einsteins Elsbach-Rezension erkannte, und Hentschel stellt auch den Bezug zu Duhem her; siehe seinen Aufsatz *Einstein, Neokantianismus und Theorienholismus*, in: Kant-Studien 78 (1987), S. 459-470.

Einsteins Einsicht läßt sich so ausdrücken: Man kann die Konventionell-empirisch-Unterscheidung auf einer Theorie herumschieben. In vielen Fällen mag man geneigt sein, bei gegebenen Sätzen S_1 und S_2, Satz S_1 als wahr aufgrund von Konvention und Satz S_2 als wahr aufgrund empirischer Tatsachen anzusehen; man kann sich aber auch entscheiden, das Umgekehrte zu tun. Damit jedoch wird die Konventionell-faktisch-Unterscheidung selbst zu einer Sache der Konvention und folglich erkenntnistheoretisch entwertet. Wir sollten sie dann besser gar nicht auf unsere Sätze anwenden, sondern nur noch unseren Theorien *als ganzen* empirischen Gehalt zu- oder absprechen. Das Konventionelle in unseren Theorien schlägt sich dann nicht mehr in einzelnen Sätzen nieder, sondern zeigt sich in der Unterbestimmtheit der Theorien als ganzen durch die Erfahrung.

Diesen erkenntnistheoretischen Holismus hat Einstein seit den 20er Jahren in vielen Texten zum Ausdruck gebracht, und wie Quine sieht auch er – sehr deutlich ausgedrückt etwa in der Replik auf Reichenbach in seinem Schilpp-Band –, daß der erkenntnistheoretische Holismus zusammen mit der Verifikationstheorie der Bedeutung einen Bedeutungsholismus impliziert: Nur Theorien als ganzen kann empirischer Gehalt, und damit ›Bedeutung‹ im Sinne der Verifikationstheorie, zugesprochen werden, nicht jedoch einzelnen Sätzen. Einstein tritt mit diesem Holismus aktiv in philosophische Debatten ein, und er ist dabei hellsichtiger als seine langjährigen empiristischen Weggefährten Schlick und Reichenbach, die er auf Quinesche Weise hinter sich läßt. Die Kluft, die sich dabei zwischen Einstein und, sagen wir, Reichenbach auftut, läßt sich so beschreiben: Für Reichenbach zerfallen Theorien in einzelne Sätze mit wohldefiniertem empirischem Gehalt (der auch leer sein kann!). Die Axiome der Theorie liegen sozusagen getrennt nebeneinander, und wenn die Erfahrung es verlangt, können ohne weiteres einzelne von ihnen durch neue ersetzt werden, ohne daß die restlichen Axiome dadurch tangiert würden. Diese Idee zeigt sich sehr deutlich in Reichenbachs *Axiomatik der relativistischen Raum-Zeit-Lehre*[8] aus dem Jahr 1924 (also demselben Jahr, in dem Einstein seine Elsbach-Rezension schrieb!); ja die Idee ist geradezu die Pointe dieser Axiomatik. Für Einstein dagegen ist eine Theorie, und auch deren System von Axiomen, ein organisches Ganzes, das sich nicht in einzelne Sätze mit wohlumrissenem Gehalt aufsplittern läßt.

An dieser Stelle, an der der Physiker Einstein wie der Philosoph Quine denkt, zeigt sich zugleich sehr deutlich, daß Einstein kein hauptberuflicher Philosoph war. Während Quine die holistische Einsicht nun zum Anlaß nimmt, das Thema »sprachliche Bedeutung« als eigenständiges Thema ernst zu nehmen und ihm sein philosophisches Nachdenken zu widmen, benutzt Einstein jene Einsicht lediglich instrumentell im Hinblick auf seine wissenschaftli-

---

[8] Abgedruckt in: Hans Reichenbach: *Gesammelte Werke*, Bd. 3, Vieweg 1979, S. 3-171.

chen Urteile als Physiker. Allerdings tut er dies auf ausgesprochen weitreichende Weise, was ich nun an zwei Beispielen demonstrieren möchte.

Beim ersten Beispiel handelt es sich um Einsteins Reaktion auf Wiederholungen des Michelson-Morley-Experiments durch Dayton Miller im Jahr 1921, die angeblich ein positives Ergebnis brachten, also einen Ätherwind und damit den Äther selbst anzeigten. Reichenbach, der Verifikationist, erklärte sich daraufhin bereit, einige der sog. ›Körperaxiome‹ seiner *Axiomatik der relativistischen Raum-Zeit-Lehre* abzuändern, um sie diesem Ergebnis anzupassen. Reichenbach unterscheidet in seiner Axiomatik ›Lichtaxiome‹, die im wesentlichen Aussagen über das Verhalten von Lichtstrahlen machen, von den ›Körperaxiomen‹ (oder, wie er sie auch nennt, ›Materialaxiomen‹), die sagen, wie sich materielle Körper – insbesondere Maßstäbe und Uhren – zu den Lichtstrahlen verhalten. Und Reichenbach ist, wie gesagt, bereit, einfach einige Körperaxiome abzuändern, um Millers Ergebnis gerecht zu werden. In charakteristischem Gegensatz dazu war Einstein jedoch der Meinung, daß dieses Ergebnis, wenn es denn zuträfe, seine gesamte Spezielle Relativitätstheorie ungültig machen würde.[9] Ich denke, daß sich schon hier, also auch schon vor Einsteins Elsbach-Rezension, eine holistische Einstellung zeigt, die sich dagegen sträubt, die Axiome einer Theorie unabhängig voneinander zur Disposition zu stellen.

Angesichts dieser Konsequenzen ist es kein Wunder, daß sich Einstein gegenüber Millers Ergebnis von Anfang an mehr als skeptisch verhielt, und es veranlaßte ihn zu dem spätestens durch die Einstein-Biographie von Abraham Pais[10] bekannten Ausspruch: »Raffiniert ist der Herrgott, aber boshaft ist er nicht«. Einstein meint damit, wenn ich mich nicht irre, folgendes: Die Boshaftigkeit bestünde, falls das Miller-Ergebnis zuträfe, darin, daß sich der Äther nur beinahe versteckt. Für Einstein existieren nur die Alternativen, daß sich der Äther ganz versteckt, wodurch er redundant wird; *oder* aber er zeigt sich wirklich deutlich, und dann gibt es eine Fülle von Indizien für sein Vorhandensein, nicht nur solch ein wackliges Ergebnis wie dasjenige Millers, und dem Äther sollte dann auch eine theoretisch befriedigende Rolle zukommen, die diese Indizien impliziert. Weiterhin kann man vermuten, daß für Einstein die Reichenbachsche Revision gewisser Materialaxiome ohne gleichzeitige Revision der Lichtaxiome nicht nur aus holistischen, und damit letztlich *philosophischen* Gründen inakzeptabel war, sondern auch aus dem *physikalischen* Grund, daß Licht und Materie nicht getrennt werden können. Licht ist ein elektromagnetisches Phänomen, und elektromagnetische Kräfte sind zugleich für den Zusammenhalt der Materie wichtig. Reichenbachs Reaktion würde also die

---

[9] Diese Episode wird besprochen in Klaus Hentschel: *Zur Rolle Hans Reichenbachs in den Debatten um die Relativitätstheorie*, in Danneberg et al. 1994, S. 295-324; hier S. 308f.
[10] ›Subtle is the Lord ...‹ — *The Science and Life of Albert Einstein*, Oxford University Press 1982; siehe dort S. 113f.

von Einstein angestrebte Einheit der Physik zerstören. – Welche Zusammenhänge zwischen der Idee von der Einheit der Physik und Einsteins Holismus bestehen, wäre dabei eine eigene Untersuchung wert.

Das zweite Beispiel für Einsteins Verwendung holistischer Einsichten, das ich hier besprechen möchte, betrifft die Legitimität des Begriffs des starren Körpers in Einsteins Auffassung von Geometrie im Sinne der physikalischen Geometrie, die von Einstein in seinem 1921 gehaltenen Vortrag »Geometrie und Erfahrung«[11] als »praktische Geometrie« bezeichnet und von der »rein axiomatischen Geometrie« im Stile Hilberts unterschieden wird. Die praktische, physikalische Geometrie macht nach Einstein »Aussagen über das Verhalten praktisch starrer Körper«, und Einstein bemerkt dazu:

> Dieser [...] Auffassung der Geometrie lege ich deshalb besondere Bedeutung bei, weil es mir ohne sie unmöglich gewesen wäre, die Relativitätstheorie aufzustellen [wobei Einstein hier die *Allgemeine* Relativitätstheorie vor Augen hat]. Ohne sie wäre nämlich folgende Erwägung unmöglich gewesen: In einem relativ zu einem Inertialsystem rotierenden Bezugssystem entsprechen die Lagerungsgesetze starrer Körper wegen der Lorentz-Kontraktion nicht den Regeln der euklidischen Geometrie; also muß bei der Zulassung von Nichtinertialsystemen als gleichberechtigten Systemen die euklidische Geometrie verlassen werden. Der entscheidende Schritt des Übergangs zu allgemein kovarianten Gleichungen wäre gewiß unterblieben, wenn die [auf dem Begriff des praktisch starren Körpers beruhende] Interpretation nicht zugrunde gelegen hätte. (Einstein 1921, S. 6f.)

Michael Friedman hat in einem erhellenden Aufsatz über Einsteins »Geometrie und Erfahrung«[12] darauf hingewiesen, daß diese vom Begriff des starren Körpers Gebrauch machende Auffassung Einsteins genau genommen merkwürdig ist, weil sie Elemente der *vor*-Hilbertschen Sichtweise von Geometrie enthält, die so gar nicht zur Allgemeinen Relativitätstheorie passen. Der ›starre Körper‹ spielt, vor allem in seiner Funktion als starrer Maßstab (oder ›Meßkörper‹, wie Einstein manchmal sagt), bei Helmholtz und Poincaré eine entscheidende Rolle. Beide, Helmholtz wie Poincaré, gründen *alle* Geometrie, die diesen Namen wirklich verdient, auf die ›freie Beweglichkeit starrer Körper‹, mit der Konsequenz, daß nur Geometrien mit *konstanter Krümmung* in Frage kommen.[13] Helmholtz und Poincaré unterscheiden sich dann allerdings in der Frage, auf welche Weise die Physik nun eine dieser Geometrien als »physikali-

---

[11] In erweiterter Fassung als Buch erschienen im Verlag von Julius Springer, 1921 (abgedruckt in *The Collected Papers of Albert Einstein*, Vol. 7, Princeton University Press 2002, S. 383-402). Auf diese Buchversion beziehe ich mich hier zunächst.

[12] Michael Friedman: *Geometry as a Branch of Physics: Background and Context for Einstein's »Geometry and Experience«*, in: David B. Malament (Hg.): Reading Natural Philosophy, Open Court 2002, S. 193-229.

[13] Diese Konsequenz ist das sog. ›Helmholtz-Lie-Theorem‹. Eine besonders durchsichtige und anschauungsnahe Ableitung einer Variante dieses Theorems findet sich in: H.-J. Schmidt: *Axiomatic Characterization of Physical Geometry*, Berlin: Springer 1979.

sche« auszeichnet. Während Helmholtz die empiristische Auffassung vertritt, dies könne durch Beobachtung des Verhaltens starrer Körper geschehen, sieht sich Poincaré zu seinem berüchtigten Konventionalismus veranlaßt, der den Physikern unter den Geometrien konstanter Krümmung die freie Wahl läßt (wobei nach Poincarés Meinung die Physiker aber immer die einfachste Geometrie wählen werden, nämlich die Euklidische). Im Lichte der Allgemeinen Relativitätstheorie jedoch wird all dies schlagartig obsolet. Dort rücken nun Geometrien mit variabler Krümmung ins Zentrum, die starre Körper mit freier Beweglichkeit genau genommen physikalisch ausschließen. Wie kann Einstein dann noch sagen, daß die Auffassung von Geometrie als Lehre vom Verhalten starrer Körper für die Aufstellung der Allgemeinen Relativitätstheorie notwendig gewesen wäre?

Hinzu kommt, daß Poincaré für seine konventionalistische Auffassung ein Argument vorbringt, das nicht nur gegen die Helmholtzsche, sondern in gleicher Weise auch gegen Einsteins Auffassung wirkt. Poincaré stellt fest, daß die tatsächlichen, empirisch vorfindbaren Körper äußeren Krafteinwirkungen unterliegen, die erst durch Korrektionsrechnungen theoretisch eliminiert werden müssen, damit ›starre Körper‹, als Grundlage für die Geometrie, überhaupt vorliegen; daß aber zugleich der bei jenen Rechnungen verwendete Kraftbegriff schon von geometrischer Struktur abhängt. Man gerät also in einen charakteristischen Zirkel: Geometrie beruht auf starren Körpern, die Kräftefreiheit involvieren, wovon aber nur auf der Grundlage von Geometrie die Rede sein kann! Und Poincaré denkt, daß man diesem Zirkel nur durch eine *konventionelle* Festlegung der Geometrie, die gerade *nicht* vom physikalischen Begriff des starren Körpers Gebrauch macht, entrinnen kann.

Es ist vor allem dieses Argument Poincarés, mit dem Einstein zu kämpfen hat, und Einstein betrachtet Poincarés Konventionalismus tatsächlich als die einzige ernst zu nehmende Alternative zu seiner eigenen Auffassung. Er weist sie 1921, in »Geometrie und Erfahrung«, jedoch mit dem *heuristischen* Argument zurück, das wir schon gehört haben: Ohne Verwendung des Begriffs des starren Körpers wäre es ihm nicht möglich gewesen, die Allgemeine Relativitätstheorie zu entwickeln. Allerdings ist ihm bewußt, daß solch ein heuristisches Argument gegen die *prinzipiellen* Bedenken Poincarés nur begrenzte Überzeugungskraft besitzt, und er gesteht dies in der folgenden, beeindruckend differenzierten Passage zu:

> Sub specie aeterni hat Poincaré mit [seiner] Auffassung nach meiner Meinung Recht. Der Begriff des Meßkörpers sowie auch der ihm in der Relativitätstheorie koordinierte Begriff der Meßuhr findet in der wirklichen Welt kein ihm exakt entsprechendes Objekt. Auch ist klar, daß der feste Körper und die Uhr nicht die Rolle von irreduziblen Elementen im Begriffsgebäude der Physik spielen, sondern die Rolle von zusammengesetzten Gebilden, die im Aufbau der theoretischen Physik keine selbständige Rolle spielen dürfen. Aber es ist meine Überzeugung, daß diese Begriffe beim heutigen Entwicklungsstadium

der theoretischen Physik noch als selbständige Begriffe herangezogen werden müssen; denn wir sind noch weit von einer so gesicherten Kenntnis der theoretischen Grundlagen entfernt, daß wir exakte theoretische Konstruktionen jener Gebilde geben könnten.[14]

Bis hierhin bin ich der Geschichte gefolgt, wie Friedman sie über Einsteins »Geometrie und Erfahrung« erzählt. Interessant ist aber nun darüber hinaus, wie Einstein den Standpunkt Poincarés charakterisiert. Unmittelbar vor der soeben zitierten Passage tut er es auf folgende abstrakte Weise:

> Die Geometrie (G) sagt nichts über das Verhalten der wirklichen Dinge aus, sondern nur die Geometrie zusammen mit dem Inbegriff (P) der physikalischen Gesetze. Symbolisch können wir sagen, daß nur die Summe (G) + (P) der Kontrolle der Erfahrung unterliegt. Es kann also (G) willkürlich gewählt werden, ebenso Teile von (P); alle diese Gesetze sind Konventionen. Es ist zur Vermeidung von Widersprüchen nur nötig, den Rest von (P) so zu wählen, daß (G) und das totale (P) zusammen den Erfahrungen gerecht werden. Bei dieser Auffassung erscheinen die axiomatische Geometrie und der zu Konventionen erhobene Teil der Naturgesetze als erkenntnistheoretisch gleichwertig. (Einstein 1921, S. 8)

Diese Charakterisierung läßt in der Art ihrer Schematisierung an die drei Jahre später geschriebene Elsbach-Rezension denken, in der Einstein wie folgt argumentiert (ich wiederhole das Zitat nochmals):

> Eine physikalische Theorie bestehe aus den Teilen (Elementen) A, B, C, D, die zusammen ein logisches Ganzes bilden, das die einschlägigen Experimente (Sinneserlebnisse) richtig verknüpft. Dann pflegt es so zu sein, daß der Inbegriff von weniger als allen vier Elementen, z.B. A, B, D, über die Erlebnisse ohne C noch nichts aussagt, ebensowenig A, B, C ohne D. Es steht dann frei, den Inbegriff von dreien dieser Elemente, z.B. A, B, C, als [wahr aufgrund von Konvention] anzusehen, und nur D als empirisch bedingt. Unbefriedigend bleibt dabei aber immer die Willkür der Auswahl derjenigen Elemente, die man als [wahr aufgrund von Konvention] bezeichnet.

Ich habe hier ein wenig gemogelt. Einstein spricht in seiner Elsbach-Rezension in Wirklichkeit nicht von ›wahr aufgrund von Konvention‹, sondern von ›apriorisch‹. Aber sein Argument ist, wie schon bemerkt, auch in der soeben formulierten, *Konventionen* betreffenden Variante gültig – und es kann nun direkt gegen die zuvor geschilderte Position Poincarés verwendet werden: Poincarés Auszeichnung der Geometrie (G) und der genannten ›Teile von (P)‹ als konventionell erweist sich nun selbst als eine Sache der Konvention, wo-

---

[14] Einstein 1921, S. 8. Daß Einstein in dieser Passage von ›festen‹ anstelle von ›starren‹ Körpern spricht, liegt vermutlich daran, daß man bei ›Starrheit‹ an ›freie Beweglichkeit‹ denkt, die aber in der Allgemeinen Relativitätstheorie gerade nicht mehr gewährleistet ist. (Die alleine durch die *speziell*-relativistische Längenkontraktion als unmöglich erklärte Art von ›Starrheit‹ tangiert dagegen die freie Beweglichkeit nicht, und von ihr ist im vorliegenden Zusammenhang nicht die Rede.)

durch sie erkenntnistheoretisch entwertet wird. Das Konventionelle in unseren Theorien sollte dann nicht mehr in einzelnen, herausgehobenen Teilen der Theorien gesehen werden, etwa in deren geometrischen Teilen, sondern muß sich global zeigen, nämlich in der Unterbestimmtheit der Theorien *als ganzen* durch die Erfahrung. Und wohlumrissener *empirischer Gehalt* kommt dann ebenfalls nur den Theorien als ganzen zu und nicht einzelnen Sätzen.

In »Geometrie und Erfahrung« ist diese holistische Einsicht allerdings noch nicht so recht wirksam. Wirklich deutlich zeigt sie sich erst in späteren Schriften, wobei im Kontext der Geometrie-Problematik vor allem die in seinem Schilpp-Band präsentierte Erwiderung Einsteins auf Reichenbach wichtig ist. Einstein läßt dort in einem fiktiven Streitgespräch zwischen Poincaré und Reichenbach letzteren folgende Auffassung vertreten: daß, erstens, der auf dem Begriff des *festen Meßkörpers* basierende Längenbegriff durchaus legitim sei; und daß, zweitens, Physiker bei der Wahl einer Geometrie weniger nach *deren* Einfachheit als vielmehr nach der Einfachheit der *gesamten* Physik streben sollten.[15] Beide Thesen richten sich gegen Poincaré, und mit beiden ist Einstein ohne Zweifel einverstanden (auch wenn er es in seiner Replik auf Reichenbach nicht ausdrücklich sagt). Aber Einstein läßt daraufhin, als Ersatz für Poincaré, einen ›Nicht-Positivisten‹ auftreten, der nun unverkennbar seine eigene Handschrift trägt und der Reichenbach darauf aufmerksam macht, daß er mit der Betonung der *gesamten* Physik in holistisches Fahrwasser gerät, das mit seinem Verifikationismus unverträglich ist. Einsteins ›Nicht-Positivist‹ drückt dies so aus:

> Wenn du unter den dargelegten Umständen die Distanz für einen legitimen Begriff hältst, wie steht es dann mit deinem Grundsatz (meaning = verifiability)? Mußt du nicht dazu kommen, die meaning geometrischer Sätze zu leugnen und nur der (noch gar nicht fertig existierenden) vollständig entwickelten Relativitätstheorie meaning zuerkennen? Mußt du nicht zugeben, daß den einzelnen Begriffen und Sätzen einer physikalischen Theorie überhaupt keine »meaning« in deinem Sinne zukommt, dem ganzen System aber insoweit, als es das in der Erfahrung Gegebene »intelligibel« macht? Wozu bedürfen die Einzelbegriffe, die in der Theorie auftreten, überhaupt einer besonderen Rechtfertigung, wenn sie nur im Rahmen des logischen Gefüges der Theorie unentbehrlich sind, und die Theorie als Ganzes sich bewährt? (Schilpp 1955, S. 503)

Einstein stellt sich also mit Hilfe seines Holismus, und damit einer *philosophischen* Einsicht, sowohl gegen Poincaré als auch gegen Reichenbach. Weder Poincarés Konventionalismus noch Reichenbachs Verifikationismus erscheinen nun akzeptabel. Dies ist eine rein *negative* Verwendung des Holismus. Das *Positive* erwartet sich Einstein dagegen nicht von philosophischen Einsichten,

---

[15] Dieses letztere Argument (siehe Schilpp 1949, S. 678, zweiter Absatz von oben) fehlt seltsamerweise in der deutschen Ausgabe des Schilpp-Bandes über Einstein. Die Gründe dafür sind mir nicht bekannt.

sondern von einer zukünftigen physikalischen Theorie, die uns »das in der Erfahrung Gegebene ›intelligibel‹ macht«. Diese Sichtweise stimmt überein mit der schon zitierten, allerdings spezifischeren Aussage in »Geometrie und Erfahrung«, in der Einstein betont, daß der für seine Auffassung von Geometrie zentrale Begriff des festen Körpers in einer späteren Theorie legitimiert werden müsse. Es sollte sich dabei um eine Theorie handeln, die eine hinreichende »Kenntnis der theoretischen Grundlagen [mit sich bringt, so] daß wir exakte theoretische Kenntnisse jener Gebilde geben könnten«[16] – einer Kenntnis vor allem (so muß man hinzufügen), die die festen Körper auch unter Umständen, die *keine* ›freie Beweglichkeit‹ zulassen, angemessen erfaßt. Erst dann hätte man (so verstehe ich Einstein) einen Zustand erreicht, der es erlaubte, die Geometrie als zweifelsfreien *Zweig der Physik* anzusehen.

Es ist aufschlußreich, diese Sichtweise Einsteins mit gewissen Ideen Hermann Weyls zu vergleichen, die dieser seit 1918 entwickelte und, auch gegen Einwände von Einstein selbst, verteidigte. Weyls Ideen sind dann in einer Arbeit von Ehlers, Pirani und Schild aus dem Jahr 1972 und in auf dieser Arbeit aufbauenden Untersuchungen weiterentwickelt worden.[17] Deren Pointe liegt darin, eine axiomatische Grundlegung der allgemein-relativistischen Raum-Zeit-Geometrie geben zu wollen, die völlig auf den Begriff des festen Körpers, und auch auf den Begriff der Uhr, verzichtet und als Grundbegriffe nur »Lichtstrahl« und »Bahn eines frei fallenden Teilchens« benutzt. Diese Art der Axiomatik kann sich sicherlich auf Einsteins Äußerung berufen, »daß der feste Körper und die Uhr nicht die Rolle von irreduziblen Elementen im Begriffsgebäude der Physik spielen, sondern die Rolle von zusammengesetzen Gebilden, die im Aufbau der theoretischen Physik keine selbständige Rolle spielen dürfen«. Es fragt sich jedoch, ob sie Einsteins Ansprüchen an eine Theorie genügt, die uns, wie Einstein auch sagt, zu einer »gesicherten Kenntnis der theoretischen Grundlagen [verhilft, so daß] wir exakte theoretische Konstruktionen jener Gebilde [eben der festen Körper und der Uhren] geben könnten«.[18]

Wie Einstein selbst diese Frage beantwortet hätte, weiß ich nicht. Mir sind dazu keine expliziten Äußerungen von ihm bekannt, und auch die impliziten sprechen keine eindeutige Sprache. Interessant ist, daß Einstein in der ur-

---

[16] Einstein 1921, S. 8.
[17] J. Ehlers/F.A.E. Pirani/A. Schild: *The Geometry of Free Fall and Light Propagation*, in: L. O'Raifeartaigh (Hg.): General Relativity. Papers in Honour of J.L. Synge, Oxford University Press 1972, S. 63-84; J. Ehlers: *Hermann Weyl's Contributions to the General Theory of Relativity*, in: W. Deppert/K. Hübner/A. Oberschelp/V. Weidemann (Hgs.): Exact Sciences and their Philosophical Foundations, Verlag Peter Lang 1988, S. 83-105; J. Ehlers: *Einführung der Raum-Zeit-Struktur mittels Lichtstrahlen und Teilchen*, in: J. Audretsch/K. Mainzer (Hgs.): Philosophie und Physik der Raum-Zeit, BI-Wissenschaftsverlag 1988, S. 145-162.
[18] Die beiden soeben angeführten Zitate aus Einstein 1921, S. 8.

sprünglichen Fassung seines Vortrags »Geometrie und Erfahrung«, die in den Sitzungsberichten der Preußischen Akademie der Wissenschaften erschienen ist, nicht nur, wie in der kurze Zeit später erschienenen Buchversion, aus der ich soeben zitiert habe, eine ›gesicherte Kenntnis der theoretischen Grundlagen‹ für die festen Körper, sondern, spezifischer, eine solche »der Atomistik« verlangte.[19] Er hat dieses »der Atomistik« also für die Buchversion gestrichen, und man kann sich fragen, ob er damit zusätzlich Raum schaffen wollte für Analysen der Weylschen Art, die nicht ›der Atomistik‹ angehören. Andererseits bleibt Einstein dabei, daß der Begriff des starren, oder zumindest festen, Körpers für unser Verständnis von *Geometrie* wesentlich sei, und diese Art des Insistierens unterscheidet ihn, wie mir scheint, von Weyl und dessen Nachfolgern.

Einstein wird üblicherweise als jemand dargestellt, der *begriffliche Revolutionen* eingeläutet habe. Aber diese Redeweise erweist sich bei genauerer Betrachtung als sehr unklar. Warum sollte man nicht mit gleichem Recht behaupten, daß Einstein, herausgefordert durch die physikalischen Probleme, die ihm auf den Nägeln brannten, die *bestehenden* Begriffe *genauer analysiert* und dabei, zusammen mit neuem physikalischen Wissen, überraschende Konsequenzen aufgedeckt hat? Zu diesem Themenbereich wäre sehr viel zu sagen, wozu mir hier die Zeit fehlt.[20] Aber es ist an dieser Stelle immerhin bemerkenswert, wie *konservativ* Einstein in begrifflicher Hinsicht doch oft war. Offensichtlich schien es ihm wichtig, so weit wie möglich an demjenigen Begriff von *Geometrie* festzuhalten, der auf dem Begriff des starren, oder festen, Körpers beruht und wie er ihn bei Helmholtz und Poincaré vorfand. Möglicherweise hat Einstein sich gefragt, welchen Grund es noch geben sollte, überhaupt von ›Geometrie‹ zu sprechen, wenn auch noch *diese* Verbindung zum überkommenen Sprachgebrauch gekappt würde. Eine ähnliche Einstellung hatte Einstein übrigens zum Begriff der *Gravitation*. Trotz seiner revolutionären Änderungen an der Newtonschen Gravitationstheorie bestand er in vielen Kontexten darauf, dem Newtonschen Begriff der ›Gravitationskraft‹ treu zu bleiben, so weit dies möglich war, und er identifizierte auch in seiner Allgemeinen Relativitätstheorie deswegen die Gravitation häufig mit den Komponenten des affinen Zusammenhangs der Raumzeit relativ zu einem Koordinatensystem, und nicht, wie wir es heute gewohnt sind, mit dem metrischen oder dem Krümmungstensor.[21] Einstein hat auf diese Weise immer die begriffliche Kontinuität zu sei-

---

[19] *Königlich Preußische Akademie der Wissenschaften* (Berlin), *Sitzungsberichte* (1921), S. 123-130, hier S. 127.
[20] Siehe dazu meinen Aufsatz *On the Assumption That Our Concepts 'Structure the Material of Our Experience'*, in: E. Rudolph/I.-O. Stamatescu (Hgs.): Philosophy, Mathematics and Modern Physics, Berlin: Springer 1994, S. 170-185; hier v.a. S. 177-184.
[21] Siehe dazu John Norton: *What Was Einstein's Principle of Equivalence?*, in: Studies in the History and Philosophy of Science 16 (1982), S. 203-246; hier v.a. S. 233-235 und 243f.

nen Vorgängern gesucht, und die begriffliche Sensibilität, die er dabei zeigt, ist ein weiterer *philosophischer* Zug an seinem Denken!

Einsteins Holismus, mit dem ich mich in den vorangegangenen Betrachtungen hauptsächlich beschäftigt habe, kann natürlich noch weiter ausgelotet werden. Zum Beispiel sollten nun seine verifikationistischen Äußerungen zum Gleichzeitigkeitsbegriff, die er *vor* 1920 gemacht hat und von denen ich zu Beginn eine zitiert habe, nachträglich im Sinne seines Holismus zurechtgerückt werden. Dies ist ohne Probleme, und auch auf erhellende Weise, möglich, aber dazu fehlt mir die Zeit. Ebenso fehlt die Zeit, auf Einsteins philosophische Rede von der ›freien Schöpfung‹ unserer Begriffe und Theorien einzugehen, die ebenfalls eine Konsequenz seines Holismus ist, und auf seine damit zusammenhängende Auffassung, daß die empirische Fruchtbarkeit dieser freien Schöpfungen ein ›Wunder‹ oder ›Mysterium‹ sei. Aber damit hat sich auch schon Erhard Scheibe gründlich auseinandergesetzt.[22]

Literatur

EHLERS, J.: *Einführung der Raum-Zeit-Struktur mittels Lichtstrahlen und Teilchen*, in: J. Audretsch/K. Mainzer (Hgs.): Philosophie und Physik der Raum-Zeit, BI-Wissenschaftsverlag 1988, S. 145–162.

EHLERS, J.: *Hermann Weyl's Contributions to the General Theory of Relativity*, in: W. Deppert/K. Hübner/A. Oberschelp/V. Weidemann (Hgs.): Exact Sciences and their Philosophical Foundations, Verlag Peter Lang 1988, S. 83–105.

EHLERS, J./PIRANI, F.A.E./SCHILD, A.: *The Geometry of Free Fall and Light Propagation*, in: L. O'Raifeartaigh (Hg.), General Relativity. Papers in Honour of J.L. Synge, Oxford University Press 1972, S. 63–84.

EINSTEIN, Albert: *Elsbachs Buch: Kant und Einstein*, in: Deutsche Literaturzeitung für Kritik der internationalen Wissenschaft, Neue Folge, Bd. 1 (August-Dezember 1924), Sp. 1685–1692.

EINSTEIN, Albert: *Geometrie und Erfahrung*, Julius Springer 1921.

EINSTEIN, Albert: *The Collected Papers of Albert Einstein*, Volume 6, Princeton University Press 1996.

EINSTEIN, Albert: *The Collected Papers of Albert Einstein*, Volume 7, Princeton University Press 2002.

EINSTEIN, Albert: *The Collected Papers of Albert Einstein*, Volume 9, Princeton University Press 2004.

FRIEDMAN, Michael: *Geometry as a Branch of Physics: Background and Context for Einstein's »Geometry and Experience«*, in: David B. Malament (Hg.): Reading Natural Philosophy, Open Court 2002, S. 193–229.

HENTSCHEL, Klaus: *Einstein, Neokantianismus und Theorienholismus*, in: Kant-Studien 78 (1987), S. 459–470.

---

[22] Siehe v.a. den in Fn. 1 genannten Aufsatz Scheibes.

HENTSCHEL, Klaus: *Zur Rolle Hans Reichenbachs in den Debatten um die Relativitätstheorie*, in: Danneberg et al. 1994, S. 295–324.

HOWARD, Don: *Einstein and the Development of Twentieth-Century Philosophy of Science*, Ms., 2005, erscheint in: M. Janssen/C. Lehner (Hgs.): The Cambridge Companion to Einstein, Cambridge University Press.

HOWARD, Don: *Einstein's Philosophy of Science*, in: Stanford Encyclopedia of Philosophy (Spring 2004 Edition), URL = <http://plato.stanford.edu/archives/spr2004/entries/einstein-philscience/>.

MÜHLHÖLZER, Felix: *On the Assumption That Our Concepts ›Structure the Material of Our Experience‹*, in: E. Rudolph/I.-O. Stamatescu (Hgs.): Philosophy, Mathematics and Modern Physics, Springer, Berlin 1994, S. 170–185.

MÜHLHÖLZER, Felix: *»Raffiniert ist der Herrgott, aber boshaft ist er nicht«*, in: L. Danneberg/A. Kamlah/L. Schäfer (Hgs.): Hans Reichenbach und die Berliner Gruppe, Vieweg 1994, S. 325–331.

NORTON, John: *What Was Einstein's Principle of Equivalence?*, in: Studies in the History and Philosophy of Science 16 (1982), S. 203–246.

PAIS, Abraham: *›Subtle is the Lord ...‹ – The Science and Life of Albert Einstein*, Oxford University Press 1982.

REICHENBACH, Hans, *Gesammelte Werke*, Bd. 3, Vieweg 1979.

SCHEIBE, Erhard: *Albert Einstein: Theory, Experience, Reality*, in: ders.: Between Rationalism and Empiricism, New York: Springer 2001, S. 119–135.

SCHILPP, Paul Arthur (Hg.): *Albert Einstein: Philosopher*-Scientist, Open Court, 1949 (dt. *Einstein als Philosoph und Naturforscher*, Stuttgart: Kohlhammer 1955).

SCHMIDT, Heinz-Jürgen: *Axiomatic Characterization of Physical Geometry*, Berlin: Springer 1979.

Sektion 13

Das kreative Gehirn – Kreativität als Problem der Hirnforschung

Jan-Hendrik Heinrichs
Die Rolle alltagspsychologischer Begriffe in der Hirnforschung –
Methodische Überlegungen am Beispiel Kreativität 773

Willem Warnecke
Kreativität als Störfaktor in den Kognitionswissenschaften 783

Gottfried Vosgerau
Kreativität als Zusammenspiel von Assoziation und Inhibition 795

Frank Hofman
Kreativität und Bewusstsein bei mentalen Handlungen 807

Die Rolle alltagspsychologischer Begriffe in der Hirnforschung – Methodische Überlegungen am Beispiel Kreativität

JAN-HENDRIK HEINRICHS (ERFURT)

Im Folgenden sollen einige wissenschaftsmethodische Überlegungen zur Vorgehensweise der gegenwärtigen Neurowissenschaften entwickelt werden. Dazu präsentiere ich nach einer kurzen Exposition der neurowissenschaftlichen Selbstdarstellung zunächst einige allgemeine wissenschaftstheoretische Überlegungen zur Möglichkeit und Form der Funktionalanalyse und zum Verhältnis von Funktional- und Kausalanalyse. Diese Überlegungen orientieren sich an den Theorien von Robert Cummins. Im zweiten Abschnitt werden die Rollen von Funktional- und Kausalanalyse in der Psychologie thematisiert sowie deren methodischer und explanatorischer Status diskutiert. Dabei stehen Überlegungen von Jerry Fodor und Uljana Feest im Mittelpunkt. Nach diesen Vorarbeiten werde ich die wissenschaftstheoretischen Vorgaben auf die Methoden der Neurowissenschaft anwenden, und einige offene Fragen und Desiderata formulieren, die deren Aufgabenstellung – die Aufklärung der Funktion und Realisierung psychischer Prozesse – betreffen.

1. Die Erklärungsebenen in der neurowissenschaftlichen Selbstdarstellung

Im so genannten Manifest der Hirnforschung[1] verweisen namhafte Wissenschaftler auf drei Ebenen ihrer wissenschaftlichen Betätigung. Diese drei Ebenen werden folgendermaßen beschrieben: »Die oberste erklärt die Funktion größerer Hirnareale«, »Die mittlere Ebene beschreibt das Geschehen innerhalb von Verbänden von hunderten oder tausenden Zellen« und »die unterste Ebene umfasst die Vorgänge auf dem Niveau einzelner Zellen und Moleküle.«[2] Auffällig an dieser Beschreibung sind nicht in erster Linie die Größen der jeweils untersuchten Phänomenbereiche sondern vielmehr die Formulierungen, die die jeweilige Methoden der Forschung darstellen sollen: »Funktionen erklären«, »beschreiben« und »umfassen«.

Am unpräzisesten ist sicherlich der Begriff »umfassen«. Er wird für diejenige Ebene verwendet, die der Kausalerklärung am nächsten ist. Auf dieser Ebene soll es um die Vorgänge auf mikroskopischer Ebene gehen, die am besten durch Begriffe der Chemie oder gar der Physik beschrieben und aufgrund

---
[1] *Manifest der Hirnforschung*, in: Gehirn & Geist 6/2004, S. 30-37
[2] Ebd., S. 30

deren Gesetze erklärt werden. Der Begriff »beschreiben« wird auf der zweiten Ebene verwandt, über die die Hirnforschung laut genanntem Manifest noch am wenigsten weiß. Diese maßgeblich auf der Unverfügbarkeit adäquater Beobachtungsinstrumentarien beruhende Unkenntnis verweist die Forschungspraxis auf die Sammlung von Daten mithilfe der bisher verfügbaren Methoden. Bezeichnend ist die Formulierung für die oberste Ebene, auf der Funktionen erklärt werden sollen. Diese Erklärung geschieht laut *Manifest* unter anderem auf der Basis von Techniken des Neuroimaging, in dem Aktivitäten in relativ großem Maßstab beobachtet werden können.

Diese drei Ebenen lassen sich auf wissenschaftstheoretische Überlegungen zu unterschiedlichen Erklärungsmethoden in den Naturwissenschaften abbilden. Die einschlägigste Darstellung, die alle drei Ebenen der Erklärung beinhaltet, ist der klassische Aufsatz *Functional Analysis* von Robert Cummins. Cummins expliziert hier nicht nur die funktionale Analyse sondern auch ihr Verhältnis zur Kausalerklärung (bei Cummins ›*subsumption strategy*‹).

2. Funktional- und Kausalerklärung

Cummins[3] unterscheidet zwei Strategien der Erklärung: *Subsumption strategy* und *analytical strategy*. Die *Subsumption strategy* besteht darin, ein Phänomen durch die Subsumption unter allgemeine Gesetze zu erklären. Kausalerklärungen sind prototypische Anwendungen dieser Strategie. Beobachtete Phänomen werden unter die bekannten allgemeinen Gesetze der jeweiligen Wissenschaft (nach Möglichkeit der Physik) subsumiert. Die *analytical strategy* unterteilt komplexe Phänomene (Cummins spricht von Dispositionen komplexer Systeme) in immer kleinere Phänomene (Dispositionen), aus deren Zusammenspiel das übergeordnete Phänomen erklärbar wird. Die im Rahmen der analytischen Strategie erklärten Phänomene nennt Cummins auch Fähigkeiten *capacities* anstatt von Dispositionen. Über den Begriff der Disposition schlägt Cummins die Brücke zur Funktionalanalyse: Etwas erfüllt eine Funktion innerhalb eines Systems, wenn es zur Ausübung einer Fähigkeit des Systems beiträgt. Die jeweilige Fähigkeit eines Systems kann in Form einer Disposition zu bestimmtem Verhalten erklärt werden. Der Begriff der Funktion hängt also davon ab, zur Realisierung einer Fähigkeit eines übergeordneten Systems beizutragen. Diese Fähigkeit – bzw. die höchststufige Fähigkeit in einer Kette funktionaler Erklärungen – darf natürlich nicht wiederum selbst als Funktion beschrieben werden, wenn die Theorie nicht in einen unendlichen Regress geraten soll.[4]

---

[3] Zum Folgenden vgl. Robert Cummins: *Functional Analysis*, in: The Journal of Philosophy Vol 72/20, (1975), S. 741-765.

[4] Der Regress muss zumindest an einer Stelle aufhören. Es ist durchaus möglich von Subsubsystemen zu sprechen, aber auf der obersten Ebene muss das Sprechen von

Die Zuschreibung, ein System habe eine Fähigkeit, geschieht Cummins zufolge immer relativ zu einem Theorierahmen. Nur relativ zu einem Theorierahmen, wie dem der Evolutionsbiologie, der Biokybernetik oder eben der Psychologie gewinnt der Begriff der Funktion Erklärungskraft. Durch diese Relativierung auf einen speziellen analytischen Hintergrund oder besser auf eine lokale wissenschaftliche Theorie kann Cummins dem Regressproblem entgehen und der Unterschiedlichkeit der Funktionszuschreibung in den unterschiedlichen Wissenschaften gerecht werden. Die Funktionalanalyse dient diesem Bild folgend zur Aufklärung der jeweils durch eine Wissenschaft ausgezeichneten Fähigkeit. Die Unterschiedlichkeit dieser Fähigkeiten wie beispielsweise Überlebensfähigkeit in der Evolutionsbiologie, Verhaltenssteuerung in der Verhaltensbiologie oder kognitive Leistungen in der Psychologie verdankt sich den unterschiedlichen Phänomenbereichen, den *lokalen Ontologie* der jeweiligen Wissenschaften.

Um dem Vorwurf wissenschaftlicher Irrelevanz, der der Funktionalanalyse oft entgegengebracht wird, zu entkräften, zeigt er auf, dass Funktionalerklärungen in dieser analytischen Erklärungsstrategie besonders dann von theoretischem Interesse sind, wenn die Distanz der Komplexität erklärender und erklärter Dispositionen möglichst groß ist. Sein Beispiel ist die Nutzung der Automatentheorie zur Erklärung kognitiver Fähigkeiten in der Psychologie. Idealerweise sind die erklärenden Dispositionen so primitiv, dass sie auf der Basis der Physik oder Physiologie und damit der *subsumption strategy* erklärt werden können.

Nach Cummins kann eine Funktionalanalyse natürlicher Systeme niemals erklären, wie sie zustande kamen. Die Frage »Warum gibt es x?« kann nur im Fall von Artefakten durch funktionale Sprache erklärt werden. Die Frage nach der Entstehung natürlicher Phänomene ist Aufgabe der Kausalerklärung. Die Rolle, die Funktionalerklärungen bei der Erforschung natürlicher Systeme spielen kann, ist Cummins zufolge, die Fähigkeiten des jeweils übergeordneten natürlichen Systems zu erklären.

3. Erklärungen in der Psychologie

Ein funktionalistisches Modell wissenschaftlicher Erklärung in der Psychologie findet sich in Fodors *The Appeal to Tacit Knowledge in Psychological Explanation*.[5] Fodor vertritt dort einen starken intellektualistischen Ansatz, demzufolge sich Verhalten durch komplexe Anweisungen bzw. Instruktionstafeln erklären

---

Funktionen – beispielsweise denen eines Organismus in der Umwelt – aufhören. Es ist – evolutionsbiologisch – nicht sinnvoll, die Überlebensfähigkeit eines Organismus selbst wieder als Funktion im Gesamtsystem der Umwelt anzusprechen.
[5] Zum Folgenden vgl. Jerry Fodor: *The Appeal to Tacit Knowledge in Psychological Explanation*, in: The Journal of Philosophy Vol 65/20 (1968), S. 627-640.

lässt. Cummins weist darauf hin, dass Fodor in diesem Aufsatz vorführt, wie die Funktionalanalyse in der Psychologie anzuwenden ist. Die zu erklärende Systemfähigkeit im Theorierahmen von Cummins sind in Fodors Ansatz komplexe Verhaltensweisen, die im Rahmen einer behavioralen Psychologie beschrieben werden können. Die erklärenden Dispositionen des Cumminsschen Theorierahmens bestehen in der Theorie Fodors in den Instruktionstafeln, durch die Verhaltensweisen beschrieben und analysiert werden.

Fodor führt in einer überzeugenden Entkräftung des Homunkulus-Argumentes vor, wie komplexe Verhaltensweisen schrittweise analysiert werden können. Er bedient sich bei dieser Analyse einer der Maschinenmetapher verwandten Vorgehensweise, indem er als analysierende Einheiten Anweisungstexte annimmt. Diese Anweisungstexte, die natürlich sofort den Homunkulusvorwurf provozieren, wiederum gilt es laut Fodor weiter zu analysieren, bis sie aus ›elementaren Operation‹ bestehen. Diese elementaren Operationen versteht er als diejenigen, zu deren Ausführung ein Nervensystem ›verdrahtet‹ sei. Das Programm ist also die Analyse komplexer Handlungsanweisungen oder -beschreibungen durch nicht weiter analysierbare elementare Handlungsanweisungen oder -beschreibungen.

Für Fodor ist eine solche Erklärung hinreichend, die weitere Analyse dieser erklärenden Anweisungen in physiologischen Begriffen ist für ihn deshalb von geringem Interesse, weil er behauptet, die kausal wirksame Ebene sei diejenige der Syntax bzw. der Funktionen. Fodor ist nicht nur im Sinne einer methodisch orientierten Wissenschaftstheorie Funktionalist, er unterschreibt auch die ontologische Verortung, dernach etwas durch die Rolle individuiert wird, die es in einem Gesamtsystem spielt, und nicht durch seine physikalische Beschaffenheit. Die Frage nach dem Wie einer bestimmten Fähigkeit ist durch die funktionale Analyse hinreichend beantwortet. Nicht so für Cummins. Dieser würde darauf hinweisen, dass die erklärenden Anweisungen möglicherweise auf der Basis der Physiologie der Nervenzellen beschreibbar wären. Aber auch im Fodorschen Theorierahmen selbst kommen Zweifel darüber auf, welches denn die von ihm benannten ›elementaren Operationen‹ sein können, wenn nicht gerade diejenigen die eine Nervenzelle qua physiologischem Aufbau ausführt.

Fodor bedient sich hier maßgeblich der Computermetapher des Geistes und der Automatentheorie, deren elementare Operationen er übernimmt. In seiner späteren Theorie einer Sprache des Geistes[6] bezieht er sich auf die grundlegenden syntaktischen Operationen als grundlegende Beschreibungsebene für mentale Prozesse. Mit dem Hinweis auf die multiple Realisierbarkeit

---

[6] Vgl Fodor: *Psychosemantics: The Problem of Meaning in the Philosophy of Mind*, Cambridge MA 1989, Kapitel 1. Die hier vorgestellte Konzeption funktionaler Analyse ist derjenigen der Language of Thought ähnlich, unterscheidet sich aber insofern von ihr, als keine Aussage über die basalen Operationen gemacht wird.

der jeweiligen mentalen Operationen in diversen physischen Medien stellt er die funktionale Beschreibungsebene als die gegenüber der physikalischen primäre heraus. Wenn man jedoch vorsichtiger davon ausgeht, dass die grundlegenden Operationen von Nervenzellen und ihren Verbänden andere sein könnten als diejenigen, die in der Computermetapher des Geistes verwendet werden,[7] liegt der Schluss näher, dass die funktionale und die physikalische Analyse von gleichem explanatorischen Rang sind aber jeweils unterschiedliche Fragen beantworten. Die Funktionalanalyse erklärt, wie aus elementaren Dispositionen komplexe Fähigkeiten entstehen können, die Kausalanalyse stellt dar, welche elementaren Dispositionen es im jeweiligen System gibt, und wie sie physikalisch realisiert werden.

Wenn die Funktionalanalyse wie hier angenommen die primäre Erklärungsform der Psychologie ist, dann folgt nach Feest und Rosenberg[8] daraus ein Argument gegen die Reduzierbarkeit psychologischer Erklärungen. Reduktion bezieht sich auf die Theorien und Gesetze einer jeweiligen Wissenschaft. Wenn aber eine Wissenschaft nicht auf der Basis allgemeiner Gesetze oder Theorien, d.h. der Subsumptionsstrategie nach Cummins sondern auf der von Funktionalanalyse arbeitet, fehlt schlicht der Ansatzpunkt für die Reduktion. Irreduzibilität wiederum ist eine hinreichende Bedingung dafür, dass eine Wissenschaft, die den anderen methodischen Bedingungen von Wissenschaftlichkeit genügt, genuine Erklärungskraft besitzt. Die Psychologie ist gemäß dieser Konzeption in der Lage, genuine Erklärungen zu liefern, obwohl sie nicht über allgemeine Gesetze oder Theorien verfügt. Sie ist nach der Definition von Feest[9] explanatorisch autonom, d.h. sie ist in der Lage, genuine Erklärungen zu formulieren, ohne auf taxonomische Kategorien anderer Wissenschaften Bezug zu nehmen.

Diese Definition von explanatorischer und methodischer Autonomie setzt eine Differenz von Taxonomie und Begrifflichkeit einer Wissenschaft voraus. Die Taxonomie der jeweiligen Wissenschaft stellt – im Quineschen Sinne – ihre Ontologie dar, die Begrifflichkeit beinhaltet alle darüber hinausgehenden sprachlichen Funktionen wie Relations- und Prädikationsaussagen, etc. Die Taxonomie ist eine Teilmenge der Begrifflichkeit einer Wissenschaft, es muss jedoch Begriffe dieser Wissenschaft geben, die nicht Teil der Taxonomie sind, damit diese Definition von methodischer und explanatorischer Autonomie sinnvoll anwendbar ist. Dies ist jedoch in allen Wissenschaften der Fall.

---

[7] Dieses Ergebnis wird auch durch die Ergebnisse konnektionistischer Forschungen nahe gelegt. Die basalen Operationen neuronaler Netzwerke lassen sich gerade nicht durch diejenigen der symbolverarbeitenden Ansätze abbilden.
[8] Vgl. Uljana Feest: *Functional Analysis and the Autonomy of Psychology*, in: Philosophy of Science 70/5 (2003), S. 937-949; Alexander Rosenberg: *Reductionism in a Historical Science*, in: Philosophy of Science 68 (2001), S. 135-163.
[9] Vgl Uljana Feest: a.a.O., S. 938.

Wie oben festgestellt, muss die Psychologie für die Funktionalanalyse zumindest die erklärenden Dispositionen unter Rückgriff auf andere Wissenschaften definieren. Sie ist also in diesem Sinne nicht methodisch autonom, d.h. sie ist nicht in der Lage, ihre eigene Taxonomie ohne Rückgriff auf Begriffe anderer Wissenschaften zu definieren. In den Methoden einer erklärenden Psychologie finden sich Bezugnahmen auf die Neurophysiologie oder auf die Automatentheorie bzw. die Computermetapher des Geistes. Damit überschreitet sie die Grenze einer rein behavioralen Psychologie, gewinnt aber durch diese Aufgabe der methodischen Autonomie explanatorische Kraft und Autonomie. Durch den Rückgriff auf die genannten Begrifflichkeiten kann die Psychologie, wie von Cummins gefordert, größere Komplexitätslücken schließen und gewinnt dadurch Erklärungskraft. Dadurch, dass sie in diesen Begriffen eine eigene Taxonomie entwickelt und präzisiert, kann sie unabhängig von den Taxonomien anderer Wissenschaften agieren und gewinnt damit explanatorische Autonomie.

4. Wissenschaftstheorie der Neurowissenschaften

Mit dem Programm der Funktionalanalyse und der physiologischen Aufklärung der erklärenden Dispositionen scheint das Verfahren der Neurowissenschaften wie im Manifest formuliert hinreichend erfasst. Auf der obersten Ebene eine Analyse der kognitiven Funktionen, auf der zweiten Ebene die Analyse in intermediäre, erklärende Dispositionen, auf der untersten Ebene die physiologische Aufklärung dieser erklärenden Dispositionen. Damit würde die Neurowissenschaft zumindest dem Programm nach genau das erklären, was wir von ihr wissen wollen (bzw. wollen sollten): Wie unsere psychischen Funktionen ausgeübt und wie sie physiologisch realisiert werden.

Am Beispiel des titelgebenden Begriffs der Kreativität sähe das Programm folgendermaßen aus: Es würden diejenigen Gehirnbereiche lokalisiert, die bei der Ausübung kreativer Tätigkeiten aktiv sind. Diese Ausübung kreativer Tätigkeiten würde in einzelne Dispositionen analysiert bis die erklärenden Dispositionen durch die Dispositionen der jeweiligen neuronalen Subsysteme innerhalb der betreffenden Gehirnbereiche erklärbar sind. Damit wären eine funktionale Analyse der Kreativität und eine Verortung der entsprechenden Aktivität geleistet. Die physiologische Analyse von Einzelzellen und Zellverbänden wird möglicherweise irgendwann erklären, wie die Dispositionen der neuronalen Subsysteme physiologisch realisiert werden. Damit wäre Kreativität funktional und kausal erklärt, wir wüssten, wie unsere kreativen Tätigkeiten funktionieren und auf der Basis welcher neuronaler Prozesse wir zu Ihnen fähig sind.

Für den Fall einfacherer Dispositionen ist ein solches Forschungsprogramm schon in den sechziger Jahren erfolgreich verfolgt worden. Die Untersuchungen des visuellen Systems des Frosches durch Lettvin, Pitts, McCulloch und Maturana liefern genau diese Form von Analyse. Dort wird komplexes Verhalten (Fliegenfang- und Fluchtverhalten) in einzelne Dispositionen unterteilt. Die erklärenden Dispositionen werden in identifizierbaren Subsystemen, in diesem Falle vier unterschiedlichen Typen von Nervensträngen, realisiert. Die vollständige physiologische Aufklärung dieser Nervenstränge ist zwar noch nicht erreicht, aber die genannten Verhaltensweisen sind auf der Basis der Dispositionen dieser Nervenstränge erklärbar.

Leider aber überschneiden sich Manifest und Wissenschaftstheorie nicht in allen Fällen so präzise. Es stellen sich vielmehr einige Fragen und Probleme, insbesondere betreffs der methodischen Geschlossenheit der Neurowissenschaften bzw. der Rolle psychologischer Theorien in der eher naturwissenschaftlich ausgerichteten Neurowissenschaft.

4.1 Die Abweichungen von der Funktionalanalyse

Eine erste Abweichung von der Funktionalanalyse in der hier beschriebenen Form besteht in der Auswahl der erklärenden Dispositionen. Wie das Manifest der Hirnforschung aber auch zahlreiche Fachpublikationen darstellen, ist die intermediäre Ebene, das Verhalten von Subsystemen aus »hunderten oder tausenden« von Zellen derzeit kaum erforscht. Daher können die erklärenden Dispositionen für eine analytische Strategie nach Cummins bisher nicht innerhalb des konzeptuellen Rahmens der Gehirnforschung bereitgestellt werden. Die erklärenden Dispositionen werden derzeit u.a. im Rahmen der Computermetapher des Geistes formuliert. D.h. die Symbolverarbeitungs- oder Automatentheorie oder eine Theorie der Sprache des Geistes liefern die erklärenden Dispositionen, bis diejenigen der physischen Subsysteme beschrieben werden können. Um die Begrifflichkeit von Uljana Feest wieder aufzugreifen, ist die Neurowissenschaft damit nicht methodisch autonom, d.h. sie muss ihre eigene Taxonomie unter Rückgriff auf Begriffe anderer Wissenschaften definieren.[10]

Eine zweite Abweichung vom hier beschriebenen Verfahren der Funktionalanalyse besteht in der Auswahl der zu erklärenden Fähigkeiten. Die zu erklärenden Fähigkeiten oder wie es im Manifest ausgedrückt wird »die Funktion größerer Hirnareale« die als Beispiele genannt werden, sind erstaunlich disparat: »Sprachverstehen, Bilder erkennen, Tonwahrnehmung, Musikverarbeitung, Handlungsplanung, Gedächtnisprozesse sowie das Erleben von Emotionen«. Wenn diese disparate Auswahl sich durch Kriterien erklären lässt, die diese Funktionen oder Fähigkeiten als für die funktionale Analyse geeignet auswählen, entspricht dies dem analytischen Forschungsprogramm. Es ist allerdings nicht klar, anhand welcher Kriterien diese Auswahl geschehen

---

[10] Hier wird davon ausgegangen, dass die erklärenden Dispositionen in der Taxonomie der jeweiligen Wissenschaft enthalten sind.

sein soll. Gerade die hochkomplexen Fähigkeiten der obigen Liste lassen sich bisher nicht einmal unter eine einheitliche Handlungsbeschreibung subsumieren. Es ist bei komplexen Tätigkeiten wie ›Handlungsplanung‹ oder ›Gedächtnisprozesse‹ nicht ersichtlich, was eigentlich analysiert werden soll, geschweige denn auf Basis welcher erklärenden Dispositionen eine solche Erklärung möglich ist.

Dieser Mangel an präziserer Formulierung des Explanandum lässt sich darauf zurückführen, dass die Neurowissenschaft bei der Benennung ihrer Untersuchungsziele auf die Taxonomie anderer Wissenschaften und Theorien (unter anderem der Alltagspsychologie) zurückgreift. ›Handlungsplanung‹ sogar ›Musikverarbeitung‹ sind keine Begriffe der Neurowissenschaften, die Neurowissenschaften bedienen sich ihrer jedoch als Explananda. Wiederum in Feests Begrifflichkeit ausgedrückt, beraubt sich die Neurowissenschaft dadurch ihrer explanatorischen Autonomie, d.h. sie formuliert ihre Erklärungen nicht unabhängig von der Taxonomie anderer wissenschaftlicher Disziplinen.

4.2. Das Desideratum explanatorischer Autonomie

Methodische Autonomie ist nicht notwendigerweise Desiderat für eine Wissenschaft. Gerade in Wissenschaftszweigen, die große Komplexitätslücken schließen wollen, wie etwa diejenige zwischen einfachen physiologischen Prozessen und komplexen kognitiven Fähigkeiten, ist es vielmehr nahe liegend, dass zur Definition der eigenen Begriffe und zur Erklärung von Sachverhalten auf andere Wissenschaften zurückgegriffen wird. Dieser Rückgriff zwingt jedoch zu einer besonderen Reflektion auf die Begriffe und Methoden der ›Hilfswissenschaften‹ in diesem Fall der Psychologie. Es sollte allerdings ein Ziel einer Wissenschaft sein, explanatorisch autonom zu sein, d.h. genuine Erklärungen formulieren zu können, ohne die Taxonomien anderer Wissenschaften zu bemühen. Kann eine Wissenschaft nur durch die Verwendung der Taxonomien anderer Wissenschaften Erklärungen formulieren, so verfügt sie über keinen eigenen Zugang zu einem Phänomenbereich, keine eigene Ontologie. Ihre Erklärungen bleiben dann derivativ, sie wird damit zu einer geeigneten Kandidatin für wissenschaftliche Elimination.

Die wichtigste Verwendungsweise der Taxonomien anderer Wissenschaften in der Neurowissenschaft besteht in der Formulierung ihrer Explananda. Der Rückgriff auf taxonomische Einheiten der Biologie, der Psychologie und sogar der Alltagspsychologie in der Formulierung der Forschungsziele der Neurowissenschaften ist wissenschaftspolitisch sicherlich erklärlich, aber der Wissenschaftspraxis wenig dienlich. Explanatorische Autonomie wäre dadurch erreichbar, dass die Explananda der Neurowissenschaften präziser definiert und in die Taxonomie derselben übersetzt werden. Durch die bereits im methodischen Programm enthaltene Funktionalanalyse gälte es dann, diese Explananda zu analysieren. Wie bereits erwähnt ist bei der Definition der

Explananda der Rückgriff auf Begriffe anderer Wissenschaften oder gar der Alltagssprache unbedenklich, es geht hier lediglich um die Schaffung einer eigenen Taxonomie, also einer *lokalen Ontologie*. Beispielhaft für genau dieses Programm ist die bereits erwähnte Analyse der visuellen Mustererkennung in den Untersuchungen von Lettvin, Maturana, McCulloch und Pits.

Die Definition von Explananda kann allerdings nicht im Rahmen der Neurowissenschaft allein geschehen. Sie müsste sich vielmehr auf die Begriffe einer deskriptiven, behavioralen Psychologie stützen bzw. für den Fall nichtmenschlicher Wesen auf diejenigen der biologischen Verhaltenstheorie. Mittels der funktionalen Analyse würde sie erklären, wie unterschiedliche wohldefinierte (menschliche oder tierische) Fähigkeiten ausgeführt werden können.[11]

5. Grenzen der neuropsychologischen Funktionalanalyse

Dem hier dargestellten Wissenschaftsprozess einer funktional wie kausal erklärenden Neuropsychologie sind dennoch gewisse Grenzen gesetzt. Die Fragen dieser Wissenschaften lauten: ›Wie funktioniert x?‹ und ›Wie wird x physisch realisiert?‹ Mit der Variable x werden hier wohldefinierte Fähigkeiten und Verhalten bezeichnet. Es ist allerdings nicht möglich, beliebige psychologische oder biologische Phänomene für x einzusetzen. Durch diese Variable können nur Phänomene betrachtet werden, die funktional definiert werden können, nämlich Fähigkeiten (Dispositionen) und Verhalten. Es ist in diesem Rahmen nicht möglich, Eigenschaften, die diesem Fähigkeiten oder Verhalten zugeschrieben werden, zu analysieren. Es gibt, um ein Beispiel von Jerry Fodor zu bemühen, keinen funktionalen Unterschied zwischen ›fließend Latein sprechen‹ und ›Latein sprechen‹.

Diese Diagnose entscheidet auch über die Möglichkeit, Kreativität als Thema der Neuropsychologie oder Hirnforschung zu behandeln. Es gibt keinen funktionalen Unterschied zwischen ›kreativ Malen‹ und ›Malen‹, keinen zwischen ›kreativ Kochen‹ und ›Kochen‹ etc., Kreativität ist keine Fähigkeit (Disposition) sondern eine Eigenschaft der Ausführung bestimmter Fähigkeiten. Die funktionalen Analysen derselben Tätigkeit einer Person, die wir dabei als kreativ bezeichnen, und einer, die wir dabei nicht als kreativ bezeichnen, wären identisch.

---

[11] Der ontologischen These des Funktionalismus, wonach mentale Zustände eines bestimmten Typs durch ihre Rolle im Gesamtorganismus individuiert werden, muss sich ein Funktionalismus, wie er hier entwickelt wurde, nicht anschließen. Im gegenwärtigen Kontext ist die These des Funktionalismus eher, dass mentale Zustände oder Prozesse im Rahmen einer analytischen Strategie erklärt werden können. Der Gedanke, ihr ontologischer Status müsste deshalb auch mittels dieser Strategie spezifiziert werden, folgt daraus nicht.

Aus dieser Diagnose folgt auch, dass bestimmte Begriffe aus der klassischen Philosophie des Geistes ungeeignete Kandidaten für eine funktionale Analyse im Rahmen der deskriptiven Neuropsychologie sind. Nach bisherigem philosophischem und psychologischem Forschungsstand sind auch Bewusstsein und Selbstbewusstsein eher Eigenschaften als Fähigkeiten oder Tätigkeiten. Wir können zwar möglicherweise Bewusstsein als erklärend für bestimmte komplexe Fähigkeiten betrachten, eine funktionale Analyse von Bewusstsein jedoch ist nicht in Aussicht. Sätze wie ›die Bewusstheit dieser und jener Prozesse hat die Funktion x in Kontext y‹ sind durchaus verständlich. Sätze jedoch, wie ›Die Funktion Bewusstsein ist analysierbar in die Dispositionen $x_1..x_n$‹ erfordern jedoch mindestens weitere Bemühungen um die Definition des Explanandums.

Literatur

BIGELOW, John/PARGETTER, Robert: *Functions*, in: The Journal of Philosophy 84/4 (1987), S. 181–196.

CUMMINS, Robert: *Functional Analysis*, in: The Journal of Philosophy 72/20 (1975), S. 741–765.

FEEST, Uljana: *Functional Analysis and the Autonomy of Psychology*, in: Philosophy of Science 70/5 (2003), S. 937–949.

FODOR Jerry A.: *Psychosemantics: The Problem of Meaning in the Philosophy of Mind*, Cambridge MA 1989.

FODOR, Jerry: *The Appeal to Tacit Knowledge in Psychological Explanation*, in: The Journal of Philosophy 65/20 (1968), S. 627–640.

LETTVIN, J.Y./MATURANA, H.R./MCCULLOCH, W.S./PITTS, W.H.: *What the Frog's Eye Tells the Frog's Brain*, in: Proc. Inst. Radio Engr. Vol. 47, 1940–1951 [1959].

ROSENBERG, Alexander: *Reductionism in a Historical Science*, in: Philosophy of Science 68 (2001), S. 135–163.

STURMA, Dieter: *Philosophie der Psychologie*, in: Journal für Psychologie 10/1 (2002), S. 18–39.

WRIGHT, Larry: *Functions*, in: The Philosophical Review 82/2 (1973), S. 139–168.

Kreativität als Störfaktor in den Kognitionswissenschaften

WILLEM WARNECKE (MARBURG)

Empirische Hirnforschung am Beispiel der Neurolinguistik

In den bezüglich ihrer Arbeitsweise an naturwissenschaftlichen Vorbildern orientierten Kognitionswissenschaften werden menschliche Fähigkeiten, für die traditionell Geisteswissenschaften zuständig waren, auf Funktionen des Gehirns zurückgeführt. In der modernen kognitiven Linguistik etwa ist daher von Sprachzentren, von neuronalen Korrelaten und Repräsentationen die Rede; die Ursachen für Sprachstörungen werden etwa in Hirngewebeschäden gesucht – und gefunden. Von der Grundlage des Methodischen Kulturalismus[1] ausgehend, insbesondere dessen Handlungstheorie, soll in diesem Vortrag untersucht werden, ob die menschliche Kognition (allein) mit naturwissenschaftlichen Mitteln erforschbar ist, oder ob nicht vielleicht die menschliche Fähigkeit, in Handeln und Verhalten unberechenbar zu sein – kreativ zu agieren –, den empirischen Erklärungsversuchen doch ernstzunehmende Probleme bereitet.

Zumindest die für solche Forschung zur Verfügung stehenden technischen Möglichkeiten haben sich in den letzten Jahren potenziert, die Aussagekraft der Ergebnisse wurde, insbesondere in punkto Genauigkeit, erheblich gesteigert: Paul Broca etwa untersuchte 1861 das Gehirn des Aphasikers ›Tan‹ und anhand der daran vorgefundenen Läsion und des Patientenbefundes wurde das ›Broca-Areal‹ erstmalig definiert. Broca hatte das Hirn damals allerdings nicht zerschneiden wollen, beschrieb die Läsion daher nur als Oberflächenmerkmal. Als man vor kurzem das konservierte Gehirn noch einmal untersuchte, fiel – man möchte sagen ›selbstverständlich‹ – der Befund sehr viel differenzierter aus. Mit Hilfe moderner, nicht-invasiver Methoden, d.h. ohne das Gehirngewebe durch die Untersuchung zu zerstören, fand man heraus, dass sich die Läsion bis tief ins Innere des Gewebes hinein fortsetzte, dass Broca ihr enormes Ausmaß verborgen geblieben war.

In Bezug auf die neuen, elektrophysiologischen und tomographischen Analyseverfahren der Hirnforschung sehen wir uns heute im Stande, so weit reichende Aussagen zu treffen, dass wir die Geräte an Testpersonen eichen, oder zumindest überprüfen: Die (neu installierte) Elektroenzephalographie-

---

[1] Vgl. hierzu: Dirk Hartmann: *Philosophische Grundlagen der Psychologie*, Darmstadt 1998; D. Hartmann/P. Janich (Hgs.): *Methodischer Kulturalismus*, Frankfurt/M 1996; Peter Janich: *Logisch-pragmatische Propädeutik*, Weilerswist 2001.

Apparatur funktioniert genau dann, wenn sie uns in einem bestimmten Setting mit einem bestimmten Versuchsablauf für bestimmte Testpersonen bestimmte Werte liefert.

Da ich im Folgenden in Beispielen immer die Elektroenzephalographie anführen werde, eine kurze Erläuterung dazu: Über – bis zu 128 nach einem standardisierten System verteilte – Elektroden werden an der Kopfoberfläche der zu untersuchenden Personen Schwankungen der elektrischen Spannung im Mikrovolt-Bereich aufgenommen, die auf neuronale Aktivitäten des Gehirns zurückgeführt werden. Im Vergleich zu anderen Analyseverfahren, insbesondere den tomographischen, bietet das Elektroenzephalogramm (EEG) zwar eine sehr sensible und zeitlich exakte Darstellung neuronaler Aktivität, hingegen lässt deren räumliche Abbildung zu wünschen übrig: Aufgrund der Unebenheit der Gehirnoberfläche haben durchaus in der Regel die gemessenen Ströme ihren Ursprung *gerade nicht* direkt unterhalb der Elektroden, sondern es werden jeweils Aktivitäten ›irgendwo in der Nähe‹ registriert.

Dass das EEG auch minimale und sehr kurze Aktivitäten belegt, ist allerdings nicht generell von Vorteil, nämlich insofern, als dass, anders als etwa in der vergleichsweise trägen Magnetresonanztomographie (MRT), auch jedes Augenzwinkern registriert wird. Bei den mit Hilfe eines EEG durchgeführten EKP-Experimenten (EKP: Ereignis-korrelierte Potentiale, d.h. die EEG-Daten werden mit Stimuli in Verbindung gebracht) ergeben sich daher besonders viele Störquellen. Um nur einige zu nennen (wobei auf viele auch bei anderen Analyseverfahren geachtet werden muss):

Es können Linkshänder nicht ohne weiteres mit Rechtshändern verglichen werden, Frauen nicht unbedingt mit Männern, alte Menschen nicht mit jungen, wache nicht mit müden, aufgeregte nicht mit gelassenen usw.. Wenn jemand einen Schlaganfall hatte, beeinflusst das höchstwahrscheinlich das Ergebnis. Eine Testreihe morgens unterscheidet sich von einer am Nachmittag, eine im Winter von einer im Sommer.

Zum anderen spiegelt sich die Veränderung des Lichtes im Labor, insbesondere der Helligkeit, ebenso im EEG wider wie kleinste Bewegungen der Testperson während des Versuches: das Bewegen von Gliedmaßen oder auch ›nur‹ der Augen, das Zusammenbeißen der Zähne, Rümpfen der Nase. Fixiert werden können Testpersonen trotzdem nicht, da ein verkrampfter Nacken sich ebenfalls bemerkbar macht. Ein kahler Kopf liefert andere EEG-Daten als ein behaarter; es macht einen Unterschied, ob jemand fettige, trockene oder frisch gewaschene Haare hat oder aber schwitzt.

Es ist unmöglich, alle sich im Messergebnis widerspiegelnden Größen zu kontrollieren (davon wird später noch zu sprechen sein), daher werden zweifelhafte Daten bzw. Datensätze (möglichst) nicht in die Auswertung einbezogen, d.h. (mehr oder weniger) systematisch ausgeschlossen und man vertraut darauf, dass sich die (allermeisten) anderen Artefakte ›herausmitteln‹.

Allein aus diesen Gründen mag man versucht sein, Forschungsergebnisse entsprechender Untersuchungen kritisch zu hinterfragen. Für diese Erörterung sei aber durchaus unterstellt, dass tatsächlich keiner der bekannten Störfaktoren die Ergebnisse beeinflusst und die Auswahl der Datensätze nicht willkürlich erfolgt.

Es sei hier ebenfalls nicht bestritten, dass die Testpersonen völlig ahnungslos sind bezüglich dessen, was mit ihrer Hilfe oder an ihnen untersucht wird; auch dadurch könnten die Ergebnisse schließlich verfälscht werden.

Wissen und Interpretieren

Allerdings das explizite Wissen, *dass* mit ihrer Hilfe oder an ihnen etwas untersucht wird, ist bei Probanden von Experimenten oben genannter Art im ›Normalfall‹ – oder zumindest in für diese Erörterung hinreichendem Maße – vorhanden: Einerseits ist gesetzlich vorgeschrieben, dass sie es haben müssen; sie müssen ihr Einverständnis geben, an einem Versuch teilzunehmen. Andererseits weiß die Testperson quasi eines jeden Experiments – zumal eines aufwendigen EKP-Experiments zur Erforschung der Kognition –, dass sie sich auf ein solches einlässt.

Auf Sonderfälle soll hier gar nicht weiter eingegangen werden, eben genau, weil es Sonderfälle sind: Könnte nicht beispielsweise einem zurechnungsfähigen, wachen Menschen eventuell verheimlicht werden, dass mit seiner (unbewussten) Hilfe oder an ihm gerade etwas untersucht wird, speziell, dass er gerade EEG-Elektroden am Kopf hat – indem ihm etwa sein Friseur versichert, es würde ihm gerade eine aufwendige Dauerwelle gemacht? Können kognitionswissenschaftliche *Experimente* (nicht einfach nur *Untersuchungen*) an schlafenden Probanden durchgeführt werden?

Nicht zuletzt ist der ›normale‹ Versuchsaufbau im kognitionswissenschaftlichen Experiment auch genau darauf zugeschnitten, dass der Proband ›Bescheid weiß‹ – denn ihm werden in der Regel Anweisungen gegeben. Es darf aber nicht angenommen werden, die Probanden würden ›einfach so‹ diese Anweisungen befolgen. Diese Annahme wäre regelrecht absurd; wer würde schon ›einfach so‹ eine Stunde mit Kabeln auf dem Kopf stillsitzen und auf einen Bildschirm stieren wollen, auf dem mehr oder weniger zusammenhanglose Buchstaben erscheinen, wer würde schon ›einfach so‹ auch nur gewissenhaft einen fünfseitigen Fragebogen ausfüllen wollen?

Ganz im Gegenteil muss sichergestellt sein, dass alle Probanden einen guten Grund haben, die Anweisungen gewissenhaft zu befolgen. Und es darf nicht ein für jeden Einzelnen beliebiger Grund sein – der eine tut's für Geld, der andere, weil der Versuchsleiter ihm Prügel angedroht hat. Da die erhaltenen Datensätze miteinander vergleichbar sein sollen, müssen selbstverständlich alle Probanden die möglichst in jeder Hinsicht *identische* Motivation besitzen. Die Gewissheit der Probanden, an einem Experiment teilzunehmen, ist indes die einzige gemeinsame Grundlage, aus der sich diese für alle gleiche Motivation überhaupt ableiten ließe (oder auch lässt).

Probanden in kognitionswissenschaftlichen Experimenten haben also ein ganz besonderes Wissen. Hierin liegt ein fundamentaler und – wie zu zeigen sein wird – bedeutsamer Unterschied zu Experimenten anderer empirischer Wissenschaften. Denn weder die Kugel in der physikalischen, noch die Schimpansin in der ethologischen Untersuchung *weiß*, dass mit ihr oder an ihr gerade etwas untersucht wird. Für die Kugel macht es *sicherlich* keinen Unterschied, ob die Geschehnisse um sie herum kontrolliert ablaufen oder nicht und es wäre auch auf keinen Fall unstrittig, würde jemand behaupten, für die Schimpansin mache es einen. Für weitere Experimental- oder einfach empirische Wissenschaften neben Physik und Ethologie mag man sich analoge Beispiele denken.

Ein ›normaler‹ menschlicher Proband, jemand im Vollbesitz seiner geistigen Fähigkeiten, eine Test*person*, die weiß, dass sie gerade an einem Experiment teilnimmt, agiert anders als ›im Alltag‹, reagiert auf bestimmte Situationen anders als ›im Alltag‹ – ›im Alltag‹, damit sei im Folgenden das Nicht-Experiment bezeichnet. Ein Beispiel wurde schon genannt: Im Alltag würde niemand mehrseitige Fragebögen so gewissenhaft ausfüllen, wie es bei denjenigen unterstellt wird, die an einem Experiment teilnehmen. Dieser Unterschied im Agieren ist selbstverständlich genau dann relevant, wenn die Untersuchung gerade darauf abzielt, das alltägliche Agieren zu untersuchen, d.h. eben speziell auch dann, wenn es um Kognition geht.

Ein anderes allgemeines Beispiel: X findet auf der Straße einen Fünfeuroschein. Im Alltag würde er wahrscheinlich einfach vermuten, das Geld liege zufällig da, weil jemand es verloren habe, sich freuen, den Schein einstecken und die Episode wäre für ihn beendet. Würde er *ohne weitere Veranlassung* vermuten, jemand habe das Geld absichtlich dorthin gelegt, damit er es finden solle – »Bestimmt hängt der Schein an einem Faden und hinter der Hecke sitzen ein paar Kinder.« –, erschiene dies, d.h. diese Interpretation der Situation, übertrieben bzw. ungerechtfertigt – genau deswegen könnte der Kinderspaß, so er denn vorläge, ja überhaupt eventuell funktionieren. Sieht jemand die Situation, in der er sich befindet, als von jemand anderem absichtlich herbeigeführt oder kontrolliert an, sei dies hier als ›paranoische Interpretation‹ bezeichnet, die ›nicht-paranoische‹ Interpretation heiße ›alltägliche‹.

Sieht X indes einen Fünfeuroschein auf der Straße liegen, während er Teilnehmer an einem Experiment ist, folgt ihm demnach gleichsam gerade eine Horde Psychologen mit gezücktem Block und Bleistift durch einen abgesteckten Versuchsparcours, dann wird man von ihm fast erwarten, dass er die Situation auf paranoische Weise interpretiert.

Niemand kann anders, als jede Situation zu interpretieren. Bei als ›geistig gesund‹, zurechnungsfähig angesehenen Menschen wird dabei meistens eine alltägliche Interpretation entstehen. Aber in beiden obigen Situationen ist weder die paranoische noch die alltägliche Interpretation an sich von vornherein ›richtig‹ oder von vornherein ›falsch‹: Beide Interpretationen sind grundsätzlich schlicht *immer* möglich. Von Situation zu Situation ist hingegen anhand der Umstände zu entscheiden, welche Interpretation jeweils angemessen bzw. *gerechtfertigt* ist.

Während sich, wie sich jeder selbst veranschaulichen möge, Gegenstände oder Tiere in der kontrollierten Untersuchung nicht anders als im Alltag verhalten, unterscheiden Testpersonen also zwischen alltäglichen und der experimentellen Situationen. Dass sie dazwischen unterscheiden, sehen wir sogar als notwendige Bedingung dafür an, ihnen die Zurechnungsfähigkeit zuzusprechen und damit als notwendige Bedingung für ihre Eignung, mit ihrer Hilfe oder an ihnen die (›normale‹) menschliche Kognition zu untersuchen.

Kognitionswissenschaften haben ganz besondere ›Versuchsgegenstände‹

Naturalistisch gesprochen sind folglich die ›Versuchsgegenstände‹ der Kognitionswissenschaften im Unterschied zu denen anderer experimenteller Wissenschaften gerade – und notwendigerweise – insofern besondere, als dass an ihnen zum einen ihr *alltägliches* Agieren erstens aus moralischen und rechtlichen Gründen nicht untersucht werden *darf*, dass es zweitens mit aufwendigen Verfahren wie der Elektroenzephalographie nur schwerlich untersucht werden *kann*, und dass es daher drittens faktisch (in der Regel) auch nicht untersucht *wird*.

Weiterhin können beispielsweise für ein physikalisches Experiment alle für die Durchführung und das Ergebnis des Experiments wichtigen Informationen bezüglich (des Zustandes) der Versuchsgegenstände durch fachwissenschaftsspezifische (bezüglich dieses Beispiels somit: physikalische) Methoden allein ermittelt und in fachwissenschaftsspezifischen Größen allein angegeben werden.

Kognitionswissenschaftliche Versuchsgegenstände sind demgegenüber jedoch wiederum besondere, da in Bezug auf sie nicht analog verfahren werden kann. Unter anderem ist, wie schon gesagt, nicht einmal die *Motivation* der Testperson, die Versuchsanweisungen gewissenhaft zu befolgen, oder auch ihre *Konzentriertheit* mit kognitionswissenschaftlichen Mitteln allein ermittel- oder angebbar, obwohl deren Einfluss auf Versuchsdurchführung bzw. -ergebnisse keinesfalls ernsthaft bestritten werden kann (siehe oben). Nicht nur über den (hinsichtlich Versuchsdurchführung und -ergebnis relevanten) ›Zustand‹ (ganz allgemein gesprochen) der Testpersonen können die Kognitionswissenschaften nur unzureichend Auskunft geben, auch die Zustands*änderungen* können sie weder ermitteln noch angeben, geschweige denn erklären.

Außerdem können allein den Versuchsgegenständen der Kognitionswissenschaften explizite *Anweisungen* für die Durchführung des Experiments gegeben werden. Kommandos, die etwa an Hunde oder auch Primaten gerichtet werden können, sind mit Anweisungen an menschliche Probanden nicht zu vergleichen, geht es doch bei letzteren darum, dass sie bewusst, absichtlich ausgeführt werden. Anweisungen an Menschen fordern also zum (absichtsvollen, Zwecke verfolgenden) ›Handeln‹ (im Sinne der Handlungstheorie des Methodischen Kulturalismus) auf, wohingegen Befehle an Tiere als Auslöser von ›Verhalten‹ anzusehen sind. Insofern sind sie der Bedienung eines Computers vergleichbar: Wenn Tiere in bestimmter Weise trainiert wurden, dann gilt das Geben eines Befehls als hinreichend dafür, dass das Tier das Entsprechende tut. Sämtliches Nichtbefolgen (Ungehorsamkeit) gilt als ›Störung‹ und kann – im Falle von grundsätzlich ausführbaren Befehlen – mit ethologischen Mitteln allein hinreichend erklärt werden, hat also lediglich ›Ursachen‹. Beim Computer ist es ähnlich: Ein ›Befehl‹ wird unweigerlich (un*weiger*lich) ausgeführt, ansonsten liegt ebenfalls eine (von Technikwissenschaften angebbare) ›Störung‹ vor.

Bei Personen hingegen impliziert das Geben einer Anweisung keinesfalls schon deren Befolgung. Selbst ›Befehle‹ haben für Personen einen anderen Status als für Tiere, denn auch vom aufs härteste gedrillten Soldaten kann nicht nur nicht erwartet werden, dass er jeden Befehl ausführt, es wird sogar ausdrücklich von ihm verlangt, sich bestimmten zu widersetzen. Bei Personen können somit neben ›Ursachen‹ für das Nichtbefolgen von Anweisungen oder Befehlen dementsprechend auch ›Gründe‹ dafür vorliegen. Diese sind – hier ergibt sich ein Anknüpfungspunkt zum vorhergegangenen Abschnitt – mit kognitionswissenschaftlichen Mitteln allein nicht ermittel- oder angebbar und ihr Vorliegen bzw. Zustandekommen ist nicht mit kognitionswissenschaftlichen Mitteln allein erklärbar. Beim Vorliegen von Gründen gilt das Nichtbefolgen nicht (wie etwa bei Tieren) als ›Störung‹.

Menschliche Kreativität im Experiment

Inwiefern sind diese Besonderheiten ihrer Versuchsgegenstände nun für die Kognitionswissenschaften ein Störfaktor und was hat das alles mit Kreativität zu tun?

Nun, als ›kreativ‹ wird hier, ganz vorwissenschaftlich gesprochen, (zumindest *auch*) die Fähigkeit von Personen angesehen, in einer gegebenen Situation auf nicht vorhersehbare Weise zu (re)agieren. Teilweise hat dieses als ›Handeln‹ zu gelten, alles ›Handeln‹ hingegen kann als kreativ gelten. Da es im weiteren Verlauf der Argumentation in den einzelnen Fällen zumeist nicht darauf ankommt, ob eine Person handelt oder sich ›nur‹ verhält, sei unspezifisch die Rede von ›agieren‹. In Anlehnung an die drei Zwischenergebnisse des letzten

Abschnittes kann festgehalten werden, dass das kreative Agieren zumindest ein Störfaktor für kognitionswissenschaftliche Versuchsergebnisse sein *kann* – die Debatte, ob es sie tatsächlich verfälscht, soll hier nicht geführt werden und wird im Fazit nur kurz angesprochen werden.

Die Fähigkeit von Testpersonen, Situationen jederzeit in paranoischer Weise zu interpretieren, egal, ob die resultierenden Interpretationen angemessen oder rechtfertigbar sind, kann zur Folge haben, dass sich Probanden im Experiment in Mutmaßungen hineinsteigern – aus denen sich für sie unter Umständen Gründe oder Ursachen ergeben, in besonderer Weise, nämlich nicht-alltäglich zu agieren. Zuerst sei hier auf das Interpretieren eingegangen.

Das Ausmaß des – ggf. ungerechtfertigen – Interpretierens ist nicht vollständig vorhersehbar: Im obigen Geldschein-Beispiel wurde absichtlich nicht erwähnt, ob der Schein nun tatsächlich zum Setting des Experiments gehörte oder nicht. In jener Situation ist nichtsdestotrotz nicht von vornherein *bestimmbar*, ob X das Vorhandensein des Scheines auf paranoische oder nicht vielleicht doch auf alltägliche Weise (»Der Schein wurde von einem Techniker verloren.«) interpretiert – egal, was man von ihm *erwartet*. Würde in einem Experiment *absichtlich* eine paranoische Interpretation des Vorhandenseins des Geldscheines evoziert werden sollen, indem X zusätzliche Hinweise gegeben werden, kann es sowohl sein, dass er diese schlicht übersieht oder ›falsch‹ deutet, als auch, dass er sich plötzlich dieses ›Spieles‹ bewusst wird, gleichsam auf eine höhere Interpretationsebene wechselt und aus der heraus die Situation auf eine dritte Weise interpretiert.

Angenommen, X sieht, dass sich unter dem Geldschein eine Markierung befindet. Neben der alltäglichen (»Der Schein liegt zufällig hier und zufällig auf genau dieser Stelle.«) und der paranoischen (»Der Schein wurde absichtlich hierhin gelegt.«) steht ihm auch beliebig viele ›super-paranoische‹ Interpretationen offen: »Man hat die Markierung absichtlich angebracht, damit ich mir bewusst werde, dass der Schein absichtlich hierhin gelegt wurde; man will untersuchen, wie ich reagiere, wenn ich weiß, dass ich beobachtet werde.« Auch diese Interpretation könnte X wiederum als beabsichtigt ansehen. Angenommen nun, der Schein befindet sich eine Handbreit *neben* einer Markierung – was könnte X wohl daraus alles ›schließen‹?

Wem dieses Beispiel zu fernab von ERP-Studien erscheint, dem sei versichert, dass die Probanden nach Beendigung der EEG-Aufzeichnung nicht selten mit ganz abenteuerlichen und hochkomplexen Vermutungen oder Entdeckungen zu Untersuchungsziel und -ablauf aufwarten – *obwohl* man sie doch ausdrücklich *angewiesen* hatte (soviel schon zum Befolgen von Anweisungen), genau das nicht zu tun: »Sie hatten ja gesagt, es ging im Experiment um A, aber ich habe doch recht, dass Sie eigentlich B untersuchen. Denn schließlich spricht ja auch C und D dafür, dass ich Recht habe.« ›A‹ sei hier die ganz unverbindlich gehaltene, möglichst wenig Auskunft gebende Angabe zu einer Untersuchung zu irregulären deutschen Pluralen, ›B‹ eine mindestens super-paranoische Vermutung und ›C‹ und ›D‹ seien – in der Regel schlicht paranoische Vermutung und ›C‹ und ›D‹ seien – in der Regel schlicht unzutreffende – Beobachtungen der Art »Jedes Mal, wenn das Wort auf dem Bildschirm mit einem ›n‹ aufhörte, hat der Bildschirm geflackert.«

Der Zustand der kognitionswissenschaftlichen Versuchsgegenstände, der Testpersonen, ist nicht nur nicht hinreichend feststellbar, er kann sich auch jederzeit während des Experiments in unvorhersehbarer Weise ändern, und zwar ändern in einer Art, wie es analog bei Tieren oder leblosen Dingen nicht möglich ist. Denn nicht nur können allein Personen etwa auf die eben geschilderte Art interpretieren, sich also besonders und unberechenbar ›verhalten‹, sondern auch allein ihnen kann und muss zugestanden werden, dass sie selbst sich ›aus eigenem Antrieb‹, absichtlich, ›handelnd‹ verändern.

Der Versuchsleiter kann dadurch häufig nicht in für die Auswertung des Experiments eigentlich notwendigem Maße Informationen zu den Testpersonen erhalten: Die subjektive introspektive Beurteilung eines Probanden bezüglich dessen, was er etwa (bewusst oder gar unbewusst) ›denkt‹ oder ›wahrnimmt‹, wird in der Regel nicht für zuverlässig genug gehalten, um auf sie wissenschaftliche Aussagen zu gründen. Kognitionswissenschaftliche Untersuchungsergebnisse, gestützt etwa auf neurophysiologische Analysen des Gehirns, sollen ›objektive‹ Aussagen (im Sinne der ›hard sciences‹) über ›Denken‹ und ›Wahrnehmen‹ liefern. Neuronale Korrelate (wie auch immer gearteter) geistiger Vorgänge lassen sich aber nur dann identifizieren, wenn der Forschende bereits ganz genau weiß, welche geistigen Vorgänge gerade ablaufen: Es ergibt sich ein Anfangsproblem, denn es muss bereits gewusst werden, mit was genau die erhobenen Daten korrelieren, *das selber* kann aber nicht letztendlich wiederum durch andere ›objektive‹ Analysen ermittelt werden. Stattdessen muss sich an irgendeinem Punkt der Begründungskette endlich einmal auf eine subjektive introspektive Beurteilung – und sei es die eigene – verlassen werden – und an genau diesem Punkt wird der Bereich der Kognitionswissenschaften verlassen (dazu gleich noch mehr).

Wieder ein Beispiel: In einem – hier stark vereinfacht und unvollständig dargestellten – Experiment werden Proband X auf einem Bildschirm Buchstabenfolgen präsentiert. Falls er eine Folge als existierendes deutsches Verb erkennt, soll er mit dem rechten Zeigefinger einen Knopf drücken (›bestätigen‹), falls nicht, soll er mit dem linken Zeigefinger einen anderen betätigen (›ablehnen‹). Durch diese Antworten soll sichergestellt werden, dass der Proband aufmerksam ist; bei inkorrekten Antworten werden die EEG-Daten des entsprechenden Items nicht in die Auswertung einbezogen.

Als X nun auf dem Bildschirm die Buchstabenfolge ›GEMILICHT‹ liest, erinnert er sich plötzlich daran, dass er später unbedingt noch Milch einkaufen muss. Er ist leicht abgelenkt und will fälschlicherweise bestätigen, verwechselt dabei aber die Seiten und lehnt folglich ab.

Er bemerkt seine zwei Fehler, freut sich, dass sie sich gegenseitig aufgehoben haben (was, wie man sich leicht klarmachen kann, bezüglich der Auswertung nicht stimmt) und nimmt sich vor, jetzt wieder besser aufzupassen. Inzwischen wird allerdings schon das nächste Item präsentiert, er verliest sich, nimmt ›GEPRASST‹ als ›GEPROSST‹ wahr und drückt eilig – aus seiner Sichtweise wiederum fälschlicherweise – diesmal mit rechts. Eventuell wird ihm erneut sein Fehler peinlich bewusst, er schließt die Augen, schluckt und gibt ein »Hrmpf« von sich – wodurch die EEG-Daten des nächsten Items aufgrund der Störwellen unbrauchbar werden.

Dieses Verwechseln der Finger, gerade auch bezüglich mehrerer aufeinander folgender Items, kommt übrigens nach Eigenaussagen von Probanden nicht selten vor. Dieses Beispiel zeigt, wie die erhobenen Daten sogar ohne *Vorsatz* seitens des Probanden, allerdings aufgrund seiner Unberechenbarkeit verfälscht werden können – und sicherlich auch werden: In obiger Situation könnten die EEG-Daten der ersten beiden Items unter falschen Voraussetzungen in die Versuchsauswertung einbezogen werden – und der Fehler ließe sich nicht mehr feststellen.

Außerdem eine Ergänzung: Bei solchen Versuchen stellten die Probanden andauernd ihre sprachliche Kreativität unter Beweis, ständig wird im Anschluss an das Experiment lange und durchaus abenteuerlich diskutiert, ob und warum dies oder jenes nun ein deutsches Verb sei oder nicht. Und dadurch können sich selbstverständlich, analog den obigen Beispielen, Fehler einschleichen.

Als kreativ und als potentieller Störfaktor für die kognitionswissenschaftliche Forschung kann teilweise auch der Umgang der Versuchspersonen mit den Versuchsanweisungen gelten. Dieses Problem ist dem zuvor erörterten ähnlich, Anweisungen sollen hier allerdings gesondert behandelt werden, da in Bezug auf sie der Aspekt der Kreativität besonders zu betonen ist, denn schließlich können Probanden die Untersuchungsergebnisse mutwillig beeinflussen und dadurch ggf. verfälschen.

Da Personen fähig sind, Anweisungen absichtlich nicht zu befolgen, obwohl ihnen im Experiment diesbezüglich vertraut wird, ergeben sich zwei Teilprobleme:

Zum einen wird im Experiment bezüglich der meisten Einzelheiten in der Regel nicht noch einmal überprüft, ob der ›Vertrauensvorschuss‹ berechtigt war, teilweise besteht wie schon dargelegt nicht einmal eine Überprüfungs*möglichkeit*. Wenn beispielsweise Versuchspersonen im EKP-Experiment angewiesen werden, sich bestimmte Symbolfolgen auf Karteikarten allein aufgrund der Symbolformen, nicht aber der Symbolfarben einzuprägen, ist es möglich, dass sie sowohl mutwillig als auch unbewusst tatsächlich eben doch insbesondere auf die Farben achten. Streng überprüfbar, *empirisch objektiv* überprüfbar ist das tatsächliche Agieren der Probanden nur bedingt: Nämlich nur in Abhängigkeit von der Zuverlässigkeit von wiederum anderen Datensätzen. In Anwendung auf das Beispiel heißt das: Die EEG-Daten könnten dann und nur dann bestätigen, dass die Testperson sich tatsächlich auf die Symbolformen konzentriert hat, wenn auch die Referenzpersonen das getan haben.

Einer paranoischen Interpretation – paranoische Interpretationen sind wie gesagt grundsätzlich immer möglich –, dass seit Jahrzehnten alle experimentellen Psychologen von ihren Probanden an der Nase herumgeführt wurden, dass letztere nämlich in vergleichbaren Experimenten immer genau entgegen den Anweisungen der Versuchsleiter agiert haben, dieser Interpretation ist mit empirischen Mitteln allein nicht beizukommen.

Im zweiten Teilproblem eröffnet sich vermutlich der Hauptstörfaktor für kognitionswissenschaftliche Experimente. Lapidar gesagt besteht er darin, dass das Setting und insbesondere die Probandenanweisungen nicht ›idiotensicher‹ sein können. Idiotensicher können sie nicht sein, weil Idioten einfach so unglaublich einfallsreich, so unglaublich kreativ sind: Probanden – die selbstverständlich keine Idioten sind – kommen auf Ideen, die den Versuchsleiter in die Raserei treiben.

Mein Lieblingsbeispiel dazu: Bei einem EKP-Versuch wie dem oben beschriebenen sollten die Probanden ebenfalls in Reaktion auf Buchstabenfolgen mit den beiden Zeigefingern Knöpfe drücken. Dass es gerade die *Zeige*finger zu sein hatten, wurde den Probanden nicht explizit gesagt, sondern es wurde ihnen nur gezeigt, wie sie die Konsole halten und die Hände platzieren sollten. Als ein bestimmter Proband den Versuch beendet hatte, führte die Nachfrage bezüglich seiner beiläufigen Bemerkung, es reiche ihm jetzt aber auch langsam, da alle seine Finger inzwischen müde seien, dazu, dass die an ihm erhobenen Datensätze in der Analyse nicht berücksichtigt wurden. Denn er war während des Experiments auf die Idee gekommen, die Finger zum Antwortgeben regelmäßig zu wechseln.

Fazit

Wie gesagt zeigen diese Erörterungen zunächst nur Möglichkeiten auf, inwiefern Kreativität ein Störfaktor für die kognitionswissenschaftliche Forschung sein kann. Die jeweiligen Forscher werden indes selbstverständlich den Standpunkt vertreten, dass ihre Ergebnisse dadurch nicht oder zumindest nicht signifikant beeinträchtigt werden.

Der Anmerkung, nur das paranoische, nicht aber das alltägliche Agieren könne im Experiment untersucht werden, würde höchstwahrscheinlich entgegengehalten werden, das eigentliche Interesse gelte den dem Agieren zu Grunde liegenden Mechanismen. Die allerdings würden vor jeder Interpretation ablaufen bzw. sowohl paranoischem als auch alltäglichem Agieren lägen dieselben – oder zumindest gleichartige – Mechanismen zugrunde. Hier wiederum muss allerdings zumindest die Frage gestattet sein, woher man dieses weiß bzw. wie dieses nachgewiesen werden kann.

Bezüglich der meisten der vorgebrachten Überlegungen würde vermutlich auch eingewandt werden, die hohe Anzahl der erhobenen Datensätze verhindere, dass subjektive Einstellungen oder individuelles Agieren einzelner Probanden das Ergebnis verfälschten. Allerdings wurde hier ja gerade betont, dass gewisse Phänomene systematisch, kontinuierlich auftreten, somit einen konstanten Einfluss auf die Ergebnisse hätten.

Was auch immer die Einwände zum Vorgetragenen sein mögen: Das Ziel dieser Erörterung bestand lediglich darin, aufzuzeigen, dass die Kognitionswissenschaften sich von den anderen empirischen (insbesondere Natur-) Wissenschaften unterscheiden. Denn nur sie müssen bei der Analyse ihrer Daten bestimmte, zumindest potentiell durchaus mögliche Fehlerquellen berücksichtigen und ihre Verfahrensweisen hinsichtlich dieser absichern – was bislang nicht unbedingt in ausreichendem Maße getan wird.

Literatur

HARTMANN, Dirk: *Philosophische Grundlagen der Psychologie*, Darmstadt 1998.
HARTMANN, Dirk /JANICH, Peter (Hgs.): *Methodischer Kulturalismus*, Frankfurt/M 1996.
JANICH, Peter: *Logisch-pragmatische Propädeutik*, Weilerswist 2001.

Kreativität als Zusammenspiel von Assoziation und Inhibition

Gottfried Vosgerau (Tübingen)

Einleitung

Der Begriff Kreativität findet vor allem Anwendung in zwei Gebieten: In der Wissenschaft und in der Kunst. In beiden Gebieten gilt Kreativität als Kernkompetenz, ohne die ein erfolgreiches Arbeiten nicht möglich ist.

In der Kunst wird Kreativität hauptsächlich verbunden mit Originalität, also dem Schaffen von etwas Neuem. Ein kreatives Kunstwerk zeichnet sich dadurch aus, dass es Material, Handwerk und Tradition in einer genuin neuen Art und Weise verbindet und dadurch eine neue Aussage enthält. Der kreative Schaffensprozess kann also als das Auffinden einer neuen Form des Ausdrucks beschrieben werden. Das gilt für den Literaten, der neue Wörter, neue Konstruktionen und neue Welten erfindet, wie für den Musiker, der Geräusche in neuer Art und Weise zu Stücken verbindet, wie für den bildenden Künstler, der aus der Unzahl von Materialien einige auswählt, um sie gezielt zu einem Ganzen zu komponieren. Bei allen diesen künstlerischen Schaffensprozessen geht es darum, etwas in einer neuen Art und Weise auszudrücken.

In der Wissenschaft hat Kreativität auch sehr viel mit Originalität zu tun. Es geht hier nicht so sehr darum, neue Ausdrucksweisen zu finden, sondern vielmehr darum, neue Lösungsmöglichkeiten für alte und neue Probleme zu entwickeln. Auch hier spielen Tradition und gängige Methoden eine große Rolle. Aufbauend auf dem Fundus der Methoden und Formalisierungen werden neue Wege des Problemlösens gefunden.

Im Sinne des Findens neuer Wege des Problemlösens wird Kreativität auch im Alltag verwendet. Wenn z.B. ein Handwerker neue Lösungen für Probleme findet (z.B. weil ihm die nötigen Werkzeuge und Materialien nicht zur Verfügung stehen), dann sind wir bereit, ihn kreativ zu nennen. Im Gegensatz dazu steht ein Mensch, der Probleme immer nur »nach Kochrezept« angeht und nie versucht, neue Wege für dieses Problem zu entdecken. Diesen Gegensatz von starrem zu kreativen Verhalten finden wir auch in der Kunst und Wissenschaft.

Die Grenze zwischen unkreativ starrem und kreativem Verhalten scheint allerdings fließend zu sein. Einen Menschen, der sein Auto fotografiert, um es mit Hilfe des Fotos in einer Zeitschrift zum Verkauf anzubieten, wollen wir wohl kaum kreativ nennen. Einen Künstler allerdings, der Autos fotografisch in Szene setzt, um damit die Dekadenz unserer Gesellschaft zu illustrieren, gestehen wir dabei sehr viel Kreativität zu. Der Fall eines Menschen, der sein

Auto für Erinnerungszwecke fotografiert, scheint irgendwo dazwischen zu liegen. Kreativität scheint also auf einem Kontinuum zu liegen, dessen Pole auf der einen Seite Starrheit und Einfallslosigkeit und auf der anderen Seite Genialität genannt werden könnten.

Auf der letztgenannten Seite des Kontinuums gibt es ebenfalls eine unklare Grenze: den berühmten Übergang von Genialität zu Wahnsinn. Zwar ist klar, dass die allermeisten psychisch Kranken weit davon entfernt sind, genial genannt werden zu können. Dennoch scheint es unter so genannten genialen Menschen häufiger solche zu geben, die durch abnormales Verhalten auffällig werden oder sich einer psychiatrischen Behandlung unterziehen müssen.[1]

In diesem Vortrag möchte ich eine Analyse von Kreativität vorstellen, die auf kognitionswissenschaftlichen und neurowissenschaftlichen Theorien gründet. Demnach ist Kreativität als ein besonderes Verhältnis zwischen zwei Prozessen zu verstehen, der Assoziation und der Inhibition. Diese Beschreibung des Phänomens erlaubt eine Einordnung von Kreativität auf einem Kontinuum von krankhafter kognitiver Starrheit über normale Kreativität und Genialität zu krankhafter Überassoziativität, wie sie z.B. bei Sprachstörungen von schizophrenen Patienten vorliegt. Aus meiner Analyse ergeben sich einige Rahmenbedingungen für die neurowissenschaftliche Erforschung von Kreativität einerseits und der kognitiven/komputationalen Theoriebildung andererseits.

Zunächst werde ich einen kurzen Überblick über verschiedene Herangehensweisen aus der Kognitionswissenschaft geben, um dann in einem zweiten Teil auf die kognitiv-neuronalen Prozesse der Assoziation und Inhibition näher einzugehen. Im letzten Teil werde ich auf die Implementierung von Kreativität eingehen, wie sie im Gehirn vorliegen könnte, und Rahmenbedingungen aufzeigen, die eine Implementierung auf Computern erfüllen müsste.

Kreativität in den Kognitionswissenschaften

Kreativität ist in den Kognitionswissenschaften hauptsächlich im Zusammenhang mit wissenschaftlichem Denken diskutiert worden. Es wurden viele Untersuchungen durchgeführt, in denen die Arbeitsweise von erfolgreichen Wissenschaftlern im Mittelpunkt stand. Dieses Interesse nährte sich teilweise aus dem Bestreben, kreative Programme zu schreiben, die die menschliche Fähigkeit zum Finden neuer Problemlösungen simulieren.

Die von Hadamard[2] eingeführte Beschreibung von vier Stadien des kreativen Prozesses bilden bis heute den Rahmen für kognitionswissenschaftliche

---

[1] Zur Nähe von Kreativität und Wahnsinn siehe U. Kraft: *Verrückte Genies*, in: Gehirn & Geist 5/2004, S. 46-52.
[2] J. Hadamard: *The psychology of invention in the mathematical field*. Princeton, NJ: Princton University Press 1949.

Untersuchungen.³ Der kreative Prozess beginnt mit einer Phase der Vorbereitung (*preparation*), in der auf der Grundlage einer breiten Wissensbasis ein Problem entdeckt wird. Häufig ist die präzise Formulierung des Problems bis zum Ende des gesamten kreativen Prozesses nicht möglich; das Gefühl der Unruhe, des Interesses oder der Neugier in Bezug auf das bestimmte Problem entsteht allerdings schon in dieser ersten Phase. Es folgt die Phase der Inkubation (*incubation*), in der das Problem unbewusst verarbeitet wird, wobei durch freie (d.h. nicht durch bewusste rationale Prozesse gelenkte) Assoziationen zu neuen und überraschenden Verbindungen mit anderen Problemen und Lösungen führen können. Den dritten Schritt bildet die Einsicht (*illumination*), in der die unbewusst gestaltete Lösung auf Grund ihrer Stärke plötzlich ins Bewusstsein kommt. Hier stellt sich häufig der so genannte Aha-Effekt ein. Im letzten Schritt der Überprüfung (*verification*) wird der neue Einfall kritisch geprüft. Nur Einfälle, die den Regeln und Methoden der jeweiligen Domäne gerecht werden, können bestehen. Wallas⁴ beschreibt noch ein weiteres Stadium der Ausarbeitung (*elaboration*), auf das ich hier aber nicht eingehen möchte. Meines Erachtens können die beiden letzten Stadien (Überprüfung und Ausarbeitung) hier außer Betracht bleiben, da sie auch bei nicht-kreativen Prozessen wie z.B. dem Nachvollziehen und Erweitern von Ideen Anderer oder dem schulbuchmäßigen Auffinden von Standardlösungen vorliegen. Sie sind daher nicht essentiell Teil des kreativen Schaffensprozesses. Selbst das dritte Stadium, die plötzliche Einsicht, findet sich auch beim Erlernen bekannter Lösungen zu bestimmten Problemen und ist daher nicht zum Kern der Kreativität zu rechnen.

Entscheidend scheinen bei dieser Beschreibung von Kreativität vor allem zwei Punkte zu sein: die Wissensgrundlage und die assoziative Verbindung. Kreativität wird hier beschrieben als eine neue Kombination von Bekanntem. Ohne eine fundierte Kenntnis eines Gebietes ist die kreative Entwicklung von Ideen und Lösungen scheinbar nicht möglich. Es bedarf einer großen Wissensbasis, aus der geschöpft werden kann, um neue Kombinationen des Bekannten zu finden. Allerdings reicht eine umfassende Kenntnis des Gebiets nicht aus. Die erfolgreiche Suche nach Querverbindungen und Parallelen stellt einen weiteren kognitiven Prozess dar, der nicht mit der Größe der Wissensbasis korreliert. So gibt es viele Fälle von Menschen, die zwar eine große Kenntnis in einem bestimmten Gebiet besitzen, aber trotzdem nicht viel Kreatives dazu beisteuern.⁵

Essentiell ist aber auch, dass die assoziativen Verbindungen, die im Laufe des kreativen Prozesses hergestellt werden, nicht aus dem Ruder laufen. Eine

---

[3] Vgl. P. Langley/R. Jones: *Computational model of scientific insight*, in R.J. Sternberg (Hg.): The Nature of Creativity, Cambridge: Cambridge University Press 1988.
[4] G. Wallas: *The Art of Thought*, New York: Harcourt-Brace 1926.
[5] Vgl. auch Langley/Jones: a.a.O.

gezielte Auswahl der erfolgreichen Verbindungen muss erfolgen, da sonst nur eine Unzahl an unsinnigen Verknüpfungen entstehen würden. Der Aha-Effekt scheint eine erfolgreiche Auswahl zu markieren. Die lebhafte Assoziation der kreativen Person muss also kontrolliert bleiben, d.h. sie muss immer wieder eingeschränkt und dadurch in eine Richtung gelenkt werden. Zu den zwei genannten Charakteristiken von Kreativität kommt also noch die einschränkende Kontrolle der assoziativen Prozesse hinzu.

Im Folgenden möchte ich näher auf die Realisierung dieser beiden Prozesse – Assoziation und gezielter Inhibition – näher eingehen.

Assoziation und Inhibition

Semantische Netzwerke sind in den Kognitionswissenschaften ein beliebtes Mittel, Wissensrepräsentationen darzustellen. Sie erlauben die Erklärung einer Vielzahl von Effekten, unter anderem auch der Assoziation.[6] Die grundlegende Idee ist, dass jedes Konzept oder Wort durch einen Knoten in einem Netz repräsentiert ist. Wird ein bestimmter Knoten aktiviert, so werden automatisch umliegende Knoten bis zu einem gewissen Grad mitaktiviert (*activation spreading*), so dass ihr Abrufen erleichtert wird. Da jeder Knoten mit einer Vielzahl anderer Knoten verbunden ist, führt das Aktivieren eines Knotens automatisch zu einer Aktivationskette, die endlich eine ganze Region im Netz aktiviert sein lässt. Den Mittelpunkt dieser Region stellt der ursprünglich aktivierte Knoten da; zum Rand hin nimmt die Aktivation immer stärker ab.

Assoziationen können in diesem Modell leicht als Produkt einer solchen Aktivationsausbreitung erklärt werden. Von einem beliebigen Konzept kommen wir durch automatische Aktivation benachbarter Knoten zu andern Konzepten, von da aus wieder zu anderen und so weiter. Diese Erklärung wird insbesondere auch der Phänomenologie von Assoziationsketten gerecht. Je größer die Wissensbasis ist, desto länger können diese Assoziationsketten werden. Die Variation assoziativer Verknüpfungen hängt also wesentlich von der Menge des im semantischen Netz gespeicherten Wissens ab.

Die Idee semantischer Netze inspirierte Newell zu der Problemraum-Hypothese.[7] Gemäß dieser Hypothese ist ein Problemlöseprozess eine Suche in einem Problemraum. Der Problemraum wird aufgespannt durch die verschiedenen möglichen Operationen, die in einer Situation ausgeführt werden können. Die Basis des Problemraumes stellt die Ausgangssituation als unterster Knoten dar. Die verschiedenen Operationen führen zu neuen Situationen,

---

[6] Siehe z.B. M. Minksy (ed.): *Semantic Information Processing*, Cambridge MA: MIT Press 1968.
[7] A. Newell: *Reasoning, problem solving, and decision processes: The problem space hypothesis*, in: R. Nickerson (Ed.): Attention and performance VIII, Hillsdale NJ: Lawrence Erlbaum 1980.

die als Knoten in der darüber liegenden Schicht repräsentiert werden. Es gibt nun verschiedene Kombinationen von Operationen, die zu dem gleichen Ergebnis führen. Diese unterschiedlichen Möglichkeiten entsprechen verschiedenen Pfaden im Problemraum. Falls es eine Lösung des Problems gibt, wird diese Lösung der oberste Punkt in diesem Netz sein. Problemlösen kann nun als Suche nach dem kürzesten Pfad durch den Problemraum beschrieben werden.

Ein Beispiel soll dies verdeutlichen: Nehmen wir an, drei Missionare und zwei Menschenfresser müssen einen Fluss überqueren mit einem Boot, das nur drei Menschen Platz bietet. Das Problem ist, dass die Menschenfresser niemals in der Überzahl sein dürfen, da sie sonst sofort einen Missionar verspeisen würden. Das Problem kann in folgendem Problemraum dargestellt werden:

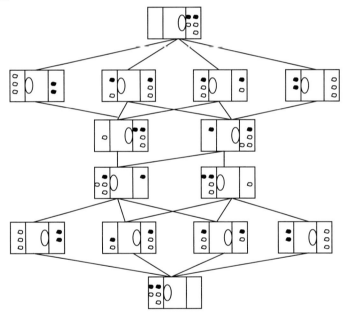

Mann kann leicht sehen, dass es viele Lösungen zu diesem Problem gibt. Einige sind eleganter als andere, da sie direkte Wege zum Ziel darstellen (ohne eine oder mehrere Ebenen zurückzugehen).

Auf der Grundlage der Problemraum-Hypothese entwickelte Simon[8] eine Theorie der Kreativität, an der ich vor allem einen Punkt herausheben möchte. In der Phase der Inkubation geschieht eine Suche im Problemraum, die,

---

[8] H.A. Simon: *Boston studies in the philosophy of science: Vol. 54. Models of discovery*, Boston: Reidel 1977.

vor allem bei komplexen Problemen und damit verbundenen komplexen Problemräumen, nicht erfolgreich ist. Bei dieser Suche werden allerdings wichtige Teile des Problemraumes zu so genannten Chunks zusammengefasst. Ein Chunk ist eine Einheit, die mehrere Wissenseinheiten zusammenfasst. Statt mir z.B. die Zahl 22041724 als acht Ziffern zu merken, kann ich sie zu einem Chunk »Kants Geburtstag« zusammenfassen und so das Arbeitsgedächtnis erheblich entlasten. Bei einem erneuten Nachdenken über das Problem kann also wesentlich effizienter vorgegangen werden, da nicht mehr alle Pfade einzeln überdacht werden, sondern größere Stücke derselben als Einheiten zur Verfügung stehen.

Darüber hinaus greift hier ein Mechanismus, den Simon *selective forgetting* nennt. Unbrauchbare Teile des Problemraumes werden schlicht vergessen. Das selektive Vergessen stellt somit eine Auswahl an vielversprechenden Möglichkeiten zur Verfügung. Durch die beiden Mechanismen des Chunking und des selektiven Vergessens wird somit der oftmals enorm große Problemraum deutlich eingeschränkt und damit zugänglich für gezielte Überlegungen. Wenn diese beiden Mechanismen gut ausgebildet sind, können kreative Wege des Problemlösens gefunden werden.

Der entscheidende Punkt an Simons Theorie ist meines Erachtens, dass hier die nötige Auswahl, die angesichts der Vielzahl von Möglichkeiten getroffen werden muss, als Vergessensprozess beschrieben wird. Die vielen Möglichkeiten, die aus einer assoziationsartigen Aktivationsausbreitung in Netzen resultieren, müssen eingeschränkt werden, und das bedeutet nichts anderes, als dass die Ausbreitung gezielt gehemmt werden muss. Eine Möglichkeit, das zu gewährleisten, ist das selektive Vergessen.

Dieselbe Grundidee findet sich auch bei Maher,[9] der in seinem Artikel eine Erklärung für das Symptom der unverständlichen Äußerungen bei Schizophrenen zu geben versucht. Ein Symptom von Schizophrenie ist eine wirre und unverständliche Sprache. Die Äußerungen, die die Patienten machen, scheinen weder einen Sinn zu ergeben noch sinnvoll in den Zusammenhang eingebettet zu sein. Auf Grund der Analyse solcher unverständlichen Äußerungen stellt Maher die Theorie auf, dass normale Assoziationsketten im semantischen Netz ausgelöst werden, die jedoch bei Schizophrenen nicht gestoppt werden. Normalerweise, wenn wir etwas ausdrücken wollen, werden über Assoziationsmechanismen mehrere Wörter aktiviert. Falls ein passendes Wort dabei ist, was zu dem zu äußernden Gedanken passt, wird der Assoziationsprozess gestoppt. Im krankhaften Fall sind jedoch die inhibitorischen Mechanismen, die die Assoziationsmechanismen zum Stillstand bringen, gestört. Dies führt dazu, dass häufig unpassende Worte gewählt werden, so dass

---

[9] B. Maher: *Schizophrenia, Aberrant Utterance and Delusion of Control: The Disconnection of Speech and Thought, and the Connection of Experience and Belief*, in: Mind and Language 18/1 (2003), S. 1-22.

die produzierten Äußerungen unverständlich werden und wirr scheinen. In der Tat erzielen diese Patienten bei Messungen der Assoziativität überdurchschnittliche Resultate.

Als ein Beispiel sei folgende hypothetische Äußerung (angelehnt an Mahers Beispiel) angeführt: Nehmen wir an, der Patient möchte etwa sagen: »Doktor, ich habe Schmerzen in der Brust und frage mich, ob ich einen Herzinfarkt habe«. Bei der Auswahl der Wörter könnten z.B. folgende Assoziationsketten auftreten, die nicht gehemmt werden: Doktor – Schwester – Neffe, Schmerzen – unwohl – übel, Brust – Herz – Liebe, fragen – verneinen – verbieten, Herzinfarkt – Gefahr. Der tatsächlich geäußerte Satz könnte nun lauten: »Mein Neffe, ich habe eine üble Liebe und ich verbiete, dass ich in Gefahr bin«.

Laut Maher ist also eine Störung der inhibitorischen Prozesse verantwortlich für eine Art Über-Assoziation, die als Resultat unverständliche und wirre Sätze hat. Bei gesunden Menschen allerdings führen diese inhibitorischen Prozesse zu einer geeigneten Auswahl von Wörtern aus dem vorhandenen Wortschatz. Bei Simon spielen inhibitorische Prozesse, nämlich das selektive Vergessen, eine ganz ähnliche Rolle: Sie sind für eine geeignete Auswahl von möglichen Pfaden im Problemraum unabdingbar.

Wenn diese Auswahl nicht oder nur ungenügend stattfindet, sollte dies zu ähnlichen Effekten führen wie im Falle der wirren Äußerungen von Schizophrenen. Wirre Theorien über mögliche Zusammenhänge und unverständliche Pläne, Probleme zu lösen, sollten in solchen Fällen auftreten. Es ist plausibel anzunehmen, dass bei manchen Schizophrenen die Störung der inhibitorischen Prozesse auch auf dieser Ebene des Problemlösens stattfindet. Eine schöne Illustration, wie so etwas aussehen kann, wird uns in dem Film »A Beautiful Mind«[10] gezeigt. Der Film erzählt die Geschichte des genialen John F. Nash, der für seine Formulierung so genannter nicht-kooperativer Spiele den Nobelpreis erhielt. Nash war tatsächlich schizophren, wie sich im Laufe seiner Karriere herausstellte. In dem Film wird eindrücklich gezeigt, wie er hinter einer Unzahl von unterschiedlichen Zeitungsartikeln aus unterschiedlichen Zeitungen Querverbindungen sieht, hinter denen er Geheimcodes russischer Geheimorganisationen vermutet.

Selbstverständlich ist Schizophrenie, und der Fall Nash im Besonderen, sehr viel komplexer. Die genannten Symptome von Über-Assoziation, die einerseits zu unverständlichen Äußerungen und andererseits zu nicht-nachvollziehbaren Gedankengebäuden führen, scheinen aber durchaus als Störung inhibitorischer Prozesse beschreibbar. Dies gilt auch für manche Fälle von Halluzinationen, sowohl bei Schizophrenen als auch bei gesunden Men-

---

[10] »A Beautiful Mind« (2001), Universal Studios and DreamWorks LLC.

schen unter besonderen Umständen.[11] Im Normalfall scheinen also zwei Mechanismen im Widerstreit zu stehen: assoziative Prozesse einerseits, die Verbindungen zwischen verschiedenen Wörtern, Konzepten oder Problemen und Lösungen herstellen, und inhibitorische Prozesse andererseits, die eine Auswahl aus der bereitgestellten Vielfalt von Möglichkeiten treffen.

Wenn die inhibitorischen Prozesse gestört sind, führt dies zu Über-Assoziationen. Wenn die assoziativen Prozesse ausfallen, dürfte dies zur Ideenlosigkeit, Unfähigkeit der Entscheidungsfindung, verarmter Sprache und ähnlichem führen. Bei gesunden Menschen befinden sich diese beiden Prozesse allerdings in einem ausgewogenen Verhältnis. Bei besonders kreativen Menschen (bzw. Prozessen) scheinen die inhibitorischen Prozesse zwar nicht aufgehoben, aber dennoch schwächer zu sein, so dass die assoziativen Prozesse mehr in den Vordergrund treten. So können kreativer Sprachgebrauch, aber auch kreative Ideen in wissenschaftlichen Bereichen entstehen. Kreativität scheint unter dieser Analyse auf einem Kontinuum zu sein, das sich von gänzlicher mentaler Starrheit über normales Verhalten und Kreativität bis hin zu schizophrenen Symptomen erstreckt.

Im Folgenden möchte ich nun noch kurz auf mögliche Implementierungen von Kreativität und ihre Rahmenbedingungen, die sich aus meiner Analyse ergeben, eingehen.

Implementierung von Kreativität

Nach meiner Analyse entsteht Kreativität durch ein spezifisches Verhältnis zwischen assoziativen und inhibitorischen Prozessen. Für eine Implementierung von Kreativität, sei es im menschlichen Gehirn oder auf einem Computer, scheint es also angemessen, von zwei Modulen auszugehen. Erstens ein Wissensmodul, das als assoziatives Netz organisiert ist. Wichtig hierbei ist, dass die Wissensbasis reich genug ist, um tatsächlich neuartige Verknüpfungen zu erlauben. Die Verknüpfungen erfolgen durch eine sich wolkenartig ausbreitende Aktivierung, ausgehend von einem Knoten. Dies führt zu Assoziationsketten, die neuartige Verknüpfungen bekannter Wissensinhalte zur Folge haben.

Das zweite Modul muss eine gezielte Hemmung der assoziativen Prozesse leisten. Das heißt zum einen, dass die Aktivierungen im assoziativen Netz soweit gehemmt werden, dass die assoziativen Prozesse zum Erliegen kommen. Auf der anderen Seite muss diese Hemmung eine gezielte sein und darf nicht

---

[11] »Nach meiner Ansicht herrscht aber immer Überaktivität in dem Hirngebiet, das die Bilder hervorbringt. Nur entsteht diese manchmal durch direkte starke Anregung, manchmal durch Wegfall von Hemmungen.« Erich Kasten: *Halluzinationen*, in: Spektrum der Wissenschaft 12/2000, S. 73.

zufällig operieren. Kreativität kann nur entstehen, wenn eine sinnvolle Auswahl der angebotenen Verknüpfungen erfolgreich stattfindet.

Was das erste Modul angeht, so gibt es genügend gut belegte und gut funktionierende Modelle sowohl in der Psychologie und Hirnforschung, als auch in der Künstlichen-Intelligenz-Forschung. Ich werde daher nicht näher auf dieses Modul eingehen, da die wesentlichen Probleme hier gelöst scheinen.[12]

Viel schwieriger stellt sich das zweite Modul dar. Das Hauptproblem hierbei dürfte nicht so sehr bei den inhibitorischen Prozessen liegen, sondern viel mehr bei der Gerichtetheit dieser Prozesse. Das Hauptaugenmerk der Hirnforschung sollte daher auf das Modul der inhibitorischen Prozesse gelegt werden, über das meines Wissens noch nicht sehr viel bekannt ist. Ich werde etwas später ein paar Überlegungen und Vorschläge dazu anstellen. Auch für eine erfolgreiche kognitive Modellierung[13] von Kreativität sollte dieser Punkt stärker ins Blickfeld rücken. Mir ist bisher keine Architektur bekannt, die auf dem Prinzip der Inhibition automatisch erfolgender Aktivation beruht. Aber auch hier gilt, dass die größte Schwierigkeit die Zielgerichtetheit der inhibitorischen Prozesse sein dürfte. Ich denke aber, dass einige wertvolle Anregungen zur Lösung dieses Problems aus der Neurowissenschaft kommen können.

Zunächst zu den inhibitorischen Prozessen selbst. Es gibt in der neueren Forschung Hinweise darauf, dass der Neurotransmitter Glutamat eine entscheidende Rolle bei Schizophrenie spielt.[14] Bei gesunden Menschen führt ein Glutamat-Mangel zu ähnlichen Symptomen, wie sie bei Schizophrenen beobachtbar sind, u.a. auch zu Beeinträchtigungen der kognitiven Leistung (Schlussfolgern, Problemlösen). Bei Schizophrenen führt ein künstliches Anheben des Glutamat-Spiegels zur Verbesserung vieler Symptome. Darüber hinaus gibt es Hinweise darauf, dass Glutamat generell für eine selektive Inhibition von Signalen zuständig ist.[15] Das bedeutet, dass Glutamat wie ein Filter wirkt, der nur bestimmte Signale zur Weiterverarbeitung zur Verfügung stellt. Glutamat-Mangel könnte also zu genau dem führen, was Maher[16] für den Fall der wirren und unverständlichen Sprache beschreibt, nämlich zur Über-Assoziation. Wie oben angeführt, könnten ähnliche Mechanismen zu einer Über-Assoziation im Bereich des Problemlösens und Schlussfolgerns führen,

---

[12] Siehe z.B. W. Hilberg: *Assoziative Gedächtnisstrukturen und Funktionale Komplexität*, München: Oldenbourg Verlag 1984; T. Kohonen: *Self- Organization and Associative Memory*. Springer Series in Information Sciences, 2. Aufl., Berlin, Heidelberg: Springer 1988.
[13] Kognitive Modellierung ist das Schreiben und Testen eines ausführbaren Programms, das als Modell menschlicher Kognition fungiert.
[14] D.C. Goff/J.T. Coyle: *The emerging role of glutamate in the pathophysiology and treatment of schizophrenia*, in: American Journal of Psychiatry 158/9 (2001), S. 1367-1377.
[15] Daniel C. Javitt/Joseph T. Coyle: *Wenn Hirnsignale verrückt spielen*, in: Spektrum der Wissenschaft, Dezember 2004.
[16] Maher: a.a.O.

die sich ihrerseits als kognitive Störungen äußern. Glutamat scheint daher ein geeigneter Kandidat für die Implementierung der geforderten inhibitorischen Prozesse im menschlichen Gehirn zu sein.

Die Frage der Gerichtetheit bleibt aber immer noch offen. Im Falle des menschlichen Gehirns bedeutet dies, dass die Mechanismen zur Steuerung von Glutamat gefunden werden müssen. Eine Bedingung für Gerichtetheit ist zweifelsohne die Existenz eines Ziels. Eine Entscheidung darüber, ob ein gewisser Prozess erfolgreich war oder nicht, kann nur erfolgen, wenn das Ziel des Prozesses bekannt ist. Dafür ist allerdings nicht nötig, ja gar nicht möglich, dass dieses Ziel schon in allen Einzelheiten zur Verfügung steht. Im Falle von Sprache bedeutet das, dass der Sprecher das Ziel haben muss, einen gewissen Inhalt auszudrücken. Da er die Bedeutung der Worte, die er benutzt, kennt, kann er unter verschiedenen Möglichkeiten die geeignetste auswählen. Im Falle von Problemlösen muss das Ziel in sofern bekannt sein, als dass klar sein muss, was überhaupt als mögliche Lösung in Betracht kommt. Dieses recht vage Ziel dürfte durchaus ausreichen, um eine geeignete Auswahl zu treffen.

Einen möglichen Mechanismus für die Auswahl stellt das so genannte Komparator-Modell von Firth[17] dar. Dieses Modell wurde ursprünglich zur Erklärung von Motorkontrolle und deren spezifischen Störungen entwickelt. Es wurde vor allem versucht, spezifische Symptome der Schizophrenie mit Hilfe dieses Modells zu erklären.[18] Die wesentliche Grundidee ist, dass Handlungen dadurch gesteuert werden, dass sie während der ganzen Ausführung ständig mit dem Handlungsziel bzw. Zielzustand verglichen werden. Sobald Abweichungen von tatsächlicher Handlung und erwünschter Handlung auftreten, können Korrekturen vorgenommen werden. Der besondere Trick bei diesem Modell ist, dass noch vor der Handlung selbst eine Vorhersage über die Handlung erstellt wird, die dann einerseits mit dem Ziel und andererseits mit der tatsächlichen Handlung abgeglichen werden kann. Ich will hier aber nicht weiter auf die Einzelheiten eingehen.

Die Grundidee eines Komparators, der Ziele mit dem Vorgefundenen vergleicht, scheint mir ein plausibler Kandidat für die Steuerung inhibitorischer Prozesse bzw. des Glutamats zu sein. Die neuen Verknüpfungen, die über Assoziationsketten entstehen, könnten ständig mit der Lösungsvorstellung bzw. mit dem auszudrückenden Gedanken verglichen werden. Sobald der Komparator eine Übereinstimmung meldet, wird Glutamat ausgeschüttet und

---

[17] C.D. Frith/S. Blakemore/D.M. Wolpert: *Abnormalities in the awareness and control of action*, in: Philosophical Transactions of the Royal Society of London B 355(1404), 1771-1788 [2000].

[18] C.D. Frith: *The Cognitive Neuropsychology of Schizophrenia*, Erlbaum, Hillsdale 1992; J. Campbell: *Schizophrenia, the Space of Reasons, and Thinking as a Motor Process*, in: The Monist 82/4 (1999), S. 609-625.

die assoziative Suche nach neuen Verknüpfungen beendet bzw. eingeschränkt. Auf diese Art und Weise wäre eine zielgerichtete Auswahl der zur Verfügung gestellten Möglichkeiten über inhibitorische Prozesse gewährleistet. Für eine kognitive Modellierung ließe sich dieses Modell gut übernehmen; das weitergehende Problem dürfte vor allem die Entstehung der Zielvorstellung sein.

Die vorliegende Analyse von Kreativität leistet eine Einordnung des Phänomens auf einem Kontinuum, das normales Verhalten, Kreativität und krankhafte Extremfälle einschließt. Sie ist inspiriert von und eingebettet in verschiedene Ansätze und Erkenntnisse der Kognitionswissenschaft und der Neurowissenschaften. Daher bietet sie nicht nur eine Analyse des Phänomens, sondern vor allem auch einen Rahmen für die weitere Erforschung der Implementierungen von Kreativität. Dieser Rahmen erstreckt sich auch auf die Philosophie des Geistes, in der die Idee der gezielten Inhibition bisher zu wenig beachtet wurde. Ich vermute, dass sich dieses Konzept nicht nur im Bereich Problemlösen und Kreativität gewinnbringend anwenden lässt, sondern auch in anderen Bereichen menschlicher Kognition, wie z.B. Gedankenentstehung, Überzeugungsausbildung, Wahrnehmung, etc.

Literatur

CAMPBELL, J.: *Schizophrenia, the Space of Reasons, and Thinking as a Motor Process*, in: The Monist 82/4 (1999), S. 609–625.
FRITH, C.D./BLAKEMORE, S./WOLPERT, D.M.: *Abnormalities in the awareness and control of action*, in: Philosophical Transactions of the Royal Society of London B 355(1404), 1771–1788 [2000].
FRITH, C.D.: *The Cognitive Neuropsychology of Schizophrenia*, Erlbaum, Hillsdale 1992.
GOFF, D.C./COYLE, J.T.: *The emerging role of glutamate in the pathophysiology and treatment of schizophrenia*, in: American Journal of Psychiatry 158/9 (2001), S. 1367–1377.
HADAMARD, J.: *The psychology of invention in the mathematical field*, Princeton NJ: Princeton University Press 1949.
HARTMANN, D.: *Philosophische Grundlagen der Psychologie*, Darmstadt 1998.
HARTMANN, D./JANICH, P. (Hgs.): *Methodischer Kulturalismus*, Frankfurt/M 1996.
HILBERG, W.: *Assoziative Gedächtnisstrukturen und Funktionale Komplexität*, München: Oldenbourg Verlag 1984.
JANICH, P.: *Logisch-pragmatische Propädeutik*, Weilerswist 2001.
JAVITT, D.C./COYLE, J.T.: *Wenn Hirnsignale verrückt spielen*, in: Spektrum der Wissenschaft, Dezember 2004.
KASTEN, Erich: *Halluzinationen*, in: Spektrum der Wissenschaft 12/2000.
KOHONEN, T.: *Self-Organization and Associative Memory*, Springer Series in Information Sciences, 2. Aufl., Berlin, Heidelberg: Springer 1988.
KRAFT, U.: *Verrückte Genies,* in: Gehirn & Geist 5/2004, S. 46–52.

LANGLEY, P./JONES, R.: *Computational model of scientific insight*, in: J. Sternberg (Hg.): The Nature of Creativity, Cambridge: Cambridge University Press (1988).
MAHER, B.: *Schizophrenia, Abberrant Utterance and Delusion of Control: The Disconnection of Speech and Thought, and the Connection of Experience and Belief*, in: Mind and Language 18/1 (2003), S. 1–22.
MINKSY, M. (ed.): *Semantic Information Processing*, Cambridge MA: MIT Press 1968.
NEWELL, A.: *Reasoning, problem solving, and decision processes: The problem space hypothesis*, in: R. Nickerson (Ed.), Attention and performance VIII, Hillsdale, NJ: Lawrence Erlbaum 1980.
SIMON, H.A.: Boston studies in the philosophy of science: Vol. 54. Models of discovery. Boston: Reidel 1977.
WALLAS, G.: *The Art of Thought*, New York: Harcourt-Brace 1926.

Kreativität und Bewusstsein bei mentalen Handlungen

FRANK HOFMAN (TÜBINGEN)

Es gibt bestimmte Handlungen, die sich allein im Geiste vollziehen und keine Körperbewegungen involvieren. Das bewusste Überlegung oder Imaginieren zählt zu dieser Art von Handlung. Dies sind *mentale Handlungen*, wie man sagen könnte. Einige dieser mentalen Handlungen sind sowohl bewusst als auch kreativ. Bei einer solchen mentalen Handlung ist die Person kreativ tätig, und zwar (allein) in ihrem Bewusstsein. Diese mentalen Vorgänge möchte ich genauer beschreiben und untersuchen.

Wer sich z.B. im Geiste eine neue Melodie vorstellt, oder eine neue Formulierung, ist auf kreative Weise tätig. Dabei ist an Fälle zu denken, in denen sich wirklich alles im Geiste abspielt. Es soll nicht darum gehen, dass man auch beim Sprechen oder beim Spielen eines Musikinstruments kreativ sein kann. Die Kreativität eines Malers liegt wahrscheinlich zu einem großen Teil im Malen, also im Umgang mit Farbe und Leinwand, und nur zum Teil in der Imagination. Aber es gibt eben auch die mentale Kreativität, die ganz ohne Körperbewegung stattfindet. Um diese Fälle rein geistiger Kreativität soll es gehen. Solche Beispiele zeigen, dass es mentale Handlungen gibt, die bewusst und kreativ sind. Es ist zu beachten, dass es sich hierbei nicht um ungewöhnliche Ausnahmeleistungen handelt, sondern um ganz alltägliche Phänomene, die bei allen menschlichen Personen normalerweise immer wieder und sehr häufig vorkommen. (Auch das bewusste Entscheiden könnte ein Fall einer mentalen Handlung sein.)

Für mentale Handlungen kann man die folgenden Charakteristika diskutieren.[1] (1.) Kontrolle: Die Person hat normalerweise eine gewisse Kontrolle darüber, was sie geistig tut. Sie kann z.B. ihre bewussten Überlegungen jederzeit abbrechen oder in eine andere Richtung lenken. Die Kontrolle ist nicht perfekt, aber normalerweise doch zu einem beträchtlichen Maße gegeben. (2.) Nichtintentionalität: In vielen Fällen fehlt eine unmittelbare Handlungsintention. Wer sich z.B. vornimmt, an eine Zahl zwischen 1 und 100 zu denken, oder sich an den Namen einer Person zu erinnern, und dann an die Zahl 42 denkt, oder an den Namen ›Jacques‹, der hatte typischerweise nicht die Intention, an die Zahl 42 zu denken, oder an den Namen ›Jacques‹. Es gab zwar eine allgemeinere, subsumierende Intention (nämlich die Intention, an eine Zahl zwischen 1 und 100 zu denken), aber nicht die unmittelbare Handlungsinten-

---

[1] Sehr anregend hierzu ist der Aufsatz *Mental action and the epistemology of mind* von M. Soteriou, in: Noûs 39/1 (2005), S. 83-105.

tion (was in diesem Fall die Intention wäre, an die Zahl 42 zu denken). (3.) Selbstbestimmung: Damit ist in diesem Zusammenhang gemeint, dass die Person spontan bereit ist, sich ihre eigene mentale Handlung zuzuschreiben (aktual oder zumindest potenziell). Dadurch kommt die Person auf eine besondere Weise ins Spiel (im Unterschied zu ihren Zuständen oder Prozessen). Das Selbstbewusstsein, in dem die spontane Selbstzuschreibung besteht, kennzeichnet das mentale Handeln. (4.) Kontingenz des Handlungsaspekts: Die bewussten Ereignisse, die bei mentalen Handlungen auftreten, könnten auch auftreten, ohne dass eine mentale Handlung vorliegt. Eine neue Formulierung könnte einem auch dann einfallen, wenn man gerade nicht vorhat, sich eine neue Formulierung zu überlegen, und man nicht handelnd ist, sondern ›es einem einfach passiert‹.

Ein Problem, das sich stellt, wenn man auf den Aspekt der Kreativität beim mentalen Handeln abhebt, ist das folgende: Ist es die bewusste mentale Handlung ›als solche‹, die kreativ ist, oder kommt die Kreativität (die Innovation) nicht immer von etwas anderem, von etwas Nichtbewusstem, das kein Handeln ist? Kann das Bewusstsein selbst wirklich kreativ sein, etwas Neues schaffen? – Hume hat uns immerhin die Fähigkeit zugesprochen, im Geiste neue Rekombinationen von bewussten Vorstellungen zu erzeugen (und zu einem gewissen Grad, wie im Falle der ›missing shade of blue‹, sogar eine nicht bloß rekombinatorische, sondern originäre Kreativität). Es ist intuitiv plausibel und völlig mit dem Alltagsdenken konform anzunehmen, dass viele bewusste Vorgänge kreativ sind. Die Kreativität ist dabei nicht bloß eine rekombinatorische, bei der bereits vorher bekannte bewusste Elemente neu kombiniert werden, sondern oft eine originäre. Das Subjekt gelangt wirklich zu einem bewussten Zustand (etwa einer bestimmten Imagination einer geometrischen Form) in dem es zuvor niemals gewesen ist und der sich auch nicht rekombinatorisch aus ihren bisherigen Zuständen erreichen lässt. (Dies gilt zunächst immer nur intrasubjektiv.) Aber es stellt sich hier intuitiv die Frage, ob das (originär) Innovative nicht einem nichtbewussten Vorgang zuzuschreiben ist. Denn wie sollte das Bewusstsein etwas völlig Neues zustande bringen können? Andererseits spricht grundsätzlich nichts dagegen, bewussten Zuständen auch die kausale Kraft zuzusprechen, völlig neue bewusste Zustände hervorzubringen. (Warum sollten nur nichtbewusste Zustände diese kausale Kraft besitzen können?) Allerdings ist das bewusste Aufgreifen, Weiterentwickeln und Umformen einer neuen Vorstellung von ihrem erstmaligen Auftreten zu unterscheiden. Es bleibt also noch eine schwierige Frage zu entscheiden, wo genau die (originäre) Kreativität anzusiedeln ist.

Sektion 14

Kreative Universen – Das Neue in Naturphilosophie und Kosmologie

Georg Toepfer
Die Kreativität der Evolution –
eine Kreativität der Mittel, nicht der Zwecke 811

Melanie Sehgal
›Die Zeit ist Erfindung‹.
Das Virtuelle und das Neue bei Henri Bergson 823

Vera Hoffmann
Unser Verstehen der Vielfalt in der Natur:
Supervenienz im Mehrebenenmodell 837

Markus Schrenk
The Bookkeeper and the Lumberjack:
Metaphysical vs. Nomological Necessity 849

Daniela Bailer-Jones
Was ein Phänomen ist und wie es sich verändert;
die Entdeckung extrasolarer Planeten 857

Reiner Hedrich
In welcher Welt leben wir? –
Superstrings, Kontingenz und Selektion 867

Die Kreativität der Evolution – eine Kreativität der Mittel, nicht der Zwecke

Georg Toepfer (Berlin)

1. Einleitung: Kreativität und Natur

Der Begriff der Kreativität bezieht sich in seiner Kernbedeutung auf das Vermögen des originellen Denkens und Handelns. Der Herkunft des Wortes entsprechend wird unter ›Kreativität‹ ein schöpferisches Vermögen verstanden, ein Vermögen, das konkrete oder abstrakte Gestaltungen hervorbringt, die vorher nicht vorhanden waren. Dieses Vermögen ist durch Originalität, Einfallsreichtum, Unkonventionalität, Flexibilität und die Fähigkeit zum Umdefinieren von Objekten und Situationen gekennzeichnet. Insofern diese eigentliche Kreativität mit einem Denken verbunden ist, vielleicht sogar daraus entspringt, ist sie an Wesen gebunden, die sich etwas vorstellen können, die eine Situation mental repräsentieren können, die also überlegen, d.h. verschiedene Optionen des Denkens und Handelns im Geiste durchspielen können. In kognitiver Hinsicht erfolgt in kreativem Denken eine Verarbeitung von Wissensinhalten, deren Deutung und Umordnung und vor allem – darin scheint das Wesentliche der Kreativität zu liegen – ein Hinterfragen ihrer Voraussetzungen, um auf diese Weise etwas Neues zu schaffen.

Wird die Kreativität in diesem Sinne als Leistung eines denkenden und überlegenden Wesens verstanden, dann scheint es so zu sein, dass sie der Natur nicht zugeschrieben werden kann – weil die Natur nach moderner Anschauung eben gerade nicht denkt und überlegt, sondern einfach Gestaltungen hervorbringt. Das der Natur zur Kreativität Fehlende ist ein entwerfendes Denken, das Vorgehen nach einem die Handlungen antizipierenden Plan, kurz: Intentionalität. Auf eine einfache Formel gebracht lässt sich somit sagen: Kreativität setzt Intentionalität voraus, die Natur handelt aber nach modernem Verständnis nicht intentional, deshalb kann sie auch nicht kreativ genannt werden.

Dieses Verständnis von Kreativität entspringt der begrifflichen Konstellation in der zweiten Hälfte des 20. Jahrhunderts, in der das Konzept der Kreativität als ein wesentlich psychologischer Begriff exponiert und als solcher zu definieren versucht wurde. Aber die jüngere Geschichte des Kreativitätsbegriffs sollte natürlich nicht darüber hinwegtäuschen, dass das Konzept ursprünglich gerade nicht ein Persönlichkeitsmerkmal oder allgemeiner ein psychologisches Dispositiv meinte, sondern auf jedes Schöpfertum, und insbesondere auf die Natur als Schöpfung Gottes bezogen wurde. In erster

Linie die Lebewesen, die *Kreaturen*, bilden ja lange Zeit geradezu das Paradigma von Gestaltungen, die sich einer Kreativität verdanken.

So ist es denn auch in der Biologie bis zur Mitte des 19. Jahrhunderts durchaus üblich, von kreativen Vermögen oder Kräften zu sprechen, wie dies z.B. Richard Owen 1858 tut (»creative power«; »creative force«).[1] Die kontinuierliche Wirksamkeit einer kreativen Kraft in der Entstehung von Lebewesen stellt für Owen sogar ein »Axiom« dar. Bereits ein Jahr nach dieser Behauptung Owens gerät der Begriff der Kreativität in der Biologie aber in eine nachhaltige Krise: Darwin formuliert mit seiner Selektionstheorie die Grundlage für ein Verständnis des Wandels von Organismen, das sowohl ihre Anpassungen als auch die Mannigfaltigkeit der Formen als Ergebnis eines natürlichen Mechanismus deutet. Darwin bedarf in seiner Theorie der Adaptation und Variation daher nicht mehr der Hypothese eines Schöpfergottes und verwendet in der Konsequenz den Begriff der Kreation (»creation«; auch: »creative force«) in seinem Hauptwerk allein ablehnend im Sinne der alten deistischen Schöpfungstheorien.[2] Das Wortfeld der Kreation bezeichnet für ihn etwas die Natur Transzendierendes und ist daher innerhalb einer Naturwissenschaft zu vermeiden. Von einer naturimmanenten Kreativität ist in Darwins Hauptwerk noch nicht die Rede.

Die begriffliche Antithese von Kreativität und Natur wird aber bereits in der zweiten Hälfte des 19. Jahrhunderts allmählich wieder aufgegeben, und zwar vor allem durch verschiedene orthogenetische Theorien, die eine Ausrichtung der Formveränderungen in der Evolution auf eine naturimmanente Tendenz zur Vervollkommnung annehmen und dazu einen natürlichen Trieb postulieren. Nägeli z.B. stellt dem »Nützlichkeitsprincip«, das er in Darwins Selektionstheorie verkörpert sieht, ein »Vervollkommnungsprincip« zur Seite, das für die Erklärung der morphologischen Umgestaltungen in Ansatz zu bringen sei und das er sich als eine den Organismen immanente Kraft vorstellt.[3] Ihren schärfsten Ausdruck findet die Synthese von Kreativität und Evolution in den vitalistischen Strömungen zu Beginn des 20. Jahrhunderts; in äußerster Prägnanz ist sie in dem Titel des Hauptwerks von Henri Bergson formuliert: *L'évolution créatrice* (dt.: *Schöpferische Entwicklung*).[4]

Die Annahme von besonderen, nur den Lebewesen eigenen schöpferischen oder richtenden Kräften wird im Laufe des 20. Jahrhunderts aufgegeben, damit aber nicht der Begriff der Kreativität. Der Diskurs um die Kreativität der Evolution verläuft im 20. Jahrhundert weitgehend isoliert von den Bemühungen der Psychologen, die Kreativität zu einer operationalisierbaren

---

[1] Richard Owen: *Presidential address*, in: Reports of the British Association for the Advancement of Science 1858, il-cxi, l.
[2] Charles Darwin: *On the Origin of Species*, 6. Aufl., London 1872 [1859], S. 307f.
[3] Carl Nägeli: *Entstehung und Begriff der naturhistorischen Art*, München 1865, S. 30.
[4] Henri Bergson: *L'évolution créatrice*, Paris 1907.

Messgröße zu machen und ihre einzelnen Elemente und Faktoren zu identifizieren.[5] Die Kreativität im biologischen Sinne bezieht sich auf meist nicht mehr als auf die Annahme, dass in der Evolution Neues entsteht. Wird das Konzept der Kreativität in seiner primären Anwendung also auf die intentionale Herstellung von etwas Neuem nach einem Vorsatz und Plan bezogen – wie es sowohl dem alten Begriff der Kreativität Gottes als auch dem modernen psychologischen Begriff der Kreativität als Eigenschaft einer Person entspricht –, dann ist die Kreativität im Sprachgebrauch der Biologen eine Metapher, die nur partiell das meint, was der Begriff seiner Kernbedeutung nach bezeichnet: Biologische Kreativität ist die Metapher für die Entstehung des Neuen in der Evolution, also eine uneigentliche Kreativität, weil sie die Entstehung des Neuen ohne Annahme von Vorsatz und Planung meint. In diesem Verständnis lässt sich die Kreativität auch auf das Anorganische ausweiten, so wie es z.B. bei Bernulf Kanitscheider mit dem Begriff von einem »kreativen Universum«[6] oder bei Ervin Laszlo in seiner Rede von einer »kosmischen Kreativität«[7] zum Ausdruck kommt. Im weiteren Verlauf dieses Aufsatzes will ich mich auf dieses Verständnis von Kreativität zunächst einlassen, um dann am Ende zu überprüfen, ob dieses Einlassen fruchtbar war oder eher in die Irre geführt hat. Der erste Schritt wird dabei der sein, die Parallelen zwischen intentionaler Kreativität und der Entstehung des Neuen in der Evolution näher zu untersuchen. In einem zweiten Schritt werde ich verschiedene Formen der Kreativität unterscheiden und in einem dritten dann die vermeintliche oder tatsächliche Kreativität der Evolution vor dem Hintergrund des biologischen Funktionalismus diskutieren. Abschließend werde ich die Sonderstellung des kreativen Denkens herausstellen, das, kurz gesagt, im Gegensatz zur biologischen Innovation nicht nur eine Mittelinnovation, sondern auch eine Zweckinnovation einschließen kann.

2. Parallelen der intentionalen Kreativität und der Entstehung des Neuen in der Evolution

Gemeinsam ist der intentionalen Kreativität einer Person und der Entstehung des Neuen in der Evolution, dass sie nicht systematisch, methodisch geleitet, geplant oder klar strukturiert vor sich gehen, sondern wesentlich den Zufall als ein Element einschließen. Die intentionale Kreativität wurde als ein »abenteuerliches« oder »divergentes« Denken beschrieben, das durch ein freies As-

---

[5] Vgl. z.B. J. P. Guilford: *Kreativität* [1950], in: Gisela Ullmann (Hg.): Kreativitätsforschung, Köln 1973, S. 25-43.
[6] Bernulf Kanitscheider: *Von der mechanistischen Welt zum kreativen Universum. Zu einem neuen philosophischen Verständnis der Natur*, Darmstadt 1993.
[7] Ervin Laszlo: *Kosmische Kreativität. Neue Grundlagen einer einheitlichen Wissenschaft von Materie, Geist und Leben*, Frankfurt am Main 1997.

soziieren außerhalb der konventionellen Bahnen charakterisiert werden kann. Sie bildet einen offenen Prozess, ein Geschehen ohne Abschluss, für das nicht nur ein Resultat als angemessen angesehen werden kann. Gleiches gilt für die Entstehung des Neuen in der Evolution, auch sie ist nicht auf ein definiertes Ziel gerichtet und bildet einen offenen, prinzipiell nicht abgeschlossenen Vorgang. Bei aller Offenheit des Prozesses bestehen die intentionale Kreativität und die Entstehung des Neuen in der Evolution aber auch darin übereinstimmend in der Transformation eines Ausgangsproblems; sie sind beide insofern kein rein zweckfreies oder selbstzweckhaftes (göttliches) Schöpfertum, sondern in der Regel auf eine Aufgabe bezogen. Sie gehen von einem Ausgangsproblem aus, transformieren dieses und bringen gerade in dieser Transformation etwas Neues hervor.

Diese Parallele zwischen der Kreativität und den Innovationen in der organischen Evolution wird seit langem gesehen. Sie zeigt sich z.B. bei Paul Valéry, wenn er 1941 schreibt, er habe die »Evolutionstheorie« stets für eine Art Formel für die Entstehung von Ideen und Ausdrücken gehalten«[8]. Eine explizite Theorie des kreativen Denkens auf der Grundlage der Prinzipien der biologischen Evolutionstheorie formuliert Donald Campbell 1960: Für ihn bildet das Zusammenspiel von blinder Variation und selektiver Bewahrung (»blind variation and selective retention«) das Grundmuster jedes kreativen Denkens.[9] Blind ist eine Variation nach Campbell dann, wenn sie in keinem kausalen Bezug zu ihrer Nützlichkeit steht: Eine blinde oder zufällige Variation tritt in gleicher Wahrscheinlichkeit auf, ob sie nützlich ist oder nicht. Die Blindheit oder Zufälligkeit bezeichnet also nicht eine Ursachelosigkeit, sondern allein den fehlenden Bezug zu einer Zweckmäßigkeit oder Nützlichkeit. Die ältere Fassung des von Campbell identifizierten Musters kreativen Denkens ist in der Formel des *Lernens durch Versuch und Irrtum* enthalten, die nach Campbell bereits vor Darwins Formulierung der Evolutionstheorie von Alexander Bain entwickelt wird.[10] Das Muster des Lernens durch Versuch und Irrtum kann verstanden werden als die gemeinsame Form von einerseits dem Evolutionsmechanismus des Zusammenspiels von Mutation und Selektion und andererseits dem kreativen Denken, das durch innovative Ansätze gekennzeichnet ist. Übereinstimmend sind beide durch eine Innovation der Mittel gekennzeichnet, unterschieden sind sie dadurch, dass das kreative Denken sich in symbolischen Repräsentationen entfaltet (in einem Bewusstsein), der Evolutionsmechanismus sich dagegen rein materiell ohne notwendigen Einschluss eines mentalen Systems vollzieht. Man könnte beide Formen daher

---

[8] Paul Valéry: *Ego*, in: Cahiers/Hefte Bd. 1, hg. v. H. Köhler/J. Schmidt-Radefeldt, Stuttgart 1987, S. 49-297, S. 257.
[9] Donald T. Campbell: *Blind variation and selective retention in creative thought as in other knowledge processes*, in: Psychological Review 67 (1960), S. 380-400.
[10] Alexander Bain: *The Senses and the Intellect*, 3. Aufl., New York 1874 [1855], S. 593.

terminologisch unterscheiden als bewusstseinsgebundene oder *intentionale Kreativität* auf der einen Seite und als in einem reinen Naturprozess vorliegende, materielle oder *mechanische Kreativität* auf der anderen Seite.[11]

3. Formen der Kreativität im Bereich materieller Systeme: Eigenschafts-, Mittel- und Zweckkreativität

Kreatives Denken und der Verlauf der Evolution der Organismen schließen also beide zweifellos Innovationen ein. Innovationen, die Entstehung von Neuem, gibt es jedoch auch bereits außerhalb des Bereichs des Organischen. Meist werden die anorganischen Innovationen unter dem Titel der *Emergenz* diskutiert.[12] Angewandt wird der Begriff der Emergenz v.a. auf Systeme, die aus mehreren Elementen zusammengesetzt sind. Als emergent gelten dann diejenigen Eigenschaften des Systems, die seine Elemente in Isolation oder in Kombination mit anderen Elementen nicht zeigen. Diese so genannten *Systemeigenschaften* ergeben sich aus der Konstellation der Elemente oder ihrer Interaktion miteinander. Sie stellen, ausgehend von den Eigenschaften der Elemente beurteilt, neue (oder neuartige) Eigenschaften dar. Jede chemische Verbindung weist Systemeigenschaften in diesem Sinne auf: Eigenschaften, die ihre Elemente nicht haben. Wasser hat z.B. andere Eigenschaften als seine Elemente Wasserstoff und Sauerstoff. Die Annahme der Emergenz im Bereich des Anorganischen hat nichts Wundersames an sich und ist bestens in ein naturwissenschaftliches Weltbild integrierbar. Insbesondere ist sie vereinbar mit der Position des physischen Monismus, nach der alle Systeme nur aus physischen Entitäten bestehen, und mit dem Postulat der synchronen Determiniertheit, nach dem alle Eigenschaften eines Systems von dessen Mikrostruktur abhängen. In einem rudimentären Sinne könnte man die emergente Entstehung des Neuen auf der Ebene des Anorganischen als eine Form der Kreativität beschreiben. Genannt werden könnte sie Interaktions-, Synergie- oder einfach *Eigenschaftskreativität*. Sie macht deutlich, dass ein Widerspruch zwischen der Entstehung des Neuen, also einer Kreativität in einem basalen Sinne, und dem Determinismus nicht bestehen muss. Einzelne Spielarten

---

[11] Hans Lenk unterscheidet die beiden Formen als *Designkreativität* (für die künstlerische Kreativität) und *Zufallskreativität* (für die Kreativität der Evolution); vgl. H. Lenk: *Kreative Aufstiege. Zur Philosophie und Psychologie der Kreativität*, Frankfurt/M. 2000, S. 300; S. 315. Glücklich ist diese Terminologie allerdings nicht, denn einerseits kann auch ein Design Zufallselemente enthalten und andererseits können auch die Produkte der Evolution als Design begriffen werden; vgl. dazu: U. Krohs: *Biologisches Design*, in: U. Krohs/G. Toepfer (Hgs.): Einführung in die Philosophie der Biologie, Frankfurt/M. 2005.
[12] Achim Stephan: *Emergenz. Von der Unvorhersagbarkeit zur Selbstorganisation*, Dresden 1999; ders.: *Emergente Eigenschaften*, in: U. Krohs/G. Toepfer (Hgs.): Einführung in die Philosophie der Biologie, Frankfurt am Main 2005.

emergentistischer Positionen können aber die These der Struktur-Unvorhersagbarkeit einschließen (ohne dabei die These der synchronen Determiniertheit aufzugeben), z.B. als Resultat der Entstehung des neuen Systems in Form eines deterministischen Chaos (»diachroner Struktur-Emergentismus« in der Terminologie Achim Stephans).

Eine uneigentliche Kreativität ist die anorganische Eigenschaftskreativität v.a. deshalb, weil sie in überhaupt keinen funktionalen Kontext eingebunden ist; sie ist nicht das Ergebnis einer Problemstellung und insofern in keiner Weise sachbezogen oder problemorientiert; sie beinhaltet eben die bloße Entstehung des Neuen. Unterschieden ist sie diesbezüglich von der Kreativität im Bereich des Organischen: Die organische Kreativität ist eine Kreativität des Problemlösens, denn sie geht aus von einem organischen System, einem Lebewesen, das eine funktionale Organisation aufweist und nach bestimmten Zielen strebt: »Alles Leben ist Problemlösen«, wie es nach dem bekannten Diktum Poppers heißt.[13] Als Problemlösen kann das organische Leben ganz allgemein charakterisiert werden, weil die Lebewesen als Systeme fern des thermodynamischen Gleichgewichts nur als offene Systeme Bestand haben, d.h. weil sie zu ihrem Erhalt auf die »Funktionen« der Ernährung und des Stoffwechsels angewiesen sind. Als Objekte, die einer natürlichen Selektion unterliegen, sind sie darüber hinaus auf die langfristige Sicherung ihres Typs in der Konkurrenz mit anderen Typen bezogen; diese Sicherung erfolgt über das Vermögen der Fortpflanzung. Ernährung und Fortpflanzung können daher als die beiden Funktionen identifiziert werden, um die sich alles Leben dreht (wie es schon bei Aristoteles heißt[14]). Die Sicherstellung dieser Funktionen bildet das durchgängige Problem, das die Lebewesen zu lösen haben. Der quasi normative Charakter, den diese Funktionen im Bereich des Organischen haben, wird in der Sprache der Biologen dadurch zum Ausdruck gebracht, dass sie als »biologische Imperative« bezeichnet werden.[15] In subjektiver Perspektive stellt sich die Ausrichtung auf diese Ziele als Bedürfnisse oder Begehren dar, die bereits in der antiken Seelenlehre als das für die Lebewesen Kennzeichnende identifiziert wurden.[16] Mit Hans Jonas kann man somit aus der »*Notwendigkeit* ständiger Selbsterneuerung des Organismus mittels des Stoffwechsels« und dem sich daraus ergebenden »elementaren *Drang* des Organis-

---

[13] Karl R. Popper: *Alles Leben ist Problemlösen* [1991], in: ders.: Alles Leben ist Problemlösen. Über Erkenntnis, Geschichte und Politik, München 1995, S. 255-263.
[14] Aristoteles, *De historia animalium* 589a; *De anima* 415a.
[15] Christian Vogel: *Evolution und Moral* [1986], in: ders.: Anthropologische Spuren. Zur Natur des Menschen, Stuttgart 2000, S. 135-177, S. 148.
[16] Vgl. z.B. Platon, *Politeia* 439d; *Timaios* 77b.

mus, auf solche prekäre Weise sein Dasein fortzusetzen« auf eine »fundamentale Selbstbesorgtheit alles Lebens« schließen.[17]

Diese Selbstbesorgtheit der Lebewesen ist zwar auf die immer gleichen Aufgaben und Probleme bezogen, sie erfolgt aber doch auf höchst unterschiedliche Weisen. Die Evolution des Lebens auf der Erde kann geradezu als Kette der Variation über diese immer gleichen Motive begriffen werden. Von der Entstehung des Lebens vor einigen Milliarden Jahren bis zur Gegenwart halten sich die gleichen Probleme als die konstanten zu lösenden Aufgaben durch, die über eine Vielfalt von Mitteln bewältigt werden. Die Kreativität des Lebens, wie es durch die Biologie beschrieben und erklärt wird, bezieht sich auf diese Mannigfaltigkeit der Mittel. Die Mannigfaltigkeit der Mittel geht mit einer Mannigfaltigkeit an Formen einher, deren Erzeugung geradezu als das Paradigma der Kreativität überhaupt gelten kann (deshalb hießen diese Formen ja auch lange »Kreaturen«).[18] Bei aller Mannigfaltigkeit der Formen bringt diese Kreativität aber doch nur eine Einförmigkeit der Funktionen hervor. Die organische Kreativität enthält also eine Transformation der Mittel und der Formen, nicht aber der Zwecke und Ziele. Sie kann daher als eine Formen- oder *Mittelkreativität* bestimmt werden.

Die organische Mittelkreativität schließt zwar die Entstehung des Neuen ein und ist unmittelbar problem- und aufgabenbezogen, sie ist aber doch immer noch eine uneigentliche Kreativität, weil sie auf der Ebene des Problemlösens verharrt und nicht die der Problemhinterfragung erreicht. Die organische Kreativität bleibt immer gebunden an die Funktionalität des Systems; sie hat in dieser Funktionalität ihre unhintergangene Voraussetzung. Sie setzt ein funktionales System voraus, d.h. ein System mit einem organisierten Aufbau, der durch die Begriffe Mittel und Zweck analysiert werden kann und im Hinblick auf den durchgehenden Zweck des Systemerhalts untersucht wird. Unterschieden ist die organische Mittelkreativität damit von einer anderen Form der Kreativität, die nicht nur eine Variation und Innovation der Mittel, sondern auch der Zwecke einschließt. Diese, die echte, eigentliche oder *Zweckkreativität*, beinhaltet eine Zwecksetzung. In ihr sind quasi alle Elemente variabel. In der Form der Zweckkreativität besteht die Kreativität nicht nur in einem Problemlösen, sondern einem Hinterfragen der Voraussetzungen der Problemstellung. Dies leistet der Mensch, indem er sich von der im Rahmen

---

[17] Hans Jonas: *A critique of cybernetics* [1953/66], dt. in: Das Prinzip Leben. Ansätze zu einer philosophischen Biologie, Frankfurt/M. 1994, S. 195-220, S. 218 f.; ders.: *Is God a mathematician?* (1951/66), dt. in: ebd., S. 127-178, S. 160.
[18] Verschiedene Erklärungen für die unüberschaubare Diversität der Organismen sind gegeben worden. Eine (innerbiologische) gibt Darwin mit seinem Prinzip der Divergenz der Merkmale (»Divergence of Character«): Die Organismen, die einem seltenen Typus angehören, haben einen selektiven Vorteil, weil sie einer geringeren Konkurrenz unterliegen als die Organismen eines häufigen Typus (frequenzabhängige Selektion).

der biologischen Evolution gegebenen Problemstellung befreit hat, d.h. indem er sich dem biologischen Imperativ der Fitnessmaximierung nicht bedingungslos unterwirft. Seine Kreativität ist nicht notwendig in einen funktionalen Kontext eingebunden, sondern wesentlich durch ihre (mögliche) Spontaneität gekennzeichnet; sie kann sich ohne Bezug zu einem Nutzen oder einer Anwendung entfalten, bzw. schafft diese gleichzeitig mit. Es ist also keine Kreativität, die primär der Lösung eines von außen vorgegebenen Problems dient, sondern sie generiert ihren eigenen Verweisungszusammenhang, ihre eigenen Mittel-Zweck-Relationen und ist insofern autonom.[19]

Die in diesem Abschnitt erfolgte Einteilung der Kreativität in Eigenschafts-, Mittel- und Zweckkreativität folgt der Unterscheidung der drei Bereiche des Anorganischen (Physikalischen), des Belebten (Biologischen) und des Bewussten (Psychologischen). Abschließend soll noch einmal begründet werden, warum einerseits die Kreativität des Menschen wesentlich durch ihre Stellung jenseits eines reinen Problemlösungskontextes charakterisiert werden soll, und warum andererseits die Kreativität im Bereich der Biologie innerhalb der funktionalen Grenzen des Problemlösens beschränkt sein soll. Ich werde zunächst auf die zweite Frage eingehen und dann abschließend eine kurze Antwort auf die erste geben.

4. Der Funktionalismus der Biologie und die Konzepte von Spiel und Selbstdarstellung

Greift es also nicht zu kurz, wenn das Lebendige innerhalb der Biologie allein als das Funktionale bestimmt wird? Wieso sollte die organische Formenmannigfaltigkeit immer in den Grenzen des biologischen Imperativs der Fitnessmaximierung verbleiben? Liegt darin nicht eine zu weitgehende Einengung der Biologie?

Traditionell sind es zwei Konzepte, auf die verwiesen wird, wenn die Begrenzung der Biologie durch die funktionale Ordnung, die mit den beiden Prinzipien der Selbsterhaltung und Fortpflanzung gegeben ist, hinterfragt werden soll: ›Spiel‹ und ›Selbstdarstellung‹. *Spiel* ist zwar nicht nur, aber doch auch ein biologischer Begriff: Es ist doch zu offensichtlich, dass viele Tiere spielen, d.h. ein Verhalten zeigen, dass durch eine situative Unzweckmäßigkeit oder Selbstzweckhaftigkeit ausgezeichnet ist. Im Spielen ist ein Organismus unmittelbar nicht auf seine biologischen Zwecke der Selbsterhaltung und Fortpflanzung bezogen. Karl Groos, einer der Pioniere der biologischen Spielforschung, konstatiert in diesem Sinne, dass Spielen der Tiere gehöre »nicht zu

---

[19] Diese menschliche Kreativität ähnelt daher allein der christlichen Vorstellung der Kreativität Gottes, die eine äußerlich unmotivierte, einen ganzen Kosmos erzeugende, also nicht problemlösende, sondern schenkende Kreativität ist.

den Tätigkeiten, die ›direkt erhaltungsmäßig‹ sind oder ›direkten biologischen Wert‹ besitzen«[20]. Allerdings steht das Spielen der Tiere doch nicht gänzlich außerhalb der funktionalen Ordnung des Lebendigen, so wie es die Biologie beschreibt; es ist eben nur unmittelbar oder direkt nicht »erhaltungsmäßig«. Groos stellt dem »Charakter anscheinender Zwecklosigkeit« des Spielens entgegen, dass ihm doch ein »indirekter Nutzen« im Sinne von »Einübungen und Vorübungen« für das spätere überlebensdienliche Verhalten zugeschrieben werden kann. In dieser Einschätzung folgt ihm die moderne Verhaltensforschung bis in die Gegenwart und erkennt in dem Spielen der Tiere die Funktionen des Trainings in physiologischer, kognitiver oder sozialer Hinsicht. Allerdings bleibt doch ein Zweifel, ob das Spielen der Tiere in dieser Funktionalität vollständig aufgeht oder ob es nicht doch Elemente des Spielens bei Tieren geben kann, die »um ihrer selbst willen«, aus einer reinen »Funktionslust« erfolgen, wie dies Eibl-Eibesfeldt unter Aufnahme eines Begriffs von Karl Bühler erwägt.[21]

Der Begriff des Spiels steht also an der Grenze der funktionalen Ordnung der Biologie. Als ein Konzept, das ausdrücklich jenseits dieser Grenze steht, ist der Begriff der *Selbstdarstellung* in die Biologie eingeführt worden. Er taucht bereits bei Karl Groos auf, zu einem zentralen Prinzip der Biologie wird er aber von Adolf Portmann erhoben. Bei Portmann heißt es: Die »Selbstdarstellung muß als eine der Selbsterhaltung und der Arterhaltung gleichzusetzende Grundtatsache des Lebendigen aufgefaßt werden«.[22] Die Morphologie wird für Portmann allgemein zu der »Wissenschaft von der Selbstdarstellung der Organismen«.[23] Von der Selbstdarstellung spricht Portmann ausdrücklich als Gegenbegriff zu dem der Selbsterhaltung. Der Begriff soll die elementare Expressionsqualität vieler Lebensphänomene und die Unmöglichkeit ihrer Unterordnung unter die Anforderungen der Lebenserhaltung zum Ausdruck bringen. Die Selbstdarstellung bildet für Portmann auf diese Weise den höchsten Punkt auf den hin die Lebewesen organisiert sind und von dem aus ihre Gestalt und ihr Verhalten allein begriffen werden kann.

Die Konzepte des Spiels im Sinne einer zweckfreien Funktionslust und der Selbstdarstellung könnten also als innerbiologische Begriffe fungieren, die dem vermeintlich universalen biologischen Funktionalismus, der alle organischen Erscheinungen den Funktionen der Selbsterhaltung und Fortpflanzung unterordnet, entgegengerichtet sind. Sie könnten auf diese Weise auch als Überwindung der reinen biologischen Mittelkreativität verstanden werden:

---

[20] Karl Groos: *Die Spiele der Tiere*, 2. Aufl., Jena 1907 [1896], S. 309.
[21] I. Eibl-Eibesfeldt: *Beiträge zur Biologie der Haus- und der Ährenmaus nebst einigen Beobachtungen an anderen Nagern*, in: Zeitschrift für Tierpsychologie 7 (1950), S. 558-587, S. 580.
[22] Adolf Portmann: *Die Erscheinung der lebendigen Gestalten im Lichtfelde*, in: Wesen und Wirklichkeit des Menschen, hg. v. K. Ziegler, Göttingen 1957, S. 29-41, S. 40.
[23] Adolf Portmann: *Das Lebendige als vorbereitete Beziehung*, in: Eranos-Jahrbuch 24 (1955), S. 485-506, S. 502.

Unter die Begriffe ›Spiel‹ und ›Selbstdarstellung‹ könnten diejenigen biologischen Phänomene subsumiert werden, die die biologischen Funktionen transzendieren und eine neue Ordnung von Zwecken jenseits der im engeren Sinn biologischen begründen. Die Frage ist jedoch: Wäre das sinnvoll? Die Frage kann zunächst als eine empirische verstanden werden: Zeigen die nichtmenschlichen Lebewesen tatsächlich Verhaltensweisen, die jenseits der biologischen Funktionen der Selbsterhaltung und Fortpflanzung stehen; erfolgen diese Verhaltensweisen vielleicht sogar systematisch und liegt dieser Systematik eine ganz eigene teleologische Ordnung zugrunde? Die Frage kann aber auch als eine methodologische verstanden werden: Ist es sinnvoll, die Grenzen der Biologie auf den Bereich solcher neuer Zwecksysteme auszuweiten, die nichts mehr mit Selbsterhaltung und Fortpflanzung zu tun haben? Wäre es nicht vielmehr methodologisch angemessen, die jenseits der Funktionen von Selbsterhaltung und Fortpflanzung stehenden Erscheinungen von Lebewesen aus dem Bereich der Biologie auszuschließen; das in diesem Sinne Nicht-Funktionale also als mit den Methoden der Biologie nicht zugänglich zu verstehen? Weitgehend unstrittig ist es ja, dass die Biologie in dem kulturellen Handeln des Menschen an eine methodische Grenze kommt. Zu ergänzen wäre diese Grenze in Bezug auf eine biologische Art um weitere Grenzen, die sich daraus ergeben, dass auch Lebewesen anderer Arten (möglicherweise) ein Handeln zeigen, das sich systematisch nicht im Hinblick auf die Funktionen von Selbsterhaltung und Fortpflanzung verstehen lässt. Die funktionale Beurteilung würde auf diese Weise methodisch den Anfang und das Ende der Biologie bedeuten: Über sie würde definiert, was ein Organismus ist[24] und sie lieferte den durchgängigen Bezugsrahmen, in dem biologische Prozesse beurteilt werden. Ausgeschlossen wäre aus dem Bereich der Biologie damit die Erklärung von Phänomenen, die sich nicht in dem funktionalen Rahmen von Selbsterhaltung und Fortpflanzung deuten lassen, oder, anders gesagt: Die Kreativität innerhalb des Bereichs der Biologie wäre eine reine Mittelkreativität. Der Umschlagpunkt der Mittelinnovation zu einer Zweckinnovation wäre der Wendepunkt der Biologie zu einer anderen Wissenschaft.

5. Die Grenze der Biologie in der Zweckkreativität des Menschen

Soweit wir wissen, hat in der Evolution des Lebens auf der Erde allein der Mensch die Stufe der systematischen Zweckkreativität erreicht. Das Medium, das ihm dies ermöglichte, war ein elaboriertes System des symbolischen Zeichengebrauchs, kurz: die Sprache. Anders als die situationsgebundene Zeichenverwendung mancher Tiere stellt die Sprache des Menschen ein selbstän-

---

[24] Vgl. dazu Georg Toepfer: *Zweckbegriff und Organismus. Über die teleologische Beurteilung biologischer Systeme*, Würzburg 2004.

diges System von Verweisungen dar. Über die Prägnanz und Situationsdistanz ihrer Zeichen dient die Sprache der Entwicklung einer eigenen (kulturellen) Sphäre von Bedeutungen, in der eine Distanzierung und Emanzipation von den biologischen Funktionalitäten möglich wird.[25]

Die Sprache ist es auch, die eine Fähigkeit ermöglicht, die für die menschliche Kreativität unmittelbar kennzeichnend ist[26], die aber der so genannten Kreativität der Natur gerade fehlt: die Phantasie. Die Phantasie ist die Leistung, sich etwas vorzustellen, das nicht da ist. Gerade dieses Vorstellungsvermögen sprechen wir aber der Natur ab; wir schreiben ihr keine Planung für ihre Produkte zu. Ihre Kreativität liegt also allenfalls im Auge des Betrachters. Die Kreativität des Menschen, erlangt dagegen gerade mittels der Sprache und Phantasie die Distanz zu der biologischen Funktionalität, die es ihr ermöglicht, nicht nur neue Mittel für vorgegebene Zwecke zu ersinnen, sondern gänzlich eigenständige Zwecksysteme zu schöpfen. Man kann daher sagen, auch die biologische Kreativität ist noch keine eigentliche Kreativität: Sie beruht auf dem Spiel der Formen und Mittel, nicht der Zwecke; sie ist immer noch eine kanalisierte Kreativität. Die eigentliche Kreativität entsteht erst durch den Schritt aus der biologischen Zweckordnung heraus, durch das die Kreativität das Stadium der Selbstbezüglichkeit erreicht hat.

Ich würde daher vorschlagen, den Begriff der Kreativität für die von mir bisher so genannte Zweckkreativität zu reservieren. Um die Innovationen in den Bereichen des Anorganischen und Organischen auf einen Begriff zu bringen, stehen Konzepte bereit, die das Gemeinte genauer bezeichnen können, nämlich die Begriffe der Emergenz, Selbstorganisation und Funktionalität.

Literatur

BAIN, Alexander: *The Senses and the Intellect*, 3. Aufl., New York 1874 [1855].
BERGSON, Henri: *L'évolution créatrice*, Paris 1907.
CAMPBELL, Donald T.: *Blind variation and selective retention in creative thought as in other knowledge processes*, in: Psychological Review 67 (1960), S. 380–400.
DARWIN, Charles: *On the Origin of Species*, 6. Aufl., London 1872 [1859].
EIBL-EIBESFELDT, Irenäus: *Beiträge zur Biologie der Haus- und der Ährenmaus nebst einigen Beobachtungen an anderen Nagern*, in: Zeitschrift für Tierpsychologie 7 (1950), S. 558–587.
FLACH, Werner: *Grundzüge der Ideenlehre. Die Themen der Selbstgestaltung des Menschen und seiner Welt, der Kultur*, Würzburg 1997.
GROOS, Karl: *Die Spiele der Tiere*, 2. Aufl., Jena 1907 [1896].

---

[25] Vgl. Oswald Schwemmer: *Die kulturelle Existenz des Menschen*, Berlin 1997, S. 28f.; Werner Flach: *Grundzüge der Ideenlehre. Die Themen der Selbstgestaltung des Menschen und seiner Welt, der Kultur*, Würzburg 1997, S. 62.
[26] Heinrich Popitz: *Wege der Kreativität*, Tübingen 1997, S. 96.

GUILFORD, J. P.: *Kreativität* [1950] in: Gisela Ullmann (Hg.): Kreativitätsforschung, Köln 1973, S. 25–43.
JONAS, Hans: *A critique of cybernetics* (1953/66), dt. in: Das Prinzip Leben. Ansätze zu einer philosophischen Biologie, Frankfurt am Main 1994, S. 195–220.
JONAS, Hans: *Is God a mathematician?* (1951/66), dt. in: Das Prinzip Leben. Ansätze zu einer philosophischen Biologie, Frankfurt am Main 1994, S. 127–178.
KANITSCHEIDER, Bernulf: *Von der mechanistischen Welt zum kreativen Universum. Zu einem neuen philosophischen Verständnis der Natur*, Darmstadt 1993.
KROHS, Ulrich: *Biologisches Design*, in: Ulrich Krohs/Georg Toepfer (Hgs.): Einführung in die Philosophie der Biologie, Frankfurt am Main 2005.
LASZLO, Ervin: *Kosmische Kreativität. Neue Grundlagen einer einheitlichen Wissenschaft von Materie, Geist und Leben*, Frankfurt am Main 1997.
LENK, Hans: *Kreative Aufstiege. Zur Philosophie und Psychologie der Kreativität*, Frankfurt am Main 2000.
NÄGELI, Carl: *Entstehung und Begriff der naturhistorischen Art*, München 1865.
OWEN, Richard: *Presidential address*, in: Reports of the British Association for the Advancement of Science 1858, il–cxi.
POPITZ, Heinrich: *Wege der Kreativität*, Tübingen 1997.
POPPER, Karl R.: *Alles Leben ist Problemlösen* [1991], in: ders.: Alles Leben ist Problemlösen. Über Erkenntnis, Geschichte und Politik, München 1995, S. 255–263.
PORTMANN, Adolf: *Das Lebendige als vorbereitete Beziehung*, in: Eranos-Jahrbuch 24 (1955), S. 485–506.
PORTMANN, Adolf: *Die Erscheinung der lebendigen Gestalten im Lichtfelde*, in: Wesen und Wirklichkeit des Menschen, hg. v. K. Ziegler, Göttingen 1957, S. 29–41.
SCHWEMMER, Oswald: *Die kulturelle Existenz des Menschen*, Berlin 1997.
STEPHAN, Achim: *Emergente Eigenschaften*, in: U. Krohs/G. Toepfer (Hg.): Einführung in die Philosophie der Biologie, Frankfurt am Main 2005.
STEPHAN, Achim: *Emergenz. Von der Unvorhersagbarkeit zur Selbstorganisation*, Dresden 1999.
TOEPFER, Georg: *Zweckbegriff und Organismus. Über die teleologische Beurteilung biologischer Systeme*, Würzburg 2004.
VALÉRY, Paul: *Ego*, in: Cahiers/Hefte Bd. 1, hg. v. H. Köhler/J. Schmidt-Radefeldt, Stuttgart 1987, S. 49–297.
VOGEL, Christian: *Evolution und Moral* [1986], in: ders.: Anthropologische Spuren. Zur Natur des Menschen, Stuttgart 2000, S. 135–177.

›Die Zeit ist Erfindung‹. Das Virtuelle und das Neue bei Henri Bergson

Melanie Sehgal (Berlin/Brüssel)

1. Wirklichkeit der Zeit versus Verräumlichung. Bergsons Metaphysikkritik

»Eines schönen Tages«, schreibt Henri Bergson auf die Anfänge seiner philosophischen Arbeit zurückblickend, »bemerkte ich, daß die Zeit in diesem System nichts bedeutete, ja daß sie völlig unwirksam blieb.«[1] Der junge Bergson wollte Wissenschaftsphilosoph werden, im Sinne des späten 19. Jahrhunderts einer kritischen Reflexion der wissenschaftlichen Methoden, und hatte bis dahin, vermittelt über seinen Lehrer Herbert Spencer, mechanistische und positivistische Positionen vertreten. In einem Brief an seinen Freund William James schildert er die Abkehr von diesen Ansätzen: »Es war die Analyse des Begriffs der Zeit, so wie sie in der Mechanik und der Physik auftaucht, die meine ganzen Ideen völlig umstieß. Ich bemerkte, zu meinem großen Erstaunen, dass die wissenschaftliche Zeit nicht *dauerte*, dass sich nichts an unserem wissenschaftlichen Wissen von den Dingen ändern würde, wenn die Totalität des Wirklichen plötzlich in einem einzigen Moment ausgebreitet wäre, und dass die positive Wissenschaft im Wesentlichen in der Eliminierung der Dauer besteht.«[2] Bergson sieht immer wieder den gleichen Fehler am Werk: Die Welt wird als geschlossenes System betrachtet, in dem in jedem Augenblick ›alles gegeben‹ und daher Neues, Unvorhersehbares nicht möglich ist. Zeit wird auf ein ›verfehltes Nebeneinander‹ reduziert, sie wird »verräumlicht«, wie Bergson sagt, und damit wird das eliminiert, was sie ausmacht: ihre Kontingenz, ihre Fähigkeit, Neues hervorzubringen.

Die Verräumlichung der Zeit bildet dabei für Bergson das Kernstück einer zu überwindenden Metaphysik.[3] Sie ist im Wesentlichen ein Darstellungsproblem, da sie der ›représentation‹ geschuldet ist, im doppelten Wortsinne der Vergegenwärtigung bzw. Vorstellung und der (z.B. sprachlichen, begrifflichen) Darstellung. Die Verräumlichung der Zeit resultiert aus einer Verwechslung der Darstellung mit dem Dargestellten, bei der der Darstellung retrospektiv

---

[1] Henri Bergson: *Denken und schöpferisches Werden. Aufsätze und Vorträge*, Hamburg 2000 [1939], S. 112

[2] Brief an William James vom 9. Mai 1908, in: Henri Bergson: *Écrits et Paroles*. Textes rassemblés par R.-M. Mossé-Bastide, Bd. 2, Paris 1959, S. 294f. (Übersetzung M. S.)

[3] Bergson spricht auch von einer »natürlichen Metaphysik« (Henri Bergson: *Schöpferische Entwicklung*, Jena 1912, S. 27), da er sie auf einem dem menschlichen Verstand eigenen »kinematographischen Mechanismus des Denkens« zurückführt (ebd., S. 276). Er naturalisiert so eine historisch spezifische Denkweise.

ontologischer Vorrang eingeräumt wird. Das Problem ist also, dass die räumliche Darstellung auf den epistemischen Status des Dargestellten *zurückwirkt*. In der Zeitvorstellung der Physik etwa werden die einzelnen, für die Darstellung konstitutiven Punkte einer Kurve mit diskreten, zeitlichen Momenten kurzgeschlossen und damit die Bewegung auf durchlaufene Punkte im Raum reduziert. Ebenso begreift Bergson Begriffe als herausgelöste Momente eines kontinuierlichen Prozesses. In beiden Fällen erscheint die vorgängige Bewegung durch die Darstellung als sekundäre Erscheinung. So entsteht für Bergson die Vorstellung einer von Raum und Zeit unabhängigen Transzendenz. Hier setzt seine Kritik des Möglichen an: Es wird angenommen, dass etwas erst als vollständig bestimmte Möglichkeit existiert, die sich dann in Raum und Zeit realisiert. Die Möglichkeit ist aber ist ein Begriff, der ontologisiert wird,[4] und bei einem Denken in Möglichkeiten bleibt gerade das Neue auf der Strecke. Zeit wird zum Akzidens, zum Parameter der Realisierung, Veränderung aus Unveränderlichkeit und Singularität aus der Allgemeinheit erklärt. Diese Einsicht in die intellektualistische Funktionsweise einer Metaphysik der Repräsentation lässt ihn eine strikte Trennung zwischen Wirklichkeit und Begriff bzw. Darstellung etablieren. Sie gehören unterschiedlichen, nicht zu verwechselnden Registern an.

Demgegenüber macht Bergson die radikale zeitliche Verfasstheit von Welt und Erfahrung zum Ausgangs- und Mittelpunkt seines Denkens. Die Erfahrung darf nicht länger als sekundäre und abgeleitete Realität der Erscheinung begriffen werden, sondern muss wieder als ›wahre Wirklichkeit‹ ins Zentrum philosophischer Reflexion gerückt werden. Der Vorstellung, dass das Werden Realisierung von transzendenten Möglichkeiten ist, setzt Bergson den Prozess der Aktualisierung des Virtuellen entgegen. Während die Realisierung auf Identität zielt, bringt die Aktualisierung Differenz und damit Neues hervor.[5]

Henri Bergson war der führende Philosoph im Frankreich des frühen 20. Jahrhunderts und der erste Vertreter eines Denkens, das später als Prozessphilosophie charakterisiert wurde. Indem Bergson Prozess und Werden Vorrang vor einem statischen, zeitlosen Sein gab, wurde sein Denken wegweisender Ausgangspunkt für Philosophen wie Alfred North Whitehead und Gilles Deleuze. Bergson geht es darum, eine Zeit des Vollzugs – er nennt sie Durée, Dauer – zu erarbeiten, die er einer homogenen und linearen Zeitvorstellung gegenüberstellt. Ideengeschichtlich kann diese Frage in die Problematik des Werdens eingeordnet werden. Bergsons Ziel ist es, sie ohne Rückgriff auf

---

[4] Vgl. Bergson 2000, S. 38.
[5] Bergson stellt zwar ›Möglichkeit‹ und ›Virtualität‹ nicht unmittelbar gegenüber, dies tut erst Deleuze auf Bergson verweisend, aber im systematischen Zusammenhang seiner Auseinandersetzung um die Zeit und ihrer schöpferischen, differenzierenden Kraft, ersetzt er das Denken in Möglichkeiten durch eines der Virtualität.

transzendente Entitäten zu lösen, wie so oft geschehen,[6] *und* ohne sich deshalb auf die Gleichzeitigkeit der Aktualität zu beschränken. Bergson muss also versuchen, die *Funktion* der Transzendenz, das Werden zu bedingen, doch irgendwie zu konzeptualisieren. An dieser Stelle führt er den Begriff des Virtuellen ein. An dieser Problemstellung zeigt sich bereits die enge Verflechtung von zeittheoretischen und ontologischen Fragen, die Bergsons Denken charakterisiert. Im Folgenden soll seine Philosophie als Versuch gelesen werden, die philosophische Präferenz für das Ewige und Unveränderliche zugunsten einer radikalen Zeitlichkeit umzukehren und Einsätze und Risiken, die damit einhergehen zu skizzieren. Zwei solcher Einsätze wurden dabei bereits genannt, die Frage der Metaphysik und das Problem der Darstellung; ich werde am Schluss auf sie zurückkommen. In der folgenden Darstellung konzentriere ich mich zunächst auf die Abhandlung *Materie und Gedächtnis*,[7] in der Bergson eine Theorie der Erfahrung ausarbeitet, die für ihn gleichwohl ontologische Implikationen besitzt.

2. Warum ›virtuell‹?

Warum greift Bergson ausgerechnet auf das Wort ›virtuell‹ zurück? Etymologisch kommt ›virtuell‹ von dem lateinischen »virtus«, das sich wiederum von »vis« (Kraft) und »vir« (Mann) herleiten lässt. ›Virtus‹ bedeutete in erster Linie Kraft – im Sinne einer wirkenden Kraft – und im Weiteren Tüchtigkeit, Manneskraft, Tugend.[8] Um 400 n. Chr. ist die Bedeutung »wunderwirkende Kraft, Wundertat« belegt.[9] Ein Wunder zeichnet sich durch seine besondere Kausalität aus: Es ist unvorhersehbar und zufällig, die Wirkung übersteigt ihre Ursachen und unterliegt also keiner mechanischen Kausalität. Dies verweist auf den besonderen modalen Status des Virtuellen: Das Virtuelle ist kontingent. In der Philosophiegeschichte war ›virtuell‹ ein nur selten verwendeter Begriff. Bedeutsam war in der Scholastik die Unterscheidung zwischen Virtualität und Aktualität. Bis zum 17. Jahrhundert bedeutete ›Virtualis‹ oder ›virtualiter‹ ›der Kraft nach‹ vorhanden, im Gegensatz zum aktuell Seienden.[10] Zentral für

---

[6] So machte Aristoteles gegen Platons Ideenlehre eine ›innewohnende Kraft‹ geltend, von der Bewegung und Veränderung ausgingen, reduzierte sie aber auf eine interne, zu realisierende Möglichkeit, idealisierte und entzeitlichte sie also (vgl. Aristoteles, *Metaphysik* Λ, 6; 1071 b 14). Interessant ist in dem Zusammenhang, dass gerade die aristotelische Kategorie der Potentialität im Zuge der wissenschaftlichen Revolution verloren ging (s. Balibar: *Virtuel Physique*, in: Lecourt (Hg.): Dictionnaire d'histoire et philosophie des sciences, Paris 1999, S. 978ff.).
[7] Henri Bergson: *Materie und Gedächtnis. Eine Abhandlung über die Beziehung zwischen Körper und Geist* (1896), Hamburg 1991.
[8] Walter von Wartburg: *Französisches Etymologisches Wörterbuch*, Basel 1957, S. 517.
[9] Ebd.. Siehe auch F. Godefroy: *Dictionnaire de la Langue Française*, Paris 1938, S. 211ff.
[10] Paul-Emile Littré: *Dictionnaire de la Langue Française*, Chicago 1994, Bd. 6, 6709.

Bergson, der viele seiner Begriffe aus den Naturwissenschaften entlehnte, ist die Bedeutung von ›virtuell‹ in der geometrischen Optik. Sie unterscheidet reelle und virtuelle Bildern.[11] Virtuelle Bilder können entstehen, wenn die von einem Gegenstand ausgehenden Lichtstrahlen von einer glatten Fläche (wie dem Spiegel) reflektiert oder von einer Linse gebrochen werden. Das Bild des Gegenstandes wird dann dort wahrgenommen, wo sich die rückwärtigen Verlängerungen der Lichtstrahlen schneiden würden. Die Strahlen selbst sind divergent. Ein virtuelles Bild entsteht durch eine scheinbare Konvergenz von Lichtstrahlen, die aber nicht tatsächlich, bzw. erst in einem zweiten Schritt in der Wahrnehmung, stattfindet. Ein virtuelles Bild ist eine optische Täuschung durch eine Deplatzierung des Bildes.

3. Eine Ontologie der Bilder

Dieses optische Wortfeld greift Bergson auf, wenn er das Bild zur ontologischen Grundkategorie erklärt. Bilder sind für ihn keine subjektiven Repräsentationen: Die Dinge selbst sind Bilder und damit Licht. Bergson beschreibt als ontologische Ausgangssetzung eine Welt, in der es noch keine Unterscheidung zwischen Bild und abgebildetem Objekt oder zwischen Bild und wahrnehmendem Subjekt gibt. Die Bilder in ihrer Gesamtheit formen vielmehr eine ›universelle Veränderlichkeit‹, eine Kontinuität der gegenseitigen Durchdringung und Wechselwirkung: Dies ist für Bergson die Aktualität, die Materie oder das Universum, eine zentrums-, richtungs- und orientierungslose Koexistenz aller Bilder, ein Chaos aus Bild-, und das heißt Lichtströmen.[12] Sein und Erscheinen fallen in dieser Immanenz der Bilder zusammen.

Gilles Deleuze situiert Bergsons Denken in einer historischen Krise der Psychologie am Ende des 19. Jahrhunderts, in der die Trennung von Bewusstsein (das Bilder enthält und generiert) und Raum (in dem Bewegungen stattfinden) nicht mehr aufrechtzuerhalten schien. Denn wie ließe sich der Übergang zwischen Bewusstsein und Raum, zwischen Subjekt und Objekt, Bild

---

[11] Horst Stöcker: *Taschenbuch der Physik*, Frankfurt/M. 1998, S. 313f.

[12] Bergson kehrt hier eine philosophische Tradition um, nach der das Licht dem Geist, dem Subjekt oder dem Bewusstsein zugesprochen wurde, »und [die] aus dem Bewusstsein ein Strahlenbündel machte, das die Dinge aus ihrer ursprünglichen Dunkelheit holte«, (Gilles Deleuze: *Das Bewegungsbild. Kino 1*, Frankfurt/Main 1997, S. 90. Im Folgenden zit. als: Deleuze 1997a). Bergsons Konzeption eines Chaos aus Licht und Bildern erinnert auch an die Theorie der elektromagnetischen Felder, wie sie im 19. Jahrhundert formuliert worden war. Elektromagnetische Felder sind durch eine ständige, reziproke Wechselwirkung, ein ›Vibrieren‹, charakterisiert. Das Paradigma der Elektrizität, deren Forschungen und Anwendungen im 19. Jahrhundert einen Höhepunkt erreichten, wird an vielen Stellen bei Bergson deutlich, etwa wenn er von der sich verändernden Spannung des Bewusstseins spricht und das Zusammenwirken von Aktuellem und Virtuellem als Stromkreis beschreibt (s.u.).

und Bewegung fassen? Bergson erbt diese kartesische Fragestellung, gleichzeitig scheint ihm das Problem der Wahrnehmung als zu erklärender Übergang zwischen objektiver Außenwelt und subjektiver Innenwelt nicht gut gestellt. Der apriorischen Trennung von Subjekt und Objekt, Sein und Erscheinen setzt Bergson mit dem Kontinuum der Bilder eine Welt entgegen, in der das Entstehen einer solchen Differenzierung noch zu erklären ist. So ist zu verstehen, dass das Bild nicht die Wahrnehmung, sondern zunächst das Sein bezeichnet. Das Universum der Bilder beschreibt eine dem Bewusstsein vorgängige und es übersteigende Welt. Diese Materiebilder sind selbst ›reine Wahrnehmung‹, von der die bewusste nur eine Selektion darstellen wird. Die Dinge nehmen *alles* wahr, weil sie kein Hindernis für die Lichtströme bilden und dem reziproken Wirken vollständig ausgesetzt sind. Die Lichtbilder treten noch für niemanden in Erscheinung, weil sie völlig durchlässig sind, weil sie – selbst Licht – das Licht nicht brechen oder reflektieren.

Die Materie ist dabei keineswegs statisch, sondern durch eine spezifische Zeitlichkeit gekennzeichnet. Die Bildermaterie ist reine Aktualität und Wiederholung, eine »immer wieder von neuem beginnende Gegenwart«.[13] Sie ist einzig durch ihre Relationalität definiert. Das beständige, reziproke Wirken der Bilder, Bergson nennt es ›Vibrieren‹, folgt einer mechanischen Kausalität. Aktion und Reaktion folgen unmittelbar und notwendigerweise aufeinander. In der Materie gibt es somit zwar Bewegung, aber keine Kreativität: Sie ist Identität und Wiederholung. Diese repetitive Prozessualität des Universums ist für Bergson als ›bewegliche Kontinuität‹ der Bilder gegeben (darin zeigt sich sein positivistisches Erbe), seine Kreativität, die Fähigkeit, Neues hervorzubringen, gilt es aber noch zu erklären.

4. *Kreativität durch Virtualität: Das Intervall*

Die Frage ist nun, wie Bergson einen Raum für das Neue öffnen kann, ohne seiner Prämisse einer immanenten Ontologie zuwiderzuhandeln. Wie kann in die Immanenz des Aktuellen eine Differenz eingeführt werden, ohne eine andere Substanz anzunehmen? Dass Bergson von einer Immanenz der Bilder ausgeht, bedeutet, dass zunächst nichts von anderer Art als ein Bild sein kann. Es können sich höchstens *andere Arten* von Bildern *herausbilden*. Diese Differenz kann für Bergson nur eine zeitliche sein: Es gibt Bilder, die sich von den einfachen Materiebildern unterscheiden, in dem sich zwischen Reiz und Reaktion ein zeitliches Intervall schiebt. Dieses Intervall erlaubt eine Verzögerung der Reaktion, durch die sich ein Handlungsspielraum für das Bild eröffnet. Es hat Zeit, verschiedene Reaktionen in Betracht zu ziehen. So ergibt sich für

---

[13] Vgl. Bergson 1991, S. 133.

Bergson ein zweites Bildsystem: das der subjektiven oder bewussten Wahrnehmung. Aus dem Materiebild wird ein lebender Organismus.

Mit dem Bewusstsein oder den Lebensbildern, treten nun solche Bilder auf, die nicht mehr vollständig durchlässig sind, sondern bestimmte Lichtstrahlen reflektieren und andere durch sich hindurch gehen lassen, weil sie ohne Interesse sind. In diesem Zusammenhang kommt das Virtuelle zum Tragen, und zwar in einer Weise, die auf seine optische Bedeutung zurückgreift: Die bewusste Wahrnehmung ist Reflexion, sie ist ein virtuelles Bild, da sie dadurch zustande kommt, dass das Intervall für bestimmte Aspekte der Materiebilder ein Hindernis darstellt und sie daher reflektiert. So erklärt sich ihr Sichtbarwerden, das jedoch wie die Reflexion nur partiell ist. Die Wahrnehmung wird bewusst um den Preis einer Reduktion des Wahrnehmbaren, die bewusste Wahrnehmung ist im Vergleich zur Fülle der Materiebilder ein Verlust. Die lokale Reorganisation der Bilder durch das Intervall, das selbst die subjektive Innenwahrnehmung ist, nennt Bergson die ›Biegung der Erfahrung‹.[14] Der Rückgriff auf optische Begriffe scheint dabei zunächst verwirrend, geht es Bergson doch gerade um eine nicht repräsentationale Sicht auf Wahrnehmung. Die Reflexion findet aber nicht zwischen Welt und Subjekt, sondern als Wechselwirkung zwischen den sensorischen Organen und den Dingen statt. Bergson ersetzt die subjektive Reflexion im kartesischen Sinne durch einen physiologischen Mechanismus der Reflexion.[15]

Das Intervall ist für Bergson entscheidend, da es eine andere Zeitlichkeit einführt: Es kündigt das Gedächtnis an. Bergson unterscheidet verschiedene Formen, Stufen des Gedächtnisses. Das Körpergedächtnis macht die erlebte Vergangenheit als motorische Vorrichtungen in der Gegenwart nützlich und gehört damit eigentlich zur Aktualität des Handelns. Es steht auch der sie charakterisierenden mechanischen Kausalität nahe.[16] Das Erinnerungsbild (›sou-

---

[14] Ebd., S. 181. Um zu verdeutlichen, dass diese Ausdifferenzierungen der Materie, also sowohl Wahrnehmungen, Handlungen und Affekte Bilder und damit Teil der materiellen Aktualität bleiben, spricht Deleuze von »Wahrnehmungsbildern«, »Aktionsbildern« und »Affektbildern« (vgl. Deleuze 1997a, S. 84ff.).

[15] Crary zeigt, »wie das Aufkommen der physiologischen Optik im frühen neunzehnten Jahrhundert Modelle des Sehens, die auf einer Selbstpräsenz der Welt für den Betrachter und auf der unmittelbaren und atemporalen Natur der Wahrnehmung beruhten, verdrängte«, (Jonathan Crary: *Aufmerksamkeit. Wahrnehmung und moderne Kultur*. Frankfurt/Main 2002, S. 16). In Bergsons Rückgriff auf optische Begriffe zeigt sich diese Verschiebung von der geometrischen zur physiologischen Optik, die in den damaligen Wahrnehmungstheorien manifest wurde.

[16] Der Körper ist für Bergson Ort der Gewohnheit und Wiederholung, des Automatenhaften, er funktioniert wie eine »Telefonzentrale« (Bergson 1991, S. 14), die Reize (Bilder) weiterzuleiten, umzuschalten, nicht aber zu produzieren vermag. Deutlich wird, dass für Bergson diese Gewohnheit tendenziell negativ besetzt ist: In ihr sieht er die Gefahr des Verlusts von Individualität, eines bewussten und willensbestimmten Ichs, die Bergson mit den neuen Technologien seiner Zeit (Telefon, Kinematograph)

venir-image‹) ist für Bergson das Gedächtnis im eigentlichen Sinne, da ihm die klassischen Gedächtnisfunktionen zukommen: das Aufbewahren und die Reproduktion der Erinnerungen. Das Bildgedächtnis speichert alle aktuellen Ereignisse (Bilder) ohne das kleinste Detail zu vergessen, und »ohne Hintergedanken an Nützlichkeit oder praktische Verwendbarkeit.«[17] Dies ist die metaphysische Dimension des Gedächtnisses, die reine Virtualität. Bergsons Hauptthese in *Materie und Gedächtnis* ist, dass es ein vom Körper unabhängiges Gedächtnis gibt, eine eigene Sphäre der Virtualität, in der alle Bilder gesammelt werden.[18] Für Bergson verweist dieses zweite Gedächtnis auf die ontologische Dimension der Zeit selbst. *Meta*-physisch ist es, weil Gehirn und Körper selbst aktuelle, materielle Bilder sind und daher keine Bilder enthalten und (wieder)erzeugen können. Doch wo erhalten sich dann die Erinnerungsbilder? Für Bergson gehört diese Frage zu den schlecht gestellten Problemen der Philosophie,[19] weil sie eine räumliche Lokalisation der Erinnerung suggeriert. Das Gedächtnis ist aber gerade die pure Zeit, die reine Dauer. Die Erinnerung muss also in einem zeitlichen Sinne weiter bestehen. Ebenso wie die Räume eines Hauses nicht verschwunden sind, weil man sie gerade nicht betritt und damit nicht wahrnimmt, sind auch die vergangenen Momente nicht weg, weil sie gerade nicht aktuell sind.[20] Es geht Bergson also darum, das *Aktuelle nicht mit dem Realen* zu verwechseln. Das Existierende fällt nicht mit dem aktuell Wahrgenommenen zusammen. Er schließt daraus, dass die Vergangenheit in sich selbst überlebt, sie ist die reine Dauer. Die Vergangenheit hört also nicht auf zu sein, sie hört nur auf, nützlich oder aktuell zu sein. Sie ist damit aber nicht verschwunden, sondern nur virtuell. Dass das Virtuelle real, aber nicht aktuell ist, bedeutet, dass es als Vergangenes real ist, aber gerade nicht als Erinnerung in der Gegenwart wirkt.

---

verband. Sie schienen ihm einem passiven, gewohnheitsmäßigen Wahrnehmen Vorschub zu leisten.
[17] Ebd., S. 70.
[18] »Alles muss sich also so vollziehen, als ob ein unabhängiges Gedächtnis die Bilder sammle, wie sie im Laufe der Zeit hervortreten« (ebd., S. 66).
[19] Bergson verlagert das Wahrheitskriterium auf die Seite der Probleme. Die Philosophie hat nicht einfach gegebene Probleme zu lösen – wie ein Schüler, der, wenn er Glück hat, es schafft einen »indiskreten Blick in das Aufgabenbuch des Lehrers« zu werfen (Bergson 2000, S. 66), sondern sie muss zuallererst das Problem finden und richtig stellen (ebd.). »Scheinprobleme« und »schlecht gestellte Probleme« (Bergson 1991, S. 115f.) hängen dabei mit ihrer begrifflichen Natur zusammen, genauer: damit, dass von einem Allgemeinbegriff *ausgegangen* wird.
[20] Ebd., S. 137.

5. Im Stromkreis

Bergson unterscheidet also zwei Zeitlichkeiten, zwei Vielheiten, die in der Erfahrung zusammentreffen und sie beide gleichermaßen bedingen: die Aktualität der Gegenwart – diskret und quantitativ – und die virtuelle Vergangenheit – kontinuierlich und qualitativ.[21] Für diese doppelte Bedingung wählt Bergson das Bild des Stromkreises. Dieser beschreibt zunächst die Prozesse der Aktualisierung, also die Art und Weise, wie sich die virtuelle Vergangenheit in die gegenwärtige Erfahrung einbringt. Für Bergson ist dabei entscheidend, dass sowohl die virtuelle Vergangenheit als auch die aktuellen Wahrnehmungssituationen den Prozess der Aktualisierung initiieren *und* in ihm differenziert werden, da er so sowohl der Transzendenz als auch einem Aktualismus entgehen kann.

Für Bergson ist die Virtualität durch die Detailgenauigkeit und Differenz der Erinnerungen charakterisiert. Die auf das Handeln ausgerichtete Aktualität dagegen stellt immer eine Verallgemeinerung dar (gerade wegen des Handlungsbezugs der Gegenwart bleibt das Neue auf der Strecke). Obwohl die Aktualisierung der Erinnerung also von einer Vielheit zu einer einzelnen Situation verläuft, ist es Bergson wichtig zu betonen, dass sie keine Selektion darstellt (man hätte wieder eine Figur der Transzendenz eingeführt). Jede Aktualisierung ist deshalb zum einen eine *Differenzierung* der Erinnerung, da sie wieder zum Bild wird, das im jeweiligen Zusammenspiel mit einer aktuellen Situation anders akzentuiert wird. Erinnert wird also nie das, wie es wirklich war. Zum anderen ist entscheidend, dass sich die Vergangenheit immer *als Ganze* aktualisiert, wobei die aktuelle Situation bestimmt, *wie* sie sich aktualisieren kann. Die aktualisierten Erinnerungen unterscheiden sich also nicht quantitativ (nach der Anzahl der aktualisierten Erinnerungen), sondern qualitativ, nach dem Grad der Kontraktion, der Verallgemeinerung der Erinnerung. In der Perspektive der Aktualisierung ist die Funktion des Gedächtnisses also, *Zeit zu kontrahieren*. Diese aktuelle Synthese der Vergangenheit ist in *Materie und Gedächtnis* der Charakter. Doch auch das Aktuelle wird differenziert: Die Dinge werden nie in ihrer Gänze wahrgenommen, wie sie wirklich sind, weil man sie immer mit subjektiven Erinnerungen vermischt (das bewusste Wahrnehmen war ja bereits eine Reduktion). Gerade weil beide Seiten, die virtuelle Erinnerung ebenso wie die aktuelle Wahrnehmung, im Prozess der Aktualisierung verändert werden, ist jeder Moment einzigartig und neu. So entsteht ein

---

[21] Bergson kann hier auf den Mathematiker Bernhard Riemann zurückgreifen, der zwischen stetigen und diskreten Vielheiten unterschied. Vgl. Bernhard Riemann: *Über die Hypothesen, die der Geometrie zugrunde liegen* [1867], in: ders.: Gesammelte mathematische Werke und wissenschaftlicher Nachlaß, hg v. Weber/Dedekind, Leipzig 1876. Zur Konzeption Riemanns und den Verschiebungen, die Bergson an ihr vornimmt vgl. Gilles Deleuze: *Henri Bergson zur Einführung*. Hamburg 2001, S. 54ff.

Fortschreiten der Zeit. Die Aktualisierung ist ein kontingenter Prozess, der in der Wiederholung der Vergangenheit immer auch etwas Neues birgt.

Der Stromkreis beschreibt aber, in umgekehrter Richtung, noch einen zweiten Prozess.[22] Bergson spricht hier von einer Spaltung der Zeit, ihrer Dehnung oder Extension. Sie erklärt die Entstehung der reinen Vergangenheit aus der Heterogenität der aktuellen Erfahrung. So kann die Vergangenheit als Ganze fortbestehen. Dies ist zentral, da sie nur so die Funktion der Bedingung der Erfahrung übernehmen kann. Bergson fragt so nicht allgemein nach den Bedingungen der *Möglichkeit* der Erfahrung, sondern nach den je spezifischen Bedingungen der *wirklichen* Erfahrung: Dies ist für ihn die Vergangenheit, das Gedächtnis in seiner zugleich individuellen und ontologischen Dimension.

6. Zeittheoretische Implikationen

Die beiden Prozesse, die Bergson in das Bild des Stromkreises fasst, beschreiben damit, was die Zeit selbst ausmacht: Aufbewahrung der Vergangenheit und Produktion von Neuem, Tradierung und Bruch, Differenz und Wiederholung. Bergson ersetzt die Differenz von Bewusstsein und Außenwelt, Subjekt und Objekt, durch die zwischen Aktualität und Virtualität. Um Zeit als erlebte Zeit fassen zu können, braucht es für Bergson beide Bildsysteme in ihrer Heterogenität: Weder ist Zeit etwas nur Subjektives (und die Materie ist starr und zeitlos), noch ist Zeit etwas ausschließlich Objektives oder gar Allgemeines, das der Natur als Gesamtes gleichermaßen zukommt. Die Vergangenheit entsteht nicht aus der ablaufenden Gegenwart, um dann zu verschwinden, sondern Vergangenheit und Gegenwart entstehen gleichzeitig, da jeder Moment, jede Erfahrung grundsätzlich heterogen und komplex, aktuell und virtuell, Gegenwart und Vergangenheit zugleich ist. Dass die Vergangenheit nicht weg, sondern lediglich virtuell ist und jeder Moment theoretisch wieder aktualisiert werden kann, heißt aber nicht, dass die Zeit reversibel wäre. Die Zeit ist nicht umzukehren, nicht, weil sie an einem Zeitpfeil abläuft, sondern weil jeder Moment *de facto* durch die Wechselwirkung zwischen Aktuellem und Virtuellem einzigartig und neu ist.

So kommt auch die Zukunft ins Spiel: Die Spaltung der Zeit produziert zwar zunächst eine Vergangenheit, aber sie ist eine Vergangenheit, die selbst auch Zukunft *ist*, weil sie die gegenwärtigen und zukünftigen Wahrnehmungen

---

[22] Man kann Bergson vorhalten, dass er zuweilen sehr räumliche Metaphern für diese zeitlichen Prozesse gebraucht. Dies hat mit seinem Sprachverständnis und seinen Vorstellungen vom Erkenntnisprozess zu tun: Sprache, Begriffe sind für Bergson immer räumlich und können aus dieser Räumlichkeit auch nicht austreten. Die Bilder *repräsentieren* aber nicht das Gedächtnis oder den Erkenntnisprozess, sondern sollen nur zu einem Nachvollzug einer Denkbewegung anregen. Sie sind selbst kontrahierte, aktualisierte Erinnerungsbilder.

ausrichtet. Für Bergson ist die Vergangenheit nur interessant, sofern sie sich auf die Zukunft und das Neue richtet. Auch die Zukunft ist daher virtuell, sie ist virtuell in Gegenwart und Vergangenheit enthalten – nicht jedoch als bestimmte Möglichkeit, sondern als ihr Potential der Differenzierung. Vergangenheit, Gegenwart *und* Zukunft sind koexistent.

Doch was ist dieses Neue, das dem Intervall entspringt? Weil Zeit immer verkörperte Zeit ist, ist es für Bergson eine Handlung. Die Affekte des Intervalls, die aktualisierten Erinnerungen, markieren den Umschlagpunkt zwischen Wahrnehmung und Handlung: Sie zielen auf die unmittelbare Zukunft, die für Bergson die Tat ist. Dabei führen sie eine spezifische Kausalität ein: Die Handlung ist nicht mehr automatische Reaktion, sondern eine nicht mehr determinierte Handlung, ›Freiheit‹, die sich durch das Virtuelle eröffnet.[23] Bergson charakterisiert die Zeit, die Dauer, im Wesentlichen als Kraft: als Macht zu handeln. Im Intervall entwickelt sich aus der Wechselwirkung von Virtuellem und Aktuellem eine agierende und affektive Kraft. Diese Kraft ist die Zeit, die Dauer, selbst. Bergson greift damit auf zwei etymologische Bedeutungen von ›virtuell‹ zurück, um sie zu verbinden: Zum einen findet sich in der Betonung der kontingenten Wirkweise des Virtuellen die Bedeutung ›Wunder‹ wieder. Zum anderen verweist die Verbindung von Virtualität und Kraft auf die Bedeutung ›innewohnende Kraft‹. Das Neue seines Kraftbegriffs besteht darin, dass er Kraft als *zeitliche* Differenzierung versteht, die aus der Differenz zwischen Aktualität und Virtualität resultiert, und nicht räumlich als innewohnende Kraft.

7. *Eine moderne Metaphysik und das Problem der Darstellung*

Bergson hatte es sich zum Ziel gesetzt, eine Zeitkonzeption zu erarbeiten, die Werdensprozesse ohne Rückgriff auf nichtzeitliche, transzendente Entitäten denken konnte und es gelingt ihm durch die Einführung der virtuellen Dimension der Zeit eine immanente Ontologie zu konstruieren, die dies erlaubt. Das Virtuelle übernimmt zwar Funktionen einer transzendenten Entität, unterscheidet sich aber wesentlich von ihr durch die ihm eigene Zeitlichkeit. Die Thematik des Neuen war für Bergson so zentral, weil das Neue für ihn zum Ausweis einer solchen Zeit des Vollzugs wird. Es ist Resultat des Differenzierungsprozesses, die die Zeit als Durée ausmacht und ist damit weder absolut noch bloße Rekombination bestehender Elemente. Dieser doppelte Aspekt einer jeden raumzeitlichen Aktualisierung, Differenz und Wiederholung zu sein, wird durch das Wechselspiel der zwei Vielheiten, Aktualität und Virtuali-

---

[23] »[D]ie Tat, in die der Empfindungszustand ausläuft, ist nicht von der Art, daß sie sich aus den vorhergehenden Erscheinungen streng ableiten ließe, wie sich eine Bewegung aus einer anderen Bewegung ableiten läßt«, sondern »mit ihr [tritt] wirklich etwas Neues in die Welt und ihre Geschichte ein« (Bergson 1991, S. 2).

tät, denkbar. Kreativität und Wiederholung schließen einander wechselseitig ein und sind nicht getrennt voneinander denkbar. Bergsons Ansatz charakterisiert dabei, dass er die Frage nach dem Neuen und einer Zeit des Vollzugs an ein Denken der Differenz bindet. Es ging ihm darum, Differenz als etwas Positives und nicht als Verlust zu begreifen. Deleuze betont, dass Differenz für Bergson keine begriffliche, »bereits durch die Repräsentation vermittelte«[24] Differenz ist; vielmehr ist sie ontologisch, indem sie Resultat der internen Selbstveränderung der Zeit selbst ist.

Bergsons Konzeptualisierung einer Zeit, die dauert, hat ihn sukzessive zur Konstruktion einer neuen Metaphysik geführt. Bergson beharrt, trotz seiner Kritik an einer Metaphysik der Repräsentation, auf der Notwendigkeit von Metaphysik, weil die Wirklichkeit für ihn nicht im Aktuellen aufgeht, sondern die Zeitstruktur des Virtuellen mit einbezieht. Es ist gerade die Frage nach der Zeit, die eine *Meta*-Physik im Sinne einer die Aktualität des momentan Gegebenen übersteigenden Dimension weiterhin nötig macht. Bergson zeigt, dass das Neue, Zeit und Kontingenz sich weder in einer Ontologie denken lassen, die von zwei Seinsweisen ausgeht, bei denen eine die andere bedingt, noch in einer aktualistischen Weltsicht, bei der alles auf das Hier und Jetzt der Erfahrung beschränkt wird. Metaphysik bedeutet dabei für Bergson immer ›Metaphysik einer Physik‹, einer Wissenschaft. Während er die Metaphysik der Repräsentation der antiken Wissenschaft zuordnete, fehlt der modernen Wissenschaft jedoch eine angemessene Metaphysik.[25] Sie bedarf nicht mehr einer Metaphysik der Ewigkeit, sondern der Dauer – und eine solche moderne Metaphysik zu schreiben, war Bergsons Projekt. Bergson spricht von einer ›positiven Metaphysik‹, da sie sich auf Tatsachen und Erfahrung zu gründen hat. Metaphysik und Empirismus sind dabei keine Gegensätze. Dieses Beharren auf dem Ausgang einer Metaphysik von der Erfahrung ist ebenso interessant – insofern als dass einer reinen, in Möglichkeiten denkenden Spekulation Einhalt gebietet – wie problematisch: Denn trotz seiner Ablehnung einer traditionellen Metaphysik hält er an entscheidenden Charakteristika einer solchen Metaphysik fest: etwa dem Bezug auf eine ›wirkliche‹ Welt, die dem Denken vorgängig und von aller Konstruktion unberührt ist (und nur durch den Bruch mit den Vorurteilen des gemeinen Verstandes zu erreichen ist), oder der Annahme eines einheitlichen Ursprungs aller Erfahrung, die sie bedingt (das Kontinuum der gegebenen Bilder), wobei dieser hier nicht mehr statisch, son-

---

[24] Gilles Deleuze: *Differenz und Wiederholung*, München 1997, S. 46-47.
[25] Antike und moderne Wissenschaft unterscheiden sich in Bezug auf ihren Umgang mit der Zeit. Die Antike analysierte Zeit im Hinblick auf einen privilegierten Moment, der die Quintessenz einer Periode ausdrückte und sie daher zu repräsentieren vermochte. So versteht Bergson die antike Ideenlehre. »Galilei dagegen meinte, es gebe keinen Wesensmoment, keinen Hauptaugenblick, sondern den fallenden Körper erforschen heiße, ihn in jedem beliebigen Moment seines Sturzes betrachten«, (Bergson 1912, S. 334).

dern eben prozessuell verfasst ist. Bergsons Realität ist die (positivistisch verstandene) Realität naturwissenschaftlicher Tatsachen, frei von menschlichen Praxen, Sprache und Geschichtlichkeit.[26]

Aus dieser Konstellation resultiert auch das problematische Verhältnis von Realität und Begriff. Die Kritik an der Metaphysik der Repräsentation hatte Bergson zu einer strengen Trennung von Begriff und Realität veranlasst; sie sollte dem Intellektualismus einer solchen Metaphysik entgegenstellt werden«, die von den Begriffen ohne Zögern auf das Sein schloss. Was Bergson aber nicht in Frage stellt, sondern zutiefst affirmiert, ist, dass eine Adäquation von Denken und Sein möglich und überhaupt erstrebenswert ist. Da die Realität in ständiger Veränderung begriffen, kontinuierlich, singulär ist, die Begriffe für Bergson aber fix, diskret und allgemein sind, wird eine solche adäquate Darstellung jedoch zum Problem. Dies veranlasst ihn, sprachlich begrifflichen Darstellungen überhaupt zu misstrauen und zu disqualifizieren. Begriffe werden für ihn zum sekundären Phänomen, das nicht geeignet ist, die vorgängige Wirklichkeit zu erreichen. Die Kreativität bleibt auf die Realität beschränkt, der er die philosophische Begriffsbildung als ein ganz anderes, gegensätzliches Register gegenüberstellt. Daraus ergibt sich in Bergsons Denken eine Spannung, die er nicht zu lösen vermochte, da er ja als Philosoph durchaus auf Begriffe und sprachliche Darstellungen angewiesen bleibt.[27] In ›Was ist Philosophie?‹ versuchen Deleuze und Guattari, an Bergson anknüpfend und über ihn hinausgehend, die Zeitlichkeit und das heißt die Kreativität des begrifflichen Denkens selbst zu konzeptualisieren. »Real, ohne aktuell zu sein, ideal, ohne abstrakt zu sein«,[28] so lautet ihre Charakterisierung des Virtuellen *und* des Begriffs.

---

[26] So erklärt sich auch die merkwürdige Tatsache, dass Geschichte – eine erlebte Zeit par excellence – kein Thema für Bergson ist – ein Vorwurf, den ihm schon Benjamin machte.

[27] Bergson versuchte, diese Spannung dadurch zu mildern, dass er nach *anderen* Begriffen suchte, die sich der Prozessualität der Wirklichkeit besser anzuschmiegen vermochten: »Die Metaphysik ist nur dann sie selbst, wenn sie über den Begriff hinausgeht oder wenigstens wenn sie sich von starren und fertigen Begriffen befreit, um andere Begriffe zu schöpfen, die von solchen, die wir gewöhnlich handhaben, ganz verschieden sind, ich will sagen wendige, bewegliche, fast flüssige Darstellungen«, Bergson 2000, S. 190.

[28] Gilles Deleuze/Félix Guattari: *Was ist Philosophie?*, Frankfurt/Main 2000, S. 29.

Literatur

BALIBAR: *Virtuel Physique*, in: Lecourt (Hg.): Dictionnaire d'histoire et philosophie des sciences, Paris 1999.
BERGSON, Henri: *Denken und schöpferisches Werden. Aufsätze und Vorträge*, Hamburg 2000 [1939].
BERGSON, Henri: *Écrits et Paroles*. Textes rassemblés par R.-M. Mossé-Bastide, Bd. 2, Paris 1959.
BERGSON, Henri: *Materie und Gedächtnis. Eine Abhandlung über die Beziehung zwischen Körper und Geist*, Hamburg 1991 [1896].
BERGSON, Henri: *Schöpferische Entwicklung*, Jena 1912.
CRARY, Jonathan: *Aufmerksamkeit. Wahrnehmung und moderne Kultur*, Frankfurt/Main 2002.
DELEUZE, Gilles: *Das Bewegungsbild. Kino 1*, Frankfurt/M. 1997.
DELEUZE, Gilles: *Differenz und Wiederholung*, München 1997.
DELEUZE, Gilles: *Henri Bergson zur Einführung*, Hamburg 2001.
DELEUZE, Gilles/GUATTARI, Félix: *Was ist Philosophie?*, Frankfurt/M. 2000.
GODEFROY, F.: *Dictionnaire de la Langue Française*, Paris 1938.
LITTRE, Paul-Emile: *Dictionnaire de la Langue Française*, Bd. 6, Chicago 1994.
RIEMANN, Bernhard: *Über die Hypothesen, die der Geometrie zugrunde liegen* [1867], in: ders.: Gesammelte mathematische Werke und wissenschaftlicher Nachlaß, hg v. Weber u. Dedekind, Leipzig 1876.
STÖCKER, Horst: *Taschenbuch der Physik*, Frankfurt/M. 1998.
WARTBURG, Walter von: *Französisches Etymologisches Wörterbuch*, Basel 1957.

Unser Verstehen der Vielfalt in der Natur: Supervenienz im Mehrebenenmodell

VERA HOFFMANN (TÜBINGEN)

1. Einleitung

The question that we have now to discuss is this: ›Are the differences between merely physical, chemical, and vital behaviour ultimate and irreducible or not? And are the differences in chemical behaviour between Oxygen and Hydrogen, or the differences in vital behaviour between trees and oysters and cats, ultimate and irreducible or not?‹ (Broad 1925, S. 53)

Bis heute stellt die überwältigende Vielfalt der Natur Philosophen vor die Frage, ob sich alle Prozesse und Phänomene letztendlich auf mikrophysikalische Vorgänge zurückführen lassen. Ist es plausibel anzunehmen, dass chemische Verbindungen ebenso wie die von Broad erwähnten Bäume, Austern und Katzen oder Qualia, wie etwa die Empfindung, die wir beim Essen eines Stücks Schokoladenkuchen haben, nichts anderes sind, als komplexe Konfigurationen mikrophysikalischer Teilchen? Oder sollten wir davon ausgehen, dass die Natur in dem Sinne kreativ ist, dass sie neben mikrophysikalischen Strukturen auch eigenständige höherstufige Phänomene erschafft?

Die Bestrebungen der modernen Naturwissenschaften gehen in erster Linie dahin, komplexe höherstufige Phänomene reduktiv durch basale Prozesse zu erklären. Doch obwohl dieser Ansatz sich in zahlreichen Gebieten als äußerst erfolgreich erweisen hat, scheinen wir immer wieder auf Phänomene zu stoßen, bei denen er seine Grenzen erreicht. Zu Beginn des 20. Jahrhunderts wurde diskutiert, ob die Entstehung des Lebens ausschließlich auf mikrophysikalische Prozesse zurückgeführt werden kann oder ob es einer besonderen Vitalkraft, eines so genannten *élan vital*, bedarf, um Organismen die für Lebewesen typischen Eigenschaften zu verleihen. In der Philosophie der Gegenwart ist diese Debatte weitgehend in den Hintergrund getreten. Im Zentrum der Diskussion steht statt dessen die Frage, wie sich der Zusammenhang zwischen mentalen und neurobiologischen Vorgängen adäquat darstellen lässt. Insbesondere mentale Zustände, die sich durch das Vorkommen von Qualia auszeichnen, scheinen sich einer vollständigen Rückführung auf Hirnprozesse zu entziehen.

Intuitiv gehen wir üblicherweise davon aus, dass sich Eigenschaften und Prozesse je nach dem Grad ihrer Komplexität unterschiedlichen Ebenen zuordnen lassen, derart dass etwa mentale Prozesse höher angesiedelt sind als biologische Prozesse, während letztere wiederum höher einzustufen sind als physikalische Prozesse. Die angeführten Beispiele zeigen jedoch, dass der Zusammenhang zwischen diesen unterschiedlichen Ebenen in einigen Fällen nach wie vor ungeklärt ist. Unkontrovers sollte allerdings sein, dass die Relation zwischen höherstufigen und basalen Prozessen nicht willkürlich ist: Auch wenn sich erstere nicht in allen Fällen auf letztere reduzieren lassen, werden sie doch systematisch von ihnen beeinflusst.

In den letzten Jahrzehnten hat sich der Begriff der *Supervenienz* als neutrale Möglichkeit etabliert, um das Verhältnis zwischen höherstufigen Eigenschaften und Basiseigenschaften darzustellen. Wenn höherstufige Eigenschaften des Typs A auf Basiseigenschaften des Typs B supervenieren, sollte diese Beziehung dementsprechend die folgenden beiden Bedingungen erfüllen:

(1) Es besteht ein systematisches Abhängigkeitsverhältnis zwischen den A-Eigenschaften und den B-Eigenschaften.

(2) Dieses Abhängigkeitsverhältnis ist damit kompatibel, dass die A-Eigenschaften nicht auf die B-Eigenschaften reduzierbar sind.

Im Folgenden möchte ich die Frage diskutieren, wie ein Supervenienzkonzept formuliert sein muss, das – unter Berücksichtigung der Bedingungen (1) und (2) – das Verhältnis zwischen höherstufigen Eigenschaften und Basiseigenschaften adäquat beschreiben kann. Nach einer kurzen Diskussion der drei Standardkonzepte von Supervenienz, der Konzepte der *schwachen*, *starken* und *globalen Supervenienz*, möchte ich zeigen, dass sich aus dem Begriff der starken Supervenienz Nagelsche Brückenprinzipien folgern lassen, was eine problematische Konsequenz ist (Abschnitte 2 und 3). Anschließend werde ich das Konzept der globalen Supervenienz näher in den Blick nehmen und zeigen, dass das Standardkriterium globaler Supervenienz ebenfalls inadäquat ist (Abschnitt 4). Der Standardbegriff globaler Supervenienz kann jedoch derart modifiziert werden, dass ein Begriff *starker globaler Supervenienz* entsteht. Ich möchte argumentieren, dass dieses Konzept allen drei Standardbegriffen von Supervenienz überlegen ist (Abschnitt 5). In einer Schlussbemerkung (Abschnitt 6) möchte ich kurz auf die ontologischen Implikationen der Supervenienzrelation eingehen.

2. Schwache, starke und globale Supervenienz

Der Supervenienzbegriff beschreibt eine Relation zwischen Mengen von Eigenschaften: Höherstufige Eigenschaften des Typs A supervenieren genau dann auf basalen Eigenschaften des Typs B, wenn es keine zwei Individuen oder Situationen geben kann, die sich im Hinblick auf ihre B-Eigenschaften genau gleichen, aber in ihren A-Eigenschaften unterscheiden. Diese zunächst eher vage Bedingung lässt sich in verschiedener Weise präzisieren. Eine Möglichkeit dabei ist das Konzept der schwachen Supervenienz, das folgendes Kriterium liefert:

> (SchS) A-Eigenschaften supervenieren schwach auf B-Eigenschaften gdw.:
> Notwendigerweise gilt für alle A-Eigenschaften Φ_A und für alle Individuen x: Wenn $x\,\Phi_A$ hat, dann gibt es eine B-Eigenschaft Φ_B, derart dass x auch Φ_B hat und für alle Individuen y gilt: Wenn $y\,\Phi_B$ hat, hat y auch Φ_A (vgl. Kim 1984, S. 64).

Betrachten wir also etwa ein Individuum x, das in einer möglichen Welt eine bestimmte mentale Eigenschaft instantiiert, so fordert das Kriterium der schwachen Supervenienz, dass x in dieser Welt auch eine physikalische Eigenschaft besitzt, und dass jedes Individuum y, das ebenfalls diese physikalische Eigenschaft hat, auch die fragliche mentale Eigenschaft instantiiert.

Im Allgemeinen ist das Kriterium der schwachen Supervenienz nicht stark genug, um eine systematische Abhängigkeitsbeziehung zwischen höherstufigen Eigenschaften und Basiseigenschaften zu beschreiben. Denn eine plausible Forderung an eine derartige Beziehung ist, dass sie als contrafaktische Abhängigkeit aufgefasst werden kann, also Aussagen der Form »Wenn x im physikalischen Zustand B wäre, dann wäre x im mentalen Zustand A« ermöglicht. Die Wahrheitsbedingungen contrafaktischer Aussagen basieren aber üblicherweise auf Vergleichen zwischen Individuen, die verschiedene mögliche Welten bewohnen. Sobald jedoch zwei Individuen x_1 und x_2 unterschiedliche Welten bewohnen, ist es kompatibel mit dem Kriterium der schwachen Supervenienz, dass sie in exakt demselben physikalischen Zustand, aber in komplett verschiedenen mentalen Zuständen sind, etwa derart, dass x_1 restlos glücklich, x_2 aber zutiefst traurig ist – vorausgesetzt, dass solche Fälle nicht innerhalb einer möglichen Welt auftreten können. (Für eine ähnliche Argumentation vgl. Kim, 1984, S. 59–60.) Der Begriff der schwachen Supervenienz ist demzufolge nicht geeignet, um der Forderung nach einer systematischen Abhängigkeit der höherstufigen Eigenschaften von den Basiseigenschaften gerecht zu werden, und sollte daher zurückgewiesen werden.

Der Unterschied zwischen dem Konzept der schwachen Supervenienz und dem der starken Supervenienz, dem zweiten der drei Standardbegriffe von Supervenienz, besteht nun genau darin, dass letzterer im Gegensatz zu ersterem Vergleiche zwischen Individuen über mögliche Welten hinweg in den Blick nimmt:

> (StS) A-Eigenschaften supervenieren stark auf B-Eigenschaften gdw.:
> Notwendigerweise gilt für alle A-Eigenschaften Φ_A und für alle Individuen x: Wenn $x\,\Phi_A$ hat, dann gibt es eine B-Eigenschaft Φ_B, derart dass x auch Φ_B hat, und

notwendigerweise für alle Individuen y gilt: Wenn y Φ_B hat, hat y auch Φ_A (vgl. Kim 1984, S. 65).

Um das Kriterium der starken Supervenienz zu erfüllen, muss das Individuum y, das mit dem Individuum x verglichen wird, nicht nur in der Welt, die x bewohnt, dieselbe A-Eigenschaft haben wie x, wenn es dieselben B-Eigenschaften besitzt, sondern auch in allen anderen zugänglichen möglichen Welten, d.h. notwendigerweise. Wenn also z.B. mentale Eigenschaften stark auf physikalischen Eigenschaften supervenieren, so bedeutet dies, dass wenn zwei Individuen – ob sie derselben oder verschiedenen möglichen Welten angehören – dieselbe physikalische Beschreibung erfüllen, sie auch dieselben mentalen Eigenschaften haben müssen. Das Kriterium der starken Supervenienz ist daher deutlich strikter als das der schwachen Supervenienz und somit in dieser Hinsicht adäquater. Jedoch werde ich im Abschnitt 3 zeigen, dass sich der Begriff der starken Supervenienz im Hinblick auf Bedingung (2), die Forderung, dass die Supervenienzthese mit der Nicht-Reduzierbarkeit höherstufiger Eigenschaften vereinbar sein muss, als problematisch erweist.

Doch zunächst soll das dritte der erwähnten drei Standardkonzepte eingeführt werden, der Begriff der globalen Supervenienz. Im Gegensatz zu den beiden vorigen Konzepten basiert das Kriterium der globalen Supervenienz nicht auf Vergleichen zwischen Individuen, sondern betrachtet Eigenschaftsverteilungen über komplette mögliche Welten:

(GS) A-Eigenschaften supervenieren global auf B-Eigenschaften gdw.:
Für alle möglichen Welten w_i und w_j gilt: wenn w_i und w_j sich im Hinblick auf ihre B-Eigenschaften exakt gleichen, dann gleichen sie sich auch exakt im Hinblick auf ihre A-Eigenschaften (vgl. Kim 1984, S. 68).

Das Kriterium der globalen Supervenienz fordert z.B., dass wenn zwei mögliche Welten dieselbe Verteilung physikalischer Eigenschaften aufweisen, die mentalen Eigenschaften, die in ihnen instantiiert sind, ebenfalls gleich verteilt sein müssen. Diese Formulierung des Konzepts ist vorerst verhältnismäßig vage, da sie keine Kriterien dafür liefert, was es heißt, dass zwei mögliche Welten dieselbe Verteilung eines bestimmten Typs von Eigenschaften aufweisen. In Abschnitt 5 werde ich ein präzisiertes Konzept globaler Supervenienz präsentieren. Zuvor aber möchte ich das Verhältnis zwischen starker Supervenienz und Reduktion untersuchen.

3. Starke Supervenienz und Reduktion

Das ursprünglich von Nagel vorgeschlagene Standardmodell von Reduktion definiert eine Theorie T_2, die höherstufige Entitäten beschreibt, dann als reduzierbar auf eine Theorie T_1, die Entitäten einer basalen Stufe beschreibt, wenn sich für jedes Prädikat P_2 von T_2 ein Prädikat P_1 von T_1 finden lässt, das mit P_2 zusammen ein Brückengesetz folgender Form erfüllt:

(BG) $N\forall x\,(P_2(x) \leftrightarrow P_1(x))$.[1]

Es kann nun gezeigt werden, dass sich aus dem Begriff der starken Supervenienz Brückengesetze dieser Form folgern lassen. Man nehme an, dass x eine bestimmte A-Eigenschaft Φ_A instantiiert. Nun betrachte man diejenigen B-Eigenschaften $\Phi_{B1}, \ldots, \Phi_{Bn}$, für die folgende Bedingung gilt:

(a) $N\forall x\,(\Phi_{Bi}(x) \rightarrow \Phi_A(x))$, für jedes $i = 1, \ldots, n$.

Wann immer also ein Individuum in einer möglichen Welt eine dieser Eigenschaften besitzt, muss es auch die Eigenschaft Φ_A haben. Durch Disjunktion dieser Eigenschaften lässt sich nun eine B-Eigenschaft $\Phi_{BA} = \Phi_{B1} \lor \ldots \lor \Phi_{Bn}$ konstruieren, die – vorausgesetzt, dass das Kriterium (StS) der starken Supervenienz erfüllt ist – notwendigerweise dieselbe Extension besitzt wie Φ_A.

Denn aus der Konstruktion von Φ_{BA} ergibt sich unmittelbar folgender Zusammenhang:

(b) $N\forall x\,(\Phi_{BA}(x) \rightarrow \Phi_A(x))$.

Andererseits impliziert das Kriterium der starken Supervenienz, dass die umgekehrte Beziehung ebenfalls gilt:

(c) $N\forall x\,(\Phi_A(x) \rightarrow \Phi_{BA}(x))$.

Um (c) zu beweisen, nehme man an, dass x die A-Eigenschaft Φ_A instantiiert. Dann fordert das Kriterium der starken Supervenienz, dass es eine B-Eigenschaft Φ_B gibt, derart dass x Φ_B zukommt und dass notwendigerweise alle Individuen, die ebenfalls Φ_B haben, auch Φ_A besitzen. Dies bedeutet aber, dass Φ_B eines der Disjunkte von Φ_{BA} ist, woraus unmittelbar folgt, dass x Φ_{BA} instantiiert. Da dies für alle x in allen möglichen Welten gilt, ist (c) in der Tat erfüllt. (b) und (c) zusammen implizieren (d):

(d) $N\forall x\,(\Phi_A(x) \leftrightarrow \Phi_{BA}(x))$.[2]

Gilt also das Kriterium der starken Supervenienz, so kann gezeigt werden, dass es zu jeder instantiierten A-Eigenschaft Φ_A eine B-Eigenschaft Φ_{BA} gibt, die notwendigerweise dieselbe Extension besitzt wie Φ_A. Φ_A und Φ_{BA} erfüllen daher ein Brückengesetz der Form (BG). Da Brückengesetze dieser Form Na-

---

[1] Vgl. Nagel 1961, S. 353-354. Streng genommen fordert Nagel nicht, dass Brückengesetze generell die Form (BG) haben; er lässt auch schwächere Prinzipien zu, die die Form von Implikationen haben (vgl. Nagel 1961, S. 355, Fn. 5). Wenn allerdings – wie im Folgenden gezeigt werden wird – das Konzept der starken Supervenienz Brückenprinzipien der Form (BG) impliziert, so impliziert es klarerweise auch schwächere Prinzipien, sodass dieser Fall nicht gesondert betrachtet werden muss.
[2] Für analoge Argumente vgl. Kim 1984, S. 70-71, und 1990, S. 151-152.

gel zufolge die Grundlage einer Reduktion höherstufiger Eigenschaften auf basale Eigenschaften bilden, scheint das Konzept der starken Supervenienz Bedingung (2) zu verletzen, d.h. die Forderung, dass die Supervenienzrelation mit der Nicht-Reduzierbarkeit der betrachteten höherstufigen Eigenschaften kompatibel sein muss. Die Frage, inwieweit dies hinreichend ist, um das Konzept der starken Supervenienz als ungeeignet zurückzuweisen, stelle ich bis zum Abschnitt 5 zurück. Zunächst möchte ich den Begriff der globalen Supervenienz näher in den Blick nehmen.

4. Globale Supervenienz und Reduktion

Wie bereits in Abschnitt 2 angedeutet, bedarf der Standardbegriff globaler Supervenienz weiterer Präzisierung. Insbesondere muss geklärt werden, was es bedeutet, dass zwei Welten sich im Hinblick auf die Verteilung von Eigenschaften eines bestimmten Typs genau gleichen. In diesem Zusammenhang ist von Paull und Sider der Begriff eines Φ-*Isomorphismus* zwischen möglichen Welten vorgeschlagen worden (vgl. Paull und Sider, 1992, S. 852), der in leichter Abwandlung zur Präzisierung des Konzepts der globalen Supervenienz verwendet werden kann:

> Φ-*Isomorphismus*: Ein Φ-Isomorphismus zwischen zwei möglichen Welten w_i und w_j ist eine 1-zu-1-Abbildung Γ zwischen den Bewohnern von w_i und den Bewohnern von w_j, die die folgende Bedingung erfüllt: Für jede Eigenschaft F des Typs Φ gilt: Ein Individuum x hat F in w_i gdw. das ihm zugeordnete Individuum $\Gamma(x)$ F in w_j hat.

Mit Hilfe dieses Konzepts lässt sich der intuitive Standardbegriff globaler Supervenienz am besten wie folgt annähern (vgl. Bennett, 2004, S. 503, 521):

> (GS)* A-Eigenschaften supervenieren global auf B-Eigenschaften gdw.:
> Für alle w_i und w_j gilt: Wenn es einen B-Isomorphismus zwischen w_i und w_j gibt, dann gibt es einen B-Isomorphismus zwischen w_i und w_j, der gleichzeitig ein A-Isomorphismus ist.

Betrachten wir die Menge der Einwohner von w_i und die Menge der Einwohner von w_j. Wenn wir die Mitglieder dieser Mengen einander paarweise zuordnen können, derart dass die aufeinander abgebildeten Individuen jeweils stets dieselben physikalischen Eigenschaften haben, dann fordert das Kriterium der globalen Supervenienz, dass wir auch eine Zuordnung finden können, bei der die aufeinander abgebildeten Individuen sowohl dieselben physikalischen als auch dieselben mentalen Eigenschaften besitzen.

Es kann nun gezeigt werden, dass sich aus diesem Konzept nicht in ähnlicher Weise eine Reduktionsbeziehung gewinnen lässt, wie es beim Kriterium der starken Supervenienz möglich ist: Man betrachte folgenden vereinfachten Beispielfall, in dem die Menge der B-Eigenschaften nur aus den Eigenschaften B und $\neg B$ besteht, die der A-Eigenschaften nur aus den Eigenschaften A und $\neg A$:

Beispiel 1: w_1: $A(x_1)$ $\neg A(y_1)$ w_2: $A(x_2)$ $\neg A(y_2)$
                        $B(x_1)$ $B(y_1)$ $B(x_2)$ $B(y_2)$

Aus den Mengen der Bewohner von w_1 und w_2 lassen sich klarerweise Paare von Individuen bilden – das Paar x_1/x_2 und das Paar y_1/y_2 –, bei denen die aufeinander abgebildeten Individuen sowohl dieselben B-Eigenschaften, als auch dieselben A-Eigenschaften haben, sodass das Kriterium (GS)* erfüllt ist. Diese Verteilung der B- und A-Eigenschaften ist aber mit keinem Brückengesetz der Form (BG) kompatibel. Würde ein solches Gesetz nämlich ›N$\forall x\ (B(x) \leftrightarrow A(x))$‹ lauten, so würden ihm z.B. die Eigenschaften von y_1 widersprechen; würde es ›N$\forall x\ (B(x) \leftrightarrow \neg A(x))$‹ lauten, wäre es z.B. nicht mit den Eigenschaften von x_1 vereinbar.[3]

Das Konzept der globalen Supervenienz hat daher gegenüber dem Begriff der starken Supervenienz den Vorteil, dass es keine Nagelschen Brückengesetze und somit auch keine aus diesen Gesetzen folgenden Reduktionsbeziehungen impliziert. Gleichzeitig lässt sich anhand des präsentierten Beispiels aber auch ein entscheidender Nachteil des Konzepts (GS)* aufzeigen: Obwohl die Individuen x_1 und x_2 in w_1 dieselben B-Eigenschaften besitzen, instantiieren sie unterschiedliche A-Eigenschaften. Es ist also mit dem Kriterium von (GS)* kompatibel, dass zwei Individuen in derselben möglichen Welt exakt dieselben physikalischen Eigenschaften haben, aber in völlig unterschiedlichen mentalen Zuständen sind. Dieser Umstand widerspricht der Forderung nach einer systematischen Abhängigkeitsbeziehung zwischen den A-Eigenschaften und den B-Eigenschaften.

Im Hinblick auf die Frage, welches der drei Standardkonzepte am besten geeignet ist, um das Verhältnis zwischen höherstufigen und basalen Eigenschaften zu beschreiben, ergibt sich daher folgendes Dilemma: Das Konzept der starken Supervenienz ist zwar adäquat, um eine systematische Abhängigkeit zu beschreiben, erfüllt also Bedingung (1), verletzt jedoch Bedingung (2). Das Konzept der globalen Supervenienz hingegen erfüllt Bedingung (2), ver-

---

[3] Ein analoges Argument in Bezug auf das Standardkonzept globaler Supervenienz (GS) ist von Petrie angeführt worden (vgl. Petrie 1987, S. 122). Andererseits kann gezeigt werden, dass globale Supervenienz Äquivalenzen zwischen Propositionen impliziert (vgl. Paull/Sider 1992, S. 850, 853, sowie Jackson/Pettit 1996, S. 85). Diese Äquivalenzbeziehungen sind jedoch schwächer als Nagelsche Brückenprinzipien und daher ungeeignet, um eine Reduktionsbeziehung herzustellen.

letzt aber Bedingung (1). Im folgenden Abschnitt möchte ich zeigen, dass dieses Dilemma durch eine Alternativversion des Konzepts der globalen Supervenienz gelöst werden kann, die beiden Bedingungen gerecht wird.

5. Starke globale Supervenienz als adäquatestes Supervenienzkonzept

Das Kriterium (GS)* stellt nicht die einzige Möglichkeit dar, den Begriff der globalen Supervenienz zu definieren. Mehrere Autoren (vgl. z.B. McLaughlin, 1997, S. 214, Sider, 1999, S. 917) haben einen Begriff starker globaler Supervenienz vorgeschlagen, der das Kriterium von (GS)* verschärft:

(StGS) A-Eigenschaften supervenieren stark global auf B-Eigenschaften gdw.:
Für alle w_i und w_j gilt: Jeder B-Isomorphismus zwischen w_i und w_j ist gleichzeitig ein A-Isomorphismus.

Der entscheidende Vorteil dieses Konzeptes gegenüber (GS)* ist, dass es für Individuen, die dieselbe mögliche Welt bewohnen, eine systematische Abhängigkeit der A-Eigenschaften von den B-Eigenschaften sicherstellt. Man betrachte zwei Individuen x und y, die dieselben B-Eigenschaften haben und dieselbe mögliche Welt w_i bewohnen. Die Menge der Einwohner von w_i kann nun derart auf sich selbst abgebildet werden, dass x und y einander zugeordnet werden und alle anderen Individuen sich selbst. Diese Abbildung ist klarerweise ein B-Isomorphismus, der dem Kriterium der starken globalen Supervenienz zufolge auch ein A-Isomorphismus sein muss, sodass x und y dieselben A-Eigenschaften instantiieren. Das Kriterium der starken globalen Supervenienz schließt somit den problematischen Fall aus, dass zwei Individuen in derselben möglichen Welt dieselben B-Eigenschaften, aber unterschiedliche A-Eigenschaften besitzen.

Gleichzeitig impliziert der Begriff der starken globalen Supervenienz keine Nagelschen Brückenprinzipien. Man betrachte folgendes wiederum stark vereinfachte Beispiel:

Beispiel 2: w_1: $A(x_1)$ $A(y_1)$ w_2: $\neg A(x_2)$ $A(y_2)$
                         $B(x_1)$ $B(y_1)$ $B(x_2)$ $\neg B(y_2)$

Das skizzierte Szenario ist kompatibel mit der starken globalen Supervenienz der A-Eigenschaften auf den B-Eigenschaften, nicht aber mit der Geltung eines Brückengesetzes der Form (BG). Denn dem Gesetz ›N$\forall x\ (B(x) \leftrightarrow A(x))$‹, welches der eine mögliche Kandidat für ein solches Brückenprinzip wäre, widerspricht z.B. die Eigenschaftsverteilung von x_2, während das andere mögliche Gesetz, ›N$\forall x\ (B(x) \leftrightarrow \neg A(x))$‹, z.B. durch die Eigenschaften von x_1 widerlegt wird.⁴ Das Konzept der starken globalen Supervenienz definiert also in der Tat eine systematische Abhängigkeitsbeziehung, die mit der Nicht-Reduzierbarkeit der abhängigen höherstufigen Eigenschaften kompatibel ist, und ist somit jedem der drei Standardkonzepte von Supervenienz vorzuziehen.

Generell könnte gegen diese Argumentation jedoch eingewendet werden, dass Nagelsche Brückenprinzipien ohnehin nicht geeignet sind, um Reduktionsbeziehungen herzustellen.⁵ Akzeptiert man diesen Einwand, kann das Konzept der starken Supervenienz nicht allein aufgrund der Tatsache zurückgewiesen werden, dass es Prinzipien der Form (BG) impliziert. Eine Diskussion dieser Problematik würde an dieser Stelle zu weit führen, ist aber auch nicht erforderlich, da es noch ein weiteres Argument dafür gibt, das Konzept der starken globalen Supervenienz dem der starken Supervenienz vorzuziehen.

Wie bereits angedeutet, wird das Supervenienzkonzept in der jüngeren Debatte hauptsächlich verwendet, um das strittige Verhältnis zwischen mentalen und physikalischen Eigenschaften zu beschreiben. Gleichzeitig wird häufig ein Externalismus bezüglich der Gehalte von propositionalen Einstellungen angenommen. Unter dieser Voraussetzung lassen sich aber mentale Eigenschaften finden, die das Kriterium der starken Supervenienz nicht erfüllen: Wenn Oskar₁ auf der Erde einen Glauben hat, den er durch die Äußerung »Wasser ist durstlöschend« beschreibt, so hat er einen Glauben über die chemische Substanz H_2O. Bemüht man nun das Standardbeispiel von Putnam, so hat ein Individuum Oskar₂, das die Zwillingserde bewohnt und seiner Glaubenseinstellung ebenfalls durch die Äußerung »Wasser ist durstlöschend« Ausdruck verleiht, einen Glauben über eine Substanz mit der chemischen Formel XYZ. Die Glaubenseinstellungen von Oskar₁ und Oskar₂ haben daher unterschiedliche Gehalte, sodass Oskar₁ und Oskar₂ in verschiedenen mentalen Zuständen sind. Haben nun Oskar₁ und Oskar₂ dieselben physikalischen Eigenschaften, ist diese Konstellation nicht mit der starken Supervenienz mentaler Eigenschaften auf physikalischen Eigenschaften vereinbar: Die Erde und die Zwillingserde lassen sich als zwei mögliche Welten w_1 und w_2 auffassen; wenn B der physikalische Zustand ist, in dem sich Oskar₁ und Oskar₂ befinden, während A_1 und A_2 jeweils die Glaubenseinstellungen von Oskar₁ und Oskar₂ sind, lässt sich das beschriebene Szenario wie folgt darstellen:

---

⁴ Allerdings hat Sider gezeigt, dass sich aus starker globaler Supervenienz Brückenprinzipien folgern lassen, die schwächer sind als Gesetze der Form (BG) (vgl. Sider 1999, S. 919-921). Doch diese Prinzipien sind zu schwach, um eine Reduktion der betrachteten höherstufigen Eigenschaften zu ermöglichen.
⁵ Deshalb favorisiert z.B. Kim ein funktionales Reduktionsmodell, das auf stärkeren Beziehungen zwischen höherstufigen Eigenschaften und Basiseigenschaften basiert (vgl. Kim 1998, S. 97-99).

Beispiel 3: w_1: $A_1(\text{Oskar}_1)$ w_2: $A_2(\text{Oskar}_2)$

                     $B(\text{Oskar}_1)$ $B(\text{Oskar}_2)$

Da aber A_1 und A_2 verschiedene mentale Eigenschaften sind, verletzt Beispiel 3 das Kriterium der starken Supervenienz. (Für eine ähnliche Argumentation vgl. Petrie, 1987, S. 122.)

    Der Begriff der starken globalen Supervenienz hingegen ist geeignet, um auch den Fall externalistischer mentaler Eigenschaften abzudecken. Im Zwillingserdebeispiel wäre das Kriterium starker globaler Supervenienz nicht verletzt, da die Erde und die Zwillingserde nicht isomorph hinsichtlich der in ihnen instantiierten physikalischen (bzw. chemischen) Eigenschaften sind. Sie müssen daher auch nicht bezüglich der instantiierten mentalen Eigenschaften isomorph sein, sodass es unproblematisch ist, wenn Oskar$_1$ und Oskar$_2$ in verschiedenen mentalen Zuständen sind.

    Selbst wenn also die Tatsache, dass der Begriff der starken Supervenienz Nagelsche Brückenprinzipien impliziert, nicht hinreichend ist, um ihn als ungeeignet zurückzuweisen, gibt es einen zweiten Aspekt, weshalb das Kriterium der starken globalen Supervenienz dem der starken Supervenienz klar überlegen ist: Im Gegensatz zur starken Supervenienz ist die starke globale Supervenienz in der Lage, die systematische Abhängigkeit externalistischer mentaler Eigenschaften von physikalischen Basiseigenschaften adäquat zu beschreiben.

6. Kreative Natur? – Supervenienz und ihre ontologischen Implikationen

Wenn nun – wie in der vorausgegangenen Argumentation gezeigt worden ist – der Begriff der starken globalen Supervenienz adäquater ist als jedes der drei Standardkonzepte von Supervenienz, um das Verhältnis zwischen höherstufigen Eigenschaften und Basiseigenschaften zu beschreiben, wirft dies die weiter gehende Frage auf, welche ontologischen oder epistemologischen Konsequenzen sich aus der starken globalen Supervenienz höherstufiger Eigenschaften ziehen lassen. Eine Diskussion dieses Problemfeldes würde im gegenwärtigen Zusammenhang zu weit führen. Daher möchte ich mich auf eine generelle Anmerkung beschränken: Allein auf der Basis der Supervenienzrelation lässt sich weder eine Erklärung für das Vorliegen höherstufiger Eigenschaften erreichen, noch lässt sich eine präzise Aussage über den ontologischen Zusammenhang von höherstufigen Eigenschaften und Basiseigenschaften machen; das Supervenienzkriterium ist z.B. sowohl mit der kausalen Abhängigkeit höherstufiger Eigenschaften, als auch mit einer Identitätsthese kompatibel. Die Frage, in welchem Sinne wir der Natur kreatives Potential im Hinblick auf die Erschaffung höherstufiger Entitäten zuschreiben können, lässt sich daher durch den Supervenienzbegriff allein nicht beantworten. Das Supervenienzkonzept ist vielmehr nur ein Minimalkonsens, auf den wir uns einigen können, um das Verhältnis zwischen höherstufigen Eigenschaften und Basiseigenschaften darzustellen. Für weiter gehende Aussagen über dieses Verhältnis bedarf es nicht nur philosophischer Analyse, sondern in entscheidendem Maße auch empirischer Untersuchungen.

Literatur

BENNETT, K.: *Global Supervenience and Dependence*, in: Philosophy and Phenomenological Research 68/3 (2004), S. 501–529.
BROAD, C. D.: *The Mind and its Place in Nature*, London 1925.
JACKSON, F./PETTIT, P.: *Moral Functionalism, Supervenience and Reductionism*, in: The Philosophical Quarterly 46 (1996), S. 82–86.
KIM, J.: *Concepts of Supervenience*, in: Philosophy and Phenomenological Research 45 (1984), S. 153–176.
KIM, J.: *Supervenience and Mind*, Cambridge 1993.
KIM, J.: *Supervenience as a Philosophical Concept*, in: Metaphilosophy 21 (1990), S. 1–27.
KIM, J.: *Mind in a Physical World*, Cambridge, Massachusetts 1998.
MCLAUGHLIN, B. P.: *Supervenience, Vagueness, and Determination*, in: Philosophical Perspectives 11 (1997), S. 209–230.
NAGEL, E.: *The Structure of Science*, London 1961.
PAULL, R. C./SIDER, T. R.: *In Defense of Global Supervenience*, in: Philosophy and Phenomenological Research 52/4 (1992), S. 833–854.
PETRIE, B.: *Global Supervenience and Reduction*, in: Philosophy and Phenomenological Research 48/1 (1987), S. 119–130.
SIDER, T.: *Global Supervenience and Identity across Times and Worlds*, in: Philosophy and Phenomenological Research 59/4 (1999), S. 913–937.

The Bookkeeper and the Lumberjack: Metaphysical vs. Nomological Necessity

MARKUS SCHRENK (OXFORD)

1. Nomological Necessity

Consider the anti-Humeans' claim that for $\forall x(Fx \rightarrow Gx)$ to be a law (or to be backed up by a law) there has to be a certain *Must* that is operating: Fs have to *bring about* or *produce* or *necessitate* Gs. Armstrong's version of this claim is to invoke *nomological necessity*, a relation that is supposed to hold between the two universals F and G—$N_{nom}(F, G)$—and, therefore, makes it the case that each instantiation of F is, or brings about, a G-instantiation.

Nomological necessity is meant to be a *this-worldly*, *immanent* relation that does not extend to other possible worlds: *per se*, the *Must* of nomological necessity, $N_{nom}(F, G)$, does not bring »truth in all possible worlds« with it. It is rather to be thought of as something like a *force* operating here and now. In the lack of a better neutral technical term let's call it an *oomph*. Whether *oomphs* are to be found in other worlds and, if so, are linking the same properties as they do actually is open for discussion in Armstrong's view. Therefore, the opposite of nomological necessity should not be conceived as contingency. Rather, it is the lack of *oomph*.

Naming the relation »necessity« suggests, of course, the following semantic link: that Fs nomologically *necessitate* Gs means that it is *not possible* for Fs *not to be* Gs. Does this link then reveal a hidden connection to possible world considerations? It doesn't. We have to read the term *nomological possibility* as this-worldly as we read its necessary counterpart. That something is *nomologically possible* simply means that there is no *oomph* operating against it in the actual world.

The force character of nomological necessity is also underlined by the guise in which it appears and how it is supposed to operate in the actual world. Remember, nomological necessity is, in itself, a second order relation between universals and has, therefore, *prima facie* not an immediate bearing on what is happening in this world. Yet, latest in his *A World of States of Affairs* (David Armstrong: *A World of States of Affairs*, Cambridge 1997) Armstrong explains how it operates: the nomological relation between universals is instantiated as causation. Just like the universals F and G have their instantiations in F-tokens and G-tokens so has the nomological necessitation universal its instantiation as causation between those tokens. Furthermore, Armstrong argues for the observability of (some instances of) causation. His paradigm case is pressures on our bodies. I will question neither of the two last features of causation *cum* nomological necessity and simply take them for granted.

This is, then, where we stand so far:

> Nomic connection can be understood as the sort of connection actually encountered in certain cases of singular causation. (Armstrong 1997: 232).

> Singular causation is no more than the instantiation of this type of relation in particular cases. When we experience singular causation, *what* we are experiencing is nomicity, law-instantiation. (Armstrong 1997: 227)

2. *Modal Nomological Necessity*

No doubt, there is a certain temptation to use nomological necessitation as an optical device to get a glimpse of other worlds. Especially, when we consider counterfactual situations: »had there been a magnetic field the electron's trajectory would have been different«. This claim, so we think, is supported by the laws of nature, i.e., in the theory under scrutiny, by nomological necessity. However, we forget too quickly that this reasoning is elliptically for »*assuming our laws of nature hold*, had there been a magnetic field the electron's trajectory would have been different«. We might have some sort of entailment in mind: the law statements plus the description of the field entail a different motion equation for the electron. Someone who confuses nomological necessitation with a kind of (if a little weaker) metaphysical necessitation would not need the tacit supposition »*assuming our laws of nature hold*«. Armstrong, and other proponents of nomological necessitation, do need it. In short, nomological necessitation does not *by itself* extend to counterfactual situations. We have to carry it with us. Here is one canonical possibility of how to do this:

We can define a kind of possible worlds necessity, call it *modal nomological necessity*, on the basis of nomological necessity. Van Fraassen (Bas van Fraassen, *Laws and Symmetry*, Oxford 1989, 44) gives us a recipe for this purpose for Lewis's account of laws of nature which we can easily turn into a recipe for a nomological necessity account of laws.[1] Define *modal nomological possibility* in the following way:

> World y is *modally nomologically possible* relative to world x iff the laws of x are laws in y and vice versa (i.e., nomological necessity links the same universals in x and y).

---

[1] In fact, this recipe is applicable to any notion of lawhood that does not itself dependent on modal considerations.

We get the notion of *modal nomological necessity* as a by-product:

> »*It is modally nomologically necessary that A*« is true in world x iff *A* is true in every world which is physically possible relative to x.[2]

The argument has the following general form: knowing that $N_{nom}(F, G)$ holds is a very good reason for us to claim that the counterfactual »were this x an F it would be a G« is true. In other words, we recommend that $N_{nom}(F, G)$ being the case should be accepted as a justification for the respective counterfactual claim.

3. Interlude: Nomological Necessity and the A priori

I now come to a brief remark concerning the *a priori*. It has often been argued that by liberating the *necessary* from the *a priori* and, along with this move, by being able to give *necessity* its own, separate meaning Kripke has paved the way for anti-Humean nomological necessity approaches to the laws of nature. Consider, for example, Stathis Psillos:

> It was Kripke's liberating views in the early 1970s that changed the scene radically. By defending the case of necessary statements, which are known a posteriori, Kripke [1972] made it possible to think of the existence of *necessity in nature* which is weaker than logical necessity, and yet strong enough to warrant the label necessity. […] As a result of this, the then dominant view of laws as mere regularities started to be seriously challenged. (Stathis Psillos, *Causation and Explanation*, Chesham 2002, 161; my italics)

Now, if, in Psillos' statement, »natural necessity« is meant to be Kripke's *metaphysical necessity* then (as it has been shown above) it has nothing much to do with Armstrong's *nomological necessity*. Rather, it would then relate to the theory I will deal with next, namely *essentialism*. Yet, this movement came into fashion too late to speak justifiably of Kripke changing the scene radically in the early 1970s. Indeed, in that case, the harvest of Kripke's seed showed up rather late.

However, if Psillos means to refer with »*necessity in nature*« to a kind of Armstrongian *nomological necessity* then the comparison to *logical necessity* is misplaced: as underlined above, *nomological necessity* has, *per se*, nothing to do with this kind of possible world necessity and is neither weaker nor stronger.

Hence, Kripke's authority turns out to be limited. His influence has to be thought of as psychological rather than philosophical: Kripke has opened people's minds for connections in nature which have been banned from philosophy since Hume, fair enough, but he did not yet come up with the kind of necessity Armstrong and others have envisaged for laws of nature.

---

[2] Laws are trivially physically necessary according to these definitions: let *L* be a law of x. »*L* is a law« is true in every world *y* which is physically possible because the same laws are laws in *y* as in x *qua* definition of *modally nomologically possible*.

4. Essentialism and Metaphysical Necessity

So far, it has been argued that the *Must* the opponents of regularity theories (here Armstrong) take to be essential for laws is not the *Must* of »truth in all metaphysically possible worlds« but rather the *Must* of causation (*oomphs*). Yet, this other *Must*, i.e., metaphysical necessity, is the one the *new essentialists* see figuring in their laws:[3]

> Essentialists have their own special brand of necessity. This kind of necessity has traditionally been called »metaphysical necessity«. [It] might also be called »physical necessity«, or »natural necessity«. […] A better name would be its classical Latin name, »*de re* necessity«, which might reasonably be translated as »real necessity«. (Brian Ellis, *The Philosophy of Nature*, Chesham 2002, 110)

And here is the equation of metaphysical (or *real*) necessity with truth in all possible worlds:

> Real necessity is no less strict than any other kind of necessity. […] If essentialists are right, and the laws of nature are really necessary, then they must be counted as necessary in the very strong sense of being true in all possible worlds. *Truth in all possible worlds is the defining characteristic of all forms of strict necessity.* (Ellis 2002: 110; my emphasis)

> »Water is H$_2$O« is a necessary proposition in the strict sense of being true in every possible world. (Ellis 2002: 110)

I will not go into details regarding the nature of metaphysical necessity. I simply appeal to the readers' Kripke-trained intuitions which have been rehearsed over and over again with, for example, the above mentioned »Water is H$_2$O« case. The equation of metaphysical necessity with truth in all possible worlds is what solely matters for my purposes.

5. Does the Essentialist Lose the Oomph?

Putting together what has been said so far reveals that if the essentialists were only to replace the nomological necessity of laws by metaphysical necessity – $N_{met}(F, G)$ instead of $N_{nom}(F, G)$ – then they would lose the intra-world *Must*.[4]

---

[3] I will focus on Brian Ellis's writings. However, next to Sydney Shoemaker, Charles Martin, George Molnar, Nancy Cartwright and John Heil he lists in his *The Philosophy of Nature* (Ellis 2002) many more followers of the *new essentialism*.

[4] Note that $N_{met}(F, G)$ is not really a valid way to formalize the shift. Metaphysical necessity, N_{met}, is a property of propositions (or facts, or states of affairs, or whichever you prefer). It is not a relation which can be attributed to ordered pairs of universals. To resolve the trouble we can, at least as a working hypothesis, turn to the

The pure change from nomological necessity to metaphysical necessity, which is very often perceived as a strengthening, would therefore be, in some sense, a weakening. In fact, the essentialist would, somehow, fall back into Humean metaphysics. The Humean mosaic of unrelated properties and accidental regularities is now just bigger: it expands from our world to all possible worlds. Within each of those worlds, however, Fs do not bring about, do not produce, or cause Gs. In short, at this point, essentialists would lose their *oomph*; a loss they would not want to accept.

How do they get it back in? The following quote reveals what is no secret for those familiar with the essentialism debate:

> For an essentialist, causation is not essentially an illusion resulting from habits of thought, as it is for a Humean. There are genuine *causal powers* in nature of greater or less strength, acting on various kinds of thing, and producing many different kinds of effects. (Ellis 2002: 106; my italics)

In other words, the essentialists push the *oomph* into their properties. That is, they argue that (at least some) properties are *causal powers*. That means, $N_{met}(F, G)$ is not enough of a replacement for $N_{nom}(F, G)$. Also, G has to make room for a disposition D which would, in this case, be the power (*oomph!*) to bring about or cause G if certain circumstances, C, are met:

> What we think of as a causal power occupies the role of driving force in a causal relation. (Ellis 2002: 65)

> The causal processes that are involved in the detailed explanation of a given disposition will all have the same kind of structure. Each will be characterizable by the kind (or kinds) of circumstances C that *would* trigger or instantiate the action, and the kind (or kinds) of outcome(s) E that *would* (or would with probability *p*) result, *provided that there were no interfering or distorting influences*. (Ellis 2002: 77)

Again, there are at least two replacements to be made if we want to change Armstrong's theory of laws gradually into Ellis' theory: N_{Met} for N_{nom} and D for G. $N_{met}(F, D)$ is then the ultimate short form of the new essentialist's credo: natural kinds, such as F, have their powers, such as D, essentially, i.e., it is *metaphysically necessary* that Fs have the *causal power* D. Compare this short form to a lengthier statement:

> Today's essentialists suppose that the basic dispositions of things to interact with each other in the way in which they do derive from the intrinsic causal powers, capacities and propensities of their most fundamental constituents. They suppose that these causal powers, and the like, are among the essential properties of things of these kinds, and therefore properties that things of

respective regularity statements and apply the necessity operator to them: $N_{met}(\Box x(Fx \rightarrow Gx))$. As a matter of convenience, I will nonetheless allow myself to write $N_{met}(F, G)$ where no confusion can arise. (I also ignore worlds in which only one or none of the universals F and G exists.)

these kind have necessarily, since they could not possibly fail to have them, while yet being things of these kinds. (Ellis 2002: 13)

6. The Bookkeeper and the Lumberjack

It is interesting to note that laws, in the essentialists' view, occupy quite a different role from the one they played in Armstrong's theory. For the essentialist, laws are somehow condemned to do the bookkeeping: the sum of them is the worlds inventory list which tells us in which natural kind (or universal) we find which disposition (or, metaphorically speaking, in which box we find which tool). There is no messing about, fair enough: the inventory list is stone engraved, that is, the laws are metaphysically necessary. Bookkeepers, however, are no men of action (they are lacking the appropriate muscles). Clearly, someone else has to do the hard work: the cutting, pushing, chopping, tearing. But we know who fulfills this role – the lumberjack's role – now: dispositions.

7. Do the Powers have Modal Force?

I have already lined out how we can get a modal force from Armstrong's nomological necessity – a feature this kind of necessity does not have *per se*. My argument was that $N_{nom}(F, G)$ actually being the case is a sufficient reason to assume that if something were an F it would also be a G. $N_{nom}(F, G)$ justifies this kind of counterfactual reasoning, every hundredth F accidentally being G would not.

Can a similar force be extracted from the dispositionalist's powers? Very easily![5] We are concerned with the question whether the counterfactual »if this thing had the disposition D and were triggered with C it would react with G« is supported by the essentialists' story about dispositions. And of course it is, simply because dispositional predicates entail counterfactual conditionals of precisely the required kind qua their meaning.

Note that this is an uncontroversial claim about dispositional predicates whether you are a realist about dispositions or not. Maybe you want to add that the counterfactuals also entail the disposition and that therefore dispositions are reducible to counterfactual conditionals, or maybe you want to say dispositions are irreducible and basic.[6] Clearly, no-one can deny the link pointing from the predicate to the counterfactual.[7] Remember Ellis:

---

[5] Remember that, here, we are not concerned with the essentialists' claim that some properties' possession of some powers is *metaphysically necessary*: ($N_{met}(F, G)$). For that case it is agreed that we get the modal force for free because metaphysical necessary simply *is* truth in all possible worlds.

[6] David Lewis aims for such a reduction to counterfactuals (cf. David Lewis: *Finkish Dispositions*, in: Philosophical Quarterly 47 (1997), 143-158) where Ellis insists that the

> Each [disposition] will be characterizable by the kind (or kinds) of circumstances C that *would* trigger or instantiate the action, and the kind (or kinds) of outcome(s) E that *would* (or would with probability *p*) result, *provided that there were no interfering or distorting influences*. (Ellis 2002: 77)[8]

Hence, if the essentialists describe something as having the disposition D to G if C-ed they are not only postulating causal *oomphs* but they thereby provide us with an analytical inference ticket to counterfactual reasoning. Both the *oomph* and the permission for counterfactual reasoning (which had to be added as an extra to Armstrong's theory) is condensed into the disposition. In short, saying that something x has disposition D *is* saying that counterfactual reasoning is justified *because* x has the respective causal *oomph*.

I conclude that whichever of the two theories we prefer, Armstrong's or Ellis's, we can extract our modal force from a supposed intra world causal connection. Earlier, I called this modal force »*modal nomological necessity*«.

8. Where do we go from here?

If my considerations are correct we have gained a modal concept different from and competing with the original Kripkean necessity: we have *metaphysical necessity* and we have *modal nomological necessity*.

A natural sequel to this paper would start to compare features of the two modal necessities. However, at this place is only room left for a brief outline of these features which could guide such an enquiry:

- We might want to argue that *modal nomological necessity* deserves the title of a »*necessity in nature*« (i.e., a *de re* necessity) more than the Kripkean necessity for it is based on causation where the latter is partially dependent on our intuitions about reference.
- According to Armstrong, the instantiation of nomological necessity is causation and causation can be felt or observed in certain cases. Metaphysical necessitation, on the other hand, is, although discovered *a posteriori*, not directly observable. It remains theoretical to a large extend. The necessity of water being H_2O goes unnoticed.

---

counterfactual entailed by a dispositional predicate serves, at best, as a rough characterisation of the disposition (cf. Ellis 2002: 76-7, 79). The counterfactual captures a symptom of the disposition, not its essence.

[7] In pre-philosophical discourse we often want to draw attention to the truth of counterfactual conditionals when we attribute dispositions to objects. Think of the label »Fragile« on carton boxes. It is supposed to imply: »Handle with care because if you don't the content will break«.

[8] I ignore Ellis's addendum »*provided that there were no interfering or distorting influences*«. It is, however, clear that there is a bomb ticking under the cover of proviso clauses like this.

- Due to its bookkeeping nature Kripkean metaphysical necessity has similarities to analyticity (*de dicto* necessity). Analyticity keeps meanings in order, metaphysical necessity mirrors this semantic feature *in nature*. The modal correlate of nomological necessity, on the other hand, arranges the temporal order of events.
- Following the last point, it becomes obvious that there is a temporal succession or a diachronic component in modal nomological necessity which metaphysical necessity lacks. The later is a static, synchronic business.
- Finally, there are two features linked to both dispositions and causal relations which seem to be irreconcilable with modal forms of necessity: some dispositions and some causation is *probabilistic*, and, worse, there is the infamous problem of *proviso clauses* related to causation and dispositions: the power manifests if triggered »*provided that there [are] no interfering or distorting influences.*« (Ellis 2002: 77) Modal necessity, in contrast, does not allow for provisos.

References

ELLIS, Brian: *The Philosophy of Nature. A Guide the New Essentialism*, London: Acumen 2002.

LEWIS, David: *Finkish Dispositions*, in: Philosophical Quarterly 47 (1997), 143–158.

Was ein Phänomen ist und wie es sich verändert; die Entdeckung extrasolarer Planeten

DANIELA BAILER-JONES (HEIDELBERG)

Immer wenn neue Entdeckungen gemacht werden, stellt uns dies vor eine Herausforderung. Gängige und lange akzeptierte Vorstellungen müssen aufgegeben werden, und unser Interpretation der Natur wandelt sich zwangsläufig. Sogar unsere Vorstellung von unserem Platz im Universum verändert sich. Man denke nur an Kopernikus, der die Sonne ins Zentrum unseres Planetensystems rückte. Eine neuere solche Entwicklung war die Entdeckung extrasolarer Planeten in den 1990er Jahren (Mayor und Queloz 1995). Bis dahin galt unsere Sonne als der einzige Hauptreihen-Stern, der über Planeten verfügte und damit grundsätzlich die Voraussetzung für organisches Leben erfüllte. Seither mussten unsere Vorstellungen über die Entstehung von Planetensystemen revidiert werden, weil Planetensysteme entdeckt wurden, die nach bisherigen Vorstellungen überhaupt nicht existieren könnten.

Mein Titel impliziert bereits einen möglichen Widerspruch. Müssen wir natürliche Phänomene als etwas Konstantes, in der Natur fortwährend Existierendes verstehen, oder könnten sie etwa der Veränderung unterworfen sein? Verändern sich Phänomene im Laufe ihrer Erforschung? Meine These ist, dass dies der Fall ist. Um diese These zu stärken, stelle ich dar, was ich unter einem Phänomen verstehe und dann, anhand meines Beispiels, wie sich ein Phänomen im Laufe seiner Erforschung und Modellierung verändern kann.

1. Was ist ein Phänomen?

Naturwissenschaftler bezeichnen in der Regel die Dinge, die sie zum Gegenstand ihres Forschens machen, als Phänomene. Ian Hacking beschreibt das Phänomenverständnis von Naturwissenschaftlern entsprechend: »[Phenomenon] has a fairly definite sense in the writing of scientists. A phenomenon is *noteworthy*. A phenomenon is *discernible*. A phenomenon is commonly an event or process of a certain type that occurs regularly under definite circumstances« (Hacking 1983, S. 221).[1] Ein Vorteil dieser Bezeichnung scheint zu sein, dass die Natur des zu erforschenden Gegenstandes recht unbestimmt bleibt, denn

---

[1] Hacking spricht davon, dass Phänomene kreiert werden in dem Sinne, dass die passenden experimentellen Bedingungen erst geschaffen werden müssen, damit ein Phänomen auftreten kann. Sein Beispiel ist der Hall-Effekt (Hacking 1983, S. 226). Allerdings stellt Hacking mit der These vom Kreieren von Phänomenen wohl eher ontologische Behauptung auf (Kroes 1995).

es kann sich ja bei diesem Gegenstand auch um einen Prozess oder um etwas generell schwer Abgrenzbares handeln, was sich im Allgemeinen ja erst im Lauf der Untersuchung des Phänomens herausstellen kann.² Erst seit Bogen und Woodward (1988, 1992) die Unterscheidung zwischen Phänomenen und Daten thematisierten, wurden Phänomene überhaupt zum Diskussionsgegenstand in der Wissenschaftsphilosophie. Daten hängen u.a. von den Zufälligkeiten der Messmethode ab. So muss eine Messung oft mehrfach oder mit verschiedenen Methoden durchgeführt werden, um einen verbindlichen Messwert zu ergeben (Nagel [1960]1079). Wenn es darum geht, den Schmelzpunkt von Blei festzustellen, dann kann es vorkommen, dass in einer gesamten Messreihe nicht der präzise Wert des Schmelzpunkts von 327 Grad Celsius gemessen wird. Dieser muss mit Hilfe statistischer Methoden, die auf die mit Abweichungen behafteten Messwerte aufbauen, festgestellt werden. Phänomene hingegen seien stabil hinsichtlich verschiedener Untersuchungsergebnisse und -methoden. Nach Bogen und Woodward handele es sich bei ihnen um natürliche Arten.

Ich beginne mit folgender Annahme: Ein Phänomen ist eine Tatsache oder ein Ereignis in der Natur, auf die man jedoch unter Umständen erst im Forschungsprozess aufmerksam wird. Phänomene können erst dann als Phänomene etabliert werden, wenn sie ein gewisses Forschungsinteresse hervorrufen und Neugier wecken, und wenn vermutet werden kann, dass es sich bei ihnen um einen systematisch interessanten Untersuchungsgegenstand handeln könnte (Bailer-Jones 2005a, b). Ein Beispiel ist der Tanz der Bienen, der zuerst einmal als eine willkürliche Flugbewegung aufgefasst werden mag. Erst wenn ein Forscher, oder schlicht ein Neugieriger, auf die Idee kommt, dass mehr hinter diesen Flugbewegungen von Bienen in bestimmten Situationen stecken könnte, wird dieser Umstand als erforschenswürdig erkannt und kann sich somit zum Phänomen ›entwickeln‹. Der erste Schritt ist dann, eine Tatsache in der Natur schlicht nur festzustellen (›wissen, dass‹), und ein zweiter, diese Tatsache oder dieses Ereignis auch weiter zu hinterfragen (›wissen, wie‹). Man will den (theoretischen) Hintergrund einer solchen Tatsache kennen lernen und einordnen können, d.h. Forscher wollen sich durch Modellieren intellektuellen Zugang, jenseits des bloßen Feststellens einer Tatsache, verschaffen.

Indem ein Forschungsgegenstand im Lauf seiner Erforschung immer differenzierter modelliert wird, kristallisieren sich auch die Charakteristika heraus, die in der Folge mit einem Phänomen, wie z.B. mit ›Bienentanz‹, identifiziert werden. Es fallen dabei Entscheidungen, welche Charakteristika wesentlich sind und ein Phänomen ausmachen, und welche als eher zufällig gelten und

---

² In dieser Hinsicht ist schon meine Rede vom ›Gegenstand‹ potentiell irreführend. Von materiellen Gegenständen wie Tischen oder Stühlen nimmt man zumeist an, dass sie klar spezifizierte Grenzen haben. Ich meine jedoch ›Gegenstand‹ in einem weniger konkreten und eher metaphorischen Sinne, wie z.B. in ›Gegenstand des Denkens‹.

somit im Rahmen der Modellierungsbemühung ignoriert oder verändert werden dürfen. Diesen Auswahlprozess, der zur Etablierung eines Phänomens führt, lässt sich anhand von Beispielen ausführen, was unten auch geschehen wird. Oft bedarf bereits das *Bemerken* eines Phänomens einer Forschungsleistung.

Bogen und Woodward (1988, 1992) vertreten die These, dass es sich bei Phänomenen um eine *natürliche Art* handelt, um Tatsachen in der Welt, die unveränderlich sind. Diese Philosophen bewegen sich damit im Rahmen eines wissenschaftlichen Realismus. Der ontologische Status von Phänomenen ist für mein Projekt jedoch zweitrangig. Sicher gibt es einen Zusammenhang zwischen der Art, wie die Natur beschaffen ist und dem Erfolg, den Menschen mit Modellen von Phänomenen bei Voraussagen erzielen. Allerdings erhellt dies letztlich nicht die ontologische Frage, wie Phänomene in der wissenschaftlichen Praxis etabliert werden. Um letzterer Frage nachzuspüren, gilt es, die Perspektive der Forschenden einzunehmen, aus deren Sicht Phänomene im Laufe ihrer Erforschung erst festgestellt werden und sich dann *als* Phänomene noch verändern können. Dieser Ansatz erlaubt zwar nicht, die Frage nach dem ontologischen Status von Phänomenen zu klären, andererseits ist es jedoch eine Frage, für deren Beantwortung immerhin Untersuchungsansätze formuliert werden können. Entsprechend werde ich anhand eines Fallbeispiels den Prozess des Etablierens eines Phänomens untersuchen. Denn aus der Perspektive der Forschenden verändern sich Phänomene im Lauf ihrer Erforschung tatsächlich.

2. Die Entdeckung extrasolarer Planeten

Mein Beispiel ist die Entdeckung extrasolarer Planeten, die Anfang der 1990er Jahre begann (Croswell 1997). Während es lange keinen Hinweis darauf gab, dass es in der Galaxis mehr Planetensysteme als nur unser Sonnensystem gibt, existieren inzwischen verschiedene Hinweise auf eine größere Zahl solcher Planetensysteme. Lange galt die Existenz extrasolarer Planeten als wenig wahrscheinlich. Unser Sonnensystem war der einzige Fall eines Planetensystems. Als die ersten Hinweise auf extrasolare Planeten publiziert wurden, überzeugten diese bei Weitem nicht allgemein. Erst mit der Zeit und im Lauf der weiteren Erforschung des Phänomens wurde das Phänomen überhaupt als solches akzeptiert. Ich will untersuchen, nach welchen Kriterien und mit welchen Argumenten Astronome über dieses Phänomen entschieden. Was führte dazu, dass das Phänomen in einer bestimmten Weise etabliert werden konnte? Welche Beobachtungsdaten gelten als relevant und aussagekräftig im Hinblick auf extrasolare Planeten, und unter welchen Umständen konnten alternative Erklärungsansätze für diese Daten aus dem Rennen geschlagen werden? Dabei ist klar, dass schon die Beobachtung dieser Phänomene aufwendiger theoretischer Überlegungen und Datenverarbeitung bedürfen. Wir sehen extrasolare Planeten nicht einfach so am Himmel, sondern erst mit Hilfe extrem verfeinerter Beobachtungstechniken. Im Folgenden formuliere ich Leitfragen, die ich aus der Entdeckungsgeschichte extrasolarer Planeten heraus beantworte. Aus den Antworten ziehe ich Konsequenzen für die Entdeckung und Etablierung von Phänomenen.

(i) Welche Forschungsinitiativen und Annahmen waren notwendig, um extrasolare Planeten als Phänomen überhaupt entdecken zu können?[3]

Eine große Motivation für die Suche nach extrasolaren Planeten ist die Suche nach extraterrestrischem Leben, wie sich ja auch die Suche nach Lebenszeichen auf Mars durch die Geschichte der Astronomie zieht. Eine Grundvoraussetzung für erdähnliche extrasolare Planeten ist, dass es eine beträchtliche Zahl von Sternen gibt, die unserer Sonne ähneln, um die sich also Planeten gebildet haben könnten. Dabei hilft es, dass es überhaupt in unserem Universum eine ungeheure Zahl von Sternen gibt. Um die Wahrscheinlichkeit der Existenz solcher Planetensysteme abschätzen zu können, sind Modelle der Sternentstehung nötig, die das Entstehen von Planetensystemen plausibel erscheinen lassen. Dass die Entstehung eines solchen Systems grundsätzlich möglich ist, erweist natürlich bereits die Existenz unseres eigenen Sonnensystems.

Ein weiterer wichtiger Punkt ist, dass die Planeten um andere Sonnen beobachtbar sein müssen. Tatsächlich sind sie selbst nämlich viel zu klein und zu leuchtschwach, um über die großen Entfernungen zur Erde überhaupt beobachtet werden zu können. Also ist eine wichtige Annahme, dass extrasolare Planeten indirekt, also durch ihre Graviationswirkung auf den Stern, um den sie kreisen, festgestellt werden können. Dieser Stern, so die Annahme, ›wackelt‹, wenn ein (nicht sichtbares) Objekt um ihn kreist, weil er von der Masse des Objekts angezogen wird. Beide, Stern und Kompanion, kreisen um ihren gemeinsamen Schwerpunkt.

Die nächste Frage ist dann, mit welchen methodischen und technischen Mitteln dieses ›Wackeln‹ festgestellt werden kann. Grundsätzlich unterscheidet man zwei Methoden. Zum einen könnte das Wackeln eines Sterns astrometrisch festgestellt werden, also durch direktes Beobachten der Position des Sterns (d.h. der Stern muss sich entlang der Himmelsebene periodisch hin und

---

[3] Eine genauere Sprechweise wäre statt »extrasolare Planeten als Phänomen« »Ereignisse bezüglich extrasolarer Planeten« oder »Tatsachen, die extrasolare Planeten involvieren«. Es geht also bei Phänomenen nicht eigentlich um Objekte, sondern um alles, was mit diesen Objekten zu tun hat, z.B. was sie bewirken oder wie sie zustande kommen. Der Einfachheit halber spreche ich aber dennoch von extrasolaren Planeten als Phänomenen, womit dann die Ereignisse und Tatsachen gemeint sind, die mit ihnen zu tun haben.

herbewegen).⁴ Zum anderen kann man die periodische Veränderung der Dopplerverschiebung des Sternspektrums beobachten, die dadurch entsteht, dass sich der Stern senkrecht zur Himmelebene aufgrund der Anziehung durch seinen Planeten vor und zurück bewegt. Beide Methoden erfordern eine hohe Präzisierung der Beobachtungsmethoden (und entsprechend anspruchsvolle Instrumentenentwicklungen, die die Suche nach extrasolaren Planeten begleitete), und sie schränken jeweils die Art der Objekte ein, die am ehesten entdeckt werden können.

> *Fazit*: An diesem Beispiel lässt sich zeigen, wie langwierig und aufwendig es sein kann, ein Phänomen zu ›fassen‹. Jedenfalls handelt es sich hier nicht um ein Phänomen, über das man einfach so ›stolpert‹. Theoretisch fundierte Mutmaßungen und Modellbildungen waren sowohl für die (lange andauernde) Suche, als auch für die Entdeckung, maßgeblich.

(ii) Wie wurden extrasolare Planeten zum ersten Mal als Phänomen etabliert?

In den 1960er Jahren gab es bereits vor der heute akzeptierten Entdeckung extrasolarer Planeten eine vermutete Entdeckung eines Planeten um Barnards Stern durch den Astronomen Peter van de Kamp. Diese Entdeckung konnte, obwohl sie eine Zeit lang als sicher galt, jedoch auch nach Jahren nicht bestätigt werden. Offensichtlich handelte es sich nicht um ein Wackeln des Sterns, sondern des Teleskops. Eine weitere Schwierigkeit ist zu entscheiden, ob das Objekt, das um einen Stern kreist und ihn dadurch in Bewegung versetzt, tatsächlich ein Planet ist. Es kann sich z.B. auch um einen Braunen Zwerg handeln, der wahrscheinlich eine andere Entstehungsgeschichte als ein Planet hätte. 1983 wurde vermeintlich das Wackeln eines Roten Zwergs, VB 8, beobacht, danach sogar angeblich das um diesen Stern kreisende Objekt selbst, der Masse nach ein Brauner Zwerg. Auch diese Entdeckung konnte letztlich nicht bestätigt werden.

In anderen Fällen handelte es sich bei dem Stern, um den Planeten kreisten, gar nicht um einen gewöhnlichen Hauptreihenstern. 1991 wurden völlig unerwartet Planeten um die Pulsare PSR B1829-10 und PSR B1257+12 entdeckt. Im ersten Fall handelte es sich wiederum um einen Messfehler, im zweiten Fall jedoch um eine weiter bestätigte Entdeckung, und es konnten für diesen Pulsar sogar insgesamt drei Planeten festgestellt werden. Allerdings erregten diese Pulsar-Planeten nicht im entferntesten das Interesse, das Planeten um Hauptreihensterne wie die Sonne erregt hätten.

In den 1990er Jahren waren dann mehrere Forschungsgruppen auf der Jagd nach ›echten‹ extrasolaren Planeten. Die Existenz von Planetensystemen

---

⁴ Diese Methode führte in der Praxis, bei Beobachtungen von der Erde aus, bisher nicht zum Erfolg wegen mangelnder Präzision, wird aber z.B. in der Raummission GAIA ab ca. 2010 zur Anwendung kommen, wenn vom Weltraum aus der Himmel durchmustert wird.

um Sterne außerhalb unseres Sonnensystems war bis dahin nur eine, wenn auch nicht unbegründete, Vermutung. Gesichert war das Phänomen erst mit der ersten Entdeckung von zyklisch sich verändernden Dopplerverschiebungen des Sterns 51 Pegasi durch Michel Mayor und Didier Queloz, die ihre Suche auf Veränderungen der Dopplerverschiebungen von unserer Sonne ähnlichen Sternen konzentrierten. Nach den vielen widerrufenen Entdeckungen wurde der Entdeckung aber erst Glauben geschenkt, nachdem eine rivalisierende Gruppe, bestehend aus Geoffrey Marcy und Paul Butler, den Fund mit ihren Instrumenten und Beobachtungen bestätigten.

Fazit: An den Beispielen nicht bestätigter Entdeckungen lassen sich die Schwierigkeiten der Etablierung eines Phänomens illustrieren. Das nicht sehr stark beachtete Beispiel der Planeten um einen Pulsar zeigt, dass das Interesse nicht ›irgendeinem‹ Phänomen gilt, sondern vorwiegend unserem Sonnensystem ähnlichen Systemen. Obwohl das Pulsar-Planetensystem dem unseren in mancher Hinsicht sehr ähnlich ist, wird es als ein grundsätzlich anderes Phänomen eingestuft, da unsere Sonne kein Pulsar ist. Auch der inzwischen akzeptierten Entdeckung standen viele kritisch gegenüber. Klar wird dabei, dass ein reines Präsentieren der Daten und ihre Überprüfung nicht ausreicht. Erst durch die theoretische Einbettung der gemessenen Parameter in plausible Szenarien für das Zustande Kommen der Daten und für das Phänomen gewinnt das Phänomen an Akzeptanz.

(iii) Bestand Einigkeit über die Dateninterpretation? Gingen manche Forscher von einem Phänomen aus, wo andere keines ›sahen‹? Aus welchen Gründen?

Bei der Entdeckung des Planeten um 51 Pegasi gab es wenig Zweifel, da seine Beobachtung wenig später von Butler und Marcy bestätigt wurde, welche erstens mehr Erfahrung als Queloz und Mayor hatten und zweitens ein noch präziseres Beobachtungsinstrumentarium entwickelt hatten. Ein wichtiger Diskussionspunkt bei den weiteren Entdeckungen, oder behaupteten Entdeckungen, von extrasolaren Planeten war dann, ob es sich tatsächlich um Planeten oder doch eher um Braune Zwerge handelte. Gerade der von Marcy und Butler (1996) entdeckte Kompanion von 70 Virginis wurde wegen seiner relativ hohen Masse und seines recht exzentrischen Orbits von manchen für einen Braunen Zwerg und nicht für einen Planeten gehalten. Daran entzündet sich allerdings die grundsätzliche Frage, wie sich Planeten und Braune Zwerge voneinander unterscheiden. Wenn auch Braune Zwerge tendenziell über größere Massen und exzentrischere Orbits als Planeten verfügen, so gibt es doch einen beträchtlichen Bereich der Überschneidung zwischen beiden Objektklassen. Die Art eines Objekts lässt sich dann letztlich nicht anhand der Beobachtungsdaten bestimmen, sondern, wenn überhaupt, anhand seiner vermuteten Entstehungsgeschichte.

Problematisch war die Unterscheidung auch hinsichtlich einer früheren Entdeckung. Würde der Kompanion von 70 Virginis als Planet interpretiert, so wäre auch der 1988 entdeckte Kompanion von HD 114762 ein Planet und kein Brauner Zwerg gewesen, womit die Entdeckung des ersten extrasolaren Planeten um einige Jahre früher stattgefunden hätte. Damals war HD 114762 aber gerade nicht als Planetensystem eingestuft worden.

> *Fazit*: Während sich über die eigentliche Entdeckung im Lauf der Zeit meist weitgehende Einigkeit herstellen lässt (z.B. durch wiederholte Beobachtung oder durch Beobachtung mit einer anderen Methode oder anderem Instrumentarium), so gehen doch die Meinungen darüber auseinander, welche Phänomene sich jeweils hinter den Beobachtungsdaten verbergen. Dabei geht es gerade nicht allein um die Feststellung irgendwelcher physikalischer Eigenschaften, z.B. der Temperatur eines Objekts, sondern um deren Rolle im Entwicklungsprozess der Phänomene. Hinsichtlich ihrer Eigenschaften unterscheiden sich Planeten und Braune Zwerge nicht stark, als Phänomene aufgrund ihrer Entstehungsgeschichte aber gewaltig.

(iv) Veränderte sich das, was man unter dem Phänomen verstand bzw. versteht im Laufe seiner weiteren Erforschung?

Zunächst hängt unser Verständnis von Planetensystemen schon davon ab, ob man davon ausgeht, dass es sich um ein einmaliges Phänomen handelt (Auszeichnung unseres Sonnensystems), oder dass es im Universum zahlreiche vergleichbare Beispiele dafür gibt. Bis heute wurden immerhin über 100 extrasolare Planetensysteme entdeckt. Ein kleiner Anhaltspunkt für die Veränderung des Verständnisses des Phänomens ist, dass ursprünglich Theoretiker davon ausgingen, dass Planeten, die in ihrer Masse Jupiter ähneln, weit von ihrem Stern (ca. 5 AU, wie Jupiter von der Sonne) entfernt sein müssten. Diese Annahme wurde mit der Sternentstehungsgeschichte begründet, bestätigte sich in der Praxis aber nicht. So trug das beobachtete (und entsprechend neu modellierte) System andere Züge als auf der Basis unseres Sonnensystems angenommen und vorausgesagt. Mit der Entdeckung vieler extrasolarer Planetensysteme lässt sich einerseits die Vielzahl der möglichen Szenarien aufzeigen, andererseits, was typisch für die Mehrzahl der Systeme ist, und außerdem, was unser Sonnensystem im Zweifelsfall auszeichnet.[5]

> *Fazit*: Anhand des Beispiels wird deutlich, dass sich, was wir unter einem Phänomen verstehen, im Laufe seiner Erforschung unweigerlich verändert. Daran sind nicht nur anfangs unpräzise Daten schuld, sondern vor allem deren Interpretation in einem größeren theoretischen Zusammenhang.

---

[5] Ich denke bei letzterem z.B. an die These von George Wetherill von 1992, dass massereiche Planeten wie Jupiter und Saturn in unserem Sonnensystem durch ihre Gravitationskraft Kometen ablenken, die sonst vielleicht mit größerer Häufigkeit auf der Erde eingeschlagen hätten und damit u.U. die Entwicklung von Leben verhindert hätten. Damit wäre die Entwicklung der Erde in ihrer heutigen Form auf die Schutzwirkung dieser äußeren Planeten angewiesen.

(v) Ist für das Phänomen extrasolarer Planeten das Erkennen kausaler Beziehungen ausschlaggebend?

Um die Existenz extrasolarer Planeten einordnen zu können, muss man sich überlegen, wie Planetensysteme entstehen. Man geht davon aus, dass Planeten sich durch Gravitation in der aus Gas und Staub bestehenden Disk bilden, die um einen neu entstandenen Stern rotiert. Der Entstehungsprozess unterscheidet sich für die inneren (heißes und schnell rotierendes Material) und äußeren Planeten (kühleres, gasförmiges Material, v.a. Wasserstoff und Helium). Entsprechend können die verschiedenen Eigenschaften unserer Planeten durch den modellierten Entstehungsprozess erklärt werden. Braune Zwerge hingegen entstehen wahrscheinlich wie Sterne aus einer Gaswolke, die kollabiert. Allerdings reicht in den Braunen Zwergen die Masse bzw. die Wärme nicht aus, um den Prozess der Kernfusion im Innern in Gang zu setzen. Der Stern kollabiert, bis ihn nur noch die sich aufgrund des Pauli Prinzips gegenseitig abstoßenden Elektronen aufrecht erhalten. Während sich die Masse eines Planeten erst nach und nach akkumuliert, geht einem Stern immer eine riesige Gaswolke voraus, die dann in sich kollabiert und so den Stern bildet. Ein Unterscheidungskriterium ist, dass Sterne aus sich heraus leuchten, wenn auch im Fall Brauner Zwerge sehr schwach, während Planeten nur durch das auf ihnen reflektierte Licht sichtbar werden. All diese Unterschiede, wie auch die chemische Zusammensetzung der Objekte, lassen sich aber bei diesen kleinen und leuchtschwachen Objekten von der Erde aus kaum oder bisher noch gar nicht feststellen, ergeben also im Moment kaum praktikable Unterscheidungskriterien.

Fazit: An diesem Punkt zeigt sich deutlich, dass es nicht mit der Entdeckung eines Objekts getan ist bzw. dass schon die Bestimmung der Natur des Objekts von den kausalen Zusammenhängen seines Entstehens und seines Existierens abhängig ist. Die Bestimmung eines Phänomens, ohne seine kausale Wirkweise zu modellieren, ist nicht möglich.

3. Implikationen der Fallstudie für den Phänomenbegriff

Ich begann mit der These, dass Phänomene uns weder direkt ins Auge stechen noch sich ohne Weiteres fassen lassen. Die lange Geschichte der fehlgeschlagenen und zweifelhaften Entdeckungen von extrasolaren Planeten zeigt, wie schwierig es technisch und theoretisch war, Klarheit überhaupt über die Existenz solcher Objekte jenseits unseres Sonnensystems zu gewinnen. Ein langer Prozess theoretisch fundierter Mutmaßungen und Modellbildungen ging der Entdeckung voraus.

Wie aufwendig es ist, ein Phänomen zu etablieren, zeigen die scheinbaren, d.h. nicht bestätigten Entdeckungen, die sich über Dekaden erstreckten. Außerdem scheinen Forscher manchmal eine klare Vorstellung davon zu haben, *was für eine Art Phänomen* sie suchen. Pulsar-Planetensysteme trafen schlicht nicht auf das Interesse, das die Suche nach Planetensystemen um sonnenähnliche Sterne motivierte. Was gesucht und weiter erforscht wird und welche Phänomene sich etablieren können, erweist sich also auch als abhänigig von den Vorlieben und Interessen der Beobachter. Zum Etablieren eines Phänomens gehört, dass sich die gemessenen Daten theoretisch in plausible Szenarien (Modelle) betreffend das Phänomen einbetten lässt.

Die Schwierigkeit der Unterscheidung von Braunen Zwergen und Planeten zeigt, wie auch bei Einigkeit über die Beobachtungsdaten die Meinungen darüber auseinander gehen können, was für Phänomene sich jeweils hinter den Beobachtungsdaten verbergen. Dabei geht es eben auch um die Rolle dieser Objekte im Entwicklungsprozess der Phänomene. Ob das, was um einen Stern kreist, ein Planet oder ein Brauner Zwerg ist, verändert nun mal das Phänomen in Bezug auf seine Entstehung grundsätzlich.

Die Entdeckungsgeschichte extrasolarer Planeten zeigt, dass sich das, was wir unter einem Phänomen verstehen, im Laufe seiner Erforschung verändert. Dies liegt nicht nur daran, dass sich die Datenlage mit der Zeit verbessert, sondern auch daran, dass Daten interpretiert werden und in einen größeren theoretischen Zusammenhang gestellt werden müssen. Mehr als deutlich erweist sich, dass es nicht mit der Entdeckung eines Objekts getan ist. Die Etablierung eines Phänomens hängt von seiner theoretischen Einbettung, insbesondere von den kausalen Zusammenhängen seines Entstehens und seines Existierens, ab. Die Bestimmung eines Phänomens, ohne die ihm innewohnende kausale Wirkweise zu modellieren, ist deshalb kaum vorstellbar.

Extrasolare Planeten erschienen Wissenschaftlern erforschenswürdig, weil es ein theoretisches Interesse gab, nämlich die Frage nach Leben jenseits unseres Sonnensystems. Ihre Entdeckung erfordert so spezialisierte Methoden, dass wohl niemand zufällig über extrasolare Planeten gestolpert wäre. Phänomene müssen gesucht und untersucht werden, um sich etablieren zu können, und Phänomene verändern sich im Lauf ihrer Erforschung. Unsere Vorstellungen von Planetensystemen sind nicht mehr die, die wir hatten, als unser Sonnensystem das einzige Beispiel für ein Planetensystem war. Das heißt nicht, dass sich das, was sich in der Natur vorfinden lässt, verändert hat, sondern das, was Menschen in der Natur finden.

Literatur

BAILER-JONES, D. M.: *The Difference between models and theories*, in: A. Beckermann/ C. Nimtz (Hgs.): Proceedings of GAP. 5, Paderborn: Mentis Verlag [2005a, im Erscheinen].

BAILER-JONES, D. M.: *Models, theories and phenomena*, in: Westerstahl/Valdés-Villanueva/Hajek (Hgs.): Proceedings of the Logic, Methodology and Philosophy of Science Meeting, Oviedo, Spain 7-13 August 2003, Amsterdam: Elsevier [2005b, im Erscheinen].

BOGEN, J./WOODWARD, J.: *Saving the phenomena*, in: The Philosophical Review 97 (1988), S. 303–352.

BOGEN, J./WOODWARD, J.: *Observations, theories and the evolution of the human spirit*, in: Philosophy of Science 59 (1992), S. 590–611.

CROSWELL, K.: *Planet Quest. The Epic Discovery of Alien Solar Systems*, Oxford: Oxford University Press 1997.

KROES, P.: *Science, Technology and Experiments: The natural versus the artificial*, PSA 1994, Vol. 2, East Lansing: Philosophy of Science Association 1995, S. 341–440.

HACKING, I.: *Representing and Intervening*, Cambridge: Cambridge University Press 1983.

MARCY, G. W./BUTLER, R. P.: *A planetary companion to 70 Virginis*, in: Astrophysical Journal 464 (1996), S. L147–L151.

MAYOR, M. /QUELOZ, D.: *A Jupiter-mass companion to a solar-type star*, in: Nature 378 (1995), S. 355– 359.

NAGEL, E.: *The Structure of Science*, Indianapolis: Hackett Publishing Company 1979 [1960].

In welcher Welt leben wir? – Superstrings, Kontingenz und Selektion

REINER HEDRICH (DORTMUND, GIESSEN)

1. Eindeutigkeit und Einzigartigkeit

Die modelltheoretische Vereinheitlichung in der Beschreibung aller in der Natur wirksamen Kräfte sowie schließlich ihre nomologische Vereinigung ist ein zentrales Anliegen der theoretischen Physik, aber sicherlich auch eines ihrer ambitioniertesten. Mit den Superstring-Theorien[1] liegt nun seit einiger Zeit ein Ansatz vor, der dieses Ziel zu erreichen verspricht. Zumindest in konzeptioneller Hinsicht gelingt ihm die nomologisch einheitliche Beschreibung aller Wechselwirkungen einschließlich der Gravitation. Letztere hat sich bisher infolge ihrer Nicht-Renormierbarkeit als mit einer quantenfeldtheoretischen Erfassung unverträglich erwiesen, wie sie für die starke und die elektroschwache Wechselwirkung im sogenannten ›Standardmodell‹ schon vorliegt. Und das Standardmodell leistet zwar eine modelltheoretische Vereinheitlichung, aber keine nomologische Vereinigung von starker und elektroschwacher Kraft. Beide Probleme sollen im Superstring-Ansatz behoben werden.

Im Rahmen des Superstring-Ansatzes werden die Poincaré-Invarianz der Allgemeinen Relativitätstheorie und die Eichsymmetrien der Quantenfeldtheorien in eine übergeordnete Supersymmetrie eingebunden: eine Symmetrie zwischen bosonischen und fermionischen Feldern und damit zwischen Wechselwirkungsbosonen und fermionischen Materiebestandteilen. Die Grundkonstituenten der Materie sind jedoch für den Superstring-Ansatz nicht die Elementarteilchen, sondern vielmehr eindimensionale, schwingungsfähige Entitäten: die Strings. Die bisher als fundamental angesehenen fermionischen Materieteilchen und Wechselwirkungsbosonen werden innerhalb der Superstring-Theorien als basale, in erster Näherung masselose Schwingungsmodi des Strings behandelt. Einer dieser Schwingungsmodi des Strings entspricht einem Spin-2-Boson, welches mit dem Graviton identifiziert wird. Gerade diese Entdeckung macht den Superstring-Ansatz als vereinheitlichte Theorie aller Wechselwirkungen einschließlich der Gravitation interessant.

Die bisher erreichten perturbativen Formulierungen des Superstring-Ansatzes betten jedoch die Dynamik der Strings aus innertheoretischen Kon-

---

[1] Eine systematische Einführung bieten Polchinski 2000 und 2000a sowie Kaku 1999. Mit neueren Entwicklungen beschäftigen sich Lerche 2000, Schwarz 2000 und Dienes 1997. Frühe Originalarbeiten finden sich in Schwarz 1985. Eine populäre Einführung bietet Greene 1999.

sistenzgründen in einen höherdimensionalen Raum ein. Erst auf einer zehndimensionalen Raumzeit lassen sich diese Superstring-Theorien anomaliefrei formulieren. Unsere gewöhnliche Raumzeit besteht jedoch nur aus vier Dimensionen. Gemeinhin geht man davon aus, dass die überzähligen sechs Dimensionen auf mikroskopischer Ebene in Form sogenannter ›Calabi-Yau-Räume‹ kompaktifiziert sein sollen.[2]

Grundlegende Probleme bestehen für den Superstring-Ansatz vor allem einerseits darin, dass sich aufgrund der (seit immerhin fast dreißig Jahren vorliegenden) Unmöglichkeit, aus dem theoretischen Instrumentarium numerische Resultate abzuleiten, keine empirischen Testinstanzen benennen lassen. Andererseits bestehen sie darin, dass bisher kein fundamentales Prinzip bekannt ist, aus dem sich die im Superstring-Ansatz beschriebene Dynamik ableiten liesse – ganz anders also als etwa für die Allgemeine Relativitätstheorie, für die sich die Gravitation bzw. die Struktur der Raumzeit als notwendige Folge des Äquivalenzprinzips ergibt, oder die Quantenfeldtheorien, deren Dynamik sich aus grundlegenden Eichinvarianzen herleiten lassen.

Trotz dieses Fehlens eines fundamentalen Prinzips beansprucht der Superstring-Ansatz aufgrund seiner postulierten mathematischen Konsistenz, innerhalb derer sich viele erst einmal eingeschlagenen Alternativen als nicht anomaliefrei formulierbar erwiesen haben, für sich eine logische Geschlossenheit, die auch schon ohne das immer noch gesuchte fundamentale Prinzip wirksam wird. Diese logische Geschlossenheit wird als Argument für die Einzigartigkeit und die Eindeutigkeit des theoretischen Entwurfs geltend gemacht. Die Hoffnung ist schließlich die, innerhalb eines solchen einzigartigen Ansatzes eine Beschreibung der Natur und der in ihr wirksamen Grundkräfte zu erreichen, welche ohne freie Parameter auskommt – etwa im Gegensatz zum quantenfeldtheoretischen Standardmodell, in dem sich nur eine konzeptionelle, nicht aber eine nomologische Vereinigung von starker und elektroschwacher Wechselwirkung erreichen lässt, allerdings um den Preis von etwa 19 freien Parametern. Eine vereinheitlichte Theorie muss schließlich gerade ohne diese freien Parameter auskommen, wenn sie ihren Anspruch glaubhaft machen will. Dies heißt aber letztlich nichts anderes, als dass sie eindeutig und einzigartig ist.

Die Idee der Einzigartigkeit diente den Superstring-Theoretikern schon sehr bald nach der Entwicklung ihres Ansatzes als Argument für die Auswahl ihrer Theoriestruktur. Die logische und konzeptionelle Widerspruchsfreiheit als Grundanforderung innertheoretischer Kohärenz wird hierbei, gemeinsam mit größter Allgemeinheit, die sich im Einschluss aller Wechselwirkungen ausdrückt, teilweise als ausreichendes Kriterium erachtet, um die Eindeutigkeit und Angemessenheit der verwendeten Theoriestruktur zu begründen. So fin-

---

[2] Siehe etwa Greene 1997.

det sich etwa in einem Artikel von Michael B. Green, der den Superstring-Ansatz mitentwickelt hat, die Feststellung:

> [...] the unification of the forces is accomplished in a way determined almost uniquely by the logical requirement that the theory be internally consistent. (Green 1986, S. 44)

Sein Kollege John Schwarz schreibt schließlich:

> I believe that we have found the unique mathematical structure that consistently combines quantum mechanics and general relativity. So it must almost certainly be correct. (Schwarz 1998, S. 2)

Auftrieb bekam diese Sichtweise, als sich Mitte der 90er Jahre mit der Entdeckung der Dualitätsbeziehungen[3] zwischen den fünf bekannten perturbativen Superstring-Theorien abzeichnete, dass diese allesamt Näherungen zu einer nichtperturbativen elfdimensionalen Theorie sind, die meist als ›M-Theorie‹ bezeichnet wird.

Die Intuition hinter der Idee der theoretischen Einzigartigkeit und Eindeutigkeit ist die folgende: Vielleicht ist aufgrund mathematisch-strukturaler Festlegungen ohnehin nur eine konsistente und gleichzeitig umfassende Beschreibung der Welt möglich:

> If there is a final theory of nature, one of the most convincing arguments in support of its particular form would be that the theory couldn't be otherwise. [...] Such a theory would declare that things are the way they are because they have to be that way. Any and all variations, no matter how small, lead to a theory that – like the phrase ›This sentence is a lie‹ – sows the seeds of its own destruction. [...] the pursuit of such rigidity in the laws of nature lies at the heart of the unification program in modern physics. (Greene 1999, S. 283f.)

Vielleicht braucht man also hinsichtlich der Anforderungen an eine Fundamentaltheorie nur die der Widerspruchsfreiheit – der logischen und konzeptionellen Konsistenz – und die der größten Allgemeinheit in ihren Aussagen, um zum gewünschten Ergebnis zu gelangen: der Eindeutigkeit hinsichtlich der theoretischen Beschreibung der Natur.

Diese Hoffnungen könnten sich jedoch als überzogen herausstellen: Einerseits gibt es keinen zwingenden Grund dafür, dass es nicht mehr als eine konsistente umfassende Theorie mit größter Allgemeinheit geben kann. Erst eine empirische Überprüfung könnte zwischen solchen Theorien eine Entscheidung treffen. Aber auch dafür gäbe es keine Gewähr, wenn Quines These der empirischen Unterbestimmtheit[4] zutreffen sollte. Andererseits gibt es viel-

---

[3] Bei den Dualitätsbeziehungen handelt es sich um strukturelle Analogien hinsichtlich des Spektrums möglicher Stringzustände, die jeweils unter spezifischen parametrischen Randbedingungen von einer Formulierung des Superstring-Ansatzes zu einer anderen führen – und damit deren letztendliche phänomenologische Identität nahelegen. Siehe Witten 1997, Polchinski 1996 und Aspinwall 1996.
[4] Quine 1953.

leicht aber auch gar keine konsistente Theorie mit größter Allgemeinheit, die als Naturbeschreibung geeignet wäre. Unter Umständen ist eine umfassende Beschreibung der Natur auf der Grundlage der von uns formulierbaren Konzepte, auch der allgemeinsten, nicht erreichbar. Vielleicht sind wir mit den uns zur Verfügung stehenden epistemischen Mitteln grundsätzlich nicht in der Lage, die Natur in vollem Maße zu erfassen und zu verstehen. Vielleicht bleibt immer ein uns unzugängliches Residuum zurück. Wir müssten die Gründe für unsere epistemische Begrenztheit und ihre Konsequenzen auch nicht einmal unmittelbar verstehen und nachvollziehen können. Wir würden sie vielleicht nur indirekt im Scheitern unserer wissenschaftlichen Beschreibungsversuche der Natur bemerken.

Wie auch immer es um die innertheoretische Kohärenz steht: Um eine empirische Kontrolle kommt eine empirisch-wissenschaftliche Theorie nicht herum. Die zentrale Schwierigkeit mit mathematischen Konzeptionen, die sich, ohne Verbindungen zur Empirie aufzuweisen oder zumindest in Aussicht zu stellen, als physikalische Theorien ausgeben, besteht vor allem darin, dass die Problematik der Interpretation von Theorieaussagen hin auf ihre Korrelate in der Natur außer Kontrolle gerät.

2. Uneindeutigkeit und Kontingenz

Aber, aufgrund der neueren Entwicklungen innerhalb des Superstring-Ansatzes, bedarf es dieser Argumente eigentlich gar nicht mehr. Inzwischen hat für diesen ein Prozess der sukzessiven Entmythologisierung der Idee der Einzigartigkeit und Eindeutigkeit stattgefunden:

> The world view shared by most physicists is that the laws of nature are uniquely described by some special action principle that completely determines the vacuum, the spectrum of elementary particles, the forces and the symmetries. Experience with quantum electrodynamics and quantum chromodynamics suggests a world with a small number of parameters and a unique ground state. For the most part, string theorists bought into this paradigm. At first it was hoped that string theory would be unique and explain the various parameters that quantum field theory left unexplained. When this turned out to be false, the belief developed that there were exactly five string theories with names like type-2a and Heterotic. This also turned out to be wrong. Instead, a continuum of theories were discovered that smoothly interpolated between the five and also included a theory called M-Theory. The language changed a little. One no longer spoke of different theories, but rather different solutions of some master theory. The space of these solutions is called The Moduli Space of Supersymmetric Vacua. I will call it the supermoduli-space. Moving around on this supermoduli-space is accomplished by varying certain dynamical

moduli. Examples of moduli are the size and shape parameters of the compact internal space that 4-dimensional string theory always needs. [...] In a low energy approximation the moduli appear as massless scalar fields. (Susskind 2003, S. 1)

Wie kommt es nun zu dieser Vielzahl von Theorien bzw. Lösungen zu einer noch unbekannten Master-Theorie? Und was hat es mit dem Supermoduli-Raum auf sich? – Eine der Anforderungen an den Superstring-Ansatz, damit dieser überhaupt in der Lage ist, unsere Welt zu beschreiben, ist, dass er die Eichinvarianzen des Standardmodells reproduziert. Dies stellt konzeptionell kein Problem dar. Vieles spricht dafür, dass sich die entsprechenden Eichinvarianzen und Yang-Mills-Eichfelder unter bestimmten Bedingungen als Konsequenz etwa der sogenannten ›heterotischen Stringtheorien‹ ergeben, auch wenn ihr explizites Zustandekommen noch unklar ist. Das Problem besteht vielmehr darin, dass sich nicht nur diese Eichinvarianzen ergeben, sondern auch beliebige andere. Es gibt sehr viele Alternativen für die gebrochenen Symmetrien im Energiebereich des Standardmodells. Michio Kaku spricht von „[...] *millions of ways to break down the theory to low energies.*"[5] Diese Zahl ist nach heutiger Einschätzung maßlos untertrieben.

Die Uneindeutigkeit der resultierenden Symmetrien entsteht dadurch, dass es sehr viele Möglichkeiten für einen Übergang der Theorien von einer zehndimensionalen Beschreibung auf eine vierdimensionale Beschreibung gibt, also für die Kompaktifizierung der überzähligen Dimensionen in Form von Calabi-Yau-Räumen. Und das grundlegende Problem dabei ist: Die Vielzahl der Kompaktifizierungsmodi tritt innerhalb der Vierer-Raumzeit ganz unterschiedlich in Erscheinung:

> [...] there are many Calabi-Yau three-folds and each gives rise to different physics in M_4. Having no means to choose which one is ›right‹, we lose predictive power. (Greene 1997, S. 9)

Die Eigenschaften des jeweiligen raumzeitlichen Struktur und Topologie werden gemeinhin in Form geometrischer Parameter erfasst, den sogenannten ›Moduli‹. Jeder Punkt im Raum der Moduli-Varianten, dem sogenannten ›Supermoduli-Raum‹, steht für eine Raumzeitstruktur. Die Moduli der kompakten Dimensionen treten in der vierdimensionalen Raumzeit als masselose Skalarfelder in Erscheinung. Und für jeden Punkt im Supermoduli-Raum der konsistenten Lösungen des perturbativen Superstring-Ansatzes, den sogenannten ›String-Vakua‹, ergibt sich erst einmal die Schwierigkeit, dass es nicht so ohne weiteres möglich ist, die entsprechenden Implikationen für die Niederenergiephysik abzuleiten, also beispielsweise die Parameter für die effektiven Quantenfeldtheorien zu berechnen:

---

[5] Kaku 1999, S. 17.

> While the couplings at the GUT scale are probably the most computable numbers we can get from string/M theory, they would be expected to depend on moduli [...], so it is not completely obvious that one can hope to compute even these uniquely. (Douglas 2003, S. 61)

Aber auch wenn für jede Moduli-Variante diese Berechnung möglich wäre, so bestände immer noch das Problem, dass es sehr viele String-Vakua gibt, unter denen wir nach den Symmetrien und Kopplungsparametern des Standardmodells suchen müssten, um im Anschluss zu erklären, was diese vor den anderen Möglichkeiten auszeichnet. Und von sehr vielen Möglichkeiten zu sprechen ist wohl immer noch eine Untertreibung: Die neuesten Schätzungen gehen von 10^{100} bis 10^{500} Varianten aus.[6] Für diese Alternativenlandschaft der Vakua über dem Moduli-Raum haben sich inzwischen die Begriffe ›String Landscape‹[7] und ›Diskretuum‹[8] eingebürgert. Hinzu kommt das Problem, dass alle supersymmetrischen Vakua innerhalb des Supermoduli-Raums, aufgrund der Supersymmetrie, energetisch gleichwertig sind. Es gibt also keine Energieunterschiede, die vielleicht ein Minimum auszeichnen würden.[9] Leonard Susskind macht das daraus resultierende Problem deutlich:

> The supermoduli-space is parameterized by the moduli which we can think of as a collection of scalar fields u_n. Unlike the case of Goldstone bosons, points in the moduli space are not related by a symmetry of the theory. Generically, in a quantum field theory, changing the value of a non-Goldstone scalar involves a change of potential energy. In other words there is a non-zero field potential $V(u_n)$. Local minima of V are what we call vacua. If the local minimum is an absolute minimum the vacuum is stable. Otherwise it is only metastable. The value of the potential energy at the minimum is the cosmological constant for the vacuum. [...] The supermoduli-space is a special part of the landscape where the vacua are supersymmetric and the potential $V(u_n)$ is exactly zero. [...] On the supermoduli-space the cosmological constant is also exactly zero. Roughly speaking, the supermoduli-space is a perfectly flat plain at exactly zero altitude. (Susskind 2003, S. 2)

Für alle supersymmetrischen Vakua ist also zudem die kosmologische Konstante null. Dies ist unvereinbar mit den neuesten kosmologischen Einsichten,[10] so dass unsere Welt nicht als Folge einer ungebrochenen supersymmetrischen Theorie angesehen werden kann:

---

[6] Die Erschließung der String-Vakua erfolgt weitgehend implizit über Näherungen für schwache Kopplung und deren fast ausschließlich kombinatorische Ermittlung, in der Hoffnung, dass die Dualitätsbeziehungen ausreichen, ein hinreichend repräsentatives Bild der String-Vakua zu erzielen. Siehe etwa Douglas 2003.
[7] Susskind 2003.
[8] Banks/Dine/Gorbatov 2003.
[9] Solche energetisch degenerierten, aber physikalisch (etwa hinsichtlich der Symmetrien und Kopplungskonstanten) unterschiedlichen Vakua sind ein Phänomen, welches eigentlich nur für Theorien mit ungebrochener Supersymmetrie auftritt.
[10] Siehe etwa Hedrich 2004.

> Obviously none of these vacua can possibly be our world. Therefore the string theorist must believe that there are other discrete islands lying off the coast of the supermoduli-space. (Susskind 2003, S. 1)

Auf die Supersymmetrie lässt sich jedoch nicht verzichten, weil erst diese den Superstring-Ansatz konsistent macht und nicht-renormierbare Divergenzen verhindert. Wie lässt sich dieses Problem lösen? Bestenfalls, wie Banks, Dine und Gorbatov andeuten, durch eine gebrochene Supersymmetrie:

> More recently there have been claims that there is a large set of additional solutions of string theory, both [supersymmetric] and [supersymmetry] violating, with a *discretuum* of values of the cosmological constant. (Banks/Dine/Gorbatov 2003, S. 2)

Alle Vakua mit nicht-verschwindender kosmologischer Konstante liegen, wenn sie existieren sollten, außerhalb des Bereichs supersymmetrischer Lösungen. Für diesen Bereich lässt sich, so hofft man, ein Potential definieren, das von Null verschieden ist:

> [...] the supermoduli-space is a perfectly flat plain at exactly zero altitude. Once we move off the plain, supersymmetry is broken and a non-zero potential developes [...] Thus beyond the flat plain we encounter hills and valleys. We are particularly interested in the valleys where we find local minima of V. (Susskind 2003, S. 2f.)

Jedoch ist dieses Szenario erst einmal reine Spekulation:

> No perfectly precise definition exists in string theory for the moduli fields or their potential when we go away from the supermoduli-space. (Susskind 2003, S. 17)

Und auch wenn sich dieses Potential definieren lassen sollte, gäbe es nach heutiger Auffassung mit ziemlicher Sicherheit eine große Zahl von lokalen Minima.

3. Selektion

Wie geht man nun mit der im Superstring-Ansatz deutlich werdenden, ausufernden Vieldeutigkeit um? Welches der möglichen theoretischen Szenarien bzw. welches der von der Theorie beschriebenen Vakua entspricht unserer Welt? Und wenn sich dies tatsächlich feststellen ließe, wäre zu fragen, was diese Theorie bzw. dieses Vakuum vor den anderen auszeichnet. Das ist das ›Vakuumselektionsproblem‹ der Superstring-Theorien. Lösen ließe es sich nur durch ein entsprechendes Selektionsprinzip. Durch was wäre ein solches Prinzip jedoch wiederum zu begründen? Sogar einige der Superstring-Theoretiker, wie Michael Douglas, sehen hier nur wenige Erfolgsaussichten:

> [...] there is a widespread feeling that a ›theory of everything‹ should make unique predictions for the physics we observe. String/M theory as we understand it now does not do this, and it is this lack which is often cited as the reason why a ›Vacuum Selection Principle‹ should exist. Of course, this argument in itself is simply wishful thinking. (Douglas 2003, S. 5)

Die von den Vertretern des Superstring-Ansatzes ursprünglich vorgebrachte Einzigartigkeitsthese hinsichtlich ihrer Theorie hat sich also in dramatischer Weise als falsch erwiesen. Es gibt offensichtlich, nicht nur eine konsistente Struktur, welche die einzige konsistente Welt beschreibt, nämlich die unsere. Die Superstring-Theorien scheinen vielmehr im wahrsten Sinne des Wortes alles zu beschreiben – und damit in letzter Instanz gar nichts.

Die Einzigartigkeitsthese lässt sich nicht durch den Superstring-Ansatz oder irgendeine andere Version einer Quantengravitation stützen. Und es gibt auch keinen davon unabhängigen guten Grund für sie. Offensichtlich bleibt also erst einmal nur die Alternative der Kontingenzthese: Unsere Welt ist hinsichtlich ihrer Beschaffenheit kontingent. Viele mögliche Welten (bzw. konsistente Strukturen) unterschiedlicher Beschaffenheit sind möglich. Unsere ist nur eine davon.

Von hier ist es nicht weit zur Ensemblethese: Wenn die möglichen Welten, so wie unsere, schließlich nicht nur möglich, sondern auch real sein sollten, so impliziert die Kontingenzthese die Existenz eines ganzen Ensembles von Welten.[11] Für den Übergang von der Kontingenzthese zur Ensemblethese ist jedoch vor allem die Antwort auf die folgenden Fragen entscheidend: Was genau heißt es, dass eine Welt nicht nur möglich, sondern auch real ist, oder vielleicht sogar möglich, aber eben nicht real? Warum ist unsere Welt nicht nur möglich, sondern auch faktisch existent? Sind die anderen möglichen Welten auch faktisch existent? Was bedeutet es, faktisch existent zu sein?

Eine extreme Antwort auf diese Fragen liefert etwa Max Tegmark mit seiner ›Ultimate Ensemble Theory‹[12], die eine ideale Kontrastfolie zu den geschilderten Problemen des Superstring-Ansatzes liefert, zumindest solange nicht innerhalb des Superstring-Ansatzes gezeigt werden kann, dass er schon alle mathematisch konsistenten Möglichkeiten umfasst.[13] Tegmark vertritt die

---

[11] Sowohl für die Kontingenzthese, als auch für die Ensemblethese, vor allem aber für letztere, ist das Spektrum des Möglichen relevant. Gehört zu diesem Spektrum grundsätzlich alles mathematisch Konsistente oder nur die konsistenten Lösungen der Superstring-Theorien? Oder erschöpfen letztere etwa schon ersteres?

[12] Tegmark 1998.

[13] Eine solche Einschätzung vertritt etwa Wolfgang Lerche: »In view of the many non-trivial consistency constraints that are fulfilled, it is most likely that there is simply no room for a ›different‹ consistent theory; in other words, it is likely that what we have found is the complete space of all possible consistent quantum theories that include gravity, and string theory may perhaps be viewed as one way of efficiently parametrizing it (in certain regions of its parameter space).« (Lerche 2000, S. 33)

Auffassung: Jede mathematisch konsistente Struktur, also jede mögliche Struktur,[14] existiert auch physisch:

> Physical existence is equivalent to mathematical existence. [...] Mathematical existence is merely freedom from contradiction. (Tegmark 1998, S. 7)

Entscheidend ist hierbei die Frage, was es eigentlich heißt, dass eine konsistente mathematische Struktur physisch existiert. Für Tegmark heißt physisch existieren: für erfahrungsfähige Substrukturen innerhalb der entsprechenden Struktur als physisch existent in Erscheinung zu treten. Eigentlich benötigt man dann auch die Konsistenzforderung nicht mehr:

> Our definition of a mathematical structure having [physical existence] was that if it contained a [self-aware substructure], then this [self-aware substructure] would subjectively perceive itself as existing. This means that Hilbert's definition of mathematical existence as self-consistency does not matter for our purposes, since inconsistent systems are too trivial to contain [self-aware substructures] anyway. (Tegmark 1998, S. 9)

Aber auch eine konsistente Struktur ist nicht notwendigerweise so beschaffen, dass sie Subsysteme enthält, die sie wahrnehmen können. Und wenn es keine erfahrungsfähigen Substrukturen innerhalb einer Struktur gibt, so ist es müßig, nach ihrer physischen Existenz zu fragen:

> For the many other mathematical structures that correspond to dead worlds with no [self-aware substructures] there to behold them [...], who cares whether they have [physical existence] or not? [...] The answer to Hawking's question, ›What is it that breathes fire into the equations and makes a Universe for them to describe?‹ would then be ›you, the [self-aware substructure]‹. (Tegmark 1998, S. 46)

So lässt sich schließlich die Frage nach physischer Existenz auf die Frage nach der Existenz wahrnehmungsfähiger Substrukturen reduzieren:

> We could eliminate the whole notion of [physical existence] from our [theory of everything] by simply rephrasing it as *if a mathematical structure contains a [self-aware substructure], it will perceive itself as existing in a physically real world*. (Tegmark 1998, S. 46)

Hier klingt nun schon eine Argumentationsweise an, derer sich in jüngster Zeit auch die Vertreter des Superstring-Ansatzes bedient haben: die des schwachen anthropischen Prinzips.[15] Das schwache anthropische Prinzip macht uns – ohne damit eine Erklärungsleistung zu erbringen – darauf auf-

---

[14] Das Spektrum der konsistenten Möglichkeiten, so macht Tegmark deutlich, ist aber vielleicht gar nicht so riesig, wie man vielleicht vermuten könnte: »Although a rich variety of structures enjoys mathematical existence, the variety is limited by the requirement of self-consistency and by the identification of isomorphic ones.« (Tegmark 1998, S. 8)

[15] Siehe etwa Barrow/Tipler 1986; Hartle 2004; Smolin 2004.

merksam, dass die Welt, in der wir uns vorfinden, notwendigerweise so beschaffen sein muss, dass sie uns und unsere epistemische Perspektive zulässt. In Welten, die gänzlich anders beschaffen wären, würden komplexe Lebensformen mit epistemischem Potential – wie wir – vielleicht gar nicht existieren können und insofern diese andere Beschaffenheit auch gar nicht feststellen können. Auch wenn eine Vielzahl von Welten möglich wäre und darüber hinausgehend auch existierte, so stände also fest: Die Welt, in der wir uns vorfänden, wäre notwendigerweise gerade so beschaffen, dass diese Beschaffenheit unsere Existenz zuließe. Dies wäre kein Zufall, sondern gerade Voraussetzung unserer Existenz. Nicht die grundsätzlichen ontologischen Möglichkeiten für die Beschaffenheiten von Welten wären es diesem Szenario zufolge, die das Spektrum dessen einschränken, was wir als uns umgebende und enthaltende Welt vorfinden könnten, sondern die Möglichkeit, eine bestimmte Welt als Lebewesen mit kognitiven und epistemischen Fähigkeiten bewohnen und erleben zu können.

Angesichts der Vielzahl möglicher konsistenter Theorien, Lösungen oder Vakua innerhalb des Superstring-Ansatzes und angesichts des Fehlens eines tragfähigen physikalischen Vakuumselektionsprinzips liegt es nun nicht fern, wie etwa Susskind befindet, die Selektion als anthropisches Phänomen zu verstehen:

> Vacua come in two varieties, supersymmetric and otherwise. Most likely the non-supersymmetric vacua do not have vanishing cosmological constant but it is plausible that there are so many of them that they practically form a continuum. Some tiny fraction have cosmological constant in the observed range. With nothing preferring one vacuum over another, the anthropic principle comes to the fore whether or not we like the idea. (Susskind 2003, S. 17)

Dabei ist es jedoch ziemlich sicher, dass nicht einmal das anthropische Prinzip zur Eindeutigkeit hinsichtlich der tatsächlichen Beschaffenheit des Universums führen wird. Die Frage ist nämlich die, was genau Gegenstand der anthropischen Auswahl ist und wie exakt diese selektiert. Wahrscheinlich werden die Eichsymmetrien im Niederenergiebereich, die Parameterwerte in der Lagrange-Funktion für den Niederenergiebereich, der Materiegehalt des Universums (Art und Menge) und vor allem die Dimensionalität von Raum und Zeit anthropisch entscheidend sein und nur geringe Spielräume zulassen.[16] Ähnliches gilt, worauf Tegmark hinweist, vermutlich für die jeweils mit der Nomologie verträgliche Komplexität:

> Fully linear equations (where all fields are uncoupled) presumably lack the complexity necessary for [self-aware substructures], whereas nonlinearity is notorious for introducing instability and unpredictability (chaos). In other words,

---

[16] Ob die schwache Wechselwirkung hinsichtlich verschiedener spezifischer Ausprägungen ihres Auftretens (z.B. die Eichgruppe) anthropisch relevant ist, ist schon umstritten.

it is not implausible that there exists only a small number of possible systems of [partial differential equations] that balance between violating the complexity constraint on one hand and violating the predictability and stability constraints on the other hand. (Tegmark 1998, S. 38)

Vielversprechend für die Lösung des Vakuumselektionsproblems der Superstring-Theorien ist aber vor allem die Idee einer dynamischen, kosmologischen Implementierung des anthropischen Prinzips, wie sie etwa Susskind vorschlägt:

To make use of the enormous diversity of environments that string theory is likely to bring with it, we need a dynamical cosmology which, with high probability, will populate one or more regions of space with an anthropically favorable vacuum. (Susskind 2003, S. 11)

Der einer dynamischen Implementierung des anthropischen Prinzips zugrundeliegende Mechanismus ist der des Vakuumtunnelns innerhalb der String-Landscape:

The universe jumps around between vacua until it finds itself in an anthropically allowed one, at which time we observe it. (Banks/Dine/Gorbatov 2003, S. 13)

Dort bleibt es jedoch nicht. Und dies hat nicht-vernachlässigbare Konsequenzen für unsere Zukunftsaussichten – resp. die unseres Universums:

»If an observer starts with a large value of the cosmological constant there will be many ways for the causal patch to descend to the supermoduli-space.« (Susskind 2003, S. 12) »The potential on the supermoduli-space is zero and so it is always possible to lower the energy by tunneling to a point on the supermoduli-space.« (Susskind 2003, S. 9) »[...] it always ends in an infinite expanding supersymmetric open Fr[i]edman universe.« (Susskind 2003, S. 15) »The final and initial states do not have to be four dimensional.« (Susskind 2003, S. 20)

Doch bevor sich diese dramatischen Prozesse auf unsere Welt auswirken, kommt es zu ebenso dramatischen Veränderungen in unserer physikalischen Weltsicht, verursacht durch die Einbeziehung anthropischer Argumentationsweisen in die Physik. Erst einmal ändern sich einige der Anforderungen, die wir bisher an unsere fundamentalsten Theorien gestellt haben:

[...] in an anthropic theory simplicity and elegance are not considerations. The only criteria for choosing a vacuum is utility, i.e. does it have the necessary elements such as galaxy formation and complex chemistry that are needed for life. (Susskind 2003, S. 5f.)

Vor allem berührt die veränderte Argumentationslage aber ein zentrales Anliegen der Physik:

After all, we do not want merely to describe the world as we find it, but to explain to the greatest possible extent why it has to be the way it is. (Weinberg 1977, S. 34)

Wenn sich eines der vorausgehend angesprochenen Szenarien als angemessen herausstellen sollte, so könnte dies unter Umständen das Ende der Hoffnung auf eine rein physikalische Erklärung dafür sein, warum die Welt gerade so beschaffen ist, wie sie es ist. Wir würden vielleicht noch zu einem gewissen Maße herausfinden können, wie sie beschaffen ist. Die Ursache für diese Beschaffenheit wäre jedoch nicht mehr Gegenstand einer physikalischen, sondern einer anthropischen oder kosmologisch-evolutionären Erklärung. Und diese Beschaffenheit wäre grundlegend kontingent.

Literatur:

ASPINWALL, P.A.: *Some Relationships Between Dualities in String Theory*, in: Nuclear Physics Proceedings Supplement 46 (1996), 30–38, arXiv: hep-th/9508154.
BANKS, T./DINE, M./GORBATOV, E: *Is there a String Theory Landscape?* (2003), arXiv: hep-th/0309170.
DIENES, K.R.: *String Theory and the Path to Unification. A Review of Recent Developments*, in: Physics Reports 287 (1997), S. 447–525, arXiv: hep-th/9602045.
DOUGLAS, M.: *The Statistics of String/M Theory Vacua* (2003), in: Journal for High Energy Physics 0305:046, arXiv: hep-th/0303194.
GREEN, M.B.: *Superstrings*, in: Scientific American 255/3 (1986), S. 44–56.
GREENE, B.R.: *String Theory on Calabi-Yau-Manifolds* (1997), TASI-96 Summer School Lectures, arXiv: hep-th/9702155.
GREENE, B.: *The Elegant Universe: Superstrings, Hidden Dimensions, and the Quest for the Ultimate Theory*, New York 1999.
HEDRICH, R.: *Anforderungen an eine physikalische Fundamentaltheorie*, in: Zeitschrift für Allgemeine Wissenschaftstheorie/Journal for General Philosophy of Science 33/1 (2002), S. 23–60.
HEDRICH, R.: *Superstring Theory and Empirical Testability* (2002a), http:\\philsci-archive.pitt.edu, Dokument PITT-PHIL-SCI00000608.
HEDRICH, R.: *Beschleunigte Expansion und neue Kosmologie*, in: Praxis der Naturwissenschaften – Physik 2/53 (2004), S. 25–29.
KAKU, M.: *Introduction to Superstrings and M-Theory*, 2nd Ed., New York 1999.
LERCHE, W.: *Recent Developments in String Theory* (2000), Wiesbaden, auch: arXiv: hep-th/9710246 (ältere Fassung).
POLCHINSKI, J.G.: *String Duality*, in: Reviews of Modern Physics 68 (1996), 1245–1258, arXiv: hep-th/9607050.
POLCHINSKI, J.G.: *String Theory. Vol. 1: An Introduction to the Bosonic String*, Cambridge 2000.
POLCHINSKI, J.G.: *String Theory. Vol. 2: Superstring Theory and Beyond*, Cambridge 2000(a).
QUINE, W.V.O.: *Two Dogmas of Empiricism*, in: ders.: From a Logical Point of View, Cambridge MA 1953.
SCHWARZ, J.H. (Ed.): *Superstrings: The First 15 Years of Superstring Theory*, 2 Vols., Singapore 1985.
SCHWARZ, J.H.: *Beyond Gauge Theories* (1998), arXiv: hep-th/9807195.

SCHWARZ, J.H.: *Introduction to Superstring Theory* (2000), arXiv: hep-ex/008017.
SMOLIN, L.: *Scientific Alternatives to the Anthropic Principle* (2004), arXiv:hep-th/0407213.
SUSSKIND, L.: *The Anthropic Landscape of String Theory*(2003), arXiv: hepth/0302219.
TEGMARK, M.: *Is »the Theory of Everything« Merely the Ultimate Ensemble Theory?*, in: Annals of Physics 270 (1998), S. 1–51.
WEINBERG, S.: *The Search for Unity: Notes for a History of Quantum Field Theory*, in: Daedalus 106 (1977).
WITTEN, E.: *Duality, Spacetime and Quantum Mechanics*, in: Physics Today 50/5 (1997), S. 28–33.

Sektion 15 I

Kreatives Handeln – Freiheit, Determinismus und Kreativität als Probleme der Handlungstheorie

Albert Newen
Kreatives Handeln und Willensfreiheit:
Wie ist selbstbestimmtes Handeln möglich? 883

Bettina Walde
Schließen Determinismus und unbewusste Handlungssteuerung
Freiheit und das Neue im Entscheiden
und Handeln von Personen aus? 893

Thomas Splett
Spontan beabsichtigen –
Läßt Freiheit Platz für Kreativität? 905

Brigitte Hilmer
Schellings Ethik der Kreativität 917

Dina Emundts
Freiheit und Unfreiheit bei Sören Kierkegaard 929

Kreatives Handeln und Willensfreiheit: Wie ist selbstbestimmtes Handeln möglich?

ALBERT NEWEN (TÜBINGEN)

Künstler sind in der Lage, neue Gemälde zu erschaffen, Kunstwerke kreativ neu zu gestalten. Wir können unseren Alltag gestalten, wenn wir uns morgens überlegen, was wir an diesem Tag erledigen möchten. Schließlich fällen wir auch Lebensentscheidungen, die langfristige Weichenstellungen bedeuten und nur schwer wieder rückgängig zu machen sind. Entscheidungen und kreatives Handeln prägen den Alltag des Menschen, auch wenn vielfältige Routinen zweifelsohne dazu gehören. All dies wirft die Frage auf, wie wir als Menschen, die wir aus der Evolution hervorgegangene Naturwesen sind, in der Lage sind, diese Fähigkeiten auszuüben? Wie ist kreatives Handeln in einer von Naturgesetzen bestimmten Natur möglich?

1 Die Debatte zur Willensfreiheit:
Der Ausgangspunkt, die Positionen, das Dilemma

Ausgangspunkt für die gegenwärtige Debatte zur Willensfreiheit ist die Alltagsintuition von freiem Handeln einerseits sowie der wissenschaftliche Begriff von Determinismus andererseits. Gemäß Alltagsintuition können wir bei Abwesenheit von äußeren und inneren Zwängen (z.B. Gefängnis als Einschränkung der Bewegungsfreiheit oder ein psychischer Waschzwang) in vielen Alltagssituationen Entscheidungen treffen und so unsere Handlungen frei wählen. Zugleich wird durch die modernen Naturwissenschaften der Determinismus als eine methodologische Voraussetzung für das Verstehen allen Naturgeschehens nahe gelegt. Determinismus ist die allgemeine These, dass für alles, was geschieht, gilt: Wenn bestimmte Anfangs- und Randbedingungen bestehen, dann gibt es zu einem Ausgangszustand genau einen möglichen Nachfolgezustand. Die zentrale Frage der gegenwärtigen Debatte lautet nun, ob Willensfreiheit und Determinismus miteinander vereinbar sind.

Diesbezüglich werden zwei Grundströmungen unterschieden, nämlich die Position, dass Willensfreiheit und Determinismus unverträglich sind (Inkompatibilismus) einerseits, und die Gegenposition, dass sie vereinbar sind (Kompatibilismus). Bei den Inkompatibilisten unterscheiden wir 1. die harten Deterministen und 2. die Libertarier: Die harten Deterministen gehen davon aus, dass der Determinismus eine unverrückbare Rahmenbedingung ist und dass es damit zwangsläufig keine Willensfreiheit geben kann: Der Eindruck eines freien Willens ist bloß eine Illusion. Die Libertarier dagegen gehen davon aus, dass unsere Alltagserfahrung als frei handelnde Menschen so evident ist, dass gerade anders herum geschlossen werden kann, dass die Welt nicht deterministisch sein kann. Anders als diese beiden Extrempositionen vertreten 3. die Kompatibilisten gerade die Vereinbarkeit von freiem Willen und Determinismus. Vollständig ist das Konzert der möglichen Positionen dann, wenn wir 4. die These des Nichtwissens berücksichtigen, die besagt, dass wir aufgrund unserer Erkenntnismöglichkeiten als Menschen prinzipiell nicht in der Lage sind, das Leib-Seele-Problem zu lösen. Damit sind die vier möglichen Positionen zum Problem der Willensfreiheit eingeordnet.

Nun möchte diese Positionen kurz besprechen, um eine grundlegendes Dilemma des Problems der Willensfreiheit aufzuzeigen. Die These des Nichtwissens finden wir in der Neuzeit beispielsweise schon bei David Hume klar entwickelt:

> Die Bewegung unseres Körpers folgt dem Befehl unseres Willens. Dessen sind wir uns jederzeit bewußt. Aber die Mittel, durch die dies bewegt wird, die Energie, vermöge deren der Wille eine so außerordentliche Wirksamkeit entfaltet, sie sind uns so wenig unmittelbar bewußt, daß sie sich vielmehr für immer unserem eifrigsten Forschen entziehen. (Hume, UMV, PhB 35, 79)

Diese Position kommt einer Kapitulation der Philosophie gleich, die in keinem Fall übereilt erfolgen sollte. Man sollte erst dann der Schlussfolgerung beipflichten, dass wir ein Problem prinzipiell nicht lösen können, wenn es über lange Zeit weder theoretische noch empirisch relevante Fortschritte gegeben hat. Ich möchte gleich darlegen, dass in Bezug auf das Problem der Willensfreiheit beides vorliegt, so dass die Resignation unangebracht ist. Bevor ich dies entwickle, möchte ich jedoch die Probleme der anderen Ansätze aufzeigen, die uns letztlich in ein Dilemma führen. Die Libertarier versuchen das Problem der Willensfreiheit dadurch zu lösen, dass sie einen Indeterminismus annehmen, d.h. bei (absolut) identischen Ausgangs- und Randbedingungen kann es unterschiedliche Folgezustände geben. Selbst wenn die Welt indeterministisch ist, so ist damit nur ein Spielraum für unterschiedliche Folgezustände aufgezeigt, die sich zufällig einstellen; denn der Folgezustand ist ja gerade unabhängig von den (identischen) Rand- und Ausgangsbedingungen. Solange diese Folgezustände sich jedoch zufällig einstellen, wird damit nur Zufälligkeit, nicht aber Freiheit verständlich. Zum Verständnis einer freien Handlung gehört nicht die Auffassung, dass die Handlung ohne auslösende Bedingungen ist, sondern freie Handlungen sind auch bedingte Handlungen:

> Und so ist die Begrenzung unseres Wollens durch etwas, was vorausgeht, wiederum kein Hindernis für die Freiheit, sondern deren Voraussetzung. (Bieri 2001, S. 53)

Vielmehr muss verständlich werden, dass diese auslösenden Bedingungen wesentlich mir zugerechnet werden, dass ich es bin, der die Handlung »in Gang setzt«. Der harte Determinismus geht gerade davon aus, dass alle Ereignisse, also auch menschliche Handlungen bedingt sind und vermeidet so das Problem der bloßen Zufälligkeit von Handlungen; aber andererseits wird Willensfreiheit negiert und damit unsere bewährte Alltagspraxis der Zuschreibung von handlungsleitenden Wünschen und Überzeugungen sowie von Verantwortung schlicht und einfach ignoriert: Willensfreiheit wäre demgemäß eine Fiktion und jede darauf sich begründende Alltagspraxis wäre somit ohne Fundament. Diese Position ist in hohem Maße unplausibel, nicht weil wir *einzelne* wichtige Alltagsüberzeugungen aufgeben müssten – dies ist in der Geschichte der Wissenschaften immer wieder eingetreten –, sondern weil wir damit unser gesamtes Selbstverständnis und die darauf aufbauende Praxis der Verantwortungszuschreibung über Bord werfen müssten. In vielen Fällen unterliegt einer gut verankerten Alltagsintuition auch eine naturalistische Basis, deren funktionieren dafür verantwortlich ist, dass wir diese Intuition aufbauen konnten. Ich gehe davon aus, dass dies auch bei der Verantwortungszuschreibung der Fall ist. Damit ist der Weg argumentativ für einen Kompatibilismus bereitet, der sowohl die auf der Annahme von Freiheit basierende Praxis der Verantwortungszuschreibung Ernst nimmt als auch die Annahme der Bedingtheit von Handlungen. Das Problem dieser Position lautet: Wie kann ein Begriff von Freiheit Sinn machen, wenn die Handlungen völlig determiniert sind? Die Kritiker des Kompatibilismus behaupten, dass dies nicht geht, so dass es sich beim Kompatibilismus um eine widersprüchliche These zum Problem der Willensfreiheit handelt, also um gar keine sinnvolle Position.

Aufgrund der kurzen Darstellung der Hauptkritiklinien ergibt sich zunächst einmal das nachfolgende Dilemma: Wenn wir das Problem nicht prinzipiell für unlösbar halten (also die Position des Nichtwissens abweisen) und wir die Alltagspraxis der Freiheitsunterstellung und Veranwortungszuschreibung Ernst nehmen (und damit den harten Determinismus zurückweisen), dann bieten uns die Libertarier nur einen Begriff von Zufälligkeit, während der Kompatibilismus Gefahr läuft einen widersprüchlichen Begriff von Freiheit zu entwickeln. Obwohl es zunächst so aussieht, als sei das Problem der Willensfreiheit nicht lösbar, möchte ich im Rahmen eines Kompatibilismus einen Freiheitsbegriff verteidigen.

Richtig ist: Wenn Freiheit als Abwesenheit von Bedingungen verstanden würde, die eine Handlung festlegen, so wäre ein Kompatibilismus widersprüchlich, weil der Determinismus einschließt, dass alle Handlungen durch Anfangs- und Randbedingungen festgelegt sind. Es bleibt also nur die Suche nach einem Begriff von Freiheit, der nicht Abwesenheit von determinierenden Bedingungen meint. Welcher Freiheitsbegriff kann das sein?

2 Selbstbestimmung und Verantwortung statt unbedingte Willensfreiheit

Beginnen möchte ich meine Entwicklung eines neuen Freiheitsbegriffs mit einer pragmatischen Umkehrung der Begriffsprioritäten: Die Diskussion der Willensfreiheit geht immer davon aus, dass wir ein Verständnis von Freiheit brauchen, damit wir ein Fundament für unsere Verantwortungszuschreibungen haben. Da jedoch die Praxis der Verantwortungszuschreibung im Alltag und in der Rechtsprechung relativ klar ist, während der Begriff von Freiheit völlig unklar ist, sollten wir mit dem Begriff der Verantwortung beginnen und versuchen, Freiheit über diesen näher zu bestimmen. Wir würden allerdings über das Ziel hinausschießen, wenn wir Freiheit über Verantwortung schlicht definieren würden, z.B. etwas so: Eine Handlung eines Subjekts S heißt genau dann frei, wenn wir bei unserer Praxis der Verantwortungszuschreibung (unter Berücksichtigung der wissenschaftlichen Erkenntnisse), diese Handlung dem Subjekt S mit guten Gründen als seine Handlung in dem Sinne zuschreiben, dass es die Verantwortung dafür zu übernehmen hat. Denn damit würde letztlich geleugnet, dass es noch ein grundlegendes epistemisches Phänomen gibt, welches der Verantwortungszuschreibung zugrunde liegt. Meine Kernthese lautet, dass die Fähigkeit zur Selbstbestimmung gerade jene ist, die diese Aufgabe übernimmt. Ziel der nachfolgenden Überlegungen ist es gerade, das epistemische Phänomen der Selbstbestimmung genauer zu untersuchen.

Ein Blick auf die Praxis der Verantwortungszuschreibung liefert uns dabei grundlegende Adäquatheitsbedingungen:

(AdZuschr) Wir schreiben Verantwortung für Handlungen nicht nur bei solchen Handlungen zu, die aufgrund von bewusst gefällten Entscheidungen vollzogen werden, sondern auch bei solchen, die wir aufgrund von Handlungsroutinen im Alltag vollziehen, sogar dann, wenn wir große zeitliche Abschnitte dieser Handlung nicht bewusst erleben: Wenn wir den täglichen Weg zur Arbeit gedankenversunken zurücklegen, so ist es trotzdem so, dass wir dies klar als eine verantwortliche Handlung einordnen, die wir auch als selbstbestimmt betrachten.

(AdAbspr) Wir sprechen Subjekten Verantwortung ab, wenn Sie unter Drogen handeln, wenn Sie schwer psychisch erkrankt sind oder manchmal auch in extremen Lebenssituationen (bei Existenzbedrohungen u.ä.).

Ein Begriff von Selbstbestimmung sollte diesen Adäquatheitsbedingungen Rechnung tragen.

3 Eine neue theoretische Perspektive: Selbstbestimmt handeln und das Gefühl der Urheberschaft

Ich möchte im Folgenden dafür argumentieren, dass Selbstbestimmung eine Fähigkeit des Menschen ist, die gemeinsam mit dem menschlichen Selbstbewusstsein in der Evolution entstanden ist, und zwar handelt es sich um die Fähigkeit, sich ein Selbstbild von den eigenen Eigenschaften und Dispositionen machen zu können, sowohl von den körperlichen als auch von den mentalen. Ein kognitives System, das in der Lage ist, ein Selbstbild von sich zu entwerfen, ist genau in dem Maße selbstbestimmt, indem es Einfluss, Kontrolle auf seine handlungsleitenden Vorstellungen nehmen kann.[1] Dabei kann es nur dann Einfluss auf seine handlungsleitenden Vorstellungen nehmen, wenn es diese richtig einschätzt, d.h. indem es die tatsächlichen und nicht vermeintliche handlungsleitende Vorstellungen in sein Selbstbild integriert.

Um diese Grundidee zu erläutern, ist es fruchtbar, sie von anderen kompatibilistischen Positionen abzugrenzen. Bieri versteht unter Willensfreiheit, die Fähigkeit »den Willen durch Überlegung in eine bestimmte Richtung zu lenken« (Bieri 2001, S. 54). Seine Ausführungen am Beispiel zeigen, dass es seiner Meinung nach für Willensfreiheit charakteristisch ist, dass jemand »seine Bewegung als Ausdruck eines *Willens* [erlebt, A.N.]« (Bieri 2001, S. 32)

Damit werden zwei Merkmale hervorgehoben: Willensfreiheit ist bei Bieri erstens ganz eng mit rationalem Überlegen verbunden und zweitens mit dem Gefühl der Urheberschaft, d.h. mit der subjektiven Erleben eines Gefühls, dass die Handlung von mir gesteuert ist.

Im Gegensatz zu Peter Bieri verstehe ich unter handlungsleitenden Vorstellungen nicht nur Wünsche und Überzeugungen, die der Input für rationale Erwägungen sind (Bieri 2001), sondern auch wichtige Wahrnehmungen und Emotionen, die in ein Selbstbild direkt einfließen, ohne dass sie propositional repräsentiert sind, z.B. Wahrnehmungsbilder und Gefühlserlebnisse. Es ist z.B. durch Damasios Untersuchungen erwiesen, das emotionale Grundbewertungen von Situationen als angenehm oder unangenehm beim gesunden Menschen abgespeichert werden und ganz wesentlich in die vermeintlichen rein rationalen Alltagsentscheidungen einfließen (Damasio 1994). Daher sollten diese Vorstellungen durchaus in die Menge der handlungsleitenden Vorstellungen einbezogen werden. Darüber hinaus ist Selbstbestimmung ganz wesentlich eine Fähigkeit, die zwar eng mit einem Gefühl von Urheberschaft verbunden ist, aber nicht zwangsläufig damit einhergeht: Hier verweise ich auf die oben genannten Alltagsroutinehandlungen. Es ist also durchaus möglich, dass wir eine ganze Zeit lang eine Routinehandlung vollziehen, während wir gedanklich

---

[1] Dennett hat eine Definition von Kontrolle vorgeschlagen, die wir hier übernehmen können: *A* kontrolliert *B* – bezüglich einer Teilmenge *Z* der für *B* einnehmbaren Zustände – genau dann, wenn eine Relation zwischen *A* und *B* besteht, so daß *A B* in irgendeinen Zustand aus der Menge *Z* bringen kann, in dem *A B* haben möchte. Aus der Definition wird u.a. folgendes ersichtlich: Um Kontrolle über ein System auszuüben, muss man es (i) weder bezüglich aller einnehmbaren Zustände kontrollieren können, (ii) noch muss man alle Faktoren kontrollieren können, die auf das zu kontrollierende System einwirken. Dabei ist Dennetts Begriff von Wollen nicht so zu verstehen, dass hier eine sprachliche Repräsentation eines Wunsches anzunehmen ist.

mit etwas ganz anderem befasst sind. Dabei gibt es Phasen, in denen jemand kein Gefühl der Urheberschaft mit seiner Handlung verbindet. Auch wenn sich ein solches Gefühl nachträglich einstellt, so werden doch Teile der Routine ganz ohne dieses Gefühl vollzogen, wobei trotzdem eine Selbstbestimmung gegeben ist. Selbstbestimmung ist somit in erster Linie eine Fähigkeit, nämlich die Fähigkeit, handlungsleitende Vorstellungen zu beeinflussen, wobei sich dabei in vielen Fällen ein Gefühl der Urheberschaft einstellt. Das Gefühl der Urheberschaft als subjektives Erleben ist somit zu unterscheiden von der Fähigkeit, selbstbestimmt zu handeln:

> Das Gefühl der Urheberschaft tritt normalerweise dann auf, wenn die handlungsleitenden Vorstellungen als *eigene* Vorstellungen repräsentiert werden, indem sie in ein Selbstbild integriert werden.

Handlungsleitende Vorstellungen in ein Selbstbild zu integrieren, setzt voraus, dass ein kognitives System die Fähigkeit zu Selbstrepräsentationen besitzt. Diese Fähigkeit liegt jedoch auch schon bei nichtsprachlichen Systemen vor. Ich habe an anderer Stelle eine Theorie der Ausprägung von Formen des Selbstbewusstsein vorgelegt, die deutlich macht, das diese unabhängig von Sprache in entwicklungspsychologisch charakterisierbaren Stadien in immer komplexeren Formen sich ausbilden, bis dann eine sprachliche Repräsentation von voll entwickeltem Selbstbewusstsein sich in einer Äußerungen der Form »Ich bin mir bewusst, dass ich ins Kino gehen möchte« oder »Ich bin mir bewusst, dass Maria glaubt, dass ich ins Kino gehen möchte« manifestiert (s. Newen 2000, S. 36–53). Da die sprachliche Repräsentation nur für die komplexen Formen der Selbstrepräsentation erforderlich ist (vgl. auch Newen 2003), kann eine Integration in ein Selbstbild auch in einer vorsprachlichen Form erfolgen, z.B. kann eine handlungsleitende Wahrnehmungsvorstellung so registriert werden, dass damit eine positive emotionale Bewertung einhergeht, die zu den bisherigen Bewertungen passt. Die Einordnung in die bisherigen emotionalen Bewertungen wäre eine solche vorsprachliche Integration in ein Selbstbild, das eine Selbstrepräsentation der eigenen Emotionen einschließt.

Ein wesentlicher Zug von Selbstbildern besteht darin, dass sie schlicht falsch sein können in Bezug auf die tatsächlichen Eigenschaften und Dispositionen. Dass wir uns unter bestimmten Bedingungen selbst falsch einschätzen, gilt nicht nur für unseren physischen Eigenschaften und Dispositionen, sondern auch für unsere mentalen Eigenschaften (Jäger/Bartsch 2002).

Was heisst es nun für eine Handlung selbstbestimmt zu sein (im Unterschied zu ›als selbstbestimmt erfahren zu werden‹)?

> Eine Handlung eines kognitiven Systems ist genau dann selbstbestimmt, wenn es die handlungsleitenden Vorstellungen in ein Selbstbild integriert, und zwar in genau in dem Maße, in dem es einen Einfluss auf die tatsächlichen handlungsleitenden Vorstellungen nehmen kann (negativ formuliert: sofern nicht

Bedingungen vorliegen, die das Entwerfen eines Selbstbildes dem vernünftigen Erwägen prinzipiell und dauerhaft entziehen, z.B. Drogen, Gehirnwäsche).

Um diese Bestimmung fruchtbar zu machen, ist nun noch zu klären, was es konkret heißt, Einfluss auf seine handlungsleitenden Vorstellungen nehmen zu können.

4 Eine neue empirische Perspektive: Die »Macht« der Vorstellungen

Aus alltagspschologischer Sicht haben wir vielfältige Evidenz dafür, dass Vorstellungen unsere Handlungen leiten: Räumliche Vorstellungsbilder sind grundlegend für unsere Orientierung, wenn wir einen Weg wieder zu finden suchen. In manchen Fällen sind es gerade bestimmte Vorstellungen, die Menschen in einen Handlungsautomatismus führen, den sie nicht zu unterbrechen vermögen: Zwangsvorstellungen führen daher dazu, dass wir einen Menschen als nicht zurechnungsfähig einordnen. Darüber hinaus haben wir aus alltagspsychologischer Sicht auch Evidenz dafür, dass man das Ausbilden von handlungsleitenden Vorstellungen systematisch beeinflussen kann:

- Man kann eine motorische Fähigkeit einüben, indem man sich vorstellt, sie auszuüben. Mentales Training ist ein Bestandteil des Trainings von Hochleistungssportlern.
- Man kann wesentliche Handlungshemmnisse (z. B. Tötungshemmungen) überwinden, indem man durch Computerspiele die Menschen an die Vorstellung, eine Handlung durchzuführen, gewöhnt. Dies wird von den Armeen systematisch in Rechnung gestellt.
- Werbung basiert auf der Annahme, dass man Vorstellungsbilder gezielt beeinflussen kann; dabei steigt die Verankerung von Vorstellungen, wenn sie mit Emotionen verkoppelt werden.

Neben den Evidenzen aus der Alltagspsychologie möchte ich noch Evidenzen aus der wissenschaftlichen Psychologie ergänzen: In einer Studie zu den Grundlagen der Steuerung von Fingerbewegungen hat Franz Mechsner (2001) gezeigt, dass Handlungssteuerung bei motorischen Fähigkeiten nicht – wie bis dahin allgemein angenommen wurde – aufgrund verankerten »Muskelpattern« erfolgt, sondern aufgrund von handlungsleitenden Vorstellungen. Sie zeichnen sich dadurch aus, dass sie »relativ« einfach sind, z. B. die Repräsentation symmetrischer Handbewegungen erweist sich als einfacher als die nichtsymmetrischer Handbewegungen. Es wurden in mehreren Experimenten Situationen herbeigeführt, in denen keine verankerte Muskelschemata mehr zum Zuge kommen konnten, z.B. wenn man die Aufgabe hat, mit der jeder Hand ein Rad zu drehen und dabei die Drehung der gleichgroßen Räder mit Frequenzen im Verhältnis 4:3 erfolgen soll. Diese Aufgaben kann man mit Hilfe von geeigneten Hilfsvorstellungen rasch lösen, nicht aber durch den Einsatz bereits gespeicherter Muskelschemata. Die Studie zeigt, dass Bewegungen als antizipierte Ereignisse geplant, ausgeführt und gespeichert werden, ohne unmittelbaren Bezug zu muskulären Aktivierungsmustern. Der Bezug zu muskulären Aktivierungsmustern wird dann erst in der jeweiligen Situation hergestellt und zwar sehr spezifisch der Situation angepasst. Damit wird deutlich, dass schon bei einfachen Handlungen, Vorstellungen eine zentrale Rolle spielen, so dass wir insgesamt starke Evidenz dafür haben, dass die Steuerung von Handlungen zu verstehen, am besten darüber erfolgen kann, dass wir die Grundlagen der Beeinflussung und der Wirkung von Vorstellungen zu verstehen suchen. Aus alltagspsychologischer Sicht ist eine Form der Beeinflussung der eigenen Vorstellungen das bereits genannte gezielte mentale Training.

Aus der Sicht der Alltagspsychologie haben wir dann einen »Entscheidungsspielraum«, wenn wir nicht stark emotional involviert sind und uns damit entweder ›treiben‹ lassen können oder aber auch dem rationalen Überlegen Raum geben können. Solche emotional armen Situationen (mit positiver Grundeinstellung) sind es, in denen wir überhaupt in der Lage sind, unsere Rationalisierungsfähigkeiten zum Einsatz und zur Geltung zu bringen. Wissenschaftler, Schüler, alle Lernsituationen benötigen emotionale Ausgeglichenheit um fruchtbare Resultate zu erbringen. Daher soll nochmals herausgestellt werden, dass Selbstbestimmtheit in dem Maße verloren geht, in dem die Lebensbedingungen dazu führen, dass die Handelnde Bedingungen unterliegt, die das Entwerfen eines Selbstbildes dem vernünftigen Erwägen prinzipiell und dauerhaft entziehen (Drogen, Gehirnwäsche, etc.). Wir haben in emotional neutralen Situationen einen »Spielraum« uns in Rahmenbedingungen zu begeben, von denen wir wissen, dass wir bestimmten Vorstellungsprägungen ausgesetzt sind. Wir können auch versuchen, diese zu vermeiden. In dem gezeichneten Bild wird z.B. die alltagspsychologische Beobachtung verständlich, dass viele Menschen nach einer Trennung von einem langjährigen Partner das Gefühl haben, ihr Leben nicht mehr selbst in der Hand zu haben: Dies ist eine Folge davon, dass der gesamte Alltag mit starken Emotionen überschattet ist, so dass die Person tatsächlich auch mehr von ihren Vorstellungen getrieben lebt als den Alltag aktiv zu gestalten. Auch kann man die Alltagserfahrung einordnen, dass sich wichtige Eigenschaften eines Menschen ändern können: Wenn jemand seinen »Spielraum« emotional neutraler Situationen nutzt, um seine Vorstellungswelt so zu beeinflussen, dass er sich das Rauchen abgewöhnen kann, dass er seinen Jähzorn im Zaum behält, dann geht das nur über eine langwieriges intensives Training: Aktive Handlungssteuerung ist somit letztlich die gezielte Selbstmanipulation der eigenen Vorstellungen in emotionsarmen Situationen zur Verankerung einer bestimmten Disposition.

Daraus ergibt sich eine Reihe von offenen Fragen, die als ein Forschungsprogramm für die weitere empirische Erforschung von Selbstbestimmung durch die Hirnforschung verstanden werden kann:

1. Wie werden handlungsleitende Vorstellungen neuronal repräsentiert?
2. Auf welche Weise können Vorstellungen unsere Handlungen leiten? Wie vollzieht sich die Umsetzung von einer neuronal repräsentierten Vorstellung zu einer motorischen Aktivierung in einer Situation?
3. Wie können wir unsere Vorstellungen beeinflussen; welches ist die neuronale Struktur, die dem zugrunde liegt?

5 Radikale Herausforderungen des Kompatibilismus

Es bleibt noch ein grundsätzliches Argument im Raum, dass prinzipiell für eine Unvereinbarkeit von Freiheit und Determinismus spricht. Es wird von Dennett in folgender Weise rekonstruiert (Dennett 2003, S. 134):

(1) Wenn der Determinismus wahr ist, dann ist es durch die Naturgesetze und die Ereignisse in der fernen Vergangenheit vollständig festgelegt, ob ich jetzt gehe oder stehen bleibe.
(2) Ich kann nicht bestimmen, welche die Naturgesetze sind oder was sich in der fernen Vergangenheit ereignete.
(3) Daher ist, ob ich gehe oder stehen bleibe, vollständig durch Umstände festgelegt, die ich nicht bestimmen kann.
(4) Wenn ich meine Handlung nicht bestimmen kann, dann ist sie nicht frei (im moralisch relevanten Sinne)
(5) Also ist meine Handlung zu gehen oder stehen zu bleiben, nicht frei

Der Fehler des Arguments liegt gemäß Dennetts Analyse, der ich mich hier anschließe, in der Schlussfolgerung (3), die aus (1) und (2) gezogen wird. Mit der Evolution ist ein Selbst entstanden, das ähnlich wie die erwähnte ontogenetische Entwicklung des Menschen für eine schrittweisen Ausbildung von immer komplexeren Formen von Selbstrepräsentation, damit Selbstbildern und schließlich zu Möglichkeiten führte, seine handlungsleitenden Vorstellungen gezielt zu beeinflussen. Wenn ein Selbst entstanden ist, entsteht die Möglichkeit der Einflussnahme auf die nahegelegene Vergangenheit über den Einfluss auf die eigenen Vorstellungen: Man hätte bei anderen handlungsleitenden Vorstellungen auch anders handeln können. Der Fehler wird besonders deutlich, wenn man sich Dennetts Argumentation anschaut, die in analoger Weise dazu führt, dass es keine Säugetiere geben kann:

(i) Jedes Säugetier hat ein Säugetier als Mutter.
(ii) Wenn es Säugetiere gegeben hat, dann hat es nur eine endliche Zahl von Säugetieren gegeben.
(iii) Aber wenn es ein Säugetier gibt, dann folgt aus (1), dass es unendlich viele Säugetiere gibt. Das widerspricht (2), so dass es keine Säugetiere geben kann, denn das ist ein widersprüchlicher Begriff.

Hier ist es ganz offensichtlich, dass die Möglichkeiten der Evolution Tatsachen schafft, die auf den ersten Blick nicht in unser begriffliches Raster einzuordnen sind. Die Idee der graduellen Entwicklung einer Eigenschaft, die dann auf den ersten Blick solche definitorischen Schwierigkeiten bereitet, ist ein Grundzug, der für alle mentalen Eigenschaften des Menschen gilt. Wir dürfen davon ausgehen, dass phänomenales Bewusstsein, Selbstbewusstsein und Willensfreiheit gleichermaßen Produkte der Evolution sind wie die Säugetiere. Die charakteristischen Merkmale haben sich dementsprechend graduell entwickelt und werden von uns begrifflich immer noch nur mit Blick auf die Ausprägungen beim Menschen betrachtet. Hier ist eine Anpassung erforderlich. Selbstbestimmung ist mit einem Kompatibilismus verträglich, der eine Evolutionstheorie akzeptiert und es ist eine offene Frage, in welchem Maße wir im Tierreich Vorformen der Selbstbestimmung finden können.

Abschließend möchte ich den Blick auf eine weitere Herausforderung für eine Theorie der Willensfreiheit werfen: Martin Luthers berühmtes Diktum »Hier stehe ich und kann nicht anders«. Es gilt gemeinhin als ein Beispiel für die ausgefeilteste Form von menschlicher Selbstbestimmung und gerade diese ist mit der ernstgemeinten Äußerung »Ich kann nicht anders« verbunden.Während ein Inkompatibilismus diese Rede nicht Ernst nehmen kann, lässt sie sich im Rahmen der vorgestellten kompatibilistischen Theorie gut einordnen. Der Grund dafür, dass Martin Luther als selbstbestimmt eingestuft wird, ist der, dass er jahre-, sogar jahrzehntelang gezielt daran gearbeitet hat, sich ein Vorstellungssystem zu eigen zu machen. Der Grund dafür, dass er nicht anders handeln kann, liegt darin, dass er auf diese Weise sein Selbstbild in einer umfassenden Weise geprägt hat, so dass diese Vorstellungen stark emotional verankert sind, umgangssprachlich gesprochen, seine Persönlichkeit ausmachen.

Literatur

BIERI, P.: *Das Handwerk der Freiheit*, München: Hanser 2001.
DAMASIO, A.: *Descartes Error: emotion, reason, and the human brain*, New York: HarperCollins 1994.
DENNETT, D.: *Freedom Evolves*, London: Penguin Books 2003.
JÄGER, C./BARTSCH, A.: *Privileged Access and Repression*, in: S. Döring/V. Mayer (Hgs.): Die Moralität der Gefühle, Berlin: Akademie-Verlag 2002.
MECHSNER, F./KERZEL, D./KNOBLICH, G./PRINZ, W.: *Perceptual basis of bimanual coordination*, in: Nature 414 (1.11. 2001), S. 69–73.
NEWEN, A.: *Selbst und Selbstbewußtsein aus philosophischer und kognitions-wissenschaftlicher Perspektive*, in: Newen/Vogeley (Hgs.): Selbst und Gehirn. Menschliches Selbstbewußtsein und seine neurobiologischen Grundlagen, Paderborn: mentis 2000, S. 17–53.
SPITZER: *Lernen, Gehirnforschung und die Schule des Lebens*, Berlin: Spektrum 2002.

Schließen Determinismus und unbewusste Handlungssteuerung Freiheit und das Neue im Entscheiden und Handeln von Personen aus?

BETTINA WALDE (MAINZ)

1 Freiheit, Determinismus und das Neue im Handeln von Personen

Können Personen mit ihren Entscheidungen und Handlungen genuin Neues in der (physikalischen) Welt bewirken? Oder schließt die Akzeptanz des Determinismus oder eines deterministischen Weltbildes aus, dass Personen zumindest manchmal Kausalketten als unbewegte Beweger initiieren und auf diese Weise Neues verursachen? Die Frage nach dem genuin Neuen im Handeln von Personen ist eng mit der klassischen Debatte um die Frage nach der Willensfreiheit verwoben: Im Laufe dieser Debatte wurden unterschiedliche Vorstellungen darüber entwickelt, worin Freiheit nun genau bestehe, wobei sich die vielen unterschiedlichen Ansätze, vereinfacht gesprochen, in zwei Gruppen teilen lassen: die inkompatibilistischen Ansätze der Freiheit (Freiheit und Determinismus sind *nicht* miteinander kompatibel) und die kompatibilistischen Ansätze der Freiheit (Freiheit und Determinismus sind miteinander kompatibel). Gewöhnlich wird davon ausgegangen, dass Freiheit zumindest an die folgenden zwei Bedingungen gebunden ist:

(i) (Bedingung der Urheberschaft)
Freiheit setzt die Fähigkeit zur Erstauslösung von Entscheidungen und Handlungen durch das handelnde Individuum voraus – das Individuum schafft genuin Neues. Wenn das Individuum seine Entscheidungen und Handlungen selbst auslösen kann, dann hätte es von einer getroffenen Entscheidung auch Abstand nehmen können.

(ii) (Bedingung der Selbstbestimmtheit)
Willensfreiheit setzt voraus, dass Personen die Möglichkeit und Fähigkeit haben, aufgrund ihrer eigenen Überzeugungen, Wünsche, Werte und Abwägungsprozesse zu entscheiden.

Das inkompatibilistische Modell der Willensfreiheit und das kompatibilistische Modell der Willensfreiheit unterscheiden sich dadurch, dass sie die zwei Bedingungen unterschiedlich stark ausformulieren. Das inkompatibilistische Modell der Willensfreiheit geht davon aus, dass Willensfreiheit immer *unbedingte* Freiheit ist: Personen entscheiden frei, wenn sie *unter identischen Bedingungen alternative Entscheidungsmöglichkeiten* gehabt hätten – irgendwo in der kausalen Vorgeschichte einer Entscheidung muss es ein indeterministisches Element geben. Freiheit in diesem Sinne ist also damit verbunden, dass *Personen genuin*

Neues mit ihren Entscheidungen und Handlungen schaffen – etwas, das von allen determinierenden Faktoren gänzlich unabhängig wäre. Die Falschheit des Determinismus scheint aus einer solchen Perspektive eine notwendige Voraussetzung der Freiheit und des genuin Neuen zu sein, denn die Hypothese des physikalischen Determinismus besagt gerade, dass es einen einzigen Weltverlauf gibt, in dem jedes Ereignis vollständig von anderen Ereignissen bestimmt wird – etwas genuin Neues (das von allem Vorgängigen unabhängig wäre) im Entscheiden und Handeln von Personen wäre so aber gerade ausgeschlossen.

Anders als das inkompatibilistische Modell der Willensfreiheit geht das kompatibilistische Modell davon aus, dass Willensfreiheit in jedem Fall als bedingte Freiheit zu konzipieren ist – die Bedingung des genuin Neuen (von determinierenden Faktoren unabhängig) im Entscheiden und Handeln von Personen als Kriterium der Freiheit wird aufgegeben. Personen entscheiden und wollen frei, wenn ihre handlungswirksamen Wünsche (Wille) mit ihren reflektierten Überzeugungen, Wünschen, Dispositionen und Wertvorstellungen übereinstimmen. Charakteristisch für dieses Modell der Willensfreiheit ist die Ablehnung der alternativen Entscheidungsmöglichkeiten bei gleicher kausaler Vorgeschichte beziehungsweise unter identischen Bedingungen. Befürworter des Kompatibilismus[1] gehen davon aus, dass Willensfreiheit durchaus vereinbar ist mit dem Determinismus der physikalisch erklärbaren Welt. Der (psychologische) Determinismus hat aus kompatibilistischer Perspektive für die Erklärung von Handlungen einen ganz ähnlichen Stellenwert wie der Determinismus bei der kausalen Erklärung physikalischer Ereignisse: (a) Setzt man bestimmte Wünsche einer Person und bestimmte Abwägungsprozesse voraus, so scheint es so, als hätte die Person nicht anders entscheiden können als sie es faktisch getan hat; (b) Setzt man bei einer Person bestimmte biologische Bedingungen, eine bestimmte Entwicklungsgeschichte und einen bestimmten Sozialisationsprozess voraus, so erscheint es unplausibel, dass die Wünsche der Person anders hätten ausfallen können als es faktisch passiert ist. Voraussetzung der Zuschreibung von Freiheit ist die Determinierung der Handlung durch das Wollen der Person. Dieses wiederum ist bestimmt durch Gründe für eine Entscheidung und eine Handlung, die sich aus Wünschen und Überzeugungen konstituieren. Nicht das Fehlen von Determination ist also das ausschlaggebende Merkmal freier Entscheidung und Handlungen, sondern die *Art der Determination.*

---

[1] Für kompatibilistische Ansätze wird beispielsweise in den folgenden Arbeiten argumentiert: Ansgar Beckermann: *Schließt biologische Determiniertheit Freiheit aus?*, in: F. Hermanni/P. Koslowski (Hgs.): Der freie und der unfreie Wille, München 2004; P. Bieri: *Das Handwerk der Freiheit. Über die Entdeckung des eigenen Willens*, München 2001; D. Dennett: *Freedom Evolves*, New York 2003; H. Frankfurt: *Alternate Possibilities and Moral Responsibility*, in: The Journal of Philosophy 46 (1969), S. 828-839; M. Pauen: *Illusion Freiheit?*, Frankfurt am Main 2004.

2 Die empirische Herausforderung der Willensfreiheit

In den letzten Jahren hat sich neben dem (klassischen) Determinismusproblem nun eine weitere Herausforderung für die These der Willensfreiheit abgezeichnet. Aus einigen wissenschaftlichen Disziplinen, zu deren Untersuchungsgegenstand das menschliche Gehirn gehört, wurden starke Zweifel an der Freiheitsthese gemeldet und zwar auf der Grundlage verschiedener empirischer Studien, die letztlich nahe legen sollen, dass (bewusstes) Wollen keine kausale Rolle spielt.[2] Empirische Untersuchungen scheinen den phänomenalen Realismus, also die These, Menschen würden mit ihrem bewussten Wollen ihr Handeln steuern, zu unterminieren. Vertreter der These, dass die Willensfreiheit empirisch widerlegt worden sei, stützen sich dabei meist auf drei Arten von Studien: (1) Auf Studien, die nahe legen, dass Entscheidungen und Handlungen unbewusst initiiert zu werden scheinen (hier werden vor allem Studien von Patrick Haggard und Martin Eimer, sowie eine von Benjamin Libet angeführt[3]); (2) auf Studien, die zeigen, dass unbewusste Reize die Entscheidungen und Handlungen von Personen beeinflussen (hier lassen sich vor allem Untersuchungen von John Bargh nennen[4]); und (3) auf Studien, die nahe legen, dass das Gefühl der Urheberschaft und die tatsächliche Urheberschaft auseinander fallen können (hier ist besonders auf Daniel Wegner und Thalia Wheatley zu verweisen[5]).

Die in diesem Zusammenhang sicherlich meist debattierte Untersuchung ist die bereits in den achtziger Jahren von Benjamin Libet[6] durchgeführte Studie. Libet hatte versucht zu zeigen, dass zum Willen gewordene Wünsche einer Handlung gerade nicht in kausalem Sinne vorgeordnet sind. Vielmehr soll der bewusste Wille, eine bestimmte Handlung durchzuführen, erst entstehen, nachdem bereits die Handlung auf neuronaler Ebene vorbereitet wurde. Aufgrund der zeitlichen Nachordnung des bewussten Willens gegenüber der neu-

---

[2] In dieser Weise argumentieren beispielsweise: S. Pockett: *Does Consciousness Cause Behaviour?*, in: Journal of Consciousness Studies 11 (2004), S. 23-40; D. Wegner: *The Illusion of Conscious Will*, Cambridge MA 2002.

[3] Patrick Haggard/Martin Eimer: *On the Relation Between Brain Potentials and the Awareness of Voluntary Movements*, in: Experimental Brain Research 126 (1999), S. 128-133; Benjamin Libet: *Unconscious Cerebral Initiative and the Role of Conscious Will in Voluntary Action*, in: The Behavioral and Brain Sciences 8 (1985), S. 529-539.

[4] Siehe hierzu J. Bargh/K. Barndollar: *Automaticity in Action: The Unconscious as Repository of Chronic Goals and Motives*, in: J. Bargh/P. Gollwitzer (Hgs.): The Psychology of Action, New York, London 1996, S. 457-481, sowie J. Bargh/M. Ferguson: *Beyond Behaviorism: On the Automaticity of Higher Mental Processes*, in: Psychological Bulletin 126 (2000), S. 925-945.

[5] D. Wegner: *The Illusion of Conscious Will*, a.a.O.; D. Wegner/Th. Wheatley: *Apparent mental causation: Sources of the experience of will*, in: American Psychologist 54 (1999), S. 480-491.

[6] B. Libet: a.a.O.

ronalen Initiierung der Handlung ist es unplausibel anzunehmen, dass der bewusste Wille kausal für die Handlung verantwortlich ist (denn dazu wäre eine zeitliche Vorordnung des bewussten Willens gegenüber der neuronalen Initiierung der Handlung erforderlich). Dies legt nahe, dass es gerade nicht bewusste Intentionen sind, die die Handlungen eines Individuums erst auslösen. Vielmehr scheinen bewusste Intentionen und Handlungen eine gemeinsame unbewusste Ursache zu haben.

Doch auch Studien, die zeigen, dass bewusst und willentlich gesteuerte Handlungen durch unbewusste Reize ausgelöst werden können, stellen ein Problem dar. Die Kognitionspsychologie unterscheidet generell zwischen zwei Arten von Prozessen, die in die Handlungssteuerung einfließen: Zwischen automatisierten Prozessen und kontrollierten Prozessen. Während automatisierte Prozesse der Handlungssteuerung ohne ein Eingreifen bewusster, mentaler Vorgänge wie etwa bewusste Willensentscheidungen ablaufen, basieren kontrollierte Prozesse gerade auf einem Eingreifen bewusster Vorgänge. Die Möglichkeit, Entscheidungen und Handlungen automatisiert oder eben kontrolliert durchführen zu können, stellt nun zunehmend eine Herausforderung für die These der Willensfreiheit dar. Denn in der empirischen Psychologie gibt es mehr und mehr Evidenz dafür, dass selbst höhere mentale Prozesse, also solche Vorgänge, die eigentlich kontrolliert ablaufen, automatisiert ablaufen *können*, das heißt, ohne die Beteiligung von Bewusstsein. Verschiedene Studien machen deutlich, dass solche Entscheidungen und Handlungen von Personen, die sich an internen Zielstrukturen der Individuen orientieren, offenbar ohne das Zutun bewusster Willensentscheidungen initiiert werden können.[7] Sie zeigt, dass Ziele und Handlungsabsichten oder Intentionen durch die Umwelt oder spezifische Kontexte unbewusst aktiviert werden können. Reize, die in einem bestimmten Handlungskontext, der Umwelt der Person, auftreten, veranlassen direkt, das heißt, ohne den Umweg über das Bewusstsein, Handlungen, die geeignet sind, die entsprechenden Ziele und Absichten zu realisieren. Bewusstes Entscheiden hat dabei keinerlei (kausale) Rolle mehr, die Aktivierung der Handlungen und die Realisierung der Absichten und Ziele erfolgen ganz unbewusst. Handlungsabsichten und Ziele werden mit mentalen Repräsentationen von bestimmten charakteristischen Merkmalen der Umwelt verknüpft, indem sie immer wieder gemeinsam aktiviert werden. Die Wahrnehmung bestimmter Umweltreize führt dann schließlich zu einem bestimmten Verhalten. Sind einmal Verbindungen zwischen Handlungen oder Verhaltensweisen und bestimmten Umweltreizen entstanden, so genügt schon die unbewusste Wahrnehmung der entsprechenden Reize, um das Verhalten auszulösen. Eine bewusste Entscheidung und die bewusste Kategorisierung und Interpretation der wahrgenommenen Reize fallen dann weg. Während die Studien zur unbewussten Initiierung von Handlungen zu zeigen versuchten,

---

[7] J. Bargh/K. Barndollar: a.a.O., S. 457-481.

dass von den Versuchspersonen frei gewählte Handlungen erst dann als bewusst gewählt erlebt wurden, wenn sie bereits unbewusst initiiert wurden, geht es in der zweiten Gruppe von Studien darum, nachzuweisen, dass Handlungen beziehungsweise die ihnen zugrunde liegenden Ziele durch unbewusst wahrgenommene Reize ausgelöst werden können. Beiden Gruppen von Studien ist gemeinsam, dass sie die Rolle bewusster, mentaler Zustände als unmittelbaren kausalen Antezedentien von Willenshandlungen untergraben.

Studien der dritten Art untersuchen die Entstehung und die kausale Rolle des Gefühls der Urheberschaft untersuchen. Auch diese Studien führen zu einer neuen Herausforderung der Willensfreiheit, denn sie scheinen dafür zu sprechen, dass der subjektive Eindruck der Urheberschaft eine Kausalattribution ist, die keineswegs die tatsächlichen Kausalpfade der Initiierung von Entscheidungen und Handlungen widerspiegelt. Wegner und Wheatley[8] konnten empirisch belegen, dass Personen sich unter Laborbedingungen über die Urheberschaft von Handlungen täuschen lassen. Dies hatte Wegner schließlich veranlasst, die These der »Illusion des bewussten Willens«[9] zu vertreten. Der These zufolge kommt dem bewussten Willen nur die Rolle eines Epiphänomens zu wenn es um die Selektion, Initiierung und Durchführung von Handlungen geht. Auch die vorgängige bewusste Willensentscheidung hat der These nach nur eine Statistenrolle bei der Handlungssteuerung. Nach dem vorwissenschaftlichen Selbstverständnis des Menschen oder dem, was man die lebensweltliche Alltagstheorie des Menschen nennen könnte, sind Willensentscheidungen ein wichtiger Faktor, der mitbestimmt, welche Handlungen eine Person vollzieht und welche nicht. Doch das Erleben von Freiheit muss nicht mit einer zuverlässigen epistemischen Zugangsweise zu den Vorgängen verbunden sein, die tatsächlich Handlungen vorbereiten und auslösen. Daher kann das Erleben von Freiheit alleine keine hinreichende Grundlage für die Etablierung der These bilden, dass wir tatsächlich frei entscheiden können. In der empirischen Psychologie verweist nun eine ganze Reihe von Versuchen darauf, dass das Erleben von Freiheit und das tatsächliche Gegebensein von Freiheit dissoziierbar sind, obwohl Menschen im Alltag davon ausgehen, dass das Erleben von Freiheit und Urheberschaft ein zuverlässiger Indikator für die tatsächliche Freiheit und Urheberschaft ist. Die Handlungen von Personen werden nach der Auffassung einschlägiger Studien aus der Psychologie ganz einfach mit solchen mentalen Zuständen in Zusammenhang gebracht, die den Handlungen in einem geeigneten Zeitabstand vorangehen und verschiedene andere Bedingungen erfüllen. Ob diese mentalen Zustände jedoch tatsächlich in einem kausalen Sinne für das Auftreten der Handlungen relevant sind, ist eine davon unabhängige Frage. Damit würde sich der oben skizzierte Sach-

---

[8] D. Wegner/Th. Wheatley: a.a.O.
[9] D. Wegner: *The Illusion of Conscious Will*, a.a.O.

verhalt, dass Freiheitserleben keine hinreichende Grundlage für die tatsächliche Freiheit einer Entscheidung ist, bestätigen.

3 Welche Konsequenzen ergeben sich aus den empirischen Studien?

Diese drei Arten empirischer Studien bleiben nicht ohne Konsequenzen im Hinblick auf die Freiheitsdebatte: Weder Freiheit, noch genuin Neues im Entscheiden und Handeln von Personen scheint es wirklich zu geben, wenn vermeintlich freie und neue (nicht determinierte) Entscheidungen und Handlungen tatsächlich durch unbewusste und zeitlich vorgängige Faktoren determiniert sind. Es stellt sich die Frage, inwiefern eine Handlung noch frei ist, wenn sie unbewusst bereits vorbereitet wird. Ausgehend von den empirischen Studien, die hier vorgestellt wurden, lassen sich zwei Argumentationslinien unterscheiden, die gegen die Willensfreiheit vorgebracht werden können:

> *Argumentationslinie I – Determination durch unbewusste Faktoren* Die Versuche machen deutlich, dass Handlungen durch unbewusste Faktoren (neuronale Vorgänge) determiniert sind. Diese Art der Determination schließt Freiheit aus.
>
> *Argumentationslinie II – Epiphänomenalismus* Die Versuche machen deutlich, dass bewusste, mentale Zustände wie bewusste Willensentscheidungen nicht die unmittelbaren kausalen Antezedentien von Handlungen sind, sondern bei der Handlungssteuerung keine kausale Rolle spielen. Selbst wenn man also den Determinismus akzeptiert, kann man die Freiheit nicht retten. Denn die falschen Zustände verursachen die Handlungen.[10]

Doch welche Konsequenzen ergeben sich aus den kognitionswissenschaftlichen Studien tatsächlich? Die Konsequenzen der deterministischen Argumentationslinie sind nicht neu, sondern vielmehr decken sie sich mehr oder weniger vollständig mit Resultaten der klassischen Debatte um die Willensfreiheit zur Frage, inwieweit Freiheit und Determinismus vereinbar sind: In Abhängigkeit davon, welche Kriterien man an die Willensfreiheit anlegt, ergeben sich unterschiedliche Konsequenzen im Hinblick auf die Freiheitsthese. Das inkompatibilistische Kriterium der Freiheit konfligiert (gemäß der eingangsgegebenen Charakterisierung) mit dem Determinismus und mit der Annahme der kausalen Geschlossenheit der physikalischen Welt. Wie zu erwarten war, ist die Determinierung von Entscheidungen und Handlungen durch das Unbewusste als neue und aktuellste Variante des Determinismus mit dem kompatibilistischen Modell der Willensfreiheit verträglich. Denn es versteht

---

[10] Diese Position wird beispielsweise ganz explizit in den folgenden Arbeiten vertreten: Susan Pockett: a.a.O.; M. Velmans: *Understanding Consciousness*, London 2000; D. Wegner: *The Illusion of Conscious Will*, a.a.O.

unter Willensfreiheit gerade eine bestimmte Art der Determination von Entscheidungen und Handlungen.

Weitaus mehr Schwierigkeiten wirft die epiphänomenalistische Argumentationslinie auf. Inkompatibilistische Ansätze verbinden die Willensfreiheit mit dem Fehlen einer determinierenden Ursache. Diese Bedingung scheint im Hinblick auf subpersonale Vorgänge und Zustände kaum gegeben zu sein, im Hinblick auf bewusste Vorgänge und Zustände aber durchaus – jedenfalls wenn man an einem dualistischen Leib-Seele-Verständnis festhält. Das Problem besteht darin, dass einige der empirischen Studien nahe legen, dass die im Alltag beobachteten regelmäßigen Zusammenhänge zwischen bewussten Entscheidungen und darauf folgenden Handlungen anders zu fassen sind als es im Alltag oder auf der bewussten personalen Ebene scheint: Eine Handlungsabsicht A und eine dazugehörige Handlung B, die nacheinander auftreten, hängen – so legen es beispielsweise Studien nahe, die mit dem Libet-Paradigma arbeiten – von einer gemeinsamen, früheren Ursache ab. Da diese gemeinsame frühere Ursache nicht auf bewusster Ebene zugänglich zu sein scheint, muss sie in die unbewusste Ebene verlagert werden und benötigt daher auch Identitätskriterien, die nicht auf Bewusstseinsmerkmale zurückgreifen. Dies können dann etwa neuronale Charakteristika sein. Doch dies ist dann kaum mehr mit inkompatibilistischen Ansätzen der Freiheit vereinbar. Die Haltbarkeit der epiphänomenalistischen Argumentationslinie gegenüber dem kompatibilistischen Modell hängt nicht nur von den empirischen Erkenntnissen ab.

Im Hinblick auf die Frage nach der Richtigkeit der epiphänomenalistischen Argumentationslinie ist auch die Frage entscheidend, wie Korrelationen zwischen bewussten mentalen Zuständen und neurophysiologischen Zuständen erklärt werden. Ob in einem dualistischen Rahmen oder ob in einem monistischen Rahmen (zumindest jedes Vorkommnis eines mentalen Zustandes wäre identisch mit einem neurophysiologischen Zustand). Im zweiten Fall ergibt sich, dass jeder mentale Zustand (=neurophysiologischer Zustand) wie zum Beispiel eine Willensentscheidung andere neurophysiologische Zustände als Vorläufer hat, die aber selbst nicht zugleich auch Bewusstseinszustände sind. Mentale Zustände wären als neurophysiologische Zustände in jedem Fall Bestandteile der kausalen Zusammenhänge, die letztlich zu einer Handlung führen. Setzt man dagegen eine Dualität von mentalen und neurophysiologischen Zuständen voraus, so folgt auch die kausale Irrelevanz (aufgrund der zeitlichen Verzögerung) des mentalen Zustandes. Welche Rolle bewusste Zustände und Prozesse tatsächlich haben, lässt sich vermutlich erst klären, wenn die neuronalen Korrelate einzelner bewusster Zustände und konkreter bewusster Vorgänge identifizierbar sind. Denn dann könnte (vor dem Hintergrund einer materialistischen Theorie des Geistes) auf neuronaler Ebene untersucht werden, welchen Einfluss Bewusstsein hat. Ein solches Vorgehen verspricht insofern Erfolg, als es mit schärferen Identitätskriterien für bewusste Zustände und Vorgänge arbeiten könnte als dies beispielsweise in jenen Studien der Fall ist, die mit dem Libet-Paradigma arbeiten. Dort ist man, was die bewussten Zustände und Vorgänge angeht (als die bewussten Entscheidungen, nun eine bestimmte Bewegung auszuführen) auf den introspektiven Bericht der Versuchspersonen angewiesen. Welche Rolle aber bewusste Zustände und Vorgänge auf der unbewussten, neuronalen Ebene haben, bleibt völlig im Dunkeln solange man nicht mit den neuronalen Korrelaten der bewussten Zustände und Vorgänge arbeiten kann.

Alle diese Überlegungen machen deutlich, dass sich die Frage nach der Willensfreiheit nicht aufgrund empirischer Untersuchungen beantworten lässt. Vielmehr hängt eine Antwort auf diese Frage auch von mehreren theoretischen Faktoren ab, nämlich (1) davon, welches Konzept der Willensfreiheit gemeint ist (welche Bedingungen an die Freiheit geknüpft sein sollen), und (2) davon, was bewusste mentale Zustände sind (ob sie als im weitesten Sinne physikalische Zustände zu verstehen sind oder in eine davon verschiedene ontologische Kategorie fallen). Um daher die Willensfreiheit zu widerlegen, muss man einerseits bestimmte Lösungsansätze zum Leib-Seele-Problem widerlegen und andererseits auch bestimmte Konzeptionen der Willensfreiheit. Denn wie sich gezeigt hat, lassen sich nur inkompatibilistische Ansätze der Willensfreiheit, die mit einem dualistischen Bild des Geistes verbunden sind, mit den empirischen Untersuchungen angreifen.

4 Vom epistemischen Indeterminismus zur Willensfreiheit

Zu den Bedingungen, die eine Person erfüllen muss, um frei entscheiden und wollen zu können und somit auch Neues hervorbringen zu können, gehören nicht nur bestimmte Fähigkeiten der Selektion und Steuerung von Handlungen wie etwa die Antizipation von Handlungseffekten und die Fähigkeit, von kurzfristig attraktiven Zielen und den entsprechenden Wünschen zurück treten zu können, sondern vor allem auch eine Bedingung, die ich als die »Bedingung der epistemischen Offenheit der Zukunft« bezeichnen möchte. Diese Bedingung besagt nichts weiter als dass nicht vorhersagbar ist, welche Entscheidung eine Person treffen wird und welche Handlung sie durchführen wird (aus der epistemischen Perspektives Neues). Es gibt kein vollständiges Wissen über die Determinanten der Entscheidungen und Handlungen einer Person. Die Bedingung der epistemischen Offenheit der Zukunft entspricht der Intuition der alternativen Entscheidungsmöglichkeiten oder dem Kriterium des genuin Neuen (Unabhängigkeit von vorgängigen Faktoren) – allerdings eben zunächst nur auf epistemischer Ebene. Die Bedingung ist Ausdruck des epistemischen Indeterminismus – Personen sind nicht allwissend oder allgemeiner, zukünftige Ereignisse sind nicht vollständig vorhersagbar. Gerade dies macht es für Personen vorstellbar, dass sie unter identischen Bedingungen anders entscheiden als sie es dann tun (bzw. dass sie anders hätten entscheiden können, als sie es getan haben). Die Bedingung der epistemischen Offenheit der Zukunft erlaubt einen Übergang zwischen dem epistemischen Indeterminismus (also der epistemischen Voraussetzung für die Intuition der alternativen Entscheidungsmöglichkeiten) und der (kompatibilistischen) Willensfreiheit auf ontologischer Ebene.

Die Vorstellbarkeit von Szenarien, in denen Personen unter identischen Bedingungen anders entscheiden, hängt auch davon ab, welche Theorien oder Überzeugungen eine Person über sich selbst hat.[11] Teilt eine Person beispielsweise die Überzeugung, ohnehin keine Wahl zu haben (da alles festgelegt ist), so wird sie auch keine (bewussten) Abwägungsprozesse mehr anstellen, um herauszufinden, welche von mehreren Alternativen gewählt werden sollte. Dies wird in der Folge dazu führen, dass solche Personen tatsächlich nicht mehr die für sie bestmöglichen Entscheidungen treffen oder in neuartigen Situationen gar keine angemessenen Entscheidungen treffen können. Der Grund dafür liegt darin, dass sie aufhören, die Folgen verschiedener Entscheidungs- und Handlungsmöglichkeiten zu antizipieren und gegeneinander abzuwägen – teilt man die Überzeugung, dass die zu treffende Entscheidung ohnehin feststeht und dass man keine Alternativen hat, so macht man sich auch keine Gedanken über die Folgen der ohnehin nicht verfügbaren Alternativen. Personen, die dieser Theorie über Personen anhängen, werden womöglich auch aufhören, neue, für bestimmte Entscheidungen relevante Informationen zu sammeln, um eine Entscheidungsgrundlage zu verbessern. Denn Entscheidungen wären ja gerade nicht mehr zu treffen, wenn man der Theorie anhängt, nie zwischen alternativen Möglichkeiten wählen zu können, da alles determiniert sei.[12]

---

[11] Dass Überzeugungen von Personen, die diese über sich selbst haben, die Entscheidungen und das Verhalten der Personen beeinflussen, konnte in psychologischen Untersuchungen gezeigt werden. So verdeutlichten etwa Shelley Taylor/Lien Pham: *Mental Stimulation, Motivation, and Action*, in: John Bargh/Peter Gollwitzer (Hgs.): The Psychology of Action, New York, London 1996, dass Teilnehmer eines IQ-Tests mit negativen Testresultaten unterschiedlich umgehen, je nachdem, ob sie die Überzeugung haben, Intelligenz sei eine angeborene, unabänderliche Größe, die Personen haben oder nicht haben, oder ob sie die Überzeugung teilen, Intelligenz sei ein veränderbarer Wert, der von Übung abhängig sei.

[12] Diese Überlegungen zeigen auch, inwieweit Willensfreiheit mit dem sozialen Kontext von Personen verbunden ist. Die These der Willensfreiheit – basierend auf der epistemischen Offenheit der Zukunft (die auch gegeben wäre, wenn der ontologische Determinismus sich als wahr erwiesen hätte – solange wie eben Vorhersagbarkeit nicht vollständig gegeben ist!) – wird an Individuen im Verlaufe ihrer Sozialisation herangetragen und findet so Eingang in das Überzeugungssystem der Personen. Als Bestandteil des Überzeugungssystems wird das Konstrukt der Willensfreiheit dann handlungswirksam. Das ursprünglich soziale Konstrukt, das auch durch den epistemischen Indeterminismus nahe gelegt wird, erhält auf diesem Wege ontologische Realität. Ähnliche Überlegungen finden sich in Wolfgang Prinz: *Kritik des Freien Willens: Bemerkungen*

Eine Person, die mit der Überzeugung agiert, frei entscheiden zu können, wird in konkreten Fällen womöglich andere Entscheidungen und Handlungen vollziehen als eine, die ohne eine solche Überzeugung auskommt. Die determinierenden Faktoren, die in die Entscheidungsfindung einfließen, wären für die kognitiven Systeme beider Personen unterschiedliche und es ist zu erwarten, dass die Überzeugung zwischen Alternativen entscheiden zu können, zu flexiblerem Verhalten führt. Jemand, der nicht die Überzeugung teilt, aus verschiedenen Alternativen auswählen zu können, wird auch gar nicht die Qualität und die Folgen verschiedener Handlungsoptionen »errechnen« und bewerten und sich daher auch starrer verhalten. Diese Überlegungen verweisen auch auf die Brisanz der öffentlich so häufig mitgeteilten Botschaft, es gebe keine Willensfreiheit, alles sei determiniert, und keiner hätte jemals eine Wahl beim Treffen seiner Entscheidungen. Würde sich diese (falsche) Überzeugung durchsetzen, so würde sie wie alle anderen Überzeugungen von Personen auch, auf bewusstem oder nur unbewusstem Wege oder auf beiden Wegen in die Handlungssteuerung von Personen eingehen, und (so meine Vermutung) dazu Anlass geben, alternative Szenarien für Entscheidungen gar nicht mehr in Erwägung zu ziehen. Eine Verflachung des Entscheidungs- und Handlungsrepertoires wäre die Folge.

über eine soziale Institution. Psychologische Rundschau 55 (2004), S. 198-206. Menschen hätten zwar, so Prinz, natürlicher Weise keine Freiheit, aber sie würden sie sich machen. Ich meine, dass daraus dann wiederum folgt, dass Menschen eben doch Freiheit haben – sie zeigt sich in der Fähigkeit, im Sinne der eigenen Überzeugungen, Wünsche und Werte zu entscheiden und diese in konkreten Situationen zum Beispiel gegenüber Reizen, die gewöhnlich eine automatische Antwort auslösen, durchzusetzen.

Literatur

BARGH, J./BARNDOLLAR, K: *Automaticity in Action: The Unconscious as Repository of Chronic Goals and Motives*, in: John Bargh/Peter Gollwitzer (Hgs.): The Psychology of Action, New York, London 1996, S. 457–481.
BARGH, J./FERGUSON, M.: *Beyond Behaviorism: On the Automaticity of Higher Mental Processes*, in: Psychological Bulletin 126 (2000), S. 925–945.
BECKERMANN, Ansgar: *Schließt biologische Determiniertheit Freiheit aus?*, in: F. Hermanni/P. Koslowski (Hgs.): Der freie und der unfreie Wille, München 2004.
BIERI, Peter: *Das Handwerk der Freiheit. Über die Entdeckung des eigenen Willens*, München 2001.
DENNETT, Daniel: *Freedom Evolves*, New York 2003.
FRANKFURT, Harry: *Alternate Possibilities and Moral Responsibility*, in: The Journal of Philosophy 46 (1969), S. 828–839.
HAGGARD, Patrick/EIMER, Martin: *On the Relation Between Brain Potentials and the Awareness of Voluntary Movements*, in: Experimental Brain Research 126 (1999), S. 128–133.
LIBET, Benjamin: *Unconscious Cerebral Initiative and the Role of Conscious Will in Voluntary Action*, in: The Behavioral and Brain Sciences 8 (1985), S. 529–539.
PAUEN, Michael: *Illusion Freiheit?*, Frankfurt am Main 2004.
POCKETT, Susan: *Does Consciousness Cause Behaviour?*, in: Journal of Consciousness Studies 11 (2004), S. 23–40.
PRINZ, Wolfgang: *Kritik des Freien Willens: Bemerkungen über eine soziale Institution*, in: Psychologische Rundschau 55 (2004), S. 198–206.
TAYLOR, Shelley/PHAM, Lien: *Mental Stimulation, Motivation, and Action*, in: J. Bargh/P. Gollwitzer (Hgs.): The Psychology of Action. New York, London 1996.
VELMANS, Max: *Understanding Consciousness*, London 2000.
WEGNER, Daniel: *The Illusion of Conscious Will*, Cambridge MA 2002.
WEGNER, Daniel/WHEATLEY, Thalia: *Apparent mental causation: Sources of the experience of will*, in: American Psychologist 54 (1999), S. 480–491.

Spontan beabsichtigen – Läßt Freiheit Platz für Kreativität?

Thomas Splett (München)

1. Das Problem

Die Frage, ob Freiheit Platz für Kreativität läßt, mag zunächst verwunderlich klingen. Wird Freiheit in Gestaltung oder Spiel doch häufig gerade als ein entscheidendes Moment von Kreativität angesehen. Was versteht man in solchen Zusammenhängen aber unter Freiheit? Hat in einer präzisen Charakterisierung von Freiheit der Gedanke der Kreativität wirklich Platz? Ein Blick auf einen Großteil handlungstheoretischer Positionen vermittelt einen anderen Eindruck. Frei ist danach ein Handeln aus Gründen, aus Motiven, welche die handelnde Person als die (ihr) wichtigsten erachtet. Man kann auch sagen: ein Verhalten wird zu einem freien Handeln der Person, wenn es durch ihr rationales Profil bestimmt ist, das sich aus ihren spezifischen Wünschen, Werten, Überzeugungen u.ä. zusammensetzt. Nun zeichnet sich kreatives Handeln und Entscheiden aber gerade dadurch aus, daß es nicht zurückführbar ist auf ein solches vorweg bestehendes Inventar mentaler Größen, sondern daran gemessen für etwas Neues sorgt. Somit ließe Freiheit keinen Platz für Kreativität.

Ich möchte im folgenden eine entgegengesetzte Auffassung formulieren und begründen. Dabei gehe ich nicht vom Begriff von Kreativität aus, sondern von dem der Spontaneität und bestimme im Verlauf der Überlegungen die für meine Thematik relevante Kreativität als eine bestimmte Art von Spontaneität. Die Frage, ob Freiheit Platz für Kreativität läßt, diskutiere ich somit in Form der Frage, ob Freiheit und (kreative) Spontaneität von Absichtsbildung und Handeln miteinander vereinbar sind.

Als spontan fasse ist eine Absichtsbildung oder Handlung auf, wenn sie nicht aus Gründen erfolgt. Was das genau heißt, werde ich näher erläutern. Auf jeden Fall ist es keine Bedingung für solche Spontaneität, daß etwas Spontanes zwar wirksam, aber seinerseits unverursacht ist. Die Annahme von Spontaneität verpflichtet nicht auf eine libertarische Position, welche die Inkompatibilität von Freiheit und physikalischem Determinismus behauptet. Das von mir aufgeworfene Vereinbarkeitsproblem unterscheidet sich von den beiden klassischen und auch gegenwärtig überwiegend diskutierten, von dem der Vereinbarkeit von Freiheit mit physikalischem Determinismus wie auch von dem der Vereinbarkeit von Freiheit mit physikalischem Indeterminismus. Gemessen an manchen im Hinblick auf die Erschließung des Charakters von Freiheit unfruchtbaren Diskussionen über Verursachung und Determinismus ist die insbesondere von Kompatibilisten akzentuierte Umorientierung zur Beschäftigung mit praktischen Gründen zu begrüßen. Sie wirft aber, wie ich zeigen möchte, ein neues Vereinbarkeitsproblem auf, eben das der Vereinbarkeit von Spontaneität und Freiheit, das weitenteils unabhängig ist von der Entscheidung zwischen klassischem Kompatibilismus und Inkompatibilismus sowie materialistischen und eher dualistischen Positionen in der Philosophie des Geistes.

2. Der Standardeinwand gegen Spontaneität als Moment von Freiheit

Handelt es sich bei dem neuen Vereinbarkeitsproblem überhaupt um ein interessantes und wichtiges Problem? Ich denke, ganze entschieden. Auch wenn der Begriff der Spontaneität im Sinne der Grundlosigkeit im Alltag oft den Geschmack von Freiheit hat und für einige klassische philosophische Positionen gerade den Kern von Freiheit ausmacht, so standen diesen immer wieder Positionen gegenüber, die das als Mißverständnis dessen aufgefaßt werden, was wir mit »Freiheit« eigentlich meinen oder meinen sollten. Insbesondere nimmt die überwiegende Mehrheit zeitgenössischer Positionen in Handlungstheorie und Willensfreiheitsdebatte an, daß solche Spontaneität nicht zur Freiheit gehört, oder sogar, daß es sie gar nicht gibt und geben kann, da der Begriff des nicht aus Gründen erfolgenden Beabsichtigens und Handelns inkonsistent sei. Offenbar geht es im Streit zwischen Spontaneitätsanhängern und Spontaneitätsleugnern um unterschiedliche zentrale Auffassungen dessen, was Freiheit ausmacht.

Was spricht nun überhaupt dagegen, daß auch grundlos unternommene Handlungsaspekte frei sein können? Das Grundmuster des weit verbreiteten Arguments hat folgende Gestalt:

> Nicht aus Gründen erfolgte Tätigkeiten sind nicht frei, weil sie der Person nicht auf dieselbe Weise zuzurechnen sind wie aus Gründen unternommene Tätigkeiten (= Handlungen). Sie sind ihm nicht auf dieselbe Weise zuzurechnen, weil sie nicht wie diese absichtlich sind. Sie sind nicht wie diese absichtlich, weil absichtlich nur sein kann, was aus dem rationalen Profil der Person heraus erklärt werden kann. Dies ist deswegen der Fall, weil das Verhältnis von Absicht und Absichtträger sonst nicht intelligibel wäre.

Das Argument weist einen konstitutionstheoretischen und einen erklärungstheoretischen Aspekt auf, die eng miteinander verbunden sind. Es wird behauptet, daß eine Absicht und die Person als Träger der Absicht miteinander verkoppelt sein müssen, es gleichsam einen Mechanismus geben muß, der etwas zu einer Absicht der Person macht. Zugleich wird gefordert, daß dieser Mechanismus erklärbar sein muß. Dem Argument zufolge können die beiden Anforderungen nur dadurch erfüllt werden, daß die Absicht vom rationalen Profil der Person determiniert ist und somit prinzipiell aus ihrem bestehenden Inventar aus Motiven, Überzeugungen usw. erklärt werden könnte. Ein spontanes willentliches Tun kann es danach nicht geben, weil es sich dabei gar nicht um eine Handlung der Person handelte, nämlich ein Tun, das von der Person als seinem Urheber beabsichtigt ist.

Von dieser starken Version des Arguments läßt sich eine schwächere Variante unterscheiden, wonach Tätigkeiten, die nicht aus Gründen erfolgen, zwar nicht frei, aber doch zumindest absichtlich sein können. Diese Variante setzt für Absichtlichkeit eine schwächere Art von Zurechenbarkeit voraus als die, aus den mentalen Einstellungen der Person heraus erklärt werden zu können. Den Charakter eines Gegenarguments gegen spontanes Beabsichtigen hat nur die stärkere Variante.

Bevor ich dieses für die Unvereinbarkeit von Freiheit und Spontaneität herangezogene Argument näher prüfe, einige Bemerkungen dazu, wie Spontaneität und Freiheit in eher nicht-philosophischen Kontexten zueinander ins Verhältnis gesetzt werden.

3. Spontaneität, Freiheit und Verantwortung im Alltagsverständnis

Der Ausdruck »spontan« wird in Alltag wie auch in Philosophie vielfältig verwendet. Oftmals meint man damit etwas wie »schnell, instantan, ohne lange zu überlegen, zu planen und zu begründen«. Oft wird aber auch auf die Quelle und den Anlaß der Handlung abgehoben, »spontan« meint dann so etwas wie »unaufgefordert, aus sich heraus, aus eigenem Antrieb«. Philosophisch markierter sind Verwendungsweisen im Sinne von »ohne Ursache« und, die Bedeutung, auf die es mir hier ankommt, »ohne Grund«.

Für das Alltagsverständnis vom Verhältnis von Spontaneität und Freiheit läßt sich (bei aller Unbestimmtheit) eine gewisse Ambivalenz konstatieren. Einerseits steht Spontaneität oft für Spielerisches, Leichtes, Kreatives und somit in diesem Sinn Freies. Spontaneität wird dann der Last von Verantwortung gegenübergestellt, allerdings nur, wenn sie in einem von Verantwortung unberührten Freiraum statt hat, also in ethisch insignifikanten Situationen, in denen die Rede von Verantwortung und daran orientiert von Freiheit gar nicht nahe liegt. In ethisch signifikanten Situationen trifft man hingegen auf Formulierung wie »spontan geholfen« (oder »spontan gespendet«, in der medialen Berichterstattung von Reaktionen auf Katastrophen). Spontaneität steht dann gerade nicht in einem Gegensatzverhältnis zu Verantwortlichkeit. Man spendet moralisches Lob für den Einsatz, und offenbar besonders auch dafür, daß er spontan erfolgte, nämlich ganz selbstverständlich und ohne langes Abwägen (etwa zwischen altruistischem Helfen und Eigeninteresse). Spontaneität schließt dann zumindest nicht eine solche im Zusammenhang mit Verantwortung stehende Art von Freiheit aus.

Nun spricht man von Verantwortlichkeit zwar auch in Situationen des moralisch Lobenswerten, vornehmlich aber solchen des moralisch Tadelnswerten. Formulierungen wie »spontan nicht geholfen« sind auffallend selten anzutreffen. Der Ausdruck »spontan« findet aber Anwendung in Formulierungen wie »er hat ihm spontan einen Bierkrug über den Kopf geschüttet/gehauen«. In solchen Zusammenhängen wirkt die Erwähnung der Spontaneität zugunsten einer Tendenz der Ent-Schuldigung: die Handlung wird quasi als Reflex aufgefaßt, was Verantwortlichkeit mindern würde. - Wie ich meine, muß man dieses Phänomen aber nicht als Beleg für eine Gegenüberstellung von Spontaneität und Freiheit/Verantwortlichkeit deuten. Statt dessen kann die Asymmetrie von »spontan gut verhalten« und »spontan schlecht verhalten« als Fall der generellen Asymmetrie gesehen werden, wonach gutes Tun einer Person eher als (eben positive) eigene moralische Qualität zugeschrieben wird, während schlechtes Tun der Person häufig tendenziell nur in geringerem Maße moralisch zugeschrieben, sondern zu weiten Teilen auf Umstände, momentane schlechte Verfassung, falsche Erziehung usw. zurückgeführt wird.

Berücksichtigt man dies, kann man insgesamt für das Alltagsverständnis von einem ambivalenten Verhältnis von Spontaneität und Freiheit sprechen. Freiheit im spielerischen Sinn verträgt sich gut mit Spontaneität. Freiheit im schwerwiegenden Sinn im Kontext von Verantwortung verträgt sich mit Spontaneität, wenn die Situation moralisch signifikant und die Entschuldigungstendenz nicht zu ausgeprägt ist. Allerdings verschiebt sich das Gewicht der moralischen Beurteilung von der konkreten Handlung zum charakterlichen Profil der Person. Wer spontan hilft, hat, so wird angenommen, einen guten Charakter, aus dem dies wie selbstverständlich folgt (wenn auch nicht als gleichsam mechanische Konsequenz). Wer spontan etwas Schlechtes tut, tut dies entweder aus einem schlechten Charakter heraus oder weil er sich im Moment nicht voll unter Kontrolle hat. Bezieht man Freiheit eher auf Handlungen, so besteht zwischen Spontaneität und solch verstandener Freiheit die Tendenz zu einer gewissen Gegenüberstellung.

Der Befund deckt sich somit nur teilweise mit der skizzierten und unter Philosophen verbreiteten Auffassung von der Unvereinbarkeit von Spontaneität und Freiheit. Liegt das u.a. daran, daß unter »Spontaneität« in beiden Fällen unterschiedliches verstanden wird? Was heißt überhaupt, daß spontane Absichtsbildungen oder Handlungen nicht aus Gründen erfolgen?

4. *Wann erfolgt eine Tätigkeit spontan, nämlich nicht aus Gründen?*

Eine Absicht nicht aus Gründen gebildet zu haben ist nicht gleichbedeutend mit: sie ohne langes Nachdenken gebildet zu haben. Wer nicht lange deliberiert, ob er den Fahrstuhl oder die Treppe nehmen soll, um in ein hoch gelegenes Stockwerk zu kommen, sondern sich zielsicher für den Fahrstuhl entscheidet, der tut das nicht unbedingt ohne Grund. Motive wie Zeitersparnis oder Bequemlichkeit können ausschlaggebend, die Lust an körperlicher Betätigung hingegen schwach ausgeprägt gewesen sein.

Wer solche Gründe hat, kann eine informative Begründung für seine Wahl geben. – Liegt somit ein Handeln »nicht aus Gründen« vielleicht dann vor, wenn der Handelnde keine informative Begründung für es geben kann, oder vielmehr: prinzipiell nicht geben könnte? Betrachten wir den Fall des spontanen Helfens. Jemand, der »spontan« und »selbstverständlich« geholfen hat, aus welchem Grund hat der geholfen? Auch wenn man auf eine solche Frage anders als mit bloßem Schweigen antworten kann, so dürfte – wie auch der Ausdruck »selbstverständlich« anzeigt – der Informationsgehalt der Antworten beschränkt sein. Wer spontan und selbstverständlich hilft, der tut dies aus dem Grund, daß die Situation (für sein Ermessen) Hilfe erfordert. So unterstellen wir, und schließen damit relevante Alternativen aus wie die, daß er vornehmlich deswegen hilft, weil ihm dafür eine Belohnung zuteil würde. Genügt der Ausschluß solcher Alternativen, um von einer informativen Begründung zu sprechen?

Ist ein solcher Fall nicht eher mit solchen zu vergleichen wie: Aus welchem Grund wählt jemand Zitronen- statt Erdbeereis, der lieber Zitronen- als Erdbeereis ißt? Aus welchem Grund hebt jemand den Arm, der einfach gerne den Arm hebt? Zu sagen: aus genau diesem Grund, daß ihm Zitroneneis besser schmeckt oder daß er eben gerne den Arm hebt, ist wenig informativ. Man *kann* in solchen Fällen von Gründen sprechen. Aber gemessen an wirklich informativen Begründungen im Sinne des praktischen Schlusses oder (erweiterten) desire-belief-Schemas erscheint diese Rede von Gründen als wenig signifikant. – Die genannten Tätigkeiten des Helfens, des Zitroneneiswählens oder Armhebens sind aber zweifelsohne absichtlich. Auch wenn ich diese Problematisierungen hier nur anreiße, rechtfertigen sie m.E. Vorbehalte gegen eine Identifizierung von absichtlichen Tätigkeiten mit solchen, die in einem signifikanten Sinn aus Gründen vollzogen werden. Das Tor zur Annahme von spontanen absichtlichen Tätigkeiten als solchen, die nicht von Gründen regiert werden, ist damit aufgestoßen.

Zwei kurze Bemerkungen zur Vereindeutigung dieser Annahme: Die Formulierung »nicht von Gründen regiert« verwende ich, um nicht von der Nichtverursachung durch Gründe sprechen zu müssen. Ich gehe hier nicht auf die Thematik ein, ob Gründe den Charakter von Ursachen haben oder nicht. Zweitens meine ich mit »Grund« hier nicht objektive, von einem Zuschreiber zurecht als »gut« eingestufte Gründe, sondern subjektive, motivierende Gründe (aber solche, die man wirklich informativ zu Erklärung und Rechtfertigung der eigenen Handlung verwenden könnte).

Es scheint mir sinnvoll, die Distinktion »aus Gründen/nicht aus Gründen« nicht auf ganze Handlungen, sondern auf jeweilige Handlungsaspekte zu beziehen. Ich denke nicht, daß es Handlungen gibt, die unter keinem Aspekt aus Gründen erfolgen. Ich denke aber, daß es Tätigkeiten gibt, die auch unter solchen Aspekten absichtlich sein können, unter denen sie nicht aus Gründen geschehen. Wenn ein Philosoph den rechten Arm hebt, um ein Beispiel für Willensfreiheit zu geben, so mag, daß er einen Arm hebt, von einem informativ nennbaren Grund regiert sein: er will ein Exempel für Willensfreiheit geben. Aber daraus erklärt sich nicht, daß er gerade den rechten und nicht den linken Arm wählt. Das hindert aber, wie ich meine, nicht, daß er dies absichtlich tun kann.

Damit behaupte ich nicht, daß wenn immer jemand aus Gründen einen Arm heben will und den rechten Arm hebt, dies rechts-statt-links absichtlich wäre. Üblicherweise ist es das nicht, wie auch im Supermarkt die »Wahl« einer der gleich gut erreichbaren Packungen der gewünschten Speise und Marke üblicherweise zwar nicht gänzlich unabsichtlich, aber unter dem Aspekt, daß es genau diese und nicht die Nachbardose ist, nicht markiert absichtlich ist. Ich behaupte aber: das muß nicht so sein; es kann auch markiert absichtlich erfolgen, auch dann, wenn kein informativ nennbarer Grund dafür vorliegt.

Solche Fälle sind allerdings in einem anderen Sinne spontan als die des spontanen Helfens. Beim spontanen Helfen entspringt die Handlung aus dem charakterlichen Profil der Person. Es müssen nicht weiter isolierbare und informativ nennbare Gründe dazwischengeschaltet sein. Die Person ist in einer solchen Verfassung, daß sie eben in bestimmten Situationen selbstverständlich hilft. (Auch wenn das kein Vorgang ist, den wir als einen aus gleichsam mechanischen Notwendigkeit heraus geschehenden beurteilen.) Im Fall der markierten Absichtlichkeit des Hebens ausgerechnet des rechten Arms folgt dies nicht aus der charakterlichen Verfassung der Person. (Aus kompatibilistischer Sicht folgt es sicherlich aus seiner neurophysiologischen Verfassung. Aber auf diese Beschreibungsebene kommt es, wie ich auch noch näher ausführe, hier nicht an.) Ich spreche deswegen von innovativer oder kreativer Spontaneität im Unterschied zu den Fällen nicht-kreativer Spontaneität der Bestimmtheit durch die bisherige charakterliche Verfassung. Nicht-kreativ ist die Spontaneität, die deswegen nicht aus Gründen erfolgt, weil sie gleichsam selbstverständlich aus dem ganzen bisherigen Charakterprofil der Person erfolgt. Kreativ oder innovativ ist ein spontanes Beabsichtigen oder Handeln (bezüglich eines bestimmten Aspekts), wenn es nicht einfach aus dem feststehenden charakterlichen Profil folgt und dennoch der Person zuzurechnen ist. Mich interessiert in diesem Zusammenhang primär die kreative Spontaneität, und von dieser werde ich im folgenden sprechen, oftmals, wenn mir keine Mißverständnisse nahezuliegen scheinen, auch unter dem einfachen Titel »Spontaneität«.

5. Ist es plausibel, solche Spontaneität anzunehmen?

Erscheint die Annahme kreativ-spontaner Handlungsaspekte zunächst auch gewagter als die nicht-kreativ spontaner Tätigkeiten wie des »spontanen Helfens«, so mag der Hinweis auf Abwägungsvorgänge einen Schritt zu ihrer Plausibilisierung darstellen.

Es kommt oft vor, daß wir zwischen verschiedenen Gründen oder Motiven abzuwägen haben. Ist diese Abwägung nun selber wieder durch einen Grund oder ein Motiv bestimmt? Solches zu postulieren dürfte von dem Gedanken geleitet sein, im Psychischen eine Art von Determinismus nach dem Vorbild des Physikalischen anzusetzen. Man stößt dabei aber, wie ich meine, nicht nur epistemisch schnell an Grenzen, sondern es scheint unplausibel anzunehmen, es gebe da immer weitere regierende Motive und Gründe. Auch die Rede von unbewußten, sogenannten »impliziten Motive« kann nicht jede Lücke füllen, ohne die Grenze zu solchen Determinanten zu überschreiten, die nicht mehr von der mentalen Beschreibungsebene zu erfassen sind. Und daß auf anderen Beschreibungsebenen wie der physiologischen oder physikalischen lokalisierbare Determinationen stattfinden, steht auf einem anderen Blatt.

Es ist auch nicht zu sehen, wie die Abwägung, die schließlich einen Grund (oder eine Gruppe von Gründen) als den für Handlungswirksamkeit entscheidenden auszeichnet, adäquat wiederum als Regiertsein durch einen Grund beschrieben werden könnte. Denn was macht diesen Grund zum für die Person entscheidenden Grund, wenn nicht ein Vollzug der Person, ein eben spontanes Sichzueigenmachen dieses Grundes oder einer spezifischen Gewichtung von Gründen?

Eindrücklich kann man sich dies an Fällen von Entscheidung zwischen moralisch guter und schlechter Handlungsalternative vor Augen führen. Solche Fälle sind besonders geeignet, weil bei ihnen üblicherweise verstärkte Aufmerksamkeit für die Frage besteht, was der Person genau zuzurechnen ist. Wie ist nun eine solche Entscheidung zu rekonstruieren? Wie ich meine nicht als Abwägung zwischen einem moralischen Grund und einem unmoralischen/egoistischen Grund oder Motiv, sondern als moralisch gute oder unmoralisch/egoistische Abwägung zwischen mehreren Gründen (die selber nicht als gut oder verwerflich qualifiziert werden müssen; Eigeninteresse etwa ist ja nicht per se schlecht). Diese Abwägung ist nun kein rudimentäres Moment der gesamten Entscheidung, sondern ein zentrales, dasjenige, welches auch für die Absichtlichkeit der Entscheidung aufkommt.

Insofern das Abwägen spontan ist oder ein spontanes Moment aufweist, kommt der gesamten Entscheidung ein spontanes Moment zu. Spontaneität von Absichtsbildung und Handlung ist hier als Spontaneität eines irreduziblen Abwägungsvollzugs der Person in den Blick gekommen. Kein großer Sprung scheint es mir nun zu sein, von der Annahme eines spontanen Abwägens zwischen Gründen zu der einer Absichtsbildung überzugehen, die auch unter Aspekten spontan ist, die sich nicht signifikant als Abwägung von Gründen charakterisieren lassen. Nehmen wir das Beispiel des spontanen Hebens des rechten Arms. Wer einen Grund hat, zu Demonstrationszwecken seinen Arm zu heben, der hat sowohl einen Grund, den linken Arm zu haben, als auch einen Grund, den rechten zu heben, und er hat einen guten Grund, nicht beide zugleich zu heben. Schließlich den rechten Arm zu heben bedeutet dann, daß die Abwägung zugunsten dieses Arms ausgefallen ist. Angemessener wäre dieser Fall aber als spontane Absichtsbildung und Handlung ohne signifikantes Abwägen von Gründen zu beschreiben.

6. Zurückweisung des Standardeinwandes der mangelnden Intelligibilität

Ist es plausibel, spontane Absichtsbildungen und Handlungen anzunehmen, worin liegt dann der Fehler des einflußreichen Intelligibilitätseinwandes? Zur Erinnerung: Er besagt, daß nicht aus Gründen erfolgte Tätigkeiten nicht absichtlich sein können, weil sie nicht vom rationalen Profil der Person determiniert sind und nicht aus diesem erklärt werden können, somit das Verhältnis von Absicht und Absichtträger nicht intelligibel wäre.

Meine Entgegnung auf diesen Einwand ist, daß das Determiniertsein durch vorausliegende mentale Größen nicht die einzige Möglichkeit ist, wie man die Verbindung einer Absicht zum Träger der Absicht theoretisch charakterisieren und explizieren kann. Für die Kopplung der Absicht an die Person ist nicht entscheidend, daß sie durch das bestehende rationale oder charakterliche Profil determiniert ist, sondern daß sie eine signifikante Rolle in der Dynamik dieses Profils spielt. Die nicht aus Gründen erfolgende Ausbildung einer Absicht verändert das Profil. Mit der Ausbildung einer Absicht legt sich die Person auf ein bestimmtes Handeln oder bestimmte Handlungsdispositionen fest. (Insofern es aus solchen Commitments besteht, können wir das Profil »normativ« nennen. Absichtszuschreibungen durch Dritte haben nicht den Charakter von Wahrscheinlichkeitsabschätzungen, wie jemand faktisch handeln wird, sondern den von Zuschreibungen, wie jemand gemäß seinen Festlegungen handeln sollte oder müßte.)

Man darf sich die Verbindung von Absicht und Absichtsträger nicht zu sehr nach dem Bild vorstellen, ein bestimmter Mechanismus müsse etwas zur Absicht der Person machen, was sich schließlich in der Forderung nach einer diesen Mechanismus erklärenden Kausalerklärung niederschlägt. Intelligibilität wird stattdessen durch ein anderes Modell der Erklärung, nämlich die Explikation gewährleistet.

Dabei ist diese Explikationsform nicht einmal spezifisch für die spontanen Absichtsbildungen, stellt somit keine ad-hoc Lösung dar. Im Kern nicht anders als die Frage, was etwas nicht vom bestehenden Profil der Person Determiniertes zu einer spontanen Absicht macht, ist auch die Frage zu beantworten, was etwas zu einem Motiv oder einem Grund macht, von dem die Person will, daß es handlungsleitend ist. Auch hier gibt es keinen der Erklärung harrenden Mechanismus, der (nach dem klassischen Modell von Harry

Frankfurt, *Identification and Wholeheartedness*, in: ders., The Importance of What We Care About, Cambridge 1988, S. 159–176) die Reihe höherstufiger Wünsche so abbrechen ließe, daß erklärt würde, weswegen sich die Person jetzt gerade mit diesem einen Wunsch auf dieser einen Stufe identifiziert. Nichtsdestoweniger muß einen solchen Abbruch geben. (Den ich allerdings, gegen Frankfurt, nicht als einen solchen bestehender Wünsche charakterisiere.) Wie wir nun solchen »Abbruch« von bloßem Zufall abheben, so auch das Motive-Abwägen von einer bloß zufälligen Selektion eines dieser Motive, welche der Person nicht selber zugerechnet würde.

Spontaneität, wie ich sie hier konzipiere, ist nichts Mysteriöses. Ihre Intelligibilität setzt allerdings nicht voraus, notwendige und hinreichende Bedingungen dafür angeben zu können, wann eine spontane Absichtsbildung oder spontane Handlung (im Unterschied zu einem nicht anrechenbaren bloß zufälligen Ereignis) vorliegt. Es müssen aber Kriterien für die Zuschreibung solcher spontanen Performanzen verfügbar sein, also Anhaltspunkte, Gründe dafür, in einem konkreten Fall eine spontane Performanz zu vermuten oder nicht. Es gibt solche Kriterien und sie unterscheiden sich im Prinzip nicht von denjenigen für die Zuschreibungen von auf Gründen beruhenden Absichten und anderen mentalen Größen wie Motiven oder Überzeugungen. Man trifft seine (falliblen) Vermutungen über das Vorliegen bestimmter mentaler Größen einer anderen Person üblicherweise aufgrund von Selbstaussagen dieser Person und aufgrund der Deutung ihres Verhaltens. Schreiten die Neurowissenschaften weiter voran, können Neuroimages diese Palette erweitern. Diese Möglichkeiten stehen einem im Prinzip genauso für die Zuschreibung spontaner Absichtsbildungen zur Verfügung.

7. Ein reicherer Freiheitsbegriff auf der Basis von kreativer Spontaneität

Über den Erweis der Plausibilität der Annahme spontaner Momente und die Zurückweisung des Standardarguments hinaus möchte ich abschließend zeigen, daß man entlang dieser Annahme ein Bild vom Entscheiden und Handeln zeichnen kann, daß einige Intuitionen über Freiheit auf bessere Weise und in höherem Maße zu berücksichtigen vermag als in dem Bild, das Spontaneitätsleugner von ihr zeichnen (müssen).

a) Für wen Absichtlichkeit durch das Regiertwerden durch Gründe und Motive bestimmt ist, der läuft Gefahr, Entscheiden eher nach dem Muster des Erkennens (eben des Erkennens der Motive) und somit auf eine gewisse Weise passivisch zu denken. Wer Spontaneität annimmt, kommt der Intuition näher, daß Freiheit ein aktiver Vollzug ist, nicht reduzierbar auf Größen wie Motive, die selber keinen Vollzugscharakter haben. – In Phänomenbeschreibungen kreativer Entscheidungsprozesse findet man nun neben dezidiert aktivischen Formulierungen auch oft solche wie »ist mir eingefallen«, die eher passivischen

Charakter haben. Mir scheint aber für solche Formulierungen wesentlich zu sein, daß sie gerade keine Quelle nennen, aus der einem die Entscheidung »zugefallen ist«. Ihre Metaphorik eines Einfallens »aus einem Nirgendwo« verorte ich eher im aktivischen Bild als dem passivischen der Determination durch das bisherige mentale Inventar.

b) Spontaneität bringt den Zug von Freiheit auf den Punkt, aktuell zu sein, eben: *jetzt* stattzufinden. Die Entscheidung erfolgt spontan, sie ist nicht bereits (durch das bisherige mentale Inventar) entschieden.

c) Der Spontaneitätsanhänger kann die hart umkämpfte Alternativitätsbedingung für Freiheit, wonach der Fall sein muß, daß die Person auch anders hätte handeln und entscheiden können, in einem stärkeren Sinn berücksichtigen als der Spontaneitätsleugner, der sie entweder aufgibt oder nur in stark depotenzierter Gestalt aufrechterhält. Für ihn läßt anders als für den Spontaneitätsanhänger das bestehende Profil keine alternativen gleichermaßen absichtlichen und freien Optionen zu. (Nimmt man Spontaneität unter Bedingungen eines physischen Determinismus an, so besteht keine Alternativität von physischen Verläufen. Aber solche Alternativität ist, wie ich meine, für den Gehalt einer angemessenen Alternativitätsbedingung für Entscheidungs- und Handlungsvarianten nicht erforderlich. – Wie gesagt halte ich meine Überlegungen hier weitgehend unabhängig von der Kompatibilismus/Inkompatibilismusfrage als auch den möglichen Positionen zum Verhältnis mentaler und physiologisch/physischer Größen. Sind spontane Momente ebenso wie andere mentale Größen physisch realisiert, so verhielten sich diese physischen Basen einem eventuellen Determinismus entsprechend. Der Freiheit tut das keinen Abbruch. Es kommt für Freiheit nicht auf Unverursachtsein schlechthin an, sondern auf den Ausschluß ganz bestimmter Determinanten, beispielsweise zwingender fremder Intentionalität. Schief ist es, bereits Entscheidung und neurophysiologische Prozesse als solche in ein Konkurrenzverhältnis zu setzen.)

d) Freiheit weist sowohl positive Momente eines Freiseins-zu-etwas wie auch negative eines Freiseins-von-etwas auf. Der Spontaneitätsanhänger kann, ohne daß die positiven damit abgewertet werden sollten, auch solche negativen berücksichtigen wie die Freiheit von den bisherigen mentalen Dispositionen.

e) Der Spontaneitätsanhänger hat bessere Karten in der Debatte mit Freiheits- und Verantwortungsleugnern als der Spontaneitätsleugner. Der Freiheitsleugner kann nämlich wie folgt argumentieren: »Wenn Entscheidungen und Handlungen durch die eigenen, in einem vorgefundenen Motive determiniert sind, dann ist das im Prinzip genauso heteronom, als wenn sie durch äußere Zwänge determiniert wären. Denn warum sollte es einen Unterschied machen, ob sich die Determinanten nun außerhalb oder innerhalb der Person befinden? Im Prinzip ist deren Einstellung gegenüber den Motiven dieselbe wie gegenüber äußeren Größen: sie hat sie nicht selber gemacht, sondern findet sie bloß vor und steht somit in einer gewissen Distanz zu ihnen.«

Ich behaupte nicht, daß das ein stimmiges Argument ist und der Spontaneitätsleugner davon tief getroffen sein müßte. Er kann versuchen, freies und unfreies Tun anhand unterschiedlicher Arten der Genese, unterschiedliche Weisen, wie die Motive in der Person entstanden sind oder in sie hineingekommen sind (beispielsweise durch Hypnose) zu diskriminieren. Diese Möglichkeit steht dem Spontaneitätsanhänger aber ebenso frei. Darüber hinaus kann er das spontane Moment anführen, das sich als solches der Gleichsetzung mit heteronomer Bestimmtheit entzieht. Spontaneität ist per se selbstbestimmt und selbstbestimmend. Es wäre so unsinnig, von der Person noch einmal Kontrolle über ihre spontane Tätigkeiten zu verlangen, wie es unsinnig wäre zu fordern, man müsse Kontrolle über Kontrolle haben. Spontaneität ist Kontrolle.

Angesichts der Plausibilität der Annahme spontaner Momente in Absichtsbildung und Handlung, der Zurückweisung des Gegeneinwandes als auch dieser fünf Vorzüge scheint mir genug dafür zu sprechen, in einer Charakterisierung von Freiheit nicht nur die Gründe und das charakterliche Profil zu berücksichtigen, aus denen bzw. dem jemand etwas tut, sondern auch die kreativ spontanen Momente.

Literatur

FRANKFURT, Harry: *Identification and Wholeheartedness*, in: ders., The Importance of What We Care About, Cambridge 1988, S. 159–176.

Schellings Ethik der Kreativität

BRIGITTE HILMER (BASEL)

0.

Die Kreativität des Menschen ist eine Hoffnungsträgerin. Das Prädikat wird heute fast durchgängig lobend verwendet und das entsprechende Vermögen in vielen Situationen als Problemlöser angerufen. Angesichts dieser Einigkeit scheint es beinahe müßig, sich die Frage zu stellen, wie es zu dieser Einschätzung kommt und was sie rechtfertigt.

Im Kontext unseres Alltagsdiskurses lässt sich die erste Frage historisch beantworten: der Ausdruck Kreativität ist über vereinzelte Vorkommen hinaus erst seit den 60er Jahren durch die psychologische Forschung in Gebrauch gekommen. Ziel dieser Forschung war vor allem, mit dem Verständnis der psychischen Prozesse bei herausragenden »Kreativen«, d.h. Künstlern und Wissenschaftlern, die Produktivität des Humankapitals zu erhöhen und die Wettbewerbsfähigkeit von Volkswirtschaften zu steigern. Kreativität ist in dieser Sicht etwas Gutes, weil sie zum Erfolg beiträgt.

Dass Kreativität aber, unabhängig von der Möglichkeit ihrer Instrumentalisierung[1], als etwas intrinsisch Gutes angesehen wird, dürfte zunächst einmal darin begründet sein, dass ihre Betätigung das Lebens- und Selbstgefühl beim Einzelnen hebt und dass sie etwas Neues in die Welt bringt. Eine solche Begründung ist aber nicht so unproblematisch, wie es auf den ersten Blick aussieht. Denn die Hebung des Lebensgefühls kann auch auf Kosten Anderer gehen, und Neuheit für sich genommen garantiert nicht, dass das Neue den Aufwand wert oder auch nur unschädlich ist. Eine destruktive Kreativität ist genausowenig ein Widerspruch wie schöpferische Zerstörung.

Dass der Glaube an das Gute der Kreativität trotzdem so hartnäckig vorhält, kann aber auch den Grund haben, dass er aus den Ressourcen einer überlieferten Semantik schöpft, die über eine Wertschätzung des sich gut Fühlens und des Neuen um seiner selbst willen hinausreicht. Diese tieferen Bedeutungen aufzudecken, ist aber deshalb nicht so einfach, weil die Sache, um die es bei dem Terminus Kreativität geht, sich historisch in verschiedene Ausdrücke und Diskurse verzweigt hat, die sich nur teilweise miteinander zur Deckung bringen lassen.

---

[1] Dieser Aspekt wurde schon problematisiert von W. Matthäus: *Kreativität*, in: Historisches Wörterbuch der Philosophie, Bd. 4, Basel/Stuttgart 1976, Sp. 1194-1204.

Ein prominenter Anwärter auf eine Vorläuferschaft ist der Geniebegriff seit dem ausgehenden 18. Jahrhundert.[2] Niklas Luhman hat sich deshalb über den Kreativitätsdiskurs mokiert: Kreativität scheine »nichts anderes zu sein als demokratisch deformiert Genialität«.[3] Hans Joas erzählt die Vorgeschichte des Kreativitätsbegriffs anhand von Kandidaten, die er »Metaphern der Kreativität« nennt. Sie heißen in einer gewissen historischen Folge: »Ausdruck«, »Produktion«, »Revolution«, »Leben« , »Intelligenz und Rekonstruktion«.[4] Auch der Begriff des Schöpferischen, der als Übersetzung des lateinischen *creatio* der Kreativität am nächsten wäre, käme in Betracht, ist allerdings vor dem Ende des 18. Jahrhunderts für Gott reserviert. Noch Lessing war der Meinung: »schöpferisch schreiben, schöpferisch dichten sind strafbare und unchristliche Ausdrücke« .[5]

Schelling für eine genauere Untersuchung der Bedeutung menschliches Kreativität heranzuziehen, ist aus mehreren Gründen erfolgversprechend. Schelling befindet sich mit dem Nachdenken über diese Thema im Schnittfeld von etlichen dieser Metaphern und Diskurse. Er ist zum einen beteiligt an der Entstehung einer Kunstphilosophie, die den Begriff des Schöpferischen erstmals auf unproblematische Weise mit menschlichen Hervorbringungen in Verbindung bringt, und knüpft dabei auch an die Genieästhetik an. Zweitens spielt er in der Formulierung eines übergreifenden Konzepts von Produktion eine wichtige Rolle. Joas sieht allerdings in diesem Zusammenhang bei Schelling noch eine »kunst- und naturphilosophische Emphatisierung des Ausdrucksmodells«, wirklich von Produktion könne man erst da sprechen, wo sie sich bei Marx mit dem Handlungsmodell der Arbeit verbinde.[6] Es wird zu zeigen sein, dass dieser Eindruck trügt: vor allem der spätere Schelling steht dem Ausdrucksmodell eher kritisch gegenüber. Das wird dann sichtbar, wenn man den dritten und letzten Punkt beachtet: Schelling arbeitet bewusst und methodisch pointiert mit den Analogien zwischen menschlicher und göttlicher Schöpfung, er ist sogar der Meinung, dass erst ein konsequenter Anthropomorphismus in der Rede über Gott den Abstand zum Menschen zum Vorschein bringen kann.

Mit der Verflechtung und Überlagerung dieser drei Stränge: der Kunstphilosophie, des Produktionsbegriffs und der Schöpfungstheologie, bietet Schelling eine komplexe Philosophie der Kreativität. An sie soll im folgenden die

---

[2] Vgl. Joachim Ritter: *Genie*, in: Historisches Wörterbuch der Philosophie, Bd. 4, Basel/Stuttgart 1976, Sp. 279-308 und Jochen Schmidt: *Die Geschichte des Geniegedankens in der deutschen Literatur, Philosophie und Politik 1750-1945*, 2 Bände, Darmstadt 1985.
[3] Niklas Luhmann: *Über Kreativität*, in: H.-U. Gumbrecht (Hg.): Kreativität – Ein verbrauchter Begriff?, München 1988, S. 16.
[4] Hans Joas: *Kreativität des Handelns*, Frankfurt/M. 1992.
[5] Zit. nach Karin Hemmer-Junk: *Kreativität – Weg und Ziel*, Frankfurt/M. 1995 (Diss. Trier 1994), S. 19.
[6] Joas: a.a.O., S. 126.

Frage nach der Tiefendimension der Kreativität in ihrem emphatischen Gebrauch adressiert werden. Schelling interessiert aber auch als der Denker, bei dem (wenn auch vielleicht noch nicht *für* den) das Verhältnis von intrinsischer Güte bei gleichzeitiger Gefährdung und Gefährlichkeit der menschlichen Kreativität zum Problem wird.

1.

Produktion als Metapher der Kreativität: diese Formulierung beschreibt eine bei Schelling unübersehbare Tendenz, den Begriff der Produktion auszuweiten und emphatisch aufzuladen. »Nur durch das göttliche Vermögen der Produktion ist man wahrer Mensch, ohne dasselbe nur eine leidlich klug eingerichtete Maschine«.[7] Gerade dort, wo Produktivität eine große Rolle spielt, verwendet er den Begriff praktisch gleichbedeutend oder in undifferenzierter Reihung mit dem des Schöpferischen. Die Begriffe des Schöpferischen und der Schöpfung treten zwar zunehmend in den Vordergrund, aber Schelling hat, soweit ich sehe, auch später keine explizite Unterscheidung zwischen Produktion und Schöpfung eingeführt. Das ist insofern nicht überraschend, als es seinem methodischen Vorgehen entspricht, Begriffe eher in ihrer Absolutheit als in kritischen Unterscheidungen und Gegenstellungen auszuarbeiten. Es muss aber nicht heißen, dass nicht ein Riss zwischen der Metapher und dem, wofür sie Metapher sein soll, sich trotzdem geltend machen kann.

Ich möchte im Folgenden der Differenz und dem Verhältnis der Produktivität und des Schöpferischen nachgehen, wie sie sich in Schellings Texten, vor allem denen der mittleren Zeit, geltend machen. Ich möchte dabei zeigen, dass Produktivität in Schellings Verwendung eine wesentliche Komponente des Schöpferischen ausmacht, dass aber auch eine Trennbarkeit und Verkehrung im Verhältnis beider Seiten zu denken ist, bei der Kreativität problematisch wird. Dieses Problematischwerden macht Kreativität zu einem Gegenstand ethischer Überlegungen, denn es wirft die Frage auf, wie wir das Schöpferische zur Produktivität in ein rechtes Verhältnis bringen können, ja ob wir dazu überhaupt imstande sind. Bevor ich dazu komme, möchte ich aber zunächst klären, wie sich die Konzepte der Produktivität und des Schöpferischen bestimmen lassen und worin sie aufeinander verweisen.

---

[7] F.W.J. Schelling: *Vorlesungen über die Methode des akademischen Studiums* [1803], in: Ausgewählte Werke, Schriften 1801-1804, Darmstadt 1989, S. 475 (Schellingzitate im Folgenden aus dieser Ausgabe mit Bandangabe).

2.

Die bis heute lebendige Unterscheidung zwischen Produktion und Kreation findet Schelling schon vor. *Producere* als das Heraufführen oder Vorführen eines schon Angelegten, Bereitstehenden, etwa das Vorführen einer militärischen Kompanie oder das Beibringen von Beweisen vor Gericht, begegnet uns im Englischen. Terminologisch kann ein solches Produzieren als Bezeichnung für eine schöpferische Tätigkeit fungieren, wenn diese Tätigkeit im Rahmen eines Emanationsmodells gedacht wird. Schöpfung wäre dann Auswickelung eines schon Vorhandenen. Dem tritt die Idee einer *creatio ex nihilo* entgegen. Ein Schaffen, dem nichts Existierendes vorhergeht, kann dabei entweder als etwas grundlegend Anderes als die Produktion oder als ihre besondere Abart gedeutet werden. Kreation steht in allgemeinster Weise mit Neuheit im Zusammenhang. Menschliches Hervorbringen muss sich deshalb mit materieller Kausalität verbünden, während Kreativität zu ihr quer stehen kann.[8]

Für Schelling ergibt sich die äquivoke Verwendung beider Begriffe daraus, dass er diese Unterscheidungen für haltlos hält. Eine *creatio ex nihilo* als Schöpfungsprinzip kann nicht erklären, was sie erklären soll. Produktivität andererseits wird für ihn metaphysisch interessant erst als reine Produktivität, das heißt als diejenige Tätigkeit, die allem Produkt vorausgeht und daher selbst nicht aus etwas Existierendem evolvieren kann. Dieser Begriff reiner Produktivität wird in der Naturphilosophie grundgelegt und bleibt auch für transzendental- und geistphilosophische Verwendungen ausschlaggebend. Ich möchte deshalb einige Grundzüge dieses Produktivitätsbegriffs in Erinnerung rufen.

Natur ist gleichzusetzen mit uneingeschränkter produktiver Tätigkeit. In ihrer Absolutheit ist diese das Sein selbst. Damit sie als Natur angesprochen werden kann, braucht es allerdings weitere Bestimmungen. Das Hauptproblem, das der Begriff absoluter Produktivität aufwirft, besteht darin, dass aus ihr alleine ihre empirische Darstellung im Zustandekommen von Produkten nicht erklärlich ist. Denn reine Produktivität ist ein Werden mit unendlicher Geschwindigkeit, aus dem nichts Reelles entsteht. In einem vorgreifenden Vergleich gesagt: in dem Stadium geistiger Produktion, in dem uns alle komplexen Zusammenhänge dessen, was wir einsehen, klar und mit einem Mal vor Augen zu stehen scheinen, sind wir noch lange nicht fähig, sie zu entfalten und mitzuteilen. – Die reine Produktivität der Natur muss also gehemmt werden, um sich mit endlicher Geschwindigkeit entfalten zu können. Eine solche Bremsung ist im Begriff der Produktivität impliziert, wie wir ja auch jemanden, dem alles im Geiste mit einem Schlag klar ist, deswegen noch nicht produktiv nennen würden. Die postulierte Hemmung und Verlangsamung führt

---

[8] Vgl. F. Kaulbach: *Produktion*, in: Historisches Wörterbuch der Philosophie, Bd. 7, Basel, Stuttgart 1989, Sp. 1418-1426.

zu zeitlicher Entfaltung und zu Produkten. Damit tritt aber ein neues Problem auf: Produktivität geht nicht im Vorhandensein von Produkten auf: wir können aus Gegenständen allein nicht auf eine hervorbringende Tätigkeit schließen, wenn diese nicht irgendwo auch über ihr Produkt hinausreicht. In Schellings Konstruktion: die Hemmung der Produktivität würde gleich im ersten Produkt zu ihrem Kollaps und Ersterben führen, wenn sie nicht im Produkt selbst als unendliche erscheinen könnte. Ein solches Eingehen der Produktivität in und Hinausgehen über das Produkt zeichnet insbesondere die Natur aus. Das Fortbestehen eines Naturprodukts lässt sich deshalb nicht so sehr mit einem Aussetzen der Produktivität beschreiben denn – zutreffender – als eine fortwährende Reproduktion. Die Hemmung unterbricht also die Produktivität nicht, um sie im Produkt stillzustellen, sondern leitet sie in reproduktive Tätigkeit um. Das Produkt ist so etwas wie eine stehende Welle (Schelling gebraucht auch den Vergleich des Wirbels) im Strom reiner Produktivität. In der organischen Fortpflanzung geht die Produktivität selbst so an das Produkt über, dass es sich damit abermals als eine Erscheinung der Reproduktion der Gattung erweist. Natürliche Produktivität besteht also als ein Gleichgewicht zwischen Tätigkeit und Produkt und kommt, unerachtet einer Gerichtetheit der Evolution der Natur, nicht über einen unendlichen Kreislauf hinaus. Diese einer Inkonsistenz im Begriff der Produktion geschuldete Rotation bildet den Hintergrund der Welt.

Menschliche und geistige Produktivität wiederholt diesen Prozess, aber besteht wesentlich in der Brechung des Zirkels. Eine solche Brechung kann weder nur in einer die stehende Welle erzeugenden Hemmung bestehen noch in einem Aufhören der Produktivität. Modellhaft entwickelt die Transzendentalphilosophie in Anlehnung an Fichte das Ich in der Struktur einer naturanalogen produktiven Tätigkeit. »Das Ich« heißt es hier, »ist ursprünglich reines ins Unendliche gehendes Produzieren, vermöge dessen allein es niemals zum Produkt käme. Das Ich also, um für sich selbst zu entstehen (um nicht nur Produzierendes, sondern zugleich Produziertes zu sein, wie im Selbstbewusstsein) muss seinem Produzieren Grenzen setzen.«[9] Diese Selbstbegrenzung ist etwas anderes als die bloße Aufgehaltenwerden in der Natur. » Das Ich als Ich ... ist nur dadurch begrenzt, dass es sich als solches anschaut, denn ein Ich ist überhaupt nur, was es für sich selbst ist.«[10] Die mit Bewusstsein gleichgesetzte Begrenzung der produktiven Tätigkeit ist nicht nur eine Herabsetzung der unendlichen auf eine endliche Geschwindigkeit, sie beruht auf einem freien, außerhalb der Zeit anzusiedelnden Akt. Philosophische Reflexion wiederholt diesen Urakt im Ich, deswegen ist es »offenbar, dass alle Philosophie produk-

---

[9] Schelling: Bd. 1700-1801, S. 380.
[10] Schelling: a.a.O., S. 382.

tiv ist« und »ebensogut wie die Kunst auf dem produktiven Vermögen .... beruht«.[11]

Die menschliche, ichhafte und vollends die geistige Produktivität der Wissenschaft und Kunst ist eine, die in der Brechung des Bewusstseins sich begrenzt und transzendiert: wenn sie auch, wie die schaffende und werktätige Wissenschaft, als die Schelling die Natur in seiner Münchner Akademierede bezeichnet, in einem Produkt terminiert, so doch in einem solchen, dass die absolute Produktivität nicht einfach reproduzierend fortschreibt. Die im Kunstprodukt gesteigerte Selbstanschauung des Ich wird begleitet von dem »Gefühl einer unendlichen Befriedigung«, heißt es am Ende des Transzendentalsystems, denn »aller Trieb zu produzieren, steht mit der Vollendung des Produkts stille, alle Widersprüche sind aufgehoben, alle Rätsel gelöst«.[12]

Produktivität wird in dieser Konzeption zu einem grundlegenden, Natur und Geist übergreifenden metaphysischen Prinzip ausgeweitet, welches so gedacht wird, dass es das einschließt, was ihm ein Maß und eine Grenze setzt. Der außerzeitliche Charakter der Reflexion, die im Ich und gesteigert in Kunst und Philosophie in die Produktivität einbricht und sie transformiert, verweist aber auf die begriffliche Quelle dieses Anderen der Produktivität, auf das Schöpferische. Ein außerzeitlicher Akt ist für Schelling zwar kein aus dem Nichts kommender, denn auch Möglichkeiten sind außerzeitlich, aber nicht nichts. Er ist aber doch deutlich von der mit Reproduktion zusammenfallenden Produktion zu unterscheiden, so dass die Fusion der beiden Begriffe bereits an dieser Stelle fragwürdig wird.

Ganz neu kommt das Verhältnis von Produktion und Schöpfung in den Blick, wo Schelling in der Freiheitsschrift und in seiner Weltalterphilosophie die Welterschaffung und deren Pendant in der menschlichen Erfahrung zum Thema macht.

Auf beiden Ebenen lassen sich jetzt zwei Modalitäten des Schöpferischen unterscheiden, eine spielerisch-virtuelle und eine wirkliche. Die erste entspricht dem spielenden Leben der Weisheit Gottes vor der Schöpfung, der Bewegung der Materie und ihrer Gestalten und Bildungen, die auf keine Wirklichkeit Anspruch machen.[13] Menschlich erfahrbar ist die dafür erforderliche Freisetzung und Ordnung der Kräfte im Schlaf und Traum, einem »Aussersich-gesetzt-werden«, wie es der magnetische Schlaf vorführt. »Und so sehen wir denn, um jetzt nur bei geistigen Hervorbringungen stehen zu bleiben, wie die innere Freiheit und Unabhängigkeit der Gemüthskräfte auch alle geistige Schöpfung bedingt, wie befangene Menschen in dem Verhältniss, als sie diess sind, zur geistigen Produktion immer untüchtiger werden, und nur wer jene göttliche Zweiheit in der Einheit und Einheit in der Zweiheit sich zu erhalten

---

[11] Schelling: a.a.O., S. 351.
[12] Schelling: a.a.O., S. 615.
[13] Schelling: Bd. 1813-1830, S. 86 f.

weiss, auch jener spielenden Lust und besonnenen Freiheit des Schaffens theilhaftig ist, die sich gegenseitig fordern und bedingen.«[14]

Erst wenn sich das Spielen zur Wirklichkeit entschließt, lässt sich von Schöpfung im zweiten und engeren Sinne sprechen. Dieser entscheidende Schritt ist nicht als eine Emanation zu denken: Schelling erteilt damit zugleich allen Konzepten, die Kreativität vom Ausdruck oder von der Entäußerung her verstehen, eine Absage. Wirkliche Schöpfung geschieht vielmehr durch ein Sich-Zurücknehmen. Gott offenbart sich, indem er sich »als das ewige Nein überwindlich« setzt, das heisst, er negiert zunächst alles, was über ihn als Grund hinausführen könnte und lässt sich als diese Negation dann selbst negieren. Der Anfang jeder wirklich kreativen Bewegung ist nicht die Expansion einer tätigen Instanz, sondern ein Zusammenziehen, ein Sich-Absetzen von dem, was geschaffen werden soll und dem damit Raum gegeben wird. Durchgängiges Kennzeichen eines solchen ursprünglichen Schöpfungsaktes ist die Bewusstlosigkeit. Insofern dieser Akt allerdings aus einem anfänglichen Widerstand hervorgeht und den Entschluss zu seiner Überwindung bedeutet, soll er, so Schelling, gleichzeitig frei sein. Erst wenn die Schöpfung in Gang kommt, gesellt sich zur Bewusstlosigkeit noch die Unfreiheit. Die drei Momente der Freiheit, der Bewusstlosigkeit und der hinzukommenden Unfreiheit finden in menschlicher Kreativität ihre Entsprechung und teilweise erst ihre Begründung.

Dass ein bewusstloses Beginnen als frei bezeichnet werden kann, liegt daran, dass nicht die Wahl nach Gründen zwischen Möglichkeiten für Schelling Freiheit ausmacht, sondern zuvor schon die Tatsache, dass überhaupt eine Alternative besteht und entschieden wird. Im Falle der Offenbarung ist etwas dann frei, »wenn es sich nicht offenbaren muss. Sich offenbaren ist Wirken, wie alles Wirken ein sich Offenbaren. Dem Freien aber muss frei seyn, innerhalb des blossen Könnens stehen zu bleiben, oder zur That überzugehen.«[15] Mir scheint dies ein für ursprüngliche Kreativität entscheidendes Moment zu sein.

Das Moment der Bewusstlosigkeit ist in diesem Prozess vor allem um der Anfänglichkeit willen erforderlich. Schellings Argument: ein Anfang, der bewusst gemacht werden könnte, wäre auch revidierbar, bliebe nicht als Anfang fortbestehen und könnte so die Realität, die zu initiieren er antritt, nicht weitertragen und garantieren. »Wer sich vorbehält, einen Entschluss immer wieder ans Licht zu ziehen, macht nie einen Anfang.«[16] Ein kreativer Anfang wird, nach noch so bewusster Vorbereitung, erst gemacht, wenn man ihn als solchen vergisst.

---

[14] Schelling: a.a.O., S.102.
[15] Schelling: a.a.O., S.112.
[16] Schelling: a.a.O., S.120.

Dieses Vergessen macht aber offenbar die anfängliche Freiheit prekär, denn es vollzieht sich ja gerade um einer Selbstfestlegung willen. Dass dieses Moment des Übergangs in Unfreiheit auch in der Schöpfungstätigkeit Gottes sich nicht vermeiden lässt, belegt Schelling wegen der Gewagtheit dieser Behauptung aus der Schrift. Gott sprach: es werde Licht und machte Sonne und Mond, aber am Anfang heißt es: er *schuf* Himmel und Erde. An anderer Stelle formiert er das Licht, macht das Gute, aber er *schafft* das Böse und die Finsternis. Aus dieser Differenzierung schließt Schelling, dass Schaffen mit dem Anfänglichen, Bewusstlosen und Notwendigen einhergehe. Dass die Notwendigkeit einer Selbstbindung entspringt, lassen seine Überlegungen zum hebräischen Wortfeld vermuten: Schaffen ist kein »Sprechen«, »Formieren« oder »Machen«, weil es etymologisch mit »Binden«, »Bund« und »Bündnis« zusammenhängt. Jehova schließt in der Einrichtung von Tag und Nacht mit beiden einen Bund, »das Verhältnis des Vaters zu seinem Sohne ist ein Bund; und der neue Bund bedeutet ebenso viel als eine neue Schöpfung.«[17]

Auch für menschliche Werke gilt: »Alles bewusste Schaffen setzt ein bewusstloses schon voraus, und ist nur Entfaltung, Auseinandersetzung desselben.«[18] Und auch das menschliche Schaffen hält sich, wenn es einen wirklichen Anfang macht, an die damit gesetzten Notwendigkeiten des Produktionsvorgangs. Wichtiger für eine Ethik der Kreativität wird allerdings sein, ob damit auch ein Bund mit dem Erzeugnis eingegangen, eine Verbindlichkeit geschaffen wird.

3.

Schellings Beschreibungen decken sich an vielen Punkten mit denen der Kreativitätsforscher. Vor allem die Einheit von bewusster und bewusstloser Tätigkeit ist ein stehender Topos dieser Literatur.[19] Schöpferische Tätigkeit hat aber für Schelling im Ergebnis eine bestimmte Richtung. Indem sie Raum lässt für etwas anderes, dem sie sich verpflichtet (das Element der Neuheit ist hier zweitrangig), tritt sie ein in den Raum der Geschichte und konstituiert diese. Geschichte haben wir durch Handlungen, die wir uns zurechnen und mit deren Folgen wir uns konfrontieren, ohne sie beabsichtigen und überblicken zu können. Zugleich ist Kreativität aber mit ihren unbewussten Anteilen im Bereich der Produktivität verwurzelt, ohne den das schöpferische Tun ein unverbindliches Spielen mit sich selbst bleiben würde. Produktivität für sich genommen, wenn sie nicht schon im schöpferischen Prozess gesteuert erscheint, ist triebhaft und tendiert zur unendlichen Rotation, zur Reproduktion ihrer eigenen Bedingungen im Produkt. Sie ist also vergleichsweise unfrei (Schelling

---

[17] Schelling: a.a.O., S.139.
[18] Schelling: a.a.O., S.143.
[19] Vgl. etwa Karl-Heinz Brodbeck: *Entscheidung zur Kreativität,* Darmstadt 1995.

spricht hier in der Metaphorik Jakob Boehmes auch von Sucht), schöpferische Freiheit wächst ihr erst zu durch die Möglichkeiten, zur Ruhe zu kommen (etwa im Kunstprodukt) oder gar nicht erst anzufangen (wie in der Weltschöpfung Gottes). Diese Freiheit ist Bedingung für die Möglichkeit der Gerichtetheit und Geschichtlichkeit einer Tätigkeit, die ihre unbewussten Bedingungen nicht in der Hand hat.

Diese Zusammenhänge gelten für menschliche Kreativität und göttliche Schöpfertätigkeit gleichermaßen. Worin besteht der Unterschied zwischen beiden und gibt es dabei eine spezifische Problematik der menschlichen Kreativität?

Dass Gott sich in Freiheit zu einer Schöpfung entschließt, die Anderem Raum lässt und ihn selbst festlegt, gründet Schelling zufolge allein in seiner Liebe. »Die Unterordnung des göttlichen Egoismus unter die göttliche Liebe ist der Anfang der Creation. Nach dem bloßen Egoismus würde keine Creatur sein. Indem er aber der Liebe untergeordnet ist, überwindet ihn die Liebe, und diese Überwindung des göttlichen Egoismus durch die göttliche Liebe ist die Schöpfung.«[20] Die Freiheit des Menschen allerdings braucht noch weitere Bedingungen. Für das Verhältnis von Kreativität und Produktivität ist wohl entscheidend, dass sich seine Freiheit als Unabhängigkeit von Gott, und damit als eine zum Guten oder zum Bösen manifestiert. Mit der Freiheitsschrift begründet Schelling die menschliche Freiheit in einem Abfall von Gott, in dem der Mensch die bereits in Gott vorzufindenden Kräfte in einer von Gott unabhängigen Weise als seine eigenen ins Verhältnis setzt. Im Menschen wiederholt sich der Bezug von dunklem Grund als innerer Natur und dem höheren Licht, das den Grund zu Geist verklärt. Der entscheidende Unterschied gegenüber Gott liegt in der Art dieses Bezugs: »Diejenige Einheit, die in Gott unzertrennlich ist, muss ... im Menschen zertrennlich seyn«.[21] Kreativität und Produktivität, lässt sich daraus schließen, obwohl dies von Schelling nicht ausdrücklich gesagt wird, können auseinandertreten und in ihrem Verhältnis und Zusammenwirken verkehrt werden.

Wichtig ist an diesem Modell ist, dass das Verhältnis des Bewussten und Unbewussten nicht nur dual zu denken ist: leerlaufende Produktivität ist nicht per se das Böse und ihre Einbindung in das Gute besteht nicht darin, sie zu kontrollieren und bewussten Entscheidungen zu unterwerfen. In der Produktivität selbst liegt nicht nur eine Sucht, sondern auch eine Sehnsucht, auf die die bewusste schöpferische Tätigkeit antwortet, wenn sie die Produktivität in der Ausrichtung auf das Göttliche (auf Wahrheit, Wissenschaft und Schönheit) freisetzt und zugleich zur Ruhe bringt. Eine Scheidung und Perversion beider Momente ist also nicht schon dann problematisch, wenn sie Produktivität freilässt, sondern erst, wenn sie sie, statt sie nur als die Basis an ihrem

---

[20] Schelling: Bd. 1806-1813, S. 383.
[21] Schelling: a.a.O., S. 308.

Ort zu halten, auch als das Ziel von Kreativität verwendet. Die eigentliche und interessante Neuheit der Schellingschen Freiheitslehre besteht darin, dass sie das Böse nicht einfach in einem Wirken der natürlichen Triebe, sondern in deren geistiger Potenzierung zu Handlungsgründen aufsucht. Sie würde sich damit auch auf eine Kreativität erstrecken, die sich der natürlichen Produktivität nicht nur bedienen muss, sondern sie zu einem geistigen Prinzip ausstattet, dem sie sich in einer Perversion des göttlichen Schöpfungsaktes unterordnet. Die Freiheit wird damit nicht nur aufgegeben in eine Selbstbindung, die mit dem Erzeugten einen Bund eingeht, sondern sie liefert sich dem Zwang, der Sucht und unendlichen Rotation bloßen Produzierens, von dem sie angeblich determiniert wird, aus.

Die Möglichkeit der Perversion von Kreativität stellt für den Menschen eine ethische Herausforderung dar. Schellings Freiheitslehre führt nur dann nicht in Aporien wie die, dass der Mensch seine Freiheit ja gar nicht anders als durch die Wahl des Bösen beweisen könne, wenn beachtet wird, dass er auch das Gute nicht einfach durch Entschluss produzieren kann. Auf welcher Ebene kann eine Ethik der Kreativität dann ansetzen? Schellings eigene Vorstellung sind hier kompliziert und nicht unproblematisch. Ich möchte in der Kürze zwei Ansätze hervorheben, die sich dadurch auszeichnen, dass sie für dieses Problem ein selbst gewissermaßen kreative Lösung vorschlagen.

Schelling schildert die Produktionsvorgänge in der Natur als angstvoll und spricht von dem »einzigen Falle, in dem uns gewissermaßen verstattet ist, Zeugen einer ursprünglichen Erschaffung zu seyn«, nämlich dann, wenn »die erste Grundlage des künftigen Menschen ... in tödtlichem Streit, schrecklichem Unmuth und oft bis zur Verzweiflung gehender Angst ausgebildet wird«.[22] Die Perspektive auf einen »künftigen Menschen« lässt sich so verstehen, dass zum einen nichts weniger als eine »Erschaffung«, ein grundlegender Einstellungswechsel und eine Neuordnung des Charakters, erforderlich sind, um eine wirklich freie Kreativität zu ermöglichen, und dass eine solcher Vorgang zum anderen einige Toleranz in Bezug auf die dabei auftretenden Belastungen verlangt. Man muss dieses Problem aber auch nicht unbedingt in Schellings individualethisch eingefärbter, sündentheologisch grundierter Ausrichtung angehen.

Einen anderen theoretischen Ausweg beschreibt eine spätere Vorlesung.

Hier unterscheidet Schelling die magisch hervorbringende Weisheit Gottes von der bloß nachvollziehenden Tätigkeit des Menschen: »in ihm ist kein objektives Hervorbringen, sondern bloss ideales Nachbilden; ... in ihm ist nur noch Wissen.« Die Natur bietet ein Bild der Stagnation, »immer hoffend, dass etwas Neues entstehe.... Die Sonne geht auf, um unter-, sie geht unter, um wieder aufzugehen. Dass Wasser läuft ins Meer, um wieder aus ihm zu kommen. Ein Geschlecht kommt, das andere geht, alles arbeitet, um sich aufzurei-

---

[22] Schelling: Bd. 1813-1830, S. 28 f.

ben und zu zerstören, und es kommt doch nichts Neues. Objektiv also ist die Fortschreitung gehemmt. Nur im Wissen ist noch der offene Punkt....«[23]

Wenn man von diesem melancholischen Naturbild absieht, benennt diese Einschränkung auf das Wissen eine Möglichkeit, die zumindest in der Reichweite des Philosophen liegt, nämlich sich vom Verhältnis von Produktivität und Kreativität einen zureichenden, verantwortlichen und dabei womöglich neuen Begriff zu machen. Wenn das Böse vor allem ein intellektuelles Phänomen ist, beginnt es dort, wo der Perversion im Verhältnis dieser Momente das Wort geredet wird. Das hieße zum einen, die geschichtliche Gerichtetheit der Kreativität und ihre Ansprüche an den Menschen außer acht zu lassen und sie auf unbewusste Antriebe zu reduzieren. Zum anderen hieße es – diesen Vorwurf hat Schelling immer wieder gegen Hegel erhoben –, eine rotierende Reproduktion als *creatio continua* zu vergöttlichen und ihr damit den geschichtlichen Horizont und die Möglichkeit einer anderen Zukunft zu rauben.

Literatur

MATTHÄUS, W.: *Kreativität*, in: Historisches Wörterbuch der Philosophie, Bd. 4, Basel, Stuttgart 1976, Sp. 1194–1204.
RITTER, Joachim: *Genie*, in: Historisches Wörterbuch der Philosophie, Bd. 4, Basel, Stuttgart 1976, Sp. 279–308.
SCHELLING, F.W.J.: *Ausgewählte Werke, Schriften 1801-1804*, Darmstadt 1989.
SCHMIDT, Jochen: *Die Geschichte des Geniegedankens in der deutschen Literatur, Philosophie und Politik 1750–1945*, 2 Bände, Darmstadt 1985.
LUHMANN, Niklas; *Über Kreativität*, in: H.U. Gumbrecht (Hg.): Kreativität – Ein verbrauchter Begriff?, München 1988.
JOAS, Hans: *Kreativität des Handelns*, Frankfurt/M. 1992.
HEMMER-JUNK, Karin: *Kreativität – Weg und Ziel*, Frankfurt/M. 1995 (Diss. Trier 1994).
SCHELLING, Friedrich Wilhelm Joseph: *Ausgewählte Werke*, Darmstadt 1989.
KAULBACH, F.: *Produktion*, in: Historisches Wörterbuch der Philosophie, Bd. 7, Basel, Stuttgart 1989, Sp. 1418–1426.
BRODBECK, Karl-Heinz: *Entscheidung zur Kreativität*, Darmstadt 1995.

---

[23] Schelling Bd. 1813-1830, S. 246.

Freiheit und Unfreiheit bei Sören Kierkegaard

DINA EMUNDTS (BERLIN)

Die Frage, ob wir frei sind, kann angesichts dessen aufkommen, daß diese Behauptung schwer in Einklang zu bringen ist mit der Überzeugung, daß die Natur als geschlossener Ursache-Wirkung-Zusammenhang angesehen werden muß. Bekanntlich läßt sich in diesem Konflikt von Freiheit und Naturdeterminismus entweder eine der beiden oder beide Überzeugungen aufgeben oder modifizieren, oder man muß einen Rahmen bereitstellen, in dem beide Überzeugungen vertreten werden können.

Die Frage, ob wir frei sind, kann aber auch deshalb aufkommen, weil wir uns als unfrei erfahren. Anders als die erste Frage, die ihren Ausgang bei der Unterscheidung zweier Überzeugungen nimmt, die selbst in bestimmten metaphysischen Konzeptionen gründen, entsteht bei der zweiten Frage ein Konflikt zwischen zwei Überzeugungen, von denen angenommen wird, daß der Mensch sie beide in Beschreibungen dessen, wie er sich erfährt, in Anspruch nimmt. Der Mensch könnte sagen: Ich bin unfrei, denn ich erfahre mich als eingeschränkt durch meinen Charakter oder durch äußere Umstände. Dieser Beschreibung als unfrei steht aber entgegen, daß der Mensch sich als frei erfahren kann. Er kann sich als jemand verstehen, der sein Leben ›als Ganzes‹ zu verantworten hat, der unendliche viele Möglichkeiten verwirklichen kann, er kann den Vorsatz fassen, sein Leben ändern zu wollen und zu können. Auch die kantische Erfahrung des Erhabenen wäre hier zu verorten.

Ebenso wie bei der ersten Frage, in der Freiheit einem Naturdeterminusmus gegenübersteht, scheint eine Beantwortung der zweiten Frage, in der Freiheit einer Erfahrung der Beschränkung entgegensteht, relativ kurz ausfallen zu können, wenn man die als gegensätzlich vorgestellten Überzeugungen so modifziert, daß sie ihre Auschließlichkeit verlieren. Man könnte etwa sagen: Der Mensch sieht sich zu Recht als frei an, wenn er damit meint, daß er in bestimmten Situationen und unter bestimmten Bedingungen zwischen verschiedenen Optionen wählen kann. In diesem Sinne kann er sich durchaus als Akteur und verantwortlich für das, was er tut, erfahren. Ein Freiheitsbegriff, der über diese relative Handlungsfreiheit hinausgeht, ist hingegen eine Illusion.

Diese moderate Lösung ist auf den ersten Blick nicht wenig überzeugend. Ich möchte im folgenden Kierkegaard als jemanden vorstellen, der eine weniger moderate Lösung vorschlägt. Abgesehen von der zu diskutierenden Frage, ob auch diese Lösung überzeugend ist, können die diesbezüglichen Überlegungen dazu dienen, die Überzeugungskraft des moderaten Vorschlags zu überprüfen. Ansetzen möchte ich zunächst bei Kierkegaards Analyse der zwei Lebensformen, die sich aus der obigen Gegenüberstellung der zwei Überzeugungen zu ergeben scheinen.[1] Die Lebensformen zeichnen sich dadurch aus, daß der Mensch in ihnen versucht, je eine der beiden oben benannten Erfahrungen, also die Erfahrung unfrei zu sein oder die frei zu sein, zu unterdrücken.

Die Lebensform, in der der Mensch sich als frei versteht, nennt Kierkegaard, aus Gründen, die später noch aufgezeigt werden, die Angst vor dem Bösen. In dieser Lebensform richtet sich die Angst des Menschen darauf, der Endlichkeit zu unterliegen: Er hat Angst zu handeln, weil Handeln für ihn bedeutet, sich den Bedingungen und Einschränkungen seines Daseins zu unterwerfen. Für ihn bedeutet frei sein, unendlich viele Möglichkeiten zu haben, während er Handeln als eine Verwirklichung einer Möglichkeit in der Zeit ansieht, durch die dasjenige, was er als Freiheit versteht, die Unendlichkeit der Möglichkeiten, verloren geht. Er hat also Angst, die Freiheit zu *verwirklichen*, weil er weiß, daß diese Verwirklichung aufgrund dessen, daß er endlich ist, Freiheit zu Unfreiheit macht. Diese Lebensform kann in verschiedenen Varianten auftreten: Der Mensch flüchtet sich in eine Traumwelt bloßer Möglichkeiten oder er resigniert angesichts der Unausweichlichkeit seines Scheiterns und sieht hilflos zu, wie sich sein freies Wesen immer wieder in Unfreiheit verkehrt, oder aber er verharrt in einer ängstlichen Reue darüber, was er mit seiner Handlung bewirkt hat und was er weiterhin bewirken wird. Diese Varianten können wiederum in verschiedenen reflektierter Form vorliegen.

Ein naheliegender Einwand gegen diese Lebensform in ihren verschiedenen Varianten ist, daß der Mensch in ihnen einfach übersieht, daß für ein zeitliches Lebewesen jede Lebensform, also auch das Nicht-handeln, eine Realisierung darstellt. Es wäre aber vorschnell zu sagen, jeder Mensch, der in der Angst vor dem Bösen ist, wäre naiv. Kierkegaard beschreibt hier, wie der Mensch versucht, mit seiner Endlichkeit zurechtzukommen, obwohl er sich als wahrhaft frei ansehen will. Wenn der Mensch sich als frei im oben beschriebenen Sinne ansehen will, muß er dasjenige negieren, was er als Weisen des Unfreiseins erfährt. Er kann beispielsweise sagen: Bin ich auch unfrei, weil ich in der einen oder anderen bestimmten Weise leben muß, so ist dieses Leben doch nicht mich bestimmend, sondern ich bin ihmgegenüber frei. Selbst bei den reflektiertesten Formen wird man aber nicht umhinkommen zu sagen, daß dem Menschen, obwohl sein ganzes Bedürfnis darauf geht, sich als frei zu sehen, gerade dies nur in einer sehr eingeschränkten Weise gelingt. Erstens scheint er einen Begriff von Freiheit zu haben, der vieles von dem gerade ausschließt, was wir gewöhnlich mit Freiheit in Verbindung bringen: Handlung, Entscheidung, Verwirklichung etc. Zweitens scheint sich aber auch seine Lebensform gar nicht so realisieren zu lassen, wie er vorgibt. Während er die

---

[1] Sören Kierkegaard: *Der Begriff Angst* (erschienen Kopenhagen, Juni 1844), Kapitel 4. Im folgenden zitiert nach der Meiner-Ausgabe, Hamburg 1984.

Wirklichkeit negieren will, bleibt er auf sie bezogen. Im Fall der Reue beispielsweise will er durch die Reue die Tat verneinen, aber in der Reue tut er das, was er durch sie verneinen will: er beharrt auf der Rechtmäßigkeit seines zeitlichen Tuns.

Die zweite Lebensform nennt Kierkegaard die Angst vor dem Guten oder das Dämonische. In verschiedener Weise wird im Dämonischen alles mögliche unternommen, um zu leugnen, daß man frei ist. Dabei ist zu berücksichtigen, daß der hier in Anspruch genommene Freiheitsbegriff nach wie vor das impliziert, was in den oben genannten möglichen Erfahrungen vorkam, also für sein Leben als Ganzes verantwortlich sein, unendliche Möglichkeiten haben, etc. Vor dieser Freiheit verschließt sich der Mensch in der Angst vor dem Guten, d. h. er verschließt sich davor, auch ganz andere Möglichkeiten zu haben als die, die er in seinem Leben realisiert sieht etc. Das Sich-Verschließen äußert sich insbesondere darin, daß man den Dialog mit anderen Menschen meidet. Ein Grund dafür ist, daß man Angst davor hat, durch den anderen Menschen mit anderen Möglichkeiten in Kontakt zu kommen und dadurch seine scheinbare Ruhe in dem Leben, das man als nicht zur Wahl stehend akzeptiert, erschüttert zu sehen. Daß der Mensch, der sich als unfrei versteht, Angst davor hat, Möglichkeiten aufzudecken, verrät ihn nach Kierkegaards Meinung gegen seinen Willen, sich als unfrei zu verstehen, als jemanden, der auf Freiheit bezogen bleibt und diese Erfahrung von Freiheit sehr wohl kennt, aber negiert.

Ohne diese beiden Lebensformen hier weiter analysieren zu können, läßt sich bereits folgendes sagen: Für Kierkegaard verhält es sich so, daß der Mensch weder die Überzeugung, er sei frei, noch die, er sei unfrei, negieren kann. Prüfen wir an dieser Stelle den oben genannten moderaten Lösungsvorschlag, der sagt: Der Mensch würde dem inneren Konflikt entkommen, wenn er Freiheit als relative Freiheit annehmen würde, nicht aber behauptete, »absolut frei« zu sein. Dieser Mensch wäre für Kierkegaard ein Fall von Angst vor dem Guten. Der Grund dafür ist, daß bei diesem Vorschlag etwas ausgeschlossen wird, was bei Kierkegaard konstitutiv für den Freiheitsbegriff ist. Um dies einzusehen, können wir nochmals fragen, was derjenige, der seinen Freiheitsbegriff so modifiziert, von sich behauptet. Er sagt beispielsweise auf die Frage, ob er sein Leben gewählt hat, daß diese Frage absurd sei und er nur unter bestimmten Bedingungen zwischen bestimmten Optionen wählen konnte. Ist diese Einordnung des Vorschlags richtig, so muß man zur Darstellung der Angst vor dem Guten ergänzen, daß der Mensch in dieser Lebensform von sich sagen kann, er sei frei, wenn er diesen Begriff der Freiheit in Abgrenzung von einem umfassenderen Freiheitsbegriff bestimmt.

Trifft es zu, daß der modifizierte Freiheitsbegriff als Angst vor dem Guten zu behandeln ist, so scheint ein Einwand gegen diesen Vorschlag der Modifzierung naheliegend. Er ist analog zu einem der Einwände, die oben gegen die erste Lebensform, die sich nur an der Überzeugung, frei zu sein, orientieren wollte, erhoben wurde und zielt auf konzeptuelle Abhängigkeiten: Man könnte sagen, dieser Mensch entwickelt einen Begriff der Freiheit, bei dem er etwas ausschließt, das zur Bestimmung dieses Begriffs wesentlich gehört, was sich daran zeigt, daß der eingeschränkte Begriff der Freiheit in einem Gegensatz zu einem anderen und weiteren Begriff der Freiheit bestehen bleibt. Ein solcher Einwand ist ziemlich voraussetzungsreich. Bei einer Untersuchung, die ansetzt bei den Erfahrungen, frei bzw. unfrei zu sein, ist aber auch ein ganz anders gearteter Einwand naheliegender. Man könnte nämlich vielmehr mit Kierkegaard sagen, daß sich die Unhaltbarkeit des Vorschlags der Modifizierung des Freiheitsbegriffs durch die Analyse der Angst vor dem Guten ergibt. Der Einwand lautet dann so: Daß der Mensch sich selbst nicht vollständig als nur unter bestimmten Bedingungen wählend erfährt, *zeigt* sich ihm selbst und uns in seiner Lebensform. Es zeigt sich daran, daß er selbst hin und wieder etwas verrät, was einer anderen Freiheitserfahrung geschuldet ist. Unvermittelt äußert er Meinungen über sich oder andere, die unter seiner Freiheitsvorstellung unverständlich wären, er sehnt sich nach etwas oder fürchtet etwas, mit dem er seine Mitmenschen auch plötzlich adressieren mag, und wenn er diese Sehnsucht oder Angst auch leugnen will, so nagt in Form der Langeweile das Gefühl an ihm, daß das eigentliche Leben woanders statthat.

Das sind natürlich psychologische Betrachtungen, deren Reichweite und Gültigkeit man infrage stellen kann. Es ist daher angebracht, sich differenzierter zu positionieren: *Wenn* Kierkegaards Analyse zutrifft, dann ist die Überzeugung, (im uneingeschränkten Sinne) frei zu sein, erfahrungsbasiert und nicht erfolgreich zu modifizieren. Wenn dagegen der Gültigkeit und Reichweite dieser Analyse Zweifel entgegengebracht werden, so ist die These nicht erwiesen, daß man keine der Überzeugungen, frei zu sein oder unfrei zu sein, aufgeben kann. Aber immerhin hat auch dann eine Theorie, die die hier beschriebenen Phänomene der Angst vor dem Guten nicht als Folgen eines Mißverständnisses oder einer Illusion von Freiheit abtun muß, einige Attraktivität. Im folgenden (1) werde ich skizzieren, was Kierkegaard als *Grund* dafür ansieht, daß der Mensch weder die Überzeugung frei zu sein, noch die, unfrei zu sein, aufgeben kann. Dann (2) werde ich andeuten, welchen Rahmen Kierkegaard dafür anbietet, daß der Mensch tatsächlich beide Überzeugungen vertreten kann.

1

Der Mensch wird von Kierkegaard als ein Wesen angesehen, das weder nur Seele (wie ein Engel) noch nur Leib (wie das Tier) ist. Und der Mensch ist ein Wesen, das sich selbst als Leib-Seelisches Wesen bestimmt. Dies geschieht, indem der Mensch sich zu sich in ein Verhältnis setzt. Das sich zu sich in ein Verhältnis Setzen ist für Kierkegaard die Setzung des Geistes. Aus Gründen, die im folgenden noch angedeutet werden, ist diese Setzung für ihn die *Erbsünde*. Die Setzung des Geistes hat also zur Folge, daß der Mensch sich als leib-seelisches Wesen erkennt. Diese Erkenntnis besteht darin, daß man *unterscheidet* zwischen sich als seelischem oder geistigem Wesen und sich als leiblichem Wesen. Die Setzung des Geistes kann man als eine Handlung interpretieren. Handeln wird hier verstanden als ein Akt, in dem der Mensch etwas verwirklicht und in dieser Verwirklichung etwas anderes (andere Möglichkeiten) ausschließt. Dabei muß man berücksichtigen, daß *Handlung* hier allerdings nicht so zu verstehen ist, daß das Individuum sich als Handelnder zu etwas entscheidet. Man könnte vielmehr sagen, daß das Individuum etwas verwirklicht, indem es sich in einer Tätigkeit auf sich selbst bezieht und sich als derjenige begreift, der die Verwirklichung vollzogen hat. Aufgrund dessen, daß der Mensch sich auf sich bezieht, ohne sich schon als Subjekt der Handlung bestimmt haben zu können, bezeichnet Kierkegaard die Setzung des Geistes auch als »Sprung«. Dem Sprung geht ein Zustand der Angst vorher, in dem das Individuum zwar noch nicht zwischen seinem Leib und seiner Seele unterscheidet, die Möglichkeit, sich als Handelnden zu verstehen, aber schon ahnt und sich zu ihr in einem Verhältnis befindet, in dem es von ihr sowohl angezogen als auch abgestoßen wird.

Hier von ›Erbsünde‹ zu sprechen bedeutet, in der Erbsünde etwas zu sehen, dem der Mensch einerseits zwar nicht notwendig unterliegt (er selbst muß sich als Handelnder (an)erkennen), das aber doch wesentlich zum ›Menschsein‹ gehört, insofern der Mensch ohne die Setzung des Geistes nicht erkennendes (geistbestimmtes) und handelndes (geschichtliches) Wesen wäre. Die Auffassung der Setzung des Geistes als Erb*sünde* läßt sich auf verschiedene Weise erläutern. U.a.: von der *Bestimmung* des Menschen her: Der Mensch ist frei. Die Verwirklichung des menschlichen Wesens scheint aber genau das Gegenteil, nämlich Unfreiheit zur Folge zu haben. Dies läßt sich unter den jetzigen Bestimmungen noch einmal wie folgt erläutern: Freiheit wird von Kierkegaard mit Unendlichkeit und Möglichkeit in Verbindung gebracht; die Verwirklichung einer Möglichkeit ist gegenüber der Fülle von Möglichkeiten nur die Realisierung einer der Möglichkeiten in der Zeit. Bezieht der Mensch sich auf sich als frei, so kann er das nur in einer Handlung, die er zugleich als willkürlich und endlich erkennen muß. Sündigen heißt demnach hier soviel wie: ›Seinem Wesen (=frei zu sein) Zuwiderhandeln‹. Dabei ist zu bedenken, daß »Sünde« nicht mit Schuld, so wie sie heute zumeist verstanden wird, zu verwechseln ist: Daß der Mensch nicht anders *kann*, als Freiheit als Unfreiheit zu verwirklichen, heißt nicht, daß dies nicht »Sünde« ist. Für die Zuweisung von Schuld scheint für uns dagegen so etwas wie »Andershandeln können« eine Bedingung zu sein.

Da der Mensch sich zu sich als seelisch und leibliches Wesen in ein Verhältnis setzt und zugleich diese beiden Bestimmungen voneinander unterscheidet, ist er die Synthese von Leib und Seele. Bevor die Möglichkeit eines nicht antagonistischen Verhältnisses von Leib und Seele betrachtet wird (2), muß, um den Zusammenhang zu obigen Ausführungen herzustellen, zunächst noch geklärt werden, wie sich die verschiedenen Gegenüberstellungen von Leib-Seele, Unfreiheit-Freiheit und Böse-Gut zueinander verhalten. Indem der Mensch Leib und Seele unterscheidet, unterscheidet er sich als unfrei und frei. Die Seele bzw. Freiheit wird von dem Leib bzw. der Unfreiheit dadurch unterschieden, daß Freiheit Ewigkeit, Unendlichkeit, Möglichkeit bedeutet, Unfreiheit hingegen Zeitlichkeit, Endlichkeit, Sinnlichkeit. Weiterhin bringt Kierkegaard die Setzung des Geistes mit der Erkenntnis von Gut und Böse in Verbindung[2]: Der Mensch soll nun in der Lage sein, Gut und Böse zu erkennen. Zugleich hat Kierkegaard nicht gesagt, *was* der Mensch als gut und böse erkennt. Er sagt nur, durch die Erbsünde werde die Sinnlichkeit Sündhaftigkeit. Hierbei betont er, daß die Sinnlichkeit nicht ansich Sündhaftigkeit ist, sondern daß sie es durch die Sünde wird.[3] Dadurch wird nahegelegt, die Sinnlichkeit als dasjenige anzusehen, was der Mensch als das Böse erkennt: Das Sinnliche oder auch Leibliche ist dasjenige, was der Realisierung des Guten, verstanden als Freiheit, entgegensteht. So erklärt sich auch die oben eingeführte Rede von der Angst vor dem Bösen und der Angst vor dem Guten.

In beiden oben ausgeführten Fällen, der Angst vor dem Bösen und der Angst vor dem Guten, sind, wie man nun wieder ergänzen kann, die entgegengesetzten Bestimmungen des Menschen im Widerstreit: Das Leibliche revoltiert gegen das Seelische oder Geistige und umgekehrt. In beiden Fällen sieht der Mensch einen Gegensatz zwischen Freiheit und Unfreiheit, Leib und Geist, Möglichkeit und Wirklichkeit etc., und in beiden Fällen drückt der Mensch diesen Widerspruch auch aus: Er flieht die Endlichkeit, bleibt aber auf sie bezogen (=Angst vor dem Bösen) oder er flieht vor der Freiheit in die Verschlossenheit, ist aber zugleich der unfreiwillig sich als frei Offenbarende.

Kann der Mensch auf keine der Bestimmungen verzichten, sie aber auch nicht in Einklang miteinanderbringen, so scheint er entweder in der Angst vor dem Bösen oder in der Angst vor dem Guten verharren zu müssen. Es scheint, als sei es für den Menschen gar nicht möglich, eine Synthese herzustellen, in der es zum ausgeglichenen Verhältnis von Leib und Seele kommt.

2

Schon angesichts der oben gegebenen Analyse der Angst vor dem Bösen und der Angst vor dem Guten läßt sich die Frage, was wäre der Fall, wenn die Angst überwunden wäre?, wie folgt beantworten: Der Mensch müßte sich als leib-seelisches Wesen durchsichtig sein, er müßte seine Wirklichkeit als Aus-

---

[2] Kierkegaard: a.a.O., S. 37.
[3] Ebd., 49.

druck seines geistigen Wesens verstehen können, etc. Angst ist demnach der Zustand, in dem der Mensch sich befindet, wenn er sich zu sich selbst verhält, ohne daß er dasjenige, was er ist, ganz (an)erkennen kann. Wie kann der Mensch aber als freies Wesen seine Haltung zur Unfreiheit ändern? Die Möglichkeit besteht im Glauben. Der Glaube wird bestimmt als »die innere Gewißheit, die die Unendlichkeit vorwegnimmt«[4]. Der Mensch kann dann, wenn er darauf vertraut, daß die Freiheit in der Wirklichkeit bewahrt ist, seine Unfreiheit als nicht mehr im Gegensatz zur Freiheit stehend anerkennen. Da er dieses Gelingen nicht selbst garantieren kann, ist dieses Vertrauen der Glaube daran, daß die Synthese von Freiheit und Unfreiheit durch Gott, nicht durch ihn selbst, gelingt. Der Glaube ist daher dasjenige, was es erlaubt, beide Erfahrungen, die von Freiheit und die von Unfreiheit, geltend machen zu können ohne daß sie sich widersprechen. Glaubt man nicht, kann man den Widerspruch nicht leugnen, aber auch nicht versöhnen.

Literatur

KIERKEGAARD, Sören: *Der Begriff Angst*, Hamburg: Meiner 1984 [1844].

---

[4] Ebd., S. 173.

Sektion 15 II

Kreatives Handeln – Freiheit, Determinismus und Kreativität als Probleme der Handlungstheorie

Alexandra Zinck
Wie frei sind wir?
Handlungsfreiheit und Selbstbewusstsein 939

Thomas Müller
Wie kommen neue Verpflichtungen in die Welt?
Zur normativen Kreativität des handelnden Subjekts 951

Thomas Zoglauer
Rationalität und Willensfreiheit 959

Elke Muchlinski
Kreative Theorieproduktionen: Wittgenstein und Keynes 969

Robert Weimar
Entstehung und Dimensionen des Schöpferischen –
Modellvorstellungen kreativen Handelns 981

Wie frei sind wir? Handlungsfreiheit und Selbstbewusstsein

ALEXANDRA ZINCK (TÜBINGEN)

0 Einleitung

In der aktuellen Diskussion um die Willensfreiheit werden vor allem Möglichkeiten dafür gesucht, wie der menschliche Wille trotz der physikalisch beschriebenen Determination der Ereignisse in der Welt frei sein kann. Kompatibilistische Konzepte führen hierfür das Konzept der angemessenen Bedingtheit des Willens einer Person ein. Die Freiheit des Willens wird zum Beispiel über die Möglichkeit bestimmt, den Willen mit einem mittels vernünftigen Überlegens gewonnen Urteil in Übereinstimmung zu bringen (Bieri 2001) oder über die Ableitbarkeit der Entscheidung aus den personalen Merkmalen des Individuums (Pauen 2004). Ich werde dafür argumentieren, dass die Ausbildung personaler Merkmale selbst deterministischen Prozessen unterliegt und der angeführte Entscheidungsbegriff zu kognitionslastig ist. Dann werde ich diese Konzepte der Selbstbestimmung um die Funktion des Selbstbewusstseins ergänzen. Die selbstbewusste Reflexion ermöglicht die Ausbildung eines Selbstbildes, das eine zentrale Rolle für eine angemessene Entscheidung einnimmt. Auch wenn die Freiheit des menschlichen Willens eingeschränkt ist, kann anhand bewusster Reflexion das Bewusstsein für den eigenen Status in der Welt und ein entsprechender Verantwortungsbegriff ausgebildet werden. Die bewusste Reflexion ermöglicht es, systematische Zusammenhänge und Handlungsmöglichkeiten besser zu erkennen. Außerdem begleiten Interesse, Neugier und Aufmerksamkeit – elementar für Kreativität – diesen Prozess. Diese und das systematische Wissensnetz fördern die Motivation, neue und kreative Lösungen und Ausdrucksformen zu suchen.

1 Eine kompatibilistische Position

In der Debatte um die Willensfreiheit wird die Interpretation der neueren empirischen Ergebnisse aus den Neuro- und Kognitionswissenschaften oftmals zum Argument gegen die Möglichkeit eines freien Willens herangezogen. Entsprechend werden mentale Prozesse als abhängige Epiphänomene der neuronalen Aktivität im Gehirn ohne kausale Relevanz betrachtet. Gegen diese Abhängigkeit des Willens von neurobiologischen Prozessen im Gehirn argumentieren Kompatibilisten wie Bieri (2001) damit, dass derjenige einen Kategorienfehler begeht, der die Eigenschaften mentaler Prozesse auf neuronaler Ebene zu beschreiben und bewerten versucht. Entsprechend kann die

Freiheit des Willens nur sinnvoll auf der personalen Beschreibungsebene des Menschen, nicht auf seiner physiologischen definiert werden. Zwar besteht ein Abhängigkeitsverhältnis zwischen den neurobiologischen und den psychischen Vorgängen des Menschen, zu denen Wille, Überlegen und Entscheidung gehören. Aber diese Beziehung des Mentalen zu neurobiologischen Vorgängen ist die der neuronalen Realisierung, die im Sinne der Identitätstheorie so interpretiert werden kann, dass Vorkommnisse mentaler Phänomene durch Vorkommnisse neuronaler Phänomene konstituiert werden und somit physische Grundlage der mentalen Vorgänge sind. Da es sich bei der Freiheit des Willens um eine konzeptuelle Frage handelt, welche die mentale Ebene betrifft, ist es nach Bieri unangemessen, den Willen des Menschen als durch seine neuronale Grundlage determiniert zu verstehen.

Die Frage nach der Freiheit des Willens ist aber unter der Annahme einer Identitätstheorie noch in keiner Richtung beantwortet. Die grundsätzliche Frage nach der Möglichkeit und den Bedingungen der Freiheit des Menschen muss ganz allgemein geklärt werden; die Analyse des Verhältnisses von mentalen und neuronalen Phänomenen reicht dazu nicht aus. An dieser Stelle muss untersucht werden, wie der Freiheitsbegriff für die psychologischen Prozesse Wahrnehmen, Denken und Fühlen, zu denen auch der bewusste Wille gehört, gefasst werden kann.

Handeln und Wille sind wesentlich abhängig von den ihnen zugrunde liegenden Motiven und bedingt durch autobiographische Erfahrungen, Dispositionen, Eigenschaften, dem emotionalen Grundzustand und dem aktuellen Kontext. Ohne eine Einbettung in diese Bedingtheiten werden Entscheidungen für bestimmte Handlungen sinnlos, da sie ohne begründbare Reaktion auf einen Zusammenhang gleichsam beliebig sind. Eine Entscheidung für eine bestimmte Handlung ist für eine Person sinnvoll, wenn sie mit ihren Eigenschaften und Einstellungen kausal in Beziehung gesetzt werden kann. Dadurch sind Entscheidung und Willensbildung immer schon von Voraussetzungen bedingt, die die Erfahrung in der Welt mit sich bringen. Ohne Determination wäre nur Zufall möglich, der Beliebigkeit und keinen Willen (frei oder nicht) zur Folge hätte, da er keine kausalen Beziehungen erlaubt. So verstanden ist die Determination eine Voraussetzung für den freien Willen, sind Freiheit und deterministische Zusammenhänge zunächst kompatibel. Eine absichtsvolle, willentliche Handlung muss nicht, wie unter Bedingungen des Indeterminismus, nur dann als frei gelten, wenn die Person unter den gleichen kausalen Bedingungen *gleichsam losgelöst* auch anders hätte handeln können.

Dennoch erlaubt diese Bestimmung eine angemessene Beschreibung der elementaren Freiheitserfahrung, die die Innenperspektive des Menschen in den unterschiedlichsten Situationen kennzeichnet, in denen er sich für eine bestimmte Handlungsvariante entscheidet. Abgesehen von Situationen eindeutigen äußerlichen Zwangs, erleben wir uns zu jedem Zeitpunkt t_1 als prinzipiell dazu fähig, auch anders handeln zu können. Wie aber kann diese Erfahrung der freien Urheberschaft von den kompatibilistischen Theorien, die die wesentliche Bedingtheit von Handlungen anerkennen, eingefangen werden? Dies geschieht über eine Verschiebung der Diskussion des Problems der Freiheit von der Ebene des Handelns – *frei sein heißt unter gleichen kausalen Bedingungen auch anders handeln zu können* – auf die Ebene des Willens – *frei sein heißt, unter gleichen kausalen Bedingungen anders urteilen und diesem Urteil entsprechend einen Willen ausbilden zu können.* Es handelt sich daher nicht um einfache Handlungsfreiheit, d.h. eine Person handelt frei, wenn sie entsprechend ihrem Willen handeln kann, sondern um die Frage nach der Freiheit des Willens: Ist die Willensentscheidung einer Person zu einer bestimmten Handlung überhaupt selbst frei? Nur unter dieser Bedingung kann einer Person auch die Verantwortung für ihre Handlung zugesprochen werden.

Wie sieht nun diese Willensfreiheit aus? Bieri definiert die Freiheit des Willens einer Person über die Übereinstimmung ihres Willens mit dem Urteil über die beste Alternative für eine bestimmte Handlung. Die Möglichkeit für die Willensfreiheit in einer deterministischen Welt besteht folglich darin, dass erstens der Wille mit einem angemessen begründeten Urteil zur Übereinstimmung gebracht werden kann und zweitens dass übereinstimmend mit dem Urteil eine Handlungsabsicht ausgebildet wird, die die Person entsprechend umsetzt, soweit sie nicht durch externe Umstände daran gehindert wird. Dafür müssen die möglichen Handlungsalternativen in einer Situation durchdacht und gegeneinander abgewogen werden. Dieser Prozess der Urteilsfindung ist wesentlich abhängig von vernünftigem Überlegen und der Bewertung von möglichen Gründen für eine Handlung. Über das abwägende Urteilen, zu dem auch das Abwägen von Konsequenzen einer Handlung gehört, kann sich eine Person entsprechend der für die Situation folgerichtigsten Handlungsalternative entscheiden. Die Freiheit des Willens wird hiermit als Gegenbegriff zum Zwang durch innere Bedingungen wie zum Beispiel einer psychischen Störung oder dem unbedachten Folgen von unwillkürlichen Wünschen oder spontanen Affekten, im Fall derer diese vernünftigen Überlegungen eingeschränkt oder ausgeschaltet sind, bestimmt – nicht als Gegenbegriff zum Determinismus. Auf diese Weise kann auch die Unfreiheit des Willens einer Person bestimmt werden: Eine Person ist unfrei, wenn sie nicht imstande ist, ihren Willen in Übereinstimmung mit den von ihr durch vernünftiges Überlegen gefällten Urteilen zu bringen, sondern wenn ihr Wille trotz Erkennen der vernünftigsten Handlungsalternative anderen inneren oder äußeren Zwängen erliegt. Der auf die richtige Art und Weise bedingte Wille wird somit von dieser kompatibilistischen Position als frei bestimmt.

Um anschaulich zu machen, inwieweit ein Freiheitsbegriff, der anhand der richtigen Bedingtheit des Willens definiert wird, zu schlicht ist, möchte ich an dieser Stelle eine seiner Schwierigkeiten schildern. Mit diesem Freiheitsbegriff ist nach Bieri die Zurechnung von Handlung, demnach Verantwortung, möglich. Kommt eine Person, zum Beispiel eine Jugendliche in einer ärmlichen

Vorstadt, nach vernünftiger Überlegung unter der Berücksichtigung der gegebenen Umstände zum Urteil, dass sie ein Auto aufbrechen soll; und folgt ihr Wille diesem Urteil und sie setzt diesen in eine Handlung um, das heißt, sie bricht das Auto auf, so ist sie bei dieser Entscheidung frei und somit auch für ihre Handlung verantwortlich und strafbar. Aber, ist diese Jugendliche frei, nur weil sie ihren Willen mit dem von ihr vernünftig gefällten Urteil über die beste Handlungsalternative in Übereinstimmung gebracht hat?[1] An diesem Beispiel wird deutlich, dass es nicht ausreicht, die Übereinstimmung des Willens mit der getroffenen vernünftigen Entscheidung als Willensfreiheit zu definieren. Die Jugendliche ist nicht unbedingt frei, weil sie ihren Willen ausübte, der seinen Ausdruck in ihrem Urteil über die folgerichtige Handlungsweise fand. Für dieses Urteil, das Ergebnis des vernünftigen Überlegungsprozesses, scheint es vielmehr keine Alternativen gegeben zu haben: Es scheint unter den Bedingungen notwendig. Daher soll hier die Freiheit der Urteilsfindungsmöglichkeit als Voraussetzung für die Freiheit des Willens untersucht werden.

2 Kognition und die Frage der Alternativität

Die Auffassung vom richtig bedingten Willen ist mit mehreren Schwierigkeiten behaftet. Meiner Ansicht nach verschiebt sich das Problem der Determiniertheit mentaler Vorgänge mit der folgenden Frage: »*wie kann dieser rationale Überlegens- und Urteilsprozess frei sein?*« auf die Problemlage der Bedingtheit kognitiver Entscheidungsprozesse. Über Zuhilfenahme rationaler Kognitionsprozesse gelingt es uns Menschen, ein wenig von der reinen Determination durch spontane Affekt- und Triebverfolgung befreit zu sein. Nichtsdestoweniger müssen wir uns fragen, inwieweit unsere kognitiven Prozesse nicht bereits selbst schon determiniert sind.

Die erste Einschränkung auch auf Ebene der Kognition besteht in der bereits zugegebenen Abhängigkeit von autobiographischen Entwicklungen, Dispositionen, Eigenschaften, demnach die Faktenlage der die Person bestimmenden Situation. Im kognitiven Prozess werden diese Faktoren wesentlich in der Suche nach Gründen für eine Entscheidung einbezogen. Eine weitere Einschränkung betrifft kognitive Fähigkeiten wie Intelligenz, Aufmerksamkeit, Gedächtnis- und Lernvermögen, die für das Abwägen alternativer Handlungsoptionen bedeutsam sind. Inwieweit sind wir in unseren kognitiven Prozessen eingeschränkt durch die uns zugrunde liegenden komputationalen Fähigkeiten – und was bedeutet diese Einschränkung für die Willensfreiheit einer Person? Der Einschränkung der kognitiven Prozesse durch die individuellen komputationalen Fähigkeiten kann ganz analog der Argumentation im Fall der

---

[1] Sie hat zudem eine eindeutig von unserer Gesellschaft als strafbares Vergehen eingestufte Tat ausgeübt. In dem Zusammenhang wird deutlich, wie schwer der strafrechtliche Begriff von Verantwortung zu fassen ist.

Einschränkung unserer Freiheit durch autobiographische Umstände und materielle Bedingungen begegnet werden. Die individuelle Ausprägung der kognitiven Fähigkeiten gehört nämlich zu der Menge der Merkmale, die das Individuum ausmachen. Somit sind sie ebenso Voraussetzungen für die begrifflich sinnvoll bestimmte Möglichkeit der Freiheit des Willens.

Auch wenn wir anhand unserer Kognition zu entsprechend einer Situation vernünftigen Urteilen gelangen und diese befolgen können, inwieweit ist erstens mit der Bestimmung der Kognition als dem grundlegenden und Willensfreiheit garantierenden Prozess schon das wesentliche und überzeugende Bestimmungsstück zur Möglichkeit eines freien Willens eingefangen, wie Bieri zu zeigen hofft? Und zweitens ist offen, ob diese Möglichkeit zur Übereinstimmung des Willens mit der vernünftigsten Alternative wirklich etwas ist, das den Willen zu einem freien Willen werden lässt?

Es soll also jetzt genau diese relative Freiheit des Willens über seine angemessene Bedingtheit betrachtet werden, die nach der kompatibilistischen Position Bieris die Willensfreiheit ausmacht. Willensfreiheit wird gerade darüber definiert, dass der Wille durch vernünftige Überlegung von der alleinigen Determination durch affektiv-emotionale Prozesse frei sein kann. Ist dies eine angemessene Bestimmung von Willensfreiheit?

Als erstes soll nun die Alternativität kognitiver Prozesse und der Entscheidungsfindung untersucht werden. Die Erfahrung im Alltag vermittelt uns den Eindruck, dass wir jede Entscheidung auch anders treffen könnten als wir es tatsächlich tun. Wenn nun aber sowohl Vorbedingungen, die in die Entscheidung mit einfließen, als auch der darauf basierende kognitive Prozess des Erwägens und vernünftigen Überlegens betrachtet werden, ist es nicht eindeutig, dass dieser Prozess anders ablaufen könnte. Die einzelnen Schritte im vernünftigen Überlegungsprozess bedingen sich gegenseitig und folgen auseinander. Auch dass bei gleichem kognitivem Prozess eine andere Entscheidung getroffen werden könnte, scheint unter Berücksichtigung von Vernunftkriterien wenig plausibel.[2]

Hier ist nun neben der Betonung ihrer Vernünftigkeit eine wichtige weitere Eigenschaft dieser kognitiven Prozesse entscheidend: Es handelt sich um *bewusste* Prozesse, die der vernünftigen Entscheidung zugrunde liegen. Die Willensentscheidungen sind dann ebenfalls bewusst und handlungswirksam. Sobald die bestimmenden Elemente nicht mehr bewusste Kognition und bewusste Übereinstimmung mit dem gefällten Urteil sind, wird auch nicht mehr von einem freien Willensakt gesprochen.

An diesen Ansatz schließen sich folgende kritische Überlegungen an:

Erstens, wenn die Entscheidung auch prinzipiell anders getroffen werden können soll, die auf den gleichen bewussten kognitiven Prozessen beruht, die

---

[2] Ausgenommen ist hier der Fall, dass es zwei Handlungsvarianten gibt, für die eine gleich große Menge vernünftiger Gründe spricht.

jeweils bestimmte vernünftige Gründe für eben diese Entscheidung liefern, dann muss es etwas anderes geben, das eben diese Entscheidung anders ausfallen lässt. Aber dieses andere ist dann nicht aus den der sich dem kognitiven Prozess vernünftigen Überlegens unterziehenden Person bewussten Prozessen ableitbar und auch nicht mit ihnen kohärent. Diese Interpretation widerspricht der gewünschten Auffassung, dass die sich entscheidende Person tatsächlich freie Kontrolle über die von ihr gefällte Entscheidung hat. Vielmehr ist dasjenige Element, das die Entscheidung dann maßgeblich bestimmt, gar nicht mehr zugänglich, da es unbewusst ist und somit aus der bewussten Kognition herausfällt.

Zweitens werden die einer Person bewussten kognitiven Prozesse zweifellos von unbewussten begleitet. Daher muss untersucht werden, inwieweit diese unbewussten Prozesse tatsächlich auf die bewusste Kognition Einfluss nehmen. Lässt sich zeigen, dass dies der Fall ist, ist damit auch gezeigt, dass das von Bieri und anderen Kompatibilisten postulierte Kriterium der vernunftgeleiteten Kognition noch nicht ausreichend ist, um zu einer Entscheidung zu gelangen und, infolge dessen auch nicht das entscheidende Kriterium für die Grundlage von Willensfreiheit darstellen kann.

3 Kognition und Emotion

An dieser Stelle werde ich, um den Kognitionsprozess, seine Eigenschaften und bedingenden Elemente zu beleuchten, Evidenzen aus neurobiologischen und emotionspsychologischen Studien heranziehen. Entscheidungsprozesse beruhen auf kognitiven Prozessen. Dennoch sind rationale kognitive Prozesse selbst nicht völlig unabhängig oder alleine ausschlaggebend für die getroffenen Entscheidungen. Insbesondere möchte ich hier den Einfluss von Emotionen, bewusster wie auch unbewusster, auf kognitive Prozesse und Kompetenzen aufzeigen.

Ein in den letzten Jahren prominenter Ansatz zu ebendiesem Zusammenhang von Emotion und Kognition ist die *»Somatic Marker Theory«* von Antonio Damasio (1994). Anhand der Untersuchung neurologischer Patienten, deren orbitofrontaler Kortex und Gyrus Cinguli beschädigt sind, wurde diese Theorie über den Zusammenhang von Entscheidungsfähigkeit und Emotionen entwickelt. Bei Patienten, die normales Sprachverhalten, intaktes Gedächtnis und gute Leistungen in Intelligenztests aufweisen, wird dennoch die systematische Unfähigkeit beobachtet, richtige Entscheidungen für ihr Leben zu treffen. Bei der Zerstörung des paralimbischen Systems ist das emotionale Bewertungssystem betroffen, wodurch eine emotionale »Markierung« der Information nicht mehr stattfindet. Die Erklärung des Zusammenhangs Emotion und Entscheidungsfähigkeit funktioniert über die bewertende Funktion der Emotion, die auch bei rationalen Entscheidungen beteiligt ist. Das Fühlen einer Emotion besteht nach Damasio in der Erfahrung der eigenen »Körperzustandsänderungen« in Verbindung mit mentalen Bildern in einer bestimmten Situation. Diese empfundenen Veränderungen funktionieren als »somatische Marker« und bewirken die Fokussierung von Aufmerksamkeit in einer bestimmten Situation über die Verbindung bestimmter mentaler Vorstellungen mit entsprechenden positiven oder negativen Gefühlen. In Entscheidungssituationen werden diese somatischen Marker der individuellen Lerngeschichte parallel zum vernünftigen Abwägen zu einer bewertenden Instanz. Die Patienten mit Schädigungen im orbitofrontalen Kortex hingegen zeigen Schwierigkeiten bei emotional gestütztem Lernen sowie emotionalen Reaktionen und somit auch bei der Kopplung von vorgestellten Situationen mit bestimmten Gefühlen in der Entscheidungssituation, wodurch sie für sich strategisch unkluge Entscheidungen treffen und in sozialen Situationen ebenfalls scheitern. Demnach ist die emotionale Bewertung essentiell für die kognitive Verarbeitung und Entscheidungsfähigkeit. Diese Ergebnisse sind ein Hinweis darauf, dass Emotion und Kognition nicht einzelne von einander unabhängige Module sind, sondern dass Emotionen für das Funktionieren kognitiver Prozesse unerlässlich sind.

Andere Studien innerhalb der Emotionspsychologie geben weitere Indizien für die Bedeutung von Emotion für die Kognition: Patienten deren Hippokampus (Gedächtnis) zerstört ist, die sich demnach nicht an eine bestimmte Erfahrung erinnern, können die wiederholt auftretende Konstellation einer Situation anhand der einmal gemachten emotionalen, positiven bzw. negativen Erfahrung unbewusst einschätzen. Dies bedeutet, dass unbewusste Bewertungen der Situation vorgenommen und emotional markiert werden. Auch bei Studien zur subliminalen Wahrnehmung zeigt sich, dass das emotionale System vor der jeweiligen bewussten Kognition aktiviert ist.

Wenn eine Emotion nicht mit der entsprechenden Kognition einhergeht, dann kann trotzdem eine adäquate emotionale Bewertung aufgrund der bereits gespeicherten somatischen Marker erfolgen. Diese Studien deuten darauf hin, dass Emotion sowohl in Wahrnehmung, Entscheidung, Planung, bei Motivation für und Reaktion auf die jeweilige Situation beteiligt ist. Weiterhin haben Studien zu Gedächtnis und Lernen (Cahil et al. 1994) gezeigt, dass Emotionen wesentlich an diesen Prozessen beteiligt sind. Die Gedächtnisleistung ist abhängig von der emotionalen Beteiligung (Erk et al. 2002). Eine gute Grundstimmung und ein positiver emotionaler Kontext fördert das Lernen, sowie die Aufmerksamkeit, Wachheit, Wahrnehmungsleistung und Motivation. Insgesamt weisen diese Ergebnisse auf die wesentliche funktionale Beteiligung von Emotionen an kognitiven Prozessen hin. Es ist demnach unangemessen, Emotionen als Gegenpol und Störfaktor einer rationalen Kognition und kognitive Prozesse völlig unabhängig von bewussten wie auch unbewussten emotionalen Prozessen zu betrachten.

Die Urteilsfindung ist also nicht nur bedingt durch Information, Kontext, persönliche Eigenschaften und Dispositionen und der auf dieser Basis ablaufenden rationalen Kognition. Die Entscheidungsfähigkeit, die Bieri dem Individuum zuspricht, auf welcher dann die Möglichkeit des freien Willens basiert, ist zu kognitionslastig definiert. In diesem Sinne ist es gar nicht möglich, eine Entscheidung nur anhand von rationaler Kognition zu fällen und erst recht nicht, motiviert zu sein und diese zu einer Handlungsabsicht werden zu lassen.

Dies bedeutet, dass die Urteile und Entscheidungen einer Person nicht vollständig über rationale Kognition getroffen werden, da Elemente funktional beteiligt sind, die nicht nur »rational« sind oder unter dem bewussten Einfluss der Person liegen. Damit ist der Begriff der vernünftigen Kognition, den Bieri vorschlägt, keine hinreichende Bedingung für eine Entscheidungsfindung und auch nicht im Fall rational erfasster Gründe allein bestimmend für den Entscheidungsprozess. Ebenso wenig ist die Möglichkeit der Alternativität des bewussten rationalen und emotionalen Anteils oder der unbewussten Komponenten des Entscheidungsprozesses gezeigt.

4 Selbstbestimmung und Selbstbewusstsein

Im Anschluss an diese Argumentation gegen Bieris Freiheitsbegriff, der im Kern in der Übereinstimmung des Willens mit der vernünftig gewählten Entscheidung besteht, möchte ich die Freiheitserfahrung, die mit dem Begriff der Selbstbestimmung beschrieben wird, noch einmal untersuchen. Vielleicht lässt sich darüber eine angemessenere kompatibilistische Beschreibung der Willensfreiheit finden. Es ist nämlich auch die Erfahrung der Selbstbestimmung – ich bringe meinen Willen in Übereinstimmung mit meinem Urteil –, die den von Bieri definierten Freiheitbegriff motiviert. Unter Selbstbestimmung versteht man wesentlich die Autonomie der Person gegenüber externen Einflüssen, die ihren Willen entsprechend überlegter Entscheidung nach Abwägen der Gründe und Motive ausbildet und somit als Urheber einer Handlung bestimmt werden kann. Das Konzept der minimalen personalen Freiheit (Pauen 2004) bindet diese selbstbestimmte Urheberschaft an die Übereinstimmung der Entscheidungen einer Person mit ihren personalen Merkmalen, nämlich ihren Eigenschaften, Fähigkeiten, Motiven, Überzeugungen, normativen Einstellungen, Präferenzen. Sind die Handlungen einer Person auf diese personalen Merkmale zurückführbar, dann handelt sie selbstbestimmt und daher im Gegensatz zur Fremdbestimmung frei. Einer Person stehen zum Zeitpunkt t1 nur dann sinnvoll alternative Entscheidungsmöglichkeiten zur Verfügung, wenn sich auch die bedingenden personalen Merkmale einer Person entsprechend geändert haben.

Diese Variante der Selbstbestimmtheit der Person argumentiert ebenfalls entlang der richtigen Bedingtheit des Willens. Aber auch das Kriterium der

Übereinstimmung der Entscheidung mit den personalen Merkmalen einer Person für deren Selbstbestimmung ist noch mit Schwierigkeiten behaftet. Die Entwicklung der personalen Präferenzen, Dispositionen und Charaktereigenschaften ist unmittelbar mit Einflüssen aus Lebensort und sozialer Umgebung verbunden. Daher kann eine Person übereinstimmend mit ihren personalen Präferenzen und psychischen Merkmalen handeln, aber die Ausbildung, Wahl und Veränderung dieser ist nicht selbstbestimmt. Da diese aber die Grundlage für die Erfüllung der Selbstbestimmtheit in Entscheidungssituationen darstellen sollen, ist auch diese Definition von Selbstbestimmung noch nicht ausreichend, um die Möglichkeit von Willensfreiheit aufzuzeigen. Daraus folgt eine weitere Einschränkung der Konzepte Selbstbestimmung und der Freiheit.

An dieser Stelle möchte ich nun versuchen, anhand der Funktion des Selbstbewusstseins für den Menschen für einen Begriff von Selbstbestimmung zu argumentieren, der zwar keine Freiheit verspricht, aber die Möglichkeiten, die in den Konzepten der vernünftigen Kognition und der Übereinstimmung mit den eigenen personalen Merkmalen stecken, weiterführt. Der Mensch wird nicht frei über den reflexiven Kognitionsprozess und auch nicht, wenn er unabhängig von äußeren Zwängen entscheiden kann. Dennoch stecken hinter diesen Ideen Intuitionen, die die Beschreibung der Freiheitserfahrung erlauben und auch eine pragmatische Methode und Kriterien für die Zuschreibung von Verantwortung zur Verfügung stellen. Aufgrund der genannten Einschränkungen kann der menschliche Wille nicht als frei bezeichnet werden. Daher kann es auch kein Konzept von Freiheit sein, das dem menschlichen Selbstverständnis bei der Ausbildung seines Willens und seiner Entscheidungsfindung unterliegt, auch wenn dieser Freiheitseindruck die menschliche Erfahrung kennzeichnet. Jedoch kann der Mensch über die bewusste Reflexion ein besseres Wissen über die eigene Person, ihre Eigenschaften und Fähigkeiten erhalten. Außerdem kann er ein adäquateres Bewusstsein für die ihn in der Umwelt bestimmenden Faktoren erhalten.

Diese selbstbewusste Reflexion ermöglicht die Ausbildung eines Selbstbildes, dem ich eine zentrale Funktion in der Entscheidungsfindung zuschreiben möchte. Meine These ist, dass es nicht ausreicht, Entscheidungen zu treffen und einen mit ihnen übereinstimmenden Willen auszubilden, sondern dass es essentiell ist, ein Bewusstsein für die eigene Person und ihren Status in der Welt zu bekommen. Selbstwissen, Wissen über handlungsleitende Motive, Dispositionen und über die Konsequenzen einer Handlung können dann in eine Entscheidung mit einfließen. Außerdem ist die Übereinstimmung der Entscheidung mit personalen Merkmalen nur sinnvoll als Kriterium für Selbstbestimmtheit, wenn es sich hierbei um ein Selbstbild handelt, zu welchem eine Person über kritische und selbstbewusste Reflexion der eigenen Merkmale und Grenzen gelangt ist und das sie für sich selbst akzeptieren kann. Denn anhand dieses reflektierten Selbstbildes, das eine größere Menge von bewussten Einsichten über sich selbst einschließt, wird eine Entscheidung, die mit diesem übereinstimmt, indem sie mehr Information über die Bedingungen miteinbezieht, angemessener sein. Selbstbewusstsein ist also eine Grundvoraussetzung für die Freiheitserfahrung und Zuschreibung eines Selbstbildes. Für die basale Freiheitserfahrung muss der Mensch jedoch nicht unbedingt bewusst über den Zusammenhang zwischen seinem Selbstbild und seinen Entscheidungen reflektieren, um sich als frei zu erleben. Dies allein kann aber kein Kriterium für Selbstbestimmtheit sein.

Das reflexive Selbstbewusstsein erlaubt es einer Person, sich die Urheberschaft einer Handlung bewusst zuzuschreiben (wodurch ein pragmatischer Ansatz für die Verantwortungszuschreibung formulierbar wird). In diesem Sinne wird die Person durch die bewusste Reflexion über das Selbst und den eigenen Willen selbstbestimmter. Die selbstbewusste Reflexion macht eine Person entscheidungsfähig, insofern, als dass sie die ihrem Selbstbild unter Berücksichtigung der von ihr akzeptierten handlungsleitenden Motive und den überdachten Konsequenzen der Handlung entsprechende Alternative wählt und sich zuschreibt. Ausgenommen hiervon sind Extremsituationen oder Zustände wie unter Drogeneinfluss oder Lebensgefahr, in welchen eine reflexive selbstbewusste Entscheidungsfindung nicht mehr zuschreibbar ist und die Entscheidung nicht mehr den Kriterien der Übereinstimmung mit dem eigenen Selbst genügt. Auch wenn nicht alle Zustände, die zur eigenen Person gehören, bewusst werden können, kann der Mensch sich selbst, seiner Situation und der prinzipiellen Begrenzung bewusster werden. Daraus ergibt sich ein gemäßigter Begriff von Entscheidung und Selbstbestimmung auf Grundlage eines differenzierten Selbstbildes, das eben diese Faktoren wesentlich mit einbezieht. Mit diesem kann die Person lernen übereinzustimmen und sich in der Folge Verantwortung zuschreiben.

Hinter diesen Überlegungen steht nicht die Zuschreibung einer graduellen Freiheit, sondern die Konzeption einer bescheidenen, aber elementaren Fähigkeit des Menschen, die mit bewusster Selbstbestimmung benannt oder mit folgender Kurzformel ausgedrückt werden kann: Je mehr der Mensch bewusst über sich selbst in zutreffender Weise erfasst, desto angemessener kann er entscheiden und Verantwortung übernehmen.

Mit dem Bewusstsein über sich selbst und die Welt gehen Aufmerksamkeit, Interesse und Neugier für die eigenen Grenzen und Fähigkeiten einher. Je bewusster sich der Mensch seines eigenen Wissens, seiner Fähigkeiten und Dispositionen ist, desto dichter wird sein semantisches Informationsnetz über unterschiedliche Zusammenhänge. Infolge ist ihm mehr Überblick über seine Gestaltungsmöglichkeiten gegeben. Zudem begleiten die Grundfähigkeiten Neugier und Aufmerksamkeit den bewussten Reflexionsprozess. Diese sind elementar für Kreativität und fördern die Fähigkeit und Motivation, möglichst gute, ansprechende Lösungen für Probleme zu finden. Anhand dieser Grundfähigkeiten und dem erweiterten Informationsnetz, kann der Mensch über assoziative kognitive Prozesse adäquatere Lösungen im Zusammenhang finden, entsprechend neue Verbindungen knüpfen, diese kreativer gestalten und seiner Persönlichkeit selbstbewusstere und originelle Ausdrucksformen verleihen.

Literatur

BIERI, P.: *Das Handwerk der Freiheit*, München: Hanser 2001.
CAHIL et al.: *B-adrenergic activation and memory for emotional events*, Nature 371 (1994), S. 702–704.
DAMASIO, A.: *Descartes Error: emotion, reason, and the human brain*, New York: HarperCollins 1994.
ERK et al.: *Emotional Context modulates subsequent memory effect*, Neuroimage 18 (2003), S. 439–447.
PAUEN, M.: *Illusion Freiheit?*, Frankfurt/M: Fischer 2004.

Wie kommen neue Verpflichtungen in die Welt?
Zur normativen Kreativität des handelnden Subjekts

Thomas Müller (Bonn)

Es gibt eine Reihe wohlbekannter Phänomene, von denen man gemeinhin annimmt, dass durch sie neue Verpflichtungen in die Welt kommen; prominente Beispiele sind der Abschluss eines Vertrages und das Versprechen. Die Kreativität des handelnden Subjekts ist also, so scheint es, nicht darauf beschränkt, die Welt in ihrer deskriptiv zu fassenden Dimension zu verändern, sondern sie erstreckt sich auch auf die normative Dimension. Allerdings sind dieser Kreativität im Normativen Grenzen gesetzt: Ich allein kann nicht schaffen, dass X mir plötzlich 100 Euro schuldet, genauso wenig, wie ich es schaffen kann, dass X sich plötzlich auf dem Mond befindet – auch wenn ich mir beides wünschen kann. Fraglich ist hingegen schon, ob ich, allein auf mich gestellt, schaffen kann, dass ich X 100 Euro schulde, indem ich mir dies beispielsweise gelobe: Manche werden meinen, das ginge wohl, andere nicht.

In diesem Beitrag soll versucht werden, einige Phänomene der Erschaffung neuer und zusammenhängend damit auch der Abschaffung alter und der Veränderung bestehender Verpflichtungen, also die Dynamik von Verpflichtungen, systematisierend zu beschreiben. Hierzu ist es zunächst notwendig, den Begriff der Verpflichtung, und zwar insbesondere den der aktuell bestehenden Verpflichtung, zu klären. Der Beitrag untersucht ausschließlich *moralische* Verpflichtungen; positiv-rechtliche Verpflichtungen bleiben außer Betracht. Im Anschluss an die Begriffsklärung werden Beispiele für Verpflichtungs-Dynamik vorgestellt und zwei Erklärungsansätze diskutiert. Dem hier sog. *traditionellen Modell* zufolge lässt sich die Dynamik von Verpflichtungen durch unwandelbar feststehende konditionale Verpflichtungen vollständig erklären. Es gibt also dem Anschein zum Trotz nichts grundlegend Neues auf dem Gebiet der Verpflichtung. Dem *radikalen Modell* zufolge gibt es hingegen durchaus Fälle von Verpflichtungs-Dynamik, die sich einer traditionellen Erklärung widersetzen und die zeigen, dass Subjekte grundlegend neue Verpflichtungen schaffen können. Die Hauptthese des Beitrags ist, dass es Fälle von radikaler Verpflichtungs-Dynamik gibt, an denen allerdings stets mehr als ein einzelnes Subjekt beteiligt ist..

In diesem Beitrag wird keine logische Modellierung der angesprochenen Phänomene angestrebt, da die hierfür einschlägige sog. deontische Logik (vgl. z.B. von Wright 1951, Hilpinen 1981 und Åqvist 2002) weiterhin vor nicht überwundenen Problemen steht. Im Zusammenhang mit dynamischen Aspekten ist hier vor allem das Problem der *contrary-to-duties* zu nennen, also das Problem der formalen Modellierung von Reparationspflichten (vgl. Carmo und Jones 2002). Methodologisch muss daher zunächst der Phänomenbestand, der stets Adäquatheitsbedingungen als Korrektiv für eine Symbolisierung festlegt, erfasst werden. Die Untersuchung sollte – wiederum ein wichtiger methodologischer Punkt – nicht auf eine bestimmte (etwa deontologische oder konsequentialistische) Begründung für Moralität festgelegt sein, sondern diesbezüglich möglichst theorieneutral vorgehen.

Der Forschungsstand zu dem hier angesprochenen Problemfeld ist unbefriedigend: Neben dem thematisch passenden, aber hauptsächlich programmatischen Aufsatz von Rescher (1994) gibt es lediglich formale Arbeiten zu *ought kinematics* (Thomason 1984) bzw. *deontic kinematics* (Belnap *et al.* 2001), die jedoch von einer zu dürftigen phänomenologischen Basis ausgehen und auch die grundlegenden Probleme der verwendeten deontischen Logik nicht lösen. Die hier begonnene Untersuchung ist daher ein Desiderat der praktischen Philosophie.

Im Einzelnen gliedert sich der Beitrag wie folgt: Zunächst werden die Begriffe der Verpflichtung und der aktuellen Verpflichtung charakterisiert (1). Daran anschließend werden die beiden oben angesprochenen Modelle für Verpflichtungs-Dynamik vorgestellt (2). Hierauf folgen Beispiele für Verpflichtungs-Dynamik, die zeigen, dass sehr vielschichtige Phänomene zu betrachten sind (3). Abschließend wird die Hauptthese begründet (4).

1. Verpflichtungen und aktuelle Verpflichtungen

Da der Begriff der moralischen Verpflichtung einer der zentralen und am meisten diskutierten Begriffe der praktischen Philosophie ist, dürfte es schwierig sein, eine nicht kontroverse Charakterisierung abzugeben. Begrifflich scheint jedoch Folgendes zwingend zu Verpflichtungen zu gehören: (1) Verpflichtungen betreffen Handlungsoptionen (in einem näher zu fassenden Sinn) eines Subjekts, (2) Verpflichtungen zeichnen manche dieser Optionen als mit der Verpflichtung konform aus, andere als der Verpflichtung zuwider (und evtl. wieder andere als der Verpflichtung gegenüber neutral), (3) Verpflichtungen können *verletzt* werden, und es ist moralisch schlecht, eine moralische Verpflichtung zu verletzen, und (4) Verpflichtungen kommen und gehen: Bisweilen entstehen neue Verpflichtungen für ein Subjekt, und bisweilen entfallen alte.

Es wäre zu eng gefasst, würde man die in (1) genannten »Handlungsoptionen« mit aktuell verfügbaren Handlungsalternativen gleichsetzen. Eine aktuell verfügbare Handlungsalternative ist das, was in einer konkreten Situation jetzt, zu einem Zeitpunkt, gewählt werden kann: X anrufen oder nicht, Tee nehmen oder Kaffee, einen Kugelschreiber kaufen oder nicht. Die Handlungsoptionen, die für Verpflichtungen die größte Rolle spielen, sind hingegen zeitlich ausgedehnt: Bin ich etwa verpflichtet, Y das geliehene Buch zurückzugeben, so wird diese Verpflichtung gemeinhin nicht in einer einzelnen Wahlsituation zu erfüllen sein, sondern die Erfüllung setzt sich aus vielen einzelnen Wahlen in konkreten Situationen zusammen: Das Buch nicht wegwerfen, wenn ich mein Zimmer aufräume; es vor Nässe und Beschmierung schützen; es bei mir tragen, wenn ich *Y* wiedersehe; schließlich es *Y* wieder aushändigen. Die meisten Verpflichtungen beziehen sich auf zeitlich ausgedehnte Handlungspläne, nicht auf einzelne Handlungsalternativen, und für die Erfüllung einer Verpflichtung kommt es neben dem Fassen eines entsprechenden Plans auch immer auf dessen Ausführung an. Viele formale Ansätze etwa in der deontischen Logik kranken daran, dass sie dieses Moment außer Betracht lassen.[1]

Um die in (4) genannte Dynamik von Verpflichtungen zu fassen, verwenden wir ein Modell, das sich an das in der Erkenntnistheorie häufig vertretene Modell einer Menge aktueller Überzeugungen (*belief set*) anlehnt. Durch das erkenntnistheoretische Modell versucht man, der Tatsache Rechnung zu tragen, dass Subjekte Überzeugungen ablegen und neue erwerben können (vgl. z.B. Fagin *et al.* 1995).[2] Parallel zum erkenntnistheoretischen Fall gehen wir davon aus, dass sich eine Menge *aktueller Verpflichtungen* abgrenzen lässt, die die Handlungen eines betrachteten Subjekts normativ einschränken. Zu jedem Zeitpunkt unterliegt das Subjekt also gewissen Verpflichtungen, und die Menge dieser Verpflichtungen kann sich über die Zeit ändern. Diese Dynamik gilt es zu erklären.

2. Zwei Modelle für Verpflichtungs-Dynamik

Angesichts einer Reihe von Phänomenen, die eine Dynamik der Menge aktueller Verpflichtungen belegen, stehen mindestens zwei Wege der Erklärung offen, die wir als *traditionelles* bzw. als *radikales* Modell bezeichnen wollen.

Dem *traditionellen Modell* zufolge lässt sich die offenkundige Dynamik der aktuellen Verpflichtungen erklären, ohne dass im normativen Bereich grund-

---

[1] Es gibt bislang keine formal ausgearbeiteten Modelle, die den Gehalt einer Verpflichtung in seiner zeitlichen Ausgedehntheit adäquat beschreiben. Für eine formale Modellierung kontinuierlicher Handlungen, die evtl. als Ausgangspunkt für eine solche Beschreibung dienen kann, vgl. Müller 2005.

[2] Es ist bekannt, dass dieses Modell vor Schwierigkeiten steht – beispielsweise ist fraglich, ob die Menge aktueller Überzeugungen unter logischer Folgerung abgeschlossen ist, ob also das Subjekt, wenn es p glaubt und q aus p folgt, auch q glaubt. Dies scheint empirisch inadäquat (keineswegs glaubt jemand, der die Peano-Axiome glaubt, gleich alle aus ihnen ableitbaren wahren Sätze der Zahlentheorie), ist jedoch eine unmittelbare Konsequenz der meisten formallogischen Analysen des Begriffs der Überzeugung. Ein entsprechendes Problem lässt sich auch für die Menge aktueller Verpflichtungen formulieren. Da dieses Problem jedoch vornehmlich die formale Modellierung einer entsprechenden Logik betrifft, die hier nicht angestrebt wird, wird hier nicht näher darauf eingegangen.

sätzliche Neuerungen angesetzt werden müssen. Das traditionelle Modell geht davon aus, dass es eine feste Menge von konditionalen Verpflichtungen gibt, also von wahren Sätzen der Form

(*) Wenn p, dann ist X zu q verpflichtet.

Hierbei soll p einen Sachverhalt beschreiben, q den Gehalt einer Verpflichtung, und X steht für das Subjekt, das die Verpflichtung hat. Die Dynamik in der Menge derjenigen q, zu denen ein Subjekt aktuell verpflichtet ist, lässt sich durch Sätze der Form (*) zurückführen auf die Dynamik von Sachverhalten, also auf Veränderungen in der deskriptiv zu fassenden Dimension der Welt. Eine neue Verpflichtung auf q kommt einfach daher, dass ein entsprechendes Antezedens eines Satzes (*) wahr wird, und eine aktuelle Verpflichtung auf q tritt ab, wenn das entsprechende Antezedens p falsch wird. Ein plausibles Beispiel hierfür liefert der Satz

(**) Wenn X Aufsicht führt (p), dann ist X dazu verpflichtet, für die Sicherheit der Schulkinder auf dem Pausenhof zu sorgen (q).

Die Verpflichtung auf q (also für die Sicherheit der Schulkinder zu sorgen) gehört nur manchmal zu den aktuellen Verpflichtungen von X, nämlich dann, wenn p wahr ist, wenn also X Aufsicht führt. Ansonsten ist X nicht auf q verpflichtet. Die Verpflichtung ist an die Wahrheit von p gebunden und tritt mit ihr auf und mit ihrem Abtreten ihrerseits ab. Dieses Beispiel ist kein Einzelfall: Mit Sicherheit deckt das traditionelle Modell viele Fälle von Verpflichtungs-Dynamik ab. Fraglich ist nur, ob es auf alle Fälle anwendbar ist.

Für das traditionelle Modell spricht zunächst seine Einfachheit: Die praktischen Konsequenzen menschlicher Handlungen können dem Modell zufolge stets in Form von Sachverhalten gefasst werden, normative Konsequenzen daraus werden nach ewig gültigen Regeln abgeleitet. Dies ermöglicht eine strikte Trennung der deskriptiven von der normativen Sphäre; Sätze der Form (*) bilden hierbei Brückenprinzipien. Wie unsere Benennung suggeriert, kann man viele traditionelle Konzeptionen der Ethik im Rahmen des traditionellen Modells verstehen. Es bietet etwa eine Lesart für Kants kategorischen Imperativ (wobei p jeweils besagt: »gemäß nicht-q wird ein anderer bloß als Mittel gebraucht«) ebenso wie eine Interpretation konsequentialistischer Theorien (wobei p jeweils die Form hat »q ist die Handlungsoption mit den besten Konsequenzen«).

Dem *radikalen Modell* zufolge greift eine Erklärung der Verpflichtungs-Dynamik im Sinne von (*) allein zu kurz. Während nicht bestritten werden soll, dass einige oder sogar viele Fälle der Veränderung aktueller Verpflichtungen durch das traditionelle Modell erklärt werden können, gibt es doch Phänomene, die sich solcher Erklärung widersetzen. In manchen Fällen können Subjekte Verpflichtungen radikal neu schaffen, ohne auf Brückenprinzipien der Form (*) zurückgreifen zu können. Diesem Modell zufolge erstreckt sich die Kreativität des handelnden Subjekts bisweilen nicht nur dem ersten Augenschein nach, sondern tatsächlich auch auf die normative Sphäre. Im nächsten Abschnitt werden einige Kandidaten für solche radikal neuen Verpflichtungen diskutiert, wonach dann in Abschnitt 4 für das radikale Modell argumentiert wird.

3. Radikal neue Verpflichtungen

Wir betrachten nun Fälle von Verpflichtungs-Dynamik, die Kandidaten für eine radikale Kreativität im Normativen sind, die also möglicherweise nicht durch Sätze der Form (*) abgedeckt sind: (1) Versprechen und Vertrag, (2) Reparationspflichten aus Pflichtverletzung, (3) kontingent auftretende Hilfs- und Reparationspflichten. Zudem gehen wir kurz auf einen Zweifelsfall ein, nämlich (4) neue Pflichten gegen sich selbst (Gelübde).

(1) Es ist unstrittig, dass durch Versprechen moralische Verpflichtungen entstehen können.[3] Allerdings ist es nicht klar, ob in jedem Fall von Versprechen solche Verpflichtungen entstehen – besonders rein einseitige Versprechen, etwa Schenkungsversprechen, bereiten Probleme, die hier aber nicht diskutiert werden können.[4] Das Versprechen ist das prominenteste Beispiel für das Schaffen neuer Verpflichtungen. Entsprechend umfangreich ist die Literatur zum Thema, die häufig einen Bezug zum »Sein-Sollen-Problem« herstellt, also zu dem Problem, ob und, falls ja, wie aus deskriptiven Sätzen normative abgeleitet werden können.[5] Ein Teil dieser Literatur lässt sich fruchtbar als Auseinandersetzung um die Frage lesen, ob die im Versprechen entstehende Verpflichtung durch ein Brückenprinzip der Form (*) erklärbar ist. Dieses Prinzip könnte lauten:

(V) Wenn X Y q versprochen hat, dann ist X Y gegenüber zu q verpflichtet.

Die Phänomenologie von Versprechen zeigt jedoch, dass (V) allein nicht hinreicht. Zum einen erlischt die Verpflichtung mit der Erfüllung des Versprechens, was in (V) immerhin noch recht einfach einzubringen wäre. Schwerer

---

[3] Auf der Ebene der Moralität lässt sich – im Unterschied zur juristischen Sphäre – wohl keine strenge Grenze zwischen Versprechen und Vertrag ziehen, so dass hier nur das Versprechen diskutiert wird.

[4] Entgegen der in der Sprechakttheorie vorgebrachten Analyse, wonach ein Versprechen direkt durch die Äußerung von »Ich verspreche...« (oder semantisch äquivalenten Redeweisen) zustande kommt, bleibt festzuhalten, daß zum gelingenden Versprechen zumindest die Annahme durch den, dem etwas versprochen wird, hinzugehört. Belnap et al. 2001 bieten, aufbauend auf Thomson 1990, die bislang genaueste Analyse von Versprechen. Fragen der bindenden Kraft einseitiger oder unfairer Versprechen diskutiert Atiyah 1981, der aufschlußreiche Parallelen zum Vertragsrecht zieht.

[5] Zum Sein-Sollen-Problem vgl. Stuhlmann-Laeisz 1983. Speziell zum Fall des Versprechens vgl. die an Searle 1964 anschließende Diskussion sowie Scanlon 1998.

wiegt der Einwand, dass Versprechen im Einverständnis aufgehoben oder abgeändert werden können. Eine Formulierung von (V), die dem Rechnung trüge, würde schnell völlig unhandlich, da auch mehrfache Änderungen zu berücksichtigen sind – man denke etwa an einen Fall, in dem $X\,Y\,q$ versprochen hat, was im Einverständnis zu q' geändert wird, da sich $Y\,X$ gegenüber auf r verpflichtet, was dann wiederum durch r' ersetzt wird . Das Einverständnis der Partner vorausgesetzt, scheint es hier keinerlei Beschränkungen zu geben. Es ist selbstverständlich möglich, für jeden vorstellbaren Fall ein entsprechendes Brückenprinzip zu postulieren. Die erklärende Wirkung dieser Prinzipien ist allerdings äußerst zweifelhaft.

(2) Ein interessanter, zu wenig diskutierter Fall neuer Verpflichtungen entspringt aus Pflichtverletzungen.[6] Wenn X zu q verpflichtet ist, diese Verpflichtung aber nicht erfüllt, so wird man häufig davon ausgehen, dass X nun eine neue Verpflichtung zur Reparation zukommt. Auf der juristischen Ebene sind solche Mechanismen für viele Fälle von Sanktionen zentral, sie spielen aber auch in der moralischen Sphäre eine wichtige Rolle. Unterliegt etwa X gemäß (**) einer Verpflichtung zur Aufsicht und kommt dieser ungenügend nach, so dass ein Kind verletzt wird, so erscheint es plausibel, davon auszugehen, dass X nun dem verletzten Kind gegenüber, unabhängig von etwaigen juristischen Konsequenzen, eine – wie auch immer geartete – *moralische* Pflicht zur Wiedergutmachung hat, die etwa durch einen Krankenbesuch eingelöst werden kann. Allgemeiner erscheint ein Subjekt, das moralisch schlecht gehandelt, also etwa ein Verbrechen begangen hat, moralisch verwerflicher, wenn es keine entsprechenden Reparationspflichten anerkennt. Dies hat sogar juristische Konsequenzen, wenn etwa die Uneinsichtigkeit eines Angeklagten mit der Schwere der Schuld in Verbindung gebracht wird. Stellt man zwei Fälle eines reuigen und eines uneinsichtigen Verbrechers nebeneinander, so kann die ursprüngliche Pflichtverletzung die gleiche sein; die unterschiedliche moralische Bewertung lässt sich wohl am besten durch das Einlösen (zumindest Anerkennen) vs. Verletzen (oder leugnen) einer durch die Pflichtverletzung tatsächlich entstehenden moralischen Reparationspflicht erklären.

(3) Auch ohne eigenes Verschulden können moralische Reparationspflichten entstehen, Es spricht einiges dafür, dass ich als unabsichtlicher Verursacher eines Schadens zur Linderung zumindest in einem gewissen Maße moralisch verpflichtet bin. Ähnlich lassen sich kontingent eintretende Verpflichtungen zur Hilfe in der Not einordnen: Es geschieht einfach (indem ich stolpere und Y anremple, der deswegen hinfällt, oder indem ich an einem Teich vorbeilaufe, in den ein kleines Kind hineingefallen ist), dass mir in einer konkreten Situation völlig unbeabsichtigt eine neue moralische Pflicht zuwächst.

---

[6] Diesem Fall entspricht auf deontisch-logischer Ebene das Problem der *contrary-to-duties*; s.o.

(4) Fraglich ist, ob ich mir ganz allein eine neue Verpflichtung zuziehen kann. Schon der Begriff einer »Pflicht gegen sich selbst« wird kontrovers diskutiert. Aber auch abgesehen davon ist es schwierig zu verstehen, wie ich mir selbst gegenüber eine neue Verpflichtung soll schaffen können. Es steht außer Frage, dass viele Menschen sich durch Gelübde oder Ähnliches gebunden fühlen. Nicht zufällig werden diese jedoch meistens als Versprechen an eine – religiöse oder säkulare – höhere Macht inszeniert und häufig öffentlich vollzogen, so dass sie auch als Versprechen gegenüber den als Zeugen Anwesenden uminterpretiert werden können. Es ist jedenfalls nicht einfach zu verstehen, wie ein rein solitäres Gelübde mich soll binden können, wenn doch ich selbst auch diejenige Instanz bin, die mich von dem Gelübde lösen könnte.[7] Genuine Fälle neu geschaffener Verpflichtungen nach Art von (1) setzen stets die Kooperation von mindestens zwei Subjekten voraus.

4. Kreativität im Normativen

Die im vorherigen Abschnitt aufgeführten Beispiele lassen sich mit genügend Durchhaltevermögen sicherlich alle in das Schema des traditionellen Modells pressen. Hierzu muss lediglich für jeden neuen Fall von Verpflichtungs-Dynamik ein neues Brückenprinzip postuliert werden. Die Brückenprinzipien erfüllen jedoch nicht allein eine formale, sondern auch eine erklärende Funktion. Diese ist zumindest im Fall des Versprechens (Fall (1) oben) nicht gegeben; die entsprechenden Brückenprinzipien werden hier lediglich der unabhängig von ihnen anerkannten Verpflichtungs-Dynamik nachgebildet. Ist ein Subjekt demnach in der Lage, neue Verpflichtungen zu schaffen? Wie weit reicht die Kreativität im Normativen?

Die oben diskutierten Fälle legen folgende – vorläufige – Antwort nahe: Ein Subjekt kann sich, ganz auf sich gestellt, neue Verpflichtungen zuziehen oder bestehende ablegen, indem es ein entsprechendes Brückenprinzip der Form (*) nutzt – sofern ein solches Prinzip besteht. Es gibt aber auch Fälle radikal neuer Verpflichtungen. Hierbei reicht ein Subjekt allein allerdings nicht aus: Um eine radikal neue Verpflichtung zu schaffen, braucht es mindestens zwei.

---

[7] Es besteht hier eine interessante Parallele zu Wittgensteins Überlegungen zum privaten bzw. solitären Regelfolgen; vgl. Schmitz 2001.

Literaturverzeichnis

ÅQVIST, L.: *Deontic logic*, in: D.M. Gabbay/F. Guenthner (Hgs.): *Handbook of Philosophical Logic*, 2nd Edition, Vol 8, Dordrecht 2002, S. 147–264.
ATIYAH, P.S.: *Promises, Morals, and Law*, Oxford 1981.
BELNAP, N./PERLOFF, M./XU, M.: *Facing the Future*, Oxford 2001.
CARMO, J./JONES, A.: *Deontic logic and contrary-to-duties*, in: D.M. Gabbay/F. Guenthner (Hgs.): Handbook of Philosophical Logic, 2nd Edition, Vol 8, Dordrecht 2002, S. 265–343.
FAGIN, R./HALPERN, J. Y./MOSES, Y./VARDI, M. Y.: *Reasoning About Knowledge*, Cambridge MA 1995.
HILPINEN, R. (Hg.): *New Studies in Deontic Logic*, Dordrecht 1981.
MÜLLER, T.: *On the formal structure of continuous action*, in: Proceedings of »Advances in Modal Logic 5«, London (2005, im Druck).
RESCHER, N.: *Obligation dynamics and deontic metamorphosis*, in: ders.: American Philosophy Today, and Other Philosophical Studies, Lanham MD 1994, S. 81–90.
SCANLON, T.: *Promising*, in: E. Craig (Hg.): Routledge Encyclopedia of Philosophy, Vol. 7, London 1998, S. 740–742.
SCHMITZ, B.: *Wittgenstein über Sprache und Empfindung*, Paderborn 2001.
SEARLE, J.: *How to derive »ought« from »is«*, in: Philosophical Review 73 (1964), S. 43–58.
STUHLMANN-LAEISZ, R.: *Das Sein-Sollen-Problem. Eine modallogische Studie*, Stuttgart, Bad Cannstatt 1983.
THOMASON, R.H.: *Combinations of tense and modality*, in: Gabbay/Guenthner (Hgs.), Handbook of Philosophical Logic, Vol. 2: Extensions of Classical Logic, Dordrecht 1984, S. 135–165.
THOMSON, J.J.: *The Realm of Rights*, Cambridge MA 1990.
VON WRIGHT, G.H.: *Deontic logic*, in: Mind 60 (1951), S. 1–15.

Rationalität und Willensfreiheit

THOMAS ZOGLAUER (REMSECK)

Die Frage nach der Willensfreiheit ist gegenwärtig zu einem Modethema geworden, über das in philosophischen Journalen, Feuilletons und Fernsehtalkshows debattiert und gestritten wird. Auf der einen Seite stehen die Hirnforscher und Materialisten, die die Willensfreiheit für eine Illusion halten, auf der anderen Seite die Dualisten und Libertarier, für die die Willensfreiheit real ist und ohne die es keine Moral und Verantwortlichkeit geben könne. Die Vereinbarkeit von Determinismus und Willensfreiheit, das Problem der kausalen Zurechenbarkeit von Handlungen und die Frage nach Schuld und Verantwortung – diese Themen sind nun schon seit über zwei Jahrtausenden ein philosophischer Dauerbrenner. Weniger Beachtung fand dagegen die Beziehung zwischen Rationalität und Willensfreiheit – ein Problemkomplex, den ich für zentral für die Behandlung der Frage nach der Willensfreiheit halte. Tatsächlich spielt der Rationalitätsbegriff in der aktuellen Willensfreiheitdebatte durchaus eine wichtige Rolle (so z.B. in den Modellen von Robert Kane und Susan Wolf), ohne dass er näher expliziert wird. Ein Rückblick auf die Philosophiegeschichte könnte dabei durchaus weiterhelfen. Es gibt nämlich eine lange Traditionslinie, die von den Stoikern über Thomas von Aquin bis zu Immanuel Kant reicht, in der die Willensfreiheit eng an die menschliche Rationalität geknüpft wird.

Ich will ein Argument vorstellen, das auf Immanuel Kant zurückgeht und einen Zusammenhang zwischen Willensfreiheit, Rationalität und Autonomie herstellt, dessen Tragweite in der gegenwärtigen Willensfreiheitsdiskussion noch nicht erkannt wurde und dessen Konsequenzen noch nicht ganz zu Ende gedacht wurden. Ähnliche Überlegungen wurden in der Vergangenheit im Zusammenhang mit Versuchen zur »Selbstwiderlegung des Determinismus« diskutiert, in denen argumentiert wird, dass ein Determinist, der die (libertaristische) Willensfreiheit leugnet, sich zwangsläufig in einen performativen Selbstwiderspruch verwickelt. Dabei wird behauptet, dass es in einer deterministischen Welt keine Wahrheit, keine Werte und keine Rationalität geben könne. (Popper, Malcolm, Taylor, Lucas u.a.) Ich halte nicht alle diese Selbstwiderlegungsargumente für überzeugend, aber ich glaube, dass ihnen allen ein wahrer Kern zugrundeliegt, der am Begriff der Rationalität festgemacht werden kann und auf den folgenden kurzen Nenner gebracht werden kann: Ein Determinist kann keine rationalen Geltungsansprüche erheben. Tut er dies dennoch, widerspricht er sich selbst.

Immanuel Kant hat diesen Zusammenhang zwischen Willensfreiheit und Rationalität erstmals in aller Deutlichkeit herausgearbeitet. Ich will sein Argument rekonstruieren und für die aktuelle Willensfreiheitsdiskussion fruchtbar machen. Dabei werde ich auch auf drei mögliche Einwände gegen diese intellektualistische Lösung des Willensfreiheitsproblems eingehen und den Kantschen Ansatz gegen diese Einwände verteidigen: 1. das Intelligibilitätsproblem, 2. das Regressproblem und 3. die Möglichkeit alternativer Rationalitätskonzepte.

In der langen Geschichte der Willensfreiheitsdebatte gab es immer wieder einen Streit darüber, was man unter Willensfreiheit zu verstehen habe. So vertraten Kompatibilisten eine andere Auffassung von Willensfreiheit als Inkompatibilisten. Unabhängig von der Auseinandersetzung zwischen Kompatibilismus und Inkompatibilismus gibt es noch die Alternative zwischen Voluntarismus und Intellektualismus. Nach voluntaristischer Auffassung besteht Willensfreiheit in der absoluten Unbedingtheit des Willens: Eine Handlung ist frei, wenn sie weder durch physikalische Ursachen noch durch intellektuale Gründe bedingt ist. Voluntaristische Willensfreiheit, auch *libertas indifferentiae* genannt, liegt vor, wenn sich der Wille in einem indifferenten Gleichgewicht befindet, so wie Buridans Esel, der sich zwischen zwei Heuhaufen befindet und sich nicht zwischen ihnen entscheiden kann oder sich durch eine zufällige Asymmetrie in den Randbedingungen zu einem Haufen hingezogen fühlt. Der Voluntarismus wurde von Leibniz und Kant zu Recht mit dem Argument kritisiert, dass eine indeterministische, spontane Wahl eigentlich irrational ist. Wird der Verstand ausgeschaltet, bleibt die Wahl dem Gefühl, der Willkür oder dem Zufall überlassen – Faktoren, die wir weder beeinflussen noch kontrollieren können. Es kann daher keine echte *Willens*freiheit vorliegen, weil die Wahl von allen möglichen Faktoren abhängt, nur eben nicht von unserem *Willen*. Gerade in solchen Situationen, wo wir den Verstand ausschalten und versuchen, völlig unbeeinflusst und frei eine Entscheidung zu treffen, wo wir unentschlossen sind und uns in einem indifferenten Gleichgewicht befinden, werden wir, ob wir es wollen oder nicht, zu einem Spielball unseres Unterbewusstseins und zu einer Marionette unserer Neuronen. Eine kleine Fluktuation, eine winzige Asymmetrie in der Ausgangssituation mag den Ausschlag geben, in welche Richtung wir uns bewegen. Wir handeln wie die Würfel fallen. Eine solche Handlung mag zwar unbestimmt im Sinne von unvorhersagbar sein, aber selbstbestimmt, bewusst und kontrolliert ist sie jedenfalls nicht. Alle voluntaristischen Ansätze, zu denen ich übrigens auch die Theorie von Robert Kane zähle, haben mit dem Zufallsproblem und dem Problem der fehlenden Kontrolle zu kämpfen. Peter Bieri bringt diese Kritik auf den Punkt:

> Ein solcher Wille wäre ein aberwitziger, abstruser Wille. Seine Losgelöstheit nämlich würde bedeuten, dass er unabhängig wäre von Ihrem Körper, Ihrem Charakter, Ihren Gedanken und Empfindungen, Ihren Phantasien und Erinnerungen. Es wäre, mit anderen Worten, ein Wille ohne Zusammenhang mit all dem, was Sie zu einer bestimmten Person macht. In einem substantiellen Sinne

des Worts wäre er deshalb gar nicht *Ihr* Wille. Statt zum Ausdruck zu bringen, was *Sie* – dieses bestimmte Individuum – aus der Logik Ihrer Lebensgeschichte heraus wollen, bräche ein solcher Wille, aus einem kausalen Vakuum kommend, einfach über Sie herein, und Sie müssten ihn als einen vollständig entfremdeten Willen erleben, der meilenweit von der Erfahrung der Urheberschaft entfernt wäre, zu deren Rettung er doch eingeführt wurde. (Bieri, S. 230)

Im Gegensatz zum Voluntarismus hat der Intellektualismus nicht das Problem des Zufalls oder der fehlenden Kontrolle, weil jede Entscheidung rational begründet wird und daher nicht beliebig oder zufällig, aber auch nicht naturgesetzlich determiniert ist. Eine Handlung bzw. Entscheidung ist frei, wenn ich rationale Gründe für sie angeben kann. Für die Stoiker ist der Mensch permanent zwischen Vernunft und Affekt hin- und hergerissen. Die animalische Kraft der Affekte ist eine wesentliche Quelle der Unfreiheit. Willensfreiheit ist für die Stoiker in erster Linie die Freiheit von Affekten und besteht darin, der Vernunft zu folgen. Immanuel Kant hat diesen Gedanken weiterentwickelt. Bereits in seinen vorkritischen Schriften zwischen 1770 und 1780, insbes. in den Vorlesungen zur Metaphysik (1770 ff.) und Ethik (1780) und dem handschriftlichen Nachlass zur Metaphysik, unterscheidet er zwischen der sinnlich affizierten Willkür (*arbitrium brutum*) und der freien menschlichen Willkür (*arbitrium liberum*), die nicht durch die Sinne beeinflusst wird. Allein die menschliche Willkür wird durch Vernunftgründe und nicht durch die Sinne determiniert: »Die Freyheit besteht in dem Vermögen unabhängig von äußern bestimmenden Gründen nach intellektualer Willkühr handeln zu können.« (Kant, Metaphysik, S. 319) »Die Freyheit ist eigentlich ein Vermögen, alle willkührlichen Handlungen den Bewegungsgründen der Vernunft unterzuordnen.« (Ebd., S. 317)

In der Autonomie der Vernunft, dem Vermögen, sich selbst zu bestimmen, sieht Kant den Schlüssel für die Willensfreiheit. Als vernünftiges Wesen gehört der Mensch nicht zur Sinneswelt, sondern zur Verstandeswelt. Er kann seine Handlungen entweder kausal, d.h. unter Bezugnahme auf Naturgesetze, analysieren oder rational, unter Berufung auf Vernunft- und Sittengesetze, bestimmen. Daraus zieht Kant die bedeutsame Schlussfolgerung, dass der Mensch als Vernunftwesen gar nicht anders kann als seine Handlungen »unter der Idee der Freiheit« zu denken. Dieses Argument wird in der Grundlegung zur Metaphysik der Sitten vorgestellt:

Nun behaupte ich: daß wir jedem vernünftigen Wesen, das einen Willen hat, notwendig auch die Idee der Freiheit leihen müssen, unter der es allein handle. Denn in einem solchen Wesen denken wir uns eine Vernunft, die praktisch ist, d.i. Kausalität in Ansehung ihrer Objekte hat. Nun kann man sich unmöglich eine Vernunft denken, die mit ihrem eigenen Bewußtsein in Ansehung ihrer Urteile anderwärts her eine Lenkung empfinge, denn alsdenn würde das Subjekt nicht seiner Vernunft, sondern einem Antriebe, die Bestimmung der Urteilskraft zuschreiben. Sie muß sich selbst als Urheberin ihrer Prinzipien ansehen, unabhängig von fremden Einflüssen, folglich muß sie als praktische Vernunft, oder als Wille eines vernünftigen Wesens, von ihr selbst als frei angesehen werden; d.i. der Wille desselben kann nur unter der Idee der Freiheit ein eigener Wille sein, und muß also in praktischer Absicht allen vernünftigen Wesen beigelegt werden. (GMS, BA 100 f.)

Die Stärke dieses transzendentalen Arguments liegt darin, dass es selbst den Opponenten, den Leugner der Willensfreiheit, zwingt, die intellektuale Willensfreiheit zuzugeben. Ein Opponent würde sicherlich eine Vielzahl von Argumenten präsentieren, weshalb der Mensch nicht willensfrei sein kann: weil alle seine Handlungen neuronal verursacht seien und weil der Mensch nicht die Macht habe, diese physikalischen Ursachen zu kontrollieren usw. Aber jeder Materialist wird sicherlich den Anspruch erheben, rationale Gründe für seine Auffassung angeben zu können. Rationalität schließt aber Autonomie ein: Der Glaube p einer Person S ist rational, wenn (a) S *gute Gründe* für p hat und (b) S *autonom* (d.h. aus eigener Überzeugung und unbeeinflusst) zu der Überzeugung p gelangt. Wäre der Opponent nicht autonom zu seiner Überzeugung gelangt, würde eine Art Zwang vorliegen, entweder eine kausale Determination durch externe Umweltfaktoren oder interne Zwänge, z.B. tiefsitzende Ressentiments, pathologische Zwangshandlungen etc. Der Opponent muss also einräumen, dass sein Wille nicht kausal determiniert ist und im libertaristischen Sinne frei ist.

Die Unverzichtbarkeit der Autonomiebedingung wird verständlich, wenn man Beispiele von Überzeugungen betrachtet, die zwar gut begründet sein mögen, aber die Autonomiebedingung verletzen: Wenn jemand keine eigene Meinung hat und stets die Meinung anderer oder der Mehrheit der Menschen unkritisch übernimmt, so würden wir dies nicht als rational bezeichnen. Solche Menschen sind leicht zu beeinflussen ohne selbst überzeugt zu sein. Ein Autoritätsglaube ist nicht rational, selbst dann, wenn der Glaube gut begründet und Teil eines kohärenten Überzeugungssystems ist. Entscheidend ist das subjektive Überzeugtsein, der eigene prüfende Nachvollzug der Argumente und das Evidenzerlebnis der Überzeugung: diese Merkmale machen den Glauben zu einem rationalen Glauben. Ein autoritätsgläubiger Mensch verhält sich wie ein Papagei, der vorgegebene Meinungen einfach nachplappert ohne sie zu verstehen. Auch Wahnvorstellungen, die aufgrund von psychopathologischen Störungen entstehen, sind paradigmatische Beispiele für nicht rationale Überzeugungen. Eine pathologisch nezessitierte Überzeugung wird nicht dadurch rationaler, dass das Subjekt konfabulierte Gründe für seinen Glauben angeben kann. Ebenso erfüllen Überzeugungen, die unter Drogeneinfluss entstehen, nicht die Autonomiebedingung und können daher nicht als rational bezeichnet werden. Selbst wenn ein wahrer, gerechtfertigter Glaube vorliegt, würden wir noch nicht von einer rationalen Überzeugung sprechen. Ich will dies an einem Gedankenexperiment erläutern.

Angenommen, es gäbe eine Wahrheitsdroge, die bei jedem, der sie einnimmt, eine philosophisch berauschende Wirkung entfaltet. Nehmen wir an, Fred, der sich sonst nicht für Philosophie interessiert, schluckt eine dieser Pillen. Plötzlich ist es so, als ob ein fremder Geist von ihm Besitz ergreift. Wie in Trance entwickelt Fred die brillantesten philosophischen Argumente. Er löst die schwierigsten Probleme, an denen sich ganze Philosophengenerationen vergeblich abmühten und Fred wird zum Star zahlreicher Philosophie-Kongresse. Ein Außenstehender, der nichts von Freds Drogenkonsum weiß, wäre über die Fülle seines Wissens verblüfft. Wir staunen über die Brillanz und logische Stringenz der Argumente und halten sie für überzeugend. Aber selbst wenn alle seine Behauptungen wahr und gerechtfertigt sein mögen, so sind sie doch nicht durch rationale Überlegung zustande gekommen. Fred kommt zu seinen erstaunlichen Schlussfolgerungen nicht durch vernünftiges Überlegen und rationales Argumentieren. Die Kette der vorgetragenen Argumente ist nur epiphänomenaler Natur. Denn in Wirklichkeit ist die Droge die Ursache seiner sprachlichen Äußerungen und nicht die Evidenz und Stringenz seiner Argumente. Fred verhält sich vielmehr wie ein sprechender Papagei, der irgendwelche geistreichen Sätze von sich gibt. Überlegung im Sinne zielgerichteter geistiger Aktivität findet nicht statt. Es werden keine Argumente abgewogen und Schlüsse gezogen. Fred wird lediglich von Impulsen getrieben.

Der amerikanische Philosoph Richard Taylor unterscheidet zwischen rationaler Überlegung (*deliberation*) und einem bloß passiven Oszillieren zwischen konkurrierenden Neigungen (»*vacillation between competing inclinations*«):

> Both are (...) processes of *my* thinking. But in the first my thought is an activity, for I am intentionally calling it forth. In the second I do not call forth any thoughts or considerations; they simply occur to me, willy-nilly, with whatever force they may or may not have for deciding the matter for me. In the first my thinking is purposive, for thoughts are pursued with a view to making a decision, but in the second my thoughts have no purpose. They are only thoughts, impulses, or inclinations that occur in succession. The second situation can therefore be described without introducing the idea of my doing anything at all, except just deciding, whereas the first cannot, and there are accordingly all sorts of locutions, mostly metaphorical, which are used to convey the element of activity involved in deliberation – such as ›weighing‹ pros and cons, ›turning‹ the thing over in my mind, and so on. (Taylor, S. 170)

Rationale Überlegungen kann es in einer deterministischen Welt nicht geben. Was fehlt ist die Autonomie, d.h. die Selbstbestimmtheit der Überzeugungen. Um Freds Überlegungen rational nennen zu können, muss Fred selbst Autor seiner Überlegungen und Überzeugungen sein. Es darf keine andere Ursache geben als die Person selbst. Der Determinismus ist daher nicht mit unserer Auffassung von Rationalität verträglich.

Eine andere Frage ist jedoch, ob damit der Determinismus auch wirklich widerlegt ist und ob der Intellektualismus eine tragfähige Position ist. Gegen den Intellektualismus lassen sich folgende Einwände formulieren:

1. Das Intelligibilitätsproblem

Eine spontane Wahl ist nicht intelligibel. Aber auch für den Intellektualismus ergibt sich ein Intelligibilitätsproblem, das Robert Kane »*the problem of dual rationality*« nennt: Angenommen, ich stehe vor der Wahl, A oder B zu tun. Ich wäge die Alternativen sorgfältig ab und entscheide mich dann schließlich nach sorgfältiger Überlegung und mit guten Gründen für A. Wie hätte ich aber anders handeln und mich für B entscheiden können, wenn die Umstände, die mich zu B bewegen, exakt dieselben sind, wie die, die mich zu A bewegt haben? Wie kann eine Alternative rational sein, wenn die andere Alternative genauso gut möglich ist und wenn es für die andere Alternative vielleicht sogar genauso gute Gründe gibt? Kann man dann noch von Vernunftgründen sprechen, wenn die Gründe in gewisser Weise kontingent und beliebig sein können? Kann man andere Gründe haben, andere Entscheidungen treffen und damit anders handeln, auch wenn die äußere Situation genau dieselbe ist und wenn man innerlich dieselben Gefühle und Überzeugungen hat?

2. Das Regressproblem

Angenommen, ich tue A, weil ich einen Grund G dafür habe. Ist damit die Handlung vollständig erklärt? Ich kann mich nämlich fragen, warum ausgerechnet der Grund G den Ausschlag für meine Entscheidung gegeben haben soll und nicht ein anderer Grund G'. Die Handlungserklärung wäre erst dann vollständig, wenn ich einen weiteren Grund G_2 dafür nennen könnte, weshalb G den Ausschlag gab. Aber auch für den Grund G_2 muss es einen weiteren Grund G_3 geben usw. Dies führt zu einem infiniten Begründungsregress.

3. Die Möglichkeit alternativer Rationalitätskonzepte

Das Kantsche Autonomieargument setzt voraus, dass Autonomie eine notwendige Bedingung für Rationalität ist. Ein Determinist könnte der drohenden Selbstwiderlegung einfach dadurch entgehen, dass er einen anderen Rationalitätsbegriff verwendet, z.B. eine instrumentalistische Rationalitätsauffassung, wie sie David Hume vertritt, oder einen naturalistischen Rationalitätsbegriff. Will man am Autonomieargument festhalten, muss man zeigen, dass diese alternativen Rationalitätsbegriffe inadäquat sind.

Ich will den Intellektualismus gegen diese drei Einwände verteidigen.

Zu 1 (das Intelligibilitätsproblem)

Robert Kane erläutert das Intelligibilitätsproblem an einem Beispiel (Kane, S. 107f.): Jane überlegt, wo sie ihren Urlaub verbringen soll. Sie zieht verschiedene Möglichkeiten in Betracht und wägt Vor- und Nachteile dieser Optionen ab. Sie hat die Wahl, ihren Urlaub auf Hawaii oder in Colorado zu verbringen. Nach sorgfältiger Überlegung entscheidet sie sich schließlich für Hawaii. Wenn Jane willensfrei ist, müssen bis zum Zeitpunkt der Entscheidung alternative Handlungsmöglichkeiten offenstehen. D.h. Jane müsste sich unter exakt denselben Umständen anstatt für Hawaii auch für Colorado entscheiden können, selbst wenn sie dieselben Wünsche und Motive hat und dieselben Überlegungen durchführt. Wie können wir die Entscheidung Janes erklären und plausibel machen, wenn die physikalischen Randbedingungen die Entscheidungen nicht determinieren? Beruht die Entscheidung Janes vielleicht doch auf einem unerklärlichen Zufall, einer Quantenfluktuation? Und vor allem: Wie kann man die Entscheidung Janes für Hawaii rational nennen, wenn sie sich genausogut mit ebenso überzeugenden Gründen für Colorado hätte entscheiden können? Oder sind beide Alternativen gleichermaßen rational?

Wir können die Paradoxie nur auflösen, wenn wir praktische Rationalität nicht mit logischer Rationalität gleichsetzen. Rationale Überlegungen laufen nicht wie logische Deduktionsketten oder wie mechanische Ursache-Wirkungs-Ketten ab. Es ist ja nicht so, dass die äußeren Randbedingungen plus die Wünsche und Motive von Jane ihre Präferenz für Hawaii eindeutig festlegen. Der Mensch ist schließlich kein deterministischer Apparat, dessen Gedanken und Körperbewegungen mechanisch wie ein Uhrwerk ablaufen. Ein rationaler Entscheidungsprozess ist auch kein Optimierungsverfahren, das man mathematisch formalisieren kann und dessen Ergebnis eindeutig feststeht. Es gibt stets verschiedene Alternativen, die gleichermaßen rational sind. Würde man Jane beispielsweise mit einem Gefangenendilemma konfrontieren, würde es auch zwei Lösungen geben, die sich gleichermaßen gut begründen lassen.

Anders handeln können »unter exakt den gleichen Umständen« kann nur heißen: unter den gleichen *physikalischen* Umständen. Die mentalen Zustände (Überlegungen) können anders sein, ja sie müssen sogar anders sein, sonst käme der Handelnde nicht zu einer anderen Entscheidung. Die Gründe und Argumente können andere sein, weil eine rationale Entscheidung nicht eindeutig ist. Mentale Gründe können nicht auf physikalische Ursachen reduziert werden. Gründe sind nicht naturalisierbar.

Das Intelligibilitätsproblem ist nur dann ein Problem, wenn man davon ausgeht, dass menschliche Handlungen entweder determiniert oder indeterminiert (d.h. zufällig) erfolgen. Eine rationale Handlung ist aber weder naturgesetzlich determiniert noch erfolgt sie zufällig. Gründe determinieren nicht, sie zwingen uns nicht zu bestimmten Handlungen. Wir lassen uns von rationalen

Überlegungen leiten und überzeugen, aber nicht zwingen. Wir treffen eine Wahl, indem wir nach sorgfältiger Abwägung zu dem Schluss kommen, dass eine der Alternativen besser ist, wobei die Präferenz im Kontext unseres gesamten Überzeugungs- und Wertesystems getroffen wird. Die Entscheidung ist intelligibel, weil wir sie als rationale Personen selbstbestimmt getroffen haben.

Zu 2 (das Regressproblem)

Wenn ich z.B. ins Kino gehe, weil ich den Kinofilm besser finde als das Fernsehprogramm, so bestimmt dieser Grund mein Handeln. Damit ist aber noch nicht erklärt, weshalb ich *diesen* Grund für ausschlaggebend halte und nicht irgendeinen anderen. Ich hätte ja tausenderlei andere Gründe für meinen Entschluss, ins Kino zu gehen, angeben können. Eine vollständige Handlungserklärung müsste auch angeben können, weshalb *dieser* Grund handlungsentscheidend ist und kein anderer. Aber selbst wenn ich dafür eine befriedigende Erklärung angeben könnte, wäre auch dieses Explanans weiter hinterfragbar: Ich müsste einen Grund für meinen Grund für meinen Grund usw. angeben. Echtes selbstbestimmtes Handeln wäre somit unmöglich, da die Kette von Gründen und Meta-Gründen ins Unendliche geht und wir keinen letzten unbedingten Grund für unser Handeln angeben können. Galen Strawson kommt zu dem Schluss: »True self-determination is logically impossible because it requires the actual completion of an infinite regress of choices of principles of choice.« (Strawson, S. 29)

Das Regressargument sieht eine rationale Handlungserklärung in Analogie zu einer Kausalerklärung. Bei einer Kausalerklärung kann man die Ursache-Wirkungs-Kette indefinit in die Vergangenheit fortsetzen und erhält somit einen Begründungsregress, der nach der Ursache einer Ursache einer Ursache usw. fragt. Dieses Begründungsmuster wird von Strawson auf Handlungserklärungen übertragen, indem man, ganz analog zu Kausalerklärungen, nach dem Grund eines Grundes eines Grundes usw. fragt. Aber aus der Tatsache eines infiniten Begründungsregresses, der ja zweifellos bei Kausalerklärungen vorliegt, würde kein Mensch schließen, dass die Kausalerklärung falsch oder irrational ist oder dass es keine kausalen Ursachen gibt. Ebenso unberechtigt ist es daher, aus dem Begründungsregress rationaler Handlungerklärungen auf die Falschheit des Libertarismus zu schließen. Das Regressargument ist daher nicht überzeugend.

Wenn man sich vom logischen Rationalitätsbegriff löst, verschwindet neben dem Intelligibilitätsproblem auch das Regressproblem. Ein Regress ergibt sich nur, wenn wir Gründe in Analogie zu physikalischen Ursachen betrachten. Dann können wir zu jeder Ursache eine andere Ursache finden usw. Aber Gründe sind keine Ursachen. Wer eine andere Meinung vertritt, redet einem Determinismus das Wort und schmuggelt damit eine deterministische Prämisse in das Regressargument hinein. Zwar können Gründe immer hinterfragt werden, aber dies zwingt die mentale Verursachung nicht in einen infiniten Regress. Denn es ist ja nicht der Grund selbst, der die Handlung auslöst, sondern der Willensakt. Ich gehe ins Kino, weil ich einen bestimmten Grund dafür habe. Der Grund lässt sich wiederum durch Rekurs auf übergeordnete Wertpräferenzen oder moralische Prinzipien erklären. Sie bilden ein kohärentes System von Überzeugungen, Werten und Weltanschauungen. Der Begründungsregress geht daher nicht ins Unendliche, sondern endet in dem System persönlicher Überzeugungen.

Zu 3 (alternative Rationalitätskonzepte)

Ein Determinist kann einem performativen Selbstwiderspruch offenbar nur dann entgehen, wenn er einen anderen Rationalitätsbegriff zugrundelegt, der keine Autonomie involviert. Als mögliche Alternativen kommen ein Humescher (instrumentalisischer) Rationalitätsbegriff oder ein naturalistischer Rationalitätsbegriff in Frage.

Nach dem Humeschen Modell sind menschliche Handlungen durch die Wünsche (desires) und die Glaubenszustände (beliefs) des Subjekts eindeutig bestimmt. Handlungsrationalität besteht darin, zu einem gegebenen Wunsch diejenigen Mittel zu wählen, die diesen Wunsch optimal befriedigen. Nach Hume können wir niemals unabhängig von unseren Neigungen und Gefühlen urteilen, da die Vernunft ein »Sklave der Affekte« ist. Nehmen wir dieses Modell ernst, so hätte dies weitreichende Konsequenzen für unser philosophisches Selbstverständnis. Denn auch das philosophische Denken wäre dann kein emotionsloses, allein dem guten Argument verpflichtetes Urteilen mehr, sondern von Trieben und Affekten getrübt. Letztlich schlägt dieser Psychologismus auf Hume und die Deterministen zurück, denn auch ihre Philosophie wird von Desires geleitet und ist das Resultat von Affekthandlungen. Ein Determinist, der sich auf den Humeschen Rationalitätsbegriff beruft, hätte somit schlechte Karten, da er sich letztlich nicht von guten Gründen, sondern von niederen Affekten leiten lässt: seien es Geltungssucht, Eitelkeit, der Furcht vor der libertaristischen Willensfreiheit, der Wunsch nach akademischer Anerkennung usw. Der Determinist argumentiert daher nicht um des besten Argumentes willen, sondern lediglich instrumentalistisch um seine Triebe zu befriedigen. Eine solche Haltung würden wir nicht als rational bezeichnen.

Der naturalistische Rationalitätsbegriff sieht die Vernunft des Menschen als Produkt der Evolution an, das sich stammesgeschichtlich bewährt hat. Die menschliche Rationalität ist Teil eines Überlebensprogramms. Eine solche Auffassung wird von Daniel Dennett und Jennifer Trusted vertreten. Trusted schreibt: »Rational arguments have a structure such that organisms programmed to accept them (and to reject non-rational arguments) are best adapted for survival and for reproduction.« (Trusted, S. 72) Die Frage ist nur, ob der Glaube an den Determinismus ebenfalls ein Teil dieses evolutionären Überlebensprogramms ist. Eigentlich ist eher das Gegenteil plausibel. Denn alle Menschen glauben nun einmal subjektiv an die Willensfreiheit und tun und handeln so als ob sie willensfrei wären. Die Tatsache, dass wir als Gattung bis heute überlebt haben, spricht eher dafür, dass der Glaube an die Willensfreiheit einen Selektionsvorteil darstellt. Der naturalistische Rationalitätsbegriff spricht daher eher *gegen* den Determinismus.

Was folgt daraus für das Kantsche Autonomieargument? Kann es seinen transzendentalen Anspruch einlösen und liefert uns einen Beweis für die Willensfreiheit? Ich glaube nicht, dass der Determinismus damit widerlegt ist. Gleichwohl wird die intellektualistische und libertaristische Position erheblich gestärkt. Denn das Autonomieargument zeigt einige paradoxe Konsequenzen auf, die aus dem deterministischen Weltbild folgen. Gäbe es keine Willensfreiheit im libertaristischen Sinn, dann könnten wir nicht rational handeln, zumindest nicht in dem traditionellen Verständnis von Rationalität. Die Vernunft gebietet daher, an der Willensfreiheit festzuhalten.

Literatur

BIERI, Peter: *Das Handwerk der Freiheit*, München, Wien 2001.
DENNETT, Daniel: *Freedom Evolves*, London 2003.
KANE, Robert: *The Significance of Free Will*, New York, Oxford 1996.
KANT, Immanuel: *Grundlegung zur Metaphysik der Sitten*, in: Werke in zehn Bänden, hg. v. W. Weischedel, Bd. 6, Darmstadt 1983.
KANT, Immanuel: *Handschriftlicher Nachlass zur Metaphysik*, Akademie-Ausgabe, Bd. 17, Berlin 1926.
LUCAS, J.R. : *The Freedom of the Will*, Oxford 1970.
MALCOLM, Norman: *The Conceivability of Mechanism*, in: Philosophical Review 77 (1968), S. 45–72.
POPPER, Karl: *Über Wolken und Uhren*, in: Objektive Erkenntnis, Hamburg 1993, S. 214–267.
STRAWSON, Galen: *Freedom and Belief*, Oxford 1995.
TAYLOR, Richard: *Action and Purpose*, Englewood Cliffs 1966.
TRUSTED, Jennifer: *Free Will and Responsibility*, Oxford, New York 1984.
ZOGLAUER, Thomas: *Die Vernunft: ein Sklave der Affekte?*, in: P. Schaber/ R. Hüntelmann (Hgs.): Grundlagen der Ethik. Normativität und Objektivität, Frankfurt/M 2003, S. 145–162.

Kreative Theorieproduktionen: Wittgenstein und Keynes

ELKE MUCHLINSKI (BERLIN)

Einleitung

John Maynard Keynes (1883–1946)[1] und Ludwig Wittgenstein (1889–1951) waren Zeitgenossen in Cambridge/UK, deren kreative Theorieproduktionen bis heute den Leser faszinieren. Keynes und Wittgenstein revolutionierten traditionelle Denkweisen. In ihrer theoretisch-konzeptionellen Vorgehensweise zeigt sich ein gemeinsamer »Hintergrund«, dessen Begriffe auf das »Getriebe des Lebens« verweisen.[2] Um in einer Formulierung von Wittgenstein zu sprechen: »Wir könnten ihn (den Hintergrund, EM) uns als ein sehr kompliziertes filigranes Muster vorstellen, das wir zwar nicht nachzeichnen könnten, aber nach seinem allgemeinen Eindruck wiedererkennen«.[3] In diesem Sinne kann ein Forschungsvorhaben, das die theoretischen Berührungspunkte zwischen Keynes und Wittgenstein aufspüren will, nicht als Beweis geführt werden. Ich möchte drei Begriffe diskutieren: »Vagheit«, »Gewissheit« (Wittgenstein) respektive »state of confidence« (Keynes) und »Erwartungen«. Weitere begriffliche Berühungspunkte finden sich bei »Regeln« und »Logik«, sie können jedoch nicht in diesem Arbeitspapier aufgegriffen werden.

Wittgenstein und Keynes trugen massgeblich zu der durch kreative theoretische Umwälzungen gekennzeichneten Epoche in Cambridge/UK zu Beginn des 20igsten Jahrhunderts bei. Keynes studierte Mathematik, war Lecturer in Economics in Cambridge von 1908–1915 und 1932–35. Er reichte 1907/08 mit *A Treatise on Probability* seine Doktorarbeit ein. Keynes schuf mit dem Plädoyer für ein »a priori reasoning« eine kritische Distanz zum dominierenden britischen Empirismus. Er war Herausgeber des *Economic Journal* von 1924 bis zu seinem Tode 1946. Sein theoretischer Gegenentwurf zur Klassik/Neoklassik manifestiert sich in der Schrift *General Theory of Employment, Interest and*

---

[1] Britischer Ökonom und Mathematiker; vgl. G. Dostaler: *Keynes et Bretton Woods*, in: Interventions économiques. Pour une alternative sociale, 26, De l'ordre des nations à l'ordre des marchés. Bretton Woods, cinquante ans plus tard, Québec, Canada, 1994, S. 53-78.
[2] L. Wittgenstein, *Bemerkungen über die Philosophie der Psychologie*, Bd. 2, hg. v. G.H. von Wright und H. Nyman, Wittgenstein, Schriften Bd. 8, Frankfurt/M. 1980: »Wir beurteilen eine Handlung nach ihrem Hintergrund im menschlichen Leben (...)« (Nr. 624). »Und schon der Begriff ›Getriebe‹ bedingt die Unbestimmtheit (Nr. 626)«, »Wenn das Leben ein Teppich wäre (...) Die Begriffe sind ja nicht für *ein*maligen Gebrauch (Nr. 672)«.
[3] Ebd., Nr. 624.

Money (GT) (1936), deren Überlegungen aber viel weiter zurückreichen. Von hohem Interesse ist seine differenzierte Darstellungsmethode von ökonomischen, ethischen und politischen Fragestellungen. Wittgenstein betrat die Bühne in Cambridge im Jahre 1912 und lernte Keynes kennen, der während Wittgensteins Gefangenschaft in Italien bei der Herausgabe des Manuskripts *Tractatus Logico-philosophicus* eine zentrale Rolle einnahm. Wittgenstein lehrte in Cambridge zum Themenfeld Sprache, Logik, Mathematik; 1939 übernahm er den Lehrstuhl von G.E. Moore.

1. *»Vagheit« der Begriffe*

In *A Treatise on Probability* (1921) manifestiert sich Keynes' Auffassung zur Sprache in seiner Kritik an der formalen Sprache der *Principia Mathematica* von Russell.[4] Keynes hinterfragt, ob Russell mit dem Projekt der »perfectly exact language« noch im Bereich des gültigen Urteilens verbleibt[5], da er von Prämissen ausgeht, die nicht auf die Erfahrungswelt bezogen werden können.[6] Er kritisiert Russell ob seines »scholasticisms«.[7] »Vagueness« ist für Keynes ein unbestimmbarer Begriff.[8] Trotz oder vielleicht sogar wegen deswegen läßt ihn

---

[4] Russell, Ramsey, Wittgenstein und Keynes arbeiteten über »vagueness« und das Verhältnis zur Idealsprache; vgl. Frank P. Ramsey: *Grundlagen. Abhandlungen zur Philosophie, Logik, Mathematik und Wirtschaftswissenschaft,* Berlin 1980; vgl. Francisco Rodríguez-Consuegra: *Wittgenstein and Russell on Propositions and Forms,* in: Jesus Padilla-Gálvez (ed.): Wittgenstein, from a New Point of View, Frankfurt/M. 2003, S. 79-110.

[5] Die Zitate stammen aus den *Collected Writings* (C.W., I-XXX) von Keynes: »Confusion of thought is not always best avoided by technical and unaccustomed expressions, to which the mind has no immediate reaction of understanding; it is possible, under the cover of a careful formalism, to make statements, which, if expressed in plain language, the mind would immediately repudiate« Keynes (1921, C.W., VIII, S. 20, Fn 1).

[6] »He concludes with familiar results, but he reaches them from premisses, which have never occurred to us before, and by an argument so elaborate that our minds have difficulty in following it. (It) gives rise to questions about the relation in which ordinary reasoning stands to this ordered system«, Keynes (1921, C.W. VIII, S. 128).

[7] Russell beurteilt in den Vorlesungen zur »Philosophie des Logischen Atomismus« 1918/19 sein Projekt aus der »Principia Mathematica« distanziert: »Eine solche Sprache wäre vollkommen analytisch und würde auf den ersten Blick zeigen, welche logische Struktur die behauptete oder negierte Tatsache besitzt. (...) Sie soll eine rein syntaktische Sprache sein, die durch einen Wortschatz ergänzt zu einer logisch perfekten Sprache würde. (...) Eine logisch perfekte Sprache wäre, wenn sie konstruiert werden würde, nicht nur ungeheuer umständlich, sondern in Bezug auf ihren Wortschatz weitgehend die Privatsprache des Sprechers. (...)«: Bertrand Russell: *Sechs Aufsätze zum Logischen Atomismus,* hg. v. J. Sinnreich, Berlin 2003, S. 234.

[8] »There is a vagueness, it may be noticed, in the number of instances, which would be required on the above assumptions to establish a given numerical degree of probability, which correspondens to the vagueness in the degree of probability which we do actually attach to inductive conclusions«, Keynes (1921, C.W., VIII, S. 288).

dieses Konzept nicht los, denn Vagheit und Wahrscheinlichkeit weisen eine Gemeinsamkeit auf. »As soon as we have passed from the logic of implication and the categories of truth and falsehood to the logic of probability and the categories of knowledge, ignorance, and rational belief, we are paying attention to a new logical relation in which, although it is logical, we were not previously interested, and which cannot be explained or defined in terms of our previous notion«.[9] Diese terminologische Transformation seiner Wahrscheinlichkeitstheorie ist paradigmatisch für seine ökonomische Theorie.[10] Hingegen verhindert die Reduktion der Alltagssprache auf formalen Symbolismus das Verstehen.[11] Exemplarisch verweist er auf die ökonomische Theorieproduktion der Orthodoxie, die mit einer konstruierten Welt nichts zum Wohlstand der Menschen beitragen zu könne.[12] Sie blendet überdies aus, »thus the fact that our knowledge of the future is fluctuating, vague and uncertain« (1935, C.W., XIV: 416). Die Zukunft ist *nicht* die abdiskontierte Gegenwart.[13] Mathematische Modelle können nur die Ausgangspunkte von Überlegungen sein und müssen einen Anwendungsbezug aufweisen.[14] Mathematik ist an theoretische Annahmen gebunden, deren Anwendung in den »social sciences« zu hinterfragen sind.[15] Keynes interessiert sich nicht für diese konstruierte Welt

---

[9] Keynes (1921, C.W., VIII, S. 8).

[10] »Probability is the study of the grounds which lead us to entertain a rational preference for one belief or another. There are rational grounds other than statistical frequency« (1921, C.W., VIII, S. 106).

[11] »Those writers who try to be *strictly* formal generally have no substance« Keynes 1932 (C.W., XXIX, S. 37-8). In seiner *General Theory* betont Keynes: »It is a great fault of symbolic pseudo-mathematical methods of formalising a system of economic analysis (...), that they expressly assume strict independence between the factors involved and lose all their cogency and authority if this hypothesis is disallowed; (...) To large a proportion of recent mathematical economics are merely concoctions (...)« (1936, C.W., VII, S. 297/8).

[12] Keynes: »All these pretty, polite techniques, made for a well-penelled Board Room and a nicely regulated market, are liable to collapse (...). I accuse the classical economic theory of being itself one of these pretty, polite techniques which tries to deal with the present by abstracting from the fact that we know very little about the future« (1937, C.W., XIII, S. 215).

[13] »Nur was wir selbst konstruieren, können wir voraussehen« so Wittgenstein, in: *Notebooks 1914-1916*, ed. by George H. v. Wright and G.E.M. Anscombe, 2. Aufl., Oxford, 1979, S. 71.

[14] »In writing economics one is not writing either a mathematical proof or a legal document«, Keynes 1935 (C.W., XXIX, S. 151). In einem Entwurf zur *GT* bemerkt er: »Much economic theorising to-day suffers, I think, because it attempts to apply highly precise and mathematical methods to material which is itself much too vague to support such treatment«, Keynes 1935 (C.W., XIV, S. 379).

[15] »Thus theoretical economics often has a formal appearance where the reality is not strictly formal. It is not, and is not meant to be, logically watertight in the sense in which mathematics is. It is a generalisation which lacks precise statement of the cases to which the generalisation applies« Keynes 1932 (C.W., XXIX, S. 36-38).

der Sicherheit, in der Marktprozesse über rigide Regeln automatisch zu Gleichgewichten führen, ein sprachloser Reiz-Reaktions-Mechanismus als Verhaltensannahme dominiert und in der inakzeptable Prämissen die Theorie konfigurieren, sondern ihn interessiert die Frage, unter welchen Bedingungen das Handeln und Entscheiden individueller Akteure bei Wissensunvollkommenheit in einer instabilen Umwelt erfolgreich sein kann (vgl. Muchlinski 2005).

Dieser erkenntnistheoretische Ausgangspunkt rückt das individuelle Urteil in den Mittelpunkt. Seine Ausführungen über chaotische Marktentwicklungen und Relevanz von Erwartungen sind für das Verstehen ökonomischer Abläufe bahnbrechend. Nicht die Suche nach dem sog. Wesen, nicht Adam Smith' »invisible hand«, sondern das Beschreiben ist methodisch. Keynes bemerkt, dass Methodologie insofern sie *nicht* die Sprachvermitteltheit wissenschaftlicher Prozesse thematisiert, kein brauchbarer Ratgeber für die Urteilsbildung sein kann. Das Vorwort zur »*GT*« ist der Auftakt für eine *andere Sprache in der Ökonomie und ökonomischen Theorie*. Bereits in seinen Vorlesungen in Cambridge 1932–35 erörterte er seine Sprachauffassung: »A definition can often be *vague* within fairly wide limits and capable of several interpretations differing slightly from one another, and still be perfectly serviceable and free from serious risk of leading either the author or the reader into error« (Keynes 1932, C.W., XXIX, 36–38.).

Dieses Zitat ist exemplarisch für Keynes philosophische Methode, die mit Wittgensteins Metapher der »Familienähnlichkeit« vergleichbar ist (PU § 67). Vage Wörter sind verstehbar auch und gerade wenn sie keine scharfen Ränder aufweisen (PU § 76). Keynes: »If an author tries to avoid all vagueness, and to be perfectly precise, he will become so prolix and pedantic, will find it necessary to split so many hairs, and will be so constantly diverted into an attempt to clear up some other part of the subject, that he himself may perhaps never reach the matter at hand and the reader certainly will not« (1932, C.W., XXIX, 36).[16] Das Zitat von Keynes kann es mit Wittgensteins Ausführungen in PU § 88 aufnehmen, worin er der Frage nachspürt, was denn eine inexakte Erklärung sei, was unter »Exaktheit« zu verstehen sei. Wo beginnt und wo endet sie? Er zeigt ähnlich wie Keynes, dass die Suche nach einem Ideal an Exaktheit ohne Ergebnis bleiben muss, da wir dieses Ideal nur in unserem Geist zelebrieren; »Wenn ich über Sprache rede, muß ich die Sprache des Alltags reden« (PU § 120).

Keynes die unakzeptable Imitation der naturwissenschaftlichen Methode in den Sozialwissenschaften und ist hierin mit Wittgenstein vergleichbar.[17] Na-

---

[16] Wollte man eine perfekte, eindeutige Terminologie der Sprache (er)finden, um damit die Konklusion zu beschreiben, so würde man keine Ergebnisse erzielen, so Keynes (1921, C.W., VIII, S. 4).
[17] Vgl. auch Wittgenstein (PU, S. 578).

turgesetze teilen sich uns nicht mit, denn wir interpretieren sie, in dem wir unsere Befragungsmethoden exerzieren und modifizieren.[18] Auch für Wittgenstein ist »vagueness« wichtig. In PU § 58 spielt er diesen Gedanken durch und erörtert, warum die Grenzen eines Sprachspiels nicht angebbar sind (ibid). Vagheit ist für ein Sprachspiel deshalb charakteristisch, weil es nicht das Ideal der Exaktheit ist, das Verstehen ermöglicht, sondern der »rauen Boden« der Sprachpraxis (PU § 107). Das Sprachspiel ist eine Theorie mit beweglichen Rändern. Das Gelingen des Sprachspiels ist an Praxis, Gewohnheiten, Übereinstimmung anknüpft.

Im *Tractatus logico-philosophicus* pointierte Wittgenstein: »Alle Sätze unserer Umgangssprache sind tatsächlich, so wie sie sind, logisch vollkommen geordnet« (5.5563). Diese bestehende Ordnung der Dinge in der Welt steht im Kontrast zu Russells Weltbild einer »logically perfect language«. Wittgenstein will die Sprache nicht reformieren, sondern eine Beschreibung der Ordnung, d.h., »unserem Wissen vom Gebrauch der Sprache« geben (PU § 132).[19] Er räumt ein, mit einer idealistischen »Brille auf (der) Nase« suchen wir vergeblich nach dem Ideal (PU § 103). Dieses Verlangen nach der »Kristallreinheit der Logik« (im »Tractatus«) wurzelte in der grossen Distanz, die er zwischen der Alltagssprache und Idealsprache und der Logik setzte (PU § 107). Erst als er dieses Sichtweise aufgab, konnte er das bislang verdeckte sehen: das bereits »Bekannte« (PU § 109).

2. »Gewissheit« (Wittgenstein) respektive «state of confidence« (Keynes)

In seiner Schrift »Über Gewissheit« verwendet Wittgenstein die Metapher Statik eines Gebäudes, um das Gelingen des Sprachspiels zu beschreiben (ÜG § 105). An Grundmauern oder Statik liesse sich nicht sinnvoll die Frage nach Wahrheit oder Falschheit adressieren. Aus diesem Grunde sind sie »fundamental« (ÜG § 512). Diese Fundamentalität ist unveränderbar, denn ohne sie wäre noch nicht einmal die Vision eines Gebäudes denkbar.[20] Er liefert hiermit eine pragmatische Festsetzung für das Sprachspiel. Die Zweifellosigkeit ist Kern des Sprachspiels.[21] »Ich will eigentlich sagen, dass ein Sprachspiel nur möglich ist, wenn man sich auf etwas verläßt. ›Ich habe nicht gesagt auf etwas verlassen kann‹« (ÜG § 509). Die akzeptierende Haltung der Teilnehmer am

---

[18] »Economics is being a moral science (…) it deals with introspection and judgments of value. I might have added that it deals with motives, expectations, psychological uncertainties. One has to be constantly on guard against treating the material as constant and homogeneous« Keynes 1938 (C.W., XIV, S. 300).
[19] Auch PU §§ 132, 133 und § 91; sie zeigen die Etappen der Realisierung seines Vorhabens.
[20] »Unwankende Grundlage« ist das Systemmerkmal von Sprachspielen (ÜG § 403).
[21] ÜG, § 248 und ÜG, §§ 370, 519.

Sprachspiel ist entscheidend (ÜG § 357). Ein Sich-Einlassen auf das Sprachspiel setzt Vertrauen der Spieler und in die Sinnhaftigkeit des Spiels voraus. Dies kann als eine normative Komponente des Sprachspiels und der »Gewissheit« verstanden werden.[22] »Gewissheit« entwickelt er in Auseinandersetzung mit Moore, sie ist darüber hinaus im Zusammenhang mit seiner Auffassung zur Unsicherheit zu lesen.[23]

Unsicherheit bringt Wittgenstein zunächst mit »erfahrungsmäßige Trübe« in Verbindung. Er erörtert seine Position zur »Logik[24]« und Erfahrung in seinen Vorlesungen in den 30iger Jahren in Cambridge.[25] Erfahrung beschreibt er als eine unbegründete Handlungsweise.[26] Gegen Moores Beweisführung[27] hebt Wittgenstein hervor: »Die Wahrheit gewisser Erfahrungssätze gehört zu unserm Bezugssystem«.[28] Somit wäre eine Grenzziehung zwischen »erfahrungsmäßige Trübe« und einer Idealisierung nur als Ausdruck unserer Suche nach dem Wesen der Sprache zu verstehen.[29] Während wir aber ein jenseits der Alltagssprache verborgenes Wesen von »Sprache, Erfahrung, Welt« suchten, bliebe sie uns wegen dieser Untersuchungsmethode verborgen. Wir würden sie nicht begreifen, ja nicht einmal wahrnehmen können (PU § 97). Die Konsequenz hieraus ist: »Wo Sinn ist, muß vollkommene Ordnung sein. – Also muss die vollkommene Ordnung auch im vagsten Satze stecken« (PU § 98). Entscheidend für das Sprachspiel, Gewissheit und «Übereinstimmung ist das Weltbild; es ist eine Prägung und basiert auf Vertrauen.[30]

Als »inexact science« befaßt sich Ökonomie mit Werten, Motiven und Erwartungen. Wissensunvollkommenheit und Unsicherheit fociert die Orientierung an ein »Weltbild«, an etwas, auf das *man sich verläßt*. »Experience tea-

---

[22] PU S. 569: »Die Art der Sicherheit ist die Art des Sprachspiels«); ÜG, § 358: »Ich möchte nun diese Sicherheit als (...) Lebensform (ansehen)«.
[23] René Heinen: *Die »beruhigte Sicherheit« der Lebensform: Wittgenstein jenseits von Nominalismus und Realismus*, in: Wilhelm Lütterfelds (Hg.): Erinnerungen an Wittgenstein: Kein Sehen in die Vergangenheit?, Frankfurt am Main 2004, S. 51-82.
[24] Auf die Logikkonzeption von Wittgenstein kann hier nicht eingegangen werden.
[25] Vgl. Wittgenstein: *Vorlesungen* 1930-1935, hg. v. D. Lee und A. Ambrose, Frankfurt/M. 1984, S. 93ff.
[26] Wittgenstein ÜG, § 110. Im Tractatus: »(...) kein Teil unserer Erfahrung auch apriori ist« (Tlp 5.634).
[27] Keynes hat sich in seinen philosophischen Essays aus den Jahren 1904–1911 mit Moores »Principia Ethica« (1903) auseinander gesetzt; vgl. hierzu Muchlinski 1996.
[28] »Ein Erfahrungssatz läßt sich *prüfen* (sagen wir). Aber wie? und wodurch?« (ÜG, § 84; vgl. auch ÜG, § 109, 110).
[29] »Die Philosophie darf den tatsächlichen Gebrauch der Sprache in keiner Weise antasten, sie kann ihn am Ende nur beschreiben« (PU § 124).
[30] PU, §§ 257, 258, 265; zu den Folgen eines abrupten Wandels des Weltbilds: ÜG, §§ 513, 617.

ches us what had happened but cannot teaches us what will happen«.[31] In seiner Welt der Unsicherheit bietet der Rekurs auf die Erfahrung keine Anhaltspunkte für das Handeln. Handeln unter Unsicherheit erfolgt im Rahmen wandelnder Kontexte eines sich kontinuierlich verschiebenden und neu konfigurierenden »*corpus* of knowledge«.[32] Der Kontext hat keine scharfen Ränder: »Die normalen Umstände (Kontext, EM) erkennt man, aber man kann sie nicht genau beschreiben« (ÜG § 34).

Das Individuum muß die eigene Bewertung der Umweltdaten in eine Beziehung zur Bewertung, die andere Individuen haben (»average opinion«), setzen. Für diese Beschreibung der Beziehung verwendet Keynes die Metapher des Spiels:»For it is, so to speak, a game of Snap of Old Maid, of Musical Chairs – a pastime in which he is victor who says *Snap* neither too soon nor too late, who passed the Old Maid to his neighbour before the game is over, who secures a chair for himself when the music stops. These games can be played with zest and enjoyment, though all the player know that it is the Old Maid which is circulating, or that when the music stops some of the players will find themselves unseated« (1936, C.W., VII: 156). Keynes beschreibt diese Wahrnehmung der »eigenen und fremden Marktbewertung« im 12. Kapitel der *GT* als eine Methode des individuellen Urteilens unter Unsicherheit:»to a man in a state of ignorance« gibt es keine »escape clause«, etwa den Rückzug auf numerisch spezifizierte Wahrscheinlichkeit oder mathematische Erwartungswerte. Deshalb sind wir im Entscheidungsmoment gezwungen, die wahrnehmbare Marktbewertung als korrekt in Relation zu unserem vorhandenen Wissen *zu unterstellen*.[33] In den Worten Wittgensteins, man spielt mit insofern *man sich darauf verläßt*, d.h., *einläßt*. Ähnlich wie Wittgenstein mit »Gewißheit« die Funktionsbedingungen des Sprachspiels beschreibt, argumentiert Keynes, dass das Spiel der Agenten im Finanzmarkt nur möglich ist, wenn man sich darauf *verläßt*. Die ökonomischen Agenten unterstellen eine Art Gebäude, getragen von einem Zustand des Vertrauens und sehen dies als Fundament ihrer Erwartungsbildung an, das den nächsten Zug zu wagen oder zu wählen erlaubt.[34] »The state of long-term expectation, upon which our decisions are ba-

---

[31] »Die Erfahrung lehrt nur was ist, nicht, was sein kann«, vgl. Wittgenstein: *Wittgenstein und der Wiener Kreis*, hg. v. F. Waisman, Schriften Bd. 3, Frankfurt/M 1967, Fn 6, S. 214.

[32] Wahrscheinlichkeit bezieht sich auf den Wissenskörper »a *certain kind* of knowledge«, Keynes (1921, C.W., VIII: 318).

[33] »Most, probably, of our decisions to do something positive, the full consequences of which will be drawn out over many days to come, can only be taken as a result of animal spirits – of a spontaneous urge to action rather than inaction, and not as the outcome of a weighted average of quantitative benefits multiplied by quantitative probabilities« Keynes (1936, C.W., VII, S. 161).

[34] Die ökonomische Krise beginnt mit dem *Zusammenbruch* des »state of confidence«, so Keynes.

sed (...) depends on the *confidence*. (...) The *state of confidence* (...) is a matter to which practical men always pay the closest and most anxious attention.(...) There is, however, not much to be said about the state of confidence *a priori*« und Erfahrungen geben nur mininale Anhaltspunkte für die Beurteilung (C.W., VII: 148-9). »By ›uncertain‹ knowledge let me explain, I do not mean merely to distinguish what is known for certain from what is only probably. (...) *We simply do not know*« (C.W., VII 148). Die Marktbewertung muß für jede Entscheidung neu erzeugt werden. Nur in der Scheinwelt der Klassik/Neoklassik wird sie als gegebene Sicherheit vorausgesetzt. Wissensunvollkommenheit und Unsicherheit verlangen vom Subjekt die Orientierung an ein »Weltbild bzw. Hintergrund.«[35] »In practice we have tacitly agreed (..) to fall back on what is (..) a *convention*« (C.W., VII: 152). Dabei hebt der Rekurs auf Konventionen nicht die Unsicherheit auf. Überdies sind Konventionen nicht mit Lewis' Konzept (1969) der Verhaltensregularität zu verwechseln.[36] Unsicherheit ist nicht auf Wahrscheinlichkeit, mathematisches Kalkül oder Erfahrung rückführbar. Erwartungen sind Teil der Urteilsfindung (in) der Praxis.

3. »Erwartungen«

Die zuvor erörterten Überlegungen zeigen den Stellenwert der Erwartungen in der Theorie von Keynes. Wie thematisiert Wittgenstein Erwartungen? Sie sind eine Schlüsselkategorie.[37] Er betont den Kontext für die Erwartungsbildung, die sprachlich artikuliert wird.[38] Erwartungen nehmen in seiner Auseinander-

---

[35] »Wie könnte man eine menschliche Handlungsweise beschreiben? Doch nur, indem man die Handlungen der verschiedenen Menschen, wie sie durcheinanderwirbeln, zeigte. Nicht, was *Einer jetzt* tut, sondern das ganze Gewimmel ist der Hintergrund, worauf wir eine Handlung sehen, und bestimmt unsere Urteile, unsere Begriffe und Reaktionen«, so Wittgenstein, in: *Bemerkungen über die Philosophie der Psychologie*, Bd. 2, hg. v. G.H. von Wright und H. Nyman, *Wittgenstein*, Schriften Bd. 8, Frankfurt/M. 1980, S. 629.

[36] »Knowing that our own individual judgement is worthless, we endeavor to fall back on the judgement of the rest of the world which is perhaps better informed. That is, we endeavor to conform with the behavior of the majority or the average (...), we may strictly term a *conventional* judgment« (Keynes: *Postkriptum zur General Theory*, 1937 S. 214; vgl. Elke Muchlinski: *The Philosophy of John Maynard Keynes – A Reconsideration*, in: Cahiers d´ Économie Politique. Histoire de la Pensée et Théories, No. 30-31, L'Harmattan, Paris/Montreal 1998, S. 227-253; ebd. *Knowledge, Knowledge Sharing and Convention in Keynes' Thinking*, in: Ernst Helmstädter (ed.): The Economics of Knowledge Sharing. Edward Elgar, Cheltenham, UK/Northampton, MA/USA, 2003, S. 115-129.

[37] Vgl. PU, §§ 224–242; §§ 572 ff.

[38] »Eine Erwartung ist in einer Situation eingebettet, aus der sie entspringt.« (PU, § 581).

setzung mit Russell einen breiten Raum ein, darauf kann an dieser Stelle nicht eingegangen werden.[39]

Ausführlich erörtert Wittgenstein, was Erwartungen sind: Ist die Erwartung ein Gedanke? Ein Gefühl? Ein Geistzustand? Erwartungen, die im Innern verbleiben oder sich auf irreale Dinge richten, fokussiert er nicht. Für ihn ist die innere und äußere Verbindung die Voraussetzung für das Verstehen von Erwartung: »Wie wir nichts mit den Händen bewegen können, wenn wir nicht mit den Füßen feststehen« (PhB Nr. 26). Erwartungen spielen im Zusammenhang mit intendierten Handlungen eine Rolle.[40] Erwartungen zeigen sich im Sprachspiel: »In der Sprache berühren sich Erwartung und Erfüllung« (PhG Nr.92). Präziser noch: »Die Erwartung, der Gedanke, der Wunsch, etc., daß p eintreffen wird, nenne ich erst dann so, wenn diese Vorgänge die Multiplizität haben, die sich in p ausdrückt, erst dann also, wenn sie *artikuliert* sind. Dann aber sind sie das, was ich die Interpretation von Zeichen nenne.[41] Gedanken nenne ich erst den *artikulierten* Vorgang; man könnte also sagen, ›erst das, was einen artikulierten Ausdruck hat‹ (....)« PhB Nr. 32). Diese Multiplizität spielt in den PU für den Erwartungsbegriff eine zentrale Rolle. Erwartungen liefern einen »Maßstab« der Beurteilung für ein eintretendes Ereignis und ist insofern mit der Wirklichkeit verknüpft.[42]

Die Erwartung formt unsere Wahrnehmung und das »Modell« (PhB Nr. 34). Es muss einen Anwendungsbezug zur Welt aufweisen, um Sinn zu haben. Mit Erwartungen strukturieren wir unsere Aufmerksamkeit. Ein bestimmter Erwartungsausdruck zeigt, welcher »Teilstrich« des Maßstabes erwartet wird. Mit der Artikulation wird »antizipiert«, welche der *maßstäblich* eingeführten möglichen Beschreibung als Erfüllung der Erwartung man zu akzeptieren bereit ist.[43]

---

[39] Es ist hier nicht möglich, die Logikauffassung nachzuzeichnen. In *Bemerkungen über die Grundlagen der Mathematik*, Wittgenstein Schriften Bd. 6, spricht Wittgenstein von »logischem Zwang«, von der »Unerbittlichkeit« logischer Gesetze, von Logik als »Denkgesetze (...) Technik des Denkens«; vgl. Teil I, den die Herausgeber mit 1937 angeben. Der Teil VII stammt a.d. Zeit 1941 bis 1944. Dort heißt es S. 401: »Die Regeln des logischen Schließens sind Regeln des *Sprachspiels*«.

[40] L. Wittgenstein: *Philosophische Grammatik*, Schriften Bd. 4, Frankfurt/M. 1969/1930: »Die Erwartung kann man auffassen als eine erwartende, vorbereitende Handlung. Sie streckt wie ein Ballspieler die Hände aus, richtet sie, um den Ball zu empfangen. Und die Erwartung des Ballspielers kann darin bestehen, daß er die Hände in bestimmter Haltung ausstreckt und auf den Ball blickt« (PhG: Nr. 93).

[41] Interpretation ist als »Gebrauch von Zeichen« zu verstehen. »Denn Interpretation klingt so, als würde man nun dem Wort ›rot‹ die Farbe Rot zuordnen (wenn sie gar nicht da ist)« PhB, Nr. 32.

[42] PhB, Nr. 33: wir sagen nicht, ich erwarte, im Lotto zu gewinnen.

[43] PhG, Nr.92; PU, § 445.

Resümee

In dem vorliegenden Beitrag werden drei theoretische Begriffe von Keynes und Wittgenstein aufspürt, die für ihre kreative Theorieproduktion einen hohen Stellenwert haben: »Vagheit«, »Gewissheit« (Wittgenstein) respektive »state of confidence« (Keynes) und »Erwartungen«. Keynes und Wittgenstein grenzen sich gegenüber der Philosophie von Russell und Moore ab. Vagheit ist eine zentrale Kategorie für die Beschreibung ökonomischer Prozesse und für das Gelingen des Sprachspiels. Als »inexact science« befaßt sich Ökonomie mit Werten, Motiven und Erwartungen. Wissensunvollkommenheit und Unsicherheit forciert die Orientierung der Handelnden an ein »Weltbild«, auf das *man sich verläßt*. Gewissheit ist die Grundlage des Sprachspiels. Auch für ökonomische Entscheidungen muss Gewissheit im Sinne des Vertrauens in das Spiel vorausgesetzt werden. Dabei *unterstellen* Spieler eine Art Gebäude, das sie als Fundament für ihre Erwartungsbildung ansehen, um den nächsten Zug zu wagen. Bei Wittgenstein manifestieren sich Erwartungen im Sprachspiel, wenn sie *artikuliert* sind. Erwartungen formen unsere Aufmerksamkeit und strukturieren unsere Wahrnehmung. Sie sind das »Modell«, das einen Anwendungsbezug zur Welt aufweisen muss, um Sinn zu haben.

Literatur

BOUVERESSE, Jacques: *Wittgenstein: La Rime et la Raison, Science, Éthique et Estétique*, Paris : Les éditions de minuit 1973.
BLOOR, David: *Wittgenstein, Rules and Institutions*, London, New York: Routledge 1997.
DOSTALER, Gilles: *Keynes et Bretton Woods*, in: Interventions économiques. Pour une alternative sociale. No 26, De l'ordre des nations à l'ordre des marchés. Bretton Woods, cinquante ans plus tard. Québec, Canada, 1994, S. 53–78.
HEINEN, René: *Die »beruhigte Sicherheit« der Lebensform: Wittgenstein jenseits von Nominalismus und Realismus*, in: W. Lütterfelds (Hg.): Erinnerungen an Wittgenstein: Kein Sehen in die Vergangenheit?, Frankfurt/M: Peter Lang 2004, S. 51–82.
KEYNES, John Maynard: *Unpublished Writings*, The Provost and Scholars of King's College, Cambridge University (UK) 1904–1910.
KEYNES, John Maynard: *The Collected Writings (C.W.) of John Maynard Keynes*. Vols. I–XXX, ed. by Moggridge, Donald E., London: Macmillan 1973–89.
MAJETSCHAK, Stefan: *Privatsprache bei Russell und Wittgenstein. Über einige Hintergründe des sogenannten »Privatsprachenarguments«*, in: W. Lütterfelds (Hg.): Erinnerungen an Wittgenstein: Kein Sehen in die Vergangenheit?, Frankfurt/M: Peter Lang 2004, S. 109–125.
MUCHLINSKI, Elke: *Keynes als Philosoph*, Berlin: Duncker & Humblot 1996.

MUCHLINSKI, Elke: *The Philosophy of John Maynard Keynes – A Reconsideration*, in: Cahiers d´ Économie Politique. Histoire de la Pensée et Théories, No. 30–31, Paris, Montreal : L'Harmattan 1998, S. 227–253.

MUCHLINSKI, Elke: *Knowledge, Knowledge Sharing and Convention in Keynes' Thinking*, in: Ernst Helmstädter (Hg.): The Economics of Knowledge Sharing, Cheltenham, UK/Northampton, MA/USA: Edward Elgar, S. 115–129.

MUCHLINSKI, Elke: *Keynes Against Rigid Rules*, in: J. Backhaus (Hg.): Founders of Modern Economics. Maastricht Lectures in Political Economy, Cheltenham, UK/Northampton, MA/USA: Edward Elgar (forthcoming, 2005).

MUCHLINSKI, Elke: *Keynes*, in: St. Gosepath/W. Hinsch/B. Rössler (Hgs.): Handbuch für Politische Philosophie und Sozialphilosophie, Berlin, New York: Walter de Guyter (forthcoming, 2005).

PUHL, Klaus: *Bedeutungsplatonismus und Regelfolgen*, in: Grazer Philosophische Studien 41 (1991), S. 105–125.

RAMSEY, Frank P.: *Grundlagen. Abhandlungen zur Philosophie, Logik, Mathematik und Wirtschaftswissenschaft*, Problemata frommann-holzboog, Berlin 1980.

RODRÍGUEZ-CONSUEGRA, Francisco: *Wittgenstein and Russell on Propositions and Forms*, in: Jesus Padilla-Gálvez (ed.): Wittgenstein, from a New Point of View, Frankfurt/M: Peter Lang Verlag 2003, S. 79–110.

RUSSELL, Bertrand: *Sechs Aufsätze zum Logischen Atomismus*, hg. v. Johannes Sinnreich, Berlin: Xenomos Verlag 2003.

WITTGENSTEIN, Ludwig: *Philosophische Untersuchungen*, Werkausgabe Bd. 1, Frankfurt/M: Suhrkamp 1984.

WITTGENSTEIN, Ludwig: *Philosophische Bemerkungen*, Schriften Bd. 2, aus dem Nachlass, hg. von Rush Rhees, Frankfurt/M: Suhrkamp 1964.

WITTGENSTEIN, Ludwig: *Wittgenstein und der Wiener Kreis*, hg. v. Friedrich Waisman, Schriften Bd. 3, Frankfurt/M: Suhrkamp 1967.

WITTGENSTEIN, Ludwig: *Philosophische Grammatik*, Schriften Bd. 4, Frankfurt/M: Suhrkamp 1969.

WITTGENSTEIN, Ludwig: *Bemerkungen über die Grundlagen der Mathematik*, Schriften Bd. 6, Frankfurt/M: Suhrkamp 1984.

WITTGENSTEIN, Ludwig: *Notebooks 1914–1916*, ed. by George H. von Wright, G.H. and G.E.M. Anscombe, 2. Ed., Oxford: Basil Blackwell 1979.

WITTGENSTEIN, Ludwig: *Letters To Russell, Keynes and Moore*, ed. by G.H. von Wright, Oxford: Basil Blackwell 1974.

WITTGENSTEIN, Ludwig: *Bemerkungen über die Philosophie der Psychologie*, Bd. 2, hg. v. G.H. von Wright und Heikki Nyman, Wittgenstein, Schriften Bd. 8, Frankfurt am Main: Suhrkamp 1980.

Entstehung und Dimensionen des Schöpferischen – Modellvorstellungen kreativen Handelns

Robert Weimar (Siegen/Heidelberg)

In der Kreativitätsforschung sind Ansätze formuliert worden, die teils einzelnen Aspekten der Kreativität, teils ihrer Ganzheit gelten. Die neuere Kreativitätsforschung bezieht diese Vorstellungen insbesondere auf Ereignisse, die die neurophysiologischen Grundlagen betreffen; traditionelle Arbeitsrichtungen bleiben demgegenüber deskriptiv und sind »handlungsnah« orientiert. Bei einem Teil dieser Konzepte handelt es sich um originär psychologische Entwicklungen, im Übrigen um interdisziplinäre Importe aus anderen Wissenschaftsdisziplinen. Die hier getroffene Auswahl zielt in erster Linie auf Prozesse, in denen kreatives Denken sich konstituiert.

I. Grundbegriffliche Klärung

Der amerikanische Kreativitätsforscher MacKinnon[1] bezeichnet Kreativität, um auch die immateriellen Produkte einzubeziehen, als »eine Antwort oder Idee, die neu ist oder im statistischen Sinne selten ..., die sich ganz oder teilweise verwirklichen lässt. Sie muss dazu dienen, ein Problem zu lösen, einen Zustand zu verbessern oder ein vorhandenes Ziel zu vollenden.« Der Begriff des Neuen[2] ist das am häufigsten angeführte Kriterium für Kreativität. Johnson[3] nennt als Dimensionen kreativen Handelns: Originalität, Ungewöhnlichkeit und Nützlichkeit, ferner Sensitivität gegenüber Problemen, intellektuelle Führerschaft, Scharfsinn und Erfindergeist, Angemessenheit und Breite der Verwendbarkeit bzw. des Einflusses.[4] Hinzufügen lassen sich freilich weitere Merkmale, insbesondere Flexibilität und Nonkonformismus.

Kreativ zu sein bedeutet nicht schon, nur etwas aus sich heraus zu schaffen; es bedeutet mehr, nämlich etwas phantasievoll Besonderes zu schaffen. Die psychologischen Kreativitätsdefinitionen greifen den Phantasiebegriff

---

[1] W. D. MacKinnon: *The nature and nuture of creative talent*, in: American Psychologist 17 (1962), S. 484-495, S. 485.

[2] Zu einer vertieferten, allerdings teilweise zweifelhaften Problematisierung des »Neuen« siehe etwa B. Groys: *Über das Neue – Versuch einer Kulturökonomie*, Frankfurt/M 1999, S. 29: »Das Neue ist bloß das Andere«; S. 42: »Das Neue als das wertvolle Andere«; S. 50: »Das Neue ist kein Produkt der menschlichen Freiheit.«

[3] D. M. Johnson: *Systematic introduction to the psychology of thinking*, New York 1972, S. 276 f.

[4] Vgl. auch M. Amelang/D. Bartussek: *Differenzielle Psychologie und Persönlichkeitsforschung*, 5. Aufl., Stuttgart 2001, S. 267.

kaum auf.[5] Sie enthalten ihn aber implizit oder legen ihn als selbstverständlich zu Grunde. Denn Phantasie meint nichts anderes als eine Form schöpferischer Vorstellungsprozesse, deren Inhalte und Richtung durch momentane Einfälle oder Inspirationen bestimmt sind. In Phantasievorstellungen ist das aus der Erfahrung stammende Material zu Kombinationen zusammengefasst, die selbst nicht aus der Erfahrung stammen.

Das Ergebnis dieser Tätigkeit ist hiernach nicht dann schon eine »Schöpfung«, wenn sie, verglichen mit dem Üblichen, etwas Besonderes ist. Eine Schöpfung ist qualitativ mehr als etwas nur Besonderes; sie ist etwas »phantasievoll« geschaffenes Besonderes. Das phantasievoll geschaffene Besondere muss dabei auch etwas Neues sein. Durch Einmaligkeit und Unwiederholbarkeit ist eine schöpferische Leistung noch nicht ausreichend bestimmt.[6]

Das Ergebnis schöpferischer Tätigkeit muss nicht »genial« sein. Denn dem Streben des Genius eignet ja so etwas wie ein Erweiterungswille aus der Begrenzung des Seins, der für geistiges Schaffen jedoch keine notwendige Bedingung ist. Das Wirken des (schlicht) kreativ Handelnden ist selbst dort, wo sein Tatendrang in unbekannte Räume greift, immer nur Ausdruck eines immanenten »Bereicherungswillens« besonders in Wissenschaft und Kunst; und ein solcher Wille ist für eine »geistige Schöpfung« ausreichend.

II. Prozessorientierte Modelle

An erster Stelle dürfte hier Wallas[7] zu nennen sein, der ein instruktives Vier-Phasen-Schema propagierte, das für alle kreativen Abläufe kennzeichnend sein soll: Er unterscheidet die Phase der Vorbereitung, der Inkubation, der Inspiration oder Erleuchtung und die Phase der Verifikation. Inkubation meint die Phase, in der auf Seiten der Person eine spezifische Aktivität im Hinblick auf eine Lösung des Problems nicht erkennbar ist, wobei am Ende dieser Phase oder schon vorher gewisse Anzeichen weiterer Bemühungen zu beobachten sind, manchmal verbunden mit Fortschritten im Lösungsprozess.[8] Die Inkubationsphase kann zwischen einigen Minuten und mehreren Jahren andauern.[9]

Grundlegend ist die Frage, ob zwei zentrale Annahmen der Kreativitätsforschung sich halten lassen,[10] nämlich einmal die Annahme, dass

---

[5] Vgl. jedoch H. Kunz: *Die anthropologische Bedeutung der Phantasie*, Bd. 1, Basel 1946, S. 64, der das »schöpferische« Moment in der Phantasie diskutiert.
[6] Ebd., S. 65 f.
[7] G. Wallas: *The art of thought*, New York 1926, S. 13 ff.
[8] Dazu J. P. Guilford: *Some incubated thoughts on incubation*, in: Journal of Creative Behavior 13 (1979), S. 1-8, S. 1.
[9] Amelang/Bartussek:, a.a.O., S. 286.
[10] Ebd., S. 287.

- die Phasen der Inkubation und Inspiration oder Erleuchtung unbewusst und nach anderen Regeln ablaufen als den Regeln logischen Denkens, und die weitere Annahme, dass
- die in diesen Phasen ablaufenden Prozesse für die Bereiche oder Inhalte des Denkens unspezifisch sind.

Wichtig sind hier die weithin bekannten gewordenen kritischen Analysen von Weisberg.[11] Danach stellen retrospektive Berichte herausragender Persönlichkeiten über die Entstehung ihrer kreativen Produkte keine wissenschaftlich verlässlichen Quellen dar. Die häufig anzutreffende Meinung, die kreative oder gar geniale Idee sei nachgerade »aus dem Nichts« gekommen, ganz plötzlich und ohne nennenswertes eigenes Zutun, perpetuiert nach Weisberg[12] nur einen Mythos. Sorgfältige Analysen zu kreativen Prozessen würden seiner Ansicht nach insbesondere zweierlei ergeben: dass nämlich kreative Leistungen erstens meist das Ergebnis harter Arbeit seien und zweitens kreatives Denken im Wesentlichen nur eine Intensivierung der üblichen Wahrnehmungs-, Gedächtnis- und Problemlöseprozesse sei, nicht aber eine spezifisch und qualitativ andere Art des Denkens. Lediglich die Originalität und Bedeutsamkeit der Konsequenzen dieser Prozesse – nämlich die Schöpfung als Handlungsergebnis – begründeten die Sonderstellung. Insofern weisen hiernach analytisch-logisches Denken einerseits und kreatives Denken andererseits eine spezifische Ähnlichkeit auf.[13]

Richtigerweise wird hier jedoch anders anzusetzen und genauer zu differenzieren sein: Wie wir über eine logische Intelligenz (IQ) und eine emotionale Intelligenz (EQ) verfügen, so besitzt der Mensch auch eine kreative Intelligenz (CQ), die im Wesentlichen angeboren ist. Erst diese dritte, fundamentale Intelligenz ist es, die uns befähigt, komplexe Zusammenhänge zu erkunden und zu erkennen, Muster und Regeln nicht nur zu durchschauen, sondern von ihnen auch abzuweichen, sie umzugestalten, Werte und Normen zu setzen, Sinn zu stiften, alles dies um Kreativität und Visionen, d. h. neue Möglichkeiten des Denkens und Seins zu entwickeln.[14]

Anhand einiger herausragender wissenschaftlicher und künstlerischer Leistungen aus der Vergangenheit zeigt Weisberg[15], dass neuartige Erkenntnisse und bedeutsame Einsichten ohne aufgabenrelevantes Vorwissen nicht mög-

---

[11] R. W. Weisberg: *Creativity. Genius and other myths*, New York 1986, S. 43 ff.
[12] Ebd.
[13] Es ist charakteristisch für die Prozessmodelle, dass sie im kreativen Denken lediglich eine Intensivierung des üblichen Problemlöseverhaltens sehen. Zur abweichenden Position der Komponentenmodelle siehe unten IV. – Die Annahme, dass für überdurchschnittliche Kreativität hohe Intelligenz Voraussetzung sei, erscheint empirisch gehaltvoll, ist jedoch nicht bestätigt. Zur Problematik s. a. Amelang/Bartussek: a.a.O., S. 682: »Einfluss von Intelligenz nicht herauspartialisiert«.
[14] Vgl. auch unten Fn. 34.
[15] A.a.O., S. 56 ff.

lich seien. Kreatives Problemlösen bedarf hiernach der Verfügbarkeit über einen umfassenden und flexibel nutzbaren Wissensbestand. Ungesichert[16] ist jedoch die daraus abgeleitete Folgerung, dass inhaltsspezifische Expertise nicht nur eine notwendige, sondern auch eine hinreichende Bedingung für herausragende Leistungen sei. Ist wirklich jeder, der über eine exzellente Wissensbasis verfügt, zu kreativem Denken auf dem gleichen hohen Niveau fähig? Was unterscheidet z. B. den Autor eines in der Fachwelt anerkannten sehr guten Lehrbuches von einem punktuell oder global erkenntnismaximierenden Forscher? Nur das Wissen? Gewiss nicht! Weisberg hat hier sicherlich einen Mythos zerstört, er hat ihn aber leider durch einen anderen Mythos ersetzt.[17]

Kreativität ist so gut wie sicher eine Funktion unbewusster oder zumindest halbbewusster Prozesse.[18] Tatsächlich berichten nicht wenige Wissenschaftler über Ideen für einfallsreiche Problemlösungen, die bewusst erst nach einer bestimmten Zeit »unbewussten Ausbrütens« erschienen.[19] Das wissen sie nur deshalb, weil sie es so erlebt haben. Auch soweit es sich um das Auftauchen von kreativen Ideen in Träumen oder während des Tagträumens handelt, lässt sich jeweils eine willentliche Analyse oder ein sonst bewusster Prozess meist ausschließen. Auch kreatives Schreiben, Komponieren oder Malen beinhaltet entsprechende unbewusste Prozesse, deren Erklärungsbasis in bestimmten neuronalen Abläufen zumindest teilweise gesehen werden muss.

Andere Ansätze stellen vor allem der Prozess der Aufmerksamkeit und seine Bedeutung bei der Kreativität in den Mittelpunkt: So vertritt etwa Mendelsohn[20] die Auffassung, dass eine der Voraussetzungen für Kreativität die Defokussierung der Aufmerksamkeit sei. Gemeint ist die Verteilung oder Streuung der Aufmerksamkeit auf einen weiten Bereich verschiedener Bewusstseinsinhalte und/oder auf die peripheren Merkmale der zu erfüllenden Aufgaben. So unverzichtbar eine Fokussierung der Aufmerksamkeit[21] für hohe Effizienz etwa bei der Lösung von Auslegungsproblemen ist, die vorgegebene Strukturen und Randbedingungen aufweisen, so günstig scheint umgekehrt die Verteilung oder Streuung der Aufmerksamkeit bei der Hervorbringung kreativer Ideen und Produkte zu sein. Denn dabei kommt es häufig auf die Veränderung oder Auflösung bestehender Vorstellungen und Strukturen an, zunächst aber auch darauf, anfänglich vielleicht noch schwa-

---

[16] Dazu und zum Folgenden F.E. Weinert: *Kreativität – Fakten und Mythen*, in: Psychologie heute, S. 30-37, 35 ff.
[17] Ebd.
[18] B. Libet: *Mind Time – Wie das Gehirn Bewusstsein produziert*, Frankfurt/M 2005, S. 128.
[19] Ebd.
[20] G.A. Mendelsohn: *Associative and attentional processes in creative performance*, in: Journal of Personality 44 (1976), S. 341-369, 353 ff.
[21] Dazu Amelang/Bartussek: a.a.O., S. 287 u. 682.

chen Eingebungen zum Durchbruch zu verhelfen und herkömmliche Bedenken zu überwinden.[22]

Andere Autoren[23] haben den Akzent nicht auf das defokussierte Vigilanzspektrum, sondern gerade auf das Changieren zwischen fokussierter und defokussierter Aufmerksamkeit im Sinne einer Alteration als Voraussetzung und Kennzeichen kreativen Denkens gelegt. Herausragende Leistungen beruhen hiernach darauf, einerseits das spezifische Wissen zu fokussieren, es also in angestrengtem Denken gezielt einzusetzen, andererseits während bestimmter oder auch völlig ergebnisoffener Phasen von Problemlöseprozessen sich von Problemen wieder zu distanzieren und abzuschalten.

Aus ganz anderer Sicht hat Kris[24] für die künstlerische Inspiration einen harmonischen Wechsel zwischen primären und sekundären Kognitionsprozessen angenommen. Primäre Kognitionsprozesse treten in Träumen und Tagträumen auf, auch in Hypnosen und Psychosen; sie sind autonom-autochthon, frei-assoziativ und bedienen sich konkreter Vorstellungsbilder.[25] Demgegenüber kennzeichnen sekundäre Kognitionsprozesse das abstrakte, logische und realitätsbezogene Denken.[26] Verschiedene Befunde – so der leichtere Zugang kreativer Personen zu den Primärkognitionen, ihre stärkere Phantasietätigkeit und das bessere Erinnern nächtlicher Träume[27] – scheinen die These von Kris zu stützen.[28]

Es ist das Verdienst von Martindale[29], diese einander sehr ähnlichen Konzepte auf neurophysiologischem Niveau integriert zu haben. Kreativität ist hiernach gebunden an die gleichzeitige Aktivierung möglichst vieler neuronaler Verschaltungen im Neocortex. Ein solcher Zustand aber stellt sich eher bei niedriger kortikaler Erregung (low arousal) als bei hoher Erregung ein; denn dann sind sehr viele Knotensysteme in annähernd gleichem Ausmaß aktiviert, während eine starke kortikale Erregung einzelner Zellverbände zu einer Hemmung der weniger aktivierten Systeme führt.[30] Nach Martindale gehen Primärkognitionen, defokussierte Aufmerksamkeit und flache Assoziationshierarchien mit niedriger kortikaler Erregung einher. Damit ist selbstverständlich nur – wie auch Amelang & Bartussek[31] hervorheben – der momentane

---

[22] Ähnlich ebd.
[23] Vgl. nur A. Lesgold: *Problem solving*, in: R.J. Sternberg/E.E. Smith (Hg.): Psychology of human thought, Cambridge 1989, S. 188-213, 190 ff.
[24] E. Kris: *Psychoanalytic explorations in art*, New York 1952, S. 50 ff..
[25] Amelang/Bartussek: a.a.O., S. 288.
[26] Ebd.
[27] Zu diesen Resultaten K. K. Urban: *Neuere Aspekte in der Kreativitätsforschung*, in: Psychologie in Erziehung und Unterricht 39 (1993), S. 133-148, 135 ff.
[28] Ebenso Amelang/Bartussek, a.a.O., S. 288.
[29] C. Martindale: *Personality, situation, and creativity*, in: J. A. Glover/R. R. Ronning/C. R. Reynolds (Hg.): Handbook of Creativity, New York 1989, S. 211-232, 212 ff.
[30] Ebd.
[31] A.a.O., S. 288.

Zustand bei der Inspiration oder Erleuchtung, nicht ein habituelles Charakteristikum kreativer Personen beschrieben. Die neurophysiologische Verankerung kreativen Denkens in der je spezifischen Aktivität neuronaler Netzwerke ist in der Psychologie und nicht nur dort sehr umstritten.[32] Dieser Ansatz kann nach Amelang & Bartussek[33] nur überzeugen, wenn es gelingt, etwa über Ableitungen im EEG, das Ausmaß sowie die Konzentration bzw. Diversifikation von Arousal nachzuweisen.[34]

III. Chaostheoretischer Ansatz

Die sog. Chaostheorie[35] wird heute von allen Sozialwissenschaften[36] bemüht und kann auch für die künftige Kreativitätsforschung attraktiv sein. Die Chaostheorie fragt u. a.: Wie entsteht das »Neue«? An dieser Fragestellung geht die Kreativitätsforschung gegenwärtig noch ohne prüfbare Ergebnisse vorbei, obwohl das Neue ein Konstituens kreativen Handelns und seiner Ergebnisse ist. Neues entsteht durch Chaos und Evolution im weitesten Sinne.[37] Evolution entfaltet sich, verfeinert, verzweigt sich zu unvorstellbarer Komplexität. Evolution treibt jedes System, insbesondere auch das kreative Subjekt, in die Komplexität. Auf der anderen Seite ist ein allzu komplexes, überzüchtetes und dadurch kompliziertes System wiederum weniger leistungsfähig und kann gerade infolge dieser Komplexität besonders störanfällig sein – zu Lasten der Kreativität. Vielleicht lässt sich sagen: Je komplexer ein System, desto mehr bedarf es der Koordination, die – in Grenzen – als Basisfolie auch der Kreativität fungiert.

---

[32] Nichts anderes gilt sogar für einzelne psychiatrische Phänomene; dazu ausf. D. Hell: *Seelenhunger. Der fühlende Mensch und die Wissenschaft vom Leben*, Bern 2003, insb. S. 249 ff. m.w.N.; instruktiv aus neurophilosophischer Sicht H. Lenk: *Kleine Philosophie des Gehirns*, Darmstadt 2001, insb. S. 108 ff. m. w. N.

[33] A.a.O., S. 288.

[34] Ergänzend ist heute die Magneto-Enzephalographie (MEG) einzusetzen, die viele neue Erkenntnisse über die Funktionsweise des Gehirns ermöglicht. Für die künftige Suche nach der mit dem Bewusstsein und dem von uns postulierten Creative Quotient (CQ) verbundenen neuronalen Aktivität sind – wie hier nur angedeutet werden kann – vor allem Informationen von Belang, die von den 40-Hz-Oszillationen hervorgebracht werden. Neurologie und Quantenphysik schweigen hierzu noch. Es gibt bisher keine einschlägige Literatur, die die Hypothese stützt, dass der CQ existiert. Kreative Intelligenz ist für die Psychologie schwer zu handhaben, weil sie nicht hinreichend dafür gerüstet ist, Dinge zu untersuchen, die nicht objektiv messbar sind. »Qualitative« Forschung und ihre Methoden werden vernachlässigt. – Zum »Ort der Kreativität« siehe H. Lenk: *Kreative Aufstiege – Zur Philosophie und Psychologie der Kreativität*, Frankfurt a. M. 2000, S. 83 ff.

[35] Zu den Grundlagen etwa C. Böhret/G. Konzendorf: *Ko-Evolution von Gesellschaft und funktionalem Staat – Ein Beitrag zur Theorie der Politik*, Opladen 1997.

[36] R. Weimar/G. Leidig: *Evolution, Kultur und Rechtssystem*, Frankfurt/M. 2002, S. 34 ff.

[37] Ebd., S. 56.

IV. Investmenttheorie, Komponentenmodelle, sozioökologische Perspektive

Einige Kreativitätstheorien stellen stärker auf sich mischende »Investitionen« als Voraussetzungen für Kreativität ab. Dazu zählt die von Sternberg & Lubart[38] entwickelte »Investmenttheorie«, die auf der Grundlage der bisherigen Erkenntnisse diese gleichsam retrospektiv bündelt.[39] Der Name »Investmenttheorie« ist – wohl zu Recht – deshalb gewählt, weil es die eigenen Fähigkeiten und Anstrengungen sind, die es in Ideen einzubringen gilt, wenn diese als neu und qualitativ hochwertig einzustufen sein sollen.[40] Solche Ideen sind, falls sie asynchron zu Zeitgeist und Modetrends sind, zu dieser Zeit vielleicht weniger geschätzt oder werden nicht selten gar als abwegig bezeichnet.[41] Daher gilt das Investment eher auf längere Sicht. Wenn die innovativen Ideen und daraus resultierende kreative Produkte schließlich allgemein akzeptiert sind, wendet sich – so Sternberg & Lubart[42] – die kreative Person erfahrungsgemäß einem anderen Gebiet mit momentan »unter Wert gehandelten« Ideen zu.

Was die Frage nach den intellektuellen Ressourcen betrifft, so nennen Sternberg & Lubert[43] zu Recht vor allem die Komponenten von Planung und Kontrolle, von Problemlösen und Wissenserwerb: In diesem Sinne beinhaltet Kreativität die Anwendung dieser Prozesskomponenten auf neuartige Aufgaben und Situationen oder den Einsatz dieser Komponenten bei vertrauten Aufgaben und Situationen in der Absicht, die Umgebung auszuwählen oder umzugestalten. Die besondere Bedeutung der Komponente Wissenserwerb bzw. Wissen ergibt sich immer schon daraus, dass man nur dann in einem Bereich kreativ sein kann, wenn man darüber und über anstehende einschlägige Probleme maximal informiert ist, sich jedoch darüber hinaus von den Einengungen, die solche Kenntnisse mit sich bringen, nach Möglichkeit frei macht.[44] Bloßes Revierverhalten und Verwalten von Wissensbeständen führen nicht zur Kreativität.

Von einigen Forschern wird explizit die Bedeutung von Umweltfaktoren für das kreative Handeln unterstrichen. Ihrer Konzeption zufolge stellt Kreativität nicht nur ein individuelles, sondern in gewissem Umfang auch ein gesellschaftliches Phänomen dar.[45] Damit wird die traditionelle Perspektive, wo-

---

[38] R. J. Sternberg/T. I. Lubart: *An investment theory of creativity and ist development*, in: Human Development 34 (1991), S. 1-31.
[39] Die Investmenttheorie weist darüber hinaus auch Implikationen für Überprüfungen in künftigen Studien aus; darauf weisen Amelang/Bartussek: a.a.O., S. 290 ausdrücklich hin.
[40] Vgl. ebd. S. 290.
[41] Ebd.
[42] A.a.O., S. 29 ff.
[43] Ebd., S. 14 ff.
[44] Ebd.
[45] Grundlegend hierzu D. L. Rubenson/M. A. Runco: *The psychoeconomic approach to creativity*, in: New Ideas in Psychology 10 (1992), S. 131-147.

nach kreatives Handeln der einzelnen Person immer schon auch eingebettet ist in verschiedene Umweltfaktoren im engeren Sinne, ergänzt durch die Betrachtung eines größeren sozialen, wirtschaftlichen, kulturellen und politischen Rahmens, durch eine Perspektive also, die den unmittelbaren Handlungsraum des Einzelnen regelmäßig übersteigt.[46]

V. Kreativität, Persönlichkeit und sozialer Kontext

Unter den kreativitätskorrelierten Persönlichkeitsfaktoren kommt neben einem nachhaltigen Willen insbesondere der Bereitschaft zur Überwindung von Widerständen, ferner der Spontaneität und Risikofreude, der Individualität und der Offenheit gegenüber neuen Erfahrungen ein vorrangiger Stellenwert zu.[47]

Was den intellektuellen Stil bei kreativem Verhalten angeht, nehmen Sternberg & Lubart[48] zutreffend an, dass für Kreativität ein mehr globaler und progressiver Stil von Vorteil sei. In Anlehnung an Kirton[49] unterscheiden sie zwischen sog. »Adaptoren« und »Innovatoren«. Personen des ersteren Typs tendieren dazu, Probleme durch Adjustierung[50] und in schrittweiser Modifikation unter Beibehaltung der grundlegenden Strukturen zu lösen. Sie bewegen sich innerhalb bestehender Paradigmen. Demgegenüber bemühen sich Innovatoren um eine Umstrukturierung fundamentaler Elemente, also – zumindest implizit – um eine Veränderung der Paradigmen selbst.[51]

Dass sich dabei die soziale Umgebung auf die Aktivierung oder Unterdrückung des Kreativitätspotentials auswirkt, ist ein durchgängiger Befund, den die Kreativitätsforschung mit Grund immer wieder betont. Und zwar wirkt die Umgebung in dreierlei Weise:[52] Zum einen stellen die Stimuli aus der Umwelt häufig die Bausteine für kreative Ideen und Produkte zur Verfügung. Zum anderen beeinflusst die Umgebung das allgemeine »Klima« für die Hervorbringung und Umsetzung bzw. Unterdrückung kreativer Gedanken.[53] Schließlich ist der soziale »Kontext maßgeblich für die Evaluation der Ideen

---

[46] Amelang/Bartussek: a.a.O., S. 288 f.; zu Umweltfaktoren (z. B. situativer Druck) s.a. dies.: ebd., S. 682.
[47] Sternberg/Lubert: a.a.O., S. 29.
[48] Ebd., S. 28.
[49] M. J. Kirton: *Adaptors and innovators: A description and measure*, in: Journal of Applied Psychology 61 (1976), S. 622-629, 624 ff.
[50] So ist das Traditionsprofil einer »bewährten Lehre« durch den Rekurs auf die »Argumentationsweise von damals« bestimmt. Kritische Äußerungen »von außen« wie »von innen« zeigen, dass Ansprüche an Institutionen gestellt werden. Das Kreativitätsverlangen des Einzelnen stößt dabei milieubedingt allerdings rasch an durchweg nicht oder schwer überwindbare Grenzen.
[51] Amelang/Bartussek: a.a.O., S. 291.
[52] Sternberg/Lubert: a.a.O., S. 14 ff.
[53] Zutreffend Amelang/Bartussek: a.a.O., S. 291.

und Produkte«.⁵⁴ In diesem Sinne führt Teresa M. Amabile⁵⁵ einzelne Faktoren als spezifisch kreativitätsfördernd auf, die sie u. a. wie folgt umschreibt: Entscheidungsfreiheit, ein positives Innovationsklima, unerwartete Bekräftigungen, ein stimulierendes physikalisches Milieu und »scope for playfulness«.⁵⁶ Allerdings fragt sich, ob man nicht noch sehr viel weiter gehen muss und bestimmte Gefühle und Erfahrungen – wie etwa außerordentliches Wohlbefinden, Euphorie, flow, tiefe Einsicht – mit einer größeren Fähigkeit zu Kreativität in Verbindung zu bringen hat. Es handelt sich insoweit um neurophysiologisch bekannte Begleiterscheinungen einer – zumindest mäßig – gesteigerten Aktivität in den Temporallappen. Dagegen mindern oder verhindern kreatives Handeln – weil tendenziell unerwünscht – Stressoren wie beispielsweise Druck von Seiten Gleichrangiger,⁵⁷ eine Supervision⁵⁸ und erwartete Evaluationen,⁵⁹ im allgemeinen auch, aber nicht notwendigerweise persönliche emotionale Instabilität; diese kann – fallabhängig – Kreativität auch fördern.

VI. Fazit

Nach allem darf ein bedeutsamer Einfluss von Persönlichkeitsmerkmalen und Umweltfaktoren neben neurophysiologischen Elementen im Rahmen der Kreativitätsthematik als gesichert gelten, mag auch der »große Wurf« einer umfassenden integrationsorientierten Kreativitätstheorie noch ausstehen.

Biologisch sind im Zustand der entsprechenden Prozesse, in dem sich die »kreative Person« befindet, viele Körperfunktionen auf typische Weise beteiligt. So finden sich Veränderungen der Hirnaktivität – besonders des Limbischen Systems, des vegetativen Nervensystems und der Psychomotorik. Diese Veränderungen allein reichen allerdings nicht aus, um eine kreative Phase hinreichend zu erklären. Es müssen psychologische Veränderungen des Erlebens und Verhaltens hinzukommen. Das hat damit zu tun, dass biologische und soziale Veränderungen zwar in der Mehrzahl der Fälle zu beobachten sind, aber manchmal auch fehlen. Folglich basiert die Diagnose eines persönlichen kreativen Prozesses bislang hauptsächlich auf psychologischen Kriterien, mithin auf dem subjektiven Erleben einer Stimmung (z. B. Antrieb, Interesse). Da es bis heute nicht gelungen ist, einen biologischen Marker für kreatives Handeln zu finden, sind die feststellbaren neuronalen Veränderungen nicht

---

[54] Ebd.
[55] *Social psychology of creativity: A componential conceptualization*, in: Journal of Personality and Social Personality 45 (1983), S. 357-376.
[56] Vgl. Amelang/Bartussek: a.a.O., S. 292.
[57] Amabile, a.a.O., S. 369.
[58] Ebd.
[59] Ebd.

schlicht als die materielle Kehrseite des kreativen Empfindens der Person anzusehen.

Literatur

AMABILE, Teresa M.: *Social psychology of creativity: A componential conceptualization*, in: Journal of Personality and Social Personality 45 (1983), S. 357–376.
AMELANG, M./BARTUSSEK, D.: *Differenzielle Psychologie und Persönlichkeitsforschung*, 5. Aufl., Stuttgart 2001.
BÖHRET, C./KONZENDORF, G.: *Ko-Evolution von Gesellschaft und funktionalem Staat – Ein Beitrag zur Theorie der Politik*, Opladen 1997.
GROYS, B.: *Über das Neue – Versuch einer Kulturökonomie*, Frankfurt/M 1999
GUILFORD, J. P.: *Some incubated thoughts on incubation*, in: Journal of Creative Behavior 13 (1979), S. 1–8.
HELL, D.: *Seelenhunger. Der fühlende Mensch und die Wissenschaft vom Leben*, Bern 2003.
JOHNSON, D. M.: *Systematic introduction to the psychology of thinking*, New York 1972.
KIRTON, M. J.: *Adaptors and innovators: A description and measure*, in: Journal of Applied Psychology 61 (1976), S. 622–629.
KRIS, E.: *Psychoanalytic explorations in art*, New York 1952.
KUNZ, H.: *Die anthropologische Bedeutung der Phantasie*, Bd. 1, Basel 1946.
LENK, H.: *Kleine Philosophie des Gehirns*, Darmstadt 2001.
LENK, H.: *Kreative Aufstiege – Zur Philosophie und Psychologie der Kreativität*, Frankfurt/M 2000.
LESGOLD, A.: *Problem solving*, in: R. J. Sternberg/E. E. Smith (Hgs.): Psychology of human thought, Cambridge 1989, S. 188–213.
LIBET, B.: *Mind Time – Wie das Gehirn Bewusstsein produziert*, Frankfurt/M 2005.
MACKINNON, W. D.: *The nature and nuture of creative talent*, in: American Psychologist 17 (1962), S. 484–495.
MARTINDALE, C.: *Personality, situation, and creativity*, in: J.A. Glover/R.R. Ronning/C.R. Reynolds (Hgs.): Handbook of Creativity, New York 1989, S. 211–232.
MENDELSOHN, G.A.: *Associative and attentional processes in creative performance*, in: Journal of Personality 44 (1976), S. 341–369.
RUBENSON, D.L./RUNCO, M.A.: *The psychoeconomic approach to creativity*, in: New Ideas in Psychology 10 (1992), S. 131–147.
STERNBERG, R.J./LUBART, T.I.: *An investment theory of creativity and ist development*, in: Human Development 34 (1991), S. 1–31.
URBAN, K.K.: *Neuere Aspekte in der Kreativitätsforschung*, in: Psychologie in Erziehung und Unterricht 39 (1993), S. 133–148.
WALLAS, G.: *The art of thought*, New York 1926.
WEIMAR, R./LEIDIG, G.: *Evolution, Kultur und Rechtssystem*, Frankfurt/M 2002.
WEINERT, F. E.: *Kreativität – Fakten und Mythen*, in: Psychologie heute, S. 30–37.
WEISBERG, R. W.: Creativity. Genius and other myths, New York 1986.

Personenverzeichnis

Ammon, Sabine	285	Jüssen, Gabriel	481
Baeza García, Ricardo	519	Kamlah, Andreas	715
Bailer-Jones, Daniela	857	Karafyllis, Nicole C.	339
Bedorf, Thomas	185	Kienzler, Wolfgang	447
Bertram, Georg W.	273	Krause, David	295
Borchers, Dagmar	173	Kronfeldner, Maria E.	19
Bromand, Joachim	91		
		Lenhard, Johannes	307
Desai-Breun, Kiran	697	Liptow, Jasper	43
		List, Elisabeth	387
Eilebrecht, Tilo	351	Löffler, Winfried	79
Emundts, Dina	929		
		Maatsch, Jonas	589
Fehige, Joerg H. Y.	737	Mahrenholz, Simone	53
Fox, Tobias	457	Mieth, Corinna	139
Fricke, Christel	265	Muchlinski, Elke	969
Frietsch, Ute	525	Mühlhölzer, Felix	757
		Müller, Jörn	489
Geiger, Heinrich	649	Müller, Thomas	951
Gesang, Bernward	375	Müller, Tobias	209
Gramelsberger	435	Muraca, Barbara	233
Grunwald, Armin	365		
		Newen, Albert	883
Haag, Johannes	551	Niebergall, Karl-Georg	99
Haase, Marco	661		
Harbecke, Jens	31	Obert, Mathias	615
Harz, Mario	329		
Hedrich, Reiner	867	Pawlenka, Claudia	395
Heidemann, Dietmar	565	Przylebski, Andrzej	257
Heinrichs, Jan-Hendrik	773	Psarros, Nikolaos	163
Henning, Claudia	119		
Hilmer, Brigitte	917	Rappe, Guido	603
Hoffmann, Michael	423	Rese, Friederike	151
Hoffmann, Vera	837	Rode, Christian	505
Hofman, Frank	807	Röhl, Johannes	467
		Runkel, Thomas	409
Janzen, Jan	109		
Josifovic, Sasa	639		

Schaub, Mirjam	539
Schiefelbein, Mirko	685
Schmidt, Heinz-Jürgen	731
Schmidt, Stephan	627
Schmücker, Marcus	707
Schrenk, Markus	849
Sehgal, Melanie	823
Splett, Thomas	905
Stenger, Georg	671
Thyen, Anke	65
Toepfer, Georg	811
Ullrich, Sebastian	221
von Wachter, Daniel	245
Vosgerau, Gottfried	797
Wagner, Astrid	577
Walde, Bettina	893
Warnecke, Willem	783
Weber, Karsten	319
Weimar, Robert	981
Wendel, Saskia	199
Zinck, Alexandra	939
Zoglauer, Thomas	959

Kreativität ist zu einem Schlüsselbegriff innerhalb der modernen Wissenschaften, der technologischen Forschung, der Wirtschaft und der Medien aufgestiegen. Sie ist heute ein zentrales Thema der öffentlichen Diskussionen und schwingt stets mit, wenn Schlagwörter wie Innovation, Fortschritt, Zukunft der Wissensgesellschaft, Genforschung, Bioethik, virtuelle Welten und künstliche Intelligenz zur Sprache kommen.

Felix Meiner Verlag
Richardstraße 47
D-22081 Hamburg
www.meiner.de

Zugleich spielt **Kreativität** eine grundlegende Rolle sowohl in den sozialen, wissenschaftlichen und technischen Fähigkeiten und Kompetenzen des Menschen, wie auch in unserem alltäglichen Wahrnehmen, Sprechen, Denken und Handeln und in allen Prozessen der Wissensgenerierung.

Die Philosophie nimmt sich dieses Themas auf dem Kongreß gezielt an, reflektiert die unterschiedlichen Formen, Praktiken und Dynamiken von **Kreativität** sowie deren Bedingungen und Voraussetzungen und hebt die Logik von Kreativitätsprozessen ins Blickfeld. Sie liefert auf diese Weise eine grundbegriffliche Klärung des Themenfeldes.

Kreativität
xx. Deutscher Kongreß für Philosophie
Kolloquiumsbeiträge
Ca. 900 Seiten. 3-7873-1766-x. Kt.
Subs.-Preis € 98,00 (bis 31.3.06 bestellen)
Ladenpreis € 120,00
Erscheint im Frühjahr '06